बृहद आधुनिक कला कोश

विनोद भारद्वाज

वाणी प्रकाशन

अमृता शेरगिल : रेखांकन

बृहद आधुनिक कला कोश

विनोद भारद्वाज

वाणी प्रकाशन

वाणी प्रकाशन

4695, 21-ए, दरियागंज, नयी दिल्ली 110 002

फ़ोन : +91 11 23273167 फ़ैक्स : +91 11 23275710

शाखाएँ

अशोक राजपथ, पटना 800 004, बिहार

कॉफ़ी हाउस कैम्पस, महात्मा गांधी मार्ग, इलाहाबाद 211 001, उत्तर प्रदेश

महात्मा गांधी अन्तरराष्ट्रीय हिन्दी विश्वविद्यालय, वर्धा 442 001, महाराष्ट्र

सुल्तानिया रोड, मोतिया पार्क, भोपाल 462 001, मध्य प्रदेश

www.vaniprakashan.com
marketing@vaniprakashan.in
sales@vaniprakashan.in

BRIHAD AADHUNIK KALA KOSH
by Vinod Bhardwaj

ISBN : 978-93-5229-257-8
Articles on Indian Art

पेपरबैक प्रथम संस्करण 2006
पेपरबैक द्वितीय संस्करण 2015
पेपरबैक तृतीय संस्करण 2021

मूल्य : ₹ 495

शिव शक्ति प्रिंटर्स, दिल्ली-110 095 में मुद्रित

वाणी प्रकाशन का लोगो मक़बूल फ़िदा हुसेन की कूची से

अनुक्रम

आभार

'आधुनिक कला कोश' का काम 1988 में पूरा हुआ था। 1 जनवरी, 1989 को नई दिल्ली के एस्कॉर्ट अस्पताल में मकबूल फिदा हुसेन ने इस कोश का विमोचन किया था। पुस्तकों के इतिहास में शायद ही किसी पुस्तक का विमोचन अस्पताल में हुआ हो। हुसेन हार्ट सर्जरी के बावजूद प्रसन्न और उत्साहित थे। मेरी इच्छा थी कि कोश का विमोचन उनके हाथों से ही हो। आवरण पर उन्हीं की पेंटिंग थी। हुसेन का मतलब है—आधुनिक भारतीय कला। आज 2005 में भी स्थिति बदली नहीं है। हुसेन की मित्र राशदा सिद्दीकी ने जब मुझसे कहा कि अस्पताल में हुसेन साहब मजे में हैं, जाहिर है कि विमोचन सादा होगा। मुझे खुशी हुई लेकिन 1 जनवरी की रात को ही सफदर हाशमी की हत्या की खबर मुझे टेलीविजन प्रोड्यूसर और कवि कुबेर दत्त ने दी। वह शाम, वह रात मेरे मन में एक स्वप्न और दुःस्वप्न की तरह बसी हुई है। 'आधुनिक कला कोश' में परंपरागत कोश का ढांचा नहीं अपनाया गया था। बहुत से प्रयोग थे, कई एडवेंचर और कई जोखिम उठाए थे। पर हिंदी की दुनिया में इस पुस्तक का बहुत स्वागत हुआ। बिहार के एक कलाकार दुःखी होकर बता रहे थे कि इस कोश की फोटोकॉपी कराते-कराते उनकी निजी पुस्तक बुरी तरह फट-कट गई है। राजस्थान में एक अध्यापिका ने बताया कि लाइब्रेरी से 6 महीने पहले पुस्तक इश्यू कराई थी, अभी तक वापस नहीं की है। नया संस्करण तुरंत छपवाइए। सुनकर संतोष होता है कि आज के कई चर्चित युवा कलाकारों ने छात्रावस्था में इस कोश को बहुत उपयोगी पाया था। उनमें से कुछ कलाकारों पर 'बृहद् आधुनिक कला कोश' में सामग्री दी भी गई है।

पिछले डेढ़ दशक में भारतीय कला की दुनिया में असंख्य बदलाव आए हैं, इसलिए 'बृहद् आधुनिक कला कोश' के ढांचे में थोड़े बहुत परिवर्तन किए गए हैं। पुस्तक के शुरू के हिस्सों में किसी कलाकार पर विस्तृत सामग्री है और किसी पर संक्षिप्त, इससे उसका कम या ज्यादा महत्व साबित नहीं होता। मैंने पिछले सौ सालों में हर दौर से कुछ कलाकार चुने हैं। कुछ बड़े नाम जान-बूझकर छोड़ दिए गए हैं। कुछ युवा नाम सोच-समझकर शामिल किए गए हैं। अलबत्ता अंत में सूची खंड में इतिहास को उचित परिप्रेक्ष्य में देखने की कोशिश की गई है। वहां निजी पसंद को कम महत्व दिया गया है।

इधर पिछले कुछ वर्षों में दुनिया भर में कैनवास को लगभग विदाई देने की कोशिशें हुई हैं। भारत में भी तेजी से युवा कलाकार कैनवास विरोधी हो गए हैं या फिर कैनवास पर एक 'कंसेप्ट' की मदद से काम करते हैं, बल्कि दूसरे सहयोगी कलाकारों से भी वे निःसंकोच काम कराते हैं। इसके बावजूद कला में पेंट करने की दक्षता का महत्व बना हुआ है। इसीलिए युवा कलाकारों पर फोकस करते हुए कंसेप्चुअल और इंस्टालेशन-वीडियो आर्ट के बहुचर्चित युवा कलाकार सुबोध गुप्ता पर सामग्री है तो फोटो यथार्थवाद और पेंट करने की दक्षता को केंद्र में रखने वाले युवा कलाकारों—संजय भट्टाचार्य और विजेंद्र शर्मा को भी महत्व दिया गया है। इन कलाकारों के पास भी कल्पना का समृद्ध संसार है। 'दस्तावेज' खंड में कुछ ऐतिहासिक महत्व की सामग्री के अलावा ऐसे अनेक कलाकारों पर सामग्री दी गई है जो मूल पुस्तक में जगह नहीं पा सके हैं। कला-बाजार की संभावनाओं और विसंगतियों पर भी बराबर निगाह रखी गई है। पश्चिमी कला आंदोलनों और कुछ महत्वपूर्ण कलाकारों पर सामग्री का खंड समकालीन

भारतीय कला को समझने, देखने-जांचने के लिए उपयोगी है। कला लेखन में मैं आसान भाषा का पक्षधर हूं और कलाकारों के स्टूडियो में जाकर उनसे बातचीत को इतिहास में दर्ज करने के महत्व को भी रेखांकित करना चाहता हूं। अनेक कलाकारों से बातचीत सिर्फ उन्हीं के निजी सरोकारों को रेखांकित नहीं करती है, बल्कि हमारे समय की कला और उसके प्रश्नों पर भी फोकस करती है।

'बृहद् आधुनिक कला कोश' के आवरण पर भी हुसेन की ही पेंटिंग है। ज्यादा सोचना नहीं पड़ा। मुझे खुशी है कि वाणी प्रकाशन का 'लोगो' भी हुसेन का बनाया हुआ है।

एक आभार सूची मूल संस्करण की भूमिका में है। पर 'बृहद् आधुनिक कला कोश' के लिए प्रकाशक अरुण महेश्वरी, संपादन सहयोगी वेद प्रकाश भारद्वाज के साथ-साथ मनीष पुष्कले, कृष्णा चंदन और प्रमोद गणपत्ये का अलग से आभार व्यक्त करना जरूरी है।

1 जनवरी, 2006

विनोद भारद्वाज

भूमिका

1990 में एक पार्टी में फ्रांसिस न्यूटन सूजा और गायतोंडे की मुलाकात हुई। सूजा बहुत बोलने वाले और प्रदर्शन-प्रिय चित्रकारों में से एक रहे हैं जबकि गायतोंडे बहुत कम बोलते हैं। सूजा ने भावुक होकर गायतोंडे की कलाकृतियों की तारीफ की और कहा कि काश मैं भी इसी तरह से पेंट कर पाता। ''गायतोंडे ने सुदंरता को पा लिया है जबकि मैं आज भी उसकी खोज कर रहा हूं।'' यह बात सुनकर गायतोंडे ने सूजा की टिप्पणी में संशोधन करते हुए कहा, ''मैंने सुंदरता को सिर्फ छुआ है—बस, मैं उसे छू ही पाया हूं।'' (इस प्रसंग का उल्लेख कला समीक्षक के.बी. गोयल ने अपने एक लेख में किया है।)

समकालीन आधुनिक भारतीय कला के पिछले पचास सालों का जब हम लेखा-जोखा करते हैं तो इस प्रसंग के अनेक अर्थ हमारे सामने आ जाते हैं। आजादी के तुरंत बाद मुंबई में आधुनिक भारतीय कला के सबसे बड़े आंदोलन प्रोग्रेसिव आर्टिस्ट ग्रुप (पीएजी) की शुरुआत हुई थी—1948 में। इस ग्रुप के प्रारंभिक छह सदस्यों में से दो—मकबूल फिदा हुसेन और सैयद हैदर रजा आज भी कलाकार के रूप में सक्रिय हैं और निर्विवाद रूप से सूजा, हुसेन व रजा को भारत के सबसे प्रमुख आधुनिक कलाकारों में गिना जा सकता है। बुढ़ापे ने इन कलाकारों को थका नहीं दिया है। सूजा अमेरिका में रहते थे पर उनका बराबर भारत आना-जाना रहा। रजा पेरिस में रहते हैं और वे बराबर भारत आते-जाते रहते हैं। ऐसा कभी महसूस ही नहीं हुआ कि ये दोनों बाहर चले गए हैं। कुछ साल पहले भारतीय त्रैवार्षिकी अंतर्राष्ट्रीय प्रदर्शनी के ज्यूरी सदस्य के रूप में रजा ने कहा था कि आज दुनिया के जिन पांच देशों में कला के क्षेत्र में सबसे महत्वपूर्ण काम हो रहा है—निश्चित रूप से उनमें से एक देश भारत भी है।

इस तरह से पचास साल बाद हम संतोष व्यक्त कर सकते हैं कि समकालीन भारतीय कला की उपलब्धियां उल्लेखनीय हैं और धीरे-धीरे पश्चिम में भी इस बात को स्वीकार किया जा रहा है। आजादी के 25 साल बाद जब समकालीन भारतीय कला की एक प्रदर्शनी अमेरिका में हुई थी, तो अमूर्त चित्रकला के अनेक रूप देखकर वहां के एक अखबार ने टिप्पणी की थी कि इस तरह की कला में अपना क्या है? ऐसी कला तो हमारे यहां भरी पड़ी है। लेकिन आज 50 साल बाद अगर इस तरह की कोई प्रदर्शनी आयोजित हो तो उसका एक बेहतर असर होगा। इसका अर्थ यह नहीं है कि पहले 25 साल की उपलब्धियां साधारण थीं। निश्चय ही वे असाधारण थीं पर उसमें जो सर्वश्रेष्ठ था—हमारा अपना था, उस पर हम फोकस नहीं कर पा रहे थे। तब हमारे पास एक बड़ा शो 'क्यूरेट' करने की वह दृष्टि और समझ नहीं थी जिसके माध्यम से पश्चिमी आधुनिक कला के सामने हम अपने को खड़ा कर सकें। तब हमारा कला वातावरण आतंकित था, तथाकथित 'मॉडर्न आर्ट' की दिमागरहित नकल से। पश्चिम ने लंबे समय तक भारत की महान कला परंपरा के गुण गाए पर बीसवीं शताब्दी की भारतीय कला को पहचानने से भी इनकार कर दिया। ब्रिटेन में टेम्स ऐंड हडसन कला का विश्व का सबसे बड़ा प्रकाशनगृह है। हाल में इस प्रकाशनगृह को भी समकालीन भारतीय कला की उपलब्धियों पर एक पुस्तक प्रकाशित करनी पड़ी है। ब्रिटेन के कला परिदृश्य में इस समय सबसे चर्चित मूर्तिशिल्पियों में दो नाम भारतीय हैं—अनीश कपूर और ध्रुव मिस्त्री। इन्होंने अपनी शर्तों और अपने मुहावरे पर काम किया है। सवाल सिर्फ पश्चिम के सतही स्वीकार का नहीं है। भारत में भी अपनी कला के अतीत और वर्तमान को लेकर एक नया आत्मविश्वास देखने को मिल रहा है—अब संशय या संकोच कम है। सदेबी या क्रिस्टीज जैसी मशहूर संस्थाओं को समकालीन भारतीय कला की नीलामी करनी पड़ रही है।

इस संदर्भ में सूजा और गायतोंडे के ऊपर उद्धृत संवाद को याद करें तो लगता है कि भारतीय कला ने भले ही

'सुंदरता' को पा न लिया हो पर उसे छू लेने का एहसास तो है ही। यह एहसास आत्मविश्वास को भी जन्म देता है और एक चुनौती को भी।

ऐतिहासिक दृष्टि से देखें तो आजादी के तुरंत बाद 1948 और 1950, इन दोनों वर्षों में क्रमशः पीएजी और वड़ोदरा (बड़ौदा) की एम.एस. युनिवर्सिटी के कला विभाग ने जन्म लिया। समकालीन भारतीय कला की उपलब्धियों को समझने के लिए पीएजी और वड़ोदरा के कला विभाग की उपलब्धियों को संपूर्ण संदर्भ में जानना जरूरी है।

पीएजी के मूल सदस्यों में से एक (बाकरे) को छोड़कर कोई भी कलाकार मुंबई के जे.जे. स्कूल की अकादेमिक कला में बाकायदा प्रशिक्षित नहीं था। रंगमंच या साहित्य की तरह पीएजी की 'प्रोग्रेसिव' चिप्पी प्रगतिशीलता का वास्तविक आधार लिए हुए नहीं थी। वह बहुत थोड़ी ही देर के लिए कम्युनिस्ट आंदोलन से जुड़ी रह सकी। सूजा जैसे कलाकारों को यह समझने में देर न लगी कि हमने अपने कम्युनिस्ट अतीत को अधिक रेखांकित किया तो आधुनिक कला के नए तीर्थ न्यूयॉर्क में हमें प्रवेश भी नहीं मिलेगा। भारत में कोई उत्तेजक और अनुकूल कला वातावरण न पाकर ग्रुप के अधिकांश सदस्य पेरिस, लंदन या न्यूयॉर्क की तरफ रवाना हो गए। लेकिन आज संपूर्ण ऐतिहासिक संदर्भ में जब हम देखते हैं तो कोलकाता या मुंबई के प्रोग्रेसिव कलाकार व्यापक स्तर पर युवा कलाकारों को प्रभावित और प्रेरित करने में सफल रहे। कोलकाता के परितोष सेन, नीरद मजूमदार हों या मुंबई में हुसेन, सूजा, रजा, गाडे, आरा, बाकरे, पदमसी, तैयब मेहता, कृष्ण खन्ना आदि हों, ये सभी किसी-न-किसी रूप में 'प्रोग्रेसिव' साबित हुए। यानी नई कला के नए अग्रदूत।

जाहिर है कि उन दिनों बंगाल की तथाकथित सेंटीमेंटल कला के प्रति आधुनिक कलाकारों में गहरा आक्रोश था (हालांकि रजा का कहना है कि वह उन दिनों भी इस कला को गैर महत्वपूर्ण नहीं मानते थे पर सूजा और हुसेन को बंगाल की कला से स्पष्ट एलर्जी थी)। बरसों बाद बुजुर्ग हो चुके कृष्ण खन्ना ने राष्ट्रीय आधुनिक कला संग्रहालय में एक प्रदर्शनी में अवनींद्रनाथ ठाकुर की अनेक कलाकृतियों को एक साथ देखकर यह स्वीकार किया कि उन दिनों हम लोगों के मन में इस कला के प्रति एक पूर्वग्रह था।

लेकिन 1948 में इस तरह के आक्रोश की जरूरत भी थी। हमारे यहां के अधिकांश कला महाविद्यालय या तो ब्रितानी अकादेमिक कला के बोझ में दबे रहे या फिर बंगाल की 'वाश कला' में घुलते रहे। बाद में, साठ के दशक में अमेरिकी अमूर्त कला ने युवा कलाकारों को आतंकित करना शुरू कर दिया। इस पृष्ठभूमि में वड़ोदरा के कला विभाग का योगदान अत्यंत महत्वपूर्ण हो जाता है। यहां यह भी उल्लेखनीय है कि वड़ोदरा में नई चेतना लाने वाले दो कलाकार (शंखू चौधरी और के.जी. सुब्रमण्यन्) शांति निकेतन में प्रशिक्षित थे।

शुरू में वड़ोदरा में एन.एस. बेंद्रे कला प्रमुख थे। उनके नेतृत्व में कला की एक नई प्रशिक्षण पद्धति की शुरुआत हुई। सुब्रमण्यन् और शंखू चौधरी के कारण शांति निकेतन की अच्छाइयां भी वड़ोदरा में धीरे-धीरे छनकर आने लगीं। ये कलाकार नंदलाल बोस के योग्य शिष्य थे। इन्होंने वड़ोदरा में कला शिक्षा को दूसरी कला संस्थानों की जड़ता, उदासीनता और स्मृतिहीनता से अच्छे अर्थों में मुक्त किया। बाद में सत्तर और अस्सी के दशक में सुब्रमण्यन्, गुलाम मोहम्मद शेख, नसरीन, जेराम पटेल, भूपेन खक्खर, विवान सुंदरम् आदि कलाकारों की एक पूरी टीम ने वड़ोदरा के कला विभाग में रहकर (या बाहर से भी) देश में एक नए कला वातावरण की नींव डाली। गुलाम मोहम्मद शेख और जेराम पटेल जैसे कलाकार 'ग्रुप 1890' (भावनगर में ज्योति पंड्या के घर पर इस ग्रुप के कलाकारों की पहली मीटिंग हुई थी जिसका नंबर 1890 था) के भी सदस्य थे। साठ के दशक के प्रारंभ में जगदीश स्वामीनाथन के नेतृत्व में इस ग्रुप के कलाकारों ने अपनी महत्वपूर्ण पहचान बनाई। स्वामीनाथन प्रखर बौद्धिक भी थे। बाद में अस्सी के दशक में उन्होंने भोपाल के भारत भवन में समकालीन आधुनिक भारतीय कला की उपलब्धि को लोक और आदिवासी कला की बगल में रखने का साहस भी किया।

साठ के दशक में चेन्नई के के.सी.एस. पणिक्कर जैसे आधुनिक कलाकार आधुनिक कला के भारतीय संदर्भों को एक नई चित्रभाषा दे रहे थे। पणिक्कर और उनके साथी अपनी कला में रैखिकता और 'पैटर्निंग' को केंद्रीय महत्व दे रहे थे। 1963 में इन कलाकारों ने चेन्नई के पास चोलामंडल के कलाकारों का एक ग्राम बनाया जो भले ही आज पहले की तरह सक्रिय नहीं है पर उसकी एक पहचान तो है ही।

आजादी के बाद आधुनिक भारतीय कला की एक बड़ी उपलब्धि महिला कलाकारों की जबरदस्त उपस्थिति है।

मीरा मुखर्जी, अर्पिता सिंह, सरोजपाल गोगी, नलिनी मलानी, मृणालिनी मुखर्जी, लतिका कट्ट, मोना राय, अर्पणा कौर, अनुपम सूद, देवयानी कृष्ण, नीलिमा शेख, माधवी पारेख, नसरीन, एन. पुष्पमाला, रेखा रौडवित्य जैसे नाम यह बात अच्छी तरह से बताते हैं कि अमृता शेरगिल के देश में महिला कलाकारों का एक सशक्त समूह सक्रिय है। ऊपर जिन कलाकारों का जिक्र हुआ है उनके अलावा राम कुमार, ए. रामचंद्रन, मनजीत बावा, नागजी पटेल, अमिताभ दास, गणेश पाइन, जोगेन चौधरी, विकास भट्टाचार्य, परमजीत सिंह, अंबादास, हिम्मत शाह, लक्ष्मा गौड़, रामेश्वर बरूटा, मदनलाल, वेद नायर, सुधीर पटवर्धन आदि नाम समकालीन कला के अग्रदूत हैं। हाल के वर्षों में अतुल डोडिया, सुबोध गुप्ता, चिंतन उपाध्याय, बोस कृष्णमाचारी, जितीश कल्लाट, संजय भट्टाचार्य, नीरज गोस्वामी, विजेंद्र, जी. आर. इरन्ना, जगन्नाथ पंडा आदि की कला ने एक नया माहौल बनाया है।

आजादी के बाद समकालीन भारतीय कला में महिला कलाकारों का योगदान अलग से रेखांकित किया जाना चाहिए। पश्चिमी कला के इतिहास में बहुत लंबे समय तक महिलाएं कला की दुनिया में उपेक्षित रही हैं। बीसवीं शताब्दी में धीरे-धीरे उनकी एक पहचान बनी है। पर भारत में—और यह बात महत्वपूर्ण है—बहुत से कला समीक्षक और कलाकार अमृता शेरगिल की कलाकृतियों को आधुनिक भारतीय कला के एक प्रारंभिक बिंदु के रूप में देखते हैं। अमृता शेरगिल की मां हंगारी थी और पिता सिख थे। पैदाइश में ही उन्हें पूर्व और पश्चिम की विरासत मिली। कला में भी अमृता शेरगिल के सामने एक केंद्रीय समस्या अपनी 'भारतीय नियति' की खोज की थी। इसके लिए उन्होंने पश्चिमी कला के साथ-साथ भारतीय कला की समृद्ध परंपरा को पहचानने की कोशिश की। नतीजा यह हुआ कि आधुनिक भारतीय कला में महिलाएं स्वयं को अधिक आश्वस्त महसूस करती रहीं। भारतीय लोक कला में महिलाओं की बड़ी हिस्सेदारी थी। अनेक आधुनिक कलाकारों की पत्नियां आज स्वतंत्र रूप से एक बड़ी कलाकार के रूप में पहचानी जाती हैं। अर्पिता सिंह या माधवी पारेख अपनी कला के कारण एक अलग पहचान बना सकी हैं। परमजीत सिंह और मनु पारेख उनके पति हैं और नामी कलाकार हैं पर वे अपनी पत्नियों की रचनात्मकता में सहायक भले ही हों, निर्णायक नहीं हैं।

ग्राफिक में अनुपम सूद का काम हो, मूर्तिशिल्प में मीरा मुखर्जी या मृणालिनी मुखर्जी का या फिर पेंटिंग में अर्पिता सिंह, नलिनी मलानी, गोगी, रेखा रौडवित्य आदि चितेरियों का काम हो—इस सबने समकालीन भारतीय कला में एक ऐसे 'फेमिनिस्ट एंगल' को जन्म दिया है जो नारों और सतही समझ से मुक्त है।

यह भी एक उल्लेखनीय बात है कि आज के लगभग सभी महत्वपूर्ण कलाकार बौद्धिक दृष्टि से भी बहुत सजग हैं। वे कला इतिहास को जानते हैं और कला पर लिखने की भी क्षमता रखते हैं। इसीलिए उनके चित्रों का पाठ अक्सर एक चुनौतीपूर्ण काम हो जाता है। गुलाम मोहम्मद शेख या ए. रामचंद्रन जैसे कलाकार जीवन से ही नहीं, साहित्य और कला इतिहास से भी गहरी प्रेरणा लेते हैं। इन्होंने भारत की म्यूरल पेंटिंग या मिनियेचर कला को एक समकालीन विस्तार दिया है। शुरू में रामचंद्रन विद्रोह और गुस्से के कलाकार नजर आते थे पर बाद में उन्होंने 'ययाति' जैसे बड़े काम की मदद से अपनी कला के एक नए सौंदर्यशास्त्र को स्थापित किया। इसमें कला परंपरा, मिथक शास्त्र, साहित्य और जीवन (रामचंद्रन ने अपने मॉडल राजस्थान की बंजारा जातियों में जाकर खोजे) इन सबके साथ एक संवाद है।

पश्चिमी कला आंदोलनों की भी एक भारतीय पहचान आवश्यक है। मिसाल के लिए, अतियथार्थवाद पश्चिम का एक महत्वपूर्ण कला आंदोलन है। लातीनी अमेरिकी लेखक बोर्खेस ने एक बार लिखा था कि 'हर लेखक अपने पूर्ववर्तियों को भी जन्म देता है।' यह बात कला पर भी लागू की जा सकती है। अतियथार्थवाद एक दृष्टि है। एक मिजाज है जो भारतीय पौराणिक साहित्य या लघुचित्रकला में भी खोजा जा सकता है। बड़े कलाकार अपने नजरिए से उपेक्षित अतीत को भी जीवंत बना सकते हैं, बल्कि जो अतीत उपेक्षित नहीं है उसे भी एक नई समझ और दृष्टि के साथ भिन्न और अधिक समकालीन संदर्भ दे सकते हैं। रामचंद्रन ने केरल के मंदिरों में म्यूरल कला का गहन अध्ययन किया और अपनी दृष्टि में एक नया और अद्‌भुत विस्तार पाया। विकास भट्टाचार्य और जोगेन चौधरी ने अतियथार्थवाद को ठेठ भारतीय रूप दिया। गणेश पाइन ने एक 'पर्सनल फैंटेसी' और काव्यात्मकता को टेंपरा माध्यम से अभूतपूर्व बना दिया। अगर प्रोग्रेसिव कलाकार तथाकथित बंगाल स्कूल को सेंटीमेंटल कहकर खारिज कर रहे थे तो बाद के कलाकारों ने इस स्कूल के सार्थक तत्वों से एक संवाद भी स्थापित किया। इसीलिए गणेश पाइन आज अवनींद्रनाथ ठाकुर से भी संवाद करने की कोशिश में हैं। भविष्य की भारतीय कला के लिए निश्चय ही आज एक बेहतर मंच उपलब्ध है।

– विनोद भारद्वाज

'आधुनिक कला कोश' की भूमिका

मुझे आरा से ही प्रेरणा मिलती है, जर्मनी में जन्मे और फले-फूले अभिव्यंजनावाद से नहीं।

–सुधीर पटवर्धन

हमें अब कहीं से कुछ लेने की जरूरत नहीं है। अब देसी या यूरोपीय होने की कोई जरूरत नहीं है। ये मुद्दे अब अप्रासांगिक हो गए हैं। भारतीय कला, फिल्म, नृत्य, नाटक–यह पूरा रचना-संसार एक-दूसरे से गुंथा हुआ है। अब यही हमारे लिए प्रेरणा के स्रोत हैं।

–पुष्पमाला

ऊपर हमने जो दो उदाहरण दिए हैं वे अपेक्षाकृत युवा भारतीय कलाकारों के हैं, जाहिर है कि इन कलाकारों में एक नया आत्मविश्वास नजर आता है। लेकिन इस स्थिति तक पहुंचने के लिए आधुनिक भारतीय कला का उपलब्धियों से बहुत कम संबंध रहा है। अपने ढंग की विनम्र और सीमित उपलब्धियां पिछले अस्सी-नब्बे सालों के इतिहास में मिलती तो हैं, पर उनके आधार पर हम किसी महान आधुनिक कला-परंपरा की बात भी नहीं कर सकते हैं। कुछ साल पहले आधुनिक भारतीय कला की एक प्रदर्शनी अमेरिका भेजी गई तो डॉ. लक्ष्मी सिहारे की टिप्पणी थी : "कुछ साल पहले इस तरह की कोई प्रदर्शनी भेजना हमारे लिए संभव नहीं था चूंकि हमारे पास ऐसा शक्तिशाली काम नहीं था जो बाहर भेजा जा सके। हमारे पास सेजां, ब्राक या मातीस की टक्कर के कलाकार नहीं हैं।"

पश्चिम के संदर्भ में दरअसल हम सदा हीनभावना के शिकार रहे हैं–लगभग सभी कलाओं में। जहां तक आधुनिक कला का सवाल है, उसका इतिहास पेरिस, लंदन, बर्लिन और न्यूयार्क सरीखे कला-केंद्रों तक सीमित है। ज्यादा सही तो यही है कि द्वितीय विश्वयुद्ध से पहले पेरिस और फिर पचास के दशक से न्यूयॉर्क आधुनिक कला को नियंत्रित करता रहा है। तमाम यूरोपीय देशों के कलाकार इन शहरों में जाकर रच-बस गए। स्पेन, सोवियत संघ, जर्मनी के कलाकारों ने इन कला के तीर्थ-स्थानों में अपनी पहचान बनाई। लेकिन पश्चिम के कलाकार के लिए पेरिस, न्यूयॉर्क के वातावरण में सहज और स्वीकृत होना अपेक्षाकृत आसान काम था–एशियाई या अफ्रीकी कलाकार के लिए नहीं।

धीरे-धीरे पश्चिम के शक्तिशाली मीडिया तंत्र ने गैर-यूरोपीय स्रोतों पर भी जोर दिया। अनेक महान पश्चिमी कलाकारों ने अफ्रीकी, लातीनी अमेरिकी और कभी-कभार एशियाई स्रोतों से भी प्रेरणा प्राप्त की पर यह एक सच्चाई है कि कला के क्षेत्र में भारत की सबसे अधिक उपेक्षा हुई है। कारण कई हैं जिन्हें खोजा और जांचा जा सकता है। मिसाल के लिए हेनरी मूर ने गैर-यूरोपीय स्रोतों पर इतना जोर दिया पर भारत की समृद्ध मूर्तिशिल्प परंपरा से वे लगभग कटे रहे। उनके यहां लेटी हुई आकृतियां, मां-बच्चे के मूर्तिशिल्प इतने महत्वपूर्ण और केंद्रीय थे। वे भारत की ओर देखते तो उनकी कला शायद और भी दमदार होती। लेकिन अधिकांश बड़े कलाकारों की तरह मूर ने भारत की ओर देखने की जरूरत नहीं समझी। अलबत्ता साठ के दशक में आधुनिकता की विचित्र अंधी गली में भटकते युवा मूर्तिशिल्पियों ने मूर की ओर कुछ ज्यादा ही देखा और मूर की कला के 'समग्र वातावरण' को न देखकर उनकी कला का सतही (जो अब हास्यास्पद भी नजर आता है) अनुकरण किया।

रस्किन का प्रसिद्ध कथन है कि महान देश में महान कला भी पैदा होती है। लेकिन जैसा कि बरसों पहले भेंटवार्ता में गुलाम मोहम्मद शेख ने कहा था कि सामंती व्यवस्था की तमाम सीमाओं के बावजूद राजस्थान के छोटे-से ठिकाने देवगढ़ में इतनी जीवित कला-परंपरा देखकर यह सवाल मन में उठता है कि यह कैसे संभव हुआ।

शायद महान देश अब रह ही नहीं गए हैं। कला की दृष्टि से जिन्हें महान समझा जाता है उनकी महानता संदिग्ध है। हां, वे कला के नाम पर कूड़ा जरूर उतनी ही महानता से पैदा कर रहे हैं।

दरअसल पश्चिम में आधुनिक कला का जब स्वर्ण युग था तब हम अपने देश में विक्टोरियाई शिक्षा-पद्धति और औपनिवेशिक दबावों से जूझ रहे थे। कला की दुनिया में कुछ जीनियस तो समय-समय पर उभरे लेकिन हम लगभग मजबूर थे कि किसी भारतीय पिकासो, भारतीय मूर या भारतीय मातीस की तलाश करें। यह तलाश लंबे समय तक जारी रही। पश्चिमी पहलवानों के सामने हम अपने पिद्दी पहलवान रखते रहे और दुःखी होते रहे कि हमारे पास तो ऐसा कोई नाम नहीं है।

इस स्थिति को बदलने में लंबा समय लगा है। सच तो यह है कि हम अभी भी पश्चिमी पहलवानों से मुक्त नहीं हुए हैं जबकि पश्चिम में समकालीन कला परिदृश्य पहले की तरह उत्तेजक नहीं रह गया है। वहां अब स्वर्णयुग नहीं है। नए, बहुत नए के लगभग अंधे आग्रह ने कला की दुनिया को उजाड़ दिया है। ऐसे में भारतीय कलाकार एक नए आत्मविश्वास से कह रहा है कि मेरी दिलचस्पी जर्मनी में पैदा हुए अभिव्यंजनावाद में न होकर आरा में है।

शायद यह भी एक मुद्रा ही है। लेकिन यह एक सच्चाई है कि आधुनिक भारतीय युवा कलाकार आरा के फूलों, निर्वसनाओं (भले ही उन्होंने पेरिस से प्रेरणा प्राप्त की हो) को समझने की कोशिश कर रहा है। मातीस उसे दूर का कलाकार नजर आ रहा है और आरा अपना। यह एक अच्छी शुरुआत है।

उन्नीसवीं शताब्दी के नब्बे के दशक में हैवेल चेन्नई से कोलकाता आए। तब तक भारतीय कला स्कूल विक्टोरियाई कला-संस्कृति की दूसरे-तीसरे दर्जे की जूठन थे। ठाकुर परिवार के रूप में भारतीय कला में एक नई हलचल पैदा हुई। यह अलग बात है कि आज 80-90 साल बाद जिस ठाकुर (रवींद्रनाथ) को हम अपने सबसे नजदीक पा रहे हैं उन्हें अपने जीवन में चित्रकार के रूप प्रतिष्ठा मिली ही नहीं। 1920 के दशक के आखिर में रवींद्रनाथ जब सत्तर के करीब पहुंचे रहे थे तो उन्होंने पेंटिंग की दुनिया को पहचाना। तब तक उन्हें अंतर्राष्ट्रीय प्रतिष्ठा मिल चुकी थी। वे एक अद्वितीय भारतीय प्रतिभा माने जाते थे। 1941 में निधन से पहले रवींद्रनाथ ने दो हजार से अधिक चित्र और रेखांकन बनाए। उन पर न पूर्व का असर था न पश्चिम का। शायद इसलिए भी उन्हें कलाकार के रूप में प्रतिष्ठा आसानी से नहीं मिल पाई। उनकी कला में एक अजीब-सी दुनिया थी। एक अजीब-सा लैंडस्केप। आशंका और अंधेरे से घिरे चेहरे। अजीब से पक्षी।

आज अवनींद्रनाथ, गगनेंद्रनाथ, यामिनी राय—इन सभी की तुलना में रवींद्रनाथ कहीं अधिक समकालीन हो गए हैं। एक कला विशेषज्ञ का दावा है कि कोई भी आधुनिक भारतीय कलाकार इक्कीसवीं शताब्दी तक याद नहीं किया जाएगा। शायद रवींद्रनाथ के चित्र इस निराशावादी नजरिये से बचे रह जाएं।

अवनींद्रनाथ जब कला की शिक्षा प्राप्त कर रहे थे तो अंग्रेज अध्यापक ने उन्हें मानव शरीर-रचना की वैज्ञानिक शिक्षा देने की कोशिश की। अवनींद्रनाथ को एक मनुष्य की खोपड़ी दी गई रेखांकन बनाने के लिए। अवनींद्रनाथ खोपड़ी को देखकर बीमार पड़ गए। उनके कोमल और सुंदर संस्कारों को गहरी ठेस पहुंची।

चालीस के दशक में बंगाल के दुर्भिक्ष और द्वितीय विश्वयुद्ध के वातावरण में कोलकाता के कुछ युवा कलाकारों ने जिंदगी की तीखी और कड़वी सच्चाइयों से जुड़ने के लिए बंगाल स्कूल की कोमल, मृदु देवी-देवताओं से आतंकित कल्पना शक्ति को अपने लिए बेकार पाया।

बीस के दशक तक बंगाल स्कूल के कलाकार (जो निश्चय ही अपने गुरुओं के मुकाबले में साधारण स्तर के कलाकर्मी थे) देश की चारों दिशाओं में कला को एक बंद दुनिया से निकालकर दूसरी बंद दुनिया में ले जा चुके थे। कला और देश-भक्ति के मेल ने भी यह संभव किया। बहरहाल, नए कलाकारों को लगा कि बंगाल स्कूल के देवी-देवता समाज की नई सच्चाई को नहीं बता पाएंगे।

खोपड़ी को देखकर बीमार पड़ जाना भारतीय कला की प्रमुख धारा भी थी। पश्चिम में लियोनार्दो द विंची के बारे में प्रसिद्ध है कि उन्होंने मानव-शरीर-रचना को अच्छी तरह से समझने के लिए रात-रात जागकर शवों की चीरफाड़ भी की। यह भी महत्वपूर्ण है कि चालीस के दशक में मुंबई में प्रोग्रेसिव कला आंदोलन के एक प्रमुख नाम सूजा ने भी शवों की चीरफाड़ से शरीर-रचना को समझने की बात की है।

कला की कोमल, काव्यात्मक और रहस्यवादी बुनियाद को गहरा धक्का लगा। कलाकार को एक नई भूमिका मिली। वह 'सर्जन' (शल्य-चिकित्सक) भी बन गया। उसके हाथ में कूची ही नहीं चाकू भी था।

कोलकाता ग्रुप के एक संस्थापक कलाकार प्रदोष दासगुप्ता ने अपने संस्मरण में लिखा है कि रवींद्रनाथ बंगाल स्कूल की शक्तिहीनता के प्रति सजग थे। उन्हें जीवन के अंतिम वर्षों में इसलिए भी पेंट करना पड़ा। लोग भौंचक रह गए। सिर्फ यामिनी राय ही रवींद्रनाथ के विद्रोह को पहचान पाए।

खुद यामिनी राय ने आधुनिक भारतीय कला को नई दिशा दी। यह अलग बात है कि वे अपनी बनाई हुई दुनिया के कैदी बन गए। वे अपना अनुकरण करने वालों का अनुकरण करने लगे।

ऐतिहासिक दृष्टि से देखें तो तथाकथित बंगाल स्कूल का सबसे महत्वपूर्ण योगदान विभिन्न कलाओं की आवाजाही में निहित था। रवींद्रनाथ, यामिनी राय, रामकिंकर, विनोद बिहारी, अमृता शेरगिल आदि ने अपनी निजी विशिष्ट प्रतिभा के बल पर एक दूसरी परंपरा बनाई। बाद में चालीस के दशक में कोलकाता और मुंबई के अनेक कलाकार सामाजिक स्थितियों से साक्षात्कार करने के लिए लगभग मजबूर हुए। जर्मन कवि-लेखक ब्रेख्ट के सुप्रसिद्ध मुहावरे में कहें तो उन्हें 'बुरी खबर' मिल चुकी थी।

यह महत्वपूर्ण है कि इन अधिकांश 'विद्रोहियों' ने पेरिस, लंदन और न्यूयॉर्क की राह पकड़ी। एक बार फिर से भारतीय कला वातावरण में पश्चिमी आधुनिकता का दबदबा बना। वड़ोदरा के कला विभाग के वातावरण ने इस आधुनिकता को चुनौती दी। सिर्फ वक्तव्यों व नारेबाजी से ही नहीं, काम करके; भारतीय शिल्प की समृद्ध परंपरा से सार्थक संवाद स्थापित करके।

इस नए वातावरण के महत्वपूर्ण परिणाम—देर से ही सही—अब सामने आ रहे हैं। मिसाल के लिए, पिछले कुछ सालों में केरल के अनेक युवा कलाकार (जो साहित्य, सिनेमा, रंगमंच, राजनीति की भाषा से भी अच्छी तरह वाकिफ हैं) वड़ोदरा के वातावरण में प्रशिक्षित होकर आधुनिक भारतीय कला को एक नया चेहरा दे रहे हैं। कला में सिर्फ मनुष्य ही नहीं लौटा है, जीवन की अनेक बुनियादी चिंताएं भी लौटी हैं।

साठ और सत्तर के दशक में अचानक भारतीय कला के विदेशी संरक्षक महत्वपूर्ण हो गए थे। अब सौभाग. यवश उनका दबदबा भी कम हो गया है। इससे कला को 'निर्यातकता' का दबाव कम झेलना पड़ रहा है। यह एक महत्वपूर्ण बदलाव है। युवा मूर्तिशिल्पी पुष्पमाला का यह कथन महत्वपूर्ण है कि भारतीय कला, फिल्म, नृत्य नाटक—यह पूरा रचना-संसार एक-दूसरे से गुंथा हुआ है। यही हमारे प्रेरणा स्रोत हैं। अवनींद्रनाथ ने भी यहीं से शुरुआत की थी। सुपरिचित जापानी फिल्मकार ओशिमा के अनुसार, "मैं फिल्म में क्रांति करने के बजाय कला में क्रांति की बात करूंगा चूंकि हम फिल्म निर्माण को कोई अलग किस्म की कोशिश नहीं मानते हैं, बल्कि साहित्य, पेंटिंग, संगीत आदि का एक हिस्सा ही मानते हैं। और हमें महसूस होता है कि इन सभी क्षेत्रों में क्रांति की जरूरत है।" (सिनेमाया, प्रवेशांक) पर आज का कलाकार 'भयावह सच्चाई' से साक्षात्कार के लिए भी तैयार है। और अब उसकी नियति पेरिस, लंदन और न्यूयॉर्क में नहीं है। वह अपनी 'भारतीय नियति' को भले ही अभी पा न सका हो—पर उसमें उसकी गहरी रचनात्मक छटपटाहट आसानी से पहचानी जा सकती है।

हिंदी में आधुनिक कला पर स्तरीय, गंभीर और नियमित लेखन की शुरुआत 1965 में 'दिनमान' के प्रकाशन के साथ हुई। उससे पहले छिटपुट और 'रंगीन' किस्म का और परिचयात्मक लेखन विभिन्न पत्र-पत्रिकाओं में छपता था। 'दिनमान' की संपादकीय टीम ने लगभग सभी संस्कृति-स्तंभों को न सिर्फ गहरे स्तर पर 'आधुनिक' बनाया, बल्कि

इन विधाओं पर लिखने का एक नया ढंग, नया नजरिया सामने रखा। भाषा के स्तर पर भी एक बहुत बड़ा फर्क सामने आया। भारतीय कला पर हिंदी में महत्वपूर्ण और गंभीर लेखन की शुरुआत राय कृष्णदास से हुई थी। उनकी पुस्तकें 'भारत की चित्रकला' और 'भारतीय मूर्तिकला' आज भी अपने ढंग की अद्वितीय पुस्तकें हैं। राय कृष्णदास का जन्म काशी के सुप्रसिद्ध राय खानदान में हुआ था। उनके पिता राय प्रह्लाद दास स्वयं एक बड़े कला-मर्मज्ञ थे। बेटे पर भी इसकी गहरी छाप पड़ी। भारतेंदु परिवार से संबंध के कारण भी राय कृष्णदास का हिंदी से गहरा लगाव था। उन्हें अंग्रेजी और संस्कृत का भी अच्छा ज्ञान था। प्राचीन भारतीय कला को समग्रता में समझने के लिए इन तीनों भाषाओं का अच्छा ज्ञान जरूरी भी है।

राय कृष्णदास को बचपन में ऐसा वातावरण मिला जिसमें संस्कृति के विश्व के बड़े-बड़े नामों से निकट संपर्क के अवसर मिलते रहते थे। पुरातत्व में भी उनकी गहरी रुचि थी। गद्यकाव्य, कहानी, कविता और निबंध सरीखी विधाओं में उनकी सक्रियता भी कला लेखन को एक नई दिशा दे सकी। हिंदी में कला लेखन के इतिहास को देखें तो हमें पता चलता है कि सभी लेखक कविता से गहरे स्तर पर जुड़े रहे हैं। पश्चिम में भी यही बात देखी जा सकती है। बोदलेयर, रिलके, एपोलिनिएर आदि अनेक प्रमुख कवियों ने कला लेखन को समृद्ध किया।

राय कृष्णदास की पुस्तकें बंगाल स्कूल को भी सिर्फ छू पाती हैं। अंत में उनकी सूची में हेब्बार, हुसेन, गुजराल का नाम तो आ जाता है पर राय कृष्णदास मुख्यतः प्राचीन भारतीय कला के रसिक, व्याख्याता और मर्मज्ञ थे। जाहिर है कि आधुनिक कला लेखक के लिए यह बुनियाद भी बहुत जरूरी थी। 'कला निधि' सरीखी पत्रिकाओं ने कला पर गंभीर लेखन की पहल की। राय कृष्णदास की पुस्तक 'भारत की चित्रकला' के अंत में एक पंक्ति है—''इस प्रकार आधुनिक चित्रकला भारत में प्रगति के पथ पर है।''

यह 'प्रगति का पथ' आसान नहीं था। सच तो यह है कि प्रगति की संपूर्ण धारणा पर ही शक करने की जरूरत थी। उस समय कलाकार भी पश्चिमी कला मूल्यों, आग्रहों और आधुनिकता से आतंकित थे। ऐसे में कला समीक्षकों से क्या उम्मीद की जा सकती थी।

हिंदी में 'नवनीत', 'प्रतीक', 'कल्पना', और 'आधार' सरीखी पत्रिकाओं से शुरू होकर 'धर्मयुग', 'साप्ताहिक हिन्दुस्तान' और 'सारिका' ने आधुनिक कला को पर्याप्त जगह दी। साठ और सत्तर के दशक में इन पत्रिकाओं में आधुनिक कला पर भले ही गंभीर बहसें नहीं शुरू की गईं पर रंगीन चित्रों, परिचयात्मक टिप्पणियों का अपना महत्व था। 'धर्मयुग' ने चित्र-वीथी में देश के महत्वपूर्ण कलाकारों की रंगीन अनुकृतियां (संक्षिप्त परिचय के साथ) छापीं। समय-समय पर कलाकारों पर वृत्तांत भी छपे।

साठ के दशक के अंतिम वर्षों में 'सारिका' में एक लोकप्रिय लेखमाला शुरू हुई थी जिसमें देश के अनेक 'प्रसिद्ध' चित्रकारों पर सचित्र लेख छपे थे। कृष्णकांत, नंदकिशोर मित्तल, सुदीप आदि लेखकों ने इस शृंखला में लिखा। यह एक अच्छी और अपने ढंग की महत्वपूर्ण शुरुआत थी। यह स्तंभ पंसद भी किया गया पर बाद में साधारण या स्थानीय कलाकारों को भी 'प्रसिद्ध' बताया जाने लगा। यह लेखमाला बंद हो गई, हालांकि उस समय भी अनेक महत्वपूर्ण कलाकारों पर फोकस की पूरी गुंजाइश थी। फिर भी कमलेश्वर के संपादन में यह लेखमाला एक महत्वपूर्ण पहल साबित हुई। साठ के दशक में धर्मवीर भारती के संपादन में 'धर्मयुग' में भी कला को पर्याप्त जगह मिली। उस समय 'धर्मयुग' के अधिकांश संस्कृति वृत्तांत अपेक्षाकृत अधिक गंभीर होते थे। उन्होंने एक नया संस्कृति वातावरण बनाया।

श्रीपत राय की 'कहानी' ने भी आधुनिक कला के प्रति नई जागरूकता पैदा की। उसके आवरण पर आधु. निक कला (पश्चिमी भी) को जगह मिली। छोटी-छोटी संपादकीय टिप्पणियां भी कला के प्रति पाठक की दिलचस्पी बनाने-बढ़ाने में सहायक हुई। श्रीपत राय स्वयं एक महत्वपूर्ण कलाकार भी थे और अगर वे कला लेखन को अधिक समय दे पाते, तो निश्चय ही हिंदी कला-लेखन और भी समृद्ध होता।

दरअसल हिंदी प्रदेशों में अनेक लेखक चित्रकार भी हैं। जगदीश गुप्त, विपिन कुमार अग्रवाल, कृष्णनारायण कक्कड़, सरीखे लेखकों-कवियों की कला में गहरी दिलचस्पी रही है। इसीलिए इन रचनाकारों ने समय-समय पर रचनात्मक हस्तक्षेप भी किया।

सन् 1965 में 'दिनमान' का प्रकाशन हिंदी पत्रकारिता में एक घटना थी। फिल्म, साहित्य, कला, संगीत, रंगमंच (यहां तक कि खेल भी) सरीखे स्तंभों को हिंदी में एक नई पहचान मिली। अज्ञेय ने 'दिनमान' के स्टाफ में हिंदी के कई बड़े आधुनिक लेखकों को नियुक्त किया था। वे सभी कलाओं की आवाजाही में विश्वास रखते थे, साथ ही अनेक विधाओं के निकट संपर्क में भी। भविष्य में शायद ही कोई हिंदी की ऐसी पत्रिका सामने आए जिसमें अज्ञेय, श्रीकांत वर्मा, मनोहर श्याम जोशी, सर्वेश्वरदयाल सक्सेना, रघुवीर सहाय, प्रयाग शुक्ल सरीखे नाम एक साथ काम करते हुए नजर आएं। आधुनिक हिंदी पत्रकारिता का वह स्वर्णयुग था—अपनी समस्त सीमाओं के बावजूद। 'दिनमान' के ये संस्कृति-स्तंभ लेखक बहुत विनम्र नहीं थे, महत्वाकांक्षी थे, मूर्तिभंजक थे, विद्रोही थे और शायद 'कलावादी' भी थे।

इसके बावजूद 'दिनमान' एक अद्‌भुत शुरुआत थी। 1965 की 'दिनमान' की प्रारंभिक फाइलें उठाकर देखिए तो आपको लेखकों के नाम नहीं मिलेंगे, (नाम देने की परंपरा 'दिनमान' में रघुवीर सहाय के समय से शुरू होती है), पर हिंदी में आधुनिक कला लेखन और सार्थक पत्रकारिता की शुरुआत 'दिनमान' से ही होती है। किसी अंग्रेजी पत्रिका ने भी उस समय ऐसा नहीं किया। अंग्रेजी अखबार जरूर सक्रिय थे।

'दिनमान' में कला पर नियमित लेखन की शुरुआत स्व. श्रीकांत वर्मा ने की थी। उन्होंने शुरू के ही पांच-सात महीनों में अनेक समकालीन कलाकारों पर फोकस किया, एक अलग तरह की भाषा में। तब तक आधुनिक कला पर हिंदी में लिखा तो गया था लेकिन श्रीकांत वर्मा ने हुसेन, सूजा, अंबादास, स्वामीनाथन, जेराम पटेल, तैयब मेहता, हिम्मत शाह आदि पर अपनी प्रारंभिक टिप्पणियों से ही एक नई तरह की भाषा शैली को विकसित किया। इस पुस्तक में हमने श्रीकांत वर्मा के उन दिनों के लेखन के कुछ नमूने दिए हैं जो यह अच्छी तरह से बताते हैं कि श्रीकांत वर्मा आधुनिक कलाकारों पर बात करने के लिए पुरानी भाषा और कला संस्कारों से मुक्त होकर लिख रहे थे। उन्होंने सिर्फ कला पर अपनी 'भावुक' प्रतिक्रिया ही नहीं दी, बल्कि कलाकार के रचना-संसार का संक्षिप्त विवरण देते हुए स्वयं कलाकार के कला संबंधी नजरिये को रेखांकित भी किया। कला समीक्षा, भेंटवार्ता, टिप्पणी आदि का मेल उन्होंने अच्छी तरह से सामने रखा जो दुर्भाग्यवश उनके संकलित लेखन में नहीं है। 'दिनमान' की पुरानी फाइलों से ही उसका परिचय प्राप्त किया जा सकता है। वह भी 'ऑफिस फाइल' से, चूंकि नाम न छपने के कारण पाठक सिर्फ अनुमान ही लगा सकता है।

'दिनमान' में उन दिनों मनोहर श्याम जोशी ने भी कला-स्तंभ में कभी-कभार लिखा था। 'हुस्न और हुसेन' टिप्पणी इस पुस्तक के दस्तावेज खंड में पढ़ी जा सकती है। शोधकर्ता खोज कर सकते हैं कि यह टिप्पणी मनोहर श्याम जोशी द्वारा ही लिखी गई थी।

'दिनमान' में 1965 में ही हुसेन पर आवरण कथा छपी थी जो ऐतिहासिक महत्व की है। उसे भी इस पुस्तक के दस्तावेज खंड में पढ़ा जा सकता है। श्रीकांत वर्मा के बाद उमेश वर्मा (जो स्वयं चित्रकार हैं) ने भी 'दिनमान' में लिखा और फिर बाद में यह स्तंभ नियमित रूप से प्रयाग शुक्ल ने लिखा, देखा और संभाला।

प्रयाग शुक्ल 'दिनमान' में शुरू से ही लिख रहे थे। पहले वे रंगमंच स्तंभ लिखते थे, बाद में कला पर लिखने लगे। रामकुमार से परिचय ने उन्हें कला पर लिखने के लिए प्रेरित किया। बाद में 'दिनमान' का संपादन रघुवीर सहाय के हाथ में आ गया था। रघुवीर सहाय ने तमाम कला विधाओं में गहरी दिलचस्पी के कारण सिनेमा, कला और संगीत पर समय-समय पर अनेक ऐसी आवरण कथाएं भी दीं, जिनकी पाठक शायद कल्पना भी नहीं कर सकेंगे। कला की ही बात करें तो रामकिंकर की मृत्यु पर 'दिनमान' ने इस बड़े कलाकार पर आवरण कथा प्रकाशित की। दरअसल 1965-80 के समय में 'दिनमान' में कला पर स्थाई महत्व की सामग्री प्रकाशित हुई जिसका समुचित विश्लेषण होना अभी बाकी है।

सत्तर के दशक में 'प्रतिपक्ष' में कमलेश के संपादन में कला पर नियमित सामग्री प्रकाशित हुई। गीता कपूर के अनेक लेखों के बेहतर अनुवाद उस समय 'प्रतिपक्ष' में नियमित रूप से छपे थे। इसके अलावा के.जी. सुब्रमण्यनृ, गुलाम मोहम्मद शेख और आदिल जस्सावाला आदि के महत्वपूर्ण लेख भी उन दिनों 'प्रतिपक्ष' में छपे थे। भोपाल की साहित्यिक पत्रिका 'पूर्वग्रह' में भी हिंदी में कला पर स्थाई महत्व की सामग्री छपी है। रजा, रामकुमार, स्वामीनाथन, विवान सुदंरम सरीखे कलाकारों पर 'पूर्वग्रह' में विशेष फोकस हुआ। बाद में 'कला वार्ता' में भी कला पर नियमित सामग्री प्रकाशित हुई।

इस बीच राजधानी में 'जनसत्ता' का प्रकाशन शुरू हुआ जिसमें कला का नियमित स्तंभ शुरू से ही था। दैनिक पत्रकारिता में यह एक नई शुरुआत थी। मैगजीन संपादक मंगलेश डबराल ने कला पर नियमित लेखन के महत्व को रेखांकित किया। विनोद भारद्वाज, असद जैदी, पंकज सिंह, सुरेश शर्मा आदि ने कला पर लिखा। इस तरह से हिंदी कवियों का किसी-न-किसी वजह से आधुनिक कला से गहरा रिश्ता है। यह रिश्ता सिर्फ दोस्ती का ही न होकर गहरे रचनात्मक हस्तक्षेप का भी है।

ललित कला अकादेमी ने 'समकालीन कला' पत्रिका का प्रकाशन 1982 में शुरू किया। हिंदी में अपने ढंग की यह एक अकेली पत्रिका है। शुरू में इसके कुछ अंकों के अतिथि संपादक प्रयाग शुक्ल थे। अब सौमित्र मोहन सह-संपादक के रूप में इस पत्रिका को संभाल रहे हैं। इस पत्रिका के अंक दरअसल किताब की ही तरह होते हैं। सौभाग्यवश सौमित्र मोहन ने इन अंकों के प्रकाशन-संपादन में प्रामाणिकता, एकरूपता, शब्दावली आदि पर काफी ध्यान दिया है। इस पुस्तक की बहुत-सी सामग्री 'समकालीन कला' के कारण भी इतनी चुस्त-दुरुस्त हो पाई है। विभिन्न हिंदी प्रदेशों से भी अनेक कला-पत्रिकाएं सामने आई हैं। वरिष्ठ लेखक चित्रकार कृष्ण नारायण कक्कड़ ने लखनऊ से 'कला त्रैमासिक' को नियमित बनाया। लेकिन हिंदी प्रदेशों में कला की 'भूख' को देखते हुए ये सभी काम नाकाफी हैं। इन कामों को और बढ़ावा मिलना चाहिए।

अनेक महत्वपूर्ण कलाकारों—हुसेन, तैयब मेहता आदि ने समय-समय पर भारतीय भाषाओं में कला के महत्व को रेखांकित किया है। लेकिन कला-लेखन पेशेवर कला-समीक्षकों के हाथ में इसलिए भी नहीं आ पाया है कि पारिश्रमिक की स्थिति बहुत खराब रही है। शौकिया या किसी सनक से काम होता है, होता भी रहेगा। लेकिन कला पर एक लेख से तो छोड़िए, दस लेखों के पारिश्रमिक से भी पश्चिम में छपा कोई आधुनिक कैटलॉग लेखक नहीं खरीद सकता है। कला संस्थाओं की हालत भी बहुत खराब हो गई है, बल्कि खस्ता होती चली जा रही है। हिंदी के दैनिक अखबारों में स्थिति पहले से कुछ बेहतर तो हुई है पर वह भी 'आदर्श स्थिति' से बहुत दूर है। 'चालू संस्कृति लेखन' को चाहे-अनचाहे बढ़ावा मिल रहा है।

कुछ समय पहले एक प्रदर्शनी के उद्‌घाटन के अवसर पर वीडियो कैमरा सक्रिय था। तेज रोशनी में बतियाते, गैलरी में आते लोगों को कैमरा उतार रहा था। पर उस प्रदर्शनी में कहीं कोई कैटलॉग नहीं दिख रहा था। गैलरी के उत्साही प्रबन्धक ने हमें बताया, ''कैटलॉग छापने का जमाना चला गया। अब वीडियो का जमाना है। कैटलॉग वगैरह की कोई जरूरत नहीं रह गई है।''

जाहिर है कि इस उत्साह के साथ सिर्फ सहानुभूति ही दिखाई जा सकती है। कैटलॉग भले ही साधारण और सस्ते कागज पर छपा हो पर छपने के पचास साल बाद भी वह चीजों को, तथ्यों को एक नए ढंग से सामने ला सकता है। वीडियो का जीवन बहुत कम है। उसका प्रभाव बहुत सीमित है।

दरअसल आधुनिक भारतीय कला का दस्तावेजी रूप (डॉक्यूमेंटेशन) बहुत कम सामने आ पा रहा है। यह दुर्भाग्यपूर्ण है। स्थिति यह है कि नीरद मजूमदार सरीखे बड़े आधुनिक चित्रकार का निधन किस वर्ष में हुआ इसे पता लगाने के लिए हमें दर्जनों चित्रकारों, पुस्तकालयों की शरण लेनी पड़ी। एक सुप्रसिद्ध चित्रकार ने हंसकर कहा, ''चित्रकारों के जीने-मरने की किसे परवाह है।''

बहरहाल, कला-लेखन इस स्थिति से जूझ रहा है। कलाकार तमाम दूसरे अच्छे कामों के लिए अपने चित्रों की नीलामियां करवा रहे हैं। अगर जल्दी ही कला के डॉक्युमेंटेशन, लेखन आदि के लिए कोई बड़ी नीलामी नहीं हुई तो बहुत-सी चीजें खो जाएंगी। अभी भी समय है, बहुत-सी चीजों को सही ढंग से सही जगह पर दर्ज कर लेने का।

दो-चार बड़े शहरों में ही कला दीर्घाएं सक्रिय हैं। इधर महानगरों में 'पॉश' इलाकों में नई कला दीर्घाएं खुल जरूर रही हैं, पर उन्हें कला के 'डॉक्युमेंटेशन' से क्या लेना-देना। उनके लिए पेंटिंग और मूर्तिशिल्प आधुनिक घरों की सज्जा का सामान ज्यादा है।

दिल्ली में आर्ट हेरिटेज कला दीर्घा (जिसके प्रबंधक इब्राहिम अलकाजी हैं) ने पिछले कुछ सालों में वार्षिकी कैटलॉग को किताब की तरह छापना शुरू किया है। इससे सभी प्रदर्शनियों के रिकॉर्ड आसानी से खोजे जा सकते

हैं—कला संबंधी तमाम बहसों को भी पढ़ा जा सकता है। यह एक बड़ा काम है। खासतौर पर जबकि कला संस्थाएं इस दिशा में उदासीन हैं और राजनीति की भी शिकार हैं। इस माहौल में हमने इस कला कोश को तैयार किया है। सुविधाएं सीमित थीं। किसी संस्था से कोई ग्रांट नहीं ली गई थी। युवा प्रकाशक अनिल पालीवाल ने उत्साह दिखाया। स्वतंत्रतापूर्वक काम करने की मुझे छूट दी। इसीलिए यह काम किया जा सका। एक अच्छी टीम हो और घूमने, चीजों को एकत्रित करने की पूरी सुविधाएं हों तो इस तरह का काम और भी अच्छी तरह से किया जा सकता है।

कोशिश की गई है कि हिंदी में छपी कुछ दुर्लभ सामग्री शामिल की जा सके। विभिन्न कवियों-लेखकों ने अलग-अलग समय पर जो लिखा है (जाहिर है कि उनकी जरूरतें भी अलग-अलग थीं) उन्हें एक क्रम और आकार देने की कोशिश की गई है। किसी कलाकार पर लंबा लेख है और किसी पर छोटा तो इसका संबंध कलाकार के 'महत्व' या 'प्रासंगिकता' से नहीं है। लेकिन पाठक विभिन्न लेखों, टिप्पणियों और भेंटवार्त्ताओं की मदद से आधुनिक कला के सरोकारों से परिचित हो सकते हैं। कला और कलाकारों पर लिखने के कई तरीके हो सकते हैं—संकलित सामग्री को पढ़कर यह स्पष्ट हो जाता है।

कलाकार स्वयं क्या सोचते हैं यह हमेशा महत्वपूर्ण और प्रामाणिक भले न हो पर उसे जानना और दर्ज करना बहुत जरूरी है। अच्छे कला समीक्षक कलाकारों के साथ रहकर, घूमकर, बतियाकर उनकी कला के बारे में लिखते हैं। सवाल किसी एक प्रदर्शनी में कुछ चित्रों को देखकर 'साहित्यिक' प्रतिक्रिया देने का नहीं है। इसीलिए कला समीक्षा एक साधना है। मात्र अखबारी काम नहीं है कि कहीं हड़बड़ी में कापी-कलम लेकर चले गए और दो-चार चीजें नोट कर आए। आज का मीडिया वैसे ऐसे कला-लेखकों को बढ़ावा जरूर दे रहा है।

कलाकारों की सूची को भी अंतिम या संपूर्ण भला हम कैसे मान सकते हैं। दरअसल यह एक कोशिश है। कला के इतिहास के कुछ 'संकेत' इस सूची में मिल जाएंगे। विदेश गई सभी महत्वपूर्ण प्रदर्शनियों, भारतीय अंतर्राष्ट्रीय प्रदर्शनियों, समय-समय पर देश में हुई समूह प्रदर्शनियों और विभिन्न कला-समीक्षकों की राय को ध्यान में रखकर यह सूची तैयार की गई है। व्यक्तिगत पसंद और नापसंद को ध्यान में नहीं रखा गया है। इस समय भारतीय कला जगत में काफी सक्रियता है। दर्जनों महत्वपूर्ण युवा कलाकार अच्छा काम कर रहे हैं। उनके नाम सूची में नहीं हैं, चूंकि तब सूची बहुत बड़ी हो जाती। फिर भी उम्मीद है कि कला के अध्येता इस सूची को उपयोगी पाएंगे। जो त्रुटियां इसमें रह गई हैं उन्हें सुधारा भी जा सकता है। जन्म-मृत्यु के वर्षों को लेकर कुछ भ्रांतियां और विवाद हैं। बड़ी-बड़ी सुविधा-संपन्न संस्थाओं से प्रकाशित कैटलॉग भी पूरी जानकारी नहीं दे पाते। आलस्य के कारण या 'डॉक्युमेंटेशन' के प्रति उदासीनता के कारण।

मैं उन सभी लेखकों का आभारी हूं जिनके लेख, अनुवाद, टिप्पणियां आदि इस पुस्तक में शामिल हैं। अनिल पालीवाल का खास तौर से आभारी हूं। वे बराबर दबाव डालते रहे। उन्होंने दखल भी नहीं दिया। अपनी पत्नी देवप्रिया का भी बहुत आभारी हूं कि सूची बनाने के काम में और परिशिष्ट की सामग्री के चयन में उसकी भूमिका महत्वपूर्ण रही है। प्रयाग शुक्ल, सौमित्र मोहन, विष्णु खरे, आनंददास गुप्त, सुरेश शर्मा, सुरेश उनियाल, मंगलेश डबराल, उदय प्रकाश, हरिप्रकाश त्यागी, गगन गिल, बिंदु, मनजीत बावा, संसार चंद आदि मित्रों का भी विशेष रूप से आभारी हूं। उनके बिना यह काम संभव नहीं था। पुस्तक में दो-चार जगहों पर अनुवादकों के नाम इसलिए नहीं दिए गए हैं चूंकि मूल में भी वे नहीं दिए गए थे।

मुझे पूरी उम्मीद है कि भविष्य में भारतीय भाषाओं में कला संबंधी पुस्तकों का प्रकाशन संख्या में ही नहीं गुणवत्ता की दृष्टि से बढ़ेगा। कलाकारों को भी कला-लेखन को सिर्फ प्रचार सामग्री से कुछ अधिक मानना चाहिए। यह भी सही है कि सूजा, स्वामीनाथन, सुब्रमण्यन्, कृष्ण खन्ना और गुलाम मोहम्मद शेख सरीखे कलाकारों ने कला पर जो लिखा है वह आज भी सबसे अधिक उत्तेजक, प्रामाणिक, दस्तावेजी और महत्वपूर्ण है। फिर भी कला लेखकों की जरूरत बनी रहती है। जिस तरह से कभी-कभी फिल्म में फ्लेशबैक की तकनीक का इस्तेमाल होता है, कुछ उसी तरह से मैंने पश्चिम में आधुनिक कला के सौ सालों की जांच से पहले 1987 के कला बाजार में वॉग गॉग की पेंटिंग की बहुचर्चित नीलामी से शुरुआत की है, और फिर 1888 की दुनिया में जाना उचित समझा है।

30 नवंबर, 1988

-विनोद भारद्वाज

मेरा लक्ष्य हमेशा यथार्थ के जादू को पकड़ कर उस यथार्थ को पेंटिंग में बदलना होता है—यथार्थ के माध्यम से ताकि वह चीज दिखाई दे जो वैसे दिखाई नहीं दे रही है। सुनने में इसमें विरोधाभास नजर आता है लेकिन दरअसल यथार्थ से हमारे अस्तित्व का रहस्य प्रकट होता है।

—मक्स बेकमन्न
(जर्मन अभिव्यंजनावादी चित्रकार)

पश्चिम में आधुनिक कला का इतिहास

पिकासो का मूर्तिशिल्प

उत्तर प्रभाववाद

आधुनिक कला (जाहिर है कि पश्चिमी संदर्भ में) की शुरुआत कहां से मानी जाए? 1874 में प्रभाववादियों ने पेरिस में अपनी पहली प्रदर्शनी की थी। उन्होंने कला की धारणा में क्रांतिकारी परिवर्तन ला दिया था। वैज्ञानिक जानकारियों से लैस होकर उन्होंने रंगों-रूपाकारों की एक नई समझ पैदा की थी। स्टूडियो की कैद से भी उन्होंने मुक्त होने की महत्वपूर्ण कोशिश की थी। ईजल, कूची और रंग वगैरह लेकर वे बाहर निकल पड़े थे। प्रकृति को एक नए ढंग से देखने-जांचने के लिए। पर हम आधुनिक कला की शुरुआत उत्तर प्रभाववादियों से मानेंगे। प्रभाववादियों ने रंगों को समृद्ध किया था, रोशनी की न जाने कितनी बारीकियों को पहचाना था। क्लोद मोने और उनके साथियों ने एक नया रास्ता दिखाया था। 1884 में कलाकारों की एक नई जमात ने प्रदर्शनियां शुरू कीं—वॉन गॉग, तूलोज लात्रेक, बोन्नार, रूसो सरीखे कलाकारों ने उत्तर प्रभाववाद की नींव रखी। इस जमात में अनेक जीनियस कलाकार थे। उनके इरादे अलग-अलग थे पर बाद में कला इतिहासकारों ने उनमें कुछ समानाएं भी पहचानीं। पेंटिंग एक मौलिक और रचनात्मक क्रिया है जिसके अपने नियम हैं—अपनी जरूरतें हैं। पेंटिंग में यथार्थ को उतारा नहीं जाता।

1888 से भी आधुनिक कला की शुरुआत मानी जा सकती है। यह एक सुखद शुरुआत नहीं है। इस साल वॉन गॉग को विक्षिप्तता के दौरे शुरू हुए। पोल गोगां (1848-1903) 1888 में वॉन गॉग के साथ रहने के लिए आर्ले गए जहां उन्हें अपने दोस्त को विक्षिप्तता की गिरफ्त में देखना पड़ा। वॉन गॉग और गोगां, दोनों ही उत्तर प्रभाववादियों में सबसे महत्वपूर्ण कलाकार थे। दोनों ही को अपनी जिंदगी में भयंकर गरीबी का सामना करना पड़ा। मरने से दो साल पहले गोगां को जीने के लिए पोस्टर चिपकाने का काम करना पड़ा था। सूखी रोटी पानी के साथ निगलते हुए शानदार गोश्त खाने का सपना देखना पड़ा था।

वॉन गॉग का अंत और भी त्रासदीपूर्ण है। 1890 में 37 साल की उम्र में इस अद्‌भुत कलाकार को अपनी विक्षिप्तता से कड़े संघर्ष के बाद पिस्तौल से आत्महत्या करनी पड़ी। जब वे मरे, तो अपने पीछे 850 से अधिक पेंटिंग और 900 रेखांकन छोड़ गए थे। लेकिन मरने के 97 साल बाद सूरजमुखी शृंखला पेंटिंग के लिए रिकार्ड-तोड़ दाम पाने वाले इस कलाकार ने अपने जीवन में सिर्फ एक पेंटिंग बेची।

पश्चिमी कला बाजार की अपनी दिक्कतें और मजबूरियां हैं। लेकिन वॉन गॉग ने पिकासो, मातीस सरीखे नामी कलाकारों पर असर डाला। अभिव्यंजनावादियों और फाववाद पर भी उनका महत्वपूर्ण असर था। एक पादरी की संतान वॉन गॉग ने थोड़े समय के लिए पादरी का चोगा भी पहना। जैसा कि कला इतिहासकारों ने बाद में पहचाना—इस अभागे जीनियस पेंटर ने दरअसल ईश्वर से संबंध बनाने के लिए पेंटिंग का रास्ता अपनाया। पेंटिंग धर्म का एक विकल्प थीं।

वॉन गॉग साधारण जनों, दलितों, पीड़ितों को अपनी पेंटिंग में जगह देने वाले बड़े कलाकार थे। आलू खाते हुए लोगों की प्रसिद्ध पेंटिंग वॉन गॉग की कला को एक नई दिशा देती है। प्याज सरीखी छोटी चीज को उन्होंने अपनी पेंटिंग में जगह दी। गरीबों की तकलीफों और दुखड़े को उन्होंने चित्रभाषा दी। वॉन गॉग प्रकृति की भी बहुत आत्मीय पहचान रखते थे। सूर्य से वे बहुत गहरे स्तर पर जुड़े थे। लेकिन उन्होंने कभी 'धार्मिक चित्र' नहीं बनाए।

वॉन गॉग की छोटी-सी जिंदगी का बड़ा और महान संघर्ष उपन्यासों, जीवनियों, कला पुस्तकों का कई बार विषय बन चुका है। उनकी विक्षिप्तता के पारिवारिक-आनुवंशिक कारण भी थे। अपना बायां कान काटकर एक वेश्या

को देने वाले इस कलाकार के जीवन के बारे में उसकी अपने भाई के नाम लिखी असंख्य चिट्ठियों से बहुत-सी बातें जानी और समझी जा सकती हैं, पर साधारण जनों से गहरे लगाव ने वॉन गॉग को बड़ा कलाकार बनाया। यह विडंबना ही है कि मरने के सौ साल बाद इस कलाकार का काम दुनिया के सबसे बड़े अमीरों की प्रिय चीज बन जाए। सौभाग्यवश कला संग्रहालयों, दीर्घाओं, अनुकृतियों आदि की मदद से एक साधारण प्रेक्षक हमेशा सूरजमुखी की चमक, रोशनी और अवसाद-अंधेरे को पहचान सकता है।

वॉन गॉग की तुलना गोगां से की जाती है। एक पेंटर के रूप में गोगां ने माओरी आदिवासियों के बीच रहकर आधुनिक कला को नया आयाम दिया। माओरी स्त्रियों को गोगां ने अपने चित्रों में उनके सौंदर्य और ताकत के साथ पहचाना। पर कला मर्मज्ञों का कहना है कि गोगां और वॉन गॉग दोनों प्रभाववाद के दायरे से बाहर निकलने के लिए अपनी व्यक्तिगत जीनियस के कारण मजबूर हुए। दोनों का एकाकी जीवन था। पेरिस के कला केंद्र में दोनों अपने को फिट नहीं कर पाए, और एक असफल अंत की ओर बढ़ने के लिए मजबूर हुए।

बीसवीं शताब्दी के कलाकारों की आम तौर यह नियति नहीं थी। पिकासो और डाली की बीसवीं शताब्दी का स्वप्न (और दुःस्वप्न) दूसरी तरह का था। पर आधुनिक कला की नींव इन दो 'ट्रैजिक' किस्म के कलाकारों के आत्मसंघर्ष पर ही रखी हुई है।

पोल सेजां (1839-1906), हेनरी रूसो (1844-1910) और मातीस (1869-1954) के बिना आधुनिक कला की नींव को समझना भी मुश्किल होगा। सेजां के बारे मातीस की टिप्पणी बिल्कुल सही है कि उनके चित्रों में सब चीजें बिल्कुल सही ढंग से एक-दूसरे से जुड़ी होती हैं। जितनी भी आकृतियां हों, आप उनकी बनावट में भेद कर लेंगे। आपको यह भी पता चल जाएगा कि कोई अंग विशेष किस आकृति का है। दरअसल यह स्पष्टता और 'ऑर्डर' इसलिए है कि कैनवास पर काम शुरू करने से पहले ही कलाकार के दिमाग में यह स्पष्टता और 'ऑर्डर' था।

सेजां भी प्रभाववादियों के प्रभामंडल से उभरे और फिर धीरे-धीरे उन्हें देखने का वह ढंग दुरुस्त नजर नहीं आया। आंख की तरह देखने का ढंग उन्हें नाकाफी लगा। चीजों को नए ढंग से देखने का उन्होंने रास्ता खोला। बाद में घनवादियों (क्यूबिस्ट) ने इस रास्ते का पूरा फायदा उठाया। बीसवीं शताब्दी के शुरू के पांच-छह वर्षों में सेजां अनेक प्रतिभाशाली युवा कलाकारों के लिए 'मास्टर' बन गए।

हेनरी रूसों एक द्वीप की तरह हैं। चालीस की पकी उम्र में उन्होंने खुद ही कला का रास्ता खोज लिया। उनकी स्वप्न सरीखी 'एग्जॉटिक' दुनिया अलग ही नजर आती है। उनके जादुई यथार्थवाद के महत्व को घनवादियों, अभिव्यंजनावादियों और अतियथार्थवादियों, सभी ने स्वीकार किया।

मातीस का नाम फाववाद से भी जुड़ा है। 1905 में कुछ कलाकारों के काम को 'जंगली जानवर का पिंजरा' बताकर एक कला समीक्षक ने 'फाविज्म' नाम को जन्म दिया। इन कलाकारों ने चाक्षुष यथार्थ की जगह पर बौद्धिक यथार्थ (पीला आसमान, लाल पेड़) को महत्व दिया। 1905 से 1908 तक मातीस का 'जंगली जानवर' रूप सक्रिय रहा। वे इस आंदोलन के अग्रदूत बन गए।

इसके बावजूद मातीस कमरे के भीतरी दृश्यों, स्टिल लाइफ, सैरों, निर्वसनाओं की दुनिया से ऊबे नहीं। घनवाद ने उन्हें आकर्षित नहीं किया। मातीस एक शांत, सुंदर और संतुलित दुनिया के चितेरे बने रहे। उनका पिंजरा एक सभ्य सुसंस्कृत आदमी का पिंजरा साबित हुआ, बीसवीं शताब्दी के जंगली जानवर का नहीं।

(1988)

अभिव्यंजनावाद

एक जमाने में जर्मन कला समीक्षक वाल्डेन ने प्रभाववाद का विरोध करने वाली सभी आधुनिक कलाओं के लिए 'अभिव्यंजनावाद' नाम का इस्तेमाल किया था। बाद में इस नाम या धारणा का इस्तेमाल उस कला के लिए होने लगा जिसमें देखे गए यथार्थ की तुलना में यथार्थ के प्रति निजी प्रतिक्रिया को ज्यादा महत्व दिया जाता था। धीरे-धीरे अभिव्यंजनावाद का अर्थ उस कला से जुड़ गया जिसमें कलाकार की भावनाओं, संवेग आदि रंगों-रूपाकारों का एक अलग विरूपित किस्म का यथार्थ बनता है।

दरअसल बीसवीं शताब्दी के पहले दशक में 'अभिव्यंजनावाद' के लिए वॉन गॉग, गोगां की कला और फाववा. दियों के आंदोलन ने एक रास्ता बना दिया। बाद में जर्मनी में इस तरह की कला को खूब फलने-फूलने का मौका मिला। जर्मनी में तो एक जमाने में कला, साहित्य, फिल्म, स्थापत्य, संगीत आदि सभी विधाओं में अभिव्यंजनावाद का प्रभुत्व था। इसका एक प्रमुख कारण वहां का राजनीतिक-सामाजिक माहौल भी था जिसने तमाम अतिवादी विचारधाराओं के बीच में कलाकार को लगभग फंसा-सा दिया।

बहरहाल, अभिव्यंजनावाद में विचार की तुलना में भावनाओं पर अधिक जोर दिया जाता था। कलाकार अक्सर ऐसे विषय चुनते थे (मृत्यु, दुःख, वेदना, यंत्रणा आदि) जो प्रेक्षक में तीव्र भावनाएं जगाते थे। जाहिर है कि रेखाओं के मुकाबले में रंगों का महत्व बढ़ गया। यह भी स्पष्ट है कि दरअसल अभिव्यंजनावादी मिजाज बीसवीं शताब्दी की कोई अपनी विशेषता नहीं थी। सभी संस्कृतियों और कालों में इसे खोजा और पहचाना जा सकता है। न ही यह घनवाद सरीखे आंदोलनों की तरह किसी खास समय में शुरू होकर खास समय में खत्म हो गया। पर आधुनिक कला के इतिहास में अभिव्यंजनावाद की एक खास पहचान बनी और कुछ कलाकारों को इस धारा के साथ जोड़ा जा सकता है। ये कलाकार विश्व युद्धों के वातावरण में अपनी संवेदनाशील 'चीख' की मदद से एक खास तरह का विरोध करते रहे।

नार्वे के कलाकार एडवर्ड मुंच (1863-1944) ने 1894 में एक पेंटिंग बनाई थी—'चीख'। यह अकेली पेंटिंग अभिव्यंजनावाद के सोच और मिजाज को स्पष्ट देती है, बल्कि इस आंदोलन का परिचय ही इस पेंटिंग से मिल जाता है। मुंच खुद वॉन गॉग और गोगां से काफी प्रभावित थे। मृत्यु, रोग और आशंका का यह अनोखा कलाकार कुछ समय तक मानसिक विक्षिप्तता का भी शिकार रहा। मुंच ने 1889 में लिखा था, "हमें पढ़ते हुए आदमियों और बुनाई करती औरतों की तस्वीरें बनानी बंद कर देनी चाहिएं। हमें तो उन जीवित लोगों के चित्र बनाने हैं जो सांस लेते हैं, भावुक हैं, दुःखी हैं, प्रेम करते हैं।"

यह वक्तव्य अभिव्यंजनावाद की मानसिकता को बहुत अच्छी तरह से व्यक्त करता है। मुंच ने 'चीख' पेंटिंग पर आधारित जब लीथोग्राफ बनाया तो नीचे यह वाक्य लिख दिया : "मुझे प्रकृति की चीख सुनाई पड़ती है।"

अभिव्यंजनावाद का गहरा संबंध साम्यवादी विचारधारा से भी रहा है। मानव सभ्यता की तकलीफों से जुड़ाव की वजह से यह संबंध सहज था। आतंरिक उद्वेगों और भावातिरेकों की विस्फोटक अभिव्यक्ति आदमी को बेहतर जीवन का एक सपना दिखाती थी। इस कला में शांति नहीं थी—न सुव्यवस्था। एक आवेश था। बीसवीं शताब्दी की अमानवीयता के विरुद्ध एक चीख थी।

बेल्जियम के चित्रकार जेम्स एंसर (1860-1949) का नाम भी अभिव्यंजनावाद से खास तरह से जुड़ा है। उनकी 1889 की प्रसिद्ध पेंटिंग 'स्टोव के सामने गर्माते कंकाल' मुंच की 'चीख' की तरह प्रसिद्ध भले ही न हो,

पर इस कला आंदोलन का एक प्रतिनिध चित्र अवश्य है। 'बूढ़ी औरत और मुखौटे' या 'मुखौटे और मृत्यु' सरीखे उनके चित्र गहरे निराशावाद को भी छिपाए हुए हैं और आने वाले युद्धों का भय, अवसाद, आशंका भी उनमें नजर आती है। कंकालों और मुखौटों का यह चितेरा कई तरह के विषयों पर चित्र बनाता रहा। मुंच और एंसर दोनों ने लंबा जीवन पाया पर चालीस की उम्र तक ही दोनों ने अपनी कला को पा लिया था। बाद में तो सिर्फ दुःख, सुख, प्रसिद्धि वगैरह रह गई थी।

जर्मन अभिव्यंजनावाद में से कोई एक बड़ा कलाकार चुनना मुश्किल काम है पर वहां यह 'आंदोलन' सबसे अधिक सक्रिय और मुखर रहा। 1905 में ड्रेसडेन में कलाकारों की एक टोली 'डाई ब्रुके' (पुल) नाम से सामने आई। इन कलाकारों का नजरिया और लक्ष्य समान था। गोगां, वॉन गॉग और मुंच के वे प्रशंसक थे। किरखनर, कार्ल श्मिट रोटलुफ, हेकेल सरीखे कलाकार इस टोली से जुड़े थे। बाद में एमिल नोल्डे, मक्स पेखश्टाइन वगैरह भी इस टोली की तरफ झुके और जल्दी ही अलग भी हो गए। इस टोली के कलाकार फाववादियों का जर्मन संस्करण कहे जा सकते थे पर उनमें सामाजिक और राजनीतिक प्रतिबद्धता अधिक थी। ये कलाकार चाहते थे कि आधुनिक कलाओं और अपने समय की लोकप्रिय कलाओं में एक 'पुल' बनाया जा सके। यह टोली जर्मनी में 1913 तक सक्रिय रही।

1911 में म्यूनिख में 'डेर ब्लाऊ राइटर' (नीला घुड़सवार) नाम से एक दूसरी अभिव्यंजनावादी टोली उभरी। कांदिंस्की, मार्क, माके सरीखे नाम इस टोली से संबद्ध थे। कांदिंस्की और मार्क नीला रंग, घोड़े और घुड़सवार पसंद करते थे। इसीलिए टोली को यह नाम दे दिया गया। उस दौर के लेखक, संगीतकार और दूसरे प्रगतिशील कलाकार भी नीले घुड़सवार में दिलचस्पी दिखा रहे थे। ये कलाकार आधुनिक अभिव्यक्ति की विविधता और एक तरह की जीवित परंपरा को रेखांकित करना चाहते थे। प्रथम विश्व-युद्ध ने इस टोली को बहुत नुकसान पहुंचाया। माके और मार्क उस युद्ध में मारे गए।

ये नीले घुड़सवार चीजों के भीतर जाना चाहते थे। आध्यात्मिक और रहस्यवादी चीजों में उनकी खास दिलचस्पी थी। पाउल क्ले भी इस टोली से सुंबद्ध हो गए थे। क्ले और कांदिंस्की की विस्तृत चर्चा 'अमूर्त कला' के परिचय व विश्लेषण के दौरान की जाएगी।

जर्मन अभिव्यंजनावाद का सबसे प्रमुख नाम नोल्डे है। एमिल हांसेन किसान परिवार के थे। 1901 में 34 साल की उम्र में उन्होंने अपना नाम बदलकर नोल्डे रख लिया। नोल्डे की कला का धार्मिक आधार भी था और आदिम कलाओं में भी उनकी गहरी दिलचस्पी थी। नोल्डे जर्मन कला टोलियों से जुड़े जरूर पर मूल रूप से वे 'अकेले' थे। 1937 में नात्सियों ने उनकी कला का सार्वजनिक अपमान किया। विभिन्न संग्रहों से उनके डेढ़ हजार कैनवास जब्त कर लिए गए। 1941 में उन्हें पेंट से ही दूर रहने के लिए कहा गया। बर्लिन का उनका स्टूडियो बमबारी का शिकार हो गया।

दरअसल सभी अभिव्यंजनावादी नात्सियों के अत्याचारों के शिकार हुए। अध्यापन आदि के उनके पद छीन लिए गए। उनके बनाए चित्रों को पतनशील घोषित कर दिया गया। यह स्वाभाविक था। अभिव्यंजनावादियों ने अपनी कला में नात्सियों की भयानक मानसिकता को पहले ही चित्रित कर दिया था।

वीएयनाई अभिव्यंजनावाद के एक प्रमुख कलाकार थे—ऑस्कर कोकोश्का (1886-1980)। उनकी दिलचस्पी शबीहों (पोर्ट्रेट) में भी थी ताकि चेहरे के भीतर का चेहरा पहचाना जा सके। वे लेखक भी थे। उनके लेखन और चित्रों की आक्रामकता और रचनात्मक हिंसा ने वीएना के समाज को बेचैन किया—नाराज किया। अपनी शबीहों के बारे में कोकोश्का ने महत्वपूर्ण टिप्पणी की है : "मेरी शुरू की शबीहें युद्ध से पहले के वीएना में बनाई गई थीं। तब लोग अपेक्षाकृत सुरक्षित जीवन बिता रहे थे। पर वे डरे हुए थे। मैंने उनके सांस्कृतिक जीवन से इस डर को पहचाना और उनकी पीड़ा और वेदना को चित्रित किया।"

जर्मन अभिव्यंजनावाद को समझने के लिए मक्स बेकमन्न (1884-1950) और एर्न्स्ट बारलाख (1870-1938) का उल्लेख आवश्यक है। बारलाख चित्रकार, मूर्तिशिल्पी और लेखक थे। नात्सियों के अनुसार उन्होंने जर्मन किसानों के लिए गलत और भ्रष्ट स्लाव नमूने चुने।

प्रथम विश्व युद्ध ने बेकमन्न के निराशावाद को और भी बढ़ा दिया था। 1914 में सैनिक की पोशाक में इस चित्रकार ने लिखा : "मेरी जीने की इच्छा बहुत प्रबल हो गई है। पर मुझे महसूस होता है कि जैसे मैं दूसरों के साथ कई बार मरता हूं। लेकिन जितना ज्यादा मैं मरता हूं उतनी ही तीव्रता से मैं जीता हूं। मैं रेखांकन बना रहा हूं। वे मुझे मृत्यु और दूसरे खतरे से बचाते हैं।"

बेकमन्न किसी टोली में नहीं थे पर उनके आकृतिमूलक चित्र महत्वपूर्ण हैं। उन्होंने घनवाद से भी प्रेरणा पाई पर अंत तक वे अभिव्यंजनावादी ही रहे। उनके आत्मचित्रों में अपने समय की चिंता, वेदना और पीड़ा है।

मार्क शागाल का नाम भी अभिव्यंजनावादियों में गिना जाता है हालांकि उनकी चर्चा अतियथार्थवादियों में भी की जा सकती है। घनवाद, अभिव्यंजनावाद और रूसी लोक कला से एक साथ प्रेरणा प्राप्त करने वाले शागाल नीले घुड़सवारों के अधिक नजदीक थे। शुरू में शागाल की आकृतियों में जो सुंदरता और आकर्षण था वह चीज तो अभिव्यंजनावाद के खिलाफ जाती थी पर उनके रंगों में अभिव्यंजनावादी मिजाज था। बाद में हिटलर ने जब यहूदियों के साथ अत्याचार किए तो शागाल के चित्रों में आशंका, भय, चिंता प्रमुख हो गई।

गेओर्ग ग्रास्त्स (1893-1959) एक गरीब घर में पैदा हुए थे। उनके अद्भुत व्यंग्यचित्र अभिव्यंजनावाद से भी जुड़े हैं पर उनकी सही जगह 'दादावाद' है। युद्ध से उन्हें नफरत थी जो उनके चित्रों और रेखांकनों में जबरदस्त रूप में उभरती है।

कहा जा सकता है कि नात्सियों ने जर्मन अभिव्यंजनावाद की हत्या कर दी। पर अभिव्यंजनावाद कोई कला आंदोलन न होकर मिजाज है, नजरिया है। वह हमेशा था। आगे भी रहेगा। विरोध, नाराजगी और आशंका का माहौल कलाकार को हमेशा उद्वेलित करता है। हिंसक किस्म की भावनाएं जब कलाकार की नियंत्रित कल्पनाशक्ति का हिस्सा बन जाती हैं तो वे मनुष्य को बेहतर जीवन के लिए प्रेरित करती हैं।

(1988)

घनवाद

एक आंदोलन के रूप में घनवाद का जन्म दरअसल प्रभाववाद की प्रतिक्रिया में हुआ था। बाद में सेजां ने प्रकृति में ज्यामितीय रूपाकारों की जो खोज की उसने इस कला आंदोलन को जन्म देने में निर्णायक भूमिका निभाई। 15 अप्रैल, 1904 को सेजां ने एक युवा चित्रकार को चिट्ठी में लिखा कि प्रकृति को बेलनाकार, गोलाकार और शंकु रूप में देखना-समझना चाहिए।

घनवाद का मुख्य सरोकार रूपाकार की प्रस्तुति थी—किसी चीज को जैसे हम देखते हैं वैसे उसे समाने नहीं रखा गया। उसकी बनावट और स्पेस में उसका स्थान अधिक महत्वपूर्ण हो गया। यानी एक ही कैनवास या कागज पर एक ही चीज को कई रूपों में प्रस्तुत किया गया। जाहिर है कि परिप्रेक्ष्य के सिद्धांतों को अस्वीकृत किया गया। रंगों की तुलना में रूपाकारों पर अधिक बल दिया गया।

कला समीक्षक लुई वॉसेल ने 1908 में ब्राक की एक पेंटिंग की चर्चा करते समय 'घन' शब्द का इस्तेमाल किया जिसने घनवाद नाम की नींव डाली।

पाब्लो पिकासो और ब्राक घनवाद के दो सबसे बड़े कलाकार थे। दोनों ने कुछ समय तक घनवादी चित्र बनाए पर उनकी मुलाकात बाद में हुई, 1907 में । 1907 में पिकासो ने अपना ऐतिहासिक चित्र बनाया—'आविन्यो की स्त्रियां'। इस चित्र ने घनवाद को एक कला आंदोलन का रास्ता दिखाया। इसी पेंटिंग में आदिम कला (खासतौर पर अफ्रीकी कला) से कई चीजें सीखी गई थीं। विषय को सरल ज्यामितीय आकारों में बदल दिया गया था। बाद में अनेक घनवादी कलाकारों ने नीग्रो कला से नई प्रेरणा प्राप्त करने की कोशिश की।

घनवाद का बुनियादी विचार यही था कि कलाकार को तीन आयामों में जो दिखे उसे एक सपाट सतह पर पूरी तरह से कैसे दिखाया जाए।

अक्सर घनवाद और अमूर्त कला में घालमेल कर दिया जाता है। यह समझा जाता है कि घनवादी चित्रकार अमूर्तन में दिलचस्पी लेता है और विषय की उपेक्षा करता है। स्थिति दरअसल विपरीत है। घनवादी चित्रकार तो चीजों को पेंट करना चाहते थे, पर एक कोण से नहीं।

घनवाद के प्रारंभिक चरण (1907-1912) चीजों के रूपाकारों के विश्लेषण पर जोर दिया गया था। उसे विश्लेषणात्मक घनवाद कहा जाता है। 1912 के आसपास पिकासो, ब्राक और हुआन ग्रिस ने कोलाज का इस्तेमाल शुरू किया। अखबारों से लेकर रेल के टिकटों के टुकड़े तक कोलाज का हिस्सा बने। इसे संश्लेषात्मक घनवाद का नाम दिया गया। यह प्रवृत्ति 1915 तक प्रबल रही।

विश्लेषणात्मक घनवाद को भी दो हिस्सों में देखा जा सकता है। 1907-09 में सेजां का प्रभाव प्रबल था। 1909-12 में विश्लेषणात्मक खोजों पर जोर दिया गया।

घनवाद के प्रारंभिक दौर में गिटार, शराब का गिलास, बोतल, अखबार, मेज सरीखी चीजों को न जाने कितने कोणों से देखा गया। एकवर्णी चित्रण महत्वपूर्ण हो गया। बाद में कलाकारों को महसूस हुआ कि रूपाकार को सपाट करते चले जाने से चीजें यथार्थ से दूर होती चली जा रही हैं। धीरे-धीरे वास्तविक सामग्री (अखबार, कपड़ों, ताश के पत्तों और माचिस की डिब्बियों) का भी इस्तेमाल किया जाने लगा।

घनवाद क्योंकि बुनियादी रूप से एक यथार्थवादी कला आंदोलन था इसलिए चित्र जब यथार्थ से बहुत दूर होने लगे तो उन्हें यथार्थ के नजदीक लाने की कोशिशें भी शुरू हुईं।

घनवादी कलाकार बाद में भले ही अपने-अपने रास्तों पर चले गए पर इस कला आंदोलन ने उन्हें पेंटिंग की एक ऐसी समझ दी जो दूसरे चित्रों के जन्म के लिए जरूरी थी। पिकासो ने बाद में न जाने कितने चित्रों में इस समझ का सार्थक इस्तेमाल किया।

एक किस्से के अनुसार घनवाद के प्रारंभिक चरण में किसी ने पिकासो से पूछा कि इन दिनों अगर आप बारसेलोना (स्पेन) स्टेशन पर उतरें और आपके माता-पिता आपको घनवादी पेंटिंग सरीखे चेहरों के साथ घिरा देखें तो वे क्या सोचेंगे? इस पर एक कला समीक्षक ने टिप्पणी की कि पिकासो से यह सवाल किया जाना चाहिए कि वे अपनी पेंटिंग की स्त्री का साथ चाहेंगे या वीनस का? पर बहुत जल्दी ही पश्चिम का वातावरण घनवादी हो गया। उसका असर बहुत व्यापक था। आधुनिक डिजाइन, स्थापत्य और नगर योजनाएं—सभी कुछ घनवादी क्रांति से प्रेरित होने लगा।

जॉन बर्जर सरीखे कला समीक्षण घनवादी क्रांति को व्यक्तिगत जीनियस के परिणाम के रूप में नहीं देखना चाहते। उनका बुनियादी तर्क है कि कलाकार जब घनवादी नहीं रह गए, तो वे बड़े कलाकार भी नहीं रह गए। "यहां तक कि ब्राक और पिकासो भी अपने घनवादी दौर को कभी पार नहीं कर पाए। बल्कि उनका बहुत-सा बाद का काम घनवादी दौर की तुलना में घटिया है।"

ब्राक का एक उद्धरण है कि उन दिनों पिकासो और मुझमें जो बातें हुईं वे दुबारा कभी नहीं कही जाएंगी। अगर वे कहीं भी जाएंगी तो कोई उन्हें समझेगा नहीं। वह दौर कुछ ऐसा था जैसे पहाड़ पर आपको किसी के साथ रस्सी से बांध दिया गया हो।

यह निर्विवाद है कि घनवाद ने 6-7 सालों में पेंटिंग की धारणा में क्रांतिकारी परिवर्तन ला दिया। रेनेसां के बाद से पेंटिंग की जो धारणा बन गई थी, वह घनवादियों द्वारा तोड़ दी गई। प्रकृति के दर्पण के रूप में कला की धारणा पुरानी पड़ गई।

फ्रांसीसी कवि वालेरी की शिकायत थी कि घनवाद के पहले दशक में एक पेंटर का काम दूसरे पेंटर से अलग करना मुश्किल था। समीक्षक वोल्फगांग पालेन के अनुसार इससे यही साबित होता है कि घनवाद ने एक सामूहिक रास्ता अपना लिया था। एक महान अज्ञात व्यक्तित्व बन गया था। पेंटिंग, संगीत की बहन ज्यामिति की दुनिया में चली गई थी।

पेंटिंग, संगीत, ज्यामिति के साथ कविता का भी गहरा रिश्ता बना। बल्कि घनवाद और कविता, पिकासो और एपोलिनिएर—इन सबमें एक महत्वपूर्ण और निर्णायक संबंध है। फ्रांसीसी कवि एपोलिनिएर (1880-1918) का जन्म रोम में हुआ था, निधन पेरिस में। घनवादियों की पहली प्रदर्शनी के कैटलॉग में एपोलिनिएर के प्रभाववाद पर 'हिंसक हमला' किया और कहा कि अब एक ऐसी कला के लिए जगह है जो अधिक परिष्कृत, अधिक संयोजित, अधिक संयमी और अधिक प्रभावशाली है।

दरअसल एपोलिनिएर की प्रतिभा, उनकी बौद्धिक क्षमताओं और रचनात्मक ऊर्जा ने घनवाद का ऐतिहासिक साथ दिया। कोई भी दूसरा कला समीक्षक एपोलिनिएर की बराबरी नहीं कर पाया। घनवाद की मौलिकता का गहरा संबंध उस दौर की अवांगार्द कविता से था। पिकासो ने खुद स्वीकार किया है—"वह एक ऐसा वक्त था जब कवियों और चित्रकारों ने एक-दूसरे को प्रभावित किया।"

कवि पियरे रेवेर्दी ने कहा कि दर्शन के क्षेत्र में देकार्ते ने जो किया वही पिकासो ने अनजाने में पेंटिंग में किया। संवेदना से अधिक सोच महत्वपूर्ण हो गई। असली चीज की जानकारी को तरजीह दी जाने लगी।

पिकासो, ब्राक और ग्रिस के बाद चार विधर्मी कलाकारों को गिनाया जाता है—देलोन, लेझे, पिकाबिया और मार्सेल दुशां। इन चारों ने घनवाद को नए अर्थ और संदर्भ दिए।

इतावली लेखक मारीनेत्ती ने 1909 में एक काव्यात्मक, कलात्मक और राजनीतिक आंदोलन—'भविष्यवाद' नाम से शुरू किया था। भविष्यवाद ने आदमी और मशीन के संबंध को जांचने की भी कोशिश की। घनवाद और भविष्यवाद के रास्ते, भाषा आदि काफी भिन्न थीं। पर फर्नांद लेझे (1881-1955) सरीखे चित्रकारों ने

घनवादी रास्ते से शुरू होकर मशीनी सभ्यता से अपनी कला में मुठभेड़ की। बल्कि लेझे ने संदर्भ में 'घनवाद' के स्थान पर 'ट्यूबवाद' या 'सिलिंडरवाद' सरीखे नामों का सही ही इस्तेमाल किया। लेझे के भविष्यवादियों की ही तरह मशीनी पुर्जों का अपनी कला में स्वागत किया। 1917 में बनाई गई उनकी पेंटिंग 'ताश का खेल' घनवादी भाषा से प्रारंभ होकर उससे परे भी चली जाती है।

(1988)

पाउल क्ले का रेखांकन

अमूर्त कला

अक्सर आधुनिक कला, अमूर्त कला और घनवादी कला में घालमेल हो जाता है। बीसवीं शताब्दी में आधुनिक कला के तीन बड़े नाम—पिकासो, पाउल क्ले और मीरो अमूर्तन में गहरी दिलचस्पी के बावजूद अमूर्त कलाकार नहीं कहे जा सकते हैं। पिकासो ने अपने अनेक तथाकथित अमूर्त चित्रों में जानबूझ कर कुछ ऐसे तूलिकाघात जोड़ दिए हैं जो किसी चेहरे या आकृति का भ्रम पैदा करते हैं। वैसे भी पिकासो का यह मानना था कि 'अमूर्त कला नाम की कोई चीज नहीं होती।'

आधुनिक कला के इतिहास में 1910 का विशेष महत्व है। यह माना जाता है कि इस साल अमूर्त कला का जन्म हुआ। यह अलग बात है कि अमूर्त कला तब से है जब से मनुष्य ने गुफाओं में चित्र बनाना शुरू किए। 1952 में एक चर्चित कला प्रदर्शनी का चौंकाने वाला नाम था—'आधुनिक कला के चालीस हजार साल।'

अमूर्त कला भले ही कोई कला आंदोलन न हो पर 1910 के आसपास चार-पांच महत्वपूर्ण कलाकारों ने अमूर्त कला का एक अलग खाना-सा बना दिया। खासतौर पर कांदिंस्की (1866-1944) और मोंद्रियान (1872-1944) के नाम के साथ आधुनिक अमूर्त कला का विकास जुड़ा हुआ है। सोवियत संघ और हॉलैंड में जन्मे इन दो कलाकारों ने अमूर्त कला को लगभग एक कला आंदोलन में बदल दिया। उस समय घनवादी चित्रकार लोगों के देखने के नजरिए में क्रांतिकारी परिवर्तन कर रहे थे। पर कांदिंस्की और मोंद्रियान, दोनों ही घनवादियों से थोड़ा उम्र में भी बड़े थे और मिजाज भी उनका अलग ही था। दोनों संतों सरीखी समाधि लगाकर कला को संगीत और गहरे आध्यात्मिक अनुभव में बदल रहे थे।

यहां पहले यही स्पष्ट कर लिया जाए कि आखिर अमूर्त कला किसे कहा जाए? जिस तरह से हम बादलों में भी चिड़िया और चेहरा खोज सकते हैं उसी तरह से हम किसी भी अमूर्त कैनवास में कुछ भी देख सकते हैं। पर यह प्रेक्षक का अपना 'फ्रेमवर्क' है। अमूर्त चित्र या मूर्तिशिल्प का अपना एक अलग 'फ्रेमवर्क' होता है। अपनी एक अलग भाषा होती है।

शब्दकोश की परिभाषा के मुताबिक एक शुद्ध अमूर्त चित्र वह है जो प्राकृतिक जीवन से पूरी तरह से स्वतंत्र है—भले ही उसकी जड़ें प्रकृति में हों। इस तरह की कलाकृति को एक स्वतंत्र 'वस्तु' समझा जाता है जिसमें किसी 'विषय' को खोजना व्यर्थ होता है। रंगों-रूपाकारों का संयोजन कुछ उसी तरह का सुख देता है जैसे संगीत सुनने से श्रोता को मिलता है।

अमूर्त कला के प्रति प्रेक्षक का अनुकूल रुख न होने का एक कारण यह भी है कि इसमें प्रकृति में दखल देने की कोशिश होती है—उसे बदला भी जाता है। बहरहाल, अमूर्त कलाकृति वह है जिसमें रूपाकार, रेखाएं और रंग किसी 'कथानक' से कटकर अपना एक स्वायत्त संसार रचते हों। गैर-आकृतिमूलक और गैर-वर्णनात्मक कला को अमूर्त कला के खाने में रखा जा सकता है।

गौर करने की बात यह भी है कि घनवाद और अभिव्यंजनावाद—इन दोनों कला आंदोलनों के संदर्भ में अमूर्तन का विशेष महत्व रहा है। फाववाद और मातीस को भी अमूर्तन के संदर्भ में देखा और समझा जा सकता है।

आधुनिक अमूर्त कलाकारों ने भारतीय तंत्रविद्या से भी बहुत कुछ सीखा। इंग्लैंड में टर्नर सरीखे कलाकार ने 1841 के आसपास कुछ ऐसे चित्र बनाए थे जिनमें अमूर्तन के प्रति अद्वितीय किस्म का रुझान था। प्रभाववादियों के कुछ चित्रों में भी अमूर्त सौंदर्य के क्षण पहचाने जा सकते हैं। दरअसल प्रभाववादियों से शुरू होकर घनवादियों तक ने आधुनिक अमूर्तन के लिए रास्ता बनाया। वॉन गॉग, रेनुआ और क्लोद मोने के खेतों में अमूर्त रूपाकार प्रबल होते दीखते हैं।

अमूर्त कला के एक प्रामाणिक इतिहासकार का तर्क है कि अब समय आ गया है कि हम कला के अमूर्तन का अर्थ किसी प्रकृति विरोधी चीज से न जोड़े। यह संभव ही नहीं है।

दरअसल अमूर्त कला से जुड़ी गलतफहमियों को दूर करने के लिए इस बात पर भी गौर करना चाहिए कि उसमें प्रकृति गायब नहीं कर दी जाती, बल्कि उसकी अभिव्यक्ति उसमें दूसरी तरह से होती है। भीतरी संसार उसमें प्रमुख हो जाता है।

बहुत से कलाकार ऐसे भी हैं जिन्होंने अमूर्त कला के विकास में योगदान दिया पर वे आकृतिमूलक दुनिया में आते-जाते रहे। पाउल क्ले की कला के जादू का यहां खासतौर से उल्लेख किया जाना चाहिए। वे अपनी कला में परी कथा सरीखा माहौल भी बनाते थे—और उनकी दुनिया में 'काव्यात्मक आश्चर्य' भी भरे पड़े थे फिर भी बाहरी प्रकृति से वे संबंध बनाए रखते थे।

पाउल क्ले कभी आकृतिमूलक आधार से शुरू होकर अमूर्त की ओर चले जाते थे और कभी अमूर्तन से शुरू होकर आकृतिमूलक रास्ते को अपना लेते थे। उनकी कला में यह आवाजाही दिलचस्प है। रंगों के आयताकार रूप उनकी कला में अद्‌भुत दीखते हैं। लगभग जादुई रंगों में उनके अनगिनत आयताकार रूप बहुत ज्यादा संतुलित न होने के कारण भी अपना खास आकर्षण रखते हैं। कला से संबद्ध क्ले का चिंतन भी बहुत महत्वपूर्ण है।

लेकिन अमूर्त कला का क ख ग कांदिंस्की, मोंद्रियान, देलोन और मालेविच के प्रयत्नों में ही खोजा जाना चाहिए। 1910 से 1917 के बीच के वर्षों में पेरिस, म्यूनिख, मास्को, फ्लोरेंस, ज्यूरिख और एम्स्टरडम में अमूर्त कला के केंद्र विकसित हुए। इन केंद्रों ने यह साबित करने की कोशिश की कि अमूर्त कला एक सार्विक सच्चाई है—उसकी एक सार्विक भाषा है। उसका कोई निश्चित संप्रदाय नहीं है और न ही उसे आंदोलन के रूप में ही सीमित कर देना चाहिए।

कांदिंस्की का अमूर्त कला संबंधी चिंतन बहुत महत्वपूर्ण है, बल्कि कुछ आलोचक तो यह भी कहते हैं कि कांदिंस्की ने अनुयाई अधिक महत्वपूर्ण पैदा किए। कांदिंस्की ने अपने कैरियर की शुरुआत एक वैज्ञानिक के रूप में की। देर से ही सही पर 'आंतरिक जरूरतों' ने उन्हें कला का रास्ता पकड़ने के लिए मजबूर किया।

कांदिंस्की ने प्रभाववाद, फाववाद, अभिव्यंजनावाद के रास्ते होते हुए 1910 में अपने पहले अमूर्त जलरंग चित्र की रचना की ओर 'द आर्ट ऑफ स्पिरिचुअल हार्मोनी' का प्रकाशन किया। कांदिंस्की एक बहुत अच्छे सिद्धांतकार थे और किसी भी कला समीक्षक से बेहतर लिखने की क्षमता रखते थे।

मोंद्रियान ने 'प्रकृति रहित विश्व' की दिशा में लंबे समय तक काम किया। उन्होंने भी चिंतन और सिद्धांत को काफी महत्व दिया। मोंद्रियान के अमूर्त चित्र अनुकृतियों में काफी परिचित नजर आते हैं। लाल, नीले, पीले और धूसर रंगों में उनके आयाताकार रूपाकार पश्चिमी दुनिया की जीवन शैली, डिजाइन आदि का अभिन्न अंग बन चुके हैं। पर उनके चित्र अगर किसी दीवार पर टंगे हैं तो उनका प्रभाव बिल्कुल अलग किस्म का होता है। अनुकृतियों में वे जितने सरल और सुंदर नजर आते हैं उतने वे हैं नहीं। उनमें एक तनाव भी है। 'नियो-प्लास्टिसिज्म' से संबद्ध उनके चिंतन और काम में अमूर्तन को गहराई देने की सार्थक कोशिश है। कहा जाता है कि मोंद्रियान के स्टूडियो में धूल का एक कण भी खोजना मुश्किल काम था। सफाई को उन्होंने लगभग एक 'रहस्यपूर्ण रूप' दिया था। कमरे की एक दीवार पर वे अपने कई चित्र एक साथ एक खास तरह से संयोजित करते थे। उनके बारे में ठीक ही कहा गया है कि उनका अनुकरण आसान है पर बराबरी असंभव।

कासीमीर मालेविच (1878-1935) ने अमूर्तन को एक अलग विस्तार दिया। वैसे तो उनके नाम से भी एक 'वाद' (सुप्रिमेटिज्म) जुड़ा हुआ है पर जैसा कि बीसवीं शताब्दी के दूसरे-तीसरे दशक में कहा जाता था कि इन दिनों 'वाद' रोजाना एक के हिसाब से जन्म लेते हैं। मालेविच ने सफेद पृष्ठभूमि पर काले (ज्यामितिक) वर्ग को 1913 में रचा। रूसी कवि मायकोवस्की की मदद से उन्होंने एक घोषणापत्र भी तैयार किया। मालेविच की महत्वाकांक्षा पेंटिंग को सिर्फ वृत्त, वर्ग, त्रिभुज, और जोड़ जमा, गुणा के चिह्नों में बदल देने की थी। ''कला अब 'चीजों' के बारे में और नहीं जानना चाहती। उसका विश्वास है कि वह अपने पर और अपने लिए ही जी सकती है।'' 1922 में मालेविच को महसूस हुआ कि अब मेरे पास पेंट करने को कुछ नहीं है और उन्होंने पेंट करना बंद कर दिया। *(1988)*

दादावाद

सबसे पहला सवाल तो यही है कि क्या दादावाद को एक कला आंदोलन माना जाए? इस तथाकथित कला-विरोधी आंदोलन को कला इतिहास में कितनी जगह दी जाए? कुछ टिप्पणीकारों का कहना है कि दादा से जुड़ी हरकतों, विचारों, 'कला', जीवन शैली वगैरह पर जब गंभीर और मंजे कला समीक्षक शोध करने की मुद्रा में बैठते हैं तो इस स्थिति का सबसे शानदार मखौल खुद दादावादी कलाकार ही उड़ा सकते हैं।

प्रथम विश्व-युद्ध के तुरंत बाद पश्चिम—मुख्य रूप से यूरोप में—कलाकर्मियों की बुर्जुआ समाज के प्रति नफरत बढ़ गई। उनके लिए बुर्जुआ का मतलब ही 'कल्पना विरोधी' हो गया। कलाकृतियों के दाम बढ़ने शुरू हुए तो अनेक कलाकर्मियों ने 'अकला' को जन्म देकर इस समाज के प्रति अपना गुस्सा दिखाया। घनवादी चित्रकारों ने पेरिस के फैशनेबुल समाज में नाम और दाम कमाना शुरू किया तो दादावादियों ने घनवाद को 'गोबर का गिरजाघर' घोषित कर दिया। 1920 में कोलोन (जर्मनी) में एक दादावादी प्रदर्शनी शौचालय से जुड़ी जगह में हुई और दर्शकों को एक कुल्हाड़ी भी दे दी गई ताकि वे प्रस्तुत कला को तोड़-फोड़ सकें। जाहिर है कि दर्शकों ने यह काम करने में देरी नहीं की।

दुशां ने मोनालीसा की प्रसिद्ध पेंटिंग के फोटो चित्र में मूंछे जोड़ दीं। इस तरह से तथाकथित उच्च कला का मखौल उड़ाया गया। दुशां ने यह भी सलाह दी कि रेब्रां की पेंटिंग का इस्तेमाल इस्त्री करने के बोर्ड के रूप में किया जा सकता है। उन्होंने एक मूत्री पर हस्ताक्षर करके उसे कलाकृति के रूप में प्रदर्शित कर दिया। जाहिर है कि इस कलाकार ने बाद में कला पर कम ध्यान दिया और अपने प्रिय शौक शतरंज पर ज्यादा।

स्पष्ट है कि दादावादी होने का एक खास विद्रोही संदर्भ है। और यह संदर्भ आज भी महत्वपूर्ण है। इसीलिए बाद में अमेरिकी पॉप कला ने नव-दादावादी होने की चिप्पी हासिल की। आज भी कला-संस्कृति के पाखंड को 'एक्सपोज' करने के लिए दादावादी नजरिया महत्वपूर्ण हो जाता है।

'दादा' दरअसल एक फ्रांसीसी शब्द है जिसका अर्थ है—'हॉबीहॉर्स' (खिलौना घोड़ा)। पर दादावादियों ने इस शब्द को अर्थ या ध्वनि के कारण नहीं चुना। एक शब्दकोश उठाया गया और उसमें चाकू घोंपकर एक शब्द चुन लिया गया। 'दादा' शब्द कलाकारों को मिल गया। शब्द कोई दूसरा भी हो सकता था। पर जल्दी ही दादा यूरोप के प्रमुख शहरों और अमेरिका में भी पहुंच गया। 1915 से 1922 के समय को दादावादी दौर माना जाता है। वैसे 1913 में ही अमेरिका में दादावादी सक्रिय हो गए थे। बाकायदा उनका जन्म 1916 में ज्यूरिख (स्विट्जरलैंड) में हुआ।

दादावादी कला के खिलाफ थे, तमाशे और स्कैंडल आदि में उनकी खास दिलचस्पी थी। दरअसल युद्ध की पीड़ा, वेदना और तबाही ने दादावादियों में एक खास तरह का गुस्सा, बेचैनी और विद्रोह पैदा कर दिया था। इन कलाकर्मियों में कोई एकता, लक्ष्य आदि नहीं था। इन चीजों के तो वे खिलाफ थे। देखते-देखते जर्मनी, अमेरिका, फ्रांस आदि देशों में प्रगतिशील और अराजक मिजाज के कलाकर्मी दादावाद में दिलचस्पी लेने लगे। यह भी गौर करने की बात है कि इंग्लैंड में दादावाद नहीं पहुंच पाया।

दादावादियों का जन्म 'भविष्यवादियों' की मदद से हुआ। मारीनेत्ती ने कला में हिंसक होना जरूरी समझा और इतावली कला को परंपरा के बोझ से काफी हद तक मुक्त भी किया। नई और भविष्य की कला (जो मशीन पर आश्रित होगी) के दावे किए गए।

इतिहासकार दादावाद के बीज 1913 से खोजना शुरू कर देते हैं। दुशां, पिकाबिया और मान रे में उन दिनों ही दादावादी प्रवृत्तियां देखी गई थीं। पर एक जानकार की यह टिप्पणी गौर करने लायक है कि दादावाद को कुछ कलाकारों की व्यक्तिगत कोशिश के रूप में नहीं देखा जाना चाहिए। वह तो एक सामूहिक आंदोलन था। ज्यूरिख में 1916 से ही इसकी टीम ने अपनी तोड़फोड़ शुरू की।

ह्यूगो बाल (कवि, लेखक, दार्शनिक, रंगकर्मी) ने एमी हेनिंग्स (जो बाद में उनकी पत्नी बन गई) के साथ 5 फरवरी, 1916 को ज्यूरिख में 'कैबरे वोल्तेयर' की स्थापना की। इस जगह को दादा का जन्मस्थान माना जाता है। नंबर एक स्पीगलगोस इस जगह का पता था। बारह नंबर में उन दिनों एक वास्तविक क्रांतिकारी–लेनिन रहते थे। लेकिन स्विस अधिकारी दादावादियों की तोड़फोड़ में दिलचस्पी ले रहे थे। 'शांतिप्रिय', 'पढ़े-लिखे', 'विद्वान' लेनिन उन दिनों जिस विश्व क्रांति की योजना बना रहे थे, उसे न दादावादी जानते थे और न स्विस अधिकारी।

शुरू में कैबरे वोल्तेयर साहित्यिक कार्यक्रमों को प्रस्तुत करता रहा। हेनिंग्स गाती थीं और बाल पियानों पर उनका साथ देते थे। अखबार में विज्ञापन छपा। युवा कलाकर्मियों को निमंत्रित किया गया। जो लोग आए उनमें रोमानिया के प्रतिभाशाली कवि त्रिस्तान जारा (1896-1963) भी थे जो फ्रांसीसी में लिखते थे। स्विट्जरलैंड में वे गणित पढ़ने आए थे, बन गए दादावादी। कैबरे में उनकी मुलाकात बाल और हांस आर्प से हुई। इन सबने मिलकर दादावाद को जन्म दिया। बाल ने जब नेतृत्व में कम रुचि दिखानी शुरू की तो जारा ने ही लगभग नेतृत्व संभाल लिया। शुरू में वे बाकायदा किसी घोषणापत्र में विश्वास नहीं करते थे। 1918 में जाकर दादावाद का घोषणापत्र सामने आया। त्रिस्तान जारा को 'श्रीमान दादा' माना जाता था।

1917 में दादा कला दीर्घा खोली गई। ज्यूरिख का यह समाज तब तक कैबरे वोल्तेयर की गतिविधियों से काफी आतंकित हो चुका था। दादा दीर्घा में कला-प्रेमी दर्शक चित्रों की महत्ता पर भाषण नहीं सुनते थे। उन्हें पर्याप्त गाली-गलौज भी सुनना पड़ता था। बुर्जुआ कला का हर तरह से मखौल उड़ाया जाता था। अकविताओं के अर्थहीन शब्द और असंगीत की डरावनी आवाजें–ऊपर से पेंटिंग के नाम पर सफेदी की बाल्टी दीवार पर गिराई जाती थी–मौका पड़ने पर दर्शक पर भी।

दादावाद के जन्म से पहले ही पेरिस में एक पेंटर ने घोषित कर दिया था : "पेंटिंग, दौड़ना, चलना, खाना-पीना, सोना और शौचालय जाना सब कुछ है।" (अर्थर क्रावां, 1914) दादावादी चित्रकारों ने घनवादियों पर कई जबरदस्त प्रहार किए। फ्रांसिस पिकाबिया ने मार्च, 1920 में एक दादावादी घोषणापत्र में लिखा कि घनवादियों ने आदिम कला, नीग्रो मूर्तिशिल्प, वायलिन, गिटार, पत्रिकाओं की तस्वीरों, मल-मूत्र, स्त्री के चेहरे–सभी को 'घनवादी' कर दिया है। और अब वे पैसे को भी घनवादी बनाने जा रहे हैं जबकि दादा को कुछ भी नहीं चाहिए। हमें कुछ पता भी नहीं है। दादावादी कुछ भी नहीं, न होना चाहते हैं और न वे कुछ हो पाएंगे।

जाहिर है कि नकारवादी, निहलिस्ट, अराजकतावादी, निषेधी मिजाज ने बाद में बीसवीं शताब्दी के अनेक महत्वपूर्ण कलाकर्मियों पर गहरा और बुनियादी असर डाला। दादावाद का ऐतिहासिक दृष्टि से महत्व इसलिए भी है कि पेरिस में इससे अतियथार्थवादी सरीखे महत्वपूर्ण कला आंदोलन के लिए रास्ता बनाया। तर्कहीन के तर्क और अवचेतन की खोज ने अतियथार्थवादी मिजाज को प्रमुख बना दिया। आंद्रे ब्रेतों ने कहा–दादा को छोड़िए, अपनी प्रेमिका को छोड़िए, बीवी को छोड़िए, आशाओं और भय को छोड़िए, आसान जिंदगी को छोड़िए भविष्य के सुखी जीवन की तैयारियों को छोड़िए–सब कुछ छोड़िए।

जहां तक कला का प्रश्न है, आर्प, मक्स अन्र्स्ट और गेओर्ग ग्रॉस्त्स सरीखे कुछ महत्वपूर्ण कलाकार दादावाद के दिनों में सक्रिय रचनात्मक हस्तक्षेप कर रहे थे। खासतौर पर हांस आर्प (1887-1966) का यहां उल्लेख आवश्यक है। कवि, पेंटर और मूर्तिशिल्पी आर्प को आधुनिक कला का एक स्तंभ माना जाता है। ज्यूरिख टोली के कलाकारों में आर्प सबसे अधिक महत्वपूर्ण थे। वे दादावाद के जन्मदाताओं में जरूर थे पर उनकी कला में तोड़ने से अधिक जोड़ने का तत्व मिलता है। वे अपनी कलाकृतियों को अगंभीर और निरर्थक किस्म के शीर्षक दे देते थे। कला-प्रेमियों को चिढ़ाने में उन्हें मजा आता था। दिलचस्प बात यह है कि आर्प ने दादावादियों की 'शॉक' पहुंचाने वाली शैली

का व्यापक इस्तेमाल करने के बावजूद जिस कला को जन्म दिया वह अकला नहीं थी। कागज कोलाज में उन्होंने काफी ऊलजलूल होने की कोशिश की, पर सार्थक और संतुलित वे बराबर दिखाई देते रहे।

मक्स अर्न्स्ट (1891-1976) की चर्चा तो खैर अतियथार्थवादियों में ही होनी चाहिए। किरिको की कला ने उन्हें प्रभावित किया। लेकिन अर्न्स्ट के कोलाज संसार ने दादा से भी अधिक अतियथार्थवाद का रास्ता बनाया। फिर भी दादा से जुड़े वास्तविक चित्रकार वही थे।

(1988)

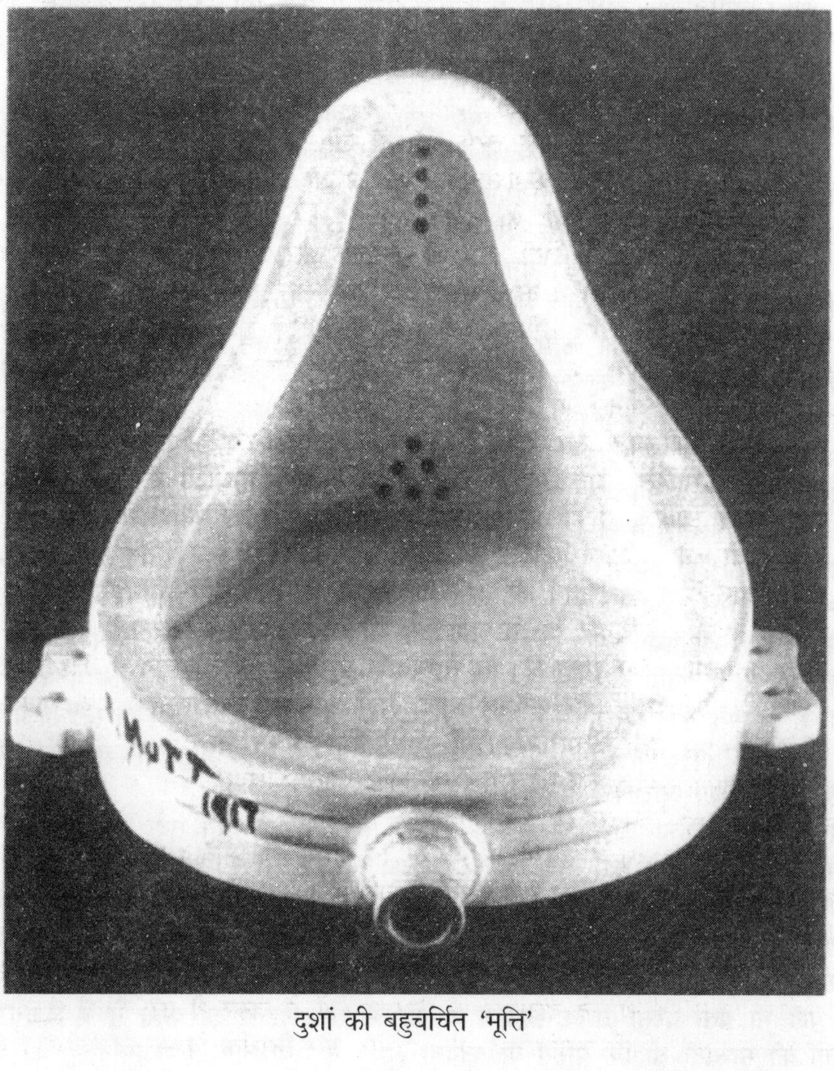

दुशां की बहुचर्चित 'मूत्ति'

अतियथार्थवाद

1922 में दादावाद का 'निधन' हुआ और 1924 में फ्रांसीसी कवि आंद्रे ब्रेतों ने अतियथार्थवाद को जन्म दिया। इस नामकरण का आधार एपोलिनिएर द्वारा 1917 में इस्तेमाल किया गया एक शब्द 'अतियथार्थ' (सर्रियलिस्ते) था। इस कला आंदोलन ने दिखाई देने वाले यथार्थ की जगह पर भीतर के या दूसरे यथार्थ को सामने लाने की कोशिश की। स्वप्न-सरीखी कल्पनाशक्ति महत्वपूर्ण हो गई, स्वचालित रचना-प्रक्रिया को रेखांकित किया गया, विचारों के सप्रयास संप्रेषण के स्थान पर खोजी किस्म की यात्राएं एक अनोखे संसार के द्वार खोलने लगीं, चीजों को सामान्य संदर्भों और अर्थों से मुक्त कर दिया गया। स्वैरकल्पना का संसार कलाकारों को शुरू से आकर्षित करता रहा है। बॉश, फुसेली और गोया सरीखे कलाकारों में अतियथार्थवादी दुनिया देखी जा सकती है।

अतियथार्थवाद में 'फाउंड ऑब्जेक्ट्स' (ऐसी चीजें जो अनोखी और अद्‌भुत नजर आएं पर उन्हें जैसे कहीं से उठा लिया गया हो) हैं। एक चीज की बगल में दूसरी ऐसी चीज रखी जाने लगी जो तार्किक बिल्कुल न नजर आए। स्वचालित लेखन या पेंटिंग के प्रयोग किए गए। विभ्रम का संसार केंद्रीय हो गया। अजीबोगरीब और मनमानी कल्पना वाले रूपांतरण कलाकारों की कल्पनाशक्ति का प्रिय विषय बन गए। 'आप्रेशन की मेज पर एक सिलाई मशीन और छाते' सरीखी मनमानी कल्पनाएं की जाने लगीं।

अतियथार्थवाद एक कला आंदोलन के रूप में लंबे समय तक जीवित नहीं रहा पर अनेक कलाओं पर उसने निर्णायक असर डाला। पेंटिंग, मूर्तिशिल्प, साहित्य, नाटक, फिल्म, संगीत आदि अनेक विधाओं में अतियथार्थवाद की भाषा का खुलकर इस्तेमाल हुआ। केवल स्थापत्य में ही अतियथार्थवादी होने की गुंजाइश ज्यादा नहीं थी।

सिगमंड फ्रायड के विचारों ने अतियथार्थवादियों को काफी प्रभावित किया। अवचेतन में कलाकारों की दिलचस्पी बढ़ गई। मानसिकता का यह हिस्सा आइसबर्ग की तरह था। पानी के बाहर कम—भीतर ज्यादा।

1925 में आंद्रे ब्रेतों ने अतियथार्थवाद को साम्यवाद से भी जोड़ने की एक असफल कोशिश की थी। अनेक अतियथार्थवादी कलाकार वामपंथी रुझान रखते थे। पर साम्यवादी पार्टी ने इस आंदोलन में कोई दिलचस्पी नहीं ली।

फ्रांसीसी कवि (ब्रेतों, रेवेर्दी, अरागों और एलुआर आदि) अतियथार्थवादी आंदोलन में बहुत सक्रिय थे। कलाक. ारों में किरिको के अदभुत रचना संसार को अतियथार्थवादियों ने अपनाया। मक्स अर्न्स्ट, डाली, आर्प, रेने मागरित्ते, मीरो, मान रे (खास तौर पर एक फोटोकार के रूप में) सरीखे कलाकार अतियथार्थवादी दौर में काफी सक्रिय थे। पिकासो तो खैर सभी कला आंदोलनों में सक्रिय रहे।

अतियथार्थवाद एक कला आंदोलन के रूप में भले ही अधिक समय तक सक्रिय नहीं रहा बाद में बीसवीं शताब्दी के विज्ञापन में विश्व ने इस भाषा और शैली का खूब इस्तेमाल किया। दुकानों की बाहरी सज्जा से शुरू होकर अखबारों के विज्ञापनों तक में अतियथार्थवाद को आज भी आसानी से पहचाना जा सकता है।

आंद्रे ब्रेतों (1896-1966) ने पांच साल के व्यवस्थित प्रयोगों के बाद 1924 में अतियथार्थवाद का पहला घोषणापत्र प्रकाशित किया। ब्रेतों को अतियथार्थवाद का पोप भी कहा जाता है। कला आंदोलन के रूप में अतियथार्थवाद के खत्म होने के बाद भी ब्रेतों बरसों अनेक विवादों के केंद्र में रहे। नई-से-नई कला में वे दिलचस्पी दिखाते रहे।

आंद्रे ब्रेतों की मान्यता थी कि पेंटिंग या कविता आदि में 'स्वचालन' (आटोमेटिज्म) का प्रवेश कुछ सोचे गए लक्ष्यों से ही हो सकता है पर अगर यह प्रक्रिया 'अंडरग्राउंड' में भी सक्रिय न रही तो अतियथार्थवाद को खोने का खतरा शुरू हो जाता है।

इतावली चित्रकार जेयोरजिओ दी किरिको (1888-1978) ने 1910 और 1917 के समय में अनेक ऐसे चित्र बनाए जो रहस्य का एक अलग ही वातावरण बनाते हैं। 22 साल के किरिको ने सात साल तक जिस विलक्षण विश्व को रचा वह बाद में अतियथार्थवादियों को बराबर 'हांट' करता रहा। किरिको नीत्शे से प्रभावित थे। उन्होंने 'मेटाफिजिकल पेंटिंग' का लगभग जादुई संसार रचा, पर एक उम्र तक ही। बाद में तो सिर्फ उनका अनुकरण होता रहा।

किरिको का प्रारंभिक काम अपनी साफ-सुथरी रेखाओं, सादी तकनीक और रहस्यमय वातावरण के कारण बेजोड़ है। बाद में किरिको ने खुद भी अपने पुराने काम का अनुकरण शुरू कर दिया पर पुराने जादू को वापस कैनवास पर लाना मुश्किल था। उनके चित्रों की इमारतों के ज्यामितीय रूप, उजाड़ जगहें, लंबी-लंबी परछाइयां, सूरज की चमकदार रोशनी और क्लासिकल मुद्राओं में खड़ी मूर्तियां—इस दुनिया ने बाद में डाली सरीखे अनेक कलाकारों पर प्रभाव डाला।

अतियथार्थवादी इस दुनिया से इसलिए भी प्रभावित हुए कि ऐसी-ऐसी चीजें अगल-बगल में दिखती थीं जो स्वप्न या स्वैरकल्पना में ही साथ दे सकती हैं। उजाड़ में कोई किला पर वहां घड़ी या रेलगाड़ी भी हो सकती है। किसी स्त्री की क्लासिक मुद्रा प्रधान मूर्ति भी वहां हो सकती है। किरिको ने अपने चित्रों में असामान्य ढंग से सूनी सार्वजनिक जगहों का एक अलग तरह से स्थापत्य रचा। जाहिर है कि इस दुनिया का अर्थ खोजना व्यर्थ है। पर यह दुनिया प्रेक्षकों को हमेशा 'हांट' करती है। उजाड़ जगहों की मीनारें, लाइट-हाउस, किसी संग्रहालय से निकली हुई मूर्तियां—किरिको ने सात-आठ सालों में ही ऐसा अद्भुत संसार रच डाला कि लंबी उम्र (1888-1978) के बावजूद वे अपने को दोहराने के लिए अभिशप्त रहे।

साल्वादोर डाली संभवतः सबसे अधिक लोकप्रिय अतियथार्थवादी पेंटर हैं। उनकी पेंटिंग 'स्मृति की निरंतरता' (1931) की पिघलती हुई मुलायम घड़ियां अतियथार्थवादी कला का सबसे लोकप्रिय उदाहरण बन चुकी हैं। डाली में 'शोमैनशिप' भी इतनी ज्यादा रही है कि तरह-तरह से वे अपने को चर्चा के केंद्र में लाते रहे हैं। डाली ने सिर्फ अतियथार्थवादी चित्र ही नहीं बनाए, महान् कलाकार बून्युएल के साथ उन्होंने अतियथार्थवादी सिनेमा भी बनाया और साठ की उम्र में जाकर अतियथार्थवादी आभूषण भी बना डाले।

डाली का जीवन भी कम यथार्थवादी नहीं रहा है। साम्यवादी विचारधारा में रुझान रखने वाले अतियथार्थवादियों और स्पानी कवि लोर्का के साथी डाली ने एक जमाने में हिटलर और फ्रांको में भी दिलचस्पी दिखाई थी।

डाली ने एक तरह से किरिको की दुनिया को और आगे बढ़ाया। फ्रायड के अवचेतन संबंधी विचारों को अपनी प्रेरणा का एक मुख्य स्रोत बनाकर उन्होंने घड़ियों को पिघलाया, हवा में उड़ाया—तकनीकी दक्षता तो उनमें थी ही।

हुआन मीरो (1893-1983) भी डाली की ही तरह स्पेन के चित्रकार थे। दरअसल, बीसवीं शताब्दी में कला के क्षेत्र में स्पेन का अद्भुत योगदान है। उनके रूपबद्ध स्वप्न-संसार में कुछ प्रमुख रंग थे जो अतियथार्थवाद से अधिक पाउल क्ले के जादुई रचना संसार के साथी नजर आते थे। पर बीस के दशक में मीरो ने विभ्रम का जो मोहक संसार रचा उसके पीछे सचमुच की भूख थी। अपनी एक मास्टरपीस पेंटिंग के भ्रम संसार की व्याख्या करते हुए मीरो ने कहीं कहा था, "मैं शाम को घर पर भूखे पेट पहुंचा और कागज पर अपनी भावनाएं उतार दीं।"

मीरो की दुनिया में तितली एक ड्रैगन में बदल सकती थी। रंगों पर उनका असाधारण अधिकार था। बाद में उन्होंने अमूर्त चित्रों में अपनी इस प्रतिभा का सुंदर इस्तेमाल किया। मीरो ने 'कविता चित्र' भी बनाए। उन चित्रों में कविताओं की पंक्तियां सजावटी नहीं होती थीं, बल्कि रंगों-रूपाकारों के साथ उनका सह-अस्तित्व था।

जर्मन कलाकार मक्स अर्न्स्ट (1891-1976) और बेल्जियम के कलाकार रेने मागरित्ते (1898-1967) अतियथार्थवाद के दो अन्य शलाका पुरुष थे। अर्न्स्ट के कोलाज 1920 के पेरिस में अतियथार्थवादियों की प्रेरणा का एक मुख्य स्रोत बने। अर्न्स्ट ने तकनीकी प्रयोगों का सिलसिला बनाए रखा। मागरित्ते ने भी डाली की तरह किरिको से कला का रास्ता पहचाना। मागरित्ते की 1933 की एके पेंटिंग में एक आधुनिक घर की शानदार खिड़की का कांच टुकड़े-टुकड़े होकर बिखर रहा है। बाहर हरा रसीला लैंडस्केप और साफ नीला आसमान दीख रहा है। पेंटिंग जैसे कह रही है—यहां से देखो। अतियथार्थ का भी एक यथार्थ है। *(1988)*

एक्शन पेंटिंग

आज यह सोचकर अजीब लगता है 'नई दुनिया' यानी अमेरिका में आधुनिक कला देर से आई। लगभग द्वितीय विश्व-युद्ध के बाद। उसकी जड़ें तो यूरोप में ही थीं। लेकिन 1950 के बाद अमेरिका आधुनिक कला का नया केंद्र—बहुत आक्रामक ढंग से—बन गया। पेरिस की जगह पर धीरे-धीरे न्यूयॉर्क कला का नया तीर्थ-स्थल बन गया। और अब तो खैर आप चाहें ब्रितानी कलाकार हों या जापानी—अमेरिका में आप नहीं सफल हुए तो फिर आप क्या सफल हुए। 'एक्शन' अमेरिका में ही है।

आधुनिक कला के इतिहास में अक्सर 'अमूर्त अभिव्यंजनावाद' को एक महत्वपूर्ण कला संप्रदाय माना जाता है। लेकिन यह नाम नाकाफी और भ्रामक है। चालीस के दशक में अमेरिकी कलाकार अचानक बहुत सक्रिय हो गए थे। अन्तर्राष्ट्रीय कला का सारा फोकस उन पर केंद्रित हो गया था। ये कलाकार पचास के दशक के मध्य तक चर्चा और बहसों के केंद्र में रहे। फिर अचानक पॉप कला ने स्टेज छीन लिया। जेकसन पोलक, डी कूनिंग सरीखे कलाकार अमूर्त अभिव्यंजनावाद से सबसे लोकप्रिय नाम हैं। इन कलाकारों ने 'एक्शन पेंटिंग' को अपनी सबसे बड़ी पहचान बनाया। यह 'एक्शन' काफी सनसनीखेज, निर्णायक और प्रभावशाली साबित हुआ। इसीलिए हम अमूर्त अभिव्यंजनावाद की तुलना में एक्शन पेंटिंग को अधिक सही नाम समझ पा रहे हैं। जाहिर है कि इस नाम की भी सीमाएं हैं। उस दौर के कई प्रमुख अमेरिकी कलाकारों में 'एक्शन' था ही नहीं। पर एक्शन पेंटिंग में एक खास तरह का ड्रामा और हिंसा थी। द्वितीय विश्वयुद्ध के बाद यह ड्रामा और हिंसा आधुनिक कला की खास पहचान बन गई।

द्वितीय विश्वयुद्ध के दौरान यूरोप के कई बड़े कलाकार अमेरिका में आकर रहने और बसने के लिए मजबूर हो गए। शगाल, मक्स अर्न्स्ट, लेझे, मोंद्रियान, मात्ता सरीखे कई बड़े नाम अमेरिकी कला की दुनिया का एक हिस्सा बन गए। इससे वहां कला की दुनिया का 'एक्शन' एक रचनात्मक युद्धस्तर का हो गया।

लेकिन इस 'एक्शन' से पहले अमेरिका में आधुनिक कला की जगह पर एक तरह की क्षेत्रीय कला थी। उसके अलावा वहां समाजवादी, वामपंथी रुझान भी कुछ समय तक प्रभावशाली रहा। एक तरह की प्रतिबद्ध कला न्यूयॉर्क में पल-बढ़ रही थी। कारण था पड़ोसी देश मेक्सिको का कला वातावरण, जहां ओरोस्को, डेविड अल्फारो सिकेरोस और रिवेरा सरीखे प्रतिबद्ध कलाकार 'सार्वजनिक कला' के व्याकरण को खोज रहे थे।

दरअसल मेक्सिको में आधुनिक कला ने दस्तक पहले दी। 1920 और 30 के दशक में वहां जर्मन अभिव्यंजनावाद का प्रभाव प्रबल था। मेक्सिकन क्रांति की शुरुआत 1911 में तानाशाह दियास के पतन से हुई। 'जनता की कला' को पहचानने की एक सार्थक कोशिश हुई। म्यूरल सरीखे माध्यम कलाकारों को अपने नजदीक नजर आए। गैर पश्चिमी जड़ों की खोज शुरू हुई।

रास्ता तो खैर गोगां ने ही दिखा दिया था। लातीनी अमेरिकी कलाकारों ने कोलम्बो से पहले की सभ्यता के कला रूपों के संवाद स्थापित करना चाहा। ओरोस्को (1883-1949) इन कलाकारों में सबसे महत्वपूर्ण थे। उन्होंने शोषितों और पीड़ितों का समर्थन एक गहरी चित्र भाषा की मदद से किया।

इस दूसरी परंपरा ने युवा अमेरिकी कलाकारों को भी प्रभावित किया। ट्रेड यूनियन नेताओं की गिरफ्तारी या दूसरे राजनीतिक मुद्दे कैनवास का हिस्सा बने।

बाद में चालीस के दशक में एक्शन पेंटिंग ने एक दूसरा रास्ता पकड़ा। इस रास्ते में घनवाद, अतियथार्थवाद

सरीखे प्रमुख कला आंदोलनों को भी प्रेरणास्रोत बनाया गया। पिकासो इन कलाकारों के अग्रदूत साबित हुए। जेकसन पोलक 'गेर्निका' (1937) पेंटिंग के जबरदस्त प्रशंसक थे। उत्तरी स्पेन में बास्क प्रांत की प्राचीन राजधानी गेर्निका पर बम वर्षा ने पिकासो को इस बहुचर्चित म्यूरल को बनाने के लिए मजबूर कर दिया गया। पिकासो अनेक युवा अमेरिकी कलाकारों के 'ईश्वर' बन गए। पोलक 'गेर्निका' से लगभग 'आंदोलित' थे।

जब 1948 में अमूर्त अभिव्यंजना में दिलचस्पी रखने वाले कुछ अमेरिकी कलाकारों ने एक टोली-सी बनाई तो उसे नाम दिया गया—'कलाकार के विषय'। इस नाम के पीछे 'दर्शन' कुछ इस तरह का था कि हमारे चित्र सिर्फ अमूर्त नहीं है—उनमें विषय भरा पड़ा है। दरअसल इन सभी अलग-अलग मूड और मिजाज के कलाकारों में उन दिनों एक बात समान थी कि रचना के अंतर्विषय को वे बहुत महत्वपूर्ण मानते थे।

इन कलाकारों के चित्रों में अमूर्तन था—पर आकृतियों को देश निकाला नहीं दिया गया था। गहरी गंभीरता थी पर कभी-कभी फूहड़ता भी सामने आ जाती थी। पेंटिंग में 'एक्शन' था क्योंकि एक नर्तक की तरह चित्र-रचना के औजारों का इस्तेमाल हो रहा था।

आर्शिले गोर्की (1904-48) के छोटे-से जीवन में त्रासदियां भरी पड़ी थीं। पर उनकी करीब सोलह साल की रचनात्मक सक्रियता ने आधुनिक अमेरिकी कला के विकास में महत्वपूर्ण भूमिका निभाई। गोर्की का जन्म तुर्की आर्मीनिया में हुआ था। 1920 में वे अमेरिका आए। गोर्की की मां भुखमरी से मरीं। यह उनके जीवन की शुरुआत थी। खुद उन्होंने आत्महत्या की। कैंसर के ऑपरेशन और एक कार दुर्घटना के बाद। गोर्की शुरू में घनवाद से प्रभावित हुए। सेजां और पिकासो के असर से शुरू होकर वे मीरो तक पहुंचे। फिर मात्ता के अतियथार्थवाद से प्रभावित हुए—1940 में।

गोर्की को आखिरी यथार्थवादी के रूप में देखा जाता है और नई अमेरिकी कला के अग्रदूत के रूप में भी। उनकी खुद की जड़ें यूरोप में थीं पर बाद में उन्होंने अमेरिकी कला की मुक्ति का रास्ता भी खोजा। प्रकृति के रंग-रूपाकारों को उन्होंने सपाट सतह पर एक अभूतपूर्व चित्रभाषा दी।

जेकसन पोलक (1912-56) और एक्शन पेंटिंग का अर्थ कला इतिहास में लगभग एक रहा है। फर्श पर कैनवास फैलाकर ब्रुश वगैरह की छुट्टी के बाद पोलक ने पेंट के डिब्बे से ही सीधे रंग फैलाना, लगाना शुरू कर दिए। 1947 में पोलक ने ब्रुश को अलविदा कह दिया, हालांकि पांच-सात साल बाद उन्होंने फिर कूची संभाल ली। वे विशाल कैनवास पर चारों तरफ से हमला करने की कला में विश्वास रखते थे। पर पोलक की इस रचनात्मक हिंसा में भी एक तरह की 'शांति' थी। तकनीक में हिंसा थी पर नतीजे कला के स्तर पर खरे उतरते हैं। उनका अनुकरण करने वालों ने सिर्फ तकनीक को सतही ढंग से अपनाया।

पोलक का कहना था कि मैं रेखांकन वगैरह से शुरुआत नहीं करता। मैं अपनी भावनाओं को 'इलस्ट्रेट' नहीं करना चाहता—उन्हें अभिव्यक्त करना चाहता हूं। जब मैं पेंट करता हूं तो मैं चीजों को रोक भी सकता हूं। कोई दुर्घटना नहीं होगी। पर मेरे काम की न कोई शुरुआत है और न ही उसका कोई अंत है। ईजल पेंटिंग में मेरा कोई विश्वास नहीं है। मुझे सख्त सतह पसंद है। फर्श पर मैं अपने को पेंटिंग के नजदीक महसूस करता हूं। उससे मैं पेंटिंग के भीतर घुस जाता हूं। रेड इंडियन कलाकार बालू पर इसी तरह से काम करते रहे हैं।

आधुनिक कला के एक छोर पर मोंद्रियान का साफ-सुथरा और संतुलित अमूर्तन है, दूसरे छोर पर पोलक का अराजक और हिंसक किस्म का अमूर्तन है। एक जमाने में पिकासो को 'हिंसक' माना जाता था। एक कला इतिहासकार की राय सही है कि पोलक ने पिकासो को विनम्र और सभ्य साबित कर दिया।

विलेम डी कूनिंग (जन्म : 1904) एक दूसरे महत्वपूर्ण एक्शन पेंटर हैं। वे मूल रूप से हॉलैंड के हैं पर 1923 से अमेरिका में बस गए। वे अमूर्त चित्रकार भी हैं और आकृतियां भी उनके चित्रों में अपने अलग ही अंदाज में आती रही हैं। स्त्रियों पर उनकी चित्र-शृंखला महत्वपूर्ण है। उस दौर के कूनिंग के चित्रों में ऐंद्रिकता थी और उनका तूलिकाघात भी काफी 'बोल्ड' और आक्रामक था।

मार्क रोथको (1903-70) अमेरिकी आधुनिक कला के चौथे प्रमुख नाम थे। यह अलग बात है कि उन्हें एक्शन पेंटर के रूप में देखना ज्यादती है। उनकी गहरी आध्यात्मिकता, उनके एकरंगी आयताकार रूपाकार (जो एक पूरी

दीवार की जगह लेते थे) कला का शांत वातावरण बनाते हैं।

"मैं विशाल चित्र इसलिए बनाता हूं कि मैं एक आत्मीय वातावरण रचना चाहता हूं।" रोथको ने कहा था। लेकिन विकासशील देशों के कलाकारों ने जब अमेरिकी आधुनिकता के आतंक में आकर बड़े-बड़े कैनवास पोत डाले तो वे आत्मीय वातावरण नहीं बना पाए। उन्होंने एक नकली वातावरण बनाया।

(1988)

पॉप कला

वैसे तो पॉप कला की जड़ें दादावाद में भी खोजी जा सकती हैं पर पॉप कला पश्चिम (खासतौर पर अमेरिका) की उपभोक्ता संस्कृति से सीधा संबंध बनाए हुए थी। कॉमिक पट्टियों, पॉपकॉर्न, पिन-अप पोस्टरों और डब्बा बंद सामान की खाने और सजाने वाली संस्कृति ने अपनी एक खास तरह की कला को भी आगे बढ़ाया। 1950 के दशक में शहरी लोकप्रिय संस्कृति की बनावट और उसके सरोकारों पर कई महत्वपूर्ण अध्ययन हुए। इन्होंने ब्रिटेन और अमेरिका के अनेक युवा कलाकारों को प्रभावित किया। साठ के दशक में पॉप कला को बाकायदा आधुनिक कला का एक बड़ा आंदोलन बना दिया गया। दादावाद से इन कलाकारों ने एक वैचारिक रिश्ता भी बनाना चाहा। रॉय लिख्टेनस्टाइन, रोजेनक्विस्ट, रॉशेनबर्ग, ओल्डेनबर्ग, एंडी वारहोल, रिचर्ड हेमिल्टन, एलेन जोंस सरीखे अमेरिकी व ब्रितानी कलाकार पॉप कला के अग्रदूत बन गए।

ऐतिहासिक दृष्टि से देखें तो पॉप कला की ब्रितानी और अमेरिकी धाराओं के अपने-अपने दावे हैं पर यह सही है कि लंदन के समकालीन कला संस्थान से संबद्ध कलाकारों ने पॉप कला के वैचारिक आधार को बनाया और बढ़ाया। अमेरिका में जब 'अमूर्त प्रभाववाद' महत्वपूर्ण होने लगा तो कई कलाकारों ने उसके खिलाफ पॉप होने की कोशिश की। हर चीज कला हो गई या ऐसा भ्रम पैदा करने लगी।

विज्ञापन-सामग्री, फोटोकारी और कॉमिक पट्टियों के विशाल भड़कीले रंगों वाले रूपाकार कला के नमूने बना दिए गए। एक अभिनेत्री का बहुत बड़ा फोटो या हैंबर्गर की बहुत बड़ी छवि दर्शक पर कला के रूप में फेंक दी गई। पश्चिम की जनता इन चीजों को हर तरफ देख रही थी। संग्रहालयों में भी यही सब दिखने लगा। दादावाद और अतियथार्थवाद ने इन कलाकारों को रातों-रात सुपर-स्टार होने का एक नया रास्ता दिखा दिया। एंडी वारहोल तो इस सिद्धांत में विश्वास रखते थे कि दुनिया का हर आदमी आधे घंटे के लिए 'प्रसिद्ध' हो सकता है।

बहरहाल, पॉप कलाकारों ने संग्रहालय संस्कृति का जबरदस्त विरोध किया। फिर वे खुद संग्रहालयों में जाकर बस गए। यही उनकी नियति थी।

नामी अमेरिकी कला समीक्षक हेरल्ड रोजेनबर्ग की इस टिप्पणी में दम है कि दरअसल पॉप कला एक महत्वपूर्ण कला आंदोलन नहीं है। वह तो कला समीक्षा के क्षेत्र में एक योगदान है। पॉप कला एक तरह से भ्रम-संसार पर जीवित है। आदि-आदि।

पॉप कला की जड़ें ब्रिटेन में कहीं अधिक गहरी हैं। अमेरिका में पॉप कला को शुरू में इसलिए भी मुश्किल हुई कि एक्शन पेंटिंग या अमूर्त अभिव्यंजनावाद को आधुनिक कला की एक शैली के रूप में अंतर्राष्ट्रीय स्वीकृति मिल गई थी। अमेरिकी कला संसार इसे एक उपलब्धि के रूप में देख रहा था। अचानक पॉप कलाकारों ने आकर घपला कर दिया। उन्होंने चार-पांच सालों में ही आधुनिक अमेरिकी मास्टर कलाकारों के काम को कूड़ा साबित करने की कोशिश की। वैसे अनेक अमेरिकी पॉप कलाकार डी कूनिंग को अपना 'गुरु' भी मान रहे थे।

'पॉप कला' नाम का इस्तेमाल 1954 में ब्रितानी कला समीक्षक लॉरेंस एलोवे ने किया था। विज्ञापन संस्कृति जो कला पैदा कर रही थी उसके संदर्भ में ही इस नाम का इस्तेमाल किया गया था। बाद में कलाकारों द्वारा जब ललित कलाओं में भी उसी तरह के रंगों-रूपाकारों का इस्तेमाल बढ़ने लगा तो पॉप कला को स्वीकृति मिल गई।

दिलचस्प बात यह है कि पॉप कलाकारों ने कबाड़ का खूब इस्तेमाल किया। पश्चिमी कला बाजार ने इस कबाड़ से पैदा हुई कला के दाम भी बढ़ा दिए। दादावादी जब 'मूत्री' पर हस्ताक्षर करके उसे कला के रूप में पेश

कर रहे थे तब उसके पीछे एक गुस्सा था, एक नजरिया था और अब पॉप कलाकारों ने इस गुस्से को भी भुनाना शुरू कर दिया। बीसवीं शताब्दी में कला के दाम अगर करोड़ों तक पहुंचे तो कूड़े के दाम भी करोड़ों तक पहुंचने लगे। एक टिप्पणीकार की तीखी बात का यहां हवाला देना प्रासंगिक है कि अगर वारहोल के चित्र कला के नमूने हैं तो सिगरेट की डिब्बियों पर छपी स्वास्थ्य चेतावनी को भी कविता माना जाना चाहिए।

पॉप कला ने आधुनिक पश्चिमी सभ्यता की सेहत बताने की जिम्मेदारी भी ली। विज्ञापन के विश्व ने उसे जन्म दिया और फिर बाद में इस कला की उपलब्धियों का भी सबसे अधिक लाभ विज्ञापन और डिजाइन की दुनिया ने ही उठाया।

पॉप कला पश्चिम के महानगरों में उपजी थी। लंदन और न्यूयॉर्क उसके दो बड़े केंद्र बने। पॉप कला के मुख्य सरोकार समकालीन जीवन के ही थे। इसके अलावा वह बुनियादी रूप से आकृतिमूलक और यथार्थवादी थी। इसी खासियत का लाभ उठाकर ब्रितानी पॉप कलाकारों ने विज्ञापनबाजी के लटकों से मुक्त होकर आकृतिमूलक कला की वापसी का अपेक्षाकृत गंभीर रास्ता अपनाया।

अमेरिकी पॉप कला रॉशेनबर्ग (जन्म : 1925) सरीखे कलाकारों की 'कंबाइन पेंटिंग' चर्चा और विवाद का विषय बनी। 1955 में उन्होंने अपनी पेंटिंग 'बिस्तर' बनाई जिसमें समचमुच की चादरों पर रंग फेक-फांककर एक कलाकृति बनाई गई थी। कलाकार का दावा था कि वे कला और जीवन के भेद को कम कर रहे हैं। इस भेद को कम करने के लिए अमेरिकी सभ्यता की प्रतीक कोकाकोला की बोतलें भी बहुत काम आईं। क्रेट के क्रेट चित्रों का केंद्रीय विषय बन गए।

जास्पर जोंस (जन्म : 1930) ने सुपरिचित चीजों को नई निगाह से देखने की कोशिश की। उन्होंने अमेरिकी झंडे या 'टारगेट' सरीखी चीजों को खूब पेंट किया। उन्होंने नक्शों को भी पेंटिंग में बदलने की कोशिश की पर वारहोल या रॉशेनबर्ग की तुलना में जोंस के सरोकार अधिक गंभीर रहे हैं।

एंडी वारहोल (1930-87) अमेरिकी पॉप कलाकारों से सबसे अधिक लोकप्रिय (या बदनाम भी) हुए, डॉलरप्रिय भी। उन्होंने साठ के दशक में अपनी जीवनशैली, विचारों, हरकतों, चित्रों, फिल्मों वगैरह से हंगामा-सा मचा दिया। मर्लिन मनरो की तस्वीरों के विशाल रूप या कोकाकोला और कैंपबेल सूप के डिब्बों के असंख्य रूपों को उन्होंने सिल्कस्क्रीन की तकनीक से खूब भुनाया। वे डॉलर से शुरू होकर मोनालीसा की विश्वविख्यात पेंटिंग तक का इस्तेमाल इन चित्रों में करते रहे।

वारहोल अमेरिकी संस्कृति के सच्चे प्रतीक बन गए। कार दुर्घटनाओं, मौत की सजा में इस्तेमाल होने वाली कुर्सी, बम विस्फोट—सभी चीजों का उन्होंने अपनी चित्र-भाषा में इस्तेमाल किया। अपने समय की सुपरस्टार छवियों के विविध रूप बनाते-बनाते वारहोल देखते-देखते खुद भी एक सुपरस्टार हो गए। आत्मचित्र बनाना इसलिए तार्किक था।

रॉय लिख्टेनस्टाइन (जन्म : 1923) की कॉमिक पट्टियों के पेंटिंग रूप पॉप कला के कुछ बेहतर नमूने हैं। अधिकांश पॉप कलाकारों की तरह वे भी 'पेरोडी' की कला में माहिर साबित हुए।

ओल्डेनबर्ग ने 1961 के अपने एक प्रसिद्ध वक्तव्य में कहा था कि मैं एक ऐसी राजनीतिक, इरॉटिक और रहस्यवादी कला के पक्ष में हूं जो संग्रहालय में कैद होने के बजाय मुक्त वातावरण में दिखाई दे। लेकिन विडंबना यह है कि थोड़े ही समय में पॉप कला को भी संग्रहालयों में ही उकड़ू बैठना पड़ा।

अमेरिकी पॉप कला की त्रासदी का सबसे बड़ा रूपक एंडी वारहोल के निधन के बाद 'वारहोल उद्योग' की स्थापना है। एटलांटा की एक कंपनी ने वारहोल और उनकी कृतियों को बेचने के अधिकार खरीद रखे हैं। वारहोल के प्रशंसकों के लिए कपड़े, चादरें, गहने, घड़ियां, पोस्टर, डायरियां और कैलेंडर तैयार किए जा रहे हैं।

पॉप कला की वास्तविक उपलब्धि यही साबित हुई—चित्रकार को सुपरस्टार फिल्म अभिनेता में बदल देना—और उपभोक्ता समाज द्वारा उसे भी बेच खाना।

(1988)

आकृतिमूलक कला

पॉप कला का जन्म ब्रिटेन में हुआ—अनेक महत्वपूर्ण पॉप कलाकार ब्रिटेन में ही सक्रिय थे पर पॉप कला बुनियादी रूप से अमेरिकी दुनिया की चीज है। यह दिलचस्प बात है कि अनेक महत्वपूर्ण पॉप कलाकारों ने अमेरिकी कलाकारों से प्रेरणा प्राप्त नहीं की। उन्होंने अमेरिकी जीवन-शैली को अपना आधार बनाया। द्वितीय विश्व-युद्ध के बाद यह जीवन-शैली पश्चिमी देशों पर धीरे-धीरे अपना असर डालने लगी थी। पॉप कला में इस जीवन-शैली की आलोचना भी थी और उसका एक तरह का उत्सवधर्मी रूप भी था। बाद में अमेरिकी कलाकारों को कुछ 'संकेत' मिल गए और उन्होंने पॉप कला को उसके अंत तक पहुंचाने में देर नहीं की। अमूर्त अभिव्यंजनावाद का जीवन अगर दस साल था तो पॉप कला का जीवन सिद्धांततः पांच-सात साल ही था।

इसीलिए ब्रिटेन में अनेक कलाकार जो शुरू में पॉप कला के ढांचे में उभरे थे, वे सत्तर और अस्सी के दशक में आकृतिमूलक कला की बनावट में देखे-समझे जाने लगे। कुछ नए नाम भी उछाले गए। मिसाल के लिए अस्सी के दशक में ब्रिटेन में 'नैरेटिव' (वर्णनात्मक) कला की काफी चर्चा हुई। 1984 के अंत में ब्रिटेन से समकालीन कला की एक महत्वाकांक्षी प्रदर्शनी भारत आई थी जिसका नाम था 'द प्रॉपर स्टडी'। इस प्रदर्शनी में कला में आकृतियों और मनुष्य की उपस्थिति पर काफी जोर दिया गया था। इस प्रदर्शनी में अनेक ऐसे कलाकारों का काम भी शामिल था जो शुरू में पॉप कलाकारों के रूप में पहचाने जाते थे। यानी पॉप कला के पतन के बाद ब्रिटेन में आकृतिमूलकता और वर्णनात्मकता की बात की जाने लगी। यह एक महत्वपूर्ण विकास था, क्योंकि पॉप कला के तुरंत बाद जिस इलेक्ट्रॉनिक पॉप कला का नारा दिया गया था उसका जीवन तो और भी छोटा था।

ब्रितानी कलाकार एदुआर्दो पाओलोज्जी (जन्म : 1924) का जन्म एडिनब्रा (स्काटलैंड) में हुआ था पर उनके माता-पिता इतावली मूल के थे। पाओलोज्जी ने 1947 में एक कोलाज बनाया था—'आई वाज ऐ रिच मैस प्लेथिंग'। इस चित्र में पॉप कला के जन्म के बरसों पहले ही 'पॉप' शब्द का इस्तेमाल किया गया था। एक 'पिन-अप गर्ल', कोकाकोला की बोतल और खाने-पीने की चीजों का विज्ञापन—वे सब चीजें इस कोलाज में हैं जो बाद में पॉप कला में खूब आईं। लेकिन महत्वपूर्ण बात यह है कि पाओलोज्जी खुद को एक पॉप कलाकार मानने में हिचकिचाहट महसूस करते थे। उन्होंने ऐतिहासिक दृष्टि से ब्रिटेन में पॉप कला को जन्म देने में केंद्रीय भूमिका निभाई पर उनका कहना है कि मैं पॉप कलाकार नहीं हूं। अगर मुझे कोई चिप्पी देनी ही है तो आप मुझे अतियथार्थवादी कलाकार कह सकते हैं।

पाओलोज्जी की टिप्पणी महत्वपूर्ण है। वे इस बात को जल्दी ही समझ गए कि पॉप कला का जीवन बहुत छोटा है जबकि अतियथार्थवाद सिर्फ एक कला आंदोलन ही नहीं एक तरह का नजरिया है, मिजाज है। अधिकांश पॉप कलाकार 'शो मैन' बन गए। उनका जीवन फिल्म अभिनेताओं या रॉक गायकों सरीखा हो गया। ऐसे जीवन का अंत भी त्रासदीपूर्ण होता है। तुरंत प्रसिद्धि और तुरंत मृत्यु।

फ्रांसिस बेकन अनेक पॉप कलाकारों के प्रेरणास्रोत थे। बाद में वे ब्रिटेन की आकृतिमूलक कला के सबसे महत्वपूर्ण कलाकार के रूप में उभरे। बेकन के चित्रों का महत्व विद्रोही पॉप कलाकारों ने बहुत पहले ही रेखांकित कर दिया था। पचास के दशक में अधिकांश नामी कलाकार व्यवस्थाप्रिय नजर आते थे पर फ्रांसिस बेकन की उपस्थिति और अपील दूसरी ही तरह की थी। लंबे समय तक बेकन को पतनशील, क्रूर और हिंसक परंपरा का कलाकार माना जाता रहा। शायद इन्हीं चीजों ने युवा कलाकारों में बेकन के प्रति श्रद्धा पैदा की। लेकिन धीरे-धीरे

यह स्पष्ट हो गया कि बेकन की कला में मनुष्य का विरूपित रूप आधुनिक समाज पर सख्त टिप्पणी है। जिसे पतनशील परंपरा समझा जा रहा था, दरअसल वह कलाकरों की एक पूरी पीढ़ी को प्रभावित करने जा रही थी।

बेकन के चित्रों में घनवाद से शुरू होकर अभिव्यंजनावाद तक का गहरा असर देखा जा सकता था। वे एक दुःस्वप्न की तरह नजर आते थे। बेकन ने कुछ पुराने कलाकारों के चित्रों पर नए ढंग से काम किया। वेलासकुएस के पोप पोर्ट्रेट को आधार बनाकर उन्होंने पोप चित्र शृंखला को एक आधुनिक विस्तार दिया। आइजेंस्टीन की क्लासिक फिल्म 'बैटलशिप पोतेमकिन' (1925) में ऑडेसा सीढ़ियां प्रसंग सिनेमा की ऐतिहासिक स्मृतियों में से है। इस प्रसंग में एक घायल नर्स के चेहरे के फोटो को आधार बनाकर बेकन ने कई चित्र बनाए। बेकन ने डेविड सिल्वेस्टर की लंबी बातचीत (जो पुस्तक के रूप में उपलब्ध है) में एक जगह पर सिल्वेस्टर का सवाल है : "आप अमूर्त कला को आलंकारिक मानते हैं। लेकिन क्या बात है कि लोग अमूर्त कला को हृदयस्पर्शी या प्रभावशाली मानते हैं?"

बेकन ने बहुत सीधा-संक्षिप्त जवाब दिया, "लोग फैशन में यह सब कहते हैं।" "क्या आप सचमुच इसे फैशन ही मानते हैं?" "मेरी यह मान्यता है कि केवल समय ही बताता है कि किसी चित्र के बारे में। किसी चित्र के इर्द-गिर्द बनाए गए सिद्धांतों की छंटनी में 75 से लेकर 100 साल तक लग जाते हैं। किसी कलाकार को दरअसल अपने जीवन में यह पता नहीं चल पाता है कि उसने सचमुच अच्छा काम किया है या नहीं। यह फैशन ही निर्धारित करता है कि आपको कुछ खास चीजें हृदयस्पर्शी लगीं। 'सफल' कलाकारों को मालूम ही नहीं पड़ता कि क्या वे सचमुच अच्छा काम कर रहे है..."

बेकन की कला और उनके विचारों का महत्व इधर ठीक ही बढ़ा है। पर डेविड हॉक्नी (जन्म : 1937) ब्रिटेन के सबसे लोकप्रिय कलाकार हैं। उनकी शुरुआत एक पॉप चित्रकार के रूप में हुई थी। वे अपनी कला में खूब सारे मजाक भी बारीकी से भर देते थे। उनका एक 1962 का चित्र है 'क्रूर हाथी'। गांधी की अहिंसा और शाकाहारी जीवन से प्रभावित हॉक्नी ने हाथी के शाकाहारी होने पर व्यंग्यात्मक टिप्पणी की है। दरअसल हॉक्नी के चित्रों में आत्मकथात्मक प्रसंगों की भरमार रही है। हॉक्नी की कला की एक प्रमुख विशेषता रही है कि वे अपनी और बाहरी परम्परा में से बहुत-सी छिपी हुई, दबी हुई चीजें बाहर ले आते हैं। हॉक्नी के कुछ चित्र फोटो यथार्थवाद के नजदीक रहे हैं। लेकिन वे जानते हैं कि "एक फोटो में समय की वो तहें हमें नहीं मिलेंगी जो एक पेंटिंग में मिलेंगी। इसीलिए रेखांकन और पेंट की गई शबीहें कहीं ज्यादा दिलचस्प होती हैं। इस समस्या के बारे में मैं अक्सर सोचता रहता हूं। कभी-कभी मुझे लगता है कि फोटोकारी में कोई खास बात नहीं है—लोग उसे गलत ढंग से ग्रहण करते हैं।"

हॉक्नी के कुछ चित्र 'गिमिकरि' भी लगते हैं। मिसाल के लिए फोटो सरीखी उनकी एक पेंटिंग में 'चित्र के बीच में चित्र' की तकनीक का इस्तेमाल है। एक सुंदर बाग का त्रिकोण दृश्य है जिसके विस्तार में पेड़ों की कतारें हैं। यह अचानक नहीं है कि हॉक्नी ने बाग के इस डिजाइन में सत्रहवीं शताब्दी के लैंडस्केप का अनुकरण किया है। इस बाग में न जाने कितनी खाली कुर्सियां पड़ी हैं। लेकिन लैंडस्केप को चित्र में ही बैठे दो लोग देख रहे हैं, प्रत्येक की तरफ पीठ किए हुए। एक पुरुष और एक स्त्री। उनकी बगल में एक खाली कुर्सी पड़ी है। ऐसा भी लगता है कि हॉक्नी उसी पर बैठे दृश्य का मजा ले रहे थे और अचानक कहीं चले गए हैं।

जाहिर है कि इस तरह के चित्रों की मूल प्रेरणा पॉप कला है। पर हॉक्नी पॉप कला के सतही रूप से मुक्त होकर एक महत्वपूर्ण कलाकार के रूप में सामने आते हैं।

ब्रितानी आकृतिमूलक कला के संदर्भ में लूसिएन फ्रायड (जन्म : 1922) का उल्लेख भी जरूरी है। फ्रायड के चित्रों में भी बेकन की ही तरह एक हिंसक दुनिया के रंग-रूपाकार हैं। वैसे हम यहां यह भी बता दें कि बेकन अपने चित्रों की चीख और विरूपण को दूसरी तरह से देखना चाहते हैं। उनकी दिलचस्पी खुले हुए मुंह में संपूर्णता में है कि जीभ के भीतर का लाल रंग, लार वगैरह कैसे नजर आती हैं। मानो कलाकार हाथ में लैंस लेकर खुले हुए मुंह के एक-एक कोने को छान मारना चाहता है।

लूसिएन फ्रायड इसी परंपरा के कलाकार हैं। वे जब किसी मॉडल के चित्र बनाते थे तो पहले से उसे खूब

अच्छी तरह से जान लेने की कोशिश करते थे। फिर उसके एक नहीं, अनेक चित्र बनाते थे। वर्षों बाद फ्रायड ने अपनी मां के अनेक मार्मिक चित्र बनाए।

आर.बी. किटाज (जन्म : 1932) आकृतिमूलक धारा के एक अन्य महत्वपूर्ण कलाकार हैं। किटाज अपनी कला के संदर्भ में किताबों की भूमिका को उतना ही महत्वपूर्ण मानते हैं जितना प्रभाववादियों के लिए एक समय पेड़ हुआ करते थे। किटाज के अनुसार इस शताब्दी के प्रारंभिक वर्षों में सेजां, मातीस, मुंच तथा पिकासो मानव आकृति की पुनर्कल्पना की दिशा में जो काम कर रहे थे, वह एक आग-सी थी। बाद में बालथस, जियाकोमेत्ती तथा बेकन ने इस आग की लौ को बनाए रखा। खुद किटाज की कोशिश इसी आकृतिमूलक धारा में कुछ जोड़ने की है। किटाज की यह मान्यता भी महत्वपूर्ण है कि मानवाकृति को यदि हमें जानना है तो यात्राओं की बहुत जरूरत है। रेब्रां ने अपने शिष्यों को गलत सलाह दी थी कि कभी यात्रा न करो।

एंथनी ग्रीन (जन्म : 1939) ने 'नैरेटिव' कला को नए अर्थ दिए हैं। एक तरह से वे आत्ममुग्ध कलाकार भी नजर आते हैं। बरसों से अपने ही परिवार की कहानियां कैनवास पर उतार रहे हैं। मां-पिता, सास-ससुर और पत्नी की 'कहानियों' को ग्रीन ने असंख्य बार चित्रित किया है। पर ग्रीन अपने परिवार की कहानियों को छिपाते नहीं हैं। निर्मम होकर उन्हें दिखाते हैं। ग्रीन अपनी जिंदगी की खुशियों का एक उत्सव-सा भी मनाते हैं। उनके चित्र दिलचस्प इसलिए हैं कि एक-एक कोने को वे सारी बारीकियों से चित्रित करते हैं। इसके अलावा कला की परंपरा के प्रति वे अत्यधिक सजग हैं। निजी और पारिवारिक एलबम को भी वे कला इतिहास से बहुत अच्छी तरह से जोड़ देते हैं।

समकालीन भारतीय कला में गुलाम मोहम्मद शेख और भूपेन खक्खर के चित्रों में ग्रीन सरीखी 'नैरेटिव' कला देखी जा सकती है।

दरअसल सत्तर और अस्सी के दशक में आकृतियों की वापसी (अगर वह कोई वापसी है), अभिव्यंजनावादी रुझानों की वापसी भी है।

(1988)

ऑप और काइनेटिक कला

जिन दिनों पॉप कला की बहुत चर्चा हुई उन्हीं दिनों उसी की तुक में ऑप कला को भी मीडिया में काफी उछाला गया। पॉप कला अगर विज्ञापन से पैदा हुई थी तो ऑप कला को विज्ञापन की दुनिया ने देखते-देखते अपनी भूख का शिकार बना लिया। इस तरह की कला में कलाकार की अलग छवि का कोई खास महत्व नहीं रह गया था। इसलिए विज्ञापन की दुनिया ने ऑप कला की उपलब्धियों को अपना हिस्सा बना लिया।

विक्टर वासारेली (जन्म : 1908) हंगारी मूल के फ्रांसीसी कलाकार हैं। उनका नाम ऑप कला के सबसे महत्वपूर्ण कलाकार के रूप गिना जाता है। लेकिन वासारेली अपनी कला को 'साइनेटिक' कहते थे और ऑप कला के नामकरण से बहुत पहले ही सक्रिय और प्रतिष्ठित थे। उन्होंने 1955 में ही अपने 'पीले घोषणापत्र' में कुछ महत्वपूर्ण स्थापनाएं की थीं जो आधुनिक कला के इतिहास में अपना विशिष्ट स्थान रखती हैं। वे एक कलाकृति की अद्वितीयता की धारण को बदलना चाहते थे—यानी कोई पेंटिंग या मूर्तिशिल्प दोहराया क्यों नहीं जा सकता? कलाकार को एक अद्वितीय व्यक्ति क्यों माना जाए?

वासारेली ने एक खास तरह की 'सामाजिक कला' की बात की यानी क्यों न कलाकार के विचार को आधुनिक यंत्रविधि की मदद से लोगों तक पहुंचाया जाए? जाहिर है कि इस तरह के सोच का आशय महत्वपूर्ण है। कलाकार को एक विशिष्ट प्राणी मानने की मानसिकता के आतंक से मुक्त होने की एक कोशिश है। पर जैसा कि बाद के समीक्षकों ने इशारा भी किया—ऑप कला के असंख्य नकलचियों के मुकाबले में वासारेली अद्वितीय, सुंदर और लंबे समय तक जीवित रहने वाले नजर आते हैं। इसकी एक वजह यह भी है कि भले ही वासारेली के भ्रम-संसार को ऑप कला का सर्वोत्कृष्ट नमूना माना जाए पर उनके विचारों और समझ के पीछे एक लंबा रचनात्मक संघर्ष है। उपभोक्ता समाज के फैशन ने 'पीले घोषणापत्र' को पैदा नहीं किया था।

बहरहाल, ऑप कला साठ के दशक का एक कला आंदोलन है जिसमें 'पॉप' और 'ऑप्टिकल' कला को मिलाने की भी एक हलकी-सी कोशिश थी। इस कला में भ्रम-विभ्रम का केंद्रीय स्थान था। अमेरिका में साठ के दशक में 'ट्यून इन ड्रॉप आउट' सरीखे नारे बहुत लोकप्रिय हुए थे। औषधों का आकर्षण बढ़ा था। नशीली दवाएं यंत्रविध से घबराए हुए युवा वर्ग को एक भ्रम संसार में ले जाने की कोशिश कर रही थी। ऐसे माहौल में रेखाओं-रंगों के वे अमूर्त रूप लोकप्रिय हुए जो देखने वाले व्यक्ति की आंखों पर बहुत जोर डालते थे। प्रेक्षक को वे रूपाकार अपनी ओर खींचते भी थे और उसे कुछ ही क्षणों में दूर धकेलते भी थे। ये रूपाकार एक खास तरह से संयोजित व संगठित होते थे ताकि उन्हें देखते-देखते प्रेक्षक को चीजें घूमती नजर आएं। जाहिर है कि इस तरह की कला अंत में कंप्यूटर कला की गोद में ही जा सकती थी।

ऑप कला का नामकरण 1964 में हुआ। 'टाइम' पत्रिका ने अक्तूबर, 1964 में इस तरह की कला की सबसे पहले चर्चा की थी। दो महीने बाद 'लाइफ' पत्रिका ने इस कला पर लंबा वृतांत छाप दिया। इन दो पत्रिकाओं में किसी चीज की उन दिनों चर्चा हो जाती थी तो कला जगत में हंगामा-सा हो जाता था।

किसी भी नए कला आंदोलन को जब जमाने की कोशिश होती है तो उसके दादा-परदादा भी खोजे जाते हैं। प्रभाववादियों और उत्तर प्रभाववादियों में ऑप कला की जड़ें खोजी गईं। सेयोरा सरीखे प्रभाववादियों ने रंग-बिन्दुओं की मदद से एक तरह का भ्रम-संसार ही तो रचा था।

जोसेफ अल्बर्स ने बारहाउस (जर्मन शब्द जिसका अर्थ है 'गृह-निर्माण'—1919 में इस प्रसिद्ध डिजाइन स्कूल की

स्थापना हुई थी) से शुरू होकर अमेरिका के येल विश्वविद्यालय तक रंगों के कुछ खास सिद्धांत बनाए थे। अल्बर्स की 'होमेज टु द स्क्वेअर' चित्र-शृंखला बहुत प्रसिद्ध है। उन्होंने ज्यामिति वर्ग और रंगों की अपनी रोशनी के कई रूप चित्रित किए। अल्बर्स ने 'रंगों के धोखे' को बताया। तीन रंग दो भी नजर आ सकते हैं और चार भी।

वासारेली की चर्चा ऊपर की जा चुकी है। 1935 से ही वे काले-सफेद रंगों से आंखों को एक नई तरह के अभ्यास का मौका दे रहे थे। शतरंज सरीखे रूपाकार या जेबरा सरीखी धारियां ऑप कला की बुनियाद बन चुकी थीं। वासारेली कला और प्रेक्षक के नए संबंधों के प्रवक्ता थे। उनकी मान्यता थी कि एक कलाकृति क्री उपस्थिति को महसूस करना उसे समझने से कहीं ज्यादा महत्वपूर्ण हैं

वासारेली के बाद ऑप कला से जुड़ा दूसरा चर्चित नाम ब्रिजेट रिले (जन्म : 1931) का है। पश्चिमी आधुनिक कला के इतिहास में चितेरियों का नाम आसानी से नहीं आता। रिले ब्रितानी चितेरी हैं। रिले ने काले-सफेद रूपाकारों और रेखाओं के भ्रम-विभ्रम से अपनी कला की एक अलग पहचान बनाई। बड़े-बड़े कैनवास पर कुछ सरल-सी रेखाएं आंखों की अच्छी-खासी कसरत करा देती हैं। ऑप कलाकारों के लिए रंगों को संभालना हमेशा एक चुनौती रही। रिले ने अपने बाद के चित्रों में इस चुनौती को अच्छी तरह से स्वीकार किया था।

दरअसल वासारेली और रिले की उपलब्धियों के आधार पर ही ऑप कला की सीमाओं और संभावनाओं को पहचाना जा सकता है। इस तरह की कला ने आधुनिक कला को एक विस्तार जरूर दिया पर जैसा कि एक बार लातीनी अमेरिकी लेखक बोर्खेस ने कहा था—आप अपना अनुकरण करने वालों का अनुकरण कब तक कर सकते हैं? ऊपर से जिस कला को विज्ञापन की दुनिया लगभग अश्लील रूप दे दे, उसमें रचनात्मक संभावनाएं कब तक बची रह सकती हैं?

ऑप कला और 'काइनेटिक कला' में एक गहरा रिश्ता है, हालांकि दोनों में फर्क भी उतना ही महत्वपूर्ण है। काइनेटिक कला का इतिहास ज्यादा पुराना है। 1920 के दशक में 'कंस्ट्रक्टिविस्ट्स' (एक अमूर्त कला आंदोलन जो रूसी क्रांति के बाद के वर्षों में उभरा था) ने 'काइनेटिक' तत्त्वों की बात की थी। काइनेटिक कला का सीधा अर्थ उस कला से है जिसमें गति हो। 'काइनेसिस' एक यूनानी शब्द है—गति के लिए। लेकिन जिस कला में गति हो जरूरी नहीं है कि वह काइनेटिक कला मान ली जाए। ऑप कला में गति का भ्रम पैदा किया जाता है। काइनेटिक कला में मैकेनिकल और 'रैंडम' (बिना किसी उद्देश्य) गति के तत्व अधिक महत्वपूर्ण होते हैं।

ऑप कला की एक प्रमुख विशेषता यही है कि न तो कलाकृति घूम रही होती है और न प्रेक्षक—पर गति की अनुभूति होती है। उसका भ्रम-सा पैदा होता है। काइनेटिक कला में इस तरह से ऑप कला का भ्रम एक तरह का विस्तार माना जा सकता है। बहुत से आलोचक ऑप कला को काइनेटिक कला की एक शाखा ही मानते हैं।

काइनेटिक कला में कलाकृति बिजली या हवा में घूम सकती है या फिर प्रेक्षक खुद कोई बटन वगैरह घुमाकर कलाकृति का आनंद उठा सकता है। प्रेक्षक कलाकृति के इर्द-गिर्द घूमकर भी गति को महसूस कर सकता है।

गति में दिलचस्पी कोई नई चीज नहीं है। भागते हुए घोड़े, उड़ती हुई चिड़िया—कलाकारों को ये चीजें शुरू से ही आकर्षित करती रही हैं। लेकिन काइनेटिक कलाकार ने गति को कलाकृति का आंतरिक हिस्सा बना लिया। भविष्यवादियों ने 1909 में अपने घोषणापत्र में लिखा था कि एक नई तरह का सौंदर्य दुनिया को समृद्ध कर रहा है—स्पीड (गति) का सौंदर्य।

मूर्तिशिल्पियों ने काइनेटिक कला की संभावनाओं को सबसे अधिक पहचाना और निखारा। यंत्रविधि के विकास के साथ-साथ काइनेटिक कला में कई तरह से प्रयोग करने के अवसर मिले। आगे जाकर काइनेटिक कला ने वातावरण के समग्र इस्तेमाल का सार्थक रास्ता भी खोला।

लेकिन काइनेटिक कला का एक महत्वपूर्ण योगदान प्रेक्षक की हिस्सेदारी के रूप में है। इस तरह की कला के सामने प्रेक्षक निष्क्रिय नहीं रह जाता। वह सक्रिय हिस्सेदार हो जाता है। कभी-कभी तो यह उम्मीद भी की जाती है कि प्रेक्षक कलाकृति में कुछ जोड़ेगा भी, सिर्फ उसे देखेगा ही नहीं।

तो क्या काइनेटिक कला एक तरह का खिलौना नहीं है? है भी। नहीं भी है। *(1988)*

आधुनिक मूर्तिशिल्प

उत्तर प्रभाववाद से शुरू होकर ऑप कला तक जिन विचारों, प्रवृत्तियों, आंदोलनों की चर्चा हुई है उनकी बनावट में पेंटिंग, मूर्तिशिल्प, ग्राफिक आदि सभी विधाओं का विकास हुआ है। काइनेटिक कला के संदर्भ में मूर्तिशिल्प पेंटिंग की तुलना में अधिक महत्वपूर्ण हो जाता है। पर अतियथार्थवाद के संदर्भ में पेंटिंग केंद्र में है। दरअसल सभी आधुनिक कला आंदोलनों के केंद्र में पेंटिंग ही रही है। अक्सर आधुनिक कला का इतिहास पेंटिंग का इतिहास भी हो जाता है। पर यह भी सही है कि अनेक महत्वपूर्ण चित्रकारों ने आधुनिक मूर्तिशिल्प को भी समृद्ध किया। पिकासो और मातीस सरीखे कलाकार इस बात के अच्छे उदाहरण हैं। दरअसल सभी महत्वपूर्ण कला आंदोलनों के विचारों, सरोकारों और विशेषताओं ने पेंटिंग के साथ-साथ सभी कला-विधाओं को प्रभावित किया। पेंटिंग केंद्र में रही पर मूर्तिशिल्प बहुत पीछे भी नहीं रहा।

आधुनिक मूर्तिशिल्प के विकास और प्रमुख सरोकारों को समझने का एक अच्छा तरीका आठ-दस बड़े मूर्तिशिल्पियों के काम से साक्षात्कार भी है। शुरुआत रोदैं से की जा सकती है और डेविड स्मिथ सरीखे मूर्तिशिल्पियों तक पहुंचकर मूर्तिशिल्प की अपनी भाषा और अपनी समस्याओं से परिचित हुआ जा सकता है। कुछ कला आंदोलनों ने मूर्तिशिल्प को अपेक्षाकृत अधिक सक्रिय किया (पॉप कला, काइनेटिक कला वगैरह) पर ब्रांकुसी, काल्डर, गाबो, जेकब एपस्टाइन, गोंसालेस, जिआकोमेत्ती, हेनरी मूर, बार्बरा हेपवर्थ, ओल्डेनवर्ग, डेविड स्मिथ सरीखे दर्जन भर नामों की मदद से आधुनिक मूर्तिशिल्प का एक समानांतर इतिहास भी बनाया जा सकता है। इनमें से कुछ ने अमूर्त काम किया और कुछ ने आकृतिमूलक। कुछ दोनों तरह का काम करते रहे। पिकासो जिस तरह से पेंटिंग में शलाकापुरुष नजर आते हैं उसी तरह से हेनरी मूर मूर्तिशिल्प के एक शलाका पुरुष हैं।

रोदैं से शुरू होकर डेविड स्मिथ तक की यात्रा का एक अर्थ यह भी है कि कुछ जीनियस मूर्तिशिल्पियों के जीवन और उपलब्धियों को समझा जाए।

आलोचक हर्बर्ट रीड की इस बात से आसानी से सहमत हुआ जा सकता है कि रोदैं (1840-1917) सेजां (1839-1906) की तरह नए युग के सूत्रधार नहीं थे, बल्कि विडंबना यह भी है कि सेजां ने आधुनिक मूर्तिशिल्प पर अधिक निर्णायक असर डाला। लेकिन रोदैं एक महान मूर्तिशिल्पी थे। उनसे आधुनिक मूर्तिशिल्प की शुरुआत मानने का अर्थ इस जीनियस कलाकार का सम्मान भी है। वे उन्नीसवीं शताब्दी के सबसे प्रसिद्ध मूर्तिशिल्पी थे। और प्रसिद्धि एक कलाकार की वास्तविक उपलब्धियों पर पर्दा भी डालती है। रोदैं का 'चिन्तक' बीसवीं शताब्दी के बारे में भी सोच रहा है। रोदैं का एक बड़ा योगदान एक हिस्से या टुकड़े को स्वतंत्र कलाकृति में बदल देना भी था। सर, धड़, हाथ—शरीर के ये अंग अपने आप में एक मूर्तिशिल्प के रूप में उभरे। उनकी कला के विरूपण, संवेगों, प्रतीकों, गति आदि ने बाद के मूर्तिशिल्पियों पर अच्छा प्रभाव डाला। उनकी मॉडलिंग में अत्यंत संवेदनशीलता थी। रोदैं ने फोटो सरीखे यथार्थ के स्थान पर कलाकार की चाक्षुष भावनाओं की प्रामाणिकता को महत्वपूर्ण माना।

आधुनिक मूर्तिशिल्प पर सबसे अधिक असर घनवाद और कंस्ट्रक्टिविज्म सरीखे कला आंदोलनों ने डाला। इसके अलावा गैर-यूरोपीय स्रोत भी आधुनिक मूर्तिशिल्प को एक नया चेहरा देने में सफल हुए। हेनरी मूर ने ब्रितानी संग्रहालय में कई साल बिताए और अफ्रीकी, लातीनी अमेरिकी, उत्तर अमेरिकी स्रोतों से आधुनिक मूर्तिशिल्प को समृद्ध किया।

ब्रांकुसी (1876-1957) रोमानिया के मूर्तिशिल्पी थे। शुरू में वे रोदैं से भी प्रभावित हुए। उन पर आदिम कला

ने भी गहरा असर डाला। ब्रांकुसी ने अपनी कला की कुंजी यह कहकर बता दी : 'दुरूह फार्मूले या रहस्य मत खोजिए। मैं सिर्फ आपको शुद्ध आनंद दे रहा हूं!''

ब्रांकुसी के सरल-से रूपाकार, उनकी सुंदर 'फिनिश' आधुनिक मूर्तिशिल्प की एक अद्‌भुत उपलब्धि है। ब्रांकुसी को अकेलापन और सादगी पसंद थी। उनका 1909-10 का सोया हुआ चेहरा इसका अच्छा प्रमाण है। ब्रांकुसी पेंटर मोदिग्लियानी (1884-1920) के दोस्त थे और उन्होंने मोदिग्लियानी को कुछ खूबसूरत मूर्तिशिल्प बनाने के लिए भी प्रेरित किया। मोदिग्लियानी के लंबी गर्दन वाले चेहरे पेंटिंग में भी आए—मूर्तिशिल्प में भी। ये दोनों दोस्त कला आंदोलनों से दूर अपनी निजी विशिष्ट प्रतिभा के कारण एक चुनौती बने।

1907 में रोदैं ने जब ब्रांकुसी की प्रतिभा को पहचाना तो उन्होंने इस युवा मूर्तिशिल्पी को अपना सहयोगी बनने का निमंत्रण दिया, पर ब्रांकुसी की प्रसिद्ध टिप्पणी है : ''महान पेड़ों की छाया में कोई पौधा नहीं बढ़ पाता।''

ब्रांकुसी का यह फैसला सही था। जन्म से शुरू होकर मृत्यु तक को अपना विषय बनाने वाला यह मूर्तिशिल्पी बीसवीं शताब्दी में अकेला और अनोखा है। ब्रांकुसी ने पत्थर, काठ, धातु सभी तरह की सामग्री को काव्यात्मक रूपाकार दिए। उनके सोते हुए, जागते हुए चेहरे, अंडाकार दुनिया की शुरुआत, चुंबन (यह मूर्तिशिल्प लगता है हजारों साल पुराना है और फिर अचानक बहुत नया भी लगता है।) मछली, स्पेस में चिड़िया—ये सभी चीजें आधुनिक मूर्तिशिल्प का एक सपना हैं और यथार्थ भी। आश्चर्य होता है कि ब्रांकुसी आज भी भारत में नागजी पटेल या गोगी तक को प्रभावित कर सकते हैं। ब्रांकुसी की कलाकृतियों में एक संपूर्ण उड़ान है।

गोंसालेस (1876-1940) स्पेन के कलाकार थे। वे पिकासो के दोस्त थे। शुरू में पेंटिंग छोड़कर सोने-चांदी के घरेलू व्यवसाय में लग गए। बरसों बाद पिकासो ने कुछ तकनीकी सलाह मांगी तो गोंसालेस ने धातु मूर्तिशिल्प में काम शुरू किया। उनके काम पर घनवाद का असर साफ था। गोंसालेस ने लोहे के इस्तेमाल में नई संभावनाएं पैदा कीं। 1936-37 में उन्होंने फासीवाद के खिलाफ खड़ी साधारण किसान औरत का असाधारण मूर्तिशिल्प बनाया।

जियाकोमेत्ती (1901-1966) ने शुरू में घनवाद और अतियथार्थवाद से प्रेरणा प्राप्त की। चालीस के दशक में उनके काम में काफी महत्वपूर्ण फर्क आया। उनकी दुबली-पतली-लंबी आकृतियां अब विश्व प्रसिद्ध हैं। उन्होंने आधुनिक मनुष्य की एक नई पहचान बनाई। कांस्य में यह मनुष्य चाहे रथ की सवारी कर रहा हो या बारिश में तेजी से चल रहा हो, वह बराबर युद्धोत्तर संवेदना का एक प्रतिनिधि नजर आता है। 1947 में स्विट्‌जरलैंड के इस कलाकार ने एक रॉड पर आदमी के चेहरे को फंसा दिया। ऐसा लगता है कि जैसे यह चेहरा न होकर खुले मुंह वाली खोपड़ी है। निश्चय ही जियाकोमेत्ती ने अपने समय के मनुष्य को पहचाना। उसे ही नहीं जानवर को भी, एक साधारण से कुत्ते को भी।

सोवियत मूर्तिशिल्पी नाउम गाबो (1890-1977) के बारे में कहा गया है कि उनके मूर्तिशिल्प दरअसल मूर्तिशिल्प का ढांचा हैं, उसकी हड्डियां हैं। उनमें वजन नहीं है। एक सुंदर, संतुलित दुनिया का सपना है। गाबो ने स्पेस में गति को पहचानने की कोशिश की। कांच, प्लास्टिक, नायलॉन—सभी तरह की आधुनिक सामग्री का उन्होंने बहुत बारीक इस्तेमाल किया। गाबो 'भविष्य के मूर्तिशिल्प' को बना रहे थे। उनकी कलाकृतियों ने युवा कलाकारों को कई नए विचार दिए। यंत्रविधि का अगर कोई आदर्श समाज बन सके (और यह असंभव काम है) तो गाबो उसके प्रथम नागरिक होंगे।

अमेरिकी कलाकार अलेक्जैंडर काल्डर (1898-1976) ने गाबो और मोंद्रियान से प्रभावित होकर 'मोबाइल्स' (जिन्हें काइनेटिक कला भी कहा जा सकता है) की रचना की। उनकी कल्पना शक्ति पर पाउल क्ले और मीरो का भी प्रभाव था। धातु की चादरों, पतले तारों और रंगों से काल्डर ने एक ऐसी अमूर्त दुनिया रची जो हवा में धीरे-धीरे हिलती थी। ये कलाकृतियां छत पर भी लटकाई जा सकती थीं। फर्श पर या किसी खुले इलाके में भी रखी जा सकती थीं।

हेनरी मूर (1898-1986) आधुनिक मूर्तिशिल्प के शलाका पुरुष माने जा सकते हैं। ब्रांकुसी का महत्व उनके मुकाबले में कम नहीं है पर रोदैं के बाद सबसे लोकप्रिय मूतिशिल्पी मूर ही हैं। मूर की दिलचस्पी गति से अधिक

सघनता और 'मात्रा' में थी। उनकी लेटी हुई आकृतियों ने आधुनिक मूर्तिशिल्प का चेहरा ही बदल दिया। ब्रांकुसी मूलतः कवि थे, गाबो किसी विज्ञान कथा फिल्म के पात्र और मूर एक मजदूर थे। तीनों ने मिलकर आधुनिक मूर्तिशिल्प की भाषा बनाई। आकृतिमूलकता और अमूर्तन की सहज आवाजाही मूर की दुनिया में हमें मिलती है। पेंटिंग में अगर पिकासो थे तो मूर्तिशिल्प में मूर थे।

डेविड स्मिथ (1906-65) ने स्टील की संभावनाओं को पहचाना। एक तरह से उनका काम गाबो और गोंसालेस की दुनिया का विस्तार था। ये सभी विकसित यंत्रविधि के मजदूर थे, पर यंत्रविधि को एक चिड़िया की उड़ान भी चाहिए, यह ब्रांकुसी ने अच्छी तरह से साबित किया।

(1988)

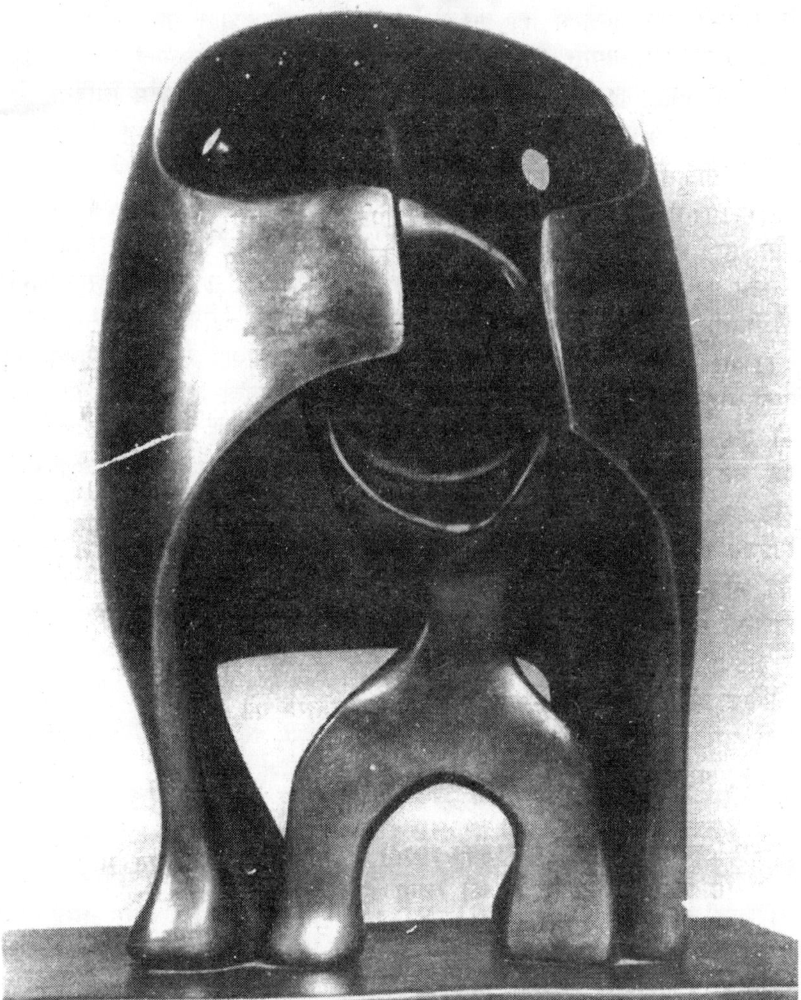

हेनरी मूर का मूर्तिशिल्प

फोटो यथार्थवाद

वॉन गॉग की विक्षिप्तता को अगर आधुनिक कला की 'ट्रेजिक' शुरुआत के रूप में देखा जाए तो उसका अंत किस कला आंदोलन में देखा जाए? मिनिमल आर्ट, कंसेप्चुअल आर्ट, बॉडी आर्ट—साठ और सत्तर के दशक में न जाने कितने कला आंदोलन सामने आए। एक दिन उनके जन्म की खबर मिलती थी और दूसरे दिन उनकी मौत की। 'नए और बहुत नए' की लगभग अश्लील तलाश के कलाकारों को एक दूसरी तरह से विक्षिप्त कर दिया। वॉन गॉग की विक्षिप्तता और करीब सौ साल बाद बॉडी कलाकारों की विक्षिप्तता में बहुत बड़ा फ़र्क था।

पहले तो यही जान लिया जाए कि यह बॉडी आर्ट आखिर बला क्या है? 1967 में इस नाम का इस्तेमाल होना शुरू हुआ। बॉडी आर्ट का एक मतलब यह भी था—'जीवित मूर्तिशिल्प।' इस कला में एक तरह का 'एक्शन' या 'हैप्पनिंग' थी। कलाकार अपनी अभिव्यक्ति के लिए अपने शरीर का ही इस्तेमाल करने लगा। जाहिर है कि मीडिया का ध्यान खींचने के लिए यह अभिव्यक्ति हिंसक, नाटकीय, अश्लील, चौंकाऊ—कुछ भी हो सकती थी। 1969 में पश्चिम जर्मनी में रह रहे एक आस्ट्रेलियाई बॉडी कलाकार ने अपने शरीर पर इतने घाव बना लिए कि उनकी दुःखद मृत्यु हो गई। 'पंद्रह मिनट की प्रसिद्धि' के युग में कलाकार बिना कुछ किए ही आत्महत्या के अंधेरे में पहुंच गए।

कला के नाम पर और भी बहुत कुछ हुआ। अगर कला दीर्घा में सचमुच की कुर्सी रख दी जाए, उसकी बगल में कुर्सी का एक फोटो और फिर उसकी बगल में कुर्सी का अर्थ (बाकायदा शब्दकोश से निकालकर) टांग दिया जाए, तो इसे आप कंसेप्चुअल कला का नमूना भी मान सकते हैं। इस तरह की कला साठ के दशक से शुरू होकर अस्सी के दशक तक सक्रिय रही है। भाषा को कला की बुनियादी सामग्री बना दिया गया। रचना कर्म का एक अर्थ कला के स्वभाव की जांच भी हो गया।

पृथ्वी या वातावरण कला का भी काफी फैशन रहा। कलाकारों ने जमीन के बड़े-बड़े टुकड़ों पर ही अपनी कला के नमूने पेश करना शुरू कर दिए। मिसाल के लिए, कोई कलाकार किसी उजाड़ में जाकर एक मील लंबी लाइन खींच दे तो वह उसकी एक कलाकृति थी। 1945 में जन्में ब्रितानी कलाकार रिचर्ड लौंग ने इस तरह की कला में गंभीर और गहरी दिलचस्पी दिखाई। मिसाल के लिए वे एक खेत में गए। आगे-पीछे, दाएं-बाएं चहलकदमी की। कुछ पौधे एक खास तरह से काट दिए। जाहिर है कि इस तरह की कला का रिकॉर्ड कैमरे या वीडियो वगैरह से ही सुरक्षित रखा जा सकता था। दरअसल वीडियो यंत्रविधि के प्रचार-प्रसार ने इस तरह के कामों को और भी प्रेरित किया।

पृथ्वी को अपना कैनवास बनाने वाले आधुनिक कलाकार बाकायदा हवाई जहाज में बैठकर जगह का सर्वेक्षण करते थे। 1973 में एक मूर्तिशिल्पी इस तरह के एक सर्वेक्षण के दौरान हवाई जहाज दुर्घटना में मारा गया।

जापान के कुछ कलाकारों ने वातवरण या पृथ्वी कला के साथ अधिक रचनात्मक रिश्ता जोड़ा है। उनमें एक धैर्य है और प्रकृति को समझने और उसे बचाने की एक ईमानदार इच्छा भी है।

'मिनिमल' कला भी साठ के दशक का ही एक कला आन्दोलन है। उसमें अभिव्यक्ति या भ्रम-संसार से मुक्त होने का दावा किया गया। बालू का ढेर भी कला हो सकता था—ईंटों को एक खास क्रम में रखना भी कला हो सकता था।

'मिनिमल' कला में कलाकार की रचना सामग्री को कम-से-कम कर दिए जाने की बात की गई। इसे 'ए बी सी कला' भी कहा गया।

ये सभी कला आंदोलन अंत में एक बंद गली ही साबित होते हैं। सिर्फ एक कला आंदोलन (फ़ोटो यथार्थवाद)

इस दौरान ऐसा उभरा जो कला को उसकी परंपरा से सार्थक ढंग से जोड़ता था। यह इन सौ सालों का अंतिम कला आंदोलन नहीं है पर हम इसे अंतिम इसलिए भी मान रहे हैं कि उन्नीसवीं शताब्दी में फोटोकारी ने पेंटिंग को सबसे गंभीर चुनौती दी थी।

फोटो यथार्थवाद के कई दूसरे नाम भी हैं—सुपर यथार्थवाद, हाइपर यथार्थवाद आदि। सत्तर के दशक में अनेक अमेरिकी कलाकारों ने पॉप कला के एक हिस्से से प्रेरित होकर सुपर यथार्थवादी होने का दावा किया। पश्चिम यूरोप (खासतौर पर पश्चिमी जर्मनी) में भी इस तरह का यथार्थवाद काफी लोकप्रिय हुआ। जहां तक पेंटिंग का प्रश्न है उसमें तो अक्सर खास तरह के फोटो चित्रों का सीधा अनुकरण किया गया। एक्रिलिक रंगों में यह अनुकरण काफी दिलचस्प और चाक्षुष स्तर पर नया अनुभव साबित हुआ। मूर्तिशिल्प के क्षेत्र में हाइपर या सुपर यथार्थवाद का अर्थ था—मानव आकृतियों को सीधे 'कास्ट' करना। जार्ज सेगल ने प्लास्टर, प्लेक्सीग्लास, धातु, बिजली के प्रकाश वगैरह के मेल से कुछ ऐसे लोग बनाए जो सचमुच के होने का भ्रम पैदा करते थे। ब्रिटेन में जॉन डेविस ने इस शैली में दिलचस्प काम किया। भारत में युवा मूर्तिशिल्पी ध्रुव मिस्त्री ने वड़ोदरा में इस शैली का कुछ अच्छा काम किया और फिर बाद में ब्रिटेन के कला जगत में भी काफी लोकप्रिय हुए।

एक कला आंदोलन के रूप में फोटो यथार्थवाद साठ और सत्तर के दशक में अलग दीखता है। अनेक आंदोलन जब कला से आदमी और आकृति का चेहरा ही गायब करने में लगे हुए थे तो कम-से-कम इस कला आंदोलन ने आदमी की वापसी संभव की और प्रकृति की भी।

उन्नीसवीं शताब्दी के प्रारंभ में ही फोटोकारी के दिलचस्प आविष्कार शुरू हो गए थे। 1840 के आसपास फोटोकारी के क्षेत्र में असाधारण प्रगति हुई। 1841 के बाद तो फोटोकारी की दुनिया में बड़ी तेजी से परिवर्तन हुए।

उस जमाने में कलाकार से यह भी उम्मीद की जाती थी कि वह कैमरे-सरीखा काम करेगा। दृश्य या चेहरे या पोशाक की एक-एक चीज को वह बिल्कुल सही-सही कैनवास पर उतार देगा। बहुत से लोग फोटोकारी और चित्रकारी में ज्यादा फर्क करने की जरूरत नहीं महसूस करते थे। पेंटिंग में रंगों का होना जरूर एक खास बात थी।

फोटोकारी ने अपने जन्म के तुरंत बाद ही कुछ जाने-माने चित्रकारों को आकर्षित किया। फ्रांस के रोमानी आंदोलन के बड़े चित्रकार देलाक्रुआ (1798-1863) फोटोकारी से प्रभावित हुए थे। लड़ाई और शिकार आदि के दृश्यों, आत्मीय मित्रों की शबीहों वगैरह में दिलचस्पी लेने वाले इस चित्रकार ने स्वाभाविक ही कैमरे के चमत्कार में भी दिलचस्पी दिखाई।

शुरू-शुरू में तो फोटोकारी ने यूरोप के लघुचित्रों की छुट्टी ही कर दी। छोटे-मोटे शबीह चित्रकार या तो पेंटिंग छोड़ने के लिए मजबूर हो गये या फिर कैमरे को भी उन्होंने साथी बना लिया। फोटो भी उसी भव्य स्तर पर खींचे जाने लगे जैसे पेंटिंग बनाई जाती थी।

अक्सर कहा जाता है कि प्रभाववादियों पर फोटोकारी का असर था। देगा के चित्रों में 'स्नैपशॉट' के प्रभाव को पहचाना जा सकता है। चित्रों में जीवन की झलक भी बढ़ गई थी।

दरअसल फोटोकारी और फिल्म विधा की संभावनाओं ने अनेक महत्वपूर्ण चित्रकारों पर 'पॉजीटिव' असर डाला। बीसवीं शताब्दी में जब फिल्म विधा का विकास हुआ तो चित्रकारों ने ही इस विधा से नहीं सीखा, बल्कि कई फिल्मकार भी पेंटिंग से प्रभावित रहे हैं। कलाओं की यह आवाजाही बीसवीं शताब्दी की एक खास पहचान थी, नियति भी।

साठ और सत्तर के दशक में विकसित यंत्रविधि वाले देशों में अनेक कलाकारों को अभूतपूर्व तकनीकी सुविधाएं मिल गईं। बड़े-बड़े फोटोचित्र को आधार बना कर पेंटिंग बनाई जाने लगी। तरह-तरह के नए-नए औजारों ने कलाकारों का काम आसान कर दिया। नग्नचित्रों और आत्मचित्रों के क्षेत्र में नई संभावनाएं जागीं। इन कला-शैलियों की वापसी हुई।

लेकिन तकनीकी चमत्कार और चमक में ही कला नहीं छिपी है। यह बात लगभग सभी कलाओं के बारे में सही है। सिनेमा के बारे में भी, पेंटिंग के बारे में भी। विकसित यंत्र-विधि की कला इसलिए बहुत जल्दी ही व्यर्थ सिद्ध हो गई। शायद यही कारण है कि आधुनिक कला अमेरिका, ब्रिटेन, फ्रांस या पश्चिमी जर्मनी से बाहर आने के लिए बेचैन होने लगी। भारत सरीखे देशों के लिए यह एक बहुत अच्छा मौका था, बल्कि है।

(1988)

कला का अंत

क्या कला का अंत हो चुका है? कुछ कला समीक्षक मानते हैं कि आज इक्कीसवीं शताब्दी की शुरुआत में कला का अंत हो चुका है। अमेरिकी कला समीक्षक डोनाल्ड कुस्पिट ने अपनी पुस्तक का नाम रखा है–'द एंड ऑफ आर्ट'। उन्होंने आज के चर्चित और अत्यंत सफल ब्रितानी कलाकार डेमियन हर्स्ट की कला के साथ हुए हादसे का दिलचस्प हवाला दिया है। हर्स्ट ने मेफेयर गैलरी की खिड़की में एक इंस्टालेशन बनाया था। जाहिर है कि वह कीमत के हिसाब से करोड़ों का था। लेकिन इंस्टालेशन जिस दिन लगा उसी रात को झाड़ू लगानेवाले कर्मचारी ने उसे कूड़ा समझ कर बेरहमी से कूड़ेदान में फेंक दिया। इस कलाकृति में आधे भरे हुए कॉफी के प्याले थे, अधजली सिगरेट के टुकड़े एशट्रे में पड़े हुए थे, खाली बीयर की बोतलें थीं, पेंट ब्रश थे, कैंडी रैपर थे। बाद में इस 54 साल के सफाई कर्मचारी को यह जानकर आश्चर्य हुआ कि अनजाने में उसने इतनी महंगी कलाकृति को कूड़ेदान में पहुंचा दिया। उसने कहा, "मुझे तो यह कला नहीं नजर आ रही थी। मैंने कबाड़ समझकर फेंक दिया।"

लेकिन डेमियन हर्स्ट इस हादसे से निराश नहीं हुए, बल्कि उन्होंने इसका स्वागत किया। उन्होंने फौरन यह टिप्पणी की, "रोजमर्रा की जिंदगी और कला के रिश्तों के बारे में ही तो है मेरी कला।"

डोनाल्ड कुस्पिट का तर्क है कि आज पेंटिंग नहीं हो रही है–परफॉर्मेंस आर्ट को ही पेंटिंग समझा जा रहा है। उनका कहना है कि कला में रॉशेनबर्ग क्या सचमुच रेंब्रां के उत्तराधिकारी कहे जा सकते हैं? संगीत में क्या जॉन केज को बाख की श्रेणी में रखा जा सकता है। आज आर्टिस्ट एक तरह के 'पोस्ट आर्टिस्ट' में बदल गया है। आज कलाकार के व्यक्तित्व को भी मार्केट में ऊंचे दामों पर बेचा जा सकता है। वह निजी जीवन में जिन साधारण चीजों का भी इस्तेमाल करता था उन्हें भी महान और महंगी कला के रूप में मार्केट किया जा सकता है। अमेरिकी पॉप कलाकार एंडी वारहोल यह मानते थे कि कला के बाद अगला कदम बिजनेस आर्ट है। हिप्पी संस्कृति कहती थी कि पैसा बुरा है, काम करना बुरा है। पर वारहोल की नजरों में पैसा पैदा करना कला था और काम करना भी कला था। 2002 में रोड आइलैंड के स्कूल ऑफ डिजाइन म्यूजियम में वारहोल के घर की वे चीजें भी कला के रूप में बेची गईं जो पचास के दशक में वे इस्तेमाल करते थे। 'कुकी जार' भी कला की जादुई शक्ति प्राप्त कर चुके थे। खरीदने वाले को एहसास होता था कि मैं इस महान कलाकार का 'इनग्रुप मैंबर' हो गया हूं। आखिर आज पश्चिम में पॉप गायिका मैडोना का अंडरवियर भी इसी तर्क से बेचा जाता है।

पर आज हम कोलंबिया के चर्चित मूर्तिशिल्पी और चित्रकार फर्नांदो बोतेरो की कला की जादुई ताकत को भी एक दूसरी रोशनी में देखते हैं। बोतेरो ने पिछले दिनों जब इराक की अबू घाबी जेल में अमेरिकी सैनिकों द्वारा इराकी बंदियों पर किए गए अत्याचारों पर एक चित्र श्रृंखला बनाई तो दुनिया भर में इन चित्रों की सामाजिक-राजनीतिक ताकत की भी चर्चा हुई। कला की दृष्टि से भी इस चित्र श्रृंखला की भाषा अद्‌भुत थी। बोतेरो ने यह भी स्पष्ट किया कि मैं इन चित्रों में दिखाई यातना को बेचकर मुनाफा नहीं कमाना चाहता हूं।

यानी आज एक ओर वारहोल का दर्शन कला के अंत का रास्ता दिखा रहा है और दूसरी तरफ बोतेरो सरीखे कलाकारों की उपस्थिति और सोच कला की प्राचीन रोशनी को बचाने-बढ़ाने का काम कर रही है। और बोतेरो सरीखे कलाकारों की संख्या इस दुनिया में कम नहीं है।

प्रसिद्ध कला लेखक एडवर्ड लूसी स्मिथ ने 2003 में एक पुस्तक लिखी थी–'आर्ट टुमारो'। इस पुस्तक में कला के अंत की बात नहीं है, बल्कि कला के नए रास्तों का जिक्र किया गया है। उन्होंने ईरानी चितेरी शीरीन निसहत

की चर्चा की है जो इस्लामी समाज में औरत की हालत पर संवेदनशील फोकस करती है। (भले ही वह अमेरिका में रहते हुए पश्चिमी नारीवाद से प्रभावित है)। उन्होंने पाकिस्तानी कलाकार शाजिया सिकंदर द्वारा मिनियेचर कला को समकालीन चित्र भाषा देना भी एक महत्वपूर्ण ट्रेंड माना है। भारत के रविंदर रेड्डी के मूर्तिशिल्प को भी उन्होंने अपनी चर्चा में केंद्रीय स्थान दिया है।

एडवर्ड लूसी स्मिथ का बुनियादी तर्क है कि आज सौ-सवा सौ साल पुराने कला सैलून वाला माहौल नहीं है जब सरकारी या समाज द्वारा स्वीकृत संस्थाएं प्रयोगधर्मी कलाकारों को तंग करती थीं या बाहर रखती थीं। आज आपको विरोध करने के लिए भी कोई बड़ी संस्था फैलोशिप देने के लिए तैयार खड़ी है।

आज की कला में प्रेक्षक को 'शॉक' देने की प्रवृत्ति है। सेक्सुअलटी का खुला चित्रण है। मानव शरीर कला में एक केंद्रीय उपस्थिति है। अमूर्तन को ही आज सच्ची प्रतिनिधि कला नहीं माना जाता है। मिनिमल आर्ट के साथ ही इस भ्रामक धरणा का अंत हो गया। जोसेफ ब्यूइज (1921-86) जैसे आधुनिक कलाकारों ने 'सामाजिक मूर्तिशिल्प' सरीखी धारणाओं की कल्पना की और कलाकर्म को राजनीतिक नजरिए से भी जोड़ा। एडवर्ड लूसी स्मिथ ने अधिक आशावादी रुख अपनाया है। आज ऑस्ट्रेलिया की आदिवासी कला से भी सीधे प्रेरणा ली जा रही है और अमेरिका में अफ्रीकी-अमेरिकी स्रोतों को भी पहचाना जा रहा है। वीडियो, डिजिटल, स्टिल फोटोग्राफी आदि ने नए रास्ते दिखाए हैं। होलोग्राफी शुरू में कलाकारों को आकर्षक लगी थी पर जटिलता और खर्च के कारण वह लोकप्रिय नहीं हो पाई। इलेक्ट्रॉनिक मनोरंजन से शुरू होकर जीनेटिक्स की खोजें भी कला को प्रभावित कर रही हैं। पुरानी महान कलाकृतियों की नई व्याख्या भी आज की कला का एक महत्वपूर्ण आयाम है। लियोनार्दो द विंची की 'लास्ट सपर' (जो मिलान के एक चर्च में है) के ही अनगिनत आधुनिक रूप खोजे जा सकते हैं। नारीवादी सिद्धांतों, नस्लवादी बराबरी और समलैंगिक अधिकारों को लेकर 'लास्ट सपर' के नए रूप सामने आए हैं।

वेनिस बिनाले, कासेल डाक्यूमेंटा, हवाना बिनाले, इस्तांबुल बिनाले आज की कला के प्रमुख मंच हैं। बिलबाओ में गगेनहाइम म्यूजियम और लंदन में टेट मॉडर्न की अत्याधुनिक डिजाइन वाली इमारतें भविष्य की कला के तीर्थ हैं। फ्रांस और ब्रिटेन अब आधुनिक कला के तीर्थ नहीं हैं। अमेरिका और जर्मनी हैं।

तो क्या कला के अंत की बात निरर्थक है? पर सफाई कर्मचारी की आधुनिक कला पर टिप्पणी भी गौर करने के लायक है। उसे कूड़ेदान में न फेंक दिया जाए।

(2005)

वॉन गॉग

"मुझे यह बात हमेशा पता थी कि वह या तो हम सबको पीछे छोड़ देगा या फिर एक दिन पागल हो जाएगा। पर मैंने यह कभी नहीं सोचा था कि वह इन दोनों बातों को सच साबित कर देगा।" विंसेंट वॉन गॉग के समकालीन और वरिष्ठ कलाकार पिसारो ने यह बात कही थी। और आज हम जब प्रभाववादियों (इंप्रेशनिस्ट्स) का काम एक साथ देखते हैं तो वॉन गॉग बहुत अलग और बड़े कलाकार नजर आते हैं। 27 जुलाई, 1890 के दिन खेतों में पेंटिंग करते हुए लंबे समय से गहरे विषाद के शिकार वॉन गॉग ने खुद को गोली मार ली थी। वॉन गॉग बुरी तरह से घायल हो गए थे। किसी तरह से वह अपने को खींचते हुए अपने कमरे में आए। 29 जुलाई की सुबह उनका निधन हो गया। उस समय वॉन गॉग की उम्र सिर्फ 37 साल की थी। काफी देर से, 27 साल की उम्र में उन्होंने कला का रास्ता पकड़ा था। शुरू में दो साल तक वह सिर्फ रेखांकन बनाते रहे। लेकिन आठ सालों में उन्होंने करीब 800 पेंटिंग बनाईं। वॉन गॉग का अंतिम पड़ाव ओवेर (फ्रांस) था। 21 मई को वह यहां आए थे। वहां कलाप्रेमी डॉक्टर गाशे की देखरेख में वह रह रहे थे। ओवेर में वॉन गॉग ने अपने आखिरी 70 दिनों में 70 पेंटिंग बनाई थीं। एक उन्माद में जैसे उन्होंने काम किया था।

इस साल वॉन गॉग के जन्म के 150 वर्ष मनाए जा रहे हैं। इस अवसर पर डॉक्टर गाशे का मकान लोगों के देखने के लिए खोल दिया गया है। यह मकान ओवेर में वॉन गॉग के अपने ही मकान की तरह एक दंतकथा में बदल चुका है। डॉक्टर गाशे की शक्ल वॉन गॉग से काफी मिलती-जुलती थी। वॉन गॉग का बनाया उनका पोर्ट्रेट काफी प्रसिद्ध है। डॉक्टर गाशे सेजां के मित्र थे। वॉन गॉग ने उनके घर की बगिया भी पेंट की है।

पेरिस में रोदैं संग्रहालय में घूमते हुए अचानक आप वॉन गॉग की एक प्रसिद्ध पेंटिंग के सामने अपने को खड़ा पाते हैं। यह पेंटिंग वॉन गॉग ने 1887 में पेरिस में बनाई थी। यह पेंटिंग रंगों की दुकान चलाने वाले और प्रभाववादियों के मित्र पेरे तांगुए की है। तांगुए बुद्ध की सी रहस्यमय मुस्कान के साथ बैठे हुए हैं और उनके पीछे जापानी प्रिंट्स लगे हुए हैं। उस जमाने में वॉन गॉग जापानी कला से बहुत प्रभावित हुए थे। 1886-88 में दो साल पेरिस में रहते हुए वॉन गॉग अनेक प्रभाववादी चित्रकारों के संपर्क में आए। पर जापानी कला से साक्षात्कार के बाद वह आर्ले चले गए। आर्ले का उनका पीला मकान प्रसिद्ध है। आर्ले की प्रकृति-रंगों और रोशनी में वॉन गॉग को एक 'दूसरा जापान' नजर आया था। फरवरी 1888 से मई 1889 तक वह आर्ले में रहे। इसी पीले मकान में वॉन गॉग ने गोगां का स्वागत किया था। यहीं उनका गोगां से झगड़ा भी हुआ। और आर्ले में ही वॉन गॉग में मानसिक रोगी होने के प्रारंभिक लक्षण भी आए थे।

वॉन गॉग अपने कान का एक टुकड़ा काटकर उसे एक वैश्या के पास ले गए थे। पहले वॉन गॉग इस टुकड़े को लेकर गोगां के पीछे सड़क पर दौड़े पर वे गोगां तक पहुंचने में सफल नहीं हो पाए। फिर अचानक वह वैश्यालय चले गए। लेकिन वॉन गॉग का सबसे महत्वपूर्ण काम आर्ले, सेंटी रेमी के मानसिक अस्पताल (मई 1889-मई 1890) और ओवेर में बनाया गया। ये चित्र एक अद्‌भुत रचनात्मक उन्माद में बनाए गए हैं। पेरिस में दो साल रहने के बाद वॉन गॉग की कला में बड़ा बदलाव आया था। प्रभाववादियों को उन्होंने बहुत पीछे छोड़ दिया था। उनकी कला में अभिव्यंजनावाद (एक्सप्रेशनिज्म) का जन्म पहचाना गया। 1901 में पहली बार जब अभिव्यंजनावाद शब्द सामने आया था तो उसमें सेजां, वॉन गॉग, मातीस आदि की कला को ही पहचाना गया था।

पेरिस का एक प्रसिद्ध संग्रहालय ओर्से म्यूजियम है। एक पुराने रेलवे स्टेशन को एक इतावली महिला वास्तुशिल्पी

ने 1986 में एक अनोखे संग्रहालय में बदल दिया। अब इस संग्रहालय के ऊपरी हिस्से में प्रभाववादियों की कला का एक विशिष्ट संग्रह है। कई कमरों में आप सेजां, गोगां, माने, मोने, देगा, तूलूज लात्रेक, रेनुआ सरीखे मास्टर कलाकारों का बहुत अच्छा काम देखते हुए अचानक अपने को एक अद्भुत कमरे में खड़ा पाते हैं। यह वॉन गॉग का कक्ष है। वार्न गॉग का आत्मचित्र हो या कोई लैंडस्केप या ओवेर के चर्च का अद्भुत चित्र हो, या फिर आर्ले में वॉन गॉग का बैडरूम (इसके तीन चित्र हैं) ये कला की दुनिया की एक बहुत बड़ी सच्चाई बन गये हैं। रेनुआ के रसीले सुखद संसार और सेजां के नहाने वालों के क्रांतिकारी रंग-रूपाकारों को देखने के तुरंत बाद वॉन गॉग का कक्ष पिसारो के उद्धरण की याद दिलाता है। जो आप देखकर आए थे वह बहुत महान था पर अब जो आप देख रहे हैं वह सिर्फ महान ही नहीं है, वह कुछ और भी है। कला को देखने का मतलब ही बदल जाता है।

वॉन गॉग के चित्रों का सबसे बड़ा संग्रहालय एम्स्टरडैम (हॉलैंड) में है। वॉन गॉग रेंब्रां के देश हॉलैंड के ही निवासी थे। पर लंदन की नेशनल गैलरी में 'सूरजमुखी' सरीखी पेंटिंग या पेरिस के ओर्से म्यूजियम में वॉन गॉग कक्ष देखने के बाद आधुनिक कला का सारा अर्थ ही जैसे बदल जाता है। वॉन गॉग ने अपनी पहली महत्वपूर्ण पेंटिंग 1885 में बनाई थी–'पोटेटो ईटर्स'। अपने आखिरी पांच सालों में गरीबी, विषाद, अवसाद, कुठा आदि के बुरी तरह से शिकार इस कलाकार ने आधुनिक कला की भाषा ही बदल दी।

आज कला की नीलामियों में रिकॉर्ड तोड़ दाम पाने वाले इस चित्रकार की अपने जीवन में सिर्फ एक पेंटिंग बिकी थी। वॉन गॉग की कला की हर तरह से उपेक्षा हुई थी। उनकी कला पर सिर्फ एक महत्वपूर्ण लेख उनके जीवनकाल में लिखा गया। पर अब वॉन गॉग पर अनेक फिल्में बन चुकी हैं, उपन्यास और पुस्तकें लिखी जा चुकी हैं।

वॉन गॉग के संघर्ष में सिर्फ उनके भाई थियो सहारा थे। थियो के नाम 1872 से 1890 तक लिखी वॉन गॉग की चिट्ठियां अब एक कालजयी पुस्तक में बदल चुकी हैं। वॉन गॉग अपने जीवन में न कभी प्रेम में सफल हो पाए थे और न नौकरी में। थियो पेरिस में आर्ट डीलर थे। वह हर महीने वॉन गॉग को पैसे और कला सामग्री भेजते थे। बदले में वॉन गॉग अपने बनाए चित्र उन्हें भेजते थे। दोनों भाइयों का रिश्ता कितना गहरा था यह इसी से पता चल जाता है कि वॉन गॉग की आत्महत्या के बाद थियो सिर्फ छह महीने जी पाए।

वॉन गॉग सामाजिक नहीं थे, नीरस और ऊबड़-खाबड़ रास्ते के पथिक थे। वॉन गॉग के पिता ने एक पत्र में लिखा है कि वह जीवन का कोई भी आनंद नहीं जानता है, हमेशा सर झुकाए चलता है और जान-बूझकर सबसे मुश्किल रास्ता चुनता है।

1882 में वॉन गॉग ने सर झुकाए बैठी एक नग्न स्त्री का प्रसिद्ध रेखांकन बनाया था जिसके नीचे अंग्रेजी में 'सॉरो' लिखा हुआ है। इस रेखांकन के नीचे एक फ्रांसीसी इतिहासकार का उद्धरण है, ''यह कैसे है कि पृथ्वी पर इस तरह की औरत अकेली और परित्यक्ता है।''

वॉन गॉग के पत्र पढ़कर, चित्र देखकर भी यह प्रश्न पूछा जा सकता है कि कैसे ऐसा चित्रकार अपने जीवन में अकेला, उपेक्षित और लोगों की नफरत का शिकार था।

(2003)

पिकासो

पिकासो के बारे में एक आलोचक ने लिखा है, "अपनी प्रतिभा से उन्होंने अपने पिता को आत्मसमर्पण के लिए मजबूर कर दिया। आने वाले दिनों में कला का इतिहास भी इसी तरह के आत्मसमर्पण के लिए मजबूर हो गया।" पिकासो के कला-अध्यापक और कलाकार पिता ने क्या सचमुच अपने 14 साल के मेधावी बेटे की प्रतिभा से आक्रांत होकर पेंट और ब्रश कोने में रख दिया था या कि यह एक कहानी है—पिकासो के जीवन से जुड़ी अनेक अद्भुत कहानियों की तरह ही एक कहानी। पिता का आत्मसमर्पण शायद सच भी हो पर कला का इतिहास क्या सचमुच एक कलाकार के सामने अपने हथियार फेंकने की स्थिति में आ सकता है?

इसमें कोई शक नहीं है कि हमारे वक्त या यों कहें कि बीसवीं शताब्दी के कलाकारों में पिकासो की विशिष्ट जगह है—एक ऐसी जगह जिसे उनके सख्त-से-सख्त विरोधी भी नहीं छीन सकते हैं। यह कहना भी गलत नहीं होगा कि हमारे समय में कोई पिकासो नहीं पैदा हो सकता। लेकिन इस तर्क में चैपलिन या इसी तरह का कोई दूसरा नाम भी दुबारा नहीं पैदा हो सकता। पिकासो जैसा जीवन, उसके मिथक और जादुई ताकत को पाना आसान नहीं है—शायद असंभव है। मालागा (स्पेन) में 1881 में पिकासो का जन्म हुआ था और बीस की उम्र के आसपास पहुंचकर इस अनोखी प्रतिभा वाले चित्रकार (एक दिन में तीन-तीन कैनवास पूरे करने की क्षमता थी) ने पेरिस को जब चुना और एक छोटे से स्टूडियो में अपनी कला के पागलपन और जादू से जूझना शुरू किया, तो आधुनिक कला के इतिहास में वह एक विनम्र शुरुआत नहीं थी। गरीबी और अभावों के बावजूद पेरिस के वे दिन भयावह और भड़कीले थे। दोस्ती, झगड़ों, प्रेम-प्रसंगों, बहसों, आत्महत्याओं की अजीबोगरीब कहानियों के वे दिन आज सिर्फ कला ही नहीं—सामान्य रूप से संस्कृति के इतिहास की चीज हैं। दुनिया के किसी कोने में बैठे किसी भी विधा में काम करने वाले कलाकार के लिए 1900-1914 का पेरिस एक ऐसा स्वप्न और इतिहास है जिसमें वह जाना चाहेगा—जिसे वह महसूस करना चाहेगा, सूंघना चाहेगा। उस वक्त की शराब और नशीली औषधों के धुएं में वह पेंटिंग और कविता करने की गुप्त इच्छा अपने में कहीं-न-कहीं दबाए होगा।

पिकासो के अद्भुत 'लेजेंड' का एक कारण यह भी है कि पेरिस के इस दौर में वह बादशाह थे—केंद्र में थे। और यह सोचकर अजीब लगता है कि पिकासो अभी कुछ ही साल पहले जीवित थे। जीवित ही नहीं थे—अपने अंतिम वर्षों में सैकड़ों कलाकृतियां पूरी कर रहे थे। यूरोप के सांस्कृतिक इतिहास में आश्चर्यजनक रूप में 85-90 की उम्र में अनेक सक्रिय कलाकार हमें दिखते हैं। ऐसे अनेक संगीतकार और कंडक्टर रहे हैं जो 85 की उम्र में 'आर्केस्ट्रा' के सामने खड़े होकर अपनी प्रतिभा के श्रेष्ठ रूप को दिखाते रहे हैं। पिकासो इस तरह के कलाकारों में भी सबसे अनोखे थे। अपने अंतिम वर्ष में भी पिकासो ने लगभग 60 पेंटिंग बनाईं। मरणोपरांत उनके अंतिम वर्षों के बनाए गए चित्रों की प्रदर्शनी में 201 चित्र थे। जाहिर है कि कला समीक्षकों के लिए इस 'बाल प्रतिभा' को 'वृद्धावस्था प्रतिभा' में देखने के लिए अपनी आंखों को कई बार कई तरह से सही करना पड़ा। पिकासो शुरू से ही कलाप्रेमियों, समीक्षकों और संस्कृति स्तंभकारों को चकित करते रहे हैं।

लेकिन क्या पिकासो बीसवीं शताब्दी की केंद्रीय प्रतिभा है। ऊपर से देखने पर आसान-सा जवाब मिलता है कि उनकी टक्कर का कोई दूसरा कलाकार है ही नहीं। लेकिन द्वितीय विश्व युद्ध के दौरान जो अमेरिकी सैनिक पेरिस की सिर्फ दो ही चीजों में रुचि ले रहे थे (ईफेल टॉवर और पिकासो) उन्हें अगर एक चीज चुनी होती तो वे क्या चुनते? शायद ईफेल टॉवर। आप कहेंगे कि आखिर वे सैनिक हैं, कला-मर्मज्ञ नहीं। पिकासो के तो नाम के

जादू से ही वे जकड़े रहे होंगे। लेकिन महत्वपूर्ण बात यह है कि एक आधुनिक कला समीक्षक भी इसी नतीजे तक पहुंच सकता है। ईफेल टॉवर उन्नीसवीं शताब्दी के अंतिम दशक की शुरुआत में बना और वह बीसवीं शताब्दी की खोजों और चमत्कारों का प्रतीक था। घनवादियों को भी ईफेल टॉवर से प्रेम था और इस प्रेम में उनके भीतर के आधुनिक संस्कार थे। अंग्रेजी-मार्क्सवादी समीक्षक और उपन्यासकार जॉन बर्जर ने पिकासो की सफलताओं और असफलताओं के अपने महत्वपूर्ण विश्लेषण में (वह पिकासो के सामने आत्मसमर्पण नहीं करते, बल्कि बराबर लड़ते दिखते हैं) लेझे को पिकासो से अधिक प्रासंगिक और आधुनिक चित्रकार सिद्ध किया है। लेझे की कला ईफेल टॉवर से भी जुड़ती है और बीसवीं शताब्दी के औद्योगिक विश्व की जटिलताओं की चुनौती को भी स्वीकार करती है। दरअसल पिकासो की प्रतिभा 'भयानक' रही है और इस बात ने उनकी कला को ईश्वर और राजा से बराबर जोड़ा है। ऐसी 'भयानक' प्रतिभा किसी दूसरे चित्रकार के पास नहीं है—बाकी लोग विनम्र हैं, कम बोलते हैं। उनके यहां सांड युद्ध का रंग, जादू, हिंसा और चमत्कार नहीं है। जॉन बर्जर का कहना है कि पिकासो की छवि बुनियादी रूप से बीसवीं शताब्दी के वास्तविक कलाकर्मी की छवि नहीं है। मिसाल के लिए बर्टोल्ट ब्रेख्ट के बारे में हम कह सकते हैं कि उनका मिजाज बीसवीं शताब्दी का है लेकिन पिकासो के बारे में हम यह नहीं कह सकते।

पिकासो की कला के विकास की प्रेरक शक्ति और दिशा के बारे में जॉन बर्जर की कई गंभीर आपत्तियां हैं। उनकी निगाह में पिकासो का सबसे महत्वपूर्ण काम 1907-13 के दौर का है जब वह घनवादी आंदोलन के संपर्क में थे। लेकिन, बर्जर के अनुसार घनवादी आंदोलन के दौरान पिकासो अपनी वास्तविक छवि को जैसे छोड़ चुके थे। उन दिनों उनमें एक 'सहयोगी' भावना काम कर रही थी जो पिकासो की मूल प्रेरक शक्ति (जिसका स्वभाव अपेक्षाकृत सरल और आदिम है) नहीं थी। बर्जर घनवाद को आधुनिक कला का अकेला और वास्तविक क्रांतिकारी आंदोलन मानते हैं। और इसी वक्त में पिकासो की कला अपनी 'जटिलता' को पा सकी। घनवादी कलाकारों ने जिस तरह से साधारण चीजों को महत्व दिया और कला की बुर्जआ समझ पर सीधा आक्रमण किया, उसके अनेक गंभीर नतीजे सामने आए। घनवादियों ने अगर गिटार या वायलिन जैसी 'शिष्ट' और 'संस्कृत' चीजों को भी छुआ, तो उनकी ऐसी चीरफाड़ की कि वे दूसरा ही रूप लेने लगीं। साधारण और औसत समझी जाने वाली चीजों को कला का विषय बनाना, उनका बारीकी से विश्लेषण करना और औद्योगिक सभ्यता और यथार्थ से सीधी मुठभेड़—घनवादियों की ये विशेषताएं पिकासो के यहां भी खूब उत्तेजक और प्रखर रूप में हैं।

लेकिन द्वितीय विश्वयुद्ध के बाद जहां अनेक चित्रकार युद्धभूमि में चले गए, मर गए, बच गए या अपने 'विनम्र एकांत' में चले गए—पिकासो ने दूसरा ही रास्ता चुना। भड़कीला रास्ता। 'कला' का रास्ता। जिन बुर्जआ मूल्यों से वह घनवाद के दिनों में लड़ रहे थे, जिनका वह मखौल उड़ा रहे थे उन्हीं को उन्होंने अपनाना शुरू कर दिया। आने वाले वर्षों में पिकासो का व्यक्तित्व एक 'भयानक' रूप लेने वाला था—कला बाजार इस रूप से उतने ही 'भयानक' ढंग से आतंकित होने वाला था। जैसा कि बर्जर ने अपने अध्ययन में संकेत किया है—पिकासो की कलाकृतियों का बाजार इतना विकृत हो चुका था कि वह ऐसी (अश्लील) हालत में पहुंच गए जहां सिर्फ एक पेंटिंग बेचकर एक बढ़िया बंगला खरीदा जा सकता था। कलाकृतियों के दाम बढ़ने के पीछे अमेरिकी और पश्चिमी समाज के कुछ खास तरह के विकास थे जिसके कारण बहुत सारा पैसा कलाकृतियों पर खर्च किया जाने लगा। कला बाजार की इस लूट में पिकासो केवल अपने हस्ताक्षर करके भी बहुत पैसा प्राप्त कर सकते थे। खूब काम करने की शक्ति तो उनके पास शुरू से ही थी। फिर अनेक प्रकार की स्त्रियों के संपर्क में आकर वह अपनी कला की भयावह बेसब्री से बराबर बाहर आते रहे—ढेरों कैनवासों के साथ।

घनवादी दौर के बाद पिकासो की कला—बर्जर के अनुसार—अपनी ऊंचाई केवल 1932-42 के दौर में पा सकी। द्वितीय विश्व युद्ध के बाद (पिकासो बाकायदा फ्रांसीसी साम्यवादी दल के सदस्य हो गए थे) पिकासो की कला का ह्रास फिर से शुरू हुआ जिसकी परिणति विषयों के अभाव के रूप में हुई। पिकासो ने पुराने समय की अनेक चर्चित और महान कलाकृतियों का 'अनुकरण' करना शुरू किया। एक रचनात्मक कलाकार के विकास में इस 'अनुकरण' का भी विशेष और सर्जनात्मक महत्व हो सकता है—कविता के क्षेत्र में अमेरिकी कवि 'राबर्ट लावेल' के

'अनुकरण' इस बात की अच्छी मिसाल हैं—पर पिकासो इन कलाकृतियों में कुछ नया नहीं जोड़ पाए और न ही नए ढंग से इनकी व्याख्या में सफल हो सके।

दरअसल कला की दुनिया और प्रचार साधनों ने पिकासो को 'ईश्वर' का दर्जा दे दिया था और आधुनिक कला की अपनी शर्तों के अनुसार ईश्वर के लिए कोई खास जगह नहीं थी। पिकासो के देवत्व से सारी दुनिया चमत्कृत तो होती रही—आज भी हो रही है—पर चीजें वहां बहुत सरल और सतही होने लगी थीं। आधुनिक कलाकार एक संत हो सकता है, चोर हो सकता है, राजनीतिक कार्यकर्ता हो सकता है, पर ईश्वर नहीं हो सकता। पिकासो ने इस असंभव छवि को स्वीकार किया जिसने उनकी कला पर निषेधी प्रभाव डाला। उनकी प्रतिभा को धुंधला किया, पीछे धकेला।

पिकासो ने इतने अधिक चित्र बनाए हैं—इतनी तरह के चित्र बनाए हैं कि उनकी 'जीनियस' के सामने आत्मसमर्पण की इच्छा जरूर होती होगी। इन असंख्य चित्रों में याद रखने लायक और ऐतिहासिक चित्र भी बहुत ज्यादा हैं। बल्कि 'गेर्निका' जैसे चित्रों ने पूरी दुनिया को कलाकार की अद्भुत शक्ति से परिचित कराया है। भले ही वहां कला की शक्ति सीमित ही रही हो। इस संदर्भ में बर्जर ने ठीक ही सिकेरोस की कलाकृति 'चीख की प्रतिध्वनियां' (1937) को याद किया है जिसमें युद्ध 'बीसवीं शताब्दी' का है और उसके सामने कलाकार पीछे की तरफ नहीं जा रहा, बल्कि उसके इस्पाती यथार्थ का सामना कर रहा है।

जॉन बर्जर ने पिकासो की कला के बारे में जो मुख्य आपत्तियां गिनाई हैं उनकी हम एक संक्षिप्त सूची बना सकते हैं : (1) पिकासो की मानसिकता बुनियादी रूप से यूरोप के विरुद्ध थी—यूरोपीय नहीं थी। उसका स्वभाव सरल और आदिम था। (2) घनवाद के दौर में पिकासो ने अपने को 'रेडिकल' कला से जोड़ा। आधुनिक कला का सबसे महत्वपूर्ण कला आंदोलन घनवाद है, और भविष्य का कोई महत्वपूर्ण कला-आंदोलन घनवाद की उपलब्धियों से अपने आपको जोड़ने के लिए मजबूर है क्योंकि घनवाद सही अर्थों में 'अंतिम आशावादी आंदोलन' था। (3) 'परेड' बैले से जुड़कर पिकासो ने अपने को बुर्जुआ समाज की सेवा में लगा दिया और यह एक अंतहीन सिलसिला था। (4) साम्यवादी आंदोलन 'जीवन भर के अंतर्विरोधों' से पिकासो को मुक्त नहीं कर सकता था और साम्यवादी दलों ने भी पिकासो की विश्वविख्यात छवि और फाख्तों का सिर्फ इस्तेमाल ही किया; उनकी कला सोवियत संघ में वर्जित रही। (5) पिकासो को आलोचना से मुक्त करना कभी उनके हित में नहीं रहा। उन्हें एक तरह से 'छूट' दे दी गई जो किसी भी कलाकर्मी के लिए निर्वासन की स्थिति है। (6) कला के इतिहास में अधिकांश बड़े कलाकार वृद्धावस्था में अपनी रचनात्मकता के नए और अद्भुत आयाम पा सके हैं (मिकेलांजेलो से लेकर ब्राक, मतीस जैसे असंख्य नाम हैं) जबकि पिकासो वृद्धावस्था में अत्यधिक सक्रियता के बावजूद कोई उल्लेखनीय काम नहीं कर पाए।

जाहिर है कि बर्जर की आपत्तियां और आलोचना गहरी हैं। इसकें कोई शक नहीं कि पिकासो के जीवन और कला को उन्होंने काफी सख्ती से देखा है लेकिन हमारे समय में 'जीनियस' की परिभाषा—बर्जर के यहां—दूसरी ही है। ब्रेख्ट, बारतोक, लेझे या लेनिन वहां पर 'जीनियस' हैं। पर बर्जर का विश्लेषण एक तो घनवादी आंदोलन को उसकी ऐतिहासिक और क्रांतिकारी भूमिका प्रदान करता है (और क्योंकि यह आंदोलन मुख्यतः पिकासो और ब्राक के मिले-जुले प्रयत्नों से जन्मा और आगे बढ़ा इसलिए पिकासो के 'जीनियस' रूप को अंततः बर्जर भी स्वीकार करते हैं) और दूसरी बात यह कि पिकासो, बर्जर के अनुसार, अपने आपको पतन से बचा सकते थे—अगर उन्होंने एशिया या ऐसी ही किसी जगह को अपना केंद्र या प्रेरणास्रोत बनाया होता।

हमें बर्जर का यह निष्कर्ष उचित नहीं जान पड़ता है। एशिया, अफ्रीका या लातीनी अमेरिका पिकासो को शायद नहीं बचा सकते थे। पिकासो ने अपने आपको जिस विशाल राज्य का बादशाह बना लिया था उसमें चारों तरफ दंभी वातावरण था और पिकासो की नियति थी कि वे पेंट करें और मालामाल होते चले जाएं। बीसवीं शताब्दी एक 'जीनियस' को खास तरह से परिभाषित करती है तो वह 'जीनियस' के ध्वंस के भी रास्ते बनाती है। पिकासो इन्हीं रास्तों के कैदी बन गए।

दुनिया भर के कला आंदोलनों में पिकासो बराबर छाए रहे हैं। आधुनिक भारतीय कला में कोई आलोचक हुसेन की कला और व्यक्तित्व का विश्लेषण बर्जर सरीखी पैनी आंख से कर सकता है। इसके नतीजे निश्चय ही महत्वपूर्ण और उपयोगी होंगे। पिकासो की असफलताएं केवल पिकासो की नहीं हैं, हमें यह नहीं भूलना चाहिए। वे आधुनिक़ कला के सारे तंत्र से सबसे अधिक नाटकीय रूप में जुड़ी हुई हैं।

(1978)

पिकासो की कलाकृति 'आवियों की स्त्रियां'

हेनरी मूर

हेनरी मूर का कहना था कि किसी चीज के बारे में खूब सोचो—उस पर खूब काम करो। कल्पना और कड़ी मेहनत का मेल जिस कलाकृति की रचना करे, उसे अपने सामने देखकर प्रेक्षक को यह लगे कि अरे, यह तो इतना आसान था! इसे मैं भी कर सकता था। इसी में कलाकार की सफलता है। हेनरी मूर का जीवन, उनका काम, उनके विचार हमें इसी तरह से 'आसान' नजर आते हैं। पर इस आसानी तक पहुंचने का रास्ता बहुत पेचीदा है, बहुत मुश्किल है।

महान इतावली कलाकार लियोनार्दो द विंची कहा करते थे कि जिस तरह से अच्छे बिताये दिन के बाद नींद बहुत अच्छी मिलती है, कुछ उसी तरह से अच्छी और भरी-पूरी जिंदगी के बाद आदमी को मौत अच्छी मिलती है। 1986 में इंग्लैंड में 88 साल की उम्र में हेनरी मूर का निधन इसी तरह की एक 'अच्छी मौत' थी। 30 जुलाई, 1898 को कासलफोर्ड (यॉर्कशायर, इंग्लैंड) में एक खदान मजदूर के परिवार में जन्मे (आठ बच्चों में से सातवी संतान) हेनरी मूर ने आधुनिक ब्रितानी मूर्तिशिल्प को तो बदला ही, बीसवीं शताब्दी के मूर्तिशिल्प का मतलब भी बदल दिया। जिस तरह आधुनिक चित्रकला की कल्पना पाब्लो पिकासो के बिना नहीं की जा सकती, कुछ उसी तरह से आधुनिक मूर्तिशिल्प की कल्पना हेनरी मूर के बिना संभव नहीं है। आधुनिक कला से हेनरी मूर की मुठभेड़ 1920 में हुई थी। उससे पहले वह प्रथम विश्व युद्ध में एक फौजी की जिंदगी बिता चुके थे। ताकत, मेहनत और अनुशासन पर टिकी एक फौजी की जिंदगी मूर के कोमल कलाकार मन के लिए प्रतिकूल साबित नहीं हुई। मूर बाकायदा मुक्केबाजी सरीखे खेलों के भी शौकीन थे और 'रिंग' में उतरने से डरते नहीं थे। एक मूर्तिशिल्प के लिए इस तरह का जीवन अंत में मददगार ही साबित होता है। हेनरी मूर की लेटी-बैठी-खड़ी आकृतियों के पीछे एक कल्पनाशील दिमाग तो रहा ही है, मजबूत कलाई और तंदुरुस्त जिस्म की भी भूमिका कम नहीं है।

हेनरी मूर अपनी रचना-सामग्री के स्वभाव को बहुत महत्वपूर्ण मानते थे। उन्होंने शुरू में पत्थर पर 'कर्विंग' शुरू की, पर वह बिल्कुल नहीं चाहते थे कि पत्थर मांस की तरह नजर आने लगे। 1924 का उनका एक मूर्तिशिल्प है 'मातृत्व'। मां बच्चे को गोद में लिए है पर उस औरत की गर्दन हमें नजर नहीं आ रही है। किसलिए? हेनरी मूर डर रहे थे कि कहीं पत्थर कमजोर न हो जाए।

1920 के बाद हेनरी मूर लीड्स में पढ़े और फिर लंदन के रॉयल कॉलेज में। उनका काम और लगाव अध्यापकों को बहुत पसंद नहीं था। 1924 में वह पेरिस गए और फिर इटली गए। इतावली रेनेसां मूर्तिशिल्प की सुंदरता से हेनरी मूर शुरू में प्रभावित जरूर हुए पर उनका रास्ता दूसरा था। उनकी वास्तविक पढ़ाई ब्रितानी संग्रहालय में हुई। मिस्र, मैक्सिको, पेरू, सुमेरिया और अफ्रीका के मूर्तिशिल्प को देखकर उन्हें वास्तविक प्रेरणा मिली। तथाकथित पिछड़ी और आदिम संस्कृति ने उन्हें नए विचार दिए।

हेनरी मूर की लेटी आकृतियां आज विश्व-प्रसिद्ध हैं। 1929 की 'लेटी हुई आकृति' (लीड्स सिटी कला दीर्घा) का सीधा संबंध उज्तेक मूर्तिशिल्प 'चाकमूल आकृति' (ब्रितानी संग्रहालय) से है। हेनरी मूर ने इस मूर्तिशिल्प में अपनी कला के सभी गुणों को जगह दी है। इसमें कला के इतिहास से एक सार्थक संवाद भी मौजूद है। युवा मूर्तिशिल्पी मूर स्थानीय पत्थर का इस्तेमाल करना चाहते थे यह सोचकर कि 'उसे मैं ज्यादा जानता हूं', इस मूर्तिशिल्प में भूरे हॉर्नटन पत्थर का इस्तेमाल किया। इस पत्थर पर कई रंग चढ़े थे—हल्के भूरे से लेकर हरापन लिए नीले की स्मृतियां इस पुराने पत्थर में छिपी पड़ी थीं। इस प्रारंभिक काम में आकृतिमूलक मूर्तिशिल्प में 'लैंडस्केप' को लाने का सहज और सजग प्रयास भी था। हेनरी मूर प्रकृति से संबंध बनाकर ही अपने मूर्तिशिल्प की रचना करते थे। पत्थर, पेड़,

पहाड़, बादल से शुरू होकर संग्रहालयों में रखे आदमी के शरीर के ढांचे, हड्डियों वगैरह से भी उन्होंने बहुत कुछ सीखा था।

एक कलाकार के रूप में मूर के 60-65 साल के संघर्ष को देखा जाए तो हम पाएंगे कि उन्होंने चीजों का बहुत अध्ययन किया था। उन्होंने सिद्ध किया कि आधुनिक मूर्तिशिल्पी बनना आसान नहीं है। मूर्तिशिल्प में कोई छिद्र या दरार ऐसे ही नहीं आ जाती। मूर आदमी के हाथ का भी बहुत बारीक अध्ययन करते थे और हाथी की खोपड़ी का भी। इसमें आश्चर्य की बात नहीं है। सभी 'जीनियस कलाकार' इस तरह से मानव शरीर, पशुओं, प्रकृति का अध्ययन करते रहे हैं। लियोनार्दो द विंची तो मृत शरीर की चीरफाड़ करने से भी नहीं हिचकिचाते थे।

दरअसल हेनरी मूर के मूर्तिशिल्प पूरी तरह तभी पकड़ में आ सकते हैं जब हम उनके रेखांकनों, ग्राफिक चित्रों (लिथोग्राफ, एचिंग) आदि से अच्छी तरह परिचित हों। मिसाल के लिए मूर ने 1941 में जो रेखांकन, जलरंग चित्र आदि बनाए थे, वे उनकी कला दृष्टि को समझने में केंद्रीय स्थान रखते हैं।

दूसरे विश्व युद्ध के सदर्भ में मूर ने कहा था, "जब हवाई हमले शुरू हुए तो युद्ध हमारे लिए चिंता की बात ही नहीं रह गया, वह एक वास्तविक अनुभव में बदल गया।" बमबारी से तबाह इमारतों ने मूर की कल्पनाशक्ति पर गहरा असर डाला। पर सबसे ज्यादा असर उन पर अण्डरग्राउंड रेल स्टेशनों में रात की जिंदगी का हुआ। एक शाम हवाई हमले में साइरन के बाद मूर एक अंडरग्राउंड स्टेशन गए तो वहां कंबलों-रजाइयों में लिपटी-लेटी हुई आकृतियों ने उनकी सोच और कल्पना शक्ति पर गहरा असर डाला। उन दिनों उन्होंने अनगिनत रेखांकन बनाए, सिर्फ रेखांकन, जलरंग चित्र आदि। मूर्तिशिल्प बनाने का वह समय ही नहीं था।

शाम के आठ-नौ बजे लोग कंबल हाथ में लेकर ट्यब रेल स्टेशनों में पहुंच जाते थे। अधिकारी उन्हें रोकने की कोशिश ही नहीं कर पाते थे। भय, आशंका और चिंता का माहौल था। पर धीरे-धीरे चीजें व्यवस्थित और संगठित होने लगीं। शौचालय और कॉफी-बार बना दिए गए। एक कलाकार के लिए देखने-जानने के लिए ज्यादा चीजें रह नहीं गईं। तब हेनरी मूर अपने मित्र कला समीक्षक हर्बर्ट रीड के सुझाव पर अपने जन्म स्थान कासलफोर्ट की कोयला खदानों की अंधेरी जिंदगी को जांचने-जानने चले गए। युद्ध को जीतने के लिए भी कोयला खदानों का बड़ा महत्व था।

आशय यह है कि हेनरी मूर ने पत्थर, काठ, धातु वगैरह में जो रचा उसके पीछे कलाकार का गहरा आत्मसंघर्ष था। बीसवीं शताब्दी के तमाम तनाव, भय और आशंकाएं थीं। लेटी हुई स्त्री, बैठे हुए राजा-रानी या मां-बेटे की सुपरिचित छवि के पीछे न जाने कितनी तरह का महत्वपूर्ण काम था। हेनरी मूर अपने को यथार्थवादी नहीं मानते थे पर यथार्थ से जुड़े जरूर रहना चाहते थे। उनकी दिलचस्पी अतियथार्थवाद में भी थी, अमूर्तन में भी। दुर्भाग्यवश हमारे यहां भारत में एक ऐसा दौर आया था जब हेनरी मूर के अमूर्त रूपाकारों या सपाट चेहरे वाली लेटी हुई आकृतियों की नकल को ही आधुनिक मूर्तिशिल्प समझा जाने लगा था, पर जो कलाकार हेनरी मूर के काम को उसकी समग्रता में देखते हैं, उसकी जड़ों, संघर्ष आदि से परिचित हैं, वे हेनरी मूर से सचमुच सिर्फ सीखना चाहेंगे। उनकी नकल नहीं करना चाहेंगे।

हेनरी मूर मूर्तिशिल्प से बहुत उम्मीदें करते थे कि लोग उस पर पोस्टर की तरह क्षण भर की निगाह ही न डालें। जब तक मूर्तिशिल्प में जटिलता या अर्थ की संभावनाएं न होंगी, जब तक आप उसे कई तरफ से देखना न चाहेंगे, कई बार उस तक लौटना नहीं चाहेंगे, तब तक वह कला की शर्तें पूरी नहीं कर रहा होगा।

हेनरी मूर मूर्तिशिल्प को एक बड़े, महान और मजबूत पहाड़ की शक्ल में भी देखते थे। उनके काम के संदर्भ में मिकेलांजेलो की इस टिप्पणी को ठीक ही याद किया जाता है कि मूर्तिशिल्प पूरा करके पहाड़ की चोटी से नीचे लुढ़का दो, तब भी वह बचा रह जाए तो वह मूर्तिशिल्प है।

इसमें कोई शक नहीं कि मूर का काम इस कसौटी पर खरा उतरता है। उसमें ताकत है—ऊंचाई से गिरने, हवाई हमले का शिकार होने या शताब्दियां बीत जाने के बाद भी बचे रहने की ताकत है।

(1987)

साल्वादोर डाली

बीसवीं शताब्दी के आधुनिक कला आंदोलन में दो नाम सबसे मशहूर हैं—पाब्लो पिकासो और साल्वादोर डाली। दोनों का जन्म स्पेन में हुआ था और पेरिस में रहकर उन्होंने काम किया और नाम कमाया। पेरिस और पिकासो का संबंध अधिक गहरा और लंबा था। डाली ने 1929 में पेरिस में अपनी पहली अतियथार्थवादी (सररियलिस्ट) प्रदर्शनी से इस कला आंदोलन की दिशा ही बदल दी थी। बाद में यूरोप में जब द्वितीय विश्व युद्ध का अधंकार छा गया तो डाली अमेरिका चले गए जहां पर उनकी कला पर लगभग एक उन्माद की तरह डॉलर बरसाने वाले अमेरिकियों की कमी नहीं थी। डाली ने इतना पैसा कमाया कि वह अपनी पत्नी और कलादेवी (म्यूज) गाला को यूरोप के कई किले खरीदकर उपहार में दे सकते थे। पिकासो की छवि एक 'बुद्धिमान जीनियस' की थी और डाली की छवि एक 'पागल जीनियस' की थी। डाली को आधुनिक कला का सबसे बड़ा 'शौमेन' माना जाता है। उनका व्यवहार, विचार, विश्लेषण और सपने आदि पागलों सरीखे थे, पर चित्रकार के रूप में उन्हें सफलता अपनी बीहड़ कल्पना और तकनीकी श्रेष्ठता के कारण मिली। वह गजब के ड्राफ्टमैन थे। उन्होंने अपनी कलाकृतियों में फ्रायड के मनोविश्लेषण और स्वप्न विश्लेषण की तकनीक का इस्तेमाल ही नहीं किया, बल्कि फोटोग्राफी और सिनेमा की तकनीक का भी अद्भुत इस्तेमाल किया।

वर्ष 2004 में डाली की जन्म शताब्दी मनाई जा रही है। उनक जन्म 11 मई, 1904 को स्पेन के कैटालोनिया प्रांत में फिगुएरास शहर में हुआ था। 1929 में अपना अतियथार्थवादी अवतार लेने से पहले डाली ने क्यूबिज्म, फ्यूचरिज्म आदि सभी कला आंदोलनों में हिस्सा लेने की कोशिश की थी। पिकासो शुरू में ही उनके चित्र देखकर प्रभावित हो गए थे। पर डाली की कल्पनाशक्ति अतियथार्थवादी आंदोलन के सबसे नजदीक थी। करीब बीस साल तक वह इस आंदोलन से जुड़े रहे, हालांकि उनकी शोमैन की छवि और पागल जीनियस की तमाम हरकतें अधिकांश अतियथार्थवादियों को पसंद नहीं थीं। पर आज दुनिया में अतियथार्थवादी कला के नाम से सबसे अधिक डाली के चित्रों को ही पहचाना जाता है। 1931 में उनकी पेंटिंग 'द परसिसटेंस ऑफ मेमोरी' बनी थी। इस चित्र में स्वप्न की जादुई दुनिया है। इस पेंटिंग की पिघलती हुई घड़ियां अतियाथार्थवादी चित्रकला की सबसे मशहूर उदाहरण बन चुकी हैं। डाली का तकनीकी कौशल उनके स्वप्नों और स्वैरकल्पनाओं को पेंटिंग के अतीत से भी जोड़ता था (वरमियर हों या राफेल या कोई और नाम) और युद्ध के उन्माद में झुलस रहे आधुनिक समय से भी, और एक अराजक होते चले जा रहे भविष्य से भी। 1938 की पेंटिंग 'स्पेन' हो या हिरोशिमा पर आणविक बम गिराये जाने की यातना से विचलित होकर बनाई गई 1949 की पेंटिंग 'द मैडोना ऑफ पोर्ट लिगाट' (डाली की पत्नी गाला का चेहरा मैडोना का चेहरा है) हो—डाली सिर्फ स्वप्न, फंतासी और सेक्स के ही सहारे नहीं थे। उन्होंने अपने अनेक चित्रों में युद्ध की विनाशलीला के दुःस्वप्न को भी उतनी ही प्रामाणिक अभिव्यक्ति दी है। डाली ने अनेक धार्मिक चित्र भी बनाए हैं पर उनकी आध्यात्मिकता में भी अतियथार्थवाद है। 1951 में डाली की पेंटिंग 'क्राइस्ट ऑफ सेंट जॉन ऑफ द क्रॉस' विवादास्पद भी रही और आज वह बहुत मशहूर भी है। इस पेंटिंग में सूली पर चढ़े ईसा की छवि को अतियथार्थवादी और लगभग एक सिनेमाई कोण से देखा गया है।

डाली 1938 में फ्रायड से मिले भी थे। अतियथार्थवादी फ्रायड को अपना पिता या प्रमुख प्रेरणा मानते थे पर खुद फ्रायद अतियथार्थवादियों से बहुत कम प्रभावित थे। फ्रायड ने डाली से मुलाकात का विवरण अपने एक पत्र में दिया है कि भले ही अतियथार्थवादी उन्हें अपना 'पैट्रन सेंट' मानते थे पर स्वयं वह अतियथार्थवादियों को पूरी

तरह से मूर्ख मानते थे। (कह सकते हैं 95 प्रतिशत, जैसा कि शराब में एलकोहल की मात्रा बताई जाती है) लेकिन डाली की निष्कपट और हठधर्मी आंखों और तकनीकी मास्टरी देखकर फ्रायड को अपनी यह राय बदलनी पड़ी थी।

स्पेन में डाली युवावस्था के फिल्मकार बुनुएल और कवि लोर्का के संपर्क में थे। लोर्का समलिंगी थे और डाली अपनी सेक्सुएलिटी को लेकर भयभीत और परेशान थे। नपुंसक हो जाने का भय भी उन्हें सताता रहता था। 1929 में 'द ग्रेट मास्टरबेटर' पेंटिंग में इस भय को चित्रित किया गया है। लेकिन 1929 में पेरिस के सांस्कृतिक वातावरण को डाली ने लगभग 'प्रदूषित' करने—उसे 'डराने' की कोशिश की। उसी साल बुनुएल के साथ डाली ने 'एन एंदालूसियन डॉग' फिल्म बनाकर अतियथार्थवादी सिनेमा को भी जन्म दिया। इस फिल्म के एक प्रसिद्ध शॉट में एक बछड़े की आंख पर रेजर चलाने की भयावह कल्पना है। क्लोजअप में यह आंख एक औरत की आंख होने का भ्रम पैदा करती है। अपनी प्रदर्शनी और फिल्म से डाली ने पेरिस की सुरुचि सम्पन्न छवि पर हिंसक वार किया। उस साल एक टिप्पणी में लिखा गया था कि कलात्मक और 'सॉफिस्टिकेटेड' पेरिस के हृदय में छुरा भोंक दिया गया है ताकि बौद्धिक रक्त बह सके। और हुआ भी यही।

डाली ने सस्पेंस फिल्मों के सम्राट हिचकॉक को भी प्रभावित किया था। 1945 में हिचकॉक की फिल्म 'स्पैल. बाउंड' के लिए डाली ने एक स्वप्न दृश्य के लिए खासतौर से सौ काले सफेद रेखांकन और पांच चित्र बनाए थे। डाली की कल्पना तो और भी महत्वकांक्षी भी पर हॉलीवुड के लिए उसे फिल्माना संभव नहीं था। डाली ने वाल्ट डिजनी के साथ भी काम किया था। हॉलीवुड की चर्चित अभिनेत्री 'मे वैस्ट' के चेहरे को डाली ने अतियथार्थवादी उड़ान दे दी थी। मे वैस्ट के चेहरे से प्रेरित होकर डाली ने एक कमरा डिजाइन किया था। इस सेक्सी समझी जाने वाली अभिनेत्री के बाल उस कमरे के पर्दे बन गए थे, नाक 'फायरप्लेस' में बदल गई थी और लाल लिपस्टिक से रंगे होंठ एक सोफे में बदल गए थे। यह सोफा आज भी बहुत प्रसिद्ध है।

डाली की पत्नी और कलादेवी गाला रूसी मूल की थी। उसके परिवार में तोल्सतोय का आना-जाना था जिनकी गोद में कभी गाला ने अपना बचपन बिताया था। गाला नाम तो डाली ने बाद में दिया था। पेरिस में डाली जब उससे मिले थे तो वह प्रसिद्ध फ्रांसीसी कवि पॉल एलुआर की पत्नी एलेना थीं। एलेना स्वच्छंद जीवन में विश्वास रखने वाली महिला थी जिसके अनेक अतियथार्थवादियों से खुले संबंध थे। उम्र में वह डाली से दस साल बड़ी थी। कहा जाता है कि दोनों के बीच सेक्स संबंध महत्वपूर्ण नहीं थे—गाला सच्चे अर्थों में डाली की कलादेवी बनी रही। डाली ने अनेक चित्रों में गाला की छवि का इस्तेमाल किया है। गाला में डाली पत्नी, प्रेयसी, मां, कलादेवी सबकुछ देखते थे। 'द सीक्रेट लाइफ ऑफ साल्वादोरा डाली' में कलाकार ने लिखा है कि समुद्र तट पर गाला का जब पहली बार मैंने गहरा चुंबन लिया तो पूछा, "तुम मुझसे क्या चाहती हो? क्या करूं?" गाला ने कहा, "मैं चाहती हूं कि तुम मेरी हत्या कर दो।" जाहिर है गाला के लिए हत्या के अर्थ दूसरे और कहीं गहरे थे। और डाली के लिए वह एक तरह की विचित्र प्रेरणा अंत तक बनी रही। जून 1982 में 88 साल की उम्र में गाला का निधन हुआ। डाली को छह साल और जीना पड़ा अकेले। 1983 में घर में आग लग जाने से डाली बुरी तरह से झुलस भी गये थे।

अधिकांश अतियथार्थवादी डाली की जीनियस से आतंकित थे और सशंकित भी रहते थे। डाली का कहना था, "अतियथार्थवादियों और मुझमें फर्क यह है कि मैं एक अतियथार्थवादी हूं।" डाली शोमैन थे, उनमें बड़बोलापन था, उनके भीतर की मैडनेस के 'मैथर्ड' को पहचानना आसान नहीं था। पर इतावली चित्रकार दी किरिको, बेल्जियम के माग्रित्ते और स्पेन के डाली, इन तीन चित्रकारों ने अतियथार्थवादी कल्पनाशक्ति को सबसे प्रभावशाली रूप दिया। इन तीनों में भी डाली अद्वितीय हैं—जीवन में भी और कला में भी।

(2004)

फ्रांसिस बेकन

फ्रांसिस बेकन की कला को अक्सर एक रक्तरंजित समय से जोड़ा जाता है लेकिन स्वयं बेकन यह मानते थे कि युद्ध की हिंसा और पेंट की हिंसा में बुनियादी फर्क है। बेकन यह भी कहा करते थे कि मेरी दिलचस्पी पेंटिंग के अपने सौंदर्यशास्त्र में है। मैं जब एक पोप की चीख को पेंटिंग में अभिव्यक्ति प्रदान करता हूं तो उसके चित्रात्मक संदर्भ महत्वपूर्ण हैं।

उन्नीसवीं शताब्दी के अंतिम वर्षों में महान स्कैंडिनेबियाई चित्रकार एडवर्ड मुंच ने एक चित्र बनाया था—'चीख'। पुल पर एक परेशान आदमी की चीख को बीसवीं शताब्दी में अनेक अस्तित्ववादी व्याख्याएं मिलीं। निश्चय ही यह चित्र हमारे समय की आशंका और चिंता को अनोखी अभिव्यक्ति देता है। लेकिन बेकन ने अपने समय की हिंसा को अपने चित्रों में एक दूसरी तरह की अभिव्यक्ति दी। वे बूचड़खाने में लटके किसी जानवर के मांस को बहुत 'यथार्थवादी' ढंग से पेंट करने की कोशिश करते थे। वे जब चीख को पेंट करते थे तो उनकी निगाह एक चिकित्सक की तरह 'ग्राफिक' होती थी जो मुखरोगों की सारी बारीकियों में जाना चाहता है।

फ्रांसिस बेकन को समकालीन कला का एक महत्वपूर्ण चित्रकार माना जाता है। हालांकि उनकी कला के सौंदर्यशास्त्र को गले से नीचे उतारना आसान नहीं था—न साधारण कला प्रेमी के लिए, न ही जानकार कला समीक्षक के लिए। आखिर एक स्वशिक्षित चित्रकार जब यह कहे कि पेरिस की एक दुकान में मुखरोगों की एक किताब मेरे हाथ में आ गई और उस किताब ने मुझे जबरदस्त प्रेरणा दी तो ऐसे कलाकार की सौंदर्य-सम्पन्न दृष्टि का संदर्भ अलग हो ही जाता है।

पिछले दिनों स्पेन में घूमने गए इस चित्रकार का निधन 83 साल की उम्र में हुआ। बेकन का जन्म 1909 में आयरलैंड में हुआ था। चित्रकला को उन्होंने गभीरता से बहुत बाद में लिया—दूसरी बड़ी लड़ाई के बाद। अपने समय के तमाम आंदोलनों की उथल-पुथल से अलग बेकन अपनी विरूपित आकृतियों की दुनिया में व्यस्त रहे। जब दुनिया भर में अमूर्त कला का फैशन था, तब बेकन आकृतिमूलकता को अपनी कला की केंद्रीय चिंता बनाए हुए थे। खासतौर पर उन्होंने अमेरिकी आधुनिक कला की परवाह नहीं की। शायद इसलिए भी युद्धोत्तर आधुनिक कला में वे शलाका पुरुष के रूप में उभरे। अब बीसवीं शताब्दी के अंतिम वर्षों में यह महसूस होता है कि बेकन जो जैकसन पोलक, डी कूनिंग और एंडी वारहोल जैसी चर्चा मीडिया में एक राजनीति के तहत नहीं मिली पर उनकी कला का महत्व इन कलाकारों से ज्यादा ही है।

बेकन ने उस दुनिया को बहुत करीब से देखा जिसे 'बुरी खबर' की दुनिया कहा जाता है। बचपन में प्रथम विश्व-युद्ध में आयरलैंड के सैनिक यथार्थ को देखा। फिर बीस के दशक में अंतिम वर्षों में वे बर्लिन में आए तो वहां के माहौल में उन्होंने दूसरी तरह की हिंसा देखी। भावनात्मक हिंसा को उन्होंने पहली बार देखा। उसके बाद पेरिस में द्वितीय विश्व युद्ध के दौरान उन्होंने हिंसा को देखा।

बेकन अपने चित्रों को नष्ट करने में भी विश्वास करते रहे हैं। तीस के दशक में बनाए उनके प्रारंभिक चित्रों का कोई रिकॉर्ड नहीं है। बेकन ने ही उन्हें नष्ट कर दिया था। लेकिन 1945 के बाद से बेकन की कला में एक गंभीर विकास मिलता है। शुरू में बेकन अतियथार्थवाद (हालांकि उनका कहना है कि अतियथार्थवाद कला के इतिहास में हर दौर में मिलता है) के निकट थे, पिकासो ने भी उन्हें प्रेरित-प्रभावित किया। लेकिन बेकन ने बाद में कला के इतिहास में से बहुत से चित्रों को अपनी कला का स्रोत बनाया। पोप शृंखला की प्रसिद्ध चीख वेलासकुएस की

पेंटिंग से भी प्रेरित थी और रूसी फिल्मकार आइजेंस्टाइन की ऐतिहासिक फिल्म 'बेटलशिप पोतेमकिन' में एक नर्स के रक्तरंजित चेहरे और उसके खुले हुए मुख से भी।

फ्रांसिस बेकन की जीवन-शैली भी काफी विवादास्पद थी। शराब और समलैंगिकता में गहरे अनुराग से शुरू होकर जीवन की तमाम घृणित और विरूपित चीजों के प्रति उनकी रसभरी दृष्टि चौकाने वाली थी। लेकिन प्रसिद्ध ब्रितानी कला समीक्षक डेविड सिल्वेस्टर से बातचीत में बेकन की मानसिकता के गंभीर पहलुओं को पहचाना जा सकता है। यह बातचीत बाद में पुस्तक के रूप में प्रकाशित हुई और कला के इतिहास में इसकी तुलना देलाक्रुआ की डायरियों, वॉन गॉग और गोगां की चिट्ठियों से की जाती है। बेकन की कला के सरोकारों को समझने के लिए यह बातचीत एक दस्तावेज है।

बेकन इस बात को लेकर बराबर सजग रहे हैं कि कला के इतिहास में स्त्री की आकृति केंद्र में रही है। अधिकांश कलाकारों ने स्त्री की देह के असंख्य ऐंद्रिक रूप कला में प्रस्तुत किए हैं। बेकन उन कलाकारों में से हैं जिन्होंने पुरुष आकृति को केंद्र में रखा है। इसीलिए कला के इतिहास में मिकेलांजेलो उनके प्रिय कलाकार हैं। इस महान इतावली कलाकार ने पुरुष की देह को अद्भुत ऐंद्रिक शक्ति के साथ कला में अभिव्यक्ति दी है। बेकन को उनके रेखांकन बहुत प्रिय हैं—मूर्तिशिल्प की दुनिया में तो मिकेलांजेलो मास्टर थे ही।

बेकन ने अपनी कला के स्रोत के रूप में फोटोचित्रों को काफी प्रमुखता दी थी। मिसाल के लिए वे पहलवानों, मुक्केबाजों, फुटबाल के खिलाड़ियों आदि की तस्वीरों का बहुत गौर से अध्ययन करते थे। इनके अलावा जानवरों को भी वे बहुत बारीकी से देखने की कोशिश करते थे। ''मैं हमेशा जानवरों की तस्वीरों को देखता रहता हूं। दरअसल मानव गति की मेरे मन में जो छवि है उसमें पशु गति और मानव गति बराबर एक-दूसरे से जुड़ी हुई हैं।''

अपने लंबे रचनात्मक जीवन में बेकन ने पेंट का कई तरह से इस्तेमाल किया है। कभी उन्हें अंधकार पसंद था तो कभी वे बहुत चटख रंगों में अपनी बात कहते थे। बेकन कभी-कभी अपनी कलाकृतियों में कांच और सुनहरे फ्रेम का भी अलग तरह का इस्तेमाल करते थे। कलाकार के रूप में वे काफी कल्पनाशील थे।

यह एक सुखद तथ्य है कि अधिकांश आधुनिक कलाकारों ने लंबा जीवन जिया है। उनकी रचनात्मकता लगभग अंत तक सक्रिय रही है। बेकन के निधन के बाद हमारे बीच कोई महान कलाकार जीवित नहीं रह गया है। बड़े कलाकार हैं पर महान कलाकार अब शायद नहीं रह गए हैं।

(1992)

प्रमुख सहयोगी पुस्तकें

1. कंसेप्ट्स ऑफ आर्ट : संपादक—टोनी रिचर्डसन व निकोस स्टैंगोस, पैंग्विन (1974)
2. आर्ट्स इन द ट्वैंथियथ सेंचुरी : केनेथ-मक्लीश, पैंग्विन (1986)
3. एडिटो-सर्विस एस.ए., जिनेवा द्वारा प्रकाशित कला पुस्तकों की शृंखला (संस्करण : 1970)
4. ए हिस्ट्री ऑफ आर्ट : एच.डब्ल्यू. जैंसन, थेम्स ऐंड हडसन (संस्करण 1981)
5. ए हिस्ट्री ऑफ माडर्न आर्ट : एच.एच. एरनासन, थेम्स ऐंड हडसन (संस्करण : 1982)
6. द थेम्स एंड हडसन डिक्शनरी ऑफ आर्ट टर्म्स : एडवर्ड लूसी स्मिथ (1984)
7. ए डिक्शनरी ऑफ आर्ट टर्म्स : रेजीनाल्ड जी. हैगर, न्यू ऑरचर्ड एडिशंस (1984)
8. नार्थ लाइट डिक्शनरी ऑफ आर्ट टर्म्स : मार्गी ली एल्सपास, नार्थ लाइट पब्लिशर्स (1985)
9. कला आंदोलनों पर थेम्स ऐंड हडसन की 'डॉल्फिन आर्ट बुक' पुस्तक शृंखला।
10. डिक्शनरी ऑफ आर्ट ऐंड आर्टिस्ट्स, पैंग्विन (1972)
11. द ऐंग्शस ऑब्जेक्ट : हेरल्ड रोजेनबर्ग, मैंटर बुक (1966)
12. माडर्न स्कल्पचर : हर्बर्ट रीड, थेम्स ऐंड हडसन (1985)
13. इलस्ट्रेटेड डिक्शनरी ऑफ आर्ट टर्म्स, एडबरी प्रेस, लंदन (1981)
14. ए डिक्शनरी ऑफ एब्सट्रेक्ट पेंटिंग, मैथ्युन (1958)
15. सक्सेस ऐंड फेल्योर ऑफ पिकासो : जॉन बर्जर, पैंग्विन (1965)
16. आर्ट टुमारो : एडवर्ड लूसी स्मिथ, पियरे तेरेल, पेरिस (2003)
17. द एंड ऑफ आर्ट : डोनाल्ड कुस्पिट कैंब्रिज यूनिवर्सिटी प्रेस (2004)

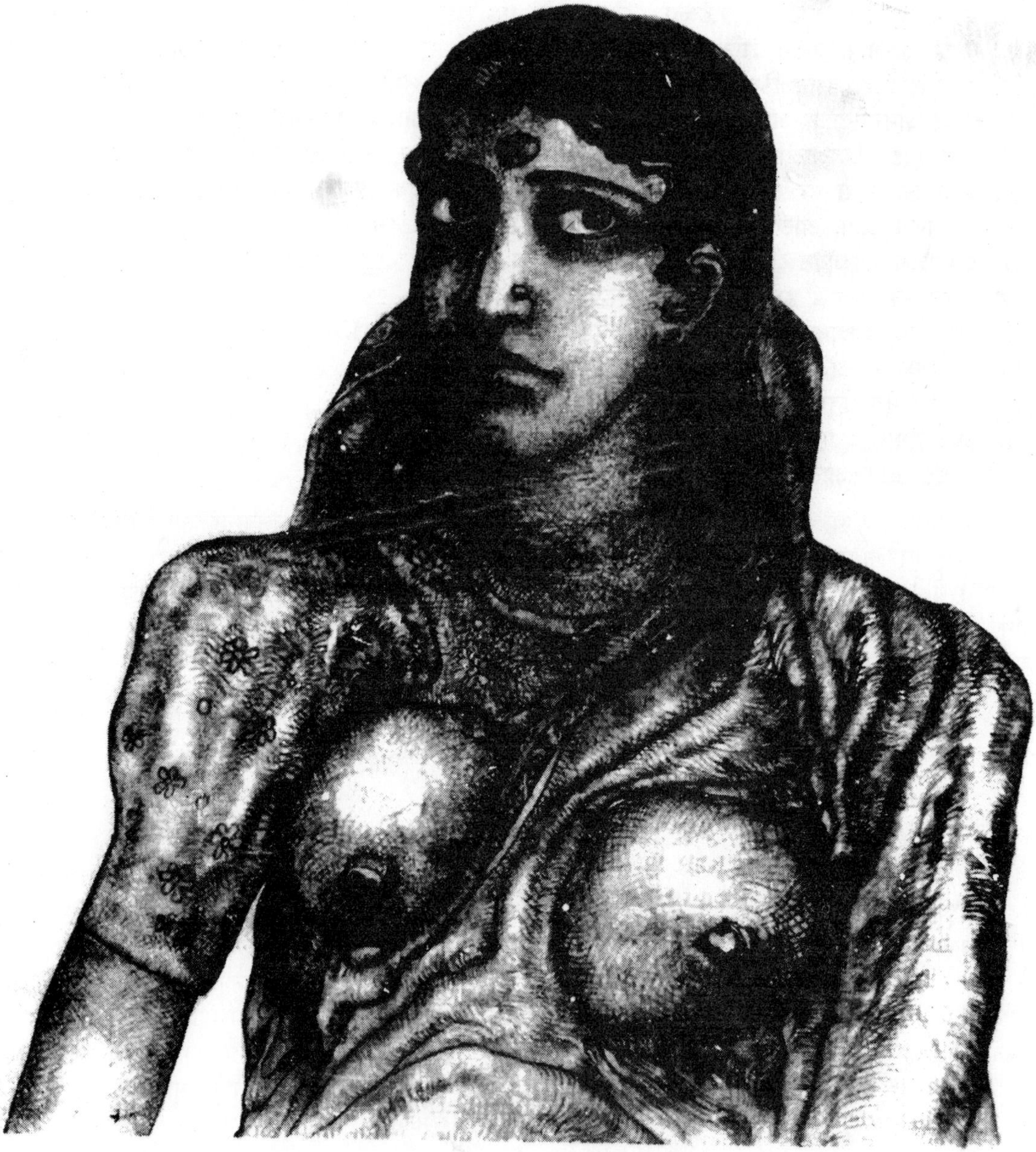

जोगेन चौधरी की कलाकृति 'नटी विनोदिनी'

'केवल हवाई जहाज अंतर्राष्ट्रीय हैं—
हां, सिर्फ मशीन : आदमी नहीं।
आदमी की जड़ें होनी चाहिएं।'

—यामिनी राय

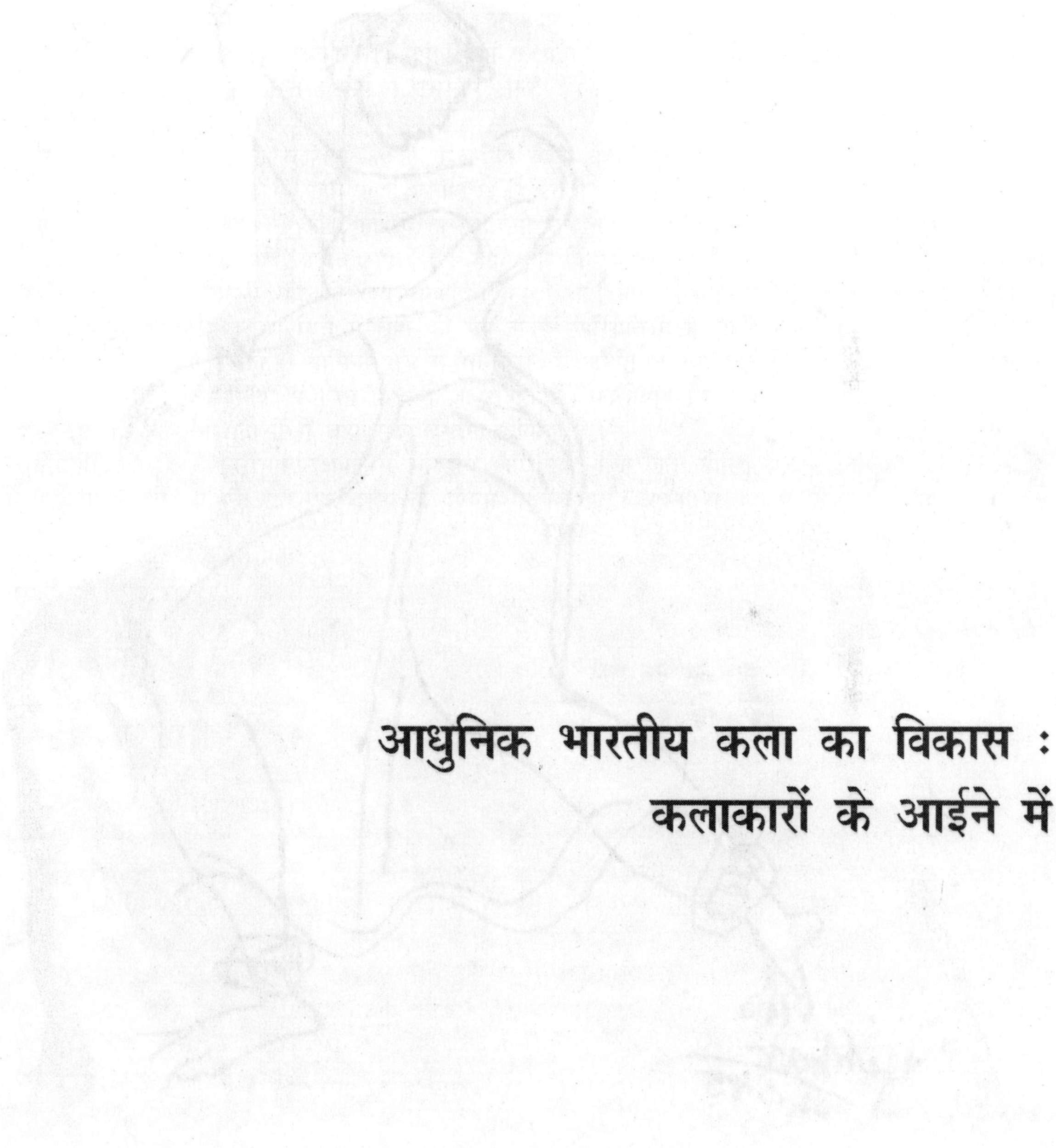

आधुनिक भारतीय कला का विकास : कलाकारों के आईने में

हेब्बार का रेखांकन

राजा रवि वर्मा

1873 में चेन्नई में राजा रवि वर्मा की पहली प्रदर्शनी हुई थी। जब वह सिर्फ 25 साल के थे। बीस साल बाद 1893 में शिकागो में जब रवि वर्मा के 10 चित्र प्रदर्शित हुए तो उन्हें वहां पुरस्कार भी मिला। तब तक वह एक बड़े चित्रकार के रूप में प्रतिष्ठित हो गए थे। 1893 के बाद ही रवि वर्मा ने 'ओलियोग्राफ' (एक खास बुनावट वाले कागज पर लीथोग्राफ सरीखी फोटो छपाई जो तैलचित्र का थोड़ा-बहुत अनुकरण कर सके) छपाई के माध्यम से अपने पौराणिक-धार्मिक चित्रों को देश के कोने-कोने में पहुंचा दिया।

साधारण प्रतिभा वाले कैलेंडर कलाकारों की तरह ये 'ओलियोग्राफ' नहीं थे। बेहतर थे (खासतौर पर शुरू के कुछ संस्करण) और जन मानस को आसानी से 'समझ' में आ जाते थे। उनके मन में ये सुंदर छवियां एक आत्मीय स्थान बना लेती थीं। लेकिन इस लोकप्रियता के अपने खतरे भी थे। राजा रवि वर्मा के चित्र राजमहलों से शुरू होकर झोपड़ियों तक पहुंच गए लेकिन कला के पारखियों ने उन चित्रों की गुणवत्ता के बारे में संदेह करना शुरू कर दिया।

अवनींद्रनाथ ठाकुर ने नेतृत्व में बंगाल स्कूल की 'वाश पेंटिंग' शैली ने रवि वर्मा की प्रतिष्ठा, महत्व और मूल्यांकन को थोड़ा-बहुत 'वाश' तो किया ही, लंबे समय तक रवि वर्मा की उपेक्षा भी होती रही। यह भी कम आश्चर्य की बात नहीं है कि मृत्यु के 87 साल बाद राजा रवि वर्मा को एक बड़े कलाकार के रूप में पहचाना जा रहा है। राष्ट्रीय संग्रहालय ने अपनी परंपरा (1857 से पहले के चित्रों को प्रदर्शित करने की नीति) को तोड़कर एक बड़े कलाकार के चित्रों की एक प्रतिनिधि प्रदर्शनी आयोजित की है। एक अत्यंत महत्वपूर्ण पुस्तक भी इस अवसर पर प्रकाशित की गई है।

प्रतिष्ठित आधुनिक कलाकार ए. रामचंद्रन के निजी प्रयत्नों से भी इस कलाकार के साथ न्याय हो पाया है। राजा रवि वर्मा के जीवन, कृतित्व और प्रासंगिकता पर यह एक महत्वपूर्ण आयोजन है जो इस बात की जरूरत को एक बार फिर रेखांकित करता है कि हमें अपने यहां के बड़े कलाकारों की सिर्फ पूजा नहीं करनी चाहिए। उनकी वास्तविक पहचान, सही प्रशंसा और आवश्यक आलोचना सभी का महत्व है। और सबसे बड़ी चीज है दस्तावेजी महत्व की सामग्री का सही ढंग से प्रकाशन। चित्रों के जीर्णोद्धार की विशेषज्ञ रूपिका चावला और रामचंद्रन के इस काम के ऐतिहासिक महत्व को समझने की जरूरत है।

रामचंद्रन राजा रवि वर्मा के काम के अंध प्रशंसक नहीं हैं। एक आवश्यक आलोचनात्मक निगाह के साथ उन्होंने प्रदेश (केरल) के एक बड़े कलाकार को प्रस्तुत किया है। 1873, 1893 के बाद दरअसल अब वर्ष 1993 भी राजा रवि वर्मा के 'कला जीवन' में एक महत्वपूर्ण तिथि हो गई है। सौ साल पहले शिकागो ने जिस कलाकार को सम्मानित किया था उसे देश में भी सही सम्मान मिला है। इससे शायद राजा रवि वर्मा के ऐतिहासिक और कलात्मक महत्व के चित्रों के रख-रखाव, जीर्णोद्धार आदि की गंभीर समस्या पर भी कला प्रेमियों का ध्यान जाए। अवनींद्रनाथ ठाकुर, गगनेंद्रनाथ, यामिनी राय, विनोद बिहारी मुखर्जी, रामकिंकर आदि कलाकारों पर भी इस तरह के महत्वाकांक्षी आयोजन किए जाने चाहिएं। चित्रकार रवींद्रनाथ ठाकुर पर तो इधर कुछ गंभीर और स्थाई महत्व का काम हुआ है हालांकि उन पर भी सबसे महत्वपूर्ण पुस्तक एक अंग्रेज लेखक ने लिखी है।

महत्वपूर्ण कलाकारों से संबद्ध दस्तावेजी सामग्री का एक जगह पर संकलन बहुत जरूरी है। 'राजा रवि वर्मा न्यू पर्सपेक्टिव्ज' पुस्तक में रामचंद्रन, गुलाम मोहम्मद शेख, अशोक मित्र, शिवकुमार, गीता कपूर आदि कला के गंभीर अध्येताओं के लेख और टिप्पणियां हैं। साथ ही राजा रवि वर्मा के छोटे भाई सी. राजा राजा वर्मा की डायरी

के कुछ अंश भी हैं। 1901 में सी. राजा और रवि वर्मा उदयपुर में जब ठहरे थे तो यह डायरी लिखी गई थी।

1906 में राजा रवि वर्मा के निधन के बाद 'मॉर्डन रिव्यू' के जनवरी, 1907 के अंक में रामानंद चटर्जी की लिखी टिप्पणी और अगस्त, 1907 में छपे आनंद कुमार स्वामी के समकालीन भारतीय कला पर लेख को भी इस पुस्तक में छापा गया है। अगर इस पुस्तक में राजा रवि वर्मा के चित्रों, ओलियोग्राफ, रेखांकन आदि पर संक्षिप्त टिप्पणियां भी प्रकाशित की जातीं तो यह पुस्तक अपने ढंग का अनूठा आयोजन बन जाती।

राजा रवि वर्मा ने तैलरंगों की पश्चिमी परंपरा को भारतीय पहचान और स्वीकृति दिलाई। उन्होंने पश्चिमी कला स्रोतों से सीखा। भारतीय जीवन और परंपरा को पहचानकर एक नई तरह की कला को प्रतिष्ठा दिलाई। भारतीय साहित्य, मिथकशास्त्र, पुराणों आदि को उन्होंने एक सुंदर और सजीव अभिव्यक्ति दी। भारतीय स्त्री के सौंदर्य को पहचानने में उनका काम असाधारण महत्व का है। साहित्य, रंगमंच आदि से उन्होंने गहरा रिश्ता बनाया। उनकी मृत्यु के 6-7 साल बाद दादा साहेब फाल्के ने भारतीय सिनेमा में राजा रवि वर्मा के काम को ही एक नया विस्तार दिया।

पोर्ट्रेट हों या भारतीय पुराणों, साहित्य आदि के नाटकीय चित्र हों, राजा रवि वर्मा ने भारतीय प्रकाश व्यवस्था के अनुरूप तैलरंगों की रोशनी को पहचाना और जांचा। रवि वर्मा ने सभी तरह के चित्र बनाए—साधारण भिखारिन की यथार्थवादी तस्वीर भी हमें उनके यहां मिलती है।

'ओलियोग्राफ' माध्यम ने रवि वर्मा को लोकप्रियता के साथ-साथ नुकसान भी पहुंचाया। उनकी कला का 'फैक्ट्री' स्तर पर उत्पादन एक तरह से समस्या भी है।

'हंस दमयंती' सरीखे राजा रवि वर्मा के चित्र भारतीय कला के इतिहास में अद्वितीय स्थान रखते हैं। दक्षिण भारतीय स्त्री के सौंदर्य को आभूषण आदि पहनाकर राजा रवि वर्मा एक चमक में ही जैसे एक और चमक पैदा कर देते हैं।

राजा रवि वर्मा के कुछ चित्र दूसरे ही कारणों से प्रेक्षक का ध्यान आकर्षित करते हैं। मिसाल के लिए 'मानिनी राधा' (निजी-संग्रह) चित्र को ही लें। एक पत्थर पर नदी के किनारे कृष्ण हाथ में बांसुरी लिए बैठे हैं। राधा रूठी खड़ी है और उसकी सहेली उसे कुछ समझा रही है। इस चित्र में कृष्ण का सर शरीर के शेष हिस्से के अनुपात से बड़ा है। लेकिन इस असंगति ने ही चित्र को एक रहस्यमय रूप भी दे दिया है।

'महारानी लक्ष्मीबाई' पोर्ट्रेट में एक स्थूल स्त्री अपने सारे तमगों, आभूषणों, भव्य पोशाक आदि में खड़ी है। विकास भट्टाचार्य सरीखे कलाकारों ने बाद में अपनी पोर्ट्रेट कला में इसी तरह के 'अतियथार्थवादी यथार्थ' को अपने ढंग से चित्रित किया है।

राजा रवि वर्मा की अद्भुत पेंटिंग संगीतकारों की 'गैलेक्सी' हालांकि इस प्रदर्शन में नहीं है लेकिन मैसूर के संग्रह में यह चित्र कलाकार की भारतीय स्त्री के अनुपम सौंदर्य की खोज की एक पूरी कहानी अपने में रचाए-बसाए हुए है। कुल ग्यारह स्त्रियां हैं इस पेंटिंग में, अलग-अलग पोशाकें, अंदाज और चेहरे। चित्रकार ने इस पेंटिंग के लिए काफी रिसर्च भी की थी।

राजा रवि वर्मा की स्त्रियां दक्षिण भारत की आम या विशिष्ट स्त्रियां दोनों ही हो सकती हैं। अनेक बार उन्होंने यूरोपीय कला की सुंदर, अर्द्धनग्न स्त्रियों को भी इन भारतीय स्त्रियों की छबि के साथ अपने ढंग से रचा-बसा लिया है। शकुंतला, दमयंती आदि को उन्होंने एक सुंदर चेहरा दिया। लेकिन उनके मन में वीनस की भी 'क्लासिकल' छवि और मुद्राएं रहती थीं।

निश्चय ही इन चित्रों को बनाते हुए 'देखने वाले' की जरूरत, रुचि और संस्कारों को भी ध्यान में रखा गया है। राजा राजा वर्मा की डायरी की एक संक्षिप्त टिप्पणी में पोर्ट्रेट देखने के बाद महाराज और उनके 'चमचों' की टिप्पणियों का उल्लेख है। यह 'देखने वाला' तब दरअसल 'खरीदने वाला' या 'खरीद सकने वाला' ही होता था।

'सुंदरता ही दुनिया को बचा सकती है' रूसी लेखक दोस्तोएवस्की के इस उद्धरण के अनेक अर्थ और संदर्भ हैं। राजा रवि वर्मा के चित्रों की दुनिया में जाकर यह उद्धरण अक्सर याद आता है।

(1993)

अवनींद्रनाथ ठाकुर

अनेक कला समीक्षक गगनेंद्रनाथ ठाकुर को पहला आधुनिक भारतीय कलाकार मानते हैं। लेकिन अवनींद्रनाथ ठाकुर (1871-1951) पहले बड़े कलाकार थे जिन्होंने आधुनिक भारतीय कलाकार की एक खास तरह की छवि बनाई। अवनींद्रनाथ को पश्चिमी कला प्रशिक्षण में विश्वास नहीं था। अर्न्स्ट बिनफील्ड हैवेल (1864-1937) के रूप में अवनींद्रनाथ को अपना एक बौद्धिक गुरु या साथी मिल गया था। हैवेल 1884 में भारत आए थे, मद्रास आर्ट स्कूल के सुपरिटेंडेंट के रूप में। बाद में गवर्नमेंट स्कूल ऑफ आर्ट कोलकाता में 1896 से 1906 तक उन्होंने 'बंगाल स्कूल' के जन्म में एक महत्वपूर्ण भूमिका निभाई। अवनींद्रनाथ को वह अपनी खोज मानते थे। उनका कहना था कि ब्रिटिश प्रशासन ने सिर्फ एक मौलिक भारतीय कलाकार को जन्म दिया है—अवनींद्रनाथ को। हैवेल ने ही अवनींद्रनाथ का सबसे पहले महान मुगल मिनियेचर कला से परिचित कराया था। अवनींद्रनाथ को वह कोलकाता आर्ट स्कूल में उप प्रधानाचार्य के रूप में ले आए। इस तरह से बंगाल स्कूल का रास्ता बना।

बंगाल स्कूल राजा रवि वर्मा के विरुद्ध था। उस जमाने में रवि वर्मा की जबरदस्त धाक थी। लेकिन ए.के कुमार स्वामी सरीखे भारतीय कला और सौंदर्यशास्त्र के 'चैंपियन' भी राजा रवि वर्मा के ओलियोग्राफ देखकर ही इस तरह की कला के खिलाफ हो गए थे। एक समकालीन भारतीय कलाकार का कहना है कि अगर कुमारस्वामी ने राजा रवि वर्मा की मूल ऑयल पेंटिंग देखी होतीं तो वह इस कलाकार के बारे में संभवतः दूसरी तरह से सोचते। बहरहाल, अवनींद्रनाथ और बंगाल स्कूल के जन्म की कहानी में कुमारस्वामी के साथ-साथ हैवेल और ओकाकुरा सरीखे विदेशियों का महत्वपूर्ण योगदान है। हैवेल कला को कर्तव्य मानते थे—आनंद नहीं। उन्होंने सरकारी आर्ट गैलरी में अजंता और मुगल चित्रकला को महत्वपूर्ण स्थान दिलाया ताकि भारतीय कला के छात्र समृद्ध भारतीय कला परंपरा का सीधा साक्षात्कार कर सकें। अवनींद्रनाथ और बंगाल स्कूल ने इस गैलरी के संग्रह से अपने ही देश के अतीत को पहचाना। धीरे-धीरे इन कलाकारों में पश्चिमी अकादेमिक कला के प्रशिक्षण के प्रति उदासीनता बढ़ती चली गई।

जापानी कला विशेषज्ञ ओकाकुरा काकुजा तेनसिन (1863-1913) 1902 में पहली बार भारत आए थे। कोलकाता में जोड़ासांको (हाउस ऑफ टैगोर) में वह अवनींद्रनाथ के नेतृत्व में भारत के नए कला आंदोलन से प्रभावित हुए थे। जापान लौटकर उन्होंने दो जापानी कलाकारों—योकोहामा तैकन और हिसिदा को भारत भेजा। ये विशिष्ट चित्रकार जोड़ासांको में अवनींद्रनाथ और गगनेंद्रनाथ के अतिथि बने थे। जापानी कला में सुलेखन (कैलीग्राफी) और रंगों के खास तरह के प्रयोगों से अवनींद्रनाथ और गगनेंद्रनाथ प्रभावित हुए। ओकाकुरा की मान्यता थी कि कला एक त्रिभुज है। परपंरा, पर्यवेक्षण और मौलिकता इसकी तीन भुजाएं हैं। इनमें से किसी एक भुजा पर आश्रित होने का अर्थ है अधूरा और गलत विकास।

अवनींद्रनाथ और उनकी कला को समझने के लिए इस पृष्ठभूमि को जानना बहुत जरूरी है। स्वतंत्रता के बाद जब प्रोग्रेसिव आर्टिस्ट ग्रुप से जुड़े कलाकार आधुनिक कला के आंदोलन में बंगाल स्कूल की वाश तकनीक और भावुकता के खिलाफ हो गए तो अवनींद्रनाथ को बुरी तरह से भुला दिया गया। उनकी कला को बिना देखे ही लोग उन्हें अप्रासंगिक मानने लगे। के.जी. सुब्रमण्यन् ने लिखा है कि ललित कला अकादेमी ने 'भारतीय कला के 25 साल' प्रदर्शनी में आधुनिक भारतीय कला के पूर्ववर्ती के रूप में अवनींद्रनाथ का नाम गिनाना भी उचित नहीं समझा। सच बात तो यह है कि अधिकांश कलाकार अवनींद्रनाथ के कुछ खराब शिष्यों का काम देखकर ही

अवनींद्रनाथ के विरुद्ध हो गए थे। बरसों बाद राष्ट्रीय आधुनिक कला संग्रहालय में गीता कपूर ने भारतीय कला से सौ सालों की एक प्रदर्शनी में अवनींद्रनाथ के अनेक मूल चित्र जब शामिल किए तो उन्हें देखकर कृष्ण खन्ना ने स्वीकार किया था कि हम लोगों ने इस बड़े कलाकार के काम को कभी नहीं देखा था। बिना काम देखे ही हम उसके खिलाफ थे।

अनेक महत्वपूर्ण समकालीन कलाकार अवनींद्रनाथ की कला की महानता से परिचित थे। मिसाल के लिए गणेश पाइन की कला में जो कविता, रहस्य और आश्चर्य की जादुई दुनिया है उसका एक महत्वपूर्ण स्रोत अवनींद्रनाथ के चित्र हैं। छात्र के रूप में गणेश पाइन अवनींद्रनाथ के चित्रों के रोमांटिसिज्म से बहुत प्रभावित थे। गणेश पाइन के विचार में रोमांटिसिज्म कलाकार को जीवित नहीं रखता—विद्रोही भी बनाता है।

अवनींद्रनाथ की कला में वह सेंटिमेंटलिज्म (भावुकता) बहुत कम था जो बाद में बंगाल स्कूल की एक पहचान बन गया था और अनेक आधुनिक कलाकार इस भावुकता से नफरत करने लगे थे। अवनींद्रनाथ का रोमांटिसिज्म भुला दिया गया और बंगाल स्कूल की भावुकता को मुख्य पहचान बना दिया गया। इससे एक बड़े कलाकार के सोच और काम की उपेक्षा होने लगी।

अवनींद्रनाथ उम्र में रवींद्रनाथ ठाकुर से सिर्फ दस साल छोटे थे पर रिश्ता चाचा-भतीजे का था। अवनींद्रनाथ के बड़े भाई गगनेंद्रनाथ उनसे उम्र में चार साल बड़े थे। 'प्रिंस' द्वारकानाथ के पोते गुनेंद्रनाथ की संतानें लगभग जन्मजात कलाकार थीं। बेटी सुनयनी को भी बंगाल स्कूल की एक प्रमुख चितेरी के रूप में पहचाना जाता है। गुनेंद्रनाथ के पिता गिरींद्रनाथ थे जिनके बड़े भाई महर्षि देवेंद्रनाथ के सबसे छोटे पुत्र रवींद्रनाथ थे। इस वंश परिचय से स्पष्ट है कि जोड़ोसांको कला-संस्कृति-साहित्य का एक तीर्थ स्थान था।

चित्रकार के रूप में अवनींद्रनाथ मुगल मिनियेचर कला की श्रेष्ठता से गहरे स्तर पर प्रभावित हुए थे। पर उनका यह भी मानना था कि मुगल चित्रकला में 'भाव' का अभाव है। इस कला में मनुष्य में प्राण नहीं हैं—उसे मशीनी गुड़िया में बदल दिया गया है। अवनींद्रनाथ और उनके योग्य शिष्यों में 'भाव' की केंद्रीय उपस्थिति है। पर बाद में जब बंगाल स्कूल पतन और पलायनवाद का शिकार हुआ तो 'भाव' की जगह भावुकता ने ले ली। नतीजा यह हुआ कि यामिनी राय और अमृता शेरगिल सरीखे नामों ने बंगाल स्कूल की सीमाएं आसानी से स्पष्ट कर दीं।

अवनींद्रनाथ की कोमल संवेदना थी। पश्चिमी कला प्रशिक्षण की शैली उन्हें भयभीत कर देने वाली नजर आती थी। नग्न पुरुष की लाइफ स्टडी करने की बात हो या मनुष्य की खोपड़ी को सामने रखकर रेखांकन बनाने का काम हो—अवनींद्रनाथ इस तरह के प्रशिक्षण से बहुत जल्दी दुःखी हो जाते थे। हैवेल ने जब उन्हें मुगल मास्टर चित्रकार मंसूर के लघुचित्र 'साइबेरियन सारस' को लैंस से देखने का अवसर दिया तो अवनींद्रनाथ इस 'तीसरी आंख' से कला की जादुई दुनिया को देखकर हैरान रह गए।

अवनींद्रनाथ छोटे आकार के चित्र बनाते थे। उनकी कला में कई दुनियाएं हैं। अपने आखिरी दिनों में ताजमहल को देखते हुए शाहजहां की मुद्रा को उन्होंने मुगल मिनियेचर का स्थापत्य और अपनी काव्यात्मक और मार्मिक दृष्टि दी थी। 1906 में 'स्वदेशी' आंदोलन के जोश में उन्होंने बंकिम की 'वंदे मारतम्' कविता से प्रेरित होकर 'भारत माता' की ऐसी छवि बनाई थी जो घर-घर पहुंच गई। एक बंग महिला अपनी चार भुजाओं में अन्न, वस्त्र, शिक्षा और दीक्षा लिए हुए है। स्वदेशी आंदोलन के समर्थक चाहते थे कि इस तरह की छवि घर-घर में टंगे—राजा रवि वर्मा की सुंदर, ऐंद्रिय, गहनों से लदी स्त्रियां नहीं।

स्त्रियों का एक दूसरा ही सौंदर्य अवनींद्रनाथ के मन में बचपन से ही था—जोड़ासांको के जनानाघर का सौंदर्य। अवनींद्रनाथ ने लिखा है, "जोड़ोसांको के अंतःपुर में प्रसाधन के समय जो सुंदर मुख दिखाई देते थे, मन ने उन सबका संग्रह कर लिया।"

अवनींद्रनाथ ने मुगल इतिहास से प्रेरणा ली, अरेबियन नाइट्स की फैंटसी को अपने चित्रों का विषय बनाया, भारत माता को सादी और स्वदेशी छवि दी, जादुई किस्म की चिड़ियों के चित्र बनाए, संगीत मंडली को जलरंगों में बनाया, गीत गोविंद आदि से प्रेरित चित्र बनाए।

इस तथाकथित ओरिएंटल आर्ट की पश्चिम में पहली बड़ी प्रदर्शनी का उद्घाटन पेरिस में 8 फरवरी, 1914 को हुआ था। इस प्रदर्शनी में अवनींद्रनाथ के दो जलरंग चित्रों ने विदेशी प्रेक्षकों को खास तौर से प्रभावित किया था—एक चित्र में एक मंदिर के शिखर पर एक गिद्ध बैठा है। दूसरे चित्र 'यात्रा का अंत' में एक थका हुआ ऊंट पसरा पड़ा है। बाद में यह प्रदर्शनी बेल्जियम, हॉलैंड और ब्रिटेन में भी दिखाई गई थी लेकिन प्रथम विश्व युद्ध से ठीक पहले का वातावरण अनुकूल नहीं था।

'भारतीय कला की खोई हुई भाषा' को खोजने के काम में अवनींद्रनाथ के प्रारंभिक शिष्य थे—सुरेंद्रनाथ गांगुली, नंदलाल बोस, असित हाल्दार, के. वेंकटप्पा, शैलेंद्रनाथ डे, क्षितींद्रनाथ मजूमदार, हाकिम मोहम्मद खान आदि। बाद में अब्दुर रहमान चुगताई अवनींद्रनाथ की परंपरा के एक चर्चित चित्रकार साबित हुए। वह लाहौर के मेयो स्कूल में पढ़े थे जहां उन दिनों अवनींद्रनाथ के छात्र समरेंद्रनाथ गुप्त उप-प्रधानाचार्य थे। 1916 में वह कोलकाता में अवनींद्रनाथ से मिले थे। अवनींद्रनाथ ने चुगताई को उत्तर-पश्चिम में ओरिएंटल आर्ट स्थापित करने के एक प्रतिभाशाली दूत के रूप में देखा। चुगताई की एक प्रारंभिक कलाकृति 'जहांनारा और ताज' में अवनींद्रनाथ के शाहजहां के अंतिम दिनों के चित्र के प्रभाव को आसानी से पहचाना जा सकता है। बाद के वर्षों में चुगताई पाकिस्तान चले गए थे। बंगाल स्कूल के बारे में उनकी राय पर गौर करने की जरूरत है—इन चित्रकारों की कला जीवन से कटी हुई थी। और उसका प्रमुख स्वर निराशावाद और उदासी का था। "मेरी शैली इस स्कूल के बिल्कुल उलट थी।"

दरअसल तब तक बंगाल स्कूल की आलोचना आसान हो चुकी थी। चुगताई ने भी बदले हुए माहौल में स्वर बदल लिया। पर अवनींद्रनाथ की कला के कई दूसरे आयाम हैं। मिसाल के लिए एक अपेक्षाकृत बड़े आकार के जलरंग चित्र में औरंगजेब दारा के कटे हुए सर की जांच अपनी तलवार से कर रहा है। अपने प्रारंभिक दिनों में एक मनुष्य की खोपड़ी के रेखांकन बनाने से भयभीत होने वाले कलाकार की कोमल संवेदना के लिए इस सच्चाई और दुनिया तक पहुंचना आसान नहीं रहा होगा। शाहजहां के अंतिम क्षणों के मार्मिक चित्र के पीछे कलाकार की एक निजी पीड़ा थी—प्लेग में उनकी छोटी बच्ची मौत का शिकार हो गई थी। एक अजीब ढंग से एक मुगल बादशाह के अंतिम क्षणों की मुद्रा में एक बच्ची के जाने के दुःख और पीड़ा ने गहरी अभिव्यक्ति पा ली।

निश्चय ही आज अवनींद्रनाथ के जीवन और कला को नए ढंग से देखने-जांचने की जरूरत है।

(2005)

रवींद्रनाथ ठाकुर

वैसे तो आधुनिक भारतीय चित्रकला का कोई प्रामाणिक इतिहास अभी लिखा ही नहीं गया है लेकिन अक्सर कला समीक्षकों, इतिहासकारों के सामने यह समस्या खड़ी हो जाती है कि इस इतिहास को शुरू कहां से किया जाए। राजा रवि वर्मा, बंगाल स्कूल, यामिनी राय से शुरू होकर अमृता शेरगिल और प्रोग्रेसिव आर्टिस्ट ग्रुप तक को, इस शुरुआत का बिंदु माना जा सकता है।

बंगाल स्कूल का अपना ऐतिहासिक महत्व है लेकिन बाद के अनेक महत्वपूर्ण और भारतीय कला को दिशा देने वाले कलाकारों ने इस स्कूल को अपना प्रेरणा स्रोत मानने से लगभग इनकार कर दिया। अमृता शेरगिल की कला अवश्य एक शुरुआत का बिंदु हो सकती है क्योंकि उनके चित्रों में पश्चिमी कला के संदर्भ हैं, उनसे संवाद और टकराहट भी है। इसके अलावा भारतीय संस्कृति, परिवेश, चेहरों और मूल्यों को समकालीन चित्रभाषा में जानने और जांचने की एक अद्वितीय कोशिश भी है।

अमृता शेरगिल के अलावा रवींद्रनाथ ठाकुर दूसरा नाम है जिन्हें आधुनिक भारतीय चित्रकला की शुरुआत का एक महत्वपूर्ण बिंदु माना जा सकता है। यह महत्वपूर्ण है कि रवींद्रनाथ की चित्रकार छवि की राष्ट्रीय और अंतर्राष्ट्रीय स्तर पर प्रतिष्ठा लगातार बढ़ती ही जा रही है। यह सभी जानते हैं कि रवींद्रनाथ ने चित्र रचना को गंभीरता से वृद्धावस्था में लिया। 62 साल की उम्र में उनमें चित्र रचना का एक विस्फोट-सा हुआ और उन्होंने जीवन के अंतिम 14-15 वर्षों में लगभग तीन हजार चित्र बना डाले।

यह भी महत्वपूर्ण है कि रवींद्रनाथ के चित्रों की पहली प्रदर्शनी यूरोप में हुई। पेरिस की पिजाल दीर्घा में 1930 में उनकी ऐतिहासिक प्रदर्शनी हुई थी। ऐसा माना जाता है कि 1928 में रवींद्रनाथ ने चित्र रचना को नियमित अभिव्यक्ति का माध्यम बनाया।। यह कम आश्चर्य की बात नहीं है कि पेरिस में अपनी पहली एकल प्रदर्शनी (जो बाद में यूरोप के दूसरे शहरों में भी गई) से पहले रवींद्रनाथ चार सौ से भी अधिक चित्र बना चुके थे।

इस तरह से देखें तो आज अमृता शेरगिल से भी अधिक रवींद्रनाथ को आधुनिक भारतीय चित्रकला का प्रस्थान बिंदु माना जाना चाहिए। अमृता शेरगिल ने अपनी 'भारतीय नियति' को जब हासिल किया तो रवींद्रनाथ का एक महत्वपूर्ण चित्रकार के रूप में जन्म हो चुका था। यह अलग बात है कि भारतीय कलाकारों और इतिहासकारों ने उनके चित्रकार रूप को आसानी से स्वीकार नहीं किया।

लेखन और संगीत को रवींद्रनाथ ने अधिक समय दिया और चित्रकला को बुढ़ापे में अपनाया इसलिए उन्हें चित्रकार के रूप में प्रतिष्ठा देर से मिली। आज स्थिति यह है कि वह बंगाल के किसी भी कलाकार की तुलना में अधिक महत्वपूर्ण और प्रासंगिक हो गए हैं।

जाहिर है कि रवींद्रनाथ अपनी लिखावट, उसकी काट-छांट, उसके अपमार्जन में भी एक कलाकार थे। इसके अनेक प्रमाण मिलते हैं। दुनिया के अनेक लेखक अपने लिखे हुए के साथ 'डूडल्स' (टेढ़े-मेढ़े अक्षर, आकृतियां आदि) बनाते रहे हैं। काफ्का के बनाए रेखांकन तो उनकी कहानियों, उपन्यासों, डायरी आदि के माहौल को एक महत्वपूर्ण संदर्भ प्रदान करते हैं।

लेकिन रवींद्रनाथ ने 1928 के बाद अपनी रचनात्मकता में एक ऐसी छलांग लगाई जिसका विश्लेषण आसान नहीं है। यह एक चमत्कार की तरह भी है। पश्चिम का कोई मनोविश्लेषक चाहे तो इसी बात की छानबीन करके एक पूरी किताब तैयार कर सकता है।

रवींद्रनाथ के चेहरे (खासतौर पर स्त्रियों के चेहरे), लैंडस्केप या 'इलस्ट्रेशन' प्रेक्षक को लंबे समय तक 'हांट' करते रहते हैं। आज का चित्रकार अवनींद्रनाथ या यामिनी राय से भले कोई संवाद न महसूस करे (उनकी कला को महत्वपूर्ण मानने के बावजूद) लेकिन रवींद्रनाथ उसे अपने समकालीन नजर आएंगे।

सरोज पाल गोगी के रचे चेहरे को देखिए या परमजीत सिंह के लैंडस्कैप को देखिए—रवींद्रनाथ का चित्रकार के रूप में महत्व स्पष्ट हो जाता है। आज के ये महत्वपूर्ण चित्रकार हैं जो रवींद्रनाथ से सच्चे अर्थों में रचनात्मक ऊर्जा हासिल करते हैं।

बरसों पहले 'चार चित्रकार' पुस्तक में अशोक मित्र ने लिखा था कि ऐसे भी लोग हैं "जो यह शिकायत करते हैं कि रवींद्रनाथ एक माचिस की डिब्बी का चित्र नहीं बना सकते थे और ये आलोचक वास्तव में वे ही लोग हैं जिन्होंने अपना सारा जीवन माचिस की डिब्बी के चित्र बनाने के प्रयास में नष्ट किया और असफल रहे।"

अशोक मित्र ने ठीक ही लिखा था कि रवींद्रनाथ ने भारत की चित्रकला को शीशे की आलमारी के बंद माहौल से निकालकर रोजमर्रा के जीवन की बांहों में पहुंचाया। यह कम दिलचस्प नहीं है कि शुरू में रवींद्रनाथ के चेहरों को बदसूरत और चिड़ियों, फूलों और लैंडस्केप आदि को दूसरी दुनिया का माना गया।

आज ये चेहरे सुंदर, गहरे और मार्मिक नजर आते हैं। (कलाकार का एक काम आखिर किसी भी चेहरे की सुंदरता को अपने ढंग से पहचानना होता है।) उनके लैंडस्केप बंगाल को अद्भुत रूप में उभारते हैं। दूसरी दुनिया के फूल, पेड़, चिड़िया आज के प्रेक्षक को कहीं अधिक करीब नजर आते हैं। रवींद्रनाथ के चित्रों की तुलना पाउल क्ले सरीखे 'मास्टर' आधुनिक कलाकारों से की जाती है।

1926 में ढाका में दिए एक भाषण में रवींद्रनाथ ने कहा था कि भारतीय कला की जब हम बात करते हैं तो जाहिर है कि भारतीय परंपरा और मिजाज की सच्चाई को भी स्वीकार करते हैं। लेकिन मानव संस्कृतियों में कोई संपूर्ण और परिशुद्ध जाति प्रथा काम नहीं करती। उनमें दूसरी संस्कृतियों से जुड़ने, उनके नए रूप रचने की ताकत होती है। युगों से इस तरह के सार्थक संबंध सामने आते रहे हैं। भारतीय कला में फारसी तत्वों को स्वीकार किया गया। चीन और जापान में उदारता से भारतीय प्रभाव को स्वीकार किया गया। सभ्यताओं के लिए यह सौभाग्य की बात है कि यह सब जब हुआ तब न तो पेशेवर कला आलोचक थे और न ही कलाकारों पर इस तरह के दबाव थे कि वे दूसरी संस्कृतियों से न जुड़ें।

रवींद्रनाथ ने जब ये बातें कहीं तो उस माहौल में इन बातों का विशेष अर्थ था, आज भी है। लेकिन यह भी गौर करने की बात है कि 1926 में यह भाषण दिया और 1928 से रवींद्रनाथ ने नियमित चित्र रचना की।

बंगाल की संस्कृति के केंद्र में थे—रवींद्रनाथ। बाद में सत्यजित राय हैं जो इस संस्कृति के एक शलाका पुरुष थे। राय भी रवींद्रनाथ से प्रभावित थे। वह भी अनेक आयामों में अभिव्यक्ति की छटपटाहट महसूस करते थे। एंड्रयू राबिंसन की चित्रकार रवींद्रनाथ पर जो बड़ी पुस्तक 1989 में प्रकाशित हुई उसकी भूमिका में सत्यजित राय ने लिखा है कि चित्रकार के रूप में रवींद्रनाथ अद्वितीय थे। किसी भी भारतीय या विदेशी चित्रकार ने उन्हें प्रभावित नहीं किया। इस काम ने किसी परंपरा से जन्म नहीं लिया। यह पूरी तरह से मौलिक है।

जैसा कि रवींद्रनाथ के उद्धृत भाषण से लगता है—चित्रकारों से नहीं, दरअसल रवींद्रनाथ ने संस्कृतियों से प्रेरणा प्राप्त की। वृद्धावस्था में जहां उनकी रचनात्मकता का विस्फोट चौंकाता है वहीं वह आश्वस्त भी करता है—रचना धर्म के प्रति। उसके जादू और उसकी ताकत के प्रति।

(1993)

विनोद बिहारी मुखर्जी

वर्ष 2004 विनोद बिहारी मुखर्जी का जन्म शताब्दी वर्ष है। के.जी. सुब्रमण्यन् ने नंदलाल बोस, विनोद बिहारी मुखर्जी और राम किंकर बैज को शांति निकेतन की त्रिमूर्ति कहा है। प्रोग्रेसिव आर्टिस्ट्ट ग्रुप और आधुनिकतावादी जमाने में बंगाल स्कूल को सेंटीमेंटल और चूका हुआ घोषित कर दिया गया था। नए और विद्रोही कलाकार बंगाल स्कूल के 'मास्टर' कलाकारों का भी मूल काम देखे बिना उन्हें अप्रासंगिक मान रहे थे। लेकिन महत्वपूर्ण बात यह है कि विनोद बिहारी मुखर्जी और राम किंकर उस जमाने में भी आधुनिक संवेदना के कलाकार थे। वे बंगाल स्कूल के थे भी और नहीं भी थे। बंगाल स्कूल में वे लगभग 'आउट साइडर' थे।

यह बात भी गौर करने की है कि विनोद बिहारी मुखर्जी ने अपने जीवन के आखिरी लगभग 25 साल अंधेपन में बिताए, पर उन्होंने हार नहीं मानी। उनके पास एक भीतरी आंख थी। सत्यजित राय ने जब फिल्म प्रभाग के लिए विनोद बिहारी मुखर्जी पर 1972 में अपनी प्रसिद्ध डॉक्यूमेंट्री फिल्म 'द इनर आई' बनाई थी तो कलाकार की इसी दृष्टि को रेखांकित किया था। सत्यजित राय स्वयं शांति निकेतन के छात्र रह चुके थे। 'द इनर आई' को सत्यजित राय की 'लघु मास्टरपीस' कहा जाता है। शांति निकेतन में उनके लिए विनोद बाबू प्रेरणा स्रोत थे। वह उन्हें भारत का सर्वश्रेष्ठ जीवित चित्रकार मानते थे। 'इस कलाकार में किसी भी तरह का भड़कीलापन नहीं था' और राय इस बात को बहुत बड़ा गुण मानते थे। राय की फिल्म देखकर ही श्रीमती इंदिरा गांधी ने विनोद बाबू को प्रोफेसर एमेराइटस बनवाया था।

विनोद बाबू की आंखों की रोशनी जन्म से ही खराब थी। 1957 में मोतियाबिंद के एक असफल ऑप्रेशन के बाद वह पूरी तरह से अंधे हो गए। लेकिन कलाकार ने अंधत्व से एक अलग तरह की 'विनम्र' लड़ाई लड़ी। नतीजा यह हुआ कि वह अपने काम को एक नई दिशा दे सके।

सुपरिचित हिंदी लेखक मन्मथनाथ गुप्त ने विनोद बाबू के निधन पर बहुत महत्वपूर्ण टिप्पणी की थी, "जब नोबेल पुरस्कार विजेता आंद्रे जीद मरे तो पेरिस के एक प्रमुख पत्र ने लिखा था—एक लाश मर गई क्योंकि उन्होंने बीस साल से कुछ नहीं लिखा था। कलागुरु विनोद बिहारी मुखर्जी की सबसे बड़ी विशेषता यह थी कि यद्यपि वह लगभग तीन दशक पहले अंधे हो गए, पर उनकी इस पंगु बना देने वाली असमर्थता के बावजूद वह कभी लाश नहीं बने।"

विनोद बिहारी मुखर्जी का जन्म बेहाला, बंगाल में 7 फरवरी, 1904 को हुआ था। शांति निकेतन में नंदलाल बोस इस मेधावी छात्र के अध्यापक थे। 1919 मे विनोद बाबू ने शांति निकेतन के कला भवन में दाखिला लिया था। 1925 में वह कला भवन में अध्यापक हो गए थे। 1937-38 में जापान यात्रा ने उनकी कला दृष्टि पर निर्णायक असर डाला था। चालीस के दशक में वह शांति निकेतन छोड़कर नेपाल चले गए थे। दिनकर कौशिक के अनुसार, "विनोद का शांति निकेतन त्याग नंदलाल बोस लिए एक सदमा और गंभीर अनुताप का विषय था।"

दरअसल शुरू में विनोद बिहारी शांति निकेतन के पाठ भवन (पाठशाला अनुभाग) में आए थे। बाद में वह कला में प्रशिक्षण लेने लगे। एक मोटा लैंस पहनकर वह अपना काम करते थे। शुरू में नंदलाल ने उनकी कमजोर आंखों और खराब स्वास्थ्य को ध्यान में रखकर उन्हें कला की दुनिया में आने के लिए बहुत प्रोत्साहित नहीं किया। उन्होंने रवींद्रनाथ ठाकुर को इस छात्र की समस्याएं बताईं—उसकी एक आंख लगभग नष्ट हो चुकी है, वह कागज को मुश्किल से छह इंज की दूरी पर रखता है। रवींद्रनाथ ने पूछा कि वह किस काम को अपना अधिक समय देता

है। नंदलाल बोस ने जब बताया–'चित्रकारी', तो गुरुदेव ने कहा–बस उसे कुछ और करने भी नहीं दो।

बाद मे विनोद बिहारी नंदलाल बोस (जो 'मास्टर मोशाय' के नाम से मशहूर थे) के प्रिय छात्र बन गए। विनोद बिहारी की कला के विकास में मास्टर मोशाय का बहुत बड़ा हाथ था। कांग्रेस अधिवेशन के लिए बनाए गए हरिपुरा पोस्टर नंदलाल बोस की अत्यंत महत्वपूर्ण चित्र श्रृंखला है जिसमें आम जिंदगी से जुड़े लोगों के कल्पनाशील पोर्ट्रेट हैं। इस कार्य में विनोद बिहारी मास्टर मोशाय के प्रमुख सहयोगी थे। लेकिन विनोद बिहारी को पौराणिक विषयों पर चित्र बनाना पसंद नहीं था। उल्लेखनीय है कि बंगाल स्कूल के कलाकारों को उन दिनों ये विषय बहुत प्रिय थे।

1949-51 में विनोद बिहारी नेपाल सरकार के संग्रहालय अधीक्षक और शिक्षा विभाग में सलाहकार रहे। फिर 1951-52 में वनस्थली, राजस्थान में अध्यापक हो गए। 1952-54 में उन्होंने मसूरी में घर पर रहकर अध्यापन किया। 1954-56 में उन्होंने पटना ललित कला महाविद्यालय के पुनरुद्धार की भी कोशिश की। पर जहाज का पंछी वापस उड़कर जहाज की ओर ही आ गया। अंधेपन के बाद विनोद बिहारी शांति निकेतन वापस आ गए। स्टेला क्रैमरिश की मदद से कला के इतिहास की उन्हें अच्छी जानकारी हो गई थी। उन्होंने छात्रों को कला इतिहास पढ़ाना शुरू कर दिया। विनोद बिहारी प्रतिभाशाली लेखक भी थे। उनकी आत्मकथा 'चित्रकर' (1979) एक महत्वपूर्ण कृति मानी जाती है।

राय ने अपनी डाक्यूमेंट्री की कमेंट्री में कहा है–'अंधापन बहुत जटिल है।' विनोद बिहारी ने राय से कहा था कि बहुत-सी चीजों को वह पहले नहीं जान पाए थे। अंधत्व के बाद स्पेस को लेकर एक नई जागरूकता पैदा हुई। जब तक किसी चीज को वह छू नहीं लेते थे तब तक उसका कोई अस्तित्व नहीं रहता था। जब आप कुर्सी देखते हैं तो आपको पता चल जाता है कि उसका अस्तित्व है। पर अंधत्व के बाद बैठकर ही उसके होने का पता चलता है। छूकर ही पता चलता है कि उसकी बाहें है या नहीं। हाथ में कोई अप्रत्याशित चीज आ जाती है तो वह हैरान कर देती है। किसी चीज का होना भूल जाए, तो उसे छूकर 'शॉक' महसूस होता है।

के.जी. सुब्रमण्यन् का कहना है कि विनोद बिहारी की 'दृष्टि' में आत्म दया बिल्कुल नहीं थी। उन्होंने अंधेपन को उसी आसानी से लिया जैसे वह एक कमरे से दूसरे कमरे में जाने का रास्ता है।

साठ के दशक के प्रारम्भ में बनाए गए विनोद बिहारी के पेपर कोलाज अपने रंगों-रूपाकारों के कारण प्रेक्षक को हैरान, परेशान कर सकते हैं कि कैसे अपने अंधेपन से जूझ रहे कलाकार ने इस दुनिया की रचना की होगी।

टेंपरा और भित्तिचित्र (म्यूरल) विनोद बिहारी के प्रिय माध्यम थे। हिंदी भवन (शांति निकेतन) का उनका प्रसिद्ध म्यूरल हिंदी के संत कवियों से प्रेरित है। तीन दीवारों पर बने इस म्यूरल में यूरोपीय रेनेसां से शुरू होकर, भारत, चीन, जापान आदि की कला परंपरा के गुणों का अद्‌भुत मेल है। विनोद बाबू प्रकृति के अद्वितीय कलाकार थे। उनकी बनाई साधारण जीवन की छवियां भी बंगाल स्कूल के अन्य कलाकारों से मेल नहीं खाती थीं। 1932 में उनके एक प्रसिद्ध चित्र में पेड़ों के एक प्रेमी पुरुष का चित्र है। एक पेड़, कुछ फूल पत्तियां और कंधे पर शॉल लिए एक आदमी खड़ा है। पर विनोद बिहारी रोमांटिक कम थे, यथार्थवादी ज्यादा। वह सेंटीमेंटल नहीं थे। के.जी. सुब्रमण्यन् की यह टिप्पणी सही है कि अन्य भारतीय कलाकारों की तरह विनोद बिहारी पूर्व और पश्चिम के परस्पर विरोधी आकर्षण के बीच नहीं फंसे हुए थे। वह दुविधा या असंमजस के शिकार नहीं थे।

विनोद बिहारी की इकलौती बेटी मृणालिनी मुखर्जी समकालीन भारतीय कला में मूर्तिशिल्प की दुनिया में उल्लेखनीय काम कर रही हैं। उनकी पत्नी लीला मुखर्जी भी एक अच्छी कलाकार थीं जिनका निधन नवंबर, 2003 में दिल्ली में हुआ था। शताब्दी वर्ष में 'चित्रकर' का अच्छा हिंदी अनुवाद आना चाहिए।

(2004)

राम किंकर बैज

राम किंकर बैज (1906-80) आधुनिक भारतीय कला के एक अद्भुत विद्रोही कलाकार हैं। किंकर दा के छात्र और बहुचर्चित समकालीन कलाकर के.जी. सुब्रमण्यन् ने अपने गुरु को 'खेपा बाउल' (मैड मिस्टिक) कहा है। आज अधिकांश महत्वपूर्ण भारतीय मूर्तिशिल्पी राम किंकर से आधुनिक भारतीय मूर्तिशिल्प की वास्तविक शुरुआत मानते हैं। नागजी पटेल, सुब्रमण्यन्, ए. रामचंद्रन—सभी राम किंकर की कला और व्यक्तित्व से गहरे स्तर पर प्रभावित रहे हैं। राम किंकर उम्र में देवीप्रसाद रायचौधुरी (1899-1975) से थोड़े ही छोटे थे। ये दोनों मूर्तिशिल्पी शुरू में मशहूर फ्रांसीसी मूर्तिशिल्पी रोदैं की कला से प्रभावित थे। लेकिन कला और जीवन शैली, दोनों ही स्तरों पर इन कलाकारों में जमीन-आसमान का फर्क था। देवीप्रसाद रायचौधुरी महात्रे, फड़के, वेंकटप्पा, करमाकर, फणि बोस सरीखे अपने समय के जाने-माने मूर्तिशिल्पियों की परंपरा में ही गिने जा सकते हैं। अकादमिक और परंपरागत मूर्तिशिल्प से वह थोड़ा ही ऊपर आ पाए जबकि राम किंकर ने बीसवीं शताब्दी के तीस के दशक में शांति निकेतन की कला के व्याकरण को लगभग तोड़ते हुए आधुनिक भारतीय मूर्तिशिल्प की दुनिया ही बदल दी। देवीप्रसाद मुख्यतः एक अकादमिक कलाकार होने के अलावा पहलवान और शिकारी भी थे। वह अपने स्टूडियो को मंदिर की तरह देखते थे। राम किंकर कला के मजदूर थे—आदिवासी। वह धूप में पसीना बहाकर अपने मूर्तिशिल्प बनाते थे। जेठ की तपती दोपहर की तेज रोशनी में वह सीमेंट, कंक्रीट आदि में अपने बड़े-बड़े सपने देखते थे।

यह अलग बात है कि आजादी के बाद भारतीय मूर्तिशिल्प को राम किंकर की धारा से जुड़ने में समय लगा। अनेक मूर्तिशिल्पी प्रेरणा के लिए हेनरी मूर और ब्रांकुसी की ओर देखने लगे थे। 'मैड मिस्टिक' की कला के मर्म को देर से समझा गया। लेकिन शांति निकेतन से प्रशिक्षित अधिकांश आधुनिक कलाकार राम किंकर की कला और व्यक्तित्व के प्रभाव और सम्मोहन से बच नहीं सकते थे। यह 'सनकी' कलाकार आधुनिक फ्लैट में आकर रहने के लिए तैयार नहीं था। उसे झोंपड़ी ही पसंद थी जहां वह एक आदिवासी की मस्ती में गा सकता था, चित्र और मूर्तिशिल्प आदि बना सकता था। 1938 में राम किंकर ने 'संथाल परिवार' नाम के अपने बहुचर्चित मूर्तिशिल्प से आधुनिक भारतीय मूर्तिशिल्प को नई दिशा, नई गति दी थी। यह परिवार अपने कुत्ते के साथ जिस तरह से आगे बढ़ रहा है वैसी कल्पना पहले नहीं की गई थी। इस परिवार में गहरा आत्मविश्वास और लगभग जादुई गति है। राम किंकर नीरस लोगों को अपनी कला में कोई जगह नहीं देते थे। पसीना बहाने वाले लोग ही उन्हें प्रिय थे। पोर्ट्रेट कला में भी उनकी दक्षता अद्भुत थी। रवींद्रनाथ ठाकुर, अवनींद्रनाथ ठाकुर से लेकर साधारण व्यक्तियों के उन्होंने स्मरणीय पोर्ट्रेट बनाए हैं। स्वयं राम किंकर का विद्रोही व 'मैड मिस्टिक' व्यक्तित्व कलाकारों को उनके पोर्ट्रेट बनाने के लिए बराबर प्रेरित करता था। शर्बरी राय, बलबीर सिंह कट्ट, लतिका कट्ट, ए. रामचंद्रन आदि के बनाए किंकर दा के मूर्तिशिल्प (पोर्ट्रेट) और रेखांकन समकालीन कला की मूल्यवान धरोहर हैं।

आमतौर पर यामिनी राम को समकालीन भारतीय कला में एक महत्वपूर्ण कलाकार माना जाता है। लोककला की उन्होंने एक नई चित्रभाषा दी थी। लेकिन राम किंकर के भीतर का 'मैड मिस्टिक' यामिनी राय की कला की 'सफलता' को एक दूसरे ही नजरिए से देखता था। राम किंकर से इंटरव्यू लेना आसान काम नहीं होता था। उनका स्वभाव ही कुछ ऐसा था—क्रमबद्ध बातचीत वह नहीं करते थे। मृत्यु से कुछ ही साल पहले दिए एक इंटरव्यू में राम किंकर ने जवाहर गोयल के एक प्रश्न के उत्तर में यामिनी राय के बारे में दिलचस्प टिप्पणी की है, "यामिनी राय ने लोककला में कहानियां बनाईं...बहुत बनाईं...कलकत्ते में दोतल्ला इमारतें बनाईं...पैसा कमाया खूब। सजावट

के लिए अच्छी लगती हैं। अंग्रेजों ने सजावट के लिए खरीदीं।''

राम किंकर की इस टिप्पणी से यामिनी राय की कला का महत्व कम नहीं हो जाता है। लेकिन इस टिप्पणी में एक तीखी, बल्कि कड़वी सच्चाई छिपी हुई हैं। राम किंकर सजावटी कला के विरुद्ध थे और वह कला बाजार की कोई परवाह नहीं करते थे। उनके बारे में मशहूर है कि वह अपनी सनक में किसी पेंट किए हुए कैनवास पर ही दुबारा पेंट कर सकते थे। तेज बारिश के हमले को रोकने के लिए वह अपनी झोंपड़ी में किसी पेंटिंग का ही इस्तेमाल कर सकते थे। कला नष्ट हो रही हो तो हो। उनका स्टूडियो मंदिर नहीं था।

चित्रकार के रूप में भी राम किंकर का महत्व कम नहीं है। वह बंगाल स्कूल की 'सेंटीमेंटल' दुनिया से बहुत अलग थे। घनवाद, अभिव्यंजनावाद सरीखी पश्चिमी आधुनिक चित्र शैलियों से भी उनका अपने ढंग का एक संवाद था। तैलरंगों, जलरंगों, प्रिंट, रेखांकन आदि सभी माध्यमों में उन्होंने खूब काम किया है। राष्ट्रीय आधुनिक कला संग्रहालय के पास राम किंकर के कई महत्वपूर्ण चित्र हैं। राम किंकर इस बात की भी परवाह नहीं करते थे कि महंगी रचना सामग्री उन्हें उपलब्ध है या नहीं। अपनी अभिव्यक्ति के उन्माद में वह हर तरह की रचना सामग्री को कला में बदल देते थे।

नई दिल्ली के संसद मार्ग पर स्थिति रिजर्व बैंक ऑफ इंडिया की ऊंची बिल्डिंग के मुख्य द्वार के आसपास राम किंकर के विशाल यक्ष और यक्षिणी खड़े हैं। 24 फुट ऊंचाई के ये मूर्तिशिल्प राम किंकर की कल्पनाशक्ति का छोटा-सा प्रमाण हैं। पर शांति निकेतन के खुले वातावरण में संथाल परिवार, सुजाता सरीखे मूर्तिशिल्प राम किंकर की कला के श्रेष्ठ रूप हैं।

राम किंकर ने रवींद्रनाथ के कुछ बहुत अच्छे पोर्ट्रेट बनाए हैं। रवींद्रनाथ जब मृत्यु शैया पर थे तो उनके पोर्ट्रेट पर काम करते हुए किंकर दा को उन्होंने पास बुलाकर कहा था—जो कुछ तुम देख रहे हो उसे छोड़ना नहीं। कैच इट वाई थ्रोट। जब तक वह चीज तुम्हारे कब्जे में पूरी तरह नहीं आएगी, उसे छोड़ना नहीं। और जब वह चीज पूरी कब्जे में आ जाए, तो वापस मुड़कर नहीं देखना। समरेश बसु ने इसी प्रसंग को आधार बनाकर राम किंकर के जीवन पर आधारित अपने उपन्यास को नाम दिया था—'देखी नाई फिरे' (नैवर लुक्ड बैक)।

(2004)

यामिनी राय

शची रानी गुर्टू ने यामिनी राय (1887-1972) पर अपने एक लेख में कलाकार द्वारा एक मित्र को कही गई बात उद्धृत की है, ''तस्वीर का पैसा जब कोई मुझे देने लगता है तो मैं समझता हूं कि यह मेरी सजा है, मेरे नसीब में कुछ गड़बड़ी है।'' आज कला जब एक घनघोर व्यापार में बदल चुकी है, तब यामिनी राय की यह टिप्पणी और भी अर्थपूर्ण और गहरी नजर आती है। इसी लेख में एक और महत्वपूर्ण बात उद्धृत है, ''जैसे बच्चा हो, उसे सब कोई गोदी में ले लेते हैं, ऐसी ही मेरी कला है। मैं तो लिखना-पढ़ना नहीं जानता। बच्चे मेरे गुरु हैं।''

दरअसल यामिनी राय की कला का जो यह गुण था वही बाद में प्रेक्षकों को दुर्गुण नजर आने लगा। बच्चे को सब कोई गोदी मे लेना चाहते हैं और उसका एक दिव्य आनंद हैं, पर जब कला भी ऐसी हो जाए तो उसका महत्व कम नजर आने लगता है। यामिनी राय की कला के बारे में एक भ्रम यह भी पैदा होता है कि वह एक चित्र के असंख्य रूप पैदा कर देते थे। कोई चित्र अद्वितीय या 'मौलिक' नजर नहीं आता था। धीरे-धीरे यामिनी राय की कला एक फैक्ट्री का उत्पादन नजर आने लगी (जिस तरह से आज फिल्मकार रामगोपाल वर्मा की एक फैक्ट्री है)। उनके अपने बच्चे भी इस फैक्ट्री की रचना-प्रक्रिया में शामिल हो जाते थे। आज बंगाल में यामिनी राय के चित्रों की नकल आसानी से और धड़ल्ले से हो रही है। इन सब बातों ने मिलकर आधुनिक भारतीय कला में यामिनी राय की अत्यंत महत्वपूर्ण और विद्रोही भूमिका को धूमिल कर दिया है। लोग भूल गए हैं कि एक जमाने में पश्चिम को सिर्फ यामिनी राय ही महत्वपूर्ण भारतीय कलाकार नजर आते थे।

यामिनी राय की कला में दुहराव या एकरसता के पक्ष में समय-समय पर कलाकारों ने अपने तर्क दिए हैं। मिसाल के लिए यह भी कहा गया है कि प्रत्येक चित्र की असंख्य अनुकृतियों में उनके वैष्णव विश्वास छिपे हुए हैं। मूल शब्द का बार-बार पाठ महत्वपूर्ण या जादुई शक्ति हासिल कर लेता है।

यामिनी राय की जन्म शताब्दी के अवसर पर राष्ट्रीय आधुनिक कला संग्रहालय ने एक बहुत बड़ी प्रदर्शनी आयोजित की थी। उस प्रदर्शनी के कैटलॉग को देखते हुए यह महसूस होता है कि यामिनी राय की कला में अद्भुत गुण हैं, जो उनकी कला की प्रचारित छवि में आज आसानी से दिखाई नहीं देती।

यामिनी राय का जन्म बांकुरा की लाल जमीन के उस इलाके में हुआ जहां कला-संस्कृति जीवन में रची-बसी हुई थी। वह एक छोटे जमींदार परिवार में पैदा हुए थे। पिता ने कलाकार पुत्र की प्रतिभा देखकर कोई बाधा खड़ी नहीं की। कोलकाता के गवर्नमेंट आर्ट कॉलेज में बाकायदा उनका प्रशिक्षण हुआ। वह पश्चिम की अकादमिक कला में माहिर थे। तैलचित्रों की उस शैली को भी वह खूब अच्छी तरह से जानते थे जो अवनींद्रनाथ ठाकुर के बंगाल स्कूल में नफरत से देखी जाती थी। पर उनकी नियति न अकादमिक होने की थी और न ओरिएंटल होने की। 34 साल की उम्र में अचानक उन्होंने निर्णय लिया कि वे अपने प्रदेश की लोक परंपरा से अपनी कला को जोड़ेंगे। और यह जुड़ना सतही नहीं साबित हुआ। कारण यह भी था कि बचपन में यामिनी राय ने लोक कलाकारों को खूब नजदीक से खिलौने, पटचित्र आदि बनाते देखा था। वह जानते थे कि ये कलाकार रंगों के अद्भुत संसार में डूबे रहते हैं। रंगों से वे कभी थकते नहीं हैं।

इस लोक कला की जमीन से यामिनी राय का सहज और स्वस्थ रिश्ता था। आगे चलकर कला के पश्चिमी प्रशिक्षण ने उन्हें आधुनिक कला की धाराओं और आंदोलनों से परिचित कराया। जाहिर है कि जब वे लोक कलाकारों

की दुनिया में वापिस आए तो उनका देखने का ढंग बच्चों जैसा सरल तो नहीं ही था। उन्होंने एक ऐसी चित्र भाषा को जन्म दिया जो आधुनिक भारतीय कला में अनोखी और लगभग अकेली साबित हुई।

कोई जरूरी नहीं है कि किसी कलाकार के संसार में जो नहीं है उसी को लेकर सवाल उठाए जाएं। जो है उसकी ताकत का विश्लेषण कम महत्वपूर्ण नहीं है। यह ठीक है कि कोई भी रचनाकार एक बेचैन और राजनीतिक उथल-पुथल वाले समय में आसपास की सच्चाई से कटा नहीं रह सकता है। पर यामिनी राय के संसार में बेचैन, संघर्ष, कड़वी सच्चाइयां नहीं हैं। वह अद्‌भुत रेखाओं, चमकदार रंगों, पौराणिक प्रसंगों (हिंदू और ईसाई दोनों) और मां-बच्चे की मार्मिक मुद्राओं के कलाकार हैं। सपाट रंगों के फ्रेम में वह किसी जटिल दुनिया से नहीं जूझ रहे होते थे। आकृतियां लोक खिलौनों की तरह फ्रेम में उभरकर आती हैं। चित्र के बीचोंबीच रखी आकृति एक मूर्तिशिल्पीय कला अनुभव में बदल जाती है।

दरअसल यामिनी राय के रेखांकन उनकी कला की बहुत बड़ी ताकत हैं। आधुनिक कला में सूजा, हेब्बार, गणेश पाइन आदि के रेखांकन में यही जादुई ताकत नजर आती है। शृंगार करती स्त्री हो या बैठी हुई या बच्चे को संभालती हुई या नृत्य मुद्रा में कोई गोपिनी हो—यामिनी राय की रेखाएं प्रेक्षक को सब तरह से बांध लेती हैं। पशुओं का संसार भी उनके यहां अत्यंत समृद्ध है। जाहिर है कि बंगाल के कलाकार के लिए बिल्ली एक केंद्रीय आकर्षण है। हाथी भी यामिनी राय को खूब आकर्षित करता था। घोड़े लोक खिलौनों की तरह सजे-धजे या उड़ रहे होते थे। एक छोटे से जलरंग चित्र में चूहों की भी जादुई उपस्थिति देखी जा सकती है।

चाहे पेंटिंग हो या रेखांकन—यामिनी राय ने मां-बच्चे के अनगिनत रूप चित्रित किए हैं। कुछ रेखांकनों में अलग तरह के और अत्याधुनिक संयोजन पहचाने जा सकते हैं। कालीघाट चित्रों की मोटी रेखाओं का भी उन्होंने बैठी हुई स्त्री की विभिन्न मुद्राओं में बड़ा सुंदर इस्तेमाल किया है।

बीसवीं शताब्दी के प्रारंभिक दशकों में भारतीय आधुनिक कला जब ओरिएंटल, अकादमिक और मॉर्डन के खानों में बंटी हुई थी, यामिनी राय एक दूसरी ही दुनिया में चले गए। अपनी सरलता में ही यह दुनिया जटिल थी।

(2005)

अमृता शेरगिल

आधुनिक भारतीय चित्रकारों के किसी सिलसिले के शुरू में हुसेन या उनके किसी समकालीन का नाम आना बहुत स्वाभाविक है। पर आज जब हम चित्रकला की बुनियादी समस्याओं के बारे में सोचते हैं तो लगता है कि स्वतंत्रता के पहले के कुछ चित्रकारों से इस सिलसिले को शुरू किया जाना चाहिए। कई नाम दिमाग में आते हैं। यहां हम अमृता शेरगिल की चर्चा कर रहे हैं, क्योंकि उनके जीवन और कला में अनेक ऐसी चीजें हैं जो इस शुरुआत को महत्वपूर्ण और प्रासंगिक बनाती हैं। अमृता शेरगिल के पिता भारतीय थे, पर उनकी मां हंगारी थीं। अमृता शेरगिल के बचपन का महत्वपूर्ण हिस्सा हंगारी परिवेश में बीता, पर आठ साल के बाद वह भारत में भी अच्छे-खासे समय तक रहीं। उनकी चित्रकला की शिक्षा बाकायदा एक अकादेमिक ढांचे में पेरिस के वातावरण में हुई। बाद में अल्पायु में मृत्यु हो जाने से पहले के कुछ वर्षों में उन्होंने अपने चित्रों की भारतीय नियति को भारत में रहकर ही पाया। इस तरह से अमृता शेरगिल पूर्व और पश्चिम की महत्वपूर्ण बहस को जांचने का एक बिन्दु-सा बन जाती हैं। अमृता शेरगिल की जड़ें पश्चिमी विश्व में थीं और अच्छे-खासे निर्णायक रूप में, पर उनकी अन्तिम नियति भारतीय थी। वह अपनी भारतीयता की झलक ही दिखा पाईं, पर यह झलक अनेक संदर्भों में महत्वपूर्ण है। अमृता शेरगिल की हंगारी जड़ें कम गहरी नहीं थीं, पर वह कभी भी हंगारी चित्रकला की किसी धारा का अंग नहीं बन सकतीं। यह अलग बात है कि उनके व्यक्तित्व और कल्पना-शक्ति में हंगारी और यूरोपीय अनुभव महत्वपूर्ण हैं। हंगारी कला जगत के लिए अमृता शेरगिल का कोई खास महत्व नहीं हो पाया है। (वहां उन पर बहुत थोड़ा काम हुआ है जिसकी अहमियत भारत-हंगारी संबंधों में कहीं खत्म हो जाती है।) पर भारतीय चित्रकला में वह एक उत्तेजना का केंद्र हैं। चार्ल्स फाबरी जैसे आलोचक (जो अमृता को बहुत शुरू से जानते थे) यह मानते थे कि भावनाओं में इतना बंधे होने के कारण उनके लिए यह संभव नहीं है कि वह शेरगिल की कला के सम्यक मूल्यांकन की बात सोचें। पर यह महत्वपूर्ण है कि बरसों के बाद अनेक महत्वपूर्ण भारतीय चित्रकार और समीक्षक शेरगिल की प्रासंगिकता का मूल्यांकन कर रहे हैं।

अमृता शेरगिल की दुनिया है भी बहुत उत्तेजक और भरी-पूरी। हंगारी सैरों और मौसम के बीच, और खिलौनों, पशु-पक्षियों के संसार से परिचय पाने वाली यह असाधारण रूप से प्रतिभाशाली लड़की आठेक वर्ष की उम्र में भारत की ओर रवाना होने से पहले लूव्र में मोनालीसा को खुद अपनी आंखों से देख चुकी होती है। शिमला में रहकर भी शेरगिल कई भाषाओं और परंपराओं के संबंध और उनकी टकराहट को महसूस कर सकीं। कविता, संगीत, चित्रकला, दर्शन आदि से गहरे लगाव को शेरगिल आसानी से अपनी पारिवारिक पृष्ठभूमि में पा सकीं। पर अधिक महत्वपूर्ण बात इस पृष्ठभूमि में अपनी दुनिया और जड़ों को खोज सकना था। अजंता या मिनियेचर कला से सतही संबंध बनाने की गुंजाइश उस समय के कला-वातावरण में काफी ज्यादा थी। बंगाल स्कूल और मुंबई के कला-वातावरण में भारतीय चित्रकार तब अपनी पहचान को एक बड़े औपनिवेशिक बोझ में कहीं दबा पाता था। आधुनिक चित्रकला के नाम पर पेरिस के जो बड़े नाम थे उनका वजन ही काफी था। अमृता शेरगिल इस पक्ष को लेकर काफी जागरूक थीं, यह बात उनके खतों से स्पष्ट है। अपनी भारतीय नियति को पाने का स्रोत कोई भी हो (शेरगिल के पेरिस के अध्यापक ने उन्हें सलाह दी थी कि तुम्हारे रंग और तुम्हारी दुनिया का मिजाज पेरिस के स्टूडियो के वातावरण में अपनी पहचान नहीं बना पाएगा), पर अमृता शेरगिल ने अपने चित्र-संसार में जो चेहरे और रंग और मूड खोजे वे भारतीय चित्रकार की परेशानी और उसका स्वप्न और इरादे थे।

अमृता शेरगिल का जन्म प्रथम विश्व-युद्ध से ठीक पहले 1913 में बुदापैश्त (हंगरी) में हुआ। अमृता के पिता सरदार उमराव शेरगिल साहित्य, दर्शन और कला के बहुत निकट संपर्क में थे। वह खुद कविता भी लिखते थे। विद्वान थे—संस्कृत, फारसी आदि भाषाओं के अच्छे जानकार। थोड़ी-बहुत हंगारी भाषा जानते थे। उमराव शेरगिल संपन्न घराने के थे। पैसे की कोई कमी नहीं थी, पर उनके रुचि-संस्कार आम पैसे वालों जैसे नहीं थे। उमराव शेरगिल, मारिया अंत्वानेत गोटेसमन के संपर्क में आए, जो हंगारी थीं। दोनों का प्रेम-विवाह हुआ। युद्ध के समय वे बुदापैश्त में ही रहे। बड़ी बेटी अमृता और छोटी बेटी इंदिरा—दोनों हा जन्म बुदापैश्त में हुआ। युद्ध के दौरान उमराव शेरगिल के परिवार को भारत से पैसा मंगाने में दिक्कतें सामने आती रहीं। वे दिन थोड़े मुश्किल किस्म के दिन थे। पर उमराव शेरगिल का परिवार पढ़ने, लिखने और संस्कृति की दुनिया से बराबर अपने-आपको जोड़े रहा। शाकाहारी विद्वान उमराव शेरगिल के संपर्क में तमाम भारतविद् आते रहते थे। ब्रितानी साम्राज्य के विरोध की मानसिकता में गांधी, भगवद्गीता, अमीर खुसरो से शुरू होकर हंगरी और यूरोप की सांस्कृतिक-आध्यात्मिक परंपरा उनकी बहसों और बातचीत का विषय होता था। खुद अमृता शेरगिल के अनुसार उनके पिता हालांकि संकोची और अल्पभाषी थे पर दर्शन, तुलनात्मक धर्म और समाज की मुक्ति के कार्यों से उनका गंभीर संबंध था।

मारिया अंत्वानेत का स्वभाव और संस्कार संस्कृति में रचा-बसा था। वह अपनी बच्चियों की शिक्षा-दीक्षा को लेकर बहुत सावधान थीं और उनकी पूरी कोशिश थी कि उन्हें संगीत, चित्रकला आदि में आगे बढ़ने का समुचित अवसर मिले। जाहिर है कि इस पारिवारिक पृष्ठभूमि में अमृता शेरगिल की भीतरी प्रतिभा को कम समय में ही आगे बढ़ने का पूरा मौका मिला। अमृता शेरगिल ने बहुत छोटी उम्र में ही अपने संपर्क में आए लोगों को अपनी असाधारण प्रतिभा से चमत्कृत करना शुरू कर दिया। अमृता की कल्पना-शक्ति के प्रारंभिक विकास में कथा-साहित्य के जिस अद्भुत खजाने का योगदान था उसमें हंगारी और यूरोपीय परंपरा ही नहीं थी, पंचतंत्र और महाभारत भी शामिल थे। इस तरह से मां और पिता से अमृता शेरगिल को पूर्व और पश्चिम की जो मिली-जुली परंपरा मिली उसने शुरू से ही सद्भाव और मेल का वातावरण बनाया। इस मेल में जितने भी अंतर्विरोध रहे हों, पर अमृता ने बहुत शुरू से ही पश्चिमी वातावरण की 'शारीरिक उपस्थिति' को महसूस किया और पारिवारिक संस्कारों ने इस संबंध को उसके अन्य स्रोतों से भी जोड़ा।

दूनहरस्ती (हंगरी) के ग्रामीण परिवेश में वनस्पति और पशु-पक्षियों के जिस संसार से अमृता की संवेदनशील मानसिकता का गहरा परिचय हुआ उसकी नियति कहीं और ही थी। इस मानसिकता को बाद में अपनी कला में किसी और ही दुनिया की स्त्रियों, स्थितियों और परिवेश का चित्रण करना था।

अमृता शेरगिल के साहित्यिक संस्कार भी बहुत सुदृढ़ थे। महान हंगारी कवि एंद्रे अदी (1877-1919) की कविता से अमृता शेरगिल ने बहुत कुछ सीखा। भारतीय पाठक शायद अदी की कविता से बहुत ज्यादा परिचित न हों। हंगरी में इस कवि का उल्लेखनीय स्थान था। स्वयं अमृता ने अदी को अपनी बाइबिल बताया है। इसके सतही कारण भी हो सकते हैं, चूंकि अमृता शेरगिल का बचपन जिस हंगरी में बीता उसके साहित्यिक-सांस्कृतिक माहौल में अदी की आधुनिकता की बहुत धाक थी। बल्कि कहा यह जाता है कि प्रथम विश्व युद्ध की प्राथमिकताओं ने अदी की बढ़ती हुई लोकप्रियता को काफी नुकसान पहुंचाया था। हंगरी, यूरोप के सांस्कृतिक नक्शे में एक पिछड़ी हुई जगह थी और लोग पेरिस की तरह मुंह किए रहते थे। खुद अदी ने भी पेरिस की राह पकड़ी थी, पर उनकी विशेषता यही थी कि हंगरी की परंपरा को उन्होंने अपनी कविता में पश्चिम के आधुनिकतावादी मुहावरे को रचनात्मक सफलता के साथ ढाला। उस मुहावरे की धौंस को नहीं स्वीकार किया। अदी की कविता की दुनिया में प्रेम, पैसे, युद्ध-विरोध, अपने देश के साथ प्यार और मृत्यु के आतंक का केंद्रीय स्थान है। अपनी जीवनशैली और अपनी बीमारी से अदी मृत्यु को अपने काफी निकट पाते थे। 1919 में अदी की जब मृत्यु हुई तो हंगरी में उनकी बहुत प्रतिष्ठा थी। वह एक नायक की मौत मरे। कोई आश्चर्य नहीं कि अमृता शेरगिल पर अदी का काफी गहरा प्रभाव पड़ा।

अमृता शेरगिल के साहित्यिक संस्कारों में प्रूस्त, दोस्तोयवस्की, ठोमस मन्न जैसे आधुनिक अधिनायकों का भी महत्वपूर्ण स्थान है। लेकिन चित्रकला के अध्येताओं के लिए यह बात महत्वपूर्ण है कि अमृता शेरगिल 1929-34

के जिस पेरिस में रही थीं उसमें सभी प्रमुख आधुनिक कला आंदोलन अपनी पहचान बना चुके थे। इसके बावजूद अमृता जिस कला से अपने-आपको जोड़ सकीं, वह उस माहौल में पुरानी थी। गोगां से लेकर मोदग्लियानी तक अमृता शेरगिल की कला के महत्वपूर्ण स्रोत तब तक काफी स्थापित थे।

अमृता शेरगिल के प्रारंभिक विकास में दो-तीन बातों का उल्लेख जरूरी है। बचपन में अमृता को यह भी महसूस होता था कि मेरी छोटी बहन इंदिरा सबको ज्यादा प्यारी है। भेंगापन भी इसका कारण था, हालांकि बाद में ऑपरेशन से उन्होंने इससे मुक्ति पा ली। पर मानसिकता पर इसका दबाव तो रहा ही होगा। दूसरे, अमृता की मां मारिया अंत्वानेत अपनी बच्चियों की शिक्षा-दीक्षा को लेकर बहुत सजग थीं, पर उनका अपना व्यक्तित्व भी काफी जटिल था। विषाद और आत्महत्या का अंधेरा भी मारिया को घेरे रहता था। 1923 में एक युवा इतालवी मूर्तिशिल्पी के प्रेम में पड़कर मारिया इटली भी पहुंच गई थीं। (पति के ईर्ष्यालु स्वभाव को ध्यान में रखकर)। फ्लोरेंस में अमृता की पढ़ाई की पृष्ठभूमि यही थी। हालांकि बाद में अपने प्रेम में कोई सफलता न पाकर मारिया वापस लौट आईं।

एक अन्य महत्वपूर्ण बात यह थी कि अमृता शेरगिल स्वभाव से नास्तिक थीं। शिमला में एक कान्वेंट में दाखिला लेने के बाद अमृता की एक चिट्ठी अध्यापिकाओं के हाथ में लग गई थी जिसमें गिरजे जाने का विरोध किया गया था। 1921 के बाद काफी लंबे समय तक भारत में रहने के बावजूद अमृता शेरगिल के चित्रों में यूरोपीय असर ही प्रमुख था। वैसे यह बहुत आश्चर्य की बात नहीं है, क्योंकि अमृता के प्रारंभिक आठ वर्ष उसी माहौल में बीते थे।

1929-34 में अपने अध्ययन के दिनों में अमृता शेरगिल पेरिस की 'बोहेमियन' जिंदगी के निकट संपर्क में आईं। गर्मियों का वक्त हंगरी में बीतता था। पेरिस में अपने अकादेमिक अध्ययन के दौरान अमृता ने चित्र ही नहीं बनाए, बल्कि स्वर्ण पदक वगैरह भी जीते। उनके जीवन के अध्येता इस दौरान अमृता के विद्रोही स्वभाव की तार्किक परिणति नहीं खोज पाते। अमृता चित्रकार की एक औसत जिंदगी को जाहिर कर रही थीं। पर अमृता शेरगिल का जीवन काफी उन्मुक्त किस्म का था। इस जीवन से मारिया सहमत नहीं थीं और एक युवा भद्र भारतीय से अमृता के रिश्ते को भी उन्होंने बढ़ावा दिया। इस युवक के संपर्क से अमृता ने संक्रामक रोग भी पा लिया। यह रिश्ता भी टूट गया। इन सब बातों ने अमृता के जीवन को और भी उन्मुक्त बना दिया। पेरिस में अमृता ने पियानो सीखना भी शुरू किया (बीटोफेन उनके प्रिय संगीतकार थे), पर जल्दी ही उन्हें एहसास होने लगा कि कई घोड़ों पर सवार व्यक्ति की नियति क्या है। चित्रकला को ही उन्होंने अपनी दुनिया माना। धीरे-धीरे पेरिस में अमृता शेरगिल को यह भी एहसास होने लगा कि मुझे भारत जाकर अपनी अभिव्यक्ति को खोजना चाहिए। उमराव शेरगिल अमृता के भारत आने को लेकर बहुत उत्साहित नहीं थे, क्योंकि उन्हें यह आशंका थी कि मेरी बोहेमियन बेटी मेरे भारत के पारिवारिक माहौल में कैसे देखी जाएगी। उमराव शेरगिल ने अमृता को सलाह भी दी कि तुम दरअसल यूरोप की ही हो, भारत तुम्हारे लिए नहीं है।

पर अमृता शेरगिल दूसरी ही तरह से चीजों को देख रही थीं। 1934 के अंत में भारत वापस आने से पहले अमृता शेरगिल के मन में यह तर्क बैठ गया था कि यूरोप तो पिकासो, मातीस जैसे अनेक नामी चित्रकारों के लिए है जबकि भारत सिर्फ मेरा ही है। इस तर्क में यह पीड़ाजनक एहसास है कि यूरोप के भरे पड़े वातावरण में मैं शायद एक साधारण-सी चित्रकार रह जाऊं। दिलचस्प बात यह है कि बाद के अनेक भारतीय चित्रकार यूरोप में जाकर इस 'समझ' को स्वीकार करने के लिए तैयार नहीं हो पाए।

1934 में भारत वापस आकर अमृता शेरगिल कुछ समय अमृतसर रहने के बाद शिमला में अपने पेंट करने के काम को करती रहीं। वह दिन में पेंट करना पसंद करती थीं : कृत्रिम प्रकाश में काम करना उन्हें भाता नहीं था। शाम को वह सामाजिक जीवन की हलचल में व्यस्त रहती थीं, हालांकि इस जीवन का सतहीपन भी बहुत छिपा हुआ नहीं था। अमृता की जीवन-शैली के प्रशंसक आसानी से नहीं मिल सकते थे। अमृता ने इस दौर में पारिवारिक संबंधियों और मित्रों की शबीहें बनाईं।

भारतीय गरीबी को भी उन्होंने अपने चित्रों का विषय बनाया। पर इन चित्रों में ज्यादा गहराई नहीं थी, और

जो मानसिकता गरीबी की व्याख्या कर रही थी क्या वह सचमुच गरीबों की जिंदगी में कोई बुनियादी परिवर्तन देखने को तैयार थी? अमृता शेरगिल ने अपने वास्तविक कलात्मक लक्ष्य की चर्चा करते हुए कहा है कि मैं भारतीय जिंदगी—खासतौर से गरीब भारतीयों की जिंदगी की चित्रात्मक व्याख्या करना चाहती हूं। वह यहां तक कहती हैं कि अगर भारत में गरीब न होते तो मेरे लिए पेंट करने को क्या होता?

जाहिर है कि गरीब भारतीयों के जीवन और मनःस्थितियों को कैनवास पर उतारने के पीछे अजीब तरह के स्वार्थ काम कर रहे थे। यह अलग बात है कि अमृता शेरगिल अपनी प्रतिभा के बल पर एक ऐसी चित्रात्मक वास्तविकता को पहचान सकीं जो उनके वास्तविक लक्ष्यों से भी परे है।

अमृता शेरगिल एक साल में औसतन 12-15 कैनवासों पर काम पूरा कर लेती थीं। उनमें बहुत अधीरता थी और अपना काम अधूरा छोड़ देती थीं या कैनवास के सभी हिस्सों पर एक-सी एकाग्रता से काम नहीं कर पाती थीं। पर इस बात को लेकर अमृता स्वयं सजग भी थीं कि मेरे काम के कुछ हिस्से ही अच्छे होते हैं।

1935 में अमृता शेरगिल ने मुंबई होते हुए दक्षिण की यात्रा की जो उनके कला-जीवन के विकास में बहुत महत्वपूर्ण साबित हुई। मुंबई में उनकी भेंट युवा कला समीक्षक कार्ल खंडालावाला से हुई जो मिनियेचर कला के विशेषज्ञ थे। राजपूत और बसोहली के लघुचित्रों से अमृता का एक नया और गहरा संबंध बना। इस यात्रा ने अजंता, एलोरा तथा दक्षिण के जन-जीवन और कला से अमृता का आंख खोल देने वाला परिचय कराया। इस यात्रा के प्रभाव में ही अमृता शेरगिल ने शिमला वापस आकर दक्षिण भारतीय जीवन को अपने ढंग से कैनवास पर उतारा। 'दुलहिन का प्रसाधन', 'बाजार जाते हुए दक्षिण भारतीय ग्रामवासी' तथा 'ब्रह्मचारी' इसी दौर की उपलब्धियां हैं। अब अमृता शेरगिल भारतीय परंपरा में अपनी रचनात्मक पहचान खोज रही थीं।

जून 1938 में अमृता शेरगिल ने अपने माता-पिता की इच्छा न होते हुए भी अपने हंगारी रिश्ते के भाई (कजिन) डॉ. विक्टर एगान से विवाह कर लिया। अमृता अब 25 वर्ष की थीं और चाहती थीं कि कोई ऐसा व्यक्ति जीवन-साथी बने जो मुझे मेरे ही रूप में स्वीकार कर ले। डॉ. एगान में उन्हें यह बात संभव नजर आई। विवाह के बाद अमृता शेरगिल ने एक साल का वक्त हंगरी में बिताया। अधिकांश समय छोटी-छोटी जगहों में बीता। इन्हीं दिनों अमृता ने 'दो लड़कियां' चित्र भी पेंट किया।

द्वितीय विश्वयुद्ध के वातावरण में अमृता ने यूरोप में रहना ठीक नहीं समझा। श्रीलंका, महाबलीपुरम, मथुरा आदि होते हुए अमृता शेरगिल वापस शिमला आईं। इस बार उन्होंने गोरखपुर के पास सरैया नामक जगह पर मजीठिया परिवार की जागीर में अपना काफी समय बिताया। यहां पर घर और बाहर की स्त्रियों के निकट संपर्क में आकर अमृता को इन स्त्रियों की विशेष सामाजिक तथा मनोवैज्ञानिक समस्याओं की जानकारी मिली।

विवान सुंदरम के अनुसार अमृता शेरगिल का अपने विषयों में आकर्षण मूलतः सामंती ही था। सरैया की कलाकृतियों को देखकर, उस माहौल के चित्रण को देखकर प्रेक्षक यह सोच भी नहीं सकता है कि इस दृश्य के बहुत पास में चीनी मिल की चिमनियों का भी कोई अस्तित्व होगा। इस देश का कठोर यथार्थ दरवाजे के सामने था, पर उसमें उनकी कोई दिलचस्पी नहीं थी।

पर यह आरोप अमृता शेरगिल पर ही क्यों, बाद के अनेक महत्वपूर्ण चित्रकारों पर भी लगाया जा सकता है। इस आरोप का उत्तर भी दिया जा सकता है, क्योंकि कठोर यथार्थ तक पहुंचने के अपने-अपने तरीके हैं। अमृता शेरगिल के संदर्भ में विवान सुंदरम की बात का अलग महत्व इसलिए है कि भारतीय जिंदगी के चित्रात्मक रूप की सर्जनात्मक समस्या को इससे समझा जा सकता है। सितंबर 1941 में अमृता शेरगिल लाहौर आ गईं। उन दिनों लाहौर में थोड़ा-बहुत सक्रिय सांस्कृतिक जीवन था जिसमें अमृता हिस्सा भी लेती रहीं। यहीं पर उन्होंने अपने अधूरे चित्र (आंगन का ऊपर से एक दृश्य) पर भी काम शुरू किया, पर 5 सितंबर, 1941 को अचानक ही उनका निधन हो गया। वह अभी 29 वर्ष की भी नहीं थीं। दिसंबर में ही मरणोपरांत उनकी एक बड़ी प्रदर्शनी लाहौर में आयोजित हुई।

अमृता शेरगिल के जीवन और उनके चित्रों पर काफी कुछ और कई तरह से लिखा जा चुका है। इन

सभी बातों का आधुनिक भारतीय चित्रकला में विशेष महत्व है। अमृता शेरगिल के निधन के बाद उनकी कला को इतना प्रचार मिला और उनका इतना अधिक अनुकरण हुआ कि चित्रकार ए. रामचंद्रन की टिप्पणी है कि दुर्भाग्यवश उनके निधन के बाद भारतीय चित्रकारों ने उनकी कला के बेहतर रूपों की इतनी ज्यादा नकल करना शुरू कर दी कि उसका अंत वकील्स द्वारा छापे जाने वाले शुभकामना कार्डों में जाकर हुआ। जाहिर है कि इस स्थिति से रामचंद्रन ही नहीं, उनके बाद के चित्रकारों की भी अमृता शेरगिल में दिलचस्पी कम हो गई। सांस्कृतिक वातावरण की ऊब के ये स्वाभाविक दुष्परिणाम हैं, पर शेरगिल के चित्रों को बाद के सभी महत्वपूर्ण चित्रकार अपने-अपने ढंग से पहचानते रहे हैं।

(1978)

हुसेन की कलाकृति

हुसेन

आधुनिक भारतीय चित्रकारों में मकबूल फिदा हुसेन सबसे अधिक पहचाने जाते हैं। और यह कोई आश्चर्य की बात नहीं है। हुसेन को बहुत छोटी उम्र में 'ब्रेक' नहीं मिला था—1950 में 35 वर्ष की उम्र में जब उन्हें नाम-सम्मान मिलना शुरू हुआ तो उनके सामने जो दो रास्ते थे उन्हें हुसेन ने नहीं पकड़ा। न वे अपने साथी चित्रकारों—रजा और सूजा की तरह विदेश (यूरोप) गए और न ही उन्होंने पाकिस्तान का रास्ता पकड़ा। आज यह तीनों ही चित्रकार भारतीय कला के प्रमुख स्तंभ हैं और सौभाग्यवश आज भी सक्रिय हैं। सूजा और रजा की सर्जनात्मकता चुक नहीं गई है लेकिन भारतीय जिंदगी और 'ईथास' से अगर कोई कलाकार सबसे अधिक जुड़ा है तो वह निर्विवाद रूप से हुसेन हैं। सूजा अपने प्रारंभिक दौर में भारतीय जन-जीवन से कम नहीं जुड़े थे—एक ऊर्जा और भारतीय मिट्टी की गंध उनके उस दौर के चित्रों में मिलती है। लेकिन हुसेन के बारे में जब हम सोचते हैं, तो एक तो उनकी कला-दुनिया अधिक विस्तृत है और साथ ही उसमें आम भारतीय जीवन के सपने और संघर्ष हैं।

आज भी हुसेन के सबसे अधिक महत्वपूर्ण काम पचास के दशक के नजर आते हैं और हुसेन के दो-तीन चित्र ही उन्हें आधुनिक भारतीय कला में एक विशिष्ट स्थान दिला देते हैं। हुसेन ने 'लैंप और मकड़ी के बीच' चित्र की रचना 1958 में की थी। बीसवीं शताब्दी की भारतीय कला के इतिहास में ऐसा सादा और ताकतवर चित्र खोजना मुश्किल है। हुसेन की कला में लोग हमेशा से रहे हैं—उनका जमीन और आसमान और उनके अक्षर, प्रतीक चिह्न और रंग। सभी चीजें इस 1958 के चित्र में इतनी सहजता और सादगी से उभरती हैं जैसे कलाकार को कोई कोशिश ही नहीं करनी पड़ी।

लेकिन हुसेन ने भारतीय जिंदगी को उसकी विविधता, गरीबी और यथार्थ-अयथार्थ में कुछ इस तरह से एक लंबे समय तक देखा है कि अचानक जो मिल जाता है उसके पीछे भी बहुत कुछ होता है। यही वजह है कि सत्तर के दशक में आकर जब यह लगने लगा कि हुसेन अब अपने हाथी-घोड़े और चेहरे बनाते-बनाते शायद थक चुके हैं और उनमें जीवंतता नहीं रह गई है तो अचानक नवें दशक की शुरुआत में हुसेन अपना कैमरा और रंगीन फिल्में लेकर दक्षिण की सड़कों पर पहुंच गए। और इन सड़कों की फिल्मी संस्कृति से हुसेन जो चीजें लाये उनमें एक नया कोण और नई बात थी। हुसेन ने वहां की सड़कों पर लगे-चिपके विशाल फिल्मी पोस्टरों को जिस आंख से देखा वह रघु राय की आंख नहीं थी। हुसेन ने कैमरे से पेंट किया। चौथे-पांचवें दशक में एक पेंटर के रूप में चर्चा पाने से पहले हुसेन खुद भी फिल्मी पोस्टरों के अनाम रचयिता रह चुके थे। इसलिए हुसेन ने नवें दशक में एक तो स्थान का सही चुनाव किया—दक्षिण, जहां के शहरों में शेष भारत से थोड़ी अलग किस्म की फिल्म संस्कृति मिलती है। और फिर उन्होंने अपने ढंग के इन पोस्टरों के सहारे तरह-तरह की तीखी टिप्पणियां कीं। सचमुच के लोग—बूढ़े बच्चे इन पोस्टरों के विशाल चेहरों और जिस्मों के साथ संयोजित किए। हुसेन ने विकृति को पकड़ा और जिंदगी को भी पकड़ा, बल्कि जाना।

यानी आज भी हुसेन कुछ कर सकते हैं और कर रहे हैं। यह सही है कि पिछले तीस-बत्तीस वर्षों में हुसेन को अपनी कला के जो देशी-विदेशी संरक्षक मिले हैं उन्होंने नंगे पैर घूमने वाले इस कलाकार की छवि को बहुत बल दिया है। हुसेन ने 1950 में जिस मौलवीनुमा व्यक्ति के आत्मचित्र को रचा था उसे वे आज भी बना रहे हैं लेकिन अब उसमें वह बात नहीं है जो शुरू में थी। आज उस चेहरे की वापसी की उम्मीद भी नहीं की जा सकती, लेकिन 'जेट-सेट' कलाकार, जो एयर इंडिया द्वारा उपहार में दिए गए टिकट पर न्यूयॉर्क में पिकासो की पुनरावलोकन

प्रदर्शनी देखने के बाद एक हफ्ते में वापस लौट सकता है, उसकी जरूरतें जाहिर हैं कि दूसरी हो जाती हैं। इसके लिए हुसेन को किस हद तक दोषी ठहराया जा सकता है? दरअसल आज के कला बाजार में मौलवी किसे चाहिए—एक 'अजनबी'—'बोहेमियन' चाहिए और हुसेन की यही छवि आज सक्रिय है।

हुसेन के बारे में विचार करते हुए एक दूसरी तरह की समस्या भी सामने आती है। अंग्रेजी लेखक कॉलिन विल्सन ने बरसों पहले कहीं एलियट-डिकेंस आदि लेखकों पर बात करते हुए सांस्कृतिक तानाशाही की धारणा की चर्चा की थी। यानी एक रचनाकार को जब बहुत चर्चा और नाम मिल जाता है तो उसका अपने पाठकों-श्रोताओं-दर्शकों से एक उबाऊ-सा संबंध बन जाता है। यही वजह है कि आज अनेक चित्रकार-समीक्षक हुसेन की तुलना में दूसरे महत्वपूर्ण लेकिन अपेक्षाकृत अल्पचर्चित चित्रकारों (जैसे के.जी. सुब्रमण्यन्) को खोज रहे हैं और भारतीय कला परिदृश्य में उनके महत्व को रेखांकित कर रहे हैं।

लेकिन अधिक महत्वपूर्ण बात यह है कि हुसेन इस 'प्रतिकूल' वातावरण में भी अपनी कलात्मक ऊर्जा को खोज पा रहे हैं। 'सड़कों की संस्कृति' प्रदर्शनी ने यह बात अच्छी तरह से सिद्ध की।

हुसेन का जन्म पंढरपुर (महाराष्ट्र) में 1915 में हुआ था। वे एक ग़रीब सुलेमानी बोहरा परिवार में जन्मे थे। लेकिन हुसेन का बचपन इंदौर में बीता जहां उनके पिता कपड़ा मिल में एकाउंटेंट के रूप में काम करने लगे थे। हुसेन को मां का प्यार नहीं मिल सका क्योंकि जब वे तीन या चार महीने के थे तभी मां का निधन हो गया था। भारतीय जीवन में यह एक प्रचलित धारणा रही है कि परिवार के किसी सदस्य को किसी रोग से बचाने के लिए कोई दूसरा व्यक्ति या प्राणी रोग को अपने ऊपर ले लेता है। हुसेन की मां के निधन को भी इसी बात से जोड़ दिया गया था और जाहिर है कि इस बात ने संवेदनशील हुसेन की मानसिकता पर गहरे अपराध-बोध का असर डाला।

छह साल की उम्र में हुसेन के बाबा नहीं रहे जो उन्हें बहुत प्यार करते थे। अब हुसेन को सिद्धपुर (गुजरात) में नाना के घर भेज दिया गया। यहां पर हुसेन को धार्मिक संस्कार मिले जिन्होंने हुसेन के विकास पर महत्वपूर्ण असर डाला। भाषा-साहित्य-धर्म-सुलेखन (कैलीग्राफी) आदि की निर्णायक पृष्ठभूमि हुसेन को यहीं मिली। हुसेन ने छोटी उम्र में ही 'हया' नाम से शायरी भी शुरू कर दी थी।

किशोरावस्था इंदौर में बीती। इंदौर के माहौल में हुसेन को हिंदू-मुस्लिम दोनों ही संस्कृतियों को नजदीक से देखने का मौका मिला। उनकी कला के विकास और उसकी बुनियाद के रूप में इन दोनों संस्कृतियों की विशिष्ट भूमिका रही। इंदौर में 17 साल की उम्र में एक कला प्रदर्शनी में हुसेन को एक स्वर्ण पदक मिला। हुसेन ने सायंकाल कक्षाओं में जाना शुरू कर दिया। इंदौर में कला की शिक्षा प्राप्त करने के बाद उन्होंने मुंबई के जे.जे. स्कूल में दाखिला लेना ठीक समझा—वे मुंबई चले भी गए लेकिन परिस्थितियों ने उन्हें वापस इंदौर आने के लिए मजबूर कर दिया था।

लेकिन 1937 में हुसेन ने अंतिम रूप से मुंबई की राह पकड़ी। जब मुंबई पहुंचे तो उन्होंने खुद अपने पैरों पर खड़े होने की कोशिश की। सिनेमा के पोस्टर बनाने का काम करते थे—पढ़ते थे और एक कलाकार की जिंदगी जीने की कोशिश करते थे। ग्रांट रोड के जिस तंग इलाके में हुसेन ने कमरा लिया था वहां का वातावरण सुरुचिपूर्ण नहीं था। दल्लों और वेश्याओं की जो दुनिया ग्रांट रोड में है (और उन दिनों थी) वह रूमानी भी नहीं कही जा सकती।

दस साल बाद हुसेन ने मुंबई प्रोग्रेसिव आर्टिस्ट ग्रुप से जब संबंध जोड़ा, तब जाकर उनका कलाकार का वास्तविक जीवन प्रारंभ हुआ। हुसेन ने बहुत जल्दी ही स्वातंत्र्योत्तर भारतीय कला में एक ऐसी जगह बना ली जहां बहुत थोड़े से कलाकार उनकी बराबरी के थे। हुसेन ने पश्चिम में जाकर बसने के बजाय नेहरू युग और पंचवर्षीय योजनाओं के भारत में अपने कलाकार की शक्ति को पहचानने की कोशिश की। कुछ इन वजहों से भी वह आधुनिक भारत के प्रथम आधुनिक चित्रकार सरीखा दर्जा पा सके। हुसेन की लगभग 'असाधारण' और 'चमत्कारिक' सफलता के पीछे काम करने की अदम्य शक्ति थी जिसकी बुनियाद मुंबई की सड़कों पर पोस्टर तैयार करने के अनुभव ने डाली थी।

इस तरह से सिनेमा का हुसेन की कल्पना-शक्ति से बहुत शुरू से ही संबंध स्थापित हो गया था और इस संबंध के विभिन्न स्तर थे। सत्तर के दशक में नई दिल्ली में जब हुसेन के काम की पुनरवलोकन प्रदर्शनी रवींद्र

भवन दीर्घाओं में हुई तो हुसेन ने एक बातचीत में कहा कि जब मैं यूरोप जाता हूं तो अपना समय कला दीर्घाओं में न बिताकर सिनेमाघरों में बिताता हूं।

हुसेन की इस टिप्पणी में यह बात भी निहित है कि समकालीन पश्चिमी कला वातावरण में कुछ देखने-जानने को रह नहीं गया (और इस बात में काफी सच्चाई है), जबकि सिनेमा विधा में जीवन है। बल्कि हुसेन ने हंसकर यह टिप्पणी भी की थी, 'मैं घोड़े बेचता हूं—फिल्मे बनाता हूं।' और यह अचानक नहीं था कि 1968 में हुसेन की लघु फिल्म 'थ्रु द आइज ऑफ ए पेंटर' को बर्लिन फिल्म महोत्सव में 'स्वर्ण भालू' पुरस्कार मिला। लेकिन हुसेन की नियति एक फिल्मकार की नियति नहीं है—वह एक ऐसा चित्रकार हैं जो गैलरी में अपना जीवन बंद नहीं कर सकता। वह बराबर बाहर जाना चाहता है—सड़कों पर, गैलरी की बनावटी दुनिया से दूर, हाथ में कैमरा लेकर। और अगर मूवी कैमरा हो तो बहुत बढ़िया। न भी हो तो सिनेमा ने प्रत्यक्षीकरण को इस तरह से बदल दिया है कि चीजें पेंटर की निगाह से देखकर भी सिर्फ पेंटर की निगाह नहीं रह जाती। हुसेन की कला की व्याख्या में यह तथ्य विशेष महत्व रखता है।

यह भी महत्वपूर्ण है कि हुसेन को मुंबई के कला जगत में जिस वर्ष प्रतिष्ठा मिली (1947 में उन्हें मुंबई आर्ट सोसाइटी की वार्षिक प्रदर्शनी में एक पुरस्कार दिया गया), वह भारत की स्वतंत्रता का वर्ष था। आने वाले दस वर्षों में हुसेन को असाधारण चर्चा और प्रतिष्ठा मिलने वाली थी। हुसेन, सूजा, रजा सरीखे कलाकारों के नजदीक आए। सूजा की तरह हुसेन वाचाल और बौद्धिक नहीं थे लेकिन अपने इन साथियों से उन्होंने बहुत कुछ सीखा। 1950 में 35 वर्षीय हुसेन ने मुंबई में अपनी प्रथम एकल प्रदर्शनी आयोजित की। उम्र के हिसाब से देखा जाए तो हुसेन को काफी इंतजार करना पड़ा। लेकिन अब हुसेन को एक ऐसा माहौल मिला जहां उनकी प्रतिष्ठा और प्रतिभा को अपेक्षाकृत आसानी से आगे बढ़ने का मौका मिला। जैसा कि गीता कपूर ने लिखा है : "हुसेन के प्रथम निष्ठावान् संरक्षक श्लेसिंगर ने, जिन्होंने हुसेन के चित्र सौ-पचास की कीमत पर खरीदे थे, यह कभी न सोचा होगा कि वे जिस चित्रकार की मदद कर रहे हैं वह जल्दी ही राष्ट्रीय स्तर की चर्चा प्राप्त कर लेगा।"

1955 में हुसेन को अपना पहला राष्ट्रीय पुरस्कार मिला। इसके बाद से राष्ट्रीय-अंतर्राष्ट्रीय पुरस्कारों और सम्मानों का लंबा सिलसिला जारी है। हुसेन का सपना आज भी असंख्य कैनवासों के बीच घिरे रहना है।

अपनी इस असाधारण प्रतिष्ठा का हुसेन ने अपने ही ढंग से लाभ उठाया। प्रारंभिक जीवन में आर्थिक संघर्ष और दिक्कतें थीं तो साठ के दशक में हुसेन के लिए पैसा एक मजाक-सा बनने लगा। रामकुमार के शब्दों में हुसेन की प्रारंभिक आर्थिक कठिनाइयां "आज भी उनके व्यक्तित्व का एक महत्वपूर्ण भाग बनी हुई हैं। शायद यही कारण है कि जो सुविधाएं उन्हें उपलब्ध होती गईं, उनके बंधनों में उन्होंने कभी अपने आप को फंसने नहीं दिया। कार का शौक हुआ तो दो-दो कारें खरीद लीं, महीने में दो-तीन बार हवाई जहाज से मुंबई-दिल्ली की यात्रा करते हैं, एक बार न्यूयॉर्क से वे मात्र एक दिन के लिए एक पार्टी में शामिल होने के लिए लंदन गए थे। धन को उन्होंने कभी विशेष महत्व नहीं दिया..."

रामकुमार की यह टिप्पणी 1967 की है और जाहिर है कि उसके बाद के वर्षों में हुसेन के सामने इस तरह की स्थितियां बढ़ती ही गई हैं।

रामकुमार ने हुसेन के व्यक्तित्व और कला के संबंध में (इसी 1967 के लेख में) एक और महत्वपूर्ण बात कही थी : "अपनी कमजोरियों और सीमाओं को भी छिपाने की वे कभी कोशिश नहीं करते। वे 'इंटेलेक्चुअल' से बहुत घबराते हैं, कला संबंधी बहसों और झगड़ों में भी वे कभी भाग नहीं लेते।"

हुसेन की एक खास तरह की 'ऊर्जा' और 'ताकत' भी शायद इसी वजह से है। बौद्धिक होना उनका स्वाभाव नहीं है—इससे उनकी काम करने की क्षमता पर शायद 'रोक' भी नहीं लगती है। कुछ इस वजह से भी हुसेन अपने ब्रश का इस्तेमाली अखबारी किस्म की टिप्पणियों के लिए भी करते हैं। आधुनिक प्रतिष्ठित भारतीय चित्रकारों में हुसेन शायद अकेले ऐसे चित्रकार हैं जो किसी बड़ी खबर से प्रभावित होकर तत्काल अपनी टिप्पणी पेंटिंग के माध्यम से करते हैं।

हुसेन के चित्रों के संसार में इतनी विविधता है—जीवन का विराट उत्सव है कि उनके बारे में अलग से बात करना आसान नहीं है। हुसेन ने अपनी कल्पना शक्ति को शुरू से ही विभिन्न स्रोतों से संबद्ध किया। पश्चिमी कला (खासतौर पर अभिव्यंजनावादी चित्रकारों) से भी वे सीखते रहे। जहां तक भारतीय स्रातों से सीखने का सवाल है उसका कोई आसान ग्राफ नहीं बनाया जा सकता। हुसेन ने हिंदू-मुस्लिम दोनों ही स्रोतों से बहुत कुछ लिया है। भारतीय कला और मूर्तिशिल्प के विशाल भंडार को उन्होंने अपनी प्रेरणा का स्रोत बनाया है, बल्कि भारतीय संस्कृति के अनेकायामी संसार को हम उनके यहां देख सकते हैं। एक तरफ अभिव्यंजनावादी चित्रकार और पिकासो हैं, दूसरी तरफ अमृता शेरगिल, जार्ज कीट, मिनियेचर कला, भारतीय मूर्तिशिल्प की अत्यंत समृद्ध परपंरा, मुस्लिम धार्मिक-सामाजिक सरोकार, हिंदू मिथकशास्त्र और भारतीय ग्रामीण व लोक जीवन की विस्तृत धारा है। इन स्रोतों से हुसेन ने इतनी बार और इतनी तरह से प्रेरणा प्राप्त की है कि कोई गिनती नहीं की जा सकती है। हुसेन के चेहरे, प्रतीक, रंग, ब्रश-स्ट्रोक्स एक ऐसी दुनिया से निकले हैं जहां कलाकार की प्रेरक शक्ति असाधारण किस्म की ऊर्जा है। घोड़े, हाथी, औरतें, आदमी सभी कुछ जैसे इस ऊर्जा को समर्पित हैं।

कला समीक्षकों ने हुसेन की कला को विभिन्न चरणों को बांधने की कोशिश की है। 1947 के बाद के चार-पांच वर्षों के चित्रों के 'कच्चेपन' और सादगी को आसानी से पहचाना जा सकता है। 1947 की एक पेंटिंग में कुम्हार चाक पर काम कर रहे हैं। 1950 की एक पेंटिंग में एक किसान जोड़े को हम देख सकते हैं। इसके बाद हुसेन ने लोक जीवन को अपनी प्रेरणा का प्रमुख आधार बनाया। हुसेन ने तैलचित्र, जलरंग, म्यूरल आदि विभिन्न माध्यमों में लोक जीवन को उतारने की कोशिश की।

पचास के दशक में अंतिम वर्षों में उन्होंने भारतीय और पश्चिमी कला की टकराहट को अपनी कला में अपेक्षाकृत बेहतर ढंग से आत्मसात किया। इस समय में हुसेन ने अपने सर्वश्रेष्ठ चित्रों की रचना की, यह कहना गलत न होगा। 'दो स्त्रियों का संवाद' (1957), 'मकड़ी और लैंप के बीच' (1958), 'जमीन' (1955), 'दुपट्टों में तीन औरतें' (1958), 'नीली रात' (1959), 'घोड़ा' (1958) आदि कुछ ऐसे चित्र हैं जो हुसेन की कला की केंद्रीय बनावट को उभारते हैं। रचनात्मक दृष्टि से हुसेन इस दौरान सक्रिय ही नहीं थे, सार्थक भी थे। बाद में हुसेन ने रागमाला, नृत्य, महाभारत, रामायण, राजस्थान, कश्मीर, बनारस, मैसूर, मध्य पूर्व, आत्म-चित्र आदि अनेक श्रृंखलाओं को अपनी कला की प्रेरक शक्ति बनाया। 1955-60 में हुसेन ने अपनी कला की जो निश्चित पहचान बनाई थी उसके विभिन्न रूपों को—विभिन्न श्रृंखलाओं के माध्यम से उभारा। हुसेन ने आधुनिक भारतीय कलाकार की छवि को लोकप्रिय बनाया। उनकी कला आधुनिक भी है और उसे भारतीय जीवन से आसानी से जोड़ा भी जा सकता है। 1960 के बाद हुसेन के चित्रों की दुनिया के विषय कुछ इस तरह के थे—नृत्य, संगीत, घोड़े, हाथी, चंद्रमा पर मनुष्य का पहुंचना, महात्मा गांधी, आपातकाल, मदर टेरेसा...ये विषय ही हुसेन की कला के स्वभाव को बता देते हैं। हुसेन ने एक अजीब-सी बेचैनी दिखाई। लेकिन हर बार वे अपनी बेचैनी को स्थापित नहीं कर सके।

बाद के युवा चित्रकारों ने हुसेन की लोकप्रियता को स्वीकार किया और कहा कि भारतीय कला में हुसेन का योगदान महत्वपूर्ण है लेकिन "उनकी कला में आत्मालोचन का अभाव है। वे इतने बेचैन हैं कि शायद ही वे किसी कैनवास के सामने उतना समय बिताते हों जितना उस कैनवास को चाहिए। आकृतियों में अधीरता नजर आती है, 'स्ट्रोक्स' शैलीबद्ध हो जाते हैं—ऐसा लगता है कि उनकी आकृतियां स्पेस में असावधानी से बिना किसी पहचान के लटकी हुई हैं।" (गीव पटेल)

1960 के बाद हुसेन ने कैनवास पर जितनी भी 'मास्टरी' हासिल कर ली हो लेकिन एक कैनवास पर अधिक समय तक न टिक पाने की मजबूरी ने हुसेन की कला के प्रभाव को कम कर दिया। हुसेन ने पचास के दशक में जिस ग्रामीण छवि को विकसित किया उसके महत्व को स्वीकार करने हुए गीता कपूर ने 'भारतीय कला परिदृश्य के इस प्रिय कलाकार' की विभिन्न स्रोतों से उपजी कल्पनाशक्ति को नेहरू के नए भारत की सेवा में लगा देखा है यानी "सामाजिक परिवर्तन के क्षण में ग्रामीण छवि एक तरह की शुभ आकृति बन जाती है।" (1982)

एक अन्य समीक्षक रिचर्ड बार्थोलोम्यू के अनुसार "हुसेन में शारीरिक व रचनात्मक दोनों ही स्तरों पर विस्मयकारी ऊर्जा है और 'इंप्रोवाइजेशन' की अद्‌भुत प्रतिभा ने हुसेन को आधुनिक कला आंदोलन में अग्रणी स्थान दे दिया है।

उन्होंने अत्यधिक काम किया है। लेकिन कल्पना के कभी न खत्म होने वाले भंडार का आभास देते हुए भी उन्होंनें अक्सर अपने को दोहराया है। हुसेन ने एक बात नहीं की है—उन्होंने अपना खंडन नहीं किया है।'' (1972)

कलाकार-कवि समीक्षक गुलाम मोहम्मद शेख के अनुसार हुसेन ने जो शैली विकसित की है उसके सर्वोत्कृष्ट रूप में तो सजीवता व ओजस्विता है लेकिन अपने खराब रूप में वह मात्र एक हस्ताक्षर और अविश्वसनीय (कैजुअल) चीज नजर आती है। 'मकड़ी और लैंप के बीच' चित्र के बारे में गुलाम शेख की महत्वपूर्ण टिप्पणी है कि ''यह चित्र सबसे अधिक रहस्यमय है—इसका आसानी से वर्गीकरण नहीं किया जा सकता है—इसमें प्रतीकों, ड्रामा और आकृतिमूलकता के कई प्रश्न उठते हैं।'' शेख के अनुसार हुसेन शैली से अक्सर खिलवाड़ करने के मोह में फंस जाते हैं लेकिन जहां वे ऐसा नहीं करते हैं वहां महत्वपूर्ण काम सामने आता है।

ऊपर दी गई पृष्ठभूमि में देखें तो हुसेन ने एक तो शुरू में प्रोग्रेसिव आर्टिस्ट ग्रुप के साथियों के साथ आधु. निक भारतीय कला को एक नया व्यक्तित्व और जीवन दिया, लोगों की दिलचस्पी आधुनिक कला में बढ़ाई, 'विदेश' से आधुनिक भारतीय कला के नकली संबंध को काफी हद तक तोड़ा। दूसरे हुसेन ने कला को दूसरी विधाओं से जोड़ा—काफी सजग रूप में। तीसरे, जैसा कि खुद हुसेन ने कहा है : ''कला केवल शहर वालों के लिए ही क्यों, गांव वालों के लिए क्यों नहीं? गांव वालों की बौद्धिक जिज्ञासा किसी कदर कम नहीं है, न ही उनकी समझ।'' अपने बेहतर काम में हुसेन ने इन सभी चीजों को अच्छी तरह से साबित किया है।

(1982)

हुसेन से बातचीत

मकबूल फिदा हुसेन के बारे में इतना ज्यादा लिखा जा चुका है और वे खुद भी अपनी कला के बारे में समय-समय पर इतना कुछ कह चुके हैं कि ऐसा भ्रम होता है कि अब उनसे बातचीत में कोई नई बात निकालना मुश्किल काम है। पर यह सिर्फ एक भ्रम ही है। हुसेन की कल्पना-शक्ति में एक अदभुत ताकत है और उनका व्यक्त्वि भी इस ताकत से भरा पड़ा है। उनके फुर्तीलेपन को देखकर आसानी से उनकी उम्र का अंदाजा नहीं लगाया जा सकता। पिछले दिनों 1 दिसंबर को नई दिल्ली में ललित कला अकादेमी ने हुसेन को एक सादे, पर कलाकारों-मित्रों और कला-प्रेमियों से भरे हुए समारोह में 'फेलोशिप' देकर सम्मान किया और इस अवसर पर आर्ट हैरिटेज गैलरी ने हुसेन के 74 चित्रों की एक महत्वपूर्ण पश्च-प्रदर्शनी आयोजित की।

- **हुसेन साहब, आप तो देश-विदेश की कला से इतने निकट से परिचित हैं। आपको भारतीय और पश्चिमी कला में आज क्या बुनियादी फर्क नजर आता है?**

बहुत फर्क नजर आता है। कथानक, अवधारणाओं—दोनों ही स्तरों पर फर्क है। 'एप्रोच' में भी बहुत फर्क है। पश्चिमी कला में आत्मनिष्ठता का अपेक्षाकृत अभाव रहा है। उनकी कला में मसीह की छवि और हमारे यहां बुद्ध की छवि में दो अलग-अलग तरह के रास्ते हैं। पश्चिमी कला के संपर्क में आने से हमारे यहां कला की धारणा बदली जरूर है—अजंता और मिनियेचर (लघुचित्र) शैलियों को हमने छोड़ दिया, नई-नई तकनीकें अपना ली गईं, पर ध्यान देने की बात है कि हमारी कला की जबान ही अंतर्राष्ट्रीय है, उसका अपना 'ओरिएंटल' स्वभाव भारत, चीन, जापान की कला में खोजा जा सकता है। इन देशों का कलाकार चाहे जितना भी आधुनिक हो जाए, वह अपना अलग स्वभाव बनाए रखेगा। प्रभाववादियों, वॉन गॉग, मातीस, पिकासो—सभी बड़े आधुनिक पश्चिमी कलाकारों ने अपनी कला को विस्तार देने के लिए पूर्व से प्रेरणा पाई थी। पश्चिमी कला अपने मूल रूप में दरअसल 'थ्री डाइमेंशनल' रही है और हमारे यहां उसका रूप 'टू डाइमेंशनल' है। उसमें जो तीसरा डाइमेंशन है वह आध्यात्मिक, धार्मिक विस्तार है। यह जो फर्क है, वह स्पष्ट रूप से बना रहेगा। मैं यहां केवल महत्वपूर्ण कलाकारों के काम की बात कर रहा हूं, औसत या घटिया कलाकारों की नहीं।

- **लेकिन आधुनिक भारतीय चित्रकला को लेकर पश्चिम कभी उत्साहित क्यों नहीं हो पाया? इसके पीछे क्या महत्वपूर्ण कारण हो सकते हैं?**

इसके आर्थिक और राजनीतिक कारण हैं। पहले की कला पश्चिम में सम्मान पा सकी थी तो ऐसा इसलिए हुआ कि उस कला पर धर्म का गहरा असर था। आर्थिक-राजनीतिक कारणों में भी सबसे अधिक महत्वपूर्ण कारण आज राजनीतिक है। आज हमारी जिंदगी का एक-एक मिनट राजनीति से जुड़ा है। यह राजनीतिक ताकत भ्रष्ट करने वाली ताकत है। वह सारी-की-सारी मानवता को भ्रष्ट कर रही है। धर्म ने कला को मदद दी थी। उससे कलाकार का विश्वास बना रहा। वह अपनी कला में पूर्णता पाने की कोशिश करता रहा। कलाकारों में तब एक तरह का 'कोड ऑफ कंडक्ट' बना रहता था। आज अत्यधिक निजीपन पर जोर है : 'हम जो सोचते हैं ठीक है'। सामूहिक शक्ति हमारे पीछे काम नहीं करती। इससे हमारी कला में निरंतरता नहीं रह गई है। हमारी कला कुछ इस तरह की हो गई है, जैसे कुरते बदले जा रहे हों।

- **आधुनिक कला में तकनीक का इतना महत्व क्यों होता चला गया?**

साठ के दशक में कई तरह के आंदोलन सामने आए थे। 'अवांगार्द' किस्म के आंदोलन। कला-कविता—सभी में एक नया दौर आया। मैक्लूहन का नारा 'माध्यम ही संदेश है' सामने आया। जहां तक इस तरह के अनुभव के प्रश्न हैं, मैं कहूंगा कि सब बेकार नहीं था। उन आंदोलनों की अच्छी चीजों को लेकर उनसे कुछ जोड़ा जा सकता है। आज तकनीक का युग है। पिकासो ने इस समस्या पर एक बार बहुत अच्छी टिप्पणी की थी। उन्होंने कहा कि मुझे लगता है कि जब दूसरे ग्रहों में राकेट भेजा जा सकता है तो कला में पूर्णता को पाने की कोशिश जरूर की जानी चाहिए। मानव शरीर भी एक संयंत्र है। दिमाग की गति से मैं पेरिस में बैठकर टोकियो में 150 फुट का म्यूरल बनाना चाहता हूं। कंप्यूटर की मदद से लाल-नीले रंगों की खोज विश्वसनीय सिद्ध हो सकती है। हां, यह ठीक है कि हमारे पास एक मशीन है, पर महत्वपूर्ण यह है कि कौन आदमी मशीन के बटन को दबा रहा है और यह बटन वह कहां और किस तरह से दबा रहा है। यानी महत्वपूर्ण चीज मशीन नहीं रह जाती। आदमी के दिमाग का महत्व बना रहता है।

- **हुसेन साहब, आपने अपनी कला में घोड़े की आकृति का बड़ा व्यापक इस्तेमाल किया है। आपकी कला में हाथी की आकृति का भी काफी व्यापक इस्तेमाल दिखता है। हाथी की छवि से आप क्या प्रेक्षक तब कुछ बातें पहुंचाने की कोशिश कर रहे हैं?**

हां, इसके पीछे स्पष्ट कारण है। गणेश, इंद्र—इन सभी देवताओं के साथ यह छवि जुड़ी है। मुंबई में पिछले दिनों मैंने एक बहुत बड़ी पेंटिंग प्रदर्शित की थी—कालिदास की कविता से प्रभावित पेंटिंग, जिसमें 12 फुट की लंबाई में घने बादलों में एक हाथी की छवि थी। दरअसल भारतीय मूर्तिशिल्प और लघुचित्रों में हाथी, घोड़े, बंदर—ये सब जानवर बड़े महत्वपूर्ण रहे हैं। यह जानवर मुझे बहुत आकर्षित करते हैं। भारतीय पुराशास्त्र में आप देखेंगे कि जानवर बहुत महत्वपूर्ण रहे हैं।

- **आपकी कला पर अक्सर यह आरोप लगाया गया है कि उसमें दोहराव बहुत रहा है। लेकिन इस आरोप को हम इस तरह से भी देख सकते हैं कि हर बड़ा और महान कलाकार अपने को अक्सर दोहराता है। आप इस बारे में किस तरह से सोचते हैं?**

हां, यह ठीक है कि मैं अपने को दोहराता हूं। धनवाद, अमूर्त कला—आप सभी जगह यह दोहराव पाएंगे। गुप्तकाल की कला में कई शताब्दियों तक आप इस दोहराव को देख सकते हैं। मैं जब अपनी कला में कुछ नई चीजों, कुछ बातों को दोहराता हूं तो मेरा मकसद अपनी कला के खास तत्वों पर जोर देना होता है।

- **आपकी कला के ये खास तत्व खुद आपकी दृष्टि में कौन-से हैं?**

सबसे पहले तो आदमी और औरत की छवि, खास तौर से औरत की छवि, जो भारतीय पुराशास्त्र में विशेष महत्व रखती है। आप देखेंगे कि जब मैं औरत का नग्न चित्र बनाता हूं तो उसकी नग्नता में नंगापन नहीं होता। उस तरह की नग्नता आपको मंदिर की कला में मिलती है। कॉस्मिक किस्म की नग्नता। इसी तरह से मुझे जानवर आकर्षित करते हैं, यह मैं कह चुका हूं। जब साठ के दशक की शुरुआत में ग्रामीण परिवेश के चित्र बना रहा था तो में गाय, बैल की आकृति पर विशेष जोर दे रहा था। किसी ने उन दिनों मेरी कला में गाय-बैलों की संख्या से आतंकित होकर कहा था कि इतने बैल तो सारे हिंदुस्तान में भी नहीं गिने जा सकते हैं।

- **करीब तीस साल पहले आपकी प्रदर्शनी में जिस तरह का दर्शक वर्ग एकत्रित होता रहा होगा और अब प्रदर्शनियों में जो लोग दिखते हैं, उनमें आप किस तरह का फर्क देखते हैं?**

इतना बड़ा फर्क दिखता है कि तीस साल पहले जो लोग गैलरियों में दिखते थे वे सभी पश्चिमी रुझान वाले लोग हुआ करते थे—इटली, फ्रांस आदि की कला में दिलचस्पी रखने वाले लोग। कला के संरक्षक भी राजा-महाराजा ही थे। बंगाल में जिस तरह की कला जाग रही थी, वह हमें बिल्कुल आकर्षित नहीं करती थी। आप उन दिनों की स्थिति का अंदाज इसी से लगा सकते हैं कि सभी कला स्कूलों के प्रधान बंगाली ही होते थे। 'प्रोग्रेसिव आर्टिस्ट ग्रुप' ने इन लोगों को चुनौती दी। हमारे चित्र अस्वीकृत हुआ करते थे।

- **उन दिनों आप किन कलाकारों से सबसे अधिक प्रभावित थे?**

मुझे सबसे अधिक प्रभावित शुरू में अमृता शेरगिल और श्रीलंका के जार्ज कीट की कलाकृतियों ने किया था। अमृता शेरगिल खुद फ्रांसीसी कला से बहुत प्रभावित थीं, इसलिए उनका मुझ पर अधिक समय तक प्रभाव नहीं रहा—सिर्फ एक-दो साल तक। जार्ज कीट की कलाकृतियां जरूर मुझे ज्यादा देर तक प्रभावित करती रहीं।

- **अपने समकालीनों में आप सबसे अधिक किसके निकट थे?**

सूजा को मैं सबसे ज्यादा पंसद करता था। और नाम? 'प्रोग्रेसिव ग्रुप' में तब ज्यादा नाम थे ही नहीं।

- **इन दिनों भारतीय कला में जो परिवर्तन और विकास हो रहा है उसे आप कैसे देखते हैं?**

आज भारतीय कला में बहुत-कुछ हो रहा है—कोलकाता, वड़ोदरा, अहमदाबाद, मुंबई, सभी शहरों में कलाकार सक्रिय हैं। मैं इस स्थिति को लेकर आशावादी हूं, लेकिन सारी दिक्कत इसी कला के 'प्रोजेक्शन' (सामने आने) की है। गैलरियों की दुनिया अपने-आप में व्यस्त है।

- **नए कलाकारों में कुछ खास नाम आपके ध्यान में आते हैं?**

'इलेस्ट्रेटेड वीकली' में कुछ साल पहले मैंने आठ-नौ नाम गिनाए थे। पर मुझे गणेश पाइन सबसे अधिक पसंद रहे हैं। वे काफी अंतर्मुखी किस्म के कलाकार हैं। (हंसकर) वैसे मैं खुद तो काफी शोर करने वाला कलाकार रहा हूं।

- **अच्छा, खुद आपकी कला के बारे में एक खास बात यह रही है कि चंद्रमा पर मनुष्य के पहुंचने से शुरू होकर तूफान जैसी भयानक घटनाओं पर आप तुरंत अपनी कला में प्रतिक्रिया देते हैं? क्यों?**

हर ऐसी घटना जानकर, देखकर जी चाहता है उसे फौरन अभिव्यक्ति दूं। मैं हमेशा तलाश में रहता हूं। अगर किसी शहर में मुझे लगता है कि कुछ हो नहीं पा रहा है तो दूसरे किसी शहर में चला जाता हूं। मैं आपको मिसाल दूंगा। कुछ साल पहले मैंने अहमदाबाद में मियां-बीवी को बैल की तरह वजन ढोते देखा। ऐसा मैंने हिंदुस्तान में और कहीं नहीं देखा था। अब यह बात मेरे दिमाग में रही। इससे प्रभावित होकर मैंने अनगिनत रेखांकन किए।

अल्काजी इन दिनों मुझ पर जो किताब छाप रहे हैं, उसमें ये रेखांकन हैं।

- **भारतीय कला के विकास में ललित कला अकादेमी की क्या संतोषजनक भूमिका रही है?**

अकादेमियां कुछ नहीं—कभी नहीं कर सकती हैं। बल्कि इनसे नुकसान ही हुआ है। अकादेमियों के रहने से मुझे बहुत एतराज नहीं है, पर उन पर नए कलाकारों को निर्भर तो बिल्कुल नहीं रहना चाहिए। अकादेमियों की गतिविधियों का मतलब लंगरखाना खोल देना तो नहीं होना चाहिए। कला-विक्रेताओं को कला को आगे बढ़ाने का काम हाथ में लेना चाहिए। कलावीथियों की अपनी प्रतिबद्धता होनी चाहिए।

- **बर्लिन फिल्म महोत्सव में आपकी फिल्म को पुरस्कार मिलने के बाद से आपका फिल्मकार रूप भी चर्चित रहा है। इन दिनों इस क्षेत्र में आप क्या कर रहे हैं?**

तीनेक साल से मैं अपनी कला में इतना व्यस्त रहा हूं कि फिल्म पर ध्यान नहीं दे पाया। वैसे मैं करीब 12 छोटी फिल्में बना चुका हूं पर कोई ऐसा कला थियेटर नहीं है जहां वे दिखाई जा सकें। मैं तो अपने बारे में कहता भी हूं कि घोड़े बेचता हूं, फिल्में बनाता हूं। बड़ी इच्छा है मन में कि डेढ़ घंटे की लंबाई की एक फिल्म अपने ढंग से बनाऊं।

- **फिल्म मा यम ने आपकी कल्पना-शक्ति पर क्या कोई सीधा असर डाला है?**

हां, मैं तो शुरू में मुंबई गया ही इसलिए था कि फिल्मकार बनूं। मुझे गोदार, त्रुफो, बुनुएल, बर्गमैन की फिल्मों ने बड़ा प्रभावित किया है। मेरी कला के प्रेरणास्रोत फिल्म और संगीत माध्यम महत्वपूर्ण रूप में रहे हैं। इन दिनों जब मैं यूरोप जाता हूं तो मैं कला गैलरियों में नहीं जाता, फिल्म, रंगमंच, संगीत समारोहों की दुनिया में भटकता हूं। मेरी कला पर फिल्म का बहुत अधिक प्रभाव है।

- **एक अंतिम सवाल। इतनी सफलता के बाद आपको कैसा लगता है? आपका कोई स्वप्न है क्या?**

आज इस प्रदर्शनी में अपने 15-20 साल पुराने काम को देखकर लगता है कि हुआ कुछ नहीं, पर शोर हुआ। मेरा स्वप्न? दस हजार कैनवास सामने रखे हों, साथ में खूब रंग-सामग्री पड़ी हो, फिर मुझे चाहे जेल में क्यों न बंद कर दिया जाए। दरअसल मेरा मिजाज ऐसा है कि एक जगह ठहरता नहीं हूं। इधर-उधर भागता रहता हूं।

(1979)

सूजा

सूजा के चित्रों के अद्‌भुत संसार में हमें कई विरोधाभास नजर आते हैं, वह धार्मिक हैं और अधार्मिक भी, अश्लील हैं तो सुंदर या कोमल भी, स्त्री के सामने हिंसक नजर आते हैं और बहुत मार्मिक ढंग से उसके साथ भी।

कोई आश्चर्य नहीं कि सूजा और हुसेन का मतलब है—आधुनिक कला। भारत में अभी दुर्भाग्यवश आधुनिक कला का कोई बाकायदा इतिहास नहीं लिखा गया है। यह इतिहास कहां से और कैसे शुरू हो, यह तय करना भी आसान नहीं है। अमृता शेरगिल को शुरुआत का एक अच्छा बिंदु माना जा सकता है चूंकि सबसे पहले शेरगिल में ही भारतीयता और पश्चिमी प्रभाव का सबसे अधिक तनाव देखा जा सकता है। उससे पहले विनोद बिहारी मुखर्जी, रवींद्रनाथ ठाकुर (चित्रकार के रूप में जिनका महत्व ठीक ही दिन-ब-दिन बढ़ता जा रहा है) और राम किंकर के महत्व को भी सही ऐतिहासिक प्ररिप्रेक्ष्य में देखना जरूरी है।

पर सूजा सरीखे कलाकार बंगाल स्कूल के नाम से ही नाराज नजर आएंगे। गोवा में 1924 में जन्मे सूजा मुंबई आ गए थे और फिर 1949 में 'अधिक मनोरंजन, ज्ञान, संघर्ष, उपलब्धियों और पुरस्कार' के लिए यूरोप की ओर चल दिए थे। उस जमाने में मुंबई में कोई बाकायदा कला विक्रेता भी नहीं था। सूजा शुरू से ही बहुत बेचैन, लड़ाकू और जीनियस किस्म के कलाकार थे। सूजा का जन्मजात प्रतिभा में जबरदस्त विश्वास है। वह कई बार कह चुके हैं कि मैंने अपनी मां के गर्भ की दीवारों पर म्यूरल पेंट किए थे। शायद सूजा में धैर्य नहीं है। उनके भीतर एक तूफानी किस्म की बेचैनी हैं। दूसरे कलाकार जब तक रंग और कूची संभाल ही रहे होते हैं कि आप पाएंगे कि सूजा का कैनवास तैयार है। सूजा धीमे-धीमे काम करने को कोई उपलब्धि नहीं मानते हैं। एक्रिलिक रंगों ने उनकी कल्पना-शक्ति को और भी प्रचंड और प्रबल बना दिया है। सूजा का बुनियादी सोच यही है कि मैं पेंट करने के लिए जीता हूं और जीने के लिए पेंट करता हूं।

जाहिर है कि गर्भ से ही सीखे हुए कलाकारों का काम करने का ढंग कुछ और ही तरह का होता है। सूजा के चित्रों, रेखांकनों की संख्या हजारों में है। खासतौर पर रेखांकन तो वह खूब बनाते हैं। इब्राहिम अल्काजी (आर्ट हेरिटेज कला दीर्घा के निदेशक और सुप्रसिद्ध रंगकर्मी) ने सूजा की इस पुनरावलोकन प्रदर्शनी की जब तैयारी शुरू की तो न्यूयॉर्क जाकर उन्होंने सूजा के करीब 6,000 रेखांकन खोज निकाले। अल्काजी का कहना है कि सूजा के कम-से-कम 12,000 रेखांकन दुनिया भर में फैले होंगे। उन्होंने 400 चुन लिए जिनमें से कुछ इस प्रदर्शनी में शामिल थे।

सूजा के रेखांकनों में उनकी समूची दुनिया है—मसीह, सलीब, स्त्रियां, हिंदू देवी-देवता, चेहरे, हाथ, सैरे वगैरह सब कुछ आपको मिल जाएंगे। स्त्रियां सूजा के जीवन में तो खैर महत्वपूर्ण हैं ही—उनके चित्र संसार में भी उनका केंद्रीय स्थान है। सूजा स्त्री के प्रति जबरदस्त ढंग से हिंसक भी हैं और प्रेममय और कोमल भी। इसलिए उनके चित्र या रेखांकन पोर्नोग्राफिक (अश्लील) कला प्रदर्शनी का भी हिस्सा आसानी से बन सकते हैं, बल्कि बने भी हैं। पर हमारे समय के अनेक महान कलाकार स्त्री-पुरुष आकृतियों को पोर्नोग्राफिक हो जाने की हद तक ले जाते रहे हैं। गौर करने की बात यह है कि जिस तरह से जीनियस और पागलपन में थोड़ी दूरी होते हुए भी आखिर में बहुत बड़ी दूरी होती है कुछ उसी तरह से एक अच्छा कलाकार 'नग्नता' और 'नंगेपन' के भेद को बनाए रखता है।

सूजा नग्नता को पहचानने के लिए नंगेपन तक भी गए हैं पर सौभाग्यवश वह हर बार वापस लौट आए हैं। इस बीच तो वह स्त्रियों के लेखन को पढ़कर स्वयं को बदला हुआ भी महसूस कर रहे हैं। जाहिर है कि इससे सूजा के भीतर की बुनियादी करुणा, प्रेम और स्नेह को एक नया विस्तार मिलेगा। ऐसा नहीं है कि यह विस्तार

पहले गायब था। पर मर्द की हेकड़ी उसकी कल्पना-शक्ति को अवरुद्ध तो करती ही है। किसी भी विधा में महान रचना पैदा करने के लिए इस हेकड़ी से मुक्ति बहुत जरूरी है।

सूजा के धार्मिक संस्कारों और कल्पना-शक्ति को भी सही ढंग से समझना जरूरी है। उनके अनेक चित्रों के धार्मिक विषय हैं। पर वह धर्म को एक पूर्वग्रह भी मानते हैं। उनका कहना है कि मैं धार्मिक विषयों को पेंट करता हूं चूंकि कला फलती-फूलती भी कला के ही बल पर है। सूजा ललित कला (फाइन आर्ट), इलस्ट्रेशन और किच (लोकप्रिय कला पर जिसमें सौंदर्यशास्त्रीय निखार न हो) के घालमेल के खिलाफ हैं। वह इन तीनों को श्रेष्ठता के इसी क्रम में देखना चाहते हैं।

सूजा का कहना है कि धार्मिक कला अगर किच होगी तभी वह स्वीकार्य भी होगी। तभी उसकी पूजा होगी। 'मेरे धार्मिक चित्र 'किच' नहीं हैं।'

सूजा प्रोग्रसिव आर्टिस्ट ग्रुप की पैदाइश हैं। हुसेन, सूजा, रजा, आरा सब एक साथ भारतीय कला की दुनिया में उभरे। इस ग्रुप के कलाकारों में आग, जोश और हिम्मत थी। दलित वर्ग के प्रति एक गहरी सहानुभूति भी। इन कलाकारों की दुनिया शांति निकेतन के कलाकारों से अलग थी और बहुत दूर भी।

हुसेन और सूजा में बंटी हुई आधुनिक भारतीय कला की शुरुआत के बारे में एक समीक्षक ने लिखा है कि दोनों ही हमारा ध्यान खींचते हैं—सूजा बहुत ज्यादा बोलकर और हुसेन बहुत कम बोलकर। पर दोनों में खूब काम करने की समानता भी है। बीसवीं शताब्दी की कला पिकासो की अद्‌भुत प्रतिभा (जीनियस) को अपना आधार मानने के लिए मजबूर है। किसी भी आधुनिक कलाकार के लिए पिकासो एक मुश्किल किस्म की चुनौती हैं। शायद अंतिम चुनौती। गौर करने की बात है कि हुसेन और सूजा दोनों ही इस चुनौती की पैदाइश हैं। जाहिर है कि इन कलाकारों की अपनी दुनिया है, अपना परिवेश और अपनी उपलब्धियां। मां के गर्भ से ही काम शुरू कर देने की बेचैनी 'पिकासो ग्रंथि' का ही एक हिस्सा है।

वैसे समकालीन कला के संदर्भ में सूजा और जगदीश स्वामीनाथन को भी एक साथ देखा जा सकता है। दोनों कलाकारों में कोई मेल नहीं है पर दोनों ही बौद्धिक दृष्टि से बहुत जागरूक और बातूनी कलाकार हैं। एक में कला का आकृतिमूलक छोर है तो दूसरे में अमूर्तन का छोर।

बहरहाल, सूजा इतनी सफलता के बावजूद विनम्र हैं। कुछ नए कलाकार शायद कहें कि अब उनमें पुरानी आग नहीं रह गई है। कोई कलाकार चालीस साल तक सिर्फ आग ही नहीं उगल सकता। राख और अंगारों को भी जानना जरूरी है।

सूजा मां के गर्भ से सीखकर जरूर पैदा हुए पर वह अभिमन्यु नहीं हैं। आधुनिक कला के चक्रव्यूह को तो वह तोड़ चुके हैं। महाभारत के किसी विवेकपूर्ण बुजुर्ग की तरह अपने 'अहम्' को 'प्रकृति' में विलीन होता हुआ देख रहे हैं।

जरूरी नहीं है कि सूजा जो कहते-बोलते हैं उसी को सच और प्रमाण मानकर हम उनके चित्रों की दुनिया में जाएं। उनके चित्र रंग, रूपाकार हमें राहत देते हैं—और हिम्मत भी। किसी अतिरिक्त बोझ के बिना भी हम उनके सामने खड़े हो सकते हैं—उनका 'आनंद' उठा सकते हैं।

समकालीन भारतीय कला में शायद ही कोई ऐसा चित्रकार हो जो सूजा की तरह विज्ञान, साहित्य, कला, राजनीति आदि विभिन्न विषयों की इतनी जानकारियां रखता हो। सूजा का दिमाग लगभग कंप्यूटर की तरह काम करता है—वैसे इन दिनों वह पेंट भी कंप्यूटर की ही तरह करते हैं। (एक दिन में 14 पेंटिंग बनाने का रिकॉर्ड वह बना चुके हैं!)

सूजा हर तरह के सवाल का जवाब देने के लिए तैयार रहते हैं और 'ऑफ द रिकॉर्ड' कुछ भी नहीं कहते। 1982 में सूजा जब भारत यात्रा पर आए थे तो अपने साथ वह सफेद झंडे की क्रांति भी लाए थे। सेनफोर्ड रेडमंड नाम के अमेरिकी वैज्ञानिक के प्रकृति संबंधी सिद्धांतों के साथ सूजा ने सांख्य को जोड़कर वैचारिक क्रांति का दावा किया था 86 में सूजा ने भारत आकर अपना एक कविता-संग्रह छपवाया है जो स्त्रियों को समर्पित है। लगता है

कि सूजा अभी 'द व्हाइट फ्लैग रेवोल्यूशन' से मुक्त नहीं हुए हैं—क्योंकि उनकी कविता में भी रेडमंड की छाया देखी जा सकती है। 20 मई, 1970 को 'न्यूयॉर्क टाइम्स' में आधे पृष्ठ के एक विज्ञापन में एक लगभग अज्ञात वैज्ञानिक सेनफोर्ड रेडमंड ने प्रकृति, ब्रह्मांड, समय और मानवता के बारे में अपने विचार प्रकाशित किए थे। उस विज्ञापन को पढ़कर सूजा को लगा कि रेडमंड एक मौलिक वैज्ञानिक है लेकिन अमेरिका में उसकी उपेक्षा की जा रही है। सूजा को महसूस हुआ कि मुझे कुछ करना चाहिए। उनका कहना है कि लोग भले ही मुझे रेडमंड का चमचा समझें लेकिन सच बात तो यह है कि मेरे बिना रेडमंड का सिद्धांत संभव ही नहीं है। सबसे मजेदार बात यह है कि रेडमंड अमेरिका में ही रहते हैं लेकिन आज तक सूजा उनसे मिले नहीं हैं। उनकी बातचीत सिर्फ टेलीफोन पर हुई है। "मैं रेडमंड से मिलना भी नहीं चाहता था क्योंकि तब लोग मेरी बातों पर विश्वास नहीं करते।"

सूजा के विचार जितने भी विवादास्पद रहे हों पर यह लगभग निर्विवाद है कि वह एक बहुत महत्वपूर्ण भारतीय चित्रकार हैं। सूजा का शुरू का काम अद्वितीय है। एक समय में पश्चिमी कला समीक्षकों और बड़ी-बड़ी कला दीर्घाओं ने सूजा की महानता को स्वीकार किया था। लेकिन पश्चिमी मीडिया और कला का तंत्र मूलतः नस्लवाली है। बाद में सूजा की काफी उपेक्षा की गई। हमने बातचीत में सूजा का ध्यान इस तथ्य की ओर भी दिलाया कि दुनिया के कलाकारों द्वारा बनाए गए पोर्नोग्राफी (अश्लील) चित्रों के किसी संग्रह में तो उनकी पेंटिंग शामिल की जाती है लेकिन आधुनिक कला के महत्वपूर्ण संदर्भ-ग्रंथों या पुस्तकों में उनकी चर्चा नहीं मिलती।

मुंबई के पूर्व-पश्चिम परिसंवाद में एक कला समीक्षक ने यह कहा कि आज से तीस साल पहले हालत यह थी कि 98 प्रतिशत लोग कला समझते थे और 2 प्रतिशत कला नहीं समझते थे, आज 2 प्रतिशत लोग कला समझते हैं और 98 प्रतिशत उसे नहीं समझते हैं। सूजा इस तथ्य को चिंताजनक नहीं मानते हैं। उनका कहना है कि यह कला के हित में ही है।

सेक्स-स्त्रियों से लेकर सांख्य दर्शन तक सूजा के पास अपनी ढेरों सूक्तियां और दिलचस्प विचार हैं। "महात्मा गांधी को सांख्य के बारे में पता नहीं होगा। नैतिकता दरअसल प्रकृति का सिद्धांत नहीं है। दक्षिण अफ्रीका में अश्वेत पुरुष का गोरी स्त्री से सहवास कानून के खिलाफ है जबकि अमेरिका में बड़े-बड़े पोस्टरों में सड़कों पर आप काले आदमियों को बड़ी शान से स्त्रियों के साथ काम मुद्राओं में देख सकते हैं!"

सूजा ने अपने 'डायमंड जुबली दशक' में बहुत उत्साह से प्रवेश किया है। उन्होंने नाम भी खूब कमाया है और पैसे की कृपा भी उन पर बनी रही। इधर उनके दिन पहले की तरह न भी हों लेकिन उनका कहना है कि आर्थिक रूप से मुझे आज भी कोई खास दिक्कत नहीं है। नई दिल्ली में सूजा एक दिन गणित की जादूगरनी शकुंतला देवी से भी मिलने गए। वहां वे गए तो थे अपनी समस्याएं सुलझाने लेकिन थोड़ी देर बाद उन्हें महसूस हुआ कि शकुंतला देवी उनसे अपनी समस्याएं सुलझाना चाहती हैं। बहरहाल, शकुंतला देवी ने सूजा को बता दिया है कि तुम जल्दी ही प्रसिद्ध होने वाले हो। हमने यह सुनकर सूजा से कहा कि प्रसिद्ध तो खैर आप पहले से ही हैं। लेकिन लगता है कि सूजा प्रसिद्धि के कंप्यूटर से अभी भी कुछ और आशाएं कर रहे हैं।

उल्लेखनीय है कि सूजा साधारण-सी बातों को भी बहुत काव्यात्मक रूप दे देते हैं। आई.आई.टी. गेट स्थिति गेस्ट हाउस से जब वह टैक्सी में चित्रकार मनु पारेख के घर तक आए (डेढ़ किलोमीटर की दूरी थी) तो भोजन के समय अनौपचारिक बातचीत में उन्होंने कहा : "क्या आप कल्पना कर सकते हैं कि इतनी छोटी-सी दूरी के पेट्रोल के लिए सदियों पहले न जाने कितने डायनासोर मरे होंगे!"

सूजा का कहना है कि हम ज्ञान को खाते हैं। "हम खाना खाते हैं और फिर बोलते हैं। इस तरह से ज्ञान बाहर आता है।"

कला के सवालों पर सूजा से हुई बातचीत के कुछ अंश यहां दिए जा रहे हैं :

- **समकालीन भारतीय कला के बारे में आपकी क्या राय है?**

ठीक इस वक्त तो पश्चिम में कुछ खास नहीं हो रही है। पेरिस में शागाल के निधन के बाद आधुनिक कला

की अंतिम जीवित कड़ी भी हमारे बीच नहीं रह गई है। मैं समझता हूं कि भारत में जो चित्रकार और चितेरियां सक्रिय हैं वे पश्चिम का पूरी तरह से वाकआउट करा सकती हैं। पश्चिमी मीडिया के अपने पूर्वग्रह हैं। वहां के मीडिया में जबरदस्त विद्वेष और उपेक्षा की भावना है।

- **पश्चिमी मीडिया में सत्यजित राय सरीखे फिल्मकार तो चर्चा का विषय बन जाते हैं, उन्हें पर्याप्त सम्मान भी मिलता है पर चित्रकारों को यह दर्जा क्यों नहीं मिल पाता?**

सत्यजित राय हालीवुड के लिए कोई खतरा नहीं हैं जबकि मेरे जैसे लोग पश्चिमी कलातंत्र के लिए खतरा सिद्ध हो सकते हैं। एक बार मेरा काम पिकासो सहित पश्चिम के बड़े-बड़े कलाकारों की बगल में दिखाया गया था और मुझे बहुत अच्छे रिव्यू मिले थे।

- **आपकी कला पर पिकासो के जबरदस्त प्रभाव की बात अक्सर की जाती है। आप इस प्रभाव को लेकर कितना सजग रहे हैं?**

पिकासो अगर हम सबके ग्रैंड फादर हैं तो इसके लिए हम क्या कर सकते हैं! पिकासो आखिर मुझसे पहले पैदा हुए थे। और फिर खुद पिकासो ने भी तो गैर यूरोपीय कला—खासतौर पर अफ्रीकी कला से बहुत कुछ लिया। उन्होंने विभिन्न स्रोतों से हर जगह की चीजें लीं। आज यूरोप में आधुनिक कला मृत हो चुकी है। दरअसल आधुनिक कला का चरमबिंदु अब भारत में ही देखा जा सकता है। भारत में कला समीक्षक और कलाकार एक लंबे समय तक संकुचित दिमाग रखते रहे हैं। समकालीन भारतीय कला में 'हिंदू व्याख्या' का काफी जोर रहा है। आर्ट स्कूलों में पश्चिमी शैली और भारतीय शैली का जो द्वंद्व बनाया गया उसके पीछे सांप्रदायिक दिमाग काम करता रहा है। उसका कला के सौंदर्यशास्त्र से कोई संबंध नहीं था। कला का स्वभाव सार्विक और कैथोलिक है। भारतीय और पश्चिमी शैली के तथाकथित अंतर को मैंने अपने काम से दूर किया। न जाने कितने स्रोतों का इस्तेमाल मैंने अपनी कला में किया। अभी मुंबई में ईस्ट-वैस्ट एनकाउंटर में जेराम पटेल अपने पुराने चित्रों की पारदर्शियां दिखा रहे थे, तो 1959 का काम दिखाते समय अचानक उनके चित्रों पर मेरा असर स्पष्ट हो गया। उसी परिसंवाद में मनजीत बावा एक दिन मेरे पास आकर बोले, "मैं आपको खुश नहीं करना चाहता हूं लेकिन सच्चाई यही है कि आप यहां न होते तो पूर्व-पश्चिम की यह मुठभेड़ काफी नीरस सिद्ध होती।" मैं समझता हूं कि कला शुद्ध मनोरंजन है। उसका काम एक्साइट करना है।

- **कला का एक बहुत बड़ा क्षेत्र वह भी है जो हमें सिर्फ आनंद नहीं देता या हमारा मनोरंजन ही नहीं करता। अभी पिछले दिनों मैं सुप्रसिद्ध पेंटर रेनुआ का एक उद्धरण कहीं पढ़ रहा था कि पेंटिंग को सुखद और सुंदर होना चाहिए क्योंकि दुनिया में बुरी चीजों की कमी नहीं है। लेकिन आप क्या भोपाल जैसी किसी बड़ी त्रासदी पर पेंटिंग नहीं बनाना चाहेंगे?**

इस तरह की दुर्घटनाओं को लेकर सेंटीमेंटल होने से कुछ नहीं होगा। इस फैक्ट्री की दुर्घटना ने समाज में दूसरे स्तरों पर सोचने की जरूरत पैदा की है। अब अमेरिका में लोग घबराए और डरे हुए हैं कि उनकी फैक्टरियां कितनी सुरक्षित हैं। भोपाल कांड यंत्रविधि की एक दुर्घटना है और मानवता गलतियों से ही सीखती है।

- **'गेर्निका' सरीखे चित्र आज दुनिया भर के लिए एक खास तरह का प्रतीक बन गए हैं...।**

'गेर्निका' नकली (फोनी) कला है। उस पेंटिंग में सांडयुद्ध (बुलफाइट) के अलावा है क्या! उसके बनने के बाद क्या फ्रांको या नात्सियों ने अत्याचार बंद कर दिए? यह पेंटिंग द्वितीय विश्व-युद्ध से पहले बनी थी लेकिन दुनिया भर में फैली आक्रामकता को वह कम नहीं कर पाई।

- **आप अपने चित्रों में हस्ताक्षरों को इतना महत्व क्यों देते? इसका संबंध क्या आपके अहम् से है?**

कई वजह हैं। पहले कलाकार अज्ञात होता था। आधुनिक समाज ने व्यक्ति को महत्वपूर्ण बना दिया है। आज के मास मीडिया कल्चर में कलाकार को अपने काम पर अपनी छाप भी लगानी पड़ती है। इसके अलावा मेरे हस्ताक्षर मेरी पेंटिंग का एक जरूरी हिस्सा भी बन जाते हैं।

- **आप साल में कितने चित्र बना लेते हैं?**

दो सौ से लेकर तीन सौ चित्र बनाता रहा हूं। मुंबई के परिसंवाद में जब मैंने एक साल के काम की पारदर्शियां दिखाईं तो भूपेर खक्खर ने मुझसे आकर कहा कि मेरा काम देखकर उन्हें महसूस हो रहा है कि वह अपना समय बर्बाद कर रहे हैं।

- **कम काम करना या खूब काम करना कलाकार का स्वभाव भी तो है। हर कलाकार का अपना एक मिजाज होता है।**

लेकिन आलसी होने को मैं एक खासियत कैसे मान लूं? मैं एक सक्रिय कलाकार हूं। भूपेन खक्खर की तरह सुस्त और आलसी क्यों बन जाऊं?

- **आप एक्रिलिक माध्यम को लेकर काफी उत्साहित रहे हैं और उसे आप भविष्य का माध्यम कहते हैं।**

60 के दशक की शुरुआत में लंदन में जब एक्रिलिक रंगों को लोकप्रिय बनाया जा रहा था तो मैं उन कुछ कलाकारों में से था जिन्होंने सबसे पहले एक्रिलिक का इस्तेमाल किया। मुंबई की एक युवा चित्रकार निमिषा शर्मा ने एक्रिलिक का अपने चित्रों में अद्वितीय इस्तेमाल किया है। उसका काम गैर आकृतिमूलक है जिसे देखकर एक्रिलिक की संभावनाओं का पता चलता है।

- **आप तो कला पर काफी अच्छा लिख सकते हैं। क्यों नहीं आप पश्चिमी अखबारों के लिए भारतीय कला पर कोई लंबा और गंभीर लेख लिखते?**

कोई मुझसे कहे तभी तो लिखूं। बिना मांगे लिखने का मतलब तो यह होगा कि रचना रद्दी की टोकरी में नजर आएगी।

- **भारतीय कला के विकास में आपके असाधारण योगदान के बावजूद भारतीय कला संस्थानों ने आपकी उपेक्षा की है।**

ललित कला अकादेमी मुझको लेकर पूर्वग्रह ग्रस्त रही है। भोपाल में स्वामीनाथन सबके सामने कहते हैं कि "अरे, सूजा हम आपको बहुत चाहते हैं।" लेकिन वहां के संग्रहालयों में मेरा काम नहीं खरीदा जाएगा। हमारे यहां कला संस्थाओं में बंगालियों का राज रहा है और वे अपने ही साथियों को आगे बढ़ाते रहे हैं।

- **इस बीच तो भारतीय कला में वड़ोदरा स्कूल महत्वपूर्ण हो गया है। इन दिनों नैरेटिव कला की बहुत चर्चा है।**

गीता कपूर ने लंदन महोत्सव के कैटलॉग और अपनी किताब, दोनों ही जगहों पर मुझे सबसे पहले (नबर वन) रखा है। लेकिन गीता भूपेन खक्खर, नलिनी मलानी या विवान सुंदरम के ही गुण गाएंगी। उनकी सूची में एक खास तरह के कलाकार ही चमकते हैं। वे लोग मुझे नहीं स्वीकार करते। मैं इस बात पर एक पूरी बहस कर सकता हूं कि भूपेन या गुलाम शेख पेंटर नहीं हैं। वे इलस्ट्रेटर हैं।

- **इन दिनों तो पश्चिम में-खासतौर पर इंग्लैंड में भूपेन खक्खर की काफी चर्चा है।**

इसके पीछे एक बड़ा कारण तो होमोसेक्सुअलिटी है। यह लोग अपनी समलैंगिकता को स्वीकार भी करते हैं। वड़ोदरा में जो- कुछ होता रहा है उस पर पॉप आर्ट का बहुत असर रहा है। 'किच' को मैं कला मानने के लिए

तैयार नहीं हूं। ललित कला (फाइन आर्ट) दरअसल कभी भी लोकप्रिय नहीं हो सकती। कला सभी को आकर्षित नहीं कर सकती। लोकप्रिय और 'किच' का अस्तित्व सुसंस्कृत कला से हमेशा अलग रहेगा।

- **लेकिन भूपेन खक्खर ने अपनी कला में किच को भी एक काव्यात्मक विस्तार दिया है। मिसाल के लिए उनकी पेंटिंग में जलेबी खाता हुआ आदमी कई स्तरों पर हमें छूता है।**

भूपेन खक्खर की कला में कई तरह के दोष हैं। उनकी रेखांकन क्षमता बहुत कमजोर है।

- **आप अपने निजी जीवन में स्त्रियों में विशेष दिलचस्पी दिखाते रहे हैं। स्त्री और सेक्स में दिलचस्पी को लेकर आप लगभग बदनाम हैं। क्या इन बातों का आपकी कला से महत्वपूर्ण संबंध है?**

लोग मेरे निजी जीवन में कुछ ज्यादा ही दिलचस्पी दिखाते हैं। मैं यहां एक गेस्ट हाउस में ठहरा हुआ हूं और लोग मैनेजमेंट को फोन करके पूछ रहे हैं कि सूजा के साथ कौन लड़की ठहरी हुई है। यहां कौन आता है या मुझसे कौन मिलता है। लोग अपने से क्यों नहीं मतलब रखते।

- **सुना है कि जर्मन कवि रिल्के की मृत्यु के बाद जो डायरी मिली उसमें हजार से भी अधिक स्त्रियों के पते थे।**

ठीक है, लेकिन मैं यह जानना चाहूंगा कि रिल्के ने कितनी स्त्रियों को मां बनाया?

- **आप कामचलाऊ हिंदी समझ लेते हैं?**

नहीं। सिर्फ बाजारू हिंदी जानता हूं। उतनी ही जितनी जी.बी. रोड के लिए जरूरी है।

- **जान बर्जर, एडवर्ड लूसी स्मिथ आदि बहुचर्चित अंग्रेजी कला समीक्षकों ने आपकी प्रशंसा में कई फुटकर लेख तो लिखे पर अपनी किताबों में उन्होंने आपकी चर्चा नहीं की।**

पश्चिम में प्रकाशन एक विशाल धंधा है। वे लोग काफी संकीर्ण दिमाग के हैं। किसी गैर यूरोपीय को वे आसानी से स्वीकार नहीं करते हैं।

- **क्या आप कभी भारत वापस आकर काम करना नहीं चाहेंगे?**

60 के दशक के अंत में अमेरिका जाने से पहले मैं भारत लौटने की सोच रहा था। लेकिन शायद रेडमंड का विज्ञान मुझे अमेरिका ले गया। अब मैं बीस साल से अमेरिका में हूं। हम लोग हवा में तिनकों की तरह हैं। शायद ऐसा होना ही था।

- **शायद आप अपनी नियति में विश्वास रखते हैं?**

इस तरह की पुरानी शब्दावली में मैं नहीं सोचता। मैं वैज्ञानिक भाषा को ही जानता हूं। हम सभी लोग एक कंप्यूटर कार्यक्रम के द्वारा संचालित हैं।

- **राजीव गांधी आपकी बात सुनकर प्रभावित हो सकते हैं।**

(यह सुनकर सूजा मुस्करा दिए।)

(1983)

सैयद हैदर रजा

समकालीन भारतीय कला में स्वतंत्रता के साथ-साथ जन्मे प्रोग्रेसिव आर्टिस्ट ग्रुप (पीएजी) के तीन बड़े कलाकारों की आज भी सक्रियता को मैं अत्यंत महत्वपूर्ण बात मानता हूं। मकबूल फिदा हुसेन, फ्रांसिस न्यूटन सूजा और सैयद हैदर रजा, तीनों भिन्न मिजाज के कलाकार हैं। हुसेन को मैं भारतीय जमीन से जुड़ा कलाकार मानता हूं। 'विटविन द स्पाइडर ऐंड लैंप' समकालीन भारतीय कला का एक महत्वपूर्ण लाइट हाउस है। सूजा की रेखाएं अद्भुत हैं। वह जैसे अवचेतन के कलाकार हैं—एक विराट इरॉटिक शक्ति उनकी रेखाओं को ताकत देती है। रजा कवि हैं, दार्शनिक हैं, गहरे अर्थों में आध्यात्मिक हैं। हुसेन भारतीय जमीन के रंग-रूपाकारों की खोज करते रहे हैं तो रजा अपनी जमीन और जड़ों की। विदेश में बस गया शायद ही कोई कलाकार रजा सरीखा भावुक होगा जो बार-बार अपनी जमीन से गहरे स्तर पर जुड़ने, उसे पहचानने की कोशिश करता होगा। अस्सी की उम्र पार करके भी ये तीन कलाकार चूके नहीं हैं। इनकी अद्भुत रचनात्मकता भारतीय कला को बराबर आश्वस्त कर रही है।

पी.ए.जी., सच्चे अर्थों में 'प्रोग्रसिव' कभी नहीं था। कला के प्रगतिशील मिजाज के लिए हमें कोलकाता के कलाकारों की ओर देखना होगा जो चालीस के दशक में दुर्भिक्ष, विश्व युद्ध और अन्य सामाजिक सच्चाइयों का कला में सामना कर रहे थे। राम किंकर, सोमनाथ होर, चित्त प्रसाद सरीखे कलाकार प्रगतिशील थे। पर पी.ए.जी. के कलाकार अपनी निजी जीनियस के बल पर पश्चिमी कला और भारतीय कला की परंपरा के तनाव को एक रचनात्मक विस्तार दे रहे थे।

रजा यह मानते हैं कि उन्होंने पेरिस में 1952 में अपनी सचमुच पहली पेंटिंग बनाई—यह ठीक-ठीक जानते हुए कि मैं दरअसल क्या करना चाहता हूं। लेकिन पिछले दिनों मैंने दिल्ली की एक प्रदर्शनी में रजा का 1945-50 का काफी काम एक साथ देखा था। यह शायद रजा की विनम्रता है कि वह 1952 को चित्रकार के रूप में अपनी वास्तविक शुरुआत मान रहे हैं। या शायद अपने देश से बाहर आधुनिक कला के एक बड़े केंद्र में हर तरह का संघर्ष करते हुए रजा ने पेंटिंग की वास्तविक चिंताओं को गहरे स्तर में जाना और जांचा। पर रजा के शुरू के काम में भी रंगों का एक अद्भुत संसार है। चीजों को देखने का एक विशिष्ट ढंग है। मुंबई की एक सड़क का दृश्य हो, फ्लोरा फाउंटेन की झमाझम बारिश का या सब्जी की एक साधारण दूकान का—रजा की कला के प्रारंभिक बिंदु भी उन्हें अपने समकालीनों से एक भिन्न मिजाज देते हैं।

रजा 1980 से शुरू हुई अपनी कला यात्रा को अपनी वास्तविक कला यात्रा मानते हैं। यानी पेरिस में अपनी सचमुच पहली पेंटिंग बनाने के बाद तीन दशक लग गए, अपने भीतर की चिंताओं और सरोकारों को एक निश्चित कला भाषा प्रदान करने में। इस बीच रजा कला के कई अंतर्राष्ट्रीय खतरों से बच गए। एक बड़ा खतरा तो नव तंत्रकला का ही था। इस दृष्टि से गुलाम रसूल संतोष की कला के कैरियर को देखें तो रंगों के वह भी कुशल चितेरे हैं पर वह नव तंत्रकला की चित्र भाषा का शिकार हो गए। संतोष ने एक बार बातचीत में मुझसे कहा था—'तंत्र कला में बड़ा खतरा है।' पर वह खुद अपनी चित्र भाषा को इस खतरे से बचा नहीं पाए।

रजा इस तरह के 'ट्रैप' से बच सके क्योंकि रंगों की दुनिया में वह अंतर्राष्ट्रीय कला बाजार द्वारा निर्धारित होने वाली विशिष्ट मुद्राएं लेकर कभी नहीं गए। एक सूफी संत की तरह रंगों की दुनिया में उन्होंने प्रवेश किया।

रजा ने अपने अनेक चित्रों में देवनागरी के जादू का भी बड़ा कल्पनाशील इस्तेमाल किया है। हिंदी भाषी प्रदेशों से बाहर की दुनिया में देवनागरी शायद एक सुलेखन ही सिद्ध हो। पर इससे कोई फर्क नहीं पड़ता। आधुनिक

कला के प्रेक्षक को चाक्षुष भाषा को ठीक से समझने के लिए काफी प्रयत्न करने पड़ते हैं। मिसाल के लिए, गुलाम मोहम्मद शेख के अनेक चित्रों के वास्तविक अर्थ जानने के लिए उनके कला के जटिल संदर्भ-स्रोतों से भी परिचित होना पड़ता है।

लेकिन रजा के संदर्भ-स्रोत जटिल नहीं हैं। रजा कहते हैं कि मैं जिंदगी से प्यार करता हूं, खूबसरत चीजों से प्यार करता हूं और मैं रंगों से प्यार करता हूं। शायद इसमें से बहुत से लोग इन तीनों चीजों से प्यार करते होंगे। पर सच्चे प्यार के लिए कठिन साधना से एक कलाकार को गुजरना पड़ता है। रजा को दस साल लगातार काम करने और असंख्य चित्र बनाने के बाद एक दिन एहसास हुआ कि मैं अब पहली पेंटिंग बना रहा हूं। और फिर तीस साल तक पेंट करने के बाद उन्हें अपनी खुद की जमीन दिखाई दी। शायद यह धैर्य, साधना और फकीर कवियों-साधुओं वाला मिजाज रजा की कला के केंद्रीय बिंदुओं को पहचानने का आधार है। कलाकार को अपने भीतर का संगीत आसानी से सुनाई नहीं देता है। रजा को चालीस साल लगातार पेंट करने के बाद वह सुनाई देना शुरू हुआ। रंगों की यह कविता और संगीत समकालीन भारतीय कला की एक बड़ी धरोहर है।

(2003)

कृष्ण खन्ना का रेखांकन

कृष्ण खन्ना

सुप्रसिद्ध चित्रकार कृष्ण खन्ना (जन्म : 1925) से यह मुलाकात गढ़ी में हुई। ढाई वर्ष से कृष्ण खन्ना मौर्य पैलेस शेरेटन में एक बड़ा म्यूरल (भित्तीचित्र) बना रहे थे। गढ़ी के अपने स्टूडियो में कृष्ण खन्ना इसी म्यूरल का काम कर रहे थे।

ध्यान देने की बात यह है कि हमारे यहां अनेक जाने-माने चित्रकार जब किसी बड़े होटल या आलीशान इमारत का म्यूरल बनाते हैं तो अक्सर वे उस काम को 'ठेके का काम' ही समझते हैं। झटपट अपनी कला शैली का एक नमूना खड़ा कर देते हैं। सज्जा पर ही ज्यादा जोर रहता है। हुसेन ने कनिष्क होटल की लॉबी में कुछ समय पहले जो म्यूरल बनाया था उसमें कलाकार का रचनात्मक संघर्ष बहुत कम दीखता है। आज हमारे अनेक सफल कलाकार चित्रकार म्यूरल के काम को पैसा बनाने के साधन के रूप में ही ज्यादा देखते हैं।

पहले ऐसा नहीं था। विनोद बिहारी मुखर्जी ने शांति निकेतन में अगर म्यूरल बनाया तो उनके लिए वह अपनी रचनात्मकता को पाने का एक सार्थक रास्ता था। कृष्ण खन्ना के इस म्यूरल में एक रचनात्मक बेचैनी देखी जा सकती है—उसमें भारतीय जीवन के विविध रूपों को पहचानने की कोशिश है। इस म्यूरल में कृष्ण खन्ना के साथ अनेक महत्वपूर्ण युवा चित्रकार भी काम कर रहे थे।

कृष्ण खन्ना थोड़ा हंसकर कहते हैं, "लोग कभी-कभी मुझसे पूछते हैं कि कब खत्म होगा तुम्हारा म्यूरल? अपना काम कब शुरू करोगे?"

यानी म्यूरल 'अपना काम' नहीं है। बड़े-बड़े चित्रकार इस तरह की बात करते हुए देखे जा सकते हैं।

यह बात सही है कि पांच सितारा होटल म्यूरल के लिए आदर्श स्थान नहीं है। वहां एक खास तरह के लोग ही उसे देखेंगे (लेकिन अक्सर पेंटिंग भी तो वही लोग खरीदकर अपने घरों में ले जाते हैं।) कृष्ण खन्ना को उम्मीद है कि इस म्यूरल को काफी (और कई तरह के) लोग देख सकेंगे।

कृष्ण खन्ना 30-40 एकल प्रदशर्नियां कर चुके हैं लेकिन उन्होंने सिर्फ एक बार अपनी प्रदर्शनी का उद्घाटन करवाया है। 'वह भी जब मेरे दोस्त रूडीवान लीडन ने ऐसी इच्छा प्रकट की।' कृष्ण खन्ना को यह विचार कभी अच्छा नहीं लगा कि किसी 'ऊँचे आदमी' से नुमाइश का उद्घाटन कराया जाए।

कृष्ण खन्ना इस बात को भी कोई महत्व नहीं देते कि समाज में चित्रकार को पर्याप्त सम्मान मिल रहा है या नहीं। "क्या एक आर्टिस्ट यह चाहता है कि सार्वजनिक जगहों में लोग आटोग्राफ के लिए उसके पीछे-पीछे दौड़ें? उसे घेर लें। इसकी आखिर जरूरत क्या है? चित्रकार की समस्या उसका अपना काम है। असली कशमकश वहीं अपने स्टूडियो में है—बाकी सब ऊपरी बातें हैं। आपकी हरेक पेंटिंग अगर बिक जाती है तो उससे ज्यादा अब चाहते क्या हैं? एक पेंटर अपनी जिंदगी खुद चुनता है। किसी ने यह काम उस पर लादा तो नहीं है। तो फिर शिकायत भी क्यों की जाए? कई ऐसे पेंटर हैं जो चाहते हैं कि लोग उन्हें एक अभिनेता, नर्तक या गायक की तरह जानें। सार्वजनिक पहचान से उन्हें एक तरह की ताकत मिलती है...लेकिन मेरी समझ में पेंटिंग एक प्राइवेट मीडियम है।"

कृष्ण खन्ना का जन्म लायलपुर (अब पाकिस्तान) में हुआ था। उन्होंने कला की शिक्षा बाकायदा किसी कॉलेज से नहीं प्राप्त की है। लाहौर के मेयो स्कूल में शाम को जरूर चले जाया करते थे। पर पेंट बचपन से ही कर रहे हैं। 1945-47 में लाहौर की एक प्रिंटिंग प्रेस में काम किया। फिर 1948 में बैंक की नौकरी करने लगे। 13 साल तक बैंक में रहे। लेकिन पेंट बराबर करते रहे—बल्कि प्रोग्रेसिव आर्टिस्टस् ग्रुप के लोगों के निकट संपर्क में रहे।

उनकी नुमाइशों में हिस्सा लेते रहे।

"1961 में मैंने ज्यादा काम करने के इरादे से बैंक की नौकरी छोड़ दी। 24 घंटे पेंटर रहने में कुछ और ही बात है।"

अंग्रेजी कवि टी.एस. एलियट भी तो बैंक में नौकरी करते थे। "हां, 1960 में जब मैं बैंक की नौकरी छोड़ने वाला था तो लंदन में मेरी एक नुमाइश में हर्बर्ट रीड आए। वे मुझसे बातें कर रहे थे कि मैं क्या करता हूं...मैंने जब उन्हें बताया कि मैं मुलाजिम हूं तो उन्होंने कहा कि एलियट भी बैंक में रहे हैं। वे खुद भी बैंक में काम कर चुके थे। उनका तो कहना था कि तुम बैंक मत छोड़ो...बहरहाल..."

क्या आप अपनी पेंटिंग में घटनाओं पर तुरंत प्रतिक्रिया करना पसंद करते हैं? मिसाल के लिए, हुसेन आदमी के चंद्रमा पर जाने से लेकर सुनील गावस्कर द्वारा ब्रैडमैन के रिकार्ड तोड़ने तक को तुरंत पेंटिंग के माध्यम से दर्ज करते रहे हैं। मिसाल के लिए आप पंजाब से हैं। हाल की घटनाओं ने आप पर कैसा असर डाला? इस पर कृष्ण खन्ना का कहना था : "दरअसल यह घटना मेरे इतने करीब है कि मैं इसे आसानी से पेंट नहीं कर सकता! वड्र्सवर्थ ने प्रशांति में संवेगों के स्मरण की जो बात की है वह यहां लागू होती है। बेहतर है कि स्थिति को पहले पचा लिया लाए। आपको पेंटिंग के साथ देर तक रहना होता है। हुसेन के काम को मैं एक अर्से से देखता चला आ रहा हूं। उनकी 12-13 पेंटिंग तो मेरे पास ही होंगी। लेकिन उनकी अच्छी कृतियां मूनलैंडिंग सरीखी प्रतिक्रियाएं नहीं हैं। उनकी पेंटिंग 'आदमी' बहुत बड़ी पेंटिंग है, लेकिन उसमें किसी घटना पर तुरंत प्रतिक्रिया नहीं है। स्पानी चित्रकार गोइया के चित्रों को देखिए। उनमें घटनाएं-ही-घटनाएं हैं। लेकिन उनमें महत्वपूर्ण क्या है? वहां ब्रश की स्वतंत्रता और संचालन महत्वपूर्ण है–अनेक दूसरी चीजें अंत में विषयवस्तु में हमें परे ले जाती हैं।"

कृष्ण खन्ना की राय में कलाकृतियों को पुरस्कार देना ठीक नहीं है। "असल में जो अच्छा काम है उसे आपका समाज खुद-ब-खुद स्वीकार करेगा। उसके लिए कोई मैडल या पद्मश्री देने की कोई जरूरत नहीं है।"

पेरिस में बस गए भारतीय चित्रकार सैयद हैदर रजा (जो कृष्ण खन्ना के पुराने मित्र भी हैं) ने अपनी भारत यात्रा में यह बात काफी जोर देकर कही कि चित्रकला के क्षेत्र में जिन पांच देशों में महत्वपूर्ण काम हो रहा है उनमें भारत भी एक है। "हां, मैं मानता हूं कि हमारे यहां अच्छे पाए का काम हो रहा है। लेकिन यह कोई नई बात नहीं है। 1968 में त्रैवार्षिकी में भारतीय खंड अलग था। तब अंतर्राष्ट्रीय जूरी ने यह टिप्पणी की थी कि भारतीय खंड प्रदर्शनी के सबसे अच्छे खंडों में से है।"

कृष्ण खन्ना ने शुरू से ही आकृतिमूलक काम किया है। साठ के दशक में दो-तीन साल अमूर्त काम किया था लेकिन सत्तर के दशक में उन्होंने कई चर्चित चित्र शृंखलाओं पर काम किया जिनमें आज के सामाजिक-राजनीतिक जीवन पर तीखी टिप्पणियां हैं। 1970 में उन्होंने एक चर्चित पेंटिंग में मृत चे ग्वेवारा को तस्वीर के लिए तैयार करते हुए पेंट किया था। 1971 में बांग्लादेश के मुक्ति-संग्राम के दिनों में कृष्ण खन्ना ने 'खेल' शीर्षक से कुछ बहुत प्रभावशाली चित्र बनाए थे। मेज पर शक्तिशाली लोग बैठे खेल रहे हैं–नीचे नर-कंकाल पड़े हैं। 1975 में कृष्ण खन्ना ने एक 'ट्रक शृंखला' की प्रदर्शनी की जिसमें चादरों में लिपटे उकड़ू बैठे मजदूर थे। 1979 में एक प्रदर्शनी के एक चित्र में नोटों का भारी-भरकम हार पहने एक नेता हाथ जोड़े खड़ा है।

"ये लोग इतने शक्तिशाली हैं और सचमुच इतना प्रभावित करते हैं कि मैं आकर्षित होकर यह भूल जाता हूं कि 'पेंटिंग का वास्तविक अभिप्राय अमूर्तन में है'। मेरी इस कमजोरी के लिए क्षमा किया जाए लेकिन मैं उन्हें अपने कैनवास पर आने और उसे अशुद्ध करने से रोक नहीं पाता हूं।" कृष्ण खन्ना ने यह टिप्पणी 1973 में की थी।

म्यूरल में 4-5 हजार फुट की जगह में सारा देश ही आ जाएगा। किसे-किसे आप घुसने नहीं देंगे अपनी इस आलीशान जगह में? "मुझे बहुत अच्छा लग रहा है। ऐसा म्यूरल बनाना चाहता हूं जिसमें सारी जिंदगी लग जाए।"

(1986)

रामकुमार

रामकुमार उन बहुत थोड़े कलाकर्मियों में से हैं जो एक प्रख्यात चित्रकार होने के अलावा एक महत्वपूर्ण कथाकार भी हैं। पिछले तीस वर्षों में इन दोनों क्षेत्रों में रामकुमार ने बराबर काम किया है और शायद यह बताना आसान नहीं है कि रामकुमार पहले चित्रकार हैं या कथाकार। नई किताब छपने से कुछ ही दिनों पहले मुंबई में (7 दिसंबर, 23 दिसंबर, 1978) पंडोल कलावीथी ने उनके नए चित्रों की एक सफल प्रदर्शनी की है। इस बीच उन्होंने अपनी इस नई चित्र-शृंखला के काम को और आगे बढ़ाया है और सात नई कलाकृतियां इस 5 मार्च से नई दिल्ली की चाणक्य वीथी में दिखाई जा रही हैं। इन कलाकृतियों की प्रेरणा जाड़े की सुबह रही है और इनमें हमें जहां एक तरफ रामकुमार के कैनवास के कुछ परिचित रूप दिखते हैं वहीं कुछ नए रंग औ नया मिजाज भी दिखता है। मिसाल के लिए एक चित्र में कैनवास की दाईं तरफ का काफी बड़ा हिस्सा खाली दिखता है, पर यह कैनवास अपनी संपूर्णता में अपने मूड को बहुत अच्छी तरह से सामने लाता है। रामकुमार के चित्रों को काफी देर तक देखते रहने के बाद इतना कह देना काफी नहीं लगता कि पेंटिंग अच्छी लगी।

रामकुमार का व्यक्तित्व दूसरे कलाकारों की भांति विवादास्पद नहीं नजर आता। वे बहुत संकोची स्वभाव के हैं और अपने बारे में या अपनी रचना के बारे में ज्यादा नहीं कहना चाहते। भेंटवार्ताओं से तो वे सचमुच घबराते हैं। ''जैसे किसी नौकरी के लिए इंटरव्यू देते समय जो घबराहट होती है उसी प्रकार की परेशानी किसी पत्र के लिए इंटरव्यू देते समय महसूस होती है। कभी-कभी तो मुझे ऐसा लगता है कि उस वक्त कुछ बताने की अपेक्षा मैं छिपाने की चेष्टा करता रहता हूं। जो कुछ कह देता हूं, उसके महत्व पर भी आशंका होने लगती है—जब कुछ प्रश्नों के उत्तर नहीं दे पाता तो इंटरव्यू लेने वाले सज्जन से कहता हूं कि वे प्रश्न लिखकर दे जाएं। मैं फुरसत में सोच-समझकर उनका उत्तर लिख दूंगा, लेकिन, इस स्थिति में भेंट की सार्थकता नष्ट हो जाती है। तब हम बोलते नहीं, लिखते हैं।''

अपने चित्रों के संदर्भ में रामकुमार का कहना है : ''जब कभी उनके विषय में कुछ प्रश्न मुझसे पूछे जाते हैं, तो ईमानदारी के साथ कुछ भी कहना मुझे लगभग असंभव-सा जान पड़ता है। जब मैं स्वयं ही इनके बारे में कुछ नहीं जानता तो दूसरे को क्या बतला सकता हूं, सिवाय इसके कि इसकी रचना-प्रक्रिया क्या थी।'' अपनी नई कलाकृतियों की रचना-प्रक्रिया के बारे में बात करते हुए रामकुमार ने बताया कि ''यह बात सही है कि सर्दियों की सुबह आकाश को देखकर एकदम खुला-खुला लगता है...मुक्ति-सी महसूस होती है। इस शृंखला के चित्रों में 'स्काईस्केप' अधिक मात्रा में है। नाटकीय रंग भी नहीं है—एकरंगी अनुभति लाने की चेष्टा की थी जिससे किसी प्रकार के टकराव और संघर्ष से बचा जा सके। जब लद्दाख गया था तो वहां पर ऐसा महसूस हुआ था, पर पेंटिंग का ध्यान नहीं आया था। अपनी पेंटिंग के बारे में एक महत्वपूर्ण बात मुझे यह भी लगती है कि वे किसी एक पेंटिंग में पूरी नहीं होतीं। उसमें एक तरह की निरंतरता बनी रहती है। खासकर यह चित्र-शृंखला एक ही मूड और एक ही समस्या को लेकर बनाई। इन्हें एक साथ देखकर एक दर्शक इनका पूरा आनंद प्राप्त कर सकता है। कहानियों में भी कई बार मैंने एक ही स्थिति, एक ही चरित्र को व्यक्त करने की चेष्टा की है। इससे दुहराव हो सकता है, पर चीजें अधिक तीव्रता से अपनी अभिव्यक्ति पाती हैं। किसी नए बिंदु पर आने के बाद चाहता हूं कि बहुत दूर जाकर उसे छोड़ूं।''

अपनी प्रेरणा के लिए रामकुमार अक्सर दो-तीन महीनों के बाद किसी नए शहर, लैंडस्केप, नई स्थिति में कुछ दिनों के लिए चले जाते हैं। कोशिश रहती है कि ऐसी जगहों पर जाया जाए जहां दिल्ली के लैंडस्केप से मिलते-जुलते

लैंडस्केप न हों। दिल्ली में रामकुमार लगभग रोजाना ही पेंट करते हैं। (ज्यादातर सुबह के वक्त), लेकिन दिल्ली के बाहर जाकर वे अपने पुराने काम पर सोचने की जरूरत महसूस करते हैं। काम करते वक्त से इतना नहीं सोचते। ''सुबह के वक्त मैं लिखता नहीं हूं। शाम को लिखता हूं।''

कहानियों की प्रेरणा के बारे में बात करते हुए रामकुमार ने बताया कि ''पात्रों की कमी जरूर महसूस करता हूं, काल्पनिक पात्र बहुत कम ही लेता हूं। उसमें सफलता नहीं मिली है। परिचित शहर के किसी परिचित घर में जरूर एक नई तरह का 'प्लाट' सोचने की सुविधा मिलती है।''

चित्र-प्रदर्शनी और चित्रकला के दर्शकों की बात आई तो रामकुमार ने कहा कि ''प्रदर्शनी करने की बात से मुझे बहुत 'डिप्रेशन' होता है। वह एक कृत्रिम काम है पर उसका व्यावहारिक महत्व है। इतना साहस नहीं कि उसे न करूं। एक-दो करीब के मित्र जब मेरा काम देखते हैं तो अच्छा लगता है। संख्या में दो सौ आदमी हों या पचास यह बहुत महत्वपूर्ण नहीं है। मुंबई की जहांगीर कलावीथी में लोग सैकड़ों की संख्या में आते हैं। वहां चलन-सा हो गया है कि प्रिंस ऑफ म्यूजियम के बाद आर्ट गैलरी जाना है। एक दरवाजे से आकर लोग दूसरे दरवाजे से चले जाते है। जहां तक कहानी का सवाल है, पाठक एकाध घंटा उसको देगा ही। यहां पर दर्शक एक चित्र को एक घंटे में भी देख सकता है और एक मिनट में भी। किसी महत्वपूर्ण प्रदर्शनी में कम लोग देखकर अच्छा नहीं लगता। अभी पिछले दिनों में युगोस्लाव प्रदर्शन में एक भी आदमी न देखकर बड़ा अजीब लगा कि इतनी महत्वपूर्ण प्रदर्शनी में दिल्ली के लोगों को कोई दिलचस्पी नहीं है।''

किसी एक शहर के कला-केंद्र बनने का एक कलाकार को लाभ रामकुमार ने अनुसार शुरू के वर्षों में बहुत है। भोपाल, लखनऊ से दस दिन के लिए दिल्ली आने से लाभ नहीं है। बहसें न भी हों, पर रहना जरूरी है।

पश्चिमी कला के बारे में रामकुमार ने बताया—''अमेरिका में कला में इतनी तेजी से परिवर्तन हुए हैं, जो हमारे यहां का वातावरण है ही नहीं। 1940-50 में पेरिस में जो काम हो रहा था, उससे अपने अनुभव की कोई समानता हम सोच भी सकते थे। अमेरिका में नई पीढ़ी अपनी पहचान को अलग रखने के लिए जिस तरह पुरानी पीढ़ी से अलग होती है, वैसी चुनौती हमारे यहां नहीं दिखेगी। हुसेन, रजा, सूजा...अभी भी वही नाम दिखते हैं। कुछ वर्ष पहले तक पेरिस की ओर देखते थे। फिर अमेरिका की ओर, और कुछ ने अपने देश के इतिहास के पन्ने उलटते हुए तांत्रिक कला को पकड़कर उसकी अनुकृति करके एक नई दिशा में जाने का रास्ता पकड़ा। कुछ ने लोककला का, कुछ ने संस्कृत का अध्ययन करके शिल्प-शास्त्र के सिद्धांतों को आधुनिकता के साथ जोड़ने की कोशिश की है...।''

अपने बाद के चित्रकारों से सीखने की बात के जवाब में रामकुमार ने कहा, ''गुलाम शेख, स्वामीनाथन, जेराम पटेल वगैरह जो महत्वपूर्ण कलाकार हैं, उनकी कोशिशें उनके लिए तो महत्वपूर्ण हो सकती हैं। वे चीजें उनके लिए सही हो जाएं, यही बहुत है। दूसरे के प्रभाव का सवाल पैदा नहीं होता। भूपेन खक्खर ने कुणिका में शुरू में जब कोलाजों का प्रदर्शन किया था तो अच्छा लगा था। पर बाद में मैंने उस काम को बढ़ते हुए नहीं देखा।''

अपने समकालीनों से बहसों और बातचीत की चर्चा आई तो रामकुमार ने बताया कि ''इधर पिछले कुछ वर्षों में पहले की तरह का संवाद एकदम बंद-सा ही हो गया है। कभी-कभार जो बातचीत होती है उसमें 'अच्छी लगी' या 'खास नहीं जमी' शैली तक ही सीमित हो जाते हैं। अभी मुंबई में मैं तैयब मेहता के साथ अकबर पदमसी के यहां गया तो उनकी चार-पांच पेंटिंग्स पर बहुत अच्छी बहस-बातचीत हुई थी। पर ऐसे अवसर बहुत कम आते हैं।''

भारतीय कला आलोचकों (भेंटकर्ता ने उन्हें 'कला पत्रकार' कहा तो रामकुमार सहमत थे) के सीमित होने की दुखद हालत की भी बात आई। रामकुमार ने बताया कि जब वे यूरोप से लौटे तो हमारे महत्वपूर्ण कला आलोचक इतने उदासीन थे कि उस अनुभव के बारे में कुछ जानना भी नहीं चाहते थे।

भारतीय कला परंपरा के प्रसंग में रामकुमार ने कहा कि ''अजन्ता, एलोरा, खजुराहो इतनी दूर की और इतिहास की चीजें हैं कि आज की स्थिति में चाहते हुए भी उनसे कोई संबंध नहीं बना पाता। परंपरा को अगर सामान्य रूप से लें—परिवार, संबंधियों, मित्रों के प्रति दृष्टिकोण के रूप में तो आज भी आस्था और विश्वास के स्तर पर परंपरा से टूटने की बात नहीं नजर आती। हम कितने ही आधुनिक क्यों न हों, पुराने संस्कारों को तोड़ पाना हमारे लिए संभव नहीं है।''

(1979)

जगदीश स्वामीनाथन

जगदीश स्वामीनाथन भारत के अग्रणी आधुनिक चित्रकारों में से हैं। पिछले कई वर्षों से वे दिल्ली में लगातार एकल प्रदर्शनियां करते रहे हैं। स्वामीनाथन का कहना है कि वे 'एक तरह के जुनून' में काम करते हैं। इन दिनों वे खूब काम कर रहे हैं। मेक्सिको में एक विशेष प्रदर्शनी आयोजित करने का इरादा है। स्वामीनाथन उन चित्रकारों में से हैं जो भाषा में भी अपने को बहुत अच्छी तरह से अभिव्यक्ति कर सकते हैं। उनसे बात करना बौद्धिक दृष्टि से एक ताजा और उत्तेजक अनुभव होता है। स्वामीनाथन के ड्राइंग-रूम में बड़ी साधारण सज्जा है। सूजा की एक पेंटिंग (जो उन्होंने स्वामीनाथन के घर पर ही स्वामीनाथन, उनकी पत्नी भवानी और अन्य मित्रों को विषय बनाकर रची थी) टंगी है और किताबों की आलमारी के बीच में आइंस्टाइन का एक चित्र तथा एल ग्रेको की एक कलाकृति चिपकी हुई है। ड्राइंग-रूम के ठीक बगल में स्वामीनाथन का स्टूडियो बना है।

- **अपनी रचना-प्रक्रिया के बारे में कुछ बताएं-किस वक्त और किस तरह से काम करना पसंद है?**

एक जमाने में मैं रात को काफी देर तक काम करना पसंद करता था। लेकिन रात को रंगों के साथ दिक्कत होती है। खासतौर पर पीले रंग के इस्तेमाल में कुछ मुश्किल होती है। दरअसल काम करने का वक्त पेंटिंग के एक ऐसी जगह पर आ जाने से जुड़ा है जहां वह खुद अपने-आपको आगे ले जाती है। शुरू में गाढ़े रंग थोपने (इंस्पेटो) की प्रक्रिया पसंद थी—'पैलेट-नाइफ' का बहुत इस्तेमाल करता था। अब ऐसा बिल्कुल नहीं है। रंगों का इस्तेमाल काफी 'बारीक' हो गया है।

- **पेंट करने के लिए आपको कैसी प्रेरणा की जरूरत महसूस होती है?**

बड़ा मुश्किल सवाल है। बिना कुछ किए हुए भी संतुष्ट रह लेता हूं—शाब्दिक अर्थों में बिना कुछ किए। फिर कुछ परेशानी भी पैदा होती है। एक बार शुरू करना सबसे कठिन लगता है। कोशिश रहती है कि टल जाए। पर एक बार शुरू हो जाए तो बात दूसरी है।

- **इन दिनों आपको अपने काम में क्या खास चीजें महसूस हो रही हैं।**

दो-तीन दिशाएं दिखती हैं और यह कह नहीं सकता कि आगे क्या होगा। मसलन एक पेंटिंग में, शायद दो में पहाड़ का 'रूप' पूरी तरह से 'टंगा' हुआ है। एक जगह पर तो इसमें पहाड़ जैसे एक पत्थर में बदल गया है। इस पत्थर में काम करते वक्त मुझे कुछ ऐसा महसूस हुआ जैसे वह पत्थर धरती को खोदकर निकाला जाए। ठीक-ठीक तो नहीं जानता, पर कुछ हो रहा है जो मेरे शुरू के काम से एक नए ढंग से भी जुड़ता दिखाई दे रहा है।

- **कलाकार के रूप में अपने विकास में आप किस बात को केंद्रीय मानते हैं?**

पता नहीं सही है या गलत, पर मुझे कुछ ऐसा लगता है कि मैं उन चित्रकारों में से नहीं हूं जिनका काम बौद्धिकता से बिल्कुल मुक्त होता है। मेरा अभिप्राय बुद्धि के प्रति भावनात्मक दृष्टिकोण रखने से अधिक है। ऐसा नहीं है कि भावनाओं के प्रति मेरा बौद्धिक दृष्टिकोण है। यही कहूंगा कि मेरे यहां चीजों के विन्यास में बौद्धिकता का स्थान है।

- **आप अपनी पेंटिंग के बारे में अलग से बात करना पसंद करते हैं या आपको लगता है कि पेंटिंग को स्वयं कुछ कहना चाहिए?**

मैंने आज तक कोई कलाकार नहीं देखा जो अलग से अपने चित्रों पर बात न करना चाहता हो। कहने को सब कहते हैं कि हम कुछ नहीं कहेंगे, पर सिवाय उसके वे कोई बात नहीं करते हैं। इसका मतलब यह नहीं कि पेंटिंग तक पहुंचने के लिए अलग से व्याख्यात्मक टिप्पणी आवश्यक है। आदर्श स्थिति तो यही है कि आप पेंटिंग को देखें और जो प्राप्त कर सकते हैं, करें। कलाकार अपनी कला के बारे में मुखर होते हैं।

- **इस समय समकालीन कला-परिदृश्य की क्या विशेषताएं आपको दिखती हैं?**

समकालीन कला-आंदोलनों में काफी अगंभीर किस्म के दृष्टिकोण पैदा हुए हैं। 'प्रोग्रेसिव ग्रुप' के कलाकारों में जो गंभीरता थी वह आज नहीं है। बातचीत बहुत कम होती है। भारतीय चित्रकारों में कुछ का 'रूपांतरण' हुआ है। मिसाल के लिए जब तैयब मेहता यूरोप से आए थे, उससे पहले वे प्रोग्रेसिव कलाकारों की तरह 'ब्रश-स्ट्रोक' 'पैलेट-नाइफ' का इस्तेमाल केंद्रीय 'इमेज' बनाने के लिए करते थे। हिंदुस्तान लौटकर उन्होंने इस पद्धति को त्याग दिया, रंगों का सपाट रूप सामने आया, जिसमें 'ब्रश स्ट्रोक' 'पैलेट-नाइफ' का प्रयोग है ही नहीं। मुझे ऐसा लगता है कि आधुनिक पश्चिमी परंपरा से, जिसके शिकार प्रोग्रेसिव ग्रुप के लगभग सभी कलाकार थे, वे कटे हैं। इसी प्रकार कई दूसरे कलाकार हैं—बीरेन दे, ओमप्रकाश, संतोष आदि। सवाल शायद यह है कि इनमें से कौन सार्थक है या नहीं है। पहले ब्रश की, 'पैलेट-नाइफ' की 'संभाल' पर ही पूरा जोर था। इस पूर्वग्रह से मुक्ति मिली है। बहुत पहले 1964 में ही मैंने लिखा था कि हमारे आधुनिक कलाकार का, पाश्चात्य जगत के आधुनिक आंदोलन का पूर्वग्रह गलत है कि इस तरह की किसी चीज को अनिवार्य मानकर चला जाए। इसमें 'इमेज' का महत्व कम हो रहा था। वह तकनीक में विलीन होती चली जा रही थी। एक उदाहरण लें। मेक्सिको के प्रसिद्ध कलाकार डेविड अल्फारो सिकेरोस अपने विशाल भित्तिचित्रों को बनाते समय आधुनिक औद्योगिक जुगत-मिसाल के लिए स्प्रे गन का प्रयोग करते थे। उसी से यह 'पैटर्न' को आगे बढ़ाते थे। सिकेरोस उस तकनीक का इस्तेमाल करते थे अपनी 'इमेज' को विरूपित करने के लिए। अमेरिकी कलाकार जैकसन पोलक ने इस तकनीक को सिकेरोस से लिया, पर आकृति को बाहर फेंक दिया। 'इमेज' उड़ा दी और तकनीक हावी हो गई। भरतीय कला और पश्चिमी कला की बात नहीं है। परंपरा को मान लेते तो कुछ संभव नहीं होता। पूर्ण विद्रोह से ही कुछ संभव हुआ है। सत्य नारों में नहीं है, पर मुझे यहां प्रसिद्ध चित्रकार मीरो का ध्यान आ रहा है। अतियथार्थवादी चित्रकार फ्रांसीसी राज्य के बारे में नारे लगाते हुए बढ़ रहे थे—'सरकार मुर्दाबाद!' लेकिन मीरो एक दूसरा ही नारा लगा रहे थे—'भूमध्य (मेडिटरेनियन) मुर्दाबाद!' चूंकि सबका जन्म वहीं से हुआ था। सब कुछ पुराना मिट गया।

- **पश्चिमी कला और भारतीय कला का तीखा भेद करते हुए बहुत से आलोचक आपको पूरी तरह से पश्चिम का विरोधी मानते हैं। आपका क्या कहना है?**

आज के कलाकार के सामने पश्चिम और पूर्व नाम की कोई चीज नहीं है। जो प्रभावी परंपरा है, वह पश्चिमी परंपरा है जिस पर शंका करनी ही पड़ती है। कम-से-कम मैं तो करता हूं। हमारे यहां के चित्रकार एक ऐसी पृष्ठभूमि से आ रहे हैं जिसमें कई तरह की कथाएं, दृष्टांत और दार्शनिक दृष्टिकोण मौजूद हैं। मूल प्रश्न यह है कि इन सबके प्रति किसी तरह की सजगता की आवश्यकता है अथवा नहीं? रंग और कैनवास ही है, और कुछ नहीं है—यह दृष्टिकोण सही नहीं है। हमारे यहां के अधिकांश दार्शनिक दृष्टिकोण 'इंडो-एंग्लिकन' समझ पर आधारित हैं। अजंता, मुगल मिनियेचर वगैरह की आस्था हमें इसी दृष्टिकोण से मिली है। हुसेन, रामकुमार, गायतोंडे आदि आधुनिक चित्रकारों की लंदन की एक नुमाइश में इसी तरह की एक 'समझ' ने परिचय देते हुए यह कहा था कि भारत के यही आधुनिक चित्रकार हैं जो पश्चिमी जागरूकता को भारत में जमीन दे रहे हैं। हम पश्चिम के दो बड़े आधुनिक चित्रकारों को लें—मेलेविच और पिकासो। इनमें से एक रूसी है और दूसरा स्पेनी, और ये दोनों ही

देश 'पिछड़े हुए' देश थे। पश्चिम में आधुनिक व्यक्ति की परंपरा मरती हुई परंपरा है। पश्चिम में आधुनिक कला मोदिगलियानी की व्यक्तिनिष्ठ चेतना से होती हुई पूर्ण वस्तुनिष्ठता की तरफ चली गई। हम अपने संदर्भ में देखें तो दूसरे का अनुभव (सेकेंड हैंड) दयनीय तो है ही—उस बोझ को ढोने की हमें कोई आवश्यकता भी नहीं है। मैं पश्चिमी संस्कृति को मरता हुआ मानता हूं, पश्चिमी व्यक्ति को नहीं। वहां के अनेक सजग लोग अपनी संस्कृति के खिलाफ हैं।

- **भारत में आधुनिक चित्रकार को पैसे ओर ग्लैमर के बल पर 'सुपर स्टार' बनाने की जो थोड़ी-बहुत कोशिशें हुईं, उनके प्रति आपका क्या रुख है?**

ज्यादातर चित्रकार बहुत तेज किस्म के लोग हैं। इस बात को उनकी कला से नहीं जोड़ना चाहिए। आधुनिक दुनिया में कलाकार एक तरह का गुरिल्ला योद्धा है—वह हर चीज का लाभ उठाना चाहेगा। समाज में अर्थव्यवस्था जब बाजार के प्रभुत्व में हो तो व्यक्ति बराबर लड़ाई लड़ता है। इस लड़ाई में आप ऊपर पहुंच जाइए और वहां बने रहिए या नीचे चले जाइए। मैं यह नहीं कह रहा हूं कि यह सब ठीक है। दीन-दुनिया से संबंध न रखने वाले कलाकार भी होंगे—अधिकांश तो आक्रामक होकर अपने को प्रस्तुत करते हैं। कुछ एकदम पशु की तरह है। गाय की तरह बेबस...। पर अधिकांश कलाकार बाजार के प्रति सजग होते हैं। चेतन-अवचेतन रूप में अभिनेता का पोज बनाए रखते हैं। एक कलाकार से यह उम्मीद करना पाखंड है कि वह पूरे समाज को ही अपने जीवनकाल में बदल देगा। फिर तो उसे अपना काम छोड़कर सामाजिक क्रांति के काम में लग जाना चाहिए। समाज से कलाकार का संवाद बाजार के अलावा कौन-सा है? ईजल पेंटिंग जनता के लिए नहीं, निजी संपत्ति ही रहेगी—यह एक सच्चाई है।

- **आपकी चित्रकला में सीमित दर्शक-वर्ग की दिलचस्पी है, इससे आप कभी निराश भी होते हैं?**

कम-से-कम लोग देखें तो अच्छा ही है। दो, चार दस...बहुत ज्यादा लोगों की उम्मीद नहीं करता। एक को भी अगर कुछ मिल जाए।

- **चिड़िया, पहाड़ वगैरह आपके चित्रकार के जो इन दिनों परिचित रूप हैं वह क्या अपने को दोहराना है? एक कलाकार के रूप में आप इसके प्रति किस तरह सजग हैं?**

पिछले 18 वर्षों में मेरी कला पांच निश्चित दौरों में से गुजर चुकी है जो कम नहीं है। होता यह है कि जहां आप किसी पहचानी जा सकने वाली चीज को देख लें—और उसी को बार-बार देखें तो लगता है, यह दोहराव हो रहा है। देखने की क्षमता कम होती है और आप एक ही शैली में चीजें बदल सकते हैं। दरअसल दोहराव किसी के लिए संभव नहीं है। आप कम कर रहे हैं या ज्यादा कर रहे हैं, कोई भी चीज हर बार एक जैसी नहीं होती। जो चित्रकार कथानक, विषय-वस्तु बदलते रहे हैं, उनके रंग, विस्तार-योजना वही रहती है। मेरी पेंटिंग देखकर आप यह नहीं कह सकते कि यह स्वामीनाथन की लाइन है। चिड़िया बनाने का मेरा खास तरीका नहीं है। उसकी जगह पर बाघ बन सकता था। मेरी कला में 'फॉर्म' एक बिंदु से शुरू नहीं होता। वह जैसे पहले से ही दिया गया होता है। इसीलिए गीता कपूर ने अपनी पुस्तक में जो पॉल क्ले से मेरी तुलना की है, वह ठीक नहीं है। क्ले को मैं बहुत मानता हूं। पर क्ले का कलात्मक ध्येय मेरा कभी नहीं रहा। क्ले की कला में रेखा के विकास में उसकी लय है, जबकि मेरे यहां रेखा पहले से प्राप्त है।

- **अपने प्रारंभिक अनुभवों में आप किन चीजों को महत्वपूर्ण मानते हैं अपने कलाकार के विकास में?**

(कुछ सोचकर) बचपन में स्कूल में मेरे दो ही शौक थे—हिंदी कविता और चित्रकारी। गीतकारों का समय था। स्कूल के अंतिम वर्षों में और कॉलेज के शुरू में ढेरों गीत लिखे थे। सुनाया भी करता था।

- **अपने प्रारंभिक दिनों की क्या खास बात आपको महत्वपूर्ण लगती हैं?**

मुश्किल है कहना। मेरे अंदर रूमानी झुकाव बड़ा प्रबल था। जिगर साहब को बड़ा मानता था। एक बार उनकी जीवनी लिखनी भी शुरू की थी। शिमला के स्कूल के एक मुशायरे की याद है। ब्वॉय स्काउट था। टिकट चेक करने का काम था। जिगर को सुना। काले तवे-सा चेहरा, मंगोल आंखें, ओंठ चाकू से चीर दिया गया हो जैसे, दाढ़ी में पान की पीक टपकती हुई, शराब में धुत...। मेरे पिता सरकारी नौकरी में थे। बाबू तबके का जीवन था। यह 'कंस्ट्रास्ट' मुझे बहुत आकर्षित करता था। जैसे कोई भक्त राम-नाम में व्यस्त हो, उसी तरह से वे शायरी में मस्त हो जाते थे।

- **अकादेमी वगैरह के काम में आप काफी वक्त देते हैं। दिक्कत नहीं होती क्या आपको इस सबमें**?

दिक्कत बहुत ज्यादा होती है। सामाजिक उत्तरदायित्व से प्रेरित होकर ऐसे कामों में लग जाता हूं। कभी हताशा भी होती है। कुछ कचोटता जरूर रहता है। अपनी बात को कहने के लिए धरातल बनाने के लिए संघर्ष करना मेरी प्रवृत्ति भी है। जिन कई बड़े कलाकारों ने अकादेमी से कई साल जुड़े रहकर आज मोहभंग महसूस किया है, स्थितियां फिर से अनुकूल होने पर वे बदल भी सकते हैं। पिछली त्रैवार्षिकी के वक्त रोजेनबर्ग ने कहा था कि इस तरह का काम जरूरी है—आंदोलन को स्वीकृति दिलाने का संघर्ष, जबकि मॉरिस ग्रेब्ज ने कहा था कि तुम अपना वक्त क्यों खराब कर रहे हो? कोलकाता की भयंकर भीड़ देखकर वे तो घबराकर वापस अमेरिका ही चले गए थे। इस स्थिति में हम जी रहे हैं। पता नहीं भाग सकते हैं या नहीं।

(1979)

अंबादास

देखने में अंबादास करीब पचास साल के नजर आते हैं, पर वे 65 के करीब पहुंच चुके हैं (जन्म : 1922, अकोला, महाराष्ट्र)। अंबादास को देखकर उनके अंदाज से आपको यह भी नहीं पता चलेगा कि वे 1972 से यूरोप में रह रहे हैं। ओस्लो (नार्वे) में वे अपनी पत्नी हेगे के साथ रहते हैं। हेगे कलाकार नहीं हैं वह 'इंटीरियर डेकोरेटर' हैं पर नार्वे में 'इंटीरियर आर्किटेक्ट' चिप्पी ज्यादा सही समझी जाती है।

अंबादास स्कैंडिनेवियाई यूरोप में लंबे समय से रह जरूर रहे हैं पर सूजा, रजा, कृष्ण रेड्डी वगैरह की तरह वह 'सफलता की कहानी' से भी कोसों दूर हैं। विनम्र स्वभाव के हैं। नार्वे की मुख्य कलाधारा से भी कटे हुए हैं। पर बराबर काम कर रहे हैं—एक ऐसा काम जो अमूर्त होते हुए भी पश्चिमी अमूर्तन से बहुत अलग है। कोई आश्चर्य नहीं कि संवेदनशील ब्रितानी डेविड ओलिवेंट ने जब इस प्रदर्शनी में अंबादास का काम देखा तो उनकी टिप्पणी थी, ''बहुत अच्छा काम है। अभी तक इतना दिलचस्प काम मैंने भारत में नहीं देखा था।''

अंबादास की तकनीक भी बहुत अलग तरह की है। शायद वह जितनी आसान दिखती है उससे कई गुना ज्यादा वह मुश्किल है। 1960 में अंबादास दिल्ली आए तो उन्हीं दिनों अचानक उन्हें किरोसीन के भीतर छिपी संभावनाओं का पता चला। तारपीन से उन्हें एलर्जी-सी थी। अचानक कैनवास पर किरोसीन (मिट्टी का तेल) की बूंदे गिर गईं और रंगों में एक अलग तरह की दरारें आ गईं। तब से वे किरोसीन, अलसी के तेल और वार्निश वगैरह से रंगों-रूपाकारों की एक खास दुनिया को खोज रहे हैं। उनके चित्रों में रंगों में एक खास तरह की फटन आ जाती है। बुनावट और रंग योजना के प्रति अंबादास अत्यंत सजग कलाकार हैं। ताजा प्रदर्शनी में हल्के नीले रंग का बहुत सूक्ष्म संवेदनशील इस्तेमाल हमें मिलता है।

क्या स्कैंडिनेवियाई परिवेश अंबादास की रंग संवेदना में कोई खास बदलाव नहीं लाया है? खुद अंबादास को कोई बड़ा बदलाव नहीं नजर आता है।

अंबादास का कहना है कि मैं नहीं जानता कि कौन से रंग भारतीय हैं और कौन से पश्चिमी। यह सही है कि पीला, लाल, सुनहला पीला आदि रंग भारतीय संवेदना से जुड़े हैं और 'सोबर' और गहरे रंग यूरोपीय वातावरण से। स्कैंडिनेविया में सफेद, नीले और काले का खास महत्व है। 'पर जहां तक मेरा सवाल है, अक्सर मुझे रूपाकारों को अलग करने के लिए लाल के कंस्ट्रास्ट में काले या नीले का इस्तेमाल करना पड़ता है।'

फिर भी अंबादास को अक्सर विदेशी प्रेक्षकों की ऐसी टिप्पणियां सुनने को मिलती हैं कि आपके अमूर्तन कुछ अजीब से हैं। वे खास तरह से भारतीय हैं।

अंबादास ने चित्र रचना हाई स्कूल से पहले नहीं शुरू की। घर में वे सबसे छोटे थे। पिता छोटे-छोटे बगीचों का ठेका लेकर काम करते थे। सबको काम करना पड़ता था। 'पर मैं छोटा था, इसलिए किसी को मुझसे कोई उम्मीद नहीं थी। मैं अपना ज्यादातर वक्त बगीचों में प्रकृति के साथ ही बिताता था। कोई परवाह नहीं करता था कि मैं काम कर रहा हूं या नहीं। मुझे याद है कि पिता के साथ छोटे बाजार में खरीददारी करने जाता था। रात को हम लौट पाते थे। नींद में सपने और आधी नींद में आसमान...शायद इन सब चीजों ने मुझे कलाकार बनाया।'

'ग्रुप 1890' ने साठ के दशक में दिल्ली के कलाकारों के सोचने-समझने के ढंग पर काफी निर्णायक असर डाला था। स्वामीनाथन, अंबादास, हिम्मत शाह सरीखे अनेक कलाकार इसी माहौल में कला की दुनिया में उभरे। अब भारत आकार अंबादास को कला के माहौल में कोई फर्क नजर नहीं आता?

'हां, काफी फर्क आ गया है। उस जमाने में ज्यादातर कलाकार खूब संघर्ष करते नजर आते थे। हमारी पीढ़ी के कलाकार—ज्योति, जेराम, स्वामी वगैरह कुछ-न-कुछ करने में लगे रहते थे। आज का कलाकार अधिक सजग होकर कह रहा है कि मेरा काम बेहतर है। उस जमाने में एक खास तरह की एकता और भाईचारा था कलाकारों में। शायद मेरी बात में अतिरंजना भी हो। कभी-कभी यहां आता हूं। पर अलग-अलग कलाकारों, समूहों, अकादेमी वगैरह में इसी बदले हुए माहौल को पाता हूं।''

अंबादास को वॉन गॉग और पाउल क्ले का काम पंसद रहा है। 'आपको शायद आश्चर्य हो, मुझे कांदिंस्की का काम बहुत पंसद रहा है जबकि वे अमूर्त कलाकार हैं और मेटाफिजिकल संवेदना के कारण जाने जाते हैं। यूरोपीय अमूर्तन में दरअसल जो देखा जाता है उसका अमूर्तन होता है, जबकि मैं समझता हूं कि जो दिख नहीं रहा है—आब्जेक्टिव यथार्थ से जो बाहर है, उसका अमूर्तन होना चाहिए। क्ले के चित्रों में हमें आह्वान मिलता है। बहुत ही पवित्र किस्म का भाव हम में पैदा होते हैं। अमेरिकी एक्शन पेंटर जैकसन पोलक वैसे तो मुझे पंसद हैं पर उनमें भी यह गुण नहीं है। काफी मशीनी काम है।'

भारतीय चित्रकारों में अंबादास को रजा, गायतोंडे के मुकाबले में हुसेन, सूजा, स्वामीनाथन का काम ज्यादा पसंद है। ''हुसेन का नया काम पसंद नहीं है। पर उनके पुराने काम में एक ताकत है। सरल करने की उनकी क्षमता, आह्वानकारी रंग संवेदना भी मुझे पसंद थी। स्वामी में भी ये बातें हैं पर शायद उनमें हुसेन सरीखी 'ताकत' नहीं है।''

अंबादास ओस्लो में लगभग नियमित रूप से काम करते हैं। 'मैं चूंकि देखकर काम करने से ज्यादा सोचकर काम करने में विश्वास करता हूं इसलिए परिवेश का बहुत महत्व नहीं रह जाता। मैं अपने आपको वातावरण से मुक्त करके ही पेंट कर पाता हूं। जाहिर है कि यह मुश्किल काम है। पर जितना आप मुक्त होंगे उतना ही अर्थपूर्ण और महत्वपूर्ण काम कर पाएंगे। नार्वे में ठंड काफी रहती है। बादल छाए रहते हैं। इसलिए मेरे काम के लिए रोशनी का खास महत्व हो जाता है। स्वाभाविक रोशनी और रंगों में काम करने का मौका बराबर तलाशना पड़ता है।'

अंबादास एक ही बार में पेंटिंग खत्म करना चाहते हैं ताकि सबकुछ एक साथ बाहर निकल आए। पर यह व्यावहारिक नहीं है। 'कभी-कभी बड़ी पेंटिंग 3-4 घंटे में बन जाती है तो कभी छोटी पेंटिंग हफ्तों में पूरी होती है।'

इधर अंबादास ने जलरंगों में भी किरोसीन के मेल से कुछ दिलचस्प नतीजे खोजे हैं। पर अभी इन प्रयोगों से वे बहुत संतुष्ट नहीं हैं इसलिए प्रदर्शनी में जलरंग चित्र नहीं हैं।

अमूर्तन बनाम आकृतिमूलकता के बारे में अंबादास की दृष्टि कुछ इस तरह की है : 'हमारे यहां की कला में आंखें जब बनाई जाती थीं तो शरीर-शास्त्र के नियमों से नहीं। प्रकृति की अलग-अलग चीजों से प्रतीकात्मक अभिव्यक्ति सामने आती थी। आज हम जड़ों को नहीं जानते। विदेशी प्रभाव बहुत ज्यादा है।'

(1987)

भवेश सान्याल

22 अप्रैल, 2001 के ऐतिहासिक दिन का भारतीय कला प्रेमियों को लंबे समय से इंतजार था। भवेश चंद्र सान्याल अपने इस जन्मदिन पर जीवन के सौवें वसंत में प्रवेश कर रहे हैं। सौभाग्य की बात यह है कि वह आज भी सक्रिय हैं। विभिन्न कला आयोजनों में उनकी उपस्थिति एक सुखद आश्चर्य की तरह है। 13 अप्रैल को राष्ट्रीय पुस्तक न्यास द्वारा वरिष्ठ चित्रकार व समीक्षक प्राणनाथ मागो की कला पुस्तक के विमोचन के अवसर पर भवेश दा (इसी आत्मीय संबोधन से वह जाने जाते हैं। कुछ कलाकार आदर से 'सान्याल साहेब' भी कहते हैं) ने संक्षिप्त वक्तव्य में अपने सुपरिचित परिहासभाव का अच्छा परिचय दिया। वह बोले, ''न जाने किस-किस डॉटकॉम के इस युग में मागो की पुस्तक 'वैल्कॉम' है।''

हाल में एक युवा चित्रकार से भवेश दा के बारे में बात हो रही थी। उसने बताया कि पिछले दिनों राजधानी के सोवियत केंद्र में एक समूह प्रदर्शनी के उद्घाटन के बाद उपस्थित कलाकार खाने-पीने में व्यस्त थे। लेकिन भवेश दा पेंटिंग बनाने में लगे हुए थे। सृजन के प्रति गहरी आस्था और जीवन को लेकर साहस भवेश दा के लंबे जीवन का रहस्य है। खास बात यह है कि उन्होंने अपने बुढ़ापे को चकित कर देने वाली गरिमा से जिया है। 75 की उम्र पार कर चुके सक्रिय चित्रकारों की एक लंबी सूची है। पर 'ग्रेसफुल' बुढ़ापा दुर्लभ है। इसलिए भवेश दा को 'शताब्दी पुरुष' कहा गया है। प्रोग्रेसिव आर्टिस्ट ग्रुप के तीन वरिष्ठ वृद्ध कलाकार—मकबूल फिदा हुसेन, सैयद हैदर रजा और फ्रांसिस न्यूटन सूजा निश्चय ही अपनी रचनात्मकता व कलाकर्म में भवेश दा से कहीं आगे नजर आएंगे। लेकिन इन तीनों में से केवल रजा ने ही वृद्धावस्था की गरिमा का प्रदर्शन किया है। हुसेन और सूजा पश्चिम की उसी परंपरा में हैं जहां कम उम्र की ग्लैमरस स्त्रियों, यश, धन आदि से बुढ़ापे को दूर भगाया जाता है। हमें इस टॉनिक के इस्तेमाल से कोई बुनियादी एतराज नहीं है। दिक्कत तब शुरू होती है जब इस टॉनिक का लगभग हास्यास्पद विज्ञापन किया जाता है। खैर! संस्कृति के शौकीन बूढ़ों की अपनी दुनिया है। पिकासो से शुरू हो कर माधुरी फिदा हुसेन इस दुनिया के मॉडेल हैं। पर भवेश दा एक दूसरी परंपरा के बुजुर्ग हैं।

आज की दुनिया में जन्म लेना और एक रचनात्मक जीवन जीना आसान नहीं है। बरसों पहले पढ़ी एक चेक कविता याद आ रही है। उस कविता में एक बच्चा जन्म लेने से पहले दुनिया से कुछ सवाल पूछना चाहता है। उसके सवाल कुछ इस तरह के हैं कि दुनिया में कहीं युद्ध तो नहीं लड़े जा रहे हैं, अत्याचार तो नहीं हो रहे हैं आदि-आदि। अगर सब कुछ ठीक-ठाक है तभी मैं जन्म लेने की तैयारी करूं।

जाहिर है कि इन सवालों के जवाब जानने के बाद कोई भी बच्चा जन्म ही नहीं पाएगा। किसी 'टाइम मशीन' की मदद से हम इतिहास के किसी और युग में भी चले जाएं, तो भी इन सवालों के तसल्लीबख्श जवाब शायद ही मिलें। बीसवीं शताब्दी के अंधेरे ने इन सवालों के जवाब और भी मुश्किल कर दिए हैं। आज हमारे बीच मौजूद बुजुर्गों के लिए कौन-सी दुनिया बची हुई है? किसी भी अखबार की सिर्फ सुर्खियां ही दहला देने के लिए काफी हैं। फ्रांसीसी लेखिका सिमोन द बोवार ने बुढ़ापे को 'तीसरी दुनिया' की तर्ज में 'तीसरी उम्र' कहा था। रचनात्मकता इस तीसरी उम्र को बचाती है। आप चाहे विज्ञान के क्षेत्र में सक्रिय हों या कला के क्षेत्र में या राजनीति में—आपके भीतर की रचनात्मकता सुरक्षित हैं तो तीसरी उम्र के शोषण, अभाव, त्रासदी आदि का कम-से-कम सामना करना पड़ेगा। राजनीति की दुनिया के गरिमामय वृद्ध लगभग अब इतिहास की बात हो गए हैं।

राष्ट्रीय आधुनिक कला संग्रहालय ने भवेश दा के संस्मरणों को 'द वर्टिकल वुमेन' (अनुलंब स्त्री) नाम से

प्रकाशित किया है। वरिष्ठ कला समीक्षक शांतो दत्ता ने इस संस्मरणों का सुयोग्य संपादन किया है। दरअसल 'द वर्टिकल वुमेन' भवेश दा के एक मूर्तिशिल्प का नाम है। 1958-59 में भवेश दा ने ढोलपुर बलुआ पत्थर में इस मूर्तिशिल्प को तराशा था। अपने संस्मरणों में लेखक बार-बार इस अनुलंब स्त्री की रहस्यमय छवि की ओर लौटते हैं। दिल्ली पॉलीटेकनिक का आर्ट डिपार्टमेंट उन दिनों पुराने सेंट स्टीफेंस कॉलेज की इमारत में था। इसी कॉलेज के एक छोटे-से कमरे में भवेश दा ने इस अद्भुत अनुलंब आकृति की रचना की थी।

भवेश दा का जन्म 1902 में असम के डिब्रूगढ़ इलाके में हुआ था। कला का प्रशिक्षण उन्होंने कोलकाता में प्राप्त किया। परिस्थितियां दिलचस्प ढंग से उन्हें लाहौर ले गईं। एक कंपनी घर-घर लाला लाजपत राय की मूर्तियां लगाने का व्यावसायिक सपना देख रही थी। भवेश दा को मौका मिला और वह लाहौर के हो गए। विभाजन के बाद लाहौर के अनेक कलाकार दिल्ली आकर बसने के लिए मजबूर हो गए। 1949 में इन कलाकारों ने मिलकर 'दिल्ली शिल्पी चक्र' की स्थापना की। प्रवासी शरणार्थी कलाकारों के इस समूह का नेतृत्व भवेश दा ने किया।

भवेश दा के सक्रिय जीवन की एक विशेषता यह है कि उन्होंने सृजन और संस्कृति के प्रबंधन के मुश्किल मेल को बनाए रखा। यह बीस के दशक से चित्र, मूर्तिशिल्प, रेखांकन आदि बना रहे हैं। आठ दशकों की इस रचनात्मकता में कला प्रबंधन के भी कई सक्रिय वर्ष हैं। 1953-60 में वह दिल्ली पॉलीटेकनिक के कला अध्यक्ष थे। 1960-69 में वह ललित कला अकादेमी के सचिव थे।

'द वर्टिकल वुमन' के पहले भाग में 1947 तक के संस्मरण हैं। दूसरे भाग में 1947 के बाद का समय है। संपादक ने दूसरे भाग के परिचय में इस बात का जिक्र किया है कि 800 पृष्ठों की पांडुलिपि में यह बात अलग से पहचानी जा सकती है कि लेखक जैसे एक तेज बुखार में उन सब चीजों को जल्दी-जल्दी दर्ज कर लेना चाहता है जो उसके दिमाग में आ-जा रही हैं। यह बात महत्वपूर्ण भी हो सकती है, कोमल भी, प्यारी-सी भी। हर तरह के साइज और रंगों के कागजों का इस्तेमाल इस पांडुलिपि में किया गया है। तरह-तरह के पेन और स्याही का भी इस्तेमाल किया गया है। अपने संस्मरण लिखकर भवेश दा ने अपने बुखार से मुक्ति पा ली। अब उनके चेहरे पर प्रशांति की दिव्य झुर्रियां हैं। परिहास भाव की चमक इन झुर्रियों को कम करती रहती है।

(2001)

के.जी. सुब्रमण्यन्

के.जी. सुब्रमण्यन् (जन्म : 1924) सच्चे अर्थों में एक संपूर्ण कलाकार हैं। तमिल ब्राह्मण परिवार में जन्मे के.जी. शुरू से ही एक से अधिक संस्कृतियों से संवाद स्थापित करने के लिए मजबूर थे। पर यह मजबूरी उनके विकास में एक फायदेमंद चीज साबित हुई। के.जी. का जन्म केरल में हुआ था। घर में तमिल संस्कृति थी और बाहर मलयालम। छात्र के रूप में के.जी. मार्क्स और महात्मा गांधी के विचारों से प्रभावित हुए। सक्रिय राजनीति ने भी उन्हें प्रेरित किया। भारत छोड़ो आंदोलन के दौरान वह सक्रिय थे। 1943 में के.जी. को अपने राजनीतिक जीवन के कारण छह महीने जेल में बिताने पड़े। यह जेल प्रवास के.जी. के लिए निर्णायक साबित हुआ। राजनीति से जुड़े लोगों की प्रतिबद्धता और सोच ने उन्हें निराश किया। कलाकार के.जी. के लिए यह मोहभंग जरूरी था। राजनीतिक जीवन से जुड़ी परेशानियों से बचाने के लिए के.जी. के भाई ने उन्हें दूर शांति निकेतन पढ़ने के लिए भेजना बेहतर समझा।

1944 में के.जी. शांति निकेतन के प्रसिद्ध कला भवन में जब छात्र के रूप में दाखिल हुए, तब तक रवींद्रनाथ ठाकुर का निधन हो चुका था। उस समय कला भवन में नंदलाल बोस, राम किंकर और विनोद बिहारी मुखर्जी की प्रसिद्ध त्रिमूर्ति सक्रिय थी। के.जी. को राम किंकर और विनोद बिहारी के निकट संपर्क में रहने का मौका मिला। नंदलाल बोस के वह सीधे संपर्क में नहीं थे पर 'मास्टर मोशाय' का कला चिंतन उन्हें राम किंकर और विनोद बिहारी की मदद से मिला। उन दिनों शांति निकेतन में ऑयल पेंटिंग (तैल चित्रण) अलोकप्रिय थी। राम किंकर और विनोद बिहारी इस वातावरण में परपंरा, आधुनिकता, एशियाई बनाम पश्चिमी कला परंपरा आदि के प्रश्नों से अपने ढंग की मुठभेड़ कर रहे थे। वे लोग ऑयल पेंटिंग के विरोधी नहीं थे 1947 में शांति निकेतन के हिंदी भवन में विनोद बिहारी मुखर्जी ने जब अपना प्रसिद्ध म्यूरल बनाया तो के.जी. इस काम में उनके खास सहयोगी थे। मध्ययुगीन संतों पर बनाए गए इस म्यूरल में के.जी. को अपने हाथ से कुछ आकृतियां बनाने का अवसर भी विनोद बिहारी ने दिया। गुरु का अपने छात्र की प्रतिभा के प्रति यह विश्वास और सम्मान था। विनोद बिहारी ने हिंदी भवन के म्यूरल में भारत, चीन, जापान की कला परंपरा से ही नहीं यूरोप के रेनेसा के पहले मास्टर कलाकार जोत्तो से भी प्रेरणा ली थी। के.जी. के कला गुरु खुला नजरिया रखने वाले कलाकार थे।

शांति निकेतन के बाद के.जी. एम.एस. विश्वविद्यालय वड़ोदरा के कला विभाग में गये। इस विभाग में शुरू से बेंद्रे के कला शिक्षण का प्रभाव था। पर आज इस विभाग को के.जी. की शिक्षण शैली के कारण ही जाना जाता है। के.जी. ने कला शिक्षा को एक आंदोलन में बदल दिया। बंगाल स्कूल और ब्रिटिश अकादेमिक प्रशिक्षण से अलग एक वातावरण वड़ोदरा में धीरे-धीरे बना। पढ़े-लिखे प्रोफेसरों के बीच में लोक-कलाकारों को भी पर्याप्त सम्मान मिलता था। गुजरात और राजस्थान की समृद्ध लोक कला ने के.जी. के नजरिए को प्रभावित किया। कभी के.जी. विनोद बिहारी के म्यूरल में एक प्रमुख सहायक कलाकार थे। बाद में के.जी. ने जब अपने म्यूरल बनाए तो उन्हें भी प्रतिभाशाली छात्र सहयोगी के रूप में मिले। हैदराबाद के प्रसिद्ध कलाकार लक्ष्मा गौड़ 1969 में नई दिल्ली के गांधी दर्शन म्यूरल में उनके एक सहयोगी थे। 1962-63 में के.जी. ने जब लखनऊ स्थित रवींद्रालय के बाहरी हिस्से के लिए अपना बड़ा और प्रसिद्ध म्यूरल 'किंग ऑफ डार्क चैंबर्स' बनाया तो इस 81 फुट लंबे और 9 फुट ऊंचे टेराकोट म्यूरल की 13,000 टाइलों को बनाने के काम में के.जी. के विशेष सहयोगी राजस्थान के 'क्राफ्टमैन' ग्यारसी लाल वर्मा थे। वर्मा वड़ोदरा, कला विभाग से जुड़े थे। वर्मा की मदद से के.जी. ने बच्चों के लिए अपने प्रसिद्ध और कल्पनाशील लकड़ी के खिलौने भी बनाए।

के.जी. एक ओर पश्चिम के आधुनिक कलाकारों (ब्राक और मातीस—खासतौर से मातीस की कला का उन पर असर आसानी ने पहचाना जा सकता है) से प्रभावित थे तो दूसरी ओर लोक-कलाकारों व शिल्पियों से कला ज्ञान प्राप्त करने के लिए वह उतने ही उत्सुक थे। मकबूल फिदा हुसेन और फ्रांसिस न्यूटन सूजा के आदर्श प्रत्यक्ष या अप्रत्यक्ष रूप में पिकासो थे। के.जी. मातीस के अधिक निकट थे। के.जी. को एक खास तरह का 'स्कॉलर' कलाकार भी कहा जा सकता है। आधुनिक कलाकारों में सूजा भी काफी पढ़े-लिखे थे। एक लेखक के रूप में भी उनमें पर्याप्त क्षमता थी। पर सूजा की बौद्धिकता बेचैनी, नाराजगी और विद्रोह से जुड़ी थी। के.जी. में एक गंभीर किस्म की बौद्धिकता है। उनका कला लेखन दरअसल कला समीक्षकों और कला इतिहासकारों से भी अधिक गंभीर और महत्वपूर्ण कहा जा सकता है। बाद में हमें यही बात गुलाम मोहम्मद शेख में भी दिखती है। कोई आश्चर्य नहीं कि के.जी. ने शेख के भीतर के कलाकार और चिंतक को काफी प्रभावित किया है।

शिक्षक के रूप में वड़ोदरा में के.जी. के व्याख्यान प्रसिद्ध रहे हैं। इसके अलावा छात्र उनके स्टूडियो में जाकर, अपनी कला दिखाकर बहस-बातचीत के लिए स्वतंत्र थे। जाहिर है कि किसी छात्र की जिज्ञासा गंभीर होती थी तो उसे समय भी अधिक मिलता था।

इसके बावजूद के.जी. अपनी बौद्धिकता से आतंकित कभी नहीं करते हैं। उनकी बातचीत और कला दोनों में ही एक अद्वितीय परिहासभाव, विनोद वृत्ति, खिलंदड़पन भी हमें मिलता है। इसीलिए उनकी कला के कैनवास में हमारे समय की त्रासदियां (बंगलादेश का मुक्ति संग्राम, सांप्रदायिक दंगे) मिलती हैं। अंधेरे में चीजों के वास्तविक रूप से साक्षात्कार की इच्छा नजर आती है और 'बाजार-कला' की मोहक सुंदरियां भी उनके संसार में बड़े सहज रूप में आ जाती हैं।

के.जी. कई विधाओं के कलाकार हैं। वह चित्रकार हैं, मूतिशिल्पी हैं, म्यूरलिस्ट हैं, प्रिंटमेकर हैं, लेखक-कवि हैं, कला-चिंतक हैं। पिछले 55 वर्षों में उनकी कला के असंख्य रूप हमारे सामने आए हैं। वह आज भी असाधारण ऊर्जा के साथ काम कर रहे हैं। यह गौर करने की बात है कि उनकी अब तक कुल चार पुनरावलोकन प्रदर्शनियां आयोजित हो चुकी हैं। 1981 में जब उन्हें मध्यप्रदेश का प्रतिष्ठित पहला 'कालिदास सम्मान' मिला तो उनकी पुनरावलोकन प्रदर्शनी भारत भवन (भोपाल) में हुई थी। 1983 में उनकी दूसरी पुनरावलोकन प्रदर्शनी कोलकाता की बिड़ला अकादेमी ऑफ आर्ट ऐंड कल्चर में हुई। 1984 में दिल्ली में आर्ट हेरिटेज ने के.जी. की पुनरावलोकन प्रदर्शनी आयोजित की। (आर्ट हेरिटेज के इब्राहिम अल्काजी के.जी. की कला के एक प्रसिद्ध 'कलेक्टर' भी हैं) और अब 2003 में 'राष्ट्रीय आधुनिक कला संग्रहालय' ने जयपुर हाउस में के.जी. की सबसे बड़ी पुनरावलोकन प्रदर्शनी आयोजित की है। के.जी. के 390 काम एक साथ देखकर प्रेक्षक को आसानी से पता चल जाता है कि आधुनिक भारतीय कला के परिदृश्य में क्यों के.जी. अद्वितीय हैं। इस प्रदर्शनी में के.जी. के निजी संग्रह में झांकने का एक दुर्लभ अवसर भी हमें मिल जाता है।

के.जी. का मानना है कि एक कलाकार जब अपनी कला के बारे में कुछ कहता है तो उसका नजरिया एक कला समीक्षक या इतिहासकार से भिन्न होता है। उनका कहना है कि अपने रचना-कर्म में मैं बहुत-सी चीजों को बुनियादी मानता हूं—भावनाएं, प्रेरणाएं, हृदय का भीतरी लैंडस्केप, पीड़ा, उत्साह आदि। लेकिन इन चीजों के बारे में बात करते हुए मैं सहज नहीं महसूस करता। जब हम उनका विश्लेषण करने लगते हैं तो वे चीजें छोटी होने लगती हैं। कोई चीज पानी के भीतर ह्वेल मछली की तरह ताकतवर होती है पर जब उसे हम बाहर निकालते हैं तो वह बस एक बेचारी मछली दीखने लगती है। (द आर्टिस्ट ऑन आर्ट, 1961)

समकालीन भारतीय कला में के.जी. के बनाए म्यूरल, टेराकोटा रिलीफ पेंटिंग, ग्लास पेंटिंग और एक्रिलिक शीट पर बनाए असंख्य काम महत्वपूर्ण हैं। रवींद्रालय का म्यूरल समकालीन कला की बहुत बड़ी उपलब्धि है। हिंदी भवन के बाद यह दूसरी बड़ी 'म्यूरल साइट' है। इसके रख-रखाव पर पूरा ध्यान दिया जाना चाहिए। शांति निकेतन में के.जी. का काला-सफेद म्यूरल रख-रखाव की चिंताओं से परे है। उसे लोक कला की शैली में बनाया गया है—उसके साथ रहिए उसे देखिए और एक दिन वह नष्ट हो जाएगा। के.जी. की कला में यह विचार महत्वपूर्ण है।

सत्तर के दशक के प्रारंभ में के.जी. ने टेराकोटा रिलीफ को अपनी अभिव्यक्ति का सशक्त माध्यम बना दिया था। इन कलाकृतियों में चेहरों, हाथों उंगलियों आदि का बहुत प्रभावशाली इस्तेमाल है। मुद्राहों को एक नई चित्र भाषा दी गई है। 1971 का एक काम प्रसिद्ध है ही जिसमें बहादुरी के तमगों से लदे जनरलों के चेहरे हैं। नीचे एक तमगा उल्टे लटके मृत परिवार का भी है। एक अन्य चित्र में शिकारी और उसकी ट्रॉफिया हैं। उसी दौर में सोमनाथ होर सरीखे कलाकार अपनी कला में समकालीन समय के जख्मों को एक मार्मिक चित्र भाषा में अभिव्यक्ति दे रहे थे और के.जी. टेराकोटा रिलीफ में समय-समाज-राजनीति की मुद्राओं को मार्मिक अभिव्यक्ति दे रहे थे। समय-समय पर के.जी. ने अपनी कला में सामाजिक और राजनीतिक हिंसा का तीखा चित्रण किया है। 2003 में अपनी नई प्रदर्शनी में उन्होंने कैनवास पर तैल रंगों में गुजरात की हिंसा पर तीखी टिप्पणियां की हैं। 'गुजरात 2002' शीर्षक कविता को आर्ट हेरिटेज की प्रदर्शनी के कैटलॉग में छापा गया है जिसकी पंक्तियां हैं—

अब कोई रास्ते नहीं बचे हैं
बची हैं सिर्फ दीवारें
एक-दूसरे के बीच विभाजन के लिए।

के.जी. शांति निकेतन में रहते हैं पर गुजरात से गहरा और पुराना संबंध होने के कारण वह वहां की सांप्रदायिक हिंसा से अपने लेखन और चित्रों, दोनों में उद्वेलित दिखाई दे रहे हैं।

1979 के बाद के.जी. ने ग्लास पेंटिंग शृंखला में 'बाजार-कला' की अपनी एक अलग दुनिया चित्रित की। यह दुनिया दिलचस्प थी। भारत में कांच पर चित्रकला की समृद्ध परंपरा है। के.जी. ने इस परंपरा को समकालीन रूप दे दिया। आगे जाकर एक्रिलिक शीट पर रिवर्स पेंटिंग की तकनीक को कलाकार ने कई तरह की स्वैरकल्पनाओं और परीकथाओं को अभिव्यक्ति प्रदान करने का सहज साधन बना लिया। किसी चित्र में सेना के अधिकारी की पत्नी के दिवास्वप्न हैं, कहीं सांड युद्ध का प्रशिक्षण प्राप्त किया जा रहा है और कहीं एक स्त्री-पुरुष केले खाते नजर आ रहे हैं। आज भी अपने बड़े कैनवासों के बीच इस तरह के चित्रों को के.जी. प्रदर्शित करना नहीं भूलते हैं। इन चित्रों में एक चाक्षुष आनंद है। रंग-रूपाकारों के साथ कलाकार बराबर खेलता नजर आता है।

के.जी. रचना सामग्री की चुनौती से बराबर एक नया रिश्ता बनाने की कोशिश करते हैं। 2002 में 'एनैमल ऑन आइरन शीट' माध्यम में उन्होंने कमरे के भीतर बैठी आकृतियों को बहुत सुंदर अभिव्यक्ति प्रदान की है। प्रिंटमेंकिंग के विभिन्न रूपों को भी उन्होंने बराबर एक नई चुनौती के रूप में देखा है। लीथोग्राफ हो या सिल्कस्क्रीन—के.जी. प्रत्येक रचना माध्यम का जैसे लुत्फ उठाना चाहते हैं। उनकी स्कैचबुक को देखने का अपना सुख है। पशुओं और प्रकृति को वह बार-बार स्कैच करते रहते हैं। बिल्लियों की ही न जाने कितनी छवियां उनके चित्रों में हमें मिलती हैं।

के.जी. ने अपने लंबे रचनात्मक जीवन में स्टिल लाइफ, अमूर्तन आदि में भी कई प्रयोग किए हैं। 1965-67 में कैनवास पर उन्होंने कई अमूर्त चित्र भी बनाए। इस काल में के.जी. स्कॉलरशिप पर अमेरिका गए थे। के.जी. समग्र में इन कलाकृतियों की जगह जरूर है पर कलाकार के महत्वपूर्ण चित्रों की तुलना में ये अमूर्तन साधारण नजर आते हैं। वैसे कला समीक्षक गीता कपूर की राय में ये अमूर्त चित्र कुशल कला के नमूने हैं। पर इन पंक्तियों के लेखक की राय में अमूर्तन के.जी. के लिए बेगानी दुनिया है। बड़े आकार के कैनवास पर के.जी. के रंगों की ताकत और ब्रश की गति तो प्रभावित करती है पर अक्सर छोटे आकार और कम आकृतियों-ब्यौरों आदि के चित्रों में के.जी. की पकड़ अधिक प्रभावशाली है। जिन बड़े चित्रों को उन्होंने छोटे-छोटे चित्रों में विभाजित किया है वे चित्र के.जी. की कल्पना और तकनीक के अधिक नजदीक हैं।

बच्चों के लिए विशेष पुस्तकें लिखना, इलस्ट्रेशन बनाना भी के.जी. के रचना कर्म का एक उल्लेखनीय पहलू है। स्वयं के.जी. इसे रवींद्रनाथ ठाकुर की परंपरा के असर के रूप में देखते हैं। बंगाल का हर महत्वपूर्ण संस्कृतिकर्मी अपनी रचनात्मकता का थोड़ा बहुत योगदान बच्चों को जरूर समर्पित करता है। एक जमाने में रूस में भी यही परंपरा थी।

के.जी. के व्यक्तित्व में आधुनिक कलाकार के लटके-झटके, पागलपन, पैशन, परेशानियां आदि नजर नहीं आती हैं। राम किंकर के साथ उनकी एक पुरानी तस्वीर है। इस तस्वीर में ये दोनों महान कलाकार साधारण ग्रामीण जन की तरह नजर आ रहे हैं। के.जी. के व्यक्तित्व में गांधीवादी रुझान भी मौजूद हैं। शांति निकेतन में उनके गुरु सिर्फ कलाकार ही नहीं थे, चीनी और हिंदी विद्वानों के संपर्क का भी उन्होंने पूरा लाभ उठाया। मिसाल के लिए हजारी प्रसाद द्विवेदी से भी के.जी. बहुत कुछ सीखते थे। अपने एक लेख में उन्होंने द्विवेदी जी को याद भी किया है। के.जी. के अनुसार व्यक्ति और परंपरा के संबंध को लेकर द्विवेदी जी ने एक प्रकार की 'वीभत्स' तांत्रिक शव साधना का जिक्र किया था। एक अधोमुख शव पर बैठकर एक साधक अपने कर्मकांड करता है। लंबे ध्यान के बाद जब उसे आत्म-सिद्धि प्राप्त होती है तो शव भी 'जागृत' हो जाता है। वह अपना चेहरा साधक की ओर मोड़कर उससे बात करता है। द्विवेदी जी का कहना था कि व्यक्ति और परंपरा पर उसकी निर्भरता को इसी तरह से देखना चाहिए। जब तक व्यक्ति स्वयं आत्म-सिद्धि नहीं प्राप्त करता तब तक अतीत एक मृत चीज है—एक लाश है। जब रचनाकार के भीतर की जीवित अग्नि नीचे तक पहुंचती है तभी अतीत जागता है। के.जी. रचनाकार और अतीत के संदर्भ में इसे महत्वपूर्ण रूपक मानते हैं।

(2003)

सतीश गुजराल का रेखांकन

सतीश गुजराल

समकालीन भारतीय कला की दुनिया में सतीश गुजराल की एक अलग और विशिष्ट पहचान है। उन्हें 'बहुमुखी प्रतिभा का धनी' कहना शायद काफी नहीं है। वह एक समग्र कलाकार हैं—टोटल आर्टिस्ट। पेंटिंग, मूर्तिशिल्प, सिरेमिक्स, म्यूरल, कोलाज, स्थापत्य सभी विधाओं में उन्होंने महत्वपूर्ण काम किया है। पेंटिंग से स्थापत्य तक की उनकी यात्रा का एक निश्चित तर्क और तरीका है। एक विधा की तार्किक परिणति दूसरी विधा में हुई। पेंटिंग ने उन्हें पूरी तरह से संतुष्ट नहीं किया तो सार्वजनिक कलाओं की तरफ वह आकृष्ट हुए। म्यूरल की तकनीक उन्होंने मेक्सिको में सीखी पर इस विधा में भी उनकी रचनात्मकता अधूरी-सी थी। अंत में स्थापत्य ने उनके भीतर की रचनात्मक बेचैनी को पूर्णता प्रदान की। पिछले 55 साल से इन विधाओं में सतीश गुजराल की अद्‌भुत आवाजाही बनी हुई है। वह बार-बार पेंटिंग की ओर लौटते रहे हैं। उनके लिए केंद्रीय विधा स्थापत्य ही है पर पेंटिंग और मूर्तिशिल्प की ओर लौटकर वह अपने भीतर के समग्र कलाकार की जरूरतों को पूरा करते रहते हैं। सतीश गुजराल के जीवन में एक दौर ऐसा भी आया था जबकि दस साल तक उन्होंने पेंटिंग नहीं बनाई थी। पर जब पेंटिंग बनाने की बेचैनी हुई तो एक दिन में वह तेरह-चौदह घंटे तक पेंटिंग करने लगे। एक जबरदस्त रचनात्मक तूफान उन्होंने महसूस किया।

बचपन से बीमारी और शारीरिक असमर्थता (हैंडीकैप) का शिकार होने के बावजूद सतीश गुजराल ने अपने जीवन के इन 75 सालों में अद्‌भुत जिजीविषा का प्रदर्शन किया है। भीतर की रचनात्मकता के लगभग एक विस्फोट को उन्होंने हमेशा अर्थपूर्ण दिशा दी है। कला के इतिहास में उनके आदर्श मिकेलांजेलो, लियोनार्दो द विंची और पिकासो रहे हैं। इन सभी कलाकारों ने अनेक विधाओं और विद्याओं में काम किया है। एक अनोखा पैशन और परेशानी इन कलाकारों की रचनात्मकता की प्रमुख पहचान है। जीनियस होने का सही अर्थ इन्हीं कलाकारों से हमें पता चलता है। समाकलीन भारतीय कला के इतिहास में समीक्षक चार्ल्स फाबरी का महत्वपूर्ण योगदान है। उन्होंने बहुत पहले ही सतीश गुजराल को जीनियस बता दिया था। सतीश गुजराल जब कोलाज सरीखी विधाओं में सक्रिय हो गए तो चार्ल्स फाबरी की आशाओं को थोड़ा धक्का जरूर लगा था। पर अगर वह जीवित रहते तो गुजराल का उत्तर कोलाज योगदान देखकर उन्हें अपनी 'जजमैंट' सही ही लगती। गुजराल को अपनी केंद्रीय विधा स्थापत्य में काम करने के लिए काफी इंतजार करना पड़ा। स्थापत्य की उनके पास कोई डिग्री नहीं थी पर एक जबरदस्त पैशन था इस विधा की चुनौतियों का सामना करने का।

सतीश गुजराल की 1949 की एक चर्चित पेंटिंक 'मातम' (मोर्निंग) में विलाप, अवसाद और विभाजन की एक गहरी त्रासदी दिखाई देती है। सर झुकाए, चेहरा छिपाए औरतें बैठी हुई हैं। घर-बाहर अवसाद है। आज पचास साल के बाद सन् 2000 में सतीश गुजराल की नई पेंटिंग में हम पतंग उड़ाने वालों की मस्ती देखते हैं। कलाकार ने पतंग उड़ाने वालों को एक 'बैलेनुमा' मुद्रा दे दी है। एक पतंग अनंत में उड़ रही है। 'मातम' के अवसाद और अंधेरे से पतंग उड़ाने के रंगों, हर्ष और उल्लसित आशावाद की यह लंबी यात्रा हमें क्या बताती है? इस बीच क्या जीवन सुंदर हो चुका है? क्या आज हम विभाजन की रक्तरंजित यादों से मुक्ति पा चुके हैं? क्या रंग हमारी दुनिया में लौट आए हैं? जाहिर है कि ऐसा नहीं है। पर कलाकार के लिए यह बताना बहुत जरूरी है कि 'यह जीवन कितना सुंदर है।' जिस तरह से इतावली फिल्मकार और अभिनेता रॉबेर्टो बेनीनी ने 'लाइफ इज ब्यूटीफुल' में मार्मिक ढंग से यह बताया है कि यातना शिविरों की भयावह सच्चाई के बावजूद हमें हंसते रहना है, उसकी सुदंरता को रेखांकित करना है। इस संदर्भ में सतीश गुजराल का यह सोच भी महत्वपूर्ण है कि कलाकार हर्ष या विषाद

को चित्रित करते हुए एक ही तरह के रचनात्मक आवेग से काम करता है।

सतीश गुजराल ने फ्रांसीसी लेखक और चिंतक आंद्रे मालरो के इस कथन को एक जगह पर याद किया है कि कला अपनी नियति के सामने मनुष्य की अंतिम प्रतिरक्षा है। सतीश गुजराल के अनुसार किसी भी मनुष्य की तुलना में वॉन गॉग ने संभवतः सबसे अधिक रंगहीन जीवन को भोगा था। पर उन्होंने हमें क्या दिया? ऐसे रंग दिए जिनके बारे में मनुष्य स्वप्न में भी कल्पना आसानी से नहीं कर सकता था। कलाकारों ने प्रकृति, परिस्थितियों और नियति को चुपचाप स्वीकार नहीं कर लिया है। उन्होंने बराबर इन स्थितियों का सामना किया है, उन्हें बदला है। गोया जब बहरे हो गए थे तो उन्होंने ऐसे पेंट किया जैसे रंगों से ध्वनि और गति को पहचाना जा सके। जो चीज गायब थी उसने उसे रचा। एक तरह से कला मनुष्य का उसकी नियति से बचाव करती है।

जाहिर है कि सतीश गुजराल जब स्पानी कलाकार गोया के बहरे होने की मिसाल दे रहे हैं तो वह अपने बचपन के लंबे शारीरिक संघर्ष की पीड़ा भी बता रहे हैं। सतीश गुजराल का जन्म 1925 में झेलम में हुआ था। वह एक राजनीतिक परिवार में पैदा हुए थे। बहुत छोटी उम्र में ही वह सामाजिक प्रतिबद्धता और राष्ट्रवाद की बातें सुनने-समझने लगे थे। माता-पिता भाई-बहन सभी का राजनीतिक जीवन था। बड़े भाई (पूर्व प्रधानमंत्री इंद्रकुमार गुजराल) दस साल की उम्र में ही गिरफ्तार कर लिए गए थे। मां के साथ छोटी बहन जेल जाती थी। घर में सतीश गुजराल बीमार हालत में अकेले रह जाते थे। आठ साल की उम्र में दुर्घटना का शिकार होकर वह दस साल तक बिस्तार पर पड़े रहने के लिए मजबूर हो गए थे। कभी-कभार जब हिम्मत होती थी तो वह स्कूल जाने की कोशिश करते थे। दस साल की उम्र में सतीश गुजराल अपनी सुनने की क्षमता भी खो बैठे। इससे उनकी पढ़ाई और भी मुश्किल हो गई। पर परिवार के सदस्यों के सक्रिय राजनीतिक जीवन ने इस अपंग बच्चे को बाहरी दुनिया से जोड़े रखा। इस बच्चे के लिए अपनी नियति से लड़ना जरूरी हो गया। बड़े भाई ने सतीश गुजराल की साहित्य और राजनीतिक समझ को बनाया-बढ़ाया। उर्दू साहित्य ने सतीश की समझ और कल्पना के नए-नए दरवाजे खोलना शुरू कर दिए।

सतीश गुजराल के पिता नहीं चाहते थे कि मेरा बच्चा शारीरिक अक्षमता का शिकार हो जाए। आर्ट स्कूल वाले ऐसे बच्चे को भर्ती करने के लिए तैयार नहीं थे। पर पिता ने इसके लिए भी लड़ाई लड़ी। तेरह साल की उम्र में सतीश गुजराल को लाहौर के मेयो स्कूल ऑफ आर्ट में एडमीशन मिल गया। कला शिक्षा आसान नहीं थी। कभी स्कूल, कभी घर का बिस्तर—सतीश गुजराल की किशोरावस्था का यही संघर्ष था। पर उन्होंने हार नहीं मानी। घर वालों ने भी पूरा साथ दिया। बड़े भाई के हॉस्टल रूम में ऐसे लोगों का अड्डा बना रहता था जो भविष्य में देश के प्रमुख बुद्धिजीवी और राजनेता साबित हुए। फैज अहमद फैज इंद्रकुमार गुजराल के अध्यापक थे। उन दिनों वह रहते भी पास में ही थे। सतीश गुजराल वामपंथी विचारधारा के प्रति सहज ही आकर्षित हो गए। वह कम्युनिस्ट पार्टी के सदस्य भी बन गए। पचास के दशक में कम्युनिस्ट पृष्ठभूमि के कारण उन्हें सरकारी नौकरी छोड़नी पड़ी थी और मेक्सिको जाने की स्कॉलरशिप भी मुश्किल में पड़ गई थी। दिलचस्प बात यह है कि विचारधाराओं और साम्यवाद से सतीश गुजराल का मोहभंग मेक्सिको जाकर हुआ। वहां लोगों से उन्हें तत्कालीन सोवियत संघ के स्वप्न सरीखे जीवन की कटु सच्चाई के बारे में पता चला। विचारधाराओं को कलाकार ने विदाई दी। कला के संघर्ष का रास्ता उन्होंने अपना लिया।

मेयो स्कूल में पांच साल तक सतीश गुजराल ने ग्राफिक कला का अध्ययन किया था। मुंबई के प्रसिद्ध जे.जे. स्कूल ऑफ आर्ट में उन्होंने पेंटिंग के अध्ययन के लिए भी दाखिला लिया था। वहां वह तीन साल तक पढ़ते रहे पर आखिरी साल की पढ़ाई पूरी न कर सके। विभाजन की त्रासदी के कारण परिवार उनकी पढ़ाई को सहारा नहीं दे सकता था। शिमला में वह पंजाब पब्लिसिटी डिपार्टमेंट में तीन साल तक काम करते रहे। आखिर ग्राफिक कला की बैकग्राउंड थी। शिमला में कला का कोई माहौल नहीं था—न ही वहां कलाकार थे। 1952 में सतीश गुजराल की अचानक शिमला में डॉ. चार्ल्स फाबरी से मुलाकात हो गई। उन्होंने घर आकर सतीश गुजराल की कलाकृतियां देखीं। वह प्रभावित हुए। उन्होंने युवा कलाकार को दिल्ली जाने की सलाह दी।

सतीश गुजराल की कम्युनिस्ट बैकग्राउंड सरकारी नौकरी के लिए एक बड़ी बाधा थी। नौकरी चली गई पर कला मिल गई। दिल्ली में 'फ्री मेसेस हॉल' में उनके चित्रों की पहली एकल प्रदर्शनी आयोजित हुई। उन दिनों

'स्टेट्समैन' अखबार में चार्ल्स फाबरी का कला स्तंभ बहुत मशहूर था। अगर वह अपनी टिप्पणी में किसी कलाकार का नाम भी गिना देते थे तो उसकी प्रतिष्ठा बढ़ जाती थी। डॉ. फाबरी आसानी से अपने कालम में किसी कलाकार को 'जीनियस' नहीं घोषित कर देते थे। पर सतीश गुजराल को उन्होंने 'जीनियस' बताया।

1947 से 1952 तक सतीश गुजराल विभाजन पर केंद्रित चित्र बनाते रहे। लाहौर की पृष्ठभूमि और सामाजिक प्रतिबद्धता की समझ उनके चित्रों पर हावी थी। पर बहुत जल्दी ही इस कलाकार को यह समझ में आ गया कि बाहरी घटनाएं सिर्फ कलाकार को अपने भीतर की खोज का रास्ता दिखाती हैं। "पर उसकी भीतरी मानसिकता को वह न पूरी तरह प्रभावित कर सकती है, न बना सकती है।" सतीश गुजराल का यह मानना है कि अगर स्पेन के गेर्निका गांव पर बमबारी नहीं भी हुई होती तब भी पिकासो उस तरह की कोई पेंटिंग जरूर बनाते।

सतीश गुजराल को मेक्सिको की महत्वपूर्ण स्कॉलरशिप दिलाने में प्रसिद्ध मेक्सिको कवि और चिंतक ऑक्टेवियो पाज की भी भूमिका थी। उन दिनों वह मेक्सिकी दूतावास में सांस्कृतिक प्रतिनिधि थे। (बाद में वह राजदूत बनकर आए और दिल्ली के सांस्कृतिक वातावरण में उनकी एक केंद्रीय उपस्थिति थी) शिक्षा मंत्रालय के अधिकारी गुजराल को स्कॉलरशिप के योग्य नहीं पा रहे थे।

आजादी के बाद कई प्रतिभाशाली कलाकार विदेश पढ़ने के लिए गए या वहां बस गए। सैयद हैदर रजा पेरिस चले गए, फ्रांसिस न्यूटन सूजा लंदन चले गए (और बाद में अमेरिका), मेक्सिको में किसकी दिलचस्पी थी। सतीश गुजराल को मेक्सिको में सार्वजनिक कला की श्रेष्ठता और सक्रियता का एक ऐतिहासिक महौल मिला। वहां पेंटिंग का मतलब था—म्यूरल। सतीश गुजराल के लिए यह अनुभव महत्वपूर्ण और निर्णायक साबित हुआ।

यहां मेक्सिकी म्यूरलवाद की संक्षिप्त चर्चा जरूरी है। बीस के दशक में इसकी शुरुआत हुई थी और इसके केंद्र में दिएगो रिवेरा (1886-1957) थे। मेक्सिको वापस आने से पहले वह पेरिस में रहकर घनवाद सरीखे आधुनिक आंदोलनों के संपर्क में भी आए थे। वह वामपंथी विचारधारा से प्रभावित थे हालांकि कम्युनिस्टों से उनकी बहसें-विवाद आदि बराबर होते रहते थे। बीस के दशक में रिवेरा के नेतृत्व में कलाकारों को यह महसूस हुआ कि पेरिस केंद्रित आधुनिक कला आज जनता को ही नहीं, बल्कि खुद कलाकारों को भी समझ में नहीं आती है। यहां के कलाकारों के लिए लातीनी अमेरिकी जड़ों की खोज जरूरी है और राजनीतिक, सामाजिक, सांस्कृतिक सच्चाइयों से जोड़कर कला को दीर्घाओं के बंद संसार से बाहर लाना चाहिए। रिवेरा ने इस तरह की सार्वजनिक कला के निर्माण में काफी मेहनत की। एक दिन में वह 18 घंटे तक म्यूरल के काम में लगे रहते थे। ओरोस्को (1883-1949) और डेविड अल्फारो सिकेरोस (1898-1974) दो अन्य कलाकार मेक्सिको म्यूरल के आधार स्तंभ हैं।

सतीश गुजराल ओरोस्को की कला से प्रभावित थे। वह उन्हें एल ग्रेको और मिकेलांजेली की परंपरा का महान कलाकार मानते हैं। शुरू में सतीश गुजराल ने ओरोस्को शैली का अनुकरण करने की कोशिश भी की पर धीरे-धीरे वह इस प्रभाव से मुक्त होने लगे। साम्यवाद से मोहभंग के बाद उनके निजी रुझानों में भी बदलाव आया। अतियथार्थवाद ने भी थोड़े समय के लिए उन्हें आकर्षित किया था। ऑक्टेवियो पाज ने सतीश गुजराल की कला में मेक्सिकी अनुभव को पहचाना था। पर सतीश गुजराल मेक्सिको से लौटे तो वह वहां के म्यूरलवाद के प्रभाव से काफी हद तक मुक्त हो चुके थे। "मेक्सिको में लगभग सभी म्यूरल सपाट सतह पर सपाट पेंट से बनाए जाते थे। मुझे यह महसूस होने लगा कि उन्हें अच्छी पेंटिंग माना जाना चाहिए—म्यूरल नहीं। म्यूरल को बुनियादी रूप में स्थापत्य को मजबूत करना चाहिए क्योंकि वह उसी का एक हिस्सा है।"

सतीश गुजराल को महसूस हुआ कि दीवार पर म्यूरल बनाने के लिए कलाकार को त्रि-आयामी होना चाहिए। तभी वह स्थापत्य का हिस्सा बन सकता है। भारत वापस लौटकर सतीश गुजराल ने धातु, सिरेमिक्स आदि का गहन अध्ययन करना शुरू किया। काष्ठ, कांच, धातु, सिरेमिक्स आदि सामग्री ने मिलकर सतीश गुजराल की कला का भविष्य तय किया। वामपंथ से मोहभंग के बाद उनकी कला के विषय, स्रोत आदि भी बदलने लगे। 1956 के प्रभावशाली आत्मचित्र में हम सतीश गुजराल की रचनात्मक बेचैनी को पहचान सकते हैं। इस आत्मचित्र में मेक्सिकी अनुभव और ओरोस्को की छाया भी है, विभाजन की स्मृतियों में आंदोलित मानसिकता भी है, अतीत मोह भी है और वर्तमान से गहरा असंतोष भी है।

साठ के दशक में सतीश गुजराल ने म्यूरल के क्षेत्र में काफी काम किया। चंडीगढ़ की पंजाब युनिवर्सिटी और

दिल्ली के ओडियन सिनेमा के म्यूरल (1962) से लेकर न्यूयॉर्क के वर्ल्ड ट्रेड फेयर (1963), ओबेराय होटल (1964), उत्तर रेलवे, नई दिल्ली (1966), शिक्षा मंत्रालय (1968), मुंबई के ओबेराय टावर्स (1971-72), मस्कट के सुल्तान के महल (1975), दिल्ली हाई कोर्ट (1976), मॉरिशस के गांधी संस्थान (1977) आदि के म्यूरल सतीश गुजराल की रचनात्मक व्यस्तता को अच्छी तरह से बताते हैं। साठ के दशक के मध्य में ही सतीश गुजराल को महसूस होने लगा था कि मेरी वास्तविक रचनात्मकता की पहचान स्थापत्य में है। पर दस-बारह साल बाद जाकर गुजराल स्थापत्य के सपने को पूरा कर सके। मेरठ में मोदी हाउस (1978), मॉरिशस के गांधी संस्थान (1978-79), नई दिल्ली के मोदी हाउस (1980-82) के बाद 1980-83 में नई दिल्ली की बेल्जियम एंबेसी सतीश गुजराल की कल्पना शक्ति का शिखर साबित हुई। इस बीच समय-समय पर वह पेंटिंग और मूर्तिशिल्प में भी अपनी रचनात्मकता को रेखांकित करते रहे।

यहां स्थापत्य के बारे में सतीश गुजराल के विचारों की संक्षिप्त चर्चा उपयोगी होगी। उनका कहना है कि अगर आप संगीत नहीं सुनना चाहते हैं तो आप उससे आसानी से बच सकते हैं। लेकिन स्थापत्य से बचना मुश्किल है। भले ही आप उसके अच्छे-खराब असर को लेकर सजग न हों पर असर तो पहचाना ही जा सकता है। लोगों को जो स्थापत्य हम देते हैं उनका अपना चेहरा, जिंदगी और सोच भी वैसा ही होने लगता है।

सतीश गुजराल एक इमारत को अपने आप में एक कला या मूर्तिशिल्प में बदल देना चाहते थे। एक इंटरव्यू में उन्होंने दिलचस्प बात कही है मनुष्य के बचे रहने के लिए स्वैरकल्पना (फंतासी) आवश्यक है। आधुनिक मनोवैज्ञानिकों का कहना है कि आधुनिक स्थापत्य जब स्वैरकल्पनाओं को जन्म नहीं दे पाता है, तो बच्चे 'एडवेंचर' की खोज में अपराध आदि की शरण में चले जाते हैं। गुजराल के अनुसार स्थापत्य को समुदाय में परंपरा, संस्कृति और अस्मिता के प्रति सजग होने में केंद्रीय भूमिका निभानी चाहिए। अगर स्थापत्य आपकी स्मृतियों, जड़ों और अतीत से नहीं जुड़ पाता है तो उसका कोई अर्थ नहीं है। ल कारबूजिए ने चंडीगढ़ के स्थापत्य में जिस यूरोपीय सपने को साकार किया सतीश गुजराल उसकी आलोचना करते रहे हैं। ल कारबूजिए में प्रतिभा थी पर भारतीय परिवेश से वह कोई सार्थक संबंध नहीं बना पाए। सतीश गुजराल के अनुसार वह भारतीय स्थापत्य के भविष्य के लिए खतरनाक साबित हुए। इसके विपरीत लुट्येंस की दिल्ली अधिक मानवीय लगती है। कारबूजिए का चंडीगढ़ मैकेनिकल अधिक है। इसीलिए लुट्येंस का बनाया राष्ट्रपति भवन कहीं अधिक सार्थक कल्पना है। लुट्येंस ने बुनियादी रूप से यूरोपीय क्लासिक स्थापत्य से ही प्रेरणा प्राप्त की थी पर उन्होंने भारतीय बौद्ध, मुगल और औपनिवेशिक स्थापत्य को भी अपनी कल्पना का हिस्सा बनाया।

सतीश गुजराल की इस मान्यता पर भी हमें गौर करना चाहिए कि द्वितीय विश्व युद्ध के बाद समाजवादी चिंतन ने 'मास हाउसिंग' का जो आसान और लोकप्रिय शास्त्र बनाया है वह मनुष्यता के लिए प्लेग सरीखी महामारी साबित हुई है। लोग मकानों और ट्रैफिक की समस्याओं पर बात करते हैं, कविता और सिनेमा पर बहसें करते हैं पर वे स्थापत्य पर बहुत कम चर्चा करते हैं।

सतीश गुजराल की कला के संदर्भ में क्राफ्टमैनशिप का भी खास महत्व है। वह मानते हैं कि कलाकार बुनियादी रूप से ऐसे शिल्पी होते हैं जिनके पास काव्यात्मक अंतर्दृष्टि भी है। लाहौर के स्कूल में गुजराल को सब कुछ सीखना पड़ा था—मॉडलिंग, ड्राफ्टमैनशिप, कारपेंटरी आदि। एक कलाकार को कभी बढ़ई होना पड़ता है तो कभी लोहार, तो कभी सोनार। पर उसके पास अगर काव्यात्मक अंतर्दृष्टि नहीं है तो वह मात्र एक शिल्पी होकर रह जाएगा।

सतीश गुजराल के अनुसार इतिहास में कलाकार तो हमेशा पैदा होते रहे हैं। वे उजाड़ में एक कैक्टस की तरह उग आते हैं। लोगों में कला की समझ पैदा करना अधिक मुश्किल काम है। कलाकार तो पैदा होते ही रहेंगे। ''मैं कई महान भारतीय कवियों को जानता हूं पर सौंदर्यशास्त्रीय चेतना की दृष्टि से वे एक अनपढ़ से भी बदतर हैं। जबकि हमारे गांवों में कई ऐसे तथाकथित अनपढ़ लोग हैं जो असाधारण सौंदर्यशास्त्रीय चेतना से लैस हैं।''

सतीश गुजराल की कला के अनेक स्रोत हैं। उनकी इस बात में दम है कि हम प्रकृति से भी अधिक कला से सीखते हैं। लोक कला, आदिम कला, यूरोपीय रेनेसां, आधुनिक कला सभी से गुजराल ने सीखा है। उनके काष्ठ मूर्तिशिल्प आदिम और अफ्रीकी कला से एक गहरा संवाद स्थापित करते हैं पर वह अन्य स्थानों पर मशीनी सभ्यता

से भी एक सुखद रचनात्मक संवाद स्थापित कर लेते हैं। उन्होंने मेक्सिकी म्यूरल से ही नहीं भारतीय तंत्र से भी सीखा है। एक अद्‌भुत 'इरॉटिक' शक्ति का भी वह अपनी कला में अच्छा परिचय दे चुके हैं। विचारधाराओं, वादों और बौद्धिकता को वह कला के लिए निषेधी मानते हैं। नेहरू परिवार के वह निकट थे पर इंदिरा गांधी की इमरजेंसी का उन्होंने अपनी कला में भी विरोध किया। आपातकाल के तनाव, अपमान और अंधेरे को उन्होंने इमरजेंसी के दौरान और बाद में चित्रित किया।

सतीश गुजराल की पेंटिंग में जमीन का खुरदरापन भी महसूस कर सकते हैं। पेपर कोलाज में वह लोककला के नजदीक हैं, धातु, मूर्तिशिल्प में तंत्र कला के और काष्ठ मूर्तिशिल्प या रिलीफ में आदिम कला के। इन सभी चरणों का अलग-अलग महत्व है। 75 साल की उम्र में भी यह रचनात्मकता जीवित और सक्रिय है। उसमें एक जबरदस्त बेचैनी है। उनका जीवन और कला हमारे समय में जीनियस होने की एक बड़ी पहचान है। आज आधुनिक चिकित्सा ने उनकी शारीरिक अक्षमता को कम कर दिया है पर उनकी कला यात्रा उन्हें बरसों पहले भला-चंगा कर चुकी थी।

(2003)

सतीश गुजराल से बातचीत

- **आपने कला की लगभग सभी प्रमुख विधाओं में खूब काम किया है। इन दिनों इंस्टालेशन आर्ट (संस्थापन कला) ने युवा पीढ़ी को आतंकित कर रखा है। आप इस विधा को कितना महत्व देते हैं?**

हम लोगों में दरअसल 'सेंस ऑफ हिस्ट्री' की कमी है। इतिहास को हम भुला देते हैं। हममें एक बीमारी है कि पश्चिम से हम चीजें सीखने की ज्यादा कोशिशें करते हैं। भला गणेश से बड़ा कौन-सा इंस्टालेशन हो सकता है। अपनी परपंरा को हम देखें तो तरह-तरह के इंस्टालेशन भरे पड़े हैं। दुर्गा पूजा सबसे अच्छा उदाहरण है। दीवाली, लोहड़ी सरीखे सभी त्यौहारों में इंस्टालेशन आर्ट का इस्तेमाल होता है। लेकिन आधुनिक इंस्टालेशन आर्ट पश्चिम का तोहफा है। मेरे लिए मेरी इमारतें इंस्टालेशन आर्ट ही हैं। पेपर कोलाज पर जब मैंने बरसों पहले काम करना शुरू किया था, तो वह 'फोल्ड' किया हुआ इंस्टालेशन ही तो था। जब मैंने जली हुई लकड़ी (बर्न्ट वुड) में काम किया तो कौड़ियों सरीखे 'फाउंड ऑब्जेक्ट्स' का मैंने अपनी कला में खूब इस्तेमाल किया था। यह सब मैंने अपनी परंपरा से प्राप्त किया था। उस जमाने में इंस्टालेशन का नाम किसी ने नहीं सुना था। यूरोप में जब द्वितीय विश्व-युद्ध समाप्त हुआ तो वहां सब तरफ तबाही और गरीबी थी। थियेटर हाल वहां गिर गए थे। लोगों के पास पैसा नहीं था। वहां स्टेज बनाकर चीजें इंस्टाल की गईं। थियेटर ने एक नई तरह के इंस्टालेशन को जन्म दिया। यह शब्द शुरू में सुनने को नहीं मिलता था। कला की कोई भी विधा गलत नहीं है। कोई मूड गलत नहीं होता। मुद्दे जब गलत तरीके से उठाए जाते हैं तो मुश्किल होती है। हिंदी और उर्दू में कहानी की परंपरा पश्चिम से ही तो नहीं आई है। भारतीय परंपरा में पंचतंत्र की कहानियां मौजूद थीं। कविता में ब्लैंकवर्स यूरोप से नहीं आया है। ऋग्वेद में ब्लैकवर्स मौजूद है।

- **75 साल की उम्र में आप अपने में किस तरह के बदलाव महसूस कर रहे हैं?**

मैं जिंदगी में बराबर बदलता रहा हूं। मेरे जीवन में क्या परिवर्तन आया है इसके बारे में मुझे अपनी कला से जानकारी मिलती है। रचनात्मकता का अर्थ यह नहीं है कि आप एक चीज वहां से उठाकर यहां रख दीजिए। आधुनिक इंस्टालेशन चालीस साल पहले क्यों नहीं था? मैंने जब कोलाज की अपनी पहली प्रदर्शनी की थी तो सबने मुझे जूते मारे थे। कोई उसे खरीदने को तैयार नहीं था। बस, मैं दो कोलाज बेच पाया था। बाकी सारे कोलाज अमेरिका में बिके थे। मैंने जली हुई लकड़ी और धातु में 40 साल काम किया है। सब कहते थे यह भी कोई आर्ट है। आज भी मेरे घर में बर्न्ट वुड वाला वह काम लगा हुआ है जो तीस साल पहले मौजूद था। बर्न्ट वुड की एक प्रदर्शनी पांच साल पहले मुंबई में हुई थी। एक भी काम नहीं बिका था। मुश्किल से आधा दर्जन भारतीय घरों में

इस तरह के काम नजर आएंगे। देश से बाहर काम चला गया या फिर यहां संग्रहालयों ने खरीद लिया। पर मैं अपना काम करते वक्त दिल की मांग का ध्यान रखता हूं।

- **युवा कलाकारों में किनका काम आपको पसंद है?**

अलग से कलाकारों के नाम गिनाना मुश्किल है। पर इतना जरूर कह सकता हूं कि आजकल पुरानी पीढ़ी के मुकाबले में ज्यादा अच्छा काम हो रहा है। दुर्भाग्यवश युवा पीढ़ी में तुरंत सफल हो जाने की एक बीमारी-सी फैल गई है। 47 में मैंने कला का अध्ययन समाप्त किया था। 1952 में मेरी पहली प्रदर्शनी हुई थी। पर मेरी पहली पेंटिंग 1965 में बिकी थी। गुजारे के लिए मैं पोर्ट्रेट वगैरह बनाने के काम किया करता था। तरह-तरह के कमीशंड काम मुझे प्रगति मैदान के एग्जीबिशन पवेलियन के लिए करने पड़ते थे।

- **पर आज आप एक सफल कलाकार हैं। कला बाजार में आपकी अच्छी धाक है। कला बाजार में आए इस बड़े फर्क को आप किस तरह से देखते हैं?**

कला का संरक्षण तो जरूर बढ़ा है पर कला की समझ अभी नहीं बढ़ी है। अब लोग जब घर बनाते हैं तो उसे सजाने के बारे में भी सोचते हैं। दूसरी चीजों की तरह वे पेंटिंग वगैरह भी खरीदते हैं। घर में पेंटिंग टांगना संस्कृति सम्पन्न होने की निशानी बन गई है। दरअसल एक पीढ़ी कला की 'पेट्रोनेज' शुरू करती है और दूसरी पीढ़ी में कला की समझ पैदा होती है।

- **आपको अपने इस सक्रिय जीवन में किसी चीज का अफसोस महसूस होता है?**

शायद मुझे एक ही बात का अफसोस है। मेरी युवावस्था में पेट्रोनेज आसान नहीं था—खासतौर पर अगर आप 'अनकन्वेशनल' किस्म का काम कर रहे होते थे। अगर दुबारा जिंदगी शुरू करूं तो भारत में अपनी कला के संरक्षक मिलने की संभावना है। मेरा काम बाहर नहीं चला जाएगा।

- **सैयद हैदर रजा सरीखे चित्रकार यह बात मानते हैं कि आज भारत में कला की दुनिया में जो काम हो रहा है उसकी तुलना आसानी से किसी भी कला की दृष्ट से विकसित देश के काम से की जा सकती है। दुनिया में महत्वपूर्ण कार्य करने वाले पांच देशों में एक नाम भारत का भी गिनाया जा सकता है।**

मैं इस बात से सहमत नहीं हूं। मैं देशभक्त दिखना नहीं चाहता। यह एक तरह का आत्मभ्रम भी है। 15-20 सालों में विकास हुआ है पर अभी बहुत कुछ बाकी है। हमारा एक 'हैंडीकेप' पश्चिमी आधुनिकता की धारणा भी है। जब तक पूर्ण भारतीय आधुनिकता की धारणा विकसित नहीं होगी तब तक आश्वस्त होकर कुछ नहीं कहा जा सकता है।

- **जब सब कलाकार यूरोप जा रहे थे तो आपने मेक्सिको में म्यूरल के अध्ययन का अलग रास्ता क्यों चुना था? क्या यह एक तरह का सचेतन निर्णय था?**

जे.जे. स्कूल की पढ़ाई के बाद मैं पेंटिंग के बारे में और सीखना व जानना चाहता था। मैंने मेक्सिको की एक स्कॉलरशिप के बारे में पढ़ा। पर मुझे उम्मीद नहीं थी कि वह मुझे मिल जाएगी। प्रसिद्ध कवि और विचारक ऑक्टेवियो पाज उन दिनों भारत स्थित मेक्सिकी दूतावास में थे। वह मेरे काम को मेक्सिकी म्यूरल की परंपरा से जोड़कर देख सके। अंत में उनके पास दो नाम थे—मेरा और रामकुमार का। मेरी शारीरिक कमी उन्हें बाधा नहीं नजर आई, बल्कि इस बात ने उन्हें और अधिक सक्रिय किया। पर मेरा एक दूसरा 'हैंडीकेप' कम्युनिस्ट बैकग्राउंड का था। अपने देश की सरकारी फाइलों से निकलने में मुझे ज्यादा मुश्किल नजर आ रही थी। यह अलग बात है कि मेक्सिको में जाकर साम्यवादी देशों की सच्चाई जानकर मेरा कम्युनिज्म से मोह भंग हो गया। मेक्सिको जाने का मेरा फैसला सचेतन भले न कहा जाए पर मेरी कला की एक पहचान मुझे मेक्सिको म्यूरल आर्ट से अधिक और सहज रूप में जोड़ती थी।

(2002)

सोमनाथ होर

"मैं तस्वीरें नहीं बनाता हूं। मैं जख्म बनाता हूं।"

—सोमनाथ होर

समय-समय पर दुनिया भर के कवियों ने इस बात को कई तरह से कहा है कि एक कवि अपने जीवन में बार-बार एक ही कविता लिखता है। कविता का 'सत्य' शायद कला की दुनिया में आसानी से लागू नहीं हो सकता है। पर सोमनाथ होर उन कलाकारों में से हैं जो पिछले छह दशक से लगातार जैसे एक ही कला को बना रहे हैं। इस कला को उन्होंने नाम दिया है—'जख्म'। समय और समाज के जख्मों ने शुरू से ही उनकी मानसिकता को आंदोलित किया है। वह जब सिर्फ 13 साल के थे तो उनके पिता का निधन हो गया था। उनकी मां कम्युनिस्ट पार्टी की सदस्य बन गईं और 'अंडरग्राउंड' जीवन के लिए मजबूर हो गईं। नौ साल की बहन पार्टी के संदेश देने का काम करती थी। यानी जख्म शुरू से ही बहुत गहरे थे।

सोमनाथ होर का जन्म 1921 में चटगांव (अब बंगलादेश) में हुआ था। द्वितीय विश्व युद्ध के दौरान जापानियों ने चटगांव पर बमबारी की थी। युद्ध के ये घाव थे, राजनीतिक जीवन की फरार जिंदगी थी और 1942-43 में बंगाल के अकाल ने सोमनाथ की कल्पनाशक्ति को और भी विचलित कर दिया। इतना ही काफी नहीं था। विभाजन की रक्त-रंजित स्मृतियां बरसों तक कलाकार की कल्पना पर दबाव डालती रहीं। तरह-तरह के जख्म रेखाओं-रंगों में बार-बार आते रहे। आजादी के दो दशक के बाद बंगाल में नक्सलवाद ने हर कलाकार की मानसिकता को झकझोर दिया था। सोमनाथ होर के वामपंथी रुझान थे। कम्युनिस्ट पार्टी के वह सदस्य भी रहे। 1956 के बाद उन्होंने पार्टी की सदस्यता को आगे नहीं बढ़ाया, पर वामपंथ से उनका मोहभंग कभी नहीं हुआ। शुरू से उन्होंने पोस्टर कला में भी स्वाभाविक दिलचस्पी दिखाई थी। चित्त प्रसाद और सोमनाथ होर ने ग्राफिक कला में लोगों तक अपना 'संदेश' आसानी से पहुंचाने की अद्भुत संभावनाएं देखी थीं। पर सोमनाथ 'पोस्टर' और 'संदेश' के सपाट सीधे व्याकरण से कहीं अधिक गहराई में चले गए। भारत में प्रिंटमेंकिंग को उन्होंने एक अद्वितीय विस्तार दिया। प्रिंटमेंकिंग की दुनिया में कोई भी कलाकार उनकी तुलना में सामने नहीं रखा जा सकता है। हरेन दास, कृष्ण रेड्डी, कंवल कृष्ण, देवयानी कृष्ण, ज्योति भट्ट, जगमोहन चोपड़ा, लक्ष्मा गौड़, जरीना, जयकृष्ण, देवराज, अनुपम सूद आदि कई महान भारतीय प्रिंटमेकर किसी भी सूची में आसानी से गिनाए जा सकते हैं। लेकिन सोमनाथ होर का इस सूची में अद्वितीय स्थान है। वह कला के ग्लैमर से कभी चमत्कृत नहीं हुए। कोई कलाकार पेरिस में हेटर के 'एतेलिये 17' में जाकर 'विस्कोसिटी' तकनीक सीख रहा था और कोई लंदन के स्लेड स्कूल में उच्च प्रशिक्षण पा रहा था। पर सोमनाथ होर अपने आसपास के यथार्थ को गहरी संवेदना के साथ जान और जांच रहे थे। विदेश न जाने का उन्हें कोई गम नहीं है। आज वह बीमार और बूढ़े हैं। पर 80 साल के सोमनाथ होर ने शांति निकेतन में इस लेखक के एक प्रश्न के उत्तर में कहा, 'नहीं, मुझे विदेश न जा पाने का कोई पछतावा नहीं है।' जाहिर है कि यह फैसला कलाकार ने अपनी मर्जी से किया था। अवसरों की उन्हें कमी नहीं थी।

सोमनाथ होर का व्यक्तित्व किसी संत की तरह लगता है। इस अद्भुत संत ने कम्युनिस्ट पार्टी के लिए अंडरग्राउंड काम किया, पोस्टर बनाए, नारे लगाए, जिंदगी के जख्मों को हमेशा एक संवेदनशील सच्चाई के साथ देखा। सोमनाथ होर का अब स्वास्थ्य काफी खराब रहता है। पर 'सफेद पर सफेद' प्रिंट शृंखला के बारे में बात

करते हुए सोमनाथ स्वयं उठकर इस लेखक को छत पर ले गए और बहुत आग्रह से सीमेंट और प्लास्टर के वे 'स्लैब' दिखाए जिनकी मदद से उन्होंने प्रिंट बनाए थे।

भारतीय कला के इतिहास में सोमनाथ होर को मुख्य रूप से एक प्रिंटमेंकर के रूप में ही जाना जाएगा। लेकिन 1974 में अचानक मोम के टुकड़ों से खेलते-खेलते उन्होंने मूर्तिशिल्प की दुनिया में भी एक अद्भुत और एक तरह का जादुई प्रवेश पा लिया। यह अलग बात है कि सोमनाथ इन कलाकृतियों को मूतिशिल्प कहने में भी संकोच कर रहे थे। "उनमें न वॉल्यूम था, न मास, न वेट। मैंने उन्हें सिर्फ जख्म ही कहा। रचना सामग्री को देखते हुए वे जख्म ही तो थे।"

सोमनाथ ने खेल-खेल में एक बड़े रहस्य को समझ लिया था। पर उन्होंने कांस्य मूर्तिशिल्प को ढालने के लिए कोई सांचा नहीं बनाया। इस कांस्य मूर्तिशिल्प शृंखला की हर कलाकृति केवल एक ही बन सकती थी। उसके और रूप नहीं ढाले जा सकते थे। सभी मूर्तिशिल्प आकार में छोटे हैं। उनमें मनुष्य और पशुओं की मार्मिक आकृतियां हैं। मई 1975 से अक्तूबर 1977 तक सोमनाथ होर ने वीएतनाम को 'होमेज' देने के इरादे से एक बड़े मूर्तिशिल्प पर काम किया। इस मूर्तिशिल्प का शीर्षक था—'मां और बच्चा'। चालीस इंच ऊंचे और चालीस किलो वजन के इस मूर्तिशिल्प को दुर्भाग्यवश किसी ने रहस्यमय ढंग से चुरा लिया। अगले सात साल तक सोमनाथ होर इस विधा को दुबारा छूने का साहस नहीं जुटा पाए। 1983 में वह शांति निकेतन के 'कला भवन' से रिटायर हुए। नए एकांत ने उनमें मूर्तिशिल्प रचने की इच्छा नए सिरे से जगाई। पर वह मूर्तिशिल्प के बड़े तामझाम से दूर रहना चाहते थे। अपने विनम्र साधनों में वह छोटे-छोटे मूर्तिशिल्प ही बनाते रहे हैं। पर आज कला विशेषज्ञ सोमनाथ होर को एक बड़ा मूर्तिशिल्पी भी मानने लगे हैं।

1957 में उन्होंने कोलकाता के कला महाविद्यालय से डिप्लोमा प्राप्त किया था। शुरू के राजनीतिक रुझानों ने कला से उनका संबंध बनाए रखा पर बाकायदा पढ़ाई देर से हो सकी। शुरू में वह कोलकाता के इंडियन कॉलेज ऑफ आर्ट ऐंड ड्राफ्टमैनशिप में लेक्चरर थे। फिर वह 1958 से दिल्ली कला महाविद्यालय में ग्राफिक विभाग के प्रमुख के रूप में कई सालों तक काम करते रहे। एम.एस. यूनिवर्सिटी वड़ोदरा के प्रतिष्ठित कला विभाग में वह विजिटिंग प्रोफेसर के रूप में भी काम करते थे। दिल्ली का कला वातावरण सोमनाथ होर को रास नहीं आया। पर यहां नौ साल की उनकी सक्रियता ने भारतीय प्रिंटमेंकिंग को एक नई दिशा प्रदान की। 1969 में वह कला भवन (शांति निकेतन) से जुड़ गए। दिनकर कौशिक कला भवन की दुनिया को बदलना चाह रहे थे। विश्वविद्यालय तंत्र की राजनीति ने कला भवन को भी प्रभावित कर दिया था। राम किंकर बैज और विनोद बिहारी मुखर्जी सरीखी महान प्रतिभाएं शांति निकेतन के एक अशांत व अकादमिक वातावरण का शिकार हो रही थीं। नए बदले हुए माहौल में सोमनाथ होर ने कला भवन के ग्राफिक विभाग को एक नया चेहरा दिया।

प्रिंटमेंकिंग को एक तरह की 'डेमोक्रेटिक' कला कहा जाता है। आज जनता तक छापाचित्र आसानी से पहुंचाए जा सकते हैं। इस माध्यम की विशेष संभावनाओं को देखते हुए पूर्व यूरोप के साम्यवादी देशों में प्रिंटमेंकिंग को सरकारी स्तर पर काफी बढ़ावा मिला था। फिल्म और ग्राफिक आर्ट में साम्यवादी सत्ता की खास दिलचस्पी थी। सोमनाथ होर जिंदगी के जख्मों के कलाकार थे पर उनकी कला के विकास को देखा जाए तो वह समाजवादी कला के 'ट्रैप' में कभी फंसे नही दीखते हैं। 'कथ्य' को उन्होंने बिना वजह महत्व कभी नहीं दिया। 'सफेद पर सफेद' शृंखला के प्रिंट इस बात का प्रमाण हैं।

उल्लेखनीय है कि सोमनाथ होर कलाकार की 'साधना' में 'जैन दर्शन' के सिद्धांतों को भी महत्व देते हैं। 'द आर्ट न्यूज मैग्जीन' में शिलादित्य सरकार से बातचीत में सोमनाथ एक चीनी कलाकार की कहानी का जिक्र करते हैं। रानी ने एक कलाकार को बुलाकर कहा कि तुम मेरे लिए एक मुर्गे का चित्र बना दो। बरसों बाद यह चित्रकार रानी के पास लौटा और उसने कहा कि मैं अब चित्र बनाने के लिए तैयार हूं। देखते-देखते उसने चित्र बना दिया। रानी को इस बात की हैरानी और परेशानी हुई कि इस कलाकार को चित्र बनाने में इतना समय क्यों लग गया। कलाकार ने कहा कि पांच मिनट में इस चित्र को बनाने के लिए उसे बरसों तक मेहनत करनी पड़ी। सोमनाथ होर

के अनुसार, ''अनेक जैन कलाकार एक अकेले कथ्य पर मास्टरी हासिल करने के लिए जिंदगी-भर रचनात्मक संघर्ष में लगे रहते थे।''

जिंदगी के जख्मों में इतनी लंबी और गहरी दिलचस्पी के वास्तविक संदर्भ को समझने के लिए होर की यह टिप्पणी गौर करने लायक है। सोमनाथ होर ने जब तथाकथित 'इरॉटिक' कला में भी दिलचस्पी दिखाई तो संभोगरत युगल एक अद्वितीय ऊर्जा को प्रेक्षक के सामने लाते हैं। 'मिथुन' (1976) सरीखी कलाकृतियां इस बात का प्रमाण हैं। अकाल और विभाजन की स्मृतियों से बुरी तरह से आंदोलित कलाकार ने सत्तर के दशक में जब 'इरॉटिक एचिंग' बनाई तो उनमें भी मनुष्य की पाशविकता और जंगलीपन मुखर था।

1945 में सोमनाथ ने जब कोलकाता के आर्ट स्कूल में दाखिला लिया तो हरेन दास और सैफुद्दीन अहमद से उन्होंने कला का प्रारंभिक प्रशिक्षण प्राप्त किया। वह जैनुल अबेदीन के संपर्क में भी आए जो स्वयं अकाल की भयावह सच्चाई को अपने चित्रों में प्रभावशाली अभिव्यक्ति दे चुके थे। अकाल, किसान आंदोलन, धरती के अभागों की शबीहें और रोजमर्रा की जिंदगी सोमनाथ होर की कला के प्रारंभिक विषय थे। काष्ट छापाचित्रों के प्रति उनका सहज आकर्षण था।

दिल्ली के कला वातावरण में सोमनाथ होर लीथोग्राफी, इंटैग्लियों प्रिंटिंग आदि की ओर आकर्षित हुए। धीरे-धीरे उनकी कला आकृतिमूलकता से अमूर्तन की ओर भी बढ़ी। पर आकृतियों और जख्मों को यह कलाकार कभी पूरी तरह से छोड़ नहीं सका था। 'सफेद पर सफेद' शृंखला के जख्मों के अत्यंत जटिल व संवेदनशील चित्रण के बाद सोमनाथ अपने मूर्तिशिल्पों में मानव और पशु जीवन की सरल दिखने वाली सच्चाई को अभिव्यक्ति देते हैं। मां और बच्चा, चीख, सड़क का बच्चा, शिकार, भाई और बहन, परिवार, बकरी, कुत्ता सरीखे शीर्षक ही इस दुनिया के बारे में हमें सारी सूचनाएं दे देते हैं। 1985 का मूर्तिशिल्प 'कुत्ता' एक अद्‌भुत कलाकृति है। कलाकार जैसे कहना चाहता है कि अकाल हमारे बीच से गया नहीं है न ही हम विभाजन की रक्त-रंजित स्मृतियों से मुक्त हो पाए हैं।

अगर हम सोमनाथ होर के प्रारंभिक प्रिंट देखें तो बड़ी आसानी से चित्त प्रसाद के ग्राफिक चित्रों की याद आ जाती है। 1956 का एक लीनोकट है—फुटपाथ पर सो रहा बच्चा। इस बच्चे का चेहरा, उसकी शारीरिक मुद्रा में अकाल पीड़ित होने का भय और अंधकार है। 1953 की 'वुड एन्ग्रेविंग' में रात के अंधेरे में चिराग की तेज रोशनी 'ग्रुप मीटिंग' का माहौल बना रही है। एक आदमी (जो शायद कम्युनिस्ट कार्यकर्ता है) अपनी बात कह रहा है। उसकी पीठ हमारी तरफ है। उसके दाहिने हाथ की मुद्रा हमें बता रही है कि वह किसी झोंपड़ी में बैठी टोली को कोई राजनीतिक बात समझा रहा है। लोग उसे बहुत ध्यान से सुन रहे हैं। एक खास तरह की रोशनी वंचित और अभागे चेहरों को एक नई चमक दे रही है। 1953 की ही एक अन्य प्रभावशाली 'वुड एन्ग्रेविंग' में रात की एक खुली बैठक की बहस का चित्रण है। श्रोताओं में महिलाओं की उपस्थिति महत्वपूर्ण है।

1956 का एक काष्ठ चित्र मां-बच्चे की सबसे परिचित मुद्रा को हमारे सामने लाता है। अगर हम 1973 के एक अन्य काष्ठ चित्र 'पीठ' को देखें तो सोमनाथ होर की कला का विकास हमें समझ में आता है। सिर झुकाए हुए एक व्यक्ति की पीठ हमें दीख रही है। इस चित्र में टेक्सचर और संयोजन का बड़ा प्रभावशाली इस्तेमाल है। वंचित और अभागे व्यक्तियों की मुद्राएं वही हैं पर अब कलाकार की कल्पनाशक्ति संयोजन, रेखाओं और टेक्सचर का जटिल और अधिक कल्पनाशील इस्तेमाल करती है। 1977 के एक लीथोग्राफ 'भूख' में भी हाथ में कटोरा लिए भूखे व्यक्ति की मुद्रा में समय की जटिलता दिखाई देती है। 1985 के एक अन्य प्रभावशाली कांस्य मूर्तिशिल्प 'चीख' में एक व्यक्ति चीख रहा है। उसके अपेक्षाकृत लंबे हाथ ऊपर उठे हुए हैं। यह भी गौर करने की बात है कि सोमनाथ होर अक्सर अपनी कलाकृतियों के शीर्षक बहुत सरल से देते हैं। कारण यह भी है कि उनका बुनियादी कथ्य आसानी से बदलता नहीं है। 1986-87 के सीजन में दिल्ली में आर्ट हेरिटेज दीर्घा में जब सोमनाथ होर ने अपनी मूर्तिशिल्प प्रदर्शनी आयोजित की तो दिनकर कौशिक ने उसके कैटलॉग में लिखा है कि कलाकार ने शीर्षक सिर्फ इस इरादे से दिए हैं कि कलाकृतियों को पहचाना जा सके।

कला समीक्षक प्रणव रंजन राय के अनुसार विनोद बिहारी मुखर्जी ने सोमनाथ होर को 'विजुअल स्पेस' और

'नेचुरल स्पेस' का फर्क बताया था। इससे उनकी कला में प्रचार कम हुआ और कला भाषा का विचार प्रमुख हुआ।

के.जी. सुब्रमण्यन् ने सोमनाथ होर पर एक संक्षिप्त टिप्पणी में लिखा था कि चमकदार आंखों वाले दुबले-पतले सोमनाथ शांति निकेतन में हमेशा कहीं-न-कहीं जाने की हड़बड़ी में दिखाई देते हैं। ऐसा लगता है कि वह कहीं किसी मिशन में जा रहे हैं। और उनकी कला में भी एक 'मिशनरी फोकस' है। दुःख भोग और पीड़ा की अनेक 'लाउड' तस्वीरें तारों की तरह हमारे सर से निकल जाती हैं। पर सोमनाथ होर की कला की पीड़ा घातक है–'वह धीरे-धीरे हमारे बीच अपनी जगह बनाती है। हम सोचना शुरू कर देते हैं–जिस दुनिया को हम देखते है वह कैसी है? और अपने हाथों से हम अपना चेहरा छिपा लेते हैं। और हमें महसूस होता है कि हड्डियां मांस से थोड़ा ही नीचे हैं।' (1986 में लेडीज स्टडी ग्रुप द्वारा आयोजित प्रदर्शनी 'विजंस' का कैटलॉग)

(2002)

रामगोपाल विजयवर्गीय का रेखांकन

रामगोपाल विजयवर्गीय

अपने समय के प्रसिद्ध चित्रकार रामगोपाल विजयवर्गीय के निधन का समाचार मुझे देर से मिला। ललित कला अकादेमी की पत्रिका 'समकालीन कला' के नए अंक में जयपुर की चितेरी मीनाक्षी भारती की उनसे लंबी बातचीत छपी है—इस सूचना के साथ कि दुर्भाग्यवश वह हमारे बीच नहीं रहे। हमारे राष्ट्रीय दैनिक रोजाना अपने रंगीन पन्नों में अनगिनत छुटभैये कलाकारों की फैशन-आर्ट पार्टियों में हिस्सेदारी की तस्वीर छापते हैं। पर उनके लिए जब भूपेन खक्खर सरीखे अंतर्राष्ट्रीय स्तर पर चर्चित आधुनिक कलाकार का निधन कोई खबर नहीं तो विजयवर्गीय सरीखे 'पुराने' चित्रकारों का निधन भला कैसे समाचार के रूप में प्रकाशित होता? विजयवर्गीय कुछ ही सालों में सौ साल के होने वाले थे। उनका जन्म 1905 में बालेर (राजस्थान) में हुआ था। वह व्यापारियों के परिवार में जन्मे थे जहां कला के लिए कोई जगह नहीं थी। पिता और पत्नी सबने चित्रकार विजयवर्गीय के रास्ते में रुकावटें पैदा कीं। यह अलग बात है कि विजयवर्गीय ने कुछ ही दशकों में यह भी देख लिया कि कला स्वयं एक बहुत बड़ा व्यापार बन चुकी है।

रामगोपाल विजयवर्गीय से मेरी मुलाकात 1991 में दिल्ली में उनकी एक प्रदर्शनी में हुई थी। 85 साल की उम्र में भी उनमें गजब की फुर्ती थी। उनकी याददाश्त भी बहुत अच्छी थी। कला, साहित्य और जीवन के बारे में उनसे बातचीत करके बहुत रस मिलता था। बाद में जब भी मैं जयपुर जाता था तो विजयवर्गीय के घर जाकर उनसे बतियाना नहीं भूलता था। विजयवर्गीय का जन्म बीसवीं शताब्दी में हुआ था, पर वह भीतर से अजंताकालीन चित्रकार ही थे। अवनींद्रनाथ ठाकुर सरीखे कलाकारों ने भी विजयवर्गीय की प्रतिभा को अजंता की कला से जोड़ा था। बंगाल स्कूल के संस्कार उनमें थे ही। विजयवर्गीय ने समकालीन, आधुनिक, अमूर्त (पर उन्हें आकृतिमूलकता ही पसंद थी) सब कुछ होने की थोड़ी बहुत कोशिशें कीं—पर उनकी वास्तविक कला प्रतिभा किसी दूसरे ही काल से जुड़ी थी। वह सौंदर्य और ऐंद्रियता के अदभृत चितेरे थे। इसी में उनकी शक्ति थी और सीमा भी।

विजयवर्गीय अपने परिवार की इच्छाओं के विरुद्ध चित्रकार बने। किसी तरह लड़-झगड़कर वह 1924 में जयपुर आर्ट स्कूल में दाखिल हुए। अवनींद्रनाथ के शिष्य शैलेंद्रनाथ डे तब वहां वाइस प्रिंसिपल थे। वाश पद्धति का जमाना था। विजयवर्गीय ने कला की एक दूसरी तहजीब सीखी। उन दिनों रईस ठिकानों के कामदार पिता अपने बच्चों को तहजीब और तमीज की शिक्षा देने के लिए तवायफों के कोठे पर भी भेजते थे। विजयवर्गीय जब 14 साल के थे तो उन्हें भी तीन अन्य लड़कों के साथ 'रंडी' के कोठे पर भेजा गया। ''जिस रंडी के कोठे पर मैं जाता था, उसका नाम शीरीं था। आयु उसकी लगभग 20-22 साल थी। रंग से वह कुछ सांवली थी। देखने में सुंदर थी। घर का नौकर वहां शाम को सात बजे पहुँचा आता था और रात को नौ बजे वापस ले जाता था।

पिताजी के मित्र ने किशोर विजयवर्गीय का इंटरव्यू लिया और पाया कि यह लड़का बेवकूफ है। कोठे पर जाने लायक नहीं है। इस तरह से कला की वास्तविक तहजीब और तमीज उन्हें आर्ट स्कूल में मिली। घर में पत्नी भी इस बात से परेशान थीं कि पति व्यापार धंधा नहीं करता—तस्वीर बनाने से क्या मिलेगा? विजयवर्गीय की लिखी कहानियां और कविताएं रद्दी में फेंक दी जाती थीं। पत्नी के आरोपों से अपमानित विजयवर्गीय ने चांदी का सट्टा करने में रुचि लेना शुरू की। रोजाना विजयवर्गीय खूब स्कैच बनाते थे—एक अद्भुत आवेग में रोजमर्रा की जिंदगी को अपनी कोमल रेखाओं में रूपांतरित करते थे। लोग पूछते थे—क्या करते हो? जवाब मिलता था—चांदी का सट्टा करता हूं, व्यापार करता हूं।

विजयवर्गीय ने आत्म-संस्मरणों को नाम दिया है 'यादों की यात्रा'। इसमें राय कृष्णदास, जोश मलिहाबादी, असगर इलाहाबादी, अज्ञेय, उग्र आदि के छोटे-छोटे पर दिलचस्प संस्मरण शामिल हैं।

विजयवर्गीय ने कविताएं, कहानियां लिखीं जो साहित्य रसिकों को उनकी कला की तुलना में साधारण नजर आएंगी। पर उनकी पुस्तक 'राजस्थानी चित्रकला' अपने ढंग की एक विशिष्ट पुस्तक है। इसकी भूमिका में उन्होंने लिखा है कि मैंने अपने निजी अनुभव और ज्ञान के आधार पर यह पुस्तक लिखी है, इसमें किसी भी पुस्तक की कोई सहायता नहीं ली गई है। विजयवर्गीय के पास इस दुर्लभ पुस्तक की एक ही कॉपी बची थी जिसकी मैंने फोटोकॉपी करवाई थी।

राय कृष्णदास से प्रेरणा पाकर विजयवर्गीय ने राजस्थान में घूम-घूमकर लघुचित्र खोजने शुरू किए। एक बार कोटा में रास्ते में विजयवर्गीय ने हवेली के चबूतरे पर एक आदमी को बैठे हुए देखा जो एक पुराने चित्र पर रोटी रखकर खा रहा था। उस आदमी के मालिक के पास बूंदी, मालवा और मुगल शैली के 500 चित्र बस्ते में बंधे हुए थे। उन चित्रों को शुरू में रद्दी में बेचने की बात हो रही थी।

विजयवर्गीय 'रामायण', 'महाभारत', 'अभिज्ञान शाकुंतलम्', 'कुमार संभव', 'मेघदूत', उमर खैयाम की रूबाइयों और 'बिहारी सतसई' की चित्र शृंखलाओं के लिए जाने जाते हैं। जयपुर के आर्ट स्कूल में 1925-26 में 'मॉर्डन रिव्यू' के संपादक रामानंद चटर्जी आए थे। उन्होंने विजयवर्गीय का एक चित्र देखा जिसमें तीन पनिहारिनें सिर पर घड़े को लेकर चली आ रही हैं। उन्होंने यह चित्र 'मॉर्डन रिव्यू' में छापा और चित्र का मूल्य पचास रुपए भी कलाकार को दिया। मॉर्डन रिव्यू, माधुरी, सरस्वती, विशाल भारत, चांद आदि में छपे चित्रों के कारण विजयवर्गीय मशहूर हो गए।

आधुनिक कलाकारों के काम को विजयवर्गीय गौर से देखते थे—वैसे चित्र बनाने की कोशिश भी करते थे। मकबूल फिदा हुसेन के बारे में उनकी टिप्पणी दिलचस्प है—"हुसेन का काम अच्छा लगता है। वह घोड़े अधिक बनाता है लेकिन उसे रंगों की बहुत अच्छी समझ है।"

(2003)

देवकी नंदन शर्मा

जब चिड़ियों और कला की बात दिमाग में आती है तो अमेरिकी चित्रकार मॉरिस ग्रेव्ज की याद जरूर आती है। अंधी चिड़िया वाली उनकी पेंटिंग कला के इतिहास में अपनी एक मार्मिक जगह बना चुकी है। उनकी कला में एक खास तरह का मिस्टिसिज्म था और वह पूर्व की कला और दर्शन से गहरे स्तर पर प्रभावित थे। जेन बुद्धिज्म ने उनकी कला के सरोकारों पर गहरा असर डाला था।

स्व. प्रोफेसर देवकी नंदन शर्मा (जिनका निधन पिछले दिनों अप्रैल में हुआ) की कला में भी चिड़ियों की एक खास जगह थी। वह मिस्टिसिज्म से शायद प्रभावित नहीं थे। पर उनके बनाए कौए देखकर एक अलग तरह का प्रभाव प्रेक्षक की मानसिकता पर पड़ता है। राजस्थान का कोई 'पक्षी कलाकार' (बर्ड पेंटर) जाहिर है मोरों के लिए पहचाना और पंसद किया जाएगा। पर देवकी नंदन शर्मा एक चित्रकार के रूप में भाषा और अभिव्यक्ति के स्तर पर कौए में ज्यादा चुनौती देखते थे। मोर उन्हें आकर्षित करता था पर कौआ एक रचनात्मक मुश्किल की तरह सामने आता था कि आओ, मुझे ऐ चितेरे, चित्र बांधो। पर यह काम आसान नहीं है, चितेरे!

देवकी नंदन शर्मा से मेरी मुलाकात एक ही बार हुई थी। वनस्थली में एक परिसंवाद था। परिसंवाद मुझे नीरस लगते हैं। वनस्थली जाने का एक प्रमुख आकर्षण देवकी नंदन शर्मा से मुलाकात करना और उनके मूल चित्रों को देखना था। राजस्थान के एक दूसरे बुजुर्ग चित्रकार रामगोपाल विजयवर्गीय से मैं कई बार मिला था। उनसे मिलकर, बतिया कर बहुत मजा आता था। उनकी याददाश्त बहुत अच्छी थी। वह बातों के रसिया थे। वनस्थली जाते हुए रास्ते में मुझे चित्रकार मित्र विद्यासागर उपाध्याय ने पहले ही बता दिया था कि देवकी नंदन शर्मा विजयवर्गीय की ही तरह न तो बूढ़े हुए हैं और न ही रिटायर।

वनस्थली के कला विभाग में विनोद बिहारी मुखर्जी का अद्‌भुत म्यूरल है। उस म्यूरल के निर्माण में देवकी नंदन शर्मा की भी महत्वपूर्ण भूमिका थी। इसी म्यूरल के पास देवकी नंदन शर्मा का सादा-सा कक्ष था जहां एक चौकी रखी हुई थी। देवकी नंदन शर्मा लगभग अंतिम दिनों तक यहां काम करते रहे। आखिर में कुछ समय के लिए असाध्य रोग ने ही उनके भीतर के चित्रकार को चुप रहने के लिए मजबूर किया।

उन दिनों दिल्ली की कई आधुनिक कला दीर्घाओं के प्रबंधक और आर्ट डीलर वनस्थली के चक्कर लगा चुके थे या लगाना चाह रहे थे। शायद वे सोच रहे हों कि वनस्थली के इस कलाकार के जीवन भर के श्रम और प्रतिभा को आसानी से खरीदा जा सकता है। देवकी नंदन शर्मा स्वभाव से विनम्र थे, धीरे-धीरे बोलते थे। पर ऐसा नहीं है कि सफलता या कला बाजार के सतहीपन और नकली ग्लैमर से वह अपरिचित थे। 1963 में ही ब्रिटिश इन्फॉर्मेशन सर्विस ने उन्हें दुनिया के सर्वश्रेष्ठ 18 'पक्षी चित्रकारों' की एक प्रतिष्ठित सूची में रखा था।

कला की दुनिया में देवकी नंदन शर्मा का महत्व फ्रैस्को विधा को जीवित बनाए रखने के कारण भी है। 1953 से वह वनस्थली में फ्रैस्को प्रशिक्षण कैंप आयोजित कर रहे थे। युवा कलाकारों ने ही नहीं, बल्कि समय-समय पर देश के नामी कलाकारों ने भी वनस्थली जाकर फ्रैस्को विधा में अपने ढंग से अपनी रचनात्मकता को जानने-जांचने की कोशिश की है। मिसाल के लिए विकास भट्टाचार्य का एक काम वनस्थली में है। और भी अनेक चित्रकारों के काम वहां पर देखे जा सकते हैं।

देवकी नंदन शर्मा का जन्म 17 अप्रैल, 1919 को अलवर में हुआ था। उनके पिता जयपुर रियासत के दरबारी कवि थे। लेकिन देवकी नंदन ने कविता में नहीं, कला में दिलचस्पी दिखाई। शुरू से ही प्रकृति और आम जिंदगी

का उन्होंने चितेरे की अत्यंत संवेदनशील आंख से अध्ययन किया था। जयपुर स्कूल ऑफ आर्ट में उन्होंने कला का प्रशिक्षण प्राप्त किया। शैलेंद्र नाथ डे सरीखे महारथी उन दिनों वहां सक्रिय थे। इसके अलावा मुस्सविर गंगाबख्श और शिव नंद शर्मा आदि की देखरेख में देवकी नंदन ने कला का अध्ययन किया। 1937 में वनस्थली में उन्होंने कला विभाग की स्थापना की। इसके अलावा 1946-47 में शांति निकेतन में मास्टर मोशाय नंदलाल बोस और विनोद बिहारी मुखर्जी सरीखे महान कलाकारों से उन्होंने फ्रैस्को तकनीक की बारीकियों को समझा। वह परंपरागत राजस्थानी कला के प्रति भी सजग थे और समकालीन सरोकारों से भी जुड़े हुए थे।

देवकी नंदन शर्मा की कला में ग्रामीण जीवन के जीवंत चित्र मिलते हैं। भारतीय मिथकशास्त्र ने भी समय-समय पर उन्हें आकर्षित किया था। पक्षियों के तो खैर वह विशेषज्ञ थे ही। जलरंग, वाश तकनीक, टेंपरा, फ्रैस्को आदि की तकनीक के वह गहरे जानकार थे। उनकी रेखाएं भी काव्यात्मक और शक्तिशाली थीं। साधारण से नजर आने वाले लैंडस्केप को चिड़ियों की उपस्थिति से वह 'मिस्टिकल' रूप देने की कला में माहिर थे। उनके एक चित्र में सैकड़ों कौए बैठे हुए हैं। दूर तक कौए ही नजर आ रहे हैं। अधिकांश कौए बैठे हुए चौकन्नी निगाह से आसपास देख रहे हैं। आसमान में कुछ कौए उड़ भी रहे हैं। एकाध उड़ने की कोशिश कर रहा है। पर इस चित्र को कई बार गौर से देखने पर कुछ-कुछ उसी मिस्टिकल अनुभव तक पहुंचा जा सकता है जो मॉरिस ग्रेव्ज सरीखे बड़े कलाकारों की पहचान रहा है।

वनस्थली की एक दोपहर मुझे हमेशा याद रहेगी जब मुझे देवकी नंदन शर्मा ने अपने अनेक चित्र दिखाए। उनसे विनोद बिहारी मुखर्जी की कला पर भी बातें हुईं। वह गिने-चुने शब्दों में बात कर रहे थे। पर उनके रंग और रेखाएं बोल रही थी। उस दोपहर मैंने अनगिनत चिड़ियां देखीं। आज के माहौल में देवकी नंदन सरीखे साधक या तपस्वी कलाकार बनना आसान नहीं है। वनस्थली में जाकर कला प्रेमी हमेशा इस अद्वितीय साधक को याद करेंगे। मैं उनसे एक लंबी बातचीत रेकॉर्ड करना चाहता था। मुझे दुःख है कि अब वह काम कभी नहीं हो पाएगा। पर उनकी कला की एक पुनरावलोकन प्रदर्शनी जरूर होनी चाहिए।

(2005)

ए. रामचंद्रन

केरल में 1935 में जन्मे, शांति निकेतन से प्रशिक्षित, दिल्ली में बस गए और राजस्थान से अद्‌भुत प्रेम करने वाले कलाकार अचुतन नायर रामचंद्रन आज देश के चुने हुए महत्वपूर्ण चित्रकारों में से एक हैं। एक चित्रकार के रूप में रामचंद्रन का वास्तविक जन्म आधुनिक भारतीय कला के एक मास्टरपीस म्यूरल 'ययाति' (1986) से हुआ। 'ययाति' दरअसल एक 60 फुट लंबी पेंटिंग है जिसके 12 पैनल हैं। इस कलाकृति के केंद्र में 13 मूर्तिशिल्प भी हैं। रामचंद्रन की कला को आसानी से दो हिस्सों में विभाजित किया जा सकता है–'पूर्व ययाति' और 'उत्तर ययाति'। एक कलाकार जो लंबे समय तक जीवन की विसंगतियों, हिंसा, विद्रोह को कैनवास पर उतारता रहा वह 'ययाति' से ऐंद्रियता, सुंदरता और आध्यात्मिकता का कुशल और महान चितेरा बन गया। ऐसा नहीं है कि पूर्व ययाति काल में रामचंद्रन में इन चीजों के प्रति आकर्षण नहीं था। राम किंकर का महान मूर्तिशिल्प 'संथाल परिवार' देखकर चेन्नई (तब मद्रास) कला महाविद्यालय की बजाय शांति निकेतन की ओर चले जाने वाले रामचंद्रन केरल की सांस्कृतिक परंपरा और सुंदर प्राकृतिक वातावरण को शुरू से ही मन में बसाए हुए थे।

केरल के कस्बे अटिंगल के कृष्णास्वामी मंदिर की स्मृतियां बचपन से ही रामचंद्रन के मन में रची-बसी हुई थीं। उत्तर भारत में मंदिर का संपूर्ण अनुभव उस रहस्य या आलोक को लिए हुए नहीं होता है जो केरल या दक्षिण के मंदिरों की विशेषता है। मंदिरों में चित्रकला की भी वहां समृद्ध परंपरा है। कला प्रशिक्षण के बाद शांति निकेतन में रामचंद्रन ने केरल में 'वाल पेंटिंग की परंपरा' पर शोध कार्य भी किया था।

रामचंद्रन को ययाति या उर्वशी की अद्‌भुत दुनिया में ले जाने वाले कारण एक नहीं, अनेक थे। केरल की प्राकृतिक सुंदरता ने उन्हें एक भिन्न संवेदना दी। वहां के मंदिरों के कर्मकांडों या चित्रकला को उन्होंने कल्पना, उत्सुकता और रहस्य के अलग तरह के आलोक में देखा। शांति निकेतन के नंदलाल बोस, राम किंकर, विनोद बिहारी मुखर्जी सरीखे कला गुरुओं से उन्होंने कला सीखी। शांति निकेतन में पचास के दशक के अंतिम वर्षों में तैलरंगों का इस्तेमाल वर्जित था। पर रामचंद्रन राजा रवि वर्मा की परंपरा से भी जुड़े हुए कलाकार थे। एक तरह का विचित्र विरोधाभास था। पर इस कलाकार ने बड़ी कुशलता से दो विरोधी दिखने वाली परंपराओं से सीखा और समझा। बाद में राजस्थान इस कलाकार के लिए तीव्र प्रेम का विषय बन गया। रामचंद्रन कई बार कह चुके हैं कि मैंने दो ही तीव्र प्रेम किए हैं–एक अपनी चीनी पत्नी तान चमेली से और दूसरा राजस्थान से।

राजस्थान से रामचंद्रन का प्रेम अलग तरह का है। कोई आश्चर्य की बात नहीं है कि राजस्थान के और वहां रहने वाले कलाकार भी इस प्रदेश के रंग-रूपाकारों और परंपरा का इतना रचनात्मक इस्तेमाल नहीं कर पाए हैं। रामचंद्रन राजस्थान के सुंदर लैंडस्केप और लघुचित्रों के समृद्ध संसार में ही नहीं बणेश्वर के भीलों में भी सहजता से आवाजाही करते हुए दिखाई देते हैं। केरल की परंपरा जब एक सुंदर ढंग से मन में रची-बसी हो तो राजस्थान का लैंडस्केप एक भिन्न अनुभव प्रदेश बन जाता है। केरल के किसी भी संस्कृतिकर्मी के लिए बंगाल की तरह ही अपनी भाषा और विदेशी साहित्यिक संस्कारों से प्रेरणा लेना एक आवश्यक अनुभव विस्तार है। रामचंद्रन साहित्य और पौराणिक कथाओं के भी गहरे अध्येता हैं। उन्होंने 'इलस्ट्रेशन' के काम को भी हमेशा एक गंभीर कला कर्म के रूप में देखा है। बाल साहित्य को 'इलस्ट्रेट' करने में उनकी विशेष दिलचस्पी रही है। 'ययाति' तक आते-आते रामचंद्रन इस सारी 'बैकग्राउंड' से गहरा साक्षात्कार कर चुके थे। रंगकर्मी और कला मर्मज्ञ इब्राहिम अल्काजी ने उन्हें अपने ढंग का म्यूरल बनाने का अवसर दिया जो अस्सी के दशक में प्रारंभिक वर्षों में एक दुर्लभ बात थी। जामिया

मिलिया के कला अध्यापक रामचंद्रन के पास उन दिनों इतने आर्थिक साधन नहीं थे कि वह अपनी शर्तों पर कला साधना कर पाते। म्यूरल और वाल पेंटिंग की कई परंपराओं से रामचंद्रन का संवाद था। केरल और अजंता के भित्ति-चित्र ही नहीं, मेक्सिको के महान 'सार्वजनिक' कलाकारों (ओरोस्को, रिवेरा, और सिकेरोस) से भी रामचंद्रन ने कला की भाषा सीखी थी। सतीश गुजराल भी इन कलाकारों से सीख चुके थे। पर इन दोनों भिन्न संवेदना और पृष्ठभूमि वाले कलाकारों ने मेक्सिकी कला से अलग-अलग ढंग का संवाद स्थापित किया। मेक्सिकी कलाकार जिस तरह से परंपरा, मिथकशास्त्र और लैजेंड्स आदि का कला में इस्तेमाल कर रहे थे वह रामचंद्रन को भारतीय कला के लिए भी जरूरी महसूस हुआ। रामचंद्रन ने एक इंटरव्यू में कहा भी है कि यूरोपीय कला इतिहासकार अक्सर मेक्सिको के इन कलाकारों के काम को इलस्ट्रेशन और प्रचार के रूप में देखते हैं। नतीजा यह है कि भारत में भी जर्मन अभिव्यंजनावाद को अधिक महत्व दिया गया—मेक्सिकी कला को नहीं। इस तथ्य के बावजूद कि भारतीय कलाकार के लिए मेक्सिकी परंपरा अधिक उत्तेजक और प्रासंगिक थी।

ययाति के मिथक ने रामचंद्रन की मानसिकता को बरसों से आंदोलित कर रखा था। पुराणों के अनुसार ययाति का विवाह शुक्राचार्य की पुत्री देवयानी से हुआ था। शर्मिष्ठा उनकी दूसरी पत्नी थी। एक बार ययाति इंद्र के शाप से स्वर्ग से बाहर हो गए थे और अंतरिक्ष में निवास करने के लिए मजबूर हो गए थे। पर रास्ते में अष्टक ऋषि ने उन्हें रोककर वापस स्वर्ग भेज दिया था। शर्मिष्ठा से अनुचित संबंधों के कारण देवयानी के पिता ने ययाति को शाप दे दिया कि तुम असमय ही बूढ़े हो जाओगे। बूढ़े ययाति ने अपने पुत्रों से राजपाट के बदले में अपनी जवानी देने के लिए कहा। शर्मिष्ठा के गर्भ से उत्पन्न हुए पुत्र पुरु के अलावा सबने इस लेन-देन से इनकार कर दिया। पुरु से मिली जवानी का सुख ययाति लंबे समय तक प्राप्त करता रहा। अंत में यौवन के सुखों से वह थक गया। पुरु से उसने अपना बुढ़ापा वापस प्राप्त किया।

स्पष्ट है कि इस पैराणिक कथा में स्वैरकल्पना के अलावा अनेक अर्थ और तहें मौजूद हैं। जीवन के आनंद में आप जितना लिप्त होते चले जाते हैं उतनी ही वासनाएं भड़कती चली जाती हैं। पृथ्वी का सारा धन, स्त्रियां, प्रकृति, पशु आदि भी मनुष्य को 'संतोष धन' नहीं दे पाते हैं।

रामचंद्रन ने ययाति को अपना निजी नायक मानकर उसके लिए एक मंदिर बनाने की प्रक्रिया में 'ययाति' म्यूरल की कल्पना की थी। ययाति में भले ही देवता या ईश्वर बनने की क्षमता नहीं थी पर रामचंद्रन ने उसे अपना देवता मानकर एक अद्‌भुत मंदिर बनाया है। रंगों के मामले में रामचंद्रन ने केरल भित्ति-चित्रों से प्रेरणा प्राप्त की। राजस्थान की घुमक्कड़ जाति गौड़िया लौहार के स्त्री-पुरुषों के जब उन्होंने अनगिनत स्कैच किए तो उन्हें इन अद्‌भुत आदिवासियों में अजंता और बाघ की गुफाओं के चित्रों की जीवंत उपस्थिति महसूस हुई।

रामचंद्रन के विशाल कैनवास 'काली पूजा' (1972) के कटे सर वाली आकृतियों को याद किया जाए या 'कब्र खोदने वाले' पेंटिंग (1977) की भयावह कल्पना को देखा जाए तो 'ययाति' की दुनिया किसी और कलाकार की नजर आती है। 'पूर्व ययाति' दौर में रामचंद्रन के चित्र आधुनिक समाज में मनुष्य की त्रासद स्थिति और दुर्दशा को एक अतियथार्थवादी अभिव्यक्ति प्रदान करते थे।

पोखरण (राजस्थान) में अणु विस्फोट ने राजस्थान से बहुत प्यार करने वाले रामचंद्रन की संवेदना को गहरा धक्का पहुंचाया। 1975 में 'न्यूक्लिअर रागिनी' चित्र शृंखला ने जन्म लिया। कलाकार का मन राजस्थान सरीखी सुंदर जगह के इस भयावह इस्तेमाल से बहुत दुःखी था। 'न्यूक्लिअर रागिनी' में कटे-फटे अंगों की ही चित्र भाष थी। चेहरा छिपाए राजस्थानी स्त्रियां थीं। एक चित्र में एक स्त्री की नग्न देह दिखती भी है तो उसमें सुंदरता नहीं है। आणविक युद्ध की झलक देख चुकी मानवता अपने को बदलना नहीं चाहती। तो क्या सुदंरता इस दुनिया से गायब हो जाएगी? प्रकृति की जगह क्या आणविक युद्ध का भयावह उजाड़ ले लेगा?

'ययाति' में सुंदरता और आनंद को अंतिम सुख नहीं माना गया है। ययाति की कथा उससे भी आगे की स्थिति में जाती है। पर 'ययाति' से रामचंद्रन की चित्र भाषा में निर्णायक मोड़ आ गया। प्रकृति की सुंदरता पूरी तरह से वापस आ गई। कमल के फूल की ही न जाने कितनी स्मृतियां हैं। स्त्री की देह ऐंद्रियता के शिखर पर पहुंच जाती

है। 1989 में 'उर्वशी' शृंखला प्रकृति और सुंदरता के अद्भुत मेल को दिखाती है। एक प्रसिद्ध पेंटिंग में प्रसाधन की मुद्रा में एक सुंदर स्त्री खड़ी है और कलाकार उसे आईना दिखा रहा है और आईने में हमें पिकासो की आधुनिक स्त्री की छवि दिख रही है। 'ऑरेंज लोटस पॉन्ड' सरीखी कलाकृतियों में रामचंद्रन की दुनिया के श्रेष्ठ रूप को देखा जा सकता है। एक ऐसा दिव्य सरोवर शायद कहीं इसी पृथ्वी पर है जहां कमल के फूलों के बीच देहसंपन्न स्त्रियां दिव्य मुद्रओं में मौजूद हैं। 'न्यूक्लिअर रागिनी' शृंखला के चित्र ऐसी किसी संभावना के लिए गुंजाइश नहीं छोड़ते। धरती के इस स्वर्ग को कलाकार किसी दूसरी दुनिया में नहीं खोज रहा है। शायद आज भी इस नष्ट-भ्रष्ट दुनिया में चीजों को बचाया जा सकता है। सुंदरता दुनिया को बचाएगी पर उसके लिए दुनिया को सिर्फ सुंदरता में लिप्त नहीं रहना होगा। रामचंद्रन उर्वशी को आज की विश्व सुंदरियों में नहीं, बणेश्वर के भीलों में खोजते हैं। कमल के सरोवर में उर्वशी की दिव्य छलांग इस दुनिया के अच्छे हो जाने की खबर नहीं है। काली पूजा या न्यूक्लिअर रागिनी का भयावह यथार्थ इस बीच और भी भयावह और रक्तरंजित हुआ है। कटे हुए विरूपित अंगों की दौड़ और भी तेज हुई है। लेकिन रामचंद्रन न तो किसी पौराणिक सुंदर दुनिया में जाकर छिप जाते हैं, न ही समय के क्रूर यथार्थ का चित्रण करने से कतराते हैं। ययाति और उर्वशी के बाद दरअसल कलाकार ने अपनी परंपरा को उसकी संपूर्णता में पहचान लिया है। जीवन की विरूपित छवि के असंख्य रूप चित्रित करने वाला कलाकार दरअसल इस मंत्र का वास्तविक अर्थ समझ गया है कि 'सुंदरता इस दुनिया को बचाएगी।''

रामचंद्रन मलयालम साहित्य में एम.ए. हैं और बचपन में उन्होंने संगीत का प्रशिक्षण भी प्राप्त किया था। आकाशवाणी तिरुवनंतपुरम् में वह गायक के रूप में भी अपनी प्रतिभा दिखा चुके हैं। किशोरावस्था में जब वह श्रीचित्रालयम गैलरी (तिरुवनंतपुरम्) जाते थे तो उन्हें केरल के चित्रकार माधव मेनन की कलाकृतियां बहुत अच्छी लगती थीं। मुगल चित्रकारों की याद दिलाने वाली शैली में माधव मेनन केवल प्रकृति और पशु-पक्षी जगत के चित्र बनाते थे। रामचंद्रन के प्रकृति प्रेम के मूल में माधव मेनन की संवेदना भी महत्वूपर्ण है।

रामचंद्रन की कला के विकास में एक 'जापानी गुरु' का उल्लेख भी आवश्यक है। 1962 में शांति निकेतन में फूको अकीनो विजिटिंग प्रोफेसर के रूप में आई थीं। तब रामचंद्रन अपने पेंटिंग प्रशिक्षण के कोर्स को पूरा कर चुके थे और केरल के मंदिर भित्ति-चित्रों पर अपनी रिसर्च कर रहे थे। रामचंद्रन ने अकीनो से यह सीखा कि अगर आप एक कलाकार की आंख से देखें तो प्रकृति की कोई भी चीज (ऑब्जेक्ट) या रूपाकार दिलचस्प साबित हो सकता है। रंगों की बेहतर समझ के लिए भी रामचंद्रन को अकीनो से काफी मदद मिली।

रामचंद्रन की कला के प्रेक्षक के मन में एक प्रश्न यह आ सकता है कि 'ययाति' के बाद देश की सामाजिक-आर्थिक-राजनीतिक स्थितियों में जो हिंसा और अराजकता बराबर बढ़ती चली गई है वह क्या कलाकार को दुबारा अपनी कला के मूल स्वर को बदलने के लिए मजबूर नहीं कर सकती? कोलाकाता के नक्सलवादी वातावरण ने कभी रामचंद्रन को यथार्थ और अतियथार्थवादी चित्रण के लिए प्रेरित किया था। 2002 में जब वह गुजरात की सांप्रदायिक हिंसा के बारे में देखते-पढ़ते हैं तो क्या कैनवास पर इन स्थितियों पर टिप्पणी करने की कोई इच्छा नहीं पैदा होती है? रामचंद्रन का मानना है कि अब मैं ऐसी कला नहीं रच सकता। अगर मुझे समाज की बुराइयों को बदलना है तो मेरे पास कोई हल भी होने चाहिएं। हमें यह नहीं भूलना चाहिए कि पेंटिंग अपने आप में एक बहुत सुंदर चीज है। फ्रांसिस बेकन अगर कसाई की दुकान भी पेंट करते हैं तो वह सुंदर होने का भ्रम भी पैदा कर सकती है। पेंटिंग में 'पिग्मेंट्स' यानी रंगों का बहुत संवेदनशील इस्तेमाल होता है। अंतिम परिणाम प्रेक्षक को जितना भी बेचैन करे वह है तो एक 'ब्यूटीफुल ऑब्जेक्ट'। इसलिए पेंटिंग एक पेंटिंग की ही तरह होनी चाहिए। पिकासो की बहुचर्चित कलाकृति 'गेर्निका' ने दूसरा विश्व युद्ध रोक नहीं दिया था। इस पेंटिंग से कला का रास्ता—कला की भाषा जरूर बदली पर समाज नहीं बदला। 'वार ऐंड पीस' के बाद तोल्सतोय ने 'फेबल्स' लिखी थी। उनमें इस तरह के सवाल थे कि आदमी को कितनी जमीन चाहिए? कहानियां सरल थीं पर उनमें गहराई थी। प्रकृति की कोई छोटी-सी चीज भी हमें बहुत सुख और आनंद दे सकती है। वीभत्स और कुरूप से रामचंद्रन अब दूर ही रहना चाहते हैं—भले ही उन्हें यथार्थ से भागने वाला या 'इस्केपिस्ट' कहा जाए।

रामचंद्रन अपने किसी काम को अपनी 'प्रिय कलाकृति' नहीं मानते हैं—'ययाति' को भी नहीं। पेंटिंग करते समय वह कला के इतिहास (लोक और क्लासिकल दोनों) की समझ को आवश्यक मानते हैं। पेंटिंग करते समय वह ढांचे के बारे में और रंगों के इस्तेमाल के बारे में सोचते हैं। जब एक गायक मंच पर बैठकर गाने लगता है तो वह हजारों श्रोताओं की उपस्थिति को भूल जाता है। एक ही आदमी उसके सामने होता है। पेंटिंग का संपूर्ण अनुभव आनंद अंतर्दृष्टि और ज्ञान पैदा करता है। पेंटिंग करते समय हर चरण में एक महान प्रसन्नता और आनंद की अनुभूति होती है। कैनवास शुरू करते समय मन में चिंता और आशंका रहती है। पर पहले स्पर्श के बाद वह आशंका गायब हो जाती है। एक पेंटिंग करने के बाद रामचंद्रन को सौ प्रतिशत संतोष कभी नहीं हो पाता है। अस्सी प्रतिशत संतोष भी बहुत है।

एक जमाने में रामचंद्रन सरीखे कलाकारों को सीमित आर्थिक स्रोतों के कारण अपने काम को भी सीमित करना पड़ता था। मिसाल के लिए, वह चाहते हुए भी कांस्य मूर्तिशिल्प आसानी से नहीं बना पाते थे। 'ययाति' के बाद ही उन्हें यह रचनात्मक स्वतंत्रता मिल पाई। शुरू में कुछ विदेशी ही काम खरीदते थे। आज सरीखे भारतीय खरीदारों की तब कल्पना भी नहीं की जा सकती थी। यह एक बड़ी उपलब्धि और संतोष की बात है कि अब भारतीय खरीदार कला के अच्छे संरक्षक हैं। राम किंकर, नंदलाल बोस के समय में कलाकार को पहचाना तो जाता था पर उसे भौतिक सफलता नहीं मिल पाती थी। ''आज यह बात मुझे अद्‌भुत लगती है कि तैयब मेहता की कलाकृतियां अच्छे दाम पर बिक पाती हैं। किसी काम के बिना एक छोटे से कमरे में काम करने वाले कलाकार की यह अच्छी स्थिति मेरे भीतर गर्व पैदा करती है। दरअसल समाज बदला है। हम नहीं बदले हैं।''

रामचंद्रन के पास कला का एक महत्वपूर्ण निजी संग्रह भी है। आज जब वह अवनींद्रनाथ ठाकुर या राम किंकर का कोई काम देखते हैं तो भावनात्मक कारणों से भी उसे अपने पास रखना चाहते हैं। जगह-जगह बिखरी हुई पुरानी कलाकृतियों को भी वह खरीदते रहते हैं। उनका एक सपना है—बाकायदा संग्रहालय बनाने का, पर उन्हें यह भी महसूस होता है कि यह सपना शायद ही कभी पूरा हो सके। शायद कभी अपने घर को ही संग्रहालय बनाना पड़ेगा। पर मन में इच्छा है कि संग्रहालय में सब तरह की चीजें हों—बच्चों के लिए बनाई 'इलस्ट्रेशन' भी हों। बच्चे आएं और उन्हें देखें।

आज कलाकारों के इस तरह के सपने पूरे भी हो जाते हैं। कला प्रेमियों के लिए यह एक सुखद संभावना है।

रामचंद्रन से बातचीत

- **संगीत से आपका गहरा संबध रहा है। युवावस्था में पेशेवर गायक के रूप में भी आप काम कर चुके हैं। दूसरी कलाओं में कौन-सी कला आपको अपने बहुत नजदीक नजर आती है?**

पेंटिंग शुरू से ही मेरा पहला पैशन रहा है। संगीत मैंने सीखा जरूर था, पर मुझे महसूस हुआ कि चित्रकला की तुलना में संगीत में अभिव्यक्ति का 'स्कोप' कम है। संगीत, नृत्य आदि कलाओं में परंपरा से संबंध गहरा है। वहां अंतर्वेशन (इंटरपोलेशन) की संभावनाएं कम हैं। हिंदुस्तानी और कर्नाटक संगीत में कुमार गंधर्व या एम.डी. रामनाथन जो कर पाए वह आसान नहीं है। वहां ढांचे में रहकर ही चीजों को तोड़ा जा सकता है। भारतीय आधुनिक कला में स्थिति दूसरी थी। वहां कोई परंपरा का दबाव नहीं था। अंग्रेजों द्वारा बड़े अव्यवस्थित ढंग से देश में कला स्कूल शुरू कर दिए गए थे। नतीजा यह हुआ कि देश में एकेडेमिक आर्ट ने एक स्वाभाविक चाक्षुष भाषा विकसित कर ली। पीठावाला राजा रवि वर्मा सरीखे चित्रकार इसी माहौल में सामने आए। अंग्रेज चित्रकारों ने बाजार की 'स्ट्रेटेजी' को ध्यान में रखकर काम किया था। उसके बाद बंगाल स्कूल के विचारों ने बौद्धिक वातावरण को प्रभावित किया। उसी वातावरण में कला का आंदोलन आगे बढ़ा। लेकिन आजादी के बाद पंडित नेहरू ने विज्ञान, तकनालॉजी, ज्ञान आदि पर जोर दिया। कला-संस्कृति की एक स्पष्ट नीति बना दी गई। अमृता शेरगिल आदि से आधुनिक कला

को जोड़ा गया। कला दरअसल दुनिया की सबसे मुक्त अभिव्यक्ति है। इसलिए हम देखते हैं कि गंगा देवी, जिव्या सोमा आदि लोक कलाकार भी आधुनिक पेंटिंग का हिस्सा हैं। कोई भी संवेदनशील, मौलिक कलाकृति कहीं भी सामने आए, वह आधुनिक कला का एक हिस्सा है। आज आधुनिक कला के नाम पर हम बहुत कुछ ऐसा होता देख रहे हैं जिसकी प्रासंगिकता भारतीय जीवन में नहीं है। अमूर्त कला, वीडियो आर्ट, इंस्टालेशन आर्ट विदेशियों को दिखाने-रिझाने के लिए हो रहे हैं।

- **पर दूसरी विधाओं से आज कहां और कैसी नजदीकी महसूस करते है?**

मैंने गाना सीखा था। रेडियो में गाता था। पर उसमें कुछ दिखाई नहीं दिया। साहित्य में लिख सकता था। थोड़ा बहुत लिखता भी हूं। एक तरह की आत्मकथा या आत्मकथ्य मैंने लिखा है। पेंटिंग के बारे में, जीवन के बारे में विचार हैं पर पेंटिंग से बड़ा गहरा संबंध था मेरा। रेखांकन करने की एक उच्च स्तर की प्रतिभा के साथ ही मेरा जन्म हुआ था। मुझमें 'कलर-सेंस' भी विकसित था। शांति निकेतन जाने से पहले भी मैं कला से अपना गहरा संबंध महसूस करता था। हाथ बराबर 'स्क्रिबलिंग' करते रहते थे। हाथों में बराबर जैसे खुजली-सी होती रहती थी कि पेन या पत्थर से कुछ-न-कुछ बनाऊं। मैं ज्यादा देर शांत बैठ नहीं पाता था। साहित्य, कला आदि की किताबों को भी ड्राइंग करके खराब कर देता था। रेखा मेरे लिए बहुत महत्वपूर्ण थी। जैसे बात करते हैं वैसे मैं रेखा का इस्तेमाल करता था। मेरा माध्यम कला ही थी। पर बचपन से ही मैं पढ़ने का भी बहुत शौकीन था। प्रगतिशील लेखकों से मेरी निजी मित्रता थी। मलयालम में बशीर की सारी कहानियां मैंने पढ़ी हैं। मेरे लिए वे कहानियां एक तरह की मॉडेल हैं। बशीर ने अपनी ही जिंदगी के बारे में लिखा। उनके लेखन में परिहास भाव, व्यंग्य, पीड़ा आदि का अद्‌भुत मेल है। हंसी-चुटकले में भी आंसू हैं और आंसुओं में भी हंसी है। शब्दों में एक अजीब तरह का विरोधाभास है। मेरी पेंटिंग में कई इमेजेज अजीब-सी हैं, स्ट्रेंज और फनी। कुछ तो है जो साहित्य से जुड़ा है।

- **आपने अभी आधुनिक भारतीय कला की अव्यवस्था की बात की थी।**

एक बात तो यह थी कि पंडित नेहरू का अंतर्राष्ट्रीयवाद चीजों को ज्यादा ही आगे ले गया। दूसरी दुर्भाग्यपूर्ण बात यह थी कि बंगाल स्कूल अगर राजा रवि वर्मा का आदर नहीं करना चाहता था तो अमृता शेरगिल और अन्य आधुनिक चित्रकार बंगाल स्कूल का आदर नहीं करते थे। शांति निकेतन ने यामिनी राय को स्वीकार नहीं किया। घराने की समस्या थी। आधुनिक होने का मतलब है कि हर विकास को स्वीकार किया जाए। जातिवाद अभिव्यक्ति में रुकावटें पैदा करता है। चुगताई कोई बड़े कलाकार नहीं थे। अवनींद्रनाथ, नंदलाल बोस के मुकाबले में उनकी प्रतिभा बहुत कम थी। पर पाकिस्तान में चुगताई को खूब ऊंचा चढ़ा दिया गया। इसी तरह से आर्ट स्कूलों का भी जातिवाद देखा जा सकता है। आज जे.जे. स्कूल के हों या वड़ोदरा कला विभाग की पैदाइश हों—अपनी प्रतिभा और अपनी निजी खोज से कलाकार पैदा होता है—स्कूल से नहीं। कला में तकनीकी श्रेष्ठता से समझौता नहीं करना चाहिए। किसी भी अच्छे कलाकार में—पिकासो हो या पाउल क्ले—रंग, रेखाओं की दक्षता एक अनिवार्य पहचान है। भूपेन खक्खर या रवींद्रनाथ अगर इस पहचान से परे हैं तो वे अपवाद ही कहे जाएंगे। 'नाइव' होने से हर आदमी कला की शर्तों पर खरा नहीं उतरता। हर कलाकार जो कर रहा है उसके बारे में 'क्लैरिटी' जरूरी है।

- **'ययाति' से पहले आप अपनी कला में एक अंधेरी, हिंसक, क्रूर दुनिया को अभिव्यक्ति दे रहे थे। बाद में आप ऐंद्रिय और सुंदर दिखने लगे। अब आपको अपने पुराने काम देखकर किसी तरह का कोई पछतावा भी होता है?**

नहीं, मुझे कोई पछतावा नहीं है। जब मेरे सामने खाली कैनवास होता है और मैं ब्रश उठाता हूं तो मेरी रचनात्मकता मुझे एक अनजाने क्षेत्र में ले जाती है। उस प्रक्रिया में मैं बहुत कुछ सीखता हूं। मेरी दिलचस्पी प्रोडक्ट में नहीं है। जब मैंने अपने पुराने काम किए थे तो उन्हें करने में संपूर्ण आनंद मिला था। एक पेंटिंग करने के बाद अगली पेंटिंग की ओर मुखातिब हो जाता हूं। 2003 में मैंने 'लोटस पॉन्ड' अभी-अभी पूरा किया। वह काम एक

हफ्ते पहले फिनिश हुआ। पर अब उसमें मेरी रुचि नहीं है।

- **के.जी. सुब्रमण्यन् का कहना है कि वह अपने घर में भी अपने चित्र उल्टा करके रखते हैं दीवार पर उन्हें टांगते नहीं हैं।**

  हां, मैं भी अपने चित्रों को घर पर टांगता नहीं हूं।

- **'ययाति' का मिथक आपके प्रसिद्ध म्यूरल में प्रभावशाली अभिव्यक्ति पा चुका है। वृद्धावस्था भले ही एक कलाकार के लिए सामान्य आदमी सरीखी समस्या न हो पर आज आपको कैसा लगता है उम्र के इस दौर में आकर?**

'ययाति' बूढ़ा नहीं होना चाहता था। वह जीवन को छोड़ना नहीं चाहता था। जीवन समाप्त हो रहा है और दुनिया में कुछ मिला नहीं। वह एक क्राइसिस की स्थिति है। हर आदमी में इस तरह के संकट की स्थिति पाई जाती है। काम संबंधी इच्छाएं भी मन में रहती हैं। जहां तक मेरा निजी प्रश्न है—आंख खराब होने के बाद दुनिया को समझने, महसूस करने, देखने का ढंग बदल गया है। पहले मेरी 'विजन' बहुत अच्छी थी। अब उतनी क्लौरिटी नहीं रह गई है। पहले मैं मॉडेल का रेखांकन बनाता हूं तो पुराने अनुभवों से और अपने मस्तिष्क से अधिक काम लेता हूं। लेकिन जब नया काम शुरू करता हूं तो स्वयं को आवेशित महसूस करता हूं—चार्जड विद वर्क। अगर आपका मस्तिष्क नहीं मरा है तो प्रेरणा का कोई अभाव नहीं है। जापानी चित्रकार हकुसाई की तरह नब्बे साल में भी आप महसूस कर सकते हैं कि अभी और दस साल रचनात्मक काम किया जा सकता है। आपका मस्तिष्क मरना नहीं चाहिए और हाथ सक्रिय होना चाहिए। मस्तिष्क जीवित है तो अस्सी साल की उम्र में भी आप काम कर सकते हैं। कभी-कभी चालीस साल की उम्र में भी आपका मस्तिष्क मर जाता है। आप सिर्फ एक कर्मकांड की तरह पेंट करते रहते हैं।

- **आधुनिक भारतीय कला में किन कलाकारों पर पर्याप्त ध्यान नहीं दिया गया है? आपकी पसंद के कलाकार?**

दुर्भाग्यवश भारत में जब कोई कला इतिहास लिखता है तो उसका इतिहास उसी दिन से शुरू होता है। मुझे नंदलाल बोस, राम किंकर, विनोद बिहारी मुखर्जी, के.सी.एस. पणिक्कर, स्वामीनाथन, भूपेन खक्खर, गायतोंडे आदि कलाकारों का काम पसंद है। पर इन सबका वैज्ञानिक ढंग से मूल्यांकन नहीं हुआ है। हमारे यहां कला इतिहास में पुराने की उपेक्षा होती है। भारतीय चाक्षुष धारणाओं के बारे में न ढंग से सोचा गया है और न अध्ययन हुए हैं। यामिनी राय के 'फोक पैलेट' के बारे में बात होती है, तो उसे समझना आसान नहीं है। उसके कई विभिन्न स्रोत हैं। सिर्फ विष्णुपुर के टेराकोटा तक ही सीमित नहीं रहा जा सकता है। आनंद कुमारस्वामी ने राजा रवि वर्मा का एक भी मूल चित्र नहीं देखा था। उनके ओलियोग्राफ देख कर ही मूल्यांकन कर लिया था। सूजा ने जब कहा कि वह राजा रवि वर्मा को चित्रकार नहीं मानते तो मुझे सूजा पर सिर्फ तरस आया। राजा रवि वर्मा के बारे में भी बात होनी चाहिए। हर आदमी समय से परे जाकर वॉन गॉग या पिकासो नहीं हो जाता।

(2003)

गुलाम रसूल संतोष

साठ के दशक में सुप्रसिद्ध अमेरिकी कला समीक्षक क्लीमेंट ग्रीनबर्ग जब भारत आए थे तो उन्होंने यहां के कला वातावरण को देखकर 'निर्यातकता' की बात की थी। ग्रीनबर्ग का आशय यह था कि पश्चिम में आधुनिक भारतीय कला का कोई अर्थ और संदर्भ तभी हो सकता है जब उसमें एक खास तरह की 'निर्यातकता' हो।

उस जमाने में भारतीय कलाकार 'आधुनिक' होने की बड़ी और बेचारी किस्म की कोशिश कर रहे थे। पचास के दशक में आधुनिक कलाकारों की पहली पीढ़ी की जड़ें भारतीय परिवेश में थीं। हुसेन के उस दौर के चित्र इसकी अच्छी मिसाल हैं, लेकिन शीतयुद्ध के वातावरण में अमेरिकी कला संस्कृति को दुनिया भर में भयंकर प्रचार मिला। विकासशील देशों को अमेरिकी कला मुहावरे का इतना रोना-गाना सुनने को मिला कि युवा भारतीय कलाकारों को लगने लगा कि जब तक हम जैकसन पोलक या डी कूनिंग की तरह अमूर्त और बड़े-बड़े कैनवास नहीं बनाएंगे तब तक हम भला 'मॉडर्न' कैसे हो सकेंगे?

बहरहाल, बहुत से भारतीय कलाकारों ने निर्यातकता का अर्थ यह भी लिया कि भारतीय परंपरा में कुछ ऐसी चीजें खोजी जाएं जो पश्चिमी कला बाजार में आसानी से खप सकें। इसलिए यह कहा जा सकता है कि हमारे कलाकारों ने तंत्र में इसलिए भी दिलचस्पी ली चूंकि इस तरह की कला में पश्चिम की दिलचस्पी बढ़ाई जा सकती थी। ऐतिहासिक दृष्टि से देखें तो यूरोप में कथाकथित आधुनिक अमूर्त कला से जुड़े जितने भी महत्वपूर्ण नाम थे उन्होंने भारत की दार्शनिक और धार्मिक परंपरा में गहरी दिलचस्पी दिखाई। कांदिस्की, पाउल क्ले, मेलेविच, मोंद्रियान—इन सभी बहुचर्चित आधुनिक कलाकारों ने बीसवीं शताब्दी के कला आंदोलन में एक महत्वपूर्ण हलचल मचाई थी। इन कलाकारों के रंग-रूपाकार भारतीय तंत्र के सोच से एक खास तरह का रिश्ता बनाते थे।

पिछले 25-30 सालों में भारत में अनेक महत्वपूर्ण कलाकार तथाकथित तंत्र कला के 'फ्रेमवर्क' में काम करते रहे हैं। के.सी.एस. पणिक्कर, रजा, बीरेन दे, हरिदासन, ममतानी, प्रफुल्ल मोहंती, ओमप्रकाश, पी.टी. रेड्डी, गुलाम रसूल संतोष सरीखे अनेक महत्वपूर्ण नाम देश या विदेश में रहकर नवतंत्र कला से जुड़े रहे हैं। इनमें से कोई कलाकार बिंदु से प्रेरणा प्राप्त करता है तो कोई शून्य से। कोई संगीत से अपना रिश्ता बनाना चाहता है तो कोई भारतीय दर्शन की जटिल अवधारणाओं से। रजा और स्वामीनाथन—ये दो ऐसे कलाकार हैं जो तंत्र कला से जुड़कर भी उससे परे चले जाते हैं। लेकिन जो कलाकार नवतंत्र कला के फ्रेमवर्क में काम कर रहे हैं उनमें संभवतः सबसे महत्वपूर्ण नाम संतोष का है। ऊपर से देखने पर लग सकता है कि पिछले 15 सालों से संतोष लगभग एक तरह के चित्र बना रहे हैं। पर इस ऊपरी और सतही समानता के बावजूद संतोष की किसी भी प्रदर्शनी को देखकर रंगों-रूपाकारों के विश्व से एक अद्भुत और अलग तरह का साक्षात्कार होता है।

संतोष का जन्म 1929 में श्रीनगर, कश्मीर में हुआ था। उन्होंने वड़ोदरा में एम.एस. विश्वविद्यालय के कला विभाग में बेंद्रे से कला का प्रशिक्षण प्राप्त किया। संतोष एक जाने-माने लेखक भी हैं। उन्होंने कश्मीरी में कविताएं लिखीं हैं। उर्दू में उनका उपन्यास 'समुंदर प्यासा है' छप चुका है। अनेक नवतंत्र कलाकारों का यह सपना रहा है कि वे संगीत को देख सकें और पेंटिंग को सुन सकें। कला को गहरे आध्यात्मिक संस्कार दिए जा सकें। इसीलिए तंत्र कला में जुड़े वही कलाकार सफल हो सके हैं जिन्होंने शिव, शक्ति, बिंदु, त्रिभुज, शून्य, ओम आदि का सतही अनुकरण न करके अपनी प्रतिभा को लंबी साधना से निखारा और संवारा है। कहने की जरूरत नहीं कि संतोष ऐसे कलाकारों की सूची में ऊपर हैं।

संतोष से बातचीत

- **60 के दशक के मुकाबले में आज की भारतीय कला में आपको क्या खास बात नजर आती हैं?**

यह सही है कि 60 के दशक में हमारे यहां के कलाकार पिकासो और मातीस आदि पश्चिमी कलाकारों के आतंक में काम करते थे। बाद में हमारे कलाकारों में परंपरा के प्रति सजगता बढ़ी है। दो मुख्य धाराएं देखने को मिलती हैं—तंत्र और वर्णनात्मक कला (नरैटिव आर्ट)। ये विकास स्थानीय हैं। जाहिर है कि सबके-सब पेंटर तो अच्छा काम नहीं कर रहे हैं। फिर भी 30-40 लोग जरूर हैं जो महत्वपूर्ण ढंग से अपनी परंपरा से नाता जोड़ पा रहे हैं। उनकी कला में सोचने का काम भी महत्वपूर्ण है।

- **आपको कभी महसूस होता है कि समकालीन सामाजिक सच्चाइयों को कैनवास पर उतरा जाए?**

हमारे यहां अजंता की कला में बौद्ध दर्शन की बुनियाद बहुत स्पष्ट है। लेकिन वह कला भी रोजमर्रा की जिंदगी से अलग नहीं है। साधू लोग जो समाज से भागते हैं—मैं समझता हूं वे भी रिएक्ट करते हैं। उनके मन में सवाल उठता है कि अरे, यह सब तो बकवास है। वह समाज से भाग जाते हैं लेकिन दूसरे स्तर पर उनके भगोड़ेपन में भी एक तरह की प्रतिक्रिया है, एक कोशिश है।

- **कलाकारों में आकृतिमूलकता का रुझान इधर बड़ा है। आपकी इस बारे में क्या राय है?**

जब कभी में किसी तीसरे दर्जे के आकृतिमूलक पेंटर के काम को देखता हूं तो बहुत दुःख होता है। इच्छा होती है कि उसे समझाया जाए कि मानव शरीर रचनाशास्त्र क्या है। उन्हें तो यह भी नहीं पता है कि शरीर होता क्या है। अधकचरी शरीर-रचना के बीच थोड़ी बहुत आधुनिक कला की जोड़-तोड़ कर देते हैं। लेकिन रामचंद्रन जैसे कलाकारों के आकृतिमूलक काम के प्रति मेरे मन में बहुत आदर-भाव है। हम दोनों आपस में काफी बातचीत भी करते हैं। आकृतिमूलक कला में भी कुछ बात होनी चाहिए। जातक कथाओं में आखिर सीधी-सीधी कहानी तो नहीं होती है!

- **तंत्र कला में आपकी रुचि कैसे शुरू हुई? कुछ लोगों की राय में आपका काम बहुत 'हैवी' है!**

जैसा आप जानते हैं, शुरू में मैं लैंडस्केप बनाया करता था। फिर मेरे सामने सवाल आया कि क्या हम केवल पश्चिम का अनुकरण नहीं कर रहे हैं? हमारी परंपरा यदि महान है तो हमें कुछ सोचना भी चाहिए। कहीं कुछ गड़बड़ जरूर है। इस तरह से तंत्र को आधार बनाकर मेरी इमेज की खोज शुरू हुई। इस खोज में मिनियेचर कला का भी असर शामिल था। मिसाल के लिए, मेरी पेंटिंग में फ्रेम मिनियेचर के कारण आया। मुझे लगता है कि हमारे यहां कला में इमेज एक खास समय से बंधी रही है। मेरी कोशिश एक ऐसी इमेज तलाश करने की है जो किसी खास समय से परे हो। अब मैं नहीं कह सकता कि मैं कितना कामयाब हुआ हूं। वैसे तो रेखाकृति, त्रिकोण आदि आपको छोटे-छोटे बच्चों की किताबों में भी मिल जाएंगे। इन चीजों को आप कहीं से भी उठा सकते हैं। पर कलाकार को तो अंदर से कुछ दूसरी बातें निकालनी होती हैं।

- **पेंट करने का आपका तरीका क्या है? गढ़ी में दूसरे कलाकारों के बीच काम करने से आपको दिक्कत नहीं महसूस होती है?**

पहले जंगपुरा के घर में जब मेरा स्टूडियो था तो सुबह, शाम, रात को मैं किसी भी समय काम कर लेता था। लेकिन गढ़ी में सुबह से शाम 6 बजे तक ही काम करता हूं। दूसरों के होने से मुझे कोई दिक्कत नहीं होती है। मुझे मालूम है कि मुझे क्या करना है। मेरी पेंटिंग में सबसे महत्वपूर्ण चीज है रेखांकन। जहां तक रंगों का सवाल है तो उनमें रियाज की जरूरत होती है। आप अभ्यास से रंगों के इस्तेमाल को जान सकते हैं। एक बार मैं रेखांकन को बना लेता हूं तो फिर मुझे परेशानी नहीं होती।

● **तंत्र कला को आप एक तरह का फैशन नहीं मानते?**

आज रजा, ममतानी, सोहन कादरी आदि अनेक कलाकार तंत्र कला का सार्थक इस्तेमाल कर रहे हैं, यह एक अच्छी बात है। लेकिन तंत्र कला में बड़ा खतरा है। शुरू में कई लोग इसमें कूद पड़े थे। मैंने उनसे कहा भी था कि भई यूं मत कूद पड़ो। और फिर वे रह गए। इस कला में कैनवास पर समस्थापन का काम बहुत टेढ़ा है।

● **तंत्र कला के बिकाऊ होने में कितनी सच्चाई है?**

लोगों को बड़ी गलतफहमी है। मुझे तो काफी आर्थिक संकट में काम करना पड़ा है। जब शुरू में मैं तंत्र कला से प्रभावित होकर काम कर रहा था तो पांच साल तक घर के खर्च के लिए मुझे छोटे-छोटे व्यावसायिक काम करने पड़े। असली बात है संतोष की। मुझे तो लगता है कि चक्रेश्वरी के शारिका पत्थर में ही बहुत-सी चीजें छिपी हुई हैं। वहां बहुत काम है और उसी के आधार पर मैं बहुत-सी चीजें लोगों को दिखा सकता हूं।

(1987)

कृष्ण रेड्डी

भारतीय सांस्कृतिक संबंध परिषद् तथा ललित कला अकादेमी द्वारा दिल्ली, चेन्नई, चंडीगढ़, बैंगलोर, हैदराबाद, भोपाल, मुंबई आदि देश के सभी प्रमुख कला-केंद्रों में कृष्ण रेड्डी के छापाचित्रों (ग्राफिक्स) की पुनरावलोकन प्रदर्शन एक महत्वपूर्ण कला घटना साबित हुई। दरअसल 5 नवंबर, 1981 से 28 फरवरी, 1982 तक अमेरिका के ब्रांक्स संग्रहालय (न्यूयॉर्क) ने कृष्ण रेड्डी की जो बड़ी पुनरावलोकन प्रदर्शनी की थी, वही बाद में कलाकार के अपने देश में घूमती रही। कृष्ण रेड्डी के छापाचित्रों और उनकी कुछ धातु प्लेटों को देखना एक अद्भुत अनुभव था। कृष्ण रेड्डी उन कलाकारों में से हैं जिन्होंने भारतीय जड़ों से अपने को जोड़े रखा और आधुनिक पश्चिमी कला मुहावरे में अपना एक सार्थक योगदान भी दिया। आधुनिक छापा चित्रकला में शिक्षण-प्रशिक्षण का भी विशेष महत्व है। कृष्ण रेड्डी ने दक्षिण भारत के ग्रामीण संस्कारों में, जिंदगी में, कला को बिखरा हुआ महसूस किया था। वहीं से उनकी शिक्षा शुरू हुई और फिर शांति निकेतन, स्लेड स्कूल (लंदन), एतोलिए-17 (पेरिस) और कुछ प्रमुख पश्चिमी कलाकारों के स्टूडियो में रहकर रेड्डी ने जो सीखा-समझा उसे वह आज भी उदारता से बांट रहे हैं।

एक तरह से देखें कृष्ण रेड्डी बहुत भाग्यशाली भी हैं। दक्षिण भारत के ग्रामीण इलाकों में धार्मिक विचारों वाली मां के साथ घूम-घूमकर उन्होंने रोजमर्रा की जिंदगी में कला के स्थान को पहचाना। छोटी उम्र में ही उन्होंने पत्थर और मिट्टी के मेल से अपने रंग बनाना शुरू कर दिए थे। फिर शांति निकेतन में सात साल रहकर उन्होंने आचार्य नंदलाल बोस सरीखे महान कलाकार से जाना कि पेड़ को सिर्फ बनाया ही न जाए, उसकी सतह तक सीमित रहने के बजाय भीतर तक पहुंच जाया जाए, 'भीतरी आंख' को सक्रिय करके पेड़ को पूरी तरह से देखा जाए। इस वातावरण से कृष्ण रेड्डी हेनरी मूर के लंदन में पहुंचे। वहां से रूसी मूर्तिशिल्पी जादकिने के पेरिस में। द्वितीय विश्व युद्ध के बाद के पेरिस में जब कलाकारों का अपना एक पूरा शहर था, तब महान से महान कलाकार के साथ कैफे में बैठकर बतियाया जा सकता था, उसके स्टूडियो में जाकर सीखा जा सकता था। जादकिने, जियोकोमेत्ते, ब्रांकुसी सरीखे महान आधुनिक मूर्तिशिल्पियों के संपर्क में आकर कृष्ण रेड्डी ने अपनी परंपरा और पश्चिम दोनों को ही एक नई तरह से पहचाना।

कृष्ण रेड्डी स्वयं स्वीकार करते हैं कि उस समय के पेरिस की खास बात यह थी कि महान-से-महान कलाकार भी साधारण और विनम्र जीवन जीता था, उस तक आसानी से पहुंचा जा सकता था। आज जब कोई युवा भारतीय कलाकार पेरिस, लंदन या न्यूयॉर्क सरीखे बड़े केंद्रों में जाता है तो वह असंख्य महत्वाकांक्षी कलाकारों की एक भीड़ का हिस्सा बनकर रह जाता है। पैसे और प्रचार की लगभग भयावह ताकत ने बड़े कलाकारों को किलों में बंद कर दिया है। उन तक आप आसानी से पहुंच नहीं सकते।

जादकिने ने कृष्ण रेड्डी की प्रतिभा को पहचान कर एतेलिए-17 कार्यशाला में हेटर से छापाचित्र कला का प्रशिक्षण प्राप्त करने की सलाह दी। पेरिस में जब आधुनिक कला के प्रमुख आंदोलन पूरी तरह से सामने आ चुके थे, तब एस.डब्ल्यू. हेटर ने 1926 में ऐतेलिए-17 की स्थापना की। मीरो, मक्स अर्न्स्ट, आंद्रे मैसों आदि अनेक महत्वपूर्ण अतियथार्थवादी कलाकार इस कार्यशाला से संबद्ध थे। द्वितीय विश्वयुद्ध के कारण एतेलिए को दस से भी अधिक वर्ष के लिए अमेरिका जाना पड़ा, जहां आज हजारों ग्राफिक कार्यशालाएं हैं। 1950 में एतेलिए वापस पेरिस में सक्रिय हुई। 1951 तक वह यहीं रहे। बहुत जल्दी ही कृष्ण रेड्डी ने एतेलिए में हेटर के केवल छात्र होने के स्थान पर सहयोगी का महत्वपूर्ण दर्जा प्राप्त कर लिया। कृष्ण रेड्डी एक मूर्तिशिल्पी थे और उन्होंने धातु की प्लेट

पर वैसे ही अपनी सामर्थ्य लगाना शुरू की जैसे मूर्तिशिल्पी अपनी सामग्री पर लगाता है। सामर्थ्य-शक्ति की धारणा भी उनकी अलग तरह की थी। एक बार उन्हें नाग ने काट लिया था। कृष्ण रेड्डी का कहना है कि पत्थर में छिपा नाग साधारण-सी रस्सी भी नजर आता है। पर आप ज्यों ही उसे भयभीत कर देते हैं, फौरन वह तीस फुट हवा में उछलने की शक्ति प्राप्त कर लेता है।

"मैं अपने आप को मूर्तिशिल्पी कहलाने के बजाय छापा चित्रकार कहलाना पसंद करता हूं पर मूर्तिशिल्प मेरा प्रेम है। मैं अपनी समस्त प्रेरणा उसी से प्राप्त करता हूं।" एतेलिए में तेजाब, रंगों और औजारों के सामने आकर रंगों का एक अनोखा संसार पा लिया। मूर्तिशिल्प को छूने की इच्छा होती है। कृष्ण रेड्डी के छापाचित्रों को भी छूने की इच्छा होती है। स्व. रिचर्ड बार्थोलोम्यू ने लिखा था कि कृष्ण रेड्डी के छापाचित्रों तक तीन तरह से पहुंचा जा सकता है—बाहर की आंखों से, भीतर की आंखों या फिर हाथों से। एक ही प्लेट से कई रंगों के संसार के अनोखे विस्फोट का लगभग क्रांतिकारी आविष्कार कृष्ण रेड्डी के ही नाम है।

इस पुनरावलोकन प्रदर्शनी में कृष्ण रेड्डी के संसार को समझने के लिए तीन-चार तरह के चित्रों की चर्चा जरूरी है। यह संसार काव्यात्मक है। पानी, लहर, छपाक, बच्चे, मछली, सर्कस के मसखरे आदि विभिन्न काव्यात्मक और मार्मिक अनुभवों से कृष्ण रेड्डी ने तेजाब की ताकत को महसूस किया। "तेजाब के साथ आप खेलते है, उसके साथ आप नाचते हैं। तेजाब के साथ आपकी पूरी सहानुभूति होती है।" हम यहां यह भी बता दें कि कृष्ण रेड्डी ने लंबे समय तक हाथ के औजारों का इस्तेमाल किया। मशीनी औजारों का इस्तेमाल इन्होंने बाद में किया।

कृष्ण रेड्डी का एक प्रसिद्ध छापाचित्र है पैस्टोरल (1958। 15"×19" के इस छापाचित्र में कृष्ण रेड्डी की छापाचित्र कला के अधिकांश तकनीकी व कल्पना-शक्ति संबंधी गुण नजर आ जाते हैं। एक जबदरस्त रचनात्मक विस्फोट को हम अपने सामने देखते हैं। महान संगीतकार लुडविग फॉन बीटोफेन की प्रसिद्ध छठी 'पैस्टोरल सिंफनी' से प्रभावित इस चित्र में आप बहुत कुछ देख सकते हैं, यदि आपने यह सिंफनी सुन रखी है। देहाती इलाके का समस्त सौंदर्य और संगीत इस विस्फोट में आप खोज लेना चाहेंगे। अगर आपने सिंफनी नहीं सुनी है तब भी आप इस चित्र में अनंत विस्तार को पा सकते हैं। बाद के अनेक छापाचित्रों में हम इसी विस्तार, उड़ान, पानी में छपाक से पत्थर फेंके देने के अनुभव को देख सकते हैं।

1975 में घुटनों के बल चलती अपू शृंखला में रेड्डी की रचनात्मकता का भिन्न दौर हमें मिलता है। फोटो, रेखांकन और छापाचित्र का मिला-जुला यह रूप कलाकार की कल्पना-शक्ति को स्पेस की एक नई धारणा से जोड़ देता है। अपनी बच्ची को देखने-जानने के अनुभव ने स्वाभाविक रूप से कलाकार को गहरे में जाकर प्रभावित किया। मसखरे की शृंखला अपू के साथ सर्कस में सैकड़ों नाचते मसखरों को देखकर ही उपजी। कृष्ण रेड्डी अमेरिकी सर्कस के चमत्कार से चकित नहीं हुए, बल्कि उन्होंने भीड़ में खो गए मसखरे की वेदना को पहचाना। सब बड़ी मेहनत से अपनी कला प्रस्तुत कर रहे हैं, पर आप किसी एक पर नजर नहीं टिका सकते हैं।

कृष्ण रेड्डी के छापाचित्रों का एक विस्तार और भी है—राजनैतिक। 1968 के प्रदर्शन करने वाले छापाचित्र में यह देखा जा सकता है। 1968 के फ्रांसीसी छात्र आंदोलन से प्रभावित इस चित्र में छात्र-शक्ति की 'रेड्डी व्याख्या' हमें मिलती है। 1968 के एक कांस्य मूर्तिशिल्प में यही अनुभव बहुत मुखर है। पर अपनी गहरी अभिव्यक्ति के लिए रेड्डी को छापाचित्र का ही सहारा लेना पड़ा।

इसमें कोई शक नहीं कि कृष्ण रेड्डी के अनेक चित्र उनकी आध्यात्मिक व्याख्या के कारण आकर्षित करते हैं। लेकिन उनकी कला तक पहुंचने की कोशिश हमें रेड्डी के संसार में मकड़ी के जालों के ताने-बाने में उलझा सकती है। हाथ की मदद से रेड्डी के संसार को जानना शायद सार्थक अधिक है। तब हम अपने अंधत्व को भी थोड़ा बहुत जान लेते हैं।

कृष्ण रेड्डी एक बहुत जागरूक, संवेदनशील और पढ़े-लिखे चित्रकार हैं। विज्ञान, दर्शन, मनोचिकित्सा से भी वह बराबर सीखते रहे हैं। उनकी कला के मूल में बचपन का संवेदनशील संसार, यात्राएं (वह साल में छह-छह महीने का समय यात्राओं को देते रहे हैं) और अध्ययन। बचपन में चांदनी रातों में मां के साथ खुले थियेटर में जाने की याद

हो या सुबह के सूर्य की प्रतीक्षा करते बंदरों के समूह के अद्भुत दृश्य का स्मरण–रेड्डी ने अपने प्रारंभिक अनुभवों से बराबर सीखा। इसीलिए तेजाब की ताकत को भी वह काव्यात्मक स्तर पर पकड़ सकते हैं। उनकी दुनिया में जाकर हमें हिंदी कवि शमशेर की कविताओं की याद आती है। एक अद्वितीय 'अमूर्त' अनुभव–शांत पानी में ढेला फेंककर पानी की हलचल को पहचानने की एक कोशिश।

संदर्भ

1. ब्रांक्स, संग्रहालय केटलॉग (1981)
2. रिचर्ड बार्थोलोम्यू मोनोग्राफ कृष्णा रेड्डी, ललित कला अकादेमी, नई दिल्ली, 1974
3. रूपंकर (भोपाल) का कैटलॉग (1984)

(1985)

तैयब मेहता

गुजरात के एक बोहरा मुस्लिम परिवार में जन्मे तैयब मेहता (जन्म : 1925) अपने चित्रों में आकृति को केंद्रीय महत्व देते हैं। यह आकृति किसी स्त्री-पुरुष की हो सकती है और पशु या पक्षी की भी। तैयब मेहता ने अपने अपेक्षाकृत बड़े कैनवास में अपने समय की आकृतियों की 'जगह' खोजने की कोशिश की है। वह 'स्पेस' की संरचना पर खास ध्यान देते हैं और लंबे समय से सपाट रंगों के बीच आधुनिक मनुष्य और उसके वातावरण को बहुत थोड़े रूपाकारों के माध्यम से एक नई चित्र भाषा प्रदान कर रहे हैं।

तैयब मेहता का कहना है कि बचपन में उनकी चित्रकला में कोई दिलचस्पी नहीं थी और न ही घर में ऐसा माहौल था जो कला-संस्कृति के प्रति आकर्षित करे। "उन दिनों बोहरा मुस्लिम परिवार में जन्म लेने का मतलब एक यह भी था कि आपका कोई इतिहास नहीं है, कोई संगीत नहीं, कोई उपन्यास नहीं...यानी कुछ भी ऐसा नहीं था कि परिवार में कला अध्ययन के प्रति अनुकूल राय बना पाता।"

तैयब मेहता की दिलचस्पी सिनेमा की दुनिया में थी—बड़े-बड़े सिनेमा पोस्टर उन्हें आकर्षित करते थे। इन पोस्टरों के विशाल चेहरों ने तैयब की मानसिकता को उद्वेलित किया। शुरू में तैयब ने सिनेमा की दुनिया में ही प्रशिक्षण प्राप्त करने की कोशिश की। इस दुनिया में उनका संपर्क मजीद नाम के एक वरिष्ठ चित्रकार से हुआ जो कला निर्देशक के रूप में काम करते थे।

इस तरह से तैयब मेहता कला की दुनिया में आ गए। जे.जे. स्कूल में उन्होंने बाकायदा अध्ययन किया। उन दिनों पलसीकर जे.जे. स्कूल के छात्रों के लिए प्रेरणा का स्रोत थे। वह बहुत अच्छे अध्यापक थे जो अपने छात्रों में निजी दिलचस्पी दिखाते थे।

तैयब मेहता एक व्यापारी परिवार में जन्म लेने के बावजूद पिता की उदारता के कारण भी उन दिनों कला में प्रशिक्षण प्राप्त कर सके। तैयब मेहता को अकादेमिक कला नीरस लगती थी। फोटोग्राफी सरीखे आविष्कारों ने इस कला को धीरे-धीरे अप्रासंगिक बना दिया था। लेकिन उन दिनों मुंबई में फ्रांसिस न्यूटन सूजा, आरा, हुसेन, रजा सरीखे युवा चित्रकार प्रोग्रेसिव आर्टिस्ट ग्रुप के माध्यम से एक उत्तेजक माहौल बनाए हुए थे। इस ग्रुप से तैयब का संबंध सीधा नहीं था। बाहर से ही वह इस ग्रुप से जुड़े थे। अकबर पदमसी, तैयब मेहता, गायतोंडे सरीखे चित्रकार प्रोग्रेसिव ग्रुप की हलचल से जुड़े भी थे और नहीं भी जुड़े थे। स्वतंत्रता के बाद मुंबई में युवा चित्रकारों की जो पहली आधुनिक पीढ़ी उभरी उसमें तैयब एक प्रमुख नाम थे।

विभाजन की त्रासदी ने तैयब मेहता की कल्पना शक्ति पर गहरा असर डाला। कोई आश्चर्य नहीं कि उन दिनों मुंबई के कसाईखानों में बंधे हुए पशुओं की निरीह छवि ने तैयब को काफी उद्वेलित किया। वध से ठीक पहले बहुत कसकर बांधा हुआ सांड तैयब मेहता के लिए केंद्रीय रूपक था। विभाजन की हिंसा को इस कलाकार ने अपने युवा दिनों में नजदीक से देखा लेकिन आजादी के बाद के 45 सालों में हिंसा और भी खतरनाक रूप ले चुकी है।

पश्चिम में आधुनिक कलाकारों में फ्रांसीस बेकन ने हिंसा को अपने चित्रों की केंद्रीय चिंता बनाया। कोई आश्चर्य नहीं कि तैयब मेहता, बेकन को न सिर्फ महत्वपूर्ण चित्रकार मानते हैं, बल्कि उनकी पेंटिंग में बेकन के संदर्भ भी उभरे हैं। तैयब मेहता ने एक बार एक भेंटवार्ता में कहा भी था कि मनुष्य आकृति के प्रति बेकन की प्रतिबद्धता अत्यंत महत्वपूर्ण है।

तैयब मेहता चाहे बंधे हुए सांड को बनाएं, चाहे एक गिरती हुई आकृति को या फिर रिक्शा चालक को—मनुष्य और पशु दोनो की असहाय, निरीह, बंधी-बुझी मुद्रा उन्हें बराबर अपनी ओर खींचती रही है। पिछले कुछ समय से उन्होंने 'काली शृंखला' के चित्रों में भी हिंसा के इसी व्याकरण को एक प्रभावशाली चित्र भाषा दी है। तैयब मेहता शांति निकेतन में अतिथि अध्यापक के रूप में रहे। बंगाल में दुर्गा और काली की उपस्थिति केंद्रीय है। तैयब के अनुसार, ''दरअसल 'मदर गॉडेस' की छवि किसी भी चित्रकार के लिए अत्यंत सहज छवि है। बाद में जब मुंबई वापस आया तो मेरे चित्रों में काली की उपस्थिति केंद्रीय हो गई।''

मकबूल फिदा हुसेन का पचास के दशक का प्रसिद्ध चित्र 'मकड़ी और लैंप के बीच में' (1956) समकालीन भारतीय कला की एक बड़ी उपलब्धि है। भारतीय जीवन की इस चित्र में एक अनोखी पहचान है। तैयब मेहता का 'त्रिफलक' (जो अब राष्ट्रीय आधुनिक कला संग्रहालय में है) भी ऐसे ही कुछ चित्रों में गिना जा सकता है जो चित्र भाषा की शर्तों पर खरा है और उसमें जो रूपाकार हैं वे भारतीय जीवन के विराट रूप को सामने लाते हैं।

एक संथाल उत्सव से प्रेरित इस त्रिफलक में 'ऐपिक' गुण हैं। इस चित्र में जीवन भी है, मृत्यु भी है। एक ओर वसंतोत्सव के रंग रूपाकार हैं और दूसरी ओर इस हिंसक दुनिया के संदर्भ संकेत हैं। तैयब मेहता के बारे में अक्सर कहा गया है कि वह अपने कैनवास में आकृतियों के जैसे मूर्तिशिल्प बनाते हैं। यशोधरा डालमिया से एक लंबी बातचीत में तैयब मेहता ने कहा भी था कि सुविधा हो तो मैं पेंटिंग की बजाय मूर्तिशिल्प रचना चाहूंगा। तैयब ने सांड आदि के कुछ मार्मिक मूर्तिशिल्प भी बनाए हैं। कैनवास पर जब उनकी आकृतियां मूर्तिशिल्प के गुण हासिल कर लेती हैं तो वे एक अनोखी चित्र भाषा को जन्म देती हैं। हुसेन ने भी अपने चित्रों में भारतीय मूर्तिशिल्प की समृद्ध परंपरा से बहुत कुछ ग्रहण किया है।

लेकिन हुसेन की तुलना में तैयब मेहता ने अपने रचनात्मक सरोकारों को अपेक्षाकृत कम बिखरने दिया है। विविधता का मोह उनके यहां नहीं है। अपने कैनवास पर वह समय और सभ्यता से कोई महत्वाकांक्षी संवाद भी स्थापित नहीं करना चाहते। आज के मनुष्य की नियति को वह कैनवास पर इतनी सहजता से प्रस्तुत कर देते हैं कि प्रेक्षक को कुछ रंग अपने शुद्ध रूप से सपाट दिखाई देते हैं तो कुछ आकृतियां छटपटाती हुई, बेचैन हैं और कोई तिरछी रेखा इस दुनिया को अचानक जैसे एक बड़े रचनात्मक अनुभव में बदल देती है।

एक चित्रकार के रूप में तैयब मेहता अत्यंत सजग और पढ़े-लिखे हैं। साहित्य, सिनेमा ('कूदल' नाम की उनकी लघु फिल्म चर्चित हो चुकी है) से उनका गहरा लगाव है। उनके चित्र संसार में भारतीय जीवन और परंपरा से संवाद तो है ही—पश्चिमी चित्रकारों से भी उन्होंने रचनात्मक रिश्ता बनाया है। फ्रांसिस बेकन की चर्चा की ही जा चुकी है। लेकिन तैयब मेहता का संवाद पिकासो और मातीस से भी हैं। सच तो यह है कि अकेले बेकन से उनका संवाद होता तो उनकी चित्रभाषा सीमित हो सकती थी। मातीस भी उनके प्रिय चित्रकार हैं। इसलिए रंग उनके चित्रों में और भी अधिक बोलते हैं। ''दुर्भाग्यवश हम पश्चिमी प्रभावों की उपेक्षा नहीं कर सकते। लेकिन जरूरी यह है कि आप अपनी भावनात्मक पहचान बनाए रखें।''

शायद यही पहचान तैयब मेहता की दुनिया को सार्थक बनाती है।

(2003)

जतिन दास

सुपरिचित चित्रकार जतिन दास (जन्म : 1941, मयूरभंज, ओडिशा) राजधानी की आइफैक्स दीर्घा में बैठे अपनी कला यात्रा पर बातचीत कर रहे हैं। उनकी अभिनेत्री बेटी नंदिता दास बाहर रिसेप्शन पर बैठी कैटलॉग, पोस्टर वगैरह बेचने का काम कर रही हैं। नंदिता के व्यक्तित्व में एक आकर्षण है पर अपने सिनेमाई ग्लैमर को वह पास फटकने नहीं देती हैं। किसी दर्शक को भ्रम भी हो सकता है कि यह कोई साधारण रिसेप्शन संभालने वाली लड़की है। एक संस्कृतिसंपन्न परिवार में पैदा होने का यह एक स्वाभाविक नतीजा है। विडंबना यह है कि जतिन दास अपने प्रदेश ओडिशा (जहां का अतीत अद्‍भुत और महान है) में संस्कृति के गायब और फूहड़ हो जाने की व्यथा पर टिप्पणी कर रहे हैं—वहां फिल्मी संस्कृति के आतंक की बात कर रहे हैं। ''मेरे दोस्त और रिश्तेदार ओडिशा में हैं। पर वहां पर मारुति कार और सिनेमा की संस्कृति का दबदबा है। लोग जब किसी समारोह की बात करते हैं तो किसी स्टार को बुलाने पर जोर दिया जाता है। पंडित जसराज को बुलाने की बात करो तो कहेंगे कि किसी गजल गायक का नाम बताइए। और जो हमारे तथाकथित बुद्धिजीवी हैं, वे तो बस यही कहते कि क्या मेरी किताब का कवर बना दोगे।''

जतिन दास ओडिशा के हैं पर पूरे प्रदेश में उनकी दो ही पेंटिंग हैं। कोलकाता में उनकी 800 पेंटिंगें निजी या अन्य संग्रहों में हैं। वहां के दो हजार छात्रों को वे अपने रेखांकन मुफ्त में बनाकर दे चुके होंगे। ''बंगाल में कलात्मक बोध का माहौल है। कोलकाता का रिक्शावाला भी रवींद्रनाथ ठाकुर के जन्म दिन पर उनके चित्र को माला पहनाता है। कोंकण या दक्षिण में हर घर में वायलिन, वीणा बजाने का, भारतनाट्यम आदि का प्रशिक्षण दिया जाता है।''

जतिन के खास दोस्त कोलकाता में ही हैं। लोग उन्हें बंगाली ही समझते हैं। कोलकाता के तीन सौ सालों में बंगाल रेनेसां—चैतन्य, विवेकानंद, रामकृष्ण परमहंस, सत्यजित राय आदि ने कलात्मक बोध के वातावरण को बनाया है। ओडिशा के पास एक लंबा अतीत है पर वर्तमान नहीं है। फिर भी जतिन दास भुवनेश्वर में एक बड़ा संग्रहालय बनाने जा रहे हैं। 'जतिन दास सेंटर ऑफ आर्ट'।

मुंबई शहर के पुराने दिनों को भी जतिन एक खास तरह के अतीतमोह से याद करते हैं। खासतौर पर भुलाए जा चुके भूलाभाई इंस्टीट्यूट के माहौल की उन्हें बहुत याद आती है। मुंबई को वह 'मिस' जरूर करते हैं। वहां जाते हैं पर अब ज्यादा ठहरते नहीं हैं।

दुनिया का कोई प्रिय शहर या प्रिय जगह? जतिन के लिए मुश्किल है इस सवाल का जवाब देना। कलाकार के लिए एक जीवन काफी नहीं है। ऐसे 4-6 जीवन चाहिए। दक्षिण ओडिशा का लैंडस्केप आकर्षित करता है, केरल की हरियाली और पानी में सम्मोहन है, बाली की रसीली हरियाली लुभावनी है, श्रीलंका, दक्षिण फ्रांस...बहुत कुछ अच्छा लगता है। ''हिमालय की फूलों की घाटी अच्छी लगती है पर उसे घर ले आने की तो जरूरत नहीं है। [illegible] हर चीज का अपना अस्तित्व और महत्व है। अपने आप कोई चीज 'एब्सोल्यूट एंड' नहीं हैं।''

प्रिय कलाकार? यहां भी किसी सूची को बनाया या बताना मुश्किल है। राम किंकर, म[illegible]नी कलाकार, मंगलगिरि की साड़ी का बॉर्डर बनाने वाला, मिट्टी का पुतला बनाने वाला, कुमार गंधर्व, बाला [illegible]रस्वती...कलाकार के लिए जरूरी नहीं है कि वह दूसरे कलाकारों से ही प्रेरणा ले। प्रकृति, आकाश, कविता, दर्श[illegible]न आदि से भी प्रेरणा मिलती है।

बड़े नामों से भी डरने की जरूरत नहीं है। लोग पिकासो के पास डर कर जाते हैं। बड़ा आर्टिस्ट भी कचरा पेंटिंग बना सकता है।

एक सज्जन बदहवास जतिन के पास आते हैं—मैं आपसे एक सवाल करना चाहता हूं। गुजरात में जो भयावह हिंसा हो रही है उसे बदलने में क्या आपकी कोई पेंटिंग योगदान दे सकती है। जतिन निराश स्वर में कहते हैं, ''कोई तस्वीर, गाना या कविता आज की इस स्थिति को बदल नहीं सकती। महात्मा गांधी ऐसे माहौल में कभी बैठ जाते थे तो लोग अपनी तलवारें छोड़ देते थे। पर आज गांधी जी भी हों तो उनकी कोई नहीं सुनेगा। इस माहौल में गांधी जी भी असरदार नहीं हो पाते।''

इन पंक्तियों का लेखक जतिन से कहता है कि कलाकृति या कविता अप्रत्यक्ष असर तो डाल सकती है। जतिन हल्की-सी सहमति दिखाते हैं।

आइफैक्स दीर्घा में जतिन के चालीस सालों के रेखांकन एक पुनरावलोकन प्रदर्शनी का हिस्सा थे। जतिन रेखांकन को कला का 'सार' मानते हैं। उनकी रेखाएं जादुई है। एक जबरदस्त बेचैनी और ताकत है जतिन के रेखांकनों में। आधुनिक कला में इस तरह की बेचैनी फ्रांसिस न्यूटन सूजा के रेखांकनों में भी मिलती है। जतिन दास और सूजा दोनों ने स्त्रियों को अपने रेखांकनों में केंद्रीय जगह दी है। ''हर काल, हर जगह, हर कलाकार ने स्त्रियों में प्रकृति का लालित्य खोजा है। मेरी आकृति 'नग्न आकृति' नहीं है। जब पहना हुआ कपड़ा हो तो कपड़ा उतारने पर न्यूड बनती है। मैं आवरणविहीन आकृति बनाता हूं। कोई नैरेटिव नहीं है, गहने नहीं हैं। देखने वाले के सामने आधार मूड और संवेदनशीलता है।''

जतिन की स्त्रियों में ऐंद्रियता, इरॉटिक और आध्यात्मिकता का अनोखा मेल है। ऐंद्रियता, इराटिक तत्व, कवितात्मकता और संगीतात्मकता को वह कला का आवश्यक अंग मानते हैं।

जतिन अपनी प्रदर्शनी की प्रस्तुति, प्रकाश योजना, कैटलॉग डिजाइन, पोस्टर, निमंत्रण कार्ड आदि सभी चीजों को बहुत महत्व देते हैं। अचानक गैलरी में एक सज्जन आते हैं। जतिन उठकर उनका स्वागत करते हैं। कुछ देर पहले अरुण शौरी आए थे तो भी जतिन ने ऐसा उत्साह नहीं दिखाया था। पता चला वह उनके फ्रेमर भाटिया जी हैं जो लाजपत नगर में गोल्डन पिक्चर हाउस चलाते हैं। ''आप इनका उल्लेख जरूर कीजिएगा।''

जतिन दास समय-समय पर अनेक कलाकारों-कवियों के भी रेखांकन बनाते रहे हैं। ए. रामचंद्रन, विकास भट्टाचार्य, शक्ति चट्टोपाध्याय, अमिताभ दास, राजीव लोचन, जगदीश चंदर, विद्यासागर उपाध्याय आदि के दिलचस्प रेखांकन इस प्रदर्शनी में हैं। राष्ट्रीय आधुनिकता संग्रहालय के युवा निदेशक राजीव लोचन की चितेरी पत्नी यूरीको जापानी है इसलिए राजीव एक सूमो पहलवान की मुद्रा में खड़े हैं। अमिताभ दास के 'स्टाइलिश' अंदाज को भी कलाकार ने प्रभावशाली ढंग से पकड़ा है। बंगला कवि शक्ति चट्टोपाध्याय अपनी खास मुद्रा में बैठे हैं। कवि ने बंगला में लिख दिया है—'जतिन, कहां हो?' रामचंद्रन जतिन के खास दोस्त हैं। उनके रेखांकन में उनके पेंटिंग बनाते समय हाथ की मुद्रा को खासतौर से रेखाओं में कैद किया गया है।

जतिन की कला के केंद्र में मानव आकृति के समस्त रूपों को एक ताकत, एक लय में देखा जा सकता है। स्त्रियों की अनगिनत मुद्राएं हैं। प्रदर्शनी के उद्घाटन वाले दिन अनेक प्रेक्षक इतने सारे रेखांकन एक साथ देखकर 'अमेजिंग' सरीखे शब्दों को ही कह रहे थे। एक विस्मित कर देने वाली दुनिया में ले जाती हैं ये रेखाएं।

28 अगस्त, 2001 के दिन पार्लियामेंट एनेक्सी में जतिन दास के विशाल म्यूरल 'मोहनजोदड़ों से महात्मा गांधी तक' का उद्घाटन हुआ था। 7'×68' के इस म्यूरल में भारत का लंबा इतिहास है। भारत और विदेश में पचास एकल प्रदर्शनियां आयोजित कर चुके जतिन अपने आप को एक विचित्र विरोधाभास की स्थिति में पाते हैं। प्रदर्शनियां उन्हें थकाती भी हैं और लुभाती भी हैं। एक जमाने में कलाकार अपने रेखांकनों की अलग से प्रदर्शनियां करते थे। पर रेखांकनों का पुनरावलोकन आज के माहौल में एक नई और अनोखी बात है। सूजा और मनजीत बावा के रेखांकनों की अच्छी प्रदर्शनियां देखने के बाद यह 'महा प्रदर्शनी' निश्चय एक सुखद अनुभव है।

जतिन दास से बातचीत

- **मानव शरीर में एक कथानक रहित दिलचस्पी आपकी कला की खास पहचान है। इस प्रदर्शनी में आपके 40 साल के रेखांकन बड़ी संख्या में हैं। प्रकृति की हल्की-सी उपस्थिति दो-चार रेखांकनों में है पर पशु-पक्षी आश्चर्य जनक रूप में अनुपस्थित हैं।**

मैं पशु-पक्षियों की भी स्टडी बराबर करता रहता हूं। हजारों की संख्या में मैंने उनके रेखांकन बनाए हैं। गर्मियों में सुबह बगीचे में चाय पीते हुए मैं चींटी, चिड़िया, पेड़ फूल सबके रेखांकन कोंते या स्याही से बनाता रहता हूं। यह अलग बात है कि उन्हें मैं प्रदर्शनी में दिखाता नहीं हूं। इस बात को समझना चाहिए। कोई भी कलाकार अपने काम का दस प्रतिशत हिस्सा ही दिखा पाता है। आइसबर्ग का सिर्फ ऊपरी हिस्सा ही प्रेक्षक को देखने को मिलता है। यह बात ठीक नहीं है कि आप जो भी पेंटिंग बनाओ उसे नुमाइश में लगा दो। पिछले कुछ सालों में मैंने गोल्ड पेंटिंग की दिशा में काफी काम किया है। एकाध जगह उन्हें दिखाया है पर ज्यादातर काम अभी भी छिपा पड़ा है। मैंने जलरंगों में कश्मीर के लैंडस्केप भी बनाए हैं। हरेक काम को मुझे प्रदर्शनी में दिखाने की जरूरत नहीं महसूस होती है। काम को उभरकर आना चाहिए। पुख्ता होने के बाद ही उसे प्रदर्शनी में दिखाना चाहिए। दूध उबलकर ही उभरता है। सच बात तो यह है कि अब नुमाइश करना मुझे एक कठिन काम लगता है। बहुत स्टैमिना चाहिए। और खूब वक्त लेने वाला यह काम है। फ्रेमिंग, कैटलॉग, निमंत्रण पत्र वगैरह पर आप विशेष ध्यान दें तो आज बहुत पैसा और समय चाहिए। मेरा बेटा कैटलॉग के लिए दस दिन तक प्रिंटिंग प्रेस में बठा रहा। फ्रेमर का दो-ढाई लाख का उधार हो गया है।

- **आज तो कला में काफी पैसा आ गया है। पुराने कड़की के माहौल को आज आप याद करते हैं?**

साठ और सत्तर के दशक में और अस्सी के दशक के मध्य तक लोग कला को देखने के लिए इंतजार करते थे। एक-एक प्रदर्शनी में कला प्रेमी पांच-पांच बार आते थे। तब लोगों में भूख थी, जिज्ञासा थी। देखने की यह गहरी दिलचस्पी जरूरी है। आज कलाकार अगर अपनी गरिमा की रक्षा कर सके तो गैलरी वाले भी ठीक हो जाएंगे। एक कलाकार का काम स्टूडियो के दरवाजे तक ही सीमित होना चाहिए। फ्रेमिंग, कैटलॉग, निमंत्रण पत्र, आयोजन ये सब काम कलाकार के नहीं हैं। कवि, कलाकार, वैज्ञानिक को अपने काम में समर्पित होना पड़ता है। मैं रेखांकन के लिए एसिड फ्री पेपर का इस्तेमाल करता हूं। माउंट भी महंगा होता है। भारत में हर चीज बन सकती है पर किसी को परवाह नहीं है। कॉटन कैनवास ऑयल पेंटिंग के लिए अच्छा नहीं है। बांग्लादेश में मैंने पेंटिंग बनाई और कैनवास रंग पी गया। क्या किया जाए।

- **आज प्रदर्शनियों में जो दर्शक आते हैं वे क्या पुराने कला प्रेमियों से बहुत अलग हैं?**

पहले लोग खास तरह का संगीत सुनने के लिए आते थे। बड़े गुलाम अली खां को 4-5 घंटे तक लोग सुनते रहते थे। आज आधे घंटे में लोग मुक्त हो जाना चाहते हैं। समाज का माहौल बदला ही नहीं है, सतही भी हो गया है।

- **पर पेंटिंग में जब पैसा आ गया है तो रचना सामग्री से लेकर प्रस्तुति की व्यवस्था तक को बेहतर क्यों नहीं बनाया जा सकता?**

कुछ तरह की तस्वीरें बहुत बिकती हैं—सब तरह की नहीं। बहुत से लोग लिस्ट लेकर घूमते हैं। राजा रवि वर्मा, रवींद्रनाथ, राम किंकर...लोग नाम खरीदते हैं, काम नहीं। कलाकार की हर चीज मास्टरपीस नहीं होती। अच्छी चीज अक्सर कलाकार की जानकारी के बिना, लगभग अचानक बन जाती है। पेंटिंग या कविता से अकेलेपन में ही सही साक्षात्कार हो पाता है। नुमाइश में आज लोग बातें करते रहते हैं और साथ-साथ पेंटिंग देखते रहते हैं। ठीक ही कहा गया है कि पेंटिंग का एक अपना पर्दा होता है। आप उसे अच्छी तरह से देखें तो वह अपने आप

ही खुल जाता है। पेंटिंग की भीतरी तहों तक जाने के लिए प्रेक्षक को रसिक होना चाहिए। आलोचक का काम जजमेंट देना नहीं है। चित्र-सूत्र में रसिक को रस का आस्वादन करने वाला, सधर्मी और सहृदय कहा गया है।

- **आज युवा कलाकारों को बहुत से सम्मान, पुरस्कार आदि मिल रहे हैं। क्या इससे कला का भला हो रहा है?**

मुझे तो आज तक ललित कला अकादेमी का राष्ट्रीय पुरस्कार भी नहीं मिला है। पुरानी कहावत है कि किसी युवा प्रतिभा को खत्म करना हो तो उसे ज्यादा हवा देना शुरू कर दो। ओवर एक्सपोजर प्रतिभा को समाप्त करना शुरू कर देता है। बड़े गुलाम अली खां इसीलिए मुनव्वर अली को पब्लिक में एक्सपोज नहीं करना चाहते थे। कला के लिए जिंदगी भर की तैयार करनी पड़ती है। मेनका गांधी ने पशुओं पर कला प्रदर्शनी के सिलसिले में गाय का रेखांकन मांगा था। मैंने सारा शहर छान मारा। जहां-जहां गाएं बैठतीं थीं वहां गया। स्केच किए। इसीलिए मैंने शुरू में ही काम के पुख्ता होने की बात की थी।

- **आपकी आकृतियों में किसी नैरेटिव की अनुपस्थिति की क्या वजहें हैं?**

मेरा बुनियादी सरोकार मानव दशा है। मैं अपने काम में कोई वक्तव्य नहीं देता। इंसान की भंगिमा हो तो ज्यादातर लोग उसे ग्रहण करने के लिए तैयार नहीं होते। किसी भोजन को फ्रैंच या इटालियन न कहा जाए, कोई नाम नहीं दिया जाए तो लोग कहते हैं कि फिर यह क्या भोजन है? मैं मनुष्य के शरीर तक सीमित नहीं रहना चाहता। उससे मैं परे जाना चाहता हूं। आध्यात्मिक चिंतन भी करना चाहता हूं। अस्सी के दशक में मैंने कुली, मजदूर की चिंताओं और तनाव को चित्रित करना चाहा था। पर मैंने चीजों—किसी 'प्रॉप' का इस्तेमाल नहीं किया था। केवल अभिव्यक्ति थी।

- **भुवनेश्वर में जतिन दास सेंटर ऑफ आर्ट कब तक बनेगा?**

भुवनेश्वर में खंडगिरि गुफाओं के सामने सरकार ने इस सेंटर के लिए एक एकड़ जमीन दी है। एक ट्रस्ट इस सेंटर को चलाएगा। मेरे पास नई-पुरानी, लोक-आधुनिक कला एक बड़ा संग्रह है। सब कुछ सेंटर में रहेगा। जमीन मिली है पर बाकी कामों के लिए फंड एकत्रित करना होगा। मेरा बस चले तो एक साल में सेंटर शुरू कर दूं पर ये सब खयाली पुलाव हैं।

- **संस्कृति केंद्र में एक बार आप अपने हाथ के पंखों के दिलचस्प संग्रह को धूप दिखा रहे थे। लोग इस संग्रह को कब देख पाएंगे?**

मेरे पास दुनिया भर के पांच हजार पंखे हैं। बीस साल से इस पागलपन का शिकार हूं। दोस्तों को मालूम पड़ा तो वे अपने पागल दोस्त के लिए पंखे भी दूर-दूर से लाने लगे। दिल्ली में इन पंखों का एक संग्रहालय बनाना चाहता हूं और इन पर एक किताब भी छपवाना चाहता हूं।

- **आप रेखांकन को केंद्रीय विधा मानते हैं?**

रेखांकन अपने आप में काफी नहीं है। पर रेखांकन कमजोर होगा तो पेंटिंग भी कमजोर होगी। हुसेन, बेंद्रे, चावड़ा, पलसीकर, बीरेन दे, सूजा, हरकिशन लाल, रामचंद्रन आदि सभी कलाकार रेखांकन में माहिर रहे हैं।

- **आधुनिक कला के इतिहास में आपकी नजर में ऐसे कौन से पेंटर हैं जिन्हें ठीक से पहचाना नहीं गया है।**

कला का इतिहास ठीक से लिखा नहीं गया है। प्रोग्रेसिव मूवमेंट का शोर ज्यादा है, वास्तव में वह कुछ नहीं है। सूजा कॉलेज से निकाल दिए गए, मैनिफेस्टो लिख दिया गया...वगैरह-वगैरह। मुंबई में भूलाभाई इंस्टीट्यूट का योगदान कहीं बड़ा है। इस जगह पर माधुरी बेन देसाई ने कितना कुछ किया था। हुसेन, रविशंकर, गायतोंडे,

अल्काजी, तैयब मेहता सबके लिए इस इंस्टीट्यूट ने बहुत कुछ किया। इसी तरह से राम किंकर का शांति निकेतन या पणिक्कर का चोलामंडल उपेक्षित जगहें हैं। प्रोग्रेसिव आर्टिस्ट्स ग्रुप का झंडा जरूर ऊंचा है।

- **मुबंई को आप क्यों 'मिस' करते हैं?**

उस जमाने में मुंबई में बहुत अच्छे दोस्त थे। मिसाल के लिए हिंदी लेखकों में मोहन राकेश, धर्मवीर भारती कलाकारों का ध्यान रखते थे। पैसे की कड़की थी। राकेश 'सारिका' के संपादक थे। वह मेरे लिए क्वालिटी पेपर लाते थे। रेखांकन बनवाते थे। बेहतर पेमेंट देते थे। एक बार मैंने राकेश के लिए विशेष रूप से पेंटिंग बनाई थी। राकेश सामने बैठकर देखते रहे थे। बाद में अनिता राकेश से एक बार मिला तो उस पेंटिंग की दुर्दशा देखकर बहुत दुःख हुआ। उस पेंटिंग पर सफेद छींटे दिखाई पड़ रहे थे।

(2002)

जतिन दास की कलाकृति

हिम्मत शाह

22 जुलाई, 1933 को गुजरात के गांव लोठल में जन्मे हिम्मत शाह समकालीन भारतीय कला की दुनिया में पूरी तरह से एक 'आउट साइडर' या अपने ढंग के एक अजनबी हैं। गौर करने की बात यह भी है कि भारतीय कला परिदृश्य में हिम्मत साठ के दशक में ही एक सफल कलाकार थे। सफल इस अर्थ में कि कला की दुनिया में उनका नाम आदर के साथ लिया जाता था। सत्तर के दशक में भी हिम्मत शाह बराबर सक्रिय रहे, चर्चा में भी रहे, स्वामीनाथन सरीखे कलाकार उनके प्रशंसक थे। 'दिनमान' साप्ताहिक ने उन पर दो बार आवरण कथा प्रकाशित की थी। हिंदी के श्रेष्ठ कवियों ने हिम्मत शाह की कला से प्रेरणा पाकर कविताएं लिखी थीं। पर उन दिनों भारतीय कला का कोई खास बाजार नहीं था। और नब्बे के दशक में जब यह बाजार बना, धीरे-धीरे ताकतवर हुआ तो हिम्मत शाह सरीखे कलाकार हाशिये पर दिखाई दिए। दो-तीन साल पेंटिंग करने के बाद जब कई युवा कलाकार नई खरीदी गाड़ियों की चाभियां हिलाते हुए अखबारों के 'पेज थ्री सेलिब्रिटी' के रूप में सामने आ रहे थे, तो हिम्मत शाह जैसी 'जीनियस' प्रतिभाएं रोजमर्रा की जिंदगी के संघर्ष करती दिखाई दे रही थीं। लेकिन कला बाजार के बनने-बढ़ने की तार्किक परिणति यह भी थी कि हिम्मत शाह सरीखी प्रतिभाओं के पुराने काम को किसी तरह से हथिया लिया जाए। कई कलेक्टर बड़ी चतुराई से ऐसी कलाकृतियों को खोजने लगे जिनके दाम आगे जाकर बढ़ जाएंगे। जाहिर है कि उनकी नजर हिम्मत शाह के काम पर पड़ी। अब हिम्मत शाह की कई प्रदर्शनियों की योजनाएं बन रही हैं। हाल में मध्यप्रदेश सरकार ने उन्हें कला की प्रतिष्ठित 'कालिदास सम्मान' भी दिया है। बरसों से ललित कला अकादेमी के गढ़ी स्टूडियो में काम कर रहे हिम्मत शाह अपने खराब स्वास्थ्य के बावजूद जयपुर जाकर अपने कला के बड़े सपनों को पूरा करना चाहते हैं, यह एक अच्छी बात है। जो लोग हिम्मत शाह को थोड़ा निकट से जानते रहे हैं (जिनमें से एक इन पंक्तियों का लेखक भी है) वे बरसों से उनके सपनों के बारे में भी सुनते रहे हैं। समय-समय पर स्वामीनाथन, इब्राहिम अल्काजी आदि ने हिम्मत शाह की कला पर फोकस भी करने की कोशिश की है लेकिन एक ओर हिम्मत शाह का अपना एक फक्कड़ और अव्यवस्थित किस्म का स्वभाव और दूसरी ओर कला-बाजार की अपनी खास तरह की काम करने की शैली ने इन सपनों को अधूरा ही रहने दिया। पर हिम्मत शाह इस बीच लगातार काम करते रहे हैं। उन्होंने कला से कभी अवकाश नहीं लिया। स्वामीनाथन ने साठ के दशक में ही दो कलाकारों—अंबादास और हिम्मत शाह को महत्वपूर्ण प्रतिभा के रूप में देखा था। अंबादास को वह भारतीय अमूर्तन का शिखर कलाकार मानते थे और हिम्मत शाह में उन्हें प्रतिभा का अद्‌भुत विस्फोट शुरू में ही दिखाई दे गया था।

1976 में भोपाल में मध्यप्रदेश कला परिषद् ने हिम्मत शाह के चित्रों एवं रेखांकनों की एकल प्रदर्शनी की थी। उसके कैटलॉग के लिए स्वामीनाथन ने हिम्मत शाह का एक दिलचस्प रेखांकन बनाया था। इस रेखांकन की रेखाओं में हिम्मत शाह की रेखाएं भी थीं और हिम्मत शाह का खास बोहेमियन किस्म का व्यक्तित्व भी उनमें से झांक दे रहा था।

हिम्मत शाह शुरू से ही कई माध्यमों में काम करते रहे हैं। तैलरंग, जलरंगी चित्र, रेखांकन, कोलाज, जले हुए कागज से तैयार किए गए कोलाज, म्यूरल, सिरेमिक्स, मूर्तिशिल्प सीमेंट कंक्रीट, जाली, लोहे के सरियों आदि किसी भी माध्यम और रचना सामग्री में हिम्मत शाह अपनी कला को अभिव्यक्ति दे सकते थे। एक बार उन्होंने इन पंक्तियों के लेखक से कहा था कि हो सकता है कि मैं कल नृत्य करने लगूं। दरअसल हिम्मत शाह की प्रतिभा ही ऐसी है। वह अपने को सीमित नहीं रख सकती है, उसकी दिशाओं के बारे में अनुमान नहीं लगाया जा सकता

है, उसमें चाक्षुष सौंदर्य के अनगिनत रास्ते हैं।

1976 में कवि और कला समीक्षक प्रयाग शुक्ल ने सही ही लिखा था, ''हिम्मत शाह हमारे उन कलाकारों में से हैं जो आज जो कुछ कर रहे हैं उसे छोड़कर कल भी नहीं, अभी ही क्या एक और नई चीज रचने लगेंगे–इसके बारे में आसानी से कोई कुछ भी नहीं कह सकता। एक चीज छोड़कर दूसरी चीज रचने से हमारा मतलब यह नहीं है कि हिम्मत एक कलाकृति को अधूरी छोड़कर दूसरी कलाकृति की ओर मुड़ जाते हैं, (हालांकि ऐसा भी वह कई बार करते हैं और एक कलाकृति को आधा या पूरा मिटाकर नए सिरे से रच डालने के उदाहरण भी कई हैं) बल्कि यह है कि हिम्मत शाह एक माध्यम को छोड़कर जैसे बड़ी सहजता से दूसरे माध्यम में काम करने लगते हैं।''

आज 2004 में भी हिम्मत शाह कुछ अपनी पुरानी और किसी कारण से टूट-फूट गई कलाकृतियों की ओर इशारा करते हुए सहजता से कहते हैं कि इन पर अब मैं दुबारा काम करूंगा।

वरिष्ठ कलाकार कृष्ण खन्ना ने 1983 में आर्ट हेरिटेज द्वारा आयोजित हिम्मत शाह के मस्तकों, चेहरों की एक प्रदर्शनी का कैटलॉग लिखते हुए हिम्मत शाह के स्टूडियो का वर्णन किया था। कृष्ण खन्ना भी उन दिनों गढ़ी में पड़ोस के एक स्टूडियो में काम करते थे। उन्होंने लिखा था कि हिम्मत शाह का स्टूडियो कोई पुराने किस्म का स्टूडियो नहीं नजर आता। वह तो 'जादूगर की गुफा' लगता है। इस स्टूडियो में कई तरह के मस्तक, कई आकारों और रंगों में रखे हुए हैं। वे चुपचाप आपस में कोई संवाद कर रहे हैं और प्रेक्षक से भी उनका एक संवाद चल रहा है। अगर आप उनके साथ ज्यादा देर तक रहेंगे तो हैरानी की बात नहीं कि आप दोनों की भूमिकाएं आपस में बदल जाएं। उन चेहरों की मौन उपस्थिति में देखने वाले की स्थिति देखी जा रही चीज में भी बदल सकती है।

और कृष्ण खन्ना ने हिम्मत शाह की खास शैली का परिचय देते हुए आगे यह बताया है कि कैसे हिम्मत शाह एक मस्तक उठाकर हमें बताते हैं, ''इसका जन्म 1200 में हुआ था।''

आज हिम्मत शाह की मुख्य पहचान एक मूर्तिशिल्पी के रूप में होने लगी है। उनके चेहरे समकालीन भारतीय कला की एक बड़ी उपलब्धि माने जाते हैं। पर हिम्मत को सिर्फ मूर्तिशिल्पी नहीं कहा जा सकता। अपने कैरियर की शुरुआत में कलाकार ने जले हुए कागज से जो कोलाज बनाए थे वे भी एक उपलब्धि थे। पेंटिंग और मूर्तिशिल्प में उनकी आवाजाही बहुत पहले से ही प्रेक्षक को आकर्षित और चकित करती रही है। किसी भी साधारण टूटी-फूटी उपेक्षित चीज को उठाकर वह एक जादूगर का स्पर्श देने का सामर्थ्य रखते हैं।

1979 में धूमीमल दीर्घा की एक प्रदर्शनी में हिम्मत शाह का उठा हुआ हाथ भुलाया नहीं जा सकता है। यह एक बहुत लंबा हाथ था। क्या यह हाथ पानी में डूब रहे किसी आदमी का मदद की पुकार कर रहा हाथ है? क्या यह अपनी उपस्थिति गिना रहा हाथ है? हिम्मत शाह की कला में ऐसे न जाने कितने रहस्य छिपे हुए हैं।

हिम्मत शाह की स्कूली पढ़ाई भावनगर (सौराष्ट्र) में हुई थी। जगूभाई शाह से कला का प्रारंभिक प्रशिक्षण लेने के बाद उन्होंने मुंबई के जे.जे. स्कूल ऑफ आर्ट्स से ड्राइंग टीचर का कोर्स किया। कुछ समय ड्राइंग टीचर का काम करने के बाद हिम्मत शाह एम एस विश्वविद्यालय वड़ोदरा के कला विभाग में आ गए। प्रोफेसर एन.एस. बेंद्रे की देखरेख में उन्होंने पेंटिंग में एडवांस कोर्स किया। 1960 में ही उन्हें ललित कला अकादेमी का प्रतिष्ठित राष्ट्रीय पुरस्कार मिल गया था। 1961 में उन्हें जम्मू कश्मीर अकादेमी का गोल्ड मेडल और 1962 में बांबे आर्ट सोसायटी अवार्ड मिला। 1962 में उन्हें दुबारा राष्ट्रीय पुरस्कार मिला। यानी कैरियर की शुरुआत में ही हिम्मत शाह को जबरदस्त स्वीकृति मिल गई थी। 1963 में स्वामीनाथन की प्रेरणा से 'ग्रुप 1890' की एक ऐतिहासिक प्रदर्शनी हुई जिसमें हिम्मत शाह भी एक 'फाउंडर मेंबर' के रूप में शामिल थे। पंडित जवाहर लाल नेहरू ने इस प्रदर्शनी का उद्घाटन किया। प्रसिद्ध मेक्सिकी कवि ऑक्टेवियो पाज (जिन्हें बाद में नोबेल पुरस्कार भी मिला) ने प्रदर्शनी का कैटलॉग लिखा। पाज इस ग्रुप के युवा कलाकारों की सुबुद्धता और सुबोधगम्यता देखकर चकित थे। ये कलाकार जानते थे कि कला एक पैशन से पैदा होती है और उसमें 'इरॉटिक' ताकत का एक विशेष अर्थ है।

'ग्रुप 1890' में स्वामीनाथन, जेराम पटेल, एरिक बोवेन, राघव कनेरिया, हिम्मत शाह, रेडप्पा नायडू, बालकृष्ण पटेल, एस.सी. निकाम, ज्योति भट्ट, अंबादास, गुलाम मोहम्मद शेख और राजेश मेहरा शामिल थे। इस सूची को

देखते ही स्पष्ट हो जाता है कि इस ग्रुप के कम-से-कम सात कलाकार आज समकालीन भारतीय कला की केंद्रीय ताकत हैं। हिम्मत शाह इस ग्रुप के सबसे मुखर और लगभग दहाड़ते हुए एक विद्रोही कलाकार थे।

ओ.बी. विजयन ने बरसों पहले लिखा था : हिम्मत जब आकृतियां बनाते हैं तो वह अतिसावधान शरीर-शास्त्री (एनेटोमिस्ट) नजर आते हैं। जब किसी अमूर्त डिजाइन की बात होती है तो उनमें एक संयम दिखाई देता है।

1966-67 में हिम्मत शाह को फ्रांसीसी स्कॉलरशिप की मदद से फ्रांस जाने का मौका मिला। वहां उन्होंने एस.डब्ल्यू. हेटर और कृष्ण रेड्डी से एचिंग का प्रशिक्षण प्राप्त किया। वापस भारत आकर उन्होंने अहमदाबाद के सेंट जेवियर्स स्कूल के लिए तीन म्यूरल बनाए। हिम्मत शाह रेखांकन, पेंटिंग, प्रिंटमेकिंग, मूर्तिशिल्प सभी माध्यमों में एक अनोखी ऊर्जा दिखा रहे थे।

1963 में श्रीधराणी दीर्घा में हिम्मत शाह के रेखांकनों की इरॉटिक शक्ति देखकर प्रेक्षक स्तब्ध रह गए थे। स्वामीनाथन की टिप्पणी थी कि सभ्य-सौम्य जादूगर ने जैसे एक बात सिद्ध करने के लिए सबके कपड़े उतार दिए कि हम सब अंदर से नंगे हैं। आप जब एक कंपकंपी सी महसूस कर रहे हैं तो आप हिम्मत शाह का हंसता हुआ चेहरा देखते हैं—आपकी प्रतिष्ठा को आश्वस्त करता हुआ।

हिम्मत शाह की इन सब प्रदर्शनियों को खूब सराहा गया। वरिष्ठ कलाकारों ने हिम्मत शाह की प्रतिभा को स्वीकार किया पर उनका काम बिकता नहीं था। ग्रेटर कैलाश के मकान में हिम्मत के लिए किराया देना मुश्किल हो गया। बाद में उनके मित्र प्रसिद्ध छाया चित्रकार रघु राय ने उन्हें अपने साथ रहने का निमंत्रण दिया। कुछ समय वह हिंदी कवि कमलेश के साथ भी रहे। गढ़ी में स्वामीनाथन के स्टूडियो में हिम्मत काम करने लगे। बाजार ने भले ही उनकी कला की देर से सुध ली पर उनकी रचनात्मकता का बुखार कभी कम नहीं हुआ।

बचपन में गांव की दीवारों पर गणेश और पुस्तकालय में 'महाभारत' के दृश्य चित्रित करने वाला कलाकार आज भी उसी पैशन और परेशानी के साथ सक्रिय है। इस कलाकार की जीवनशैली ऐसी थी कि विवाह की संभावनाएं खोजना आसान नहीं था। विवाह नहीं किया। रचने का बुखार हमेशा चढ़ा रहा। 1981 में हिम्मत शाह ने टेराकोटा में अपना पहला मस्तक (हैड) बनाया था। इस तरह से मिट्टी के साथ एक अद्भुत रोमांसा शुरू हुआ। पिछले बाईस साल से हिम्मत शाह इस शृंखला को हर बार जैसे एक नया जीवन दे देते हैं।

हिम्मत शाह भले ही अपने चेहरों के लिए ज्यादा पहचाने जाने लगे हैं पर कला समीक्षक गीता कपूर भी यह मानती हैं कि हिम्मत किसी भी माध्यम में अपनी सामर्थ्य का प्रदर्शन कर सकते हैं। स्वयं कलाकारों का मानना है कि कला का किसी भी तरह से विकास हो सकता है, रचनात्मकता किसी भी फॉर्म में अभिव्यक्ति पा सकती है।

हिम्मत शाह संगीत से भी बहुत प्रभावित रहे हैं। अमीर खां की गायकी को वह बहुत महत्वपूर्ण मानते हैं। "उन्होंने जो अपने राग भी बनाए वे भी कमाल के थे। सत्यजित राय की फिल्मों में भी मुझे 'जलसाघर' सर्वश्रेष्ठ लगती है। इस फिल्म में संगीत की अद्भुत उपस्थिति है। मेरे मूर्तिशिल्प में भी संगीत की गहरी उपस्थिति है।"

सत्तर साल की उम्र में हिम्मत को महसूस होता है कि अब अपना समय बिल्कुल बर्बाद नहीं करना चाहिए। वह लोगों से ज्यादा मिलना नहीं चाहते। वह नहीं चाहते कि जयपुर का पता लोगों को बताया जाए। वह बस अपना काम करना चाहते हैं। जयपुर में शिल्पियों का भी साथ रहेगा। एक मित्र की फाउंड्री है और कलाकार कांस्य में अपने सपनों को साकार कर सकता है। हिम्मत अब किसी बंधन को नहीं महसूस करना चाहते। अभी तक जो स्पेस उन्होंने खोजा है उसे वह किसी भी माध्यम से रूपांतरित कर देना चाहते हैं। जब कलाकार को लगे कि उसकी संवेदन-शक्ति बहुत बढ़ गई है तो वह क्यों रुकावटें महसूस करे।

हिम्मत शाह याद करते हैं करोल बाग की बरसाती को जब ऑक्टेवियो पाज उनका काम देखने आए थे। हिम्मत को पता नहीं था कि पाज कौन हैं? वह व्यक्ति तीन घंटे बैठा रहा, सिगरेट-पर-सिगरेट पीता रहा। हिम्मत के काम से पाज बहुत प्रभावित हुए थे। वे जले हुए कागज के कोलाज थे।

'ग्रुप 1890' नाम हिम्मत ने ही सुझाया था। भावनगर में ज्योति पांडया के घर पर तीन-चार दिन कलाकार रहे। मेनिफेस्टो, ग्रुप के नाम आदि पर विचार हुआ। 'ब्लैक सीलिंग' सरीखे नाम सामने आ रहे थे। हिम्मत ने कहा कि इस मकान का नंबर '1890' है क्यों न ग्रुप का नाम भी यही रख दिया जाए? सब सहमत हो गए। एक नए

इतिहास ने जन्म लिया।

फक्कड़पन हिम्मत शाह में रचा-बसा था। शुरू में जूनागढ़ के जंगलों में खूब फक्कड़ किस्म की जिंदगी बिताई थी। एक साधू के आश्रम में रहते थे—दूध, घी, लड्डू खाने को मिलता था। गोशाला में सो जाते थे। लैंडस्केप वगैरह बनाते थे जो कुछ लोगों को अच्छे लगते थे। ग्यारह साल की उम्र में घर छोड़ दिया था।

बचपन में ही हिम्मत इस बात से चमत्कृत हुए थे कि हाथ से कुछ भी कहा जा सकता है। जब छोटे थे तो खेतों में घूमते हुए एक बच्चे की तरफ ध्यान गया। वह बच्चा घास तोड़कर एक मोर बना रहा था। रचना के इस जादूगर ने हिम्मत शाह को बहुत प्रभावित किया। घर में खिलौने थे पर वह उसी मोर को देखते रहते थे। बाद में वड़ोदरा में बेंद्रे से 'कला क्या है' पर बात हो रही थी। वही उदाहरण—घास से मोर बनने का सामने आया। रचना सामग्री का अपना इस्तेमाल है और अपना एक विचार भी है। कला यही है।

हिम्मत शाह का परिवार मूल रूप से राजस्थान का था। वहां से परिवार के बुजुर्ग काठियावाड़ आ गए। मारवाड़ी बैक ग्राउंड थी। परिवार बड़ा था—तीन भाई और सात बहनें। हिम्मत शाह का मानना है कि पहले 12 सालों का जो अनुभव होता है उसी को हम बार-बार जीते हैं। बचपन में देखे तालाब, पेड़, लैंडस्केप आदि और घुड़सवारी का मजा—हवा के साथ उड़ने की इच्छा, ये सब शुरू के संस्मरण उन्हें याद आते हैं।

बोहेमियन स्वभाव ने हिम्मत का कभी पीछा नहीं छोड़ा। वड़ोदरा में एक बार इम्तहान के दिन थे। हिम्मत शाह भाग गए। बेंद्रे बहुत प्यार करते थे। हिम्मत लौटे तो पूछा आठ दिन कहां थे? क्या कोई प्यार-व्यार हो गया था जो इम्तहान छोड़कर भाग गए। हिम्मत ने कहा, इम्तहान देने का मेरा मूड नहीं है। बेंद्रे स्वयं संवेदनशील कलाकार थे। वह कलाकार की परेशानी समझ गए। बाद में तीन महीने की छुट्टियां हुईं तो उन्होंने हिम्मत का इम्तहान लिया। ''कॉलेज में उन दिनों कोई नहीं था। मैंने काम किया। उन्होंने स्वीकार किया।''

वड़ोदरा से बाहर आए तो हिम्मत ने जले हुए कागज पर कोलाज बनाना शुरू किए। अहमदाबाद में कलाकार भटक रहा था। कोई अर्थ समझ में नहीं आ रहा था। एक दोस्त के ऑफिस में टाइप करने वाले कागज पर सिगरेट पीते हुए जो छेद बनने लगे उनसे प्रेरणा मिली, अदभुत काम सामने आ गया। ''मैंने उत्साह से बेंद्रे को अपना काम दिखाया। वह खुश हुए। बोले, सुंदर है। पर यह सब यहां नहीं चलेगा। यह काम भारत में नहीं चलेगा। मुझे बड़ा धक्का लगा। अगर यह यहां नहीं चलेगा, तो क्या करेंगे जिंदगी में? 22 जुलाई, 1962 को मैं दिल्ली आ गया। टिकट भी किसी ने खरीदकर दिया। जब पाज ने, स्वामी ने जले हुए कागज पर कोलाज के को सराहा तो आत्मविश्वास बढ़ा।''

भविष्य में जयपुर के स्टूडियो की योजनाएं भले ही एक तरह का जोखिम हैं पर हिम्मत शाह को इस तरह के जोखिम पसंद हैं। काफी पैसा बर्बाद भी हो सकता है। ''साहस पहली चीज है। उसके बाद खोज का आनंद।''

2003 में हिम्मत को अस्पतालों में अपने स्वास्थ्य से जूझना पड़ा। ''मैं अस्पताल में बेहोश होकर नहीं मरना चाहता हूं। मैं सजग हालत में मरना चाहता हूं। मैं अपनी मृत्यु को भी देखना चाहता हूं। मेरे लिए यही निर्वाण है। काम करते-करते जाऊंगा और वापस आऊंगा, एक नए शरीर में और उस अधूरे काम को पूरा करूंगा। काम में आपकी एनर्जी लगनी चाहिए। मैं भिन्नता को दिखाना चाहता हूं। प्रकृति श्रेष्ठता को नहीं मानती, भिन्नता को मानती है। पहले सीखते थे। अब चेष्टा नहीं करनी पड़ती। अब एनर्जी काम कर रही है।''

हिम्मत शाह के मन में कई तरह की कल्पनाएं हैं। मिसाल के लिए पुरानी कारों को खरीदकर वह कुछ करना चाहते हैं। ''मैं जब काम करता हूं तो बीच में मुझे अपना काम बेचना पसंद नहीं है। अच्छा नहीं लगता पर बेचना जरूरी हो जाता है। हर महीने खूब पैसा खर्च कर पाऊं तो अपने मन का शायद काम कर सकूं। एक गैलरी वाले ने कहा मैं पैसा हर महीने देने को तैयार हूं पर आप जो कुछ भी करेंगे वह मेरा होगा। क्यों नहीं वह बाद में शो करके 50 प्रतिशत ले लेता? हमारे आर्ट डीलरों के पास कल्पना नहीं है। न उनमें कोई फोरसाइट है। वे खतरा नहीं उठाना चाहते, न ही कोई चुनौती चाहते हैं। जबकि खतरों में ही जीवन है। भीरु बनकर रहने में जीवन का कोई मजा ही नहीं है।'' यह हैं हिम्मत शाह—जो हमेशा 'रिस्क' लेने को तैयार हैं और जो अपनी मृत्यु भी खुद अपनी आंख से देखना चाहते हैं।

(2004)

भूपेन खक्खर

कला बाजार कभी-कभी क्रूर और लगभग अतियथार्थवादी हो जाता है। कुछ महीने पहले इस बाजार को जब खबर मिली कि भूपेन खक्खर कैंसर से अपनी लड़ाई में हार चुके हैं, यानी ज्यादा नहीं जी पाएंगे तो उनकी कलाकृतियों की बदहवास तलाश शुरू हो गई। सत्तर के दशक में जिस चित्रकार का काम भारत में मुश्किल से बिकता था वह अब महंगे कलाकारों की सम्मानित सूची में था। फिर इस बाजार को खबर मिली कि खक्खर के स्वास्थ्य में सुधार हो रहा है। वह अब फिर से पेंट करने लगे हैं। लेकिन यह सुधार भ्रामक साबित हुआ। 8 अगस्त, को 69 साल की उम्र में भूपेन खक्खर का वड़ोदरा में निधन हो गया।

मध्यप्रदेश सरकार का 'कालिदास सम्मान' भारतीय कला की दुनिया में साहित्य के ज्ञानपीठ पुरस्कार की तरह पहचाना जाता है। कुछ ही साल पहले भूपेन खक्खर को यह सम्मान दिया गया था। उस साल ज्यूरी में फिल्मकार अरुण खोपकर और इन पंक्तियों के लेखक ने जब भूपेन खक्खर का नाम प्रस्तावित किया तो एक सदस्य ने कहा कि भूपेन समलिंगी हैं। उन्हें यह सम्मान देने से विवाद खड़ा हो जाएगा। काफी बहस के बाद भूपेन को यह सम्मान दिया जा सका। स्वयं भूपेन यह स्वीकार कर चुके हैं कि अपने समलिंगी (होमोसेक्सुअल) होने को वह लंबे समय तक मित्रों से भी छिपाते रहे। पर सत्तर के दशक में अंत में ब्रिटेन प्रवास के बाद भूपेन अपनी इस छवि को सार्वजनिक करने का साहस जुटा सके। उनकी कलाकृतियों में भी एक बड़ा बदलाव आया। समलिंगी अभिव्यक्ति ने पेंटिंग की एक नई भाषा और फैंटेसी को जन्म दिया। एक ऐसा दरवाजा खुला जिसे भारतीय जीवन में आज भी बंद कमरे में ही रखा जाता है। जाहिर है कि कुछ कला प्रेमियों के लिए यह अनुभव 'शॉकिंग' था।

लेकिन भूपेन खक्खर की कला के विकास को हम देखें तो समकालीन भारतीय कला के एक अद्वितीय चितेरे को हम चार दशकों तक सक्रिय देखते हैं। महालक्ष्मी और परमानंद कालीदास खक्खर की संतान भूपेन का जन्म मुंबई के निम्न मध्यवर्गीय परिवार में 10 मार्च, 1934 को हुआ था। भूपेन के पूरे नाम में पिता का नाम भी शामिल है—भूपेन परमानंद खक्खर। वड़ोदरा में भूपेन ने जब अपना घर बनाया तो उसे उन्होंने नाम दिया 'परमानंद'। जब भूपेन चार साल के थे तो पिता का देहांत हो गया। मां महालक्ष्मी ही घर को चलाती थी। भूपेन गणित में मेधावी थे। परिवार वाले उन्हें चार्टर्ड एकाउंटेंट सरीखे किसी प्रतिष्ठित पद पर देखना चाहते थे। भूपेन का हिसाब-किताब अच्छा था पर उनके भीतर एक लेखक और चित्रकार सक्रिय था। भूपेन ने गुजराती में लिखा भी है पर 26-27 की उम्र में उन्होंने पेंटिंग को गंभीरता से लेने का फैसला किया। मुंबई के जे.जे. स्कूल ऑफ आर्ट में उन्होंने ईवनिंग क्लास ज्वाइन की। तब तक गुलाम मोहम्मद शेख उनके गहरे मित्र बन चुके थे। शेख के सुझाव को मानकर भूपेन वड़ोदरा आ गए। वहां के कला विभाग से उन्होंने कला समीक्षा में एम.ए. किया। शुरू में भूपेन के चित्र कम ही बिकते थे। इसलिए वह चार्टर्ड एकाउंटेंट का काम भी करते रहे। दोपहर तक वह इस हिसाब-किताब में व्यस्त रहते थे। शाम और रात को वह पेंट करते थे।

भूपेन ने एक इंटरव्यू में कहा है कि मैं अपने चित्र पेंटिंग का अर्थ समझने के लिए बनाता था। भूपेन की चित्र भाषा में भारतीय मिनियेचर कला, ओलियोग्राफ आदि से शुरू होकर पश्चिमी चित्रकला की परंपरा से गहरा संवाद है। गुलाम मोहम्मद शेख और भूपेन के चित्रों में हम एक सजग कला समीक्षक का नजरिया भी पहचानते हैं। दोनों मित्रों ने 1969-73 में कला की एक महत्वपूर्ण पत्रिका 'वृश्चिक' का भी संपादन किया था।

भूपेन पेंटिंग को एक रोजमर्रा की गतिविधि के रूप में देखते थे। उन्हें यह देखकर बड़ा अजीब लगता था कि

लोग जब कला देखने के लिए जाते हैं तो लगता है कि वह किसी पूजा-स्थल में जा रहे हैं। भूपेन के लिए पेंटिंग एक पवित्र कार्य नहीं था। ''एक भारतीय कलाकार के रूप में मैं पाउल क्ले की पेंटिंग से अधिक एक ट्रक पर बनाई पेंटिंग से सीख सकता था।''

साठ के दशक में स्वामीनाथन ने पाउल क्ले को बौद्धिक फैशन बना दिया था। 'ग्रुप 1890' में स्वामीनाथन ने गुलाम शेख को शामिल किया था, भूपेन को नहीं। भूपेन ने इतावली रेनेसां के प्रारंभिक अपेक्षाकृत अनगढ़ कलाकारों (लॉरिजेत्ती और सिमोन मार्तिनी) से अधिक सीखा। भूपेन का यह मानना था कि रेनेसां के उत्कर्ष (मिकेलांजेलो आदि) में कलाकारों का 'अतिरिक्त आत्मविश्वास' (सुपर कांफीडेंस) बहुत-सी छोटी-छोटी चीजों की ओर ध्यान नहीं दे पाता था। सिएना (इटली) के अनगढ़ कलाकारों ने भूपेन खक्खर और गुलाम शेख दोनों की ही कला पर निर्णायक असर डाला है।

भूपेन शुरू में रूसो और पॉप आर्ट से भी प्रभावित थे। तरह-तरह के कैलेंडरों और ओलियोग्राफ आदि के उन्होंने कोलाज बनाए। पर कलाकार के रूप में उनकी कला का पहला वास्तविक चरण हमें भारतीय मिनियेचर कला के श्रेष्ठ रूप और तथाकथित फूहड़ सड़कछाप कला के विचित्र मेल के रूप में दिखाई देता है। कैनवास में मिनियेचर कला से प्रभावित लैंडस्केप और स्केप विभाजन में छोटी-छोटी समकालीन आकृतियां नजर आती थीं। लाल किले के मिनियेचर सरीखे लैंडस्केप में भूपेन के मित्र शंकरभाई पटेल खड़े हैं या एक उजाड़ लैंडस्केप में एक पारसी परिवार फूल-पौधों वाले सुंदर गमलों के बीच बैठा हुआ है। धीरे-धीरे इस लैंडस्केप में लोग क्लोजअप में नजर आने लगे। भूपेन अपनी कला में तीर्थ यात्रियों के नक्शे का भी कल्पनाशील इस्तेमाल कर लेते थे। कैलेंडर आर्ट से उन्होंने बहुत कुछ लिया।

दूसरे चरण में हम छोटे शहर के बाजार की छोटी-छोटी दुकानों की अदभुत छवियां देखते हैं। दर्जी या नाई की दुकान पेंटिंग का केंद्र बन जाती है। भूपेन रोजाना इन बाजारों में घूमते हुए विभिन्न दुकानों को बहुत गौर से देखते थे। चालू किस्म की सज्जा और भड़कीले रंगों के बीच वह मानवीय जीवन का गहरा स्पर्श खोज लेते थे। अगले चरण में भूपेन एक अलग तरह के सामाजिक यथार्थवाद की ओर गए। जलेबी खाता हुआ आदमी (1974), परिवार में मृत्यु (1975) प्लास्टिक के फूलों के 'बुके' के साथ आदमी (1976), गुरु जयंती उत्सव (1980), सब को आप खुश नहीं कर सकते (1981) आदि कई चित्र इस चरण के सर्वश्रेष्ठ उदाहरण हैं। भूपेन इसाक बेबल की ईसा मसीह की सूली पर चढ़ने की कहानी में उस आदमी की व्यथा से प्रभावित हुए थे जो अपने दांत के दर्द की शिकायत कर रहा था। 'गुरु जयंती उत्सव' में एक बड़े कार्यक्रम के केंद्र में गुरुजी हैं पर छोटे शहर के लोग उस पर ध्यान नहीं दे रहे हैं। वे अपनी रोजमर्रा की जिंदगी में मस्त और व्यस्त हैं। दरअसल भूपेन की कला के इस सबसे महत्वपूर्ण चरण में साधारण जीवन का यथार्थ, परिहासभाव, व्यंग्य आदि एक मार्मिक रूप ले लेता है। भूपेन के रेखांकन अनगढ़ (क्रूड) थे पर महीनों वह रंगों पर काम करके एक अनगढ़ दुनिया को जादुई यथार्थ में बदल देते थे। 'जलेबी खाता हुआ आदमी' या 'गोवा के मछुआरे' (1985) चित्रों में नीले रंग का अद्भुत इस्तेमाल है। समकालीन भारतीय कला में नीले रंग का ऐसा इस्तेमाल शायद ही कोई दूसरा चित्रकार कर पाया हो। अस्सी के दशक के बाद भूपेन की कला में समलैंगिकता एक केंद्रीय विषय बन गई। पर 'दुर्जनों की गैलरी (1993, स्वयं भूपेन का आत्मचित्र भी दुर्जनों में शामिल है) या 'मस्जिद के आसपास मुसलमान' (2001) सरीखे चित्र भूपेन की चित्रभाषा के श्रेष्ठ रूप को उभारते हैं।

भूपेन ने अपनी कला में लोकप्रिय को विशिष्ट और विशिष्ट को लोकप्रिय बना दिया। उनके पास एक चतुर कला दृष्टि थी। वह जासूसी उपन्यासों के भी प्रेमी थे (जेम्स बांड के पोज में वह फोटो भी खिंचवाते थे) और तार्कोवस्की की फिल्म 'सोलेरिस' भी उन्हें प्रिय थी। दोनों दुनियाओं में उनकी सहज आवाजाही थी। जब हमारे देश में आधुनिक कलाकार अपनी प्रदर्शनियों के उद्घाटन के लिए फ्रांसीसी राजदूत खोज रहे होते थे तो भूपेन किसी आम आदमी को इस काम के लिए बुलाते थे। और उनका कार्ड भी किसी फूहड़ नजर आने वाले डिजाइन में बनाया जाता था। निजी जीवन में भूपेन वामपंथ से प्रभावित, विनम्र और बहुत धीरे-धीरे बोलने वाले लगभग एक गांधीवादी थे। वह एक ऐसे गांधीवादी थे जो कभी जेम्स बांड में बदल जाते थे तो कभी एक गंभीर कला विश्लेषक के रूप में। पेंटिंग उनके लिए रोजमर्रा के जीवन की धड़कन थी, कोई एकांत प्रार्थना नहीं। *(2003)*

मनजीत बावा

आधुनिक चित्रकला की दुनिया में हुसेन, सूजा, रजा की बहुचर्चित प्रोग्रेसिव पहल के बाद पदमसी, गायतोंडे, राम कुमार, तैयब मेहता, स्वामीनाथन, के.सी.एस. पणिक्कर जैसे नाम कला के आत्म-संघर्ष को अपने-अपने ढंग से परिभाषित करते रहे हैं। इन कलाकारों के बाद ए. रामचंद्रन, गणेश पाइन, मनजीत बावा और अर्पिता सिंह की पीढ़ी (जो इस समय साठ साल की उम्र के इस या उस पार है) समकालीन भारतीय कला को सबसे अधिक आश्वस्त करने वाली पहचान देती है। मनजीत बावा स्वयं को स्व. जगदीश स्वामीनाथन का 'शिष्य' मानते हैं। अस्सी के दशक से मनजीत बावा कला के कई मोर्चों पर सक्रिय रहे हैं। चित्रकला को उन्होंने एक नई भाषा दी, कई सांस्कृति क्षेत्रों (नाटक, संगीत, फिल्म, पोस्टर निर्माण आदि) में वह सक्रिय रहे और जरूरत पड़ने पर अपनी राजनीतिक प्रतिबद्ध ता को भी मुखर होकर प्रदर्शित किया। 1984 के दंगे हों यो मकबूल फिदा हुसेन पर सरस्वती की छवि को नग्न करने का आरोप हो—मनजीत बावा ने एक सजग कलाकर्मी नागरिक की भूमिका को भी अच्छी तरह से निभाया है।

मनजीत बातचीत में स्वयं स्वीकार करते हैं कि मैंने कला की राजनीति कम नहीं की है। उससे मैं अच्छी तरह से वाकिफ हूं। लेकिन अपने 'गुरु' स्वामीनाथन की तरह वह कला की राजनीति में प्रतिबद्धता और परिपक्वता दोनों ही दिखाते रहे हैं। मनजीत का गहरा विश्वास 'सेवा भाव' में है। 'सेवा भाव' को वह एक आध्यात्मिक अनुभूति की तरह लेते हैं। 'चमचागिरी' इसी सेवा भाव का एक विरूपित आयाम है जिससे मनजीत को स्वाभाविक चिढ़ है। बचपन में—चार साल की उम्र में गुरुपर्व के दौरान मनजीत ने अपनी 'गिनती' को श्रद्धालुओं की जूतियां रखने के काम के दौरान सीखा था। इस 'सेवाभाव' को वह 'खानदानी' मानते हैं और उनकी कला के बुनियादी स्वभाव से इसका गहरा संबंध है।

मनजीत की वास्तविक प्रारंभिक स्मृतियां दिल्ली की ही हैं। करीब पांच साल की उम्र में वह दिल्ली आ गए थे। उनका जन्म 1940 में पंजाब के एक कस्बे ढुरी में तीज के दिन (28 जुलाई) में हुआ था और वह भी एक गौशाला में। पशु प्रेम मनजीत की कला में भी अच्छी तरह से पहचाना जा सकता है। लेकिन गौशाला में जन्म की भी एक दिलचस्प कहानी है। उन दिनों मनजीत के पिता एक टिंबर मर्चेंट थे। वैसे उनका यह बिजनेस ज्यादा चल नही पाया—अंत में फेल हो गया। पिता को बांसुरी बजाने का शौक था। आम धारणा थी कि बांसुरी मनहूस होती है इसलिए वह गांव से बाहर जाकर बांसुरी बजाया करते थे। वह जबरदस्त पशु-प्रेमी भी थे। घुड़सवारी का उन्हें बहुत शौक था। गायों को दवा देना एक मुश्किल काम समझा जाता था क्योंकि वे हिंसक हो जाती थीं। मनजीत के पिता गायों को दवा देने का काम बड़े प्यार से करते थे। एक तरह का मंत्र पढ़कर वह गायों को दवा पिलाया करते थे। उनकी इस शक्ति को लोगों ने जब पहचाना तो उन्हें यह सलाह दी गई कि अपना घर गौशाला में ही बना लीजिए। इस तरह से मनजीत बावा का जन्म इस अनोखी दुनिया में हुआ। पांच भाइयों में वह सबसे छोटे थे। तीन बहनें थीं—दो बड़ी और एक छोटी।

मनजीत के बचपन की स्मृतियां दिल्ली की हैं। पिता को टिंबर मर्चेंट के रूप में असफलता मिली तो वह दिल्ली आ गए। उन दिनों दिल्ली में भवन निर्माण का काम जोरों पर था। पिता भट्टों के काम में लग गए। बिजनेस की दुनिया में वह लगे जरूर रहे पर भीतर एक कलाकार भी था। नौटंकी में दशरथ, सुल्ताना डाकू, अमरसिंह राठौर जैसी भूमिकाएं निभाते थे, बांसुरी बजाते थे और साधु-संतों की दुनिया उन्हें आकर्षित करती थी। बचपन में मनजीत को जैसे दिल्ली का एक-एक पौधा याद हो गया था। विभाजन से ठीक पहले की वह दुनिया थी। मोतिया बाग और

कड़े खान के बाग के पास शाहजहां के जमाने की नहर याद आती है। बगीचों में जाकर फल चुराने की घटनाएं याद आती हैं। गर्मियों की दोपहर में फालसे तोड़कर खाने का सुख याद आता है। फलाहार से ही बाकायदा लंच हो जाता था।

कलाकार के रूप में रचनात्मक सक्रियता की शुरुआत तब हुई जब मनजीत आठवीं कक्षा के छात्र थे। वह 4-5 साल की उम्र में बनाई गई कला को चित्रकार के जीवन की शुरुआत के रूप में नहीं देखते। शुरु में मनजीत भाई के दोस्तों के 'मॉडल' के रूप में बैठते थे। बदले में कभी सवा रुपए मिल जाते थे तो कभी आइसक्रीम खाने को मिल जाती थी। धीरे-धीरे मनजीत खुद भी रेखांकन में सिद्धहस्त होने लगे। पर उन दिनों के माहौल में लोग यही कहते थे कि 'भला यह सरदार क्या पेंटर बन पाएगा।' लेकिन मनजीत ने चित्रकार बनने का ही रास्ता चुना। 1958-63 में दिल्ली ने पॉलीटेकनिक में उन्होंने कला का प्रशिक्षण प्राप्त किया।

1964 में मनजीत ने अपने घुमक्कड़ जीवन की शुरुआत की। 16 अप्रैल, 1964 के दिन विलायती दोस्तों के साथ अफगानिस्तान, तुर्की, यूनान, इटली, होते हुए ब्रिटेन पहुंच गए। आठ साल बाहर रहे। कोई स्कॉलरशिप, ग्रांट नहीं थी। सिल्कस्क्रीन प्रिंटिंग में प्रशिक्षण के लिए लंदन में जरूर कुछ मदद मिली थी। पर मुख्य जीवन एक घुमक्कड़ कलाकार का था। शुरू-शुरू में हिंदी और पंजाबी में डायरी भी लिखते थे। तुर्की की उन दिनों 13 यात्राएं कीं। वहां के एक पूर्व मंत्री की प्रभावशाली बेटी ने मनजीत की प्रतिभा देखकर निमंत्रण भी दिया—तुम यहीं बस जाओ। मैं तुम्हें अंतर्राष्ट्रीय कलाकार बना दूंगी।

पर मनजीत को लगता था कि मैं किसी एक जगह रुकने वाला आदमी नहीं हूं। ब्रिटेन के उन दिनों के कला वातावरण ने भी बहुत अधिक प्रभावित नहीं किया। भारत में मनजीत देखकर गए थे कि कलाकार आधुनिक होने के लिए 'क्यूबिज्म' (घनवाद) का रास्ता पकड़ रहे थे। पर यूरोप में क्यूबिज्म की कब्र को खोजना भी उन दिनों मुश्किल काम था। इसलिए मनजीत के मन में इच्छा हुई कि भारत आकर अपनी भाषा तलाश की जाए।

छात्र दिनों में दिल्ली में मनजीत को शैलोज मुखर्जी का अद्भुत व्यक्तित्व प्रभावित करता था। लंदन से लौटकर आए तो स्वामीनाथन के निकट संपर्क ने सारी दुनिया बदल दी। कला की एक नई समझ मिली। मनजीत स्वामी के वास्तविक संपर्क में 1978 में आए। स्वामी ने उनके शो का कैटलॉग लिखा।

लंदन से लौटकर मनजीत को महसूस हुआ कि आय का एक 'मिनमम' स्रोत जरूर होना चाहिए। उन्होंने 1973 में डलहौजी में एक होटल (मेहर) को खरीदा। आज भी वह इस होटल में चला रहे हैं। लेकिन अब डलहौजी बार-बार इसलिए भी जाना पड़ता है कि दिल्ली में लोग आराम से काम नहीं करने देते। न यहां साफ-सुथरी हवा है और न पेड़-पौधे हैं। लंबे समय तक मनजीत ने ललित कला के गढ़ी स्टूडियो में काम किया था। उन दिनों मनजीत, अमिताभ दास, गुरचरण सिंह, मृणालिनी मुखर्जी, गोगी वगैरह सब एक ही स्टूडियो में काम करते थे। पास में कृष्ण खन्ना, स्वामीनाथन के स्टुडियो भी थे। आज गढ़ी में दुनिया बदल गई है।

बाद में मनजीत ने लंबे समय तक जनपथ स्थित इंपीरियल होटल के अलग-अलग कमरों का इस्तेमाल अपने स्टुडियो के रूप में किया। वहां वह एक रेस्तरां में एक 'प्रोजेक्ट' पर भी काम कर रहे थे। इसी दौर में मनजीत को कलाकार के रूप में प्रसिद्धि और सफलता मिली। अब उनका स्टूडियो खान मार्केट के पास है पर अक्सर वह डलहौजी दिल्ली आते-जाते रहते हैं। लोगों से जुड़े रहने और साथ ही उनसे बचने की कला को भी वह अच्छी तरह जानते हैं। उनके बारे में खास बात यह है कि बराबर युवा कलाकारों के निकट संपर्क में रहते हैं। इसके अलावा संस्कृति के कई रूपों से वह जुड़े हैं।

फिल्म विधा ने मनजीत बावा को शुरू से ही आकर्षित किया था। युवावस्था में उन्हें गुरुदत्त, राजकपूर, शांताराम, दिलीप कुमार की फिल्में पसंद आती थीं। पर जैमिनी या एवीएम की हिंदी फिल्में उन्हें घटिया लगती थीं। जब नवीं क्लास में थे तो के.एल. सहगल की फिल्में बड़े चाव से देखते थे। निम्मी की 'शैतानी' प्रारंभिक युवावस्था में आकर्षित करती थी। नर्गिस पसंद थीं, पर मधुबाला सबसे अधिक पसंद थी। "मधुबाला तो एक आइकन है। माधुरी दीक्षित उसके सामने कुछ नहीं है। कोई भी एक्ट्रेस उसके सामने नहीं टिकती।"

मनजीत बावा ने शेखर कपूर की फिल्म 'बैंडिट क्वीन' का पोस्टर बनाया था। मणि कौल की फिल्म 'सतह से उठता आदमी' का सिल्कस्क्रीन में एक पोस्टर बना था जिसमें तीन महत्वपूर्ण चित्रकारों (मनजीत बावा, अमिताभ दास और रणवीर सिंह कालेका) का ऐतिहासिक योगदान था। हाल में मरिणरत्नम की नई फिल्म 'दिल से' में मनजीत ने आतंकवादियों का साथ देने वाले फोटोग्राफर की भूमिका निभाई है। कुछ कलाप्रेमियों की राय में मनजीत को इस तरह का रोल नहीं करना चाहिए। स्वयं मनजीत का कहना है कि "मैं अभी तक यह फिल्म देख नहीं पाया हूं।" सतीश गुजराल की आत्मकथा को आधार बनाकर एक महत्वाकांक्षी अंतर्राष्ट्रीय फिल्म बन रही है जिसमें मनजीत बावा कला पक्ष, वेशभूषा, डिजाइन आदि सभी चीजें देखेंगे।

मनजीत फैशन डिजाइनिंग, पोस्टर और आभूषण निर्माण, म्यूरल, कांच के मूर्तिशिल्प आदि अनेक क्षेत्रों में भी सक्रिय हैं। अब वह सुबह के समय पेंटिंग करना पसंद करते है।। "मैं कैनवास पर धड़ाधड़ स्ट्रोक लगाने वाली पेंटिंग तो करता नहीं हूं जो काम दारू पीकर भी हो सके। वैसे अब पार्टियों में कम ही जाता हूं ताकि सुबह काम करने में दिक्कत न हो।" गैलरी इस्पास की निदेशक रेणु मोदी आगामी जनवरी-अप्रैल में मुंबई, दिल्ली, कोलकाता और संभवतः बेंगलूर में भी मनजीत की नई कलाकृतियों का एक बड़ा शो आयोजित कर रही हैं।

मनजीत के चित्र संसार और सोच में पंजाबी सूफी कविता का गहरा असर पहचाना जा सकता है। बाबा फरीद, शाह हुसैन, बुल्ले शाह, वारिस शाह आदि की कविताओं ने उन्हें जीवन, कला और संगीत की एक अद्वितीय समझ दी है। "इश्क अंगीठी हरमल तारे/ चांद से कफन बनावूंजी/ लामकान की पटरी ऊपर/वह कर नाद बजावूंजी।" (बुल्ले शाह)

मनजीत बावा से बातचीत

पिछले दस-पंद्रह सालों में समकालीन भारतीय कला को अंतर्राष्ट्रीय पहचान मिली है। कलाकृतियों की कीमतें बढ़ी हैं, मीडिया में कलाकार की छवि को एक नया ग्लैमर मिला है (भले ही उसकी गरिमा कुछ कम हो गई है), कला दीर्घाओं की संख्या बढ़ी है। आर्थिक मंदी ने इधर कला बाजार के उल्लसित आशावाद को थोड़ा झटका जरूर दे दिया है। दीवाली की रात के बाद मनजीत बावा से दोपहर में एक लंबी बातचीत हुई तो उन्होंने कहा, "असल में अब सच्चे कलाकार ही सर्वाइव कर पाएंगे। कला बाजार की सफलता के तंदूर में हर तरह के कलाकार दो-दो रोटी सेंकने लगे थे। पर अब स्थितियां इतनी आसान नहीं है।"

- **आपने जब अपने कला जीवन की शुरुआत की थी तो भारतीय कला बाजार नाममात्र का था। पिछले डेढ़-दो दशक में भारतीय कला बाजार में जो गहमागहमी देखी गई है उसे आप किस तरह से जांचेंगे?**

इस समय कला के संपूर्ण वातावरण में मुझे एक बनावटीपन-सा नजर आता है। मिलने पर कलाकार इस तरह की बातें करते हैं कि उसके पास छोटी कार है या बड़ी कार है। बहुत बड़ी कार थी आपकी...फला एंबेसी की पार्टी में हमें तो बुलाया नहीं गया...इस तरह की बातें सुनने को मिलती हैं। सबकुछ सतही होता है। 20-25 कलाकार हैं जो चीजों को गंभीरता से लेते हैं। कला में विभिन्न स्कूलों का बंटवारा पहले भी था। अब वह बहुत ज्यादा हो गया है। ज्यूरी की बैठकों में अपने-अपने स्कूल को प्रमोट करने की निर्लज्ज कोशिशें होती हैं। मैं स्वयं कला की राजनीति से बहुत जुड़ा रहा हूं। पैसा आता है तो राजनीति भी आती है। पर यहां पैसा कम आ रहा है और राजनीति ज्यादा हो रही है। इस समय सभी बड़ी-बड़ी कला संस्थाओं के प्रमुख पद खाली नजर आ रहे हैं। भारत भवन में रूपंकर के निदेशक पद से मैंने इस्तीफा दे दिया है, हालांकि उसे अभी स्वकीार नहीं किया गया है। लेकिन इन बड़ी जगहों पर हमें ऐसे व्यक्तियों की जरूरत है जो कला इतिहास, छपाई, क्यूरेटिंग, लाइटिंग वगैरह की ही नहीं, बल्कि कला प्रशासन की भी अच्छी जानकारी रखते हों।

- **एक जमाने में विभिन्न क्षेत्रों के बड़े-बड़े नाम महत्वपूर्ण स्थानों के प्रमुख पदों को स्वीकार कर लेते थे, लेकिन आज ऐसे लोग घटिया राजनीति से बचने के लिए इन पदों से दूर ही रहना चाहते है।**

आपकी बात सही है। किसी जिम्मेदार आदमी का नाम किसी बड़ी संस्था से जुड़ेगा तो उसकी बदनामी ही होगी। जहां तक कला बाजार का सवाल है, पहले कलाकार का कोई खास बाजार होता ही नहीं था। थोड़े से दोस्त और क्रिटिक काम पसंद कर लेते थे तो लगता था कि कुछ हासिल कर लिया। 5-10 कलाकार थे जो अपना काम बेच पाते थे। अभी डलहौजी में जोगेन चौधरी और उनकी पत्नी आए हुए थे। हम लोग पुराने दिनों को हंसकर याद कर रहे थे। जोगेन की पत्नी उन दिनों शिकायत करती रहती थी कि क्या तुम लोग हमेशा बक-बक करते रहते हो, स्याही और रंग बर्बाद करते हो, सेहत खराब करते हो। दरअसल उन दिनों एक कलाकार की कोशिशों को बहुत सार्थक नहीं समझा जाता था। आज लोग अपना काम दिखाना नहीं चाहते। बात करने की कोई ललक नहीं है। उन दिनों आइफैक्स दीर्घा में जोगेन के चित्रों की पहली प्रदर्शनी देखी थी तो हम सबको महसूस हुआ कि आम शैली से यह हटकर काम है। यह अलग तरह का कलाकार है। मैंने उन दिनों अपनी एक प्रदर्शनी लगाई थी तो उसे 'नॉट फॉर सेल' घोषित कर दिया था। एक खरीददार मेरे पास आकर बोला कि कला को बेचते नहीं हो तो काम क्यों करते हो? उन दिनों कोई गैलरी आपको शो दे देती थी तो यह बहुत बड़ी बात होती थी। आज कलाकार कम हैं और गैलरियां ज्यादा हो गई हैं। अर्पिता सिंह की प्रदर्शनी होती थी। उसका काम कोई नहीं खरीदता था। ऐसे लोग इसलिए पनप पाए कि उनको कला से प्यार था। कला बाजार से वे नहीं बढ़े हैं। बाजार चाहता है कि फला चीज बिकती है, वैसा काम करो। अब आप गौर कीजिए। इन दिनों गायतोंडे बीमार हैं। गैलरीवालों, खरीदारों को पता है कि वह अब पेंटिंग नहीं कर रहे हैं। बस, अब गायतोंडे के काम की तलाश हो रही है।

- **पश्चिमी कला बाजार की हमें बुराइयां तो मिल गई हैं लेकिन उनकी अच्छाइयां बहुत कम मिली हैं।**

टाटा, गोदरेज जैसे परिवार तो संस्कृति संपन्न परिवार रहे हैं। वे गुणवत्ता को लेकर जागरूक रहे हैं। पर दूसरे लोगों के पास जब ज्यादा पैसा आया तो उनके सामने दूसरी तरह की दिक्कतें थीं। पुराने व्यापारी पढ़े लिखे नहीं थे। उनकी संतानें थोड़ा-बहुत लिख गईं। आखिर कब तक पर्शियन कार्पेट या चांदी के बर्तन खरीदे जाते। पेंटिंग खरीदना, संगीत का कार्यक्रम आयोजित कराना सम्मान की बात हो गई। पहले जो लोग बी. प्रभा को खरीदते थे उन्होंने घर पर हुसेन की पेंटिंग टांगना शुरू कर दी। इससे उनकी चर्चा होती थी। रवि वर्मा के चित्र बेसमेंट में रख दिए गए। पहले शादी पर वे लोग बाई जी को घर पर बुलाते थे। अब बिसमिल्लाह खान की शहनाई बजवाने से उनकी प्रेस्टीज बढ़ने लगी। इन लोगों ने आर्ट का कलेक्शन बनाना शुरू कर दिया। उन लोगों ने उसके बाद पढ़ना और जानना भी शुरू किया। अभिषेक पोद्दार जब स्कूल में पढ़ते थे तो अपनी पॉकेट मनी से हमारी पेंटिंग खरीदते थे। धीरे-धीरे अभिषेक ने अच्छे कलाकारों की एक लिस्ट बनाई। देखा-देखी कोलकाता में अभिषेक की उम्र के कई लोग कलाकृतियां खरीदने लगे। कला बाजार की कहानी सिर्फ नीलामियों से ही नहीं बनी है। मुंबई में आर्ट कलेक्टर थे लेकिन दूसरे शहरों में धीरे-धीरे वे उभरने लगे। क्रिस्टीज और सदेबी की नीलामियों के बाद कला के खरीदारों को भी मीडिया में चर्चा मिलना शुरू हो गई। अखबारों में कला को स्पेस ज्यादा मिलने लगा। नुसरत फतेह अली की कव्वाली है कि तेरी आशिकी से पहले मुझे कौन जानता था। मीडिया और आर्ट का इश्क हुआ तो लोगों को लगने लगा कि इसकी पेंटिंग हमारे पास क्यों नहीं है। पुराने जमाने में राजा बहुत कीमती हीरा पहनता था तो वजीर उससे कुछ कम दाम का हीरा पहनता था। नतीजा यह होता था कि चौकीदार के हाथ में भी कम-से-कम शीशा ही दिख जाता था। इस तर्क से कला के छोटे-बड़े खरीददार बढ़ने लगे। रईस लोग नामी पेंटर तलाशने लगे। कलाकार के नामी होने से उसकी कीमतें बढ़ने लगीं। फेक पेंटर भी नामी होने लगे क्योंकि फेक जर्नलिस्ट भी बढ़ गए थे। दरअसल अच्छी कविता, संगीत, पेंटिंग को समझना बहुत मुश्किल काम है।

- **अनेक आधुनिक भारतीय कलाकार तकनीक को लेकर लापरवाह रहे हैं। उनके चित्र बहुत जल्दी ही बिगड़ने लगे हैं।**

शुरू में कलाकार कहता था कि मेरा काम तो अपने आपको अभिव्यक्त कर देना है। बस। तकनीक की कोई खास परवाह नहीं करता था। नतीजा यह है कि उनके चित्रों में क्रैक्स आ गए हैं, उनके रंग झर गए हैं। पहले सेल नहीं थी। फ्रेम की जगह पर फट्टियां लगा दी जाती थीं। नामी कलाकार भी दोनों तरफ पेंटिंग कर देते थे। कही नील लगा दी, कहीं सफेदा लगा दिया। हमें यूरोपीय चित्रकला के इतिहास में ऑयल कलर्स का इतिहास मालूम है जबकि हमें एक्रिलिक रंगों का कोई इतिहास पता नहीं है। एक्रिलिक में कलाकार को धड़ाधड़ काम करने की सुविधा है। लेकिन उनमें ऑयल कलर जैसी 'ब्रिलियंस' नहीं है। उनका रंग मिश्रण भी साफ-सुथरा नहीं है। ऑयल कलर सिल्क की तरह हैं और एक्रिलिक सिंथेटिक कपड़े की तरह। पर आज अगर कला का बाजार है तो हमें सावधान रहना चाहिए। लोग जिसे गोल्ड समझकर खरीद रहे हैं कहीं उसके नीचे पीतल न निकल आए। मिनियेचर कला के जमाने में कारखानों में कलाकार का तकनीकी प्रशिक्षण होता था। पेंटर पहले चेलागिरी करता था, रंग घोटता था। उसकी पूरी ट्रेनिंग थी। एक पूरा सिस्टम था।

- **सफलता के बाद आप क्या महसूस कर रहे हैं?**

धन न आए तो भूखे मरने की समस्या है। बहुत धन है तो आदतें खराब होने का डर है। सफलता आदमी को बदतमीज भी बना सकती है। संतुलन बहुत मुश्किल काम है। मैं युवा कलाकारों से लिंक बनाए रखने की कोशिश करता रहता हूं।

- **आपको क्या लगता है कि कुछ अच्छे कलाकारों को उचित मान्यता नहीं मिल पाई है?**

अमिताभ दास, गणेश हलोई, हिम्मत शाह, प्रभाकर कोल्टे जैसे कुछ नाम गिनाए जा सकता हैं। पर इनको उचित मान्यता न मिल पाने के अलग-अलग कारण हैं। कई बार तो कलाकार का अपना व्यवहार उसके लिए मुश्किल बन जाता है। कोई झिझकता है तो कोई ज्यादा ही चालाक है। कुछ लोग कीमतों को लेकर व्यावहारिक नहीं हैं।

- **अपनी कला में आपको क्या अब दोहराते चले जाने की रचनात्मक समस्या नहीं महसूस होती है?**

मैं इस बारे में काफी सोचता रहता हूं। गतिरोध तोड़ने की कोशिश भी करता हूं। खरीदार अगर कृष्ण की पेंटिंग ही चाह रहा है तो उसे बनाते-बनाते मैं खाली भी हो सकता हूं। तमाम परम्युटेशन–कांबिनेशन भी खत्म होने लगते हैं। काम बोरिंग न हो जाए, उसमें एकरसता न आ ज़ाए इसके लिए मैं बराबर परिवर्तन के बारे में सजग रहता हूं। कई साल पहले नरसिंह की इमेज पर काम किया था। अब उसे नए ढंग से खोज रहा हूं। रंगों की न्यूनलाइट क्वालिटी खोजता हूं तो कभी डार्क कलर की नई बारीकियों को पहचानता हूं। शायद देखने वाले को बहुत थोड़ा फर्क नजर आए पर मुझे तो बहुत ज्यादा लगता है। सेजां के बारे में कहा जाता है कि वह एक ही सेब को कई बार पेंट करना चाहते थे। जब वह सेब सड़ने लगा तो उन्होंने मोम में उसकी नकल करवा ली। उन्होंने उसी सेब को 135 बार पेंट किया था।

मनजीत बावा से बातचीत-2

मनजीत बावा इन दिनों मीडिया के प्रिय चित्रकार बन गए हैं। मकबूल फिदा हुसेन के बाद वह शायद दूसरे चित्रकार हैं जो एक खास अर्थों में मीडिया के 'डार्लिंग' कहे जा सकते हैं। इन दिनों मनजीत के चित्रों के लिए बिकना कोई समस्या नहीं है। पेंटिंग शुरू होने से पहले ही बिक जाती है। लेकिन मनजीत का मीडिया में छाए रहने का कारण

बिकाऊ होना नहीं है। एक जमाने में हुसेन और बी. प्रभा की कलाकृतियां लगभग एक ही हिसाब से बिकती थीं पर मीडिया के लिए बी. प्रभा का कभी कोई अस्तित्व नहीं रहा। जाहिर है कि मीडिया की भी अपनी राजनीति और रणनीति है। सफल होने के लिए मनजीत ने काफी संघर्ष किया है। और आज हालत यह है कि दिल्ली की रवींद्र भवन दीर्घा में मनजीत की अब तक की सबसे बड़ी एकल प्रदर्शनी चल रही है पर उनके पास न खरीदारों के लिए अवकाश है और न टेलीविजन का अनुकरण कर रहे अखबारों के रंगीन पृष्ठों के संस्कृति संवाददाताओं के लिए। समकालीन भारतीय कला बाजार में कलाकार अगर सफल है तो न जाने कहां से अनगिनत संभ्रांत स्त्रियां आकर आपका सारा काम संभाल लेती हैं। मुंबई और कोलाकाता में अपनी इस नई प्रदर्शनी 'भव, भाव, भाव्य' के उद्घाटन के बाद अचानक मनजीत शहर से बाहर चले गए किसी जरूरी काम से। लौटे, तो बोले, ''सुबह चार बजे डलहौजी के लिए रवाना होना है। गाड़ी को मैकेनिक के पास ले जाना है।'' मनजीत को तेज गाड़ी चलाने का शौक है। एक बार राजस्थान में बंद था और मनजीत को जयपुर एक कला शिविर का उद्घाटन करने जाना था। यह संवाददाता भी उस दिन मनजीत की गाड़ी में यात्रा कर रहा था। सूनी सड़कों का लाभ उठाकर मनजीत ने लगभग एक अतियथार्थवादी तेजी के साथ जयपुर पहुंचा दिया। यह बातचीत भी बड़ी तेजी के साथ हुई है—गैलरी के एक कोने में बैठकर। बीच में हाथ से सेलफोन का 'डिस्प्ले' करता एक खरीदार मनजीत से किसी भी तरह से एक पेंटिंग खरीदने की बात करने लगा। ''लेकिन मैं किस्तों में खरीद पाऊंगा।'' मनजीत ने हंसकर कहा, ''तो फिर किस्तें अभी से देना शुरू कर दीजिए। जब तक वे खत्म होंगी, पेंटिंग भी तैयार हो जाएगी।''

- **प्रोग्रेसिव आर्टिस्ट ग्रुप के चित्रकारों में से आज आप किसे सबसे महत्वपूर्ण मानते हैं?**

निश्चित रूप से हुसेन सबसे अधिक महत्वपूर्ण हैं। वह अपनी जमीन से जुड़े रहे। सूजा भी महत्वपूर्ण हैं पर उनकी कला का सारा शोरगुल पिकासो जैसे कलाकारों से प्रेरित था। एक जमाने में ब्रिटेन में उनके काम की चर्चा भी हुई, नाम भी हुआ। पर हुसेन ने भारतीय मूर्तिशिल्प और मिथकशास्त्र का अपनी कला में रचनात्मक इस्तेमाल किया। वैसे उस ग्रुप के कलाकारों में रजा का रोल भी कम नहीं है।

- **हुसेन जैसे बड़े आधुनिक कलाकार के माधुरी दीक्षित के प्रति इतने जबरदस्त सम्मोह को आप किस तरह से देखते हैं? माधुरी को 'आइकन' (मूर्ति) बना देना क्या सही है?**

यह तो दिल की बात है—अगर उन्हें आनंद मिल रहा है तो अच्छी बात है। माधुरी उन्हें खूबसूरत लगी। वह तो घोड़े को भी 'आइकन' बना चुके हैं। हमने बकरी और बैल को 'आइकन' बनाया। किसी भी चीज को आप 'पुश' कर सकते हैं। वैसे तो इस तरह का माधुरी प्रेम किसी जवान आदमी को अपनी कला में दिखाना चाहिए था। उसकी हिम्मत नहीं हुई। निजी पसंद की बात करूं तो अभिनेत्रियों में मुझे मुधबाला 'आइकन' लगती है। पर मैंने उसे पेंट नहीं किया।

- **दुनिया के किसी भी देश में समकालीन कला के परिदृश्य में एक साथ उतनी चितेरियां सक्रिय नहीं नजर आती हैं जितनी आज भारत में हैं। इस स्थिति के क्या कारण हैं?**

भारतीय कला में कभी 'मेल डॉमीनेशन' नहीं रहा। भारतीय कला में पेंटर को पेंटर की चढ़ाते-उतारते रहे हैं। परमजीत सिंह जब खूब बिकता था तो अर्पिता सिंह (परमजीत की पत्नी) के काम को न बिकने के बावजूद सब कलाकार देखने जाते थे। धूमीमल के एक शो में अर्पिता की एक भी पेंटिंग नहीं बिकी थी पर सभी कलाप्रेमियों ने उस शो को पसंद किया था। महिला चित्रकारों में दरअसल अर्पिता सिंह अद्वितीय है। किसी की भी ड्राइंग में इतनी मास्टरी नहीं है और न ही रंगों और टैक्सचर की पकड़ में। वह जागरूक भी बहुत है। उनके चित्रों की फैंटेसी अद्भुत हैं। वह दिल से पेंट करती हैं—किसी रुझान को देखकर नहीं। बिल्कुल नई चितेरियों में मुझे जयश्री चक्रवर्ती का काम पसंद है। अंजू डोडिया की स्वप्न सरीखी दुनिया थी मुझे पसंद है।

- **एक साथ इतने शहरों में प्रदर्शनी का अनुभव कैसा है?**

इस शो में मेरा दो साल का काम है। मुंबई में कुल 27 कलाकृतियां थीं। यहां दिल्ली में 23 कलाकृतियां हैं। अपनी एकल प्रदर्शनियों को लेकर थोड़ा सुस्त रहा हूं। कोलकाता में कला का बाजार बहुत कम है। पर मुझे वहा आनंद खूब मिला। उद्घाटन की शाम एक साथ 1200-1300 लोगों को देखकर बहुत अच्छा लगा। वहां 'देखने' की इच्छा है। रोजाना काफी लोग आते थे। मुंबई के कलाप्रेमी ही नहीं खरीदार भी आते हैं। पर दिल्ली के अखबार कमजोर हैं। कला पर यहां गंभीर चीजें नहीं छप रही हैं। बस, सनसनी में दिलचस्पी है। हल्की-फुल्की टिप्पणियां देखने-पढ़ने को मिलती हैं। एक जमाना था जब यहां चार्ल्स फाबरी, रिचर्ड बार्थोलोम्यू, के.बी. गोयल अखबारों में लिखते थे। 'दिनमान' की कतरने आज भी मैंने संभाल कर रखी हुई हैं। आज तो यहां अखबारों में पार्टी (दावत) का रिव्यू हो रहा है, पेंटिंग का नहीं। नशीली दवाओं की रोशनी में जैसे अर्द्धनग्न स्त्रियों के बारे में लिखा जा रहा हो।

- **मुंबई के अखबारों की भी तो बेहतर हालत नहीं है।**

वहां का मेरा अनुभव थोड़ा बेहतर है। वहां कुछ गंभीर लेखन भी हो रहा है।

- **प्रीतीश नंदी ने कला पत्रकारिता को इस तरह का नकली ग्लैमर दिया था। आप स्वयं उनके साथ अपना एक शो कर चुके हैं।**

प्रीतीश नंदी ने पेंटर को 'ग्लोरीफाई' किया था। कला को भी उन्होंने बढ़ावा दिया था। कला की बिक्री बढ़ी। उस पर बातचीत होने लगी। कौन ऐसा संपादक है जिसने कला को इतना 'प्रमोट' किया।

- **आज खालसा पंथ की त्रिशती के कार्यक्रमों के बीच आप अपने सिख होने की पहचान को कैसे देखते हैं?**

एक आधुनिक चित्रकार अपने को किसी एक पहचान में 'नैरो' (तंग) नहीं करना चाहेगा। न मैं इस तरह से अपने को बढ़ाना ही चाहूंगा। फिर भी शायद एक हिम्मत, एक खास तरह की एनर्जी जो मुझमें है, उसका रिश्ता सिख होने से भी है। डेढ़ सौ साल तक सिख जंगलों में जिस हिम्मत से रहे उस योद्धा छवि ने मुझ पर भी असर डाला होगा। कला पारखियों ने मेरी कला की लोक और आदिवासी पृष्ठभूमि की बात की है, मेरे रंगों के साहसपूर्ण इस्तेमाल की चर्चा हुई है, शरीर रचना रहित मेरी आकृतिमूलकता का विश्लेषण हुआ है—इन सबके पीछे एक रचनात्मक योद्धा की छवि भी काम करती रही होगी। आज कितने लोग कला में आकृतियों को अपना रूप दे पाए हैं? रंगों का इस तरह का इस्तेमाल कहां हो रहा है? मैंने अपना युद्ध खुद लड़ा है।

- **84 के हिसंक दंगों ने आपके जीवन और कला दोनों को प्रभावित किया। आप की कला में जीवन की हिंसा, क्रूरता और असुंदरता का चित्रण क्यों नहीं है?**

मेरा मानना है कि हिंसा को प्यार से खत्म किया जा सकता है। कला में हिंसा जीवन में हिंसा को बढ़ाएगी ही। एक चीनी कहावत है कि समुद्र में तूफान आ रहा हो तो एक तिनका भी उसमें न फेंको। उस तिनके से भी तूफान बढ़ सकता है।

- **पिकासो की 'गेर्निका' जैसी कलाकृतियां युद्ध के विरुद्ध कलाकार का बड़ा वक्तव्य है। आज हुसेन भी अपने कैनवास का केंद्रीय विषय हिंसा के कथानक को बना रहे हैं।**

पेंटिंग में पत्रकारिता को मैं खराब बात मानता हूं। जो कलाकार ऐसा काम कर रहे हैं उनके मैं खिलाफ नहीं हूं। मैं अपने काम के स्वभाव के बारे में बता रहा हूं। मुझे अपनी रचना प्रक्रिया में संगीत और कविता के संकेत चिह्न आकर्षित करते हैं। पेंटिंग को पहले पेंटिंग बनना चाहिए, इलस्ट्रेशन नहीं।

- **स्वामीनाथन ने एक बार मुझसे कहा था कि आधुनिक कला बाजार में चित्रकार को एक छापामार योद्धा (गोरिल्ला**

फाइटर) की रणनीति अपनानी पड़ती है।

उनके समय में यह बात प्रामाणिक थी। (हंसकर) तब कोई मार्केट ही नहीं थी, यार! बहुत छोटा-सा कला बाजार था। आज आप अपने को दस-पंद्रह मिनट या 5-10 साल के लिए प्रसिद्ध कर सकते हैं। पर वक्त आपको गायब कर देगा। धीरे-धीरे अपनी लड़ाई लड़ने से उसका असर भी लंबा होता है। मैं अपनी पेंटिंग बेचने के लिए किसी को फोन नहीं करता, कोई योजना नहीं बनाता। दो-चार आदमियों को कार्ड भेज देता हूं पर फोन नहीं करता। मैं उन सबके खिलाफ नहीं हूं। अपनी 'डिग्निटी' (गरिमा) का भी तो सवाल है। (हंसकर) दाढ़ी-मूंछ की इज्जत भी तो रखनी चाहिए।

- **मणिरत्नम की फिल्म 'दिल से' में आपकी भूमिका के बारे में कुछ लोगों की राय है वह आपकी छवि के अनुकूल नहीं है।**

'दिल से' मैं देख ही नहीं पाया हूं। देखने गया तो टिकट नहीं मिली। मणिरत्नम दोस्त हैं। 7-8 दिन हम लोग डलहौजी में बैठे थे। एक प्रोजेक्ट के सिलसिले में हम दोनों स्वर्ण मंदिर (अमृतसर) भी गए थे। उसने जब इस रोल के लिए कहा तो मैं तैयार हो गया। दिल्ली सबसे बड़ा 'गॉसिप विलेज' है। इंडिया गेट में आइसक्रीम खाओ, गुब्बारा उड़ाओ तो ये सब भी खबरें बन जाती हैं। मैं थियेटर करता हूं, पोस्टर बनाता हूं, गाना गाता हूं—इन सबमें मुझे आनंद आता है।

- **संगीत और कविता में से आप किसे अपने ज्यादा करीब पाते हैं?**

मुझे कविता अपने अधिक निकट लगती है। छोटी-सी बात में बहुत बड़ी बात छिपी होती है। कबीर, बुल्ले शाह, हरभजन सिंह, पूर्ण सिंह, न जाने कितने नए-पुराने कवियों से मैंने सीखा है। ''बुल्लेया मैं तो वख नहीं/ तेरी देखन वाली अख नहीं'' जैसी पंक्तियां मुझे यह बताती हैं कि तुम्हारे पास 'देखने' वाली आंखें नहीं हैं तो क्या करोगे।

- **अपनी कला में दोहराने की समस्या को कैसे देखते हैं?**

संगीत के सात सुरों का सदियों से इस्तेमाल हो रहा है। उन्हीं के अनगिनत 'परमुटेशन-कांबीनेशन' हैं। मोंद्रियान जैसा कलाकार लगभग एक ही चरण में काम करता रहा। उसे उसमें भी फर्क महसूस हो रहा था! आपको लगे या ना लगे।

(1999)

गणेश पाइन

स्वातंत्र्योत्तर आधुनिक भारतीय कला की दूसरी पीढ़ी में सबसे अलग नजर आने वाले कलाकार हैं—गणेश पाइन (जन्म: 1937)। गणेश पाइन के चित्रों की संख्या बहुत कम है, वह अपने शहर कोलकाता से बाहर लगभग नहीं ही निकलते हैं, रेलयात्रा से वे बचते हैं। टेंपरा उनका प्रिय माध्यम है। अपने चित्रों में वे यथार्थ से सीधा संबंध बनाना पसंद नहीं करते। इन सब जानकारियों के साथ यह जानकारी भी—आधुनिक भारतीय कला के सुपरस्टार मकबूल फिदा हुसेन कई बार गणेश पाइन का नाम अपने प्रिय कलाकारों में ले चुके हैं।

गणेश पाइन के बहुत कम चित्र कला प्रेमी देख पाते हैं। इस बात ने उनके चित्रों की कीमत भी बढ़ाई है। हालांकि खुद गणेश यह अच्छी तरह जानते हैं कि भारत में सचमुच कोई कला बाजार नहीं है। पर मीडिया में एक खास तरह की चर्चा, हुसेन की राय और खुद गणेश पाइन के रहस्यमय किस्म के रचना संसार ने इस चित्रकार को दुर्लभ बना दिया है।

गणेश पाइन कोलकाता के अपने पुराने घर में आधुनिक कलाकार की तरह नहीं रहते हैं। छोटे-से ड्राइंगरूम में आपको उस पश्चिमी आधुनिकता के दर्शन नहीं होंगे जो दूसरे कई बड़े कलाकारों की जीवन-शैली का अंग बन चुकी है। रहस्यमय नजर आने वाली दुनिया के इस चितेरे का व्यक्तित्व भी रहस्यमय नजर आता है। पर वे एक बार बात करना शुरू कर देते हैं तो नए व्यक्ति को आश्चर्य भी हो सकता है। कोलकाता के अधिकांश कलाकर्मियों की तरह गणेश भी तमाम कलाओं के बारे में बराबर सोचते रहते हैं। पश्चिम की आधुनिक कला विधाओं से वे खूब परिचित हैं।

टेंपरा माध्यम को भी गणेश पाइन ने भरसक भारतीय रूप दिया है। दरअसल गणेश पाइन उन बहुत थोड़े कलाकारों में से हैं जो पश्चिम की आधुनिक कला से कभी आतंकित नजर नहीं आते। उनकी चित्र भाषा की जड़ें भारतीय परंपरा में खोजी जा सकती हैं।

गणेश पाइन को कविता पसंद है। उनके अनेक चित्रों में काव्यात्मक गुण भी आसानी से खोजे जा सकते हैं। बंगला कवि जीवनानंद दास गणेश पाइन को बहुत पसंद हैं। गणेश का एक बहुत पुराना—1957 का—जलरंग चित्र है 'एक स्वप्न की मृत्यु'। एक घोड़ा, एक स्त्री, एक स्वप्न, और फिर उस स्वप्न की मृत्यु। गणेश पाइन के चित्रों का कलात्मक मिजाज शुरू से यही है, बल्कि वह उनके परीलोक, स्वप्नलोक, स्वैरकल्पना आदि का आवश्यक अंग है।

कोलकाता के कलाकार की दिलचस्पी यथार्थ में न हो यह अपने आप में आश्चर्य की बात है। गणेश इस बात को अनेक भेंटवार्ताओं में कह चुके हैं कि एक बार मैंने एक बूढ़े मोची का चित्र बनाया पर जब वह चित्र पूरा हुआ तो उसमें मोची एक ध्यान में डूबा दार्शनिक नजर आ रहा था। एक दूसरा चित्र उन्होंने मजदूर का बनाया पर जो चेहरा सामने आया उसमें वह सफाई मजदूर एक कवि जैसा दीख रहा था।

'देश' में प्रकाशित एक भेंटवार्ता में गणेश पाइन ने कह दिया कि उन्हें यथार्थ से कुछ लेना-देना नहीं है—वे अपने कल्पनालोक में रहना ज्यादा पसंद करते हैं। जाहिर है कि यह एक विवादास्पद टिप्पणी थी। शायद ईमानदार भी। एक कला समीक्षक को गणेश पाइन की बात को स्पष्ट करना पड़ा कि उनका आशय यथार्थ से न होकर यथार्थवाद से है। इन दोनों बातों में फर्क है।

सवाल यह है कि एक मोची या मजदूर को क्या सिर्फ एक ही तरह से देखा जा सकता है? क्या एक मोची

कवि या दार्शनिक की तरह नहीं नजर आ सकता है? एक चपरासी क्या एक कवि की तरह बात नहीं कर सकता? पर शायद यथार्थवादी नजरिए का आग्रह हो कि एक मोची जब बनाएं तो वह मोची के परंपरागत चेहरे और भावभंगिमा के अनुरूप हो?

लेकिन विकास भट्टाचार्य अगर रिक्शेवाले (कृष्णस्वामी : 1983) की पेंटिंग बनाते हैं तो एक अच्छे-खासे यथार्थवादी (बल्कि फोटो यथार्थवादी) चित्र में वे एक-दो चीजें ऐसी जोड़ देते हैं जिनसे चित्र दूसरे कई विस्तार हासिल कर लेता है। एक थका हुआ बूढ़ा रिक्शेवाला मजे से ऊंघ रहा है पर उसके सिर पर एक मोर पंख सजा हुआ है।

अब यहां गणेश पाइन के एक दूसरी तरह की चित्र की चर्चा करें। चित्र का शीर्षक है—'हत्यारा' (1979, टेंपरा)। गणेश पाइन के चित्र आकार में ज्यादा बड़े नहीं होते। इस चित्र में गणेश पाइन के परिचित रंग-रूपाकार हैं। लेकिन विषय परीकथा सरीखा होते हुए भी समकालीन दुनिया के काफी नजदीक है। पशु की तरह झुका हुआ एक आदमी (जो दानव, योद्धा या एक पेशेवर हत्यारा कुछ भी हो सकता है) एक बहुत बड़ी तलवार म्यान से बाहर निकाल रहा है। यह तलवार भी प्राचीन किस्म की है।

लेकिन 'हत्यारा' पेंटिंग के स्पष्ट समकालीन संदर्भ भी हैं। परियों के संसार में जीने वाले व्यक्ति के लिए इस तरह के कल्पनालोक में जाना स्वाभाविक है। पर इस चित्र का हत्यारा एक स्तर पर यथार्थ से जुड़ा हुआ भी दीखता है।

एक ऐसे समय में जब अधिकांश चित्रकार प्राचीन दुनिया की रहस्यमय भाषा से ऊब चुके हों, गणेश पाइन सरीखे चित्रकार बहुत सुलझी हुई चित्र भाषा का सहारा लेकर प्रेक्षक को स्वैरकल्पना के संसार में ले जाएं तो कोई हर्ज नहीं है। गणेश पाइन की स्त्रियां, स्वप्न, रात के सौदागर, रथ, राजा, रानी, राजकुमार, नाव, हड्डियां, अंधेरा, रोशनी, आग—इस सबमें एक अपनी दुनिया है। एक ऐसा संवेदनशील मन है जो बचपन से दादी की कहानियां सुनते-सुनते एक दूसरे लोक में चला जाता था। एक समृद्ध लोक में। कलाकार बार-बार इसी दुनिया की ओर लौटना चाहता है। उसे बचपन के जादुई अनुभव आकर्षित करते हैं। एक स्लेट पर मनचाहा चित्र बनाने और फिर उसे मिटाने का मजा। कागज का एक जहाज बनाने, पानी के टब में उसे चलाने और फिर दियासलाई से उसे जलाने का आनंद। पानी पर आग की परछाईं, कांपती हुई, और फिर सब कुछ खत्म। खामोश।

गणेश पाइन के संसार को समझने की यह महत्वपूर्ण कुंजी है। 1961 का एक चित्र है—'एक प्राचीन पुरुष की मृत्यु'। यह पुरुष गणेश पाइन के संसार में मरता भी है, जीवित भी हो जाता है। गणेश पाइन का हत्यारा भी प्राचीन है और उसकी तलवार भी।

(1988)

विकास भट्टाचार्य

विकास भट्टाचार्य (जन्म : 1940) के चित्रों की दुनिया को अक्सर अतियथार्थवादी कहा जाता है। बल्कि यह कहना गलत नहीं होगा कि समकालीन भारतीय कला में जो प्रमुख कलाकार आज सक्रिय हैं उनमें विकास अकेले ऐसे कलाकार हैं जिनकी जड़ें अतियथार्थवाद में हैं। जाहिर है कि विकास उस तरह से अतियथार्थवादी नहीं हैं जिस तरह से डाली एक अतियथार्थवादी चित्रकार कहे जाते हैं। पिछले बीस सालों में विकास की कला के कई चरण पहचाने जा सकते हैं। अतियथार्थवादी विश्व (गुड़िया शृंखला के चित्र इस रुझान का सर्वोत्कृष्ट नमूना हैं) से शुरू होकर फोटो यथार्थवाद और यथार्थवाद की एक अलग तरह की यात्रा देखी जा सकती है।

यह गौर करने की बात है कि कोलकाता के अधिकांश कलाकार यथार्थ और आकृतिमूलकता को आसानी से छोड़ने के लिए तैयार नहीं होते। विकास की दुनिया को समझने के लिए पिछले पचास साल के कोलकाता शहर और उसकी पुरानी स्मृतियों को समझना भी जरूरी है। विकास जब सिर्फ छह साल के थे, उनके पिता का निधन हो गया। मामा के घर वह पले-बढ़े। उस माहौल में उन्हें प्यार नहीं मिला। बचपन की खराब स्मृतियों ने विकास के भीतर गुस्सा पैदा किया—नफरत भी। एक बुनियादी किस्म की चिंता और आशंका का जो अंधेरा हमें विकास के विश्व में दिखाई देता है, उसके स्रोत उनके बचपन में भी हैं।

विकास के चित्रों की इस आशंका को देखकर प्रेक्षक के मन में कलाकार की एक खास तरह की छवि बनती है। मुंबई के पूर्व-पश्चिम के कलाकारों की मुठभेड़ में एक कलाकार ने विकास से कहा कि आपके चित्रों में निराशा और जबरदस्त व्यंग्य है, पर आप व्यक्ति के रूप में काफी प्रसन्न और भले नजर आते हैं।

कहा जा सकता है कि ऐसा व्यक्ति जिसे अपने शुरू के दिनों में चारों तरफ लोगों की गुस्से से लाल आंखें ही नजर आती रही हों, उसका अपना विकास एक अलग तरह की आग को भीतर लिये होगा। कलाकार का खुद का प्रसन्न चेहरा एक तरह का मुखौटा भी हो सकता है।

एक कला आंदोलन के रूप में अतियथार्थवाद की अपनी खास पहचान रही है। 'सररियललिज्म' शब्द का इस्तेमाल 1917 में फ्रांसीसी कवि एपोलिनिएर ने किया था। फिर 1924 में आंद्रे ब्रेतों के नेतृत्व में एक महत्वपूर्ण आंदोलन इस नाम से उभरा। कलाकारों, फिल्मकारों, कवियों और लेखकों ने स्वप्न और स्वैरकल्पना (फंतासी) में असाधारण रुचि लेनी शुरू की। तब तक फ्रायड के विचार पश्चिम में पर्याप्त चर्चा पा चुके थे। कलाकर्मियों ने अवचेतन में गहरी दिलचस्पी दिखानी शुरू कर दी। स्वचालित रचना-कर्म की बातें हुईं।

पर तथाकथित स्वचालित रचना-कर्म के पीछे भी एक तरह का अनुशासन और नियंत्रण होता है। मनमानी कल्पना के पीछे भी एक तरह का सजग चुनाव होता है। स्वप्न के पीछे भी एक सच्चाई होती है। इसीलिए एक कला आंदोलन के रूप में भले ही अतियथार्थवाद इतिहास की चीज हो चुका हो पर एक मिजाज के रूप में वह 1924 से पहले भी था, आज भी है और आगे भी रहेगा। यथार्थ होगा और उसके अतियथार्थवादी रूप भी होंगे ही।

विकास की कला सुपर या हाइपर रियलिज्म से भी जुड़ी रही है। सत्तर के दशक में पश्चिम में फोटो-चित्रों की सीधी नकल की जाती रही। फोटो यथार्थवाद भी चित्रकारों को दरअसल कई दशकों से चमत्कृत और प्रेरित करता रहा है। विकास ने चूंकि पोर्ट्रेट पेंटिंग में कई कमाल दिखाए हैं इसलिए उनका रुझान यथार्थवाद के इस रूप में भी रहा है।

फोटो, सिनेमा, स्वप्न, स्वैरकल्पना, कोलकाता, बचपन की खराब स्मृतियां—इन सब चीजों ने मिलकर विकास

के विश्व को बनाया है। सिनेमाई कल्पना-शक्ति का इस्तेमाल उन्होंने गुड़िया चित्र-शृंखला में अविस्मरणीय ढंग से किया है। हिचकॉक ने अपनी फिल्मों में इस तरह से चीजों का इस्तेमाल किया है। हिचकॉक को फ्रांसीसी फिल्मकार त्रुफो ने एडगर एलेन पो, दोस्तोएवस्की और काफ्का की परंपरा में 'आशंका का कलाकार' कहा है। विकास भी इसी परंपरा में आते हैं।

फोटोकारी का इस्तेमाल अनेक कलाकार तरह-तरह से करते हैं। विकास ने कैमरे की आंख की पूरी मदद ली है। पर जब तक कलाकार के पास अपनी आंखें न हों तब तक कैमरे की आंख भी बेकार सिद्ध हो सकती है। विकास के पास एक ऐसा 'विजन' है जिनकी मदद से अगर वह कैमरे से सिर्फ क्लिक-क्लिक करते रहें तो जो चित्र उनके पास एकत्रित हो जाएंगे उनका वह एक असाधारण बेचैनी भरा इस्तेमाल कर लेंगे। कहीं वह पूरी ईमानदारी से व्यक्ति की छवि चित्रित करते नजर आएंगे। जैसे उन्हें खुद कुछ नहीं जोड़ना है। पर जो चित्र सामने आएगा उसमें रहस्यमय ढंग से कई चीजें चुड़ी होंगी। एक पूरी टिप्पणी। एक पूरा माहौल।

विकास ने अपनी तीखी व्यंग्य दृष्टि को ध्यान में रखकर कहीं-कहीं फोटो यथार्थवाद का बड़ा चमत्कारी इस्तेमाल किया है। उनकी एक पेंटिंग है—'ट्यूबवैल का उद्घाटन'। यह चित्र एक फोटो भी हो सकता है। एक हैंडपंपनुमा चीज को बाकायदा हार पहनाया गया है। उद्घाटन करने वाला शानदार ढंग से अपने गले में हार डाले खड़ा है। उसके अगल-बगल बच्चे, बड़े (औरत भी दीवार के पीछे से झांकने की कोशिश कर रही हैं) इस ऐतिहासिक क्षण का फोटो खिंचवाने के लिए खड़े हैं। इस पेंटिंग में एक पूरी सामाजिक सच्चाई है। सच के भीतर का झूठ भी है। एक उम्मीद भी है। भविष्य के सुनहरे सपनों को लेकर निराशा भी है।

एक अन्य पेंटिंग (ठाकुर मथुरादास या बालिका वधू) में भी कैमरे की आंख काम करती नजर आती है। पर विषय की प्रस्तुति, उसका ड्रामा अक्सर विकास के इन चित्रों को अविस्मरणीय बना देता है। विकास किसी झोपड़पट्टी की जमुना और कमला से शुरू होकर मारवाड़ी सेठ की गहनों से लदी स्त्री या उच्च मध्यवर्ग की आधुनिका तक को अपने चित्रों का विषय बनाते हैं। तकनीकी क्षमता उनमें है ही। प्रस्तुति की नाटकीयता, उसका खास कोण या क्षण इन विषयों को कला अनुभव में बदल देता है।

विकास बहुत सारे चित्र बनाने की 'रिस्क' का भी शिकार हैं। उनके असाधारण चित्रों में साधारण चित्र भी कम नहीं हैं। शायद एक फोटोग्राफर की ही तरह वह अपनी पूरी रील खत्म करते रहते हैं।

(1988)

रामेश्वर बरूटा

रामेश्वर बरूटा के चित्रों की दुनिया में जाने से पहले हम तीन छोटी-छोटी वीडियो फिल्मों की चर्चा करेंगे। रामेश्वर के निर्देशन में शोभा बरूटा, वसुंधरा तिवारी और नरेश के सहयोग से बनी ये फिल्में कलाकार की उन्हीं चिंताओं को प्रभावशाली अभिव्यक्ति देती हैं जो चित्रकला में—खासतौर पर 'मनुष्य' शृंखला में कई स्तरों पर सामने आ चुकी हैं।

आधे इंच के वीडियो टेप पर बनी इन फिल्मों की स्पष्ट तकनीकी सीमाएं हैं। लेकिन एक सच्चा कलाकार अपनी सीमाओं को भी विशेषताओं और संभावनाओं में बदल देता है। रामेश्वर ने भी यही किया है। वे विनम्रता से यही कहते हैं कि शादी-ब्याह की अलबम बनाने वाले वीडियो कैमरे से भला चित्रकार क्या कर सकते हैं? जवाब शायद यही है कि अगर उनमें बुनियादी रचनात्मक चिंताएं हैं तो वे कैमरे का इस्तेमाल भी लगभग ब्रश की तरह कर सकते है। रामेश्वर बरूटा तो लेकिन एक लंबे समय से ब्रुश के आतंक से 'मुक्ति' पा चुके हैं। उनके संदर्भ में तो यह कहना भी ठीक नहीं लगती कि वे वीडियो कैमरे का इस्तेमाल एक ब्रुश की तरह कर रहे हैं।

एक ब्लेड को बार-बार तोड़-तोड़कर उसकी नोक से मनुष्य और उसकी दुनिया को कैनवास पर लाने वाला चित्रकार प्रकाश और छाया के सिनेमाई मेल में अपने विश्व की रचना करता है। उसकी कला में भी जिस्म की जीवनी महत्वपूर्ण है—एक छोटी वीडियो फिल्म का तो उन्होंने नाम ही यही रखा है : 'बायोग्राफी ऑफ ए बॉडी'। (एक शरीर की जीवनी)

यह एक शरीर की 'आत्मकथा' नहीं है। वह एक जीवनी है। शरीर को मनुष्य के शरीर के रूप में ही नहीं देखा गया है। उसे एक संपूर्ण लैंडस्केप के रूप में भी देखा गया है। यह जीवनी जिस्म को छिपाती नहीं है—उसे रहस्यमय नहीं बनाती। क्लोजअप में हाथ, पांव, पेट, पैर, हड्डियों के उभार आदि जानवर जैसे नजर आ सकते हैं। कभी-कभी लगता है कि हम एक कसाई की दुकान पर लटके मांस के लोथड़े को देख रहे हैं। लगभग फ्रांसिस बेकन की दुनिया के करीब पहुंच जाते हैं जहां आदमी का मुंह खोलकर जैसे उसकी जीभ और लार के क्लोजअप भी एक संपूर्ण लैंडस्केप में बदल जाते हैं।

बहरहाल हम फिल्मों की संक्षिप्त चर्चा करें। पांच-सात मिनट की ये तीन फिल्में, एक 'त्रिफलक' की तरह भी हैं। एक-दूसरे से जुड़ी हुई हैं। अलग भी हैं।

पहली फिल्म में एक मनुष्य की छाती, पेट वगैरह से क्लोजअप हैं। इस शरीर में ऐंद्रिकता बिल्कुल नहीं है। एक खास तरह की हिंसा है—एक कसाई की दुकान वाला नंगा यथार्थ है। बरूटा ने आवाजों का इस्तेमाल करके इस शरीर की बेचैनी और तनाव को चाक्षुष अभिव्यक्ति दी है। शरीर बुरी तरह से ऐंठ रहा है, तड़प रहा है, बेचैन हो रहा है। क्लोजअप में एक चेहरा। एक आदमी सिगरेट फूंक रहा है। फिर वही शरीर की हिंसक बेचैनी। अचानक कुछ कोमल उंगलियां इस शरीर को जैसे मुक्त करती हैं। यह हाथ जाहिर है कि एक स्त्री का हाथ है। साउंडट्रैक की बेचैनी भी खत्म होती है। एक शांति-सी सामने आती है जो कि स्थाई नहीं है। यह शरीर कभी भी बेचैन हो सकता है।

दूसरी फिल्म में रेलगाड़ी के साउंडट्रैक का भ्रम पैदा किया गया है। ऐसा लगता है कि एक बर्फीले इलाके में एक ट्रेन धड़धड़ करती हुई चली जा रही है। उसे कहीं रुकना नहीं है। किसी 'निश्चित स्टेशन' की ओर वह नहीं बढ़ रही है। पर उसमें मनुष्य के हाथ हैं जो एक जबरदस्त प्रतिस्पर्धा के शिकार हैं। एक बेकार की हाथापाई जो न कहीं पहुंचाती है न पहुंचती है। एक धड़धड़ करती हुई सच्चाई।

तीसरी फिल्म भी इसी क्रम में है। उमसें हाथों के क्लोजअप, हिंसक आवाजें आदि हैं। हाथों पर खूब तेल लगा हुआ है। वे चमक रहे हैं। उंगलियां कभी-कभी ऐसे आगे-पीछे होती हैं जैसे कोई जानवर लड़ रहा हो या आगे बढ़ रहा हो। अंत एक चूहेदानी की 'खटाक' से होता है। हाथ उसमें बंद हो जाता है। या शायद कैद।

ये हाथ कलाकार रामेश्वर बरूटा के हैं। और हम यह बात किसी प्रतीक की शक्ल में नहीं कह रहे हैं। सचमुच में ये हाथ रामेश्वर बरूटा के हैं। उंगलियां जैसे बराबर ब्लेड से एक अंधेरे, एक काली-सी सच्चाई को कुरेदती चली जा रही हैं। वे अंधेरे में एक छेद करना चाहती हैं। वे अंधेरे को लहुलुहान करना चाहती हैं। अंधेरे-से रंगों का लेप। बस ब्रुश का काम यही खत्म हो जाता है। एक ब्लेड जो बार-बार तोड़ा जाएगा। एक ब्लेड जिसकी नोक एक आदमी को जन्म देगी। यह आदमी न सुंदर है न डरावना। न उदास है, न खुश। शक्तिशाली होने का भ्रम पैदा करता है। कमजोर होने का भी। यह रामेश्वर बरूटा का 'मनुष्य' है जो लगभग एक 'रिंग' में खड़ा है, छाया और प्रकाश की बारीकियों में अस्तित्व के बुनियादी संकट को उभारता हुआ।

चित्रकारों ने कैमरे की आंख से कई बार देखा है। सुप्रसिद्ध अतियाथार्थवादी चित्रकार डाली ने बीस और तीस के दशक में ही महान स्पानी फिल्मकार बुनुएल के साथ मिलकर कुछ ऐतिहासिक फिल्में बनाई थीं। पॉप चित्रकार एंडी वारहोल ने फिल्म विधा में अपनी तरह की दिलचस्पी दिखाई थी। भारत में हुसेन तो खैर बर्लिन के प्रतिष्ठित फिल्म महोत्सव में अपनी फिल्म 'थ्रू द आइज ऑफ ए पेंटर' के लिए पुरस्कार भी जीत चुके हैं। तैयब मेहता ने भी फिल्म विधा में दिलचस्पी ली है। रामेश्वर बरूटा भविष्य में कभी अपनी फिल्मों के मूल विचार को 16 एम.एम. में उतारें तो कुछ अच्छे नतीजे निकल सकते हैं। जाहिर है कि रामेश्वर के लिए फिल्म कोई पेशेवर दिलचस्पी की चीज नहीं है। पर उनकी ये फिल्में उनके चित्र संसार की एक अच्छी भूमिका भी कही जा सकती हैं।

रामेश्वर बरूटा के चित्र संसार की थोड़ी विस्तृत चर्चा से पहले यह जानकारी भी महत्वपूर्ण है कि वे एकल प्रदर्शनियों के मोह से दूर रहे हैं। इसके कई कारण हैं। वे पेंटिंग बहुत कम बनाते हैं। ब्लेड से धीरे-धीरे चित्र सतह को कुरेदने की प्रक्रिया कष्टसाध्य है। उनके चित्र भी जल्दी से बिक जाते हैं। अमेरिकी कला संग्रहकर्ता चेस्टर हेरवित्ज के पास रामेश्वर के कई चित्र हैं। कुछ चित्र स्वीडन में हैं। इसलिए भविष्य में रामेश्वर का पुनरावलोकन भी आसान काम नहीं साबित होगा। फिर भी कोलकाता में अभिनेता-फिल्मकार विक्टर बनर्जी ने एक बार रामेश्वर के पांच चित्रों की एक प्रदर्शनी आयोजित कर दी थी।

रामेश्वर बरूटा इस बात को लेकर अफसोस भी प्रकट करते हैं कि यह विडंबना ही है कि आप इतनी मेहनत से एक पेंटिंग बनाएं और फिर उसे पैसे के लिए बेच दें। वह काम कहीं दूर बहुत चला जाए।

रामेश्वर बरूटा की कला के विभिन्न चरणों के परिचय से पहले उनकी तकनीक का संक्षिप्त परिचय भी जरूरी है। 1979 से वे लगभग इसी तकनीक का इस्तेमाल कर रहे हैं और उनके चित्रों को अब इस तकनीक से अलग करके देखा भी नहीं जा सकता है।

मोटे तौर पर रामेश्वर की तकनीक कुछ इस तरह की है। कैनवास पर सिल्वर का एक लेप। फिर उसके ऊपर काले स्याह रंग का लेप। फिर रंग सूखने का इंतजार। और फिर वे काले को ब्लेड से खुरचना शुरू करते हैं। इसी प्रक्रिया में विभिन्न रूपाकार कैनवास पर उभरते हैं। इस तरह से टेक्सचर उनकी कला में खासतौर से महत्वपूर्ण हो जाता है। कहने की जरूरत नहीं कि यह शैली काफी थका देने वाली है। एक खास तरह का धैर्य चाहिए। एक गहरा अनुशासन।

करीब दस साल पहले रामेश्वर अपनी गोरिल्ला चित्र शृंखला पर काम कर रहे थे कि यह 'बिगाड़' शुरू हुआ। पेंटिंग बिगड़नी शुरू हुई तो उसे फिर से पेंट किया। तेज धार वाले चाकू से लगभग रेखांकन बनाने की कोशिश की। टेक्सचर महत्वपूर्ण हो गया। ब्लेड रंग सतह को खुरचने लगा। इस तकनीक में रेखांकन और एचिंग का भी आनंद मिला।

रामेश्वर को महसूस हुआ कि चित्र रचना एक रेखांकन की तरह भी कर सकते हैं, बिल्कुल सीधे। ब्रुश की कोई जरूरत ही नहीं है। अब रामेश्वर ब्रुश का इस्तेमाल नाममात्र को ही करते हैं। हर थोड़ी देर बाद ब्लेड तोड़

कर काले रंग लेप को खुरचते हुए वे सफेद रंगतें उभारते हैं, जैसे किसी धातु की चादर पर सीधे 'एचिंग' की जा रही हो।

रामेश्वर की यह तकनीक एक तो उन्हें फोटो कला सरीखी 'फिनिश' प्रदान करती है। साथ ही प्रकाश-छाया के कारण चित्र सिनेमाई भाषा से भी अपना एक संबंध बना लेते हैं। फिलहाल रामेश्वर का इस तकनीक को छोड़ने का कोई इरादा नहीं है। "पर में इसे रचनात्मक पाबंदी में भी नहीं बदल देना चाहता। कभी जरूरत हुई तो इस तकनीक को छोड़ भी सकता हूं। अपने-आप में तकनीक का कोई मतलब नहीं होता।"

रामेश्वर अपनी तकनीक और रचना सामग्री से अधिक आतंकित नहीं होना चाहते। पर वे इस बात को लेकर सजग हैं कि भविष्य में कभी उनके चित्रों में दरारें न उभरने लगें। इसलिए रचना सामग्री को अच्छी तरह से वे 'जानना' भी चाहते हैं।

इस तकनीक से कैनवास का आकार भी जुड़ा हुआ है। छोटे 'स्पेस' को देखकर उन्हें जैसे प्रेरणा ही नहीं मिलती है। एक तरह की ताकत नहीं महसूस होती है। यहां तक कि कैनवास का औसत आकार भी उन्हें अब छोटा नजर आता है।

इसकी तार्किक परिणति एक विशाल म्यूरल में हो सकती है लेकिन दिया हुआ काम करना रामेश्वर के स्वभाव के विरुद्ध है। पर वे महसूस करते हैं कि अगर कोई दखलंदाजी न हो तो किसी घर, रेस्तरां या कमरे को अपनी इसी तकनीक से वे एक समग्र वातावरण में बदल सकते हैं। एक बड़ी दीवार को अपने ढंग से खुरचकर उस पर मनुष्य लिखा जा सकता है और बादल भी। मनुष्य जिसमें ताकत है, जो एक योद्धा है, जो एक गोरिल्ला है। वह एक विजेता है—और पराजित व्यक्ति भी।

पिछले कुछ सालों में रामेश्वर ने जिस मनुष्य को हमारे सामने खड़ा किया है वह नग्न जरूर है पर बुनियादी रूप से वह सिर्फ एक खड़ा हुआ इंसान है। उसका लिंग भी अगर नजर आ रहा है तो किसी दूसरे अंग की ही तरह। जैसे नाक है, कान है।

रामेश्वर का कहना है कि इस मनुष्य को कपड़े पहना दिए जाएं या गांधी टोपी पहना दी जाए तो क्या उसके भीतर का जंगलीपन कम हो जाएगा? आदमी को हम तब पहचानते हैं जब उसे सभ्यता के गहरे संकट के संदर्भ में जोड़कर देखते हैं।

रामेश्वर की फिल्म (जिसका हमने शुरू में जिक्र किया है) में यह आदमी बेचैन है। स्त्री का स्पर्श उसे शांत करता है। रामेश्वर के चित्रों में स्त्रियां नहीं आ पाती हैं। सिनेमा में जो संभव है वह पेंटिंग में नहीं।

रामेश्वर के लिए मनुष्य की बाहरी शरीर रचना ही महत्वपूर्ण नहीं है। बाहरी ढांचे को जानने के लिए कभी-कभी फोटो या मॉडेल की भी मदद ले सकते हैं। शीशे के सामने खड़े होकर अपने ही शरीर को पहचानने की कोशिश कर सकते हैं। किसी अंग विशेष या शरीर के किसी हिस्से की धुंधली-स्मृतियों को अधिक स्पष्ट कर सकते हैं। लेकिन उनका कहना है, "मानव शरीर रचना के अध्ययन में हमें सिर्फ स्थिर शरीर के बारे में पता चलेगा। भीतर का अनुभव निर्णायक है।"

रामेश्वर बरूटा का जन्म दिल्ली में हुआ था। तिमारपुर के इलाके में। परिवार 30-40 साल पहले पंजाब से आकर दिल्ली में बस गया था। मध्यवर्गीय या निम्न मध्यवर्गीय वातावरण में विकास हुआ। बहुत सामान्य किस्म का बचपन था। सामान्य छात्र थे। न होशियार और न नालायक। "अपने बचपन को बहुत अच्छा नहीं समझता। ठीक-गलत का कुछ पता नहीं था। बस, पिटाई-पिटाई में बड़े हो गए। पच्चीस-तीस साल बाद चीजें समझ में आना शुरू हुईं।"

चित्रकला के प्रति रामेश्वर का रुझान बचपन से शुरू हो गया था। पहली क्लास में बच्चों को चाक से गोल चेहरा, आंखें, मोरपंख वगैरह बनाकर भगवान कृष्ण की छवि में बदलते देखा तो हैरानी हुई। यह सब तो कैलेंडर में देखा था। घर जाकर रामेश्वर ने भी कटोरी ली। गोलाकार बनाया। मुकुट और धनुष बाण। बस बन गए राम!

चित्र रचना का यह प्रारंभिक आनंद था। और जब बारहवें दर्जे में नंबर कम आए तो भाई ने राय दी कला

शिक्षा की। दिल्ली पोलिटेकनिक में इस तरह से दाखिला लिया। बचपन में कमरा बंद करके छिप-छिपकर पेंटिंग की थी। अब एक नया कमरा खुलने जा रहा था।

रामेश्वर शुरू में पेंटर बनने का कोई इरादा नहीं रखते थे। सेना या पुलिस में जाना चाहते थे। एन.डी.ए. वगैरह में दाखिले के सपने देखा करते थे। देश-भक्ति और समाज सुधार की भावनाएं मन में थीं। लेकिन कमजोर और दुबले-पतले शरीर ने साथ नहीं दिया। सेहत ठीक नहीं रहती थी। कोई आश्चर्य नहीं कि इसीलिए रामेश्वर की कल्पना-शक्ति में जय-पराजय, शक्ति और शक्तिहीनता आदि का केंद्रीय स्थान है।

त्रिवेणी कला संगम के कला विभाग में आने के बाद रामेश्वर को खुलकर काम करने का मौका मिला। 1967 में वे त्रिवेणी से जुड़े। उससे पहले त्रिवेणी में के.एस. कुलकर्णी, पी. खेमराज, गीता कपूर वगैरह पढ़ा चुके थे। शोभा (जो अब एक सुपरिचित चितेरी हैं) से 1965 में विवाह हुआ। दोनों साथ-साथ पढ़ते थे।

शुरू के दिनों में रामेश्वर की बहस-बातचीत जगमोहन चोपड़ा, राजेश मेहरा, विद्यासागर कौशिक वगैरह से होती थी। लेकिन कला के प्रश्न आसानी से नहीं सुलझ पाए। लंबा समय लगा।

छात्र के रूप में रामेश्वर ने हर तरह का काम किया। दूसरे चरण में अमूर्त काम भी किया। ज्यामितिक रूपा. कारों के विभिन्न संयोजन। उसके बाद तीसरे और निर्णायक चरण में आकृति और स्पेस के संबंधों की खोज शुरू हुई। छोटी पेंटिंग से शुरू होकर बड़ी पेंटिंग में इस खोज ने एक सार्थक और अपना रास्ता पकड़ा।

शुरू में रामेश्वर के चित्रों में वे लोग केंद्र में थे जो समाज में वंचित हैं। चीजें जिनसे छीन ली गई हैं। बैठे हुए, खड़े हुए लोग। गरीब लोग।

गोरिल्ला शृंखला से एक बड़ा भयानक मोड़ आया। मनुष्य का चेहरा एक बंदर की शक्ल में समाज और स्थिति पर ज्यादा तीखी टिप्पणी करता नजर आया। धनी वर्ग के लोगों, सरकारी अफसरों ने पेंटर का ध्यान खींचा। बंगाली मार्केट का इलाका त्रिवेणी के पास ही है। वहां खूब सजी-धजी गहनों से लदी औरतें—खाने पर बुरी तरह से टूटते हुए लोग। ये सारे लोग रामेश्वर के चित्र संसार में आ गए। एक तरफ जानवर सरीखा आदमी, दूसरी तरफ गरीबी से लड़ता-मरता आदमी।

अगला चरण मनुष्य शृंखला का था। अस्सी के दशक में नई तकनीक ने रामेश्वर को ज्यादा सोचने और भीतर झांकने का मौका दिया। मनुष्य का अस्तित्व ज्यादा जटिल ढंग से सामने आया। रामेश्वर के चित्र संसार में योद्धा आए। मुखौटे पहने लोग आए। वर्दी में सजे-धजे ताकतवर लोग दिखे। मशीनी आदमी नजर आए।

रामेश्वर 'सुंदर भले' चित्र नहीं बनाते। उनके चित्रों में आशंका की एक गहरी और अंधेरी दुनिया है। चमकदार रंगों को वे अनुकूल नहीं पाते। गोरिल्ला शृंखला तक 'फार्म' पर ही जोर था। फिर रंग महत्वपूर्ण होने लगे, लेकिन उदास और अंधेरे किस्म के, प्रसन्न रंग नहीं।

रामेश्वर बरूटा कई विधाओं में गहरी और रचनात्मक दिलचस्पी रखते हैं। फिल्म का जिक्र किया ही जा चुका है। उन्होंने कविताएं भी लिखी हैं। एक उपन्यास भी शुरू किया था। हिंदी में 150 पृष्ठ लिख लिए। अधूरा पड़ा है। नाम है—'एक गोरिल्ला और'। इस उपन्यास में एक आदमी के तीन रूप हैं। कथानक वही है जो चित्रों में उभरा है कि क्या समाज में लट्ठ के बल पर जीवित रहा जाए? ताकत के बल पर? या अपने भीतर की ताकत पहचानी जाए?

अंधेरे की चादर गहरी है। एक ब्लेड खुरच-खुरचकर रोशनी की लकीरें खींचता है। बार-बार ब्लेड टूटता है। एक ब्लेड टूटता है और एक मनुष्य बनता हैं। मनुष्य जो ताकत की संपूर्ण धारणा में बुनियादी परिवर्तन लाना चाहता है।

(1989)

गुलाम मोहम्मद शेख

गुलाम मोहम्मद शेख (जन्म : 1937, सुरेंद्र नगर, सौराष्ट्र) की एक पेंटिंग का शीर्षक है—'शहर बिकाऊ है'। यह एक बहुत बड़ी और महत्वाकांक्षी पेंटिंग है। 1981 में शेख ने इस पर काम करना शुरू किया था। 1984 में यह पेंटिंग पूरी हुई। 259.5×320.5 सेंटीमीटर आकार की यह पेंटिंग विक्टोरियो ऐंड अल्बर्ट संग्रहालय (लंदन) ने खरीद ली है। फ्रांस में भारत महोत्सव के सिलसिले में पेरिस के बहुचर्चित कला केंद्र—जार्ज पांपिदू सेंटर ने गुलाम शेख के चित्रों का एक महत्वपूर्ण पुनरावलोकन प्रदर्शन आयोजित हुआ जिसमें 1968-85 के दौरान बनाए गए शेख के कुल 25 चित्र थे। 'शहर बिकाऊ है' चित्र भी इस चयन में शामिल था।

वड़ोदरा के हिंदू-मुस्लिम दंगों ने 'शहर बिकाऊ है' पेंट करने के लिए शेख को मजबूर किया। इस पेंटिंग को 'पढ़ना' आसान नहीं है। इसमें समकालीन भारत के शहरी जीवन की समस्त जटिलताएं हैं। इतना कुछ है इस कैनवास में कि आप इसे अखबार की तरह नहीं पढ़ सकते। और जिस शहर को आप देखेंगे वह सिर्फ वड़ोदरा नहीं है। मुंबई में जब यह पेंटिंग दिखाई गई तो लोगों ने इसे मुंबई शहर की जटिल दुनिया के रूप में देखा। इस पेंटिंग के केंद्र में 'सिलसिला' फिल्म भी चल रही है क्योंकि शेख शहरों की नृशंसता और पाशविकता के पीछे मुंबइया सिनेमा के सिलसिले को भी देखते हैं। एक ऐसा सिलसिला जिसमें एक लोकप्रिय अभिनेता की निजी जिंदगी के संकट को आम जनता पर बड़े स्तर पर बुरी तरह से लाद दिया गया है। इस पेंटिंग में तीन लोग सिगरेट सुलगाते नजर आ रहे हैं। तीन तरह के लोग हैं—लंबे-चौड़े। एक आदमी गुंडा-मुश्टंडा भी नजर आ रहा है। मुंबइया फिल्मों की वजह से देखने-पढ़ने की हमारी जो आदत है, उसको ध्यान में रखते हुए महसूस होता है कि ये लोग शायद किसी खतरनाक काम के बारे में कोई फैसला लेने वाले हैं। पर शेख ने चीजों को इतना सरलीकरण नहीं कर दिया है। आप इस कैनवास पर तीन लोगों की धमकाने वाली उपस्थिति के बारे में शेख से पूछेंगे तो वे बहुत सागदी से आपको बताएंगे कि "माचिस मांगकर बीड़ी-सिगरेट सुलगाने का क्षण बहुत अलग किस्म का होता है। सभी तरह के लोग इस क्षण में एक साथ नजर आते हैं।"

सुप्रसिद्ध ब्रितानी समीक्षक और चित्रकार टिमोथी हाइमैन ने इस पेंटिंग पर टिप्पणी करते हुए मशहूर चित्रकार कांस्टेबल की इस बात को याद किया है कि कलाकार सिर्फ एक चित्र पेंट करता है। (अमेरिका कवि राबर्ट भी इस तरह की बात कह चुके हैं)। यह चित्र हम कभी बना पाएं या न बना पाएं पर हम चाहते हैं उसे बनाना। शेख ने चित्रकला की अपनी समझ, भारतीय जिंदगी को देखने के एक खास नजरिए, पश्चिमी और भारतीय परंपरा के सार्थक संवाद और अपने शहर-गांव की यादों को इस पेंटिंग में रख दिया है। शेख के सोच में दो बातों का खास महत्व है। भारत में रहने का मतलब एक साथ कई दुनियाओं, समय और संस्कृति में रहना है। दूसरे, उनकी कला यात्रा पेंटिंग से जीवन की ओर बढ़ी। लारेंजेत्ती और 'हम्जानामा' और विनोद बिहारी मुखजी से शुरू होकर वे जिंदगी को और भी जानने के लिए मजबूर हुए।

आधुनिक समय में भारत में 'चाक्षुष शिक्षा' के अभाव के बारे में शेख की टिप्पणी है : "एक समय में हमारे यहां चाक्षुष शिक्षा की कमी नहीं थी। इस क्षेत्र में सबसे बड़ा नुकसान औपनिवेशिक दखलंदाजी के कारण हुआ। वे लोग हमारे संगीत में दाखिल नहीं हो पाए। हमारा संगीत उनके लिए दूर की चीज था। शायद वे नृत्य तक भी नहीं पहुंच पाए। लेकिन जहां तक चित्रकला का सवाल है, वे इसमें कुछ क्षितिज पकड़ पाते थे। हमारे देश में 1850 के बाद कला महाविद्यालयों की जो नीति रही है उस पर गौर किया जाना चाहिए। हमारा देखने का तरीका बदल

दिया गया। कला और शिल्प कहकर पहले से ही एक वर्ण-व्यवस्था लागू कर दी गई। पारंपरिक स्थिति में इस तरह का भेद नहीं था। रस्किन सरीखे पश्चिमी प्रवक्ताओं को यूनानी या यूरोपीय कलाओं के मुकाबले में भारतीय कला 'छोटी' नजर आती थी। भारतीय शिल्पकारों के बच्चों को स्कूलों में लाने की कोशिश की गई। जिस प्राकृतवाद (नेचुरलिज्म) को हम पर लादा गया उसमें हमारी संवेदना खत्म हो गई। जनता की मानसिकता में लक्ष्मी-सरस्वती आदि की एक बिल्कुल अलग छवि बना दी गई। यह गुंजाइश ही नहीं रह गई कि दक्षिण भारतीय कांस्य शिल्पों में उभरे इन देवी-देवताओं की छवि भी हमारे दिमाग में आए। ईजल पेंटिंग की अलग परंपरा थी। हमारे यहां दीवार पर चित्र बनाए जाते थे पर अलग से फ्रेम करके उनका मतलब कुछ और हो जाता है। सारा घर या दीवार चित्रों से भरी हो—यह हमारी परंपरा थी। वह कोई आर्ट गैलरी की परंपरा नहीं थी। बहरहाल, यह एक लंबी बहस का विषय है। आज स्थिति यह है कि चित्र देखने के लिए कितने लोग तैयार हैं? प्रदर्शनी या कलाकार पर खर्च करने वाले कितने लोग हैं?''

यह एक जानी-मानी बात है कि वड़ोदरा कला महाविद्यालय में पिछले दो दशक में कला शिक्षा की धारण में बुनियादी परिवर्तन आया है। वड़ोदरा के योगदान को लेकर शेख काफी विनम्र हैं। उन्होंने बताया : ''बड़ा मुश्किल है बताना कि वड़ोदरा में हमने क्या किया। पर हमने विद्यार्थियों के सामने दुनिया खोलने की कोशिश जरूर की। यह बात उनके सामने रखी कि चित्र एक या दो तरह का नहीं होता। हजारों किस्म के चित्र हो सकते हैं। अगर 500 विद्यार्थी हैं तो सभी ईजल पेंटिंग क्यों करें? अनेक माध्यम, रीतियां, प्रणालियां थीं—आज भी हैं। उन्हें दिखाना और खोलना जरूरी है। हमारे यहां कई कार्यशालाओं में ग्रामीण कलाकार आकर काम करते हैं। आज भी कई चीजें जीवित हैं।

''इतने बड़े आर्थिक-सामाजिक संघर्ष के बाद कई चीजें यदि जीवित हैं तो उनकी शक्ति कम नहीं है। हम तो जिंदा हैं, पर ग्रामीण कलाकार पर आर्थिक दबाव ज्यादा हैं। बंगाल में सैकड़ों पटुए अगर इतने दबाव के बावजूद चित्र बना रहे हैं तो उनकी ताकत तो है ही। अजित और दुखश्याम ऐसे ही दो पटुए हैं। अजित ने मनसा, चंडी, दुर्गा के कई पट बनाए हैं। उसने इंदिरा गांधी की हत्या पर भी एक पट बनाया है। खुद कविता भी लिखी है। वह खुद गाता है और चित्र दिखाता है। दुखश्याम की कल्पना-शक्ति अधिक धर्मनिरपेक्ष है। उसने दलालों, दहेज, निरस्त्रीकरण आदि पर चित्र बनाए हैं। इतने सुंदर चित्र हैं वे—उनमें जबर्दस्त चाक्षुष ताकत है। लेकिन इस तरह के कलाकारों को लेकर मैं चिंतित भी हूं। दूसरी कई आर्थिक-सामाजिक चीजें हैं। जहां तक कला शिक्षा का सवाल है, प्रमुख प्रश्न यही है कि सभी छात्र तैलचित्र या पेंसिल से स्थिर चित्र ही क्यों बनाएं? यह तो एक तरह का फासिज्म है।''

पेरिस में समकालीन भारतीय कला की अनेक महत्वपूर्ण प्रदर्शनियों के बारे में शेख की टिप्पणी है : ''शुरू में मुझे लगा कि फेस्टिवल है। दो-चार प्रदर्शनियां कर लेंगे। पर नुमाइश में इतने सारे लोगों को देखकर नए ढंग से सोचना पड़ रहा है। देखने वाले भारतीय ही नहीं थे, बल्कि उनकी संख्या तो कम थी। आम प्रतिक्रिया बड़ी 'पॉजिटिव' थी। बगल में जाने-माने पश्चिमी कलाकारों का काम भी प्रदर्शित था। पर भारतीय खंड ने लोगों को आकर्षित किया। लेकिन महोत्सव में अधिकारी चित्रकला को लेकर अधिक उत्साहित नजर नहीं आते। फिल्म संबंधी कार्यक्रमों में अधिक उत्साह दिखाया जाता है। उस पर फोकस भी ज्यादा होता है। महोत्सव की एक विचित्र शर्त है कि आप प्रदर्शनी के दौरान अपने चित्र बेच नहीं सकते। मुझे इस तरह के अनुबंध का अर्थ समझ में नहीं आया। कानूनी ढंग से विदेशी मुद्रा मिलने की स्थिति बन रही हो तो एतराज किस बात का है?''

समकालीन पश्चिमी कला को लेकर शेख उत्साहित नहीं हैं : ''इस समय पश्चिम में जो मूवमेंट हैं वे सभी बनावटी हैं। जो काम देखा वह सतही लगा। कलाकारों के भीतर बहस चल रही है। भारतीय कला की जब प्रदर्शनी चल रही थी तो हेवर्ड गैलरी में पिछले 20 साल की इतावली कला की प्रदर्शनी भी चल रही थी। कला प्रेमियों की राय थी कि समकालीन भारतीय कला में अधिक ताकत है। हमारे कलाकारों का काम प्रेक्षक को ज्यादा आगे बढ़ाता है।''

गुलाम शेख ने बहुत सजग होकर अपने कैनवास में अपनी दुनिया को पकड़ना चाहा है। वह अपनी पेंटिंग में एक तरह का आत्मकथात्मक रूप और विस्तार देखते हैं और सोचने की एक गहरी प्रक्रिया से वह अपने परिवेश को पहचानने की कोशिश करते हैं। अपने एक कैटलॉग में गुलाम शेख ने लिखा था कि पेंटिंग की प्रक्रिया जब आगे बढ़ती है तो वह सभी भोगे अनुभवों को एक नया आकार देने के लिए मजबूर करती है। और अंत में पेंटिंग का रूपांतरण पेंटर का भी रूपांतरण करता है।

गुलाम शेख का विश्वास परंपरा को दोहराने में नहीं है। उन्होंने एक जगह पर अपनी कला के बारे में लिखते हुए आधुनिक भारतीय कला की तुलना मुगल कला—खास तौर पर अकबरी कला से की है। परंपरागत मुगल कलाकार तीन अलग तरह की और विविध चाक्षुष विचारधाराओं—फारसी, भारतीय और यूरोपीय का अपनी कला में इस्तेमाल करने की चुनौती का सामना कर रहा था। सजगता, जोश और ताकत के साथ मुगल कलाकार ने तीनों विरोधी दिखने वाली विचारधाराओं को एक जीवित और गत्यात्मक परंपरा का रूप दिया। गुलाम शेख के अनुसार—आधुनिक भारतीय कलाकार की समस्या बुनियादी रूप में मुगल कलाकार से अलग नहीं है।

इस भूमिका से स्पष्ट है कि गुलाम शेख ने भारतीय बनाम पश्चिमी की आसान बहस का रास्त नहीं चुना है। अपनी दुनिया की खोज वह दो सिरों में ही नहीं करते। बीच के रंगों-छायाओं का भी महत्व है। उनकी एक स्पष्ट चुनौती है।

गुलाम शेख आक्रामक मूड वाले चित्रकार नहीं हैं। स्वभाव से भी शांत हैं और उनकी कला में भी शांति-सी दिखती है। लेकिन यह शांति सतही है, क्योंकि कैनवास को अंतिम रूप देने से पहले कलाकार को परस्पर विरोधी दिखने वाली चाक्षुष विचारधाराओं की गहरी अशांति से गुजरना पड़ा है।

गुलाम शेख 'वृश्चिक' पत्रिका से कई वर्ष तक सक्रिय रूप से जुड़े रहे हैं। उससे पहले उन्होंने गुजराती पत्र-पत्रिकाओं में खूब लिखा था—कला का नियमित स्तंभ लिखते रहे। इसके अलावा सुरेश जोशी आदि नामों के साथ साहित्यिक आंदोलनों में सक्रिय रहे। 'क्षितिज' पत्रिका का हस्तकला विशेषांक निकाला। कला के इतिहास पर एक सीरीज लिखी।

गुलाम शेख के अनुसार आधुनिक भारतीय चित्रकला का 'चित्र' धुंधला है। दिशा साफ नहीं है। पिछले 20-25 सालों में ही हम कुछ जागृत हुए हैं। समस्याओं को समझने लगे हैं। 'कला एक कला है' का रहस्य पश्चिमी विचारधारा के प्रभाव में हम पर खूब पड़ा। अब धीरे-धीरे घर वापसी हो रही है। 'ग्रुप 1890' ने स्थिति का पूर्वानुभव किया था। बदले हुए माहौल में यह सजगता सामने आई कि हमारे उद्देश्य पश्चिमी कला से अलग हैं। शुरू में ये उद्देश्य 'साबित' नहीं होते थे, बल्कि 'जाहिर' होते थे। 1965-66 के बाद चित्रकारों में व्यक्तिगत सजगता बढ़ी है। कई लोग अपनी-अपनी ओर से कुछ कर सके हैं। शुरू में भूमिका (प्रिमाइज) बन रही थी, अब विचार के स्तर पर काम हो रहा है।

गुलाम शेख के अनुसार आधुनिक कला के कई पहलू हैं। दरअसल 'अमूर्त' शब्द ही गलत है। बिल्कुल गलत है। शुरू में हुसेन के घोड़ों के अभिव्यंजनावाद से शुरू होकर तमाम अमूर्त किस्म के फार्मूले, बेचैनी और तकलीफ 'हमारे घर' को सींचती रही। गुलाम शेख जब ब्रिटेन गए तो वहां जाना उनके लिए बहुत अच्छा अनुभव रहा। वहां पर मन से पेंट नहीं किया। सोचने का इस्तेमाल शुरू हुआ। यह विडंबना ही कही जाएगी कि वहां से (ब्रिटेन से) हमारा घर बहुत साफ नजर आया। घर की याद आने लगी। अपने कदम टिकाना जरूरी है।

गुलाम शेख रायल कॉलेज ऑफ आर्ट, लंदन में पढ़ रहे थे। वहां से विक्टोरिया अल्बर्ट संग्रहालय का रास्ता मिल जाता था। उस संग्रहालय में भारतीय मिनियेचर कला की शक्ति का एहसास हुआ। दरअसल सभी जगह पर आधुनिकता की बाढ़-सी आ रही है। इस बाढ़ के वातावरण में आधुनिक चेतना से मुठभेड़ नहीं हो सकती थी। मिनियेचर कला को देखा—'हम देखते रह गए।' सारा पश्चिमी तंत्र सतही रूप में आरोपित था। एक शून्य-सा महसूस हो रहा था। वह बहुत कड़ी आलोचना का दौर था। हाथ, हृदय, मस्तिष्क—कौन-सी शक्ति हमें बांधती है।

गुलाम शेख के चित्रों में 'आत्मकथा' सहज रूप में आने लगी। जिन लोगों के साथ रहते हैं, वे लोग चित्रों में

क्यों न आएं? आखिर हम जीवन का ही चित्र बनाते हैं। यह एक बड़ा सवाल था जिसका ठीक से जवाब मिलना आसान नहीं था।

कविता और चित्रकला की प्रक्रिया को गुलाम शेख एक-दूसरे का पूरक मानते हैं। किसी एक चीज में मन नहीं लगता। कोई बात शब्दों में कही जा सकती है तो हम उसका चित्र बना ही नहीं सकते। वह काम फिर बहुत मुश्किल लगता है। "दुपहर की नींद का स्वाद कच्चे फल की तरह होता है...।" अगर हम कोई बात चित्र में नहीं पाते तो भाषा का उपयोग करना ही पड़ता है।

किन कलाकारों का काम पसंद है?..."बड़ा मुश्किल है यह बताना। स्वामीनाथन और भूपेन दोनों को ही मैं पसंद करता हूं। मेरे अनुभव के लिए ये दोनों चित्रकार महत्वपूर्ण हैं।" पश्चिमी कलाकारों में किताज के अलावा मक्स बेकमन्न (1884-1950) का काम पसंद है। बेकमन्न प्रमुख जर्मन अभिव्यंजनावादी कलाकार रहे हैं। किताज हंगारी मूल के युवा ब्रितानी चित्रकार हैं जिनके काम में वड़ोदरा के चित्रकारों की गहरी दिलचस्पी रही है। बेकमन्न एक स्तर पर गुलाम शेख की दुनिया से काफी दूर नजर आते हैं पर उनकी भयानक युद्धोत्तर कल्पना-शक्ति से शेख का मन जुड़ा है। बेकमन्न जिंदगी को एक व्याख्या में बंद नहीं कर देते।

गुलाम शेख की दिलचस्पी अनेक पुराने इतावली कलाकारों में रही है। मिसाल के लिए उन्हें अंब्रोगियो लारेंजेत्ती (जो 1319-47 के वर्षों में सक्रिय थे) का काम पंसद है। सिएनी चित्रकारों की कला को शेख को करीब से देखने का मौका मिला है। ये चित्रकार रूपाकार को ठोस रूप देते थे और भावनात्मक गहराई को अपनी कला में महत्व देते थे। अंब्रोगियो की कला में सिएना की सड़कें और शांतिपूर्ण दृश्य (सरकार ने डाकुओं को लटका दिया था) पहली बार अपनी बारीकियों और अद्‌भुत आधुनिक तेवर के साथ सामने आए थे। इसी दौर के एक अन्य इतावली चित्रकार सिमोने मार्तीनी का काम भी शेख को पसंद है।

गुलाम शेख ने धीरे-से यह भी जोड़ा, "सिर्फ कला ही नहीं...जिंदगी भी।"

गुलाम शेख भी स्वामीनाथन की तरह कला के आधुनिक बाजार में चित्रकार की चौकन्नी आंखों में विश्वास करते हैं। उनका कहना है कि कलाकार बाजार की इसी व्यवस्था के बीच भी उसे भीतर से तोड़ सकता है। हम कोई अमूर्त चीज नहीं हैं। वास्तविक हैं तो हम क्यों चुप रहें? बिल्कुल गूंगे भी क्यों हो जाएं?

गुलाम शेख के संदर्भ में एक और बात महत्वपूर्ण है—वह अकेले (एकल प्रदर्शनी) काम दिखाने में ज्यादा रुचि नहीं दिखाते। समूह में ही काम दिखाना चाहते हैं। समूह प्रदर्शनियों की धारणा में एक-दूसरे से बात और बहस का एक खास आकर्षण है।

(1986)

जोगेन चौधरी

जोगेन चौधरी (जन्म : 1939) नई पीढ़ी के उन चित्रकारों में से हैं जिन्होंने एक लंबे आत्मसंघर्ष और परिश्रम के बाद अपनी कला की एक विशिष्ट शैली बनाई है। 1965-67 में फ्रांसीसी सरकार की एक छात्रवृत्ति के सिलसिले में वह यूरोप में रहे। वहां से लौटे तो लंबे समय तक चित्र रचना नहीं कर पाए। आत्मचिंतन और आत्मसंघर्ष का वह एक पीड़ाजनक दौर था। पश्चिमी मुहावरे के अनुकरण की व्यर्थता नजर आने लगी थी और अपनी कोई राह खोजना आसान नहीं था। जोगेन ने उन दिनों अपनी डायरी में काफी कुछ लिखा—अंग्रेजी में, बंगला में अपने विचारों को टीपने की कोशिश की। यह लेखन छपवाने के लिए नहीं लिखा गया था—अधिकांश आज भी अप्रकाशित पड़ा है। शायद कभी आगे छपे...कुछ चीजें बंगला पत्रिकाओं में छपी भी हैं। पर इस चिंतन ने जोगेन के भीतर के चित्रकार पर बहुत महत्वपूर्ण असर डाला। पिछले बारह-तेरह वर्षों में उन्होंने लगभग 200 चित्र बनाए होंगे—ये चित्र जोगेन की कला के सच्चे संघर्ष की अद्‌भुत मिसाले हैं। इन चित्रों को देखकर यह बात बहुत तीखे ढंग से सामने आती है कि पश्चिमी कला की जो विकसित धारणाएं हैं, वे जोगेन की कला को जांचने के लिए नाकाफी हैं।

इस बात को थोड़ा अच्छी तरह से समझने की जरूरत है। जोगेन लंबे समय तक स्वप्न-सरीखी दुनिया को अपने चित्रों का विषय बनाते रहे हैं। यह दुनिया कभी तो बहुत वीभत्स नजर आती है तो कभी बहुत गीतात्मक और सजी-धजी। मछली, तितली, सांप आदि इस स्वप्नलोक के निवासी हैं। आमतौर पर इस दुनिया के चित्रकार को अतियथार्थवादी कहकर मुक्ति पा ली जाती है। पर जोगेन की कला को यदि हम अतियथार्थवादी कला आंदोलन के संदर्भ में देखने की कोशिश करेंगे तो किन्हीं खास नतीजों तक हम नहीं पहुंच सकेंगे। स्वप्न या स्वैरकल्पना का जोगेन ने इस्तेमाल बहुत किया है, पर दो बातों को ध्यान में रखकर। एक तो यही कि पश्चिम के अतियथार्थवाद की याद न आए। दूसरे यह कि स्वप्न का वास्तविक संसार से जो रिश्ता है उसे रेखांकित किया जाए।

जोगेन स्वप्नलोक में पूरी तरह से फंसे चित्रकार नहीं हैं। इस लोक की कोई स्वतंत्र सत्ता नहीं है और न ही इसका आतंक है।

जोगेन के चित्रों में विरूपण की भी इसी संदर्भ में व्याख्या की जानी चाहिए। जोगेन इस बात को लेकर काफी सजग हैं और वह कहते भी हैं कि फ्रांसिस बेकन के विरूपित चेहरे पश्चिमी वातावरण की उपज हैं—उस तरह के विरूपण की कल्पना भारतीय संदर्भ में आसानी से नहीं की जा सकती है। कहने को तो ये बातें अनेक चित्रकार करते हैं, पर वे अक्सर उन्हें अपने चित्रों में सिद्ध नहीं कर पाते। जोगेन ने बड़ी मेहतन और सजगता से इस स्थिति को प्राप्त किया है। गणेश सिरीज के उनके चित्र इस बात की अच्छी मिसालें हैं।

गणेश की छवि जोगेन के लिए देवता की ही छवि नहीं है। उन्होंने देखा है कि व्यावसायिक वर्ग गणेश की बहुत पूजा करता है और इस वर्ग ने गणेश की छवि को जिस हद तक विरूपित किया है उसका मुकाबला एक चित्रकार की स्वैरकल्पना भला क्या कर पाएगी। जोगेन चौधरी की गणेश की सिरीज के तीन-चार चित्र गणेश के रूप को हमारे सामने लाते हैं, उससे मुक्ति आसान नहीं है। बड़ी बारीकी से जोगेन गणेश की छवि के रूपांतरण को चित्र में दर्ज करते हैं। यह विडंबना ही है कि यह व्यावसायिक वर्ग गणेश की इस छवि को आधुनिक छवि मानकर अपनी बैठक में सजा लेना चाहेगा।

समकालीन परिवेश में आदमी के चेहरे के बदल जाने की भयावह स्थिति को जोगेन चौधरी ने बड़ी अच्छी तरह से दर्ज किया है। यह काम अनेक समकालीन चित्रकारों ने किया है। मिसाल के लिए, राजनेताओं के विरूपित

चेहरों का काफी चित्रण हुआ हे। पर जोगेन राजनेताओं के चेहरे के प्रति घृणा उपजाने के बावजूद यह भी दिखाते हैं कि आदमी के चेहरे से प्यार करना जरूरी है। जोगेन चौधरी के चेहरों और निश्चल मुद्राओं में यह बात हमें मिलती है। इसलिए जोगेन की इस दुनिया में मात्र जुगुप्सा नहीं है, एक बारीक अध्ययन है। चित्रों में इन व्यक्तियों का जो रूप है, उनका अपना चित्रात्मक और सामाजिक तर्क है।

जोगेन की दुनिया को सही परिप्रेक्ष्य में समझने के लिए गणेश या राजनेताओं की छवि का विरूपण ही काफी नहीं है। यह जानना हमारे लिए बहुत जरूरी है कि जोगेन ने अपनी इस दुनिया की शुरुआत बहुत छोटी-छोटी चीजों से की थी। इन चीजों के प्रति जोगेन में एक खास तरह की ममता है। मसलन, बैंगन को भी वह बहुत संवेदनशील ढंग से चित्र-संसार का एक अंग बना देते हैं।

अभी तक हमने जोगेन चौधरी की स्त्रियों के संसार की तो कोई चर्चा ही नहीं की है। वे मांसल हैं, सुंदर हैं, ऐंद्रिक हैं, ताकतवर हैं और दुःखी भी हैं। वे पकी मिट्टी की प्रतिमा भी नजर आती हैं। जोगेन ने स्त्रियों को जितने कोणों से देखा है उसी से उनके चित्रकार का विस्तार समझा जा सकता है।

जोगेन की तकनीक भी थोड़ी अलग तरह की है। तैलचित्र माध्यम में उन्होंने लगभग नहीं के बराबर काम किया है। अब उनकी इच्छा अवश्य है कि बड़े चित्रों के लिए इस माध्यम का इस्तेमाल करें। उनके चित्रों की तकनीक बहुत जटिल नहीं है, हालांकि उसमें रेखांकन की बारीकियां हैं। स्याही के रेखांकन और फिर पैस्टल और पेंट का इस्तेमाल। रंगों का जोगेन बड़ा अनोखा इस्तेमाल करते हैं। मिसाल के लिए, एक चित्र में पालथी मारकर बैठे एक कमजोर-से बच्चे के गाल पर वह जो लाली लगा देते हैं उससे यह रूढ़ि से मुक्त हो जाते हैं और अपने विषय को चित्रात्मक वैधता भी दे देते हैं। रंग महत्वपूर्ण नहीं हैं, पर वे स्याही के रेखांकन के उलझाव को एक अर्थ और संपूर्णता देते हैं।

जोगेन की तकनीक और कल्पना-शक्ति की एक बहुत अच्छी मिसाल उनका बनाया 'नटी विनोदिनी' का चित्र है। बंगाल की इस रंगमंच की स्त्री की मुश्किल जिंदगी थी, हालांकि वह बेहतर जीवन के सपने देखती थी। इस स्त्री के जीवन पर आधारित (वैश्या-अभिनेत्री-दुखी स्त्री) एक नाटक देखकर जोगेन ने यह चित्र बनाया था। यह छवि बंगला जीवन की कई तहों को अपने में याद रहने वाले ढंग से समेटे हुए है।

जोगेन की कल्पना-शक्ति के विकास में उनके प्रारंभिक जीवन को भी जानना उपयोगी है। पूर्व बंगाल के एक सम्पन्न घर (दो हजार बीघा जमीन के मालिक) में जन्मे जोगेन को अपना बचपन 'पथेर पांचाली' के अपू की दुनिया के बहुत नजदीक नजर आता है। खुला परिवेश, प्रकृति से निकट संबंध, नदी, ताल, पेड़, मछलियों से आत्मीयता... पर विभाजन के बाद कोलकाता में जोगेन ने बहुत कठिन जिंदगी को देखा। विषाद और संघर्ष के वे रंग उनकी कला के वास्तविक स्रोत हैं—अपू के बचपन की बड़ी-बड़ी आंखों के साथ।

(1981)

जोगेन चौधरी : एनिग्मेटिक विजंस

जापान के मासानोरी फुकुओका 1975 में रवींद्रनाथ ठाकुर की नोबेल पुरस्कार प्राप्त कृति 'गीतांजलि' की कुछ काव्य पंक्तियां पढ़कर भारत के प्रति आकर्षित हुए थे। बाद में यह आकर्षण सच्चे अर्थों में गहरे भारत प्रेम में बदल गया। मासानोरी इस समय समकालीन भारतीय कला के एक बहुत बड़े संग्रहकर्ता हैं। अपने व्यवसाय की कमाई का वह सुंदर इस्तेमाल कर रहे हैं। कुछ समय पहले न्यूयॉर्क की एक नीलामी में तैयब मेहता की बहुचर्चित पेंटिंग 'सेलिब्रेशन' डेढ़ करोड़ से भी ज्यादा कीमत पर खरीदकर उन्होंने भारतीय कला बाजार के व्याकरण को ही बदल दिया है। हिमेजी, जापान में मासानोरी ने 1991 में ग्लेनबारा आर्ट म्यूजियम की स्थापना की थी। आज यह समकालीन भारतीय कला के एक बहुत बड़े संग्रहालय में बदल गया है। स्वयं मासानोरी एक अच्छे फोटोग्राफर भी हैं। हाल में उन्होंने अपने प्रिय चित्रकार जोगेन चौधरी पर पुस्तक रिलीज करके यह साबित कर दिया है कि वह

भारतीय कला बाजार में सिर्फ सतही हलचल मचाकर गायब नहीं हो जाना चाहते हैं। कला के दस्तावेजी काम को भी वह पर्याप्त गंभीरता से कर रहे हैं। मुंबई की पंडोल गैलरी के सहयोग से प्रकाशित यह पुस्तक ('जोगेन चौधरी : एनिग्मेटिक विजंस') इस कलाकार के विकास को बहुत अच्छी तरह से रेखांकित और विश्लेषित करती है। शांति निकेतन के प्रोफेसर आर. शिव कुमार के समीक्षात्मक आलेख के बाद पुस्तक में जोगेन के बंगला में प्रकाशित महत्वपूर्ण लेख टिप्पणियों के अंग्रेजी अनुवाद हैं जो उनके निजी जीवन और कलात्मक सरोकारों के बारे में हमें कई तरह की जानकारियां देते हैं। बीच-बीच में जोगेन की कविताएं हैं। ग्लेनबारा संग्रहालय में जोगेन का बहुत सारा काम मौजूद है। इस पुस्तक में उस काम को भी देखा जा सकता है। मासानोरी शुरू से ही जोगेन के चित्रों की रहस्यमयता के प्रति आकर्षित हो गए थे।

जोगेन चौधरी का एक प्रसिद्ध चित्र 'नटी विनोदिनी' भारत भवन, भोपाल के संग्रह में है। नटी विनोदिनी एक बुद्धिमान और सुंदर स्त्री थी जो समाज के निचले वर्ग से ऊपर आकर अपनी एक अलग तरह की उपस्थिति दर्ज कराना चाहती थी पर वह सफल नहीं हो पाई। काली बाड़ी (दिल्ली) में नटी विनोदिनी का नाटक देखकर जोगेन इस स्त्री के प्रति आकर्षित हुए। यह असाधारण चित्र अब नटी विनोदिनी को अमर बना चुका है। ग्लेनबारा संग्रहालय में मोनालीसा चित्र की 'जोगेन व्याख्या' देखकर नटी विनोदिनी की भी याद आती है। भव्य नजर आने वाली स्त्रियों का जैसे वह एक्सरे-सा कर देते हैं।

जोगेन का कहना है कि वह आमतौर पर अपन चित्रों में पुरुषों को ही विरूपित रूप में प्रस्तुत करते हैं—स्त्रियों को नहीं। 'सुंदरी' सरीखे अपने एक प्रसिद्ध चित्र में वह एक वैश्या को विरूपित रूप में दिखा कर भी उसकी सुंदरता का ही बखान करते हैं। जोगेन ने पुरुषों की दुनिया के अनेक विरूपित रूप एक अद्‌भुत चित्र भाषा में प्रस्तुत किए हैं। ये पुरुष नेता हो सकते हैं, कामुक वृद्ध हो सकते हैं और नौकरशाह हो सकते हैं। कई बार वे स्त्रियों के साथ हैं तो कई बार अकेले। जोगेन ने अपने चित्रों में नेता की उपस्थिति की दिलचस्प व्याख्या की है। अक्सर नेताओं के भक्त उनके पैर छूते हैं लेकिन जोगन ने अपने चित्रों में कई बार नेता का झुका हुआ चेहरा ऐसा बनाया है जैसे वह अपने तथाकथित भक्तों के पैर छू रहा है। सटायर (व्यंग्य), स्वप्न, फंतासी जोगेन की दुनिया है। दो अकेले पुरुषों की बीच में अचानक एक मोर को दिखा कर वह चित्र को एक काव्यात्मकता और फंतासी एक साथ दे देते हैं। उनके युगल (कपल्स) में संवाद से अधिक विषाद है।

बाद में जोगेन ने अपने चित्रों में रंगों को भी जगह दी है पर मूल रूप से वह काले रंग के अद्‌भुत चितेरे हैं। बंगाल के विभाजन के बाद जोगेन के परिवार को पूर्व बंगाल से पश्चिम में एक शरणार्थी के रूप में आना पड़ा था। उनका बचपन अभावों में बीता था। कई दिन तक भूखे पेट भी स्कूल जाना पड़ता था। घर में लालटेन की रोशनी में सिर्फ काले रंग से ही कोई रचनात्मक साक्षात्कार संभव था। बाद में यह उनकी कला की पहचान बन गया। कोलकाता में सियाल्दह स्टेशन पर शरणार्थियों की मुद्राओं को जोगेन आज भी नहीं भूल पाते हैं। पर उन्होंने अपने चित्रों में सीधे राजनीतिक-सामाजिक वक्तव्य से हमेशा बचने की कोशिश है। कई बार ऐसे चित्र बनाने का मन जरूर हुआ। मिसाल के लिए एक बार ऐसी पेंटिंग बनानी चाही जिसमें अपने आसपास की राजनीतिक-सामाजिक समस्याओं से बेखबर युवक सिनेमाघर की लाइन में लगे हैं। लेकिन जोगेन कभी ऐसे चित्र बना नहीं पाए।

साठ के दशक में जोगेन जब कुछ साल पेरिस और लंदन में रहकर भारत लौटे तो एक साल तक वह चित्र ही नहीं बना पाए। पश्चिमी आधुनिकता और भारतीय कला परंपरा के गहरे तनाव को वह झेलते रहे। धीरे-धीरे वह अपनी एक अलग और असरदार चित्र भाषा विकसित कर सके। वह लंबे समय तक अपनी रचनात्मकता के उस क्षण को पहचानने की कोशिश करते रहे जब चित्र में अपना ही एक जीवन आ जाता है। बंगाल के कुंभकार जब काम करते थे तो जोगेन उन्हें आश्चर्य से देखते थे। दुर्गा की छवि का 'चक्षुदान' उन्हें बहुत आकर्षित करता था। जब चेहरे पर आंखें पेंट की जाती थीं, उस दिन को देखने के लिए वह बेचैन रहते थे। चटख लाल और पीले रंगों में देवी के शरीर को पेंट करने के बाद मां दुर्गा की आंखों को पेंट करने का अद्‌भुत अवसर आता था। खुली हुई बड़ी आंखें जो राक्षसों को खत्म करने के लिए कहीं देख रही होती थीं। जोगेन के लिए यह अपनी रचनात्मकता

को पहचानने का भी एक महान या केंद्रीय क्षण था।

जोगेन के चित्रों में यह सिद्धांत भी केंद्रीय रहा है कि प्रकृति में भी जीवन है। वह शरीर की ही तरह पेड़-पौधों-लताओं को भी जीवित अवस्था में चित्रित करते रहे हैं। एक छोटा-सा बैंगन भी उनकी स्टिल लाइफ में जीवित नजर आता है।

जोगेन ने अपने चित्रों में गणेश की छवि का जिस तरह से विरूपण किया वह भारतीय कला की एक उपलब्धि कही जा सकती है। आमतौर पर चित्रकार गणेश की सुंदर-सुखी छवि बेचते रहे हैं। व्यापारी वर्ग उसे ही खरीदना चाहता हैं लेकिन जोगन ने विरूपित गणेश में भी रूप को पा लिया। एक रहस्यमय रूप।

जोगेन की चित्रकला में रेखांकनों का अपना एक अलग और विशिष्ट महत्व है। इन रेखांकनों में यथार्थ, अतियथार्थ सब अपने ढंग से आ गया है। एक समय जोगेन फ्रायड सरीखे विचारकों के स्वप्न सिद्धांतों से भी प्रभावित हुए थे। उनके चित्रों में कोई स्वप्न, कोई सर्प, कोई फूल एक रहस्यमय रूप ले लेता था।

जोगेन का प्रिय माध्यम स्याही और पैस्टल ही है। शांति निकेतन पहुंचकर उन्होंने टेंपरा और तैलरंगों में भी काम किया पर जोगेन की चित्र भाषा काले रंग, स्याही और पैस्टल से ही जन्म लेती है।

जोगेन पश्चिम के उस कला बाजार पर भी टिप्पणी करते हैं जहां छोटी उम्र में ही एक चित्रकार को प्रमोट करने के लिए बड़े-बड़े कैटलॉग और पुस्तकें छाप दी जाती हैं। जाहिर है कि कलाकार का दिमाग तो खराब होगा ही। जोगेन अब साठ की उम्र पार कर चुके हैं। अब जाकर उन पर एक पुस्तक आई है जब दिमाग खराब होने की संभावनाएं नहीं के बराबर रह जाती है। जोगेन को प्रसिद्धि एक लंबे संघर्ष के बाद मिली है।

(2005)

जोगेन चौधरी से बातचीत

"मेरे ये चित्र वे सब चीजें दिखाते हैं जो मैं पसंद करता हूं—जिन चीजों को मैं प्यार करता हूं और जिनसे में नफरत करता हूं। मैंने इन चित्रों को जिस शैली और रूपाकारों में पेंट किया है वे इस देश के लोगों और यहां के जीवन के एक खास तरह के स्वभाव और स्थिति में ही जन्म ले सकते थे।"

जोगेन चौधरी ने 1981 की एक प्रदर्शनी के कैटलॉग में ये बातें लिखी थीं। जोगेन ने अपने छोटे-बड़े चित्रों के लंबे सिलसिले में मछली, फूल, स्त्री, राजनेता, देवता, व्यापारी सभी तरह की चीजें पेंट की हैं। उनके चित्रों में स्वप्न और यथार्थ की एक खास तरह की आवाजाही रही है। गणेश की सुपरिचित छवि को जोगेन ने जाने कितनी बार अपने ढंग से पेंट किया है। 1979 का उनका एक चित्र है—'गणेश के सर पर ताज'। इसमें पालथी मारकर बैठे गणेश की जो विरूपित छवि (यह विरूपण कैसे और किन लोगों के द्वारा हुआ? पैसा पैदा कर रहे लोगों ने ही गणेश की छवि को बिगाड़ा है) है, उसे जोगेन के उन चित्रों के संदर्भ में अच्छी तरह समझा जा सकता है जिनमें एक भारी-भरकम सेठ अपने एक हाथ में छोटा-सा फूल लिए 'प्रेमिका' की प्रतीक्षा कर रहा है या धोती पहने और नंगे बदन एक आदमी सोफे पर धंसा हुआ हैं

इधर जोगेन ने अपना माध्यम बदला है। जलरंगों में एक शृंखला बनाने के बाद वह इन दिनों तैलचित्र बना रहे हैं। अभी तो उन्होंने छोटे-छोटे कैनवासों पर काम किया है पर जल्दी ही वह बड़े कैनवासों पर काम करेंगे। माध्यम के बदलने के जोगेन के चेहरों को भी थोड़ा बहुत प्रभावित किया है, पर बहुत ज्यादा नहीं।

जोगेन चौधरी शांति निकेतन में अध्यापक हैं। एक बार आप उनसे बातें शुरू कर दीजिए तो खूब बातें निकलेंगी। जोगेन कवि और लेखक भी हैं। उनके पास कुछ छोटी-छोटी कापियां हैं जिनमें असंख्य चेहरे और चीजें और उनके संयोजन हैं। उन्हें ही अपना आधार बनाकर वह काम करते हैं। जोगन के साथ एक लंबी बातचीत के प्रमुख अंश :

- **पश्चिमी और भारतीय कला के संबंध के बारे में।**

अभी उस दिन कोई चर्चा कर रहा था कि न्यूयॉर्क के आधुनिक कला संग्रहालय ने भूपेन खक्खर और अनीश कपूर का काम खरीद लिया है। अक्सर हम विदेश में भारतीय महोत्सव आयोजित करते समय भी विदेशी नजरिए और जरूरतों को ध्यान में रखते हैं। मेरा ख्याल है इस बारे में हमें खुद ही फैसले करने चाहिएं। मैं आपको एक मिसाल दूं। इस समय पश्चिम में पैसे की ताकत के बल पर कला हावी हो गई है। इन दिनों लुडविग संग्रहालय वाले यूरोप में रूसी कला की एक बहुत महत्वाकांक्षी प्रदर्शनी करने जा रहे हैं। अब वे इस प्रदर्शनी को इस शताब्दी का महान काम साबित करके बेच लेंगे। मैं महसूस करता हूं कि कुछ खास तरह की स्थितियों में काम कर रहे हम कुछ खास तरह के लोग हैं। दूसरे लोग आकर हमारे काम के बारे में कोई फैसला नहीं कर सकते। यह सही है कि वे लोग हमारे काम की कुछ बातें पसंद कर सकते हैं—लेकिन उनकी पसंद को अंतिम क्यों मान लिया जाए?

पश्चिम में भारतीय कलाकार जब पहुंचता है तो उसकी एक समस्या नस्लवाद भी है। अश्वेत कलाकार वहां आसानी से सफल नहीं हो पाते। इसकी सबसे अच्छी मिसाल फ्रांसिस न्यूटन सूजा का काम है। सूजा शुरू में जब ब्रिटेन में गए तो उनकी गिनती वहां के चोटी के छह कलाकारों में होने लगी। बाद में सूजा के अलावा सभी पेंटर पश्चिम के जाने-माने नाम हो गए। सूजा को स्वीकार न करने के पीछे कहीं-न-कहीं नस्लवाद भी काम कर रहा था। आप पूछ रहे हैं कि आधुनिक भारतीय सिनेमा की तरह आधुनिक भारतीय कला क्यों नहीं पश्चिम में अपनी जगह बना पाती? कारण यह है कि पश्चिम की कला दीर्घाओं के तंत्र में सफल होना आसान नहीं है। भारतीय कलाकार जब वहां पहुंचकर सफल होने लगता है तो उन्हें वह सीधा खतरा नजर आता है। यहां वे सब एक हो जाते हैं। आज पश्चिम में कला के किसी ग्रंथ में भारतीय कला को अधिक-से-अधिक एक पृष्ठ दे दिया जाता है। मेरे विचार में कला सीधे-सीधे लोगों की जिंदगी से जुड़ी है।

'प्लेस फार प्यूरल' (लोगों की जगह) प्रदर्शनी के कैटलॉग में भी मैं लिख चुका हूं कि हमें पश्चिम की परवाह नहीं करनी चाहिए। यह सही है कि आधुनिक समय में हम यूरोप के इतना नजदीक आ गए हैं कि हम उनकी उपेक्षा भी नही कर सकते।

- **आदिवासी कला के बारे में।**

आदिवासी कला की दुनिया में से कुछ लोग आ रहे हैं तो यह एक दिलचस्प बात है। लेकिन वे शहरी कला. कारों का विकल्प नहीं बन जाएंगे। दोनों का अपना-अपना महत्व है। आप ठीक कह रहे हैं कि आदिवासियों की कला उनके जीवन का अभिन्न अंग है। 'पढ़े-लिखे' कलाकार बहुत-सी चीजें उनकी कला से सीख सकते हैं—उन्हें 'फैंटास्टिक' चीजें मिलेंगी। आधुनिक कलाकारों में माधवी पारेख का काम आदिवासी कला के बहुत निकट है। मैं माधवी के काम को पसंद करता हूं। सहज बुद्धि के सहारे वे काम करती हैं। बुनियादी तौर पर गैर-प्रशिक्षित प्रक्रिया है माधवी की। लेकिन उसमें परिवर्तन बहुत सीमित है। आपकी बात से मैं सहमत हूं—आदिवासी कला को 'ग्लोरीफाई' नहीं करना चाहिए। हम उसके अस्तित्व का महत्व स्वीकार करते हैं। पढ़ा-लिखा समकालीन कलाकार यूरोप की तरफ ज्यादा क्यों देखे? आदिवासी कला, लघुचित्रों आदि को हमें अपना स्रोत बनाना चाहिए। लेकिन आज आदिवासी कला 'बिग-बैंग' की तरह सामने आ गई। अचानक खूब बात हो रही है उस पर। दिल्ली में आदिवासी कला की प्रदर्शनी में पुपुल जयकर जिस तरह से बात कर रही थी उससे लग रहा था कि समकालीन कला निरर्थक है। पुपुल जयकर और स्वामीनाथन दोनों के काम को मैं पसंद करता हूं, लेकिन 'ट्राइबल आर्ट' के हल्ले को मैं पसंद नहीं करता।

- **भारत मे कला समीक्षा के स्तर के बारे में।**

कला समीक्षा का जो 'साहित्यिक' रूप है वह मेरी नजर में बेकार है। ये लोग कभी जमीन पर नहीं रहते।

आसमान में उड़ते रहते हैं–'ग्लोरीफाई' करते हैं तो यूरोपीय किताबों की नकल करते हैं। कला इतिहास की इन्हें कोई जानकारी नहीं होती। कोलकाता के एक दैनिक पत्र के कला समीक्षक को कला इतिहास की थोड़ी-बहुत जानकारी अपने काम के दौरान मिली। शुरू में तो वे सुंदर और सैद्धांतिक लेखन करते थे–कहानियां गढ़ते थे। इधर कुछ समीक्षक विचारधारा से लदे नजर आ रहे हैं। पर वे ऊंचे उड़ते रहते हैं। उन्हें कलाकार के स्तर पर भी आना चाहिए।

● **आकृतिमूलकता बनाम अमूर्तन के बारे में।**

आधुनिक कला के विकास के दौरान यूरोप में एक ऐसा चरण आया जब पेंट, रेखा, बुनावट और सतह को जागरूक और वैज्ञानिक ढंग से देखा जाने लगा। मनुष्य शरीर को आप माइक्रोस्कोप की मदद से नजदीक से देखें तो कोषाणु आपको अभिभूत कर देंगे। आपको लगेगा कि सिर्फ यह चीज है! लेकिन कला यहीं समाप्त नहीं हो जाती। अगर अमूर्तन की इस तरह की सत्ता को स्वीकार कर लिया जाए तो फिर मोनालीसा आज एक कला नहीं रह जाती। अमूर्तन जिंदगी का एक हिस्सा है लेकिन जिंदगी का एक बड़ा हिस्सा काफी अलग तरह का है। कला का शरीर काफी बड़ा है और वह अमूर्त नहीं है। मोनालीसा में दरअसल कला रूपाकारों के सभी बुनियादी गुण मौजूद हैं–सारे अमूर्त गुण भी उसमे मौजूद हैं। मनुष्य के हाथ की पांचों उंगलियों को देखें तो वह एक अपरिचित चीज बन जाती हैं। वह अमूर्त नजर आती हैं। मोनालीसा के चेहरे, उसकी मुस्कान और चेहरे की रोशनी और परछाई में अमूर्तन छिपा है।

आधुनिक भारतीय कला में आकृतिमूलकता के संदर्भ में एक बात महत्वपूर्ण है कि आकृतिमूलकता का भारतीय संदर्भ पिकासो या फ्रांसिस बेकन से बहुत भिन्न है। अमृता शेरगिल ने भारतीय आकृतियों का 'चित्रात्मक (पिक्टोरियल) इस्तेमाल किया। लेकिन भारतीय आकृति का एक विशेष चरित्र है, उसके उठने-बैठने की एक खास शैली है। भूपेन खक्खर सरीखे कुछ चित्रकारों ने इस आकृति को पहचानने की कोशिश की है। मेरी कोशिश भी यही है।

● **अपने प्रिय भारतीय चित्रकारों के बारे में।**

कई अलग-अलग तरह के कलाकार मुझे पंसद हैं। रवींद्रनाथ ठाकुर, विनोद बिहारी मुखर्जी, अवनींद्रनाथ आदि मुझे पंसद रहे हैं। कुछ लोग अवनींद्रनाथ की अब उपेक्षा करते है, पर उनकी कुछ चीजें महत्वपूर्ण हैं। अमृता शेरगिल के काम का कुछ हिस्सा मुझे अच्छा लगता है। रामकिंकर, सूजा आदि कुछ और नाम गिनाए जा सकते हैं। शैलोज मुखर्जी के महत्व को बहुत कम पहचाना गया है। उनकी एक बड़ी प्रदर्शनी आयोजित होनी चाहिए। अवनींद्रनाथ की बहन सुनयनी देवी का नाम लोग भूल गए हैं। उन्होंने स्त्री आकृतियों को बहुत सरल ढंग से बनाया था–या. मिनी राय की तरह। उनमें बनावटीपन नहीं है–एक तरह की सौम्य सादगी है। मैं जीवित कलाकारों की बात नहीं करूंगा–सूजा तो खैर विदेश में हैं–शायद इसलिए उनका नाम आ गया।

● **सफलता के बारे में।**

मैं शायद शुरू से ही बहुत आदर्शवादी रहा हूं। कला को 'कैरियरिस्ट' की तरह नहीं लेता। कुछ कलाकार आज खुल्लम-खुल्ला कहने लगे हैं कि पेंटिंग बेचकर सफल हुआ जाए, कार वगैरह खरीदी जाए। इस तरह से बोलना बेकार है। कला निश्चित रूप से आपको आनंद देती है। अगर मैं सचमुच अच्छा पेंट करता हूं और तब सफलता मिले तो उसका कोई मतलब भी है। बिना काम करे सफल होना बेकार है। सफलता की मुझे चिंता नहीं है। प्रसिद्धि और प्रतिष्ठा अगर उचित हो तो कभी-कभी अच्छी लगती है। लेकिन अगर वह अनुचित हो तो परेशान करती है। खीझ पैदा करती है। बंगला कवि जीवनानंद दास के घर लोग जब कोई किताब वगैरह लेने पहुंच जाते थे तो वे इतने शर्मीले थे कि दरवाजा खोलकर किताब देने में भी परेशानी महसूस करते थे। एक बार सड़क के दूसरी तरफ उन्होंने बुद्धदेव वसु को देखा। जीवनानंद दूसरी तरफ देखने लग पड़े। उन्होंने उनसे बात करने की कोशिश भी नहीं की।

(1984)

वेद नायर

कुछ साल पहले पश्चिम के एक विचारक ने नारा दिया था : 'छोटी चीज सुंदर है' (स्माल इज ब्यूटीफुल)। वेद नायर की दुनिया, उनके 'वातवरण' को जानने-जांचने के बाद कहा जा सकता है : ''छोटी चीज बड़ी भी है।'' वेद के एक लघु आकार के मूर्तिशिल्प में दो मानव आकृतियां आमने-सामने हैं। यह कलाकृति अब चंडीगढ़ संग्रहालय में है। वेद का कहना है कि इसी मूर्तिशिल्प को बहुत बड़ा भी बनाया जा सकता है। इतना बड़ा कि यूकेलिप्टस के ऊंचे पेड़ों के साथ उसे खड़ा किया जा सके।

वेद की मान्यता है कि विशाल (मान्यूमेंटल) मूर्तिशिल्प के गुणों की अगर चर्चा की जाए तो जरूरी नहीं है कि जो बड़ा है उसमें मान्यूमेंटल कला के गुण भी आवश्यक रूप से हों। छोटे काम में भी गुण पाए जा सकते हैं। ''पांचवीं त्रैवार्षिकी में मैंने जो 'मूर्तिशिल्प वातावरण' बनाया था, उसकी तुलना आप एक बहुत बड़े मैदान से कर सकते हैं।''

पिछले दस-बारह सालों में वेद नायर समकालीन भारतीय कला के महत्वपूर्ण मूर्तिशिल्पी के रूप में प्रतिष्ठित हो गए हैं। उनका कला-जीवन बहुत पहले शुरू हो गया था, एक चित्रकार के रूप में। वह एक लेखक, फिल्मकार, रंगकर्मी भी हो सकते थे, पर बने एक चित्रकार, और कला की दुनिया में दस्तक भले ही उन्होंने पचास के दशक में दे दी थी, पर इस दुनिया में सचमुच वह पहुंचे देर से। एक मूर्तिशिल्पी के रूप में इस लंबी यात्रा के पीछे एक कलाकार का अद्भुत धैर्य था।

वेद नायर एक लेखक भी हो सकते थे पर उनके सामने समस्या थी कि किस भाषा में लिखा जाए? पंजाबी, उर्दू या अंग्रेजी? अंग्रेजी में लिखी वेद की कहानियां और कविताएं पढ़कर उनकी संवेदनशील दुनिया की जानकारी हमें मिलती है, बल्कि उनकी रचनाओं की सूक्ष्म संवेदना को जानकर उनके मूर्तिशिल्प-संसार की अति संवेदनशील दुनिया स्पष्ट हो जाती है। दिसंबर 1986 में वेद नायर की प्रदर्शनी का नाम 'चेहरे' भी हो सकता था। इस एकल प्रदर्शनी में पंद्रह चेहरे थे और सोलह रेखांकन। सिरेमिक्स, प्लास्टिक और रंगों के ढेर की मदद से वेद ने एक ऐसी दुनिया बनाई थी जिसे छूते हुए भी डर-सा लगता था। इधर-उधर कुछ भी नहीं होना चाहिए। प्रदर्शनी के सुरुचि संपन्न कैटलॉग में वेद ने दो कहानियां और दो कविताएं भी छापी थीं। एक कहानी का नाम था 'पंखा' (द फैन)। शायद यह कहानी वेद के वातावरण में प्रवेश का सबसे सही रास्ता है। एक बच्चे की संवेदनशील दुनिया। मई की गर्मियां। मां, पिता, बहन और घर में उनतीस रुपए के एक पंखे के आने की बात।

जाहिर है कि वेद इस कहानी में हमें अपने बचपन की तरफ ले जाते हैं। लायलपुर में बिताया अपना बचपन। एक ऐसी दुनिया जिसमें पिता जब घर में पंखा लाते हैं तो एक बहुत बड़ा चमत्कार नजर आता है। आश्चर्यलोक।

बहन का कहना है कि तुम्हें कुछ भी नहीं करना चाहिए। हर चीज में खतरा है। छत पर धूप में जाओगे तो मर जाओगे। घर से बाहर निकलोगे तो सांप काट लेगा। अंधेरा होने से पहले घर नहीं पहुंचे तो बचोगे नहीं। भोजन से पहले नहाए नहीं तो मर जाओगे। ज्यादा बतियाओगे तो मर जाओगे। और अब पंखे को छुओगे तो मर जाओगे।

मलयालम फिल्मकार अरविंदन की फिल्म 'ओरीदथ' में पचास के दशक में केरल के एक गांव में बिजली आने को कविता की तरह फिल्माया गया है और फिर वह कविता धीरे-धीरे खतरनाक नजर आने लगती है। बिजली में रोशनी का अद्भुत आलोक है तो उसमें झटका देकर मारने की क्षमता भी है। अरविंदन बिजली के प्रवेश को

संपूर्ण गांव के परिवेश में देखते हैं। वेद नायर की कहानी में पंखे के सामने एक बच्चा है जो मौका पड़ते ही उसे चलाने-बंद करने का मजा लेना चाहता है, पर एक क्षण ऐसा भी आता है जब स्वप्न-दुःस्वप्न से बाहर आया बच्चा पंखा बंद करने के आनंद को भी भूल जाता है। वह मां के पास भागता है। ''तुम्हें कुछ चाहिए?'' मां पूछती है।

''कुछ नहीं।'' यह कहानी का अंतिम वाक्य है।

ऐसे बहुत से कलाकार हैं जो कहानियां-कविताएं लिखते हैं। रामकुमार तो एक महत्वपूर्ण कथाकार भी हैं। हुसेन, सूजा, स्वामीनाथन भी कविताएं लिखते हैं। पर वेद की यह छोटी-सी कहानी उनकी दुनिया में प्रवेश की कुंजी है। तब उनके लंबोतरे चेहरे, लघु आकृतियां, होली के गुलाल की याद दिलाने वाले रंगों के ढेर (वेद चाहते तो चेहरे पेंट भी कर सकते थे पर उन्होंने रंगों को चेहरों के साथ एक खास तरह से रख दिया), धान के खेत की हरियाली का अर्थ अपनी समग्रता में सामने आने लगता है। जैसे इस दुनिया में भी अगर वेद से सवाल किया जाए कि तुम्हें कुछ चाहिए तो वही जवाब मिलेगा 'कुछ नहीं।'

वेद का कहना है कि दो तरह के कलाकार होते हैं। एक तरह के कलाकार स्थापित मूल्यों के आधार पर काम करते हैं। उस काम का अपना महत्व है। दूसरी तरह के कलाकार वैसा काम करना चाहते हैं जो आज के चाक्षुष कला आंदोलन को एक कदम आगे ले जाए। ये कलाकार सफल या असफल दोनों ही हो सकते हैं। पर हमें इन दोनों तरह के कलाकारों की जरूरत है। एक को भुलाना या दूसरे को ज्यादा महत्व देना खतरनाक है।

शायद यह कहने की जरूरत नहीं कि वेद ने दूसरा रास्ता अपनाया।

पर वेद की शिकायत बहुत सही है। आज हम भारत में तो विदेशी कलाकारों को इतनी सुविधा देते हैं कि वे यहां बल्लियां लगाने के लिए भी लोग ले आएं। ''जिस तलवार से उनकी तारीफ की जाती है उसी से हमें मार दिया जाता है।'' दरअसल वेद सरीखे कलाकार अपना काम आसानी से इधर-उधर नहीं ले जा सकते हैं। एक पूरा वातावरण इन्हें बनाना होता है। सिर्फ इतना ही नहीं कि मूर्तिशिल्प को बांधा और कहीं ले जाकर उसे खोल दिया।

भारत में हेनरी मूर की प्रदर्शनी को इसीलिए वेद नायर शक की निगाह से देखते हैं। हेनरी मूर से मुक्त होने में हमें चालीस साल बीत गए। पर आज जब हम बच्चों को उस प्रदर्शनी में मूर्तिशिल्प बनाने के लिए बुलाते हैं या शाही मेहमानों को खुश करने के लिए कला महाविद्यालय में कहीं से रानी विक्टोरिया का टूटा हुआ मूर्तिशिल्प लाकर सजा देते हैं तो क्या चालीस साल की एक और गुलामी का रास्ता नहीं खुल जाता है?

उपनिवेशवाद से मुक्त हुए देश को जबरदस्त 'हेंगोवर' का सामना करना पड़ता है। हमने अपनी परंपरा को भुला दिया पर आजादी के तुरंत बाद जो लोग हेनरी मूर, बार्बरा हेपवर्थ से अभिभूत होकर लैटे थे, उन्होंने स्कूलों में नौकरियां शुरू कीं। ''उन्होंने खुद को और पूरी पीढ़ी को इन कलाकारों के सुपुर्द कर दिया।''

पिछले कुछ सालों में वेद नायर लोगों की 'चाक्षुष स्मृति' बढ़ाने की बराबर बात कर रहे हैं। उनका कहना है कि चित्रकला, मूर्तिशिल्प, स्थापत्य, फर्नीचर आदि किसी भी क्षेत्र से उन चीजों को चुनकर लोगों के सामने रखा जाए जो समझ का अच्छी तरह से सामना कर चुकी हैं। तब लोग इन चीजों के बारे में खुद फैसला कर सकेंगे—वे उसका विश्लेषण भी कर सकेंगे। शब्दों या किसी की कही हुई बात से नहीं—खुद अपने आप। लोग जितना ज्यादा चाक्षुष कला के व्याकरण से परिचित होंगे, उतना ही संस्कृति को फायदा होगा।

वेद का कहना है कि लोगों की चाक्षुष स्मृति जब बढ़ेगी तो लोग भारतीय कलाकार की चिंताओं के वास्तविक संदर्भ खोज सकेंगे। ''लोगों ने अगर सिर्फ पिकासो की पेंटिंग का पोस्टकार्ड देखा है तो वे हमेशा मेरी रचनात्मकता को उस पेंटिंग से ही जोड़ते रहेंगे। भारत की समृद्ध परंपरा से लोग चाक्षुष स्तर पर जुड़ें। सिर्फ शब्दों के सहारे कब तक चीजों को समझा जा सकता है।''

वेद नायर की कला के वातावरण को समझने के लिए दो-चार संदर्भ और ध्यान में रखे जा सकते हैं। उनका जन्म लायलपुर में हुआ। पिता डाकघर में काम करते थे। बचपन का कुछ हिस्सा शिमला में बीता। विभाजन के समय वेद का परिवार दिल्ली में आकर बस गया। वेद के घर में चार भाई और दो बहनें थीं। वेद के भाइयों में तो एक तरह की 'कामरेडशिप' थी। खुद वह अकेलेपन में बड़े हुए, छोटे होने की वजह से। भाइयों की टोली में दाखिला न मिलने की वजह से भी।

वेद की मानसिकता पर एक हरे रसीले पहाड़ी सैरे का जबरदस्त असर नजर आता है। बहुत बड़ा हरा मैदान, पहाड़ी, सफेद-सा मंदिर। उस पर हिलता हुआ एक लाल कपड़ा सारे वातावरण को बदल देता है।

वेद नायर की पसंद के कलाकारों या कला की सूची बनाना बहुत मुश्किल काम है। बड़ी मुश्किल से वह राम किंकर का नाम ही लेना पसंद करते हैं। तमिलनाडु की कांस्य प्रतिमाओं का लालित्य भी उन्हें अद्भुत लगता है।

वेद ने बरसों व्यापार मेले की प्रदर्शनियों की प्रस्तुति के काम को भी संभाला है। शायद इस अनुभव ने भी उन्हें मूर्तिशिल्प के समग्र वातावरण को खोजने के लिए प्रेरित किया हो। उनका स्मृति-संसार आंदोलित हो गया हो। जैसे बचपन का पंखा मेज पर घूमने-चलने लगा हो।

वेद नायर की कला के विकास को हम मुख्यतः तीन चरणों में बांटकर समझ सकते हैं। पहला चरण, पश्चिमी कला के प्रतिमानों की छाया में ही आगे बढ़ता है। इस चरण में वेद ने पेंटिंग को अपना माध्यम बनाया। मूर्तिशिल्प उनकी रचनात्मकता का हिस्सा तब तक नहीं बन पाया था। यह चरण 1975-76 तक वेद की कला में पहचाना जा सकता है। यहां पश्चिमी प्रभाव के संदर्भ को जानना जरूरी है। पचास और साठ के दशक में कला विद्यालयों में शिक्षा सतही ही थी। (आज भी हालत बहुत अच्छी नहीं हो गई है)। कलाकारों को अपनी रचनात्मकता हर स्तर पर पश्चिम की आधुनिक कला से जोड़कर देखनी पड़ती थी। भारतीय विषय होते जरूर थे (मिसाल के लिए गांव का कोई दृश्य), पर उनमें कलाकार गहरे में नहीं जा पाता था।

धीरे-धीरे वेद नायर ने डिजाइन की बहुत अच्छी पकड़ की वजह से कला के ज्यामितिक 'कैलिडोस्कोप' के रास्ते को अपनाया। कागज और एक्रिलिक में किया गया 1975 का काम इस चरण की सर्वोत्कृष्ट उपलब्धि है—बीसवीं शताब्दी के अराजक, असंतुलित वातावरण के बीच में संतुलन और 'ग्रेस' की खोज। गीता कपूर ने वेद के इस तरह के काम को पश्चिम के बाउहास संप्रदाय की परंपरा में रखा है और ठीक ही कहा है कि वेद में जो तकनीकी दक्षता और आरेखण-कौशल है वह भारतीय कलाकारों में दुर्लभ है।

दूसरा चरण ठीक यहीं से शुरू होता है और यहीं खत्म हो जाता है। तकनीकी दक्षता, अमेरिकी प्रभाव, तर्क का ज्यादा जोर—एक खास तरह का 'प्रिसिजन'। वेद ने यहीं से अपना एक रास्ता बनाने की कोशिश की। ज्यामितिक रूपाकारों के खेल को छोड़कर उन्होंने मनुष्यता के वर्तमान-भविष्य को लेकर चिंता शुरू की। जाहिर है कि इस चिंता में इतिहास से भी पीछे जाना पड़ सकता है। एक बहुत प्राचीन चेहरा जैसे हमें देख रहा है और हम इक्कीसवीं-बाईसवीं शताब्दी के विकल्प को भी अपने सामने रख पा रहे हैं। अतीत, वर्तमान, भविष्य की यह आवाजाही वेद की कला में केंद्रीय हो गई है।

मनुष्यता की इस चिंता में मानव आकृति की वापसी भी जरूरी थी। वेद ने अपने मूर्तिशिल्प-संसार में इस आकृति के लिए तहर-तरह के पेडेस्टल खोजे—धातु के, लकड़ी के। और तो और सीढ़ियां भी खोजीं।

इस कला के प्रतिनिधि के रूप हमें 'मनुष्यता 2101-2103' (1980), 'मनुष्यता 2110' (दो विकल्प : 1982) सरीखी कलाकृतियों में मिलते हैं। इस दौर में वेद नायर ने अक्सर पेडेस्टल पर दो या अधिक आकृतियों को रखा। इन आकृतियों के पंख भी हो सकते थे। पेडेस्टल काली जली हुई लकड़ी का भी हो सकता था—पीतल, तांबे का भी। जानवर की आकृति में मनुष्य का चेहरा या मनुष्य की आकृति पर घोड़े का सर भी हो सकता था। इस दुनिया में सीढ़ियों का खास महत्व था। मूर्तिशिल्प की समग्रता में ये सीढ़ियां प्राचीन सभ्यता की भी नजर आ सकती थीं। 'माया' सभ्यता के किसी शिखर तक भी हम इन सीढ़ियों से पहुंच सकते थे। धातु, लकड़ी, रेत, अनाज के दानों, एक्रिलिक चादर आदि का मिला-जुला इस्तेमाल एक अलग तरह का वातावरण रचता था।

धीरे-धीरे वेद नायर की दुनिया में चेहरे महत्वपूर्ण होने लगे। वेद नायर के समकालीनों में हिम्मत शाह भी चेहरों से लगभग आतंकित रहे हैं। वेद नायर को महसूस होने लगा कि मनुष्य का स्तर, उसका चेहरा अपने आप में संपूर्ण मानव आकृति भी तो हो सकता है।

आदमी चलता है, विचार चलता है और चेहरे की अभिव्यक्ति भी लगातार चलती है। वेद अपने चेहरों के बारे में आसानी से कह सकते हैं। 'देखो, देखो, चेहरा चल रहा है एक आदमी की तरह।'

वेद नायर के चेहरे धातु, टेराकोटा और सिरेमिक्स में हैं। इधर वह लकड़ी को भी कांट-छांटकर चेहरे में बदल रहे हैं। सिरेमिक्स माध्यम में छोटे-छोटे चेहरों को वेद ने प्लेक्सीग्लास में एक खास तरह से बंद कर दिया। 1975 के चित्रों में वेद ने जिस ज्यामितिक संतुलन को खोजा था, उसका चरम शीशे में बंद इन चेहरों की दुनिया में साफ नजर आता है पर बदले हुए संदर्भ और संवेदना में।

वेद चेहरे को चूंकि एक संपूर्ण मानव आकृति के रूप में देखते हैं, इसलिए लंबोतरे चेहरे में उनकी खास दिलचस्पी समझ में आने वाली है। 1987 के इस तरह के एक लंबोतरे कांस्य चेहरे का शीर्षक है : ''चेहरा जो एक दिन आपको कहीं मिल जाएगा।''

इस तरह के अनेक चेहरे हमें वेद नायर के रेखांकनों में भी मिलते हैं। मूर्तिशिल्प के लिए रेखांकनों का खास महत्व होता है। एक तरह से रेखांकनों की स्वतंत्र सत्ता होती है। वेद नायर खूब रेखांकन बनाते हैं और अक्सर उनके रेखांकन मूर्तिशिल्प की तैयारी के रूप में होते हैं। वेद नायर ने अपनी सर्कस रेखांकन शृंखला से अपनी अनेक रचनात्मक दिक्कतों को दूर किया। रस्सी पर चलते, साइकिल पर उड़ते हुए लोग—कभी चिड़िया की तरह, कभी जानवर की तरह। इन रेखांकनों में 'ग्रेस' भी है और गत्यात्मकता भी। वेद की आकृतियों में पंख लगे होने के स्रोत भी यहीं खोजे जा सकते हैं।

पिछले कुछ सालों (1985-87) से वेद ने अपने रेखांकनों में चेहरे से खूब खेल किया है। एक रेखांकन में एक बहुत लंबी आकृति दोनों हाथों से एक चेहरा उठाए हुए है। इस आकृति के सीने से टांगों तक दोनों तरह चेहरे-ही-चेहरे हैं। एक दूसरे रेखांकन में लंबी टांग वाली तीन आकृतियों के बीच में एक आकृति सिर्फ चेहरों के बल पर खड़ी है। एक चेहरे पर दूसरा, तीसरा, चौथा, चेहरा। वेद नायर का कहना हैकि ''रेखांकन बनाना मेरी आदत है। इससे मुझे अपनी मानसिकता को स्पष्ट करने में मदद मिलती है।''

आजादी के बाद में चालीस सालों में युवा मूर्तिशिल्पों की जो पांचवी पीढ़ी सक्रिय है उसके काम में तेजी, चमक, आक्रामकता वगैरह दीखती है। वेद की दुनिया कहीं अधिक शांत संतुलित और विनम्र है। पर पिछले दस-बारह साल में वेद ने आधुनिक भारतीय मूर्तिशिल्प में अपनी जगह बना ली है। हिंदी कवि धूमिल की पंक्तियां यहां याद की जा सकती हैं : ''एक चेहरा जो पूरे आदमी का है/किंतु वह मेरा नहीं मेरी कमी का है।''

शायद इस कमी का एहसास ही कलाकार को रचने योग्य बनाए रखता है।

(1987)

विवान सुंदरम

''मैं यह भी समझता हूं कि जन आवेग (सामाजिक, प्रतिबद्ध) व व्यक्तिगत जरूरतें हमारी कला में एक साथ अभिव्यक्ति पा सकती हैं।''

—लंदन मैगजीन की एक भेंटवार्ता में आर.बी. किटाज।

यह आकस्मिक नहीं है कि किटाज का यह उद्धरण युवा चित्रकार विवान सुंदरम की कला और उसके सरोकारों को अच्छी तरह से समझाता है। 1981 के अंत में मुंबई और दिल्ली में हुई बहुचर्चित प्रदर्शनी 'प्लेस फार पीपुल' के छह चित्रकारों में एक विवान सुंदरम भी थे। इस प्रदशनी के कैटलॉग में विवान ने अपने परिचय के साथ दो-चार उद्धरण दिए हैं। इनमें किटाज का उद्धरण भी शामिल है। उपन्यासकार मार्केस, वाल्टर बैंजामिन के संदर्भ में हन्ना आरेंड्ट तथा किटाज के उद्धरणों को अपनी कला के बराबर रखकर देखने-समझने की कोशिश विवान की दुनिया की एक झलक हमें देती है। लातीनी अमेरिकी कल्पना-शक्ति ने विवान को लंबे समय तक उद्वेलित किया है। बारह साल पहले चिली के विश्वविख्यात कवि पाब्लो नेरूदा की कविताओं को विवान ने अपने रेखांकनों का विषय बनाया था। नेरूदा या मार्केस में विवान की गहरी दिलचस्पी का एक विशेष संदर्भ उनके मार्क्सवादी रूझान भी हैं। चित्रकार आर.बी. किटाज के संपर्क में विवान लंदन में आए थे। यह संपर्क भले ही अल्पकालीन था पर विवान के लिए यह महत्वपूर्ण हुआ।

साहित्य, मार्क्सवाद, सिनेमा (1968 में विवान ने स्लेड स्कूल ऑफ फाइन आर्ट्स में पेंटिंग बंद करके फिल्म का कोर्स शुरू कर दिया था और राजनीतिक कामों में सक्रिय दिलचस्पी भी उन्हीं दिनों शुरू हो गई थी), आर.बी. किटाज और पॉप कला आदि संदर्भों में यदि अमृत शेरगिल तथा वड़ोदरा कला महाविद्यालय को और जोड़ दिया जाए तो हम विवान सुंदरम की दुनिया से अधिक आत्मीय परिचय प्राप्त कर सकते हैं। अमृत शेरगिल विवान सुंदरम की मौसी हैं। हालांकि विवान का 1943 में जब जन्म हुआ तो उनका निधन हो चुका था। पर शिमला के घर के वातावरण में अमृता शेरगिल का काफी असर था। सन् 1972 में एक चित्रकार के रूप में भी विवान ने अमृता शेरगिल को समझने की कोशिश की। एक प्रदर्शनी का आयोजन किया। मार्ग का 'अमृता शेरगिल विशेषांक' निकाला जो एक महत्वपूर्ण आयोजन साबित हुआ। पहली बार आधुनिक भारतीय कलाकार की समस्या के संदर्भ में अमृता शेरगिल की प्रासंगिकता पर गंभीर बहस एक जगह पर सामने आई।

अमृता शेरगिल और शिमला में बिताए बचपन की स्मृतियां एक दूसरी तरह से भी अब विवान की दुनिया में अभिव्यक्ति पा रही हैं। उन्होंने एक पेंटिंग बनाई है जिसमें एक बड़े कमरे में चेखव की बहनों सरीखी बहनें और नानी (जिन्होंने बाद में आत्महत्या कर ली थी) हैं। एक कोने में खुद विवान भी हैं—जो थे और नहीं भी थे। दरअसल यह एक बहुत निजी किस्म की पेंटिंग है। एक रचनाकार के रूप में अपने पारिवारिक अतीत को समझने की कोशिश स्वाभाविक है, खासतौर पर आपके परिवार में यदि कोई बड़ा कलाकार भी रह चुका हो।

जैसाकि ऊपर जिक्र आ चुका है, विवान का जन्म शिमला में मई, 1943 में हुआ। पिता तमिल और मां सिख-हंगारी मूल की थीं। पिता सरकारी नौकरी में थे। खुद विवान का अधिकांश बचपन शिमला में ही बीता। 1963 में विवान जब वड़ोदरा में दूसरे वर्ष के छात्र थे तो उन्होंने रामकुमार के प्रभाव में बहुत-सा ऐसा काम किया

था जिसमें शिमला शहर और पहाड़ के अपने घर की स्मृतियां थीं।

विवान की नानी ने 1948 में आत्महत्या की थी। ऊपर जिस निजी पेंटिंग का जिक्र किया गया है उसमें एक मेज पर बंदूक भी है। नानी की याद विवान को बहुत कम है पर नाना की स्मृतियां अधिक साफ हैं।

विवान ने स्कूल में थोड़ी-बहुत ही पेंटिंग की। सुधीर खास्तगीर कला अध्यापक थे। अमृता शेरगिल से पारिवारिक संबंध के कारण उन्होंने प्रोत्साहित जरूर किया लेकिन दस-बारह साल के विवान की अधिक दिलचस्पी खेलकूद में थी; बल्कि गणित, रसायनशास्त्र जैसे विषय तब विवान की दुनिया थे।

सन् 1960 में जब विवान 16-17 वर्ष के थे तो उन्होंने पेंटिंग की दुनिया का ही रास्ता पकड़ा। बस, अचानक ही सब शुरू हो गया। तीन-चार महीने के समय में सेजां, वॉन गॉग सरीखे चर्चित पश्चिमी कलाकारों से प्रेरित होकर ढेरों तैलचित्र बना दिए। और पिछले 24 वर्षों में विवान ने पेंटिंग की दुनिया को पूरी तरह से अपना लिया है। सन् 1961 में उन्होंने वड़ोदरा के कला विभाग में दाखिला लिया। उनके अध्यापक के.जी. सुब्रमण्यन् थे। 1965 में विवान ने पढ़ाई पूरी की। प्रोफेसर बेंद्रे और के.जी. सुब्रमण्यन् की देखरेख में वड़ोदरा कला महाविद्यालय अपने छात्रों को कला की दुनिया के सवालों को शंकालु दृष्टि से देखना सिखा रहा था। यह अचानक नहीं है कि के.जी. के अधिकांश छात्र आज के सर्वाधिक चर्चित आधुनिक भारतीय चित्रकार हैं।

एक कलाकार के रूप में विवान की संवेदना पर निर्णायक असर पड़ा जैसलमेर की यात्रा के बाद। उजाड़ और गर्मी के इस तीव्र अनुभव ने विवान सुंदरम को शिमला के मुकाबले में एक दूसरी दुनिया से परिचित कराया। लाल, पीले चटक रंगों ने विवान की कल्पना-शक्ति पर गहरा असर डाला। इस यात्रा का प्रभाव इसलिए भी अधिक था कि स्त्री प्रेम को जानने का अवसर भी इसी यात्रा में मिला। उस समय के चित्रों में इसलिए रंगों का एक 'इरॉटिक' किस्म का उत्सव भी नजर आता है।

जैसलमेर की स्मृतियों की सीरीज विवान ने जनवरी 1965 में पेंट की। मुंबई में दिसंबर में भूपेन खक्खर और प्रभाकर बर्वे के साथ इस यात्रा के चित्र विवान ने एक समूह प्रदर्शनी में दिखाए। जुलाई 1965 में विवान कुछ महीने के लिए बनारस भी गए : जे. कृष्णमूर्ति, स्कूल में पढ़ाने के इरादे से। वहां उन्होंने बनारस से प्रभावित होकर 'पॉप' संवेदनाप्रधान चित्रों और कोलाजों की रचना की। 1966 में दिल्ली और मुंबई में इस श्रृंखला की एकल प्रदर्शनियां आयोजित कीं। 'एक पॉप नजरिए से बनारस' श्रृंखला के चित्र स्लेड स्कूल (लंदन) की स्कॉलरशिप से ठीक पहले के हैं।

धूमीमल गैलरी में 1966 में विवान ने जब अपनी एकल प्रदर्शनी की तो उसका कैटलॉग जे. स्वामीनाथन ने लिखा था। उस समय को याद करते हुए विवान ने बताया : ''वड़ोदरा में हम लोग 'स्टडी सर्किल' में देशी-विदेशी लेखकों पर बहस करते थे। गुजराती साहित्यकार सुरेश जोशी भी वहीं थे। आक्टेवियो पाज की किताब 'लेबीरिंथ ऑफ सालीच्यूड' हमने तब पढ़ी थी। पाज जब दिल्ली आए तो मैं और गुलाम शेख उनसे मिलने अशोक होटल गए थे। पाज छह महीने से दिल्ली में थे पर उनकी मुलाकात तब तक सरकारी किस्म के लेखकों में ही हुई थी। हम लोगों से मिलकर वे चकित हुए। पाज से स्वामी का परिचय भी उन्हीं दिनों हुआ। तब मैं कला में अराजकतावादी था। वड़ोदरा में जो सीखा था उसे 'रिजेक्ट' करने की बात दिमाग में रहती थी। स्वामीनाथन तब युवा चित्रकारों के नेता थे।''

स्वामीनाथन ने 1966 में विवान के प्रदर्शनी के संदर्भ में कैटलॉग में टिप्पणी की : ''अधिकांश आधुनिक चित्रकार शानदार कला को ही रचते रहे हैं...ऐसे में जरूरी था कि सच्चाई को जानने के हमारे प्रयास में कोई कलाकार 'विरूपित' को सामने लाए...अमेरिका और फ्रांस की फैशनेबुल कला से प्रशिक्षित समकालीन भारतीय कलाकारों के नकली सौंदर्यशास्त्र का उपहास भी एक जरूरी काम था।''

पॉप कला साठ के दशक में पश्चिम पर छाई हुई थी। स्लेड स्कूल में पहले साल में बहुत थोड़े समय के लिए विवान का परिचय चित्रकार आर.बी. किटाज से हुआ। विवान को किटाज की कला के साहित्यिक संदर्भों और खासतौर पर उनके 'ऐतिहासिक' बोध ने प्रभावित किया। ''उनसे मिलकर मुझे यह भी समझ में आया कि चित्रकला एक बड़ी मशक्कत का काम है। किटाज यूरोप के चित्रकारों के उस 'स्कूल' का प्रतिनिधित्व करता है जिसमें चित्रकारिता 'बुद्धि'

(इंटेलेक्ट) और शिल्प दोनों से बड़ी अपेक्षाएं करती है। इस तरह से किटाज ने मुझे हर बात पर सवाल उठाने के लिए विवश किया।'' (हर्ष प्रभु से विवान सुंदरम की बातचीत 'पूर्वग्रह', जुलाई-अगस्त 1977)।

विवान के चित्रों की अराजकता—उनके भद्दे व भोंडेपन—को एक ठोस संदर्भ मिल गया। पॉप कला ब्रिटेन में पचास के दशक में और अमेरिका में साठ के दशक में चर्चा का विषय बनी। 1961 में ब्रिटेन में डेविड हॉक्नी, एलेनजोंस और आर.बी. किटाज आदि चित्रकारों की एक बड़ी प्रदर्शनी ने पॉप कला के प्रतिमानों को स्पष्ट किया। हैरल्ड रोजेनबर्ग सरीखे बहुचर्चित आधुनिक कला समीक्षकों ने पॉप कला के महत्व को 'कला आलोचना' के क्षेत्र का योगदान मान कर शायद बहुत गलती नहीं की थी।

पॉप कला के बारे में एक भ्रामक धारणा उभरती थी कि जैसे उसमें सीखने, जानने, मेहनत-मशक्कत की अधिक भूमिका नहीं है। उल्लेखनीय है कि आर.बी. किटाज अपने कैटलॉग के विस्तृत नोट्स (संदर्भ संकेतों) के लिए चर्चित रहे हैं। अनेक आधुनिक पश्चिमी पॉप चित्रकार पूर्ववर्ती कला के विचित्र कालों के विशेषज्ञ थे, यानी उनके विद्रोह में 'जानकारी' की खास भूमिका थी।

स्वयं विवान सुंदरम ने पॉप कला को प्रखर सामाजिक टिप्पणियों के एक माध्यम के रूप में देखा। विवान के विचार में अधिकांश श्रेष्ठ पॉप चित्रकार भले ही सक्रिय वामपंथी न रहे हों पर उनकी कला की व्याख्या एक वैचारिक और मार्क्सवादी परिप्रेक्ष्य में की जा सकती है। विवान को इस बात का तीखा एहसास रहा है कि फासिस्ट जहां किताबें जलाते रहे हैं, कलाकारों के पीछे पड़े रहे, वहीं दूसरी तरफ वामपंथियों का कला के प्रति हमेशा एक गहरा लगाव रहा है और उन्होंने कला की शक्ति को पहचाना है। विवान यह भी मानते हैं कि 'कम्युनिज्म' ने किसी-न-किसी रूप में हमारे समय के अनेक बेहतरीन दिमागों को प्रेरित किया है।

विवान ने लंदन में ही 'कम्यून' में रहकर तमाम सार्वजनिक कामों में हिस्सा लेना शुरू कर दिया था। पोस्टर वर्कशाप, फिल्म शो आदि अनेक संगठनात्मक कामों में उन्होंने गहरी दिलचस्पी दिखाई। आज विवान की कला को समझने का यह अनिवार्य संदर्भ है।

सौभाग्यवश अपनी कला को जनता तक पहुंचाने का कोई आसान-सा नुस्खा विवान के यहां नहीं हैं। उनका कहना है कि संप्रेषण को मैं बहुत केंद्रीय चीज मानता हूं : ''मैं दूसरी तरह का कलाकार हूं। विचारधारा को प्रचारित करने के लिए मैं सब तरह का काम करूंगा। जो कलाकार सीधे प्रचार के कार्य में लगे हैं उनके प्रति मेरे मन में आदर-भाव है। समय-समय पर मैं भी ऐसा काम कर सकता हूं। चुनाव के समय पोस्टर आदि बनाने के काम में मदद दे सकता हूं। बंगाल में एक दीवार पर अपने एक राजनीतिक रेखांकन का विशाल रूप देखकर मुझे खुशी हुई थी।''

विवान मैक्सिको के उन कलाकारों की चर्चा करते हैं जिन्होंने क्रांति और उसके बाद की स्थिति में महान कला को जन्म दिया। पश्चिमी बुर्जुआ संचार माध्यमों ने उसकी उपेक्षा की या बहुत कम चर्चा की। विवान की टिप्पणी थी: ''महत्वपूर्ण बात यह है कि अगर आप कलाकार के रूप में जीवित हैं तो ऐतिहासिक क्षणों में आप सक्रिय हिस्सा लेंगे ही।''

भारतीय कला के इतिहास में भी नंदलाल बोस सरीखे कलाकारों की सक्रिय हिस्सेदारी देखी जा सकती है। हरिपुरा कांग्रेस अधिवेशन के पोस्टर नंदलाल की कला को छोटा नहीं करते हैं, बल्कि उसे एक व्यापक जन आधार प्रदान करते हैं।

विवान नवंबर, 1970 में भारत वापस आए। 1971 के मध्य से उन्होंने फिर से पेंट करना शुरू किया। बंगलादेश की फोटो प्रदर्शनी को सड़कों पर ले जाने से लेकर सक्रिय विरोध के अनेक छोटे-बड़े काम किए।

जुलाई-सितंबर, 1972 में विवान ने पाब्लो नेरूदा की प्रसिद्ध लंबी कविता 'माच्चू पिच्चू के शिखर' को आधार बनाकर स्याही रेखांकनों की एक श्रृंखला प्रदर्शित की। एक वापमंथी कवि से प्रभावित होना विवान के लिए स्वाभाविक था। विवान ने आपातकाल को आधार बनाकर भी रेखांकन की प्रसिद्ध श्रृंखला बनाई थी। अपने समय में सक्रिय दिलचस्पी लेने वाले कलाकार के लिए यह सब तार्किक और सहज था।

एक कलाकार के रूप में विवान के विकास में एक अन्य महत्वपूर्ण प्रदर्शनी थी 'डिस्क्रीट चार्म ऑफ द बूर्ज्वाजी' (मध्यवर्ग का चतुर इंद्रजाल)। कालीनों, चमड़े की गद्देदार कुर्सियों, लेसदार मेजपोशों, बाथटबों को आधार बनाकर विवान ने पॉप कला के मुहावरों में ही तीखी सामाजिक-राजनीतिक टिप्पणियां करने की कोशिश की थी। इस प्रदर्शनी के चित्रों में विवान ने सिनेमाई शैली का खूब इस्तेमाल किया। प्रदर्शनी के कैटलॉग में कला समीक्षक गीता कपूर ने लिखा था कि वैचारिक दृष्टि से सक्रिय होने वाले कलाकार के लिए 'रूमानी दुर्घटना' से बचना बहुत जरूरी है—उसके लिए जरूरी है कि वह अपनी सामर्थ्य को बनाए और अपने निशाने को सही-सही परिभाषित करे।

एक कलाकार के रूप में रंगों-रूपाकारों को लेकर विवान की दुनिया में एक बड़ा परिवर्तन 'प्लेस फॉर पीपुल' प्रदर्शनी (नवंबर-दिसंबर, 1981) में उभरकर सामने आया। 'पिता की शबीह', 'अपने बारे में सोचते हुए', 'गुड्डो', 'पीपुल कम ऐंड गो' आदि अनेक चित्रों में विवान की कला में एक स्पष्ट निखार दिखता है, देखने के नजरिए में बड़ा फर्क आया है, हालांकि वैचारिक स्तर पर कोई बड़ा परिवर्तन नहीं है। चित्र भाषा में जरूर फर्क है।

1984 में विवान को मैंने एक बड़े अधूरे कैनवास पर काम करते देखा है। पहाड़ों के सौंदर्य की पृष्ठभूमि में एक बच्चा पीठ पर वजन उठाए आगे बढ़ रहा है। इससे मिलते-जुलते विषय पर विवान पहले भी एक पेंटिंग बना चुके हैं ('चतुर इद्रंजाल' प्रदर्शनी)। लेकिन इस दोनों चित्रों में एक बड़ा फर्क भी है। पृष्ठभूमि का हरा रसीला रूप उस बच्चे की कहानी को एक दूसरा ही रूप दे देता है।

मैं समझता हूं, पिता की शबीह, बच्चे के इस चित्र और मां-मौसी-नानी के आत्मकथात्मक चित्र में विवान चित्र भाषा को एक अधिक सुदृढ़ आधार दे रहे हैं। इस रास्ते में निश्चय ही अधिक संभावनाएं हैं। ये चित्र अपेक्षाकृत निजी और आत्मीय हैं।

विवान कला की परंपरा से अधिक आत्मीय संबंध की जरूरत महसूस करते हैं : ''लंदन के किटाज ने मुझे यह सुझाव दिया था कि तुम संग्रहालय में जाकर किसी चित्र को एक बार देखते हो तो उस चित्र के पास वापस जरूर जाओ। महीने में एक बार उस चित्र के सामने दस मिनट बैठो। यह सुझाव मेरे लिए मूल्यवान था। जो पेंटिंग आपको पसंद हो उसके साथ देर तक का रिश्ता बनना चाहिए।''

विवान सुंदरम को इस बात का दुःख है कि भारत में हम अपनी कला से कटे हुए हैं। भारतीय कला के जो महान स्थल हैं, वहां भी एक कलाकार लौट नहीं पाता। एकाध बार चले जाना ही उपलब्धि बन जाती है। जबकि महान कला के पास कई बार लौटना आवश्यक है : ''जर्मनी में जो कलाकार संग्रहालयों को 'रिजेक्ट' कर चुके थे, अब उनमें से अधिकांश संग्रहालय के चित्रों के पास वापस जा रहे हैं।''

इस संदर्भ में मैंने विवान सुंदरम से पश्चिमी शास्त्रीय संगीत के उन 'कंडक्टरों' का जिक्र किया जो बीटोफेन आदि की सिंफनियों को अपने जीवन में कम-से-कम तीन बार 'रेकार्ड' कराना जरूरी समझते हैं। 25, 45 और 65 की उम्र में वही संगीत रचनाएं नए रूप और नई व्याख्याएं पा लेती हैं।

विवान सुंदरम का आग्रह भरा मानना था : ''मैं इस वापस लौटने को बहुत मूल्यवान मानता हूं।''

(1986)

विवान सुंदरम से बातचीत

विवान सुंदरम लगभग एक 'बौद्धिक कलाकार' है। 1984 में उन्होंने एक प्रदर्शनी आयोजित की थी—'साइंस ऑफ फायर' (आग के संकेत चिह्न)। अक्तूबर 1984 में जब श्रीमती इंदिरा गांधी की हत्या हुई थी तो विवान कसौली में युवा मूर्तिशिल्पियों के एक शिविर का संचालन कर रहे थे। उन दिनों जलरंगों में एक श्रृंखला पर काम कर रहे थे। इस चित्र श्रृंखला में जंगल में आग के अनेक संदर्भ थे लेकिन इंदिरा गांधी की हत्या और बाद में नवंबर के दंगों ने विवान की इस चित्र श्रृंखला को बदल दिया। तब से विवान ने लगातार प्रदर्शनियां की हैं लेकिन हर बार

वे किसी-न-किसी नई धारणा को सामने लेकर आते हैं। जलरंग, पैस्टल, चारकोल आदि अनेक माध्यमों (तैलरंग तो खैर केंद्र में है ही) में विवान ने समकालीन राजनीतिक समय की जटिलताओं से मुठभेड़ की है। आज अधिकांश कलाकार जब अपने को दोहरा रहे हैं या लगभग अश्लील ढंग से सुंदर नजर आ रहे हैं, तब विवान लगातार लगभग हर साल सोचने का सामान देने वाली प्रदर्शनियां कर रहे हैं।

श्रीधराणी दीर्घा, नई दिल्ली में पिछले दिनों विवान सुरंदम ने अपनी नई एकल प्रदर्शनी को 'सहयोग और सम्मिश्रण' नाम दिया। इस प्रदर्शनी में तेरह नए काम थे। (1990-92 के समय में बनाए गए) और दो काम 1966 के थे। 1966 में विवान ने धूमीमल और ताज आर्ट गैलरी में अपनी एकल प्रदर्शनी आयोजित की थी। उस समय पॉप कला से वे प्रभावित थे। 'सहयोग और सम्मिश्रण' में विवान ने 1966 की 'अदृश्य बाधाएं' पेंटिंग के अलावा 'टच ऑफ ब्राइटनेस' नाम की उसी साल की एक अन्य कलाकृति को प्रेक्षक को सामने रखा। 'टच ऑफ ब्राइटनेस' प्रसिद्ध चित्रकार रामकुमार के संग्रह में है। इस कलाकृति को रामकुमार ने किसी नीलामी में 250 रुपए में खरीदा था। विवान ने नई प्रदर्शनी में इस कलाकृति में कुछ चीजों का पुनरुद्धार किया है। दरअसल विवान कला के अतीत और सभ्यता के अतीत से ही नहीं अपने खुद के अतीत से भी बराबर एक संवाद बनाए रखते हैं। दिल्ली में 'सहयोग और सम्मिश्रण' प्रदर्शनी के अंतिम दिन हमने विवान से एक लंबी बातचीत की जिसके कुछ प्रमुख अंश यहां दिए जा रहे हैं। विवान दो साल बाद पचास के हो जाएंगे पर उनका व्यक्तित्व पचास साल का अधेड़ व्यक्तित्व नजर नहीं आता। लाल स्वेटर में विवान के चेहरे पर 35-40 साल के कलाकार की चमक थी।

- **पिछले साल रवींद्र भवन में जब आपने इंजिन आयल और चारकोल में प्रदर्शनी की थी तो आपके पास जगह की सुविधा थी। श्री ाराणी में स्पेस की कमी क्या आपके लिए एक बाधा नहीं थी**?

नहीं, मैं इसे कोई बड़ी बाधा के रूप में नहीं देखता। शायद थोड़ी-सी जगह और होती तो मुझे सुविधा होती। लेकिन प्रदर्शनी के शुरू में तो तंबू है उसके पीछे खड़े स्तंभ जिस तरह से नजर आते हैं वे मुझे अच्छे लग रहे हैं। एक अनौपचारिक-सा माहोल बन गया है। वैसे स्पेस को ध्यान में रखकर प्रदर्शनी लगाते समय एक-दो काम मैंने निकाल दिए थे।

- **आपकी एक बड़ी पेंटिंग मंगोलपुरी के बच्चों के साथ मिलकर बनाई गई है और तंबू में अपने वड़ोदरा के कला छात्रों के साथ काम किया है। इन दोनों अनुभवों को आप कैसे देखते हैं**?

दरअसल इस तरह के अनुभव खुद ही अपना एक ढांचा बना लेते हैं। जहां तक मंगोलपुरी के बच्चों के साथ काम करने की बात है तब मैंने बहुत बड़ा कैनवास लिया था। वह कैनवास लगभग एक दीवार की तरह था। उन बच्चों का कला और कला सामग्री के साथ कोई पूर्व संबंध नहीं था। मैंने सोचा कि उन्हें बड़े ब्रश और रंग वगैरह क्यों नहीं दे दिए जाएं? कैनवास के बीच में मैंने गुलाबी रंग का एक गोल हिस्सा बना दिया। उस हिस्से में उन बच्चों को काम करना था। बच्चों को अपनी पसंद के रंग लगाने की सुविधा थी। लेकिन गौर करने की बात है कि बच्चों ने लाल या पीले रंगों का इस्तेमाल नहीं किया जो एक गुलाबी घेरे के साथ सहज रूप में जुड़ते थे। उन्होंने गहरे अंधेरे रंगों का इस्तेमाल किया—वे रंग जो उनकी जीवन-शैली से जुड़े थे। वड़ोदरा के कला छात्रों के साथ काम करते हुए मेरी रचनात्मक समस्या दूसरी थी कि आप यथार्थ को कैसे दर्ज करते हैं? 'एलीमेंट' दूसरे पर कैसे असर डालता है। चारकोल चूने के साथ क्या रिश्ता बनाता है? पंद्रह छात्रों के साथ एक शीट पर काम शुरू किया। तंबू नावनुमा ढांचा आदि बाद में इस कलाकृति का हिस्सा बने।

- **फ्रांस की नई धारा से जुड़े फिल्मकारों की तरह आप अपनी कलाकृतियों में अत्यंत निजी संदर्भों का काफी इस्तेमाल करते हैं। मिसाल के लिए अपने मित्र चित्रकारों को पेंट करना, उनकी लिखी चिट्ठियों का कला में इस्तेमाल करना। तमाम तरह के 'इन जोक्स', 'इन थिंग्स'...**

दरअसल मैं इन चीजों का उद्धरण की तरह इस्तेमाल करता हूं। इन उद्धरणों में हास्य विडंबना आदि भी छिपी हुई है। अगर मेरी एक कलाकृति में अजंता से शुरू होकर अकबरी पेंटिंग का संदर्भ है या उसमें आपको

जेरिको का भी जिक्र मिलता है तो इन चीजों को गौर से देखने और पढ़ने का एक अर्थ है। लेकिन मेरी कोशिश रहती है कि आपको यानी एक प्रेक्षक को किसी उद्धरण की जानकारी नहीं है तो भी कलाकृति स्वतंत्र रूप से बात कह सके। अब आप मेरी सफदर-मलयश्री हाशमी की पेंटिंग को लें। उसमें देलाक्रुआ की पेंटिंग का उद्धरण मौजूद है—विक्टरी जनता का नेतृत्व कर रही है। लेकिन यह एक 'सब टेक्स्ट' है। प्रेक्षक इसे नहीं भी जानता है तो पेंटिंग के संप्रेषण में कोई बुनियादी दिक्कत नहीं है। प्रेक्षक एक तरह का नहीं होता। उनके अनेक स्तर हैं। मैं संख्या में अधिक प्रेक्षकों की उपेक्षा किए बिना—उन्हें 'एलिनियेट' किए बिना इस तरह के संदर्भों और उद्धरणों का इस्तेमाल करता हूं। अत्यंत निजी संदर्भ या किसी मजाक वगैरह में मेरी दिलचस्पी एक सीमा तक ही है।

- **इस प्रदर्शनी में मूर्तिशिल्पी कृष्ण कुमार की स्मृति में आपका काम बहुत प्रभावशाली है**

मुझे इस काम को पूरा करने में काफी समय लगा। 1989 में कृष्ण कुमार ने आत्महत्या कर ली थी। वे 1984 के कसौली के कला शिविर में भी मेरे साथ थे। इस कलाकृति को मैंने 1990 में शुरू किया और अब 1992 में पूरा कर सकता हूं। दरअसल इस कलाकृति का ढांचा लगभग मेरी एक पुरानी पेंटिंग (जिसमें भूपेन खक्खर और हॉवर्ड हॉजकिन थे) जैसा है। यह पेंटिंग 'प्लेस फॉर प्यूपल' प्रदर्शनी में थी। कृष्ण कुमार की स्मृति वाली कलाकृति में मैं लकड़ी को आधार बनाना चाहता था ताकि अधिक 'फिजिकल' ढंग से मैं काम कर सकूं।

- **आपकी एक पेंटिंग में बॉक्स और कांच की मदद से अमृता शेरगिल (जो आपकी मौसी भी हैं) की पेंटिंग के संदर्भ हैं।**

हां, शेरगिल परिवार पर मैं एक बड़ी पेंटिंग भी बना चुका हूं। लेकिन 'साइंस ऑफ फायर' प्रदर्शनी के बाद से ही मेरी इस बात में दिलचस्पी बढ़ गई है कि जो चीजें सामने हैं उनके पीछे भी चीजें हैं। एक प्रत्यक्ष दृश्य है और एक अप्रत्यक्ष। दूसरी तरफ के यथार्थ में मेरी रुचि है। यह एक कलाकृति है और ये उसके स्रोत हैं। इस प्रदर्शनी में यह एक केंद्रीय कथानक है। एक रचना काल व सामग्री का एक अर्थ है। दूसरी रचना-सामग्री उसके का[illegible]ल में एक अलग तरह का अर्थ पैदा कर देती है।

- **आपने अपनी एक कलाकृति में बगदाद शहर को कई जटिल संदर्भ दिए हैं।**

हां, इस कलाकृति में बगदाद की वह छवि भी है जो उन्नीसवीं शताब्दी की 'ओरिएंटल' छवि है। मैंने बगदाद की समकालीन छवि को भी पा लिया है। बम वर्षा के बाद बगदाद किसी भी दूसरे शहर की तरह नजर आता है। तब बगदाद और बर्लिन में कोई फर्क नहीं रह जाता। समकालीन भ्रम भी है और अतीत की एक फैंटेंसी भी है।

- **इधर आपकी प्रदर्शनियों में एक बात गौर करने की है कि आप बाजार को बहुत कम महत्व देते हैं। इधर भारत में पेंटर की 'स्टार वैल्यू' बढ़ी है लेकिन आप बाजार के प्रति उदासीन नजर आते हैं। सहयोग सम्मिश्रण की बहुत ज्यादा मांग तो नहीं होगी।**

भारत में पहली बार कला बाजार एक संस्था के रूप में उभरना शुरू हुआ है। अब पहले बीज नजर आ रहे हैं। हर तरह के समाज में—धार्मिक, सामंती समाजवादी—कलाकार को संरक्षण की जरूरत रही है। कोई भी कलाकार कला को पूरा समय आखिर कैसे दे? बुर्जआ पूंजीवादी ढांचे में कलाकार एक व्यावसायिक ढांचे में काम करता है। पचास के दशक में यानी नेहरू युग में स्थिति दूसरी थी। एक इमारत बनती है तो एक प्रतिशत कला पर भी खर्च हो जाए। लेकिन अब हम पूंजीवादी व्यावसायिकता को देख रहे हैं। इन चीजों के साथ हमारा क्या रिश्ता हो? स्व. कृष्ण कुमार और उनके साथी रोमांटिक रेडिकल की तरह इस संस्था से बाहर रहकर काम करना चाहते थे। पर हम अपना काम नहीं बेचेंगे तो कब तक काम जारी रख सकेंगे? स्थिति के पॉजिटिव और नेगेटिव दोनों ही रूप हैं। मैं आज भी बुनियादी रूप से चाक्षुष 'पिक्टोरियल' कलाकार हूं। इस प्रदर्शनी में भी 50 प्रतिशत हिस्सा इसी बात को बताता है। 'साइंस ऑफ फायर' के बाद से ही मैं बाजार से अलग होता गया हूं। लेकिन जब मेरे पास आकर कला का कोई ग्राहक एक पेंटिंग को खरीदता है और कहता है कि इसी तरह की किसी पेंटिंग के

लिए अग्रिम रकम देना चाहता हूं, तो मैं इसके लिए तैयार नहीं हूं। बिना देखे यह क्यों काम खरीदना चाहता है? सच तो यह है कि मैं सिर्फ कला प्रेक्षक से ही नहीं खरीदार से भी उम्मीद करता हूं कि वह मेरी कला से आसान रिश्ता न बना ले। आज मीडिया में कला 'आउट ऑफ फोकस' है और सारा फोकस कलाकार पर है।

(1992)

विवान सुंदरम का 'इमर्जेंसी' रेखांकन

थोटा वैकुंठम

थोटा वैकुंठम (जन्म : 1942) आज कला की दुनिया में तेलंगाना (आंध्रप्रदेश) स्त्रियों के अद्वितीय चितेरे के रूप में विख्यात हो चुके हैं। पिछले लगभग पंद्रह साल से जैसे वह इन स्त्रियों के अद्‌भुत और अलग तरह के रंग-रूप को ही चित्रित करते चले जा रहे हैं। 1988 से पहले वैकुंठम आंध्रप्रदेश में ही पहचाने जाते थे। भारत भवन की द्वैवार्षिक अंतर्राष्ट्रीय प्रदर्शनी में पुरस्कार पाने के बाद उनकी ख्याति बढ़ने लगी। उन्हीं दिनों बी नरसिंह राव की चर्चित फिल्म 'दासी' के कला निर्देशन के लिए भी वैकुंठम को राष्ट्रीय पुरस्कार मिला। 1993 में उन्हें ललित कला अकादेमी का राष्ट्रीय पुरस्कार मिला। वैकुंठम को देश-विदेश में अपने प्रदेश के एक अन्य चर्चित कलाकार लक्ष्मा गौड़ की तरह ही एक महत्वपूर्ण चित्रकार के रूप में पहचाना जाने लगा। तेलंगाना की सांवली, मोटे होंठों, भव्य नथ, गाल पर पीले रंग की 'बिंदी' और रंग-बिरंगी साड़ियों वाली स्त्रियों की असंख्य मुद्राएं वैकुंठम ने चित्रित की हैं। क्या वह थके नहीं हैं? क्या इस छवि के वह कैदी नहीं हो गए हैं? क्या उन्हें बदलाव की बेचैनी नहीं महसूस हो रही है?

इन सवालों को दो तरह से देखा जा सकता है। एक बड़े कलाकार ने अपनी वास्तविक दुनिया को पा लिया है। इस कलाकार पर बदलाव का दबाव क्यों डाला जाए? (जाहिर है कि कला का सफल बाजार भी यह नहीं चाहेगा) दूसरा सवाल यह हो सकता है कि थोटा वैकुंठम क्या अपनी कला के अंतिम चरण को पा चुके हैं? और इस अंतिम चरण में असंख्य संभावनाएं हैं।

अभी तक कला की दुनिया वैकुंठम के संसार में अच्छी तरह परिचित नहीं थी। संकोची स्वभाव के वैकुंठम व्यवस्थित नहीं रहे हैं। आर्ट एलाइव गैलरी ने पिछले दिनों वैकुंठम की चित्रों की एक पुनरावलोकन प्रदर्शनी करके उनकी कला के विकास को समझने का एक गंभीर और दुर्लभ अवसर दिया है। सुषमा बहल के संपादन में आर्ट मास्टर्स सिरीज में वैकुंठम पर एक बड़ी और सुदंर पुस्तक भी प्रकाशित हुई है। इसमें संपादक के अलावा बी. नरसिंह राव, जगदीश मित्तल, एच.ए. अनिल कुमार, अलका पांडे के लेख, विश्लेषण और संस्मरण वैकुंठम की स्त्रियों के विविध संसार से प्रेक्षक का परिचय कराते हैं। वैकुंठम की स्त्रियां सिर्फ सुंदर, इरॉटिक और रंग-बिरंगी ही नहीं हैं। आज एक नजर में तेलंगाना स्त्री का यह अद्‌भुत रूप रोमांटिक और शृंगार प्रधान नजर आता है। कभी-कभी एक हरा तोता भी इस छवि को और प्रबलित कर देता है। लेकिन वैकुंठम की दुनिया में और पीछे जाने के बाद हमें इस छवि की जटिलता और कलात्मक महत्व के बारे में पता चलता है।

वैकुंठम ने अपनी कला में पुरुषों को बहुत कम स्थान दिया है। कम-से-कम एक जोड़े के रूप में वे बहुत कम नजर आते हैं। कभी-कभी कोई पुरुष बांसुरी बजाता नजर आता है। पर वैकुंठम की दुनिया में पुरुषों का अर्थ है—पंडित। उन्होंने 'अय्यागारलू' पंडितों के अनेक पोर्ट्रेट बनाए हैं। ये बहुत पढ़े-लिखे ऊंचे संस्कारों वाले पंडित हैं। वैकुंठम की कला इन दो दुनियाओं में विभाजित है। एक ओर तेलंगाना स्त्रियों की विशिष्ट मुद्राएं और सौंदर्य और दूसरी ओर 'अय्यागारलू' पंडितों का तेज और 'पढ़ा-लिखापन'। जाहिर है कि स्त्रियां असंख्य हैं और पंडितों की संख्या बहुत कम है।

आमतौर पर वैकुंठम बहुत बड़े आकार के चित्र नहीं बनाते हैं। पोस्टकार्ड आकार से शुरू होकर 'मीडियम' आकार के चित्र ही वह बनाते हैं। कभी-कभी उनके एक ही चित्र में कई छोटे-छोटे आकार की स्त्रियां संयोजित होती हैं। वैकुंठम ने छोटे-छोटे लकड़ी के बक्सों के साथ भी कुछ दिलचस्प प्रयोग किए हैं। बक्सों के ऊपर तेलंगाना स्त्रियां हैं और खुलने पर भी उनकी आकर्षक मुद्राएं हमारे सामने आती हैं।

सिनेमा माध्यम भी वैकुंठम की रचनात्मकता को एक अलग दिशा देता रहा है। फिल्मकार-लेखक बी. नरसिंह राव उनके पुराने मित्र हैं। वैकुंठम ने उनकी अनेक फिल्मों में कला निर्देशक के रूप में काम किया है। 'मां भूमि', 'दासी', 'रांगुना काला' आदि उनकी कुछ फिल्में पर्याप्त चर्चा पा चुकी हैं।

एक कलाकार के रूप में वैकुंठम की 'पर्फेक्ट' तेलंगाना स्त्री की खोज जारी है। आर्ट एलाइव की निदेशक सुनयना आनंद ने पुस्तक की भूमिका में वैकुंठम को उद्धृत किया है, ''अद्भुत हैं तेलंगाना की स्त्रियां! पुरुष के रूप में मैं एक स्त्री के सौंदर्य और फॉर्म से प्रेम करता हूं। आप जानते हैं कि वे सरल-सी स्त्रियां हैं। खूब मेहनत करती हैं और उनमें शारीरिक ताकत की कमी नहीं है। और उनकी चिरस्थाई निष्कपटता को देखिए। मेरे लिए कला महत्वपूर्ण है—उनकी शारीरिकता को बौद्धिकता प्रदान करना नहीं।''

पर इस पुनरावलोकन प्रदर्शनी में वैकुंठम का पुराना काम भिन्न होते हुए भी अलग से आकर्षित करता है। सत्तर और अस्सी के दशक में कागज पर चारकोल में वैकुंठम ने बहुत प्रभावशाली काम किया था। अखबारी कागज पर तैलरंगों में भी उनकी स्त्रियां आकर्षित करती हैं। लक्ष्मा गौड़ वैकुंठम से दो साल सीनियर हैं। उनके प्रिंट्स, जलरंगों में आंध्रप्रदेश के ग्रामीण जीवन की प्रकृति और इरॉटिक रूप के अद्भुत उदाहरण हमें मिलते हैं। वैकुंठम के अनेक प्रारंभिक चित्रों में इरॉटिक रूप प्रभावशाली हैं पर प्रकृति ने उन्हें आकर्षित नहीं किया है। सिर्फ मनुष्य की फॉर्म उन्हें आकर्षित करती है।

वैकुंठम ने इस पुस्तक में स्वीकार किया है कि कभी वह एक पियक्कड़, फक्कड़, कामुक व्यकित थे। एक बार गंभीर रूप से बीमार हो गए। धीरे-धीरे वह परिवार, संतुलित जीवन और कला साधना की दुनिया में वापस आए। यह वापसी आधुनिक भारतीय कला के लिए भी सुखद साबित हुई है।

(2005)

शमशाद की कलाकृति

शमशाद

मुंबइया फिल्मी दुनिया की तरह इन दिनों कला की दुनिया में भी सफल कलाकार अक्सर अपने बच्चों को कलाकार बनाने की कोशिश करते हैं। पर अगर माता या पिता का बहुत नाम हो तो संतान के लिए अपनी भाषा बनाना एक बड़ी चुनौती भी हो जाती है। परमजीत सिंह-अर्पिता सिंह की बेटी अंजुम सिंह या मनु पारेख-माधवी पारेख की बेटी मनीषा के सामने यही दिक्कतें आई थीं। पर उन्होंने अपना रास्ता और अपनी खास पहचान बनाई। अगर आपका पिता मकबूल फिदा हुसेन हो तो आप क्या करेंगे? आसानी से हुसेन को देश का सबसे बड़ा या चर्चित कलाकार माना जा सकता है। यह जगह उन्हें पचास साल पहले ही मिल गई थी। लेकिन पिछले पचास साल में हुसेन सरीखी 'एनर्जी' कोई और कलाकार नहीं दिखा पाया है। फिल्म में अगर अमिताभ बच्चन सुपरस्टार हैं तो कला में हुसेन सुपरस्टार हैं। कोई आश्चर्य नहीं कि कई साल पहले हुसेन ने अमिताभ बच्चन से प्रेरणा पाकर एक पेंटिंग भी बनाई थी।

हुसेन के दो बेटे चित्रकार हैं—बड़े बेटे शमशाद ने लंबे संघर्ष के बाद अपने काम के साथ 'हुसेन' जोड़े बिना पहचान बनाई है। ओवेस शमशाद से उम्र में काफी छोटे हैं। वह जब बच्चे थे तो पिता का काफी नाम ही नहीं था—घर की आर्थिक स्थिति भी अच्छी हो गई थी। ओवेस ने कलाकार और फिल्मकार दोनों रूपों में ही अपनी रचनात्मकता को एक दिशा देने की कोशिश की है। 'मीनाक्षी : ए टेल ऑफ थ्री सिटीज' में वह हुसेन के सहनिर्देशक है, बल्कि हुसेन कहते हैं कि 'मनाक्षी' 70 प्रतिशत ओवेस की है—मेरा योगदान तीस प्रतिशत है। पश्चिमी कला के इतिहास में अगस्त रेनुआ सरीखे महान चित्रकार के बेटे जा रेनुआ ने फिल्म विधा को अपनाकर पिता के मुकाबले की जगह बनाई थी। पर हुसेन चित्रकार भी हैं, फिल्मकार भी। बच्चों के लिए नया रास्ता खोजने की गुंजाइश थोड़ी कम हो जाती है।

शमशाद ने बचपन में आर्थिक तंगी की जिंदगी देखी है। जब वड़ोदरा कला महाविद्यालय से 1968 में उन्होंने पेंटिंग में डिप्लोमा किया तो उन्होंने फैसला किया मैं भी चित्रकार ही बनूंगा। उस समय यह निर्णय शमशाद के लिए अधिक चुनौतीपूर्ण था। उन दिनों हुसेन का बेटा होने का अर्थ दूसरा था। हुसेन की छवि से अलग छवि बनाना एक मुश्किल काम था।

शमशाद मुंबई के जे.जे. स्कूल ऑफ आर्ट में भी पढ़ सकते थे। घरवाले यही चाहते थे। पर शमशाद मुंबई छोड़ देना चाहते थे। अपनी अलग पहचान बनाने के लिए उन दिनों वड़ोदरा कला महाविद्यालय सही जगह थी। मुंबई में शमशाद की संगत सिर्फ पढ़े-लिखे संस्कृति कर्मियों की नहीं थी। थोड़ी बहुत गुंडागर्दी (दादागिरी मारपीट) के दिन भी शमशाद ने देखे थे। इसके अलावा शानदार अंग्रेजी न बोल पाने ने भी एक मुश्किल पैदा कर दी थी। शमशाद एक प्रसिद्ध पिता के बहुत पढ़े-लिखे, सॉफिस्टिकेटेड, 'मिस्टर क्लीन' की छवि रखने वाले छात्र नहीं थे। वड़ोदरा आए तो उन्हें कई तरह की दिक्कतों का सामना करना पड़ा।

मुंबई में घर की हालत अच्छी नहीं थी। उन दिनों स्कूल की फीस देना भी मुश्किल था। वक्त पर फीस न देने वाले बच्चों को आखिरी बैंच पर खड़े होने की सजा मिलती थी। शमशाद चुपचाप खुद ही वहां जाकर खड़े हो जाते थे। पर चित्रकार कहीं-न-कहीं उस बचपन में भी छिपा था। वह कोयला लेकर रेखांकन बनाने लग पड़ते थे।

वड़ोदरा पढ़ने के लिए आए तो पिता ने अपने बेटे को एक मित्र का नाम बताया कि जब जरूरत पड़े तो 'चचा' से पैसे उधार ले लेना। शमशाद ने एक बार चचा से 300-400 रुपए ले लिए। उन्हें यह नहीं पता था कि

सारा हिसाब-किताब वालिद साहेब (हुसेन) ने पास भेजा जाता है। वालिद साहेब ने इस रईसी के लिए खूब डांटा। शमशाद ने एक ट्रैक्टर कंपनी में नौकरी करने की भी असफल कोशिश की। अच्छे कपड़े साइकिल, नौकरी आदि का सपना टूट गया जब ट्रैक्टर में सफाई, नट-बोल्ट आदि लगाने की मजदूरी करनी पड़ी। एक दिन काम करके ही देख लिया कि यह काम अपने बस का नहीं।

पढ़ाई के बाद वड़ोदरा छोड़कर दिल्ली आने का फैसला किया। उधार चुकाने के लिए कपड़े तक बेचने पड़े। जेब में तीस रुपए और हाथ में होल्डाल, बर्तन, चूल्हा आदि लेकर दिल्ली के जंगपुरा में कलाकार के संघर्ष के लिए शमशाद आ गए। मकान मालकिन अच्छी मिल गई। उसकी कला में भी दिलचस्पी थी। हैदराबाद में नुमाइश थी। जेब में पैसे नहीं थे। मकान मालकिन ने सौ रुपए दिए। शमशाद ने 35 रुपए का तीसरे दर्जे का टिकट खरीदा, हाथ में पेंटिंग का रोल लिया और पहुंच गए हैदराबाद। हैदराबाद में मदद के लिए लक्ष्मा गौड़, देवराज सरीखे मित्र थे ही।

शमशाद ने 1970 में जब शादी कर ली तो जिम्मेवारियां और बढ़ गईं। घर का राशन दो दुकानों से आता था। एक ही जगह से उधार मिलना आसान नहीं था।

आज शमशाद की दुनिया दूसरी है। उनसे जब बात हो रही थी तो उनके सामने एक खाली कैनवास पड़ा था। ''चंडीगढ़ से एक खरीददार आने वाले हैं। उन्हें दिखाने के लिए मेरे पास पेंटिंग ही नहीं है।'' एक बड़ी गैलरी के मालिक पिछले दिनों काम खरीदने के लिए घर आए तो 1967 के नौ पुराने रेखांकन भी खरीदकर ले गए। कागज पर काम था जो बाद में कपड़े पर चिपका दिया गया था। उन दिनों आर्ट मैटीरियल के लिए पैसे नहीं होते थे। चित्रकार विनोद राय पटेल पढ़ाते थे। उन्होंने कहा, बड़ा काम क्यों नहीं करते हो? स्कूल का एक रोल दे दिया उन्होंने काम करने के लिए।

तो आज फिर इस कला बाजार की हलचल और हर पुराने काम को मुंह मांगी कीमत पर बेचैनी से खरीद रहे गैलरी वालों को देखकर कैसा लगता है? ''अच्छा लगता है, पर बहुत जल्दी ही मुश्किल भी आ सकती है। आज खरीदने वाले यही सोच रहे हैं कि कैसे कुछ समय बाद काम को और ऊंचे दामों में बेच दिया जाए। टाइम्स बैंक ने जैसे तैयब मेहता की पेंटिंग 15 लाख में खरीदकर डेढ़ करोड़ में बेच दी वैसे ही सपने सबके हो गए हैं। कई खरीदने वाले पता होने के बाद भी डुप्लीकेट काम खरीदते हैं। कीमतों को लेकर हमारे यहां कोई कानून है ही नहीं। अब तो फ्रेमर भी कला के बड़े व्यापारी बन गए हैं।''

वालिद साहेब की एनर्जी देखकर ईर्ष्या-सी नहीं होती है कि काश! मैं भी ऐसे काम कर पाता। ''हां, ऐसा महसूस तो जरूर होता है पर वह हमेशा दोस्त की तरह बात करते हैं। उनसे इंसानियत सीखी है। वह कहते हैं कि यह मत सोचो कि हम ही सही हैं और दूसरे गलत हैं। उनसे यह भी सीखा है कि काम करते रहना चाहिए। पैसा आए न आए। वालिद साहेब तो हर वक्त बेचैन रहते हैं। थक जाते हैं तो थोड़ा-सा आराम कर लेते हैं। फिर काम शुरू हो जाता है। शुरू में विदेश जाते थे तो मुझे चिट्ठियां भी लिखते थे। अपने अनुभव बताते थे।''

शमशाद ने आंध्रप्रदेश के आम आदमियों को गहरे स्तर पर 'आब्जर्व' किया और धीरे-धीरे अपनी चित्र भाषा विकसित की। ''खासतौर पर औरतों को आब्जर्व करके मैंने बहुत सीखा। जब छात्र था तो बस्तर की यात्रा ने बहुत प्रभावित किया था। वहां की औरतें खूबसूरत नहीं हैं पर मेहनती होने के कारण 'बॉडी स्ट्रक्चर' अद्भुत है। आदमी काम नहीं करते थे, शराब में डूबे रहते थे। औरतें खेत, बच्चे, शराबी पति सबको संभालती थीं। पर एक जापानी कंपनी खुल जाने के बाद जब उन औरतों को लिपस्टिक और नायलॉन की साड़ी वगैरह मिल गई तो खूबसूरती भी बदलने लगी। अब पता नहीं क्या हाल है।''

कुछ समय पहले शमशाद ने मार्केस के उपन्यास 'लव इन द टाइम ऑफ कॉलेरा' से प्रेरणा पाकर कुछ अलग तरह के चित्र भी बनाए थे। इस श्रृंखला में रंग-रूपाकारों में बड़ा बदलाव आया था। पर शमशाद के आम आदमी, उनके चेहरे, उनकी मुद्राएं प्रेक्षक को प्रभावित करती रही हैं। ''सफलता को शमशाद ने सर पर सवार नहीं होने दिया है। कोई युवा कलाकार भी प्रदर्शनी का कार्ड भेजता है तो वह उसे देखने जाते हैं। पिता की तरह वह 'शो मैन' नहीं हैं। वैसी प्रतिभा उनमें नहीं है। पर आज उनके हस्ताक्षर की अपनी एक अलग पहचान है।

(2004)

जय झरोटिया

इकत्तीस साल तक दिल्ली कला महाविद्यालय में अध्यापन के बाद जय झटरोटिया हाल में ही रिटायर हुए हैं। इसी कला महाविद्यालय में उन्होंने कला का प्रशिक्षण प्राप्त किया था। कुछ समय बाल-भवन में पढ़ाने के बाद जय महाविद्यालय में आ गए। पर पिछले तीन दशक में उन्होंने अपने भीतर के कलाकार को बराबर जीवित रखा। आज उनकी कला अपनी काव्यात्मकता, दार्शनिकता और फंतासी के कारण पहचानी जाती है। एक प्रिंटमेकर के रूप में—खासतौर पर सिल्क स्क्रीन में उन्होंने उल्लेखनीय प्रयोग किए हैं। कांस्य मूर्तिशिल्प और सिरेमिक्स में भी उन्होंने सक्रियता दिखाई है। पर कला की दुनिया में उनकी पहचान एक संवेदनशील चित्रकार के रूप में ही है।

महाविद्यालय से रिटायर होने की पूर्वसंध्या पर एक लंबी बातचीत में जय ने कहा, ''कला अब एक व्यापार ज्यादा हो चुकी है। पर कलाकार को व्यापारी की तुलना में कम लाभ मिल पा रहा है। पिछले दिनों टाइम्स ऑफ इंडिया ने मुझसे संपर्क किया। इन दिनों वे ऐसे कलाकार खोज रहे हैं जिनमें बाजार की दृष्टि से संभावनाएं हों। चालीस प्रतिशत कलाकार को मिलेगा और बचा हुआ साठ प्रतिशत प्रचार पर खर्च किया जाएगा।'' तैयब मेहता की पंद्रह लाख की पेंटिंग डेढ़ करोड़ में बेचकर वे लोग कला बाजार में हड़कंप मचा ही चुके हैं।

''कलाकार के पास कोई दूसरा रास्ता नहीं है। लोकप्रिय होने के बाद भी वह आसानी से क्लाइंट तक पहुंच नहीं सकता है। वह इस व्यापार में शामिल होने के लिए मजबूर है।''

युवा कलाकारों को क्या इस स्थिति का लाभ मिल रहा है? पूछने पर वे कहते हैं, ''इसमें कोई शक नहीं कि युवा कलाकारों को ज्यादा फायदा पहुंच रहा है। उनका स्टार्टिंग प्वाइंट ही बहुत ऊंचा हो गया है। पुराने कलाकार एक-एक करके सीढ़ियां चढ़ते थे। आज के युवा कलाकार पहले ही तीसरी मंजिल पर पहुंच जाते हैं। हुसेन का एक बड़ा योगदान कला की कीमतें बढ़ाने का है। दूसरे कलाकारों ने भी अपनी कीमतें बढ़ा दीं और कला बाजार ने भी इन कीमतों को स्वीकार कर लिया है। पर दुःख की बात है कि आज का कलाकार पूरी तरह से पश्चिम से प्रभावित है।''

जय झरोटिया का मानना है कि शांति निकेतन में और 'नैरेटिव आर्ट' के दिनों में वड़ोदरा कला महाविद्यालय में भी छात्र अपने अध्यापकों के काम का अनुकरण करते थे। ''बच्चों को अपनी चीज खोजनी चाहिए। अपने भीतर झांकना चाहिए।''

दिल्ली कला महाविद्यालय में एक छात्र के रूप में जय झरोटिया को दो अध्यापकों राजेश मेहरा और पी. एन. मागो ने खासतौर पर प्रभावित किया। ''मागो साहब की 'क्लैरिटी ऑफ माइंड' आज तक प्रभावित करती है। राजेश मेहरा उन दिनों में भावनात्मक रूप में प्रेरित करते थे। मिसाल के लिए वह जब मॉरिस ग्रेव्स जैसे चिड़ियों के चित्रकार के बारे में बताते हुए उनके द्वारा चित्रित अंधी चिड़ियों की चर्चा कर रहे होते थे तो सारी बात इतना भावुक होकर बताते थे कि सबकुछ दिल पर छप जाता था। वे बातें कभी भूलती नहीं थीं। हम इमोशनली चार्ज हो जाते थे।''

जय मानते हैं कि कला की दुनिया में भीतरी खोज आसान नहीं है। कला के क्षेत्र में जो छात्र 'क्लैरिटी' खोजना शुरू करते हैं उस खोज को बनाए रखना आसान नहीं है। कलाकार जब कॉलेज से बाहर आता है तो पांच-छह साल के अंतराल के बाद ही उसे पता चलता है कि वह कितने पानी में हैं। सामान्य स्तर से वह ऊपर उठ पाया है या नहीं? ''नहीं तो वह दब जाता है, बासी पड़ जाता है। उसे जूझकर ऊपर आना होता है।''

जय जब अपने छात्रों की बात करते हैं तो उस दौर को याद करते है जब कंचन चंदर, जगदीश, सुब्बा घोष, नीरज गोस्वामी, शुक्ला सावंत, शीला मखीजानी आदि का ग्रुप कॉलेज में सक्रिय था। ''कंचन और जगदीश में मैंने शुरू से ही एक चमक देख ली थी। आपमें अगर कुछ करने की इच्छा हो तो मिडल लेवल के छात्र भी जिज्ञासा और खोज के बल पर बहुत कुछ हासिल कर लेते हैं। हेमराज, ओमपाल आदि का विकास धीरे-धीरे ऐसे ही हुआ।''

जय झरोटिया कभी-कभार हिंदी में कविताएं भी लिखते हैं। बेगम अख्तर की गायी गालिब की गजलें सुनकर वह कविता के करीब आए। हिंदी कवि सौमित्र मोहन से परिचय हुआ। दिल्ली शिल्पी चक्र में सौमित्र की कविताएं सुनीं। बहुत प्रभावित हुए। उन्होंने देवेंद्र सत्यार्थी पर एक कवित सुनाई थी जिसमें सत्यार्थी का वर्णन एक जादुई आदमी के रूप में हुआ था। ''मेरा सोचने का ढंग भी ऐसा ही था। बाद में सौमित्र की लंबी कविता 'लुकमान अली' पढ़ी तो मैंने स्वयं को सौमित्र के और करीब पाया। लुकमान अली में विजुअल इमेजरी थी। फक्कड़पन था। उसका नजरिया जादुई था। मेरे अंदर भी वैसी ही तरंगे पैदा हुआ करती थीं।

एक कॉमिक फैक्टर भी था। लुकमान अली में उपेक्षित युवक की छवि भी मेरे बहुत करीब थी। 1979 से मैंने लुकमान अली शृंखला पर काम शुरू किया। 50-60 चित्र बनाए होंगे। शुरू में वाटरशीट पर श्वेत-श्याम में काम किया। बाद में रंगों में लुकमान मेरे सोच का हिस्सा बन गया था। आज भी वह मेरे भीतर तरंगे पैदा करता है। उपेक्षित होने के कारण अपनी उपस्थिति दर्शाने के लिए वह एक शरारती व्यक्ति की हरकतें करता है।'' जय चीजों को कभी लुकमान की तरह देखते थे तो कभी बचपन में पढ़े विवेकानंद के साहित्य के यौगिक प्रभाव से चीजों को देखते थे। ध्यान, साधू, दाढ़ीवाले चित्रों का विषय बन जाते थे। कभी प्लेटो का दर्शन प्रभावित करता था कि सब ठीक होना चाहिए। बुरा नहीं होना चाहिए। 'गेम ऑफ लव' ने प्रभावित-प्रेरित किया क्योंकि आदमी औरत को फुसलाता रहता है। वह प्यार नहीं, खेल करता है। चित्रों में जोकर आ गए। आप कुछ हैं पर आप अपने को कुछ और कर सकते हैं। अपने आप को दिखाने की कोशिश—'डुएल पर्सनेलिटी' आकर्षित करने लगी। अंत में इच्छा और उसके विस्तार ने प्रभावित किया। आप 'ईगो' से प्रभावित हैं और वह आपको प्रभावित करता है

साठ के दशक में अधिकांश युवा कलाकारों को वॉन गॉग, पाउल क्ले, गोगां, पिकासो आदि का काम प्रभावित करता था। जय को शुरू में पाउल क्ले की 'लीनियर क्वालिटी' ने अधिक प्रभावित किया। एक कारण यह भी था कि उन दिनों पेन और कागज ही खरीदने की क्षमता थी। मार्क शागाल की उड़ती हुई आकृतियां भी प्रभावित करती थीं लेकिन बाद में पिकासो की कला का महत्व समझ में आया। ''आधुनिक कला में दो रास्ते हैं। एक चीनी कला का रास्ता और दूसरा घनवाद (क्यूबिज्म) और पिकासो का रास्ता। जब तक आप इन दो चीजों को नहीं समझते हैं आपके द्वार खुलते नहीं हैं। चीनी कला का ब्रश वर्क और इमेज कंस्ट्रक्शन आधुनिक मापदंडों पर आधारित है। इमेज में केवल अनुकरण नहीं है। अमूर्त तत्व भी मौजूद हैं।''

भारतीय कलाकारों में जय तैयब मेहता, हुसेन, ए. रामचंद्रन, जेराम, पटेल आदि से प्रभावित थे। पर प्रभाकर बर्वे का संवेदनशील काम बहुत आकर्षित करता था। पुराने कलाकारों में नंदलाल बोस, यामिनी राय, सोमनाथ होर आदि कुछ ऐसे नाम थे—जो अपने काम में पश्चिम का अंधा अनुकरण नहीं करते हैं, प्रामाणिकता को खोजते हैं और उनमें रचनात्मकता की अद्वितीयता है।

(2005)

अमिताभ दास

अमिताभ दास (जन्म : 1947), मनजीत बावा, जोगेन चौधरी, अर्पिता सिंह, मृणालिनी मुखर्जी जैसे नाम सत्तर के दशक में दिल्ली में एक साथ उभरे थे। इनमें से कुछ कलाकार ललित कला अकादेमी के गढ़ी स्टूडियो कांप्लेक्स में काम करते थे। आपस में बातचीत, बहसें होती थीं। एक-दूसरे के काम के बारे में खुलकर बातचीत होती थी। इन कलाकारों में स्थापित कलाकारों की आलोचना करने का साहस था और उन्हें एक नए ढंग से समझने की दृष्टि भी उनके पास थी। उन दिनों गढ़ी में स्वामीनाथन, कृष्ण खन्ना, संतोष, हिम्मत शाह सरीखे कलाकार भी आकर काम करते थे। कला समीक्षक अगर सप्ताह में एक शाम गढ़ी चले जाते थे तो उन्हें बहुत कुछ देखने-समझने का मौका मिलता था।

आज दिल्ली में ऐसी कोई जगह नहीं है। गढ़ी है, वहां ढेरों कलाकार भी सक्रिय हैं पर महत्वपूर्ण कलाकार वहां कम ही जाते हैं। आज गढ़ी अकादेमी की वर्कशाप लगती है। तब वह कलाकारों का साधना स्थल था।

अमिताभ दास से इन पंक्तियों के लेखक की प्रारंभिक मुलाकातें गढ़ी में ही होती थीं। सत्तर के दशक में समकालीन भारतीय कलाकार पश्चिमी आधुनिकता के आतंक से मुक्त होकर पहली बार जैसे अपनी वास्तविक जमीन खोज पा रहे थे। आज अपने कुछ ग्लैमरस साथियों के मुकाबले में अमिताभ दास एक अलग तरह से 'सफल' कलाकार नजर आते हैं। मनजीत बावा जब एक बहुत सफल नाम माने जाने लगे थे तो एक इंटरव्यू में इन पंक्तियों के लेखक ने उनसे एक प्रश्न पूछा, "कौन से ऐसे कलाकार हैं जो अच्छे हैं पर कला की दुनिया ने उन्हें ठीक से पहचाना नहीं?" तब मनजीत ने दो नाम गिनाए थे—गणेश हलोई और अमिताभ दास।

दरअसल अमिताभ दास की 'सफलता' अपने ढंग की और विनम्र है। उन्हें साक्षी गैलरी सरीखी बड़ी कला दीर्घाओं का 'सपोर्ट' मिला है। उनकी प्रदर्शनियों की पर्याप्त चर्चा हुई है। दूरदर्शन के लिए बनाई गई शृंखला 'पोर्ट्रेट ऑफ पेंटर' में रामचंद्रन, गुलाम शेख, जोगन चौधरी, पदमसी, अर्पिता सिंह, मनजीत बावा आदि नामों की 'ग्लैमरस कंपनी' में फिल्मकार के. विक्रम सिंह अमिताभ दास पर भी एक फिल्म बना चुके हैं। पर अमिताभ दास अपने स्वभाव से ही ग्लैमर से दूर रहने वाले कलाकार हैं। एक बार उनसे पूछा गया कि 'हिना' फिल्म के लिए हुसेन ने चित्र बनाए हैं, अगर आपको कोई ऐसा अवसर मिले तो आप क्या उसे स्वीकार करेंगे? अमिताभ ने सोचकर जवाब दिया, "नहीं, अलबत्ता तारकोवस्की जैसे किसी निर्देशक के लिए पेंटिंग बनाई जा सकती है।"

अमिताभ को श्रेष्ठ संगीत, साहित्य और सिनेमा पंसद है। वह शुरू से ही बीटाफेन, रवींद्रनाथ ठाकुर, जीवनानंद दास, तारकोवस्की, सत्यजित राय सरीखे नामों की 'कंपनी' में अपने को सहज पाते रहे हैं। बचपन शिमला में बीता था। प्रकृति ने शुरू से ही उन्हें प्रभावित किया। शिमला का अनुभव, वहां के जीवन की रफ्तार बिल्कुल अलग तरह की थी। बाद में चित्रकार के रूप में अमिताभ ने जब स्पेस की समस्याओं को, पेड़ और प्रकृति को महत्व दिया तो इसके पीछे बचपन का यह अनुभव भी सक्रिय था।

अमिताभ दास शिमला से दिल्ली आ गए। बंगाली परिवारों में संस्कृति के संस्कार रचे-बसे रहते हैं। बुआ वाश पेंटिंग करती थीं और चाचा इसराज वायलिन, स्टील की बांसुरी बजाते थे। छोटे चाचा गाते भी थे। "उन दिनों रेडियो पर हर शनिवार रात को जब शास्त्रीय संगीत का राष्ट्रीय कार्यक्रम प्रसारित होता था तो हम सब लोग लगभग धार्मिक ढंग से बैठकर रेडियो सुनते थे। ग्रामोफोन का भी एक अलग रोमांस था।"

अमिताभ पेंटिंग के प्रति बचपन से आकर्षित थे। शिमला में पिता के एक मित्र जलरंग चित्र बनाते थे।

अमिताभ को उन दिनों की याद है। भले ही उनका काम याद नहीं है पर उनसे बादलों के रंग-रूपाकार बदलने की बातचीत याद है। घर में अमिताभ की बड़ी बहन सुचित्रा चितेरी थी। वह दिल्ली कॉलेज ऑफ आर्ट में एप्लाइट आर्ट की छात्रा थी।

अमिताभ के दादा कोलकाता से वाराणसी गए और वहां कुछ साल रहने के बाद दिल्ली के चांदनी चौक इलाके में बस गए। अमिताभ के पिता सरकारी नौकरी में थे। मंडी हाउस के पास ही सरकारी मकान मिल गया था। "उन दिनों जब हमें चांदनी चौक जाना होता था तो हम कहते थे—शहर जा रह हैं।" पर कलाकार अमिताभ का वास्तविक शहर कोई और ही था—चांदनी चौक नहीं। अमिताभ जहां रहते थे वहां कला दीर्घाओं में जाना बहुत आसान था। इस तरह से कलाकार बनने की इच्छा को बराबर बढ़ावा मिलता रहा।

स्कूल के दिनों में अमिताभ दास को रवींद्रनाथ ठाकुर के चित्रों की अनुकृतियों की प्रदर्शनी ने बड़ा प्रभावित किया था। उन दिनों बहुत से बड़े कलाकार रवींद्रनाथ को एक पेंटर नहीं मानते थे। एक बार एक कला दीर्घा में बातचीत के दौरान अमिताभ को यह जानकर बड़ा धक्का लगा कि पदमसी भी रवींद्रनाथ को चित्रकार नहीं मानते हैं, बल्कि दिल्ली कॉलेज ऑफ आर्ट में लेक्चरर की पोस्ट में अमिताभ का चयन नहीं हुआ क्योंकि प्रदोश दास गुप्ता से इंटरव्यू के दौरान उनकी बहस चित्रकार रवींद्रनाथ को लेकर हो गई। प्रदोश दासगुप्ता इस बात पर अड़े रहे कि रवींद्रनाथ चित्रकार नहीं हैं। प्रिंसिपल विश्वनाथ मुखर्जी बहस में अमिताभ के साथ थे। रणवीर सिंह कालेका का इस इंटरव्यू में चयन हुआ। (बाद में वह ब्रिटेन चले गए और कई साल वहां रहने के बाद अब दिल्ली में फ्रीलांसर के रूप में काम करते हैं)। शायद अमिताभ के साथ यह अच्छा ही हुआ। कॉलेज में अध्यापक के रूप में उनकी रचनात्मकता को वो चुनौतियों न मिलतीं, जो उन्हें बाद में ट्रेड फेयर अथारिटी की नौकरी में मिली।

आज अमिताभ को लगता है कि कॉलेज में रहकर शायद उनका पेंटिंग कैरियर ही खत्म हो जाता। ट्रेड फेयर अथारिटी के काम में अमिताभ को एक साथ कई भूमिकाएं निभानी पड़ती थीं। "बहुत बड़े स्पेस को हैंडल करना एक बड़ी चुनौती थी। आधे वास्तुशिल्पी के रूप में भी काम करना पड़ता था। ग्राफिक डिजाइनर का काम तो था ही। अनगिनत देशों में जाने, प्रदर्शनियां आयोजित करने का भी बराबर मौका मिलता था। उन दिनों ट्रेड फेयर अथारिटी के चेयरमैन मोहम्मद यूनुस थे। वह प्रगति मैदान की एक-एक चीज खुद देखते थे। मैंने उनसे काफी कुछ सीखा। हमें रोजाना एक नई चुनौती का सामना करना पड़ता था।"

अमिताभ ने 1977 में ट्रेड फेयर की नौकरी शुरू की थी। 25 साल बाद 2002 में उन्होंने नौकरी छोड़ दी। अब फ्रीलांसिंग आसान थी। अपनी मर्जी से अपनी पसंद का काम किया जा सकता था।

पिता चाहते थे कि बेटा चार्टर्ड एकाउंटेंट बने पर एकाउंटिंग में साहित्य, संगीत, कला और खेल (अमिताभ क्रिकेट और फुटबाल में भी काफी दिलचस्पी लेते थे) के इस शौकीन छात्र का बिल्कुल मन नहीं लगा। तीन-चार महीने में ही मोहभंग हो गया। प्रिंसिपल ने कहा, दर्शनशास्त्र पढ़ो। "मैं फिलासफी को एक विषय के रूप में नहीं जानता था। शुरू में ही जब लॉजिक पढ़ना पड़ा तो पता चला कि दर्शनशास्त्र तो बड़ा नीरस विषय है।"

1965 में अमिताभ ने कॉलेज ऑफ आर्ट की शाम की कक्षाएं ज्वाइन कर लीं। ईवनिंग कोर्स लंबा था—सात साल का। 1972 में कला की पढ़ाई खत्म हुई। कॉलेज में दाखिले से पहले अमिताभ को कला की कुछ बहुत अच्छी और बड़ी प्रदर्शनियां देखने का मौका मिला था। 1962 या 63 में रवींद्र भवन में हुई फ्रांसीसी कला की एक बहुत बड़ी प्रदर्शनी को वह आज भी आत्मीयता से याद करते हैं। पिकासो, ब्राक, मातीस, शागाल आदि का मूल काम देखने का वह एक दुर्लभ अवसर था। उन दिनों सुरक्षा गार्ड शायद ज्यादा ध्यान नहीं देते थे। अमिताभ ने ब्राक की मूल पेंटिंग को स्वयं छूकर महसूस किया। जाहिर है कि यह एक बड़ा रोमांचक अनुभव था। उन दिनों आधुनिक कलाकारों की रातोंरात अमीर बन जाने की कहानियां भी कम विचित्र नहीं थीं। प्रदर्शनी में बर्नार्द बूफे का काम भी था जिनके बारे में प्रसिद्ध था कि उन्होंने 40 साल की उम्र में एक किला (कासल) खरीद लिया था।

भारत में उन दिनों कलाकार अभी मकान भी नहीं खरीद पा रहे थे—किलों की बात तो दूर थी। अमिताभ के पिता का असमय निधन हो गया। उस समय अमिताभ ने कॉलेज में पढ़ाई शुरू ही की थी। अब उन्हें अपने

कैरियर का फैसला खुद करना था। उन्होंने पेंटिंग में दाखिला लेना उचित समझा।

बाद में ट्रेड फेयर अथारिटी की नौकरी ने दुनिया को—कला को कई तरह से देखने का मौका दिया। कैमरूप और इंडोनिशिया के अनुभव को अमिताभ खासतौर से याद करते हैं। "इंडोनेशिया के लोगों से डांटकर आप काम नहीं करा सकते थे। प्यार से वे सबकुछ कर देते थे। संगीत उन्हें बहुत पसंद था। कैमरून में तानाशाही थी। भारत के राजनयिक संबंध भी नहीं थे। रोम से हमने नाइजीरिया का जहाज लिया और नाइजीरिया से एक पैसेंजर बस सरीखे प्लेन से हम कैमरून पहुंचे। हमें पार्टी के दफ्तर में ही फेयर लगाना था। हमारा लकड़ी का काम चल रहा था। पता चला कि डिक्टेटर महोदय पार्टी की मीटिंग को संबोधित कर रहे हैं। इस ठोका-ठाकी को वह समझ नहीं पा रहे थे। किसी तरह से हमें काम तुरंत बंद करने के लिए कहा गया। वहां आम बहुत होते थे पर बच्चे उन्हें खाते नहीं थे—गेंद की तरह उनका इस्तेमाल खेलने के लिए करते थे।"

ट्रेड फेयर की नौकरी ने अमिताभ दास की रेखांकन क्षमता को भी बहुत आगे बढ़ाने का मौका दिया। पेंटिंग अक्सर वह रात को करते थे। आज भी अपनी पेंटिंग के किसी महत्वपूर्ण हिस्से पर काम करने के लिए वह रात का समय उपयुक्त मानते हैं।

अपने चित्रों के शीर्षकों में अमिताभ ने मोंताले, ऑक्टेवियो पाज, ऑडेन, मिलोश, किंग्सले एमिस, डॉम मो. रेज आदि की कविता पंक्तियों का इस्तेमाल किया है। उनकी कला दरअसल साहित्य, संगीत, सिनेमा और गहरी संवेदना से जन्म लेती हैं। वह बाजार की ओर नहीं देखती—संस्कृति के सरोकारों में रची-बसी रहती है। एक पेंटिंग में अमिताभ ने वर्नन वाटकिंस की एक कविता पंक्ति उद्धृत की है—'रोशनी का एक छोटा-सा टुकड़ा एक महान अकेलेपन को जन्म दे सकता है।' उनकी कला में ऐसे ही कुछ प्रकाश बिंदु खोजे जा सकते हैं।

(2003)

अमिताभ दास से बातचीत

- **पिछले कुछ सालों में समकालीन भारतीय कला बाजार बहुत महत्वपूर्ण हो गया है। कई कलाकार देखते-देखते 'नियोरिच क्लास' का हिस्सा बन गए हैं। आप इस बदलाव को कैसे देखते हैं?**

आज कला का 'वैल्यूएशन' सिर्फ पैसे के हिसाब से हो रहा है। आम जनता अभी 'आर्ट सैवी' नहीं हो पाई है। जो लोकप्रिय है, मीडिया जिसे प्रोजेक्ट कर रहा है उसी को कलाकार समझ जाता है। यह खतरनाक बात है। मीडिया मूल्यांकन नहीं कर रहा है—वह सिर्फ लोकप्रिय को प्रोजेक्ट कर रहा है। पिछले दिनों एक बड़े कलाकार भूपेन खक्खर के निधन की खबर भी बड़े अखबारों में नहीं छपी। अजय देवगन और काजोल अजमेर जाकर बेटे की मन्नत मांगते हैं तो अखबारों के लिए यह एक महत्वपूर्ण खबर है। आज समाज में कलाकार की छवि भी बदल रही है। 'इकानॉमिक्स टाइम्स' में इस तरह की एक टिप्पणी छपी थी कि आज का कलाकार 'स्मार्ट' और 'स्टाइलिश' हो गया है। उसकी छवि एक बैंकर की तरह हो गई है, आदि-आदि।

- **एक जमाना था जब दाढ़ीवाला, बोहेमियन किस्म का आदमी कलाकार था। अब क्या यह छवि अप्रसांगिक हो गई है?**

इतिहास हमें बताता है कि कलाकार की छवि एक ही तरह की नहीं रही है। उन्नीसवीं शताब्दी के प्रारंभिक वर्षों में एक वैज्ञानिक और कलाकार की छवि में कोई खास फर्क नहीं था। यूरोप में हम देखते हैं कि चित्रकार ड्यूरर और वैज्ञानिक न्यूटन की छवि में कोई बड़ा फर्क नहीं था।

- **बाद में इस छवि में 'आवारगी' के तत्व आ गए। इस समाज विरोधी नजर आने वाली छवि को क्यों बढ़ावा मिला?**

दरअसल चित्रकार वॉन गॉग के जीवन पर इरविंग स्टोन के अत्यधिक चर्चित उपन्यास 'लस्ट फॉर लाइफ' सरीखी कृतियों ने कलाकार की रोमांटिक छवि को समाज में बनाया और बढ़ाया। इस तरह के लेखन ने कलाकार के पागलपन को भी 'ग्लैमराइज' किया। नतीजा यह हुआ कि दाढ़ी बढ़ाए, झोला उठाए फक्कड़ किस्म के कलाकार की छवि लोकप्रिय होने लगी। आज के समाज में क्रिकेटर की छवि में पैसा महत्वपूर्ण हो गया है। फैशन डिजाइनर की छवि बहुत महत्वपूर्ण हो गई है, बल्कि उसे एक कलाकार से भी अधिक महत्व दिया जाता है।

- **एक चर्चित फैशन डिजाइनर ने कला दीर्घा खोल ली है। बातचीत में उन्होंने बताया कि आज आर्ट में फैशन से भी ज्यादा पैसा है।**

यह सही है कि कई फैशन डिजाइनर बिजनेस के लिए कला की दुनिया में आ गए हैं पर इन लोगों में कला के लिए कोई 'पैशन' नहीं है। उन्हें पेंटिंग की एक रेडीमेड मार्केट नजर आने लगी है। वे कला को एक प्रोडक्ट के रूप में पेश करते हैं।

- **समकालीन भारतीय कला में आपको कौन से कलाकार पसंद हैं और क्यों?**

मुझे गणेश पाइन, जोगेन चौधरी, अतुल डोडिया आदि का काम पसंद है। गणेश पाइन के चित्रों में रहस्य का वातावरण मुझे आकर्षित करता है। उनके रंग-रूपाकारों में मुझे एक तरह का 'सेंस ऑफ वंडर' दिखता है। इधर के अपेक्षाकृत युवा कलाकारों में मुझे अतुल डोडिया का काम आकर्षित करता है। गौर करने की बात यह है कि अतुल का काम देखने में बहुत 'प्लैजेंट' नहीं है। चाक्षुष दृष्टि से सुखद न होते हुए भी वह सफल है। खास बात यह है कि वह सभी माध्यमों में दक्ष हैं। आज बंगाल के जो कलाकार जलरंग चित्रों के लिए सफल माने जाते हैं वे अक्सर माध्यम का 'ट्रिक' की तरह इस्तेमाल करते हैं। लेकिन अतुल डोडिया के जलरंग चित्रों में भी इस माध्यम का कल्पनाशील इस्तेमाल है। कलाकार को अपना काम करते समय सचमुच प्रेरित होना चाहिए—भीतर से चॉर्ज होना चाहिए। कलाकृति को जबरदस्त एक प्रोडक्ट के रूप में नहीं बनाना चाहिए। अनेक चर्चित बड़े कलाकार आज यही कर रहे हैं। मैं गणेश पाइन का मन ही मन आदर इसलिए भी करता हूं कि वे काम के महत्व को ही ध्यान में रखते हैं। वह कलाकृतियों का बड़ी संख्या में 'प्रोडक्शन' नहीं कर रहे हैं।

- **पर आपको नहीं लगता कि कुछ बड़े कलाकार एक जबरदस्त रचनात्मक आवेग में लगभग रोजाना खूब काम करते रहे हैं। मिसाल के लिए फ्रांसिस न्यूटन सूजा कभी-कभी एक ही दिन में कई कैनवास बना देते थे।**

पर आप देखिए कि सूजा की किसी भी पेंटिंग में आपको कोई-न-कोई तत्व जरूर आकर्षित करेगा। कोई एक रेखा, कोई रंग प्रेक्षक को खास तरह से दिखेगा। कुछ कलाकार रोजाना पेंटिंग लगभग एक आदत की तरह भी करते हैं। मिसाल के लिए मुझे राम कुमार का काम देखकर महसूस होता है कि वह जैसे रोजाना कुछ-न-कुछ काम जरूर करते होंगे। पर जैसा मैंने सूजा के बारे में कहा, भले ही उनकी कोई संपूर्ण पेंटिंग सफल न भी हो पर कुछ-न-कुछ बात उसमें जरूरी होगी।

- **आज के कलाकार से आप क्या उम्मीद करते हैं?**

मुझे लगता है कि पेंटर कई बार डर-डर के जैसे रंग लगाते हैं। नीले की जगह कहीं लाल लगाना पड़ जाए तो वे डरते हैं। क्या प्रतिक्रिया होगी? लोग कैसे देखेंगे? मुझे लगता है कि कलाकार में दो चीजों का होना बहुत जरूरी है—सेंस ऑफ वंडर और सेंस ऑफ एडवेंचर। इस आश्चर्य भाव और जोखिम के बिना कला संभव नहीं है।

- **आप स्वयं किसी पेंटिंग पर काम कैसे शुरू करते हैं?**

कुछ नया ही बनाना है—यह सोचकर मैं काम नहीं करता। पेंटिंग को 'प्रोग्राम्ड' नहीं किया जा सकता। बीच में एक स्पेस होना चाहिए। अक्सर मैं 'ज्ञात' और 'अज्ञात' के बीच में घूमता रहता हूं।

- **आप ऑस्ट्रेलियाई आदिवासी कला से भी प्रभावित रहे हैं।**

हां, मैंने दस साल पहले उनका काफी काम देखा था। उनके काम में मुझे 'सेंस ऑफ वंडर' ने आकर्षित किया था। तब उस कला से कोई गहरा संबंध जरूर बना होगा। पर वह कैसे अब लौट आया है यह बताना मुश्किल है। सामरसेट मॉम की यह बात मुझे अच्छी लगती है कि एक रचनाकार 24 घंटे काम कर रहा होता है। वह जब खाना भी खा रहा होता है तो उसकी रचनात्मकता भीतर से अपना काम कर रही होती है।

- **आप सिनेमा से भी प्रभावित रहे हैं। आपकी कला पर सिनेमा का भी कोई असर है?**

गौर करने पर यह लगता है कि शायद मैं अपने कुछ चित्रों में 'फेड आउट, फेड इन' की सिनेमाई तकनीक का इस्तेमाल करता हूं। एक ही फ्रेम के भीतर कई दूसरे फ्रेम भी होते हैं। एक फ्रेम की तरह की 'विजुअल डिवाइस' है—चाक्षुष युक्ति।

- **आपने अपने चित्रों के शीर्षकों में कविता पंक्तियों का इस्तेमाल किया है। क्या आप कभी किसी कविता पंक्ति को ध्यान में रखकर भी कैनवास पर काम शुरू करते हैं?**

दरअसल मैं अपने चित्रों के शीर्षक पेंटिंग खत्म करने के बाद ही देता हूं। इन पंक्तियों का पेंटिंग से सीधा संबंध नहीं है। मैं जब शीर्षक देता हूं तो एक अजनबी के रूप में ही—एक पेंटर के रूप में नहीं। फिर भी कैनवास मैंने ही चूंकि पेंट किया है तो थोड़ा संबंध तो बन ही जाता है। शीर्षक से प्रेक्षक को मैं एक तरह की दिशा देता हूं। कविता या कवि के माध्यम से वे कला को देख सकें। पर किसी पंक्ति को ध्यान में रखकर मैं पेंट नहीं करता। सफेद कैनवास या कागज के सामने खड़े होने का मजा ही कुछ और है। एक अदृश्य शोर-सा सुनाई पड़ता है।

- **किसी बड़ी घटना-दुर्घटना के बाद आप क्या किसी पेंटिंग पर काम करने की जरूरत महसूस करते हैं?**

नहीं। किसी रचना को एक निश्चित कोण से ही क्यों देखा जाए? अमेरिकी चाहते हैं कि 11 सितंबर के बाद कोई कलाकार पिकासो की 'गेर्निका' सरीखी पेंटिंग बनाए। अतुल डोडिया ने 11 सितंबर के आतंकवादी हमले से प्रेरित होकर चित्रों की अमेरिका में प्रदर्शनी की तो फौरन न्यूयॉर्क के म्यूजियम ऑफ मॉर्डन आर्ट ने उन्हें प्रदर्शनी का प्रतिष्ठित निमंत्रण दे दिया। मैं ऐसे काम नहीं करता। आपको मेरी एक पेंटिंग में 'टॉवर' सरीखी एक इमेज दिख सकती है पर उसका कोई सीधा संबंध 11 सितंबर के हमले से नहीं है।

(2003)

मृणालिनी मुखर्जी

मृणालिनी मुखर्जी (जन्म : 1949) के तन्तु मूर्तिशिल्प अब आधुनिक भारतीय कला का एक महत्वपूर्ण हिस्सा बन चुके हैं। देहरादून से हाईस्कूल पास करने के बाद मृणालिनी वड़ोदरा विश्वविद्यालय के ललित कला विभाग में दाखिल हो गईं। मृणालिनी शांति निकेतन भी आसानी से जा सकती थीं। (वह सुप्रसिद्ध चित्रकार स्व. विनोद विहारी मुखर्जी की इकलौती बेटी हैं और उनकी मां लीला मुखर्जी भी एक मूर्तिशिल्प हैं) लेकिन पिता ने उन्हें वड़ोदरा भेजना पसंद किया। वड़ोदरा में के.जी. सुब्रमण्यन् की देखरेख में अनगिनत कलाकार आधुनिक भारतीय कला जगत में उभरे हैं—मृणालिनी भी उनमें से एक हैं। स्वयं सुब्रमण्यन् ने अपनी कलाकृतियों में अनेक प्रकार की सामग्री का इस्तेमाल किया है, इसलिए स्वाभाविक था कि 'म्यूरल' की शिक्षा के दौरान मृणालिनी ने जब पतली रस्सियों की बनावट में काम करना शुरू किया तो उन्हें पूरा प्रोत्साहन मिला।

मृणालिनी अपने माध्यम की 'नवीनता' को कभी रेखांकित नहीं करना चाहती हैं—बस, उन्हें अपने इस माध्यम में काम करने में मजा आता है। तन्तु मूर्तिशिल्प के क्षेत्र में अंतर्राष्ट्रीय स्तर पर काम होता रहा है—आज भी हो रहा है (खासतौर पर पोलैंड और सोवियत संघ में अच्छा काम हुआ है) लेकिन मृणालिनी इस काम के संपर्क में जरा देर से आईं। 75-76 में उन्हें इस क्षेत्र के अंतर्राष्ट्रीय कामों को जानने का मौका मिला। तब तक वह अपना रास्ता खोजना शुरू कर चुकी थीं। 1977-78 में मृणालिनी को ब्रिटिश काउंसिल स्कॉलरशिप मिली और उन्हें पश्चिम में रहकर अपने काम को जानने-जांचने का मौका मिला। विदेश में पतली रस्सियों के बोरे जुटाना जरा मुश्किल काम था (और महंगा भी), इसलिए वहां उन्होंने मूर्तिशिल्प पर ज्यादा काम नहीं किया। चीजों को देखा और खूब देखा।

इन दिनों मृणालिनी ललित कला अकादेमी की गढ़ी कार्यशाला में काम कर रही हैं। जिस तरह के माध्यम में वह काम कर रही हैं उसके लिए जगह काफी चाहिए। ऊंची छत के अलावा आसपास भी पर्याप्त खाली जगह चाहिए। गढ़ी में चूंकि अनेक कलाकार काम करते हैं, इसलिए वहां ज्यादा जगह पाना भी आसान काम नहीं है।

मृणालिनी ने जो माध्यम चुना है उसमें काफी धैर्य भी चाहिए। फिलहाल एक वर्ष में दो मूर्तिशिल्पों की रचना हो जाए तो यह उपलब्धि कोई कम नहीं है। लेकिन मृणालिनी ने शुरू में अच्छी-खासी 'स्पीड' में काम किया था। गढ़ी में मृणालिनी अपने मूर्तिशिल्प पर तो काम कर ही रही हैं, इधर उन्होंने ग्राफिक माध्यम से भी अच्छा-खासा काम किया। वड़ोदरा में उन्होंने मुख्यतः काष्ठछापों और लीथोग्राफ में काम किया था। गढ़ी में उन्होंने 'एचिंग' में काम किया है—लैंडस्केप को आधार बनाकर उन्होंने पेड़ों और वनस्पति को अपने छापों का विषय बनाया है।

मृणालिनी की मूल सामग्री है—सन। पतली-पतली रस्सियों के बोरे वह खरीदती हैं (बंगाल और गुजरात से यह सामग्री आती है)। मूर्तिशिल्प में वह सन के स्वाभाविक रंगों का इस्तेमाल तो करती ही हैं—बैंजनी, हरे, नीले, काले, सुनहरे, तमाम तरह के रंगों की विशेष बुनावट पाने के लिए वह स्वयं अपनी देख-रेख में इन रस्सियों को रंगाती हैं। तब जाकर मूर्तिशिल्प का काम शुरू होता है। जब तक बहुत बड़ा काम न करना हो तब तक मृणालिनी को अपने काम के रेखांकन की कोई जरूरत नहीं महसूस होती है—एक-दो बार जब रेखाओं से कोई प्रारूप तैयार किया भी तो अंत में जो काम सामने आया, वह बहुत अलग था।

मृणालिनी का कहना है कि कलाकार को अपना रास्ता खुद ही खोजना पड़ता है। ''लेकिन वड़ोदरा के माहौल में चीजों को लेकर सवाल करने की दृष्टि काम करती थी। यह नहीं था कि यह करोगे तो अच्छा होगा और यह करोगे तो अच्छा नहीं होगा...मैं भाग्यशाली भी कि मुझे वड़ोदरा में काम करने का मौका मिला।''

मृणालिनी स्त्री की खास तरह की संवेदना के महत्व को तो स्वीकार करती हैं लेकिन स्त्री चित्रकारों के नाम पर हर तरह के काम को एक जगह रख देने में उनका विश्वास नहीं है। "हो सकता है, पश्चिम में स्त्री चित्रकारों को पर्याप्त महत्व न मिला हो। पर मुझे नहीं लगता कि मेरी कभी उपेक्षा की गई। एक स्त्री होने की दूसरी समस्याएं हो सकती हैं पर कलाकार के रूप में एक स्त्री होने के कारण मेरा कोई नुकसान नहीं हुआ है। शायद मेरी पारिवारिक पृष्ठभूमि भी दूसरी तरह की थी। घर के वातावरण के कारण मैंने वैसे भी अपने पैरों पर खड़े होना सीखा।"

मृणालिनी आधुनिक सिनेमा की खूब शौकीन हैं (चाक्षुष कलाओं में उनकी दिलचस्पी ज्यादा है)–साहित्य या संगीत को अधिक समय नहीं दे पातीं। जहां तक कला परंपरा से प्रेरणा पाने का प्रश्न है, वह तमाम स्रोतों से सीखती रहती हैं। पिछले दिनों दक्षिण की यात्रा पर गई थीं तो महाबलीपुरम् के अनुभव से प्रभावित होने के अलावा गांवों में खुले में बंगाल मृण्मूर्तियों (टेराकोटा) के समूह-के-समूह एक साथ देखने ने बहुत प्रभावित किया। "एक कलाकार के रूप में मेरी दिलचस्पी दशहरे के रावण में भी है कि किस तरह से उसे बनाया जाता है..."

मृणालिनी की राय में उनके मूर्तिशिल्प आकार से भले बड़े हों पर उन्हें दिखाने के लिए जरूरी नहीं है कि जगह भी बहुत बड़ी हो। एक मंदिर के गर्भगृह में जो अनुभव होता है वैसा अनुभव इन मूर्तिशिल्पों को छोटी जगह में देखकर भी हो सकता है। मृणालिनी ने अपने मूर्तिशिल्पों में देवताओं की भी रचना की है पर वह वह बताना नहीं भूलतीं कि "ये मेरे निजी देवता हैं।"

(1985)

गोगी की कलाकृति

गोगी

सत्तर और अस्सी के दशक में भारतीय कला में कम-से-कम दस-बारह ऐसी महिलाएं सामने आई हैं, जिन्होंने पेंटिंग, मूर्तिशिल्प और ग्राफिक सभी विधाओं में नई जमीन तोड़ी है। यह कहना गलत नहीं होगा कि अधिकांश महिला कलाकार इस बात पर भी जोर देती रहती हैं कि हमें आप सिर्फ कलाकार मानिए—अच्छा या बुरा। हमें महिला होने की वजह से कोई छूट नहीं चाहिए। फिर भी यह चिप्पी वक्त-बेवक्त काम आती है और महिला कलाकार सरीखे खाने अलग तरह की प्रदर्शनियों को आमंत्रित करते हैं।

यह भी गौर करने की बात है कि आधुनिक भारतीय कला की एक शुरुआत अमृता शेरगिल से भी की जाती है, पर उसके बाद हुसेन, सूजा, रजा, आरा सरीखे कलाकारों की पीढ़ी में कोई महिला एक कलाकार के रूप में अपना अलग और विशिष्ट व्यक्तित्व नहीं बना पाई। लेकिन पिछले 15 साल की गतिविधियों को देखकर लगता है कि जल्दी ही कुछ महिला कलाकारों के काम को आसानी से कला की दुनिया के बड़े नामों की सूची में रखा जा सकेगा।

सरोजपाल गोगी (जन्म : 1945) के चित्रों की पिछले दशक में काफी चर्चा हुई है पर गोगी ने जो सफलता पाई है इसका रास्ता आसान नहीं है। लखनऊ के कला महाविद्यालय में ग्राफिक की छात्रा सरोजपाल गोगी यशपाल परिवार की एक सदस्य होने की वजह से दूसरी लड़कियों से तो अलग थीं, पर उस समय कला की दुनिया में उनके जो सरोकार थे, वे अपनी कोई पहचान नहीं बना पा रहे थे। अपने 'बोल्ड' विचारों और जीवन-शैली के कारण भी गोगी दूसरी महिला कलाकारों से अलग नजर आती थीं। फिर लखनऊ से वह दिल्ली चली आईं। दिल्ली में पिछले सोलह-सत्रह साल में गोगी ने जिंदगी के कई रूप देखे हैं। जामा मस्जिद के तंग इलाके से शुरू होकर तारा अपार्टमेंट्स की तथाकथित आधुनिक दुनिया में गोगी ने अपने चेहरों को एक खास तरह की करुणा, ममता और उदासी के साथ पहचाना है। बातचीत में तेज-तर्रार गोगी आज भी बदली नहीं हैं। पर उनकी कला इस तेजी को सतही ढंग से नहीं दिखाती। एक गहरी मानवीय समझ के साथ गोगी ने स्त्रियों, पुरुषों और बच्चों की दुनिया को अपने चित्रों में जगह दी है। गोगी के चित्र अंजली इला मेनन की तरह एक 'क्लासिक' दुनिया से भी रिश्ता बनाए रहते हैं, पर गोगी के चित्रों में अधिक चमक और फिनिश न होने के कारण उदासी और अकेलेपन की एक दूसरी ही दुनिया दिखाई देती है। खास बात यह भी है कि इस अकेलेपन और उदासी में भी एक ताकत है।

1987 में दिवराला के सतीकांड ने देश भर को उद्वेल्लित किया था। गोगी ने अपनी नई चित्र-शृंखला में इस 'बहस' को ध्यान में रखा है। पर उन्होंने रूपकंवर हत्याकांड पर अपनी टिप्पणी दूसरी ही तरह से की है। एक जागरूक महिला होने के कारण उनमें इस हादसे को लेकर बेचैनी और उद्वेलन तो है, पर कैनवास पर यह बेचैनी अपेक्षाकृत धैर्य और संयम के साथ चीजों को सामने रखना चाहती है। इस चित्र-शृंखला में अनेक चित्रों में कई पुरुष बैठे हुए हैं और सामने मेज पर एक स्त्री औंधी पड़ी है। इस तरह से जो विषय दरअसल अब बहस के लायक भी नहीं रह गया था, उस पर एक अजीबोगरीब बहस चल रही है।

गोगी की खासियत यह है कि उनके चेहरों के हाव-भाव, आंखों की बनावट आदि में अपना ही रंगरूप है। उनकी स्त्री कभी सिर्फ देख रही होती हैं, कभी किसी जानवर को बहुत प्यार से अपने से चिपटाए नजर आती है, कभी अपने बच्चे से वह कोई सार्थक रिश्ता बनाना चाहती है। जब गोगी जामा मस्जिद के इलाके में रहती थीं तो वहां चारपाई पर बैठी स्त्री को भी उन्होंने एक खास तरह की सहमी हुई मुद्रा में देखा। एक चिड़िया जैसे कोने में

दुबककर बैठने की कोशिश कर रही हो। पर आधुनिक इमारतों में रहने वाली स्त्रियों को भी गोगी अपने ही ढंग से देखने की सामर्थ्य रखती हैं। सुबह अखबार हाथ में लिए खड़ी हुई औरत या सोकर उठी एक अपेक्षाकृत संपन्न स्त्री को भी गोगी अपनी चिरपरिचित करुणा, उदासी और गहराई के साथ देखती थी।

अंजली इला मेनन की नग्न स्त्रियां कभी-कभी बहुत ऐंद्रिक नजर आती हैं। कुछ वैसी ही जैसा उन्हें पुरुष देखना चाहते हैं, पर गोगी ने अपने कैनवास में अगर नग्न स्त्री को भी पेंट किया है तो वहां ऐंद्रिकता महत्वपूर्ण नहीं रह गई है। एक दुबली-पतली कमजोर-सी नग्न औरत प्रेक्षक को रिझाएगी नहीं, वह पुरुषों को उनकी कैद से मुक्त करने की एक कोशिश करेगी। जीवन के प्रति लगाव के कारण भी कल्पनाशक्ति का यह रूप उभरकर सामने आता है।

''मेरी पेंटिंग में मेरा औरत होना बहुत महत्वपूर्ण है। उसके लिए मुझे कोई शर्मिंदगी नहीं महसूस होती है। औरत होने का जो अनुभव है उसका मैं खूब रचनात्मक इस्तेमाल करती हूं। मुझे तो औरत होना एक लाभप्रद स्थिति नजर आती है। आप पूछते हैं कैसे? बच्चा पैदा करने का जो अनुभव है, सचमुच वही कितने कमाल की बात है। रचनात्मकता का कितना तीखा एहसास है उसमें। बच्चे को पैदा करने, उसे बड़ा करने के अनुभव ने मुझे पेंट करना भी सिखाया है। संक्षेप में, मुझे औरत होने की कोई तकलीफ नहीं है।'' एक बार नई दिल्ली में ललित कला अकादेमी की सुप्रसिद्धि गढ़ी कार्यशाला में सामुदायिक स्टूडियो के अपने कोने में पेंटिंग से घिरी सरोजपाल गोगी ने बताया।

उसी बातचीत के दौरान अकादेमी के तत्कालीन सचिव रिचर्ड बार्थोलोम्यू अपने साथ किसी विदेशी मेहमान को ले आए। गोगी से परिचय कराया। वे कुछ पेंटिंग देखना चाहते थे। गोगी की एक ताजा पेंटिंग में एक केशहीन मस्तक वाली स्त्री (जो भिक्षुणी हो सकती है और एक विधवा भी) एक बच्चे को लिए खड़ी है। बच्चे से उसका सहज संबंध नजर नहीं आता है। विदेशी मेहमान ने कहा, ''इस बच्चे का चेहरा बूढ़ों सरीखा क्यों है? कोई खास वजह?''

गोगी थोड़ी देर खामोश रहीं। फिर अपने दोनों हाथ एक खास अंदाज में पीछे की तरफ करते हुए कहा, ''इसकी एक लंबी कहानी है। इतनी छोटी-सी मुलाकात में क्या कहूं?''

''एक पेंटर के रूप में मेरा विकास थोड़ा अलग तरह से हुआ। मिसाल के लिए लेखन मेरी समझ और नजरिए का एक बहुत बड़ा स्रोत रहा। घर में सब पढ़े-लिखे और 'रेडिकल' थे, यह भी एक समस्या ही थी। सफल होना आसान काम नहीं था। घर पर कोई आसानी से आपको 'ग्रेट' मानने के लिए तैयार नहीं था। फौरन जमीन पर उतार देते थे। दादागिरी नहीं चल पाती थी।''

एक कलाकार के रूप में गोगी को महसूस होता है कि शुरू में संयोजन आदि तो बहुत सीख-समझ लिया पर कला में भाव-संवेग गायब थे।

बरसों बाद गोगी को जब कुछ अच्छी किताबें पढ़ने का मौका मिला और जामा मस्जिद के घने इलाके में रहकर औरतों की जिंदगी को करीब से जानने का मौका मिला तो उनकी कला में निर्णायक बदलाव आया।

आपातकाल के दौरान एक बार पुलिस स्टेशन के चक्कर काटने पड़े तो चीजें एक नए ढंग से नजर आईं। पुलिस, चोर और आम आदमी के चेहरों में कितना फर्क है और कितनी समानता—यह सब सोचने का मौका मिला।

''उन्हीं दिनों बेन शान की अद्भुत पुस्तक 'द शेप ऑफ कांटेंट' मुझे मिल गई। इस किताब ने मुझे बहुत सिखाया। उस किताब में बहुत-सी बातें हैं। गुस्सा आए तो कैसे चिल्लाओ या कुर्सी तोड़ दो। आलू के खेत में जाकर काम करो। जब वहां हाथ गंदे न रहने लगें और मिट्टी की खुशबू तुम्हें आने लगे तो समझ लो कि सही वक्त आ गया है, पेंटिंग शुरू करने का। उससे पहले जान बर्जर के लेखन ने भी प्रभावित किया था। मॉरिस ग्रेब्ज की एक कलाकृति 'अंधी चिड़िया' मुझे बहुत पसंद थी। और एक दिन अचानक मॉरिस ग्रेब्ज 1981 में गढ़ी आ गए। उन्होंने मेरा काम देखा।''

गोगी के अंदाज को देखकर कोई कहता, तुम पैगंबर बनना चाहती हो या कलाकार? वह कहती दोनों। पैगंबर

कोई आसमानी चीज नहीं है। जमीन की ही चीज है। गोगी फैशनेबुल पेंटर किसी भी कीमत पर नहीं होना चाहती। कला बाजार की शर्तों के हिसाब से काम करना ठीक नहीं है।

गोगी ने दो-तीन नग्न चित्र बनाए हैं—स्त्रियों के। जाहिर है कि उन्हें देखकर सावित्री सरीखी चितेरियों के 'न्यूड' याद करना बेकार है। गोगी के चित्रों में भारतीय स्त्री की जो हालत और तस्वीर मिलती है उसमें एक गहरी और मार्मिक सच्चाई है। 'न्यूड' भी इसी क्रम में हैं।

''कुछ साल पहले धर्मशाला में भिक्षुओं की एक विशाल सभा में मैं अपने बच्चे के साथ गई। सब-के-सब हमारी तरफ ऐसे देख रहे थे कि खूब कपड़े पहने होने के बावजूद अपने आपको इतना नंगा मैंने कभी नहीं महसूस किया। और वे सब अगर पुरुष न होते—तो भी मुझे वैसे ही देखा जाता।''

गोगी ने इरा राय के साथ गढ़ी में एक प्रदर्शनी की थी। इरा राय अपनी कला में नारी की स्थिति को लेकर बहुत मुखर हैं। ''नहीं, मैं पेंटिंग को पोस्टर से अलग समझती हूं। मेरे पास कोई फार्मूला नहीं है कि जिंदगी कैसे जी जाए। जिंदगी के कुछ पहलू ही हम खोज सकते हैं। वैसे मैं स्त्री के अधिकारों के मुद्दों पर पोस्टर बनाकर उनके साथ भी खड़ी हो चुकी हूं।''

पांचवीं त्रैवार्षिकी में गोगी ने हिस्सा लिया था—एक खास तरह से। ''मुझे चिट्ठी मिली कि आपको बीस 'फुट' जगह दी जाएगी प्रदर्शनी के लिए। फौरन मेरे दिमाग में अनेक चित्रों को एक खास तरह से सजाकर दिखाने की बात आई। पुराने घरों की दीवारों की तरह मैंने अपने काम को प्रदर्शित किया। कुछ चित्रकार मित्रों को यह चीज बकवास लगी। पर कुछ लोगों ने मुझसे कहा कि उन्हें बचपन के घर की दीवारें याद आ गईं। पर किसी ने मेरी इस दीवार पर समीक्षा नहीं लिखी।''

(1987)

रणवीर सिंह कालेका का वीडियो इंस्टालेशन

रणवीर सिंह कालेका

रणवीर सिंह कालेका (जन्म : 1953) आज के महत्वपूर्ण युवा चित्रकारों में अग्रणी हैं। वे पेंटिंग की दुनिया में बराबर डूबे रहते हैं—रोज कुछ-न-कुछ करते हैं, पर एक साल में दो-तीन पेंटिंग से अधिक नहीं बनाते। इस समय शायद ही कोई ऐसा युवा चित्रकार हो जिसकी पेंटिंग इतनी जटिल होने के बावजूद पहली ही दृष्टि में दर्शक को विश्वसनीय लगे। आधुनिक सिनेमा और साहित्य की गहरी समझ रखने वाले कालेका स्वभाव से बहुत संकोची हैं—एकल प्रदर्शनी का उनमें धैर्य भी नहीं है। आज तक उन्होंने एक ही एकल प्रदर्शनी की है—वह भी कई साल पहले। कालेका की कलाकृतियां समूह प्रदर्शनियों में ही देखी जा सकती हैं—उनकी एक ही पेंटिग में एक पूरी फिल्म का अनुभव जैसे एक जगह पर 'फ्रीज' हो जाता है।

कालेका को अक्सर अतियथार्थवादी कला के खाने में रख दिया जाता है, लेकिन धीरे-धीरे वे अपनी कला में अतियथार्थवादी रुझानों से परे चले गए हैं। उनकी कई कृतियों से स्पष्ट है कि स्मृति, स्वप्न, फैंटेंसी और भविष्य की दुनिया को कैनवास पर उतारने में अब वे पहले से कहीं अधिक नियंत्रित हैं। एक कृति में एक बच्चा एक पुरुष की ढीली-सी पकड़ में हमें दिखता है। चित्र में और भी चेहरे और चीजें हैं, जिन्हें किसी आसान व्याख्या की जरूरत नहीं है। इस चित्र के अधिकांश हिस्सों को बड़ा करके एक स्वतंत्र पेंटिंग के रूप में देखा जा सकता है।

पिछले कुछ वर्षों से कालेका लातीनी अमेरिकी साहित्यिक संवेदना से प्रभावित रहे हैं। इसीलिए उनकी दिलचस्पी 'सच्चाई के अजीबपन' में रही है। पोलिश लेखक ब्रूनो शुल्ज ने भी उन्हें खूब प्रभावित किया है, चूंकि उनके यहां किसी चीज का अर्थ स्थापित करके फिर चीजें खुलती चली जाती हैं।

'आप पानी के एक गिलास के बारे में सोचिए। पानी के अपने अनेक अर्थ हैं—जीवन, धर्म, जन्म, समुद्र किसी से भी उसे जोड़कर देख सकते हैं। पानी इनमें से कुछ भी हो सकता है। और वह एक सादा पानी का गिलास भी है। आप अगर गिलास में समुद्र ही देखेंगे तो वह फैंटेंसी हो सकती है। लेकिन यह काम बहुत आसान होगा। मेरी कोशिश पानी के गिलास को पानी की स्मृतियों से जोड़कर देखने की भी है और वह एक पानी का गिलास तो है ही।

कालेका पंजाब के एक जाट किसान परिवार में जन्मे—उस घर में कभी किसी ने पेंटिंग नहीं की। लेकिन बचपन से ही कालेका को चित्र बनाता देखकर घरवालों ने पूरा प्यार और साथ दिया। कालेका बामना गांव में जन्मे—फिर बाद में पटियाला के एक कान्वेंट स्कूल में उनकी पढ़ाई पूरी हुई। चंडीगढ़ से उन्होंने कला में डिप्लोमा लिया। 1979 में उन्हें अकादेमी का राष्ट्रीय पुरस्कार भी मिल चुका है।

"मुझे आज भी सपनों में घर के नाम पर अपने गांव की पुरानी हवेली ही दिखाई देती है जिसमें कई कमरे थे। वहां मैं जो महसूस करता था, वह शायद अकेलापन नहीं था—वह एक तरह का शांत अनुभव भी था। हम दोनों भाइयों को बहुत स्नेह का वातावरण मिला था। पर वह सामंती वातावरण था। हम बाहर की दुनिया से लगभग बचाकर रखे जाते थे। बाहर बहुत हिंसक वातावरण था। लड़ाई-झगड़े, हत्याएं होती रहती थीं, जिनके बारे में हम बस सुना करते थे। आवाजें आती रहती थीं। कभी-कभार कोई घायल आदमी दिख भी जाता था। बाद में पटियाला के जिस कान्वेंट स्कूल में मैं दाखिल हुआ, वह तब शुरू ही हुआ था। एक बड़े से तंबू के नीचे हम थोड़े से छात्र थे। वहां के वातावरण में भी प्रेम की गर्माहट थी।"

कालेका अमूर्त कला को पसंद भले ही कर लेते हों पर उन्होंने खुद शुरू से ही मानव आकृतियों को अपने

कैनवास का विषय बनाया। मानव शरीर का महत्व उन्हें हमेशा महसूस होता रहा है।

कालेका अपनी किसी पेंटिंग पर कई तरह का काम करते हैं। कापी में असंख्य रेखांकन बनाते हैं, फोटो खींचकर चेहरों को अपने ढंग से कैनवास पर लाते हैं। कॉलेज में अध्यापन का काम उन्होंने इसलिए चुना ताकि पेंटिंग अपने ढंग और समय से की जा सके।

यह भी महत्वपूर्ण है कि कालेका कम पेंटिंग बनाते हैं और उनका सारा काम खरीद लिया जाता है। उनके घर पर आपको कैनवासों के ढेर नहीं मिलेंगे।

(1985)

अर्पिता सिंह का रेखांकन

अर्पिता सिंह

अर्पिता सिंह जानी-मानी चित्रकार हैं—वे प्रसिद्ध चित्रकार परमजीत सिंह (जो समकालीन भारतीय कला के एक अत्यंत सशक्त पर अपेक्षाकृत अल्पचर्चित चित्रकार हैं) की पत्नी हैं। बरसों से दिल्ली में सक्रिय हैं। सत्तर और अस्सी के दशक में अनेक महत्वपूर्ण एकल प्रदर्शनियां आयोजित कर चुकी हैं।

अर्पिता सिंह की दुनिया में ऐसी बहुत-सी चीजें हमें मिलती हैं जो आपको तथाकथित 'बाल-कला' में मिलेंगी। लेकिन इन चीजों से घबराने की जरूरत नहीं है। अर्पिता सिंह के यहां आपको झंडे-ही-झंडे—रंग-बिरगे झंडे बड़ी शान से उड़ते हुए दिखेंगे। वे अचानक प्रेक्षक से सवाल भी कर सकती हैं कि बड़ा अजीब लग रहा है न झंडे-ही-झंडे देखकर? फिर वे अपने ही सवाल पर हंस सकती हैं—एक ऐसी हंसी जिसमें आधुनिक कलाकार का दंभ और मुद्राएं आपको नहीं मिलेंगी।

अर्पिता सिंह इधर पिछले कई वर्षों से अपने रेखांकनों के कारण पहचानी जाती रही हैं। जेराम पटेल, नसरीन आदि चित्रकारों की तरह उनकी भी एक निश्चित पहचान बन गई थी। अर्पिता सिंह फिर से जलरंगों, एक्रिलिक, कैनवास की भूरीपूरी दुनिया में लौट आईं। वे रंगों की तरफ लौट आईं। अर्पिता के रेखांकन अपनी तरफ ध्यान खींचते हैं लेकिन सबसे अधिक आकर्षक जलरंग में किया गया काम है। आकार में छोटा और रंगों के इंद्रधनुषी संसार से भरा हुआ। कोई आश्चर्य नहीं कि अर्पिता सिंह को आधुनिक विदेशी चित्रकारों में पाउल क्ले और मीरो का काम ज्यादा पसंद है। क्ले ने न जाने कितने भारतीय चित्रकारों पर असर डाला है। बहुतों ने तो क्ले का मूल काम बाद में देखा। अर्पिता सिंह ने भी क्ले के मूल चित्र बाद में देखे—शुरू में तो उनके छपे हुए रूप ही देखे। क्ले के थोड़े-बहुत काम को जब मूल में देखा तो उनके रंगों ने बहुत प्रभावित किया। तकनीकी दृष्टि से भी उनके यहां बहुत मजबूत किस्म के रंग हैं।

अर्पिता सिंह को वॉन गॉग ने भी प्रभावित किया। भारतीय चित्रकारों में अर्पिता किसी चित्रकार विशेष का नाम नहीं लेती हैं—कुछ चित्र या प्रवृत्तियां अच्छी लगती रही हैं। "वैसे मुझे हिम्मत शाह का काम पसंद रहा है।" बस, अर्पिता सिंह ज्यादा नाम नहीं लेती हैं। और न ही ऊंची-ऊंची बातें करती हैं।

1982 की अपनी प्रदर्शनी के बारे में अर्पिता सिंह को यही बात सबसे महत्वपूर्ण लगती है कि 7-8 साल बाद तैलचित्र, जलरंग आदि में काम शुरू किया। "इस तरह का काम बिलकुल छोड़ दिया था। जाहिर है इन सब पर ड्राइंग का भी असर है—स्पेस की समझ में खासतौर पर।" अपने जलरंग चित्रों की तारीफ सुनकर अर्पिता सिंह बस यही कहेंगी कि छोटी चीज के सामने सब कुछ आसान-सा नजर आने लगता है। मेरा पूरा नियंत्रण रहता है। मैं बहुत आसानी से चल सकती हूं। "रंगों में काम बहुत दिनों के बाद शुरू किया था। थोड़ा डर भी था—आखिर कहीं-न-कहीं तो मेरे बस की बात नहीं रही होगी। पर अब मुझे मजा आने लगा है।"

अर्पिता सिंह अपने चित्रों की भारतीयता को 'बताना' पसंद नहीं करतीं। उन्हें इस तरह का कोई तनाव महसूस नहीं होता है। "भारतीयता जितनी मेरी जिंदगी में है उतनी ही भारतीय मैं अपनी कला में हूं। मैं जो कुछ करूंगी अपने जीवन में और अपनी कला में, वह भारतीय ही होगा। मेरा जीवन मेरी कला से अलग नहीं है।"

"जैसे मैं जीती हूं" अर्पिता सिंह अपनी बातचीत में इस वाक्य को कुछ अलग से रेखांकित करती नजर आती हैं। उनकी मान्यता है कि मेरा यह जीना परंपरा से बिल्कुल हटकर भी नहीं है और उसके अनुरूप भी नहीं है। "दरअसल जो कुछ मैंनें किया वह पहले सोचकर नहीं किया। जिस तरह से घर में सुबह उठकर नहाना, धोना, घर

की सफाई, खाना पकाना आदि काम हैं, कला भी मेरे लिए उनमें से ही एक काम है।'' अर्पिता सिंह का मानना है कि चित्रकार पति के साथ से मदद मिलती है। एक तो यही कि आपका साथी आपके काम के महत्व को समझता है। नहीं तो दूसरे को पता ही नहीं चल पाता कि मैं क्या कर रही हूं। एक तरह का नकलीपन-सा आ जाता।

अन्य विधाओं-कलाओं में अर्पिता सिंह स्वयं को साहित्य से सबसे नजदीक पाती हैं। इसके पीछे एक कारण तो यही है कि शुरू में वे एक लेखिका थीं—कविताएं भी लिखती रही हैं। बल्कि बचपन में सोचा भी नहीं था कि आगे जाकर चित्रकार बनना है। यह तो बहुत बाद में स्कूल की प्रिंसिपल ने अर्पिता को (जाने क्या देखकर) चित्रकला में पढ़ाई का सुझाव दिया।

अर्पिता सिंह बंगला साहित्य ज्यादा पढ़ती हैं लेकिन अंग्रेजी, हिंदी और गुरुमुखी में भी चीजें पढ़ती रहती हैं। शक्ति चट्टोपाध्याय की कविताएं खूब पसंद हैं। ''जीवनानंद दास की कविताओं में देखिए कि उनका खास बंगाली परिवेश कितना महत्वपूर्ण हो जाता है। वहां भारतीयता की सतही बहसों की कोई गुंजाइश ही नहीं है।''

संगीत में अर्पिता को लोक-संगीत पसंद है। जहां तक दूसरी विधाओं—फिल्म, नाटक आदि का संबंध है—इच्छाएं तो रहती हैं पर साहित्य की तरह सब सुलभ नहीं हैं। ''शुरू से ही सुस्त हूं।'' शायद अर्पित सिंह अपनी कला की दुनिया की चुस्ती और चौकन्नेपन को ही बनाए रखना चाहती हैं।

अर्पिता सिंह कहती हैं कि मैं कोशिश बहुत कम करती हूं।

अर्पिता का जन्म 1937 में कोलकाता के पास (बरानगर : 24 परगना) में हुआ था। कोलकाता में दस साल बिताये। अब बरसों से दिल्ली में हैं।

अर्पिता सिंह अपनी कला के राजनीतिक और सामाजिक यथार्थ को सतही ढंग से खोजना नहीं चाहतीं। इसकी उन्हें कोई चिंता भी नहीं है। उनके अनुसार मुख्य सवाल यह है कि कोई कृति कला बन पाती है अथवा नहीं। कलाकार अपनी कला के माध्यम से जिस संतुलन को पाता है—बनाता है, वही बेहतर समाज के लिए उसका योगदान है।

बातों-बातों में अर्पिता सिंह ने एक दिलचस्प बात बताई। दिल्ली में 1982 की प्रदर्शनी के अधिकांश चित्रों को बनाने के दौरान अर्पिता सिंह के दिमाग में बेरूत का नरसंहार रहा। कारण? एक महिला पत्रकार मित्र (जो पी.एल.ओ के नजदीक रहकर भारत लौटी थीं) के अनुभवों को उन दिनों कई बार सुना था। अब उन दिनों की मनःस्थिति में एक क्रूर राजनीतिक और मानवीय सच्चाई शामिल थी। जाहिर है कि अर्पिता सिंह की कला पर इस अनुभव का असर पड़ा ही है, लेकिन इस तक पहुंचने के लिए झंडों और तितलियों से घबराने की तो कोई बात नहीं है।

अर्पिता सिंह कला समीक्षा आदि को अपने लिए कोई खास महत्वपूर्ण नहीं मानती हैं। जो चित्रकारों ने लिखा है वह अधिक महत्वपूर्ण है। पाउल क्ले या कांदिंस्की सरीखे चित्रकारों का लेखन बहुत पसंद है।

अर्पिता सिंह की दिलचस्पी उस 'फार्म' में खूब है जो अपने को दोहराता है। जैसे, पेड़ी की परछाई पेड़ से थोड़ा फर्क लिए होती है। इस सूक्ष्म फर्क को अर्पिता अपनी कला में जानना चाहती हैं।

(1985)

अर्पिता सिंह से बातचीत

- **इन दिनों आप एक बहुत बड़े काम में व्यस्त हैं। यह प्रोजेक्ट किस तरह का है?**

अमित जज और नंदिता जैन के निजी संग्रह में मेरी अनेक कलाकृतियां हैं। इन दिनों अमित जज के ऑफिस के लिए लगभग 13 फुट लंबी और 24 फुट ऊंची पेंटिंग पर काम कर रही हूं। यह कलाकृति 16 छोटे आकार की कलाकृतियों में बंटी हुई है। ये छाटी कलाकृतियां अपने-आप में स्वतंत्र भी होंगी और समग्रता में वे एक बड़ी

कलाकृति का हिस्सा भी होंगी। कुछ समय पहले एक तिब्बती नाटक पढ़ रही थी। दरअसल वह नाटक नहीं है। नाटक के फॉर्म में वह रामायण सरीखी कृति है। उसे पढ़ते हुए 'इच्छा स्वप्न' (विश ड्रीम) की धारणा ने मुझे आकर्षित किया। मूल रेखांकन इस इच्छा स्वप्न से प्रेरित है। अंत में इस मूल प्रेरणा की क्या रचनात्मक परिणति होगी अभी यह कहना मुश्किल है।

- **आप तैल और जलरंगों, दोनों में ही बराबर काम करती रही हैं। आपका प्रिय माध्यम कौन-सा है? किस वक्त आपको पेंट करना अच्छा लगता है?**

दोनों ही मेरे प्रिय माध्यम हैं। मैं रोजाना दो-तीन घंटे काम करती हूं। पहले मैं रात को वाटर कलर में काम करती थी, पर रात को मुझे लगता है कि मुझे जो देखना चाहिए वह दिख नहीं रहा है। अब कृत्रिम प्रकाश में काम करना मैं पसंद नहीं करती। लगभग सुबह दस बजे अपना काम शुरू करती हूं। मैं धीरे-धीरे ही काम करती हूं। मुझे वाटर कलर को भी पूरा करने में एक सप्ताह का समय लग जाता है।

- **आज कला बाजार बहुत ग्लैमरस है। कलाकार के पास पैसा भी है और समाज में एक अभूतपूर्व स्टेट्स भी...इस माहौल में आप क्या महसूस करती हैं?**

पहले काम एकदम नहीं बिकता था। अब एकदम बिक जाता है। पर मेरी रचनात्मकता पर इसका कोई खास असर नहीं पड़ा है। पहले काम स्टूडियो में पड़ा रहता था। अब नहीं रहता। मेरे काम, स्पीड या नजरिए में कोई फर्क नहीं आया है। सत्तर के दशक में दस साल तक मेरा एक भी काम नहीं बिका था। आज दो तरह के कलाकार हैं। एक तरह के कलाकार मीडिया और मार्केट के बहुत ज्यादा असर में रहते हैं। आज बहुत लोग तो ग्लैमरस पेंटिंग भी बनाते हैं। दूसरी तरह के कलाकारों पर इन चीजों का कोई बड़ा असर नहीं पड़ता। आज एक अच्छी बात यह देखने को मिल रही है कि लोगों में कलाकृतियों के प्रति जागरूकता बढ़ रही है। वे कलाकृतियां खरीद कर रखना चाहते है। आपका अपना समाज सपोर्ट कर रहा है। पहले की तरह हम विदेशी खरीदारों पर आश्रित नहीं हैं। कला के डाक्यूमेंटेशन और पुस्तकों के प्रकाशन का काम भी बेहतर हुआ है। यह काम भले ही संतोषजनक न हो या चुनाव अच्छा न हो पर काम हो रहा है।

- **पश्चिम में आधुनिक कला के बाजार में चितेरियां एक बड़ी ताकत नहीं बन पाई हैं लेकिन भारत में आज चितेरियां कला बाजार को लगभग नियंत्रित कर रही हैं।**

भारत में इस तरह का भेदभाव नहीं है। हमारे यहां काम देखकर ध्यान दिया जा रहा है। बनाने वाले का आदमी या औरत होना महत्वपूर्ण नहीं है। विदेशी चितेरियों से जब बात होती है तो लगता है कि पश्चिमी कला दीर्घाओं में उन्हें आसानी से जगह नहीं मिलती है। मुझे लगता है कि भारतीय घरों में भी स्त्रियों का अधिक सम्मान है। उन्हें सबका प्यार भी मिलता है। भारतीय परिवार में मां की भूमिका बहुत महत्वपूर्ण है। कई जगह औरतें घर का ही नहीं बाहर का भी काम संभालती हैं।

- **समकालीन भारतीय कला परिदृश्य में आपकी नजर में क्या कोई ऐसी महिला कलाकार हैं जिसे ठीक से पहचाना नहीं गया है?**

मीरा मुखर्जी का नाम लिया जा सकता है। उनके काम का वास्तविक महत्व नहीं पहचाना जा सका है। मुझे मूर्तिशिल्प की कम समझ है पर उनके मूर्तिशिल्प मुझे देखने में अच्छे लगते हैं। स्थानीय विधियों में उन्होंने इतना अच्छा काम किया है। उनकी अंतिम कलाकृति कितनी सुंदर है—बैठे हुए गौतम बुद्ध की।

- **पुरुष कलाकारों में क्या आपको हिम्मत शाह जैसे नाम उपेक्षत नहीं नजर आते हैं?**

हिम्मत शाह भी एक सफल कलाकार हैं। भले ही यह बात वह खुद मानें या न मानें। समाज और मित्रों ने उन्हें पूरा सहयोग दिया है। इब्राहिम अल्काजी ने उनकी अच्छी प्रदर्शनियां आयोजित की हैं। एक जमाने में आर.के. धवन, एरिक बोवेन जैसे कलाकार अच्छा काम करते थे। पर ये लोग विदेश चले गए।

- **युवा कलाकारों में आपको किनका काम पसंद है?**

जितीश कल्लाट, अंजू डोडिया, जयश्री चक्रवर्ती, मनीषा पारेख आदि का काम मुझे पसंद है।

- **आप अपनी रचना प्रक्रिया के बारे में कुछ बताना चाहेंगी?**

मैं चीजों का चुनाव नहीं करती हूं। अपने-आप चीजें आ जाती हैं। जब एक कलाकृति को पूरा करती हूं तो उसके खत्म होने की प्रक्रिया में ही मुझे अगली कलाकृति की शुरुआत मिल जाती है। 1997 के आखिर में जब मैं बीमार पड़ी तो यह धागा टूट गया था। बड़ी मुश्किल से नई शुरुआत कर पाई। रेखांकनों को मैं एक बहुत महत्वपूर्ण अभ्यास मानती हूं। अपनी पेंटिंग का काम शुरू होने से पहले कभी उसका रेखांकन बनाती हूं, कभी नहीं भी बनाती हूं।

- **कुछ साल पहले कोलकाता में आपकी उस पेंटिंग को लेकर काफी शोर हुआ था जिसमें दुर्गा के हाथ में पिस्तौल थी।**

अवीक सरकार चाहते थे कि मैं दुर्गा पर एक पेंटिंग बनाऊं। मैंने कहा कि देवी की परंपरागत धारणा पर मैं काम नहीं कर सकूंगी। उसी तरह का काम कर सकती हूं जैसा आजकल मैं कर रही हूं। उन दिनों मैंने इसी तरह की देवी की एक पेंटिंग अभिषेक पोद्दार के लिए भी बनाई थी। वह 'फेमिनिन पॉवर' की धारणा और महिला चित्रकारों को लेकर कैलेंडर निकालना चाह रहे थे। पिस्तौल को देखकर आश्चर्य क्यों? दुर्गा के हाथ में हथियार तो होता ही है।

- **एक्रिलिक रंगों का इस्तेमाल आपको क्या पसंद नहीं है?**

मैटेलिक कलर में ही मैं एक्रिलिक का इस्तेमाल करना पसंद करती हूं। एक्रिलिक शीट पर में काम कर चुकी हूं पर एक्रिलिक रंगों में मुझे रुकावट महसूस होती हे। उनमें गहराई नजर नहीं आती।

- **संस्थापन (इंस्टालेशन) कला के बढ़ते हुए फैशन के बारे में आप क्या सोचती हैं? कई कलाकार यह भी मानते हैं कि भारतीय परंपरा में संस्थापन कला कोई नई बात नहीं है।**

हां, दुर्गा पूजा भी एक तरह का संस्थापन ही है। कुछ विदेशी कलाकारों की संस्थापन कला मुझे अच्छी लगती रही है। पर अब बाहर भी खुद अपने हाथ से पेंट करने, स्कल्प्ट करने का ट्रैंड वापस आ रहा है। स्वयं मैंने कभी यह महसूस नहीं किया कि इंस्टालेशन करूं। आज भी मुझे विवान सुदंरम के इंस्टालेशन की तुलना में पेंटिंग ज्यादा अच्छी लगती हैं।

- **आज अनेक चर्चित कलाकार किसी असिस्टेंट की प्रतिभा का उपयोग-दुरुपयोग करते नजर आ रहे हैं।**

यह इस पर भी निर्भर करता है कि आपको कैसे काम में असिस्टेंट की जरूरत है। मनजीत बावा अफोर्ड कर सकते हैं। मैं कैनवास की बैक ग्राउंड में हरेक इंच पेंट करने के बाद खुद ही परिवर्तन करती रहती हूं। अंजुम को एक पेंटिंग के प्रोजेक्ट में 'शोले' के अमजद खान की छवि एक साइन बोर्ड पेंटर से बनवानी पड़ी थी। अतुल डोडिया भी कुछ कलाकृतियों में साइनबोर्ड पेंटर से मदद ले चुके हैं। कुछ विदेशी कलाकार तो बाकायदा निर्देश देकर इस तरह के पेंटरों से भारतीय पौराणिक देवी-देवताओं की कलाकृतियां बनवा कर अपनी पेंटिंग की तरह प्रस्तुत करते रहे हैं।

(2001)

माधवी पारेख

माधवी पारेख (जन्म : 1942 में गुजरात के एक गांव में) देश के जाने-माने युवा आधुनिक चित्रकारों में से हैं—बरसों से कोलाकता, मुंबई और दिल्ली की आधुनिक कला वीथियों में घूम रही हैं, कलाकारों को नजदीक से देख-सुन रही हैं। (पति मनु पारेख स्वयं एक सुपरिचित आधुनिक कलाकार हैं)। लेकिन आश्चर्य होता है कि माधवी पारेख ने आज भी अपने को गांव से जोड़े रखा है। सतही स्तर पर नहीं—गहराई में जाकर और बहुत मन से।

माधवी ने 22 साल की उम्र में पेंटिंग करना शुरू किया। जब पहली बच्ची की मां बनने वाली थीं तो इच्छा हुई कि पेंटिंग की जाए। और इस इच्छा ने बाद में जिंदगी का रास्ता ही बदल दिया। माधवी की कुल पूंजी थी गांव में बिताए बचपन के संस्कार। शादी के बाद पेंटर पति के कारण मुंबई की आधुनिक गैलरियों में जाती थीं ("और जाते भी कहां—पैसे तो ज्यादा पास में होते नहीं थे!") लेकिन रुकिए—माधवी आपको यह नहीं बताएंगी कि वहां पर उन्हें प्रेरणा मिलती थी। "सच तो यह है कि मैं बहुत बोर हुआ करती थी।"

आज 23-24 साल बाद माधवी घर से बाहर अपना अधिकांश समय गैलरियों में ही बिताती हैं। शादी के बाद पूरी तरह से जो एक अजनबी दुनिया थी, माधवी ने उसे अपना बना लिया है। लेकिन किस कीमत पर? अपने गांव के संस्कारों और जड़ों से कटकर नहीं, बल्कि उन्हें एक आधुनिक दृष्टि से पहचानकर। आज गैलरियों में देशी-विदेशी विशेषज्ञों की भीड़ में माधवी आपको बहुत ऊंची-ऊंची बातें करती हुई नहीं दिखाई देंगी जबकि माधवी की कलाकृतियां प्रेक्षकों को तुरंत आकर्षित करती हैं—उन्हें छू लेती हैं।

उल्लेखनीय है कि माधवी को पेंटिंग को राष्ट्रीय पुरस्कार मिल चुका है—अनेक एकल प्रदर्शनियां आयोजित हो चुकी हैं, कला विशेषज्ञ उनकी कलाकृतियों के महत्व को समय-समय पर स्वीकार कर चुके हैं, लेकिन माधवी ने अपने को सतही स्तर पर 'मुक्त' न करके सच्चे अर्थों में 'मुक्त' किया है। एक औसत गृहिणी के जीवन की ऊब और एकरसता को तोड़कर माधवी ने अपने सर्जनात्मक रूप को पहचाना है, लेकिन दिलचस्प बात यह है कि माधवी को आज भी घर में समय बिताना, घर के काम करना अच्छा लगता है।

आज नियमित रूप से माधवी रोज ढाई-तीन घंटे का समय पेंटिंग को देती हैं। "नहीं तो मुझे 'डिप्रैशन' होने लगता है।" लेकिन माधवी का कहना है कि सारा दिन पेंटिंग को दे देने में भी एकरसता है। बर्तन मांजने और कपड़े धोने से माधवी को अब 'बोरियत' नहीं महसूस होने लगती—एक तरह से देखा जाए तो माधवी एक सच्चे आधुनिक कलाकार का जीवन जी रही हैं। आखिर अपने काम को करने में कौन-सा पिछड़ापन है? माधवी ने अपने को घर के काम की नीरसता और 'चाकरी' से तो तभी मुक्त कर लिया था जब गर्भावस्था के दौरान उनके मन में पेंटिंग करने की इच्छा जागी थी।

दरअसल माधवी के मन में पेंटर बनने की इच्छा मांटेसरी के छोटे-छोटे बच्चों को चित्र बनाते देखकर जागी थी। गांव में स्त्रियों को दीवार पर चित्र बनाते देखकर या गोबर से काम करते हुए देखकर रचनात्मक भूख तो महसूस होती थी। "सोचती थी हम भी कुछ करेंगे बड़े होकर। हमारा भी नाम होगा।" लेकिन तब माधवी ने यह नहीं सोचा था कि कुछ करूंगी तो किस क्षेत्र में करूंगी।

माधवी की कला में आसानी से लोक कला, तथाकथित आदिम जनजातियों की कला और बच्चों की कला को पहचाना जा सकता है। पिछले दिनों दिल्ली में एक रेखांकन प्रदर्शनी में सुप्रसिद्ध चित्रकार स्वामीनाथन माधवी के एक 'प्रिंट' को देखकर मुग्ध हो गए। चित्र को समझाते हुए बोले, "इसे देखकर भूरी बाई के चित्रों की याद

आती है।'' भूरी बाई मध्य प्रदेश की एक आदिवासी चित्रकार हैं। माधवी की उपलब्धि यही है कि उनके चित्रों को देखकर भूरी बाई याद आती हैं तो पश्चिम की आधुनिक कला के एक बड़े नाम जर्मन चित्रकार पाउल क्ले को भी याद किया जा सकता है।

पिछले कुछ समय से माधवी गढ़ी में 'एंचिंग' में काम कर रही हैं। ''बीस साल अकेले-अकेले काम किया। अब समूह में काम करने का नया अनुभव हो रहा है।'' शायद माधवी की कला समूह में काम करने की शैली के अधिक नजदीक भी है।

माधवी को अमूर्त कला बिल्कुल पसंद नहीं है। पाउल क्ले हों या पिकासो का 'ड्राइंग सेंस' अच्छा लगता हो या फिर विकास भट्टाचार्य का काम पसंद हो पर माधवी इनसे प्रभावित होकर काम नहीं करना चाहतीं। ''आखिर गांव में भी तो अपने ढंग से ही काम किया जाता है।''

और इसी पृष्ठभूमि में माधवी के चित्रों के बच्चों, जानवरों और तोतों के 'आश्चर्यलोक' में पहुंचा जा सकता है।

(1984)

माधवी पारेख की कलाकृति

सुधीर पटवर्धन

सुधीर पटवर्धन (जन्म : 1949) पेशे से एक डॉक्टर (रेडियोलॉजिस्ट) हैं। लंबे समय में मुंबई के पास ठाणे में रहते हुए अपनी कला में आम लोगों और उनकी जगहों को पेंट कर रहे हैं। उनका जन्म पुणे में हुआ। वहीं पढ़ाई पूरी की। 1975 से ठाणे में हैं। समकालीन भारतीय कला में राजनीतिक कला और प्रतिबद्धता आदि की बात तो बहुत हुई है पर सुधीर पटवर्धन उन थोड़े से चित्रकारों में से हैं जो अपनी कला में आम आदमी और उसकी जगह को एक गंभीर व परिपक्व चित्र भाषा में खोज रहे हैं। एक सामाजिक और राजनीतिक जागरूकता के साथ वह कैनवास के सामने जाते हैं। पश्चिमी और भारतीय कला परंपरा की एक रचनात्मक समझ ने उनकी दुनिया को सार्थक बना दिया है।

पचास के दशक में रामकुमार ने अपने आकृतिमूलक दौर में आधुनिक मशीनों, फैक्ट्रियों और शहरों के बीच आदमी के संघर्ष और सपनों को एक प्रभावशाली चित्र भाषा प्रदान की थी। यह संयोग नहीं है कि रामकुमार पेरिस में कुछ समय के लिए प्रसिद्ध फ्रांसीसी कलाकार फर्नांद लेझे (1881-1955) के छात्र रहे थे। और सुधीर पटवर्धन की चित्र भाषा में भी लेझे की दुनिया से एक रचनात्मक संवाद है। मजदूरों और मशीनों की दुनिया को लेझे ने कला इतिहास के कुछ स्मरणीय चित्रों में बदल दिया है।

सुधीर पटवर्धन स्व-शिक्षित चित्रकार हैं। वामपंथी विचारधारा के प्रति रुझान होने के कारण उन्होंने मजदूरों की दुनिया—साधारण जन का नजदीक से अध्ययन किया। छात्र दिनों में किताबों की मदद से ही उन्होंने बहुत कुछ सीखा। एक ओर सार्त्र-आल्बेयर कामू आदि का साहित्य था तो दूसरी ओर कला की असंख्य पुस्तकें थीं। बाद में सुधीर ने स्व. पलसीकार (जो जे.जे. स्कूल ऑफ आर्ट से लंबे समय तक जुड़े रहे) से भी कला की समझ और एक तरह का निजी प्रशिक्षण प्राप्त किया।

सुधीर पटवर्धन आकृतिमूलक कला के प्रति अधिक आकृष्ट हुए। उन्होंने अपनी आकृतियों के रंग-रूपाकारों को हासिल करने के लिए लेझे से शुरू होकर भारतीय मूर्तिशिल्प की अत्यंत समृद्ध कला से प्रेरणा प्राप्त की। निजी रूप में सुधीर विनोद बिहारी मुखर्जी, अमृता शेरगिल, तैयब मेहता, अकबर पदमसी, गुलाम शेख, भूपेन खक्खर, गीव पटेल (वह भी पेशे से डॉक्टर हैं) सरीखे चित्रकारों को अपनी संवेदना के निकट पाते हैं। मिसाल के लिए वह मानते हैं कि अकबर पदमसी चाहे आकृतियों में काम करें या 'मेटास्केप' के अमूर्तन को कैनवास में अपनी विशिष्ट शैली में खोजें पर उनके चित्रों में जो अद्भुत संरचनात्मक कसावट है वह दुर्लभ है। बहुत कम कलाकार पेंटिंग के रूपगत तत्वों को इतने नियमनिष्ठ ढंग से उभार सके हैं। सभी आधुनिक चित्रकारों पर घनवाद (क्यूबिज्म) ने अपना असर डाला है पर पदमसी ने घनवाद से अच्छे अर्थों में संवाद स्थापित किया है।

स्वयं सुधीर के लिए आकृति एक केंद्रीय चिंता रही है। शुरू में उनकी आकृतियां कामगारों की प्रवक्ता भी होना चाहती थीं, पर धीरे-धीरे उन्होंने सड़क के साधारण जीवन को कैनवास पर एक ऐसी संरचना दी जिसमें विचारधारा हावी जरूर थी पर वही सब कुछ नहीं थी। धीरे-धीरे चित्र भाषा के एक दूसरे चरण में आए। इस चरण में आकृतियां मौजूद थीं पर एक शहर, एक दुनिया का 'पेनारोमिक व्यू' चित्रों में उभरा। इस नजरिए में मानव उपस्थिति छोटी हो गई थी। ''लेकिन मुझे उम्मीद है कि आने वाले वर्षों में मैं मानव आकृतियों को अपने चित्र संसार में वापस लाऊंगा।''

सुधीर पटवर्धन का मानना है कि आधुनिक चित्रकार जब आकृतिमूलक दुनिया में काम करता है तो उसके

पास ऐसी कहानियां नहीं हैं जो 'सामान्य लोकवार्ता' भी हों। आधुनिक कलाकार अपने दर्शकों-प्रेक्षकों को पाने के लिए संघर्ष कर रहा है, इसके लिए उसके पास निजी कहानियों की दुनिया में जाने के अलावा कोई रास्ता नहीं है। ''जहां तक प्रेक्षक द्वारा कला को देखने के ढंग का सवाल है, उसे एक खुले दिमाग के साथ चित्र के सामने जाना होगा।''

कभी सुधीर पटवर्धन ने कहा था कि मैं दरअसल एक क्रांतिकारी बनना चाहता था—एक ऐसा आदमी जो समाज को बेहतर बनाने के लिए सीधी लड़ाई लड़ सके। लेकिन मैं एक कलाकार बन गया और इस चुनाव की अपराध भावना मेरा पीछा नहीं छोड़ती।

सुधीर की दुनिया मुंबई की रेलगाड़ियों, सस्ते रेस्तराओं, बनती इमारतों, भीड़ भरे इलाकों, नुक्कड़ नाटकों की दुनिया है। जैसा कि लेझे के बारे में कहा जाता था कि वह यथार्थ को एक अयथार्थवादी रूप दे देते थे। सुधीर इस आम आदमी की दुनिया को एक तीखी राजनीतिक दृष्टि से देखने-जांचने के बावजूद चित्र-धरातल के 'स्पेस' का स्मरणीय विभाजन करते हैं। 1981 में उन्होंने अपनी 'नुक्कड़ नाटक' पेंटिंग में कैनवास का ऐसा ही विभाजन किया था। एक व्यक्ति (शायद चित्रकार) एक 'नुक्कड़ नाटक' (जो एक वास्तविक जीवन का दृश्य है) को देख रहा है। एक आदमी हमलावारों से अपना बचाव-सा कर रहा है। एक फैक्ट्री, एक बस, एक कार, फैक्ट्री ने निकलते मजदूर, 'नाटक' को देखते कुछ लोग। रोजमर्रा की जिंदगी है पर चित्रकार ने उसे कई स्तर और अर्थ दे दिए हैं।

शहर के सुपरचित दृश्यों, लोगों को सुधीन पटवर्धन एक नया नजरिया, रंग और रूपाकार प्रदान कर देते हैं। आधुनिक जिंदगी के बराबर चल रहे 'नाटक' को वह कभी क्लोजअप में देखते हैं तो कभी एक 'पेनरोमिक' दृष्टि से। प्रकृति भी उनके चित्रों में एक अतीतमोह-सा पैदा करती है।

(1994)

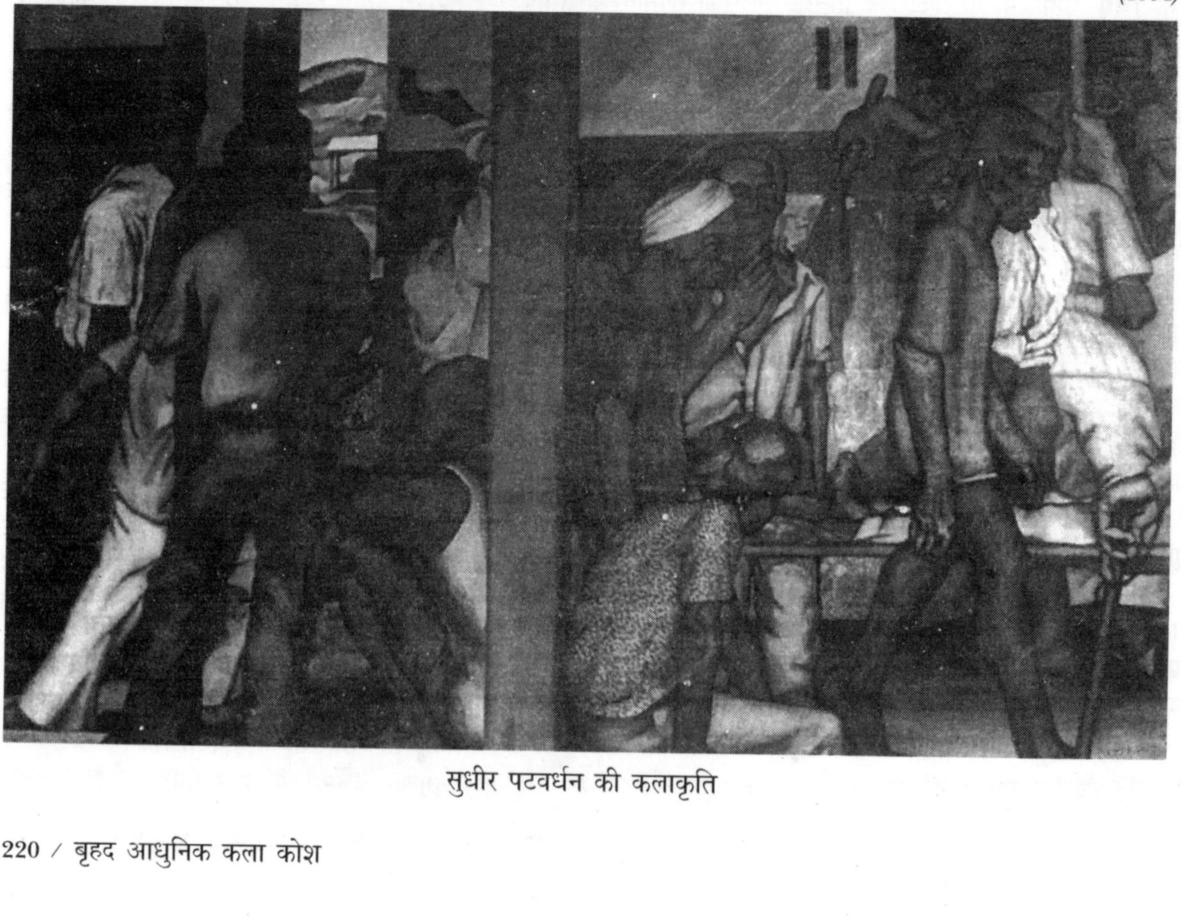

सुधीर पटवर्धन की कलाकृति

अर्पणा कौर

इसी 4 सितंबर को सुपरिचित चितेरी अर्पणा कौर 50 साल की हो गई हैं। फिल्म सितारों की तरह उन्हें अपनी उम्र छिपाने की जरूरत नहीं महसूस होती है। बल्कि इस उम्र के मोड़ पर आने के बाद वह थोड़ी राहत महसूस कर रही हैं कि अब उनकी कला पर अधिक बात हुआ करेगी–चितेरी होने पर कम। अर्पणा कौर की कला के विकास में गुरुग्रंथ साहिब का केंद्रीय स्थान है। पर अर्पणा के लिए धार्मिक या आध्यात्मिक होने का अर्थ वह नहीं है जो व्यक्ति को संकीर्ण और संस्थाओं का कैदी बना देता है। गुरुग्रंथ साहिब के महत्व पर लंबी बातचीत के बाद इन पंक्तियों के लेखक ने अर्पणा से पूछा, क्या आप स्वयं को धार्मिक कहलाना पसंद करेंगी? ''दरअसल मुझे धर्म का संस्थाबद्ध रूप अपील नहीं करता। मेरे लिए धर्म का अर्थ है–खुलापन, दर्शन, कविता, सौंदर्य और धर्मनिरपेक्षता। आज हम अपनी आंखों के सामने देख रहे हैं कि लोग यही साबित करने में लगे हैं कि मेरा धर्म तेरे धर्म से सुपीरियर है। धर्म के नए खौफनाक रूप को देखकर आदमी घबड़ाता है। इसलिए कला ही मेरा धर्म है। आज कर्मकांडों को लेकर इतना झगड़ा होता है। गुरु नानक कहते थे–कुदरत हर वक्त आरती गा रही है। जब गगन थाली हो, रविचंद्र दीपक हों, जंगल हवा में चंवर झुला रहा है तो किसी और आरती की क्या जरूरत है? मैं नानक की इन बातों को पसंद करती हूं। वह कितने खुले दिल के थे। कविता, प्रेम, सहिष्णुता, करुणा के इस अद्भुत रूप को रोजमर्रा की जिंदगी में ग्रहण करना–आत्मसात करना बहुत मुश्किल है। नानक लाउड नहीं थे, कभी चीखते नहीं थे। सरल थे। बाबर ने जब हमला किया था तो उन्होंने जुल्म, कत्लेआम, बलात्कार को देखा था फिर भी वह दुश्मन से नफरत नहीं करते थे। यह बहुत मुश्किल काम है। उन्होंने कहा है–ओ बाबर, तुझे दर्द न आया, दहशत फैलाई...''

अर्पणा के घर में गुरुग्रंथ साहिब के नीचे हमेशा छोटी-सी 'गीता' रहती है। (अर्पणा की मां अजित कौर पंजाबी की सुपरिचित लेखिका हैं।) अर्पणा के नाना विभाजन से पहले लाहौर में डॉक्टर थे। ''उन दिनों लाहौर में चैंबरलेन रोड डॉक्टरों की सड़क थी। मेरे नाना खूब मेहनत करने वाले आदमी थे। साधारण जीवन जीते थे, खादी पहनते थे, हमेशा गरीबों की मदद करते थे। वह आदर्शवादी थे। उन्हें हर साल पहाड़ जाने का शौक था। श्रीनगर, शिमला हर साल दो महीने के लिए चले जाते थे। पहलगाम में लिद्दर नदी के किनारे तंबू में दो महीने पड़े रहते थे। ऐसी ही छुट्टियों में जब उन्हें विभाजन की भयावह हिंसा के बारे में पता चला तो वह रातों-रात 'सफेद' हो गए। माता-पिता, सास-ससुर, चारों बूढ़े लाहौर में थे। मेरे नाना ने बीस दिन में बॉर्डर पार किया। एक मुस्लिम पड़ोसी डॉक्टर ने चारों बूढ़ों को एक कमरे में बंद करके किसी तरह से बचाया था। वे लोग आधे मर चुके थे। मेरे नाना लाहौर से उन चार बूढ़ों के अलावा सिर्फ गुरुग्रंथ साहिब की बीड़ (पांडुलिपि) लाए। 1997 में भारत की आजादी के जब पचास साल मनाए जा रहे थे तो मैंने नाना की पेंटिंग बनाई जिसमें उनके सर पर एक पीढ़ी पर गुरुग्रंथ साहिब की बीड़ है। पीठ पर चार बूढ़े गठरी में हैं।''

नाना अर्पणा के साथ अंतिम समय तक रहे। 1982 में उनका निधन हुआ। गुरुग्रंथ साहिब को घर में रखने का मतलब यह है कि आप उसके साथ बेअदबी नहीं कर सकते हैं। उसे पीढ़ी पर रखा जाता है, रूमाल चढ़ाए जाते हैं, रात को उसे तह किया जाता है, सुबह उसे खोलने-पढ़ने में एक गहरी श्रद्धा आवश्यक है। ''धीरे-धीरे हम महसूस करने लगते हैं कि जैसे घर में कोई व्यक्ति रह रहा है। जब मैं अपने और मम्मी के लिए गजरा खरीदती हूं तो गुरुग्रंथ साहिब के लिए पहला गजरा खरीदा जाता है। मुझे हमेशा लगता है जैसे घर में दो स्त्रियां हैं जिनके लिए मुझे फूल खरीदने हैं।''

अर्पणा के लिए गुरुग्रंथ साहब की धर्मनिरपेक्ष कविता का केंद्रीय महत्व है। यह कविता प्रेम के बारे में बात करती है। कबीर, जयदेव, शेख फरीद, नामदेव, रामानंद, बेनी, रविदास, धन्ना, पीपा, सूरदास, मीरा, गुरु नानकदेव, गुरु अर्जुन देव, भाई मरदाना सब एक साथ हैं इस ग्रंथ में।

अर्पणा ने सोहनी-महिवाल की प्रेम कहानी पर चित्र बनाए हों या कबीर पर या गुरु नानक पर–गुरुग्रंथ साहिब के गहरे अर्थ ने इन सभी शृंखलाओं को प्रेरित किया है।

अर्पणा ने 1993 में कबीर पर अपनी एक चर्चित चित्र शृंखला बनाई थी–'बॉडी इज जस्ट ए गार्मेंट'। इस शृंखला में 33 चित्र थे और टेराकोटा में पांच इंस्टालेशन थे। 2000 में उन्होंने सोहनी पर चित्र शृंखला बनाई। कई साल पहले 'मानुषी' के लिए सोहनी पर एक कलाकृति वह बना चुकी थीं पर 2000 में सोहनी पर एक पूरी शृंखला प्रदर्शित हुई, तो अर्पणा ने गुरु गोविंद सिंह को उद्धृत किया, ''जौ तौ प्रेम खेलन का चाओ, सिर धर तली गली मेरी आओ।'' (जिसको प्रेम खेलने का चाव है वह हथेली पर सर रख मेरी गली आ जाए।)

अर्पण के अनुसार गुरुग्रंथ साहिब की कविताओं में ऐंद्रियता भी उन्हें आकर्षित करती रही है। ''आखिर गुरुनानक एक गृहस्थ भी थे। जोगी अंदरि जोगीआ, तू भोगी अंदरि भोगीआ...''

इन कविताओं में प्रेम, करुणा की बात की गई है और अहम् (ईगो) को ईश्वर से मिलन के मार्ग की सबसे बड़ी बाधा माना गया है। इस बात पर भी जोर है कि लालच से संतुष्टि नहीं मिलती। ''आज इस अंधी दौड़ में–रैट रेस में इन चीजों को ग्रहण करना मुश्किल है।''

कबीर और सोहनी के बाद अर्पणा ने अपनी पिछली एकल प्रदर्शनी में गुरु नानक पर केंद्रित अनेक चित्र बनाए हैं। हाल में 24 जुलाई को वांशिगटन में स्मिथ सोनियन संग्रहालय नेचुरल हिस्ट्री म्यूजियम की एक विशेष 'विंग' में पांच साल के लिए एक अलग तरह की प्रदर्शनी का उद्घाटन हुआ। इसमें अर्पणा कौर के तीन चित्र हैं–धर्म निरपेक्ष धागा, अंतहीन यात्रा और 84 के दंगों पर पेंटिंग। ब्रिटेन की चर्चित जुड़वा चितेरी बहनों (अमृत और रविंदर कौर) के अलावा इस प्रदर्शनी में वैज्ञानिक डॉ. नरेंद्र कपानी के निजी संग्रह से सखि मिनियेचर और महाराज रणजीत सिंह का सोने का कवच आदि भी प्रदर्शित है। भविष्य में यह प्रदर्शनी स्थाई भी हो सकती है। फिलहाल यह पांच साल के लिए है।

अर्पणा के नानक नृत्य भी करते हैं, वह कलंदरी टोपी में भी नजर आते हैं। ''मेरे ससुर जसवंत सिंह ने गुरु नानक की कलंदरी टोपी में पेंटिंग बनाई थी तो बड़ा बवाल हुआ था। खुशवंत सिंह ने तब इलस्ट्रेट वीकली में उनके पक्ष में लिखा था। अकाल तख्त में इन्ग्रेविंग में नानक को सूफी कलंदरी टोपी में दिखाया गया है। दरअसल नानक बाहरी चीजों से परे हैं–फिर चाहे वह जनेऊ हो या पगड़ी।''

(2004)

विजेंद्र शर्मा

एक आधुनिक कला दीर्घा। चारों तरफ रंग-रूपाकार अपनी एक खास तरह की रोशनी पैदा कर रहे हैं। थोड़ी देर पहले ही इस प्रदर्शनी का उद्‌घाटन हुआ है। पर एक पेंटिंग दीर्घा में 'पैक' की हुई रखी है। लगता है यह पेंटिंग देर से पहुंची। पर प्रेक्षक जब उस 'पैक' की हुई पेंटिंग को गौर से देखता है तो उसे मालूम पड़ता है कि दरअसल यह एक पेंटिंग है। अपने-आप में मुकम्मल एक पेंटिंग।

युवा चित्रकार विजेंद्र शर्मा (जन्म 1962) की कला में इस तरह के भ्रम संसार में प्रेक्षक कई बार प्रवेश कर सकता है। पर यह भ्रम संसार आपको चौंकाने के लिए नहीं है। चित्रकार की तकनीक का यह अद्‌भुत कौशल है। आप दीवार पर टंगी पेंटिंग को गौर से देखते हैं। पेंटिंग महात्मा गांधी से प्रेरित है। आपको यह लगता है कि शायद चित्रकार ने सचमुच की चप्पलें कैनवास पर चिपका दी हैं। लेकिन जब आप गौर से देखते हैं तो आपको यह जानकर आश्चर्य होता है कि चित्रकार ने चप्पलें पेंट की हैं।

विजेंद्र शर्मा की दुनिया में अतियथार्थवाद (सररियलिज्म), फोटो यथार्थवाद, भ्रमवाद (इल्यूजनिज्म) आदि की शैली पहचानी जा सकती है। पर चित्रकार इन दुनियाओं का कैदी नहीं बन जाना चाहता है। वह इनसे परे चला जाना चाहता है। दिल्ली कला महाविद्यालय से प्रशिक्षित विजेंद्र शर्मा की शुरू में तीन लगभग 'अतिवादी' दिलचस्पियां थीं—वह पुलिसकर्मी बनना चाहते थे (इसके लिए बाकायदा इम्तहान भी दिया), देशभक्ति की भावना उन्हें प्रेरित कर रही थी (यह अलग बात है कि आज देश-भक्ति का अर्थ और संदर्भ ही बदल गया है) या फिर वह संन्यासी बन जाना चाहते थे। पर अंत में वह कलाकार बने। शुरू के दिनों में उन्हें काफी संघर्ष करना पड़ा। आज उनकी पेंटिंग बनने से पहले ही बिक जाती है। अपने कैरियर की शुरुआत में उन्हें स्वाभाविक दिक्कतों का सामना करना पड़ा। पेंट करने की दक्षता, तकनीकी आत्मविश्वास, एक खास तरह की 'स्किल' उनके काम आई। मुंबई के धारावाहिकों और फिल्मों के खूब काम मिले। पर वह दुनिया एक सच्चे कलाकार को अधिक रास नहीं आती है। विजेंद्र ने अपने दिल्ली स्थित स्टुडियो में फ्रीलासिंग शुरू की।

विजेंद्र की तकनीकी दक्षता इतावली रेनेसांकालीन चित्रकारों की याद दिलाती है। कोई आश्चर्य नहीं कि अपने एक नए बड़े आकार के चित्र में विजेंद्र में मिकेलांजेलो को 'ट्रिब्यूट' दी है। उनके स्टुडियो में मिकेलांजेलो के दो सुंदर प्रिंट फ्रेम किए लगे हुए हैं। एक प्रिंट में सिस्टाइन चैपल (वेंटिकन सिटी) के विश्व-प्रसिद्ध म्यूरल का वह हिस्सा देखा जा सकता है जहां ईश्वर का हाथ मनुष्य की ओर बढ़ रहा है। दोनों में सिर्फ थोड़ी-सी दूरी है। दूसरा प्रिंट मिकलांजेलो के प्रसिद्ध मूर्तिशिल्प डेविड का है जो फ्लोरिडा के संग्रहालय एकेडेमिया में मौजूद है। पिछले दिनों एक कला शिविर के सिलसिले में विजेंद्र वेनिस गए थे। उनके स्टुडियो में उनकी एक नई पेंटिंग में वेनिस की जादुई रंग-रोशनी देखी जा सकती है। पेंटिंग के एक कोने में लिखा हुआ है—'वेनिस मेरा प्यार'। वेनिस की छोटी-छोटी गलियों में घुसते ही प्रेक्षक को कार्निवाल के तरह-तरह के मुखौटे नजर आते हैं। इन रंग-बिरंगे मुखौटों में एक अजीब तरह का रहस्य भी मौजूद है। विजेंद्र की कलाकृतियों में मुखौटे पहले से ही काफी केंद्रीय थे।

लेकिन विजेंद्र एक कलाकार के रूप में रेनेसांकालीन चित्रकारों की दुनिया से परे चले जाना चाहते हैं, आधुनिक कलाकारों से एक सार्थक संवाद स्थापित करना चाहते हैं। उनके एक नए चित्र में एक कोने में एक गठरी लटकी हुई है। इस गठरी में कुछ भी हो सकता है। एक रंगीन धागा इस सफेद गठरी को दीवार से संभाले हुए है। कैनवास के शेष हिस्से में दीवार को माध्यम बनाकर लगभग एक अमूर्त चित्र की भाषा का इस्तेमाल किया गया है। एक

कोने में 'ग्राफिटी' भी पहचानी जा सकती है। इस पेंटिंग में कलाकार के रचनात्मक विकास की एक नई दिशा स्पष्ट है।

विजेंद्र के चित्रों में अक्सर आधुनिक फैशनेबुल जीवन की घुटन भी पहचानी जा सकती है। कई बार उनकी आकृतियां जैसे प्लास्टिक के किसी बैग में बंद होकर घुटन महसूस कर रही होती हैं। चित्रकार की 'स्क्लि' इस घुटन को और भी यथार्थवादी, बल्कि अतियथार्थवादी बना देती है।

विजेंद्र के चित्रों में ऐंद्रियता भी है। उनकी राधा या कोई दूसरी नायिका त्रिभंग मुद्रा में नजर आती है। कभी संन्यासी बनने की सोच रहे कलाकार को 'योगी' और 'भोगी' की दुनिया का 'कंस्ट्रास्ट' बराबर आंदोलित करता रहता है। उनके कई चित्रों में यह थीम मौजूद रही है। विजेंद्र जब छात्र थे तो पेंटिंग को अच्छी तरह से फ्रेम कराना बस एक सपना था। बाद में विजेंद्र ने अपनी अद्भुत 'स्किल' के बल पर फ्रेमिंग को भी पेंट करना शुरू कर दिया। अब उनके रंग-रूपाकार एक खास तरह के पेंटेड फ्रेम का हिस्सा बन जाते हैं।

जीवन हो या कला—अतियथार्थवाद एक ऐसा नजरिया है जो कला-साहित्य के आंदोलन के रूप में भले ही बीसवीं शताब्दी के तीसरे-चौथे दशक में उभरा हो पर वह शताब्दियों पहले से मौजूद रहा है। आधुनिक भारतीय कला में अतियथार्थवाद बंगाल के कलाकारों की सबसे बड़ी ताकत है पर बंगाल से बाहर के कलाकार अपने ढंग से इस दुनिया को अभिव्यक्ति का एक सशक्त माध्यम बना देते हैं।

विजेंद्र पोर्ट्रेट की कला में भी बहुत दक्ष हैं। नब्बे के दशक की शुरुआत में उन्होंने मकबूल फिदा हुसेन का एक अद्भुत पोर्ट्रेट बनाया था। इस पोर्ट्रेट की खूबियां देखने के लिए प्रेक्षक को मैग्नीफाइंग ग्लास की जरूरत पड़ती है। ग्लास को हाथ में लेते ही होंठो के डिटेल्स भी एक अलग पेंटिंग का हिस्सा नजर आने लगते हैं।

''यह पोर्ट्रेट आप बेचेंगे?'' विजेंद्र का संक्षित जवाब है—इसे लाखों में भी नहीं बेचूंगा।

(2005)

देवकी नंदन शर्मा का रेखांकन

संजय भट्टाचार्य

चर्चित चित्रकार संजय भट्टाचार्य (जन्म : 1958) युवा कलाकारों में संभवतः सबसे व्यस्त कलाकार हैं। कमीशन किए गए कामों से वह हमेशा घिरे रहते हैं। फोटो यथार्थवाद और पोर्ट्रेचर में उनकी तकनीकी दक्षता अद्भुत है। कोई आश्चर्य नहीं कि उनके न्यू राजेंद्र नगर (नई दिल्ली) स्थित स्टुडियो के बाहर उनकी कलाकृतियां चाहने वालों की लाइन लगी रहती है। पोर्ट्रेट बनाने की उनकी अद्वितीय कला ने उनके चाहने वाले बढ़ा दिए हैं। राष्ट्रपति भवन में उनके बनाए पोर्ट्रेट तो मशहूर हैं ही, इंदिरा गांधी और राजीव गांधी के पोर्ट्रेट भी पर्याप्त चर्चा का विषय रहे हैं। अब भाजपा प्रेमियों को भी संजय के हस्ताक्षरों की जरूरत महसूस हो रही है। इन पंक्तियों का लेखक हाल में जब संजय भट्टाचार्य से उनके स्टूडियो में मिला तो वह लालकृष्ण आडवाणी का पोर्ट्रेट बना रहे थे। दूसरी ओर अनिवासी भारतीयों की भी एक लंबी प्रतीक्षा सूची है जो अपने भव्य घरों में भारत की खास तरह की छवि चाहते हैं। ऐसी ही एक मांग पर संजय ने हाल में कृष्णराज कलेक्शन आर्ट गैलरी के लिए भारतीय जीवन का एक बड़ा लैंडस्केप बनाया है। पुराने घर, मंदिर, रिक्शावाला सब कुछ फोटो यथार्थवाद की जादुई शैली में आपके सामने है। जो मैनहैटन (न्यूयॉर्क) के यथार्थ में और भी जादुई नजर आएगा। कुछ साल पहले इन पंक्तियों के लेखक ने दक्षिण दिल्ली की एक पॉश कालोनी में बहुत आलीशान ड्राइंगरूप में संजय का बनाया झोपड़-पट्टी का कैनवास देखा था जो उस माहौल को एक दिव्य किस्म के सांस्कृतिक सुख के साथ-साथ सुरक्षा की एक भ्रामक भावना भी प्रदान कर रहा था।

पर चित्रकार के रूप में अत्यंत दक्ष, कल्पनाशील और सफल भट्टाचार्य फिल्म माध्यम को लेकर अधिक उत्साहित हैं। उनका कहना है कि कलाकार को काफी सीमाओं में रहकर काम करना पड़ता है जबकि फिल्म माध्यम में कुछ भी कर पाने की स्वतंत्रता है। जाहिर है कि संजय व्यावसायिक सिनेमा तंत्र की बात नहीं कर रहे हैं। वह फिल्म को कलाकार के रूप में देखकर ही अपनी बात कह रहे हैं।

पिछले दिनों राजधानी में आर्ट एलाइव गैलरी ने प्रकृति और जीवन के संबंधों को रेखांकित करने के लिए एक बड़ी समूह प्रदर्शनी आयोजित की (इस प्रदर्शनी की क्यूरेटर सुषमा बहल हैं)। उनमें संजय भट्टाचार्य के तय चित्रों के अलावा एक पूरी शाम उनकी बनाई बीस मिनट की एक दिलचस्प फिल्म को भी समर्पित थी। फिल्म में संजय कैमरे के सामने कई चेहरों और किस्म-किस्म के मेकअप में दिखाई देते हैं। एक गायक के रूप में संजय अपने बांग्ला कैसेट निकाल चुके हैं। अब एक अभिनेता के रूप में भी उन्होंने अपनी प्रतिभा को उक्त फिल्म में दिलचस्प ढंग से प्रस्तुत किया है। कोई हैरानी की बात नहीं कि भविष्य में कभी संजय को आप बड़े पर्दे पर भी अभिनेता के रूप में देखें। मणिरत्नम अपनी फिल्म 'दिल से' में चित्रकार मनजीत बावा को पहले ही अभिनेता के रूप में प्रस्तुत कर चुके हैं और वह रोल भी खूब था—आतंकवादियों के एक साथी फोटोग्राफर का। उम्मीद है संजय अपने रोल का बेहतर चुनाव कर सकेंगे।

कलाकार के रूप में शुरू में संजय के जलरंग चित्रों ने कला की दुनिया में जबरदस्त धाक जमाई थी। श्यामल दत्त राय की परंपरा को जैसे वह अपने ढंग से आगे बढ़ा रहे थे। फिर उन्होंने तैलरंगों में भी अपनी अद्भुत सामर्थ्य दिखाई। अब वह विकास भट्टाचार्य की परंपरा को आगे बढ़ा रहे थे। खराब स्वास्थ्य के कारण विकास अब काम करने में असमर्थ हैं। हाल में ललित कला अकादेमी ने उन्हें अपना रत्न सदस्य (फैलो) बनाया है। विकास भट्टाचार्य जिस अतियथार्थवादी, फोटो यथार्थवाद की भारतीय परंपरा के सबसे बड़े आधुनिक हस्ताक्षर हैं उसे संजय भट्टाचार्य, विजेंद्र शर्मा आदि कलाकार अपने ढंग से आगे बढ़ा रहे हैं। संजय भट्टाचार्य विकास के असली शिष्य कहे जा सकते

हैं। 'मां शीतला' (1991), 'महानगर की मां' (1992), 'फूल वाली' (1992), 'पुजारिन' (1995) आदि संजय के कुछ चर्चित कैनवास इस बात का प्रमाण हैं। कोलकाता की पुरानी खंडहर होती जा रही इमारतों के रोमांस को आधुनिक बांग्ला फिल्मकारों ने अपनी फिल्मों में एक अलग तरह का सिनेमाई यथार्थ बना दिया है। सत्यजित राय (जलसा घर), मृणाल सेन (खंडहर), बुद्धदेव दासगुप्त (फेरा) गौतम घोष (देखा) सरीखे फिल्मकारों ने जो कैमरे से हासिल किया उसी को संजय कूची, कैनवास और तैलरंगों से हासिल कर रहे हैं। संजय सत्यजित राय की फिल्मों से प्रभावित होकर एक चित्र शृंखला भी बना चुके हैं। 'जलसा घर' ने उनकी कल्पना-शक्ति को खास तौर पर प्रभावित किया। ब्रिटेन के डैरेक मैलकम सरीखे प्रतिष्ठित फिल्म समीक्षक 'जलसा घर' को बीसवीं शताब्दी की सर्वश्रेष्ठ फिल्मों में से एक मानते हैं। वह उसे 'पथेर पांचाली' और 'चारुलता' से भी अधिक सम्मान देते हैं।

संजय भट्टाचार्य कई सालों से दिल्ली में रहकर काम कर रहे हैं। उन्होंने 1982 में कोलकाता कला महाविद्यालय से फर्स्ट क्लास डिप्लोमा प्राप्त किया था। शुरू में उनके चित्रों में कोलकाता अपने विविध रूपों में सामने आया। कंधे पर झोला लटकाए और हाथ में ड्राइंग बोर्ड लिए किशोर संजय भट्टाचार्य कला की खोज में देर रात तक भटकते रहते थे। उन दिनों का जबरदस्त अभ्यास उनकी कला के विकास में निर्णायक साबित हुआ। उनकी कला में विक्टोरिया मेमोरियल के सामने राजा-रानियों के बुत उन्हें उतने नहीं प्रभावित करते जितना उनके सामने अपने काले चश्मे में पगड़ी बांधे खड़ा भारत का एक आम बूढ़ा किसान चेहरा।

सुषमा बहल द्वारा क्यूरेट की गई प्रदर्शनी में संजय के नए चित्रों ने यह भी साबित किया है कि वह सीमेंट के जंगलों में रहते हुए प्रकृति के रसीले रंग और उसकी चमक को भूल नहीं गए हैं। पेंटिंग करते-करते जब वह थक जाते हैं तो घूमने चले जाते हैं—प्रकृति और जंगलों में।

(2004)

नीरज गोस्वामी

नीरज गोस्वामी (जन्म : 1964) काफी हद तक 'मीडिया शाई' (मीडिया से झिझकने वाले) चित्रकार हैं। इन दिनों 'मीडिया हाई' (अखबारों और टीवी पर छाए हुए) चित्रकारों का बोलबाला है। ऐसे माहौल में नीरज एक दूसरी दुनिया के कलाकार नजर आते हैं। तथाकथित 'पेज थ्री संस्कृति' का वह हिस्सा नहीं हैं। कुछ खास मित्रों की प्रदर्शनियों के उद्घाटन के ग्लैमरस वातावरण में ही उन्हें देखा जा सकता है। पर पिछले दो दशकों की 'कला साधना' ने नीरज गोस्वामी को आज का सबसे चर्चित युवा चित्रकार बना दिया है। बरसों पहले कोलकाता में गणेश पाइन की भी ऐसी ही छवि थी। कोई आश्चर्य नहीं कि नीरज को समकालीन कलाकारों में जिन कुछ हस्ताक्षरों का काम पसंद है उनमें एक प्रमुख नाम गणेश पाइन हैं। अन्य भारतीय कलाकारों में उन्हें नीरद मजूमदार का काम पसंद है। पर इन दिनों के कला वातावरण में नीरद मजूमदार को लोग भूल गए हैं।

नीरज गोस्वामी के चेहरे और मुखौटे एक खास तरह से संयोजित किए जाते हैं। नीरज के चेहरों की बड़ी-बड़ी आंखें (कई बार किसी ध्यान मुद्रा में बंद भी होती हैं) और उनका 'प्रोफाइल' एक रहस्यमय वातावरण बनाता है। यह भी गौर करने की बात है कि इन दिनों नीरज की इस चित्र शैली का लगभग एक छोटा-मोटा स्कूल ही सामने आ गया है। कला की दुनिया के एक बड़े नाम ने इस शैली को अधिक लोकप्रिय बना दिया है। वह तेजी से काम करते हैं और 'मीडिया शाई' नहीं है। नीरज धीरे-धीरे काम करते हैं और कला बाजार की शर्तों को बहुत कम ध्यान में रखते हैं। कुछ कम प्रतिभाशाली कलाकार इन दिनों नीरज की शैली के कैलेंडर संस्करण भी सामने ला रहे हैं। बंगाल में गणेश पाइन की शैली में भी लगभग फैक्ट्री स्तर पर काम हो रहा है। पर यह सब हमारे समय की नियति है।

नीरज गोस्वामी का जन्म पटना में हुआ था पर मूल रूप से वह राजस्थान के हैं। शेखावाटी की हवेलियों के इलाके के नीरज अब दिल्ली के हो गए हैं। दिल्ली महाविद्यालय से उन्होंने कला का प्रशिक्षण प्राप्त किया। कुछ साल तक इसी महाविद्यालय में वह पढ़ाते भी रहे। इन दिनों दिल्ली महाविद्यालय में रचनाधर्मी कलाकारों की संख्या में तेजी से गिरावट हो रही है। सोमनाथ होर, अनुपम सूद, विश्वनाथ मुखर्जी, राजेश मेहरा, गोगी सरोजपाल, रणवीर सिंह कालेका जैसे नाम इस महाविद्यालय में पढ़ाते थे। जय झरोटिया, कंचन चंदर सरीखे बचे-खुचे नाम या तो रिटायर हो गए हैं या होने जा रहे हैं या समय से पहले रिटायरमेंट लेने की तैयारियां कर रहे हैं। नीरज इस उजाड़ की कल्पना शायद पहले ही कर चुके थे। वह अपने भीतर के एक उजाड़ में आ गए हैं।

दिल्ली में जमुना पार की कालोनियां आमतौर पर पुराने सोवियत समाज की कालोनियों की याद दिलाती हैं। पर नीरज गोस्वामी का स्टुडियो जिस कालोनी (ऑक्सफर्ड एपार्टमेंट्स) में है वह शांत और अलग तरह के माहौल को सामने लाती है। नीरज गोस्वामी को देर रात के सन्नाटे में कैनवास पर काम करने में मजा आता है। दोपहर में उन्हें काम करना बहुत भाता नहीं है। रात उन्हें प्रेरित करती है। उस समय कैनवास की अधिक गहरी और अर्थपूर्ण यात्रा शुरू होती है। नीरज को या तो तैलरंग प्रिय हैं या टैंपरा माध्यम उन्हें अपनी ओर आकर्षित करता है। (गणेश पाइन का भी प्रिय माध्यम टैंपरा है।) एक्रिलिक रंगों में वह कभी-कभार छेड़छाड़ कर लेते हैं पर शायद तेजी से काम करना उनकी नियति नहीं है।

विदेशी कलाकारों में उन्हें इतावली रेनेसां के मास्टर और दुनिया के पहले आधुनिक कलाकार जोत्तो का काम बहु पसंद है। एक कैंप के सिलसिले में नीरज वेनिस गए थे तो वहां से आधे घंटे की दूरी पर पादुआ शहर में

जोत्तो की महान कला (एरेना चैपल में लाइफ ऐंड पैशन ऑफ क्राइस्ट के विश्वविख्यात फ्रेस्को) को देखना वह नहीं भूले। एरेना चैपल आधुनिक कलाकार के लिए एक तीर्थ की तरह है (पर जीर्णोद्धार के बाद कला प्रेमी एक बार में सिर्फ पंद्रह मिनट के लिए इस तीर्थ की यात्रा कर सकते हैं)। नीरज गोस्वामी के स्टूडियो में जोत्तो की इस अद्‌भुत कला यात्रा पर एक बड़ी पुस्तक लगभग एक धर्म ग्रंथ की तरह रखी हुई है।

नीरज गोस्वामी को डच मास्टर रेंब्रां का काम भी पसंद हैं। स्वर्णिम फ्रेम में उनका एक आत्म-चित्र उनके रेंब्रां प्रेम का एक अच्छा उदाहरण है। यह आत्म-चित्र उस दौर का है जब नीरज अपनी कला यात्रा में कुछ रोशनी पहचान चुके थे। स्टूडियो में बातचीत में नीरज ने अपना एक पुराना आत्म-चित्र दिखाया जो उनके 'अंधेरे के दौर' का चित्र है। इसमें कलाकार जीवन संघर्ष का शिकार ज्यादा नजर आ रहा है। कभी नीरज को 'अंधेरा' पसंद था। पर विवाह के बाद उनका नजरिया बदला। प्रेम को उन्होंने नए ढंग से जाना, बल्कि उनके अनेक चेहरों की मॉडेल आपको गौर करने पर उनकी पत्नी ही नजर आएंगी। नीरज पोर्ट्रेट की कला में कुशल हैं। राज्यसभा के लिए वह भूतपूर्व राष्ट्रपति के.आर. नारायण का पोर्ट्रेट बना चुके हैं। म्यूरल और रंगमंच के लिए भी उन्होंने काफी काम किया है।

इन दिनों नीरज को मूर्तिशिल्प विधा में कुछ करने की प्रेरणा मिल रही हे। उनके स्टुडियो में एक स्टूल पर छोटा-सा मूर्तिशिल्प रखा हुआ है—मूर्तिशिल्प का मैकेट। जाहिर है कि उनके मूर्तिशिल्प भी किसी रहस्यमय बाहरी यात्रा या अंतर्यात्रा का ही परिणाम होंगे।

नीरज के रहस्यमय चेहरे चाहे किसी जुलूस में शामिल हों या थियेटर में बैठे हुए हों या बीहड़ रात के बाद किसी सुबह जागने की कोशिश कर रहे हों—वह प्रेक्षक को देर तक 'हांट' करने रहते हैं। किसी हड़बड़ी में इस दुनिया में आना सार्थक नहीं है। धैर्य, समझ, समय और जिज्ञासा है तो आप इस दुनिया में जाइए। लौटेंगे तो चीजें बदली हुई होंगी।

(2005)

जॉर्ज कीट की कलाकृति

सुबोध गुप्ता

सुबोध गुप्ता की कला के विकास को मैं लंबे समय से देखता चला आ रहा हूं। मैं पहली बार उनसे नब्बे के दशक की शुरुआत में मिला था। उन दिनों मैं हिंदी के प्रतिष्ठित 'दिनमान' साप्ताहिक के संपादकीय विभाग में था। हिंदी प्रदेशों में 'दिनमान' का विशिष्ट और ऐतिहासिक स्थान था। सुबोध पटना से आए थे। अपने चित्रों की पारदर्शियां दिखाना चाहते थे। मुझे याद है, बैंड बाजे वाले लोगों पर उन्होंने चित्र बनाए थे। पिछले लगभग डेढ़ दशकों में एक कलाकार के रूप में सुबोध का अद्‌भुत विकास हुआ है। इस विकास में हमारे समय के सपने और सच्चाइयां हैं और नए से नए कला माध्यमों का सामना करने का जोखिम भी है। लेकिन सवाल सिर्फ कला की ग्लैमरस दुनिया में सफलता का नहीं है। अधिक बड़ा सवाल कला के निजी और गहरे सरोकारों का है। सुबोध ने अपनी कला में नित नए सामने आ रहे माध्यमों का दिलचस्प और अलग तरह का इस्तेमाल किया है। इंस्टालेशन, वीडियो आर्ट, बॉडी आर्ट, फोटोग्राफी, फिल्म एक्टिंग और डिजिटल तकनीक के चमत्कारों आदि का उनकी कला में भरपूर इस्तेमाल देखा जा सकता है। लेकिन इन सब अत्याधुनिक माध्यमों के बीच भी सुबोध के भीतर का कलाकार हर बार 'घर वापसी' की बात करता है। घर, गोबर, गाय, रसोईघर के बर्तन, अंबैसडर कार, कट्टा आदि चीजें समकालीन भारतीय यथार्थ के मार्मिक प्रतीक हैं। सुबोध अपनी कला में समय-समय पर इन प्रतीकों को एक नया और गहरा अर्थ दे चुके हैं। एक कलाकार के रूप में सुबोध आज दुनिया भर की कला दीर्घाओं में घूमते हैं। अपना काम दिखाते हैं। किसी भी सजग और संवेदनशील भारतीय को इस दुनिया में घूमते हुए घर की याद आएगी और वह बार-बार घर लौटना चाहेगा। एयरपोर्ट पर उसे बाहर खा-कमा कर घर लौटते भारतीय मिलेंगे। उनका सामना भी एक अलग ही तरह की उपस्थिति या इंस्टालेशन है। सुबोध ने इस उपस्थिति को दिलचस्प ढंग से अपनी कला के वक्तव्य में बदल दिया है।

हिंदी के चर्चित कवि श्रीकांत वर्मा ने अपने 'एंग्री' (नाराज) दौर की एक प्रसिद्ध कविता में 'घर वापसी' को मार्मिक अभिव्यक्ति दी थी। कवि घर लौटना चाहता था और महुए के वन में कंडे-सा सुलगना चाहता था। सुबोध की कला में इसी तरह की घर वापसी की गंध पहचानी जा सकती है। अपने आप में इस घर वापसी का एहसास ही किसी कलाकार को महत्वपूर्ण कलाकार नहीं बना देता है। सुबोध के इस 'घर वापसी' को अपनी कला के विभिन्न चरणों में एक लंबे कला अनुभव के रूप में अभिव्यक्ति दी है।

आम भारतीय मध्यवर्गीय जीवन में रसोई के बर्तनों को सुबोध ने कला के एक बड़े अनुभव में बदल दिया है। एक जमाने में मैंने अपनी एक कविता 'इच्छा' में लोटे को आम भारतीय जीवन के गहरे और मार्मिक प्रतीक के रूप में देखा। 1979 में दिल्ली की धूमीमल गैलरी में जगदीश स्वामीनाथन के चित्रों की एक प्रदर्शनी में कविता पाठ का भी कार्यक्रम था। मैंने पहली बार 'इच्छा' को वहीं पढ़ा था। बाद में मुझे गिलास, कढ़ाई, कटोरे सरीखी चीजों में जीवन का एक बड़ा रूपक नजर आने लगा था। पर कवि के रूप में आप अलग-अलग बर्तनों की एक श्रृंखला लिखेंगे तो अभिव्यक्ति कुंद होने लगेगी। पर एक कलाकार का कैनवास ज्यादा बड़ा है। वह अभिव्यक्ति की इस सीमा से निर्देशित नहीं है। इसीलिए सुबोध ने बर्तनों की 'स्टेनलैस स्टील दुनिया की चमक' में एक अलग तरह के सपने और यथार्थ को देखा है।

प्रस्तुत है सुबोध गुप्ता से बातचीत के अंश–

● आपने मध्यवर्गीय रसाईघर के बर्तनों की शृंखला पर कब और क्यों काम करना शुरू किया?

5-6 साल हो गए हैं इस शृंखला पर काम करते हुए। मुंबई की कैमोल्ड गैलरी में 1998 में अपनी एकल प्रदर्शनी में मैंने बर्तनों का काफी इस्तेमाल किया था। दरअसल इसकी लंबी कहानी है। मैं जब भी कोई काम करता हूं तो रोजमर्रा की जिंदगी से ही वस्तु को उठाता हूं—गोबर हो या पाटला (पीढ़ा) या बर्तन वगैरह। भारत की नब्बे प्रतिशत आबादी में स्टेनलेस स्टील के बर्तनों के इस्तेमाल को देखा जा सकता है। लगभग हर भारतीय घर में रसोईघर एक प्रार्थना की जगह की तरह होता है। हिंदू घरों में पूजाघर के अलावा रसोईघर भी एक पूजा की ही जगह है। थाली के साथ सुबह का प्रणाम होता है। गरीब और अमीर दोनों ही तबकों में यह बात देखी जा सकती है। गोबर या पीढ़े आदि 'अर्थी मैटीरियल' (भूमिज सामग्री) हैं जबकि इसके विपरीत स्टील में चमक है। 25-30 साल पहले हमारे घरों से पीतल के बर्तन धीरे-धीरे गायब होते चले गए। स्टील के बर्तन कई तरह की आकर्षक स्कीमों की मदद में लोकप्रिय हो रहे थे। स्टील के बर्तनों में खिलाना समृद्ध होने की निशानी थी। मेरे मन में स्मृतियां बहुत शक्तिशाली हैं। कैमोल्ड गैलरी की प्रदर्शनी में लाइफ साइज की गाय भी थी—फाइबर ग्लास में। स्टील के बर्तन थे और कट्टे की भी एक महत्वपूर्ण उपस्थिति थी।

● बिहार के समकालीन जीवन में कट्टा एक केंद्रीय रूपक है।

दिल्ली में रहते हुए घर की स्मृतियां बराबर दिमाग में रहती थीं। मुंगेर के पास जमालपुर में मझले भाई थे। वहां अपराध का बोलबाला है। भाई साहब ने बताया—मेरे पास भी रिवॉल्वर (कट्टा) है। उन दिनों 'आउटलुक' साप्ताहिक में कट्टे पर एक स्टोरी पढ़ी थी। दो हजार से तीन हजार की कीमत पर, बल्कि सस्ते में भी रिवॉल्वर मिल जाता था। मैंने कट्टे का फॉर्म 'आउटलुक' से ही लिया। उसे मिट्टी में बनाकर कास्ट किया। दरअसल जब आप दो-चार 'आइकन इमेजेज' को उठाते हैं तो ढेर सारे अर्थ सामने आ जाते हैं। गाय, स्टेनलेस स्टील और कट्टा-दरअसल मेरे काम की यह खासियत रही है कि मैं दो-तीन चीजों को एक साथ रख के एक काम बनाने की कोशिश करता हूं।

● एयरपोर्ट में घर लौटते हिंदुस्तानियों के सामान को रचना सामग्री बनाने ने कैसे प्रेरित किया?

एयरपोर्ट पर पिछले कई साल से मैं घर लौटते हिंदुस्तानियों—दुबई, कुवैत आदि से लौटते लोगों को देख रहा हूं। एयरपोर्ट पर एक दूसरी ही तरह का सामान नजर आता था। सूटकेस, गठरी, पैकेज सब अलग ही नजर आते थे। वैसी पैकिंग मैंने पहले नहीं देखी थी। काफी आकर्षित करती थी वह पैकिंग। कभी-कभी उन लोगों से संवाद भी होता था। पैकिंग देखकर जिज्ञासा होती थी कि क्या है इसमें? घर के लोगों की पूरी उम्मीदें होती थीं उनमें। एयरपोर्ट में मैं इन सब अनुभवों के बहुत से फोटों खींचता था और उन्हीं की मदद से मैंने बाद में पैंटिंग, मूर्तिशिल्प, इंस्टालेशन आदि बनाए।

● एक बार इटली से लौटते हुए हवाई जहाज में एक व्यक्ति मेरी बगल वाली सीट में बैठा था। उसके दोनों हाथों की कलाइयों में घड़ियां-ही-घड़ियां बंधी थीं। टांगों के बीच में वह पांच लीटर की स्कॉच की बोतल दबाए हुए बैठा था। अपने आप में वह एक पूरा मार्मिक इंस्टालेशन था।

हां, इस तरह की स्मृति को निश्चय ही किसी कला अनुभव में बदला जा सकता है।

● अंबैसडर गाड़ी के चेहरे और बॉडी ने आपको क्यों आकर्षित किया?

आज तमाम शानदार गाड़ियों के जमाने में भी मुझे अंबैसडर भारतीय सड़कों के लिए सही गाड़ी और उसकी बॉडी भारतीय व्यक्ति के प्रतीक की तरह नजर आती है। भारत में अंबैसडर नेताओं, व्यापारियों और पर्यटकों को भी आकर्षित करती है। बाहर के लोगों को भी क्लासिकल मॉडेल आकर्षित करता है। जितनी भी गाड़ियां आ जाएं—अंबैसडर के डिजाइन को कोई बीट नहीं कर पाया है। भारतीय यथार्थ में अंबैसडर की रेड लाइट का भी अपना एक अलग अर्थ है। वह एक आइकन है। जैसे गांव में गमछा एक आइकन है। अंबैसडर से जुड़ी सारी चीजें मुझे आकर्षित करती हैं—उसका चेहरा, उसकी फॉर्म आदि। सभी कुछ।

- **आप कई तरह के माध्यमों में काम करते हैं। आप अपनी कला में कभी एक्टर हो जाते हैं और कभी डायरेक्टर और कभी आर्टिस्ट। खैर, आर्टिस्ट तो आप हमेशा ही हैं।**

मैं किसी भी माध्यम के इस्तेमाल से हिचकिचाता नहीं हूं। वीडियो, परफॉर्मेंस, पेंटिंग, स्कल्पचर, इंस्टालेशन। यहां तक कि एक्टिंग भी। पटना में पांच साल तक मैंने नाटकों में भी हिस्सा लिया था। मेरे फिल्मकार मित्र हिमांशु धूलिया ने अपनी फिल्म 'हासिल' में जब एक रोल दिया तो मैंने फौरन हां कह दी। फिल्म के केंद्र में विश्वविद्यालय की छात्र राजनीति थी। मैं किसी बड़े भैया का छोटा-सा चेला बना था। मुझे मजा आया। आगे भी मौका मिला तो ऐसे रोल जरूर करूंगा।

- **फिल्म निर्देशन में भी आना चाहेंगे?**

नहीं। एक्टिंग करने का ही मूड होता है। मैं नाटकों में भी हीरो नहीं बनता था। करेक्टर रोल ही करता था। सैकंड मेजर रोल मुझे मिलते थे—पागल, सिपाही, मेजर या हिजड़े किसी का भी रोल।

- **1999 में मोदीनगर में 'खोज' की वर्कशाप में आपका बॉडी इंस्टालेशन चर्चा का विषय रहा था।**

वहां आसपास गांव का इलाका था। 6 किलोमीटर दूर एक गांव में मैं जाता था। सरपंच का बेटा मेरे साथ होता था जिससे लोगों से मिलने-बतियाने में सुविधा रहती थी। साफ सुथरा गोबर-मिट्टी का आंगन और कंडों पर मिट्टी की हांडी में बन रहे साग की खुशबू आकर्षित करती थी। हर घर में जाकर मैं कोई एक वस्तु मांगता था। कोई भी वस्तु-पुरानी इस्तेमाल की हुई या नई खरीदी हुई। तेरह दिनों तक मैं इस तरह की वस्तुएं एकत्रित करता रहा। वस्तु देने वालों के फोटो भी खींचे। मुझे लगने लगा मैं कलाकार नहीं हूं—पत्रकार हूं। ये वस्तुएं आखिर आई कहां से? मिट्टी का, जमीन का खयाल आया। मुझे लगा वहीं जाना चाहिए जहां से ये वस्तुएं आई हैं। एक जगह चुनी-स्टेज की तरह। बीच में अपने को रखा। मैं मिट्टी में ऐसे लेट गया जैसे साधु-महंत आदि राख लगाकर लेटते हैं। और कोई आदमी ऐसे लेटा हुआ होता तो किसी को आश्चर्य न होता। सुबोध गुप्ता, एक आर्टिस्ट लेटा था इसलिए देखने वालों को आश्चर्य हुआ।

- **'प्योर' (शुद्ध) वीडियो की प्रेरणा कैसे मिली?**

गाय, गोबर आदि मेरी कला में पहले ही थे। शीला गौड़ा ने भी गोबर को लेकर काफी काम किया है। कहीं-न-कहीं मैं इस मीडियम से प्रभावित था ही। मुझे लगा मैं भी इस मीडियम में अलग तरह का काम कर सकता हूं। मां को बचपन में सत्यनारायण की कथा के वक्त आम का पल्लू, दूधिया घास, गोबर आदि को लेकर तैयारियां करते हुए देखता था। गोबर का अपना एक अलग यथार्थ है। शुद्धता के लिए उसे एंटीसेप्टिक माना जाता है। गोबर का लेप लगाकर ही अनाज सुखाते हैं। गांवों में हम देखते थे—ऊंच-नीच जात के फर्क को ध्यान में रखकर उच्च वर्ग के लोग निचले वर्ग के बच्चों के साथ खाना खाकर आए अपने बच्चों की शुद्धता के लिए उनकी जबान पर गोबर चटा देते थे। 'खोज' कार्यशाला में इस परफॉर्मेंस के दौरान मोनिका नरूला ने कैमरे की मदद से वीडियो बनाया। 7-8 मिनट का वीडियो था। यह वीडियो स्नान के बाद एलीवेटर पर जाकर खत्म होता है। एलीवेटर समक. ालीन जीवन का फास्ट ट्रैक है। यह संबंध महत्वपूर्ण है। स्नान करते समय पानी हमें शुद्ध नहीं करता। गोबर शुद्ध करता है। दिल्ली सरीखे शहर में मध्यवर्गीय फ्लैट में नहाने, अपने को शुद्ध करने और एलीवेटर के फास्ट ट्रैक के रिश्ते को मैं जान और जांच रहा था। इस काम को मैं अपने कैरियर का एक महत्वपूर्ण काम मानता हूं।

- **कृष्ण खन्ना ने भी बैंडवालों से प्रेरित होकर चित्र बनाए हैं। आपको यह प्रेरणा कहां से मिली?**

तब कृष्ण खन्ना के चित्र मैंने नहीं देखे थे। पटना आर्ट्स कॉलेज के हॉस्टेल से श्मशान घाट की ओर जाती अर्थियां देखा करता था। उनके साथ बैंडवाले भी होते थे। शादियों में वे नजर आते थे। मुझे बैंडवाले की वेशभूषा का विरोधाभास बहुत आकर्षित करता था। ऊपर चमकते हुए कपड़े, बैंड आदि—नीचे हवाई चप्पल। चप्पल आधी घिसी हुई और पैर फटे हुए। मैं बैंड बजाने से अधिक उन्हें चाय आदि पीते हुए चित्रित करता था। शायद श्रृंखला

पर दुबारा कभी काम करूं।

- **आपको अपनी कला में कोई विशेष चरण अधिक प्रिय या अधिक महत्वपूर्ण नजर आता है?**

मेरे लिए सब महत्वपूर्ण हैं। कला में आनंद तभी आता है जब एक कलाकार कला को ढूंढ़ने की कोशिश करता है। जिस दिन आप अपने आप को ढूंढ़ लें और अपनी कला को भी—वही दिन महत्वपूर्ण है। यह आनंद अब मैं महसूस कर रहा हूं। कला को पकड़ना, पाना बहुत मुश्किल है। वह किसी खजाने को पा लेने जैसा अनुभव है। पता नहीं मैंने यह खजाना पाया है या नहीं। 96 में संस्कृति केंद्र में जब मैंने पीढ़े को केंद्र में रखकर पहला इंस्टालेशन बनाया था तो वह मुझे सबसे महत्वपूर्ण चरण लगा था। आज भी मैं कोई काम करता हूं तो पीछे अपने घर की ओर देखता हूं। अपने आप को ढूंढ़ने की कोशिश करता हूं। पीढ़े के इंस्टालेशन में 21 सुबहों के संस्मरण थे। मेरे लिए ये स्मृतियां महत्वपूर्ण थीं।

- **आज अंतर्राष्ट्रीय स्तर की सफलता के बाद कैसा महसूस होता है?**

खुशी महसूस होती है। मजा भी आता है। मुझे लगता है कि यह शुरुआत है पर अपने आप को मैं बिखरने नहीं देना चाहता। याद करता हूं कि मैंने क्या बनाया जो लोगों ने पंसद किया। पर मैं स्वभाव से लालची रहा हूं। पंडित जी को जितना खिलाया जाए वह कम है। यह लालच अभी खत्म नहीं हुआ है।

जाहिर है कि यह लालच रचनात्मक है जो किसी भी जीवंत कलाकार की आवश्यक पहचान है।

(2005)

वेद नायर का रेखांकन

प्रतुल दाश

प्रतुल दाश (जन्म : 1974) समकालीन भारतीय कलाकारों में उस युवा पीढ़ी के एक प्रतिनिधि कलाकार हैं जो कला को विचारों और सामाजिक सरोकारों से जोड़ती है। तथाकथित 'कंसेप्चुअल आर्ट' के भी कई रास्ते हैं। एक रास्ता आसान है जब आप ड्रामेबाजी, ग्लैमर, चौंकाने वाले तरीकों से अपने को चर्चा के केंद्र में ले आते हैं। दूसरा रास्ता धैर्य की मांग करता है और कठिन है। कलाकार को कला बाजार के दबावों से दूर रहकर अपने एकांत में लंबे समय तक काम करना होता है। प्रतुल दाश ने यही रास्ता अपनाया है।

ओडिशा के संबलपुर जिले में बुर्ला नाम के कस्बे में जन्मे प्रतुल दाश ने भुवनेश्वर में प्रारंभिक कला प्रशिक्षण प्राप्त करने के बाद दिल्ली कला महाविद्यालय से एम.एफ.ए. किया है और अब वह दिल्ली में ही रहकर काम करते हैं। पिछले साल प्रतुल दाश को प्रतिष्ठित इन्लैक्स स्कॉलरशिप मिली थी। जून के अंतिम सप्ताह से नवंबर तक वह इटली के बिएल्ला शहर में रहे थे। वहां यूनीडी (यूनिवर्सिटी ऑफ आइडियाज) के इंटरनेशनल रेजीडेंसी प्रोग्राम में रहकर उन्होंने कुछ अलग तरह के प्रोजेक्ट्स पर काम किया था। डिजिटल कैमरे की मदद से उन्होंने कुछ छोटी-छोटी प्रयोगधर्मी कला फिल्में भी बनाईं। मिसाल के लिए एक फिल्म में एक पुरानी फैक्ट्री के इलेक्ट्रॉनिक दरवाजे के खुलने को लगभग काफ्का सरीखी अंधेरे और आंशका की दुनिया का सिनेमाई अनुभव बना दिया गया है।

यूनीडी जाने से पहले प्रतुल दाश ने अपने प्रदेश में कालाहांडी के लगभग कुख्यात हो चुके इलाके की दुनिया को एक अलग तरह के कला अनुभव में बदल दिया था। इस इलाके में पचास साल से सूखे की भयावह स्थिति ने अंतर्राष्ट्रीय संस्थाओं को मदद के लिए आकर्षित किया है। लेकिन फायदा बिचौलिए उठाते रहे हैं। यहां के लोग अपनी जमीन छोड़कर पड़ोसी प्रदेशों में जाकर मजदूरी करने के लिए मजबूर हैं और लड़कियां वेश्याएं बनने के लिए मजबूर की जाती हैं।

प्रतुल ने विस्थापन की इस विचित्र दुनिया को एक दूसरी की निगाह से देखा। एक फ्रेमिंग की दुकान में उन्हें खोए हुए, भागे हुए, गायब हुए (जिन्हें माइग्रेट किए हुए लोग भी कहा जाता है) लोगों के बहुत से पुराने फोटो मिले। बहुत से लोग स्टुडियो में जाकर फोटो खिंचवाते थे पर उन्हें लेने के लिए वापस नहीं आ पाते थे। कारण? वह फोटोग्राफर को देने के लिए पांच रुपए भी नहीं जुटा पाते थे। ये तस्वीरें पच्चीस साल से फोटो स्टूडियो में पड़ी हुई थीं। फ्रेमर की दुकान में अब उन्हें कबाड़ का हिस्सा बनाया जा रहा था प्रतुल दाश ने इन 'गायब' हुए लोगों के फोटो खरीद लिए। वह जैसे एक रहस्यमय दुनिया में चले गए। उन्होंने कुछ पुराने फ्रेम भी खरीदे और इन छायाचित्रों को एक दूसरा जन्म दिया। उन्हें गायब होने से बचाने की एक आखिरी कोशिश की। मिसाल के लिए, तीन बच्चों के एक फोटो की कल्पना उन्होंने एक अमेरिकी रेस्तरां के फंतासी लोक के सामने खड़े हुए रूप में की। प्रतुल ने इस प्रोजेक्ट को नाम दिया—उन लोगों की स्मृति जो जा चुके हैं। कहां गए वे लोग? वे कभी वापस आएंगे इतने पैसे लेकर कि अपनी स्मृतियों की अल्बम में झांक सकें?

यूनीडी में रहते हुए प्रतुल को कई दिलचस्प और अलग तरह के प्रोजेक्ट्स पर काम करने का मौका मिला। यह विश्वविद्यालय सिर्फ चित्रकारों को आमंत्रित नहीं करता है। फिल्मकार, वास्तुशिल्पी, कस्ट्यूम डिजाइनर, संगीतकार, इंजीनियर यहां तक कि रसोइए (फूड आर्टिस्ट) भी यहां एक ही छत के नीचे काम करते हैं। यूनीडी की कल्पना अंतर्राष्ट्रीय ख्याति प्राप्त इतावली कलाकार मिकेलांजेलो पिस्तालेत्तो की है। मिकेलांजेलो का विश्वास संग्रहालयों में रखी जाने वाली कला में अधिक नहीं है। वह कला के अपने स्पेस को खोजते हैं—संग्रहालय को उसका स्पेस नहीं

मानते। कला के अधिक सीधे अपनाव या विनियोग में उनका विश्वास है। मिकेलांजेलो मानते हैं कि चाहे एक कलाकार हो या वैज्ञानिक—ये सब संवेदनशील लोग हैं। इनकी जिम्मेवारी है सामाजिक बदलाव की। उन्हें अपने हस्तक्षेप से स्पेस को एक एस्थेटिक अनुभव में बदलना है।

यही कारण है कि यूनीडी में रहकर विभिन्न क्षेत्रों के लोग अलग-अलग तरह के काम करते हैं। मिसाल के लिए बिएल्ला में तुर्की की एक वास्तुशिल्पी पब्लिक टॉयलेट के एक प्रोजेक्ट पर काम कर रही थी जहां मुस्लिम और ईसाई टायलेट के संतुलन से एक नया टॉयलेट बनाया जा रहा था।

प्रतुल ने यूनीडी में दो प्रोजेक्ट्स पर काम किया। एक का नाम था—'लव डिफरेंस' इसमें दो तरह के लोगों के बीच की दूरिया हटाकर एक पुल को बनाने की कोशिश की गई। लात्रापा नाम के एक 600 साल पुराने ईसाई मठ को केंद्र बनाया गया। एल्प्स की पहाड़ियों में छिपे इस मठ को सिर्फ दो महीने रोशनी मिलती है। इस मठ में एक वास्तुशिल्पी काम कर रहा था। पश्चिम में रिटायर हो चुके अकेले बूढ़ों की एक मार्मिक दुनिया है। प्रतुल के प्रोजेक्ट में इन बूढ़ों और युवा पीढ़ी के सदस्यों में एक पुल बनाने की कोशिश थी। पंद्रह दिन तक मठ में रहकर इस पुल को बनाने की कोशिश हुई। कोई बूढ़ा चित्र बनाने लगा, कोई कविता लिखने लगा, कोई अपने डरावने अनुभव के बारे में बताने लगा। दिन भर काम होता था, श्रमदान भी और फिर शाम को चीज और वाइन पार्टियों की मौजमस्ती भी। आज भी एक वेबसाइट की मदद से इस ग्रुप के लोग एक-दूसरे से जुड़े हुए हैं। एक दूसरे प्रोजेक्ट में नोवारा नाम की जगह की एक जेल कैसाब्लांका के किशोर विदेशी अपराधियों के साथ एक संवाद स्थापित करने की कोशिश की गई। इन किशोरों के साथ यूनीडी के सदस्यों ने फुटबाल मैच भी खेले। जाहिर है ये अपराधी किशोर ही हमेशा विजेता साबित होते थे। चाहे कालाहांडी के विस्थापित हों या नोवारा के किशोर कैदी या लात्रापा मठ के बूढ़े—प्रतुल की कला दुनिया में इसी तरह के स्पेस को एक कला अनुभव में बदलने की सार्थक कोशिश है।

(2005)

इस बात की कोई संभावना नहीं है कि अटारी में पड़ा कोई इंस्टालेशन मास्टरपीस कलाकृति कहलाएगा।

—विवान सुंदरम

समकालीन भारतीय कला की दशा-दिशा

रमेश बिष्ट का मूर्तिशिल्प

समकालीन भारतीय कला के नए आयाम

पेरिस में बस गए सुपरिचित भारतीय चित्रकार सैयद हैदर रजा ने कुछ साल पहले अपनी भारत यात्रा के दौरान एक से अधिक अवसरों पर इस बात को रेखांकित किया था कि अगर आज कला के क्षेत्र में महत्वपूर्ण काम करने वाले पांच देशों की कोई सूची बनाई जाए तो निश्चय ही उसमें भारत का नाम भी शामिल किया जाएगा। साठ के दशक में हम शायद यह बात आश्वस्त होकर नहीं कह सकते थे। चालीस के दशक में कोलकाता के प्रतिबद्ध कलाकारों और मुंबई के प्रोग्रेसिव आर्टिस्ट ग्रुप ने एक नई लहर पैदा की थी। मकबूल फिदा हुसेन ने पचास के दशक में 'जमीन' जैसी महत्वपूर्ण और भारतीय ग्रामीण परिवेश से अर्थपूर्ण रूप में जुड़ी कलाकृति बनाई तो लगा कि हम आधुनिक कला की दुनिया में एक नई जमीन बनाएंगे। पर साठ के दशक में अमेरिकी अमूर्त कला और पॉप कला के मुहावरे ने दुनिया भर में कला का एक नया 'उपनिवेश' बना दिया। भारत सरीखे देशों के कलाकार इस अमूर्त और पॉप आतंक के सामने अपने आप को बौना समझने लगे। लेकिन सत्तर के दशक में वड़ोदरा कला विभाग में के.जी. सुब्रमण्यन् के नेतृत्व में भारतीय कला की जड़ों को खोजने का एक बड़ा काम शुरू हुआ। वड़ोदरा में गुलाम मोहम्मद शेख, नसरीन, विवान सुन्दरम, नीलिमा शेख, भूपेन खक्खर, जेराम पटेल, ज्योति भट्ट, राघव कनेरिया, नागजी पटेल जैसे अनेक बड़े कलाकारों ने एक नए कला आंदोलन को जन्म दिया। कला और शिल्प का एक रचनात्मक संबंध स्थापित हुआ, भारतीय परंपरा और पश्चिमी आधुनिकता के सार्थक संबंधों को रेखांकित किया गया, पश्चिमी कला आंदोलन को भारतीय परिवेश में एक नया रूप दिया गया।

साठ के दशक में शांति निकेतन का भी पतन होने लगा था। नंदलाल बोस, राम किंकर, विनोद बिहारी मुखर्जी ने कला का जो उत्तेजक माहौल बनाया था उसे विश्वविद्यालय के अकादमिक और रस्मी किस्म के माहौल ने भ्रष्ट करना शुरू कर दिया था। सौभाग्यवश शांति निकेतन के पुराने छात्र दिनकर कौशिक लखनऊ कला महाविद्यालय का प्रिंसिपल का पद छोड़कर शांति निकेतन के कला विभाग के अध्यक्ष बन गए। उन्होंने पुराने और महान कला गुरुओं को आदरपूर्ण ढंग से काम करने और पढ़ाने का वातावरण बनाया। सोमनाथ होर सरीखे महान कलाकारों ने शांति निकेतन में ग्राफिक विभाग को एक रचनात्मक और सबल आधार प्रदान किया। देश भर के युवा कलाकार वड़ोदरा या शांति निकेतन में जाकर प्रशिक्षित होने लगे। इन जगहों पर काम करने का माहौल भी था और कला इतिहास के प्रति एक गंभीर नजरिया मौजूद था।

दरअसल इसी ऐतिहासिक पृष्ठभूमि में हम समकालीन भारतीय कला के नए आयामों को पहचान सकते हैं। नई सहस्राब्दी के प्रयोगधर्मी कला वातावरण में हम देख रहे हैं कि युवा कलाकार 'संस्थापन कला' (इंस्टालेशन आर्ट) और ग्राफिक कला (जिसे अब प्रिंटमेकिंग के नाम से अधिक पहचाना जाने लगा है) के क्षेत्र में सबसे अधिक काम कर रहे हैं। दिलचस्प बात यह है कि कला बाजार को ध्यान में रखते हुए ये दोनों ही विधाएं अनुकूल नहीं नजर आती हैं। प्रिंटमेकिंग को एक लोकतांत्रिक कला माध्यम माना जाता है। प्रिंटमेकर अपनी कला के एक से अधिक प्रिंट बनाता है। सिल्कस्क्रीन में तो सैकड़ों प्रिंट बनाए जाते हैं। यानी किसी कलाकृति विशेष का एक ही 'ओनर' नहीं होता है। पर इसके बावजूद आज दिल्ली, चेन्नई, वड़ोदरा, कोलकाता, शांति निकेतन कहीं भी चले जाइए—प्रिंटमेकिंग के क्षेत्र में सबसे अधिक दिलचस्प, उत्तेजक और प्रयोगधर्मी काम हो रहा है। अनुपम सूद, डाकोजी देवराज, लक्ष्मा गौड़ सरीखे महत्वपूर्ण प्रिंटमेकर तो आज अपने एक प्रिंट को भी लगभग पेटिंग की कीमत पर बेचने में सफल साबित हो रहे हैं।

आधुनिक रचनात्मक प्रिंटमेकिंग का वास्तविक इतिहास जोड़ासांको (कोलकाता) से शुरू होता है। ठाकुर परिवार के दिग्गज इसी भव्य घर में रहकर साहित्य-कला-संस्कृति को समृद्ध कर रहे थे। गगनेंद्रनाथ ठाकुर को कुछ कला इतिहासकार पहला रचनात्मक प्रिंटमेकर मानते हैं। उन्होंने पहले 'बुक इलस्ट्रेशन' के क्षेत्र में प्रिंटमेकिंग को एक नई रचनात्मकता दी। 1917 में उन्होंने रंगीन लीथोग्राफी माध्यम का इस्तेमाल करते हुए अपनी व्यंग्यात्मक रेखाओं को एक नई रचनात्मक संभावना प्रदान की थी। जोड़ासांको की प्रसिद्ध 'विचित्र सभा' में मुकुल डे जैसे कलाकार सक्रिय हो गए जो विदेश से एचिंग (अम्लांकन) का प्रशिक्षण लेकर आए थे। 1920 के दशक में शांति निकेतन में नंदलाल बोस ने रवींद्रनाथ के प्रसिद्ध चिल्ड्रन प्राइमर 'सहज पाठ' के लिए लीनोकट और वुडकट जैसे माध्यमों का इस्तेमाल किया। जापानी कलाकार ओकाकुरा शांति निकेतन आते-जाते रहते थे। जापानी काष्ठ छापा चित्रकला (वुडकट) ने कलाकारों को आकर्षित किया। रमेंद्रनाथ चक्रवर्ती और हरेन दास ने कोलकाता, वाई.के. शुक्ला ने मुंबई, एल.एम. सेन ने लखनऊ में प्रिंटमेकिंग को नए संस्कार और गरिमा प्रदान की। बंगाल के दुर्भिक्ष और प्रगतिशील आंदोलन के फैलाव ने चित्त प्रसाद और सोमनाथ होर जैसे वापमंथी कलाकारों को प्रिंटमेकिंग के प्रति आकर्षित किया।

यह कहना गलत नहीं होगा कि कंवल कृष्ण, कृष्ण रेड्डी आदि कलाकारों के ऐतिहासिक योगदान के बावजूद दिल्ली पॉलीटेकनिक में सोमनाथ होर ने सच्चे अर्थों में प्रिंटमेकिंग को एक गंभीर कला माध्यम के रूप में प्रतिष्ठित किया। कंवल कृष्ण और कृष्ण रेड्डी हेटर के निर्देशन में पेरिस के प्रसिद्ध 'एतेलिए 17' की तकनीकी चमक और रंगीन छपाई से लैस थे। पर सोमनाथ होर ने भारत में रहकर जगमोहन चोपड़ा, जयकृष्ण, अनुपम सूद, ज्योति भट्ट, लक्ष्मा गौड़ जैसे बड़े प्रिंटमेकर्स का रास्ता बनाया। जगमोहन चोपड़ा के निर्देशन में 'ग्रुप 8' प्रिंटमेकिंग का एक बड़ा आंदोलन स्थापित हुआ। दिल्ली कला महाविद्यालय के बाद जगमोहन चोपड़ा ने चंडीगढ़ को भी प्रिंटमेकिंग का एक बड़ा गढ़ बना दिया। वड़ोदरा में ज्योति भट्ट, विनोद राय पटेल, जयंत पटेल, पी.डी. और रीनी धूमाल आदि इस क्षेत्र में सक्रिय हुए। जयकृष्ण ने लखनऊ कला महाविद्यालय में लगभग अकेले ही प्रिंटमेकिंग को गरिमा प्रदान की।

आज हम अनेक युवा कलाकारों को प्रिंटमेकिंग में सक्रिय देख रहे हैं। शांति निकेतन में 'रियलिस्ट' ग्रुप के कलाकार सामाजिक यथार्थवाद की भाषा का अच्छा इस्तेमाल कर रहे हैं। वड़ोदरा में धूमाल स्टूडियो ने गोगी सरोजपाल, वेद नायर और भूपेन खक्खर की सुंदर 'एचिंग' पुस्तकें तैयार की हैं। 'छाप' नाम से प्रिंटमेकर्स का एक नया ग्रुप 2000 की शुरुआत में वड़ोदरा में सक्रिय हुआ है। गुलाम मोहम्मद शेख, ज्योति भट्ट, जेराम पटेल जैसे वरिष्ठ कलाकार यहां पर सुरेंद्र नायर, कविता शाह जैसे युवा कलाकारों के साथ काम कर रहे हैं। 'छाप' ने 'इको फ्रैंडली प्रिंटमेकिंग' की दिशा में भी एक समझदार शुरुआत की है। चेन्नई में आर.एन. पल नियप्पन ने प्रिंटमेकिंग को एक गंभीरता और नए तकनीकी विस्तार दिए हैं। कोलकाता की प्रसिद्ध सोसायटी ऑफ कंटपरेरी आर्स्टिस्ट्स साठ के दशक की शुरुआत से प्रिंटमेकिंग के क्षेत्र में बड़े काम कर रही है। अरुण बोस (जो अब अमेरिका में रहते हैं) अमिताभ बनर्जी, श्यामल दत्त राय, लालू प्रसाद शॉ, सनत कर आदि अनेक कलाकारों ने इस क्षेत्र को समृद्ध किया है। हैदराबाद में देवराज, (जो अब दिल्ली में सक्रिय हैं) लक्ष्मा गौड़ और डी.एल.एन. रेड्डी ने नई दिशाएं खोजने वाला काम किया है। दिल्ली में इंडियन प्रिंटमेकर्स गिल्ड दस से भी अधिक वर्षों से प्रिंटमेकिंग को एक आंदोलन का रूप देने में सफल हुआ है। कंचन चंदर, सुशांत गुहा, शुक्ला सावंत, सुब्बा घोस, आनंदमय बनर्जी, सुखविंदर सिंह, सुबन्ना, दत्तात्रय आप्टे आदि अनेक प्रतिभाशाली कलाकार इस ग्रुप के सदस्य हैं।

इंस्टालेशन आर्ट आज पश्चिम के कलाकारों का प्रिय माध्यम है। कला की यह 'टर्म' हाल में ही लोकप्रिय हुई है। वरिष्ठ कलाकारों में विवान सुंदरम ने इंस्टालेशन यानी संस्थापन को सबसे अधिक गंभीरता से लिया है। बाबरी मस्जिद के टूटने के बाद उन्होंने एक चर्चित इंस्टालेशन बनाया था। गोगी सरोजपाल और वेद नायर ने भी स्टालेशन के क्षेत्र में महत्वपूर्ण काम किया है। संस्थापन दरअसल एक तरह की समग्र कला है। इसे वातावरण कला भी कह सकते हैं। कलाकार किसी जगह विशेष में कला का एक माहौल पैदा करता है। इस माहौल में उसकी खुद की हिस्सेदारी भी हो सकती है, वह पहले से मौजूद सामग्री का भी नए ढंग से इस्तेमाल कर सकता है, और उसमें वह जोड़ या घटा भी सकता है। फोटोग्राफी, प्रिंटमेकिंग, मूर्तिशिल्प, पेंटिंग, रेखांकन, बॉडीआर्ट, हैप्पनिंग, संगीत,

कंप्यूटर सभी चीजों का इस्तेमाल इस तरह की कला में होता है। उत्तर प्रदेश के मोदीनगर में 'खोज' नाम के एक चर्चित कला आंदोलन ने इंस्टालेशन आर्ट का एक वार्षिक मेला-सा लगाना शुरू कर दिया है। इसमें भारत के युवा कलाकार दुनिया भर के संवेदनशील कलाकारों के साथ एक शिविर में काम करते हैं। मोदीनगर के एक बड़े बाग (सीकरी बाग) में इंस्टालेशन बनाए जाते हैं। एक दिन ओपन स्टूडियो कार्यक्रम में बाहर के कलाकार और कला प्रेमी भी इन इंस्टालेशन कलाकारों से सार्थक संवाद स्थापित करते हैं। 'खोज' के शिविरों ने इस क्षेत्र में नई संभावनाएं पैदा की हैं।

इस आलेख में जान-बूझकर प्रिंटमेकिंग और इंस्टालेशन आर्ट पर अधिक फोकस मिल गया है। हुसेन, आरा, सूजा, रजा, रामकुमार, तैयब मेहता, कृष्ण खन्ना, अंबादास, हिम्मत शाह आदि के बाद गुलाम मोहम्मद शेख, मनजीत बाबा, अर्पिता सिंह, जोगेन चौधरी, गणेश पाइन, के.जी. सुब्रमण्यन्, विकास भट्टाचार्य, ए. रामचंद्रन, शमशाद, अमिताभ दास, सुधीर पटवर्धन आदि नाम आज अत्यंत प्रतिष्ठित हो चुके हैं। भारतीय चितेरियों की सक्रियता अद्भुत है। अर्पिता सिंह, अर्पणा कौर, माधवी पारेख, मीनाक्षी भारती आदि ने पर्याप्त और उल्लेखनीय काम किया है। बिहार के अनेक युवा कलाकारों—नरेंद्र पाल सिंह, सुबोध गुप्ता, संजीव सिन्हा, शांभवी, मैत्रेयी आदि ने एक पिछड़े प्रदेश की आधुनिकता को नब्बे के दशक में स्थापित किया है।

दुर्भाग्यवश आधुनिक मूर्तिशिल्पी को सफलता आसनी से नहीं मिलती है। उसका संघर्ष भी अधिक है। ध्रुव मिस्त्री मृणालिनी मुखर्जी, सुदर्शन शेट्टी, नागजी पटेल, पृथ्वीपाल सिंह लाडी, राजेंद्र टिक्कू, रविंदर रेड्डी जैसे नाम आधुनिक भारतीय मूर्तिशिल्प को गंभीरता और गरिमा दोनों ही देते हैं। कला बाजार पेंटिंग के प्रति अधिक अनुकूल है फिर भी कलाकार प्रिंटमेकिंग और इंस्टालेशन में नई संभावनाओं की तलाश कर रहे हैं।

(2001)

नागजी पटेल का मूतिशिल्प

भारत में प्रिंटमेकिंग की दास्तान

अखबारों में इन दिनों कला बाजार में फेक आर्ट का धंधा सुर्खियों में है। बहसें हो रही हैं कि अंजली इला मेनन को अपने असिस्टेंट हमीद को फेक पेंटिंग बनाने के जुर्म में गिरफ्तार करवाया जाना चाहिए था या नहीं? लेकिन कला की वास्तविक बहसों और समस्याओं के विश्लेषण के लिए इन अखबारों में कोई जगह नहीं है। खैर! इस माहौल में यह गौर करने की बात है कि भारत में प्रिंटमेकिंग का आंदोलन कमजोर पड़ता जा रहा है। कला बाजार की भगदड़ में एक बड़ी 'कैजुएलिटी' छापा चित्रकला (प्रिंटमेकिंग) हैं जिसे कुछ साल पहले ग्राफिक आर्ट के नाम से जाना जाता था। कई बड़े प्रिंटमेकर धीरे-धीरे पेंटिंग या जलरंग चित्रों की दुनिया में ज्यादा समय बिताने लगे हैं। मुख्य कारण यह है कि कला बाजार में प्रिंटमेकिंग एक उपेक्षित माध्यम है। पश्चिम के अपेक्षाकृत शिक्षित और प्रशिक्षित कला बाजार में प्रिंटमेकिंग की भी अपनी एक अलग जगह है। भारत में प्रिंट के 'कलेक्टर' बहुत कम हैं। कोलकाता में एक 'कलेक्टर' कई सालों से सिर्फ प्रिंट्स का एक निजी संग्रह बना रहे हैं। पर ऐसे लोगों की संख्या अधिक नहीं है। ऐसे 'कलेक्टर' तो मिल जाएंगे जो रेखांकन, जलरंग चित्र आदि के संग्रह बना रहे हैं। (क्योंकि इन माध्यमों में मूल कलाकृति संख्या से एक से अधिक नहीं हो सकती) प्रिंटमेकिंग में एक से अधिक प्रिंट्स कलाकार की निजी देखरेख में बनाए जाते हैं। प्रत्येक प्रिंट पर कलाकार हस्ताक्षर करते समय यह स्पष्ट करता है कि इस कलाकृति के कितने प्रिंट बने हैं और इस प्रिंट की संख्या कौन-सी है। अगर कलाकार प्रिंट पर 'ए पी' लिखता है तो इसका अर्थ यह है कि यह आर्टिस्ट का निजी प्रिंट है।

प्रिंटमेकिंग को अतिविशिष्ट बनाने की भी कोशिशें हुई हैं, यानी 'सिंगल प्रिंट एडिशन' की धारणा भी विकसित की गई है। इसके पीछे कला के बाजार के दबाव ही काम करते हैं पर भारत में यह भी लोकप्रिय नहीं है।

वड़ोदरा में वरिष्ठ प्रिंटमेकर ज्योति भट्ट (जिन्होंने फोटोग्राफी को भी प्रिंटमेकिंग की तरह का माध्यम माना है) के नेतृत्व में 'छाप' नाम के एक ग्रुप ने इको फ्रैंडली प्रिंट्स की दिशा में भी काम किए हैं। कुछ नामी कलाकारों ने 'छाप' के कलाकारों के साथ काम किया है। वड़ोदरा में ही रिनी धूमाल ने अपने पति के साथ मिलकर प्रिंट माध्यम से कुछ महत्वपूर्ण पुस्तकें प्रकाशित की हैं। स्व. भूपेन खक्खर, सरोजपाल गोगी और वेद नायर की एचिंग पुस्तकें अपने ढंग का अनूठा प्रयोग कही जा सकती हैं।

दिल्ली में इंडियन प्रिंट मेकर्स गिल्ड नाम से युवा कलाकारों की एक संस्था नब्बे के दशक में सक्रिय हुई थी। पर इधर इस संस्था की गतिविधियां थोड़ी धीमी हो गई हैं। आनंदमय बनर्जी, कंचन चंदर, शुक्ला सावंत, बुला भट्टाचार्य, कविता नायर, सुब्बा घोष, दत्तात्रय आप्टे, के.आर. सुबन्ना, सुखविंदर सिंह, जयंत गजेरा, मोती झरोटिया, सुशांत गुहा इस संस्था के सक्रिय सदस्य हैं। इनमें से अधिकांश नाम कला शिक्षा से संबद्ध हैं। प्रिंटमेकिंग में फ्रीलासिंग का सपना तभी देखा जा सकता है जब आप पेंटिंग पर अधिक आश्रित हों। पर ये कलाकार अच्छा काम कर रहे हैं।

यह गौर करने की बात है कि रिनी धूमाल, अनुपम सूद, लक्ष्मा गौड़, कंचन चंदर जैसे नाम जो प्रिंटमेकिंग के लिए ही पहचाने जाने लगे थे वे अब पेंटिंग या जलरंग माध्यम को अधिक महत्व दे रहे हैं। अमेरिका के बहुचर्चित 'कलेक्टर' स्व. चेस्टर हेरविज अनुपम और लक्ष्मा के प्रिंट बड़ी संख्या में खरीदते थे। अनुपम सूद हाल में दिल्ली कला महाविद्यालय से रिटायर होने के बाद पेंटिंग पर ध्यान दे रही हैं। एक दिक्कत यह भी है कि अक्सर प्रिंटमेकर के लिए निजी स्टूडियो या प्रिंट मशीन बनाना मुश्किल काम होता है। गढ़ी स्टूडियो या किसी कॉलेज में ही प्रिंटमेकिंग

की सुविधाएं आसानी से जुटाई जा सकती हैं।

डाकोजी देवराज ने अमेरिका में प्रिंटमेकिंग में काफी नाम कमाया है। वहां 'मास्टर प्रिंटमेकर' की धारणा भी काम करती है। यह प्रिंटमेकर दूसरे कलाकारों के काम को अंतिम रूप देता है ताकि उसे तकनीकी समझौते न करने पड़ें। कुछ साल पहले देवराज ने अपनी पत्नी प्रतिभा डाकोजी के सहयोग से दिल्ली में प्रिंटमेकिंग का एक बड़ा स्टूडियो बनाया था जो धीरे-धीरे छोटा होता चला गया और अब तो वह जैसे गायब ही हो गया है।

ऐतिहासिक दृष्टि से देखें तो जून 1970 में समकालीन भारतीय प्रिंटमेकिंग में एक लैंडमार्क काम हुआ था। अमेरिकी सेंटर ने पॉल लिंग्रेन के निर्देशन में एक बहुत बड़ी वर्कशाप आयोजित की थी। अपने ढंग की यह पहली वर्कशाप थी। पूरे देश के कलाकारों ने इस वर्कशाप में हिस्सा लिया था। ऐसे कलाकारों ने भी इस माध्यम में गहरी दिलचस्पी दिखाई थी जो प्रिंटमेकिंग की तकनीक से लगभग अपरिचित थे। उससे पहले भारत में रामेंद्रनाथ चक्रवर्ती, एल.एम. सेन, वाई.के. शुक्ला, चित्त प्रसाद, हरेन दास, सोमनाथ होर, मुकुल डे, कंवल कृष्ण, कृष्ण रेड्डी, देवयानी कृष्ण, जगमोहन चोपड़ा प्रिंटमेकिंग में उल्लेखनीय काम कर चुके थे। इस वर्कशाप के बाद एक नई लहर आई और ज्योति भट्ट, अनुपम सूद, जयकृष्ण, लक्ष्मा गौड़, रिनी धूमाल, दीपक बनर्जी, देवराज, जय झरोटिया, नोनी बोरपुजारी, पॉल कोली, आर. भास्करन आदि ने प्रिंटमेकिंग को एक जीवंत आंदोलन में बदल दिया।

यह आंदोलन खत्म नहीं हो गया है। आज भी अनेक युवा कलाकार इस माध्यम के प्रति समर्पित हैं, लेकिन कला बाजार की भागदौड़ में इस माध्यम पर फोकस कम हो गया है। आज का फार्मूला है—बिकना है तो पेंटिंग कीजिए। दुनिया भर की कार्यशालाओं के निमंत्रण पाने हैं तो इंस्टालेशन आर्ट की शरण में जाइए। तुकबंदी में कहा जाए—नहीं तो प्रभु के गुण गाइए।

(2004)

संस्थापन कला का नया सौंदर्यशास्त्र

पिछले दिनों मुंबई में शुरू हुई एक कला प्रदर्शनी का कुछ इस तरह का नाम है—'तेजी से पैदल चलना आपको एक अच्छा एहसास कराता है।' यह एक 'फोटो इंटस्टालेशन' की समूह प्रदर्शनी है। इन दिनों 'इंस्टालेशन आर्ट' (संस्थापन कला) का जमाना है। अगर आप अपने को अग्रगामी (अवां गार्द) कलाकार मानते हैं तो संस्थापन कला के तंत्र और व्याकरण से आप अपरिचित नहीं रह सकते हैं। यह सही है कि आज भी भारत में अधिकांश वरिष्ठ और महत्वपूर्ण कलाकार परंपरागत पेंटिंग या मूर्तिशिल्प ही बना रहे हैं। मनजीत बावा ने इस बात को रेखांकित भी किया है कि मैं संस्थापन कला की दिशा में नहीं जाना चाहता। वरिष्ठ व महत्वपूर्ण कलाकारों में केवल विवान सुंदरम एक ऐसा नाम है जो पिछले कई सालों से संस्थापन कला को गंभीरता से ले रहे हैं। कैनवास पर काम करना उन्होंने छोड़ नहीं दिया है पर उनकी अधिकांश कला प्रदर्शनियां एक 'प्रोजेक्ट' और संस्थापन के रूप में आयोजित होती हैं। पर जहां तक महत्वपूर्ण युवा कलाकारों का सवाल है, वे अब संस्थापन कला के माध्यम से ही अभिव्यक्ति का जोखिम उठाना चाहते हैं। युवा कलाकारों में भी अपवाद मिल जाएंगे पर यह आसानी से कहा जा सकता है कि समकालीन भारतीय कला के इन दिनों संस्थापन 'अवां गार्द' होने की एक प्रमुख पहचान है।

हम यहां 'अवां गार्द' और 'संस्थापन' के अर्थ समझ लें तो देश में चल रही कला संबंधी बहसों की जांच हो सकती है। कला में आधुनिक होने को लेकर कई शास्त्रीय बहसें चलती रहती हैं। अवां गार्द होना भी आधुनिकता से जुड़ा हुआ है पर उसका अर्थ आधुनिकता से अधिक स्पष्ट है। फ्रांसीसी शब्द 'अवां गार्द' का शब्दिक अर्थ है—'सेना की अग्रगामी टुकड़ी'। आधुनिक कला और साहित्य में यह सैनिक मूल का शब्द बहुत काम का साबित हुआ है। राजनीतिक और सौंदर्यशास्त्रीय दोनों ही दृष्टियों से एक कलाकर्मी के लिए अग्रगामी और उग्र सुधारवादी (रेडिकल) होना जरूरी समझा गया है। 'अवां गार्द' वे कलाकर्मी हैं जो सक्रिय और खोजी किस्म के हैं, अतीत और परंपरा का विरोध करते हैं, एक प्रकार से वे अतिवादी हैं, भविष्य के प्रति सजग हैं और जिनमें बेचैनी और बलिदान की भावना है।

तथाकथित आधुनिक भारतीय कलाओं में अक्सर जब अवां गार्द की बात होती है तो पश्चिमी विचार, धारणाएं और फैशन हावी रहते हैं। एक जमाने में पश्चिम में अमूर्त कला को संपूर्ण चित्रकला के विकास की एक तार्किक परिणति मान लिया गया था। तब कोई भी भारतीय कलाकार अगर अमूर्त काम करता था तो उसे आधुनिक और अवां गार्द मान लिया जाता था। लेकिन 1945 के बाद पश्चिम के कई महत्वपूर्ण कलाकारों ने अपनी कलाकृतियों से यह सिद्ध किया कि आकृतिमूलक काम में भी अमूर्तन की विशेषताओं और उपलब्धियों का रचनात्मक इस्तेमाल संभव है। हेनरी मूर, फ्रांसीस बेकन, लूसिएन फ्रॉयड, किताय आदि कलाकारों ने इसी तर्क और तरीके से अपना काम किया। भारत में वड़ोदरा और वहां के प्रसिद्ध कला विभाग में सत्तर और अस्सी के दशक में के.जी. सुब्रमण्यन्, गुलाम मोहम्मद शेख, भूपेन खक्खर, विवान सुंदरम आदि कलाकारों ने आधुनिक कला को अमूर्तन के इस आतंक से मुक्त करते हुए आकृतिमूलकता के नए और अग्रगामी संस्कार दिए। यह भी गौर करने की बात है कि वड़ोदरा में उसी समय में जेराम पटेल और नसरीन जैसे महत्वपूर्ण नाम भी सक्रिय थे जो अमूर्तन का अपने ढंग से प्रभावशाली इस्तेमाल कर रहे थे।

1960 के बाद पश्चिमी कला में 'नए' और 'नित नए' का आतंक बढ़ता ही चला गया। 'पॉप' और 'ऑप' कला के बाद कला आंदोलनों की गिनती करना भी मुश्किल हो गया। कहीं 'हैप्पनिंग' की बात हो रही है तो

कहीं 'बॉडी आर्ट' की, तो कहीं 'कंसेप्चुअल आर्ट' की। द्वितीय विश्व युद्ध के बाद यूरोप का संपूर्ण ढांचा लड़खड़ा गया था। पेरिस, बर्लिन, लंदन, वेनिस अब कला के केंद्र नहीं थे। न्यूयॉर्क ने कला की अंतर्राष्ट्रीय राजधानी का रूप ले लिया था। अमेरिकी कला बाजार ने अमूर्तन और पॉप कला को एक प्रबल समर्थन दिया। दुनिया भर के कलाकारों ने इस अमेरिकी आधुनिकता के सामने घुटने टेक दिए। धीरे-धीरे यूरोपीय देशों ने अपनी आर्थिक स्थिति सुधारी। वहां पर संस्कृति के नए केंद्र बने। पेरिस में जॉर्ज पांपिदू केंद्र हो यो जर्मनी की प्रसिद्ध अंतर्राष्ट्रीय प्रदर्शनी 'डाक्यूमेंटा' हो, इन सबने आधुनिक कला आंदोलनों को नए रूप दिए। वेनिस का 'बिनाले' (द्वैवार्षिक अंतर्राष्ट्रीय प्रदर्शनी) तो काफी पुराना था पर कासेल (जर्मनी) में 1955 से शुरू हुआ कला आयोजन 'डाक्यूमेंटा' धीरे-धीरे महत्वपूर्ण हो गया। जर्मनी में आर्थिक समृद्धि आने के बाद डॉक्यूमेंटा का स्वरूप भी अधिक महत्त्वाकांक्षी और समृद्ध हुआ। युवा कलाकारों की जो पीढ़ी जर्मनी में सक्रिय हुई उसने अपने बचपन में जलते हुए जर्मनी को देखा था। एडोर्नो जैसे विचारक यह कहते थे कि नात्सियों के यातना शिवरों के बाद अब गीतात्मक काव्य अभिव्यक्ति संभव नहीं है। नतीजा यह हुआ युवा कलाकारों ने परंपरागत चित्र रचना या मूर्तिशिल्प में दिलचस्पी दिखाना लगभग बंद कर दिया। उनकी अभिव्यक्ति जटिल विचारों से जुड़ गई या फिर कलाकारों को नाटकीय ढंग से अपनी उपस्थिति जतानी पड़ी। जाहिर है कि कुछ हास्यास्पद काम भी हुए—चौंकाने के लिए और प्रसिद्ध होने के लिए। मिसाल के लिए 'बॉडी आर्ट' में एक मूर्तिशिल्पी स्वयं एक 'पैडस्टल' पर दिन भर मूर्ति की तरह खड़े रहने के लिए तैयार था।

लेकिन आज बीसवीं शताब्दी के अंत में हम देखते हैं कि पिछले चालीस वर्ष में पश्चिम में दो तरह के कला आंदोलन रचनात्मक दृष्टि से महत्वपूर्ण और उत्तेजक साबित हुए हैं। एक आंदोलन नारीवादी कला का है और दूसरा संस्थापन कला का। दरअसल पश्चिमी कला बाजार में स्त्रियों की जबरदस्त उपेक्षा हुई थी। इसीलिए वहां फेमिनिस्ट या नारीवादी होने का अर्थ नारा ही नहीं एक वास्तविकता भी थी। यह अलग बात है कि अमेरिका जैसे देशों में नारीवादी कला आंदोलन ने अक्सर अपने को नाटकीय भी बना लिया। 1985 में अमेरिका में 'गेरिल्ला गर्ल्स' (छापामार योद्धा लड़कियां) नाम से एक बाकायदा टोली बनी थी। यह टोली कला की दुनिया में सेक्स और नस्ल के आधार पर वर्गीकरण का उग्र विरोध करती थी। कला बाजार में 'पुरुषों' और 'गोरे' कलाकारों के आतंक का बाकायदा पोस्टरों और चिट्ठियों से विरोध किया जाता था। इस तरह के लगभग 'हास्यास्पद' विज्ञान दिए जाते थे कि आप (यानी कला का खरीददार) जास्पर जोंस जैसे किसी बहुत महंगे कलाकार की एक कलाकृति पर जितना पैसा लगाएंगे उतने में आप इस पचास चितेरियों की कलाकृतियां आसानी से खरीद सकते हैं।

सौभाग्यवश और एक सुखद आश्चर्य की तरह भारतीय कला बाजार में चितेरियों या महिला कलाकारों को इस उग्र नारीवादी नजरिए को नहीं अपनाना पड़ा। एक तो हमारे यहां वास्तविक कला बाजार अस्सी और नब्बे के दशक में विकसित हो पाया है। उससे पहले हुसेन, सूजा, रामकुमार, पदमसी जैसे कुछ चुने हुए कलाकार ही अपना काम आसानी से बेच पाते थे। बाद में जब हमारे यहां मुबंई, दिल्ली में आधुनिक कला की प्रस्तुति, क्यूरेटरशिप, बिक्री, कैटलॉग और पुस्तकों की छपाई आदि को एक पेशेवर रूप मिला, तो महिला कलाकारों को भी मंच मिला। आधुनिक भारतीय मूर्तिशिल्प में भी अनेक महिलाएं आज सक्रिय हैं। पेंटिंग और ग्राफिक में तो वरिष्ठ और युवा महिलाएं लगभग छाई हुई हैं। अर्पिता सिंह, नलिनी मलानी, गोगी सरोजपाल, अनुपम सूद, मृणालिनी मुखर्जी, माधवी पारेख, अर्पणा कौर, नीलिमा शेख जैसे अनगिनत नामों को कला दीर्घाओं में प्रस्तुति और बिक्री के अच्छे अवसर मिलते रहे हैं। इस दृष्टि से अमेरिका पिछड़ा हुआ है। हाल में अर्पिता सिंह को कालिदास सम्मान मिला है। उनसे पहले यह सम्मान के.जी. सुब्रमण्यन्, हुसेन, रामकुमार, भूपेन खक्खर आदि को मिल चुका है। इस वातावरण के कारण भारत में महिला कलाकारों को 'गेरिल्ला गर्ल्स' बनने की जरूरत नहीं महसूस हुई।

जहां तक संस्थापन कला का सवाल है, इस क्षेत्र में आज भारतीय कलाकार पश्चिमी दुनिया का मुकाबला कर रहे हैं। गोगी सरोजपाल ने बरसों पहले भारतीय अंतर्राष्ट्रीय त्रैवार्षिकी में अपना एक संस्थापन प्रस्तुत किया था। वेद नायर और गोगी ने मिलकर इस क्षेत्र में काफी काम किया है। विवान सुंदरम ने 1993 में दिल्ली की आइफैक्स दीर्घा में 'मेमोरियल' नाम से एक महत्वाकांक्षी संस्थापन प्रस्तुत किया था। बाबरी मस्जिद के ढह जाने के बाद विवान ने इस संस्थापन से सांप्रदायिकता के विरुद्ध एक कलाकार का सार्थक बयान देने की कोशिश की थी।

आज तो सभी महत्वपूर्ण युवा कलाकार संस्थापन कला के ढांचे में ही अपने प्रोजेक्ट बना रहे हैं।

संस्थापन कला की शुरुआत यूरोप में 'दादा' कला आंदोलन के दिनों से मानी जाती है। फ्रांसीसी कलाकार मार्सेल दुशां ने 1917 में एक प्रदर्शनी में एक 'मूत्री' को कलाकृति की तरह प्रस्तुत कर दिया था। आधुनिक कला के इतिहास में इस 'मूत्री' का एक विशेष स्थान है। 1993 में एक कलाकार ने एक 'मूत्री' को पहले तोड़कर फिर उसके टूटे हुए हिस्सों को बाकायदा जोड़ के एक प्रदर्शनी में रखा था। कलाकार अतीत की आधुनिकता पर एक टिप्पणी करना चाहता था। विवान सुंदरम ने भी कुछ साल पहले अपने एक संस्थापन में दुशां की 'मूत्री' से एक संवाद बनाने की कोशिश की थी। अनेक पश्चिमी आधुनिक कला विचारक यह मानते हैं कि बीसवीं शताब्दी की आधुनिक कला का एक छोर पिकासो है और दूसरा दुशां। पेंडुलम कभी उधर चले जाता है तो कभी इधर।

संस्थापन कला में कलाकृतियों की प्रस्तुति का विशेष महत्व है। उसे एक संपूर्ण रचनात्मक कलाकर्म के रूप में देखा जाता है। किसी दीर्घा या अन्य स्थान पर जब चित्रों, मूर्तिशिल्प आदि को एक खास तरह से रखा जाता है तो मोटे अर्थों में यह संस्थापन है। 1945 के बाद से पश्चिमी कला में संस्थापन का विशिष्ट स्थान बनता चला गया—भले ही इस नाम का इस्तेमाल बाद में हुआ। जब किसी खास 'स्पेस' को ध्यान में रखकर एक कलाकार अपनी बात कहना चाहता है तो वह एक चित्र या मूर्तिशिल्प की सरल प्रस्तुति से अपनी बात नहीं कहना चाहेगा। रचना सामग्री को लेकर भी उसमें पर्याप्त विविधता और प्रयोगधर्मिता आ जाएगी। हैप्पनिंग्स, साइट-स्पेसिफिक आर्ट, वातावरण कला, वीडियो कला, एसेंबलेज आर्ट, ग्रुप मेटीरियल आदि दर्जनों पश्चिमी कला आंदोलन आज संस्थापन कला की संपूर्ण धारणा का एक हिस्सा बन चुके हैं। शुरू में ऐसा लग रहा था कि इस तरह की प्रदर्शनियां बेचना आसान नहीं हैं। लेकिन पश्चिमी कला बाजार में संस्थापन को भी खरीदा जाने लगा या इस तरह के कलाकारों को कला बाजार में विशेष प्रोजेक्ट मिलने लगे। कुछ संस्थापन प्रदर्शिनियों में तो कला प्रेक्षकों को भी हिस्सेदारी का मौका दिया जाता है। वे आकर अपनी ओर से कुछ जोड़ भी सकते हैं। 1990 में लंदन में 'म्यूजियम ऑफ इंस्टालेशन' की स्थापना हुई।

ऊपर से देखने पर संस्थापन कला एक 'शोशा' भी नजर आती है। निश्चय ही उसमें शोशेबाजी है लेकिन एक अच्छा संस्थापन कलाकार कई विधाओं का एक साथ बहुत अच्छा इस्तेमाल कर सकता है। वेनिस बिनाले में प्रसिद्ध कलाकार और फिल्मकार पीटर ग्रीनवे ने एक पुराने महल की चीजों के बीच अपने सोच को एक खास तरह से रखा था। वीडियो, कंप्यूटर आदि की मदद से एक प्राचीन कला संपन्न नगरी वेनिस पर ही जैसे कई सार्थक टिप्पणियां की गई थीं। अक्सर अब वेनिस बिनाले के विभिन्न पवेलियनों में एक कलाकार कैनवास पर बने चित्रों की प्रदर्शनी के बजाय संपूर्ण पवेलियन को ही एक कला प्रस्तुति का माध्यम बनाना चाहता है। कोई आश्चर्य नहीं, आपको शुरू में जो कबाड़ नजर आए गौर से देखने पर वह एक सार्थक कला वक्तव्य दिखाई दे। मिसाल के लिए, एक कलाकार ने पुलिस द्वारा इस्तेमाल किए जाने वाले 'बैरियर्स' एक-दूसरे पर खास तरह से लाद दिए। ऊपर एक कोने में एयरपोर्ट की ट्राली भी पहचानी जा सकती थी। एक जर्मन कलाकार ने भारत आकर संस्कृति संग्रहालय में चावलों की मदद से एक अद्भुत संस्थापन बनाया। बड़ी मेहनत और कल्पना से चावलों के रूपाकार जमीन पर बनाए गए। कहीं-कहीं तो लग रहा था कि कलाकार ने एक ब्रश के सधे हुए 'स्ट्रोक' की तरह चावलों को 'अरेंज' किया है। अनेक युवा भारतीय कलाकार अपने गांव-कस्बे आदि की स्मृतियों को संस्थापन का हिस्सा बना रहे हैं। बिहार के एक युवा कलाकार सुबोध गुप्त ने कंडों (उपलों) की मदद से एक संस्थापन बनाया था। वह जापान गए तो वहां कला दीर्घा के प्रबंधक कंडों की कला से उत्साहित नहीं हुए। सुबोध को फिर अपनी दूसरी स्मृतियों का सहारा लेना पड़ा।

एक बात तो तय है कि आधुनिक संस्थापन कला एक अल्पकालीन फैशन नहीं है। वह परंपरागत कैनवास की सपाट सतह या मूर्तिशिल्प की लंबाई-गोलाई का विकल्प तो नहीं है पर आज के वातावरण में अर्थपूर्ण कला 'स्पेस' की खोज के रूप में एक सार्थक काम है। शोशेबाजी के आकर्षण के बावजूद उसमें पर्याप्त गंभीरता है। जाहिर है कि उसकी उपेक्षा नहीं का सकती।

(2002)

समकालीन भारतीय मूर्तिशिल्प

आम तौर पर जब भी समकालीन भारतीय कला की उपलब्धियों की चर्चा होती है तो चित्रकला पर ही अधिक फोकस किया जाता है। इस दृष्टि से मूर्तिशिल्प लगभग एक उपेक्षित कला माध्यम है। स्वतंत्रता के तुरंत बाद शुरू हुए बहुचर्चित कला आंदोलन 'प्रोग्रेसिव आर्टिस्ट ग्रुप' के मूल छह सदस्यों में से सिर्फ एक (सदानंद बाकरे) मूर्तिशिल्पी थे हालांकि उन्होंने पेंटर के रूप में भी स्थापित होने की कोशिश की। बाकरे अपने जमाने में महान इतालवी मूर्तिशिल्पी मिकेलांजेलो जैसे नामों से प्रेरणा प्राप्त करना चाहते थे पर वह भी इस क्षेत्र में कोई बड़ा काम नहीं कर पाए। इतिहास में उनका स्थान जरूर सुरक्षित है पर उनकी कला की कोई खास छाप नहीं है। शायद भारतीय मूर्तिशिल्पियों को मिकेलांजेलो से अधिक राम किंकर की ओर देखना चाहिए था।

स्वतंत्रता के बाद समकालीन भारतीय मूर्तिशिल्पियों को अपनी पहचान बनाने के लिए चित्रकारों की तुलना में कहीं अधिक संघर्ष करना पड़ा। मूर्तिशिल्प की महान भारतीय परंपरा से आधुनिक भारतीय मूर्तिशिल्पियों का बहुत कम संवाद था। यह विडंबना ही है कि हुसेन और सूजा जैसे चित्रकार इस परंपरा से अधिक प्रेरणा प्राप्त कर रहे थे। लोक कला से भी वे अपने आप को सार्थक ढंग से नहीं जोड़ पा रहे थे। रचना सामग्री को लेकर भी वे साहस नहीं दिखा पा रहे थे। आमतौर पर पत्थर या धातु में ही काम होता था। टेराकोटा जैसे अति प्राचीन माध्यम की उपेक्षा इसी से स्पष्ट है कि अस्सी के दशक के बाद भारतीय मूर्तिशिल्पी इस माध्यम को स्वतंत्र होकर आत्मविश्वास के साथ अपना सके।

स्वतंत्रता के तुरंत बाद भारतीय मूर्तिशिल्पियों के सामने 'आधुनिक' होने के 'मॉडल' या आदर्श भी बहुत कम थे। शुरू-शुरू में पश्चिम के कुछ बड़े और चर्चित मूर्तिशिल्पियों के काम की अपने-अपने ढंग से नकल हुई। हेनरी मूर, ब्रांकुसी या जियाकोमेत्ती सरीखे कुछ बड़े पश्चिमी नाम हमारे कलाकारों के सोच और काम पर लंबे समय तक छाए रहे। सवाल यह नहीं है कि इन कलाकारों से प्रेरणा नहीं ली जानी चाहिए। लेकिन इनके मुहावरों और भाषा को ही 'आधुनिक' होने का 'पासपोर्ट' मान लेना गलत था।

समकालीन भारतीय मूर्तिशिल्पियों के सामने एक अन्य महत्वपूर्ण रचनात्मक चुनौती भी थी। जैसा कि वरिष्ठ मूर्तिशिल्पी चिंतामणी कर ने कहा भी है कि "मुझे नहीं लगता कि भारत में मूर्तिशिल्प के विकास की अधिक संभावनाएं हैं। जब तक जीवन में उसका कोई उपयोग नहीं होगा तब तक आप कैसे एक शून्य में काम करते चले जाएंगे? कुछ काम एक प्रदर्शनी में दिखा देने या कुछ धनी लोगों को कुछ मूर्तिशिल्प बेच लेने से बात नहीं बनती।" वैसे तो यह बात केवल मूर्तिशिल्प ही नहीं, बल्कि चित्रकला पर भी लागू होती है। लेकिन मूर्तिशिल्प का सार्वजनिक जीवन में अधिक महत्वपूर्ण और संभवतः उसकी रचनात्मकता के लिए कहीं अधिक निर्णायक स्थान है। पश्चिम में हेनरी मूर जैसे बड़े कलाकारों ने वातावरण को ध्यान में रखकर काम भी किया और सार्वजनिक स्थलों के लिए बड़े-बड़े मूर्तिशिल्प बनाए। वड़ोदरा में नागजी पटेल या तिरुवनंतपुरम् में कनाई कुन्हीरामन जैसे कुछ मूर्तिशिल्पियों ने सार्वजनिक जीवन में रचनात्मक दखल देने की उल्लेखनीय कोशिशें की हैं। कुन्हीरामन तो मंदिर का भी डिजाइन कर सकते थे या किसी प्रोजेक्ट को अपने हाथ में ले लेते थे। दक्षिण में इस तरह के रचनात्मक काम की अधिक संभावनाएं हैं। वहां के रोजमर्रा के जीवन में कला-संस्कृति की अधिक केंद्रीय उपस्थिति है।

स्वतंत्रता के बाद अनेक भारतीय मूर्तिशिल्पी सार्वजनिक स्थलों पर राजनेताओं की मूर्तियां बनाने और लगाने के काम में जरूर व्यस्त दिखाई दिए पर अक्सर इस काम को एक 'फैक्ट्री स्तर' पर ही किया गया। बहुत कम

मूर्तिशिल्पी सार्वजनिक स्थानों की मूर्तियों को रचनात्मक विस्तार दे सके। म्यूरल के क्षेत्र में सार्वजनिक स्थलों को सुंदर और कलात्मक बनाने की जो संभावनाएं थीं उनका भी अधिक इस्तेमाल नहीं हो पाया है। कुछ अपवाद जरूर दिखाई देते हैं। लखनऊ के रवींद्रालय के बाहर के.जी. सुब्रमण्यन् का म्यूरल ऐसा ही एक अपवाद है। पर सामान्य रूप से भारतीय सार्वजनिक स्थलों पर समग्र वातावरण के एक सहज भाग के रूप में मूर्तिशिल्प या म्यूरल बहुत कम दिखाई देते हैं।

महत्वपूर्ण बात यह है कि आज आजादी के पचास साल बाद हम मूर्तिशिल्प के क्षेत्र में अनेक महत्वपूर्ण कलाकारों को सक्रिय देख रहे हैं। रचना सामग्री को लेकर अब रुकावटें नहीं महसूस की जाती हैं। पश्चिम का प्रभाव जरूर है पर आतंक कम है। संस्थापन कला (इंस्टालेशन आर्ट) पश्चिम से हमारे यहां आई है पर हमारे यहां के युवा कलाकार संस्थापन कला के रचनात्मक शास्त्र में भारतीय परंपरा को भी एक उचित स्थान दे रहे हैं। वैसे तो कई चित्रकार भी संस्थापन कला में सक्रियता दिखा रहे हैं पर यह माध्यम मूर्तिशिल्पियों को अधिक प्रेरित करता है। कोई आश्चर्य नहीं कि आज एन.एन. रिमजन, सुदर्शन शेट्टी, पी.एस. लाडी, राधिका बैद्यनाथन जैसे अनेक युवा और चर्चित मूर्तिशिल्पी संस्थापन को एक बड़ी रचनात्मक चुनौती के रूप में देख रहे हैं। इसके अलावा ध्रुव मिस्त्री, रविंदर रेड्डी जैसे कुछ युवा भारतीय मूर्तिशिल्पी ऐसे हैं जो अपने एक निजी मुहावरे की एक समृद्ध पहचान बना चुके हैं। खासतौर पर ध्रुव मिस्त्री वड़ोदरा में प्रशिक्षित होने के बाद अस्सी के दशक की शुरुआत में उच्च सफलता के लिए ब्रिटेन गए और उन्हें वहां असाधारण सफलता मिली। सोलह साल ब्रिटेन में रहने के बाद ध्रुव अब भारत वापस आ गए हैं। उन्हें ब्रिटेन के सार्वजनिक स्थलों पर भी अपने बड़े काम करने का मौका मिला। ध्रुव मिस्त्री जैसे मूर्तिशिल्पी भारतीय परंपरा और पश्चिमी परंपरा दोनों से ही प्रेरणा प्राप्त करते हैं। कला, दर्शन, मिथकशास्त्र आदि अनेक स्रोतों का इस्तेमाल करने में वह हिचकते नहीं हैं।

आजादी से पहले शांति निकेतन में राम किंकर बैज मूर्तिशिल्प की दुनिया में एक नई और लगभग क्रांतिकारी रचनाशीलता को स्थापित कर सके थे। उन्होंने पेंटिंग में भी काम किया। राम किंकर आधुनिक भारतीय मूर्तिशिल्पियों के 'पिता' कहे जा सकते हैं। उनमें एक अद्भुत और मौलिक रचना दृष्टि थी। रचनात्मक ऊर्जा भी उनमें जबरदस्त थी। राम किंकर अपने मूर्तिशिल्प वास्तविक वातावरण में बनाते थे। उनकी कलाकृतियों में वातावरण से एक सहज रिश्ता है। राम किंकर के अलावा मीरा मुखर्जी एक दूसरा नाम है जिसका मूर्तिशिल्प के क्षेत्र में अद्वितीय योगदान है। मीरा मुखर्जी ने बंगाल, बिहार और मध्य प्रदेश के आदिवासी इलाकों में जा-जाकर उनके काम करने की शैली को अच्छी तरह से समझा। धातु में मीरा ने बहुत अच्छा काम किया है। उनकी 'क्राफ्ट' की पकड़ बहुत अच्छी है और वह एक समकालीन मुहावरे को भी जानती थीं। ये दोनों महान कलाकार आज हमारे बीच में नहीं हैं पर मूर्तिशिल्प के विकास में इनका योगदान ऐतिहासिक है।

सोमनाथ होर, शंखू चौधरी, धनराज भगत, सरबरी राय चौधरी, चिंतामणि कर, ए.एम. दाविएरवाला, पीलू पोचकनवाला, एस. धनपाल, बाकरे, बलवीर सिंह कट्ट, पी.वी. जानकीराम, अमरनाथ सहगल, एस. नंदगोपाल, हिम्मत शाह, मृणालिनी मुखर्जी, रमेश पटेरिया, राघव कनेरिया, प्रदोष दासगुप्त, नागजी पटेल, कुन्हीरामन, वेद नायर, मदन लाल, ध्रुव मिस्त्री, एन.एन. रिमजन, एन. पुष्पमाला, पी.एस. लाडी, सुदर्शन शेट्टी, लतिका कट्ट, रविंदर रेड्डी, राजेन्द्र कुमार टिक्कू, के.पी. सोमन, वाल्सन कोल्लेरी जैसे नए-पुराने मूर्तिशिल्पियों की एक सूची बनाई जाए तो हमें समकालीन भारतीय मूर्तिशिल्प की उपलब्धियां बड़ी नजर आती हैं। खासतौर पर सोमनाथ होर, हिम्मत शाह, नागजी पटेल और ध्रुव मिस्त्री का काम मूर्तिशिल्प की भाषा को नई रचनात्मकता और नए तेवर देता है। पत्थर, काष्ठ, धातु, फाइबर ग्लास, रस्सी, टेराकोटा इन सभी रचना सामग्रियों का सुंदर इस्तेमाल हो रहा है। गौर करने की बात यह है कि चित्रकार की तुलना में मूर्तिशिल्पी को अपनी कला की 'प्रस्तुति' में भी कहीं अधिक कठिनाइयों का सामना करना पड़ता है। पर इन दिनों जो उत्तेजक और समृद्ध काम देखने को मिल रहा है उससे भारतीय मूर्तिशिल्प का भविष्य कहीं बेहतर नजर आता है।

(2000)

किच आर्ट

पिछले दिनों दिल्ली स्थित हैबिटेट सेंटर की 'विजुअल आर्ट गैलरी' में गैलरी इस्पास ने एक अलग तरह की प्रदर्शनी आयोजित की थी। निर्देशक कर्ण जौहर की सुपरहिट फिल्म 'कुछ कुछ होता है' की तर्ज पर इस प्रदर्शनी को फिल्मी किस्म का नाम दिया गया था—'किच किच होता है'। किच शब्द जर्मन है जिसका इस्तेमाल लोकप्रिय और बाजारू कला के लिए किया जाता है। पश्चिम के किच विशेषज्ञों ने 'कलात्मक कूड़े' को किच माना है। भारत में कैलेंडर आर्ट का अर्थ यही रहा है।

अनेक जाने-माने आधुनिक भारतीय कलाकारों ने किच कला का अपनी कलाकृतियों में खुलकर इस्तेमाल किया है। मकबूल फिदा हुसेन अपनी किशोरावस्था में लोकप्रिय फिल्मों की होर्डिंग पेंट करते थे। किच कला के व्याकरण से उनका निकट का संबंध रहा है। लंदन में भारत महोत्सव के दौरान टेट गैलरी में आधुनिक भारतीय कलाकारों की एक प्रदर्शनी में हुसेन की कलाकृतियां नहीं, बल्कि दक्षिण भारतीय सड़क संस्कृति के फिल्मी पोस्टर, होर्डिंग आदि के छायाचित्र प्रदर्शित हुए थे। उत्तर भारत में भी यह परंपरा रही है पर दक्षिण भारत के शहरों में फिल्मों के भव्य और बड़े पोस्टर किच कला के जीते-जागते उदाहरण हैं। साठ के दशक में पश्चिम में जब पॉप आर्ट को प्रतिष्ठा मिली तो वड़ोदरा के चार्टर्ड एकाउंटेंट कलाकार भूपेन खक्खर के किच कला का अपनी कलाकृतियों में सबसे अधिक और सार्थक इस्तेमाल किया था। भूपेन फिल्मी पोस्टरों और नाथद्वारा की लोकप्रिय कला आदि से प्रेरणा लेते थे। समकालीन श्रेष्ठ कला से वह संवाद नहीं करना चाहते थे। मधु जैन द्वारा 'क्यूरेट' किए गए शो 'किच किच होता है' में हुसेन नहीं थे, पर भूपेन खक्खर की अनेक कलाकृतियां थीं। सुपरिचित कलाकारों में अंजली इला मेनन ने समकालीन राजनीति और सिनेमा से प्रेरणा प्राप्त करके कुछ किच कुर्सियों की रचना की थी। इस प्रदर्शिनी से यह भी साबित होता है कि इस समय देश के अनेक प्रतिभाशाली युवा चित्रकार किच कला का असाधारण और प्रयोगधर्मी इस्तेमाल कर रहे हैं। अतुल डोडिया, भारती खेर, बीरेंद्र पाणी, नटराज शर्मा, रविंदर रेड्डी आदि का नाम इस सूची में रखा जा सकता है।

इस प्रदर्शनी में कुछ फैशन डिजाइनरों और छायाचित्रकारों को भी कूड़े में कला खोजने का काम दिया गया था। किच आजकल फैशनेबुल और बिकाऊ है। रोहिणी खोसला राजधानी में किच की एक फैशनेबुल दुकान चला रही हैं। उनकी भी इस प्रदर्शनी में हिस्सेदारी थी। फैशन डिजाइनर बाबा आनंद ने पुरानी फिल्मों के पोस्टरों को अपने ढंग से और भी अधिक प्रामाणिक 'किच अवतार' देने की कोशिश की है। सुपरिचित छायाचित्रकार राम रहमान भारत में पाई जाने वाली 'पॉपुलर इमेजरी' को एक फोटोग्राफर के लिए सोने की खान मानते हैं। उनके छायाचित्र इस प्रदर्शनी में भारतीय सड़क छाप संस्कृति के सजीव रूप को रेखांकित कर रहे थे।

कला कोशों में किच को घनघोर रूप से भड़कीली, भावुक, दिखावटी, चिकनी कला या डिजाइन के रूप में परिभाषित किया गया है। किच कला के बारे में आम तौर पर माना जाता है कि वह निम्न गुणवत्ता प्रधान है और अक्सर उसका निर्माण बड़े पैमाने पर किया जाता है। राजा रवि वर्मा के प्रेस में तैयार किए गए ओलियोग्राफ किच कला के प्रसिद्ध उदाहरण हैं। लेकिन इतिहास में लंबे समय तक जिस कला को फूहड़, घटिया और सस्ती माना गया वह अनेक आधुनिक कलाकारों को अब महत्वपूर्ण नजर आने लगी है। पश्चिम में उन्नीसवीं शताब्दी में किच कला को उभरने का मौका मिला था। शास्त्रीय संगीत, कलाओं से आम जनता का मनोरंजन नहीं हो पा रहा था। श्रेष्ठ शिक्षित वर्ग ही इन उच्च कलाओं का आनंद उठा पाता था। इस तरह से तथाकथित 'हाई' और 'लो' आर्ट का

विभाजन शुरू हुआ। टेलीविजन पर अभिनेता गोविंदा की प्रस्तुति जिस छप्परफाड़ संस्कृति की मस्ती को सामने लाती है वह 'लो आर्ट' का सबसे अच्छा नमूना है। अमिताभ बच्चन का कार्यक्रम 'कौन बनेगा करोड़पति' भी लोकप्रिय संस्कृति का एक हिस्सा है पर इस विभाजन में भी वह 'हाई' आर्ट है। अमिताभ अच्छी हिंदी बोलने की कोशिश करते हैं, डिजाइनर दाढ़ी और ड्रेस में नजर आते हैं। गोविंदा 'चीप ड्रेस सेंस' को ही अपना 'यूनीक सेलिंग प्वाइंट' मानते हैं।

आधुनिक कलाकारों ने 'हाई' और 'लो' की वर्जनाओं से मुक्त होकर सर्कस, सिनेमा, कॉमिक्स, सिग्रेट व माचिस की डिब्बियों, कैलेंडरों आदि से प्रेरणा प्राप्त की है। भूपेन खक्खर जैसे कुछ कलाकार पूरी तरह से किच कला को ही अपना प्रेरणा स्रोत मानते हैं।

इस प्रदर्शनी में किच कला का एक नया व्याकरण भी स्थापित होता है। संस्कृति सम्पन्न परिवार में जन्मी सुकन्या रहमान के घर में हिंदी फिल्में और फिल्मी पत्रिकाएं वर्जित थीं। सुकन्या को इन चीजों से अपना संबंध चोरी-चोरी स्थापित करना पड़ा। पर अब युवा कलाकार बोल्ड अंदाज में अपने किच अतीत और वर्तमान को रेख. ांकित कर रहे हैं। अतुल डोडिया ने अपनी एक पेंटिंग में ताजमहल के सामने अपनी बेटी के साथ घूम रहे बिल क्लिंटन के हाथ में हनुमान चालीसा की प्रति पकड़ा दी है। किच कलाकार अक्सर अपने आप को 'बेशर्म' मानते हैं। चमकीली और फूहड़ रंगों वाली चीजें उन्हें आकर्षित करती हैं। खरीदारों और कला समीक्षकों की वे परवाह नहीं करते। लेकिन अमेरिकी कला समीक्षक क्लीमेंट ग्रीनबर्ग ने किच कला को सही ही परिभाषित किया है कि यह कला ग्राहक से उसके पैसे के अलावा कुछ नहीं चाहती है। दरअसल किसी भी समाज में जब शास्त्रीय उच्च और संभ्रांत कला अपनी दुनिया में कैद हो जाएगी तो किच कला के प्रति आकर्षण बढ़ सकता है। कला का उच्च वर्ग भी कभी-कभी 'लो' या घटिया नजर आने में 'सुख' प्राप्त करता है।

(2002)

सोमनाथ होर का प्रिंट (एचिंग)

इंस्टालेशन आर्ट

पिछले पंद्रह साल में पश्चिम में पेंटिंग लगभग संग्रहालयों की चीज हो गई है। भारत में सुनने में यह बात कुछ अजीब लगती है क्योंकि हमारे कला महाविद्यालयों में ईजल पेंटिंग के प्रशिक्षण को आज भी सौ साल पुरानी गंभीरता और गरिमा के साथ देखा जाता है। दो दशक पहले पश्चिम के किसी तकनीकी कला कोश में 'इंस्टालेशन आर्ट' का कोई अस्तित्व ही नहीं था। अधिक-से-अधिक दबे स्वर में 'वीडियो आर्ट' की बात होती थी। पॉप कलाकार एंडी वारहोल ने 'वीडियो आर्ट' की दिशा में कुछ उल्लेखनीय प्रयोग किए थे। बाद में नाम जुइन पाइक के महत्वपूर्ण काम ने 'वीडियो आर्ट' को प्रतिष्ठा दिलाई थी। इस तरह की कला का सीधा अर्थ था–टेलीविजन और वीडियो रिकॉर्डिंग की सुविधाओं का कला माध्यम के रूप में इस्तेमाल। आज कला की शब्दावली में 'वीडियो आर्ट' का अधिक स्वीकृत नाम है–'वीडियो इंस्टालेशन'।

इंस्टालेशन आर्ट (संस्थापन कला) की अपनी सीमाएं और संभावनाएं हैं। कला बाजार में इस आर्ट को बेचना और बचाना आसान काम नहीं है। लेकिन आज पश्चिमी देशों के अधिकांश महत्वपूर्ण प्रोजेक्ट इंस्टालेशन की धारणा से बुरी तरह से आंदोलित हैं। पढ़े-लिखे (जाहिर है अंग्रेजीदां) युवा भारतीय कलाकार भी अब यह बात समझ चुके हैं कि ऐसे किसी प्रोजेक्ट को प्राप्त करना है तो इंस्टालेशन आर्ट का ही सहारा लेना पड़ेगा। एक युवा भारतीय कलाकार की टिप्पणी गौर करने लायक है–'मुझे यह वीडियो इंस्टालेशन सात देशों की सैर करा चुका है।'

लेकिन भारत के सबसे चर्चित और पुराने इंस्टालेशन कलाकार विवान सुंदरम की इस कला विधा के बारे में टिप्पणी अर्थपूर्ण और मार्मिक दोनों ही है। उन्होंने एक इंटरव्यू में कहा था, "मैं जानता हूं कि मेरी इंस्टालेशन आर्ट के विभिन्न रूप, जब वे किसी अटारी में पड़े होते हैं, तो उदास और जर्जर नजर आते हैं यानी जब वे डिस्प्ले में नहीं होते हैं। जबकि बुरी तरह से धूल-धूसरित पेंटिंग को भी तुरंत साफ करके एक नई चमक दी जा सकती है। इस बात की कोई संभावना नहीं है कि अटारी में पड़ा कोई इंस्टालेशन मास्टरपीस कलाकृति कहलाएगा।"

भारत में इन दिनों विवान सुंदरम के अलावा नलिनी मलानी एक दूसरा प्रतिष्ठित नाम हैं जो इंस्टालेशन आर्ट में अंतर्राष्ट्रीय ख्याति पा चुकी हैं। ये दोनों कलाकार सत्तर के दशक में अपनी ईजल पेंटिंग के लिए मशहूर थे। अब वे अपने कैनवास को भूल चुके हैं। नई यंत्रविधि ने उन्हें इंस्टालेशन आर्ट की दुनिया में नए जोखिम उठाने के अवसर दिए हैं।

शुरू में अधिकांश भारतीय कलाकारों ने पेंटिंग को भी इंस्टालेशन आर्ट का एक हिस्सा बनाया था। सरोजपाल गोगी ने अंतर्राष्ट्रीय भारतीय त्रैवार्षिकी में इस तरह का ही इंस्टालेशन प्रस्तुत किया था। स्व. भूपेन खक्खर ने जर्मनी की बहुचर्चित अंतर्राष्ट्रीय कला प्रदर्शनी 'डॉक्यूमेंटा' में एक बार भारतीय पान की दुकान को ही इंस्टालेशन आर्ट के रूप में प्रदर्शित कर दिया था। आज भी कई बड़े आधुनिक भारतीय कलाकार यह मानते हैं कि भारतीय जीवन में तथाकथित इंस्टालेशन आर्ट सहज रूप से खोजा जा सकता है। वह जीवन का ही हिस्सा है। संग्रहालयों में उसे क्यों ले जाया जाए?

इस सोच को पश्चिमी इंस्टालेशन कलाकारों ने भी दूसरी तरह से स्वीकारा है। हालैंड के क्यूरेटर योहान पियानेपल ने वीडियो आर्ट के कई फेस्टिवल आयोजित किए हैं। दक्षिण एशिया और दक्षिण पूर्व एशिया में भी वह लंबे समय से वीडियो इंस्टालेशन की संभावनाओं को खोजते रहे हैं। 2002 में उन्होंने दिल्ली में इंस्टालेशन आर्ट की जरूरतों को ध्यान में रखते हुए एपीजे मीडिया आर्ट गैलरी की स्थापना करने में मदद की थी। नलिनी मलानी

के शो से इस गैलरी की शुरुआत हुई थी। यह गैलरी शहर से बहुत दूर है भीड़भाड़ वाले उस बदरपुर इलाके में स्थित है जिसे अपने आप में एक इंस्टालेशन कहा जा सकता है। पियानेपल ने दिल्ली के कला केंद्र मंडी हाउस में वीडियो इंस्टालेशन से जुड़े कुछ महत्वपूर्ण सवालों पर फोकस करने के लिए रवींद्र भवन की दीर्घाओं में 'क्रासिंग करेंट्स' (वीडियो आर्ट और सांस्कृतिक पहचान) नाम से एक बड़ी प्रदर्शनी आयोजित की जिसमें हॉलैंड के कलाकारों के साथ भारत के कलाकारों (शिल्पा गुप्ता, तेजल शाह, नलिनी मलानी, विवान सुंदरम, शर्मिला सामंत, उमेश) का भी काम शामिल था। इस प्रदर्शनी में क्यूरेटर के नोट में एक महत्वपूर्ण सवाल उठाया गया है।

इस नोट में कहा गया है कि पिछले कुछ सालों से पश्चिम की अधिकांश अंतर्राष्ट्रीय कला प्रदर्शनियों में (जिन्हें बिनाले या त्रिनाले आदि नामों से जाना जाता है) कला की 'ईस्टर्न अपील' पर काफी जोर दिया जाता रहा है। इन कामों में पूर्व के अपने कलाकार अक्सर शामिल नहीं होते हैं। पश्चिमी कलाकार पूर्व की यात्राओं में वीडियो या डिजीटल कैमरों से ढेर सारी सामग्री एकत्रित करते हैं और फिर उन्हें खास तरह से दिखाते हैं। अनेक एशियाई कलाकार और कलाविद् इस ट्रेंड को कला के माध्यम से नव उपनिवेशवाद की स्थापना के रूप में देखने लगे हैं। जवाबी कार्रवाई के रूप में पूर्व के अपने कलाकारों ने पश्चिम के औजारों और कला भाषा का इस्तेमाल करते हुए अपनी इंस्टालेशन आर्ट को जन्म दे दिया है। मंडी हाउस में इस प्रदर्शनी को लगाने का एक कारण यह भी था कि इन विरोधाभासों से भरे प्रश्नों पर गौर किया जा सके।

दरअसल पश्चिमी आधुनिक जीवन में पूर्व के 'एग्जॉटिक' रूप की शुरू से ही गुंजाइश रही है। मिसाल के लिए एक वीडियो इंस्टालेशन में बौद्ध भिक्षुओं के मंत्रोच्चार की विभिन्न छवियों का इस्तेमाल पश्चिमी बाजार की आपाधापी में राहत की तरह है। एक अन्य वीडियो इंस्टालेशन में एक भारतीय गुरु 'मिस्टर कहूना' की कल्पना की गई है। इस इंटरएक्टिव इंस्टालेशन में प्रेक्षक जब कीबोर्ड पर सवाल टाइप करता है तो उसे तुरंत गुरु के दिलचस्प जवाब भी मिल जाते हैं।

नलिनी मलानी का इंस्टालेशन 'गेम पीसेज' (2003) एक महत्वपूर्ण काम है। वीडियो और शैडो प्ले की तकनीक का इसमें सुंदर इस्तेमाल है। छह चित्रित सिलिंडर घूम रहे हैं जिन पर हिंदू देवी-देवता पहचाने जा सकते हैं। (कालीघाट की चित्र शैली में) दूसरी ओर वीडियो में पश्चिम के आणविक बम से जुड़ी सामग्री को खास तरह से दिखाया गया है। कुमार गंधर्व की आवाज भी पृष्ठभूमि में पहचानी जा सकती है। हिंसा और युद्ध पर सोचने का सामान मौजूद है। साथ ही कला का एक सम्पूर्ण अनुभव भी मिल जाता है।

विवान सुंदरम बाबरी मस्जिद के ध्वंस और मुंबई के सांप्रदायिक दंगों से जुड़े इंस्टालेशन के कारण चर्चित रहे हैं। अब वह अपनी मौसी अमृता शेरगिल के फोटो आर्काइव में जाकर डिजिटल तकनीक से अपने अतीत को एक नया अर्थ देने की कोशिश कर रहे हैं। पेंटिंग उन्होंने छोड़ दी है पर प्रतिबद्ध सोच और कल्पनाशीलता सक्रिय है।

दरअसल कला के इतिहास में हम देखते हैं कि बड़े पश्चिमी आधुनिक कलाकार भी पूर्व से प्रेरणा प्राप्त करते रहे हैं। वॉन गॉग ने जापानी कला से प्रभावित होकर जापानी रोशनी को ही फ्रांस में खोजना शुरू कर दिया था। अवनींद्रनाथ ठाकुर, नंदलाल बोस भी चीन और जापान से कला और रोशनी लाए थे।

लेकिन इंस्टालेशन आर्ट के बाद क्या होगा? क्या कला का चक्र यहां आकर पूरा हो जाता है? क्या हम इससे ऊबकर वापस ईजल पेंटिंग या मूर्तिशिल्प की ओर वापस जाएंगे? क्या परंपरागत कला में कल्पना की सीमाएं हैं और इंस्टालेशन आर्ट में आधुनिक यंत्र-विधि की अनगिनत संभावनाएं हैं? एक पुरानी मास्टरपीस पेंटिंग आज भी प्रेक्षक की कल्पना के अनगिनत द्वार खोल देती है। इंस्टालेशन कहीं किसी डिस्को में डीजे या वीजे की जादुई माया तो नहीं है जो कुछ समय के लिए प्रेक्षक को बांध लेती है? जाहिर है कि जवाब हैं तो सवाल भी हैं।

(2004)

वीडियो आर्ट बनाम कैनवास

पश्चिम में कैनवास पर काम करना इतिहास की चीज होता चला जा रहा है। इन दिनों इंस्टालेशन आर्ट (संस्थापन कला) और वीडियो आर्ट या इंस्टालेशन का जमाना है। युवा भारतीय कलाकारों पर भी इस पश्चिमी रुझान का स्पष्ट असर देखा जा सकता है। इन दिनों किसी युवा भारतीय कलाकार को किसी अंतर्राष्ट्रीय प्रोजेक्ट में शामिल होना है, तो उसे इन माध्यमों में काम करना ही पड़ेगा। पिछले कुछ वर्षों में एक और बात देखी गई है कि पश्चिम में जो वीडियो आर्ट बन रहा है उसमें भारत सरीखे देशों के माहौल को 'रेडीमेड आर्ट' की तरह इस्तेमाल किया जा रहा है। दरअसल पश्चिमी जीवन में इंस्टालेशन केवल कला दीर्घाओं में देखा जा सकता है पर भारत सरीखे देशों में सामान्य जीवन का यथार्थ अपने आप में एक इंस्टालेशन है।

यहां यह स्पष्ट करना आवश्यक है कि वीडियो आर्ट सिनेमा नहीं है। उसमें सिनेमाई भाषा का इस्तेमाल जरूर किया जाता है, कैमरे का लगभग ब्रश की तरह इस्तेमाल होता है पर वीडियो आर्ट को सिनेमा नहीं कहा जा सकता।

सिनेमा विधा के जन्म के तुरंत बाद कलाकारों ने इस नई और अनोखी (लगभग जादुई) विधा में स्पष्ट रुचि दिखाई थी। कुछ फिल्मों में लगभग अभिव्यंजनावादी और अतियथार्थवादी सेट्स का इस्तेमाल किया गया था। अतियथार्थवादी शैली के सबसे मशहूर कलाकार साल्वादोर डाली ने एक अन्य महान फिल्मकार बुनुएल के साथ मिलकर कुछ अतियथार्थवादी फिल्में भी बनाई थीं। बाद में संस्पैंस फिल्मों के बादशाह अल्फ्रेड हिचकॉक ने भी अपनी एक फिल्म में स्वप्न की फैंटेसी के चित्रण के लिए डाली की प्रतिभा का इस्तेमाल किया था। लेकिन बहुत जल्दी ही डाली को इस बात का गहरा एहसास हुआ कि फिल्म माध्यम एक अकेले कलाकर्मी का माध्यम नहीं है। आपको अनेक दूसरी प्रतिभाओं पर निर्भर होना पड़ता है। भले ही एक फिल्म निर्देशक को सुपर स्टार समझ लिया जाए पर वह एक चित्रकार की तरह स्वतंत्र नहीं है।

लेकिन इतिहास हमें बताता है कि इन सीमाओं के बावजूद समय-समय पर कलाकारों ने फिल्म विधा को अपनाया—उसके साथ रचनात्मक छेड़खानी की। पॉप कलाकार एंडी वारहोल फिल्में भी बनाते रहे हालांकि अब खोज कार्य के बाद कहा जा रहा है कि वारहोल स्वयं फिल्मों का निर्देशन नहीं करते थे—वह बस निर्देशक को अपनी जरूरतें बता देते थे।

भारत में मकबूल फिदा हुसेन का फिल्म प्रेम ऐतिहासिक है। उन्होंने मुबंई में अपनी शुरुआत एक होर्डिंग पेंटर के रूप में की थी इसलिए इस 'स्ट्रीट कल्चर' को वह बहुत नजदीक से जानते थे। साठ के दशक में अंत में उन्होंने फिल्म प्रभाग की मदद से अपनी चर्चित फिल्म 'थ्रू द आइज ऑफ ए पेंटर' बनाई थी जिसे बर्लिन के प्रतिष्ठित फिल्म महोत्सव में पुरस्कार भी मिला था। राजस्थान का लैंडस्केप चित्रकारों और फिल्मकारों दोनों ही को आकर्षित करता है। इस फिल्म में हुसेन अपनी कला के प्रतीकों (छतरी, लालटेन आदि) लेकर निकल पड़े बूंदी सरीखे अद्‌भुत शहरों की सिनेमाई संभावनाओं को खोजने के लिए। हुसेन ने अपनी दूसरी कथा फिल्म 'मीनाक्षी : ए टेल ऑफ थ्री सिटीज', (जिसमें उनके चित्रकार बेटे ओवेस हुसेन की प्रतिमा का भी सक्रिय सहयोग है) में जैसलमेर के लैंडस्केप में कुछ इंस्टालेशन भी बनाए हैं। इससे पहले अपनी पहली कथा फिल्म 'गजगामिनी' में वह अपने माधुरी दीक्षित प्रेम को लगभग एक स्टूडियो इंस्टालेशन में ही शूट करते रहे थे।

तैयब मेहता, अकबर पदमसी, विश्वनाधन सरीखे कलाकारों ने भी फिल्म विधा में गहरी दिलचस्पी दिखाई है। विश्वनाधन तो 'गंगा' पर एक तीन घंटे की फिल्म ही बना चुके हैं। आंध्रप्रदेश के चित्रकार वैकुंठम इन दिनों अपने

तेलंगाना स्त्रियों के चित्रण के लिए मशहूर हो गए हैं। पर कुछ समय पहले तक जब उनके चित्र आसानी से नहीं बिकते थे, वह हैदराबाद में फिल्मों के सेट डिजाइन करते थे या कला निर्देशन संभालते थे।

आधुनिक समय में ब्रिटेन के चर्चित कलाकार पीटर ग्रीनवे ने फिल्म विधा में कुछ गंभीर काम किया है। ग्रीनवे संभवतः अब चित्रकार से अधिक फिल्मकार के रूप में जाने जाते हैं हालांकि उनकी संवेदना का केंद्रीय स्वभाव एक चित्रकार का है। 1993 में वेनिस के विश्व-प्रसिद्ध बिनाले (द्वैवार्षिकी अंतर्राष्ट्रीय कला प्रदर्शनी) में एक पुराने महल में पीटर ग्रीनवे ने वीडियो फिल्मों और अन्य उपलब्ध सामग्री की मदद से एक अद्भुत इंस्टालेशन बनाया था।

सत्तर के दशक में गोपी गजवाणी ने 16 एम.एम. का कैमरा लेकर दो छोटी फिल्में (टाइम और द एंड) बनाने का रचनात्मक जोखिम उठाया था। ब्लैक ऐंड ह्वाइट में बनी ये फिल्में ऐतिहासिक महत्व की हैं। उन्हें देखकर इस बात का गहरा एहसास होता है कि कैसे सिनेमा विधा में एक चित्रकार रचनात्मक दखल दे सकता है। गोपी के पास कोई सरकारी पैसा नहीं था फिल्में बनाने के लिए। उन दिनों आज की तरह अत्याधुनिक डिजिटल कैमरे भी नहीं थे जो कलाकार का काम आसान कर देते हैं। लेकिन गोपी ने अपने पैसे और सीमित साधनों से दो फिल्में बना डालीं। तीस साल तक ये फिल्में लगभग ट्रंक में बंद पड़ी रहीं। शुरू में उनके कुछ प्रदर्शन हुए थे। बाद में ये अंधेरे में बंद पड़ी रहीं। 2004 में ललित कला अकादेमी के कार्यक्रम 'आर्ट इन सिनेमा' को क्यूरेट करते हुए इन पंक्तियों के लेखक ने गोपी पर दबाव डाला और चेन्नई जाकर गोपी ने इन दोनों फिल्मों को डीवीडी पर एक नया जन्म दिया। 'टाइम' प्रसिद्ध अभिनेता मनोहर सिंह को लेकर बनाई गई एक छोटी-सी फिल्म है। मनोहर सिंह एक तिपहिया चालक बने हैं। उनके थ्री ह्वीलर पर एक लड़की बैठ हुई है। वह यह कहकर चली जाती है कि बस एक मिनट लगेगा। और वह चली जाती है एक ऊंची इमारत की सीढ़ियों की तरफ। तिपहिया चालक चुपचाप बहुत देर तक इंतजार करता रहता है। इस बीच फिल्मकार हमें दिल्ली की आम सड़क की भीड़ में दिलचस्प चेहरे दिखाता रहता है। कोई भिखारी है तो कोई हिप्पी। मेट्रोनोम की टिक-टिक साउंडट्रेक पर समय के बारे में हमें बताती रहती है। अंत में लंबे इंतजार के बाद स्कूटर चालक पीछे सीट की ओर देखता है—उसे एक फूल नजर आता है। उस फूल की सुगंध थोड़ी देर के लिए स्कूटर चालक की बोरियत को दूर कर देती है। वह चल पड़ता है कहीं और। पर उसे समय और प्रेम की एक नई समझ मिल गई है।

'द एंड' फिल्म में कुछ तस्वीरें हैं और कुछ चिड़ियां हैं। पिकासो के बनाए शांति के प्रतीक कबूतर भी हैं। फिल्म युद्ध (उन दिनों वीएतनाम युद्ध का आतंक था) के खिलाफ एक कलाकार की विनम्र कोशिश है। पर गोपी गजवाणी ने इमेज और साउंड का बहुत रचनात्मक इस्तेमाल किया है। इन फिल्मों को बार-बार देखा जा सकता है।

रामेश्वर बरूटा एक अन्य चर्चित आधुनिक भारतीय चित्रकार हैं जिन्होंने वीडियो कैमरे की मदद से कुछ बहुत प्रभावशाली फिल्में बनाई हैं। एक फिल्म जिस्म पर है (द बॉडी) और दूसरी हाथों की उंगलियों के सहारे एक अद्भुत माहौल बनाती है। तीसरी फिल्म में एक घोड़ा चक्कर लगा रहा है। उसका ट्रेनर 'शाबाश बेटे' कहकर घोड़े को प्रोत्साहित कर रहा है और उस प्रक्रिया में धीरे-धीरे खुद भी एक घोड़े में बदल रहा है। लेकिन बरूटा ने अपने ही जिस्म और उंगलियो के सहारे जो वीडिया फिल्म का जादू पैदा किया है वह एक स्मरणीय अनुभव है। उंगलियां एक चूहे सरीखे जानवर की तरह हो जाती हैं। वे आगे किसी अंधेरे की ओर जा रही हैं। अंत में चूहे की नियति की 'रैट-ट्रैप' (चूहेदानी) में कैद होना ही है। जिस्म का इस्तेमाल एक कसाई की दूकान में लटके मांस की तरह किया गया है। साउंड ट्रैक की सम्मोहक आवाजें इन फिल्मों को एक संपूर्ण अर्थ देती हैं।

विवान सुंदरम, नलिनी मलानी, रणवीर सिंह कालेका, सुबोध गुप्ता, सुब्बा घोष, प्रतुल दाश आदि अनेक नए-पुराने कलाकार इन दिनों वीडियो इंस्टालेशन का सुंदर रचनात्मक इस्तेमाल कर रहे हैं, पर क्या कैनवास इतिहास की चीज हो जाएगा, यह एक जटिल प्रश्न है।

(2004)

आधुनिक दुनिया में कलाकार एक तरह का गेरिल्ला योद्धा है—वह हर चीज का लाभ उठाना चाहेगा। अब समाज से कलाकार का संवाद बाजार के अलावा कौन-सा है।

—स्वामीनाथन

कला और उसका बाजार

वॉन गॉग का आत्मचित्रा

सूरजमुखी रोशनी के

''यह सोचकर ही मैं विषाद से भर जाता हूं कि अगर एक पेंटिंग 'सफल' भी हो जाए तब भी वह अपनी लागत को वापस नहीं कर पाती।'' जाने-माने कलाकार विंसेंट वॉन गॉग ने यह टिप्पणी 1887 की गर्मियों में की थी। करीब सौ साल बाद इसी कलाकार की विश्व प्रसिद्ध सूरजमुखी शृंखला की सबसे बड़ी और कला इतिहास के नजरिए से काफी महत्वपूर्ण पेंटिंग लंदन की एक नीलामी में ढाई करोड़ पाउंड (इन दिनों एक पाउंड 20 रुपए से भी अधिक कीमत का है) में बिकी।

1889 में वॉन गॉग ने सूरजमुखी शृंखला के चित्रों के बारे में कहा था कि उनमें से एक पेंटिंग 25 पाउंड की भी नहीं बिक सकती। शायद वॉन गॉग अपने स्वप्न या दुःस्वप्न में भी नहीं सोच सकते थे कि सोमवार 30 मार्च, 1987 के दिन लंदन में क्रिस्टीज की नीलामी में उनकी सूरजमुखी पेंटिंग 24,750,000 पाउंड में बिककर पेंटिंग की दुनिया का एक नया रिकार्ड कायम करेगी। दरअसल इन दिनों पश्चिम में कला की दुनिया में होने वाली नीलामियों में तस्वीरों की नीलामी के आंकड़े कुछ इस तरह से गिनाए जाते हैं, जैसे डॉन ब्रैडमैन या सुनील गावस्कर के टेस्ट जीवन के रनों और रिकार्डों की चर्चा हो रही हो।

वॉन गॉग की पेंटिग के बिकते ही कला की दुनिया में सनसनी-सी फैल गई। लोग लटकलें लगाने लगे कि एम्स्टरडम में वॉन गॉग संग्रहालय की कीमत रातों-रात कितनी ज्यादा हो गई होगी। एक साहब ने टिप्पणी की कि लंदन के ट्रफल्गर चौक पर स्थित राष्ट्रीय संग्रहालय में सूरजमुखी शृंखला की जो दूसरी पेंटिंग है उसकी कीमत शायद संग्रहालय की इमारत से भी ज्यादा हो गई हो; अखबारों ने तरह-तरह के हिसाब लगाए। एक पत्रकार ने तो कुछ दिलचस्प आंकड़े दिए। कहा गया कि इतनी कीमत में तो ब्रिटेन में 15 हजार एकड़ जमीन खरीदकर अनगिनत सूरजमुखी उगाए जा सकते हैं। इन दिनों लंदन के प्रसिद्ध 'गार्जियन' अखबार की जो कीमत है (5 रुपए) उस कीमत पर 320,513 साल तक अखबार को खरीदा जा सकता था। एक हजार कलाकारों को 25 हजार पाउंड की शानदार सालाना धनराशि दी जा सकती थी जिससे वे पेंट करते—मस्ती में रहते और जो चाहे खाते-पीते।

'सूरजमुखी' की कीमत ने सब तरह के लोगों को आतंकित कर दिया। सोमवार को इस पेंटिंग की रिकार्ड तोड़ नीलामी के बाद मंगलवार की सुबह राष्ट्रीय कला दीर्घा के बचे हुए सूरजमुखी चित्र के सामने दर्शकों की भीड़ दिखाई दे रही थी। यह लेखक भी उत्सुकतावश राष्ट्रीय कला दीर्घा में वॉन गॉग के चित्रों के सामने खड़ा था। एक जमाने में वॉन गॉग के चित्रों को असुंदर, निराशवादी और न जाने क्या-क्या कहा जाता था। पर आज वॉन गॉग के चित्र दुनिया भर के धन्ना सेठों के अचानक प्रिय चित्र हो गए हैं। दरअसल सूरजमुखी शृंखला का यही एक चित्र खुले बाजार की नीलामी में आ सकता था। अब यह चित्र जापान के पास चला गया है। शुरू में खरीदार का नाम नहीं बताया जा रहा था। कहा जा रहा था कि किसी अज्ञात जापानी धन्नासेठ ने फोन करके इस पेंटिंग को खरीद लिया। पर अब पता चला है कि इस चित्र को योकोहामा सिटी कारपोरेशन के संग्रहालय के लिए खरीदा गया है। पिछले विश्वयुद्ध में इस संग्रहालय में सूरजमुखी शृंखला का एक छोटा चित्र जलकर राख हो गया था। तब वे वहां के लोग यह कोशिश कर रहे थे कि किसी तरह 30 साल से लंदन के राष्ट्रीय संग्रहालय में उधार पर लटके इस चित्र को योकोहामा लाया जा सके। दुनिया भर के देशों में महंगाई बढ़ रही है पर जापान में चीजों की कीमतें घट रही हैं। अब ब्रिटेन में यह कहा जा रहा है कि फ्रांस, जर्मनी, स्पेन और इटली सरीखे देशों की तरह ब्रिटेन में भी राष्ट्रीय सम्पत्ति की एक ऐसी सूची क्यों नहीं तैयार की जाती जिससे खुले बाजार में सूरजमुखी सरीखे चित्र देश से

बाहर न जा सकें।

सूरजमुखी चित्र 39×30 इंच का है और इसमें 15 सूरजमुखी फूल हैं। इस तरह के एक फूल की कीमत 1,650,000 पाउंड हुई। अब आप कह सकते हैं कि आखिर इस एक पेंटिंग में ऐसी क्या खास बात थी कि इसे इतनी ऊंची कीमत पर खरीदा गया। कहने वाले तो यह भी कह रहे हैं कि जब अफ्रीका के अकाल में लोग भुखमरी का शिकार हो रहे हों और ब्रिटेन के अस्पतालों की प्रतीक्षासूची काफी लम्बी हो तो फिर एक पेंटिंग का इतना ज्यादा दाम क्या अश्लीलता और भद्दापन नहीं है? खासतौर से जब खुद वॉन गॉग मनुष्य के श्रम को इतना महत्व देते थे और कला विक्रेताओं की मुनाफाखोरी के खिलाफ उन्होंने कई बार स्टैंड लिया।

एक प्रमुख ब्रितानी अखबार ने अपने संपादकीय में बिल्कुल सही टिप्पणी की है कि आज इस बात पर बहस करना लगभग असंभव है कि वॉन गॉग के काम को कभी दुरूह और कुरूप समझा गया था। कम-से-कम एक बार तो बाजार, आलोचनात्मक नजरिया और लोकप्रिय उत्साह में मेल दिखाई दिया।

क्रिस्टीज के प्रबन्धकों को यह तो उम्मीद थी कि सूरजमुखी पेंटिंग अब तक के सारे रिकॉर्ड तोड़ देगी, पर वे यह नहीं सोच पाए थे कि इस पेंटिंग की नीलामी ढाई करोड़ पाउंड की सीमा तक पहुंच जाएगी। डेढ़ करोड़ पाउंड की कीमत का अंदाज लगाया गया था। पर इस समय अंतर्राष्ट्रीय कला बाजार में प्रभाववादी चित्रकारों की कलाकृतियां बहुत ऊंचे दामों पर बिक रही हैं।

पिछली दो शताब्दियों में कलाकृतियों की कीमतों के बढ़ने की कुछ खास वजहें रही हैं। अमेरिकी गृहयुद्ध के बाद बड़े-बड़े उद्योगपति सामने आए—फ्रैंक, कारनेगी, मॉरगन सरीखे नामों ने बड़े स्तर पर कलाकृतियों को खरीदना शरू किया। फिर धीरे-धीरे कला के इतिहास को जब सुव्यवस्थित किया जाने लगा तो दुनिया भर के अमीरों को कला की कीमत भी ज्यादा नजर आने लगी। जहां तक ब्रिटेन का सवाल है, वहां के आर्थिक परिदृश्य में बदलाव आ जाने से कई महत्वपूर्ण चित्र खुले बाजार में आ गए। साठ के दशक में कलाकृतियों की कीमतें बढ़ना शुरू हुईं और इन दिनों ये कीमतें अपने उठान पर हैं। पिछले कुछ सालों में प्रभाववादी चित्रकारों की कलाकृतियां बहुत महंगी हुई हैं। मिसाल के लिए देगा के चित्र अचानक काफी महंगे हो गए हैं। एक कला विक्रेता का कहना है कि दुनिया भर में इस समय करीब 300 ऐसे धन्नासेठ हैं जो किसी भी महान समझी जाने वाली कलाकृति पर आसानी से दस लाख डालर खर्च कर सकते हैं। और जब क्रिस्टी सरीखी नीलामी में ये धन्नासेठ आपस में भिड़ जाते हैं तो सूरजमुखी की रिकार्ड तोड़ कीमत सामने आती है।

इस समय हालत यह है कि पेरिस में 1872 से 1829 तक के समय में बनाए गए किसी भी महत्वपूर्ण चित्र को मुंह मांगे दामों पर बेचा जा सकता है। ब्रिटेन के जाने-माने अखबार के टिप्पणीकार का कहना है कि इस दौरान बने चित्रों को ख़रीदने के कई फायदे हैं। वॉन गॉग, रेनुआ, देगा, माने, सेजां, पिकासो, शागाल या ब्राक की तस्वीरों को तुरंत पहचाना जा सकता है। ''इन चित्रकारों के अधिकांश चित्र सुन्दर और सजावटी हैं। उनमें सामाजिक सच्चाई का जो तीखापन सामने भी आता है वह आंखों के लिए सुखदाई ही होता है।'' इसके अलावा पुराने महान चित्रकारों के चित्र अब खुले बाजार में खरीदे नहीं जा सकते हैं। इसलिए इन आधुनिक चित्रकारों के महत्वपूर्ण चित्रों को नीलामियों में खरीदने की होड़ लगी रहती है।

सूरजमुखी के रिकार्डतोड़ दाम के पीछे की विडम्बना और भी गहरी और मार्मिक है। वॉन गॉग ने जब इस शृंखला के चित्रों को पेंट किया था तो वह गहरे रचनात्मक और आर्थिक संकट के दौर से गुजर रहे थे। रचनात्मकता के हिंसक क्षणों में उन्होंने इन चित्रों को पेंट किया। अपना कान काटकर वह लहूलुहान हो चुके थे। पर सूरजमुखी के फूलों से उन्हें बहुत उम्मीदें थीं। अगस्त 1888 में अपने भाई थिओ को लिखी एक चिट्ठी में उन्होंने क्रिस्टीज में नीलाम किए गए इस चित्र के बारे में लिखा है कि इसमें रोशनी के ऊपर रोशनी है और शायद यह बहुत अच्छा चित्र होगा। ''अब चूंकि मैं गोगां के साथ एक अपने अलग स्टूडियो में रहने की सोच रहा हूं तो मैं चाहता हूं कि स्टूडियो को ठीक से सजाया जा सके। वहां और कुछ नहीं होगा—बस, सूरजमुखी के बड़े-बड़े फूल होंगे। तुम्हें पता है कि तुम्हारी दुकान की बगल में रेस्तरां में सजे हुए फूल कितने अच्छे लगते हैं। उस रेस्तरां की खिड़की के बड़े

सूरजमुखी के फूलों को मैं हमेशा याद करता रहता हूं।''

और यह चित्र अपने अंतिम रूप में स्टूडियो को सजाने वाली चीज ही नहीं साबित हुआ, बल्कि इसे आधुनिक कला के इतिहास में निर्णायक महत्व का माना जाता है। यह एक ऐसा मोड़ था जब सुंदर चित्रों से हम बुरी खबरों की दुनिया दिखाने वाले अभिव्यंजनावादी चित्रों की दुनिया में आए। कला के इतिहासकार इस चित्र को ठीक ही बहुत महत्व देते रहे हैं। कहा जाता है कि पिछले 100 सालों में सिर्फ दो ही चित्र अत्यधिक लोकप्रिय हुए हैं—पिकासो की पेंटिंग 'गेर्निका' और वॉन गॉग की पेंटिंग 'सूरजमुखी के फूल'।

वॉन गॉग को अपने सातों सूरजमुखी चित्रों के लिए अपने जीवनकाल में कोई पैसा नहीं मिल पाया। 1890 में वॉन गॉग की आत्महत्या के बाद सातवां और सबसे बड़ा सूरजमुखी का चित्र उनके भाई थिओ की सम्पत्ति बन गया। 40 साल बाद यह चित्र पेरिस की एक कलादीर्घा में था। वहां से 1934 में लेडी बैटी ने इसे करीब दो हजार पाउंड की कीमत पर खरीदा। बाद में यह चित्र लेडी बैटी के बेटे चेस्टर की सम्पत्ति बन गया और 1983 में चेस्टर की विधवा हेलन के पास आ गया। ब्रिटेन की राष्ट्रीय कलादीर्घा में यह चित्र 30 साल से उधार पर टंगा हुआ था। यहां सूरजमुखी की नीलामी की चर्चा के अनेक संदर्भ हैं। इससे हमें यह नहीं पता चलता कि आज दुनिया में कला के असली मूल्य को समझा और परखा जाने लगा है। अलबत्ता कलाकृतियों के अनाप-शनाप दाम बढ़ जाने से एक दिक्कत यह पैदा हो गई है कि अमेरिका के धनी संग्रहालय भी आसानी से अब महत्वपूर्ण चित्रों को नहीं खरीद सकते हैं। बड़े-से-बड़े संग्रहालय को वॉन गॉग की एक पेंटिंग खरीदने के लिए अपने दस साल के बजट को खर्च करना होगा। जाहिर है कि इन चीजों से कलाकृतियों को झूठी लोकप्रियता और सम्मान मिलेगा। और जो चित्र आतंकित करने के लिए नहीं बनाए गए थे वे प्रेक्षकों को आतंकित करेंगे। लंदन की राष्ट्रीय दीर्घा में वॉन गॉग की 'पीली कुर्सी' या 'सूरजमुखी के फूल' के सामने खड़ा बच्चा कला का सामना बहुत कम कर पाएगा—कीमत उसके दिमाग पर हावी रहेगी। 30 मार्च, 1987 को क्रिस्टी की नीलामी ने एम्स्टरडम में वॉन गॉग संग्रहालय के सुरक्षाकर्मियों का काम और सरदर्द तो बढ़ा ही दिया होगा। वॉन गॉग ने सूरजमुखी के फूलों की सुंदरता को एक खास तरह से पहचाना था। आज कला बाजार में उस सुंदरता को एक खास तरह से तहस-नहस कर दिया है। कला का सच्चा जोखिम कला की झूठी कीमत में बदल चुका है।

(1987)

आधुनिक कला बाजार की भूलभुलैया

एक निजी संस्मरण से बात शुरू की जाए। सत्तर के दशक की बात है। एक अनुभवी और उत्साही कला प्रबंधक न्यूयॉर्क से लौटे थे। एक शाम उनसे लंबी बातचीत हुई। वह बड़े जोश से बता रहे थे कि किस तरह से 'बिग एप्पल' (यानी न्यूयॉर्क शहर) में कला का बाजार नियंत्रित और निर्धारित होता है। एक प्रसंग में उन्होंने कहा–''आप लोग यहां भारत में हुसेन की पेंटिंग जब 25,000 रुपए में बिकती है तो बहुत शोर मचाते हैं। न्यूयॉर्क की एक कला नीलामी में मैं गया था। आप वहां की कलाकृतियों के दाम सुनेंगे तो हैरान रह जाएंगे।''

हैरानी मुझे हुई थी–कलाकृतियों के दाम सुनकर नहीं, उनकी समझ और सोच को जानकर। वह अमेरिकी समाज, पश्चिम में कला बाजार की स्थिति, विश्व-कला की राजधानी किस तरह से पेरिस से न्यूयॉर्क पहुंच गई, भारतीय समाज में कलाकृति के वास्तविक अवास्तविक मूल्य के बारे में एक सतही समझ और 'मूर्ख उत्साह' से टिप्पणियां करते चले जा रहे थे। उन दिनों मैं 'दिनमान' साप्ताहिक में काम करता था। 'आधुनिक जीवन' स्तंभ में मैंने एक टिप्पणी लिखी–'टाकिंग ऑफ मिकेलांजेलो'। अंग्रेजी कवि टी.एस. एलियट की एक प्रसिद्ध कविता पंक्ति में कहा गया है कि (गैलरी में) 'औरतें आ-जा रही थीं और वे मिकेलांजेलो के बारे में बतिया रही थीं।' आधुनिक फैशनेबुल समाज में बड़े-बड़े कलाकारों के बारे में बात करने से धाक जमती है। लोग आपका बैग या साड़ी या सैंडिल ही नहीं देखते, आपकी 'नेम ड्रॉपिंग' (संस्कृति के क्षेत्र की कुछ बड़ी-बड़ी हस्तियों का जिक्र कर देना) की प्रतिभा से भी प्रभावित होते हैं। टिप्पणी में कहा गया था कि भारतीय समाज की आर्थिक स्थिति से कला के मूल्य को आसानी से अलग नहीं किया जा सकता। मेरी इस टिप्पणी को पढ़ने के बाद यह उत्साही कला प्रबंधक कई सालों तक मुझसे बोले नहीं। नाराज रहे।

खैर, पिछले तीस साल में जमाना बदल गया है। प्रीतीश नंदी जब 'इलस्ट्रेटेड वीकली ऑफ इंडिया' के संपादक थे तो मुंबई की एक नीलामी में एक डायमंड मर्चेंट ने हुसेन की पेंटिंग दस लाख रुपए में खरीदकर हंगामा मचा दिया था। वीकली में इस डायमंड मर्चेंट ने खरीदी हुई पेंटिंग के सामने बैठकर (बल्कि लेटकर) तस्वीर ऐसे खिंचवाई थी जैसे जंगल में शेर मारने के बाद पुराने महाराजा अपनी शानदार फोटो खिंचवाया करते थे।

धीरे-धीरे हुसेन या दूसरे बड़े कलाकारों के दाम और भी तेजी से बढ़ने लगे। प्रीतीश नंदी मुबंई के एक अंग्रेजी दैनिक के संपादक हो गए तो उसमें 'एंकर' के रूप में कभी-कभी ऐसे समाचार देखने को मिल जाते थे कि फलां कलाकार भी 'एक लाख के क्लब' में शामिल हो गया है। उन दिनों इस तरह के 'क्लब' की मैंबरशिप का मतलब था कि अब इस पेंटर की कीमत बहुत ऊंची हो गई है। यह अलग बात है कि इस तरह के 'क्लब' की मैंबरशिप देने वाले लोगों की अपनी योग्यता और अनुभव संदिग्ध किस्म के होते थे।

लेकिन जब 'क्रिस्टीज' और 'सदेबी' सरीखी कलाकृतियों की नीलामी करने वाली विश्व प्रसिद्ध संस्थाएं भारतीय कला बाजार में रुचि लेने लगीं तो समकालीन भारतीय कला की कीमत डॉलर और पाउंड में देखी जाने लगी। अनिवासी भारतीय समुदाय लंदन, न्यूयॉर्क वगैरह में समकालीन भारतीय कला के एक बड़े संरक्षक के रूप में उभरा। लोग अपना पैसा प्रापर्टी या आभूषणों में ही नहीं कलाकृतियों में भी लगाने लगे। उल्लेखनीय है कि पश्चिमी वातावरण में पले-बढ़े अनिवासी भारतीय समुदाय के युवा सदस्य कला की सतही समझ ही नहीं रखते थे, वे मार्केटिंग के अत्याधुनिक व्याकरण से भी परिचित थे।

लेकिन लंदन या न्यूयॉर्क में होने वाली नीलामियों की अपनी अलग और स्पष्ट राजनीति होती थी। मिसाल

के लिए हॉलैंड की एक गैलरी (जो भारतीय कला को प्रमोट करती है) ने लंदन की एक नीलामी में भूपेन खक्खर की एक पेंटिंग महंगे दामों पर खरीदी। यह गैलरी भारत में आसानी से भूपेन खक्खर का काम अपेक्षाकृत कम दामों में खरीद सकती थी। एक जानकार का कहना था कि इस गैलरी के निजी संग्रह में भूपेन खक्खर का काफी काम है। लंदन की नीलामी में दाम बढ़ाकर इस गैलरी ने अपने संग्रह को और भी महंगा कर लिया।

लेकिन गैलरी वाले इस तर्क से आपको निरुत्तर कर सकते हैं कि लंदन से खरीदी गई पेंटिंग दरअसल दुर्लभ या श्रेष्ठ कला होने के कारण महंगी थी।

प्रसिद्ध कलाकार और विचारक स्वर्गीय जगदीश स्वामीनाथन, जो शुरू में लंबे समय तक एक कामरेड का जीवन भी बिता चुके थे, कहा करते थे कि आधुनिक कला बाजार में कलाकार को एक छापामार योद्धा की तरह अपनी रणनीतियां बनानी पड़ती हैं।

जाहिर है कि आधुनिक कला दीर्घाओं को तो हमेशा ही रणनीतियां बनानी पड़ती हैं। धीरे-धीरे कलाकार भी समझदार हो गए हैं। दाढ़ी तो कलाकार शुरू से ही रखते रहे हैं पर अब इस दाढ़ी से एक विशेष मुद्रा भी बनाई जा सकती है। सफल कलाकारों के निजी जीवन के बारे में खास तरह के वृत्तांत लोकप्रिय किए जाते हैं। मिसाल के लिए, कोलकाता के सफल चित्रकार गणेश पाइन के निजी जीवन के बारे में लगभग दंतकथाएं प्रचलित है। वह कोलकाता के बाहर नहीं जाते हैं। उन्हें डिस्कवरी चैनल पसंद है। वह साल में बहुत कम कलाकृतियां बनाते हैं, आदि आदि।

मेरे एक फिल्मकार मित्र 1982 में आधुनिक कला पर एक डाक्यूमेंटरी फिल्म बना रहे थे। उन्होंने गणेश पाइन के साथ भी थोड़ी बहुत शूटिंग की थी। उन दिनों उन्हें गणेश पाइन की एक कृति पांच हजार रुपए में खरीदने का ऑफर मिला था पर उनके पास पैसे नहीं थे। आज उन्हें थोड़ा बहुत अफसोस भी होता है, उस पेंटिंग को न खरीद पाने का। इस समय गणेश पाइन के चित्र लाखों में भी आसानी से नहीं मिलते हैं।

दरअसल आज 'मीडिया इमेज' का बड़ा महत्व है। नौदौलतिया वर्ग का 'टेस्ट' भी बना हैं पर इस 'टेस्ट' को 'मीडिया इमेज' से एक खास तरह का सहारा मिलता है। कलाकार की इमेज एक खास रोमांटिक शैली में बनाई-बढ़ाई जाती है।

दुनिया की किसी भी नीलामी में आज वॉन वॉग के चित्र नित नए रिकॉर्ड बनाते हैं। पर उनका अपना जीवन आर्थिक संघर्षों से जूझने वाला त्रासद जीवन था। मोदिग्लियानी की जब मौत होने वाली थी तो एक गैलरी प्रबंधक ने रातों-रात उनके ढेरों चित्र सस्ते दामों पर खरीद लिए। मृत्यु के बाद यह कलाकार बहुत महंगा हो गया।

आज पश्चिम में किसी बड़े कालाकार की छवि का कितना महत्व है इसकी एक अच्छी झलक बेकन के स्टूडियो को ज्यों-का-त्यों बचाकर एक संग्रहालय में बदल देने की योजना से हमें मिलती है। स्व. फ्रांसिस बेकन को संभवत बीसवीं शताब्दी का अंतिम महान आधुनिक कलाकार कहा जा सकता है। उनका स्टूडियो 'अराजकता का अनोखा अड्डा' लगता था। उनकी मृत्यु के बाद इस स्टुडियो की हर चीज को वैसा-का-वैसा रहने दिया गया। लंदन की प्रसिद्ध टेट गैलरी को ऑफर किया गया कि वह इस स्टूडियो को अपने संग्रह का हिस्सा बना सकती है। टेट गैलरी ने अपनी असमर्थता जताई तो अब इस स्टूडियो की एक-एक चीज का हिसाब रखकर उसे डब्लिन (आयरलैंड) ले जाया जा रहा है। एक पूरी टीम मेहनत से इस काम को कर रही है। अगर स्टूडियो में कहीं अखबारों की रद्दी बिखरी हुई थी, शराब की बोतलें लुढ़की हुई थीं तो उनको ठीक वैसे ही (हर कोण से तस्वीरें खींच ली गई हैं) डब्लिन में ले जाकर रखा जाएगा।

कहने का आशय है कि पश्चिम के कला बाजार के पीछे एक पूरी दृष्टि, मशीनरी और अनुशासन है। प्रसिद्ध चित्रकार तैयब मेहता ने ठीक ही कहा था कि हमने भारत में पश्चिमी कला बाजार की बुराइयां तो अपना ली हैं पर उनकी अच्छाइयों का हम बहुत कम अनुकरण कर पाते हैं। एक संकल्प और समर्पण भी है पश्चिमी कला की दुनिया में। हमारे यहां इन बातों का जबरदस्त अभाव है।

यह सही है कि पिछले तीन दशक में समकालीन भारतीय कला को विदेशों में ही नहीं, भारत में भी एक नई

प्रतिष्ठा और गरिमा मिली है। एक समय ऐसा था जब न्यूयॉर्क में बरसों से रह रहे चित्रकार फ्रांसिस न्यूटन सूजा को भारत आकर अपने पुराने चित्रों को बेचना पड़ रहा था। पेरिस में बस गए चित्रकार सैयद हैदर रजा को अपने चित्रों का बाजार स्कैंडिनेवियाई देशों में खोजना पड़ रहा था। पर आज इन दोनों चित्रकारों की स्थिति बेहतर है। संपूर्ण कला परिदृश्य एक अभूतपूर्व आत्मविश्वास का प्रदर्शन कर रहा है।

एक ताजा रिपोर्ट के अनुसार न्यूयॉर्क में अनेक गैलरियां समकालीन भारतीय कला को ध्यान में रखकर खोली गई हैं जिन्हें उत्साहजनक सफलता भी मिल रही है। हाल में दिल्ली की वढेरा गैलरी ने रामकुमार के चित्रों की एक प्रदर्शनी न्यूयॉर्क भेजी तो काफी सफलता मिली। लेकिन वढेरा गैलरी के निदेशक अरुण वढेरा ने एक राष्ट्रीय अखबार में पत्र लिखकर विदेशों में भारतीय कला की बिक्री की व्यावहारिक दिक्कतें गिनाई हैं। उनका कहना है कि पश्चिमी देशों की तरह हम भारत में अपनी कला धरोहर को बचाने या बाहर से वापस लाने की कोशिश नहीं करते हैं। कुछ साल पहले न्यूयॉर्क की एक नीलामी में लियोनार्दो दा विंची की पांडुलिपियां हथोड़े की चोट पर बिकने जा रही थीं। इटली ने इन पांडुलिपियों को वापस अपने देश में लाने की कोशिश में अपने बैंकरों का एक पूरा दल-बल न्यूयॉर्क भेज दिया। यह अलग बात है कि बिल गेट्स के सामने ये बैंकर असफल साबित हुए। लेकिन इससे यह तो पता चलता है कि एक देश अपनी धरोहर को वापस लाने के लिए कहां तक जा सकता है। भारत में राजा रवि वर्मा, रवींद्रनाथ ठाकुर और अमृता शेरगिल की कलाकृतियों को 'राष्ट्रीय संपदा' घोषित कर दिया गया है। लेकिन जो भारतीय व्यक्ति या संस्थाएं इन कलाकारों के काम को भारत वापस लाना चाहती है उन्हें कई बाधाओं का सामना करना पड़ता है। (विदेशी मुद्रा की समस्या, कस्टम ड्यूटी और 'राष्ट्रीय संपदा' की किसी अधिकृत सूची का अभाव)।

समकालीन भारतीय कला की बढ़ती कीमत के बारे में अरुण वढेरा की टिप्पणी दिलचस्प है। एक खरीदार भले ही एक कलाकृति को खरीदने के लिए पांच लाख रुपए खर्च कर दे पर हमारे यहां इंश्योरेंश कंपनियां केवल कैनवास के मूल्य, पेंट और फ्रेमिंग आदि के खर्च का ही बीमा करने को तैयार होती हैं। एक ओर कस्टम विभाग कला का बहुत ऊंचा मूल्य लगाता है तो दूसरी ओर फाइनांस कंपनियां कलाकृतियों को किसी भी दाम का मानने को तैयार नहीं हैं। किसी स्पष्ट सरकारी नीति के अभाव में भारत में कला का बाजार अराजकता का शिकार है।

कलाकृतियों के अंतर्राष्ट्रीय मूल्य का जहां तक सवाल है, उससे जुड़े कई व्यावहारिक प्रश्न भी महत्वपूर्ण हैं। पश्चिम में जब भारत महोत्सवों की धूम मची (अस्सी के दशक) में तो भारतीय संग्रहालयों की कलाकृतियों के ऊंचे अंतर्राष्ट्रीय दाम तय हो गए। नतीजा यह हुआ कि वाराणसी में राय कृष्णदास के विश्वप्रसिद्ध संग्रह का काम नई दिल्ली स्थित राष्ट्रीय संग्रहालय में दिखाना भी असंभव हो गया। राष्ट्रीय संग्रहालय के पास उसका बीमा कराने के पैसे ही नहीं थे। इसी तरह से पश्चिम में नीलामी के हथोड़े पर जब-जब वॉन गॉग की मास्टरपीस कलाकृतियों की रिकॉर्ड कीमतें तय होती थीं तब-तब एम्स्टरडम (इंग्लैंड) स्थित वॉन गॉग संग्रहालय की सुरक्षा का बजट एक नया सरदर्द साबित हो जाता था। इसलिए आज हमें कला नीति का निर्धारण करते हुए कला और उसके बाजार की समग्र स्थिति को अच्छी तरह से जानना और जांचना होगा। अन्यथा हम कला की भूलभुलैया में फंसे रहेंगे।

(1998)

आर्ट अटैक

कलाकृतियों की नीलामी और उसके बाजार में वर्ष 1987 ने काफी जबरदस्त हलचल मचाई थी। क्रिस्टीज ने लंदन में वॉन गॉग की पेंटिंग 'सनफ्लावर्स' बेचकर एक नया रिकॉर्ड बनाया था। क्रिस्टीज की प्रतिद्वंद्वी कंपनी सदेबी ने कुछ ही महीने बाद न्यूयॉर्क की एक नीलामी में वॉन गॉग की एक दूसरी पेंटिंग 'आइरिसेज' को और ऊंचे दाम पर बेचकर कला बाजार में बेचैनी पैदा कर दी।

उन दिनों कला विशेषज्ञों ने इस सवाल पर सोचना शुरू कर दिया था कि कब तक कलाकृतियों के दाम बढ़ते रहेंगे। जिंदगी भर गरीबी और मानसिक तनावों को बुरी तरह झेलने वाला कलाकार वॉन गॉग बीसवीं शताब्दी का सबसे महंगा कलाकार हो गया था। मई, 1990 में जापानी व्यापारी सायतो ने वॉन गॉग की पेंटिंग 'पोर्ट्रेट ऑफ डॉक्टर गाशे' को जब 82.5 मिलियन डॉलर में खरीदा तो कला की दुनिया का नया विश्व रिकार्ड बना। तीन साल में कला बाजार ने वॉन गॉग की कला के माध्यम से अपनी महत्वाकांक्षाओं और सपनों को लगभग एक अश्लील अभिव्यक्ति में बदल दिया था। अगले चौदह साल तक यह विश्व रिकॉर्ड नहीं टूटा।

आधुनिक कलाकारों में पिकासो ही ऐसा कलाकार है जो वॉन गॉग के रिकॉर्ड को चुनौती दे सकता था। मई, 2004 में सदेबी ने पिकासो की 1905 की मास्टरपीस पेंटिंग 'पाइप के साथ लड़का' 104.1 मिलियन डॉलर (465 करोड़ रुपए) में बेचकर एक नया रिकॉर्ड बनाया हैं। भले ही कुछ कलाप्रेमियों को ओलंपिक सरीखी कला की यह दौड़ अश्लील या भद्दी लगती है लेकिन दुनियाभर के अमीर 1987 के बाद से कला को एक दूसरी ही लगभग लालची निगाहों से देखने लगे हैं।

जब स्टॉक मार्केट अनिश्चित दिखने लगा तो अमीरों को 'यूनीवर्सल मास्टरपीस' मानी जानी वाली कलाकृतियों में ज्यादा भरोसा होने लगा। सदेबी के एक कला विशेषज्ञ ने 1987 में कहा था, "कुछ ही सालों में आपको आज के दाम सस्ते नजर आएंगे।" यह भविष्यवाणी सही साबित हुई है। 1987 से लेकर अगले पांच साल में प्रभावशाली चित्रकारों (इंप्रेशनिस्ट) के दामों में चार सौ प्रतिशत की आश्चर्यजनक वृद्धि हुई थी। कला की नीलामी करने वाली कंपनियों का तर्क था कि नौदौलतिया वर्ग (नियोरिच क्लास) के लिए जब दस मिलियन डॉलर का अर्थ सिर्फ एक दिन की कमाई हो तो कला के दामों की दौड़ और भी तेज हो जाना स्वाभाविक है।

बीसवीं शताब्दी की शुरुआत में वॉन गॉग, मातीस, पिकासो, लेझे, मोदिग्लियानी, मोंद्रियान आदि सभी आधुनिक कलाकार कला पारखियों और खरीदारों द्वारा ठीक से जाने-जांचे नहीं गए थे। शताब्दी के अंतिम दशक तक पहुंचते-पहुंचते ये सभी नाम सबसे महंगे नाम थे।

1990 तक आधुनिक भारतीय कला का बाजार लगभग खस्ता हालत में था। मकबूल फिदा हुसेन सरीखे कलाकारों का नाम था और उनकी कलाकृतियों के अपेक्षाकृत ऊंचे दाम भी थे पर पश्चिमी कला बाजार की तुलना में ऊंट के मुंह में जीरे वाली स्थिति थी। लेकिन क्रिस्टीज और सदेबी को पता था कि भारत में कला का खजाना है। आधुनिक कला के बाजार को अगर बनाया और बढ़ाया जा सके तो इस खजाने में भी हलचल पैदा की जा सकती है। पश्चिमी वातावरण में पले-बढ़े युवा अनिवासी भारतीय आधुनिक कला में भी दिलचस्पी दिखाने लगे थे।

राजा रवि वर्मा से शुरू होकर स्वामीनाथन, गायतोंडे, तैयब मेहता आदि के काम में अचानक कला बाजार की अभूतपूर्व रुचि हो गई। नब्बे के दशक में टाइम्स बैंक ने 15 लाख रुपए में तैयब मेहता की पेंटिंग 'सेलीब्रेशन' बनवाई थी जो 2002 में न्यूयॉर्क की एक नीलामी में डेढ़ करोड़ रुपए (1.6) में बिकी। रातों-रात तैयब मेहता की

कला के दाम बढ़ गए। कला के एक सजग खरीदार ने पांच साल पहले तैयब मेहता के जो रेखांकन 12 हजार रुपए में खरीदे थे उनकी कीमत 5 लाख हो गई। (छपते-छपते : 21 सितंबर, 2005 को क्रिस्टीज की नीलामी में तैयब मेहता की 1997 की पेंटिंग 'महिसासुर' 7 करोड़ रुपए में बिकी।)

आधुनिक भारतीय कला की इस दौड़ के सुपरस्टार आज भी मकबूल फिदा हुसेन ही हैं। सत्तर के दशक में बी. प्रभा और हुसेन लगभग एक ही कीमत पर बिकते थे। इन दोनों को सफल आधुनिक कलाकार माना जाता था। पर आज बी. प्रभा को लोग लगभग भूल गए हैं। इसी तरह से शांति दवे साठ के दशक में एक सफल कलाकार माने जाते थे पर आज कला बाजार में उन्हें कम ही याद किया जाता है।

मरने के बाद भी किसी बड़े कलाकार की कलाकृति के दाम तेजी से बढ़ते हैं। पिछले कुछ सालों में भारत में स्वामीनाथन, सूजा, गायतोंडे और भूपेन खक्खर के दाम मरने के बाद तेजी से बढ़े हैं। गायतोंडे बहुत अलग किस्म के कलाकार रहे हैं—आध्यात्मिक, शांत और अमूर्त। वह बहुत ज्यादा चित्र नहीं बनाते थे। अपने जीवन के अंतिम वर्षों में उन्होंने जो पेंटिंग एक लाख में बेची थी उसे खरीदार अब आसनी से तीस लाख में बेच सकता है। साधारण कलाप्रेमी को गायतोंडे पसंद नहीं आएंगे पर स्वयं हुसेन गायतोंडे को सबसे बड़ा आधुनिक भारतीय कलाकार मानते हैं। हुसेन और सूजा बहुत तेजी से काम करने वाले 'फैक्ट्री' शैली के कलाकार रहे हैं। फिल्म की दुनिया में रामगोपाल वर्मा खुद को 'फैक्ट्री' कहकर खुश होते हैं। आज हुसेन भी इसी तरह से खुश हो सकते हैं।

राजा रवि वर्मा और बंगाल स्कूल के सभी 'मास्टर' कलाकारों के काम की आज ऊंची कीमत है। अवनींद्रनाथ ठाकुर, गगनेंद्रनाथ ठाकुर, रवींद्रनाथ ठाकुर, यामिनी राय, राम किंकर, विनोद बिहारी मुखर्जी, नंदलाल बोस, चुगताई आदि सभी महंगे कलाकार हो चुके हैं। बाद के कलाकारों में हुसेन, सूजा, रजा, आरा, कृष्ण खन्ना, तैयब मेहता, रामकुमार, स्वामीनाथन, गोयतोंडे, पदमसी, गणेश पाइन, जोगेन चौधरी, विकास भट्टाचार्य, भूपेन खक्खर, मनजीत बावा, अर्पिता सिंह, ए. रामचंद्रन, अंजली इला मेनन, रामेश्वर बरूटा, गुलाम मोहम्मद शेख आदि नाम कला बाजार के 'फेवरेट' कहे जा सकते हैं। अंजली इला मेनन को कला पारखी भले ही महत्व न दें पर कला बाजार में वह अच्छी जगह बनाए हुए हैं। लेकिन अर्पिता सिंह की कलाकृति को दाम भी मिल रहे हैं और आदर भी। समलैंगिक रुझानों के कारण भूपेन खक्खर को शुरू में ब्रिटेन आदि देशों में पहचाना गया पर अब मृत्यु के बाद उनके चित्र भारत में भी महंगे हो गए हैं।

भारतीय कला बाजार में ऊपर गिनाई गई 'टॉप लिस्ट' तो सबकी फेवरेट है ही पर कला के व्यापारी अब अन्य कलाकारों को लेकर भी सावधान हो गए हैं। अतुल डोडिया, जितीश कल्लाट, चिंतन उपाध्याय सरीखे युवा कलाकारों का काम भी काफी महंगा बिकता है। युवा कलाकार अब हजारों में नहीं—लाखों में सोचने लगे हैं। संजय भट्टाचार्य, नीरज गोस्वामी, परेश मायती आदि अनेक नाम साल भर व्यस्त रहते हैं। उनके चित्र बनने से पहले ही बिक जाते हैं।

अब उन्हें भारत की गर्मी से राहत पाने के लिए अपने पैसे नहीं खर्च करने पड़ते हैं। किसी सुंदर विदेशी जगह पर किसी-न-किसी कला शिविर का न्यौता इनका बराबर पीछा कर रहा होता है। जाहिर है कि आज के कलाकार वॉन गॉग, पिकासो के जमाने के संघर्ष से भी वंचित हो गए हैं। कोई आश्चर्य नहीं कि अनेक प्रतिभाशाली युवा कलाकार कमर्शियल दबावों के असमय शिकार भी होने लगे हैं। इससे नकली कला का बाजार भी फलने-फूलने लगा है और कलाकारों का असली रचनात्मक संघर्ष भी सतही होता चला जा रहा है। पिकासो की जिस पेंटिंग ने नया विश्व रिकॉर्ड बनाया है वह उस गुलाबी पीरियड में बनाई गई थी जब कलाकार का संघर्ष बहुत बड़ा था, रचनात्मक पैशन जबरदस्त थी और कला एक फैशन नहीं थी। यह रिकार्ड भी टूटेगा ही और साथ में कला के सच्चे सपने भी टूटेंगे। कोई हैरानी की बात नहीं है कि दैनिक पत्र टाइम्स ऑफ इंडिया (जिसका अपना संग्रह बाजार को प्रभावित करने की कोशिश कर रहा है।) ने पिकासो के नए विश्व रिकार्ड को 'हार्ट अटैक' की तुक में 'आर्ट अटैक' कहा है।

इस आर्ट अटैक की अपनी एक अलग ही दुनिया है। हाल में एक ऑन लाइन नीलामी में रजा की एक

पेंटिंग 68 लाख में बिकी तो यह प्रचारित किया गया कि आधुनिक भारतीय कला की यह सबसे महंगी पेंटिंग है। तैयब मेहता की 'सेलीब्रेशन' काफी बड़ी पेंटिंग थी इसलिए प्रति वर्ग इंच के हिसाब से रजा ज्यादा महंगे चित्रकार हैं। आने वाले दिनों में इस तरह की भाषा और विश्लेषण आम बात हो जाएंगे। कला के दाम नित नए रिकॉर्ड बनाएंगे—कला का स्तर और कलाकार की गरिमा कम भी हो गई तो क्या फर्क पड़ता है।

(2004)

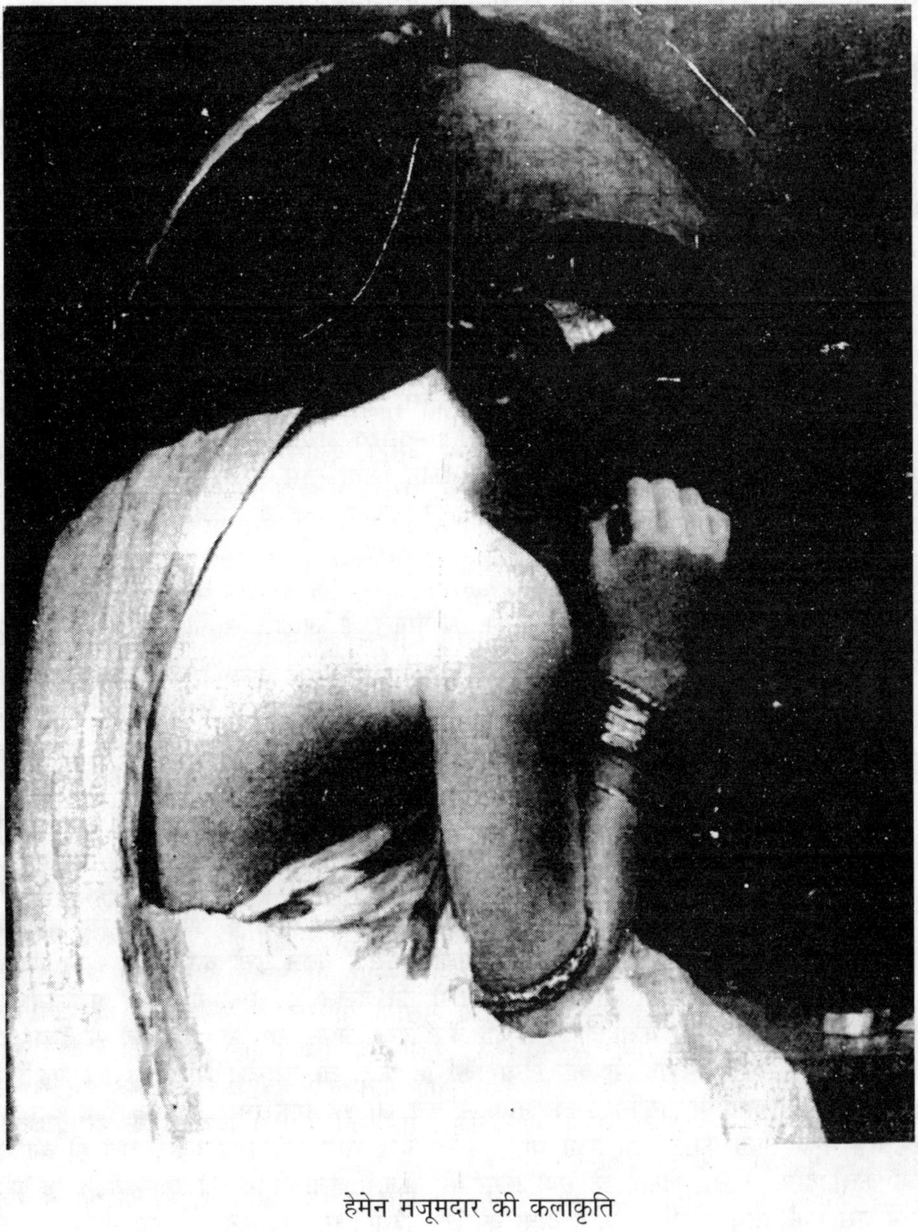

हेमेन मजूमदार की कलाकृति

समकालीन कला बाजार का तिलिस्म

हिम्मत शाह कोई नए कलाकार नहीं हैं। स्व. जगदीश स्वामीनाथन ने उन्हें चालीस साल से भी पहले एक असाधारण प्रतिमा वाले कलाकार के रूप में पहचान लिया था। स्वामी के ऐतिहासिक कला ग्रुप '1890' के वह एक महत्वपूर्ण सदस्य थे। अक्टूबर, 1963 में नई दिल्ली के रवींद्र भवन की कला दीर्घाओं में इस ग्रुप की प्रदर्शनी का उद्घाटन पंडित जवाहर लाल नेहरू ने किया था और ग्रुप के कैटलॉग को अंतर्राष्ट्रीय ख्याति प्राप्त कवि और कलाविद् मैक्सिको के ऑक्टेवियो पाज ने लिखा था। (पाज को बरसों बाद साहित्य का नोबेल पुरस्कार भी मिला।) पाज हिम्मत शाह की कला से उन्हीं दिनों बहुत प्रभावित हुए थे। पर इस सबके बावजूद हिम्मत शाह चार दशक तक आर्थिक रचनात्मक संघर्ष करते रहे। गढ़ी स्टूडियो में स्वामी को एलॉट किए गए एक स्टूडियो में वह बरसों से रह रहे हैं। आर्थिक संघर्षों के बावजूद उनकी कला का आत्मसंघर्ष जारी रहा। लगभग दो साल पहले वह गंभीर रूप से बीमार हो गए। एक बड़ी कला दीर्घा के कल्पनाशील कला प्रबंधक ने हिम्मत का सारा काम खरीद लिया। हिम्मत को एक नया जीवन मिला। केरल जाकर उन्होंने विशेष चिकित्सा का लाभ उठाया और अब वह जयपुर में एक छोटी फैक्ट्री को खरीदकर उसे कला स्टूडियो में बदल चुके हैं। स्वास्थ्य अच्छा नहीं है पर अब एक नई हिम्मत आ गई है। इन पंक्तियों के लेखक को हाल में उन्होंने जयपुर से फोन किया—तुम आकर मेरा काम देखो। एक अनोखी ऊर्जा आ गई है हिम्मत में। कला-बाजार के नए समीकरणों ने उनकी कला के बाजार को बदल दिया है। आज हिम्मत मनचाही सामग्री खरीदकर काम कर सकते हैं।

बंगाल के मशहूर कलाकार गोवर्धन आश (1907-1996) को आधुनिक भारतीय कला का एक अग्रणी कलाकार माना जाता है। 1945 में प्रगतिशील लेखक संघ ने आश के बंगाल के अकाल से प्रेरित चित्रों पर फोकस किया था—उन्हें लगभग खोजा था। आश को कला की दुनिया के ग्लैमर में भले ही कोई जगह नहीं मिली पर वह अपने जीवन के अंतिम वर्ष तक सुंदर कला को जन्म देते रहे। उनकी मृत्यु के बाद उनके परिवार के सदस्यों ने सोचा कि आश की स्मृति में एक संग्रहालय बनाया जाए। लेकिन कला की दुनिया में चतुर चोर कुछ और ही सोच रहे थे। आश की लगभग एक हजार कलाकृतियां गायब हो गईं। एक साधारण मध्यवर्गीय परिवार कला की सुरक्षा के लिए महंगे गार्ड तो भर्ती नहीं करेगा। पर यह सच है कि अब जिन घरों में मास्टरपीस कलाकृतियां हैं वहां सुरक्षा व्यवस्था अनिवार्य हो गई है।

मनजीत बावा और अंजली इला मेनन आज कला की दुनिया के बिकाऊ नाम हैं। इनकी कला की काफी मांग है। दोनों ही कलाकार काम में मदद के लिए स्टूडियो सहायक रखते रहे हैं। बावा के असिस्टेंट स्व. महेंद्र सोनी कुछ साल पहले अचानक विद्रोह कर बैठे थे। 'गुरु' से मिलने वाला मासिक वेतन उन्हें कम नजर आने लगा। आखिर रोज वह लाखों रुपये हाथ में लिए लाइन लगाये खड़े खरीदारों को देखते थे। एक गैलरी ने भड़काया और महेंद्र सोनी ने मनजीत बावा की कॉर्बन कॉपी कला का एक शो कर दिया अपने नाम से। मनजीत से ईर्ष्या रखने वाले एक कला समीक्षक ने अपने उत्साह में यह भी कह दिया कि यह कला तो गुरु को भी पीछे छोड़ गई है। मनजीत चिंतित हुए। लंदन में एक नीलामी में उन्होंने उनके नाम से बेचे जा रहे एक चित्र को नकल घोषित कर दिया। जाहिर है कि यह चित्र महेंद्र सोनी का बनाया हुआ था। यह तो कुछ साल पुरानी बात है। हाल ही की एक घटना है। मुबंई की एक कला दीर्घा ने नई दिल्ली के एक फ्रेमर से अंजली इला मेनन की एक पेंटिंग 'द फीमेल हेड' खरीदी और बाद में उसे एक अन्य प्रतिष्ठित कला दीर्घा को बेच दिया। एक खरीददार ने इस पेंटिंग को खरीदने से

पहले अंजली इला मेनन से पूछताछ की तो अंजली ने इस पेंटिंग को नकली बता दिया। (आजकल अंजली अपने चित्रों के पीछे अपने अगूंठे की छाप लगाना नहीं भूलती हैं।) अब नया ड्रामा शरू हुआ। फ्रेमर से पेंटिंग खरीदने वाली गैलरी ने आधुनिक सीक्रेट कैमरा तकनीक का लाभ उठाकर यह साबित करने की कोशिश की है कि अंजली इला मेनन खुद तो कम पेंट करती है—उनका एक गरीब असिस्टेंट हमीद असली काम करता है। अंजली को गुस्सा आ गया। उनके असिस्टेंट जेल में पहुंचा दिए गए। बहरहाल, इस पेंटिंग की यात्रा 12 हजार रुपए से शुरू हुई थी और आखिरी कलेक्टर ने 45 लाख रुपए में इसे खरीदा था। आज की एक अन्य चर्चित और बिकने वाली चितेरी अर्पणा कौर भी इस फ्रेमर से नाराज हैं। उनका आरोप है कि मेरी कला के नाम पर फेक आर्ट बेची जा रही है। इसके लिए वह सी.बी.आई. जांच चाह रही थीं।

ये तीनों मिसालें अलग-अलग तरह की हैं। पर तीनों में से एक ही भूलभुलैया में पहुंचते हैं—समकालीन कला बाजार की भूलभुलैया या तिलिस्म में। इस तिलिस्म की जड़ें उन्नीसवीं शताब्दी के अंतिम दशकों में वॉन गॉग के जीवन संघर्ष में ही पहचानी जा सकती हैं जो अपने जीवन में सिर्फ एक पेंटिंग बेच पाए और बाद में 1987 से 2004 तक वह कला की नीलामियों के सबसे महंगे पेंटर साबित हुए। हाल में पिकासो की पेंटिंग ने नीलामी की दुनिया में एक नया विश्व रिकॉर्ड बनाया है।

एक अन्य बहुचर्चित पश्चिमी आधुनिक कलाकार मोदिग्लियानी (शुरू में रामकुमार उनसे प्रभावित थे) 36 साल की छोटी उम्र में 1920 में जब पेरिस में नशीली औषधों और शराब के शिकार होकर मर रहे थे तो एक चालाक आर्ट डीलर ने मृत्यु से कुछ ही समय पहले उनकी कलाकृतियां खरीद ली थीं। जीनियस कलाकार कहता रहा—"मैं पी-पीकर मर जाऊंगा।" और आर्ट डीलर ने जमकर पैसा पिया।

भारतीय आधुनिक कला बाजार की नब्ज 89 साल के मकबूल फिदा हुसेन से पता चलती रही है। सत्तर के दशक में हुसेन और स्व. बी. प्रभा की कला के दाम प्रति वर्ग इंच के हिसाब से लगभग बराबर थे। आज बी. प्रभा की कला के दाम काफी कम हो गए हैं। पर तकनीकी ढंग से देखें तो हुसेन भी नंबर वन नहीं रह गए हैं। नंबर वन कौन है यह तय करना भी आसान नहीं है। दो साल पहले टाइम्स ऑफ इंडिया के चतुर बजार तंत्र के आधुनिक शास्त्र ने तैयब मेहता की पंद्रह लाख में खरीदी गई पेंटिंग को न्यूयॉर्क की नीलामी में 1.6 करोड़ रुपए में बिकवा दिया तो कला बाजार में हड़कंप मच गई। तैयब मेहता का स्वास्थ्य ठीक नहीं रहता था। जूहू के एक छोटे से फ्लैट में वह अपने बिस्तर की बगल में ईजल लगाकर थोड़ा-बहुत पेंट करते थे। कला के जानकर तो उन्हें शुरू से ही बड़ा कलाकार मानते थे। पर अब कला बाजार की पागल दौड़ शुरू हुई। दिल्ली के एक पारखी कलेक्टर ने तैयब मेहता का जो रेखांकन कुछ ही साल पहले बारह हजार में खरीदा था उसे उन्होंने चुपचाप पांच लाख रुपए में बेच दिया। सबक यह है कि जिन घरों में तैयब मेहता के चित्र हैं वे विशेष सुरक्षा गार्ड रखना न भूलें।

कला बाजार का अपना एक अलग शास्त्र और राजनीति है। तैयब मेहता की पेंटिंग 1.6 करोड़ में बिकने के कुछ ही महीनों बाद हुसेन की एक बहुत बड़ी पेंटिंग अमेरिका के एक अनिवासी भारतीय ने दो करोड़ में खरीदकर यह बताने की कोशिश की हुसेन अभी चुके नहीं हैं। पर लोगों ने कहा कि प्रति वर्ग इंच के हिसाब से तैयब मेहता ही नंबर वन हैं। 2004 में मुंबई की एक नीलामी में रजा की एक पेंटिंग 68 लाख में बेचकर प्रति वर्ग इंच के हिसाब से उन्हें भारत का सबसे महंगा कलाकार साबित करने की कोशिश की गई है। अनेक कला के जानकार प्रति वर्ग इंच के हिसाब को उचित नहीं मानते हैं। एक मिनियेचर एक विशाल म्यूरल से भी महान और महंगा हो सकता है।

कला के बाजार में कलाकार की मृत्यु का बहुत महत्व है। वॉन गॉग, मोदिग्लियानी की कहानी यही है। भारत में गोयतोंडे, सूजा, भूपेन खक्खर इन तीनों कलाकारों की मृत्यु के बाद इनकी कला के दाम तेजी से बढ़े हैं। भूपेन खक्खर को एक जमाने में पश्चिम में ज्यादा सराहा जाता था। उनके समलैंगिक रुझान भारत में लगभग एक बाधा थे। सूजा बड़बोले थे और एक दिन में छह-सात कैनवास बना देने की क्षमता रखते थे। (हुसेन ही उनका मुकाबला कर सकते हैं।) और गायतोंडे? वह तो रहस्यमय और मौन रहने वाले कलाकार थे। अंतिम दिनों में उन्होंने लगभग

पेंटिंग करना ही बंद कर दिया था। उन्हीं दिनों की एक भेंटवार्ता में उन्होंने कहा है, ''अब कोई जरूरत नहीं रह गई है कुछ कहने की। न मैं पेंट करता हूं और न ही बात करता हूं। पर दोनों अलग-अलग चीजें हैं। मैं पेंट नहीं करता चूंकि मैं और पेंट करने की जरूरत नहीं महसूस करता। लेकिन मैं बात नहीं करता हूं क्योंकि मैं मौन को पंसद करता हूं। दोनों एक ही बात नहीं हैं।'' और गायतोंडे की मृत्यु से पहले जिस पेंटिंग को एक लाख में खरीदा जा सकता था उसे आज तीस लाख में भी खरीदना मुश्किल है। गायातोंडे में अमूर्त चित्र दुर्लभ हैं।

जानकारों का कहना है कि अनेक भारतीय कलाकारों के महत्व को रेखांकित करने, उनके दाम बढ़ाने में हुसेन का सबसे बड़ा हाथ है। हुसेन की पसंद लंबे समय तक कला बाजार की भी पसंद बनती रही है। हमें यह नहीं भूलना चाहिए चाहे एकेडेमिक शैली के हेमेन मजूमदार हों या फैंटसी और रहस्यमय दुनिया के चितेरे गणेश पाइन हों या मौन के महान पक्षधर गायतोंडे हों—इन सबके महत्व को हुसेन ने उदारता से स्वीकार किया है। बरसों पहले एक इंटरव्यू में उन्होंने कह दिया था—मुझे बस एक ही नया चित्रकार पसंद है और वह है गणेश पाइन। देखते-देखते गणेश पाइन की कला के दाम बढ़ गए। दिल्ली की वढेरा आर्ट गैलरी में गणेश पाइन की एक प्रदर्शनी हुई तो सुपरिचित चित्रकार अमिताभ दास ने कहा कि रेट लिस्ट में जिस रेखांकन के दाम मैं पचास हजार रुपए समझ रहा था, दरअसल वह पांच लाख रुपए था।

इस तरह से 'आर्ट एज इन्वेस्टमेंट' का प्रचार हुआ। अखबारों में पाठकों को ऐसी जानकारियां दी गईं जो साबित करें कि कौन-सा कलाकार पांच साल पहले पांच हजार में बिक रहा था और आज वह एक लाख का हो गया है। जिनके पास खूब पैसा है वे हाथ में एक लिस्ट लेकर बदहवास गैलरियों में दौड़ रहे हैं। एक युवा फैशनेबुल किशोरी एक कला दीर्घा की मालकिन के पास बीस हजार रुपए लेकर आई और बोली, ''आंटी, मुझे कोई ऐसी पेंटिंग बताओ जिसका दाम तीन महीने बाद तिगुना हो जाए।'' इस सादगी पर कौन न मर जाए।

महानगरों में आर्ट गैलरियां कुकुरमुते की तरह पैदा होने लगीं। अमीर पतियों की आधी सुसंस्कृत और आधी फैशनेबुल पत्नियां आर्ट मार्केट के गीत गाने लगीं। काले धन को भी सही जगह मिल गई। नामी चित्रकारों के साथ उनकी अखबारों के पेज थ्री पर तस्वीरें छपने लगीं। हुसेन, मनजीत बावा या जतिन दास के साथ तस्वीर खिंचवाना और उसे छपाना एक स्टेट्स सिंबल बन गया। एक नामी चित्रकार ने पेज थ्री का दिलचस्प तर्क बताया। वेटर की जेब में पचास रुपए डालो तो ड्रिंक खोजनी नहीं पड़ेगी। फोटोग्राफर की जेब में पांच सौ रुपये डाल दो तो सुबह उठकर पेज थ्री में आपका मुस्कराता हुआ चेहरा दिखेगा। इस समय राजधानी के दोनों बड़े अंग्रेजी अखबारों में ऐसे चित्रकारों को भी सेलिब्रेटी बना दिया गया है जो औसत प्रतिभा भी नहीं रखते हैं। जय हो पेज थ्री कल्चर की।

इस सबका नतीजा? नकली कला का धंधा जोरों पर है। गैलरियों में जो लोग कभी पेंटिंग उठाकर दिखाने का भला-सा काम करते थे वे आज आर्ट क्यूरेटर हैं। पर कुछ जानकार डरते भी हैं। कहते हैं कि यह मार्केट कभी भी क्रैश कर सकता है। पर एक अच्छी बात यह हुई है कि आज कला के डाक्यूमेंटेशन पर जोर दिया जा रहा है। कला पर अच्छे कैटलॉग, अच्छी किताबें छप रही हैं। अनेक युवा कलेक्टर कला के गंभीर रसिक और जानकार हैं। सब कुछ नकली, सतही या फैशनेबुल नहीं है। लेकिन गंभीरता खिड़की से आ रही है और आर्ट क्राइम दरवाजे से।

(2004)

एक-दूसरे के काम में हमारी दिलचस्पी भी बहुत अधिक थी। यह दिलचस्पी ही हमारी कला की, उन दिनों की, एक खुराक थी। हम लोगों का काम प्रदर्शित और चर्चित होने के साथ ही स्थापित कला संस्थाओं के विरोध का शिकार भी बना।

—हुसेन

राजा रवि वर्मा से आज तक

प्रमोद गणपत्ये का रेखांकन

अकबर पदमसी **(1928-)**

मुंबई में 1928 में जन्म। जे.जे. स्कूल ऑफ आर्ट, मुबंई से ग्रेजुएशन। 1965 में जे.डी.आर. थर्ड फंड द्वारा अमेरिका का एक साल के लिए निमंत्रण। 1967 में विस्कोंसिन (अमेरिका) में आर्टिस्ट-इन-रेजिडेंस। 1969-70 में जवाहरलाल नेहरू फैलोशिप। मुबंई में कई महत्वपूर्ण प्रदर्शनियां। आधुनिक भारतीय कलाकारों में एक प्रमुख नाम। पदमसी मुख्यतः पेंटर हैं, पर उन्होंने मूर्तिशिल्प सरीखे माध्यमों में उल्लेखनीय काम भी किया है। अमूर्त चित्रकार के रूप में उनके 'मेटास्केप' भारतीय कला के इतिहास में बेजोड़ हैं। पिछले कुछ सालों में उन्होंने रेखांकन और मूर्तिशिल्प आदि में मानव आकृति, उसके चेहरे आदि का प्रभावशाली अध्ययन किया है। नग्न स्त्री हो या आदमी का चेहरा—पदमसी आधुनिक मनुष्य की स्थिति पर संवेदनशील टिप्पणी करते हैं। उनके अमूर्त चित्र भी अपने रंगों और संयोजनों के कारण अविस्मरणीय हैं। मुंबई में रहते हैं। 15 साल पेरिस में भी रह चुके हैं। 1954 में मुंबई में एक प्रदर्शनी में पुलिस ने पदमसी की एक पेंटिंग को अश्लील सिद्ध करने की कोशिश की थी तो पदमसी ने ऐतिहासिक महत्व का मुकदमा लड़ा था और सफलता पाई थी। 1988 की एकल प्रदर्शनी के बारे में सुरेश शर्मा की टिप्पणी है, ''संवेदना की विभिन्न परतों को उन्होंने लाल रंग की सघनता और विरलता से अभिव्यक्त किया है। पूरे कैनवास पर फैले हुए पदमसी के गहरे लाल रंग शोर नहीं करते। वे एकांत और शांति का माहौल बनाते हैं। रंगों के नए प्रयोग से उसके परंपरागत अर्थ से भिन्न अर्थ पैदा करना एक उपलब्धि है।'' सुप्रसिद्ध फिल्मकार कुमार शाहनी ने अकबर पदमसी से एक भेंट को डाक्यूमेंटरी में बदल दिया है।

अंजली इला मेनन **(1940-)**

बंगाल में जन्म। जे.जे. स्कूल ऑफ आर्ट, मुंबई और पेरिस में कला शिक्षा। विदेशों में काफी रही हैं। 1959 से अनेक एकल प्रदर्शनियां। म्यूरल भी बनाए हैं। अंजली की नग्न स्त्रियां एक दूसरी ही दुनिया की नजर आती हैं। रंगों पर अद्‌भुत अधिकार। पेंटिंग में खिड़की की पुराने चौखटों का भी इस्तेमाल। कला पर यूरोपीय मध्ययुगीन कला का भी प्रभाव। अमूर्त चित्रकला में कोई रुचि नहीं। बचपन की स्मृतियों से शुरू होकर फोटोचित्रों, कबाड़ वगैरह से भी प्रेरणा लेती रही हैं।

अदी दाविएरवाल्ला **(1922-1975)**

मुंबई में 1922 में जन्म। पेशे से कैमिस्ट थे। 1959 तक यही काम किया। 1956 से एकल प्रदर्शनियों का सिलसिला शुरू। मूर्तिशिल्प के क्षेत्र में खुद ही सीखा। काष्ठ, पत्थर, संगमरमर, प्लास्टिक तथा कई धातुओं में काम किया। 1956 के बाद लगातार दो दशक तक देश और विदेश में प्रदर्शनियों में हिस्सा लेते रहे। 1968 में रॉकफैलर फैलोशिप मिली। एक साल अमेरिका में रहे। 1975 में निधन। दाविएरवाल्ला की प्रेरणा के अनेक स्रोत थे—यूनानी त्रासदी और ईसाई 'आइकनोग्राफी' भी। विज्ञान और यंत्रविधि में भी उनकी गहरी दिलचस्पी थी। विज्ञान के जादू को वे अपनी कलाकृतियों में उभारते थे। आधुनिक भारतीय मूर्तिशिल्पियों में विशिष्ट स्थान।

अनिल करंजई **(1940-2002)**

रंगपुर (अब बंगलादेश) में जन्म। विभाजन के समय परिवार बनारस आकर बस गया। 1955-60 में भारतीय कला केंद्र (बनारस) में परंपरागत कला का अध्ययन। इसी बीच गवर्नमेंट पोलीटेकनिक में मूर्तिशिल्प का भी अध्ययन। 1960 में सरकारी पॉटरी विकास की नौकरी शुरू की पर नौकरशाही से निराश होकर उसे छोड़ दिया। यूनाइटेड आर्टिस्ट्स नाम की एक कला टोली बनाई। इस टोली ने बनारस में पहली कला दीर्घा बनाई। 1970 में दिल्ली आ गए। 1972 में ललित कला अकादेमी का राष्ट्रीय पुरस्कार। 1974-78 में अमेरिका में रहे। बाद में फिर दिल्ली में। आम आदमी से कला का रिश्ता जोड़ने के प्रयास के सिलसिले में 'सेटरडे आर्ट फेयर' में भी हिस्सेदारी। लिखते भी थे। साहित्यिक पत्रिकाओं से भी जुड़े रहे। आकृतिमूलक कला में विशेष दिलचस्पी रही। मानव दशा के प्रति एक विद्रोही की भावना थी। दिल्ली के लोदी गार्डेन की सुंदरता, बेचैनी और चुप्पी से प्रभावित लैंडस्केप चित्र शृंखला चर्चित।

अर्पणा कौर **(1954-)**

अर्पणा कौर का जन्म 1954 में दिल्ली में हुआ। 1975 से लगातार एकल प्रदर्शनियां। छठी त्रैवार्षिकी में अन्तर्राष्ट्रीय पुरस्कार। मां अजित कौर पंजाबी की सुप्रसिद्ध लेखिका हैं। अर्पणा कौर के चित्र संसार में स्त्रियों की दुनिया, परिवार की स्मृतियां और समकालीन समाज में संवेदनशीलता पर चारों तरफ से हो रहे हमलों पर टिप्पणियां हैं। 84 में दिल्ली के दंगों पर एक चर्चित चित्र शृंखला। वृंदावन की विधवाएं हों या नानक की छवि-अर्पणा एक जागरुक चितेरी हैं।

अर्पिता सिंह **(1937-)**

बड़ा नगर, पश्चिम बंगाल में 1937 में जन्म। दिल्ली कला महाविद्यलय में शिक्षा। कोलकाता और दिल्ली में चार साल तक वीवर्स सर्विस सेंटर में डिजाइनर का काम। 1960 से समूह प्रदर्शनियों में हिस्सेदारी और 1972 से एकल प्रदर्शनियां। पेंटर परमजीत सिंह से विवाहित। दिल्ली में रहती हैं। फ्रांस में भारत महोत्सव के सिलसिले में प्रतिष्ठित जार्ज पांपिदू केंद्र में अर्पिता सिंह की कलाकृतियां भी दिखाई गई थीं। फंतासी में एक खास तरह की दिलचस्पी रही है। स्याही के रेखांकन में भी सुंदर काम। जलरंग माध्यम में अलग तरह का काम किया है। समकालीन कला की सर्वाधिक चर्चित चितेरियों में से एक।

अंबादास **(1922-)**

अंबादास का 1922 में अकोला, महाराष्ट्र में जन्म हुआ। 'ग्रुप 1890' के महौल में उभरे कलाकारों में एक। 1960 में अंबादास दिल्ली आए। अचानक उन्हें किरोसिन के भीतर छिपी संभावनाओं का पता चला। तारपीन से उन्हें एलर्जी-सी थी। अचानक कैनवास पर किरोसीन की बूंदे गिर गईं और रंगों में एक अलग तरह की दरारें आ गईं। तब से अंबादास किरोसिन, अलसी के तेल और वार्निश वगैरह से रंगों-रूपाकारों की एक अपनी ही अमूर्त दुनिया को खोज रहे हैं जिसका पश्चिमी अमूर्तन से भिन्न सन्दर्भ है। 1972 से यूरोप में रह रहे हैं। नार्वे में रहते हैं पर भारत बराबर आते-जाते रहते हैं। ''यूरोपीय अमूर्तन में दरअसल जो देखा जाता है उसका अमूर्तन होता है जबकि मैं समझता हूं कि जो दिख नहीं रहा—आब्जेक्टिव यथार्थ से जो बाहर है उसका अमूर्तन होना चाहिए।''

अमरनाथ सहगल **(1922-)**

22 फरवरी, 1922 को आज के पाकिस्तान में जन्म। 1941 में लाहौर से बी.एस.सी.। इंजीनियर के रूप में काम

किया। 1945-47 में लाहौर में निजी स्तर पर कला की शिक्षा। 1950 में न्यूयार्क विश्वविद्यालय से कला का उच्च अध्ययन। 1948 से देश-विदेश में महत्वपूर्ण एकल प्रदर्शनियां। 'कलाकार' नाम से कविताएं, लेख आदि भी लिखते रहे हैं। मूर्तिशिल्प के क्षेत्र में अनेक महत्वपूर्ण सम्मान व पुरस्कार। आनन्द दासगुप्त के अनुसार दो दशक में अमरनाथ सहगल ने लगभग सौ महत्वपूर्ण मूर्तिशिल्प रचे हैं जिनमें मानवता की त्रासदी और नियति, मनुष्य के संकट और अन्तर्द्वंद्व उभरे हैं। शुरू से ही सरल और लगभग आदिम किस्म की अभिव्यक्ति दिखती है। सहगल बीसवीं शताब्दी के मनुष्य के भय, चिन्ताओं, चीखों को मूर्तिशिल्प में अभिव्यक्ति देते हैं। रचना सामग्री कोई भी हो।

अमृता शेरगिल **(1913-1941)**

30 जनवरी, 1913 को बुदापेस्ट, हंगरी में जन्म। पिता सरदार उमराव सिंह सिख विद्वान थे जिन्होंने हंगारी महिला से विवाह किया था। अमृता की मां पियानोवादिका थीं जिनके भाई भारतविद् थे। शेरगिल का बचपन यूरोप के ऐसे माहौल में बीता जब युद्ध के बादल मंडरा रहे थे—युद्ध की काली छाया यूरोप पर पड़ चुकी थी। 1921 में उमराव सिंह का परिवार भारत आ गया। 1929 में 16 साल की उम्र में अमृता ने पेंटर बनने की धुन में पेरिस की राह पकड़ी। पेरिस जाने से पहले अमृता की शिक्षा घर में हुई थी। 1921-1929 में या तो वे शिमला में रहीं या गोरखपुर के पास सरैया में अपने परिवार की एस्टेट में रहीं। पेरिस में कला अध्ययन के बाद अमृता 1934 में भारत वापस आ गईं—यह सोचकर कि मेरी नियति हिंदुस्तान में ही है, यूरोप में नहीं। 1935 में अमृता ने शिमला फाइन आर्ट्स सोसायटी की प्रदर्शनी में भारत में बनाई पहली पेंटिंग प्रदर्शित की। इसके बाद मुंबई, हैदराबाद, इलाहाबाद आदि शहरों में समूह तथा एकल प्रदर्शनियां। 1936 में अजंता, एलोरा और दक्षिण की यात्राओं ने अमृता को एक नई कला-दृष्टि दी। लौटकर जो चित्र उन्होंने बनाए उनमें परिपक्वता थी। अपनी बात थी। अमृता शिमला में रहीं और पेंट करती रहीं। इस बीच मुगल और राजपूत मिनियेचर कला ने भी अमृता को चित्र भाषा की नई समझ दी। अमृता 1938 में हंगरी गईं और अपने 'कजिन' डॉ. विक्टर एगान से विवाह किया। वापस सरैया आईं। अमृता की कला का दूसरा महत्वपूर्ण चरण यहीं से शुरू हुआ। 1941 में अचानक बीमारी ने अमृता को घेर लिया। 29 वर्ष की अल्पायु में ही उनका निधन हो गया।

अमिताभ दास **(1947-)**

दिल्ली में 1947 में जन्म। दिल्ली कला महाविद्यालय में शिक्षा, फिर वहीं कुछ समय तक अध्यापन। राष्ट्रीय व्यापार मेला प्राधिकरण (दिल्ली) से सम्बद्ध रह चुके हैं। 1976 में ललित कला अकादेमी का राष्ट्रीय पुरस्कार। साहित्य, फिल्म, नाटक, संगीत में गहरी दिलचस्पी। काव्यात्मक दृष्टि। चित्रों में अक्सर एक आदमी, उसका चेहरा, उसका हाथ दिखता है पर हवा, बादल, धूप, चंद्रमा की उपस्थिति भी निर्णायक है। बुनावट का सधा हुआ इस्तेमाल। पत्नी मोना राय भी एक सुपरिचित कलाकार हैं।

अवनींद्रनाथ ठाकुर **(1871-1951)**

अवनींद्रनाथ ठाकुर का जन्म 7 अगस्त, 1871 ई. में कोलकाता में हुआ था। ऐसा माना जाता है कि अवनींद्रनाथ बाबू आधुनिक भारतीय कला के जनक थे। उन्होंने इस बात को अच्छी तरह से साबित किया कि भारतीय कलाकारों की एक अपनी पहचान भी बन सकती है। पश्चिमी, जापानी वाश तकनीक, तैलरंग, जलरंग, भारतीय मिनियेचर, अजंता के भित्तिचित्रों—अवनींद्र बाबू ने सभी शैलियों, तकनीक आदि का अच्छा अध्ययन करके भरतीय कला के चेहरे को खोजने का रास्ता बनाया। खास बात यह भी थी कि अवनींद्र बाबू

ने लोकचित्रकारी, लोकपरंपरा और रीति-रिवाजों का भी अच्छा अध्ययन किया। अवनींद्र बाबू इसलिए भी भारतीय कला के अग्रदूत बन सके क्योंकि वे साहित्य, इतिहास, समाजशास्त्र और राजनीति के अच्छे जानकार थे। उनके गद्य का भी विशेष महत्व है। लेखन और चित्रकारी में बराबर का दखल आधुनिक भारतीय कला की नींव रखने में सहायक सिद्ध हुआ। अशोक मित्र के अनुसार, ''प्रायः अकेले ही अपनी साधना में जुटे अवनींद्रनाथ ने भारतीय चित्रकला को भ्रष्ट अभिरुचि की दलदल से निकाला, जिसमें वह अकुशल और यंत्रवत अनुकरण के कारण 19वीं शताब्दी में डूब गई थी। उनमें यूरोप से प्रकट रूप से अनेक चीजें लेने का साहस था और फिर इस ऋण को एक नवीन समृद्धि के साथ वापस चुकाने की भी क्षमता थी। वे एक महान गुरु थे। यह उनकी महानतम उपलब्धि है।''

अविनाश चंद्र **(1931-1991)**

28 अगस्त, 1931 को शिमला में जन्म। 1952 में दिल्ली पोलीटेकनिक से डिप्लोमा। वहां कुछ समय पढ़ाया भी। 1955 में ललित कला अकादेमी का राष्ट्रीय पुरस्कार। 1956 में लंदन चले गए। अन्तर्राष्ट्रीय चर्चा मिली। अविनाश चंद्र के अनुसार अपने देश में जड़ों की बात बहुत की जाती है पर जड़ों को दूर के दरियाओं से बने बादलों का पानी चाहिए होता है--ऐसी नदियों से उन्हें पानी मिलता है जिनके स्रोत दूर कहीं विदेश में होते हैं। भारतीय गांव, शहर और फिर लंदन की 'यात्रा' ने अविनाश चंद्र को कला का अलग मुहावरा दिया। लंदन के कला बाजार में वे सफल सिद्ध हुए। अब भारत में उन्हें नई पीढ़ी जानती या पहचानती नहीं है। एक समय में लंदन में सूजा, अविनाश चंद्र, बलराज खन्ना आदि ने पर्याप्त सफलताएं प्राप्त की थीं। 1966 से लंबे समय तक न्यूयॉर्क में रहे।

असित कुमार हलदार **(1890-1964)**

1890 में कोलकाता में जन्म। अवनींद्रनाथ ठाकुर के निर्देशन में कला शिक्षा। बंगाल में पटुओं ने कला की ओर रुझान बढ़ाया। 1923 में विलायत से लौटकर जयपुर और लखनऊ के कला महाविद्यालय के अध्यक्ष पद पर काम किया। लखनऊ कला विद्यालय के वे पहले भारतीय प्रधानाचार्य थे (1925-45)। शुरू में हलदार ने म्यूरल में भी महत्वपूर्ण काम किया। कुमारिल स्वामी के शब्दों में ''असित हलदार के चित्रों में पार्श्व से ऊपर की ओर उठने वाली धूमिल-सी रेखाएं और कोमल मृदु रंग कविता की तरह फैल जाते हैं। रेखाओं और रंग विधान में सादगी, सरलता और चारु भव्यता है। अपनी विशिष्ट शैली से हटकर उन्होंने भावात्मक विषयों को भी भौतिकवादी पद्धति से निरूपित किया।'' रवींद्रनाथ ठाकुर ने एक बार हलदार को पत्र में लिखा था, ''तुम केवल चित्रकार ही नहीं हो, कवि भी हो। यही कारण है कि तूली से रसधारा झरती है।'' हलदार लोकप्रिय कलाकार थे। कवि, गीतकार और निबंधकार भी। अनेक पुस्तकें लिखीं। 13 फरवरी, 1964 को लखनऊ में निधन।

आनंद देव **(1933-)**

1933 में दिल्ली में जन्म। दिल्ली पोलीटेकनिक से पेंटिंग में राष्ट्रीय डिप्लोमा। 1960 से कला की दुनिया में सक्रिय। 1984 में हवाना में भारतीय खंड के कमिश्नर। कला के संगठन पक्ष में भी दिलचस्पी। स्वतंत्रता आंदोलन और कला पर शोध कार्य भी किया है। 1987 में 'कबीर की चादर' शृंखला।

आर.बी. भास्करन **(1942-)**

1942 में चेन्नई में जन्म। वहीं से 1966 में कला डिप्लोमा। 1964 में वनस्थली में फ्रैस्को पेंटिंग का भी

अध्ययन। 1968 में इस्राइल और 1977-78 में ब्रिटेन में ग्राफिक, सिरेमिक्स आदि का उच्च अध्ययन। देश-विदेश में एकल प्रदर्शनियां। 1982 में राष्ट्रीय पुरस्कार। पेंटिंग और ग्राफिक दोनों में समान रुचि। ग्राफिक के अनुभव, नतीजों का पेंटिंग में भी इस्तेमाल। डिजाइन की अच्छी पकड़। ललित कला अकादेमी के वर्तमान अध्यक्ष।

अनुपम सूद **(1944-)**

होशियारपुर, पंजाब में जन्मी अनुपम सूद दिल्ली कला महाविद्यालय और लंदन के प्रसिद्ध स्लेड स्कूल ऑफ फाइन आर्ट से प्रशिक्षित हैं। अनुपम सूद ने अपने कैरियर की शुरुआत पेंटर के रूप में ही की थी। साठ के दशक के अंतिम वर्षों में जगमोहन चोपड़ा के नेतृत्व में 'ग्रुप 8' ग्राफिक कला की एक अत्यंत सक्रिय संस्था थी। इस संस्था के रूप में अनुपम सूद को प्रिंटमेकर के रूप में सामने आने का गतिशील मंच मिल गया। लंबे समय तक अनुपम सूद की पहचान देश की एक प्रमुख प्रिंटमेकर के रूप में ही रही। इस बीच उन्होंने दिल्ली कला महाविद्यालय का ग्राफिक विभाग भी संभाल लिया। 2004 में वह महाविद्यालय से रिटायर हुईं और अब दिल्ली में रहते हुए स्वतंत्र कलाकार के रूप में काम कर रही हैं। प्रिंटमेकिंग के क्षेत्र में उन्होंने एंचिंग (अम्लांकन) में बहुत महत्वपूर्ण काम किया है। अस्सी के दशक में पिकअप गर्ल्स, डॉयलाग शृंखला आदि प्रिंट समकालीन भारतीय कला की एक उपलब्धि माने जा सकते हैं। नब्बे के दशक में अनुपम सूद पेंटिंग की दुनिया में वापस आईं। कैनवास पर तैलरंगों में भी उन्होंने अपनी दुनिया को बहुत अच्छी तरह से रूपांतरित कर दिया। उनके चित्रों में विचारमग्न स्त्रियां हैं, एक संवाद की संभावना खोजते स्त्री-पुरुष हैं, अधेड़ और लगभग कुरूप हो चुकी स्त्रियों के 'जादुई अवतार' के सपने हैं। 2001 की एंचिंग में दिल्ली की 345 नंबर बस (जिसका अंतिम स्टाप सुप्रीम कोर्ट है) की 'रियर विंडो' में बुरी तरह से ठुंसे हुए यात्रियों के हाथ और कोहनियां देखी जा सकती हैं। अनुपम सूद अगर एक ओर अकेलेपन और संवादहीनता को अपनी अभिव्यक्ति में स्मरणीय बना देती हैं तो दूसरी ओर वह महानगरों की भीड़ की छवि को भी एक बेचैन करने वाला अनुभव बना देती हैं। अनुपम सूद न्यूयॉर्क में वुमेंस इंटरनेशनल प्रदर्शनी में गोल्ड मैडल से सम्मानित हो चुकी हैं।

अमित अंबालाल **(1943-)**

चित्रकार अमित अंबालाल ने कला की शिक्षा छगनलाल जादव से प्राप्त की थी। उनकी कला की विशेषता बौद्धिक किस्म का परिहास भाव रही है। नाथद्वारा चित्रकला के वह विशेषज्ञ हैं। अहमदाबाद में रहते हैं।

अचुतन कुडाल्लूर **(1945-)**

केरल में जन्मे स्व-शिक्षित अचुतन कुडाल्लूर चेन्नई में रहकर काम करते हैं। कविता और दर्शन में उनकी गहरी रुचि है। उनके अमूर्तन के आधार में साहित्यिक संवेदना भी है। अंचुतन रंगों के मंदिर में जाकर रोशनी को पाना चाहते हैं। ''सबसे अच्छे अमूर्तन कभी पेंट नहीं किए जाते। वे पेंटर की विजन में छिपे-दबे रहते हैं। मैं अपने आप को तब तक दोहराता हूं जब तक मैं थक नहीं जाता। एक महान पेड़ जैसे फूलों से लदकर पागल-सा हो जाता है। पेड़ अपने फूलों को गिनता नहीं है।''

अखिलेश **(1956-)**

इंदौर में जन्म लेकर वहीं से कला का प्रशिक्षण। लंबे समय तक भारत भवन से जुड़े रहे। मध्यप्रदेश के प्रमुख अमूर्त चित्रकार। भोपाल में रहते हैं। अखिलेश के अनुसार पेंटिंग क्या है, रंग क्या है, मैं कौन हूं आदि सवाल सामने आते हैं और कोई जवाब नहीं मिलता है। पेंटिंग जारी रहती है।

अपूर्व देसाई **(1962-)**

वड़ोदरा में जन्मे अपूर्व देसाई अहमदाबाद के सी.एन. कॉलेज ऑफ आर्ट तथा वड़ोदरा कला महाविद्यालय से प्रशिक्षित हैं। अहमदाबाद में रहकर काम करते हैं। पेंटिंग की एक अलग भाषा उन्होंने विकसित की है।

अब्दुल रहीम अप्पाभाई आल्मेलकर **(1920-1982)**

अहमदाबाद, गुजरात में जन्मे आल्मेलकर ने मुंबई के नूतन कला मंदिर से प्रशिक्षण प्राप्त किया। जे.जे. स्कूल से सरकारी डिप्लोमा प्राप्त करने के बाद कमर्शियल आर्टिस्ट के रूप में भी काम किया। उनकी कला में लोक कला, आदिवासी कला और परंपरागत भारतीय कला से प्रेरित चित्र भाषा है। उनकी कला में आम आदमी के जीवन की कई मार्मिक छवियां हैं। 1953 में स्टुडियो में आग लग जाने से आल्मेलकर के सारे चित्र नष्ट हो गए थे। उन्होंने अपने भीतर के कलाकार को हिम्मत को बनाए-बचाए रखा।

आर्चीबाल्ड हर्मन मुलर **(1878-1952)**

कोचीन, केरल में जन्मे मुलर चेन्नई के कला महाविद्यालय से प्रशिक्षित थे। पिता जर्मन थे और मां केरल की ईसाई थीं। मुलर ने हिंदू पौराणिक कथाओं को भी अपने चित्रों का विषय बनाया था। मुंबई में रहकर पेंट करने के अलावा उन्होंने बीकानेर, जोधपुर में रहकर राज परिवारों के लिए भी खूब पेंट किया—पोर्ट्रेट पेंटिंग, पौराणिक कथाओं से लेकर शिकार के दृश्यों तक को उन्होंने पेंट किया।

अनिता दुबे **(1958-)**

लखनऊ में जन्मी अनिता दुबे ने वड़ोदरा कला महाविद्यालय से कला आलोचना में एम.ए. किया है। मूर्तिशिल्प, इंस्टालेशन, फोटोग्राफी आदि का अनिता दुबे ने प्रयोगधर्मी इस्तेमाल किया है।

अनीश कपूर **(1954-)**

मुंबई में जन्मे अनीश कपूर ब्रिटेन में पले-बढ़े हैं। आज वह दुनिया के एक विख्यात मूर्तिशिल्पी हैं। उन्हें भारतीय मूर्तिशिल्पी भले ही नहीं कहा जा सकता है पर उनकी संवेदना के भारतीय स्रोत भी पहचाने जा सकते हैं। 1982 और 1990 में अनीश कपूर ने वेनिस के विश्व प्रसिद्ध बिनाले में हिस्सा लिया। 1991 में उन्हें ब्रिटेन का प्रतिष्ठित टर्नर पुरस्कार मिला। वह लंदन में रहकर काम करते हैं। अनीश के पिता पंजाबी हैं और मां यहूदी हैं। अब उनकी पत्नी जर्मन हैं। अनीश कपूर मानते हैं कि उनकी जड़ें एक जगह से नहीं जुड़ी हैं और इस स्थिति के लिए मातम नहीं मनाया जाना चाहिए—इसे सेलीब्रेट किया जाना चाहिए। "मैं ब्रिटेन में भी एक बाहरी आदमी हूं और भारत में भी। लेकिन इसके साथ ही मैं दोनों जगहों से जुड़ा भी हूं।" अनीश कपूर 12 साल की उम्र तक मुंबई में रहे फिर दून स्कूल पढ़ने चले गए। तीस साल से ब्रिटेन में रहकर काम कर रहे हैं।

अशीम पुरकायस्थ **(1967-)**

बंगलाभाषी असमिया युवा कलाकार। कला भवन, शांति निकेतन से प्रशिक्षण के बाद दिल्ली में रहकर काम कर रहे हैं। कला में अनेक चर्चित प्रयोग। असम सरीखे क्षेत्र राजनीतिक बवंडर से ही चर्चा में आते हैं। आमतौर पर ये नक्शे से बाहर या गायब दुनिया है। अशीम ने रैवेन्यू स्टैंप को आधार बनाकर अपनी गायब दुनिया को खोजने की चर्चित कोशिशें की हैं। अशीम की कल्पना तरह-तरह के वर्जित प्रदेशों में जाती रहती

हैं। मिसाल के लिए एक मृत बंदर के छायाचित्रों को वह एक कला वक्तव्य में बदल देते हैं।

अवनी सेन **(1905-1972)**

ढाका (बंगलादेश) में जन्म। 1932 में यंग आर्टिस्ट्स यूनियन (बाद में रिबेल आर्टिस्ट्स सेंटर) के फाउंडिंग मेंबर। लगभग सभी कला माध्यमों में दक्षता से काम किया। नव बंगाल स्कूल से अलग हटकर काम करने वाली पहली विद्रोही पीढ़ी के एक प्रखर कलाकार। अध्यापक के रूप में भी आदर के साथ याद किए जाते हैं। आज के एक प्रसिद्ध कलाकार मनजीत बावा अपनी कला के विकास में अवनी सेन की अद्भुत अध्यापन शैली को महत्वपूर्ण मानते हैं। अवनी सेन की कला में गांवों और शहरों की कड़वी सच्चाइयां थीं। वह बंगाल स्कूल की पौराणिक शैली में कोई विश्वास नहीं करते थे। जानवरों को चित्रित करने की कला में वह माहिर थे।

अंजुम सिंह **(1967-)**

कला भवन, शांति निकेतन, दिल्ली कला महाविद्यालय और वाशिंगटन अमेरिका के कोरकोरन स्कूल ऑफ आर्ट से प्रशिक्षित अंजुम सिंह दिल्ली में रहती हैं। पिता परमजीत सिंह और मां अर्पिता सिंह सुविख्यात कलाकार हैं। आधुनिक जीवन की अपनी एक अलग चित्रभाषा बनाने में व्यस्त।

आर.एम. पलनिअप्पन **(1957-)**

चेन्नई के कला महाविद्यालय से प्रशिक्षित। चेन्नई में ही रहते हैं। कुछ साल तक लखनऊ स्थित ललित कला केंद्र के भी प्रमुख रहे। मिक्स्ड मीडिया प्रिंटमेकिंग में उल्लेखनीय काम।

अमीना अहमद कर **(1930-1994)**

भारत की महत्वपूर्ण महिला कलाकारों की सूची में अमीना अहमद कर का नाम बहुत पहले ही आ गया था। वह भारत की अकेली कलाकार हैं जो पेरिस में सीधे पिकासो के प्रशिक्षण में काम कर चुकी हैं। अमूर्त रंग-रूपाकारों की दुनिया में भी उन्होंने अनेक महत्वपूर्ण प्रयोग किए थे। ऑयल पैंटिंग, म्यूरल और ग्राफिक तीनों ही विधाओं में वह सक्रिय थीं। प्रिंटमेकिंग की तकनीक को उन्होंने पेरिस के प्रसिद्ध हेटर स्टूडियो में सीखा था। उन्हें कला स्कॉलर के रूप में भी जाना जाता है। अपने जीवन के अंतिम वर्षों में वह कला की दुनिया से कट गईं और कला की दुनिया ने भी उन्हें भुला दिया।

अमिताभ बनर्जी **(1928-)**

प्रिंटमेकिंग की दुनिया में अमिताभ बनर्जी का विशिष्ट योगदान है। एक काव्यात्मक नजरिए से उन्होंने एचिंग, इंटाग्लियो और एन्ग्रेविंग आदि में काम किया। कोलाकाता कला महाविद्यालय से प्रशिक्षित।

आदित्य बसाक **(1953-)**

कोलकाता कला महाविद्यालय से प्रशिक्षित आदित्य बसाक को जादुई यथार्थवाद का चितेरा माना जाता है। भारतीय शिल्प के स्रोतों का उन्होंने रचनात्मक इस्तेमाल किया है। साहित्य, सिनेमा और इतिहास से भी उन्होंने बराबर प्रेरणा प्राप्त की है।

अतुल डोडिया **(1959-)**

अतुल डोडिया को आसानी से भारत के अग्रणी युवा चित्रकारों में गिना जा सकता है। अतुल डोडिया ने अनेक निजी स्रोतों और अपने प्रिय चित्रकारों (खासतौर पर भूपेन खक्खर) से शुरू होकर मुंबइया सिनेमा की दुनिया का भी अपने चित्रों में दिलचस्प इस्तेमाल किया है। अमेरिका में 11 सितंबर की कुख्यात त्रासदी से प्रेरित उनके चित्र अमेरिका में भी चर्चित हुए थे। मध्यवर्गीय जीवन, फोटोग्राफी, निजी पत्रों, अखबारों की कतरनों, बॉलीवुड की फिल्मों या बिल्कुल निजी जीवन से प्रेरणा पाकर अतुल डोडिया ने कई महत्वपूर्ण चित्र बनाए हैं। 2005 के वेनिस बिनाले में भारतीय कलाकारों की एक सहयोगी प्रदर्शनी में अतुल डोडिया के चित्र भी शामिल थे। तकनीकी दक्षता और कल्पना की नित नई उड़ान उनकी कला को एक विशिष्ट अनुभव बना देती है।

अरुण बोस **(1934-)**

कोलकाता कला महाविद्यालय से प्रशिक्षित अरुण बोस ने बाद में फ्रांस और अमेरिका से कला का उच्च अध्ययन प्राप्त किया। वह अमेरिका में रहते हैं। पेंटिंग और प्रिंटमेकिंग दोनों में ही दक्ष अरुण बोस कला के रहस्य में विश्वास करते हैं। उनका कहना है, ‘‘परछाई रोशनी से भी कहीं ज्यादा रहस्यमय है। अगर मैं रोशनी को देखता हूं, तो सिर्फ पार्श्व रूपरेखा (सिलुएट) दिखती है—शेष की आपको कल्पना करनी पड़ती है। रहस्य मुझे पसंद है।’’

अनंत जोशी **(1969-)**

नागपुर में जन्मे अनंत जोशी ने मुंबई के जे.जे. स्कूल ऑफ आर्ट से कला का प्रशिक्षण प्राप्त किया है। वह मुंबई में ही रहकर काम करते हैं। अनंत जोशी ने भारत के लोकप्रिय खेल क्रिकेट के भयावह आकर्षण और समकालीन सांप्रदायिक हिंसा की ‘कमेंट्री’ का अपने चित्रों, रेखांकनों, इंस्टालेशन आदि में अलग तरह का इस्तेमाल किया है।

अमृत पटेल **(1947-)**

अहमदाबाद में जन्मे अमृत पटेल ने गुजरात से ही पेंटिंग में डिप्लोमा किया है। वनस्थली में म्यूरल और फ्रैस्को में प्रशिक्षण भी प्राप्त कर चुके हैं। लंबे समय तक भारतीय मिनियेचर का भी अध्ययन किया। दिल्ली में रहते हैं। ‘‘भारतीय लघु चित्रकला में जो रंगों का सटेलनस है, जो फॉर्म और पारदर्शिता है, और काम की स्पष्टता है, वह भले ही आज मैं समकालीन शैली में या कहें कि ‘अमूर्तन’ में काम करूं, किसी-न-किसी रूप में उसमें आ ही जाती है।’’

ओम प्रकाश **(1932-)**

दिल्ली पोलीटेकनिक से प्रशिक्षित ओम प्रकाश कला शिक्षा से भी संबद्ध रहे हैं। 1969 में ललित कला अकादेमी का पुरस्कार। दिल्ली कला महाविद्यालय के प्रधानाचार्य रह चुके हैं। नव-तंत्र कला में गहरी दिलचस्पी है। संगीत में भी रुचि। सितार बजाते रहे हैं। ‘‘मेरे चित्रों का गणित संगीतात्मक है। मैंने बराबर अपने संगीत को देखने और चित्रों को सुनने की कोशिश की है।’’ दिल्ली में रहते हैं।

उमेश वर्मा **(1935-)**

चित्रकार और हिंदी कला समीक्षक। चित्रकला के अध्ययन के लिए जापान में प्रवास। चित्रों की अनेक

प्रदर्शनियां। ललित कला अकादेमी के गढ़ी स्टूडियो में काम करते हैं।

ए. रामचंद्रन **(1935-)**

1935 में करेल में जन्म। शुरू में आकाशवाणी में गायन। बाद में केरल विश्वविद्यालय से मलयालम भाषा-साहित्य में एम.ए. किया। उसके बाद पेंटिंग को गंभीरता से लिया। 1961 में शांति निकेतन से कला का डिप्लोमा। केरल के भित्तिचित्रों पर शोधकार्य भी कर चुके हैं। देश-विदेश की अनेक महत्वपूर्ण प्रदर्शनियों में हिस्सेदारी। आम तौर पर बड़े कैनवास पर काम करना पसंद करते हैं। अनेक पौराणिक कथानकों पर बड़े-बड़े चर्चित चित्र बनाए हैं। ययाति की कथा (महाभारत : आदि पर्व) पर एक महत्वाकांक्षी चित्र-शृंखला बना चुके हैं। बच्चों के लिए लिखा भी है और उनकी किताबों के लिए चित्र भी खूब बनाए हैं। डाक-तार विभाग के लिए टिकटों के डिजाइन का काम भी किया है। दिल्ली में जामिया मिलिया के कला विभाग से सम्बद्ध रहे। शमीम हनफी ने रामचंद्रन के 'एपिक म्यूरल' (ययाति) के बारे में लिखा है : ''ययाति को रामचंद्रन ने केवल सोचा नहीं, देखा भी है। एक शाम जब हम यमुना के किनारे टहल रहे थे, बंजारों के एक अस्थाई ठिकाने पर रंग-बिरंगी कतरनों से बनी हुई एक झुग्गी के सामने रामचंद्रन ने एक बूढ़े बंजारे को देखा था। उसके कानों में बालें थे, सिर पर पगड़ी और वह हुक्के की गुड़गुड़ी मुंह से लगाए बैठा था। उसके आसपास राजस्थानी लहंगों में जवान औरतें दिन भर की मेहनत के बाद घर के कामकाज में और शृंगार में व्यस्त थीं। बूढ़े की भूखी आंखें, थकान के बावजूद बेचैन आंखें, अपनी औरतों के रूप और भाव को सीने में उतारती हुई आंखें, रामचंद्रन के लिए एक नए बोध का साधन और एक नए अनुभव का प्रेरक बन गईं।'' 2004 में राष्ट्रीय आधुनिक कला संग्रहालय ने ए. रामचंद्रन की पुनरावलोकन प्रदर्शनी आयोजित की।

ए. अल्फांसो **(1940-)**

चेन्नई से 1962 में कला में डिप्लोमा। 1977 से एकल प्रदर्शनियां। ईसाई विश्वासों से प्रेरणा पाकर अनेक महत्वपूर्ण और चर्चित कलाकृतियां। चेन्नई के कला महाविद्यालय में कला की शिक्षा। बाइबिल पर आधारित कलाकृतियां बहुचर्चित। नीले, लाल, काले, हरे रंगों में स्टेंडग्लास की चमक।

एच.ए. गाडे **(1917-2001)**

पूरा नाम हरि अंबादास गाडे। 15 अगस्त 1917 को जन्म। मुंबई में कला शिक्षा। दर्जनों एकल प्रदर्शनियां। विदेशों में भी। कला शिक्षा से जुड़े रहे। प्रोग्रेसिव आर्टिस्ट ग्रुप के एक महत्वपूर्ण सदस्य।

एन. पुष्पमाला **(1956-)**

कर्नाटक में 1956 में जन्म। 1985 में वडोदरा कला महाविद्यालय से एम.ए.। 1984 में राष्ट्रीय पुरस्कार और 1986 में छठी त्रैवार्षिकी का अन्तर्राष्ट्रीय पुरस्कार। 1983 से प्रदर्शनियों में हिस्सा ले रही हैं। टेराकोटा में कुछ बहुत अच्छा और नई तरह का काम किया है। मूर्तिशिल्पियों की नई पीढ़ी में अग्रणी। पिछले कुछ वर्षों से स्वयं को मॉडेल बनाकर (हंटर वाली से शुरू होकर दक्षिण की परंपरागत महिला तक) चित्र रचना का नया रास्ता अपनाया है।

एम.ए.आर. चुगताई **(1899-1975)**

ईरानी मूल के आनुवंशिक कलाकार। पिता इंजीनियर बनाना चाहते थे पर 'अंकल' बाबा मीर बख्श से पेंटिंग

का प्रारंभिक प्रशिक्षण। लेकिन बुनियादी रूप से स्वशिक्षित कलाकार। रेखांकन और वाश पेंटिंग में विशिष्टता। बंगाल स्कूल से प्रभावित। 1919 में लाहौर में पहली एकल प्रदर्शनी। विदेशों में भी प्रदर्शनियां। यूरोप की अनेक यात्राएं। 1934 में ब्रितानी सरकार ने सम्मानित किया और 1960 में पाकिस्तानी सरकार ने। अनेक लेख लिखे हैं। आत्मकथा भी छपी है।

एम.रेड्डप्पा नायडू **(1932-1999)**

10 अक्तूबर, 1932 को कायुलापालेम (आंध्रप्रदेश) में जन्म। चेन्नई कला महाविद्यालय में शिक्षा। 1958 से एकल प्रदर्शनियां। 1959 और 1962 में ललित कला अकादेमी का राष्ट्रीय पुरस्कार। भारतीय परम्परा से सार्थक संवाद करने वाले कलाकारों में से। ए.एस. रमन के शब्दों में, ''उन्होंने आधुनिकता की चुनौतियों को परंपरा में आत्मसात कर लिया है। वे ओजमयी हिन्दू देव प्रतिमाओं से प्रेरणा जरूर प्राप्त करते हैं पर उनका अनुकरण नहीं करते। वे उनका अपने वांछित मुहावरे में पुनर्सृजन करते हैं।''

एम.बी. धुरंधर **(1867-1944)**

1867 में जन्म। कोल्हापुर (महाराष्ट्र) में स्कूली शिक्षा। 1890 में मुंबई के जे.जे. स्कूल ऑफ आर्ट में। 1896 में वहां अध्यापक हुए। फिर वहीं पर उप-प्रधानाचार्य के पद पर। 1888 से 1923 तक लगातार चित्रों की प्रदर्शनियां। एक सफल कलाकार। इलस्ट्रेटर भी। जे.जे. स्कूल में बिताए समय (1890-1931) पर मराठी में एक किताब भी।

एरुच हकीम **(1940-1988)**

1940 में नवसारी में जन्म। 1959 में वड़ोदरा कला महाविद्यालय से बी.ए.। 1965-67 में पोस्ट ग्रेजुएट स्कॉलर। 1967 से दिल्ली में एकल प्रदर्शनियां। सात साल तक काम किया पर फिर लगा कि यहां अपने देश में बात नहीं बन रही है। आर्थिक आधार नहीं बन रहा है। अमेरिका चले गए। ''यह दुखद है, चूंकि मैं भारत छोड़ना नहीं चाहता था। भारत छोड़ने का यह कोई भी कारण भी नहीं है।'' ध्वनि, ताप, शक्ति सरीखी धारणाओं में दिलचस्पी रही पर आध्यात्मिक स्तर पर नहीं, एक 'वैज्ञानिक' के रूप में। मन की चिंतन प्रक्रिया को अधिक महत्व देते रहे। आकृतिमूलक कला से अमूर्तन की ओर बढ़े चूंकि उसमें 'इंप्रोवाइजेशन' की संभावनाएं ज्यादा दिखाई दीं—भारतीय संगीतकार की तरह। विदेश में ही असमय निधन।

एल.एम. सेन **(1898-1954)**

लखनऊ में रहते हुए ललित मोहन सेन ने ग्राफिक कला में उल्लेखनीय सफलताएं हासिल कीं। वे बहुमुखी प्रतिभा वाले छापा चित्रकार थे। अधिकांश ग्राफिक माध्यमों में उन्होंने दक्षतापूर्ण काम किया। ग्रामीण दृश्यों, शबीहों और आकृतिमूलक संयोजनों के कारण वे पहचाने जाते हैं। एल.एम. सेन 1918 से लखनऊ कला महाविद्यालय से जुड़ गए थे। उच्च शिक्षा के लिए लंदन भी गए। पेंटिंग, ग्राफिक के अलावा मूर्तिशिल्प में भी काम किया। यथार्थवादी परंपरा के कलाकार। उत्तर प्रदेश के आधुनिक कलाकारों की पहली पीढ़ी के महत्वपूर्ण कलाकार।

एल.एस. राजपूत **(1909-1985)**

6 अक्तूबर, 1909 को इंदौर में जन्म। कलागुरु डी.डी. देवलालीकर के पास विशेष कला शिक्षा। 1935 में जे.जे.

स्कूल ऑफ आर्ट, मुंबई से चित्रकला में डिप्लोमा। ग्वालियर की ललित कला शिक्षा संस्था के दूसरे प्राचार्य के रूप में 1956 से 1977 तक कार्य। अनेक एकल प्रदर्शनियां। स्वामीनाथन के अनुसार "राजपूत की कलाकृतियां एक शांत संगीत की गूंज मन में जगाती हैं। इन चित्रों में ध्यानमग्नता का गुण है जो आजकल लगभग दुर्लभ है।"

एल. मुनुस्वामी **(1927-)**

1927 में चेन्नई में जन्म। परिवार में कला के प्रति सम्मान था। दादा, पिता और बहुत से चाचा लोग कारीगर थे जिन्हें जड़ाऊ मूर्तियां और गहने बनाने में महारत हासिल थी। मुनुस्वामी को कला के अकादमिक प्रशिक्षण की कोई जरूरत नहीं थी। एस. धनपाल को वे अपना पहला गुरु मानते हैं। 1948 में उन्होंने चेन्नई कला महाविद्यालय में प्रवेश लिया। के.सी.एस. पणिक्कर भी उन दिनों वहीं छात्र थे। उन्होंने मुनुस्वामी का परिचय यूरोपीय कला से कराया। साठ के दशक में मुनुस्वामी ने अपनी कला की पहचान बनाई। मानव आकृतियों को भी उन्होंने जगह दी और अपने अमूर्त चित्रों में भी देशज तत्वों को सहज स्थान दिया। भारतीय जड़ों से उन्होंने संपर्क बनाए रखा। मुनुस्वामी के चित्र संसार में स्त्रियों की केंद्रीय और महत्वपूर्ण उपस्थिति है। 1968 में ललित कला अकादेमी का राष्ट्रीय पुरस्कार।

एस.बी. पल्सीकर **(1916-1984)**

17 मई, 1916 को अकोला (महाराष्ट्र) में जन्म। मुंबई में कला शिक्षा। कई साल तक जे.जे. स्कूल ऑफ आर्ट में पढ़ाने का काम किया। अधिकांश महत्वपूर्ण प्रदर्शनियों में हिस्सेदारी। मुंबई के कुशल कलाकारों में गिने जाते रहे हैं। आज के अनेक चर्चित कलाकारों को प्रभावित किया।

एस. धनपाल **(1919-2000)**

पेंटर और मूर्तिशिल्पी। 3 मार्च, 1919 को चेन्नई में जन्म। चेन्नई कला महाविद्यालय के भूतपूर्व प्रधानाचार्य। 1962 में राष्ट्रीय पुरस्कार। आधुनिक भारतीय मूर्तिशिल्प के एक सशक्त हस्ताक्षर। चोल मूर्तिशिल्प की परंपरा को आधुनिक अर्थ दिए।

एम.एफ. पीठावाला **(1872-1937)**

सूरत, गुजरात में जन्मे पीठावाला ने मुंबई जे.जे. स्कूल से प्रशिक्षण प्राप्त किया था। 1911 में लंदन में उनके चित्रों की एकल प्रदर्शनी वहां पर किसी भारतीय कलाकार की पहली एकल प्रदर्शनी थी। पोर्ट्रेट पेंटिंग में उनकी ख्याति असाधारण थी।

एन.एन. रिमजन **(1957-)**

तिरुवनंतरपुरम कला महाविद्यालय और लंदन के रॉयल कॉलेज ऑफ आर्ट से प्रशिक्षित एन.एन. रिमजन समकालीन भारतीय मूर्तिशिल्प के एक बड़े नाम हैं। उन्हें एक दार्शनिक मूर्तिशिल्पी भी कहा जाता है। रूप और अंतर्विषय के द्वंद्व के अलावा मूर्तिशिल्प में वह स्पेस और उसके रूपांतर को भी महत्वपूर्ण मानते हैं। रिमजन के लिए कला के बचे रहने का अर्थ है—रचना-सामग्री से परे विचारों से जुड़ना।

एस.एल. पाराशर **(1904-1990)**

चित्रकार, मूर्तिशिल्पी, म्यूरलिस्ट और लेखक एस.एल. पाराशर स्वतंत्रता से पहले लाहौर के कला क्षेत्र में एक

महत्वपूर्ण नाम थे। रवींद्रनाथ ठाकुर जब लाहौर आए थे तो उनका एक महत्वपूर्ण स्कैच बनाकर पाराशर ने गुरुदेव को चकित कर दिया था। सतीश गुजराल उनके छात्र थे। मुल्कराज आनंद के अनुसार पाराशर ऐसे कलाकार थे जिन्होंने पंजाब में बंगाल स्कूल के कृत्रिम प्रभाव और आधुनिक यूरोपीय तकनीकों के गैप के बीच में पुल की तरह काम किया था।

कृपालसिंह शेखावत **(1922-)**

मऊ (सीकर, राजस्थान) में जन्मे कृपालसिंह शेखावत शांति निकेतन से प्रशिक्षित हैं। टेंपरा व भित्ति चित्रण के वह कुशल चितेरे हैं। बल्यू पॉटरी की कला के पुनःउद्धार के लिए उनकी एक खास पहचान है। 'कृपाल कुंभ' के महत्व को देश-विदेश में पहचाना गया है। 25 साल की उम्र में ही राय कृष्णदास ने कृपालसिंह के बारे में लिखा था, ''वह ऐसी शैली का आविष्कार करने में समर्थ हुए हैं, जिसे हम नव्य-राजस्थानी शैली कह सकते हैं। इस शैली में राजस्थानी के सुंदर तत्वों के साथ-साथ मुगल शैली और आधुनिकता का ऐसा अच्छा एवं सप्राण सम्मिश्रण किया गया है कि दर्शक को बहुत ही रस मिलता है।''

कंचन चंदर **(1957-)**

दिल्ली कला महाविद्यालय, बर्लिन और पेरिस से प्रशिक्षित कंचन चंदर पेंटिंग और प्रिंटमेकिंग में समान सामर्थ्य दिखा चुकी हैं। दिल्ली कला महाविद्यालय में लंबे समय तक अध्यापन के बाद स्वतंत्र चित्रकार। दिल्ली में रहती हैं।

के.एस. कुलकर्णी **(1916-1994)**

बेलगाम (कर्नाटक) में जन्मे के.एस. कुलकर्णी (कृष्ण शामराव कुलकर्णी) ने मुंबई के जे.जे. स्कूल से कला का प्रशिक्षण प्राप्त किया। कला शिक्षा के बाद कुलकर्णी नौकरी के सिलसिले में दिल्ली आ गए। 1949 में दिल्ली शिल्पी चक्र की स्थापना करने वाले कलाकारों में से एक महत्वपूर्ण नाम। इस ग्रुप के कलाकारों का नजरिया प्रगतिशील और अपेक्षाकृत अधिक आधुनिक था। शुरू से कुलकर्णी की कला में एक ओर मोदिग्लियानी, पिकासो, पाउल क्ले का प्रभाव था तो दूसरी ओर वह हुसेन से भी प्रभावित थे। कला शिक्षा के क्षेत्र में भी उनका योगदान उल्लेखनीय है। सत्तर के दशक में वह बनारस हिंदू यूनिवर्सिटी में छह साल तक कला विभाग के डीन के रूप में सक्रिय रहे। दिल्ली स्थित त्रिवेणी कला संगम की स्थापना से भी वह संबद्ध थे। 1955, 62 और 65 में ललित कला अकादेमी का राष्ट्रीय पुरस्कार मिला। 1982 में ललित कला अकादेमी ने रत्न सदस्य (फैलो) बनाकर सम्मानित किया।

के.एस. राधाकृष्णन **(1956-)**

केरल में जन्मे मूर्तिशिल्पी राधाकृष्णन शांति निकेतन से प्रशिक्षित हैं। वह राम किंकर के छात्र रह चुके हैं। कांस्य में उनका काम मशहूर है। अंतर्राष्ट्रीय ख्याति प्राप्त मूर्तिशिल्पी के.एस. राधाकृष्णन वक्तव्य देने के लिए मूर्तिशिल्प नहीं बनाते हैं पर उनकी आकृतियां कुछ ऐसे सामने आती हैं कि वे सिर्फ चीजें नहीं रह जाती, बल्कि प्रेक्षक चीजों और विचार के बीच कुछ खोज लेता है। आर्ट एलाइव गैलरी ने के.एस. राधाकृष्णन पर आर.शिव कुमार की एक बड़ी पुस्तक प्रकाशित की है। राधाकृष्णन दिल्ली में रहते हैं।

कट्टिंगेरी कृष्ण हेब्बार **(1911-1996)**

कट्टिंगेरी गांव, दक्षिण कनारा (कर्नाटक) में जन्मे कट्टिंगेरी कृष्ण हेब्बार (के.के. हेब्बार नाम से मशहूर) ने मुंबई

के जे.जे. स्कूल ऑफ आर्ट से चित्रकला का प्रशिक्षण प्राप्त किया था। 1939-46 में उन्होंने जे.जे. स्कूल में अध्यापन भी किया। 1956-58 में लगातार तीन साल तक उन्हें ललित कला अकादेमी का राष्ट्रीय पुरस्कार मिला। 1976 में अकादेमी ने उन्हें अपना 'फैलो' (रत्न सदस्य) बनाया। 1989 में भारत सरकार ने हेब्बार को पद्मभूषण से सम्मानित किया। 1980-84 में वह ललित कला अकादेमी के अध्यक्ष रह चुके हैं। कट्टिंगेरी गांव संस्कृति संपन्न था जहां मेलों में नृत्य, नाटक और संगीत का जीवंत माहौल बना रहता था। हेब्बार की कल्पनाशक्ति में इसी माहौल ने एक गहरी जगह बना ली। उनके चित्रों में इसी दुनिया के अनगिनत रूप पहचाने जा सकते हैं। हेब्बार की कल्पना में ग्रामीण संस्कार सहज रूप में मौजूद थे। बाद में शहरी दुनिया से भी उनकी कला का एक अलग तरह का रिश्ता हो गया। शहरी जीवन में भी उन्होंने मजदूरों, मछुआरों, किसानों, फल बेचने वालों की दुनिया को चित्रित किया। हेब्बार के रेखांकनों में रेखा काव्यात्मक, लगभग गाती हुई (सिंगिंग) और जादुई हो जाती है। समकालीन भारतीय कला में ऐसी रेखाएं बहुत कम कलाकारों के पास हैं। हेब्बार मुख्य रूप से आकृतिमूलक कलाकार हैं पर उन्होंने लगभग अमूर्त शैली में भी काम किए हैं। यथार्थ को वह बहुत सादगी से अभिव्यक्त करना चाहते थे। एक धैर्य और मौन उनकी रचनात्मकता की केंद्रीय पहचान था। बी.आर. अंबेरकर के अनुसार "हेब्बार एक ऐसे कलाकार हैं जिन पर कोई ठप्पा नहीं लगाया जा सकता। परंपरागत ढंग से पश्चिमी शैली में निष्णात होते हुए भी वह गैर-रूढ़िवादी हैं। यह बात सर्व स्वीकृत है कि वे भारतीय मूल्यों में आस्था रखते हैं, फिर भी छद्म रूढ़िवादिता की किसी भी छाप से सर्वथा मुक्त हैं। हालांकि उन्हें गैर यथार्थवादी रूपाकारों से लगाव रहा है लेकिन वे अमूर्ततावादी नहीं हैं।"

के. खोसा **(1940-)**

1940 में लाहौर में जन्म। दिल्ली कला महाविद्यालय से 1961 में डिप्लोमा। 1966 से एकल प्रदर्शनियां। अनेक महत्वपूर्ण अन्तर्राष्ट्रीय प्रदर्शनियों में हिस्सेदारी। 1981 में राष्ट्रीय पुरस्कार। दिल्ली में रहते हैं। रेखांकन और पेंटिंग दोनों में महत्वपूर्ण काम। पुरुष आकृतियों को आधार बनाकर स्मरणीय चित्र। एक काव्यात्म, स्वप्न सरीखा संसार। लगभग सिनेमाई किस्म के रूपाकार।

के.जी. सुब्रमण्यन् **(1924-)**

5 फरवरी, 1924 को केरल में जन्म। शिक्षा प्रेसीडेंसी कॉलेज, चेन्नई में 1942-43। कला भवन, शांति निकेतन में 1944-48। स्लेड स्कूल ऑफ आर्ट, लंदन में 1955-56। शांति निकेतन में विनोद बिहारी मुखर्जी के एक छात्र। चालीस के दशक में स्वतंत्रता आंदोलन में सक्रिय हिस्सेदारी। गांधीवादी आदर्शों में विश्वास। देश-विदेश में अनेक एकल व समूह प्रदर्शनियां। 1951 से अध्यापन का कार्य। लंबे समय तक एम.एस. विश्वविद्यालय वड़ोदरा के कला विभाग में अध्यापन के बाद शांति निकेतन से संबद्ध रहे। 1978 में कला संबंधी लेखों का संग्रह 'मूविंग फोकस' प्रकाशित (ललित कला अकादेमी)। एक अन्य चर्चित पुस्तक : 'द लिविंग ट्रैडीशन'। पेंटिंग के अलावा काष्ठ, फाइबर, सीमेंट, टेराकोट में काम। म्यूरल बनाए—खिलौने भी। हस्तशिल्प के विकास में भी गहरी दिलचस्पी। मध्यप्रदेश का प्रतिष्ठान पुरस्कार 'कालिदास सम्मान'—1982 में। विनोद कुमार के अनुसार, "सुब्रमण्यन् हर चीज में सामंजस्य पैदा करते हैं—चाहे कोई रेखांकन हो, चाहे कैनवास का इस्तेमाल हो, चाहे भित्तिचित्र हों, चाहे पुस्तक की चित्र सज्जा हो या खिलौने हों।" 2003 में राष्ट्रीय आधुनिक कला संग्रहालय ने पुनरावलोकन प्रदर्शनी आयोजित की।

के. श्रीनिवासुलु **(1923-1995)**

1923 में चेन्नई में जन्म। 1940 में चेन्नई कला महाविद्यालय से डिप्लोमा। चेन्नई के कला जीवन में सार्थक हस्तक्षेप। यामिनी राय की कला से भी प्रभावित थे। बुनियादी रूप से आकृतिमूलक कलाकार। भारतीय परंपरा

आंध्रप्रदेश की लोक कला, दक्षिण भारत के सैरों का श्रीनिवासुलु ने सार्थक व रचनात्मक इस्तेमाल किया है। कला में सजावटी तत्व मुख्य थे।

कनाई कुन्हीरामन **(1937-)**

1937 में केरल में जन्म। चेन्नई कला महाविद्यालय में शिक्षा। 1965 में राष्ट्रमंडल स्कॉलरशिप के अंतर्गत स्लेड स्कूल, लंदन में अध्ययन। यूरोप की यात्रा और कला संबंधी अध्ययन। भारत लौटकर वातावरण मूर्तिशिल्प के कई काम किए। केरल के एक मंदिर का डिजाइन भी। त्रिवेंद्रम के कला महाविद्यालय से संबद्ध। केरल के सांस्कृतिक जीवन में सार्थक हस्तक्षेप। मंदिरों, महोत्सवों, माहौल आदि में कला की हिस्सेदारी।

कंवल कृष्ण **(1910-1993)**

मोंटगोमेरी में 1910 में जन्म। 1933-39 में कोलकाता गवर्नमेंट कॉलेज ऑफ आर्ट में शिक्षा। 1951 में रोम में एकल प्रदर्शनी। उसके बाद विदेश में अनेक प्रदर्शनियां। चार स्वर्ण पदक; दो पुरस्कार। साओ पाओलो द्वैवार्षिकी में विशेष उल्लेख (1963)। 1954 में पेरिस के सुप्रसिद्ध हेटर स्टूडियो में कुछ समय काम करने के बाद ग्राफिक कला में दिलचस्पी शुरू हुई। छात्र के रूप में सिक्किम, तिब्बत आदि की यात्राओं के अनुभव जलरंग चित्रों में अलग ढंग से उभरे थे। ऐतिहासिक दृष्टि से भी तिब्बत के जलरंग चित्रों का विशेष महत्व है। पचास के दशक के मध्य में ग्राफिक में काम शुरू किया। 1947 में दिल्ली में आईफैक्स से असंतुष्ट कलाकारों ने दिल्ली शिल्पी चक्र की स्थापना की थी जिसने कला के विकास में महत्वपूर्ण भूमिका निभाई। कंवल कृष्ण शिल्पी चक्र के एक महत्वपूर्ण सदस्य थे। 1957 में कंवल कृष्ण ने धातु की चादर की जगह पर कार्ड बोर्ड और टेक्सचर वाले कागज का इस्तेमाल शुरू किया और कुछ बहुत अच्छे छापाचित्रों की रचना की। 1976 में ललित कला अकादेमी की रत्न सदस्यता।

के.वी. हरिदासन **(1938-)**

कन्नानोर (केरल) में 1938 में जन्म। 1958 में चेन्नई विश्वविद्यालय से ग्रेजुएशन। चेन्नई कला महाविद्यालय से 1965-68 में कला डिप्लोमा। 1967 से एकल प्रदर्शनियों का सिलसिला शुरू। 1980 से त्रिवेंद्रम कला महा. विद्यालय से संबद्ध। 'आर्टट्रेंड्स' पत्रिका का संपादन भी। नवतंत्र कलाकरों में प्रमुख। हरिदासन की मान्यता है कि जैसे सिर्फ रोशनी अंधेरे को खत्म कर सकती है उसी तरह से समाज को 'मार्बिड' और भावुक चीजों से मुक्त होने के लिए चित्रों की जरूरत है। हरिदासन अनेक महत्वपूर्ण अंतर्राष्ट्रीय प्रदर्शनियों में हिस्सा ले चुके हैं।

के. वेंकटप्पा **(1887-1968)**

मैसूर में 1887 में जन्म। पूर्वज विजयनगर से संबद्ध थे। दरबार के पेंटर थे। मैसूर के गवर्नमेंट इंडस्ट्रियल स्कूल में 1902-08 में कला की शिक्षा। फिर कोलकाता के गवर्नमेंट आर्ट स्कूल में कला की उच्च शिक्षा। 1910 में अजंता के चित्रों की कापी करने वाली लेडी हैरिंगटन की टोली के सदस्य। वीणा भी अच्छी बजाते थे। मैसूर में स्टूडियो बनाया। लैंडस्केप की अनेक शृंखलाएं। 1957 में आखिरी लैंडस्केप 'सूर्यास्त' पेंट किया। 1962 में ललित कला अकादेमी की रत्न सदस्यता। चुगताई और वेंकटप्पा के बारे में कहा गया है कि वे अपने समकालीनों की तुलना में कम आत्मसजग और कम बौद्धिक थे इसलिए सतही भारतीयता का अनुकरण भी अधिक कर रहेथे।

किशोरी कौल **(1939-)**

श्रीनगर में जन्म। 1963 में वड़ोदरा से कला में पोस्ट ग्रेजुएट डिप्लोमा। 1963-65 में प्रो. बेंद्रे के निर्देशन में काम। 1981 में ललित कला का राष्ट्रीय पुरस्कार। दिल्ली में रहती हैं। कश्मीर के सैरों, कथाओं, परिवार की कला परंपरा ने 13 साल की उम्र में ही पेंट करने के लिए प्रेरित किया। प्रकृति की सूक्ष्म छायाएं भी कला में हैं। शबीहें भी खूब बनाई हैं।

कृष्ण खन्ना **(1925-)**

1925 में लायलपुर (विभाजन पूर्व पंजाब) में जन्म। पंजाब विश्वविद्यालय, लाहौर और इंपीरियल सर्विस कॉलेज, विंचैस्टर (इंग्लैंड) में अध्ययन। 1948 में ग्रिंडले बैंक में नौकरी। पेंटिंग के लिए 1961 में बैंक की नौकरी छोड़ दी। पेंटिंग खुद ही सीखी और बहुत जल्दी ही देश के अग्रणी चित्रकारों में गिने जाने लगे। देश-विदेश में अनेक सफल एकल प्रदर्शनियां। ईगन गैलरी, न्यूयॉर्क और न्यू आर्ट सेंटर, लंदन में इनका काम दिखाया जा चुका है। साओ पाओलो, वेनिस, तोक्यो आदि की अंतर्राष्ट्रीय कला प्रदर्शनियों में भी कृष्ण खन्ना का नाम शामिल हुआ है। 1968 में भारतीय त्रैवार्षिकी में पुरस्कृत। भारत में त्रैवार्षिकियों के आयोजन से कई बार जुड़े रहे हैं। कला पर लेखन देश-विदेश की पत्र-पत्रिकाओं में छपा है। नई दिल्ली के मौर्य होटल में एक बहुत बड़ा भित्तिचित्र। फोटोकारी में भी गहरी दिलचस्पी। प्रयाग शुक्ल के शब्दों में, ''आकृतिमूलक काम ही ज्यादा किया है। ट्रक सीरीज के चित्र बहुत चर्चित हुए हैं। स्याह-धूसर रंगों के इन चित्रों की मजूर आकृतियां ऐसी 'चुप्पी' में बंधी हैं, जो बहुत कुछ कहती हुई लगती हैं। चटख, प्रगाढ़ रंगों में छज्जों, सीढ़ियों के बीच ऐसी आकृतियों की रचना की है जो उत्सुक, आशंकित, बेचैन मनःस्थितियों से हमें जोड़ती हैं। घरों के हिस्सों और परिधानों के रंग तपे हुए भी हैं। आकृतियां मानो एक मंच सज्जा के बीच में प्रकट होती हैं और एक यथार्थ नाटक के पात्रों की तरह देर तक स्मृति में मंडराती हैं।''

कृष्ण रेड्डी **(1925-)**

कृष्ण रेड्डी का जन्म आंध्रप्रदेश में 15 जुलाई, 1925 को हुआ था। उन्होंने 1941-46 में विश्वभारती विश्वविद्यालय शांति निकेतन से ललित कला में डिप्लोमा प्राप्त किया। 1951-52 में लंदन के स्लेड स्कूल में पढ़े। 1952-55 में जादकिने के साथ मूर्तिशिल्प का अध्ययन किया। 1953-55 में पेरिस में एस.डब्ल्यू. हेटर के साथ एन्ग्रेविंग का अध्ययन किया। बाद में हेटर के साथ उन्होंने ग्राफिक के क्षेत्र में अंतर्राष्ट्रीय ख्याति का काम किया। 1958 से एकल प्रदर्शनियों का सिलसिला शुरू। दुनिया भर में कृष्ण रेड्डी का काम चर्चित और प्रदर्शित हो चुका है। मूर्तिशिल्प के क्षेत्र में उल्लेखनीय सफलताओं के बावजूद कृष्ण रेड्डी एक छापा चित्रकार के रूप में पहचाने जाते हैं। विदेश में रहते हैं पर भारत से संबंध गहरा है।

कृष्णा हावलाजी आरा **(1914-1985)**

आरा का जन्म हैदराबाद के नजदीक बोलारम में 14 अप्रैल, 1914 को हुआ था। माता-पिता का बचपन में ही निधन हो गया। सात साल की छोटी-सी उम्र में मुंबई आना पड़ा। घरेलू नौकर के रूप में जीवन का संघर्ष शुरू हुआ। नमक सत्याग्रह में हिस्सा लिया। 1930 में जेल भी गए। आर्ट टीचर का इम्तहान पास किया। 1940 में पेंटर के रूप में काम शुरू किया। 1942 में मुंबई में स्थिर चित्रों की पहली एकल प्रदर्शनी। प्रोग्रेसिव आर्टिस्ट ग्रुप के एक महत्वपूर्ण सदस्य। आरा के बारे में रूडी वॉ लेडेन की टिप्पणी सही है, ''आरा के चित्रों में नियति से कोई संघर्ष नहीं है, समस्याओं को सुलझाने की कोई कोशिश नहीं है, बस पेंट करने का सुख और गौरव है। अपने आप में पूर्ण जीवन का काम। बचपन का सपना जैसे सही निकले।'' आरा ने विवाह नहीं किया था। हुसेन के बाद उन्हें पत्रकारों का सबसे चहेता कलाकार समझा जाता था। सूजा के अनुसार,

"आरा प्रोग्रेसिव ग्रुप की प्रदर्शनी लेकर उन हलकों में गए जहां एक समीक्षक के अनुसार सिर्फ रवि वर्मा के कैलेंडर चित्र तब तक लटकते रहते थे।" हिम्मत शाह ने आरा के निधन के बाद बिल्कुल सही टिप्पणी की थी कि मुंबई में आरा की वही जगह थी जो दिल्ली में शैलोज मुखर्जी की थी।

के.सी.एस. पणिक्कर

(1911-1977)

1911 में कोयंबतूर (तमिलनाडु) में जन्म। शुरू में केरल में पढ़ाई। फिर चेन्नई कला महाविद्यालय में अध्ययन। 1941 में वहीं अध्यापन शुरू। 1957 में पणिक्कर वहां के प्रधानाचार्य पद पर नियुक्त हुए और दो दशक तक कला शिक्षा के क्षेत्र में महत्वपूर्ण उपस्थिति बने रहे। 1944 में पणिक्कर ने प्रोग्रेसिव पेंटर्स एसोसिएशन की भी शुरुआत की थी। चेन्नई ने नजदीक चोलामंडल कला ग्राम खोलने की मुख्य प्रेरणा पणिक्कर की थी। प्रधानाचार्य के पद से अवकाश प्राप्त करने से पहले पणिक्कर ने लगभग 30 कलाकारों के काम करने की जगह की यह अनोखी और महत्वपूर्ण कल्पना की थी। चोलामंडल में पणिक्कर काफी सक्रिय रहे। उनका निधन 1977 में वहीं हुआ। शब्दों, प्रतीकों, आधुनिकता, परंपरा का अपने ढंग का मेल पणिक्कर की कला में उभरा। परंपरा से एक सार्थक संवाद उनकी कला में मिलता है।

गगनेंद्रनाथ ठाकुर

(1867-1938)

गगनेंद्रनाथ अवनींद्रनाथ के बड़े भाई थे। इकहत्तर वर्ष के सक्रिय जीवन में उन्होंने भारतीय चित्रकला को नए आयाम दिए। गगनेंद्रनाथ ने पश्चिमी कला से साक्षात्कार किया। घनवाद, अभिव्यंजनावाद सरीखे कला आंदोलनों के वे संपर्क में आए। गगनेंद्रनाथ बुनियादी रूप से स्वशिक्षित चित्रकार थे। बड़ी उम्र में आकर ही उन्होंने पेंटिंग को गंभीरता से लिया। लेकिन 1914 में ही पेरिस में कला आलोचकों का ध्यान गगनेंद्रनाथ के चित्रों की ओर आकर्षित हो गया था। उनकी 1925 की एक प्रसिद्ध पेंटिंग 'जादूगर' से स्पष्ट है कि वे घनवाद, भविष्यवाद सरीखे पश्चिमी कला आंदोलनों को भारतीय चित्र भाषा देने का प्रयत्न कर रहे थे। राय कृष्णदास के अनुसार, "गगनेंद्र बाबू के व्यंग्यचित्रों में जो करुणा ओत-प्रोत है उसका कारण है अपने देश की धार्मिक, सामाजिक एवं राजनीतिक विपत्ति तथा अधःपतन, जिनसे प्रत्येक सहृदय विचलित हो उठता है।" भारतीय कला मर्मज्ञ मानते हैं कि भारतीय कला को गगनेंद्र बाबू का महत्वपूर्ण योगदान व्यंग्य-चित्रों का निर्माण ही है। अशोक मित्र की टिप्पणी से सहमत हुआ जा सकता है, "आंग्ल-भारतीय जीवन, आधुनिक शिक्षा प्रणाली, भारतीय बैरिस्टरों के राष्ट्रवाद, सभ्यता की कुंजी के रूप में चरखे पर व्यंग्य उतना ही गहरा था, जितना तीखा। आमतौर पर जो व्यंग्य-चित्र देखते हैं, उसे शाम तक पूरी तरह भूल जाते हैं। लेकिन गगनेंद्रनाथ का व्यंग्य-चित्र एक सर्जन के नश्तर की तरह काम करता है : यह विष निकालते समय अपना स्थाई चिह्न छोड़ जाता था।"

गोपाल घोष

(1913-1980)

1938 में चेन्नई कला विद्यालय से ग्रेजुएशन। कोलकाता ग्रुप के बोहेमियन सदस्य माने जाते थे। प्रशिक्षण जयपुर और चेन्नई में। मुक्त तकनीक में विश्वास रहा। समीर दत्त के अनुसार, "हालांकि उनके साथी पाश्चात्यवादों को आयातित कर रहे थे पर गोपाल घोष विभिन्न शैलियों के माध्यम से स्वाभाविक रूप से नए अन्वेषण कर रहे थे। सजग या गढ़े हुए चित्रों की भावभूमि से अलग उन्होंने प्रकृति की गीतात्मकता को पकड़ने का प्रयत्न किया है पर उसमें भावुकता की गंध नहीं है—वह गंध जो बंगाल स्कूल के लिए घातक सिद्ध हुई थी। चित्रों में अद्वितीय ब्रश प्रयोग और जटिल किंतु सौष्ठवपूर्ण टेक्सचर है।" भवेश सान्याल, शैलोज मुखर्जी, हेब्बार की परंपरा के कलाकार। चित्र संसार में भारत के विभिन्न प्रदेशों के लैंडस्केप और लोग। भारतीय लैंडस्केप पेंटिंग के एक अत्यंत महत्वपूर्ण कलाकार। आधुनिक लैंडस्केप पेंटिंग के जन्मदाता। चित्रों में रंगों की समृद्ध दुनिया।

गुलाम मोहम्मद शेख **(1937-)**

गुलाम शेख का जन्म 1937 में सुरेंद्रनगर (सौराष्ट्र) में हुआ था। वड़ोदरा कला महाविद्यालय से उन्होंने पेंटिंग में एम.ए. किया। फिर वहीं पढ़ाना शुरू कर दिया। 1963 में 'ग्रुप 1890' की स्थापना के समय काफी सक्रिय थे। फिर वे लंदन के रॉयल कॉलेज ऑफ आर्ट में अध्ययन के लिए गए। इटली की यात्रा शेख के लिए निर्णायक साबित हुई। 1966 में शेख भारत वापस आकर वड़ोदरा कला महाविद्यालय में फिर से पढ़ाने लग गए। बाद में वड़ोदरा महाविद्यालय से रिटायरमेंट लेकर स्वतंत्र चित्र रचना। भारतीय मिनियेचर कला (खास तौर पर मुगल मिनियेचर) ने शेख को कला के बारे में सोचने और देखने का एक नया नजरिया दिया। शेख समकालीन कला पर अधिकार से लिखते हैं। 1969-73 में एक महत्वपूर्ण कला पत्रिका 'वृश्चिक' का संपादन किया। शेख गुजराती के श्रेष्ठ कवियों में गिने जाते हैं। देश-विदेश की अनेक महत्वपूर्ण प्रदर्शनियों में हिस्सेदारी। जार्ज पांपिदू केंद्र में शेख की पुनरावलोकन प्रदर्शनी आयोजित हो चुकी है। जानी-मानी चितेरी नीलिमा शेख से विवाहित।

गुलाम रसूल संतोष **(1929-1997)**

श्रीनगर, कश्मीर में 1929 में जन्म। वहीं पर पेंटिंग और बुनाई आदि के प्रारंभिक प्रशिक्षण के बाद वड़ोदरा कला महाविद्यालय में अध्ययन। कश्मीरी और उर्दू में कविताएं, उपन्यास, नाटक आदि चर्चित हो चुके हैं। 1979 में कविता के लिए साहित्य अकादेमी का पुरस्कार मिल चुका है। स्टेज के सेट और वेशभूषा डिजाइन का काम भी किया है। 1953 से एकल व प्रदर्शनियां। अंतर्राष्ट्रीय प्रदर्शनियों में चर्चित व सम्मानित। 1976 में पद्मश्री। कश्मीर में कलाकार शिविर स्थापित करने में सक्रिय रहे। दिल्ली में गढ़ी स्टूडियो में काम करते थे। तथाकथित नवतंत्र कला के सर्वाधिक महत्वपूर्ण हस्ताक्षर।

गीव पटेल **(1940-)**

मुंबई के एक पारसी परिवार में 1940 में जन्म। पेशे से डॉक्टर। गांव और शहर दोनों जगहों पर डॉक्टरी करते रहे हैं। कवि-नाटककार के रूप में भी ख्याति। मुंबई का शहरी जीवन चित्रों में नजर आता है। आम आदमी से शुरू होकर मृत राजनेताओं के चित्र तक बनाए हैं। कला पर लिखा भी है।

गोवर्धन आश **(1907-1996)**

गोवर्धन आश ने कोलकाता और चेन्नई के कला विद्यालयों में प्रशिक्षण प्राप्त किया था। 1945 में प्रगतिशील लेखक संघ ने जब गोवर्धन आश के बंगाल के दुर्भिक्ष के बनाए प्रभावशाली चित्र देखे तो कला की दुनिया का ध्यान उनकी कला की ओर गया। बाद में गोवर्धन आश ने रंगों की समृद्ध दुनिया को भी अपनी कला का विषय बनाया। गोवर्धन आश अंत तक सक्रिय रहे और उन्होंने अनेक शैलियों, माध्यमों में काम किया। लैंडस्केप, पोर्ट्रेचर, अमूर्त अभिव्यंजनावाद सभी कुछ उनकी दुनिया में समय-समय पर चित्रित हुआ। कलाकार की मास्टरी सभी विधाओं में देखी जा सकती है।

गणेश पाइन **(1937-)**

गणेश पाइन के चित्रों की दुनिया ही रहस्यमय नहीं है उनका व्यक्तित्व और जीवनशैली भी रहस्यमय कही जा सकती है। वह स्वयं चित्रकार को एक जादूगर के रूप में देखते हैं जो भ्रम संसार को जन्म देता है। गणेश पाइन यात्राएं नहीं करना चाहते—कोलकाता से बाहर वह बहुत कम ही निकले हैं पर उनकी दिलचस्पी भीतरी

दुनिया की यात्राओं में है। गणेश पाइन ने 1959 में कोलकाता कला महाविद्यालय से कला का डिप्लोमा प्राप्त किया। कला के प्रारंभिक प्रशिक्षण के दौरान ही पाइन अपने को अवनींद्रनाथ ठाकुर की दुनिया के नजदीक पाते थे। पश्चिमी कलाकारों में रेंब्रां से वह प्रभावित रहे हैं। आधुनिक कलाकारों में वह पिकासो को नहीं बल्कि पाउल क्ले को अपने अधिक निकट पाते हैं। गणेश पाइन का प्रिय माध्यम टेंपरा है और उनकी कल्पनाशक्ति में आश्चर्य, भ्रम, जादू, अवसाद, मृत्यु, आदि-आदि की अत्यंत संवेदनशील उपस्थिति है। गणेश पाइन के संसार में लकड़ी के खिलौने, गुड़िया, जोकर, कठपुतली आदि एक रहस्यमय संसार में नजर आते हैं। अगर यंत्रविधि का आधुनिक दुनिया से मशीनी आदमी (रोबोट) भी गलती से इस दुनिया में आ जाता है तो वह स्वयं को एक आश्चर्यलोक में ही पाता है। गणेश पाइन के अनुसार, ''रोमांटिसिज्म कलाकार को जीवित रखता है। वह विद्रोह के लिए भी प्रेरित करता है। एक रोमांटिक कलाकार जीवन और प्रकृति को अपने दृष्टिकोण से देखता है। जब वह खुश होता है तो उसको दुनिया खुश दिखाई देती है। यदि वह उदास होता है तो उसे पहाड़ भी रोते दिखाई देते हैं। लेकिन रोमांटिसिज्म भावुकता नहीं है। भावुकता से मैं बेहद नफरत करता हूं।'' गणेश पाइन प्रसिद्धि के प्रति उदासीन हैं और मीडिया से दूर रहते हैं। कला बाजार में वह बहुत महंगे कलाकार हैं। उनके रेखांकन भी अद्‌भुत हैं।

गणेश हलोई **(1936-)**

जमालपुर (बंगलादेश) में जन्म। कोलकाता कला महाविद्यालय से प्रशिक्षित। इस प्रकृति प्रेमी चित्रकार ने लैंडस्केप और अमूर्तन को एक निजी चित्र भाषा दी है।

गुरचरण सिंह **(1949-)**

पटियाला में जन्मे व चंडीगढ़ कला महाविद्यालय से प्रशिक्षित गुरुचरण सिंह ने अमूर्त कला से शुरुआत की और आकृतिमूलक कला की दुनिया में आ गए। बड़े भाई प्रेम सिंह भी सुपरिचित चित्रकार हैं। मुंबई में रहते हैं।

गोपी गजवाणी **(1938-)**

दिल्ली कला महाविद्यालय से प्रशिक्षित गोपी गजवाणी के अमूर्त चित्रों में संगीत को लगभग 'देखा' जा सकता है। दिल्ली में ही रहते हैं। सत्तर के दशक में 16 एम.एम. में दो प्रयोगधर्मी फिल्मों का निर्देशन करके अपनी बहुमुखी प्रतिभा का परिचय दिया। डिजाइनर के रूप में भी महत्वपूर्ण काम किये हैं।

गयूर हसन **(1939-)**

श्रीनगर में जन्मे गयूर हसन मूर्तिशिल्प में वड़ोदरा कला महाविद्यालय से प्रशिक्षित हैं। 1979 में वह कश्मीर आर्टिस्ट्स गिल्ड के फाउंडर मेंबर थे। चाहे काष्ठ हो या पत्थर या संगमरमर—गयूर की कला में गहरा संगीत और साधना पहचानी जा सकती है।

चमेली **(1940-)**

ए. रामचंद्रन की चीनी पत्नी चमेली के पिता युन-शान-थान रवींद्रनाथ के विशेष निमंत्रण पर शांति निकेतन आए थे। चमेली का प्रशिक्षण वहीं हुआ। उन्हें भारतीय नाम रवींद्रनाथ ने ही दिया था। चमेली अपनी कला में पिक्टोरियल एलीमेंट और अंतर्दर्शी पसंद को महत्व देती हैं। चीनी और भारतीय कला का संतुलित सम्मिश्रण उनकी कला में है। दिल्ली में रहती हैं।

चरन शर्मा **(1950-)**

नाथद्वारा राजस्थान में चितेरों के प्रसिद्ध परिवार में जन्मे चरन शर्मा उदयपुर विश्वविद्यालय और जे.जे. स्कूल मुंबई से प्रशिक्षित हैं। पत्नी निमिशा शर्मा भी सुपरिचित चितेरी हैं। निमिशा के पिता इंद्र शर्मा देवी-देवताओं के अद्‌भुत चित्र बनाने के लिए मशहूर हैं। चरन शर्मा की कला में एक्रिलिक और जलरंगों में तकनीकी दक्षता के साथ राजस्थानी लैंडस्केप का काव्यात्मक और फोटो यथार्थवादी इस्तेमाल है। महात्मा बुद्ध से प्रेरित नई चित्र शृंखला में रचनात्मकता के नए आयाम देखे जा सकते हैं। मुंबई में रहते हैं।

चंदन दास **(1957-)**

कोलकाता कला महाविद्यालय और शांति निकेतन से प्रशिक्षित चंदन दास अब कोलकाता कला महाविद्यालय के प्रिंटमेकिंग विभाग से संबद्ध हैं। उनके पिता हरेन दास देश के प्रमुख प्रिंटमेकर्स में गिने जाते हैं। चंदन दास ने धीरे-धीरे अपने पिता के प्रभावों से मुक्त होकर एक अपनी निजी चित्र भाषा विकसित की है।

चिंतन उपाध्याय **(1972-)**

राजस्थान में जन्मे और वड़ोदरा कला महाविद्यालय से प्रशिक्षित चिंतन उपाध्याय मुंबई में रहकर काम करते हैं। राजस्थान की कला परंपरा को लगभग एक 'फ्यूचरिस्टिक विजन' के साथ जोड़कर उन्होंने कुछ दिलचस्प प्रयोग किए हैं। पत्नी हेमा उपाध्याय भी सुपरिचित कलाकार हैं।

चित्रवानु मजूमदार **(1956-)**

कोलकाता कला महाविद्यालय से प्रशिक्षित चित्रवानु मजूमदार देश के अग्रणी चित्रकारों में गिने जाते हैं। बड़े कैनवास पर उनके रंग-रूपाकार समकालीन आधुनिक दुनिया से एक गहरा साक्षात्कार करते हैं। आधुनिक दुनिया की हिंसा को भी उनकी चित्रभाषा में एक मार्मिक अभिव्यक्ति मिली है। चित्रवानु प्रसिद्ध चित्रकार नीरद मजूमदार के बेटे हैं।

चित्त प्रसाद **(1915-1978)**

चित्त प्रसाद उन कलाकारों में से हैं जिन्हें लंबे समय तक कला की मुख्यधारा से बाहर रखा गया। 32 वर्ष तक मुंबई में वे लगभग एक अनजान जीवन बिताते रहे। उनका निधन कोलकाता में 1978 में हुआ। संभवतः चित्त प्रसाद के जीवन में सिर्फ एक एकल प्रदर्शनी (1964 में) आयोजित हो पाई। चित्त प्रसाद का जन्म 1915 में 24 परगना, पश्चिम बंगाल में हुआ। चटगांव (अब बंगलादेश) में उनकी स्कूली पढ़ाई हुई। गांव में चित्त प्रसाद को कुम्हारों, चित्रकारों और कठपुतली वालों ने प्रेरित किया। चित्त प्रसाद की कला में इसीलिए परंपरा और लोक जीवन का गहरा स्थान है। कम्युनिस्ट राजनीति से संपर्क हुआ जिसके कारण कोलकाता के कला महाविद्यालय में दाखिला नहीं मिल पाया। शांति निकेतन में रवींद्रनाथ ने सलाह दी कि तुम कला विद्यालय में समय बेकार मत करो। कला साधना तुम्हारे लिए जरूरी है, डिग्री नहीं। कोलकाता में रहने के बाद चित्त प्रसाद 1946 में मुंबई में आ गए। तैलचित्र, पैस्टल, टेंपरा, जलरंग सभी माध्यमों में उन्होंने काम किया। लेकिन लीनोकट उनका प्रिय माध्यम बन गया। चित्त प्रसाद एक प्रतिबद्ध कलाकार थे। मानवता के दुःख, तकलीफ, संघर्ष को उन्होंने ग्राफिक माध्यम से स्मरणीय अभिव्यक्ति दी। उनका संसार रंगीन नहीं है, काला-सफेद है, जिंदगी जैसा।

चिंतामणि कर **(1915-2005)**

खड़गपुर में 19 अप्रैल, 1915 में जन्म। इंडियन सोसायटी ऑफ ओरिएंटल आर्ट, कोलकाता में पेंटिंग और मूर्तिशिल्प का अध्ययन। फिर पेरिस में मूर्तिशिल्प का उच्च अध्ययन। 1940-42 में कोलकाता विश्वविद्यालय और 1943-45 में दिल्ली पोलीटेकनिक में अध्यापन। 1956-73 में कोलकाता के गवर्नमेंट कालेज ऑफ आर्टस के प्रधानाचार्य और कोलकाता संग्रहालय के कीपर। कला पर किताबें भी लिखीं हैं। अनेक राष्ट्रीय-अंतर्राष्ट्रीय सम्मान। प्रधानाचार्य के पद के बावजूद रचनात्मक दृष्टि से सक्रिय रहे। धातु, टेराकोटा, प्लास्टर, काष्ठ आदि सभी माध्यमों में काम। परपंरागत शिल्प की गहरी जानकारी का रचनात्मक लाभ उनकी कृतियों में देखा जा सकता है।

जया अप्पासामी **(1918-1984)**

चित्रकार, कला समीक्षक और कला इतिहासकार जया अप्पासामी शांति निकेतन से प्रशिक्षित थीं। चीन जाकर उन्होंने चीनी कला शैली सीखी और ब्रश स्ट्रोक्स की जटिलताओं को पहचाना। तैलरंगों, जलरंगों और रंगीन स्याही में उन्होंने काम किया। एक समीक्षक के अनुसार जया की कला हमारी दुनिया की अराजकता और तनाव का एक विकल्प है।

जगदीश चंदर **(1954-)**

सोनीपत, हरियाणा में जन्मे जगदीश चंदर दिल्ली कला महाविद्यालय से प्रशिक्षित हैं। जगदीश के ब्रश स्ट्रोक्स अभिव्यंजनावादी चित्रकारों की तरह आक्रामक रहे हैं। रंगों के जटिल संसार में वह अपने समय की बेचैनी को चित्रित करते हैं। दिल्ली में रहते हैं।

जितीश कल्लाट **(1974-)**

मुंबई में जन्मे और जे.जे. स्कूल ऑफ आर्ट से प्रशिक्षित जितीश कल्लाट की अपनी एक बिल्कुल अलग चित्र भाषा है। जितीश आधुनिक शहरों के अनेक स्रोतों—विज्ञापन, टेलीविजन, सिनेमा, मेडिकल, डायग्राम, नक्शों, अखबारों की कतरनों, उपभोक्ता सामग्री की पैकेजिंग, स्नैपशॉट फोटोग्राफ, डिजिटाइज्ड कंप्यूटर आदि से खुकर प्रेरणा लेते हैं। उनके चित्रों में एक ओर शहरी जीवन का ग्लैमरस रूप होता है तो दूसरी ओर मजदूरों का अलगाव भी सामने आता है।

जयश्री चक्रवर्ती **(1956-)**

शांति निकेतन से प्रशिक्षित जयश्री चक्रवर्ती की कला ने पश्चिमी दुनिया का भी ध्यान अपनी ओर आकर्षित किया है। उन्होंने कला में टेक्सचर का बहुत संवेदनशील इस्तेमाल किया है। मूर्त से अमूर्त की उनकी यात्रा जटिल है पर उसमें एक पूर्ण अनुभव है।

जयश्री बर्मन **(1960-)**

कोलकाता में जन्मी जयश्री बर्मन शांति निकेतन, कोलाकाता और फ्रांस में प्रशिक्षित हैं। जयश्री बर्मन का कहना है कि जब मैं सोती हूं तो सपनों में कला नजर आती है। जब मैं जागती हूं, तो प्रत्येक रूपाकार और गति में मुझे कला नजर आती है। मेरी सांसों में ही कला बसी हुई है। जयश्री दिल्ली में रहती हैं। उनकी चित्रों में परंपरागत आकृतियां एक आधुनिक दुनिया में प्रवेश पाना चाहती हैं।

जय झरोटिया **(1945-)**

दिल्ली में जन्मे जय झरोटिया दिल्ली कला महाविद्यालय से प्रशिक्षित हैं। वहीं उन्होंने लंबे समय तक अध्यापन के बाद हाल में अवकाश प्राप्त किया है। पेंटिंग, प्रिंटमेकिंग और मूर्तिशिल्प तीनों में सक्रिय रहे हैं। हिंदी में कविताएं भी लिखीं हैं। फरीदाबाद में रहकर काम करते हैं। काव्यत्मकता, फैंटेसी और आधुनिक मनुष्य का पशु में बदल जाना उनकी दुनिया की खास पहचान है।

जैनुल अबेदीन **(1917-1976)**

1938 में जैनुल अबेदीन ने कोलकाता के कला महाविद्यालय (तब स्कूल) से डिप्लोमा प्राप्त किया और फिर कुछ समय तक वहीं पढ़ाया भी। बाद में उन्होंने ढाका में कला महाविद्यालय और कला आंदोलन का उपयुक्त वातावरण बनाया। 1943 में बंगाल के अकाल ने चित्रकार के रूप में उनकी मानसिकता पर गहरा असर डाला। उनके इस शृंखला के चित्र ऐतिहासिक महत्व के हैं। उन्होंने अतुल बोस से पोर्ट्रेट का प्रशिक्षण भी प्राप्त किया था। बंगाल की परंपरागत लोक कला से शुरू होकर पश्चिम के आधुनिक मास्टर कलाकारों से भी वह प्रभावित हुए। ग्रामीण और आदिवासी जीवन को उन्होंने अपने चित्रों में मार्मिक अभिव्यक्ति प्रदान की। जैनुल अबेदीन 1947 में कोलकाता कला महाविद्यालय की अपनी नौकरी छोड़कर पूर्व पाकिस्तान (अब बंगलादेश) चले गए थे।

जगन्नाथ पंडा **(1970-)**

मूर्तिशिल्प में भुवनेश्वर के बी.के. कॉलेज ऑफ आर्ट, वड़ोदरा कला महाविद्यालय और लंदन के रॉयल कॉलेज ऑफ आर्ट से प्रशिक्षित जगन्नाथ पंडा जापान जाकर भी काम कर चुके हैं। पेंटिंग में भी जगन्नाथ पंडा ने एक मौलिक चित्र भाषा विकसित की है। दिल्ली में रहते हैं।

जे.पी. गांगुली **(1876-1953)**

कोलकाता में जन्मे जामिनी प्रकाश गांगुली पोर्ट्रेट पेंटिंग में दक्ष थे। तैलरंगों में लैंडस्केप पेंटिंग में उनकी विशिष्ट प्रतिभा के कारण उन्हें 'भारत का विलियम टर्नर' भी कहा जाता था। लैंडस्केप में रोशनी को वह लगभग जादुई अभिव्यक्ति दे देते थे।

जी.आर. इनन्ना **(1970-)**

बीजापुर, कर्नाटक में जन्मे जी.आर. इरन्ना ने गुलबर्ग स्थित कॉलेज ऑफ विजुअल आर्ट तथा दिल्ली कला महाविद्यालय से प्रशिक्षण प्राप्त किया है। वढ़ेरा आर्ट गैलरी के 'इन सर्च ऑफ टैलेंट' प्रोग्राम में हुसेन और राम कुमार सरीखे दिग्गजों ने इरन्ना की प्रतिभा को पहचाना था। प्रेक्षकों ने इरन्ना के कैनवास में आधुनिक समय की पीड़ा को बताने वाले सूक्ष्म संकेतों और संवेदनशील टेक्सचर की ओर ध्यान दिया है। पत्नी पूजा (रामेश्वर बरूटा-शोभा बरूटा की बेटी) भी कलाकार हैं।

जरीना **(1937-)**

अलीगढ़ में जन्मी जरीना ने पेरिस के सुप्रसिद्ध 'एतेलियेर 17' से प्रिंटमेकिंग का प्रशिक्षण प्राप्त किया है। न्यूयॉर्क में रहती हैं। प्रिंटमेकिंग में अत्यंत कोमल संवेदना और तकनीकी दक्षता के कारण विख्यात। शुरू से वुडकट के क्षेत्र में उल्लेखनीय काम।

जी.के. महात्रे **(1876-1947)**

जे.जे. स्कूल ऑफ आर्ट, मुंबई में 1895 में दाखिला। शुरू में पेंटिंग की पढ़ाई, फिर मूर्तिशिल्प में दिलचस्पी की वजह से उसकी शिक्षा। परिवार में गणेश की मूर्तियां बनती रही थीं। छात्र के रूप में ही महात्रे का पहला बड़ा मूर्तिशिल्प 'मंदिर की ओर' था। उसे कई महत्वपूर्ण पुरस्कार मिले। 1900 में उसे पेरिस में भी दिखाया गया। जल्दी ही पेशेवर मूर्तिशिल्पी के रूप में स्थापित हो गए। 1913 के बाद बराबर कई तरह के काम किए—राजा-महाराजाओं के लिए भी। थोड़े समय जे.जे. स्कूल में पढ़ाया भी। फिर अपना स्टूडियो बना लिया। जे.जे. स्कूल से जुड़े रहे। अनेक सम्मान और पुरस्कार मिले।

जगमोहन चोपड़ा **(1935-)**

1958 में कला में डिप्लोमा। दिल्ली शिल्पी चक्र, आइफैक्स, 'ग्रुप 8' आदि के महत्वपूर्ण सदस्य कलाकार। 1957 से एकल प्रदर्शनियां। साठ के दशक के मध्य में जगमोहन चोपड़ा, जयकृष्ण और ज्योति भट्ट ने दिल्ली, लखनऊ और वड़ोदरा में ग्राफिक विधा को अत्यंत समृद्ध और उत्तेजक बनाया। जगमोहन भी जयकृष्ण की ही तरह सोमनाथ होर से प्रेरित-प्रभावित। जगमोहन चोपड़ा संयोजन में दक्ष हैं और उनके यहां रंगों का समृद्ध संसार मिलता है। तकनीकी स्तर पर भी उन्होंने नई संभावनाएं जगाईं। चंडीगढ़ के कला महाविद्यालय में प्रधानाचार्य रहे।

जगदीश स्वामीनाथन **(1928-1994)**

स्वामीनाथन का जन्म 21 जून, 1928 को शिमला में हुआ था। पचास के दशक के मध्य तक साम्यवादी दल से जुड़े रहे। पत्रकार और कला आलोचक के रूप में बरसों काम किया। दिल्ली और वारसा (पोलैंड) में थोड़ी बहुत कला की पढ़ाई। 1963 में 'ग्रुप 1890' की स्थापना की जिसने भारतीय कला जगत में काफी हलचल की। पंडित नेहरू ने इस ग्रुप की प्रदर्शनी का उद्घाटन किया। मेक्सिको के प्रख्यात कवि और राजनयिक आक्टेवियो पाज ने प्रदर्शनी का कैटलॉग लिखा। स्वामीनाथन द्वारा संपादित पत्रिका 'कांट्रा' ऐतिहासिक महत्व की कला पत्रिका रही। भारत में पहली त्रैवार्षिकी (1968) में स्वामीनाथन के काम का विशेष उल्लेख किया गया। 1968 में ही नेहरू फैलोशिप मिली। स्वामीनाथन कला के संगठन पक्ष में काफी सक्रिय रहे हैं। कलाकारों के विरोध आंदोलन का सफलतापूर्वक नेतृत्व करते रहे। 1969 में साओ पाओलो द्वैवार्षिकी की जूरी के सदस्य भी थे। 1982 में भोपाल में 'रूपंकर' (भारत भवन) की स्थापना की जिसकी खास बात यह है कि एक साथ आधुनिक कला और आदिवासी कला को वहां देखा जा सकता है। दिल्ली और भोपाल में रहकर काम करते रहे। दिल्ली में निधन। अपनी कला अभिव्यक्ति के बारे में 1978 में खुद स्वामीनाथन ने अच्छी टिप्पणी की थी : "इस अभिव्यक्ति के पीछे शायद बचपन में पहाड़ों के बीच पलने और बड़े होने की अनुभूति है। तकनीक के लिहाज से पेंटिंग-स्पेस में मैं क्लासिकी ज्यामिति का प्रयोग नहीं करता, बल्कि वक्रदेश की धारणा का प्रयोग करता हूं जिसमें वृक्ष, पर्वत, पक्षी की परछाईं—सब अपना-अपना देश-काल निर्धारित करते हैं। फिर भी वे दो आयामी कैनवास की पूर्णता को भंग नहीं करते। यह धारणा दार्शनिक रूप से मेरी आध्यात्मिक प्रवृत्ति के भी निकट लगती है और मुझे अपने सांस्कृतिक अतीत से जोड़ देती है।"

जोगेन चौधरी **(1939-)**

1939 में फरीदपुर (अब बंगलादेश में) में जन्म। 1960 में कॉलेज ऑफ आर्ट ऐंड क्राफ्ट्स, कोलकाता से ललित कला में स्नातक की उपाधि। फ्रांस में कला अध्ययन के लिए फ्रांसीसी सरकार की छात्रवृत्ति (1965-67)। गैलरी-26 के संस्थापक सदस्य और सचिव (1975-80)। कला पर लिखते हैं। बंगला में कविताएं भी। राष्ट्रपति भवन में कलाकृतियों के क्यूरेटर पद पर काम करने के बाद शांति निकेतन चले गए। वहां से अवकाश प्राप्त

करने के बाद कोलकाता और शांति निकेतन में रहते हैं। 1963 में एकल प्रदर्शनियों का सिलसिला शुरू। बचपन में बंगाल के विभाजन की स्मृतियों ने जोगेन की कल्पना-शक्ति में सामाजिक जागरूकता को केंद्रीय बना दिया। उनकी कला यथार्थ से जुड़ी है, उसका विरूपण है–साथ में स्वप्न और स्वैरकल्पना का उसमें गहरा मेल है। जोगेन ने तैलचित्रों में दिलचस्पी न दिखाकर काली और रंगीन स्याही, पैस्टल और मिश्रित माध्यमों से अपना चित्र संसार रचा है।

जॉर्ज कीट **(1901-1992)**

श्रीलंका के चित्रकार और कवि लेकिन भारतीय दर्शन, धर्म-संस्कृति से गहरे स्तर पर प्रभावित। कैंडी, श्रीलंका में जन्म। मां के पूर्वज डच थे जबकि पिता के पूर्वज श्रीलंका के थे। कीट ने बहुत छोटी उम्र में ही कला के आधुनिक मुहावरे को अच्छी तरह से पकड़ लिया था। 1930 में जब उनकी प्रदर्शनी हुई तो चिली के विश्वविख्यात कवि पाब्लो नेरूदा ने उनके चित्रों की खुलकर तारीफ की थी। 1920-25 में युवा रचनाकर्मी कीट पर रवींद्रनाथ ठाकुर के लेखन और व्यक्तित्व का बड़ा गहरा असर पड़ा। नतीजा यह हुआ कि वे बंगाल से जुड़ी हर चीज के प्रशंसक हो गए। हिंदू धर्म का गहन अध्ययन किया। बाद में बौद्ध धर्म को अपना लिया। जॉर्ज कीट की कला पर पिकासो, ब्राक और लेझे का बहुत स्पष्ट प्रभाव है। लेकिन उनमें एक अपनी प्रतिभा भी है। खुद कीट भारतीय परंपरा से बहुत गहरे स्तर पर जुड़े हुए थे और श्रीलंका के होने के बावजूद अपनी कला की जड़ें भारतीय परपंरा से ही जोड़ते रहे। कीट की कला न भारतीय है, न श्रीलंकाई और न एशियाई। उन्हें 'विश्व नागरिक' भी माना जा सकता है। किंतु आधुनिक भारतीय कला के विकास की समग्र समझ के लिए कीट के योगदान की उपेक्षा नहीं की जा सकती।

जेराम पटेल **(1930-)**

गुजरात के एक कस्बे में 1930 में जन्म। जे.जे. स्कूल ऑफ आर्ट, मुंबई में कला का अध्ययन। 1957-59 में सेंट्रल स्कूल, लंदन में रहे जहां उन्होंने टाइपोग्राफी और प्रचार डिजाइन में डिप्लोमा प्राप्त किया। 'ग्रुप 1890' के एक महत्वपूर्ण सदस्य। कागज पर रेखांकन और काष्ठ और धातु की चादरों पर रिलीफ के काम के कारण पहचान बनी। कलाकार, अध्यापक और डिजाइन सलाहकार के रूप में प्रतिष्ठित। 1966 से वड़ोदरा कला महाविद्यालय से संबद्ध रहे। तोक्यो और साओ पाओलो की द्वैवार्षिकियों में 1963 में हिस्सेदारी। अनेक बार ललित कला अकादेमी का राष्ट्रीय पुरस्कार पा चुके हैं। भारतीय कला की दुनिया में अपनी अलग और विशिष्ट पहचान। आज भी चित्र रचना के नए आयाम खोज रहे हैं। कागज पर चीनी स्याही से काले रंग के नित नए अर्थ खोज रहे हैं।

जे. सुलतान अली **(1920-1990)**

चेन्नई कला महाविद्यालय से शिक्षा। 1946 से एकल प्रदर्शनियां–सभी महत्वपूर्ण कला केंद्रों में। 1966, 78 में ललित कला अकादेमी का राष्ट्रीय पुरस्कार। ए.एस. रमन के शब्दों में, "सुलतान अली का प्रेरणा स्रोत दूसरा है : मध्यप्रदेश के बस्तर जिले की आदिवासी पुराकथाएं तथा शिल्प आधारित वस्तुएं। इन्होंने इन लोक कथाओं व फंतासी का बहुत रचनात्मक इस्तेमाल किया है। उनकी परिष्कृत कलाकृतियों की सघन संरचना में इन्हें सहज ही पहचाना जा सकता है।" कला में वह ऊर्जा की अभिव्यक्ति को महत्वपूर्ण मानते थे।

जतिन दास **(1941-)**

2 दिसंबर, 1941 को मयूरगंज (ओडिशा) में जन्म। कला में किशोरावस्था से ही रुचि। इंटर (विज्ञान) की

पढ़ाई अधूरी छोड़कर स्थापत्य की शिक्षा प्राप्त करने मुंबई चले गए। 1959 में जे.जे. स्कूल ऑफ आर्ट, मुंबई में दाखिला लिया। 1964 में प्रथम श्रेणी में डिप्लोमा। अनेक महत्वपूर्ण व चर्चित एकल प्रदर्शनियां। पेंटिंग के अलावा कई म्यूरल भी बनाए। ग्राफिक पर भी अच्छा अधिकार। कविताएं भी लिखते रहे हैं। संयोजन दक्षता के कारण एक अलग पहचान। मानव आकृति को कैनवास पर कई तरह से तोड़ा और जोड़ा है। दिल्ली में स्वतंत्र कलाकार के रूप में काम करते हैं। जतिन दास ने पंखों का भी एक अनोखा निजी संग्रहालय बनाया है।

जयकृष्ण **(1941-)**

अमरोहा (उ.प्र.) में 1941 में जन्म। लखनऊ में कला शिक्षा। 1963 से वहीं पर ग्राफिक विभाग में रहे। वरिष्ठ ग्राफिक कलाकार सोमनाथ होर से ग्राफिक की तकनीक सीखी। 1965-75 में ग्राफिक कला को नए आयाम देने वाले कलाकारों में से एक। राष्ट्रीय और अंतर्राष्ट्रीय पुरस्कार। लखनऊ कला महाविद्यालय के प्रिंसिपल भी रहे। अब रिटायरमेंट के बाद कला संस्थाओं में सक्रिय। चित्र रचना में भी सक्रिय हुए हैं।

ज्योति भट्ट **(1934-)**

1934 में वड़ोदरा में जन्म। वहीं से 1954 में पेंटिंग में डिप्लोमा। 1961-62 में इतालवी सरकार की छात्रवृत्ति से ग्राफिक कला का उच्च अध्ययन। 1964-65 में फुल ब्राइट स्कॉलरशिप के अंतर्गत न्यूयॉर्क गए। वड़ोदरा कला महाविद्यालय से संबद्ध रहे। देश-विदेश के अनेक प्रतिष्ठित पुरस्कार। गुजराती, हिंदी, अंग्रेजी में ग्राफिक कला पर कई महत्वपूर्ण लेख भी छपे हैं। फोटोकारी में विशेष रुचि। 1974 के बाद ज्योति भट्ट 'आटो ग्राफिक' दौर से 'फोटो ग्राफिक' दौर में आ गए। पेंटिंग-ग्राफिक-फोटोकारी की यह यात्रा महत्वपूर्ण है।

जहांगीर सबावाला **(1922-)**

मुंबई में 1922 में जन्म। प्रारंभिक स्कूली शिक्षा भारत और स्विट्ज़रलैंड में। 1942-44 में जे.जे. स्कूल ऑफ आर्ट, मुंबई में। 1945-47 में हथिरले स्कूल ऑफ आर्ट, लंदन में। 1948-51 में पेरिस में। 1951 से विश्व के अनेक प्रमुख कला केंद्रों में एकल प्रदर्शनियां। 1977 में पद्मश्री। ''मेरी पेंटिंग मेरे बारे में और मेरे भीतरी विकास के बारे में हैं। दूसरे लोग उनमें आध्यात्मिकता या रहस्यवाद देखना चाहते हैं तो उनका स्वागत है। मैं उन थोड़े से भाग्यशाली चित्रकारों में से हूं जिनके बारे में जनता और आलोचकों ने लगभग एक जैसे ही सोचा है। मुझे 'सुंदर' शब्द से डर नहीं लगता। मैं नहीं समझता कि उसका अर्थ कमजोर या भावुक पेंटिंग से है।'' लैंडस्केप पेंटिंग में सबावाला की ऐंद्रिकता और सुंदरता बेजोड़ रही है। यही उनकी कला की सीमा और संभावना है।

डाकोजी देवराज **(1944-)**

1944 में हैदराबाद में जन्म। वहीं से 1965 में एप्लाइड आर्ट में डिप्लोमा। वड़ोदरा से ग्राफिक कला का अध्ययन। फिर लंदन के चेल्सी स्कूल में (1975-76)। देश-विदेश में अनेक प्रदिर्शनियां। दिल्ली में रहते हैं और गढ़ी कार्यशाला में काम करते हैं। काले-सफेद रेखांकनों से ग्राफिक की दुनिया में आए और फिर पेंटिंग में भी आदिवासियों के गुफा चित्रों के विचित्र लोक में चले गए। पत्थरों के रूपाकारों का देवराज ने काफी इस्तेमाल किया है। ग्राफिक माध्यम में इसलिए भी खास दिलचस्पी है कि एक चित्र के अनेक संस्करणों की वजह से जनता तक कला का सौंदर्य पहुंचाया जा सकता है। पत्नी प्रतिभा डाकोजी भी सुपरिचित कलाकार।

डी. एल. एन. रेड्डी **(1949-)**

1969 में पेंटिंग में डिप्लोमा। 1970-71 में वड़ोदरा से ग्राफिक में प्रशिक्षण। फोटो यथार्थवाद का अलग तरह

से रचनात्मक इस्तेमाल। हैदराबाद में रहते हैं। आकृतिमूलक कला को नई दिशा देने की कोशिश जिसमें भारतीय जीवन की भी अच्छी झलक है।

तपन दाश **(1972-)**

पुरी, ओडिशा में जन्मे तपन दाश ने भुवनेश्वर के बी.के. कॉलेज ऑफ आर्ट ऐंड क्राफ्ट्स से प्रशिक्षण प्राप्त किया और दिल्ली आ गए। तपन दाश ने ओडिशा के जीवन और कला परंपरा का पश्चिमी आधुनिक कला मुहावरे से बहुत जीवंत मेल किया है। उनकी कला में पुरुष आकृतियां केंद्र में हैं पर वे उन्हें अनगिनत मुद्राओं में अद्‌भुत तकनीकी कौशल और कल्पना-शक्ति (जिसमें फैंटेसी भी होती है) से कैनवास पर चित्रित करते हैं।

तैयब मेहता **(1925-)**

गुजरात के गांव कपाड़वंज में 1925 में जन्म। मुंबई के जे.जे. स्कूल ऑफ आर्ट में कला की शिक्षा। 1959 में यूरोप चले गए। लंदन में करीब पांच साल तक रहे। 1965 में भारत वापस आ गए। 1968 में भारत की प्रथम त्रैवार्षिकी में पुरस्कृत। उसी साल रॉकफैलर फैलोशिप मिली। अमेरिका गए। देश-विदेश की महत्वपूर्ण प्रदर्शनियों में हिस्सा ले चुके हैं। फिल्म बनाने में गहरी दिलचस्पी है। 1970 में फिल्म प्रभाग के लिए 'कूडल' नाम से लघु फिल्म बनाई थी। देश के अग्रणी चित्रकारों में से हैं। तैयब मेहता की कलाकृतियों में मानव आकृति का केंद्रीय महत्व है। वे उसे अपना कला स्रोत मानते हैं। अमूर्त कला में उनकी दिलचस्पी नहीं रही है। खुद को अभिव्यंजनावादी कला आंदोलन के नजदीक मानते हैं। 2002 में क्रिस्टीज की नीलामी में 'सेलीब्रेशन' पेंटिंग डेढ़ करोड़ रुपए से भी अधिक कीमत पर बिकी और 2005 में क्रिस्टीज की ही नीलामी में 'महिषासुर' पेंटिंग 7 करोड़ रुपऐ में बिकी।

दत्तात्रय दिनकर आप्टे **(1953-)**

मिराज, महाराष्ट्र में जन्मे दत्तात्रय आप्टे ने वड़ोदरा कला महाविद्यालय से प्रिंटमेकिंग में पोस्ट डिप्लोमा प्राप्त किया है। प्रिंटमेकिंग में उन्होंने कई माध्यमों में प्रभावशाली काम किया है। तीन दशक से वह इस क्षेत्र में अनेक दिलचस्प प्रयोग कर रहे हैं।

दशरथ पटेल **(1928-)**

1928 में जन्म। 1949-53 में चेन्नई कला महाविद्यालय से कला में डिप्लोमा। 1953-54 में पेरिस से पोस्ट ग्रेजुएट डिप्लोमा। वहीं पर ग्राफिक का भी अध्ययन। अनेक एकल प्रदर्शनियां। डिजाइनर के रूप में अंतर्राष्ट्रीय ख्याति। 1981 में पद्मश्री। दशरथ पटेल की प्रतिष्ठा अनेक माध्यमों के कलाकार के रूप में है। सिरेमिक्स, कलात्मक, बर्तन, ग्राफिक, कोलाज, औद्योगिक डिजाइन, फोटोकारी, प्रदर्शनी डिजाइन आदि सभी क्षेत्रों में काम।

दमयंती चावला **(1920-)**

लाहौर स्कूल ऑफ फाइन आर्ट्स और लंदन के स्लेड स्कूल से प्रशिक्षित दमयंती चावला (विवाह से पहले बत्तरा) म्यूरल पेंटिंग में भी माहिर थीं। आकृतिमूलकता और अमूर्तन दोनों से ही वह प्रभावित हुईं। शुरू के वर्षों की उनकी कला का विशेष महत्व है।

दिनकर कौशिक **(1918-)**

1918 में जन्म। देश के प्रतिष्ठित कलाकार और कला समीक्षक। शंति निकेतन से कला शिक्षा। देश-विदेश की अनेक महत्वपूर्ण प्रदर्शनियों में हिस्सेदारी। 'काल और कला' नाम से हिंदी में एक चर्चित पुस्तक। कला अध्ययन के दायित्व से लंबे समय तक जुड़े रहे हैं। लखनऊ कला महाविद्यालय के प्रधानाचार्य भी रह चुके हैं। उसके बाद शांति निकेतन में रहे। एक महत्वपूर्ण शिक्षक, लेखक और चित्रकार।

देवयानी कृष्ण **(1918-2002)**

मुंबई के जे.जे. स्कूल ऑफ आर्ट से प्रशिक्षित देवयानी कृष्ण (विवाह से पहले जाधव) पेंटिंग, रेखांकन, सिरे. मिक्स और प्रिंटमेकिंग आदि सभी माध्यमों में सक्रिय थीं पर प्रिंटमेकिंग में उनका नाम उल्लेखनीय है। अल्लाह, बम-बम भोले और मां सरीखी प्रसिद्ध शृंखलाओं में उन्होंने ध्वनि और गति का सुंदर मेल चित्रित किया। रंगों, टेक्सचर, डिजाइन सेंस आदि में वह कुशल चितेरी थीं।

देवकीनंदन शर्मा **(1917-2005)**

प्रोफेसर देवकीनंदन शर्मा कला अध्यापक, फ्रैस्को तकनीक के मास्टर, पोर्ट्रेचर के विशषज्ञ और चिड़ियों के चितेरे के रूप में पहचाने जाते हैं। राजस्थान के प्रसिद्ध वनस्थली विद्यापीठ के कला विभाग के वह संस्थापक थे। 18 साल की उम्र में वह वनस्थली से जुड़े थे और अवकाश प्राप्त करने के बावजूद अंत तक वहां प्रोफेसर एमिराइटस के रूप में सक्रिय रहे। 1963 में लंदन की ट्रॉयन गैलरी में एक अंतर्राष्ट्रीय पक्षी प्रदर्शनी में उन्हें दुनिया के श्रेष्ठ पक्षी चित्रकारों के रूप में चुना गया था। अपने बनाए गए मोरों के लिए वह प्रसिद्ध हैं पर कौए उन्हें चित्रकार के रूप में अधिक चुनौती देते थे।

देवी प्रसाद **(1921-)**

देहरादून में जन्मे देवी प्रसाद कला भवन, शांति निकेतन में नंदलाल बोस और विनोद बिहारी मुखर्जी के छात्र थे। कला के अनेक क्षेत्रों में वह प्रशिक्षित हैं पर स्टूडियो पॉटरी में उनका योगदान महत्वपूर्ण है। मिट्टी को वह अपना महानतम मित्र मानते हैं। उनके व्यक्तित्व और कला में एक गांधीवादी विनम्रता है।

देवकृष्ण जटाशंकर जोशी **(1911-1984)**

डी.जे. जोशी का जन्म 7 जुलाई, 1911 को नर्मदा के तट पर बसे महेश्वर (मध्य प्रदेश) में हुआ। डी.डी. देवलालीकर से कला शिक्षा लेकर 1933 में मुंबई के चित्रकला में जी.डी. आर्ट की उपाधि। 1947 से एकल प्रदर्शनियों का सिलसिला शुरू। मध्य प्रदेश शासन के शिखर सम्मान से विभूषित। अपनी लगन और सजग कला दृष्टि के कारण बाहर के कला केंद्रों के प्रलोभन से बचकर डी.जे. जोशी ने मध्य प्रदेश को ही अपना क्षेत्र बनाया। ''अपनी संपन्न आधुनिक दृष्टि के बावजूद उन्होंने अपने कलात्मक प्रयत्न को अपनी स्वाभाविक और सुपरिचित मालवा भूमि से लगातार संबंधित रखा। अपने रंगारंग अंचल से प्रेरणा लेते हुए उन्होंने मालवा की नयनाभिराम प्राकृतिक सुषमा और मानवीय जीवन को आकर्षक अभिव्यक्ति दी। चित्रकला के साथ मूर्तिकला पर श्री जोशी का उल्लेखनीय अधिकार है।'' (मध्यप्रदेश शासन के एक प्रशस्ति पत्र (1975) से)।

देवी प्रसाद रायचौधुरी **(1899-1975)**

जिला रंगपुर, ताजहाट (अब बंगलादेश) में एक जमींदार परिवार में जन्म। बचपन से ही रेखांकन, चित्रकला व मिट्टी से मूर्ति बनाने में अद्भुत प्रतिभा दिखाई। पिता उन्हें अवनींद्रनाथ ठाकुर के पास ले गए। ठाकुर परिवार के जोड़ासांको स्थित प्रसिद्ध निवास में देवीप्रसाद ने अवनींद्रनाथ के मार्ग-दर्शन में कला का रास्ता अपनाया। जल्दी ही देवीप्रसाद एक मूर्तिशिल्पी और चित्रकार के रूप में प्रतिष्ठित हो गए। 1929 में चेन्नई

के शासकीय कला विद्यालय के प्राचार्य पद पर नियुक्त हुए। स्वतंत्र रूप से मूर्तिशिल्प भी बनाते रहे। 1957 में रिटायर हुए। ब्रितानी सरकार द्वारा एम.बी.ई. से सम्मानित किए गए। 1953 में ललित कला अकादेमी के पहले अध्यक्ष नामजद हुए। पद्मभूषण से सम्मानित। 1962 में अकादेमी के रत्न सदस्य निर्वाचित हुए। देवीप्रसाद को चित्रकार के रूप में परंपरावादी और मूर्तिशिल्पी के रूप में अकादेमिक माना जाता रहा। बहुमुखी प्रतिभाशाली यह कलाकार पहलवान, शिकारी, संगीतकार, लेखक सबकुछ था। एकल प्रदर्शनियों में इस कलाकार का कोई विश्वास नहीं था। दरअसल वे कलाकृतियों को प्रदर्शित करने के ही पक्ष में नहीं थे। उनका कहना था, ''जिस वस्तु को मैं बनाता हूं, उसे पूजता हूं, लोगों को दिखाने के लिए कलाकृतियों को जब तब ले जाया जाए, यह मैं कभी सोच भी नहीं सकता। कला के सच्चे प्रेमियों का हमेशा मेरे स्टूडियो में स्वागत है। क्या गांव के टूटे-फूटे मंदिर में भक्तजन नहीं जाते?''

धनराज भगत **(1917-1988)**

धनराज भगत का जन्म 20 दिसंबर, 1917 को पश्चिम पाकिस्तान में हुआ था। उन्होंने लाहौर के सुप्रसिद्ध मेयो कॉलेज से मूर्तिशिल्प में डिप्लोमा प्राप्त किया। 1977 में जब दिल्ली कला महाविद्यालय के मूर्तिशिल्प विभाग के अध्यक्ष के रूप में वे रिटायर हुए तो 35 साल के सक्रिय कला जीवन में वे भारतीय मूर्तिशिल्प को एक नई दिशा दे चुके थे। उन्होंने लगभग हर माध्यम में काम किया। हर तरह की रचना सामग्री का इस्तेमाल किया। धनराज भगत 1978 से बराबर बीमार थे। लंबे समय तक मूर्तिशिल्पी के रूप में काम करने की वजह से उनके कंधे में दर्द रहने लगा था। डॉक्टरों ने बताया कि मूर्तियां बनाने के कारण उन्हें शरीर पर अपेक्षाकृत अधिक भार डालना पड़ा। इसलिए अपने अंतिम दस वर्षों में धनराज भगत घर में ही रहने के लिए मजबूर हो गए। पर इस हालत में भी भगत ने हजारों की संख्या में रेखांकन बनाए। मूर्तिशिल्पी के लिए रेखांकन रचना प्रक्रिया का लगभग अनिवार्य अंग होता है पर अंतिम वर्षों में भगत ने जो रेखांकन बनाए उनका स्वतंत्र अस्तित्व था। चार्ल्स फाबरी ने भगत को आधुनिक मूर्तिशिल्पियों में सबसे महत्वपूर्ण माना था। छोटे कद, सरल और विनम्र स्वभाव के इस कलाकार से वे प्रभावित हुए थे। फाबरी ने इशारा किया कि लाहौर के दिनों से ही भगत ने अपनी रचना सामग्री (खासतौर से काठ) को भारतीय परंपरा से जोड़ना शुरू कर दिया था। बाद में उन्होंने टेराकोटा, तांबा, कांस्य, प्लास्टर, सीमेंट सभी तरह की रचना सामग्री का इस्तेमाल किया। उन्होंने लंबे समय तक भारत की ग्रामीण लोक कला का अध्ययन किया। इसलिए उनके अमूर्तन में बनावटीपन नहीं आया। नृत्य करते शिव की मुद्रा को भगत ने आधुनिक मूर्तिशिल्प की भाषा में पकड़ा। फाबरी ने तो यहां तक कहा था कि भगत ने इस दिव्य मुद्रा को जिस रूप में पकड़ा वह दक्षिण भारत के सर्वोत्कृष्ट कांस्य मूर्तिशिल्प में भी नहीं मिलती। भगत दिल्ली शिल्पी चक्र के जन्मदाता सदस्यों में से थे।

धर्मनारायण दासगुप्त **(1939-1998)**

शांति निकेतन के कला भवन से प्रशिक्षित धर्मनारायण दासगुप्त अपने चित्रों की स्वैरकल्पना (फैंटेसी) के लिए खासतौर से पहचाने जाते हैं। कोई आश्चर्य नहीं कि मार्क शागाल सरीखे चित्रकार उनके प्रिय चित्रकार थे। कालीघाट के चितेरों के परिहासभाव को भी उन्होंने अपनी चित्र भाषा का हिस्सा बनाया। बैंजनी, गुलाबी और हरे रंगों में उनके बंगाली 'बाबू' और उनकी बीवियां शागाल की दुनिया का कोलकाता के लैंडस्केप में रूपांतरण है। उन्होंने टैंपरा माध्यम से भी संवेदनशील काम किया है।

धर्मेंद्र राठौड़ **(1965-)**

जयपुर के राजस्थान स्कूल ऑफ आर्ट तथा दिल्ली कला महाविद्यालय से प्रशिक्षित धर्मेंद्र राठौड़ ने अपने प्रदेश के रंगों के जीवंत संसार का अपनी पेंटिंग में उल्लेखनीय इस्तेमाल किया है। दिल्ली में रहते हैं।

ध्रुव मिस्त्री **(1957-)**

1957 में कंजारी (गुजरात) के एक गांव में जन्म। वड़ोदरा कला महाविद्यालय से कला शिक्षा। राघव कनेरिया और छतपर सरीखे मूर्तिशिल्पियों से कला का प्रारंभिक प्रशिक्षण। 1976 से विभिन्न महत्वपूर्ण कला प्रदर्शनियों में हिस्सेदारी। रॉयल कॉलेज ऑफ आर्ट, लंदन में कला की उच्च शिक्षा। फिलिप किंग और जॉन डेवीज के साथ काम किया। लंदन में थोड़े समय में ही काफी चर्चा मिली तो वहीं रहकर काम करने लगे। ब्रिटेन में असाधारण चर्चा और सम्मान के बाद वापस अपने शहर वड़ोदरा आ गए। सत्तर के दशक में आधुनिक भारतीय मूर्तिशिल्प के उजाड़ में ध्रुव मिस्त्री ने आकृतिमूलक कला की एक नई लहर पैदा कर दी थी।

नोनी बोरपुजारी **(1950-)**

असमिया कलाकार नोनी बोरपुजारी प्रिंटमेकिंग में बाकायदा प्रशिक्षित न होते हुए भी इस क्षेत्र के महत्वपूर्ण कलाकार हैं। एक सरकारी स्कॉलरशिप पाकर वह नई दिल्ली के गढ़ी स्टूडियो में प्रिंटमेकिंग के क्षेत्र में काम करने के लिए आए। नोनी प्रिंटमेकिंग की तकनीक को लेकर शुद्धतावादी नहीं हैं। एचिंग की तकनीक नोनी को शुरू में प्रिय थी। बिजूखा (स्केयरक्रो) शृंखला ने नोनी की प्रतिभा की ओर कला जगत का ध्यान आकर्षित किया था।

नटराज शर्मा **(1958-)**

कर्नाटक में जन्मे और वड़ोदरा कला महाविद्यालय से प्रशिक्षित नटराज शर्मा समकालीन कला के प्रतिष्ठित चित्रकारों में से हैं। प्रतिष्ठित सदेबी पुरस्कार मिल चुका है। यंत्र-विधि पर बुरी तरह से आश्रित सभ्यता में चित्रकार ने जीवन-मृत्यु के प्रश्नों और मशीनी उजाड़ को पेंटिंग, ड्राइंग, सेरीग्राफी, कोलाज, एनीमेशन, वीडियो आदि में अभिव्यक्ति प्रदान की है। वड़ोदरा में रहते हैं।

नारायण रामकृष्ण सरदेसाई **(1885-1954)**

जे.जे. स्कूल से प्रशिक्षित नारायण रामकृष्ण सरदेसाई अनेक माध्यमों में दक्ष कलाकार थे। अपने समय के जन-जीवन के अनेक कल्पनाशील और यथार्थवादी चित्र उन्होंने बनाए हैं।

नीरज गोस्वामी **(1964-)**

पटना में जन्मे नीरज गोस्वामी मूलतः राजस्थान से हैं। दिल्ली कला महाविद्यालय के छात्र भी रहे और अध्यापक भी। 1988 में भारत भवन (भोपाल) के द्वितीय बिनाले में उन्हें पुरस्कार भी मिल चुका है। नीरज के चित्रों में रहस्य, आध्यात्मिक और काव्यात्मकता की अपनी एक अलग भाषा है। बहुत ज्यादा चित्र नहीं बनाते पर प्रेक्षक पर उनका असर कहीं ज्यादा देर तक रहता है।

नरेश कपूरिया **(1952-)**

1994 में आठवीं भारतीय त्रैवार्षिकी में पुरस्कार पा चुके नरेश कपूरिया इंस्टालेशन आर्ट में अनेक प्रयोग कर चुके हैं। उनकी कला में चित्रकला, मूर्तिशिल्प, कविता, संगीत, सिनेमा, स्थापत्य, नृत्य आदि का समग्र अनुभव समाहित है।

नरेंद्रपाल सिंह **(1963-)**

बिहार के एक गांव कोनंदपुर में जन्मे नरेंद्रपाल सिंह पटना कला महाविद्यालय से प्रशिक्षित हैं। लंबे समय से दिल्ली में रहते हुए भारतीय ग्रामीण जीवन और महानगर की सच्चाई के जबरदस्त विरोधाभास को कैनवास में उतारते रहे हैं। 1995 में इतावली फिल्मकार फेलीनी की फिल्मों से प्रभावित चित्र शृंखला 'ल दोल्चे वीता' (मधुर जीवन) बना चुके हैं।

नवजोत अल्ताफ **(1949-)**

मेरठ उत्तर प्रदेश में जन्मी नवजोत मुंबई के जे.जे. स्कूल से प्रशिक्षित हैं। बहुआयामी प्रतिभा वाली नवजोत पेंटर, मूर्तिशिल्पी, इंस्टालेशन आर्टिस्ट, फिल्मकार सभी कुछ हैं। मार्क्सवादी विचारधारा से प्रभावित नवजोत की कला में राजनीतिक नजरिए को भी संवेदनशील प्रस्तुति मिली है।

नयना कनोड़िया **(1950-)**

दिल्ली में जन्मी नयना कनोड़िया अर्थशास्त्र की छात्र थीं। स्वशिक्षित चितेरी ने अंजली इला मेनन की सोहबत में कुछ समय के लिए काम किया था। नयना के चित्रों में 'नाइव आर्ट' के तत्व पहचाने जा सकते हैं। अनगढ़पन, सजावटी रंग-रूपाकार, समकालीन समाज के प्रति एक तीखा नजरिया, परिहास भाव, एक नई स्त्री की छवि (जो न देवी है और न दया की पात्र है) उनकी कला की पहचान है। मुंबई में रहती हैं।

निकोलस रोरिक **(1874-1947)**

सेंट पीटर्सबर्ग (सोवियत संघ) में 1874 में जन्म। निकोलस रोरिक भारतीय कला की दुनिया में एक सम्मानित नाम हैं। इस सोवियत कलाकार को चिंतक, लेखक और सांस्कृतिक दूत का भी दर्जा प्राप्त है। विभिन्न विषयों पर रोरिक ने सात हजार से अधिक चित्र बनाए। कई स्थानों पर उत्खनन कार्य किया। रोरिक ने अपने जीवन के अंतिम बीस वर्ष भारत में बिताये और हिमालय को अपने चित्रों का विषय बनाया। रोरिक की ख्याति रंगों के जादूगर के रूप में भी रही है। रोरिक ने हिमालय का चित्रण बहुत दक्षता, गहरी दृष्टि के साथ किया है। असित कुमार हलदार के अनुसार, "प्राची की यथार्थ कल्पना, जिसका लाक्षणिक आकार हमें विशद् हिमालय में प्राप्त होता है, वास्तव में आधुनिक जगत के श्रेष्ठतम रचनात्मक दार्शनिक द्वारा अनुभूत हुई है। वह है कलाकार निकोलस रोरिक।" रोरिक 1928 में नग्गर (हिमालय प्रदेश) में बस गए। 15 दिसंबर, 1947 को उनका निधन हुआ।

निखिल विश्वास **(1930-1966)**

कोलकाता कला महाविद्यालय में शिक्षा। बचपन में बंगाल के दुर्भिक्ष ने मानसिकता पर गहरा असर डाला था। 1954 में एकल प्रदर्शनी। लगातार प्रदर्शनियों का सिलसिला। 36 साल की उम्र में दुखद निधन। खूब काम किया। सभी माध्यमों में पेंटिंग की। रेखांकन बनाए। समाज की अमानवीयता के प्रति विद्रोह के कारण 'हिंसक' किस्म की अभिव्यक्ति। कोलकाता में 13 सालों की रचनात्मक सक्रियता में निखिल विश्वास ने एक अलग छाप छोड़ी। पर उनकी कला में धैर्य नहीं था। एक बेचैनी थी और 'समय कम रह गया है' वाली प्रबल रचनात्मक ऊर्जा भी थी। भारत में जब अमूर्त कला की हवाएं तेज थीं तो निखिल विश्वास उसके असर से मुक्त रहे। तंत्रकला ने भी उन्हें प्रभावित नहीं किया।

नागजी पटेल **(1937-)**

गुजरात के एक गांव में 1 अप्रैल, 1937 को जन्म। 1964 में वड़ोदरा कला महाविद्यालय से मूर्तिशिल्प में एम.ए.। इनकी कलाकृतियां साओ पाओलो और एंटवर्प की द्वैवार्षिक प्रदर्शनियों में दिखाई जा चुकी हैं। वड़ोदरा में रहते हैं। आधुनिक भारतीय मूर्तिशिल्पियों में नागजी का विशिष्ट स्थान है। रहस्यमय और ऐंद्रिक किस्म के रूपाकारों के लिए नागजी पटेल जाने जाते हैं। 1961 और 1976 में राष्ट्रीय पुरस्कार मिल चुका है। संगमरमर का बड़ा संवेदनशील इस्तेमाल नागजी पटेल की कला में हमें मिलता है। पब्लिक आर्ट के क्षेत्र में उनका उल्लेखनीय काम सामने आया है।

नटवर भवसार **(1934-)**

गोठावा में 7 अप्रैल, 1934 को जन्म। मुंबई और वनस्थली में कला की शिक्षा। पैंसिलवानिया विश्वविद्यालय (अमेरिका) से कला की उच्च शिक्षा। रॉकफेलर फैलोशिप 1965-1968 में। 1963 में अमेरिका, आस्ट्रेलिया आदि में नियमित एकल प्रदर्शनियां। न्यूयॉर्क में रहते हैं और विदेश में बसे सफल भारतीय चित्रकारों में गिने जाते हैं।

नंदलाल बोस **(1882-1966)**

खड़गपुर (बिहार) में 3 दिसंबर, 1882 को जन्म। 1897 में कोलकाता आ गए। 1903-1905 में नंदलाल बोस ने स्केच आदि बनाना शुरू किए। राफेल से लेकर रवि वर्मा तक के चित्रों की नकल का काम किया। अवनींद्रनाथ ठाकुर के चित्रों में दिलचस्पी शुरू हो गई। 1905 में कोलकाता में गवर्नमेंट आर्ट स्कूल में दाखिला ले लिया। 1905 से रामायण के कथानक पर चित्र-शृंखला पर काम शुरू किया। 1909 में रवींद्रनाथ ठाकुर के संपर्क में आए—उनकी कविताओं को 'इलस्ट्रेट' भी किया। इसी साल लेडी हैरिंघम की टीम के सदस्य के रूप में अजंता के भित्तिचित्रों की नकल का महत्वपूर्ण काम किया। 1916 में जापानी चित्रकार अराई कैंपो रवींद्रनाथ के मेहमान थे। उनसे नंदलाल ने जापानी स्याही पेंटिंग की तकनीक सीखी। 1919 से कला भवन (शांति निकेतन) में नियुक्त किए गए। 1922 में वहां के अध्यक्ष पद पर नियुक्त किए गए। 1937-38 में कांग्रेस के हरिपुरा अधिवेशन के लिए एक विशेष पोस्टर शृंखला बनाई। कला संबंधी लेखों के संग्रह 'शिल्प कथा' का 1944 में प्रकाशन। 1951 में शांति निकेतन से अवकाश प्राप्त किया। 1954 में भारत सरकार ने पद्म विभूषण से सम्मानित किया। 1956 में ललित कला अकादेमी के रत्न-सदस्य बनाए गए। 'शिल्प चर्चा' का इसी वर्ष प्रकाशन। 16 अप्रैल, 1966 को निधन। नंदलाल बोस का कहना था, ''सौंदर्य के अभाव से मनुष्य केवल रस के क्षेत्र में वंचित नहीं होता, अपने मानसिक और शारीरिक स्वास्थ्य की दृष्टि से भी वह क्षतिग्रस्त होता है।''

नारायण श्रीधर बेंद्रे **(1910-1992)**

नारायण श्रीधर बेंद्रे का जन्म 21 अगस्त, 1910 को इंदौर (मध्यप्रदेश) में हुआ था। 1933 में उन्होंने आगरा विश्वविद्यालय से ग्रेजुएशन किया और कला का प्रारंभिक प्रशिक्षण डी.डी. देवलालीकर की देखरेख में इंदौर में हुआ। 1934 में मुंबई से पेंटिंग में डिप्लोमा भी लिया। 1936-39 में कश्मीर में काम किया। शबीहें, भित्तिचित्र, इलस्ट्रेशन—सब तरह का काम किया। बेंद्रे को सफलता काफी शुरू में ही मिल गई थी। 1941 में उन्हें मुंबई आर्ट सोसायटी का प्रतिष्ठित स्वर्ण पदक मिला था। 1946 में उन्हें आर्ट सोसायटी ऑफ इंडिया (मुंबई) की पटेल ट्राफी भी मिली। बाद में इस सोसायटी के वे अध्यक्ष भी बने। 1943 में बेंद्रे की पहली एकल प्रदर्शनी मुंबई में हुई। 1947-48 में वे यूरोप और अमेरिका गए। लौटकर मुंबई में बेंद्रे ने अपनी दूसरी एकल प्रदर्शनी 1950 में की। बाद में बेंद्रे एम एस विश्वविद्यालय वड़ोदरा के कला विभाग में चले गए। वहां पर उन्होंने अनेक

नामी चित्रकारों को कला का प्रशिक्षण दिया। बेंद्रे के चित्र अपने रंगों के कारण असाधारण माने जाते रहे हैं। वे नकली और सतही आधुनिकता से दूर रहे हैं। आधुनिक भारतीय कला में उनका अपना विनम्र योगदान है।

नरेन पांचाल **(1939-)**

1939 में गुजरात के सूरत जिले में स्थित उच्चर गांव में जन्म। बचपन परेशानियों में बीता। पढ़ाई में मन नहीं लगता था लेकिन रेखांकन का शौक बचपन से ही था। जे.जे. स्कूल ऑफ आर्ट से कला शिक्षा। आल इंडिया हैंडीक्राफ्ट्स बोर्ड में खिलौनों के डिजाइनर की भी नौकरी की। राजस्थान, कच्छ, काठियावाड़ और गुजरात के ग्रामीण जीवन के अनेक चित्र नरेन पांचाल की कला में उभरे। पतली अल्यूमिनियम की चद्दरों पर आकृतियां उभार कर उन्हें फिर से रंगने का अपना अलग तरीका भी विकसित किया। लोक कला से बहुत कुछ सीखने वाले कलाकार।

नरीन नाथ **(1937-)**

1937 में यवतमाल (महाराष्ट्र) में जन्म। इंदौर स्कूल ऑफ फाइन आर्ट्स में अध्ययन। 1960 में जे.जे. स्कूल ऑफ आर्ट, मुंबई से 'प्राइवेट' छात्र के रूप में डिप्लोमा। 1962 से दिल्ली में। ललित कला अकादमी के गढ़ी स्टूडियो में काम करते रहे हैं। 1969 में गैलरी चाणक्य दिल्ली में पहली एकल प्रदर्शनी। 1975 में बर्लिन में भी प्रदर्शनी। हुसेन ने एक समय में नरीन नाथ को कुछ चुने हुए कलाकारों में रखा था जिनमें संभावनाएं हैं। नरीन नाथ ने निराश नहीं किया है। उनका एक अपना अलग संसार है। बड़े आकार के कैनवास बनाते रहे हैं। राग-रागनियों पर एक चित्र-शृंखला। फरीदाबाद में रहकर काम करते हैं।

नीरद मजूमदार **(1916-1982)**

11 मई, 1916 को कोलकाता में जन्म। नीरद मजूमदार के बारे में कहा गया है कि वे भविष्य की व्याख्या अतीत के माध्यम से करना चाहते थे। नीरद मजूमदार को दरअसल उतनी चर्चा नहीं मिल पाई जिसके वे अधिकारी थे। नीरद मानते थे कि कला देखने की चीज है—लिखने या बात करने की नहीं। नीदर ने सेजां से चित्र संरचना सीखी, ब्रांकुसी से 'आत्म-नाश' और ब्राक ने सिखाया कि कैसे रचा जाए—'बिल्ड' किया जाए। बंगाल स्कूल ने सिर्फ भारतीय कला की समझ का रास्ता खोला। नीरद मजूमदार के अनुसार कला महविद्यालयों में भारतीय और पश्चिमी दोनों कलाओं की अच्छी शिक्षा दी जानी चाहिए। खुद नीरद मजूमदार को ब्राक, ब्रांकुसी सरीखे बड़े कलाकारों से सीखने-जानने का दुर्लभ आत्मीय अवसर मिला था। पर अपने शहर कोलकाता में भी वे लगभग एक अनजान कलाकार के रूप में काम करते रहे। इंडियन सोसायटी ऑफ ओरिएंटल आर्ट स्कूल से ग्रेजुएशन। वहीं अवनींद्रनाथ ठाकुर से शिक्षा मिली। विद्रोही 'कोलकाता ग्रुप' के एक संस्थापक सदस्य। साप्ताहिक 'देश' में संस्मरण लिखे 'पुनश्च पारी' नाम से जो मृत्यु के बाद पुस्तक रूप में भी छपे। भारत के बड़े आधुनिक चित्रकारों में गिने जाते हैं। कला में प्रतीकों का बड़ा सावधान किस्म का इस्तेमाल मिलता है। प्राचीन काल के सांस्कृतिक स्रोतों और मूल्यों को वर्तमान के सौंदर्यशास्त्र से जोड़ने की सार्थक कोशिश की।

नीलिमा शेख **(1945-)**

दिल्ली में 1945 में जन्म। वड़ोदरा कला महाविद्यालय से एम.ए. करने के बाद वहीं पर अध्यापन। सुपरिचित चित्रकार गुलाम मोहम्मद शेख से विवाहित। रंगों का संवेदनशील इस्तेमाल इनकी कला की प्रमुख पहचान। कला में एक तरह का नास्टेल्जिया (अतीत-मोह)। स्त्रियों के जीवन का मर्मस्पर्शी चित्रण। भारतीय परंपरागत कला से एक आधुनिक संवाद।

नलिनी मलानी **(1946-)**

1946 में जन्म। 1969 में सर जे.जे. स्कूल ऑफ आर्ट से स्नातक उपाधि। फ्रांस में 1970 से 72 तक चित्रकला व ग्राफिक का अध्ययन। 1966 के बाद से नियमित कला प्रदर्शनियां। नलिनी की एक चर्चित चित्र-शृंखला में अपने सारे अंतर्विरोधों और दुचित्तेपन के साथ लोगों के समूह हैं, एक-दूसरे से जुड़े हुए। स्वयं कलाकार के अनुसार, ''इस सीरीज को कुछ मूल संबंधों जैसे मर्द-औरत, पिता-माता-बच्चा के विभिन्न पहलुओं और रोल को चित्रात्मक अर्थ में परिभाषित करने और समझने की कोशिश के रूप में देखा जाना चाहिए। औरत यहां बच्ची, किशोरी, पत्नी, प्रेमिका, बेटी, मां आदि कई रूपों में आती है। मुझे औरत को एक व्यापक प्ररिप्रेक्ष्य में चित्रित करना पड़ा। मुझे इन तमाम बातों पर गौर करना पड़ा जो रोजमर्रा की सच्चाइयों में, फिर वे आदिम हों, ऐतिहासिक, सामाजिक या भावात्मक, बनी रहती हैं।'' पिछले कुछ सालों में नलिनी ने वीडियो इंस्टालेशन में उल्लेखनीय काम किया है।

नसरीन मोहमदी **(1937-1990)**

1937 में कराची (अब पाकिस्तान में) में जन्म। हाईस्कूल के तुरंत बाद लंदन चली गईं जहां सेंट मार्टिन स्कूल ऑफ आर्ट में पढ़ाई। 1958 में भारत आ गईं और कला प्रेमियों का ध्यान तुरंत आकर्षित किया। 1961 में फ्रांस में ग्राफिक के अध्ययन का अवसर मिला! मुंबई, दिल्ली के बाद वड़ोदरा कला महाविद्यालय से संबद्ध हुईं। पेंटिंग, कोलाज से शुरू होकर मुख्यतः स्याही के रेखांकनों के कारण नसरीन ने अपनी विशिष्ट पहचान बनाई थी। ज्यामितिक रूपाकारों का एक संतुलित संसार उनकी रचनात्मकता की प्रमुख पहचान है। फोटोग्राफी के क्षेत्र में भी उन्होंने काफी महत्वपूर्ण काम किया है।

परेश मायती **(1965-)**

कोलकाता और नई दिल्ली के कला महाविद्यालयों से प्रशिक्षित परेश मायती लैंडस्केप और सीस्केप के कुशल चितेरे हैं। कोई आश्चर्य नहीं कि वेनिस (इटली) शहर उन्हें सम्मोहित और आकर्षित करता है। जलरंग चित्रण में विशेष योग्यता। रोमांटिक पेंटर कहे जाते हैं जो दिमाग से ही नहीं, दिल से भी पेंट करता है।

पेस्तोनजी बोमानजी **(1851-1938)**

मुंबई में जन्म और जे.जे. स्कूल से प्रशिक्षण। बाद में जे.जे. स्कूल के पहले भारतीय उप-प्रधानाचार्य बने। लेखक रुडयार्ड किपलिंग के इलस्ट्रेटर पिता जॉन लॉकवुड किपलिंग ने शुरू में प्रेरित किया। अजंता की यात्रा ने बोमानजी पर गहरा असर डाला। ब्रिटिश अकादेमिक शैली के प्रारंभिक कुशल चितेरे। पोर्ट्रेट पेंटिंग, स्टिल लाइफ आदि में विशेष योग्यता। ऑयल पेंटिंग के प्रारंभिक विशेषज्ञों में से एक। पारसी चेहरों और जीवन-शैली के अद्‌भुत चित्रकार थे। लंदन की नेशनल पोर्ट्रेट गैलरी के निदेशक ने उन्हें एक बार 'भारत का रेंब्रां' कहा था।

प्रमोद गणपत्ये **(1953-)**

22 नवंबर 1953 को देवास (म.प्र.) में जन्म। उज्जैन से पुरातत्व विज्ञान व कला शिक्षा। वड़ोदरा से संग्रहालय विज्ञान की शिक्षा। राष्ट्रपति भवन में कला अध्यक्ष रह चुके हैं। आजकल राष्ट्रीय संग्रहालय से संबद्ध। कला पर काफी लिखा है। मिनियेचर कला के विशेषज्ञ हैं। आज मध्यप्रदेश के अधिकांश कलाकार रजा के प्रभाव के चलते अमूर्त कला की दुनिया से बाहर नहीं आना चाहते हैं लेकिन प्रमोद गणपत्ये ने आकृतिमूलक कला का रास्ता अपनाया जिसमें स्त्री के शरीर की भाषा को एक नये ढंग से हासिल किया है।

प्रशांत राय **(1908-1973)**

कोलकाता में जन्मे प्रशांत राय ने जोड़ासांको (टैगोर हाउस) में अवनींद्रनाथ और गगनेंद्रनाथ से कला का प्रशिक्षण प्राप्त किया था। लंबे समय तक वह शांति निकेतन से संबद्ध रहे। जलरंग वाश तकनीक के वह कुशल चितेरे थे। बारिश में कोलकाता की सड़क का सुंदर दृश्य हो या 'अरेबियन नाइट्स' की स्वैरकल्पना प्रधान दुनिया हो—प्रशांत राय का एक अपना आश्चर्यलोक था।

प्राण नाथ मागो **(1923-)**

मुंबई के जे.जे. स्कूल ऑफ आर्ट से प्रशिक्षित प्राण नाथ मागो विभाजन के कारण रावलपिंडी से दिल्ली आने के लिए मजबूर हो गए थे। पी.एन. मागो कला समीक्षक के रूप में भी दिल्ली में सक्रिय रहे हैं। उनके चित्रों पर पश्चिमी मास्टर कलाकारों का स्पष्ट असर था पर भारतीय लघुचित्रों की बनावट का उनकी कला पर प्रभाव एक नई चित्र भाषा को जन्म देता है।

पंकज पवार **(1961-)**

कला भवन, शांति निकेतन और वड़ोदरा कला महाविद्यालय से प्रशिक्षित पंकज पवार ने लंदन के रॉयल कॉलेज में भी प्रशिक्षण प्राप्त किया है। इन दिनों वह कला भवन से संबद्ध हैं। 2004 में उन्हें ललित कला अकादेमी का राष्ट्रीय पुरस्कार भी मिला था। फाइबरग्लास में उन्होंने मनुष्य और प्रकृति के रिश्तों को दिलचस्प ढंग से पहचाना है।

प्रभाकर कोल्टे **(1946-)**

प्रभाकर कोल्टे ने मुंबई के जे.जे. स्कूल ऑफ आर्ट से प्रशिक्षण प्राप्त करके वहां 22 साल तक पढ़ाया भी। अब मुंबई में रहकर स्वतंत्र रूप से काम करते हैं। कोल्टे अमूर्त चित्रण की दुनिया में अपनी एक विशिष्ट पहचान रखते हैं।

प्रतुल दाश **(1974-)**

प्रतुल दाश ने भुवनेश्वर स्थित बी.के. कॉलेज ऑफ आर्ट्स ऐंड क्राफ्ट्स से ग्रेजुएशन करने के बाद दिल्ली कला महाविद्यालय से एम.एफ.ए. किया है। 2004 में इटली में प्रतिष्ठित कला संस्थान यूनीडी की रेजीडेंसी। पेंटिंग के अलावा वीडिया फिल्मों के निर्माण में भी गहरी दिलचस्पी। दिल्ली में रहते हैं।

प्रवीर गुप्ता **(1960-)**

कोलकाता में जन्मे प्रवीर गुप्ता ने कोलकाता कला महाविद्यालय से पेंटिंग और म्यूरल का प्रशिक्षा प्राप्त किया है। बाद में उच्च अध्ययन के लिए पेरिस गए। दसवीं त्रैवार्षिकी (भारत) में पुरस्कृत। पेंटिंग व इंस्टालेशन के अलावा वर्कशॉप, पब्लिक आर्ट प्रोजेक्ट्स भी आयोजित करते हैं। एक्टिविस्ट भी हैं। दिल्ली में रहते हैं। समकालीन समाज की हिंसा और विसंगतियों पर कला में गंभीर टिप्पणियां।

पी. खेमराज **(1934-2000)**

1934 में मुंबई में जन्म। कलाकारों-संगीतकारों के परिवार से। पेंटिंग करने के अलावा सरोद व वायलिन भी

बजाते थे। मुंबई के जे.जे. स्कूल ऑफ आर्ट और पेरिस में 1962-65 में अध्ययन। 1963 से एकल प्रदर्शनियां। म्यूरल में भी काफी काम किया था। रंग-रेखाएं सहज ढंग से सुंदर संसार रचने की कोशिश करती थीं। लगभग गाती हुई रेखाएं थीं।

पी.टी. रेड्डी **(1915-1996)**

1940 में मुंबई के जे.जे. स्कूल ऑफ आर्ट से पेंटिंग में डिप्लोमा। 1941 में म्यूरल पेंटिंग की छात्रवृत्ति मिली और उसी साल म्यूरल का एक पुरस्कार भी। 1941 में समकालीन भारतीय चित्रकारों के एक ग्रुप का संगठन किया। 1944-47 में फिल्म उद्योग, छापाखाने और कमर्शियल स्टूडियो वगैरह में काम। बाद में हैदराबाद आ गए और लंबे समय तक आंध्रप्रदेश में कला गतिविधियों का सफल संचालन किया। 1978 में ललित कला अकादेमी की रत्न सदस्यता।

प्रदोष दासगुप्त **(1912-1991)**

10 जनवरी 1912 को जन्म। 1932 में कोलकाता विश्वविद्यालय से ग्रेजुएशन। 1932-33 में लखनऊ कला महाविद्यालय और 1934-37 में चेन्नई कला महाविद्यालय से अध्ययन। 1937-39 में रॉयल एकेडमी ऑफ आर्ट्स, लंदन और एल.सी.सी. सेंट्रल स्कूल, लंदन में अध्ययन। 1942 के प्रसिद्ध 'कलकत्ता ग्रुप' से संस्थ. ापक सदस्य। इस ग्रुप ने बंगाल स्कूल के खिलाफ सशक्त आवाज उठाई थी। देवी-देवताओं के चित्रण से ये कलाकार ऊब चुके थे। अपने आसपास के लोगों और समाज के प्रति वे जागरूक होने की कोशिश कर रहे थे। नीरद मजूमदार, प्रदोष दासगुप्त, शुभो ठाकुर, गोपाल घोष, परितोष सेन, रथीन मित्रा, प्राणकिशनपाल, राम किंकर, गोवर्धन आश, अवनी सेन, सुनील माधव सेन और हेमंत मिश्र सरीखे नाम इस ग्रुप से जुड़े थे। एमएस विश्वविद्यालय वड़ोदरा के कला विभाग में मूर्तिशिल्प विभाग के अध्यक्ष, 1950। 1951-56 में कोलकाता गवर्नमेंट कॉलेज में मूर्तिशिल्प के प्रोफेसर। 1957-67 में राष्ट्रीय कला संग्रहालय के क्यूरेटर और 1969 तक निदेशक। देश-विदेश में अनेक एकल प्रदर्शनियां। किताबें भी लिखी हैं। अमूर्तन में अनेक प्रयोग किए। हेनरी मूर का भी असर रहा लेकिन धीरे-धीरे उनकी कला की अपनी पहचान बनी। पश्चिमी अमूर्तन से वे ऊपर उठे। एक भारतीय 'सिंफनी' रचने में वे सफल हुए।

पांडुरंगैया दरोज **(1944-)**

दरोज का जन्म 1944 में हैदराबाद में हुआ। वहीं कला महाविद्यालय में प्रारंभिक प्रशिक्षण। वड़ोदरा में 1970 में सिरेक्मिस में अध्ययन के लिए गए। 1981 में दिल्ली की गढ़ी कार्यशाला में काम शुरू किया। अनेक एकल प्रदर्शनियां। सिरेमिक्स को आधुनिक संदर्भ और भाषा देने वाले कलाकारों में प्रमुख। दरोज एक कवि की तरह मिट्टी, चाक और आग के मेल को देखते हैं। उनकी बोतलें तितली बन जाती हैं, बर्तन जख्मी हो जाते हैं और कलाकृतियां यूएफओ (उड़नतश्तरियों) में बदल जाती हैं। ग्राफिक और सिरेमिक्स के मेल के प्रयोग भी किए हैं। ''मुझे सिरेमिक्स माध्यम इसलिए पसंद है कि इसमें कला का ही नहीं, विज्ञान का आधार भी चाहिए। और फिर यह सबसे पुराना माध्यम है इसलिए इसने शुरू से ही आकर्षित किया।''

प्रफुल्ल मोहंती **(1936-)**

ओडिशा के गांव नानपुर में जन्म हुआ। वहीं पले-बढ़े। मुंबई में स्थापत्य का अध्ययन। 1960 में इंग्लैंड चले गए—एक वास्तुशिल्पी के रूप में काम करने के लिए। 1964 में लीड्स में टाउन प्लानिंग का डिप्लोमा। उसी साल वहीं पर पेंटिंग की पहली एकल प्रदर्शनी। 1965-69 तक वास्तुशिल्पी के रूप में काम करने के बाद

सृजनात्मक कलाओं के पक्ष में यह काम छोड़ दिया। 'माई विलेज, माई लाइफ' पुस्तक का कई भाषाओं में अनुवाद। विश्व के अनेक कला केंद्रों में प्रदर्शनियां। प्रफुल्ल मोहंती नवतंत्र कलाकारों में गिने जाते हैं। उनकी कला पर भारतीय परंपरा और ओडिशा के ग्रामीण संस्कारों का गहरा असर है। लंदन में रहते हैं। भारत आते-जाते रहते हैं।

प्रभाकर बर्वे **(1936-1995)**

16 मार्च, 1936 को जन्म। 1959 में जे.जे. स्कूल ऑफ आर्ट में डिप्लोमा। 1961 से एकल प्रदर्शनियां। 1976 में ललित कला अकादेमी का राष्ट्रीय पुरस्कार। समकालीन कलाकारों में स्पेस का बहुत संवेदनशील इस्तेमाल करने वाले कलाकारों में से एक माने जाते थे। चीजें हों या चिड़िया—उनकी परछाई भी इस स्पेस में अपनी एक जगह बना लेती हैं। तंत्र कला से भी प्रभावित थे पर सतही स्तर पर नहीं।

पी. मनसाराम **(1934-)**

माउंट आबू, राजस्थान में जन्मे मनसाराम ने जे.जे. स्कूल ऑफ आर्ट, मुंबई से कला की शिक्षा प्राप्त की। हॉलैंड और कनाडा में भी कला का उच्च अध्ययन। कनाडा में रहने के बावजूद भारत आकर प्रदर्शनियां करते रहते हैं। उन्हें हरफनमौला कलाकार माना जाता है। फोटोकार, अमूर्त चित्रकार, कला शिक्षक, राजस्थानी लोक परंपरा के व्याख्याता—उनके अनेक रूप हैं। आकृतियां भी जब आती हैं तो एक अलग ही शैली में। माउंट आबू में 'मीत' नाम से कला केंद्र की स्थापना। कनाडा में रहते हैं।

परमजीत सिंह **(1935-)**

अमृतसर में 1935 में जन्म। 1958 में दिल्ली पोलीटेकनिक से कला में डिप्लोमा। युवा चित्रकारों और मूर्तिशिल्पियों की टोली 'द अननोन' के संस्थापक सदस्य (1960-63)। 1970 में ललित कला का राष्ट्रीय पुरस्कार। 1967 से लगातार देश-विदेश में एकल प्रदर्शनियां। लैंडस्केप को परमजीत सिंह ने एक नया और अद्‌भुत विस्तार दिया है। शुरू में कला में अतियथार्थवादी रुझान भी। 1979 की एक प्रदर्शनी के कैटलॉग में प्रयाग शुक्ल ने लिखा था : "परमजीत की रंग सामग्री घनी गाढ़ी है, कभी वह इतनी तरल भी है कि पानी की चमकती सतह बन सके और कई बार बादलों जितनी भारहीन भी। रंगों पर वश तो उन जैसे चित्रकार से अपेक्षित है ही, लेकिन दरअसल रंगों के प्रति उनका लगाव उनके काम के कई स्तर बनाता है। आकाश, पेड़, घास, पानी, छोटा-सा रास्ता उनके चित्रों में कई तरह के प्रकाश के बीच है या कई तरह का प्रकाश उनके बीच है।"

परितोष सेन **(1918-)**

18 अक्तूबर, 1918 को ढाका (अब बंगलादेश) में जन्म। चेन्नई कला महाविद्यालय से ग्रेजुएशन (1939)। 1950-51 में पेरिस में अध्ययन। कला इतिहास, म्यूरल पेंटिंग की विशेष शिक्षा। 1941 से लगातार एकल प्रदर्शनियां। कला पर लिखते भी रहे हैं। परितोष सेन की कला पर बंगाल के दुर्भिक्ष, द्वितीय विश्व-युद्ध और विभाजन का गहरा असर पड़ा। यूरोपीय कला की उपलब्धियों और अपने देश की कला की जड़ों की खोज ने परितोष सेन को एक नया रास्ता दिखाया। कोलकाता की सड़कों पर रहने वाले लोगों पर एक महत्वाकांक्षी चित्र-शृंखला बनाई। नाई, रिक्शावाला, बंदरवाला—आम लोग कैनवास पर आए। 'नैरेटिव पेंटर' के रूप में शुरुआत हुई थी। फिर वापस वहीं आए। मानव-दशा के प्रति चिंता परितोष सेन की कला के केंद्र में है। परितोष सेन चालीस के दशक में विद्रोही 'कलकत्ता ग्रुप' के एक महत्वपूर्ण सदस्य थे। लंबे सक्रिय कला जीवन में अनेक उपलब्धियां।

पीराजी सागरा **(1931-)**

जे.जे. स्कूल ऑफ आर्ट, मुंबई से कला शिक्षा। 1964 से एकल प्रदर्शनियां। 1963 में ललित कला अकादेमी का राष्ट्रीय पुरस्कार। 1960 तक अमूर्त कला के आतंक में रहे। फिर महसूस हुआ कि अमूर्त कला जैसी चीज तो कोई है ही नहीं। शुरू में 'डेकोरेटिव' किस्म का काम। बाद में रचना सामग्री भले ही 'डेकोरेटिव' रही पर काम 'डेकोरेटिव' नहीं। तमाम माध्यमों में काम किया है। पैस्टल से लेकर कीलें ठोककर भी काम किया है। पेशे से कला अध्यापक होने के कारण पीराजी को यह बात जरूरी लगी कि हर तरह के माध्यम में काम किया जाए।

पीलू पोचखानवाला **(1923-1986)**

मुंबई में 1923 में जन्म। मुंबई विश्वविद्यालय से वाणिज्य में स्नातक उपाधि। आधुनिक भारतीय मूर्तिशिल्प की एक अग्रदूत। दाविएरवाल्ला और पीलू पोचखानवाला ने अंतर्राष्ट्रीय मूर्तिशिल्प के मुहावरे को भी पकड़ा और भारतीय पंपरा से उसे जोड़ने-समझने की एक विनम्र कोशिश भी की। विभिन्न माध्यमों में काम किया। मुंबई सरीखे महानगर में रहते हुए औद्योगिक कबाड़ को कला में बदलने का सपना भी सहज-स्वाभाविक था। पीलू पोचखानवाला 'मृत' समझी जाने वाली सामग्री को भी जीवित कर देती थीं। पीलू ने विशाल मूर्तिशिल्प भी बनाए। विदेशों में काम दिखाया और सराहा गया। 1969 और 1971 में साओ पोओलो द्वैवार्षिकी में हिस्सा लिया। 1970 में ब्रिटिश काउंसिल के निमंत्रण पर इंग्लैंड गईं। 1980 में अमेरिका में रहीं। पीलू के काम में एक कशिश है, एक उड़ान है।

पी.वी. जानकीराम **(1930-1995)**

15 अक्तूबर, 1930 को चेन्नई में जन्म। चेन्नई कला महाविद्यालय में पेंटिंग और मूर्तिशिल्प का अध्ययन। 1964 में वहां शिक्षक के रूप में जुड़े। शुरुआत एक पेंटर के रूप में हुई थी लेकिन बाद में मूर्तिशिल्प को ही अपनी अभिव्यक्ति का माध्यम बनाया। सीमेंट और मिट्टी में काम शुरू किया। कुम्हारों आदि के प्रति जानकीराम का आकर्षण शुरू से ही था। सीमेंट में जानकीराम ने कुछ प्रभावशाली शबीहें, बिल्ली वगैरह के मूर्तिशिल्प बनाए। लेकिन जानकीराम का वास्तविक काम धातु की चादरों से शुरू हुआ। दक्षिण भारतीय मंदिरों में धातु मूर्तिशिल्प की अत्यंत समृद्ध परंपरा है। उनमें उत्कृष्ट डिजाइन मिलता है। जानकीराम ने इस पंरपरा को एक नया विस्तार दिया था। इस तकनीक में उन्होंने महत्वपूर्ण प्रयोग किए। युद्ध की देवी हो, योद्धा हो या देवता के सामने खड़े भक्त हों—जानकीराम ने इन सबको एक स्मरणीय कला अनुभव में बदल दिया।

पी.एन. चोयल **(1924-)**

1924 में जन्म। 1948 में जयपुर से कला में डिप्लोमा। रेखांकन और पेंटिंग में 1953 में मुंबई से डिप्लोमा। लंदन के स्लेड स्कूल में अध्ययन। राजस्थान के वरिष्ठ और सम्मानित कलाकार। राजस्थानी परिवेश के पुरानेपन में नए की सार्थक खोज। अस्सी की उम्र में भी सक्रिय कलाकार।

पी.एस. चंद्रशेखर **(1940-1997)**

1940 में जन्म। 1966 में हैदराबाद कला महाविद्यालय से डिप्लोमा। अनेक एकल प्रदर्शनियां व पुरस्कार। काले सफेद रेखांकनों के लिए प्रसिद्ध। पेंटिंग और ग्राफिक में भी समान दक्षता थी। चंद्रशेखर बंदरों, चिड़ियों, जानवरों का एक लगभग अतियथार्थवादी संसार रचते थे। मनुष्य और जानवर के बीच दूरी को जांचना उनका सरोकार था।

"हमारा सामज सेक्स को फूहड़ समझता है इसलिए मैं प्रकृति और जानवरों के माध्यम से उसे चित्रित करता हूं।"

फ्रांसिस न्यूटन सूजा **(1924-2002)**

गोवा के एक रोमन कैथोलिक परिवार में 1924 में जन्म। जे.जे. स्कूल ऑफ आर्ट, मुंबई में कला का अध्ययन। प्रोग्रेसिव आर्टिस्ट ग्रुप के संस्थापक और सबसे मुखर सदस्य। सूजा ने ग्रुप का घोषणापत्र भी लिखा। बाद में लंदन चले गए जहां महत्वपूर्ण कला समीक्षकों ने सूजा की कला पर लिखा। सूजा ने पत्रकारिता भी की। स्टीफन स्पैंडर के संपादन में 'एनकाउंटर' में भी लिखा। 1959 में लंदन से ही आत्मकथा 'वर्ड्स ऐंड लाइस' का प्रकाशन। 'स्टूडियो इंटरनेशनल' सरीखी प्रतिष्ठित पत्रिकाओं में भी लिखा। 1961 में लंदन की गैलरी वन में एक अत्यंत सफल प्रदर्शनी। जॉन बर्जर सरीखे महत्वपूर्ण कला समीक्षकों ने सूजा की कला का नोटिस लिया। 1976 में सूजा न्यूयॉर्क चले गए थे। भारत आते-जाते थे। सूजा का स्वभाव शुरू से ही विद्रोही रहा है। खबरों में खुद को बनाए रखने की कला में भी माहिर थे। सूजा के शुरू के चित्रों में प्रत्यक्ष सामाजिक चेतना होती थी। खेतों में काम करते सर्वहारा, सड़क खुदाई और कारखानों में जुटे मजदूरों, भिखारियों, दुकानदारों और वैश्याओं के चित्र उन्होंने बनाए। बाद में सूजा का साम्यवादी-समाजवादी आंदोलन से मोहभंग हो गया। सूजा के वक्तव्यों और कला में एक तरह का बड़बोलापन और 'अहम् के राजकुमार' वाला मिजाज भी था लेकिन आधुनिक भारतीय कला में सूजा निश्चय ही अग्रणी चित्रकार हैं।

बद्रीनारायण **(1929-)**

स्वशिक्षित कलाकार। बीसियों महत्वपूर्ण एकल प्रदर्शनियां—अनेक विदेश में भी। 1987 में पद्मश्री। आकृतिमूलक कला के एक महत्वपूर्ण हस्ताक्षर। चित्र संसार में यथार्थ और अयथार्थ का सम्मोहक संतुलन। बच्चों की पुस्तकों के 'इलस्ट्रेशन' के काम की भी चर्चा हुई है।

बी. प्रभा **(1932-2000)**

बचपन से ही चित्र रचना। 16 साल की उम्र में नागपुर के आर्ट स्कूल और फिर जे.जे. स्कूल ऑफ आर्ट, मुंबई से शिक्षा। म्यूरल में विशिष्ट अध्ययन के साथ पोस्ट ग्रेजुएशन। 1956 में पति विट्ठल (सुपरिचित मूर्तिशिल्पी) के साथ पहली एकल प्रदर्शली। शुरू में आलमेलकर, पल्सीकर, बेंद्रे और अमृता शेरगिल का विशेष प्रभाव। बी. प्रभा का चित्र संसार संपन्न, सफल और सुखद था। जीवन के रंगों और सौंदर्य का वे गुणगान करती थीं। कला बाजार की दृष्टि से वह अपने समय में अत्यंत सफल कलाकार थीं।

बीरेन दे **(1926-)**

1926 में बंगाल में जन्म। कोलकाता कला महाविद्यालय में अध्ययन। फिर दिल्ली आ गए। 1952 से 1964 तक दिल्ली कला महाविद्यालय में अध्यापन। 1952 से नियति एकल प्रदर्शनियों का सिलसिला शुरू। देश-विदेश सभी जगहों पर चर्चा और सम्मान। बीरेन दे शुरू में एक पोर्ट्रेट पेंटर के रूप में जाने जाते थे। बाद में उनकी प्रतिष्ठा मुख्यतः एक नवतंत्र चित्रकार के रूप में रही है। पक्षाघात के कारण रचनात्मकता सीमित हो गई।

बलबीर सिंह कट्ट **(1939-)**

1939 में रावलपिंडी में जन्म। कला भवन शांति निकेतन में अध्ययन। शंखो चौधरी और राम किंकर बैज के निर्देशन में काम, 1965-67। 1971 में ब्रिटिश काउंसिल स्कॉलरशिप। 1967, 70 और 84 में राष्ट्रीय पुरस्कार। अनेक अंतर्राष्ट्रीय प्रदर्शनियों में हिस्सेदारी। 'स्कल्पटर्स फोरम ऑफ इंडिया' के एक संस्थापक सदस्य। बनारस

हिंदू विश्वविद्यालय में अध्यापक थे। दुर्भाग्यवश 2000 में कट्ट अचानक रहस्यमय ढंग से गायब हो गए। आज भी उनका नाम 'मिसिंग' की सूची में है। गीता कपूर ने 1974 में कट्ट के बारे में लिखा था, ''बलबीर ऊर्जा को, प्राकृतिक शक्तियों के विस्थापन और तनाव को विषय बनाते हैं। पहाड़—विराट और सनातन—उसे खींचते हैं। उसे वे भावी ज्वालामुखी नजर आते हैं। बेचैन और अपनी अंदरूनी बनावट को बदलते हुए, ताप और दबाव के साथ वह कुछ समय से विस्फोट के विषय पर प्रयोग कर रहे हैं।''

बाल छावड़ा **(1923-)**

पंजाब में 1923 में जन्म। हॉलीवुड में रहने के बाद भारत वापस आए। फिल्म बनाई। मुंबई में गैलरी चलाई। फिर पेंटर बने। स्वशिक्षित कलाकार हैं। अनेक महत्वपूर्ण समूह प्रदर्शनियों में काम दिखाया जा चुका है। 1971 में अमेरिका में घूमने और काम करने के लिए रॉकफेलर फैलोशिप मिली थी।

बंसी परिमू **(1937-1991)**

श्रीनगर, कश्मीर में जन्म। पेंटिंग और मूर्तिशिल्प में स्वशिक्षण। 1952 से कला की दुनिया में सक्रिय हुए थे। 15 से भी अधिक एकल प्रदर्शनियां। त्रैवार्षिकी तथा अन्य अंतर्राष्ट्रीय प्रदर्शनियों में हिस्सेदारी। कला पर कश्मीरी संस्कृति और परंपरा का सहज प्रभाव।

बालन नांबियार **(1937-)**

केरल में जन्मे बालन नांबियार ने चेन्नई कला महाविद्यालय से मूर्तिशिल्प का प्रशिक्षण प्राप्त किया। वह पेंटिंग, एनेमल, मूर्तिशिल्प, कर्मकांडों में खोज कार्य सब एक साथ करते रहे हैं। एक समीक्षक ने बालन की शैली को 'यंत्र-विधि के माध्यम से तंत्र' कहा है। बालन ने एनेमलिंग कला की बारीकियां अपने श्वसुर पाओलो दे पोली (जो इटली के महान एनेमल आर्टिस्ट माने जाते हैं) से सीखीं। एक धातु की चादर में रंग लगाकर एक खास तापमान में उसे भट्ठी में रखकर प्रतीक्षा से उन्हें रोमांस हो गया। बालन का मानना है कि रचनात्मक एनेमल में रंग सबसे अधिक स्थाई होते हैं। ''मुझे अपने रंगों को लेकर बहुत सजग होना पड़ता है।'' हाल में बालन ने स्टील में छोटे-बड़े मूर्तिशिल्प बनाकर अपनी रचनात्मकता को नए विस्तार दिए हैं।

बोस कृष्णमाचारी **(1963-)**

केरल में जन्मे बोस कृष्णमाचारी मुंबई के जे.जे. स्कूल से प्रशिक्षित हैं। प्रारंभिक कला प्रशिक्षण कोचीन में प्राप्त किया। इलस्ट्रेटेड वीकली ने चाक्षुष कला के क्षेत्र में बोस को '1993 का चेहरा' बताया था। 2000 में चार्ल्स वैलेस इंडिया ट्रस्ट अवार्ड पाकर लंदन में प्रशिक्षण प्राप्त किया।

बाबूराव पेंटर **(1890-1954)**

स्टेज बैकड्रॉप के विशेषज्ञ चित्रकार थे। पश्चिमी अकादेमिक शैली में भी प्रशिक्षित थे। रंगमंच के क्षेत्र में लंबे समय तक काम करने के बाद बाबू राव ने महाराष्ट्र फिल्म कंपनी खोलकर दामले, फत्तेलाल, वी. शांताराम आदि का कैरियर शुरू होने में मदद की थी।

बैजू पार्थन **(1956-)**

बैजू बौटेनिस्ट के रूप में बाकायदा प्रशिक्षित हैं और मुंबई के टाइम्स ऑफ इंडिया ग्रुप में कार्टूनिस्ट का काम

भी कर चुके हैं। दर्शन, मिथकशास्त्र आदि में भी उनकी गहरी रुचि रही है। एक रहस्यमयी, लगभग जादुई दुनिया के चितेरे हैं बैजू पार्थन। बैजू अपनी कला में मीडिया व यंत्रविधि की दुनिया से अधिक प्रेरणा लेते हैं।

बिजन चौधरी **(1931-)**

कोलकाता और ढाका से प्रशिक्षित बिजन चौधरी कोलकाता पेंटर्स ग्रुप के फाउंडर मेंबर हैं। टेक्सचर, ब्रश वर्क की मास्टरी और रंगों के संवेदनशील इस्तेमाल के लिए वह पहचाने जाते हैं। बड़े कैनवास पर उनकी रचनात्मकता अधिक निखरकर आई है। भारतीय मूर्तिशिल्प, बंगाल की लोक कला, भारतीय पुराणों आदि अनेक स्रोतों से उनकी कला प्रभावित हुई है। गहरे सामाजिक सरोकार भी उनकी कला में देखे जा सकते हैं।

बी.आर. पनेसर **(1927-)**

पनेसर मूल रूप से पंजाब के हैं पर उन्होंने कोलकाता को अपनी दुनिया बना लिया। पेशे से उन्होंने सांख्यिकीविद् के रूप में शुरुआत की पर आंकड़े नहीं, कला उनकी वास्तविक दुनिया थी। सोसायटी ऑफ कंटंपरेरी आर्टिस्ट्स के सदस्यों के साथ रहकर उन्होंने कला सीखी-समझी। कोलाज के क्षेत्र में पनेसर ने उल्लेखनीय काम किया।

बामपद वंध्योपाध्याय **(1851-1932)**

कोलकाता कला महाविद्यालय से प्रशिक्षित बामपद वंध्योपाध्याय पोर्ट्रेचर की कला में महारथी थे। रामायण और महाभारत से प्रेरित उनके ओलियोग्राफ भी अपने समय में काफी लोकप्रिय थे। उनके ओलियोग्राफ राजा रवि वर्मा से भी पहले जनता के बीच लोकप्रिय थे।

भूपेन खक्खर **(1934-2003)**

1934 में मुंबई में जन्म। अर्थशास्त्र और वाणिज्य में ग्रेजुएशन के बाद मुंबई में चार्टर्ड एकाउंटेंट हो गए। इस बीच शाम को कला की शिक्षा भी जारी रही। 1961 में नौकरी छोड़कर वड़ोदरा कला महाविद्यालय आ गए। एम.ए. (समीक्षा), पर पेंटिंग पर ज्यादा ध्यान। 1965 में पहली ही प्रदर्शनी से विवादास्पद चित्रकार साबित हो गए। 1968 में भारत की पहली त्रैवार्षिकी में विशेष उल्लेख। बाद में अनेक महत्वपूर्ण अंतर्राष्ट्रीय प्रदर्शनियों में हिस्सेदारी। गुजराती में कहानियां भी लिखी हैं। वड़ोदरा में कभी-कभी चार्टर्ड एकाउंटेंट का काम भी करते थे पर पेंटिंग पर ध्यान ज्यादा देते थे। साठ के दशक में भूपेन पश्चिमी पॉप कला से भी प्रभावित हुए थे। चालू संस्कृति के तत्वों की उन्होंने अपनी कला में अपने ढंग से व्याख्या की। राजस्थानी व पहाड़ी मिनियेचर, अठारहवीं शताब्दी के बाद अंग्रेजों के लिए बनाए चित्र, सजे हुए भारतीय बाजार, तीर्थ-स्थानों के सस्ते सचित्र नक्शे—भूपेन ने अपनी कला में इन स्रोतों के अनेक संदर्भ दिए। भूपेन साधारण से नजर आने वाले विषयों को असाधारण बना देते थे। उनकी कला को अंतर्राष्ट्रीय चर्चा मिली है। समलैंगिकता को उन्होंने कला का विषय बनाया। मध्यप्रदेश सरकार ने कालिदास सम्मान दिया। आधुनिक भारतीय कला के एक सशक्त हस्ताक्षर। वड़ोदरा में कैंसर से निधन।

भवेश सान्याल **(1904-2004)**

भवेश चंद्र सान्याल का जन्म डिब्रूगढ़ (असम) में 1904 में हुआ था। सान्याल परिवार मूल रूप से श्रीरामपुर (पश्चिम बंगाल) का था। श्रीरामपुर कॉलेज में पढ़ाई के बाद सान्याल महात्मा गांधी के असहयोग आंदोलन से भी जुड़े। 1923 में चित्रकार बनने की इच्छा उन्हें कोलकाता के गवर्नमेंट स्कूल ऑफ आर्ट में ले गई।

1929 में सान्याल लाहौर चले आए और वहां 18 साल तक रहे। वहां मेयो स्कूल में पढ़ाया और फिर अपना स्टूडियो लाहौर स्कूल ऑफ फाइन आर्ट्स खोला। बंगाल के दुर्भिक्ष और द्वितीय विश्व युद्ध के वातावरण में अनेक कलाकार, बुद्धिजीवी इस स्टूडियो की शरण में गए। विभाजन के वातावरण में सान्याल परिवार दिल्ली आ गया। दिल्ली पोलीटेकनिक में 1953 से 60 तक पढ़ाया। 1960-69 में ललित कला अकादेमी के सचिव। वृद्धावस्था में भी सान्याल अत्यधिक सक्रिय थे। दिल्ली से दूर होने पर हिमाचल प्रदेश के अंदरेटा कलाकार ग्राम में जाकर काम करते थे। इस गांव से सान्याल का संबंध लाहौर के दिनों से ही था। अंदरेटा से सान्याल हमेशा रचनात्मक रूप से समृद्ध होकर लौटे। सान्याल का विचार था कि आधुनिक कलाकार को अब सिर्फ पेंटर कहने से काम नहीं चलेगा। ग्राफिक, सिरेमिक्स आदि के विकास ने कलाकार को सर्जनात्मक 'विजन' रखनेवाला तकनीशियन बना दिया है। अकादेमी की रत्न सदस्यता के अलावा सान्याल को 1984 में पद्मभूषण मिल चुका है। बहुमुखी प्रतिभा के धनी सान्याल के सैरे प्रेक्षक को आकर्षित और आंदोलित करते हैं।

भवानी चरण ला **(1880-1946)**

भवानी चरण ला (लाहा) ने कुंजलाल चक्रवर्ती से कला का प्रशिक्षण प्राप्त किया पर उन्हें स्वशिक्षित कलाकार भी कहा जा सकता है। तैलरंगों और जलरंग चित्रों, दोनों में उन्हें असाधारण दक्षता प्राप्त थी। शांतो दत्ता के अनुसार वह हेमेंद्रनाथ मजूमदार की ही तरह जलरंग चित्रों में स्त्रियों के सौंदर्य को ऑयल पेंटिंग सरीखी अभिव्यक्ति देने की कला जानते थे।

भारती खेर **(1969-)**

लंदन में जन्मी भारती खेर कला के क्षेत्र में ब्रिटेन से ही प्रशिक्षित हैं। कलाकार सुबोध गुप्ता से विवाह के बाद वह दिल्ली में रहती हैं। भारती की कला के अनेक स्रोत हैं। कभी वह भारतीय मध्यवर्गीय घरेलू जीवन में 'किच' को अपनी प्रेरणा का स्रोत बनाती हैं तो कभी-कभी घर-बाजार में हर जगह नजर आने वाली बिंदी को वह एक दिलचस्प कला अनुभव में बदल देती हैं। बिंदी की वह जगह और अर्थ दोनों ही बदल देती हैं।

मकबूल फिदा हुसेन **(1915-)**

हुसेन का जन्म शोलापुर (महाराष्ट्र) में 1915 में हुआ था। इसी वर्ष उनका परिवार इंदौर जाकर बस गया। इंदौर और मुंबई में कला की थोड़ी-बहुत पढ़ाई। 1937 में मुंबई आ गए जहां सिनेमा होर्डिंग्स के पेंटर के रूप में काम शुरू। फर्नीचर और खिलौनों के डिजाइनर के रूप में भी काम किया। 1947 में पहली बार चित्रों की प्रदर्शनी की। लोगों का ध्यान हुसेन के काम की ओर गया। 1947 में प्रोग्रेसिव आर्टिस्ट ग्रुप के संस्थापक सदस्य बने। 1950 में मुंबई में पहली एकल प्रदर्शनी। 1953 में यूरोप की पहली यात्रा। 1955 में ललित कला अकादेमी की प्रथम राष्ट्रीय प्रदर्शनी में सबसे पहला पुरस्कार। 1957 में एयर इंडिया के लिए हांककांग, बैंकाक, ज्यूरिख तथा प्राग में म्यूरल बनाए। 1959 में तोक्यो में अंतर्राष्ट्रीय प्रदर्शनी में पुरस्कार मिला। विदेशों में अनेक प्रदर्शनियां। 1966 में पद्मश्री। 1967 में वृत्तचित्र 'थ्रू दी आईज ऑफ ए पेंटर' बर्लिन फिल्म महोत्सव में पुरस्कृत। 1971 में साओ पाओलो द्वैवार्षिकी में पिकासो के साथ विशिष्ट कलाकार के रूप आमंत्रित। 1973 में पद्मभूषण। 1978 में ललित कला अकादेमी की रत्न सदस्यता। बहुमुखी प्रतिभा के धनी हुसेन हंसकर अपना परिचय देते हैं, ''घोड़े बेचता हूं, फिल्में बनाता हूं।'' दिल्ली और मुंबई में आते-जाते रहते हैं। शिव एस. कपूर के अनुसार, ''हुसेन ने सभी कुछ पेंट किया है—शबीहें, भित्तिचित्र, सैरे, न्यूड, चमकीले छज्जे, बरसों पुराने बनारस के घाट, संगीत स्वरलिपियां, चित्र-वल्लरियां, सांसारिक पक्षी, थिरकते हाथी, आदिमयुगीन दीखने वाले परिचित घोड़े तथा आदियुगीन पशु जो परिचित होने पर संकेत देते हैं। हुसेन खूब काम करने वाले कलाकार हैं और अनुकूल मनःस्थिति में वे ढेरों चित्र बनाते हैं।'' हुसेन आधुनिक भारतीय कला के सबसे सफल नाम

हैं। 'गजगामिनी' कथा फिल्म बनाई जो उनकी प्रिय अभिनेत्री माधुरी दीक्षित को ट्रिब्यूट थी। चित्रकार बेटे ओवेस हुसेन के साथ दूसरी कथा फिल्म 'मीनाक्षीः ए टेल ऑफ थ्री सिटीज' भी बनाई। नब्बे की उम्र में भी काम करने की अद्‌भुत एनर्जी।

मगन सोमा परमार **(1936-1975)**

मगन सोमा परमार ने 1957 में वड़ोदरा कला महाविद्यालय में स्टूडियो अटेंडेंट के रूप में काम करना शुरू किया था। वड़ोदरा के एक गांव रानिया में जन्मे परमार सिर्फ दर्जा सात तक पढ़ाई कर सके थे। कला से उनका कोई खास परिचय नहीं था। लेकिन वड़ोदरा में ग्राफिक विभाग में कलाकारों की मदद करते-करते उनके मन में रेखांकन और छापाचित्रों के माध्यम से अभिव्यक्ति की तीव्र इच्छा हुई। सादगी और सहजता के कारण परमार के छापाचित्र अपना अलग ही महत्व रखते हैं। इस प्रतिभाशाली कलाकार का निधन 14 अगस्त, 1975 को सिर्फ 39 साल की उम्र में हो गया।

मदनलाल **(1954-)**

मदनलाल का जन्म 1954 में लालगंज आजमगढ़ (उ.प्र.) में हुआ। बनारस हिंदू विश्वविद्यालय से ललित कला स्नातक, 1978। स्नातकोत्तर अध्ययन वड़ोदरा कला महाविद्यालय से। श्रीराम छतपर और राघव कनेरिया के छात्र रह चुके हैं। 1976 से एकल प्रदर्शनियां। जापान से छात्रवृत्ति के दौरान मदललाल ने काफी सफलताएं हासिल कीं। काठ, पत्थर, ईंट, अल्यूमीनियम, फाइबर ग्लास आदि में मदनलाल ने संवेदनशील और संभावनापूर्ण काम किया है। फूलों, बीजों, अंखुओं या जीव-जगत से प्राप्त आकारों को उन्होंने कला अनुभव में बदला है। बनारस में पढ़ाते हैं और वहीं काम भी करते हैं।

मदनलाल नागर **(1923-1984)**

5 जून, 1923 को लखनऊ में जन्म। लखनऊ कला महाविद्यालय में प्रोफेसर के पद पर थे। 1950 से लखनऊ में एकल प्रदर्शनियों का सिलसिला शुरू। 55, 65 और 77 में वहीं पर प्रदर्शनियां। 55 में कानपुर में भी प्रदर्शनी। 1958 से राष्ट्रीय प्रदर्शनियों में हिस्सेदारी। 1964 में राष्ट्रीय पुरस्कार। रणवीर सिंह बिष्ट के अनुसार नागर और शैलोज मुखर्जी को एक साथ रखकर देखा जा सकता है। महत्वपूर्ण पर उपेक्षित कलाकार। खुद नागर को इस बात की चिंता भी थी कि उत्तर प्रदेश के कलाकार आत्मसंतुष्ट रहकर निरुत्साहित न रहें। शुरू में अभिव्यंजनावादी रुझान।

माधवी पारेख **(1942-)**

1942 में गुजरात के एक गांव में जन्म। जाने-माने चित्रकार मनु पारेख की पत्नी। माधवी ने 22 साल की उम्र में पेंटिंग करना शुरू किया। जब पहली बच्ची की मां बनने वाली थीं तो इच्छा हुई कि पेंटिंग बनाई जाए। माधवी के चित्रों में ग्रामीण जीवन के संस्कार गहरे हैं। अमूर्त कला उन्हें पसंद नहीं है। आसानी से उनकी कला में लोककला, आदिम जनजातियों की कला और बच्चों की कला को आधुनिक संदर्भों में पहचाना जा सकता है। राष्ट्रीय पुरस्कार मिल चुका है। अनेक एकल प्रदर्शनियां। दिल्ली में रहती हैं।

मजजीत बावा **(1941-)**

1941 में पंजाब में जन्म। दिल्ली कला महाविद्यालय से शिक्षा। 1964 में इंग्लैंड चले गए। सेरीग्राफी का प्रशिक्षण। 1967 से 71 तक लंदन में सिल्कस्क्रीन में काम। लंदन और सेन सेबास्तियन, स्पेन में एकल प्रदर्शनियां।

1972 में भारत वापस आ गए। थोड़े समय के लिए दिल्ली महाविद्यालय में विजिटिंग लेक्चरर भी रहे। अनेक महत्वपूर्ण प्रदर्शनियों में हिस्सेदारी। कला संगठन के काम से भी संबद्ध रहे हैं। डलहौजी और दिल्ली आते-जाते रहे हैं। मनजीत ने एक बार कहा था, ''शैलोज मुखर्जी का प्रेत आज भी मुझे दिल्ली के किसी पार्क, खंडहर, पेड़ पर बैठा कुछ-न-कुछ बनाता हुआ दिखाता है। वे पेंट भी एक जबरदस्त भावना के साथ करते थे। एक झटके के साथ जैसे कैनवास पर अपने-आपको उड़ेल देते थे। शैलोज की रूह दिल्ली की कला की रूह है।'' मनजीत आधुनिक कला के नाम पर पश्चिम की धाक को कभी स्वीकार नहीं किया। ''सबको माई-बाप पश्चिम वाले ही नजर आते रहे हैं, कोई भारत का पिकासो कहलवा कर संतुष्ट है, तो कोई सेजां। साठ के दशक के अंत तक यह हालत थी कि पश्चिम में पढ़ा-लिखा कोई भी आकर कह देता था कि तुम हरिजन हो।'' मनजीत की कला का संघर्ष इस दृष्टि को बदलने में भी रहा है।

मनु पारेख **(1939-)**

अहमदाबाद, गुजरात में 1939 में जन्म। जे.जे. स्कूल ऑफ आर्ट, मुंबई से कला अध्ययन। परिवार के सी. मित आर्थिक स्रोतों के कारण शुरू में मुंबई के स्टेज पर अभिनय आदि का काम करके भी पैसा कमाया। अहमदाबाद में स्टेज डिजाइनर का भी काम किया। बाद में अखिल भारतीय हैंडलूम बोर्ड में डिजाइनर नियुक्त हुए। 1964 से अगले दस साल तक कोलकाता में रहे। 1967 से सभी प्रमुख कला-केंद्रों में एकल प्रदर्शनियां। चितेरी माधवी पारेख से विवाहित। दिल्ली में रहते हैं। कला में सामाजिक प्रतिबद्धता भी समय-समय पर सामने आई है। भागलपुर में कैदियों को अंधा किए जाने की घटनाओं ने मनु पारेख को पेंटिंग की मदद से विरोध करने के लिए प्रेरित किया था। मधुबनी के हरिजन कलाकारों के काम को सामने लाने में भी सक्रिय रहे हैं।

मृणालिनी मुखर्जी **(1949-)**

1949 में मुंबई में जन्म। सुप्रसिद्ध कलाकार विनोद बिहारी मुखर्जी की बेटी। मां लीला मुखर्जी भी कलाकार थीं। 1970 में वड़ोदरा कला महाविद्यालय से स्नातक की उपाधि। के.जी. सुब्रमण्यन् के निर्देशन में म्यूरल डिजाइन में पोस्ट डिप्लोमा। 1976 में मूर्तिशिल्प का राष्ट्रीय पुरस्कार। दिल्ली में रहती हैं।

मीरा मुखर्जी **(1923-1998)**

1923 में कोलकाता में जन्म। वहां के ओरिएंटल स्कूल ऑफ आर्ट तथा बाद में दिल्ली कला महाविद्यालय में अध्ययन। 1953 में एक स्कॉलरशिप के सिलसिले में म्यूनिख जाने का मौका मिला। 1957 में भारत वापस आईं और बस्तर के आदिवासियों की कला का गहरा अध्ययन किया। उनकी तकनीक को अच्छी तरह से समझा। भारत-नेपाल के स्थानीय धातुशिल्पियों की कला का मीरा मुखर्जी ने महत्वपूर्ण सर्वेक्षण किया। ग्रामीण शिल्पियों पर उनका अध्ययन गहरा था। इससे संबद्ध पुस्तकें भी प्रकाशित हुई हैं। कोलकाता में रहते हुए गांव से बराबर संपर्क बनाए हुए मीरा मुखर्जी ने वहां के लोगों को शिक्षित करने के कार्यक्रमों में भी हिस्सा लिया और इस प्रक्रिया में खुद भी शिक्षित हुईं। मीरा की कलाकृतियां आधुनिक भी हैं और जीवित परंपरा से भी उनका गहरा संबंध है।

महीरवान ममतानी **(1935-)**

ममतानी का जन्म 1935 में हुआ था। 1958 में राष्ट्रीय प्रदर्शनी में हिस्सा लिया था। दिल्ली पोलीटेकनिक से 1966 में कला का डिप्लोमा लिया। 1966-68 में म्यूनिख से पेंटिंग और ग्राफिक में डिग्री। म्यूनिख, ज्यूरिख, बर्लिन, लंदन, न्यूयॉर्क आदि में एकल प्रदशनियां। ममतानी ने तंत्र कला के रूपाकारों का काफी सफल इस्तेमाल किया है। कला की एकता व समग्रता में उनका गहरा विश्वास है।

मोहन सामंत **(1926-2004)**

मुंबई में 1926 में जन्म। वहीं पर जे.जे. स्कूल ऑफ आर्ट में शिक्षा। रोम, न्यूयॉर्क में एकल प्रदर्शनियां। टेट गैलरी, लंदन में समूह प्रदर्शनी में हिस्सेदारी। वेनिस, तोक्यो, साओ पाओलो की प्रसिद्ध अंतर्राष्ट्रीय प्रदर्शनियों में हिस्सेदारी। 1968 की नई दिल्ली त्रैवार्षिकी में भी काम दिखाया गया। न्यूयॉर्क में रहते थे। भारत से संबंध अधिक नहीं रह गया था।

मनीष पुष्कले **(1973-)**

भोपाल से पेंटिंग में एम.ए.। गायतोंडे की परंपरा को अपने ढंग से आगे बढ़ा रहे युवा चित्रकार। अखिलेश के शब्दों में मनीष के चित्रों को ''कविता की तरह पढ़ा भी जा सकता है। इन चित्रों को देखा जा सकता है। इन चित्रों को छुआ जा सकता है।'' दिल्ली में रहते हैं। मनीष ने जैन दर्शन में एक मंत्र को कई बार उच्चारित करने (जप) को अपनी अमूर्त कला से नए अर्थ में जोड़ा है।

मुकुल डे **(1895-1989)**

कोलकाता में जन्मे मुकुड डे की प्रारंभिक शिक्षा (1905-1911) शांति निकेतन में हुई थी। बाद में उन्होंने अवनींद्रनाथ ठाकुर से कला का प्रशिक्षण प्राप्त किया। ब्रिटेन और अमेरिका में उन्होंने प्रिंटमेकिंग का उच्च प्रशिक्षण भी प्राप्त किया। ड्राईप्वाइंट तकनीक में उन्होंने कुछ बहुत महत्वपूर्ण प्रिंट बनाए थे। बचपन से ही वह शांति निकेतन में संथाल आदिवासी जीवन के आत्मीय स्कैच बना रहे थे। उनकी कला के विकास में इस प्रारंभिक अनुभव का महत्वपूर्ण योगदान है।

मनींद्र भूषण गुप्ता **(1898-1968)**

ढाका में जन्मे मनींद्र भूषण गुप्ता ने शांति निकेतन में असित कुमार हाल्दार से कला की शिक्षा प्राप्त की थी। मनींद्र भूषण लेखक के रूप में भी सक्रिय रहे। विनोद बिहारी मुखर्जी मनींद्र भूषण के सहपाठी और मित्र दोनों थे। वह मनींद्र भूषण की रेखा पर मास्टरी के प्रशंसक थे। वह 'लाउड' और चमकदार रंगों के विरुद्ध थे। उन्होंने अनेक यात्राएं की थीं पर अपने जन्म प्रदेश (तत्कालीन पूर्व बंगाल) के गहरे हरे रंग से वह अधिक प्रभावित हुए थे।

मोना राय **(1947-)**

दिल्ली में जन्मी मोना राय ने मनोविज्ञान में एम.ए. किया और कुछ समय तक त्रिवेणी कला संगम में कला का प्रशिक्षण प्राप्त किया। मोना की कला में टेक्सचर का केंद्रीय महत्व है। अमूर्तन की एक गहरी उपस्थिति उनकी कला में है। चित्रकार अमिताभ दास की पत्नी मोना राय दिल्ली में रहती हैं।

मिठू सेन **(1971-)**

कला भवन, शांति निकेतन और ग्लासगो स्कूल ऑफ आर्ट से प्रशिक्षित मिठू सेन दिल्ली में रहती हैं। मिठू सेन ने घर में पाई जाने वाली साधारण चीजों को असाधारण कला अनुभव में बदल दिया है। बालों का अपनी कला में उन्होंने अनोखा इस्तेमाल किया है।

मनीषा पारेख **(1964-)**

वड़ोदरा कला महाविद्यालय और लंदन के रॉयल कॉलेज ऑफ आर्ट से प्रशिक्षित मनीषा पारेख सुप्रसिद्ध कलाकार जोड़ी (मनु पारेख-माधवी पारेख) की बड़ी बेटी हैं। अत्यंत संवेदनशील कलाकार हैं। दिल्ली में रहती हैं। राइस पेपर या हैंडमेड पेपर पर उनके अमूर्त रंग-रूपाकार एक साधना की तरह हैं।

माणिकलाल बनर्जी **(1916-2002)**

बोरिसाल, बंगलादेश में जन्मे माणिकलाल बनर्जी कोलकाता कला महाविद्यालय से प्रशिक्षित हैं। वहीं पर वह लंबे समय तक अध्यापक भी रहे। सिल्क पर जलरंग चित्रण की कठिन तकनीक के वह मास्टर थे। गणेश पाइन सरीखे बड़े कलाकार उन्हें अपना आदर्श अध्यापक मानते हैं।

मीनाक्षी कासलीवाल **(1954-)**

जयपुर में जन्म। आगरा विश्वविद्यालय से एम.ए. चित्रकला। राजस्थान की चर्चित चितेरी व कला लेखिका। जैसलमेर से प्रेरित चित्र-शृंखला की एक अलग पहचान। ऑस्ट्रिया के एक शिविर में देश के दस चुनिंदा कलाकारों के रूप में निमंत्रित की गई थीं। जयपुर में रहती हैं और कानोडिया पी.जी. महिला महाविद्यालय में कला अध्यापिका हैं।

मनीषा गेरा बासवानी **(1967-)**

जामिया मिलिया, दिल्ली से प्रशिक्षित मनीषा गेरा वासवानी की कला में काव्यात्मक संवेदना और प्रकृति का गहरा अनुराग प्रेक्षक को आकर्षित करता है। उन्होंने भारतीय लघुचित्र परंपरा को भी एक समकालीन संदर्भ दिया है। दिल्ली में रहती हैं।

यामिनी राय **(1887-1972)**

1887 में बंगाल के बांकुरा जिले में बेलियातोट गांव में जन्म, छोटे जमींदार घराने में। गांव में ही पले-पढ़े। 1903 में कोलकाता के गवर्नमेंट कॉलेज ऑफ आर्ट में दाखिला। यूरोपीय पेंटिंग तकनीक का दक्षतापूपर्ण अध्ययन। यामिन राय इस क्षेत्र में सफल साबित हुए लेकिन 1925 तक आते-आते उनकी कला ने एक नई दिशा ले ली। कालीघाट मंदिर, कोलकाता के बाहर बिकने वाले बाजारू चित्रों से प्रेरणा। धीरे-धीरे बंगाल के पटुओं की कला में दिलचस्पी और उससे प्रेरणा। इन स्थानीय स्रोतों की मदद से यामिनी राय की कला को एक नया रास्ता मिला। पश्चिमी विचारों, शैली, समझ से वे दूर होते चले गए। अपने चित्रों को बहुत कम दाम में बेचना शुरू किया। चालीस के दशक में यामिनी राय की लोकप्रियता बढ़ गई। 1946 में लंदन में और 1953 में न्यूयॉर्क में उनका काम दिखाया गया, सराहा भी गया। 1955 में पद्मभूषण से सम्मानित। 1972 में कोलकाता में निधन। खुद यामिनी राय के अनुसार, "रंगों के प्रति मेरी आसक्ति इतनी तीव्र थी कि जब भी किसी काम से बाजार की ओर भेजा जाता तो मेरे पांव सबसे पहले मुझे रंगसाज की दुकान पर ले जाते और मैं घंटों सुध-बुध खोए रंगों के साथ उनका उलझना देखता रहता।" रासलीला वालों की टोली हो या पटुओं का संसार—यामिनी राय ने भारतीय रंगों को बचपन से ही देखा था। उनकी कला में इसके गहरे संस्कार हैं। उन्होंने पश्चिम का अनुकरण नहीं किया पर उस शैली में दक्षता के बाद ही उसे छोड़ा।

यूसुफ **(1952-)**

1952 में ग्वालियर में जन्म। वहीं से 1974 में ललित कला का डिप्लोमा। 1978 में मूर्तिशिल्प का डिप्लोमा। 1976 से एकल प्रदर्शनियों का सिलसिला शुरू। भारत भवन (रूपंकर) से संबद्ध। जटिल रेखाओं और अमूर्त रूपाकारों का एक अलग तरह का विश्व। रजा सरीखे वरिष्ठ कलाकारों ने यूसुफ के इन चित्रों की सराहना की है।

योगेंद्र त्रिपाठी **(1965-)**

खैरागढ़ में जन्मे और वहीं से प्रशिक्षित योगेंद्र त्रिपाठी को 2002 में राष्ट्रीय पुरस्कार मिल चुका है। अमूर्त रंग-रूपाकारों को उन्होंने काव्यात्मक अभिव्यक्ति दी है।

यूसुफ अरक्कल **(1945-)**

केरल में जन्मे यूसुफ अरक्कल बेंगलूर की चित्रकला परिषद से प्रशिक्षित हैं। पेंटिंग, प्रिंटमेकिंग, म्यूरल, मूर्तिशिल्प आदि सभी क्षेत्रों में अरक्कल की कल्पना-शक्ति सक्रिय रही है पर कलाकार के लिए रचना सामग्री से अधिक अपनी रचनात्ममक महत्वपूर्ण है। रचना सामग्री से अधिक-से-अधिक हासिल करने के लिए यूसुफ अरक्कल उसके परंपरागत इस्तेमाल की सीमाओं को तोड़ने से झिझकते नहीं हैं। बेंगलूर में रहते हैं।

रणवीर सिंह कालेका **(1953-)**

1953 में पटियाला (पंजाब) में जन्म। चंडीगढ़ कला महाविद्यालय से 1975 में डिप्लोमा। शुरू से पटियाला में अध्यापन। फिर दिल्ली कला महाविद्यालय में आ गए। वहां से उच्च कला अध्ययन के लिए ब्रिटेन (रॉयल कॉलेज ऑफ आर्ट) चले गए। कई साल वहां रहने के बाद वापस दिल्ली में आकर काम कर रहे हैं। 1974 में दिल्ली में एकल प्रदर्शनी। छोटी उम्र में ही कालेका के काम ने विशेषज्ञों और सामान्य कलाप्रेमियों को आकर्षित करना शुरू कर दिया। कालेका की चित्र भाषा जटिल है—कुछ-कुछ अतियथार्थवादी भी। कम पेंट करते हैं पर ज्यादा ध्यान खींचते हैं। पिछले कई सालों से पेंटिंग के अलावा वह वीडियो इंस्टालेशन में भी उल्लेखनीय काम कर रहेहैं।

रणवीर सिंह बिष्ट **(1928-1998)**

लैंसडाउन (गढ़वाल) में 4 अक्तूबर, 1928 को जन्म। 1948-54 में ड्राइंग टीचर ट्रेनिंग प्रमाणपत्र और कला में डिप्लोमा। 1968 में लखनऊ कला महाविद्यालय में प्रधानाचार्य बने थे। 1965 में ललित कला अकादेमी का राष्ट्रीय पुरस्कार। 1987 में अकादेमी की रत्न सदस्यता। 1957 से एकल प्रदर्शनियों का सिलसिला शुरू। उत्तर प्रदेश के अत्यधिक सक्रिय कलाकारों में से एक। महाविद्यालय से रिटायर होने के बाद अंत तक सक्रिय रहे। अखिलेश निगम के अनुसार, ''बिष्ट की नगर-शृंखला के चित्रों में—जिस पर उन्होंने लगभग एक दशक से भी ज्यादा समय तक काम किया—रचना प्रक्रिया की जो विविधता देखने को मिलती है, वह कलाकार की जागरूकता और संवेदनशीलता को भी प्रतिबिंबित करती है।''

राघव कनेरिया **(1936-)**

गुजरात के एक गांव अनीदा में जन्म। पारंपरिक चीजों के मामले में बहुत समृद्ध गांव। वड़ोदरा के कला महाविद्यालय से शिक्षा, प्रो. शंखो चौधरी के निर्देशन में। बाद में ब्रिटेन में मूर्तिशिल्प का उच्च अध्ययन। एक

समय में मारिनी-मारिनो और हेनरी मूर के काम का प्रभाव पर बाद में प्राचीन पारंपरिक भारतीय मूर्तिशिल्पों से चमत्कृत और प्रभावित। अमरावती के मूर्तिशिल्प, कुषाणकालीन मूर्तिशिल्प बहुत आकर्षित करते रहे। सुमति गंगोपाध्याय के अनुसार, ''कनेरिया ने अपने मूर्तिशिल्पों के आकार मिट्टी, लकड़ी, धातु और मटके के टुकड़ों से तराशे हैं। इन्हीं आकारों-रूपाकारों में उभरते हैं वे बिम्ब रूप जो एक ओर तो मन के आध्यात्मिक आकाश से रिश्ता जोड़े हुए हैं और दूसरी ओर उनमें धरती की ऐंद्रिक लयात्मकता है।'' कनेरिया ने पशुओं के कुछ स्मरणीय रूपाकार बनाए हैं। उनका कहना है, ''जानवारों की उपस्थिति और उनका 'शालीन' चलना-फिरना शोर और भीड़ भरी कुरूप लगने वाली सड़क को मानवीय बना देता है। भारतीय गायों, सांडों और बछड़ों की सुंदर और उदास काली आंखें मोहाविष्ट करने वाली और मन को छू लेने वाली होती हैं।''

रजत कुमार घोष **(1956-)**

बिहार के युवा कलाकार। चर्चित मूर्तिशिल्पी। खूब काम करते रहे हैं। पटना में कार्यशाला। टेराकोटा में आज के भारतीय चेहरे और जिंदगी को पहचाने की कोशिश। रेखांकन और चित्र भी बनाए हैं।

रंजना थपलियाल **(1958-)**

नई दिल्ली में 1958 में जन्म। 1976 में जिनेवा, स्विट्ज़रलैंड में रेखांकन का अध्ययन। 1976-80 में इंग्लैंड से सिरेमिक्स में बी.ए.। विदेश में काफी रही हैं पर परिवार में भारतीय जीवन के गहरे संस्कार हैं। सिरेमिक्स के क्षेत्र में छोटी उम्र में ही उल्लेखनीय सफलताएं। कला पर अंग्रेजी में लिखती भी रही हैं। कला का संबंध प्रकृति से बहुत गहरा। एक अंतर्राष्ट्रीय मुहावरा भी और भारतीय लोक जीवन से भी एक सच्चा संबंध। स्कॉटलैंड में रहती हैं।

राजेश मेहरा **(1932-)**

एकांतप्रिय और प्रचार से बचने वाले कलाकार के रूप में प्रतिष्ठा। पिता 'संडे पेंटर' थे। उनसे बहुत सीखा। हिमालय की यात्राओं के दौरान घने जंगलों और बर्फीले पहाड़ों ने जिंदगी तथा कला पर गहरा असर डाला। राजेश मेहरा के जलरंग तथा तैलचित्रों की विशेषता ब्रश का इस्तेमाल भी है। लोककला को वे कलाकार के लिए बहुत महत्वपूर्ण मानते हैं। राजेश मेहरा लगातार काम नहीं करते रहे हैं। कला को ज्यादा-से-ज्यादा पैदा करने में उनका विश्वास नहीं है। 1958 से दिल्ली के आर्ट कॉलेज में अध्यापन। अब रिटायर हो चुके हैं। छात्रों में काफी लोकप्रिय थे—अपनी शिक्षण पद्धति के कारण।

रुद्र हंजी **(1911-1980)**

कर्नाटक के छोटे से गांव तारिकेरे में 7 मई, 1911 को जन्म। 1929 में कला भवन (शांति निकेतन) में प्रवेश। नंदलाल बोस और राम किंकर के निर्देशन में छह वर्ष तक चित्रकला और मूर्तिशिल्प का प्रशिक्षण। 1936 से 1943 तक बसंता महाविद्यालय, वाराणसी में कला शिक्षक के रूप में, बाद में 1944 से 1970 तक पद्मा विद्यालय, ग्वालियर में कला शिक्षक और 1971 से 1975 तक सिंधिया कन्या विद्यालय में अध्यापन। फरवरी 80 से मृत्युपर्यंत पद्मा विद्यालय ऑडिटोरियम का सज्जा कार्य। 1943 से एकल प्रदर्शनियों का सिलसिला शुरू। मूर्तिशिल्प के क्षेत्र में मध्यप्रदेश में एक महत्वपूर्ण हस्तक्षेप। राजाराम के अनुसार, ''रुद्र हंजी का परिवेशी स्मारक शिल्प आधुनिक युग में परंरागत शिल्प काम की बेजोड़ विरासत रहा। उन्होंने परंपरागत शैली में लेकिन शास्त्रीय नर्तक अथवा शास्त्रीय संगीतकार के समान व्यक्तिगत मुहावरे का रचनात्मक, उत्कृष्ट काम किया।''

रामनाथ पसरीचा **(1926-2002)**

1926 में अमृतसर में जन्म। चित्रकार, पर्वतारोही और लेखक। 1949 से एकल प्रदर्शनियां। अवनी सेन से संबद्ध रहे। जलरंग चित्रों को अनेक पुरस्कार। हिमालय की कई बार यात्रा। लैंडस्केप पेंटर के रूप में पर्याप्त ख्याति मिली थी। हिमालय का चुंबकीय आकर्षण पसरीचा को छोड़ नहीं रहा था। वे उससे छूटना भी नहीं चाहते थे। पेंटिंग, कोलाज आदि भी बनाए पर जलरंग चित्रों में विशेष दिलचस्पी रही। अंत तक सक्रिय रहे।

राम किंकर बैज **(1910-1980)**

1910 में बांकुरा, पश्चिम बंगाल में जन्म। बचपन से ही कला में गहरी दिलचस्पी। बहुत छोटी उम्र में ही पेशेवर कलाकार बन गए। 1925 में 'मॉर्डन रिव्यू' के संस्थापक संपादक रामानंद चटर्जी ने उन्हें शांति निके. तन भेजने में मदद की। राम किंकर अद्‌भुत मूर्तिशिल्पी होने के अलावा एक बहुत दक्ष पेंटर भी थे। राम किंकर बाद में विश्वभारती विश्वविद्यालय के मूर्तिशिल्प विभाग के अध्यक्ष के पद पर भी रहे। राम किंकर की कला के विकास में 1930-40 के दशक का केंद्रीय स्थान है। 'सुजाता', 'संथाल परिवार' और 'लड़की तथा श्वान' सरीखी महत्वपूर्ण कलाकृतियां इसी दशक में सामने आईं। राम किंकर की पहली एकल प्रदर्शनी 1942 में दिल्ली में हुई थी। 70 वर्ष की आयु में 1980 में राम किंकर का निधन हुआ। स्वाधीनता आंदोलन की पैदाइश के बावजूद राम किंकर की कला का मूल्यांकन उसकी सीमाओं को लांघ जाने के लिए लगभग मजबूर कर देता है। सुप्रसिद्ध चित्रकार गणेश पाइन की यह टिप्पणी सही है : ''राम किंकर देश की माटी से उसी प्रकार जुड़े थे जैसे वनस्पति मिट्टी से जुड़ी होती है। रवींद्रनाथ और नंदलाल बोस के सान्निध्य और विनोद बिहारी मुखर्जी के सहचर्य में उन्होंने अपने को ऐसे कलाकार के रूप में गढ़ा जो विश्व कलाकार होने के साथ लोक कलाकार भी था।''

रामेश्वर बरूटा **(1941-)**

दिल्ली में 1941 में जन्म। 1964 में दिल्ली कला महाविद्यालय से डिप्लोमा। 1965 से देश-विदेश की महत्वपूर्ण प्रदर्शनियों में हिस्सेदारी। 1980, 81 और 84 में ललित कला अकादेमी का राष्ट्रीय पुरस्कार। 1967 से दिल्ली स्थित त्रिवेणी कला संगम में कला विभाग के प्रमुख। पेंटिंग के अलावा कुछ दिलचस्प वीडियो फिल्में भी बनाई हैं। बरूटा की चिंताओं के केंद्र में मनुष्य रहा है। वे लिखते है, पेंट करते हैं, पढ़ाते हैं (उनके अनेक छात्र नामी साबित हुए हैं) और फिल्में बनाते हैं। पत्नी वसुधरा तिवारी भी एक सुपरिचित चितेरी हैं।

रामकुमार **(1924-)**

शिमला में 1924 में जन्म। दिल्ली विश्वविद्यालय से अर्थशास्त्र में एम.ए.। 1950-51 में पेरिस में पेंटिंग की शिक्षा। लेझे सरीखे विश्वविख्यात कलाकार के साथ पेंटिंग सीखने का दुर्लभ अवसर। 1952 से लगातार देश-विदेश में प्रदर्शनियां कर रहे हैं। 1956 और 1958 में ललित कला अकादेमी का पुरस्कार। 1961 में साओ पाओलो द्वैवार्षिकी में विशेष उल्लेख। हिंदी कहानीकार के रूप में ख्याति। हुस्ना बीबी, एक चेहरा, समुद्र, झींगुरों के स्वर सरीखे चर्चित कहानी संग्रह। पद्मश्री से सम्मानित। शामलाल के अनुसार, ''रामकुमार को पोज बनाने या चेहरे पर मुखौटा चढ़ाने से नफरत है। दूसरे लोग प्रचलित धाराओं और फैशन से आकर्षित हो जाते होंगे। रामकुमार अपना ही रास्ता पकड़ते हैं। वे अपनी ही आंखों से दुनिया को देखने के लिए जोर देते हैं। वे एक विद्रोही की विशेष सुविधाएं भी नहीं चाहते। उन्हें किसी नारे की जरूरत नहीं है। कोई बैनर नहीं। कोई घोषणापत्र नहीं।'' रामकुमार की वाराणसी शृंखला आधुनिक कला का एक महत्वपूर्ण दस्तावेज है। खुद रामकुमार के शब्दों में, ''एक सत्य बराबर परिपक्व होता गया कि वाराणसी में झेली हुई पीड़ा, निराशा की अंतिम

परिणति, दुःख और उदासी की फैली हुई घनी छाया, जीवन और मृत्यु के बीच कमजोर कगार पर खड़े रहने की नियति, अर्थहीन और उद्देश्यहीन जीवन की सार्थकता, मणिकर्णिका घाट पर शवों के साथ चिपटे हुए जीवित चेहरों की आंखों में बसी शून्यता...इन सबको व्यक्त करने के लिए कोई दूसरा ही रास्ता अपनाना होगा।''

रामानुजम **(1941-1973)**

रामानुजम का विनम्र संसार एक अशांत मानसिकता का परिचायक भी है। उनके डिजाइन बहुत सजावटी भी होते थे और जबरदस्त रचनात्मक बेचैनी को भी उभारते थे। रामानुजम के स्याही रेखांकन स्वैरकल्पना की दुनिया में हमें पहुंचाते हैं—अपनी तमाम जटिलताओं के साथ। रामानुजम के विश्व में काल्पनिक महल खड़े हैं, फरिश्ते और तमाम सजावटी चीजें हैं। एक समीक्षक ने उनके काम के बारे में ठीक ही लिखा है कि तकनीकी स्तर पर भले ही उनकी सीमाएं हैं लेकिन उनकी कल्पना की कोई सीमा नहीं है। दुर्भाग्यवश इस प्रतिभाशाली कलाकार का छोटी उम्र में ही निधन हो गया।

रमेश पटेरिया **(1937-1992)**

वड़ोदरा कला महाविद्यालय और रॉयल कॉलेज ऑफ आर्ट, लंदन में कला शिक्षा। 1969 से एकल प्रदर्शनियां। 1969 में ललित कला अकादेमी का राष्ट्रीय पुरस्कार। रमेश पटेरिया ने मूर्तिशिल्प की रचना-सामग्री के रूप में संगमरमर का महत्वपूर्ण और व्यापक इस्तेमाल किया। मकराना (राजस्थान) के संगमरमर की असंख्य रचनात्मक और तकनीकी संभावनाओं को पटेरिया ने खोजा है। मिस्र के मूर्तिशिल्प की सरलता और 'मोन्यूमेंटल' गुणवत्ता ने पटेरिया को प्रभावित किया है पर मकराना को वे केंद्र में मानते हैं। ''वहां पर लोग संगमरमर सूंघते हैं, सांस भी उसी से लेते हैं, उसे ही खाते-पीते हैं और उसी में बतियाते हैं।''

रवींद्रनाथ ठाकुर **(1861-1941)**

1861 में जोड़ासांको, कोलकाता में जन्म। ठाकुर परिवार की बंगाल के तथाकथित पुनर्जागरण में केंद्रीय भूमिका रही है। कवि-चिंतक-लेखक-पेंटर रवींद्रनाथ इस परिवार के सबसे बड़े नाम हैं। 1913 में 'गीतांजलि' के लिए मिले नोबेल पुरस्कार ने रवींद्रनाथ को अंतर्राष्ट्रीय ख्याति दिलाई। रवींद्रनाथ ने 1901 में शांति निकेतन की शुरुआत की थी। प्राचीन भारत की वनों में स्थित पाठशालाओं की तरह शांति निकेतन एक नई शिक्षा व्यवस्था को सामने लाया। 1921 तक शांति निकेतन एक प्रतिष्ठित विश्वविद्यालय में बदल चुका था। दुनिया भर के विद्वान, कलाकार आदि यहां आने लगे थे। पेंटर के रूप में रवींद्रनाथ बहुत देर से सामने आए। 1928 के आसपास उनकी यह भूमिका शुरू होती है। अंतिम दस वर्षों में रवींद्रनाथ ने 2000 चित्र बनाए। एक महान कवि-लेखक के रूप में प्रतिष्ठित रवींद्रनाथ को पेंटर के रूप में शुरू में उचित स्थान नहीं मिला। लोग इस महान प्रतिभा से बस चमत्कृत थे। धीरे-धीरे आधुनिक भारतीय कलाकारों ने रवींद्रनाथ के चित्र संसार को अपने पूर्ववर्ती के रूप में रेखांकित करना शुरू किया। 67 साल की उम्र में पेंटिंग की दुनिया में आने वाले रवींद्रनाथ आधुनिक भारतीय कला के एक अग्रदूत माने जाते हैं। अशोक मित्र के अनुसार, ''रवींद्रनाथ ने बड़ी सजगता से काव्यात्मक विषय, सुंदर मुख, आकर्षक शरीर, पोस्टकार्डों पर चित्रित प्राकृतिक दृश्यों के अनुकरण को नकार दिया और उसकी जगह पर सामान्य, गैर-सुंदर और यहां तक कि बदसूरत विषय, साधारण, असुंदर मुख, अनाकर्षक शरीर और अस्वस्थ तथा गंदगी से भरे भयावह दृश्यों तक को चित्रित किया। इस प्रकार उन्होंने अपनी तूलिका के एक प्रहार से भारत की चित्रकला को शीशे की बंद अलमारी से निकालकर रोजमर्रा के जीवन की बांहों में ला दिया।''

रवि वर्मा **(1848-1906)**

रवि वर्मा का जन्म 29 अप्रैल, 1848 को केरल के गांव किलीमान्नूर में हुआ था। वे उस राजपरिवार से संबंधित थे जिसके निकटवर्ती रक्त संबंध भूतपूर्व रियासत ट्रावनकोर से थे। रवि वर्मा के चाचा राजा वर्मा ने तंजौर शैली के कलाकार आलागिरि नायडू से कला की तकनीक सीखी थी। रवि वर्मा को कला की शिक्षा राजा वर्मा से मिली। कृष्ण चैतन्य के अनुसार, ''सौंदर्यशास्त्र की दृष्टि से रवि वर्मा के योगदान के बारे में कोई चाहे जैसा मूल्यांकन करे, उन्हें इस श्रेय से वंचित नहीं किया जा सकता कि भारत की आधुनिक कला के संदर्भ में तैल रंगों के नए माध्यम में पेंटिंग करने में उन्होंने प्रथम उल्लेखनीय सफलता प्राप्त की थी, और किसी अकादमिक संस्थान में व्यवस्थित प्रशिक्षण पाए बिना प्राप्त की थी।'' रवि वर्मा अपने समय के अत्यंत सफल कलाकारों में से थे। छोटी उम्र में ही उन्हें प्रसिद्धि मिल गई थी। हिंदू महाकाव्यों तथा आख्यानों के चित्र रवि वर्मा की खास पहचान थे। स्त्रियों के अनगिनत रूप भी रवि वर्मा की कला में मिलते हैं। रवि वर्मा के चित्र (खासतौर पर पौराणिक कथानकों पर आधारित) बहुत लोकप्रिय थे। उनके चित्रों की आलोचना भी खूब हुई है लेकिन आधुनिक भारतीय कला के विकास को जानने-जांचने के लिए रवि वर्मा की उपेक्षा नहीं की जा सकती है।

रामानंद वंद्योपा याय **(1936-)**

कला भवन शांति निकतेन से प्रशिक्षित रामानंद वंद्योपाध्याय कोलकाता में रहते हैं। वह अपनी कला में उस साधारण जन को चित्रित करते हैं जो प्रकृति के रंग-रस में डूबा हुआ है। लोक महोत्सवों के रंगों और उनकी रिद्म ने रामानंद की कला पर गहरा असर डाला।

रेखा रॉडवित्य **(1958-)**

बेंगलूर में जन्मी रेखा रॉडवित्य वड़ोदरा कला महाविद्यालय और लंदन रॉयल कॉलेज ऑफ आर्ट से प्रशिक्षित हैं। उनके चित्रों में नारीवादी रुझान पर्याप्त बोल्डनेस और गहरी रंग-रूपाकार संवेदना के साथ उभरे हैं। वड़ोदरा में रहती हैं।

रुमान्ना हुसैन **(1952-1999)**

रुमान्ना हुसैन ने छायाचित्रों, शब्दों और प्रस्तुति (परफॉर्मेंस) से एक नारीवादी नजरिए और अल्पसंख्यक होने के भय और आशंका को अपनी कला में सामने लाने की कोशिश की थी।

रामगोपाल विजयवर्गीय **(1905-2003)**

रामगोपाल विजयवर्गीय के पिता सवाई माधवपुर जिले (जयपुर) के एक छोटे ठिकाने में कामदार थे। बचपन से ही उनकी दिलचस्पी रेखांकन और पेंटिंग में थी। महाराजा स्कूल ऑफ आर्ट ऐंड क्राफ्ट्स से पेंटिंग में डिप्लोमा प्राप्त किया। वहां अवनींद्रनाथ ठाकुर के शिष्य शैलेंद्रनाथ डे प्रधानाचार्य थे। विजयवर्गीय ने उनकी देखरेख में 'स्वदेशी कला' जानी और वाश तकनीक सीखी। उनकी असाधारण क्षमता देखकर डे ने उन्हें सीधे अंतिम वर्ष में दाखिला दे दिया। पांच साल का कोर्स लगभग आठ महीने में पूरा हो गया। विजयवर्गीय ने गीत गोविंद, मेघदूत, बिहारी सतसई, राग-रागनियों, नायिका भेद, उमर खय्याम आदि पर अनेक चर्चित चित्र शृंखलाएं बनाई हैं। कवि-लेखक और कला समीक्षक के रूप में भी पहचाने जाते थे। विजयवर्गीय ने राजस्थान के लघुचित्रों के समन्वय, संग्रह आदि का महत्वपूर्ण काम किया। कविता-कला के संबंधों पर परंपरागत शैली में भी उल्लेखनीय

काम किया। अपने समय में विजयवर्गीय के चित्र मॉर्डन रिव्यू (अंग्रेजी), प्रवासी (बंगला) आदि में छपते थे। विशाल भारत, सरस्वती, चांद और माधुरी जैसी ऐतिहासिक पत्र-पत्रिकाओं में भी विजयवर्गीय के चित्र प्रकाशित होते थे। विजयवर्गीय की याददाश्त बहुत अच्छी थी और बुढ़ापे में भी उनकी उंगलियां कुछ-न-कुछ बनाना-रचना चाहती थीं। राजस्थान की कला की दुनिया में वह लंबे समय तक छाए रहे। आधुनिक शैली में भी उन्होंने कुछ चित्र बनाए पर मूल रूप से वह अंजता और ठाकर शैली में ही अपनी रचनात्मकता निखार सके।

रियास कोमू **(1971-)**

केरल में जन्मे रियास कोमू मुंबई के जे.जे. स्कूल ऑफ आर्ट से प्रशिक्षित हैं। हेब्बार फाउंडेशन स्कॉलरशिप और मुंबई आर्ट सोसायटी पुरस्कार मिल चुका है। फोटोग्राफी, पेंटिंग और इंस्टालेशन की आवाजाही के पीछे सामाजिक राजनीतिक सरोकार स्पष्ट हैं। मुंबई में रहकर काम करते हैं।

रविंदर रेड्डी **(1956-)**

वड़ोदरा कला महाविद्यालय से प्रशिक्षित रविंदर रेड्डी अंतर्राष्ट्रीय ख्याति प्राप्त मूर्तिशिल्पी हैं। रेड्डी की ओवर लाइफ साइज, रंग समृद्ध, गोल्डलीफ से सजी-धजी स्त्रियों में एक अनोखी ऐंद्रियता और कामुकता है। एंडी वारहोल म्यूजियम की एसोसिएट क्यूरेटर मार्जरी किंग के अनुसार रेड्डी भारतीय देवियों को समकालीन दुनिया में लाते हैं और सभकालीन स्त्रियों को देवी में बदल देते हैं। उनकी कला में बाजारू कला के साथ भी एक दिलचस्प संवाद है। उनकी स्त्रियां एक छोर पर देवी हैं तो दूसरे छोर पर पिनअप गर्ल होने का भ्रम पैदा करती हैं। विशाखापट्टनम में रहते हैं।

रिनी धूमाल **(1948-)**

बंगाल में जन्मी रिनी धूमाल वड़ोदरा से प्रशिक्षित हैं और अब अपने कलाकार पति पी.डी. धूमाल के साथ वड़ोदरा में ही रहती हैं। चाहे वह एक्रिलिक में काम करें, चाहे प्रिंटमेकिंग में, चाहे ग्लास पेंटिंग में—एक चाक्षुष निरंतरता उनकी कला में पहचानी जा सकती है। प्रिंटमेकिंग में उनका विशेष योगदान माना जाता है।

राजेंद्र टिकू **(1953-)**

वादवान, कश्मीर में जन्मे राजेंद्र टिकू ने मूर्तिशिल्प का प्रशिक्षण श्रीनगर के इंस्टीट्यूट ऑफ म्यूजिक ऐंड फाइन आर्ट्स से प्राप्त किया है। अब जम्मू में रहते हैं। टिकू किसी खास तरह की रचना सामग्री से बंधते नहीं हैं। अपनी रचनात्मकता को वह सामग्री का बंदी नहीं बनाना चाहते हैं। जो सामग्री हाथ में हो, उसी में वह अपनी संवेदनशील, काव्यात्मक और दार्शनिक दुनिया को एक पहचान देते हैं।

रबिन मंडल **(1932-)**

हावड़ा में जन्म। बचपन में घुटने की चोट के कारण चार साल तक बिस्तर पर रहने के लिए मजबूर होना पड़ा। बंगाल के दुर्भिक्ष ने रबिन की संवेदना पर गहरा असर डाला। 1964 में 'कलकत्ता पेंटर्स' ग्रुप की स्थापना। रबिन कला में सुंदरता, कलात्मक फिनिश और डिजाइन आदि में विश्वास नहीं करते हैं। वह कला की भीतरी ताकत और सामाजिक सरोकारों को महत्व देते हैं। आदिम, आदिवासी और लोक रूपाकारों से प्रभावित रहे हैं। रबिन हिरोशिमा के बाद की दुनिया को गहरी आशंका और भय से देखते हैं क्योंकि उनका मानना है कि मानवता खुद अपने 'डैथ वारंट' पर हस्ताक्षर कर सकती है। सुप्रसिद्ध फिलकार बुद्ध देव दासगुप्त ने डाक्यूमेंटरी फिल्म 'रबिन' बनाई है।

राजीव लोचन **(1956-)**

वड़ोदरा कला महाविद्यालय से प्रशिक्षित राजीव लोचन जापान सरकार की स्कॉलरशिप के सिलसिले में जापान में रह चुके हैं। लंबे समय तक अध्यापन से जुड़े रहे हैं। इन दिनों राष्ट्रीय आधुनिक कला संग्रहालय के निदेशक। पत्नी यूरीको लोचन भी पेंटर हैं। कला में छायाचित्रों और पेंटिंग के बीच एक अलग तरह का संवाद बनाया है।

राधा चरण बागची **(1910-1977)**

परंपरागत भारतीय कला और पश्चिमी अकादेमिक तकनीक दोनों में ही दक्षता प्राप्त थी। टेंपरा और तैलरंग दोनों में सहज आवाजाही थी। बहादुर शाह जफर के अंतिम दिनों की पेंटिंग अवनींद्रनाथ के शाहजहां के अंतिम दिनों के चित्र की तुलना में अधिक समकालीन और यथार्थवादी नजर आती है।

रमेश बिष्ट **(1945-)**

गढ़वाल में जन्मे रमेश बिष्ट लखनऊ कला महाविद्यालय से प्रशिक्षित हैं। लंबे समय से वह दिल्ली कला महाविद्यालय से संबद्ध हैं। 1979 में उन्हें राष्ट्रीय पुरस्कार मिला था। कांस्य मूर्तिशिल्प में कई प्रयोग कर चुके हैं। राजनेताओं की सार्वजनिक मूर्तियां बनाने के क्षेत्र में भी उल्लेखनीय काम किया है।

राजेंद्र धवन **(1936-)**

नई दिल्ली में जन्मे राजेंद्र धवन 1970 से पेरिस में रहकर काम कर रहे हैं। दिल्ली में 1960 में चर्चित ग्रुप 'अननोन' के वह एक महत्वपूर्ण सदस्य थे। राजेंद्र धवन के अमूर्तन में प्रकृति की अत्यंत सूक्ष्म छवियां हैं।

रामेश्वर सिंह **(1948-)**

देवगढ़, राजस्थान में जन्मे रामेश्वर सिंह उदयपुर विश्वविद्यालय से प्रशिक्षित हैं। परंपरागत राजस्थानी चित्र भाषा को नए रंग-रूपाकार प्रदान किए हैं।

रमेंद्रनाथ चक्रवर्ती **(1902-1955)**

अगरतल्ला, त्रिपुरा में जन्मे रमेंद्रनाथ ने कोलकाता कला महाविद्यालय में अवनींद्रनाथ ठाकुर से कला की शिक्षा प्राप्त की। वह शांति निकेतन में भी छात्र और अध्यापक रह चुके हैं। लंदन के स्लेड स्कूल से उन्होंने प्रिंटमेकिंग का प्रशिक्षण प्राप्त किया था। नव बंगाल स्कूल शैली में उन्होंने ऑयल पेंटिंग, जलरंग चित्र और प्रिंटमेकिंग सभी माध्यमों में पर्याप्त दक्षता से काम किया।

लतिका कट्ट **(1948-)**

1948 में गाजियाबाद, (उत्तर प्रदेश) में जन्म। बनारस हिंदू विश्वविद्यालय के कला विभाग से शिक्षा। 1971 में पति (और जाने-माने मूर्तिशिल्पी) बलबीर सिंह कट्ट के साथ इंग्लैंड चली गईं। यूरोप की यात्राएं। 1973 में वापस भारत आकर वड़ोदरा कला महाविद्यालय से संबद्ध। अमेरिका और कनाडा की यात्रा (1978-79)। अनेक महत्वपूर्ण प्रदर्शनियों में हिस्सेदारी। 1981 में ब्रिटिश काउंसिल की स्कॉलरशिप। बनारस हिंदू विश्वविद्यालय से भी संबद्ध रही हैं। संवेदनशील अनुभूतियों के लिए पहचानी जाती हैं।

लालू प्रसाद शॉ **(1937-)**

1937 में पश्चिम बंगाल में जन्म। कोलकाता से कला में डिप्लोमा। शांति निकेतन से भी संबद्ध। अनेक महत्वपूर्ण एकल प्रदर्शनियां। ग्राफिक कलाकार के रूप में भी अच्छी पहचान पर छापाकला को पेंटिंग का ही हिस्सा मानते हैं। टेंपरा में कुछ बहुत ही संवेदनशील काम किया है। शॉ के चित्र संसार में स्वैरकल्पना और यथार्थ की दुनिया में दिलचस्प आवाजाही है।

लक्ष्मा गौड़ **(1940-)**

लक्ष्मा गौड़ का जन्म 1940 में निजामपुर, (आंध्र प्रदेश) में हुआ। प्रदेश का ग्रामीण जीवन लक्ष्मा गौड़ की हमेशा बुनियाद रहा है। 1963 में हैदराबाद के कला महाविद्यालय से रेखांकन और पेंटिंग में डिप्लोमा। वड़ोदरा में फ्रैस्को पेंटिंग का अध्ययन। बाद में ग्राफिक कला का विशेष अध्ययन। 1977 में साओ पाओलो द्वैवार्षिकी में हिस्सेदारी। लक्ष्मा गौड़ की कला में ग्रामीण चित्रों और 'इरॉटिक' कल्पनाशक्ति का बड़ा प्रभावशाली मेल मिलता है। लक्ष्मा का कहना है कि किसी भी माध्यम या तकनीक के प्रति मेरा कोई खास नजरिया नहीं है। चीजें मेरे यहां स्वाभाविक ढंग से आती हैं।

लक्ष्मण पै **(1926-)**

1926 में जन्म। जे.जे. स्कूल ऑफ आर्ट, मुंबई से शिक्षा। 1950 से लगातार एकल प्रदर्शनियां। अनेक अंतर्राष्ट्रीय प्रदर्शनियों में हिस्सेदारी। 1961, 63, 72 में राष्ट्रीय पुरस्कार। 1985 में पद्मश्री। ए.एस. रमन के अनुसार, ''पणजी के गवर्नमेंट कॉलेज ऑफ आर्ट के प्रधानाचार्य पद से सेवानिवृत्त हुए पै स्वाभिमानी और प्रवीण कलाकार हैं। वह कई वर्ष तक पेरिस में रहे हैं। लेकिन अपने पेरिस-प्रवास में वह कभी भी एकोल द पेरिस के सम्मोहन-पाश में नहीं बंधे। इसको वह सम्मान जरूर देते रहे लेकिन स्वयं को बेहतर कलात्मक और सांस्कृतिक पृष्ठभूमि से आया मानकर अपनी अलग पहचान बनाए रहे। इसलिए आश्चर्य नहीं कि उनकी अतियथार्थवादी फंतासियों में भारतीय लघुचित्रों की सारगर्भिता झलकती लगती है। रेखाओं और रंगों के प्रयोग के मामले में पै भारतीय लघुचित्रों से प्रभावित रहे हैं।''

लक्ष्मण श्रेष्ठ **(1939-)**

लक्ष्मण श्रेष्ठ नेपाल के राणा परिवार से हैं। जे.जे. स्कूल से प्रशिक्षण प्राप्त करते-करते ही उन्हें फ्रांस में अध्ययन की छात्रवृत्ति मिल गई थी। अब मुंबई में रहकर काम करते हैं। 1963 से नियमित एकल प्रदर्शनियां कर रहे हैं। अमूर्त चित्रकला की दुनिया के एक प्रतिष्ठित नाम। मनमोहन सरल के अनुसार, ''एक-एक कदम संभालकर पर्वत पर सधा हुआ आरोहण उनके प्रत्येक चित्र में देखा जा सकता है जिसमें हर रंग और हर ब्रश स्ट्रोक अपनी जगह उसी परिपूर्णता के साथ आते हैं जैसे कि सिंफनी में ताल और सुर एक के बाद एक आते हैं।''

विकास भट्टाचार्य **(1940-)**

1940 में कोलकाता में जन्म। 1963 में वहीं से कला का डिप्लोमा। 1968 से 72 तक इंडियन कॉलेज ऑफ आर्ट्स ऐंड ड्राफ्टमैनशिप में अध्यापन और 1973 से 82 तक गवर्नमेंट कॉलेज ऑफ आर्ट ऐंड क्राफ्ट में अध्यापन। 1965 में कोलकाता में पहली एकल प्रदर्शनी। 1971 और 72 में ललित कला अकादेमी का राष्ट्रीय पुरस्कार। हाल में अकादेमी की रत्न सदस्यता। कोलकाता के समकालीन कलाकार संघ से सक्रिय सदस्य रहे हैं। कला समीक्षक शांतो दत्त के अनुसार, ''विकास उन आधुनिक भारतीय कलाकारों में से हैं

जिनकी मानसिकता बुनियादी तौर पर नागर अथवा शहरी है। जीवन के प्रति उनके बौद्धिक तथा भावनात्मक दृष्टिकोण का आधार भी शहरी रहन-सहन की उनकी अपनी परिस्थितियों में है तथा उन्होंने लोक, आदिवासी या ग्रामीण कला परंपराओं में अपनी जड़े तलाशने की कभी कोशिश नहीं की।'' पिछले कुछ सालों से पक्षाघात के कारण पेंटिंग नहीं कर पा रहे हैं।

वेद नायर **(1933-)**

1933 में लायलपुर (अविभाजित पंजाब) में जन्म। दिल्ली विश्वविद्यालय (सेंट स्टीफेंस कॉलेज) से स्नातक उपाधि के बाद दिल्ली कला महाविद्यालय से शिक्षा। 1958 से महत्वपूर्ण कला प्रदर्शनियों में हिस्सा ले रहे हैं। पांचवीं त्रैवार्षिकी (1982) में वेद नायर के काम का विशेष उल्लेख किया गया था। प्रदर्शनियों के डिजाइन के काम में भी वेद काफी अनुभवी हैं। वेद नायर ने इस बात पर काफी जोर दिया है कि भारतीय समाज की एक अपनी 'चाक्षुष स्मृति' हो—हर बार हमें पश्चिमी संदर्भों का सहारा न लेना पड़े।

विनोद बिहारी मुखर्जी **(1904-1980)**

जन्म, बेहाला, बंगाल 1904। 1919 में शांति निकेतन के कलाभवन में प्रवेश। 1925 में कलाभवन में अध्यापक। 1937-38 में जापान यात्रा। 1949 में शांति निकेतन छोड़कर नेपाल गए। नेपाल सरकार के संग्रहालय अधीक्षक और शिक्षा विभाग सलाहकार—1949-51 में। वनस्थली, राजस्थान में अध्यापक 1951-52। मसूरी में घर पर रहकर अध्यापन 1952-54। पटना ललित कला महाविद्यालय का पुनरुद्धार, 1954-56। 1956 में आंखों की रोशनी चली गई। वि.वि. अनुदान आयोग से प्रोफेसर होकर पुनः शांति निकेतन आए। फिर देहरादून और दिल्ली में निवास। शांति निकेतन से 'देशिकोत्तम' सम्मान। 1974 में पद्मविभूषण। ललित कला अकादेमी के रत्न सदस्य रहे। भित्तिचित्रः शांति निकेतन (छात्रावास की भीतरी छत पर और हिंदी भवन की दीवारों पर) और वनस्थली में। बंगला में आत्मकथा 'चित्रकर' (1979) का प्रकाशन। सत्यजित राय ने 'द इनर आई' नाम से विनोद बाबू पर एक वृत्तचित्र बनाया है। 18 नवंबर, 1980 को दिल्ली में निधन। सुपरिचित हिंदी लेखक मन्मथनाथ गुप्त ने विनोद बाबू के निधन पर बहुत सही टिप्पणी की : ''जब नोबेल पुरस्कार विजेता आंद्रे जीद मरे तो पेरिस के एक प्रमुख पत्र ने लिखा था—एक लाश मर गई क्योंकि उन्होंने बीस साल से कुछ नहीं लिखा था। कलागुरु विनोद बिहारी मुखर्जी की सबसे बड़ी विशेषता यह थी कि यद्यपि लगभग तीन दशक पहले अंधे हो गए पर उनकी इस पंगु बना देने वाली असमर्थता के बावजूद वह कभी लाश नहीं बने।''

विमल दासगुप्त **(1917-1995)**

1917 में बंगाल में जन्म। कोलकाता के गवर्नमेंट कॉलेज ऑफ आर्ट से पेंटिंग में डिप्लोमा। 1948 में जलरंग चित्र के लिए आइफैक्स का प्रथम पुरस्कार। 1956 में ललित कला अकादेमी का राष्ट्रीय पुरस्कार। नई दिल्ली के कला महाविद्यालय में 14 साल काम करने के बाद 1977 में रिटायर हुए। प्रकृति में बचपन से ही गहरी दिलचस्पी। घनवाद, तंत्र आदि के रास्ते पकड़ने के बाद प्रकृति के रंग-रूपाकारों में वापसी। विमलदास गुप्ता बंगाल के प्रमुख अमूर्त चित्रकारों में गिने जाते हैं—बंगला जहां पर आकृतिमूलक कला का प्रभाव और प्रभुत्व रहा है। एक सड़क दुर्घटना में निधन।

बिमान दास **(1943-)**

1943 में तामलुक, (पश्चिम बंगाल) में जन्म। कोलकाता कला महाविद्यालय से 1966 में प्रथम श्रेणी में डिप्लोमा। बाद में वहां के प्रधानाचार्य भी बने। 1973-74 में ब्रिटिश काउंसिल की स्कॉलरशिप। 1972 में

ललित कला का राष्ट्रीय पुरस्कार। 1968 से लगातार एकल प्रदर्शनियां। चिंतामणि क़र के प्रतिभाशाली छात्र। अनेक माध्यमों और रचना-सामग्री में काम। देवी और मिथुन शृंखला के मूर्तिशिल्प सुपरिचत। शबीहें बनाई हैं। शास्त्रीय संगीत से प्रेरणा। दिल्ली और कोलकाता में रहते हैं।

विवान सुंदरम **(1943-)**

1943 में शिमला में जन्म। 1961-65 में वड़ोदरा कला महाविद्यालय से फाइन आर्ट्स में बी.ए.। 1966-68 में स्लेड स्कूल, लंदन में अध्ययन। 1966 में दिल्ली और मुंबई में पहली एकल प्रदर्शनी। तब से लगातार समूह और एकल प्रदर्शनियां। पेंटिंग के अलावा रेखांकन, जलरंगों, पैस्टल और चारकोल आदि माध्यमों में नियमित काम और एकल प्रदर्शनियां। काफी घुमक्कड़ स्वभाव के हैं—सिनेमा सरीखे माध्यमों में गहरी दिलचस्पी रही है। कला-संस्कृति के संगठनों में भी काफी महत्वपूर्ण हिस्सेदारियां। फिल्मकार कुमार शाहनी के साथ अमृता शेरगिल पर कथा फिल्म की पटकथा में भी सहयोग दिया है। कसौली में अनेक कला, नाटक आदि के महत्वपूर्ण शिविरों का आयोजन। प्रतिबद्ध कला में गहरा विश्वास पर यह विश्वास सौभाग्यवश कभी सतही नहीं रहा। विवान प्रेक्षक की सक्रिय हिस्सेदारी में विश्वास रखते हैं। ''मैं एक ऐसे प्रेक्षक की तलाश करता हूं जो कलाकृति को देखते हुए और फिर चीजों को एक साथ रखते हुए अपनी सारी सामर्थ्य और बुद्धि का इस्तेमाल करता है।'' ('लंबी रात', चारकोल में रेखांकन प्रदर्शन का कैटलॉग 1988) पिछले अनेक वर्षों से विवान इंस्टालेशन आर्ट, वीडियो इंस्टालेशन और फिल्म के क्षेत्र में ही काम कर रहे हैं। कैनवास का साथ छूट गया है। शेरगिल परिवार के पुराने छायाचित्रों को डिजिटल हस्तक्षेप से उन्होंने नया अर्थ और संदर्भ दिया है।

विश्वनाथ मुखर्जी **(1921-1987)**

16 जुलाई, 1921 को बनारस में जन्म। लखनऊ कला महाविद्यालय से शिक्षा। पेंटर, मूर्तिशिल्पी, छाया चित्र. कार डिजाइनर—सभी रूपों में कला की अभिव्यक्ति। 'वाश पेंटिंग' के भी 'मास्टर' थे। हजारों की संख्या में काम। 1947 से 17 से भी अधिक एकल प्रदर्शनियां। हैदराबाद से शुरू होकर दिल्ली कला महाविद्यालयो तक के प्रधानाचार्य रहे। वे कहा करते थे, ''लोग मुझे प्रिंसिपल कहते हैं पर मैं अपने को छात्र ही समझता हूं!''

वी.एस. गायतोंडे **(1924-2000)**

नागपुर (महाराष्ट्र) में 1924 में जन्म। जे.जे. स्कूल ऑफ आर्ट, मुंबई से अध्ययन। प्रोग्रेसिव आर्टिस्ट ग्रुप के आखिरी दिनों में गायतोंडे भी सक्रिय थे। 1959 से एकल प्रदिर्शनियों का सिलसिला शुरू। 1971 में पद्मश्री से सम्मानित। दर्शन, संगीत, सिनेमा में गहरी रुचि। मुंबई के पेंटर होने के बावजूद दिल्ली में रहकर काम करने लगे। प्रयाग शुक्ल के अनुसार ''अमूर्तन का एक बिल्कुल भिन्न रूप गायतोंडे के चित्र प्रस्तुत करते हैं और आधुनिक भारतीय चित्रकला को जैसे आकृति और अमूर्तन की बहस से भी परे ले जाते हैं। उनके यहां अमूर्तन रूपाकार ही नहीं, रंगाकारों और रंगतों के कुछ क्षेत्र भी बचे रहते हैं जो न तो आकस्मिक हैं और न निरुद्देश्य। उनके चित्रों के सामने खड़े होकर जैसे हम चित्र रचना के परिचित उपकरणों की उपस्थिति तक भुला देते हैं। आकार रेखाएं भी नहीं, तीव्र तूलिका संघात भी नहीं, आकृतियां भी नहीं, चटख रंग भी नहीं, वहां केवल रंगों की अंतरछवियां और अंतरधाराएं और एक ऐसी लिखत जिसे समझने के क्रम में हम चित्रकला माध्यम को एक और कोण से जितना समझते हैं उतना ही अभिव्यक्ति को, और आदमी की ग्रहण-शक्ति को।''

विश्वंभर खन्ना **(1930-1999)**

दिल्ली पोलीटेकनिक से प्रशिक्षित विश्वंभर खन्ना ने दो दशक तक 'एनेमलिंग' की प्राचीन कला को आधुनिक संस्कार देने की कोशिश की थी। शुरू में उन्होंने लैंडस्केप पेंटिंग और प्रिंटमेकिंग में काम किया था। बाद में तांबे की चादर पर 'एनेमलिंग' की कला को अपनाकर उन्होंने एक नया रास्ता खोजने की कोशिश की थी। तकनीकी दक्षता के साथ उन्होंने अमूर्त रंग-रूपाकारों को जन्म दिया। कभी-कभी वह म्यूरल आकार को ध्यान में रखकर भी काम करते थे।

वीर मुंशी **(1955-)**

श्रीनगर में जन्मे और वड़ोदरा कला महाविद्यालय से प्रशिक्षित वीर मुंशी दिल्ली में रहकर काम करते हैं। 2002 में उन्हें राष्ट्रीय पुरस्कार मिल चुका है। उनकी कला में विस्थापन की गहरी पीड़ा है।

विजेंद्र शर्मा **(1962-)**

दिल्ली में जन्म। दिल्ली कला महाविद्यालय से प्रशिक्षण प्राप्त किया। अतियथार्थवाद और फोटो यथार्थवाद से प्रेरित होकर कला में एक निजी आध्यात्मिकता को लाने की कोशिश। 'इल्यूजनिस्ट' कला शैली में दक्ष कलाकार। दिल्ली में रहते हैं।

वाल्टर लैंगमेर **(1905-1977)**

ऑस्ट्रिया में जन्मे वाल्टर लैंगमेर नात्सी अत्याचारों से बचने के लिए मुंबई आ गए थे। टाइम्स ऑफ इंडिया के कला निर्देशक के रूप में उन्होंने मुंबई में आधुनिक कला आंदोलन की दशा-दिशा पर गहरा असर डाला था। भारतीय रंगों और यहां की रोशनी वे वह प्रभावित थे। यूरोप से वह अभिव्यंजनावादी आंदोलन की स्मृतियां लेकर भारत आए थे। लैंगमेर की कला पर अपने देश के कलाकार कोकोश्का की कला का प्रभाव पहचाना जा सकता है। उनके चित्र संख्या में बहुत कम उपलब्ध हैं।

वी. विश्वनाधन **(1940-)**

केरल में जन्मे वी. विश्वनाधन ने चेन्नई के कला महाविद्यालय में प्रशिक्षण प्राप्त किया। लंबे समय से पेरिस में रहकर वह अमूर्त रंग-रूपाकारों की दुनिया को कोमल संवेदना के साथ खोज रहे हैं। उन्होंने कई चर्चित फिल्मों की निर्देशन भी किया है। गंगा नदी पर उन्होंने 3 घंटे की फिल्म बनाई है।

वीणा भार्गव **(1938-)**

शिमला में जन्मी वीणा भार्गव ने शुरू में कोलकाता के मेडिकल कॉलेज में दाखिला लिया पर उन्हें जल्दी ही महसूस हुआ कि यह क्षेत्र उनके लिए नहीं है। बाद में उन्होंने कोलकाता कला महाविद्यालय से कला का प्रशिक्षण प्राप्त किया। उनके चित्रों में मानवीय यातना और खुशी दोनों ने ही प्रभावशाली अभिव्यक्ति पाई है।

विद्यासागर उपाध्याय **(1948-)**

बांसवाड़ा (राजस्थान) में जन्मे विद्यासागर उपाध्याय ने उदयपुर से पेंटिंग में एम.ए. किया। जयपुर के राजस्थान स्कूल ऑफ आर्ट के अध्यक्ष हैं। टखमण-28 ग्रुप के एक महत्वपूर्ण सदस्य। अमूर्त रंग-रूपाकारों के कुशल

कलाकार। विभिन्न संस्थानों में कलाकारों के प्रतिनिधि के रूप में भी सक्रिय रहे हैं।

वसुंधरा तिवारी बरूटा **(1955-)**

कोलकाता में जन्मी वसुंधरा तिवारी के प्रारंभिक चित्रों में बड़े कैनवास पर विशाल नारी आकृतियां पहचानी जा सकती थीं। बाद में उनके चित्रों में पृष्ठभूमि को गहरे स्तर पर खोजने, जांचने, जानने की प्रक्रिया सामने आई। वसुंधरा तिवारी का प्रशिक्षण त्रिवेणी कला संगम में हुआ है जहां आज भी वह सक्रिय हैं। संस्कृति पुरस्कार से सम्मानित।

शंकर नंदगोपाल **(1946)**

मूर्तिशिल्पी शंकर नंदगोपाल सुप्रसिद्ध कलाकार के.सी.एस. पणिक्कर के बेटे हैं। उनकी प्रारंभिक शिक्षा पेंटिंग में हुई थी। स्थानीय स्रोतों, लोककला, मिथकशास्त्र, महोत्सवों, कर्मकांडों, आइकनोग्राफी से प्रेरित होकर मूर्तिशिल्प रचे हैं। चौथी त्रैवार्षिकी (1978) में उन्हें स्वर्ण पदक मिल चुका है। 1970 में ललित कला के राष्ट्रीय पुरस्कार से भी सम्मानित। 1967-71 में चेन्नई कला महाविद्यालय से प्रथम श्रेणी में डिप्लोमा। मूर्तिशिल्प में इसलिए भी दिलचस्पी शुरू हुई कि पिता के चित्रों से अनावश्यक तुलना न होने लगे। सिरेमिक्स और धातु कार्य में शुरू से ही रुचि थी। धनराज भगत और पी.वी. जानकीराम के काम ने रास्ता दिखाया। ''आकृति से ज्यादा देर तक बात नहीं बनती थी इसलिए मैंने अमूर्तन को भी आकृति का हिस्सा बना दिया ताकि एकरसता भंग हो सके।'' रेडप्पा नायडू ने पेंटिंग में परंपरा के साथ जो संबंध बनाया नंदगोपाल ने मूर्तिशिल्प के क्षेत्र में लगभग वही किया। लोककला से प्रारंभिक प्रेरणा पाकर नंदगोपाल ने अपनी कला और उस प्रक्रिया में भारतीय मूर्तिशिल्प को एक नया चेहरा दिया है।

शंखो चौधरी **(1916-)**

संथाल परगना (बिहार) में 1916 में जन्म। 1939 में शांति निकेतन से कला में बी.ए.। 1945 में वहीं से डिप्लोमा, मूर्तिशिल्प में विशेष योग्यता के साथ। 1945 में राम किंकर के साथ नेपाल गए—युद्ध स्मारक में उनकी सहायता के लिए। नेपाल में धातु में 'कास्टिंग' का अध्ययन किया। फिर यूरोप गए। पेरिस और इंग्लैंड में काम किया। वड़ोदरा कला महाविद्यालय से जुड़े। वहां रीडर, प्रोफेसर और डीन जैसे सम्मानित पदों पर रहे। फिर बनारस हिंदू विश्वविद्यालय और विश्वभारती, शांति निकेतन आदि में अतिथि प्रोफेसर, फैलो आदि के रूप में संबद्ध रहे। 1980 में तंजानिया में दारेस्लाम विश्वविद्यालय में प्रोफेसर के पद नियुक्त हुए। ललित कला अकादेमी के अध्यक्ष भी रहे हैं। 1956 में अकादेमी का राष्ट्रीय पुरस्कार मिला था। 1971 में पद्मश्री। 1982 में अकादेमी की रत्न सदस्यता। 1949 में एकल प्रदर्शनियों का सिलसिला शुरू। शंखो चौधरी देश के वरिष्ठ मूर्तिशिल्पियों में से हैं। शंखो चौधरी के काम के बारे में कार्ल खंडालावाला की टिप्पणी है, ''वे एक साथ ही प्रयोगधर्मी कलाकार, परंपरावादी और आधुनिक हैं। अभिव्यक्ति के किसी खास संप्रदाय को वे अपने पर हावी नहीं होने देते।''

शक्ति बर्मन **(1935-)**

1935 में कोलकाता में जन्म। 1956 में कोलकाता में गवर्नमेंट कॉलेज ऑफ आर्ट्स से डिप्लोमा। पेरिस में उच्च अध्ययन। 1958 से एकल प्रदर्शनियां। यूरोप में खूब घूमे। पेरिस में रहते हैं। रंगों-रूपाकारों का लगभग एक आश्चर्य लोक रचते हैं।

शांति दवे **(1931-)**

1931 में जन्म। 1956 में वड़ोदरा कला महाविद्यालय से पेंटिंग में एम.ए.। वड़ोदरा 'ग्रुप ऑफ आर्टिस्ट्स' के संस्थापक सदस्य। देश के वरिष्ठ कलाकारों में से एक। अनेक राष्ट्रीय-अंतर्राष्ट्रीय सम्मान और पुरस्कार। 1985 में पद्मश्री। म्यूरल, ग्राफिक आदि में भी महत्वपूर्ण काम। 1975 में तीसरी त्रैवार्षिकी में पुरस्कृत। शांति दवे की संवेदना पर गुजरात के ग्रामीण परिवेश का गहरा असर है। दवे ने शुरू में लंबे समय तक आकृतिमूलक काम भी किया पर बाद में उन्हें एक अमूर्त चित्रकार के रूप में पहचाना जाने लगा। उनकी अमूर्त शैली में भी भारतीय जीवन और रंगों की एक खास तरह की महक है। कलाकार के रूप में शांति दवे ने न्यूयॉर्क में एयरपोर्ट के वी.आई.पी. लाउंज का म्यूरल बनाते हुए भी अपने बचपन के गांव को याद किया है। गांव के वी.आई.पी. उनके दिमाग में घूम जाते थे—चारपाई पर हुक्का गुड़गुड़ा रहे ठाकुर और नीचे पगपंची कर रहे हज्जाम। शांति दवे दिल्ली में रहते हैं और घर पर ही पेंट करते हैं।

शमशाद **(1946-)**

1946 में मुंबई में जन्म। सुप्रसिद्ध चित्रकार हुसेन के बेटे हैं—इसलिए भी अपनी अलग पहचान बनाने में काफी संघर्ष करना पड़ा। ललित कला का राष्ट्रीय पुरस्कार मिल चुका है। आकृतिमूलक काम में अधिक दिलचस्पी। खुद को अर्द्धयथार्थवादी मानते हैं। वड़ोदरा कला महाविद्यालय में शिक्षा। चित्रों में भारतीय आकृतियों की खास मुद्राओं को पकड़ने-पहचानने की कोशिश।

श्यावक्ष चावड़ा **(1914-1992)**

11 दिसंबर,1914 को नवसारी (गुजरात) में जन्म। चालीस और पचास के दशक में श्यावक्ष चावड़ा भारतीय आधुनिक कला की अग्रिम पंक्ति के कलाकार थे पर बाद में धीरे-धीरे वे एक अल्प परिचित कलाकार हो गए। चावड़ा पेंटर के लिए रेखांकन की दक्षता को महत्वपूर्ण मानते रहे हैं। 1930-35 में मुंबई के जे.जे. स्कूल ऑफ आर्ट से कला की शिक्षा प्राप्त की। 1936 में लंदन चले गए। वहां स्लेड स्कूल में पढ़े। 1939 में भारत वापस आए और प्रकृति का मात्र अनुकरण करना बंद कर दिया। 1945 में ताजमहल होटल में पहली एकल प्रदर्शनी। भारतीय नृत्य-संगीत में गहरी दिलचस्पी ने मानव आकृति की विभिन्न मुद्राओं पर 'मास्टरी' का मौका दिया। रंगों के इस्तेमाल की उनमें अद्भुत प्रतिभा थी ही। भारतीय लघुचित्रों के समृद्ध रंग संसार ने भी प्रेरित किया।

शरबरी राय चौधरी **(1933-)**

1933 में पूर्व बंगाल (अब बंगलादेश) में जन्म। 1949-57 में प्रदोश दासगुप्त के निर्देशन में शिक्षा। कोलकाता के गवर्नमेंट आर्ट कॉलेज से 1956 में डिप्लोमा। 1962 में इतावली सरकार की स्कॉलरशिप। 1969-84 तक शांति निकेतन में मूर्तिशिल्प विभाग में रीडर। 1967 में प्रथम त्रैवाषिकी में पुरस्कृत। अमूर्त काम भी किया है लेकिन बुनियादी रूप से आकृतिमूलक धारा के कलाकार। कांस्य में काफी महत्वपूर्ण काम किया। टेराकोटा आदि में भी उल्लेखनीय काम। कुछ जाने-माने संगीतकारों की स्मरणीय शबीहें बनाई हैं।

शारदा चरण उकील **(1890-1940)**

1890 में विक्रमपुर (अब बंगलादेश) में जन्म। शुरू में अवनींद्रनाथ ठाकुर से प्रशिक्षण। उन दिनों काले-सफेद रंगों में भारतीय ग्रामीण जीवन का चित्रण। बाद में पौराणिक, ऐतिहासिक, धार्मिक विषयों पर अनेक चित्र

बनाए। कृष्ण और बुद्ध के जीवन पर चित्र श्रृंखलाएं। सामाजिक यथार्थ—गरीबी, बुढ़ापा और दुःख आदि भी उनके चित्रों के विषय बने। पश्चिम के कला मर्मज्ञ रोथेंसटाइन के अनुसार, ''उकील की कृतियों की भावुकता रवींद्रनाथ ठाकुर की गीतिकाव्य की-सी है, उसकी आभिजात्य आत्मा और कलागत विचारमग्नता प्रेक्षक को भारतीय आत्मा में झांकने का भारतीय संगीत सरीखा सुअवसर देती है।'' उकील ने दिल्ली में शारदा कला केंद्र की स्थापना कर एक बहुत महत्वपूर्ण काम किया। इस संस्था ने अनेक सुप्रसिद्ध कलाकारों को जन्म दिया।

शैल चोयल **(1945-)**

राजस्थान के प्रतिष्ठित चित्रकार। नाथद्वारा चित्रकला शैली पर शोध-प्रबंध। देश-विदेश में अनेक प्रदर्शनियां। अनेक पुरस्कार। उदयपुर विश्वविद्यालय में कला अध्ययन। पिता पी.एन. चोयल राजस्थान के वरिष्ठ कला. कार। शैल चोयल राजस्थानी कला को एक दिशा देने वाले कलाकारों में से हैं। सुरेश शर्मा, शब्बीर काजी, विद्यासागर उपाध्याय, ज्योति स्वरूप, मोहन शर्मा आदि कलाकारों सहित उन्होंने परंपरा और आधुनिकता के द्वंद्व को रचनात्मक स्तर पर सुलझाना चाहा है।

शैलोज मुखर्जी **(1907-1960)**

शैलोज मुखर्जी का जन्म कोलकाता में 1907 को हुआ था। उनका बचपन बर्दमान में बीता। वहां पढ़े और कोलकाता में भी। कोलकाता के स्कूल ऑफ आर्ट से उन्होंने डिप्लोमा प्राप्त किया। फिर कुछ सालों तक इम्पीरियल टोबैको कंपनी में कला निदेशक के पद पर रहे। कोलकाता में 1937 में पहली एकल प्रदर्शनी हुई। 1937-38 में यूरोप गए। 1945 में शैलोज दिल्ली आ गए। उसी साल दिल्ली के टाउन हॉल में उनकी एकल प्रदर्शनी हुई। दिल्ली में उन्होंने शुरू में शारदा उकील स्कूल में पढ़ाया। फिर दिल्ली पोलीटेकनिक के कला विभाग में आ गए जहां 1960 में निधन तक काम करते रहे। अपने जीवन के अंतिम वर्षों में शैलोज दिल्ली के बहुत लोकप्रिय और सम्मानित कलाकारों में से थे। अनेक युवा कलाकारों को उन्होंने प्रभावित किया। जया अप्पासामी ने ठीक ही कहा है कि शैलोज मुखर्जी नए और पुराने के बीच में एक पुल की तरह थे। शैलोज का व्यक्तित्व बहुत समृद्ध था। उन्होंने विवाह नहीं किया। अनेक युवा कलाकार जैसे उनके अपने बच्चे थे। ''उनकी आत्मा एक तीर्थयात्री की तरह थी, हाथ एक कलाकार के थे और आंखें कवि की थीं।'' (जया अप्पासामी)

शिव सिंह **(1938-)**

होशियारपुर में जन्म। शिमला और चंडीगढ़ में कला शिक्षा। 1968 में पश्चिम जर्मनी की स्कॉलरशिप। 1965 से लगातार अनेक एकल प्रदर्शिनियां। 1979 में राष्ट्रीय पुरस्कार। स्टील सरीखे माध्यमों में आधुनिक संरचनाओं के लिए प्रसिद्ध।

शिबू नटेसन **(1966-)**

तिरुवनंतपुरम्, केरल में जन्मे शिबू नटेसन ने तिरुवनंतपुरम् के कला महाविद्यालय से प्रशिक्षण के बाद वड़ोदरा कला महाविद्यालय से प्रिंटमेकिंग में एम.एफ.ए. किया है। वह वड़ोदरा और लंदन में रहकर काम करते हैं। फोटो यथार्थवाद को उन्होंने अपनी कला में नए विस्तार दिए हैं। ग्यारहवीं त्रैवार्षिकी (भारत) में पुरस्कृत।

शकीला **(1969-)**

गरीबी की दुनिया में पली-बढ़ी शकीला ने बिना किसी प्रशिक्षण के कला की दुनिया में अपनी अलग पहचान

बनाई है। कोलाज तकनीक का उन्होंने कल्पनाशील इस्तेमाल किया है।

श्यामल दत्त राय **(1934-2005)**

कोलकाता कला महाविद्यालय में प्रशिक्षित श्यामल दत्त जलरंग चित्रों के मास्टर माने जाते हैं। बंगाल स्कूल की 'वाश' तकनीक को उन्होंने लगभग एक नया जन्म दिया। शुरू में सजावटी काम फिर धीरे-धीरे यथार्थ, स्वप्न, दुःस्वप्न की दुनिया में आवाजाही।

शुभ प्रसन्न **(1945-)**

कोलकाता के निकट 'आर्ट्स एकड़' कला ग्राम बनाने के लिए भी शुभ प्रसन्न का नाम याद किया जाता है। कौओं और उल्लुओं को उन्होंने अपने चित्रों में भी अनोखी जगह दी है। उत्तर कोलकाता के पुराने हिस्सों को भी उन्होंने अपने चित्रों में स्मरणीय बना दिया है। उनके चित्रों में फैंटेसी और नव यथार्थवाद का दिलचस्प मेल है।

शीला मखीजानी **(1962-)**

दिल्ली कला महाविद्यालय और कानाजावा, जापान से प्रशिक्षित शीला मखीजानी अब दिल्ली में रहकर काम करती हैं। पेंटिंग में उन्होंने एक निजी चित्र भाषा विकसित की है। पेंटिंग करते हुए वह किसी विचारधारा से प्रभावित नहीं होतीं—रंग व रूपाकार पेंटिंग करते हुए ही उभरते हैं। पेंटिंग करने का क्षण अधिक महत्वपूर्ण होता है।

शांभवी **(1966-)**

सासाराम, बिहार में जन्म। पटना और दिल्ली कला महाविद्यालय से प्रशिक्षण। काले रंग में अमूर्त चित्र शुरू में चर्चित हुए थे। दूसरे रंगों में भी वह अभिव्यक्ति का जोखिम उठाती रहीं हैं पर रंग उनके लिए प्रतीक नहीं वे निजी, भीतरी भावनाओं से जन्म लेते हैं।

शिप्रा भट्टाचार्य **(1955-)**

शिप्रा भट्टाचार्य की कला के हरे रसीले चमकदार रंग प्रेक्षक को तुरंत आकर्षित करते हैं। उनकी स्त्रियां ऐंद्रिय और मांसल हैं। शिप्रा कोलकाता में रहती हैं।

शिल्पा गुप्ता **(1976-)**

मुंबई में जन्मी शिल्पा गुप्ता ने जे.जे. स्कूल ऑफ फाइन आर्ट से कला का प्रशिक्षण प्राप्त किया है। शहरों में बढ़ती व्यावसायिकता से चिंतित होकर शिल्पा गुप्ता ने इंटरएक्टिव इंस्टालेशन, वीडियो आर्ट, इंटरनेट आदि की मदद से उल्लेखनीय काम किया है। भारत की पहली वेब केंद्रित चित्रकार मानी जाती हैं। मुंबई में रहती हैं। आधुनिक उपभोक्ता संस्कृति पर व्यंग्य करते हुए अपनी एक 'मल्टीनेशनल कंपनी' ही खोल डाली जो किडनी, हीरों और प्रेमपत्रों के 'फेयर ट्रेड' का दावा करती है।

शकुंतला कुलकर्णी **(1950-)**

धारवाड़, कर्नाटक में जन्मी शकुंतला कुलकर्णी मुंबई के जे.जे. स्कूल से प्रशिक्षित हैं। प्रिंटमेकिंग, पेंटिंग, टेक्सस्टाइल, मूर्तिशिल्प और वीडियो आर्ट सभी माध्यमों में काम किया है। स्कूली बच्चों, स्लम्स के बच्चों

और आदिवासी महिलाओं के बीच काम किया है। महिलाओं के दमन को लेकर कला में कई तरह के काम। मुंबई में रहती हैं।

सतीश गुजराल **(1929-)**

झेलम, (पंजाब, अब पाकिस्तान में) में 1929 में जन्म। मेयो स्कूल ऑफ आर्ट, लाहौर में और जे.जे. स्कूल ऑफ आर्ट, मुंबई में अध्ययन। 1952-54 में मेक्सिको में सिकेरास के साथ काम करने का दुर्लभ अवसर मिला। भारत वापस आए और अनेक कला माध्यमों में सक्रिय हो गए। पेंट, कागज-कोलाज, सिरेमिक्स, काष्ठ, कांच और धातु सभी तरह की सामग्री में जमकर काम किया। दिल्ली में सिरेमिक्स के कई म्यूरल बनाए। स्थापत्य में भी गहरी रुचि। दिल्ली में बेल्जियम दूतावास की इमारत बहुचर्चित। मूर्तिशिल्प के क्षेत्र में अनुभव व प्रशिक्षण का लाभ उठाकर गुजराल ने स्थापित वास्तुशिल्पियों की दुनिया में हलचल मचा दी। सतीश गुजराल की पत्नी किरण भी एक सिरेमिक्स कलाकार हैं। गुजराल देश के बहुमुखी प्रतिभा वाले कलाकार हैं और अंतर्राष्ट्रीय ख्याति पा चुके हैं। दिल्ली में रहते हैं और काम करते हैं। सार्वजनिक कला में दिलचस्पी के अलावा समय-समय पर सतीश गुजराल ने मानव स्थिति की विडंबना और त्रासदी पर कलात्मक टिप्पणियां की हैं।

सदानंद के. बाकरे **(1920-)**

वड़ोदरा में 1920 में जन्म। शिक्षा के लिए मुंबई गए। गोखले एजुकेशन सोसायटी में रेखांकनों, पैस्टल आदि की प्रदर्शनी। 1937-38 में मुंबई आर्ट सोसायटी की वार्षिक प्रदर्शनियों में हिस्सा लेने की असफल कोशिश लेकिन 1939 में उनका मूर्तिशिल्प स्वीकृत ही नहीं हुआ, बल्कि पुरस्कृत भी हुआ। जे.जे. स्कूल ऑफ आर्ट में मूर्तिशिल्प विभाग में उसी साल दाखिला। वहीं से डिप्लोमा। फिल्म उद्योग के लिए भी काम किया। प्रोग्रेसिव आर्टिस्ट ग्रुप के एक संस्थापक सदस्य। 1948 में पेंटिंग भी शुरू की। देश-विदेश की महत्वपूर्ण प्रदर्शनियों में हिस्सेदारी।

सुधीर पटवर्धन **(1949-)**

पुणे में 1949 में जन्म। 1969 में चित्रकला में दिलचस्पी। 1979 में डाक्टरी की डिग्री। मुंबई में रेडियोलॉजिस्ट। सुधीर के अनुसार, ''अगर यथार्थ को सामाजिक कर्म के साथ प्रतिबद्ध होकर जुड़ना है तो कलाकृति में यह जरूरी हो जाता है कि कैनवास पर अंकित एक इकहरे रिश्ते से बढ़कर कुछ और बने। इसी से मैं उस दूसरे रिश्ते को आंकने की जरूरत महसूस करता हूं ताकि पूरा परिवेश कैनवास पर समा जाए—पर बगैर हल्ला उठाए, बगैर किसी नारेबाजी की मुद्रा के।'' सुधीर के चित्र सामाजिक यथार्थ का एक गहरा साक्षात्कार कराते हैं।

सुधीर रंजन खस्तगीर **(1907-1974)**

1907 में जन्म। कला भवन, शांति निकेतन से डिप्लोमा। नंदलाल बोस के छात्र। पेंटिंग और मूर्तिशिल्प दोनों में समान प्रतिभा थी। 1937 में यूरोप की यात्रा। दून स्कूल, देहरादून के कला विभाग के अध्यक्ष पद पर रहने के बाद 1956 में लखनऊ कला महाविद्यालय के प्रधानाचार्य। वहीं से रिटायर हुए। अनेक एकल प्रदर्शनियां। पद्मश्री से सम्मानित। 1961 के बाद खस्तगीर अपने ही संसार में डूब गए। शांति निकेतन में घर को 'पलाश' नाम दिया और बाहरी दुनिया से लगभग सारे संपर्क तोड़ डाले। उत्तर प्रदेश के कलाकारों की नई पीढ़ी (रणवीर सिंह बिष्ट, मदनलाल नागर, अवतार सिंह पवार आदि) को खस्तगीर के समय में ही उभरने का मौका मिला। भारतीय जीवन के विविध रूपों को विभन्न माध्यमों में अभिव्यक्ति दी।

सनत कर **(1935-)**

1935 में जन्म। कोलकाता से 1955 में कला में डिप्लोमा। 1955 से 74 तक बंगाल-बिहार में अनेक संस्थानों में कला की शिक्षा। आर्टिस्ट्स सर्किल और सोसायटी ऑफ कंटंपरेरी आर्टिस्ट्स प्रदर्शनियों में हिस्सेदारी। कोलकाता, दिल्ली, मुंबई, बेंगलूर, गोवा आदि में एकल प्रदर्शनियां। शांति निकेतन से संबद्ध रहे। 'काष्ठ-इंटागलियो' की तकनीक में विशेष दिलचस्पी। खुद को सपना देखने वाले कलाकारों में गिनते हैं। ''दुनिया ऐसे लोगों से भरी पड़ी है। हमारे सपने कभी खत्म नहीं होते और उनमें से अनेक अधूरे पड़े रहते हैं।''

सुनील दास **(1939-)**

4 अगस्त, 1939 को कोलकाता में जन्म। 1961-63 में फ्रांसीसी सरकार की स्कॉलरशिप। 1959 से एकल प्रदर्शनियां। ललित कला अकादेमी का राष्ट्रीय और आइफैक्स पुरस्कार। ''मैं प्रेक्षक को नई आंखें देता हूं। उन आंखों से वह यथार्थ में जो नई बात है और जो नई भावना है उसे देख सकता है।'' सुनील दास के चित्रों के बारे में कहा गया है कि उनके कैनवास बिल्कुल खाली नजर आते हैं–उजाड़ की तरह या नाटक की शुरुआत से पहले जैसे खाली पर्दा नजर आता है। पर इस खाली दुनिया में हिंसा के सूक्ष्म संकेत भी मौजूद होते हैं।

सोमनाथ होर **(1921-)**

1921 में चटगांव (अब बंगलादेश में) में जन्म। 1957 में कोलकाता कला महाविद्यालय में डिप्लोमा। 1954-58 में कोलकाता के इंडियन कॉलेज ऑफ आर्ट ऐंड ड्राफ्टमैनशिप में अध्यापन। 1958-67 में दिल्ली कला महा. विद्यालय के ग्राफिक विभाग के प्रमुख तथा वड़ोदरा कला महाविद्यालय के विजिटिंग प्रोफेसर। 1967-83 में कला भवन, शांति निकेतन में ग्राफिक विभाग के अध्यक्ष। 1960, 62, 63 के राष्ट्रीय पुरस्कार। बंगाल के दुर्भिक्ष ने सोमनाथ होर की कल्पना-शक्ति पर गहरा असर डाला। कोलकाता में कम्युनिस्ट पार्टी के संपर्क में आए। बाद में विनोद बिहारी मुखर्जी के संपर्क ने कला में उन्हें सक्रिय किया। मानव दशा, उसकी यातना ने सोमनाथ होर को हमेशा झकझोरा। ग्राफिक चित्रकार के रूप में होर का अद्वितीय स्थान। मूर्तिशिल्प में भी होर ने मानव दशा के घावों को ममस्पर्शी ढंग से छुआ और उभारा है।

सूर्यप्रकाश **(1940-)**

चेरुकामल्ली सूर्यप्रकाश की शिक्षा हैदराबाद कॉलेज ऑफ फाइन आर्ट्स में हुई (1956-61)। वहीं पर थोड़े समय के लिए राज्य सूचना विभाग में काम करने के बाद सूर्यप्रकाश दिल्ली आए। हैदराबाद के अधिकांश कलाकार जब वड़ोदरा जा रहे थे तो सूर्यप्रकाश को दिल्ली का माहौल खींच रहा था। रामकुमार की उपस्थिति के कारण भी। रामकुमार की वाराणसी श्रृंखला ने सूर्यप्रकाश को बहुत प्रभावित किया। पदमसी के चित्र भी उन्हें आकर्षित करते थे। उनके नीले सैरों ने खूब प्रेरित किया। परंपरागत और लोककला को पसंद करते रहे हैं पर पेंटिंग पर उसका सीधा असर नहीं। भारतीय रंग सामग्री थी पर मुहावरा पश्चिमी था। सूर्यप्रकाश मानते हैं कि दूसरे कलाकार जो रेखाओं से हासिल करते हैं उसे वे रंगों से हासिल कर सकते हैं। सूर्यप्रकाश रामकुमार की परंपरा के ही एक दक्ष कलाकार हैं।

सैयद हैदर रजा **(1922-)**

सैयद हैदर रजा का जन्म ककैया नाम के गांव (बावरिया, मध्य प्रदेश) में 1922 में हुआ। उन्होंने चित्रकला की शिक्षा नागपुर स्कूल ऑफ आर्ट और सर जे.जे. स्कूल ऑफ आर्ट मुंबई में पाई। भारत में अनेक प्रदर्शनियों

के बाद 1950 में फ्रांसीसी सरकार की छात्रवृत्ति पर वे फ्रांस गए और 1950-53 में उन्होंने इकोल नेशनल द बो आर्ट्स में कला अध्ययन किया। 1956 में उन्होंने पेरिस का प्री द ला क्रीतीक पुरस्कार प्राप्त किया। 56 में ही रजा ने फ्रांसीसी कलाकार जानीन मोंगिला से विवाह किया। 1962 में कैलिफोर्निया विश्वविद्यालय के बर्कले कला विभाग में अतिथि व्याख्याता के रूप में रजा को निमंत्रित किया। रजा पेरिस और गोरबियो में रहते और काम करते हैं। भारत से भी बराबर संपर्क बनाए रहते हैं। प्रोग्रेसिव आर्टिस्ट ग्रुप के एक महत्वपूर्ण व जन्मदाता सदस्य थे। अब अंतर्राष्ट्रीय ख्याति के चित्रकार हैं। रजा के शब्दों में, ''सात साल की उम्र में मैं प्रायमरी स्कूल का सबसे बेकार विद्यार्थी था। दिल खेलकूद में ही रहता था। निगाहें रहती थीं खिड़की के बाहर नीले आसमान पर, पेड़ों पर। चिड़ियों की तरह मन भटकता रहता था। हमारे शिक्षक श्री पंडित जी स्कूल के हेडमास्टर, मेरे पिता के मित्र थे। उन्हें कुछ दया आई। एक दिन पढ़ाई के बाद मुझे रोका। एक पेंसिल से शाला की सफेद दीवार पर उन्होंने एक 'बिंदु' बनाया और कहा : तुम यहां बैठो, सब भूल जाओ, शाला को, खेल को, कुटुंब को। केवल इस बिंदु पर ध्यान दो, इसी पर मन लगाओ। यह क्रम जारी रहा। एकाग्रता बढ़ती गई। 'बिंदु' शून्य था, सूर्य बन गया, प्रकाशमय, रंग दिखे, नए जीवन का प्रारंभ हुआ।''

सरोजपाल गोगी **(1945-)**

गोगी का जन्म 1945 में नियोली, (उत्तर प्रदेश) में हुआ। 1961 में वनस्थली के कला महाविद्यालय गईं। वहां से लखनऊ कला महाविद्यालय आ गईं जहां से 1967 में डिप्लोमा प्राप्त किया। 1968 से दिल्ली के कला जीवन में सक्रिय। डिजाइनर, अध्यापिका आदि रूपों में और एक महत्वपूर्ण चितेरी के रूप में भी। संस्कृति पुरस्कार से सम्मानित। गढ़ी कार्यशाला में काम करती रही हैं। ग्राफिक माध्यम में भी उल्लेखनीय सफलताएं। गोगी के चेहरों, आकृतियों में संवेदनशीलता और एक खास तरह की आत्मीयता है। गोगी पेंटिंग को उपन्यास लिखने की तरह और ग्राफिक को कहानी लिखने की तरह देखती हैं। दिल्ली में रहती हैं।

सुरुचि चांद **(1944-)**

दिल्ली विश्वविद्यालय से 1963 में बी.एस.सी.। 1964 में त्रिवेणी कला संगम से डिप्लोमा। 1976 में फ्रांसीसी सरकार की छात्रवृत्ति। 1967 से एकल प्रदर्शनियां। भारतीय परंपरा में गहरी रुचि। मिथकों का व्यापक इस्तेमाल।

सुनयनी देवी **(1875-1962)**

स्वशिक्षित चितेरी। अवनींद्रनाथ, गगनेंद्रनाथ और समरेंद्रनाथ सरीखे प्रसिद्ध भाइयों की बहन सुनयनी देवी का विवाह 11 साल की उम्र में राजा राममोहन राय के पोते रजनी मोहन चटर्जी से हो गया था। भारतीय पुराणों और मिथकशास्त्र से प्रेरित होकर 30 साल की उम्र में चित्र बनाना शुरू किया। बंगाल के पट चित्रों की शैली से प्रभवित थीं। कोलकाता में कला भारती नाम से एक आर्ट स्कूल भी स्थापित किया। विवाह के बाद जोड़ासांको (टैगोर हाउस) में रहकर सुनयनी देवी ने लोक कला, मुगल मिनियेचर और जापानी कला की बारकियों को समझा था। प्रसिद्ध कलाविद् स्टैला क्रैमरिश ने सुनयनी को भारत की पहली चितेरी कहा था। कुछ आलोचकों का यह भी मानना है कि सुनयनी देवी के चित्रों में लोक कला के तत्वों और पात्रों की प्रसिद्ध लंबी आंखों की शैली ने यामिनी राय को भी प्रभावित किया था। 1905 से 1938 तक वह चितेरी के रूप में सक्रिय रहीं। 1938 में पति के निधन के बाद उन्होंने चित्र रचना छोड़ दी। आज भी सुनयनी देवी की कला का सही मूल्यांकन नहीं हो सका है।

सिद्धार्थ **(1956-)**

चंडीगढ़ के कला महाविद्यालय से प्रशिक्षित सिद्धार्थ धर्मशाला के एक मठ में भी रह चुके हैं। भारतीय लोक कलाओं से शुरू होकर तिब्बतन तनखा पेंटिंग और स्वीडन की ग्लास ब्लोइंग तकनीक से भी परिचित हैं। भरतीय जमीन के अपने रंगों को खोजने की महत्वपूर्ण कोशिश की है। फिल्मकार के. विक्रम सिंह ने पब्लिक सर्विस ब्रॉडकास्टिंग ट्रस्ट के लिए सिद्धार्थ पर एक फिल्म बनाई है। दिल्ली में रहकर काम करते हैं। पत्नी देवांगी भी चितेरी हैं।

सुहास राय **(1936-)**

राधा शृंखला के चित्रों को सुहास राय ने टेंपरा माध्यम से एक अद्वितीय छवि प्रदान की है। प्रकृति की ऐंद्रिय उपस्थिति उनके चित्रों को एक अनोखे रहस्य की दुनिया में ले जाती है। क्राइस्ट पर बनाये चित्र भी लोकप्रिय हैं।

समित दास **(1970-)**

जमशेदपुर, झारखंड में जन्मे व कला भवन, शांति निकेतन से प्रशिक्षित समित दास दिल्ली में रहकर काम करते हैं। वातावरण समाज पर जो असर डाल रहा है—समित उसके प्रति संवेदनशील हैं और पेंटिंग, इंस्टालेशन, वीडियो आर्ट आदि से अपनी बात कहते हैं। वह एक तरह की शैली या तकनीक में काम नहीं करते हैं।

सुब्बा घोस **(1961-)**

नई दिल्ली में जन्मे सुब्बा घोष ने प्रिंटमेकिंग और वीडियो आर्ट में उल्लेखनीय काम किया है। नई दिल्ली के कला महाविद्यालय, मास्को के सूरीकोव संस्थान और लंदन के स्लेड स्कूल से प्रशिक्षित हैं। प्रिंटमेकिंग, फोटोग्राफी और वीडियो आर्ट के बीच एक पुल बनाने की कोशिश। दिल्ली में रहकर काम करते हैं।

सुजाता बजाज **(1958-)**

जयपुर में जन्मी सुजाता बजाज पुणे से प्रशिक्षित हैं। भारतीय आदिवासी कला का गहरा अध्ययन कर चुकी हैं। फ्रांस में स्कॉलरशिप में गई थीं। अब पेरिस में रहकर ही पेंट करती हैं। रजा पुरस्कार से सम्मानित सुजाता बजाज रंगों के समृद्ध संसार और अमूर्तन के कारण पहचानी जाती हैं।

सुरजीत आकरे **(1954-)**

दिल्ली कला महाविद्यालय से कमर्शियल आर्ट और रूस से फाइन आर्ट का प्रशिक्षण प्राप्त किया। शुरू से अमृता शेरगिल की कला शैली से प्रभावित थीं। अब अपना रास्ता खोज रही हैं। दिल्ली में रहती हैं।

सुशांत गुहा **(1960-)**

गया, बिहार में जन्मे सुशांत गुहा ने कला भवन, शांति निकेतन से प्रशिक्षण प्राप्त किया है। प्रिंटमेकिंग के क्षेत्र में वह एक उल्लेखनीय कलाकार हैं। वह साधारण जीवन के चेहरों, घटनाओं को अपनी कल्पनाशीलता और तकनीकी दक्षता से असाधारण कला अनुभव में बदल देते हैं। दिल्ली में रहते हैं।

सुरेंद्रन नायर **(1956-)**

केरल में जन्मे और शांति निकेतन तथा वड़ोदरा से प्रशिक्षित सुरेंद्रन नायर की कला में कल्पना और चिंतन का सुंदर मेल है। पेंटिंग व प्रिंटमेकिंग दोनों में ही महत्वपूर्ण काम किया है। वड़ोदरा में रहते हैं।

सुरेश शर्मा **(1937-)**

कोटा (राजस्थान) में जन्मे सुरेश शर्मा शांति निकेतन से प्रशिक्षित हैं। पेंटिंग और प्रिंटमेकिंग के उच्च अध्ययन के लिए 1968-70 में वह अमेरिका गए थे। उदयपुर में टखमण-28 ग्रुप के सक्रिय सदस्य के रूप में लंबे समय से काम कर रहे हैं। अमूर्त और ज्यामितिक रंग-रूपाकारों के लिए वह खासतौर से पहचाने जाते हैं।

संजय भट्टाचार्य **(1958-)**

कोलकाता के कला महाविद्यालय से प्रशिक्षित संजय भट्टाचार्य अपने गुरु विकास भट्टाचार्य को अपने ढंग से आगे बढ़ा रहे हैं। अतियथार्थवाद, फोटो यथार्थवाद और पोर्ट्रेचर के वह विशेषज्ञ हैं। दिल्ली में रहकर काम करते हैं।

सीमा घुरैया **(1964-)**

ग्वालियर में जन्मी और वहीं से प्रशिक्षित सीमा घुरैया के अमूर्तन की अपनी अलग भाषा है। वह भोपाल में रहकर काम करती हैं। 2002 में उन्हें रजा फाउंडेशन का पुरस्कार भी मिल चुका है। मुंबई में रजा के साथ उनके चित्रों की एक विशिष्ट प्रदर्शनी हो चुकी है।

सुबोध गुप्ता **(1964-)**

बिहार में जन्मे और पटना कला महाविद्यालय से प्रशिक्षित सुबोध गुप्ता अब दिल्ली में रहकर काम करते हैं। सुबोध को बहुत छोटी उम्र में ही असाधारण अंतर्राष्ट्रीय ख्याति मिल गई है। पेंटिंग, इंस्टालेशन और वीडियो इंस्टालेशन में उन्होंने कई चर्चित प्रयोग किए हैं। 2005 के वेनिस बिनाले में सुबोध गुप्ता का इंस्टालेशन चर्चित रहा।

सतीश चंद्र सिन्हा **(1893-1965)**

कोलकाता में जन्मे और वहीं के कला महाविद्यालय से प्रशिक्षित सतीश चंद्र सिन्हा पश्चिमी अकादेमिक पेंटिंग के दक्ष कलाकार थे। राष्ट्रीय नेताओं के पोर्ट्रेट बनाने की कला में उन्हें विशिष्ट योग्यता प्राप्त थी।

सुरेंद्र पाल जोशी **(1958-)**

गांव मनियारवाला, उत्तरांचल में जन्मे सुरेंद्र पाल जोशी लखनऊ कला महाविद्यालय से प्रशिक्षित हैं और अब लंबे समय से जयपुर में रहते हैं। शुरू के काम में मनुष्य जीवन की त्रासद विडंबनाओं का चित्रण था पर पिछले कुछ समय से टेक्सचर में नए प्रयोग कर रहे हैं। प्रयोजनपूर्वक काटे गए कपड़ों, कतरनों, धागों आदि से वह चित्र को लगभग बुनते हैं। 2004 में ललित कला अकादेमी का राष्ट्रीय पुरस्कार। म्यूरल के क्षेत्र में भी उल्लेखनीय काम।

सूरज घई **(1934-)**

दिल्ली कला महाविद्यालय से प्रशिक्षित सूरज घई ने पेरिस में फ्रैस्को पेंटिंग का भी विशेष अध्ययन किया था। दिल्ली में रहते हैं। सूरज घई बड़ी कुशलता से अपने चित्रों में सामाजिक व्यंग्य को भी ले आते हैं।

हिम्मत शाह **(1933-)**

गुजरात के गांव लोठाल में 1933 में जन्म। जे.जे. स्कूल ऑफ आर्ट, मुंबई से ड्राइंग टीचर के प्रारंभिक प्रशिक्षण के बाद वड़ोदरा कला महाविद्यालय में कला का उच्च अध्ययन। 'ग्रुप 1890' के एक सदस्य जो 1963 में भारतीय कला वातावरण में एक महत्वपूर्ण हचचल के रूप में उभरा था। 1967 में फ्रांसीसी सरकार की स्कॉलरशिप। पेंटिंग, मूर्तिशिल्प, रेखांकन, म्यूरल, ग्राफिक, फोटोकारी आदि सभी माध्यमों में महत्वपूर्ण दखल। टेराकोटा में काफी महत्वपूर्ण काम किया। अनेक एकल प्रदर्शनियां। दिल्ली में गढ़ी कला स्टूडियो में काम करते रहे हैं। इन दिनों जयपुर में रहकर काम करते हैं। हिम्मत शाह के व्यक्तित्व में कला रची-बसी है। वे उसे जीते भी हैं और कला बाजार की शर्तों को बराबर तोड़ते भी हैं। 'सफल' कलाकारों की दुनिया में हिम्मत शाह अपने ढंग से रचनात्मक संघर्ष को विभिन्न माध्यमों से अभिव्यक्ति देते हैं।

हरेन दास **(1921-1993)**

दिनाजपुर (अब बंगलादेश) में 1921 में जन्म। 1944 में कोलकाता के गवर्नमेंट कॉलेज ऑफ आर्ट्स से ग्रेजुएशन। 1946 में रमेंद्रनाथ चक्रवर्ती के निदेशन में अध्ययन। 1947 से 81 तक गनर्वमेंट कॉलेज में ही ग्राफिक विभाग से संबद्ध रहे। अनेक महत्वपूर्ण पुरस्कार, स्वर्ण पदक वगैरह। कहा जा सकता है कि हरेन दास पहले भारतीय कलाकार थे जिन्होंने ग्राफिक कलाकार बनने का ही रास्ता अपनाया। हरेन दास के छापाचित्रों में प्रकृति का शांत संसार स्मरणीय ढंग से उभरा है। काष्ठ छापाचित्र हरेन दास की मुख्य पहचान रहे हैं।

हरकिशन लाल **(1921-2000)**

मुंबई के जे.जे. स्कूल ऑफ आर्ट से प्रशिक्षित हरकिशन लाल ने अपनी कला में लोगों और लैंडस्केप को पेंट किया। उनकी कला में विभाजन की दहला देने वाली स्मृतियां भी सामने आईं और रोमांटिक लैंडस्केप को भी सुंदर अभिव्यक्ति मिली। कलाकार के रूप में उन्होंने अपनी भीतर की रचनात्मक बेचैनी को सहज और तुरंत अभिव्यक्ति देना बेहतर माना। रंगों के सामंजस्य की कला वह जानते थे पर पहले से रंग-योजना में विश्वास नहीं करते थे।

हेमी बावा **(1948-)**

दिल्ली के त्रिवेणी कला संगम से प्रशिक्षित हेमी बावा पेंटिंग भी बनाती रहीं है पर उन्हें कांच (ग्लास) में काम करने से अधिक प्रतिष्ठा मिली है। ग्लास में उन्होंने मूर्तिशिल्प के अनुभवों को एक नया विस्तार दिया है। दिल्ली में रहती हैं।

हर्षवर्धन **(1958-)**

जगदीश स्वामीनाथन के बेटे हर्षवर्धन ने 1993 में अच्छी खासी मैनेजमेंट की नौकरी छोड़ दी और पेंटिंग की दुनिया को पूरी तरह से अपना लिया। वह संवेदनशील अमूर्तन के लिए पहचाने जाते हैं।

हेमेन मजूमदार (हेमेंद्रनाथ मजूमदार) **(1894-1948)**

हेमेंद्रनाथ मजूमदार का जन्म आज के बंगलादेश के गाद्दीहाता नाम से एक गांव में हुआ था। 1910 में अपने परिवार की इच्छाओं के विरुद्ध हेमेन ने कोलकाता कला महाविद्यालय में दाखिला लिया। 1911 में किंग जॉर्ज पंचम जब कोलकाता आए तो महाविद्यालय के प्रधानाचार्य पर्सी ब्राउन बहुत कम पैसा देकर छात्रों से सड़कों

की सजावट करवाना चाहते थे। पर हेमेन इसके लिए तैयार नहीं थे। हेमेन ने दुःखी मन से स्वागत द्वारों की सज्जा का काम किया। बाद में उन्होंने जुबली आर्ट स्कूल में दाखिला ले लिया। उन दिनों बंगाल में हैवेल और अवनींद्रनाथ के नेतृत्व में 'स्वदेशी आर्ट' लोकप्रिय हो रही थी। राजा रवि वर्मा और ऑयल पेंटिंग का विरोध हो रहा था। पर हेमेन मजूमदार फ्रांसीसी और डच चित्रकारों की ऑयल पेंटिंग से अधिक प्रभावित थे। उन्होंने एकेडेमिक यथार्थवाद और तैलरंगों का रास्ता चुना। 1919 में इंडियन अकादेमी ऑफ फाइन आर्ट्स स्थापित हुई। हेमेन इसकी स्थापना से संबद्ध थे। हेमेन राज घराने के पोर्ट्रेट बनाने की कला में दक्ष थे पर आज उन्हें सुंदर स्त्रियों के चित्रों के लिए अधिक पहचाना जाता है। गीले कपड़ों में ये स्त्रियां ऐंद्रिय और इरॉटिक नजर आती हैं। यह अलग बात है कि हेमेन की मॉडेल उनकी पत्नी ही होती थीं। जीवन के अंतिम वर्ष में हेमेन मजूमदार ने ग्रामीण बंगाल के यथार्थ को भी अभिव्यक्ति दी।

हकु शाह **(1934-)**

वड़ोदरा कला महाविद्यालय से प्रशिक्षित। लोक और आदिम कला के सुविख्यात विशेषज्ञ। भले ही उनके कला के केंद्र में भारतीय ग्रामीण संस्कार हैं पर उनका संवाद एक 'ग्लोबल' संसार से है।

क्षितींद्रनाथ मजूमदार **(1891-1975)**

अवनींद्रनाथ ठाकुर से कला की शिक्षा, बल्कि उनसे सीखने वाले छात्रों के पहले दल के सदस्य। लखनऊ में पढ़ाने के बाद इलाहाबाद विश्वविद्यालय के कला विभाग से अध्यक्ष के रूप में रिटायर हुए। अनेक प्रदर्शनियों में हिस्सा लिया। आंतरिक अभिव्यक्ति पर जोर दिया। 'कवि हृदय कलाकार' के रूप में भी ख्याति। जया अप्पासामी के अनुसार, "क्षितींद्रनाथ बंगाल स्कूल में एक बड़े पेंटर थे—भले ही वे बहुत गत्यात्मक या ग्रहणशील नहीं थे। परंपरागत शिल्पियों की तरह उन्होंने भक्ति-मार्ग चुना। प्रेम की एक मीठी उदासी उनकी कला में है।"

अब तो मुझे अपने पर तरस भी नहीं आता
इस सन्नाटे की यंत्रणा को मैं नहीं बता सकता
जो शब्द कहने के लिए कभी मेरे पास थे
तारों में बदल गए हैं।

—एपोलिनेयर

(पिकासो को समर्पित एक कविता की पंक्तियां)

कवि और कलाकार

कृष्ण रेड्डी का रेखांकन

चित्रकला तथा कविता की समान प्रक्रिया

कृष्ण नारायण कक्कड़

बीसवीं शताब्दी में, जब से चित्रकला तथा संबंधित अन्य कलाओं में उस वास्तविकता को अभिव्यक्ति प्रदान करने का मौलिक प्रयास हुआ जो आकारविहीन हो, तो विचारों के स्तर पर भी एक नया आंदोलन आरंभ हुआ। यह वैचारिक आंदोलन केवल चित्रकला तक ही सीमित नहीं था। इसका विस्तार अन्य विधाओं में भी हुआ। विशेष रूप से कविता में इस प्रश्न का उसी सैद्धांतिक स्तर पर विश्लेषण हुआ, जिस स्तर पर चित्रकला के क्षेत्र में हुआ था।

कविता के अध्ययन में सबसे महत्वपूर्ण कार्य सिमैंटिक्स ने किया। सिमैंटिक्स ने यह स्पष्ट किया कि शब्द का अर्थ कई स्तर पर संगठित होता है और शब्दों के सामूहिक संग्रह से जिस यथार्थ को उद्घाटित किया जाता है वह आवश्यक रूप से सर्वमान्य नहीं होता।

इसी प्रकार चित्रकला का अध्ययन करते समय कुछ पक्षों की ओर औपचारिक दृष्टि आवश्यक होती है—जैसे रेखा, टोन तथा रंग। पाउल क्ले ने इन तत्वों का अध्ययन करते समय यह बताया कि ये तीन तत्व माप, भार तथा गुण के परिचायक हैं, यद्यपि रंग में गुण के अतिरिक्त भार (क्योंकि रंग में चमक होती है) तथा माप (क्योंकि रंग की सीमाएं होती हैं) के तत्व समाहित हैं। टोन में मूलतः भार तथा कुछ सीमा तक माप के तत्व होते हैं। रेखा मूलतः माप की ही सूचक है। इन तत्वों को पाउल क्ले के अनुसार, विभिन्न प्रकार की क्रियाओं, प्रतिक्रियाओं तथा उनके अंतर्साम्यों या विरोधों के द्वारा एक बिम्ब उद्घाटित होता है। पाउल क्ले ने इसके नियम भी बताए हैं जिनके द्वारा विभिन्न प्रभाव प्रकट होते हैं।

लेकिन पाउल क्ले के अनुसार इन तत्वों का उद्घाटन करते समय कलाकार "प्राकृतिक आकारों को उस तरह महत्व नहीं देता जिस तरह बहुत से यथार्थवादी आलोचक, क्योंकि ये स्वाभाविक संरचना की प्रक्रिया के असली रूप नहीं हैं। कलाकार उन शक्तियों को महत्व देता है जो आकारों को बनाती हैं न कि निश्चित या निर्मित आकारों को। वर्तमान रूप ही अकेली संभावित दुनिया नहीं है।

अतः कलाकारों को यह छूट मिलनी चाहिए कि वह आज के बाह्य आकारों की वर्तमान स्थिति को अपनी व्यक्तिगत दुनिया में केवल एक समय और स्थान में संयोग से स्थापित हो गई मानें और ये कितनी अपूर्ण हैं अनुभूति की गहराई तथा मार्मिक दृष्टि के समक्ष।"

यथार्थ को नए परिवेश में देखने की प्रक्रिया केवल चित्रकला तक ही सीमित नहीं रही है—वास्तव में कविता की भी यही मौलिक समस्या रही है। जब बिम्ब या प्रतीक या पुराख्यान—जो कविता के विभिन्न तत्व हैं—भाषा या शब्द ग्रहण करते हैं ठीक उसी प्रकार के प्रश्न उठते हैं जिन्हें हम साधारणतया चित्रकला से संबद्ध समझते हैं।

कविता तथा चित्रकला के क्रमिक इतिहास में यथार्थ से संबंध रखने वाली तथा उनको उद्घाटित करने के लिए विभिन्न तत्वों को प्रयोग करने की समान समस्याएं रही हैं। वैसे तो ऐसे उदाहरण हिंदी तथा पाश्चात्य साहित्य से बहुतेरे एकत्र किए जा सकते हैं जिनसे यह स्पष्ट किया जा सके कि एक ने दूसरे को किस प्रकार

प्रभावित किया, किंतु यह सब दिखाना हमारा उद्देश्य नहीं है। वास्तव में हम यह स्पष्ट करना चाहते हैं कि चित्रकार और कवियों ने विभिन्न समयों में यथार्थ को एक विशेष किंतु विस्तारित होती हुई दृष्टि से देखा है। (हम यहां हरबर्ट रीड द्वारा दिए गए उस उदाहरण को देंगे, जिसमें यह प्रगट किया गया है कि उन्नीसवीं शताब्दी के नाटकीय स्वगत् और प्रभाववादी चित्रकला में एक समान दृष्टि है क्योंकि दोनों वस्तुपरक अभिव्यक्ति की कल्प-वैज्ञानिक दृष्टि के परिचायक हैं।)

(1966)

जेराम पटेल की कलाकृति

अपने एकांत में

पिकासो

अपने एकांत में
चुप रहो कहो नहीं कुछ भी
कि कैसे सड़क भरी है सितारों से
और कैदी खाते हैं कबूतर
और कबूतर खाते हैं पनीर
और पनीर खाता है शब्द
और शब्द खाते हैं पुल
और पुल खाते हैं निगाहें
और निगाहें कटोरे चुंबनों से भरे हुए
कैसे हर चीज छिप जाती है अपने पंखों में
तितली रात
पिछली गर्मियों में बार्सेलोना के एक कैफे में।

(अनुवाद : गगन गिल)

चॉक और कालिख

कांदिंस्की

ओह कितना धीमा चलता है वह
काश कोई होता यहां, जो उससे कहता :
तेज चलो, और तेज, और तेज, और तेज
लेकिन वह वहां नहीं है? कि वह है?
यह काला चेहरा सफेद होंठों वाला, इतने सफेद होंठ
फैला हुआ सफेद रंग,
कि जैसे किसी ने चॉक से रंगा हो
और हरे कान,
क्या वे हरे थे? शायद नहीं? कि शायद हां?
वृक्ष छोड़ते हैं, अपनी पत्तियां हर पतझर में,
अपने कपड़े, अपने गहने, अपनी देह, अपने मुकुट
हर पतझड़ में, और फिर भी अभी कितनी बाकी हैं।
कितनी?
अनन्त समय तक? कि नहीं? कि हां?
कितना धीमा चलता वह
और हर वसंत में उगते हैं
और महकते हैं मीठा-मीठा
क्या वे हमेशा इतना ही मीठा महकते हैं? क्या
उनकी महक कभी खत्म नहीं होती? कि होती है?
कि शायद आप चाहते
इसके बजाय उसका चेहरा होता सफेद और होंठ काले
जैसे रंगे हों कालिख से, फैला हुआ रंग, जैसे पोता
गया हो?
कि कहीं है कोई आखिरकार, जो कहेगा इस आदमी से
और शायद पहले ही कह चुका है : तेज चलो, और तेज, और तेज।

(अनुवाद : गगन गिल)

दो कविताएं

पाउल क्ले

एक

पेड़ को देखते हुए
ईर्ष्या होती है चिड़ियों से
वे बचती हैं सोचने से
पेड़ और उसकी जड़ों के बारे में
आत्म-संतुष्ट वे
फुदकती-झूमती रहती हैं
सारा-सारा दिन
पेड़ की फुनगियों पर।

दो

जल
जल पर एक लहर
नाव एक लहरों परे
स्त्री एक नाव पर
पुरुष एक उस पर।

(अनुवाद : गगन गिल)

मैंने सुना है कि

आंद्रे ब्रेतों

मैंने सुना है कि वहां पर समुद्र तट धूमिल है
उनका ज्वालामुखी लावा समुद्र में समा गया है
वे समुद्र तट–
विशाल पर्वत शिखर के नीचे धराशायी हैं;
वे शिखर जिन पर बर्फ का धुआं उड़ता है,
जो जंगली सुनहरे कनैरी-विहगों के पंखों से बने
एक-दूसरे सूरज के नीचे हैं;
वह कौन-सा दूर देश है जो
तुम्हारे अस्तित्व से ही, लगता है, रोशनी बटोर लेता है
वह देश–कितना वास्तविक–तुम्हारी पलकों की कोरों पर पिघलता है
और तुम्हारे गुलाबी तन पर
अधखुले युगों पुराने बक्से से निकाले गए आंचल-सा फिसलता है
तुम्हारी फैली जांघों के नीचे
आखिरी गहरी ज्वाला छोड़ती
उस खोए हुए स्वर्ग की जमीन है
जो परछाइयों का बिम्ब, प्रेम का दर्पण है :
ठीक उसी के नीचे तुम्हारी फैली भुजाओं की ओर
समुद्र का समूचा प्रचुर-फल स्वर्णिम सेब का पेड़ है
जो वसंत से लिया
वसंत ने दिया
इस का प्रमाण है
कि वहां पाप का अनस्तित्व है।

(अनुवाद : कृष्ण नारायण कक्कड़)

चित्रकार स्वामीनाथन के प्रति

आक्टेवियो पाज

चिथड़े चाकू के साथ
सिर चढ़ी रट के खिलाफ
भय रूपी सांड के खिलाफ
चित्रफलक और शून्य के खिलाफ
फूटता हुआ सोता...
कोबाल्ट की नीली लौ
                    जला हुआ लीसा
समुद्र का ताजा हर
                    नील मस्तिष्कों का
एक चिथड़ा और एक चाकू
                    कोई तूलिका नहीं है पास
अनिद्रा बौखलाहट और सूरज के साथ
दीन दुनिया के सपाट खाली चेहरों के खिलाफ
उफनता हुआ सोता
                    एक सर्पिल लहरावट
जल कंपन आकाश का
त्रिभुज रहस्य
धंसा हुआ तीर काली वेदी पर
क्रुद्ध वर्णमाला
बूंद स्याही की रक्त की शहद की
एक चिथड़े एक चाकू के साथ
                    उछलता हुआ सोता
फूटती मैक्सिकी लाली
                    काली पड़ जाती है
फूटती भारतीय लाली
                    काली पड़ जाती है
काले पड़ जाते होंठ
                    काली की तरह काले

काजल तुम्हारी पलकों के लिए
नारी विकल कामना हर रात की
                                        काली
यह पीला और इसका झुलसा पशु
यह गेरुई और इसका पाताली डमरू नाद
काले जंगल की हरी देह
नीली काया काली की
चिथड़ा और चाकू लेकर
                त्रिभुज के खिलाफ
फट पड़ती है आंख
                झरना संकेतों का
कुंडलिनी जगती है
लहर पर लहर पास आते प्रेताकारों की
चित्रफलक : काया एक
लिपटी हुई अपने ही नंगे रहस्य में।

(अनुवाद : रमेश चंद्र शाह)

मॉडल और आर्टिस्ट

(चित्रकार कवि गुलाम रसूल संतोष को समर्पित)

शमशेर

वह आई और मुझसे कहा कि मुझे कला में बांधो।
ये हैं मेरे वक्ष--गोल से गोल; कहीं देखे होंगे तो कहो, ऐसे
ये—ये ही बिम्बाधर
जल रहे हैं जहां अंगारे,
यह कटि-प्रदेश
जंघाएं, कि गोरे पारद के दो
दरिया; ये केश
कि रात के जादू का प्रवेश...यहीं होता है—
और देखते हो, इन आंखों में
तुम्हारी कला की अंतिम तड़प
की निर्मम जांच,
तुम्हारे व्यक्तित्व की कठोरतम चमचमाती परख,
इन पुतलियों में
संगीत है
उसे बजा देखो जरा-सा छेड़ देखो तो...

यही द्वंद्व मेरी भी आदिम स्वयंभूत कला का
तुम्हारी तटस्थ कलाशक्ति
से होता है : मैं धन्वा पर टंकार
साधे हुए हूं
तुम्हारे मर्म की ओर। बचाओ तो सही
अपने शब्दों की ढाल पर
अपनी अमरता
कला की!
तो लो, मैं फलक,
नाद का एक सम प्रवाह,

रंगों की एक सजीव भूमि,
पाषाण की एक नस,
शब्द की रंजना,
कवि के मन की भृकुटि,
नभ की तूलिका का
एक कांपता ठहरा-सा स्वीप,
एक चरण चाप में
मूल सम
जहां मेरे औ' तुम्हारे अंतरत्व का उद्गम है;
जहां उपलब्धि
परे है शरीर के,
अक्षर और व्यंजना के
और फिर भी उनमें है,
है।

मुझे लो
और व्यक्त करो जो भी तुम
देखते-समझते हो
अपनी युग आयु का, मेरे दर्प के इंगित और दर्पण में
मेरे रक्त के मधुर आलाप में जो
हंसता है तुम्हारी शक्तियों पर;
लो मुझे
और संभालो अपनी प्रतिभा,
खोओ अपने एक जन्म के तप को
और पार करो मेरा सतरंगी तम,
मेरा अर्थावरण, मेरा नारी-रूप जिसमें
तुम एक बूंद, उस परिधि की
जहां प्रयास, प्रयास, केवल प्रयास, प्रयास,
कला प्रयास, प्रयास
केवल प्रयास प्रयास प्रयास है...

मां भगिनी बंधु कन्या
प्रकृति नियम रेखा
एक विचार की मूर्ति
प्रतिपल बदलती हुई
मेरी धुरी
जहां तूली कलम स्वर ताल

केवल
भाव मेरे जीवन का
—तुम नहीं जहां—
केवल मेरी सत्ता
वही दर्पण
जहां तुम
खोजती निज को :

देखा?
देखा?

अब उठो जाओ—
देखा न,
अब उठो,
जाओ!
यह हो तुम
शब्द नहीं, न रूप
आकार, न चाप, न अर्थ :
वह सत्ता
जो होने-होने को हो मेरे अंदर,
वही तुम
वही तुम :
समझीं?

वही तुम :
कहां शरीर त्वचा केश
अधर वक्ष जंघा—
ये केवल आवरण सघनतम
रूपार्थ के आवरण
केवल मेरे
छंद केवल
तुम्हारे जिसे तुम
बोल न दे सकीं!
वह—वहां
तुम हो—
समझीं?

हूं।

बस,
उठो,
जाओ!

लो पोर्ट्रेट—
हो चुका तुम्हारा सौदा!
उठो जाओ!

कैन्वस को मेरे
इंतजार है और, अब एक और, दूसरे
उच्चतर स्तर का
संभव यदि
इस पल।

संभल कर उठो और लो
यह फ्रेम :
इसी के बीच से
तुम
जाओ!
प्रणाम!

प्रणाम।

मत्स्य-बेध
(हिम्मत शाह के चित्रों के लिए)

श्रीकांत वर्मा

कुछ कहा जा रहा है शरीर से!
चीख रही हैं उंगलियां,
आंख उतर आई है पीठ पर,
जंघा में घोंसला,
आईना टूटकर
गिरा हुआ है जमीन पर!
जबान छिदी हुई है तीर से।

अपना ही पीछा करते-करते दबे पांव
नहर में
काले कपड़े पहने हुए वह
'शाम न हो, शाम न हो'
कहती-कहती पहुंच गई है
दोपहर में।

गड़बड़ा गया हूं मैं इच्छा को बिजली,
वहम को स्त्री,
भूल को पुस्तक कहता हुआ!
बसता है शहर या गड़ता है
त्रिशूल?

आंगन में रोज बड़ा होता है
पेड़
या केवल
मंडलाती है चील?

सड़क पर
गिरता है चंद्रमा,
झपटती है भीड़
या दस्तखत करती है
परछाईं
एक दीवार की
दूसरी दीवार पर?

पैरों पर चढ़ती हैं चीटियां
कंधे पर पंजे गड़ाता है
रीछ,
भुजा पर प्रेमिका
करती है कै!

—बची रह गई हैं
मुद्राएं, सर्प,
हाथ, धनुष,
और
उरोज।

मत कहो

(मृणालिनी मुखर्जी का शिल्पजाल देखकर)

सर्वेश्वर दयाल सक्सेना

मत कहो—
उलझी हुई रगों
नाड़ियों और धमनियों में
मिला है यह तन मुझे
जिससे मैं सब कुछ सुलझा
ले जाना चाहता हूं।

मत कहो—
इस तन के भीतर
कैद हैं न जाने कितने आकाश
जिनमें अंधेरों के पीछे
रोशनी दौड़ती है हताश
आकार पाने को निराकार।

मत कहो—
टंगा, पसरा या टिका हूं मैं
जिस पर, वह है
मुझसे अलग कोई विश्वास
अपहचाना, डोलता
मेरी चेतना के आसपास।

मत कहो—
मैं गति को स्वयं नहीं वरता
हर बार उठाकर ले जाता है मुझे कोई और
बनकर मेरी सांस
मेरी शक्ति, मेरा सिरमौर।

ओ मेरे नियंता—
मत कहो रचकर तुम मुझे
अनाथ छोड़ गए हो
हर एक दृष्टि की बनाकर माप
पर असमर्थ सुन सकने में
अपनी पदचाप।

जयकृष्ण अग्रवाल का प्रिंट

जागना

(हिम्मत शाह के मूर्तिशिल्पों के लिए)

प्रयाग शुक्ल

एक दिन मैंने
झुलसी हुई धरती देखी चेहरों पर
आत्मा का तांबई रंग देखा।
एक दिन मैंने देखीं
समय में पड़ी हुई दरारें
जिन्हें समय ही बांधे था।
एक दिन मैंने देखा
आकाश मस्तक-सा,
जो होकर भी आकाश
मुक्ति नहीं देता था।

एक दिन मैंने मुक्ति देखी
रचना में
जो करती थी संकेत
सब छोटी-बड़ी चीजों की ओर।

एक दिन मैंने देखी वह
करवट
जो केवल दुःख की होती है
लेकिन निरीह नहीं।

एक दिन मैंने देखा
चेहरा वह
जो सोकर उठा था
लेकिन जिसे नींद नहीं
आई थी।

एक दिन देखा मैंने
जागना!

पंढरपुर की एक औरत

मकबूल फिदा हुसेन

यह गठरी ताज की तरह
उस औरत के सर
जिसे दुनिया ने भी पहचाना नहीं
हर जमाने—हर दौर से गुजरी
दुनिया के बीच से गुजरी
सिर्फ सामना किया
मुड़ कर नहीं देखा

लोगों ने पीछा किया
बातें बनाईं, इतिहास लिखा
मोहब्बत की मूर्ति बनाकर
उसे दीवार में चुन दिया
रावी किनारे मिट्टी के कच्चे
घड़े में डुबो दिया

यह गठरी ताज नहीं
उस औरत के सर एक बोझ धरा
एक बच्चे से गोद भरी
पांव में पहनाई बेड़ी घुंघरू की
और कहा चलो
चलती चली जाओ
कहीं रुको नहीं
दुनिया के बीच से गुजरो
सिर्फ सामना करो
मुड़ के भी न देखो
चलते-चलते
गठरी ने कहा मैं दुनिया हूं
इसे बांधे रखो

बच्चे ने कहा मैं बेटा हूं
ममता की गोद का झुका हूं

घुंघरू ने कहा
मैं खामोश कदम की आहट हूं
कान धरो तो सुन पाओ

औरत ने कहा
मेरी पहचान
नाक नक्शा चेहरा नहीं
मेरी पहचान
पैर तले दबे
एक घुंघरू की आवाज
कान धरो तो सुन पाओ
यह गठरी ताज की तरह
उस औरत के सर
जिसे दुनिया ने
अभी पहचाना नहीं।

महीन हवा का धोखा

फ्रांसिस न्यूटन सूजा

मैं तुम्हें एक औरत की तरह
देखता रहूं
और मैं जानता हूं कि तुम्हारे लिए
अच्छा क्या है...
पर तुम्हारा चेहरा गायब है—
और तुम्हारा कोई जिस्म नहीं है,
सिर्फ एक लड़कियाना खाका है
एक सपन सरीखे सैरे में
तुम्हारी खूबसूरत खुशबू के साथ!
जब मैं अपनी आंखें बंद करता हूं
हाड़-मांस की तुम होती हो मेरे
सामने!
बच्चों और फूलों के साथ!
तुम्हारे साफ बाल हवा में, उड़ते
हुए
तुम्हारी चमकती आंखें
रात के आसमान में दमकतीं
इंद्रधनुष सरीखी धारियों में!
पर जब मैं अपनी आंखें खोलता
हूं
तुम जा चुकी होती हो
महीन हवा के धोखे की तरह
मैं चौंक कर आ जाता हूं सच के
सामने
तुम्हारे वहां न होने की वजह से!

(अनुवाद : विनोद भारद्वाज)

दूसरा पहाड़

ज. स्वामीनाथन

यह जो सामने पहाड़ है
इसके पीछे एक और पहाड़ है
जो दिखाई नहीं देता
धार-धार चढ़ जाओ इसके ऊपर
राणा के कोट तक
और वहां से पार झांको
तो भी नहीं
कभी-कभी जैसे
यह पहाड़
धुंध में दुबक जाता है
और फिर चुपके से
अपनी जगह लौटकर ऐसे स्थिर हो जाता है
मानो कहीं गया ही न हो
—देखो न
वैसे ही आकाश को थामे खड़े हैं दयार
वैसे ही चमक रही है घराट की छत
वैसे ही बिछी हैं मक्की की पीली चादरें
और डिंगली में पूंछ हिलाते डंगर
ज्यों-के-त्यों बने हैं, ठूंठ-सा बैठा है चरवाहा
आप कहते हो, वह पहाड़ भी
वैसे ही धुंध में लुपका है, उबर जाएगा
अजी जरा आकाश को तो देखो
कितना निम्मल है
न कहीं धुंध न कोहरा न जंगल के ऊपर अटकी
कोई बदल की फुही
वह पहाड़ दिखाई नहीं देता महाराज
उस पहाड़ में गूजरों का एक पड़ाव है
वह भी दिखाई नहीं देता

न गूजर, न काली पोशाक तनी
कमर वाली उनकी औरतें
न उनके मवेशी न झबरे कुत्ते
रात में जिनकी आंखें
अंगारों-सी धधकती हैं
इस पहाड़ के पीछे जो वादी है न महाराज
वह वादी नहीं, उस पहाड़ की चुप्पी है
जो बघेरे की तरह घात लगाए बैठा है।

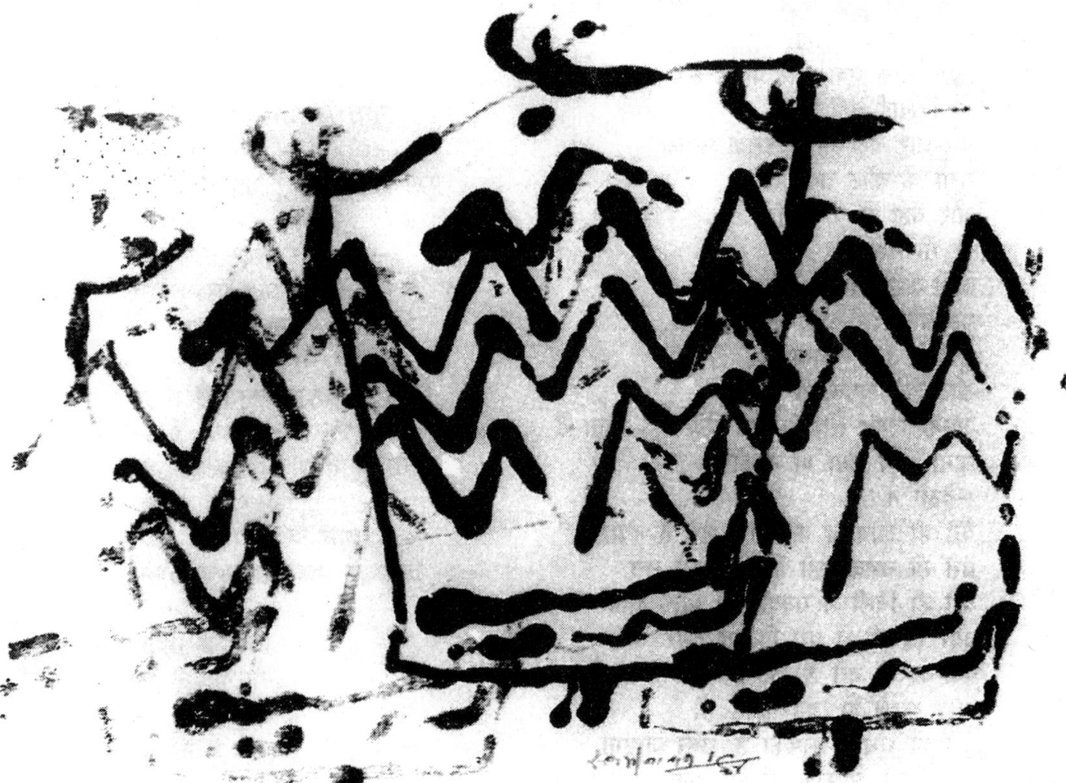

स्वामीनाथन का रेखांकन

दुपहर

गुलाम मोहम्मद शेख

दुपहर के कलमुंहे शब्दों की मादा उल्लू
खिड़की के बाहर चिल्ला रही है
दुपहर का थूक फर्श पर से मिटा नहीं है।

दुपहर को बाहर तिराहे पर
मैंने आरी से तुम्हारी तरफ के रास्ते को काट दिया था,
दुपहर की पसलियां तोड़ दी थीं
फिर भी
दुपहर के कुत्ते क्यों मेरे बिस्तर के आसपास इकट्ठे
हो रहे हैं?

दुपहर लटक रही है मेरी उंगलियों में,
मेरे तिलमिलाते तलुए लार और रेती से घिस दिए हों जैसे।
दुपहर मेरी हड्डियों में टूट रही है तड़...तड़...

फूंक दो दुपहर की भाप को
इससे पहले कि वह पसलियों में प्रवेश कर जाए
दाग दो उसका कलमुंहा चेहरा।

दुपहर के पशु की बलि दो, उसे मार डालो
नहीं तो दुपहर के कुत्ते का पागलपन
सभी दीवारों को, सभी पेड़ों को, सभी फूलों को,
सभी चिड़ियों को लग जाएगा।

कविता

विनोद कुमार शुक्ल

कई बरस हो गए रजा के बनाए चित्र को मैंने देखा था
यद्यपि चित्र मेरे पास नहीं पर उसका देखना मेरे पास है
मैंने उस देखने को अपनी बसावट के असीम में टांग दिया है
कि दृष्टि में रहे।
रेखा के फ्रेम के अंदर
लाल संध्या के रंग के समय के बाद की रात का अंधेरा
गोल मुझे सूर्य के काले वृत्त का एक काला बिंदु है।
प्रत्येक रात मेरे लिए खग्रास सूर्य ग्रहण का अनुभव
और प्रत्येक दिन धीरे-धीरे ग्रहण छूटने का
कि सुबह हो रही है जिसमें रंग से भरा एक सूर्य वृत्त निकलता है
रजा का बनाया वृत्त।
इस तरह अपनी दिनचर्या में रात और दिन को टांग देता हूं
और अपने को बुलाने चित्र के सामने खड़ा होकर आवाज देता हूं।

एक शिल्प-प्रदर्शनी के लिए कविता की कुछ पंक्तियां

अशोक वाजपेयी

जो पत्थर था काठ था धातु था
उसे मिलती है मुक्ति
अपने पत्थर या काठ या धातु होने से

वह ललित भंगिमा
वह पौरुष का उद्वेलन
वह आकार की अमिट छाप
सब कुछ पत्थर में
काठ में
धातु में

पत्थर पुकारता है
काठ उमगता है
धातु करती है विलाप

पत्थर नहीं गढ़ता
काठ नहीं रचता
धातु नहीं उकेरती

हाथ देते हैं आकार
खोजते हैं रूप
पाते हैं छवि
हाथ खोलते हैं पत्थर की तहें
काठ के रेशे
धातु की आकांक्षा
समय अपनी अपलक आंख से
सब कुछ देखता

विन्यस्त करता है

पत्थर के हाथ में पत्थर
काठ के हाथ में काठ
धातु के हाथ में धातु।

नसरीन का रेखांकन

वॉन गॉग के अंतिम आत्मचित्र से बातचीत

अनीता वर्मा

एक पुराने परिचित चेहरे पर
न टूटने की पुरानी चाह थी
आंखें बेधक तनी हुई नाक
छिपने की कोशिश करता था कटा हुआ कान
दूसरा कान सुनता था दुनिया की बेरहमी को
व्यापार की दुनिया में वह आदमी प्यार का इंतजार करता था

मैंने जंगल की आग जैसी उसकी दाढ़ी को छुआ
उसे थोड़ा-सा क्या किया नहीं जा सकता था काला
आंखें कुछ कोमल कुछ तरल
तनी हुई एक हरी नस जरा-सा हिली जैसे कहती हो
जीवन के जलते अनुभवों के बारे में क्या जानती हो तुम
हम वहां चलकर नहीं जा सकते
वहां आंखों को चौंधियाता हुआ यथार्थ है और अंधेरी हवा है
जन्म लेते हैं सच आत्मा अपने कपड़े उतारती है
और हम गिरते हैं वहीं बेदम

ये आंखें कितनी अलग हैं
इनकी चमक भीतर तक उतरती हुई कहती है
प्यार मांगना मूर्खता है
वह सिर्फ सहने के लिए हैं

मुझे याद आईं विंसेंट वॉन गॉग की तस्वीरें
विंसेंट नीले या लाल रंग में विंसेंट बुखार में
विंसेंट बिना सिगार या सिगार के साथ
विंसेंट दुखों के बीच या हरी लपटोंवाली आंखों के साथ
या उसका समुद्र का चेहरा
मैंने देखा उसके सोने का कमरा

वहां दो दरवाजे थे
एक से आता था जीवन
दूसरे से गुजरता निकल जाता था
वे दोनों कुर्सियां अंततः खाली रहीं
एक काली मुस्कान उसकी तितलियां गेहूं के खेतों
तारों भरे आकाश फूलों और चिमनियों में मंडराती थी
और एक भ्रम जैसी बेचैनी
जो पूरी हो जाती थी और बनी रहती थी
जिसमें कुछ जोड़ा या घटाया नहीं जा सकता था

एक शांत पागलपन तारों की तरह चमकता रहा कुछ देर
विंसेंट बोला मेरा रास्ता आसान नहीं था
मैं चाहता था उसे जो गहराई है और कठिनाई है
जो सचमुच प्यार है अपनी पवित्रता में
इसलिए मैंने खुद को अकेला किया
मुझे यातना देते रहे मेरे अपने रंग
इन लकीरों में अन्याय छिपे हैं
यह सब एक कठिन शांति तक पहुंचना था
पनचक्कियां मेरी कमजोरी रहीं
जरूरी है कि हवा उन्हें चलाती रहे
मैं गिड़गिड़ाना नहीं चाहता
आलू खानेवालों और शराब पीनेवालों के लिए भी नहीं
मैंने उन्हें जीवन की तरह चाहा है

अलविदा मैंने हाथ मिलाया उससे
कहो कुछ हमारे लिए करो

कटे होंठों में मुस्कराते विंसेंट बोला
समय तब भी तारों की तरह बिखरा हुआ था
इस नरक में भी नृत्य करती रही मेरी आत्मा
फसल काटने की मशीन की तरह
मैं काटता रहा दुख की फसल
आत्मा भी एक रंग है
एक प्रकाश भूरा नीला
और दुःख उसे फैलाता जाता है।

'हम सबको—जिन्होंने गीतिकाव्य को अपना पेशा बनाया—यह जानना चाहिए कि किसी दूसरे समय में इसे स्वीकार नहीं किया जाएगा। यह अपरिहार्य है। इसलिए मैं अक्सर सोचता हूं कि सिर्फ पेंटिंग में कभी न मरने वाले गुण होते हैं।

—रवींद्रनाथ ठाकुर

दस्तावेज

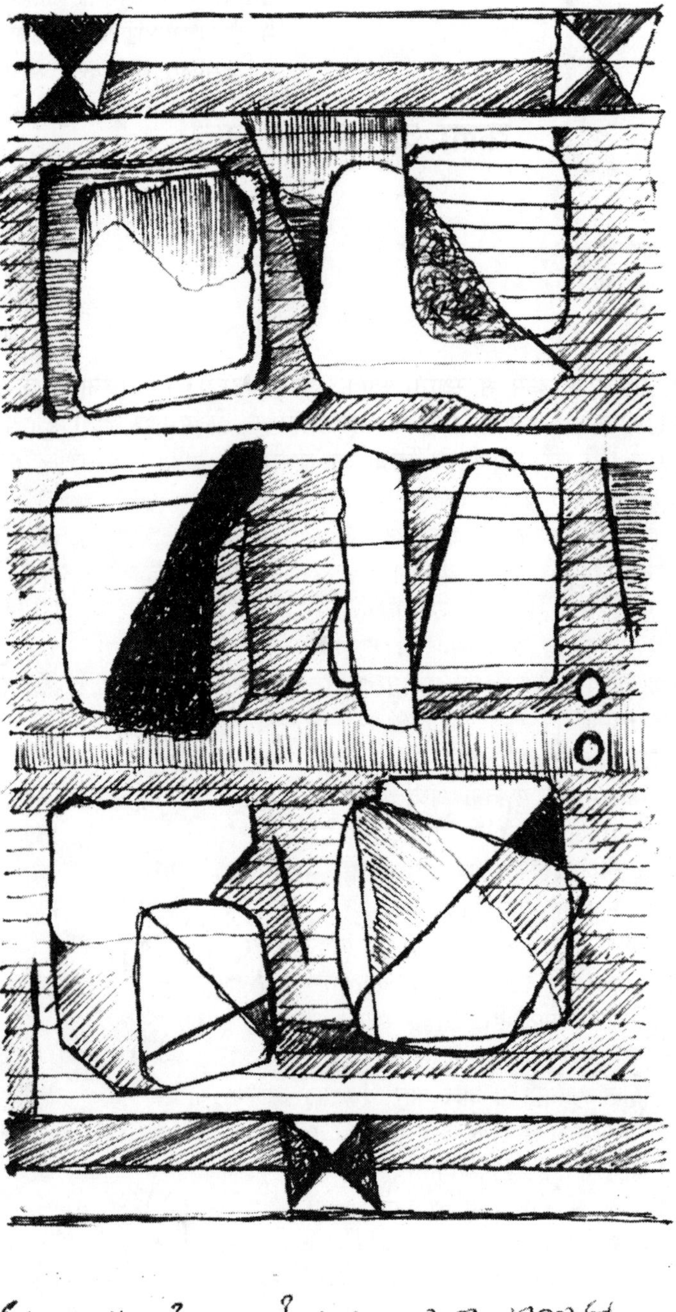

Samayik. Pen on Papaper. 2004

मनीष पुष्कले का रेखांकन

कला और उसके तत्व

फ्रांसिस न्यूटन सूजा

सादृश्य, सापेक्षता, अनुपात, महत्व के क्रम में स्थान, रूपक, उपमा—इन्हीं सब तुलनाओं के द्वारा ही हम जीवन को समझ सकते हैं। जीवन को रूपकों, उपमाओं, प्रतीकों और चिह्नों से ही समझा जाता है। पर जीवन को समझा ही क्यों जाए? इसलिए कि उसका पूरी तरह से आनंद लिया जा सके। यह समझना केवल स्वास्थ्यकर ही नहीं, मनोरंजन भी है। मनोरंजन मस्तिष्क को उत्तेजना प्रदान करता है। कला भी मस्तिष्क को उत्तेजना प्रदान करती है। महान कला मनोरंजक होती है, विकासवाद की प्रक्रिया में श्रेष्ठ के रूप में चुनाव के लिए इस उत्तेजना का होना अनिवार्य है। कल्पना-शक्ति के साथ तैयार किया गया तर्क अपना अस्तित्व बनाए रखने के लिए जरूरी है क्योंकि कल्पना-शक्ति के साथ जुड़े तर्क को कोई पराजित नहीं कर सकता। यदि तर्क में कल्पना-शक्ति का पुट न हो तो वह स्वैर-कल्पना हो जाता है, यथार्थ के साथ उसका कोई संबंध नहीं रहता। कला की रचना तथा उसे शब्दों में व्याख्यायित करने के लिए मैं यथार्थ, तर्क तथा कल्पना, तीनों का प्रयोग करता हूं। इस लेख में यथार्थ और तर्क का प्रयोग करके मैं कुछ ऐसी बातें कहने का प्रयास कर रहा हूं जो इससे पहले किसी ने नहीं कहीं।

तर्क सभी कलाओं और विज्ञानों से बड़ा होता है। कल्पना-शक्ति से युक्त तर्क श्रेष्ठ व्यक्तियों के मस्तिष्क की शक्ति होता है। विचार की परंपरा में तर्क श्रेष्ठतम है।

बोदलेयर के 'सादृश्य' तथा आइंस्टीन के 'सापेक्षता' के सिद्धांतों से यही प्रकट होता है कि तुलना से ही कोई तस्वीर बन सकती है। डार्विन के सिद्धांत 'श्रेष्ठ ही बचेगा' में भी यही प्रकट होता है कि जो भी दूसरे की अपेक्षा अधिक शक्तिशाली और चालाक होगा वही विजयी होगा।

सादृश्य में तो केवल साम्य देखा जाता है, यानी उनकी तुलना का धरातल क्षैतिज होता है जबकि सापेक्षता में उनका अनुपात देखा जाता है यानी उनकी तुलना का धरातल ऊर्ध्व हो जाता है। इन दोनों प्रकार की तुलनाओं में श्रेणीबद्धता है। कला के क्षेत्र में काल ही उसका स्थान निर्धारित करता है।

मानव कला के प्रमुख समुदायों की तुलना मैं चार तत्वों से करता हूं—जल, वायु, पृथ्वी तथा अग्नि।

चीनी कला जल है, सुंग के भूदृश्यों में जल और धुंध का चित्रण, चीनी मिट्टी के बर्तन, दरियाई घोड़े, कलात्मक लिपि लेखन की तरलता—ये सब एक तरह से द्रवीभूत हो जाते हैं।

प्राचीन भारतीय कला वायु है। इसकी आकृतियां अरबस्क तथा अस्थिविहीन हैं। ये हवा में तैरती प्रतीत होती हैं। महाबलीपुरम में सातवीं सदी में एक बड़ी चट्टान पर कोर कर बनाया गया 'गांवतरण' का दृश्य इसका एक उदाहरण है। खजुराहों के मिथुन मूर्तिशिल्पों में मैथुन क्रिया वायु में ही होती है। देवता पर्वत को वायु में धारण किए हुए हैं और लघु चित्रों में बंदर भूखंडों को उठाए वायु में ही उड़ रहे हैं।

यूनानी कला पृथ्वी है। गांधार में भारतीय कला की एक यूनानी शैली विकसित हुई, पर यह बात निश्चित रूप से नहीं कही जा सकती। पृथ्वी तथा वायु का मिश्रण नहीं होता। वायु केवल पृथ्वी की धूल उड़ा सकती हैं। गांधार शैली भारतीय कला के इतिहास की धूल ही है। सिकंदर के भारत पर हमले से काफी पहले यहां यूनानी लोग

रहते थे। विद्वान लोग जानते हैं कि भारतीय योगी सुकरात से मिलने गए थे। लेकिन यह बड़ा विचित्र लगता है कि भारतीय लेखकों ने सिकंदर महान का जरा भी उल्लेख नहीं किया जबकि यूनानियों ने चंद्रगुप्त मौर्य का उल्लेख 'सांड्राकोस्ट' के रूप में किया है। भारतीय साहित्य में 'यवनों' का उल्लेख मिलता है। भारतविद् मानते हैं कि इस शब्द का प्रयोग यूनानियों के लिए ही किया गया है। लेकिन नई मान्यताओं के अनुसार यवन उड़ने वाले लोग थे। ये दूसरे ग्रहों से विमानों पर सवार होकर आते थे। जिस जमाने में धरती पर डायनासौर विचरते थे, ये लोग उस जमाने में धरती पर आकर बस गए थे। आज का मानव इन्हीं का वंशज है।

यूनानी कला बहुत पार्थिव और यथार्थवादी है। यह बात मैं हैलेनिक काल की क्लासिक कला के बारे में कह रहा हूं। क्लासिक यूनानी कला में वस्तुवाद बहुत स्पष्ट रूप से आया है। उनमें मानव आकृतियों की मांसपेसियां, उनका अंग-विन्यास बहुत सुंदर और पार्थिव हैं। इन मूर्तिशिल्पों को भड़कीले रंगों से और भी यथार्थवादी ढंग से रंगा गया है।

यूनानी कला की पार्थिव ऐंद्रियता इटली में नवजागरण के रूप में सामने आई। यानी यह कला के यूनानी मूल्यों का पुनर्जन्म था। कला का यूनानी आदर्श ऐंद्रिय यथार्थ के रूप में सामने आया।

हजारों साल बाद नवजागरण के माध्यम से यही यूनानी आदर्श हॉलीवुड में रजतपट के सितारों के चेहरों में प्रकट हुआ, रजतपट याने श्वेत-श्याम। बाद में यह पर्दा रंगीन हो गया। और विशालकाय भी हो गया। सिनेमास्कोप, 70 मिली मीटर। बड़ी-बड़ी आकृतियां—चलती-फिरती, बात करती हुईं। अमेरिकी सिनेमाघरों में दिखाई जाने वाली अश्लील फिल्मों में पुरुष तथा स्त्रियों के विशालकाय नग्न शरीरों को देखकर तो मिकेलांजेलो भी चकित रह जाता। वहां बड़े पर्दे पर समलिंगी अश्लील चित्रणों की कमी नहीं है।

यूनानी शिल्पकार अपने मूर्तिशिल्पों को रंगते थे। मैक्स फैक्टर ने भी ऐसे सौंदर्य प्रसाधन तैयार किए हैं जिन्हें ये फिल्मी सितारे अपने चेहरों पर लगाते हैं। यदि आप नवजागरण काल में चित्रकारों द्वारा रंगे हुए चेहरों की तुलना हॉलीवुड के फिल्मी सितारों के मेकअप पुते चेहरों से करें तो आपको काफी समानता नजर आएगी। पश्चिम में नारी-सौंदर्य की पराकाष्ठा फिल्म अभिनेत्री तथा पत्रिकाओं की आवरण सुंदरी बन गई है। इस सौंदर्य की जड़ें यूनानी कला तथा नवजागरण में है।

अंत में आती है अग्नि। नृतत्वशास्त्री कहते हैं कि बंदर से जब मनुष्य का विकास हुआ (हालांकि यह सत्य नहीं है) और वह गुफाओं में रहने लगा तब उसने अग्नि का आविष्कार किया। जीवविज्ञान का मेरा ज्ञान कुछ भिन्न है। और यह ज्ञान भौतिक विज्ञान के सिद्धांतों के अधिक अनुकूल है। मेरा कहना है कि मानव का कोई प्रत्यक्ष प्रारंभ या अंत नहीं है और न ही कहीं कोई ऐसा ब्रह्मांड है जिसमें से उसने ऊर्जा की रचना की। यही ऊर्जा कला का विकास करती है यानी कला एक रूपांतरित ऊर्जा है।

जलने वाली ऊर्जा अग्नि है। कला की अग्नि पिछली सदी के अंतिम दिनों में पेरिस में दहकी थी। पेरिस स्कूल 'आधुनिक कला' के रूप में जाना जाने लगा। वॉग गॉग, सेजां, गोगां ने इस अग्नि को चिंगारी दी थी। प्रभाववादियों (इंप्रेशनिस्ट्स) ने इस अग्नि को प्रकाश, इसकी इंद्रधनुषी छटा से रंगदीप्त पाई और कैनवास पर यह बहुरंगी छटा बिखेर दी।

पिकासो ने एक दूसरी अग्नि की खोज की। यह उसे अफ्रीका के घने जंगलों में मिली। पिकासो ने अफ्रीकी कला की अनगढ़ काली अग्नि के दर्शन दुनिया को कराए, इससे पहले तो इसे केवल जादू की चीज माना जाता था। 1907 में जब पिकासो ने 'आविन्यों की स्त्रियां' की रचना की थी तो उसने अफ्रीकी नक्काशियों में से भी कुछ लिया था।

अफ्रीकी कला एक आदिम युग है जिसने आधुनिक कला की आग को प्रज्वलित होने में सहायता दी। चारों तत्वों में केवल अग्नि ही एक ऐसा तत्व है जो बढ़ता है और ऊर्ध्वमुखी है।

गोगां आधुनिक कला की अग्नि को अपने साथ पोलेनिसियाई द्वीपों में ले गया। ताहिती जाने से पहले पेरिस में ही उसने उनके स्वर्ग का चित्रांकन शुरू कर दिया था। गोगां एक रूमानी पलायनवादी चित्रकार है। गोगां की

दुनिया, जिसमें उसका अपना जीवन भी शामिल है, एक प्रज्वलित, कामोद्दीपक मोहक चित्र है जिसमें सुंदर रंगों से युक्त कामी और भोगी आकृतियां भरी पड़ी हैं। यह एक पलायनवाद है जिसे कला का रूप दिया गया है। पलायनवाद को तेज रंगों तथा सुन्दर दैहिकता से एक मोहक रूप दिया गया है। हालांकि गोगां काफी गरीबी की हालत में मरा। अपने अंतिम दिनों में वह सिफलिस की पीड़ा भोगता रहा। यह यौन रोग वह पेरिस से ही अपने साथ ले आया था और न जाने कितनी नन्हीं, सुंदर पोलिनेशियाई लड़कियों को, अपने सहवास के जरिए यह रोग लगा बैठा, जो उसके चित्रों में दिखाई देती हैं। मैं समझ सकता हूं कि अपने इस पलायनवाद के कारण ही (यौन रोग के कारण नहीं) वह पूर्व की ओर गया। मैं भारत से यहां पश्चिम में अमेरिका में आया हूं। यहां न्यूयॉर्क (मैनहटन) में रहता हूं। यहां पर हर तरह का सुख और आराम है। चारों ओर बिजली की रोशनियां और रात-दिन गुंजायमान।

अमृता शेरगिल पेरिस स्कूल की आग को भारत ले आई। यह दिलचस्प बात है कि वह गोगां से प्रभावित थी। गोगां आधुनिक कला से जुड़े किसी भी पाश्चात्य कलाकार की अपेक्षा पूर्व से अधिक निकट था। वास्तव में गोगां ने ही वॉन गॉग का परिचय जापानी छापों से कराया था। शेरगिल की आग स्त्रियोचित आग है। चंद्रमा की स्वर्णिम आग की तरह।

सुंदरता मातीस में भी है। वह मध्यपूर्व के, अल्जीरिया और फारस के अधिक निकट है। उसने फारसी कला की अलंकारिक तथा सुसंगत आकृतियों को बड़े आकार में तथा तेज और भड़कीले रंगों में चित्रित किया।

40 के दशक में मुंबई के प्रोग्रेसिव आर्टिस्ट ग्रुप को आधुनिक कला की अग्नि ने चिंगारी दी। मैं भी इस ग्रुप में था। मैं इसका संस्थापक ही था। हमारा नारा था कि यदि कला आधुनिक नहीं है तो वह कला ही नहीं है।

आधुनिक भारतीय कला को चिंगारी भले ही पेरिस स्कूल से मिली हो पर इसे आग के रूप में दहकाने के लिए वायु की भूमिका प्राचीन भारतीय कला ने ही निभाई। (मोहन जोदाड़ो का पुजारी का सिर, छठी सदी के कई सिरों तथा हाथों वाले वीरों के मूर्तिशिल्प, तांत्रिक कला, जिसमें पहली बार आकृतिविहीन रूपाकारों को चित्रित किया गया था—इन सबने आधुनिक भारतीय कला की ज्वाला को जलते रहने में सहायता की।)

आधुनिक भारतीय कला आज भी जीवित है जबकि पश्चिम की आधुनिक कला, जिसने पिछली सदी के अंतिम दिनों में जन्म लिया था, 1950 के दशक तक पेरिस में अंतिम सांस ले चुकी है।

मेरी अपनी कला, मेरे स्वभाव की ही तरह अग्नि है। अपनी विचारधारा में मैं बहुत आधुनिक हूं। मैं जानता हूं कि कला ब्रह्मांडीय ऊर्जा में से निःसृत ऊर्जा है। अग्नि ऊर्जा है। कला रूपांतरित ऊर्जा है। अग्नि हमारे समय का प्रतीक है। मानव ने हमारे ही समय में अग्नि की शक्ति—विद्युत तथा परमाणु बम पैदा किए। इसलिए हमारी आधुनिक कला के सौंदर्य-बोध को अपने समय का चित्रण करना चाहिए। उसमें आग उगलनी चाहिए।

सौंदर्य

मोहन शर्मा ने बताया कि एक बार ललित कला अकादेमी के तत्कालीन सचिव रिचर्ड बार्थोलोम्यू से उनकी बात हो रही थी। मोहन ने उनसे पूछा था, "मिस्टर बार्थोलोम्यू, किसी भी कलाकृति को आंकने के लिए आप किस कसौटी का इस्तेमाल करते है?"

बार्थोलोम्यू का जवाब था, "मैं जानता हूं कि मुझे क्या पसंद है।"

"वह तो ठीक है।" मोहन अपनी बात पर अड़ा रहा, "पर आपकी पसंद की भी तो आखिर कोई कसौटी होगी।"

"तो उन्होंने क्या जवाब दिया?" मैंने मोहन से पूछा।

"वे इसका जवाब नहीं दे सके।" मोहन ने बताया।

"उन्होंने तो तुम्हारे पहले सवाल का जवाब भी नहीं दिया।" मैंने कहा, "तुमने यह तो नहीं पूछा था कि उन्हें क्या पसंद है। तुमने तो उनकी कसौटी के बारे में पूछा था। तुम्हारे दूसरे सवाल में वे फंस गए थे। तुमने पूछा

था कि उनकी पसंद या नापसंद की कसौटी क्या है?'' अगर यह सवाल कोई मुझसे पूछे तो मेरा जवाब होगा कि सौंदर्य की मेरी कसौटी है। सौंदर्य याने सुंदरम्। सौंदर्यशास्त्र सौंदर्य का विज्ञान है। यहां पर कुछ लोग घिसी-पिटी दलील दे सकते हैं कि सौंदर्य तो देखनेवाले की दृष्टि में होता है। मैं कहूंगा—नहीं, सौंदर्य देखने वाले की प्रशिक्षित दृष्टि में ही होता है। प्रकृति का सर्वोत्तम पक्ष सौंदर्य है। अपने सारे विज्ञानों और कलाओं के बल पर आप कह सकते हैं कि सौंदर्य को लेकर ऐसी वायवीय अवधारणा से आप सहमत नहीं हैं, फिर भी मैं यह कहूंगा कि सौंदर्य का आदर्श स्वरूप अवश्य विद्यमान है क्योंकि प्रकृति के विराट भंडार में असुंदर से सुंदर तब तक कुछ भरा पड़ा है। सौंदर्य उस श्रेणी की चरमावस्था है जो असुंदर से प्रारंभ होकर सौंदर्य-बोध के अंतिम बिंदु पर जाकर समाप्त होती है। कला सौंदर्य की श्रेष्ठ अभिव्यक्ति है। सौंदर्य श्रद्धा भी नहीं है। वास्तव में यह आत्माभिव्यक्ति है। उच्चतम और सूक्ष्मतम अभिव्यक्ति। ललित कला का संबंध सौंदर्य से है। कला के द्वारा व्यक्ति प्रकृति के सौंदर्य का अनुभव करता है। ललित कला और कुछ नहीं, सौंदर्य तक पहुंचने की तकनीक है। मैं जानता हूं कि सौंदर्य के दूसरी तरफ क्या है। अगर आप यह अनुमान लगा सकते हो कि सौंदर्य के दूसरी तरफ क्या है तो आप यह भी समझ सकते हैं कि इसके सामनेवाली तरफ कैसी है। मुझे अन्यथा न लें, मैं ईश्वर के सौंदर्य के बारे में बात नहीं कर रहा हूं। मेरे विचार से तो ईश्वर में कोई सौंदर्य नहीं है क्योंकि वह धर्म के माध्यम से मानव के मन में घृणा तथा युद्ध जैसे पूर्वाग्रह पैदा करता है। मैं तो केवल प्रकृति के सौंदर्य की बात कर रहा हूं। और एक बार यदि आप इसके सौंदर्य को अनुभव कर लें तो आप अमर हो जाएंगे क्योंकि प्रकृति भी अमर है।

कला संपूर्ण प्राकृतिक ऊर्जा के भीतर रूपांतरित ऊर्जा की एक योजना है। इस रूपांतरित ऊर्जा को प्रकृति के कण-कण में उसकी पात्रता के अनुरूप बांट दिया गया है, इसीलिए हर स्तर की कला हमें दिखाई देती है—सड़कछाप चित्रकारों और रंगसाजों से लेकर उन चित्रकारों तक जो महान कला की रचना करते हैं।

(हिंदी अनुवाद : सुरेश उनियाल)

आधुनिक भारतीय कला में अभिव्यंजनावाद की प्रासंगिकता

कृष्ण खन्ना

1947 का वर्ष भारतीय चित्रकला के इतिहास में भी एक मोड़ के रूप में आया। सरकारी कला स्कूलों में दी जाने वाली शिक्षा के तरीके, साधन तथा ढंग अब पुराने पड़ गए थे। ब्रितानी साम्राज्य के दौरान कला स्कूलों में जो यूनानी-रोमन शैली की आवक्ष मूर्तियां भरी पड़ी थीं, इसके बाद धूल खाने लगी थीं। अंग्रेजी राज की समाप्ति के साथ ही रॉयल अकादेमी छाप स्कूलों के दिन भी लद गए। यह सब किसी आदेश अथवा सांस्कृतिक नीति के कारण नहीं हुआ, बल्कि इसका कारण कुछ अति प्रतिभाशाली कलाकारों के मन में गंभीरता के घर कर गई यह भावना थी कि यह सब कला नहीं है।

चित्रकारों का एक वर्ग अपने परिवेश को अपना विषय बनाने लगा था। हरिकशन लाल तथा प्राणनाथ मागो ने ग्रामीण पंजाब के जीवन को अपने चित्रों में काफी सजीव ढंग से उकेरा था। कैनवास पर तूलिका के छोटे और सारगर्भित आघातों से वे जो प्रभाव उत्पन्न करते थे वह वॉन गॉग की याद दिलाता है, जबकि इन चित्रों का पूरा संयोजन पहाड़ी लघुचित्र शैली पर आधारित होता था। जर्मन अभिव्यंजनावादियों की तरह ही उन्होंने वॉन गॉग के चित्रों को प्रतिरूपों में ही देखा था। अभिव्यंजना की यह पद्धति आसानी से अर्जित नहीं की जा सकती। इसी पद्धति से वे अपने आपको अपने परिवेश से जोड़ सके। हरकिशन लाल के चित्रों 'बाजार ले जाए जाते खरबूजे' 'गुण ग्राहक' (जिसमें एक पुरस्कृत सांड को कुछ ग्रामीण देख रहे हैं), मागो के कुल्लू के भूदृश्यों में प्रामाणिकता की एक छाप है जिससे वे अपने समय के साथ जुड़ जाते हैं।

1948 में मैं मुंबई गया और वहां मैंने एक बहुत जीवंत दृश्य देखा। पल्सीकर की सलाह पर मैंने अपना एक चित्र बांबे आर्ट सोसायटी की स्वर्ण जयंती प्रदर्शनी में रखा। मेरे चित्र में कई तरह के लोगों का एक समूह एक बिजली के खंभे के नीचे एक अखबार में छपी किसी खबर को पढ़ रहा है। इस चित्र का शीर्षक था 'गांधी जी की हत्या का समाचार।' इस चित्र ने बहुत से चित्रकारों का ध्यान आकर्षित किया। इनमें से कई बाद मे मेरे दोस्त भी बने। मैं यह सब इसलिए लिख रहा हूं कि मेरे चित्र में कुछ ऐसा था जो हुसेन, रजा, सूजा, सामंत, तैयब मेहता, गायतोंडे, पदमसी, प्रताप सिंह के चित्रों में भी था। हम सभी किसी समकालीन मुहावरे की तलाश में थे ताकि हमारे चित्र अधिक सार्थक और अपने समय के साथ जुड़े हों। अपने तात्कालिक परिवेश की ओर लौटना ही हमारे भीतर शक्ति का संचार करने लगा। हुसेन बंदरवारा में एक ऐसे वातावरण में रहते थे जो वर्जनाओं से भरा तो था पर वहां प्राइवेसी जैसा कुछ नहीं था। प्राइवेसी के इसी अभाव ने हुसेन को चित्रों के लिए भरपूर सामग्री दी। उन्हें अपने समुदाय के लोगों के जीवन और उनकी भावनाओं को इतने नजदीक से देखने-परखने का अवसर मिला।

पादरियों और भिक्षुणियों के चित्रांकन में सूजा बहुत कटु हो उठते थे, जबकि उनके नग्न चित्र बहुत कामुक होते थे। नगर दृश्यों के उनके चित्र बहुत हिंस्र और आक्रामक होते थे, वहां के लोगों की तरह। उस काल के उनके चित्र मनुष्य के भीतर की बुराई की पड़ताल करते थे। यह काम वो बड़ी तीक्ष्णता तथा यथार्थपरक ढंग से करते थे।

पल्सीकर उन दिनों जे.जे. स्कूल ऑफ आर्ट में पढ़ाते थे। वे जर्मन अभिव्यंजनावादियों की प्रत्यक्षता से बहुत प्रभावित हुए और उन्होंने कुछ बहुत अच्छे तैलचित्र बनाए। उनके चित्र विषम ढंग से कटे हुए और अशांत धरातल

पर बने हुए ऐसे लगते थे जैसे कैनवास ने ही आकृति को तोड़-मरोड़ दिया हो। पर पल्सीकर ने इन चित्रों के निहितार्थों को पूरी तरह से कभी स्वीकार नहीं किया। वे व्यक्ति के तौर पर पूरी तरह से पारंपरिक थे और भारतीय चित्रकला तथा सौंदर्यशास्त्र की परंपरा में ही उनका पोषण हुआ था। इन चित्रों के साथ-साथ वे अपारदर्शी जल रंगों में भी पारंपरिक से लगने वाले विषयों पर चित्र बना रहे थे, पर उनका इन चित्रों को बनाने का तरीका कहीं से भी पारंपरिक नहीं था। पारंपरिक चित्रकार जहां धरातल में परिवर्तन लाने के लिए कालीनों तथा वस्त्रों आदि के अलंकारिक अभिप्रायों का सहारा लेते थे वहां पल्सीकर धरातल को मुलायम सीपी से रगड़कर शिल्पगत बुनावट (टैक्सचर) की रचना करते थे। उनकी इन रचनाओं का प्रभाव बाद में सामंत जैसे चित्रकार पर पड़ा। जलरंगों का काफी स्वच्छंदता से प्रयोग करना शुरू किया और बाद में दीवार के आकार के चित्र भी बनाए जिनमें शिल्पगत बुनावट की महत्वपूर्ण भूमिका होती थी।

अक्सर लोग कहते हैं कि भारतीय चित्रकारों ने आंख मूंदकर यूरोपीय मॉडल को स्वीकार किया। इस तरह की आलोचना पूरी तरह निराधार है। इस समय तक तो यूरोप कला के क्षेत्र में कई महान आंदोलनों से गुजरता हुआ परिपक्व हो चुका था जबकि इनमें से कोई भी आंदोलन भारत में अपना प्रभाव नहीं छोड़ पाया। हमें भारत में एक भी अच्छा घनवादी (क्यूबिस्ट) चित्रकार नहीं दिखता। दादावादी, अतियथार्थवादी (सर्रियलिस्ट), संरचनावादी (कंस्ट्रक्टिविस्ट) चित्रकार भी यहां कोई नहीं है। तो फिर प्रतिभाशाली चित्रकारों की एक पूरी मंडली अभिव्यंजनावाद (एक्सप्रेशनिज्म) की तरफ ही क्यों झुक गई? जैसा कि मैं पहले भी संकेत कर चुका हूं, कारण सिर्फ इतना है कि कला में अभिव्यक्ति का यही एकमात्र ऐसा तरीका है जिसमें कलाकार स्वच्छंदतापूर्वक अपने परिवेश से जुड़ सकता है। यह एक ऐसा बिंदु है जहां से कला की भाषा विकास पाती है। चित्रकारिता के प्रति अपने भावातिरेक में ही चित्रकार केवल अपने परिवेश से ही नहीं जुड़ रहे थे, बल्कि अपने सहयात्री चित्रकारों के चित्रों से भी जुड़ रहे थे। वे सब एक-दूसरे को प्रभावित कर रहे थे और उनसे प्रभावित भी हो रहे थे, इनमें कई विलक्षण समानताएं भी थीं। यह स्वाभाविक भी था क्योंकि कला की एक नई भाषा विकसित हो रही थी। आने वाले वर्षों में इन सब कलाकारों की अपनी विलक्षणताएं प्रकट होने लगीं और गहराने लगीं। सभी के काम करने के अपने-अपने तरीके थे। लेकिन महत्वपूर्ण यह है कि कुछ ठोस काम सामने आया। कलाकारों की आने वाली पीढ़ी को प्रेरित करने के लिए काम पर्याप्त और महत्वपूर्ण था।

अभिव्यंजनावाद की ओर सहज झुकाव को यूरोप के कला समाज से बाहर आए जर्मन मूल के कलाकारों की एक मंडली ने प्रोत्साहित किया, जैसा कि आमतौर पर होता है। जर्मन अभिव्यंजनावाद का सबसे पहले परिचय मुंबई के कलाकारों को ही मिला। इन अभिव्यंजनावादी चित्रकारों में प्रमुख थे—श्लेसिंगर, लीडन बंधु, रूडी और लौली तथा वाल्टर लैंगमेर जो इलस्ट्रेटेड वीकली में कला निर्देशक थे। रूडी वॉन लीडन टाइम्स ऑफ इंडिया में कला समीक्षक थे। श्लेसिंगर तो एक तरह से कला संरक्षक ही थे। वे प्रत्येक प्रदर्शनी में जाते और कलाकारों के साथ काफी समय बिताते। कलाकृतियों को खरीदने का मोह वे कभी छोड़ नहीं पाते थे। उनके पास कोकोश्का की कलाकृतियों का एक अच्छा भंडार था। पर जब हिटलर ने ऑस्ट्रिया पर हमला किया तो वे सारे चित्र उस युद्ध की भेंट चढ़ गए। वे बेहद उत्साह से भरे रहते थे और ज्ञान का तो भंडार ही उनके पास था। उनके इसी उत्साह और ज्ञान का लाभ कला जगत को मिला। उनकी लिखी पुस्तकों ने उस समय के कई चित्रकारों के सामने ज्ञान की खिड़कियां खोल दीं। स्थानीयता से उत्पन्न होने वाली समस्याओं की ओर इनमें से किसी का ध्यान नहीं गया था। किसी ने भी नहीं सोचा था कि इसके कारण चित्रकारों की आने वाली पीढ़ी को किस कठिनाई का सामना करना पड़ेगा। वे अपनी कोई श्रेष्ठता भी सिद्ध नहीं करना चाहते थे। वे तो केवल इतना चाहते थे कि पूरी शक्ति के साथ, सीधे-सीधे और प्रामाणिक चित्र बनाएं। यही चित्रकारों के लिए भी महत्वपूर्ण था और दर्शकों के लिए भी। उन्होंने चित्रकारों के उसी पुराने तरीकों को अपनाया कि तुम्हारे लिए जो भी उपयोगी हो, उसे लो और इसमें किसी भी तरह का अपराध-बोध महसूस न करो। मौलिकता की अवधारणा से वे अधिक आक्रांत नहीं थे। यहां पर मैं कहना चाहूंगा कि यदि कोई छिद्रान्वेशी कला समीक्षक सूजा की 'गोलागोला इन गोआ' पर बात करते समय रूसो पर और हुसेन की 'होली'

या 'गुड़ियों की गाड़ी' पर बात करते समय कोकोश्का पर ही अटक जाता है तो वह अपनी कला-दृष्टि खो चुका है। इन चित्रों में हमें इन कलाकारों के प्रभाव जरूर दिखाई देते हैं लेकिन ये प्रभाव उनके लिए शैलीगत सहारे का काम नहीं देते, बल्कि उनमें ऊर्जा भरते हैं। ये चित्र इन प्रभावों से बंध नहीं जाते बल्कि मुक्त होकर विस्तार पाते हैं। इन चित्रकारों के शुरू के चित्रों में इस प्रकार के संकेत मिलते हैं। सूजा के चित्र रूसो और मुंच से प्रभावित हैं। रजा और हुसेन पर कोकोश्का का स्पष्ट प्रभाव दिखता है। गायतोंडे के मूर्तिशिल्प पाउल क्ले से प्रभावित हैं। इन चित्रकारों के लिए उन कारणों का कोई महत्व नहीं था जिन्होंने जर्मन अभिव्यंजनावाद को जन्म दिया। ये तो केवल उनके बिना किसी अलंकरण या आडंबर के सीधे-सीधे बात कहने के अनौपचारिक ढंग से प्रभावित हुए और उन्हें लगा कि इस ढंग को अपनाकर वे अपने समय को अपनी तरह से चित्रांकित कर सकते हैं।

सूजा और उनके विशेष पूर्वाग्रहों की बात मैं पहले कह चुका हूं। यहां पर मुझे हुसेन की कलाकृति 'मनुष्य' याद आ रही है। एक बड़े आयताकार पलक के मध्य में आम कुर्सी जैसी दिखने वाली चीज पर एक काली डरावनी आकृति बैठी है, लगता है जैसे यह आकृति अपनी उंगलियों से कुछ काम कर रही है। दाएं तथा बाएं गुड़ियों जैसी आकृति के दो-दो समूह हैं। इनमें एक जोड़ा सीधा खड़ा है तथा दूसरा जोड़ा सिर ऊपर तथा पैर नीचे किए हुए है। अब इस कलाकृति को देखकर जो भी इसकी व्याख्या की जाए, वह पर्याप्त नहीं होती। लीडन को इसमें हमारे समाज का विरोधाभास मिला (जो बात एक जगह सही है वह दूसरी जगह गलत हो जाती है।) दूसरों को इसमें दूसरी बातें दिखाई दीं। यह एक ऐसा चित्र है जो यथार्थपरक होते हुए भी भ्रांति पैदा करता है। वास्तव में यह चित्र कई धरातलों पर है और प्रत्येक धरातल पर नए अर्थ निकलते हैं।

मैं चित्रकला के उस अनौपचारिक ढंग की बात कर रहा था जिसने मुंबई के चित्रकारों को आकर्षित किया। इस काल (1947 से 50 के दशक तक) के उनके चित्रों में रंगों का मुक्त भाव से प्रयोग किया गया है। चित्रकला के क्षेत्र में ऐसी धारणा बन रही थी, जिसमें रंगों आदि के प्रयोग के बजाय तूलिकाघातों से रंगों के बीच एक प्रकार की संगति पैदा की जाने लगी थी। ऐसा करने से उनकी शैली में एक नया व्यक्तित्व निखर रहा था। चित्रों में भौतिकता पर अधिक जोर दिया जाने लगा था। उनमें एक प्रकार का विषाद भी नजर आने लगा था। इसके कारण ये चित्र अपरिष्कृत से तो लगते थे पर एक बिम्ब को जन्म देने के लिए इनका अपरिष्कृत दिखना एक उर्वर भूमि का काम करता था। चित्र एक ही धरातल पर होता था। अग्रभूमि, पृष्ठभूमि, मध्य भाग आदि की अवधारणाएं समाप्त हो गई थीं। संभव है कि जर्मन अभिव्यंजनावादियों की संकीर्ण संरचनाओं ने भारतीय चित्रकारों को यहां तक पहुंचाया हो, पर यह भी संभव है कि इसका कारण मथुरा के मूर्तिशिल्प रहे हों। 1951 में राष्ट्रपति भवन में भारतीय कला की जो प्रदर्शनी लगी, उसने देखने आने वाले कई कलाकारों पर गहरा प्रभाव छोड़ा।

यह मानते हुए भी कि चालीस और पचास के दशकों में कला के क्षेत्र में जर्मन अभिव्यंजनावादियों का काफी गहरा प्रभाव था—सवाल पैदा होता है कि क्या आज भी उनका कोई प्रभाव शेष है? 1976 में जो भारतीय चित्रकार काम कर रहा है, या आज जर्मनी में जो चित्रकार काम कर रहा है, उनके लिए जर्मन अभिव्यंजनावादियों का क्या महत्व है? मुझे याद है, मैं और मेरे कुछ मित्र एक ऐसे संग्रहालय को देखने गए जहां जर्मन अभिव्यंजनावादियों के चित्र लगे थे। हम सभी ने यह महसूस किया था कि ये सारी कलाकृतियां इतिहास के एक काल विशेष से संबंधित हैं और अधिकतर अपने काम की सीमा से बाहर नहीं आ पातीं। एक ऐसी दुनिया से मोहभंग के ये चित्र थे जिसने बड़ी आशाएं पैदा की थीं किंतु जिसकी परिणति हुई थी सामूहिक हत्याओं में। सामूहिक हत्याओं के ये चित्र काफी यथार्थपरक लग रहे थे। हमें तो वे अकृत्रिम भी लग रहे थे क्योंकि भविष्य के महासंहार की परिकल्पना हम कर सकते थे। हमारी आंखों में सुनहरे सपने नहीं तैर रहे थे और युद्धों तथा मानव निर्मित आपदाओं की परिणति से हम भली-भांति परिचित हैं। मनुष्य की बुद्धि ने प्रोद्यौगिकी के साथ कदम मिलाते हुए शोषण के और अधिक भद्र तरीके खोज निकाले हैं। डिक्स के लिए यह संभव था कि वह फरिश्तों और शैतानों व उनके साथियों की भूमिकाएं बदलकर उन्हें अनुकूल रूपाकार देता पर आज के अधिक दुर्बोध तरीकों को चित्रित करने के लिए एक नई प्रकार की कल्पना की आवश्यकता है। जब पीड़ा, क्रोध, यंत्रणा, आक्रोश या विरक्ति को चित्रित करना हो तो अभिव्यंजनावाद

सबसे उपयुक्त शैली है। यह इसकी शक्ति भी है और सीमा भी। इन भावावेगों की शक्ति को अधिक लंबे समय तक बनाए नहीं रखा जा सकता। ये भावावेग अपनी तेज चमक छोड़ते हुए जल्दी से चुक भी जाते हैं। मैं समझता हूं कि इसी कारण इन लोगों ने काम तो बहुत किया पर अधिकतर काफी कमजोर स्तर का है। हां, बीच-बीच में बहुत उच्च कोटि के चित्र भी बने हैं पर इनकी संख्या काफी कम है।

मैंने सूजा के 1940 तथा 50 के दशकों के चित्रों की बात की है। 1954 में मैं उनसे लंदन में मिला था। बातों-बातों में मैंने उनसे पूछ लिया कि क्या वे भारत लौटना चाहते हैं। उनका उत्तर था कि वे अपनी बैटरियों को फिर से चार्ज करने के लिए भारत आएंगे। यूरोपीय वातावरण से अपने को जोड़ पाना उनके लिए काफी मुश्किल हो रहा था और मेरे विचार से यही उनकी समस्या थी। अभिव्यंजनावाद की भी वही समस्या है जो अन्य सभी कलाओं की है—एक ऐसे रूपाकार का निर्माण जो आपके भावावेगों के अनुरूप हो। दूसरे शब्दों में एक ऐसे बिम्ब का निर्माण जो इसके स्थानीय तथा विशिष्ट चरित्र को उदात्त स्वरूप दे सके। सभी कलाकृतियां एक निश्चित काल और स्थान पर होती हैं। पर साथ ही वे कालातीत भी होती हैं। कोई बिम्ब यदि अपने विशिष्ट चरित्र को उदात्तता तक नहीं पहुंचा सकता, तो वह विवरण मात्र से अधिक नहीं होता। सीधे-सीधे कहें तो यदि किसी बिम्ब का कोई सुनिश्चित आधार नहीं होता तो या तो वह अर्थहीन है, या उसमें आडंबर है या फिर वह भावुक है क्योंकि इसके अस्तित्व का ही कोई ऐसा आधार नहीं है जो इसे उच्चाशय प्रदान कर सके। टी.एस. एलियट का कहना है कि ''अधिकतर व्यक्तिगत अनुभव या तो बहुत बड़े होते हैं या बहुत छोटे। केवल हमारे भावावेग ही घटनाएं होती हैं।''

पाउल क्ले की रचनाएं यदि कालजयी हैं तो इसलिए कि उनमें यथार्थ और मिथक के बीच एक सूक्ष्म संतुलन है, एक का दूसरे पर आरोप नहीं है। एक सीधी रेखा अपने रूप में बनी भी रहती है और सांप का रूप भी ले लेती है। हम यह सब जानते हैं कि उन्होंने कला के विभिन्न तत्वों और उनके पारस्परिक प्रभावों को किस तरह कायदे से छानबीन की थी। यदि उनकी 'विट' और कल्पना का पुट इनमें न मिला होता तो ये कृतियां औपचारिक अभ्यास के स्तर की ही रह जातीं। भीतरी और बाहरी दुनियाओं के बीच पुल बांधने का जो कार्य निरंतर वे करते रहते थे उन्होंने उनके भीतर कवित्वमय बिम्ब का एक खजाना भर दिया था। और जिस तरह से उन बिम्बों को आकार दिया गया है वह भी अतुलनीय है। यह एक प्रकार की 'प्लास्टिक' कविता है जो बिना किसी जगह के आपको बांध सकती है, जो हर क्षण अर्थ देती है और एक साथ कई स्तरों पर चलती है। क्ले की खूबी उनकी शैलीगत विशेषता में नहीं है, बल्कि वे रचनात्मक अस्तित्व के मूल स्रोत की ओर निरंतर संकेत करते हैं।

(अनुवाद : सुरेश उनियाल)

अस्मिता और प्रासंगिकता

ज. स्वामीनाथन

(नीचे जो दिया जा रहा है वह 1969-70 में मेरे द्वारा लिखे गए अप्रकाशित निबंध 'पारंपरीण देवता का समसामयिक कला के लिए महत्व' से लिए गए अंशों को जोड़-जाड़कर बनाया गया है। मूल निबंध का ही गठन तार्किक नहीं है। इसलिए इस प्रयास में जो आकस्मिक विषयांतर-से दिखाई पड़े वे संक्षिप्तीकरण के परिणाम न समझ जाएं।)

अस्मिता

''हम में अभी भी अंतिम शक्ति की कमी है क्योंकि हमें संपोषित करने वाली कोई संस्कृति नहीं है।''—पाउल क्ले

1

यहां, इन पंक्तियों में सौंदर्यशास्त्र का कोई सिद्धांत अथवा रचना-प्रक्रिया के स्वभाव का कोई अध्ययन प्रस्तुत करने का प्रयास नहीं किया जा रहा है। चित्रकार के रूप में अस्तित्व की समस्या तथा चित्रकार के रूप में अपने काम के उपयोग के बारे में सोचते हुए मैं अपने मस्तिष्क को अपने अस्तित्व की आतंरिक आकार-रेखाओं पर उसकी मुक्ति के क्षण पर मंडराने देने को प्रेरित हो रहा हूं। बिम्बरूपी शब्द में इस डूबने तथा उसकी कुरेदनों ने अवश्य ही अस्तित्व की अवस्था में असंतोष के कारण जन्म लिया है। महान पाश्चात्य सभ्यता के सामीप्य ने सारी मानवता को इतना संकुचित कर दिया है कि हम कमोबेश पश्चिम द्वारा बनाई गई कोटियों को ही स्वीकार करते हैं, उन्हीं में सोचते हैं। इस तरह समसामयिक कला पर सारी बहस पश्चिम में आधुनिकतावादी आंदोलन के आगमन तथा उसके परिणाम पर ही आधारित होती दिखती है। भारत का आधुनिकतावादी आंदोलन पाश्चात्य आंदोलन के ही पीछे-पीछे गया है और इस आंदोलन के प्रमुख स्रोत ही एक सर्वव्यापक बोध के विकास के आधार माने गए हैं। हालांकि कभी-कभार भारतीय परंपरा को खोजने तथा उस पर बल देने की अंधदेशभक्तिपूर्ण प्रतिक्रियाएं हुई हैं, किंतु ऐसे प्रयास एक वास्तविक दृष्टि के खुलने के कार्य में पूरी तरह से नुकसानदेह और व्यर्थ ही रहे हैं। परंपरा की कर्मकांडी समझ ने हमारे चित्रकारों की नकली आधुनिकता को मजबूत ही किया है। बेशक इसमें बाजार की भी महत्वपूर्ण भूमिका रही है। फिर विकास के दूसरे क्षेत्रों में भी समान बात देखी गई है; जो विचारधारा आधुनिक तकनीकी सभ्यता को ला रही है उसे कमोवेश सबके लिए जायज मान लिया गया। यहां तक कि आज के से समय में, जबकि यह तकनीकी सभ्यता अपने गंभीरतम संकट से गुजर रही है, शेष मानवता उसके द्वारा खड़ी की गई तस्वीर की मानिंद हो पाने की कोशिश करती-सी लगती हैं।

2

अपने जन्म के लिए मैं पश्चिमी सभ्यता का ऋणी नहीं हूं।

मैं हूं, क्योंकि मैं औरत की जांघों और रंग की लपट से धधकने लगता हूं और मैं अपना कोई और वंशक्रम नहीं जानता, उस शुक्राणु के अलावा जो लाखों ऐसे शुक्राणुओं में से एक था, सिर्फ वही एक, जो किसी आदिम आवेग के कारण एक विशेष मानव-गर्भाशय की दीवारों के ऊपर लिसटने में सफल हुआ और भ्रूण प्रेरणा के स्पंदित अंधियारे में उस एक विशेष डिंब को गति में स्फुरित कर सका जो मुझमें विकसित हुआ, वह हूं मैं।

संयोग की एक संतान जो गर्भपात के कारण होने से पहले ही नष्ट हो सकती थी, या मृत पैदा हो सकती थी, या उस थकी हुई स्त्री की गोद में, जो मुझे बेटा कहती है, आसमान से बरसते हुए बमों में मर सकती थी—जैसा आज कहीं-न-कहीं हो रहा है, या सिर्फ मलेरिया, टाइफाइड या चेचक से, या केवल निरी भूख से ही क्योंकि कितने-कितने बेशुमार मुंहों में अभी भोजन जाना बाकी है।

क्यों, वे चाहें तो अभी मेरा हत्या भी कर सकते हैं। इसलिए मैं जब तक कर सकता हूं तब तक चित्र बनाऊंगा, हालांकि मैं नहीं जानता कि मैं चित्र क्यों बनाता हूं लेकिन मैं आपको खुशी देने के लिए नहीं बनाता, न मानव की गरिमा के लिए न मातृभूमि के लिए और न पुरखों के श्राद्ध के लिए, हालांकि अगर मेरे काम से आपको आनंद मिला या आप अंतर्मुखी हुए या ज्ञान की कैद से, जोकि बेशक बम से बेहतर है, आपको थोड़ी राहत मिली तो मुझे इस खयाल से खुशी होगी।

मैं चित्र बनाता हूं क्योंकि मैं उससे अलग नहीं हो सकता और वह मुझे मुझसे परे ले जाता है।

बिना यह जाने कि मुझे क्या बनाना है मैं मासूयित में अपनी रोज की यात्रा शुरू करता हूं, और गुरुओं की नसीहतों का मेरे लिए कोई फायदा नहीं क्योंकि वे तो उसके लिए सिर्फ बहंगियां है जिसे अपने खुद के पैरों का पता नहीं है।

किंतु उनका है महान देवकुल।

इतिहास के राजमार्ग पर वे अपने इंद्रजाल लिए हुए खड़े हैं किंतु मैं उनके मंतरों से परे हूं क्योंकि मुझे व्यतीत का कोई अपराध-भाव भरा ज्ञान नहीं है और मुकाबले की खोज में मैं देखता हूं पाउल क्ले को। क्ले, मेरा हमवक्त। क्ले, क्योंकि वह वैसा चल सकता था जैसा कि मैं चलता हूं और क्योंकि वह मेरे साथ चलता है। क्ले, क्योंकि वह इतिहास के कहने पर पावलोव के कुत्तों की तरह लार नहीं बहाता, क्योंकि रचनाशीलता प्रतिभा की आकस्मिकता की पूर्ववर्ती होती है। कैनवास कुछ भी समर्पित नहीं करता।

कूची की नोक पर सार्थक आकार का प्रादुर्भाव होता है। मेरा समय जैसे-जैसे उभरता है वह अपने-आपको जीता है और उन मन्वंतरों को, जहां आकार को स्थापित करने के लिए आकस्मिक तार्किक बन जाता है। प्रगति नामक कुछ नहीं है क्योंकि परंपरा नामक कुछ नहीं है।

मैं वहां खड़ा हूं जहां पहला आदमी खड़ा था।

3

शब्द समय के रूप में : शब्द एक उल्का की तरह फूटते हुए और विलीन होते हुए एक उदग्र प्रसार के रूप में और शब्द एक समतल फैलाव के रूप में—स्मृति की तरह, मृत्यु के एहसास की तरह और इसलिए मृत्यु की तरह। इतिहासरूपी मानव के कंधों पर जो भारी बोझ है वह है मृत्युरूपी शब्द का—शब्द जो समय है। हमारे पास पहले ही 'होने' तथा 'बनने' का बोध है, क्योंकि जीवधारी आत्मप्रतीति के बिना होता है और 'स्व' की प्रतीति हासिल करने के लिए 'बन' गया है। ज्ञानरूपी 'स्व' की धारणा ही समयरूपी शब्द तथा मृत्युरूपी शब्द है। यही कारणत्वरूपी शब्द है। कारणत्वरूपी शब्द ही 'होने' की मृत्यु है तथा सभ्यता का बनना है।

जब एक गौरैया मरती है तब क्या होता है? जमीन फिसलने से जब चींटियों की बांबी में सारी चींटियां दबकर मर जाती हैं तब क्या होता है? जंगल में जब शक्ति की एक पीली लकीर लपककर एक हिरन की जिंदगी एक शेर के जबड़े में खत्म कर देती है तब क्या होता है? जब एक नक्षत्र मरता है तब क्या होता है? कितने नक्षत्र हैं कुल मिलाकर? कितने मरे हुए और कितने इसी क्षण मर रहे हैं? अभी और कितने मरेंगे? जब आदमी मरता है तब क्या होता है? जब से आदमी आया तब से कितने मर चुके हैं? अभी इस क्षण कितने मर रहे हैं? जब मृत्यु आती है तब क्या होता है? मृत्यु है क्या और कहां रहती है? बीज उगकर वृक्ष होता है और पतझड़ में पीली पत्तियां टूटकर जमीन पर गिरती हैं, सड़ती हैं, और पुनर्जन्म के बीज का स्वागत करने के लिए तैयार होती हैं। शब्द परिवर्तन के रूप में और शब्द अवस्थिति के रूप में। अवस्थिति के रूप में शब्द है शब्द मृत्यु के रूप में, समय के रूप में।

बहुमूर्तिदर्शी उस खिलौने का क्या इतिहास है जिसमें कांच के रंगीन टुकड़ों के कई रूप दिखते हैं? क्या उससे दिखने वाला प्रत्येक नया रूप पिछले रूप से पैदा होता है? कांच के उस रंगीन खिलौने में कुल कितने आकार दिख सकते हैं? क्या उन आकारों का कोई इतिहास होता है? वह तत्व क्या होता है जिससे वे आकार बनते हैं? क्या आकार में परिवर्तन के साथ सत्व में भी परिवर्तन होता है? क्या नई आकृति बनने के लिए हर बार नए और अलग-अलग कांच के टुकड़े उसमें डालने पड़ते हैं? फिर नैरंतर्य क्या है? क्या इस नैरंतर्य में कोई परिवर्तन होता है? और क्या एक के बाद एक दिखने वाले आकारों में कोई रिश्ता है, सिवा इस नैरंतर्य के जो कभी नहीं बदलता? इस आकार का इतिहास कहां है? आकार और आकार के बीच का रिश्ता आज और कल के बीच का रिश्ता है, 'होने' और 'बनने' के बीच का रिश्ता है—उसका अस्तित्व ही नहीं है। वह है शब्द, इतिहास के रूप में, समय के रूप में, मृत्यु के रूप में, ज्ञान के रूप में।

शब्द समय के रूप में, मृत्यु के रूप में, इसलिए शब्द पाप के रूप में, फाड़ी गई घटना के उठते हुए आर्त्तनाद के रूप में शब्द, घटना की हत्या के रूप में शब्द समय की तरह, मृत्यु की तरह उभरता हुआ, शब्द यूनानियों के रूप में, रोमनों के रूप में, लेओनार्दो के रूप में, सेजां के रूप में, पिकासो के रूप में, रोशेनबर्ग के रूप में, आगे बढ़ते हुए बर्नम जंगल के रूप में शब्द; अस्तित्वहीन शब्द मृत्यु के हरकारे के रूप में।

इसलिए हमें फिर शून्य से शुरू करना होगा, पीड़ित सार्त्र गुहारता है।

घिसे हुए समय के रूप में शब्द : खोटी आवाज वाला सिक्का, अर्थहीन इंगित, मृत्यु के पहले शोकलेख—शब्द मृत्यु की तरह और उसके अपने मरसिए की तरह शब्द—महाबम की तरह और जस्पर जोंस के झंडे की तरह।

शब्द क्रमबद्धता की तरह : क्या मैं क्रमबद्ध हो पा रहा हूं? क्या मेरे विचारों में कोई सिलसिला है? यदि सिलसिला है तो क्या उसका कोई प्रसार है? अगर प्रसार है तो क्या उसकी कोई दिशा है? दिशा रूपी शब्द प्रगति रूपी शब्द है। इसलिए उसका एक आरंभ होता है। लेकिन आरंभ किस में? उससे परे और पहले क्या है? यदि कोई प्राक् और पश्चात् है तो फिर आरंभ कहां है, दिशा कहां है, प्रसार कहां है और क्रमबद्धता कहां है? शब्द क्रमबद्धता की तरह, काम भी मृत्यु की तरह, नीतिशास्त्र की तरह, अश्लीलता की तरह, अश्लीलता ईश्वर के लिए पुकार की तरह और नीतिशास्त्र विवेक के लिए पुकार की तरह। क्या मुझे वहां से शुरू करना होगा जहां से दूसरों ने छोड़ दिया? यदि मैं एक प्रसार हूं तो क्या शुरू कर सकता हूं? यदि प्रसार ज्ञान है तो उसे जीवन से क्या करना है?

मानवता अटारी में क्यों रह रही है?

ऐतिहासिक शब्द है, समाजशास्त्रीय शब्द है, मनोवैज्ञानिक शब्द है और धार्मिक शब्द भी है। इतिहासरूपी शब्द, समाजशास्त्ररूपी शब्द, मनोविज्ञानरूपी शब्द और धर्मरूपी शब्द क्रमबद्धता है, प्रणाली है, यह अन्योन्याश्रय है, यह संदर्भ को परिभाषित करना है। संदर्भ को दृष्टिगत रखते हुए अर्थ भरना है। यह उत्पादन-शक्तियों के रूप में शब्द है, यौन-रूपी शब्द, ईश्वररूपी शब्द है। पाउल मिथक, मार्क्स और फ्रायड के नियमों से ऐसे टकराते हैं मानो उनमें नितांत विरोध हो। किंतु प्रणाली के रूप में वे सब एक ही सिक्के के पहलू हैं, खोटी आवाज वाले सिक्के के, घिसे हुए समयरूपी शब्द के, अर्थहीन इंगित के, मौत के पहले मरसिए के।

मैं शब्द पर क्यों हूं? क्या कोई अबोधगम्य शब्द हो सकता है और फिर भी शब्द हो सकता है? ऐसी कई भाषाएं हैं जिन्हें मैं नहीं जानता लेकिन वे जानी जा सकती हैं। ऐसी कई विद्याएं हैं जिन्हें मैं नहीं जानता लेकिन वे जानी जा सकती हैं। उस समय क्या होता है जब मैं उन्हें जानता हूं? क्या तब मैं अबोधगम्य शब्द तक पहुंच जाता हूं? क्या विद्याएं कभी भी अबोधगम्य सत्य की ओर ले जा सकी हैं? शब्द एक वास्तविक वस्तु के रूप में और शब्द सत्य के रूप में : शब्द एक वास्तविक वस्तु के रूप में, अबोधगम्य शब्द के रूप में, इतिहास के रूप में, मृत्यु के रूप में, वह सत्यरूपी शब्द है, पश्चिमरूपी, अस्तित्वहीन शब्द जो मुझे मृत्यु का आयाम देना चाहता है; स्व की तरह और इसलिए आत्मन् की तरह शब्द नहीं, बल्कि अहंरूपी और इसलिए ईश्वररूपी शब्द।

4

''जागने वाले एक ब्रह्मांड के भागीदार होते हैं।'' हेराक्लाईतुस के इस कथन को लेकर बूबेर पश्चिमी तथा पूर्वी चिंतन के मूलभूत अंतर को साफ करता है और पश्चिमी चिंतन की युक्तियुक्तता की पुष्टि करता है। ''पौर्वात्य दर्शन की सम्यक् उच्च प्रज्ञा के विरुद्ध यदि मैं हेराक्लाईतुस के दर्शन की, उसके समस्त आभासी विरोधाभासों के बावजूद, अभ्यर्थना करता हूं तो इसलिए कि वह हमारे समय की एक विशेष आवश्यकता की पूर्ति करता है। इससे मेरा अर्थ है दो दृष्टिकोणों के मुकाबले से, जिनमें से पहला अन्य सारी वस्तुओं से ऊपर सामूहिकता को महत्व देता है जबकि दूसरा यह विश्वास करता है कि अस्तित्व का अर्थ व्यक्ति के अपनी आत्मा के साथ संबंध में ही खुलता है या खुल सकता है। पहला, जिसे पौर्वात्य कहा जाता है, क्योंकि आज विशेषतः पूर्वी यूरोप में यही लोकप्रिय है, 'समान मार्ग' की प्राचीन अवधारणा का उपहास लगता है; दूसरा, जिसका प्रतिनिधित्व पश्चिमी दर्शन, मनोविज्ञान तथा साहित्य करते हैं, तुरंत प्राचीन भारतीय सीख तथा उसकी शाखाओं का आह्वान करता है। इस दूसरे की ही बात मैं कर रहा हूं और इसे चुनने के कारण काफी वजनदार हैं। आधुनिक समूहवाद वास्तव में समूह को ही सर्वोपरि रखता है किंतु वह उसे चरमता का पद नहीं देता, वह सामान्यतः चरम के साथ एक अविश्वसनीय कहानी की तरह व्यवहार करता है। इसके बरक्स व्यक्तिवाद का आधुनिक प्रकार 'स्व' को समझने के लिए उत्सुक है, जो कि आंख उसकी अपनी गहराई में पाती है, केवल 'स्व' की तरह तथा 'चरम' की तरह। 'बाह्य विश्व' में दिलचस्पी पर सारे जोर के बावजूद या यहां तक कि एक तरह की ब्रह्मांडीय सहानुभूति के, आत्मा के तमाम हवालों के बावजूद जैसे कि वास्तव में उसी के बारे में बात की जा रही हो, यहां जिस वस्तु का असंदिग्ध राज्य है वह है व्यक्तिगत अस्तित्व की प्रमुखता के प्रति सम्मान तथा उसका आत्म-गरिमामंडन।'' इस कथन में यह स्पष्ट है कि बूबेर पश्चिम में आज दिखाई देने वाली खंडित मनोदशा की स्थिति का वर्णन कर रहा है। पौर्वात्य दर्शन में न तो पश्चिमी यूरोप के समूहवाद की जड़ें हैं और न 'पश्चिम' के व्यक्तिवाद की। दोनों पश्चिमी विचार की एक ही धारा के दो पहलू हैं, उस द्वैतवाद के जिसने पश्चिमी समाज को रोगी बना रखा है और अब लगभग उसे नष्ट करने की धमकी-सी दे रहा है। यह विचित्र है कि बूबेर को हेराक्लाईतुस की ओर लौटना पड़ा और उसकी पुनर्व्याख्या करनी पड़ी ताकि पश्चिम अपने छद्म समूहवाद तथा छद्म व्यक्तिवाद से बच सके। जहां वह हेराक्लाईतुस की प्रासंगिकता स्थापित करने के लिए उसका सामना उपनिषदों के दर्शन से करता है वह बड़े मजे से भूल जाता है कि जिस हालत को वह पश्चिम में रो रहा है वह इतिहास की कौन-सी धारा की वजह से हुई है।

''हमें रुग्ण पाश्चात्य चेतना का सामना उसके स्रोत से करना पड़ा और इसलिए हेराक्लाईतुस की सहायता लेनी पड़ी। किंतु हमारी जरूरत की इस घड़ी में वह अब हमसे अलग हो रहा है या हम उससे अलग हो रहे हैं। क्योंकि वह जिसे सामान्य घोषित करता है उसके खिलाफ ऐसा कुछ ज्यादा नहीं है : शब्द तथा ब्रह्मांड उसके लिए स्वतःपूर्ण हैं; ऐसा कुछ भी नहीं है जो उनसे अतीत हो।''

इसलिए आशा 'मैं-तू' संबंध में ही निहित प्रतीत होती है, यानी, सारा अर्थ, सारी वास्तविकता इसी रिश्ते, इसी समास-चिह्न से ही उपजती है। असली साम्यवादी देशों में व्यक्ति की जो भी नियति हो, वह मार्क्सवादियों के रुख से बहुत ज्यादा अलग नहीं है। मार्क्स ने कहा था, ''मानव ही मानवता की जड़ है।'' मार्क्सवाद व्यक्ति तथा

समाज के बीच ऐसे संबंध की कल्पना करता है जिसमें समाजगत सहकारिता व्यक्ति की समृद्धि में योगदान देती है और व्यक्ति का योगदान समाज को विकास की ओर ले जाता है : संक्षेप में प्रत्येक सबके लिए और सब प्रत्येक के लिए।

हिंदू दर्शन को समझने में बूबेर जो गंभीर गलती करता है वह यह है कि वह उपनिषदों की आत्मा की अवधारणा को पूंजीवादी पश्चिम के व्यक्तिवाद से जोड़ता है। क्योंकि जब तक सारे सत्य में आत्मा अनिवार्य रूप से उपस्थित तथा परिलक्षित है स्व का 'आत्मा' से तादात्म्य बैठाना सत्य से, जिसमें सामाजिक सचाई भी शामिल है, इनकार नहीं है। आत्मा के माध्यम से ही 'स्व' की पावनता की प्रतीति तथा दूसरों की पावनता की प्रतीति हो सकती है। 'मैं वह हूं' या 'मैं वह (वस्तु) हूं' का अर्थ दूसरे को वंचित कर देना अथवा उसका अस्वीकार नहीं है, बल्कि सर्वनिष्ठता की प्राप्ति की दिशा में 'स्व' तथा 'पर' दोनों की समृद्धि है। उपनिषदों में पाई जाने वाली 'स्व' को लेकर चिंता सर्वनिष्ठता को लेकर चिंता है। मिलरेपा के शब्दों में वह ''व्यक्तिगत अहं के अनस्तित्व को खोजना है।'' पश्चिम में 'स्व' अहं को चरम तक चढ़ा देता है। जो बात अत्यंत महत्व की है वह यह समझना है कि ऐतिहासिकता अथवा परिवेशीय स्थितियों की उपेक्षा करते हुए 'स्व' की स्वतंत्रता की संभावनाओं की अनुमति दे देने से भी व्यक्ति अपनी समाजीय जिम्मेदारियों से मुक्त नहीं कर दिया जाता। प्रकृति की प्रक्रियाएं, समाज की तरह अपने नियमों के अनुसार होती जाती हैं और सामाजिक विकास की मार्क्सवादी समझ, जिस तरह के व्यक्तिवाद को पूंजीवाद ने जन्म दिया है या पूंजीवाद के खिलाफ जो साम्यवादी समाज अपने आप को बनाए रखना चाहते हैं, उन पर थोपे गए समूहवाद को फौरन समझाती-सी लगती है। इतिहास की 'अंधी' शक्तियां अपने मार्ग स्वयं बना लेती हैं जबकि प्रत्येक व्यक्ति को यह अवसर है कि वह इस कारणात्मक शृंखला को समझ ले और उससे अपने को मुक्त करे। तब ही वह दूसरों को सिद्धि का प्रकाश दिखाने के लिए तत्पर हो सकता है।

प्रासंगिकता

> 'इस तरह मिथक तथा संगीत एक ऐसे वाद्य-वृंद के निदेशक लगते हैं जिसके श्रोता ही उसके मौन वादक हैं।'—लेवी-स्त्रोस

1

सामाजिक नृतत्वशास्त्र पश्चिम के चिंतकों के लिए आज सर्वाधिक महत्वपूर्ण क्यों हो गया है?

उन्नीसवीं शताब्दी का आत्म-विश्वास जा चुका है; अस्तित्व के एकमात्र मार्गदर्शक के रूप में विवेक संदिग्ध हो चुका है। अपने पुरखों द्वारा तथाकथित पिछड़ी जनताओं के खून तथा लूट पर निर्लज्जतापूर्वक बनाई और पोसी गई संस्थाओं के खंडहरों को देखते हुए आधुनिक पश्चिमी दर्शन के मसीहा आदिमानव के मनोविज्ञान में वह पाने के लिए व्यतीत में खोदते हैं जो दुर्भाग्यवश अब उनके पास नहीं है, एक पुनरेकीकरण के लिए प्रयत्न करने और उस तक पहुंचने के लिए। इसलिए एर्न्स्ट फिशर के लिए 'वास्तविक' 'आदिमानवों' की कल्पना सभ्य मानव की कल्पना की तुलना में कहीं ज्यादा आविष्कारक थी। 'किंतु विवेक के विनाश' से कल्पना को कुछ प्राप्त नहीं हुआ (गेओर्ग लूकाच), बल्कि इसके विपरीत वह भी विनाश का शिकार हो गई। कल्पना तुतलाती नहीं है, वह बोलती है, उसका शब्द मिथक होता है, वह व्यतीत के रसातल की ओर लौटने से नहीं, बल्कि स्मृति से वास्ता रखती है जो भविष्य के बारे में बोलती है। कल्पना को विवेक से अपने साहचर्य की आवश्यकता रहती है।

'आदिमानव' को समझने के लिए विवेक का औजार इस्तेमाल करते हुए, उसी औजार का जिसे हड़पने से ही 'सभ्य' व्यक्तित्व का विघटन हुआ, फिशर कल्पना और विवेक के 'साहचर्य' में मुक्ति-मार्ग देखता है।

किंतु आदिमानव अविवेकी नहीं था, जैसा कि लेवी-स्त्रोस सिद्ध करता है : "और इसलिए हम वनमानव की प्रेरणा के प्रति वफादार रहते हैं जब हम पहचान लेते हैं कि मुकाबला करके सिर्फ वही पहले देख सका होगा; अपने आधुनिकतम रूप में वैज्ञानिक चेतना आदिम विचार के सिद्धांतों को उचित ठहराने में योगदान देगी और उसे अपनी सच्ची जगह में पुनर्प्रतिष्ठित करेगी।"

स्व-चेतना से परे बोध की एक अवस्था की धारण का, बोध के एक ऐसे औजार को जो अपरिमेय हो, इतना कड़ा विरोध क्यों किया जाता है?

2

इसके पहले कि हम आगे चलें, समस्या का सामना करने के लिए अपनाए गए मेरे दृष्टिकोण को स्पष्ट रूप से समझना होगा : मेरे विश्लेषण की कटुता तथा उसका नितांत भर्त्सनात्मक स्वर कला के प्रति रुझान में मौलिक मत. भेद से उपजता है। यह मेरी मान्यता है कि अपनी सारी नवीनता के बावजूद पश्चिमी कला का आधुनिक आंदोलन मूलतः उसी प्रेरणा से उपजा है जो पुनर्जागरण के पीछे थी और जो उससे भी बहुत पहले यूनानियों तक के समय में थी। और चूंकि यह आंदोलन 'मैं-तू' संबंध से पैदा हुआ है इसलिए यह शुरू से ही गलत रास्ते पर है—यह 'गढ़ने' का आंदोलन है 'प्रकटन' का नहीं, इसमें कलाकार माध्यम नहीं है, वह एक स्रोत नहीं है जिसके माध्यम से सचाई स्वयं को जीवन के अनंत रूपों में व्यक्त करती है। इसमें कलाकार एक 'सक्रिय' कर्त्ता है, 'जीवन' पर क्रिया तथा प्रतिक्रिया करता हुआ, जो स्थूल रूप से 'बाह्य वास्तविकता' के निकट पहुंचता है।

इस आंदोलन तथा विज्ञान के अभूतपूर्व विकास के बीच निकट समांतर को अनदेखा नहीं किया जा सकता। वास्तविकता के स्वभाव के संबंध में वैज्ञानिकों के बदलते हुए विचारों के साथ-साथ कलाकार का दृष्टिकोण भी बदलता रहा है। इससे फिशर सरीखे लोगों ने 'एकीकरण' की नई आशा देखी। किंतु हम कलाकार के तरीके के साथ चलें जिसके दो पहलू हैं—अवधारणात्मक तथा व्यक्तिवैशिष्ट्यपरक। अवधारणात्मक पहलू वैज्ञानिक प्रगति की बदली अवधारणाओं से जुड़ा हुआ है और व्यक्तिवैशिष्ट्यपरक पहलू समाज में व्यक्ति रूपी इकाई के संबंध में होने वाले चिंतन के उलट-फेर के अनुसार परिवर्तित होता रहा है। पश्चिम के दृष्टिकोण के विश्लेषणात्मक यथार्थवाद ने केवल चित्रात्मक सादृश्यता की क्रमिक प्रणालियों पर प्रश्नचिह्न लगाया है। पुनर्जागरण के चित्रकार भले ही धार्मिक विषयों पर चित्र बनाते रहे हों किंतु द्विआयामी वास्तविकता, यानी चित्रकला में रेखीय परिप्रेक्ष्य का सूत्रपात करने का श्रेय उन्हें ही जाता है। जिस आंदोलन को पुनर्जागरण-परंपरा के विरुद्ध शुरू हुआ कहा जाता है वह फिर चित्रात्मक सादृश्यता के विभिन्न पहलुओं पर प्रश्नचिह्न लगाता हुआ शुरू हुआ, न कि चित्रात्मक प्रकटन, इस तरह हमारे समक्ष ऐसे चित्रकार आए जो प्रकृतिवादी सादृश्यता से हटकर प्रभाववादी सादृश्यता की ओर, प्रभाववादी सादृश्य से अभिव्यक्तिवादी सादृश्य की ओर, अभिव्यक्तिवादी सादृश्य से घनवाद की ओर, घनवाद से हटकर दूसरी वास्तविकता के सादृश्य के रूप में अतियथार्थवाद की ओर और इस तरह वास्तविकता की उड़ान के इस सिलसिले में लगातार अमूर्तन की ओर हटते रहे और इसीलिए उससे दुर्निवार रूप से बंध गए। पॉप कला में पार्थिव जगत की ओर वापसी और कुछ नहीं, बल्कि इस चक्र का पूरा होना ही है। (यहां मालेविच, कांदिंस्की और पाउल क्ले को मैं अपवाद मानना चाहूंगा)

इस आंदोलन की दुहरी धुरी पर थोड़ा और ठहरें। अपने समाज के तेजी से बदलते हुए तकनीकी आधार के कारण कलाकार पर दो दिशाओं से निरंतर दबाव पड़ा है। एक ओर तो वास्तविकता के स्वभाव को लेकर विज्ञान की बदलती हुई धारणाओं ने उसे कलात्मक निरूपण की प्रणालियों पर बार-बार प्रश्नचिह्न लगाने पर बाध्य किया; इसमें वह इस अर्थ में वस्तुपरक हुआ कि उसने वैज्ञानिक अवधारणा के समीप आती हुई वास्तविकता को चित्रकला में प्रतिबिंबित किया। इस तरह प्रभाववादी चित्रकार ब्यौरों में एक-दूसरे से अलग होते हुए भी, एक ही बड़े समूह में आते हैं।

जहां कलाकारों की अलग-अलग प्रकृति उनकी कृतियों में प्रतिबिंबित हुई, रंग, स्थान, रूप आदि के संबंध में उनके आशय अनिवार्यतः एक समान थे। सेजां ने एक अलग रुख दिलखलाया परंतु वह भी अवधारणा के क्षेत्र में था : सचाई की प्रकृति को समझने का एक और तरीका। फोवदल ने रंगों को मनचाहे तरीके से इस्तेमाल कर आत्मपरक तत्व की शुरुआत की : मनचाहापन प्रकृतिवादी सादृश्य के संदर्भ में था। वास्तव में वे सचाई सादृश्य में रंगों के मनोनुकूल चुनाव के जरिए भावपरक तत्व देने की कोशिश कर रहे थे। प्रभाववाद की प्रतिक्रिया के रूप में अभिव्यंजनावादियों ने सादृश्य को व्यक्तिनिष्ठ विषय से पूर दिया : उनके हाथों सादृश्यमूलक रूपाकार प्रकृतिवादी जड़ों से अलग हटकर विद्रूप हो गए और उनके भावनात्मक रुख की रोशनी में नए आकार लेने लगे। इस तरह अभिव्यक्तिवादियों के लिए निजी दृष्टिकोण सबसे महत्वपूर्ण हो गया। चाहे वह वॉन गॉग के संसार की तीव्र उथल-पुथल हो या गोगां के संसार की पाशविक शांति, नोल्डे के संसार की विकट अनिष्ट की पूर्व सूचना हो या मोदग्लियानी के संसार की सघन करुणा, प्रत्येक की बिल्कुल अलग भाषा है, प्रत्येक एक निजी संसार उजागर करता है। घनवादी एक बार फिर निजी सादृश्य से अवधारणात्मक सादृश्य की ओर बढ़े। इसलिए इस दौर की पिकासो की कृति और ब्राक की कृति में अंतर करना लगभग असंभव है। यों कहें कि कलाकार का व्यक्तित्व वस्तुनिष्ठ दृष्टिकोण की वापसी में पूरी तरह समाहित हो गया।

इस तरह चित्रकार शटलकॉक की भांति इधर से उधर फेंके गए, कभी सचाई को समझने की अधिक व्यापक जरूरत द्वारा निगल लिए गए और कभी वस्तुनिष्ठ समाज में आदमी की नियति पर विलाप करते रहे। अमूर्तनवादियों की तरह अतियथार्थवादी कलाकारों ने आगे जाने की कोशिश की। जहां अमूर्तनवादियों ने सादृश्य को सभी पहचाने जा सकने वाले बिम्बों से अलग कर दिया, अतियथार्थवादियों ने स्वप्न के संसार को ज्यादा सच माना। यह सच है कि कांदिस्की आदि ने धुंधले रूप में अध्यात्मवाद की बात की पर व्यवहार में वे पहचाने जा सकने वाले रूपों की बजाय 'अमूर्त' रूपों को कल्पित महत्व दे रहे थे। दादावादी विद्रोह एक हद तक महत्वपूर्ण था क्योंकि उसने पश्चिम में सादृश्य के रूप में कला के अंत का पूर्वानुमान किया था—और चित्रकला में विचार को पुनः स्थापित करने का महान प्रयत्न करते हुए मार्सेल दुशां पूरे आंदोलन के अंतिम महान प्रतिनिधि के रूप में हमारे समक्ष हैं—(आक्टेवियो पाज)। एंग्लो-सैक्शन विश्व में दुशां के बाद जो कुछ हुआ वह पहले हो चुके की फीकी नकल भर है।

संक्षेप में, हम जो देखने और चित्रित करने की कोशिश कर रहे हैं, वह भयावह तथा संपूर्ण संकट है जो पश्चिमी सभ्यता पर पूरी तरह छाया हुआ है और इतना है कि बिम्ब से ऐतिहासिक शब्द तक विलुप्त हो गया : वह सिर्फ छद्म शास्त्रीयता से थोड़ा ही बचा हुआ है, जैसे कि सोवियत यूनियन में है। परंतु इतिहास अपने को कभी दुहराता नहीं है। मार्क्स के शब्दों में पहले यह ट्रेजिडी है, बाद में सिर्फ भंड़ैती। इसलिए चित्रकला में शब्द को वापस लाने का सवाल है, पर ऐतिहासिक शब्द नहीं, वह शब्द नहीं जो सादृश्य है, मृत्यु है, बल्कि शब्द जो समय के साथ नहीं जन्मता, शब्द ब्रह्मांड के रूप में, शब्द जो हर आविर्भाव में गूंजता है और हर आविर्भाव में शब्द है, शब्द जो घटनाओं को सामान्य संदर्भ से निकालकर और सचाई के सांचे में रखकर तत्काल व्यष्टिपरकता देता है, यह शब्द है जिसे सुनना ही होगा, जिसे अपने अंदर हमेशा बक-बक करने वाले अहं के चंगुल से छुड़ाना है : उसे चित्रकला में लौटना है। 'मनुष्य सार्वभौम होकर व्यक्ति है, न कि विशिष्ट होकर।' (विवेकानंद)

3

जब चित्र को फलक तथा रंगों का जीवन मिल जाता है तब वह अपरिवर्तनीयबद्ध तथा समयातीत हो जाता है। तब वह विकास अथवा क्षय नहीं जानता फिर भी उसका अपना जीवन होता है, इस अर्थ में कि वह कृति दिक् में दो व्यक्तियों को एक तरह की नहीं दिखती या एक ही व्यक्ति को काल में भी एक-सी नहीं दिखती। जेनो के बाण की तरह वह गतिमान रहती है और स्थिर भी, अपरिवर्तनीय तथा परिवर्तनशील, इसलिए उसकी वैधता एक तरह से उसी तरह की होती है जैसी कि सत्य की, इसलिए वह उन अधीनताओं की अनुमति नहीं देता जिनकी लेवी-स्त्रोस

बात करता है। आदिम, लोक तथा विज्ञान-परक सभ्यता की कला के अंतरों पर हम चर्चा करेंगे ही, किंतु लेवी-स्त्रोस की सामान्य परिभाषा पर विचार करना यहां लाभदायक होगा। वह कहता है—शैली, स्थान तथा युग पर निर्भर करते हुए, संभाव्य तीन अलग-अलग तरीकों या तीन अलग-अलग बिंदुओं पर (या उन सब में) कलात्मक रचना में अपनी भूमिका निबाहता है। वह रचना के लिए अवसर में भूमिका निभा सकता है या उसके निष्पादन में या जिस उद्देश्य से वह की जा रही है उसमें।

क्लूए द्वारा बनाए गए 'आस्ट्रेलिया की एलिजाबेथ' नामक चित्र की समीक्षा से प्रारंभ करते हुए लेवी-स्त्रोस अपनी पुस्तकों की अलमारी पर रखे हुए देवदार से बने त्लिंगित मुद्गर पर, जो मछलियां मारने के काम में आता है, विचार करता है और एक पाद-टिप्पणी में असादृश्यमूलक चित्रकला की एक विलक्षण परिभाषा देता है, 'असादृश्यमूलक चित्रकला' वह कहता है ''शैलियों को 'वस्तुओं' की तरह अपनाती है। वह सारी चित्रकला की आकारगत स्थितियों का ठोस सादृश्य देने का दावा करती है। विचित्र यह है कि असादृश्यमूलक चित्रकला—जैसा कि वह सोचती है कि भौतिक संसार की वस्तुओं के ज्यादा वास्तविक नहीं तो उतना ही वास्तविक रचनाओं का निर्माण करती है—वह तो नहीं करती, हां, लेकिन अस्तित्वहीन नमूनों की वास्तविक-सी लगने वाली अनुकृतियां बनाती है। वह अकादेमिक चित्रकला की एक शाला है जिसमें प्रत्येक कलाकार वह शैली देने का यत्न करता है जिसमें वह अपने चित्र बनाता, यदि संयोगवश उसे कुछ चित्र बनाने को मिलते।''

त्लिंगित मुद्गर और असादृश्यमूलक चित्रकला, अपने सारे अंतर के बावजूद एक वस्तु में समान हैं : दोनों अस्तित्वहीन नमूनों का प्रतिनिधित्व करते हैं, किंतु इस फर्क के साथ कि वह मिथकीय विरूपाक्ष, जिसका प्रतिनिधि वह मुद्गर है, गुणात्मक तत्वों से उद्भूत हुआ है, असादृश्यतामूलक कृति, यदि कहें तो, परिमाणात्मक आधार पर निर्मित हुई है, भौतिकी के विश्व की तरह, जिसका वास्तविकता में कोई अस्तित्व नहीं है। एक उसका प्रतिनिधि है जो संभवतः हो सकता है जबकि दूसरा उसका प्रतिनिधि है जो न तो है और न हो सकता है। दोनों के बीच में हमारा चित्र है जिसकी एक ऐतिहासिक सत्ता है जो समय में और समय के साथ पैदा हुआ है। तीनों में जो बात ध्यान देने योग्य है वह यह है कि उनमें से कोई भी सादृश्य से पीछा नहीं छुड़ा सकता; आदिमानव एक मिथकीय राक्षस को प्रकृति के उन तत्वों से रूपायित करता है जिन्हें वह देख पाता है। क्लूए वास्तविकता को इस तरह दर्शाता है कि जिस तरह आंख उसे देखती है और असादृश्यतावादी चित्रकार वास्तविकता के मानो 'सत्त्व' को ही अभिव्यक्ति देना चाहता है। चक्र पूरा होता है; कल्पना की स्वतंत्र उड़ान से चाक्षुष सादृश्यता की अतिसामान्यता से ढांचे की 'सत्त्वता' तक, जादू से विज्ञान तक कला सादृश्यता के रूप में देखी गई है और उस तरह नहीं जो सादृश्यता की असंभवता को उजागर करे, जो नहीं दर्शाया जा सके उसे उद्घाटित करे।

आदिमानव के मानवीकरण से उपनिषदों के दर्शन में सारी वास्तविकता से तादात्म्य-भाव के बीच में वह बंजर भूमि है जिस पर विवेक पर आधारित तथा कथित सभ्यता का कब्जा है। दरअसल यही वह प्रस्थान-बिंदु है जो सर्वाधिक महत्वपूर्ण है। यदि पश्चिमी सभ्यता यूनानी बुद्धिवाद से निसृत न हुई होती तो क्या होता? क्या तब मानव प्रतिभा की एक कौंध में एक ध्रुव से बिल्कुल विपरीत ध्रुव पर जाया जा सकता था? अवस्थिति के साथ तादात्म्य की भावना के सत्य के साथ तादात्म्य की भावना तक पहुंचा जा सकता था? आदिम कला अंतर्दर्शी कही जा सकती थी; 'स्व' की कला के विरुद्ध, जो स्वयं से परिचित थी, एक ऐसे मार्ग के द्वारा षड्यंत्र किया गया है जो 'मैं-तू' संबंध पर आधारित सभ्यता ने अपनाया, ऐसी सभ्यता ने जिसने आदमी, एक आकार को सत्य का आलम्ब बनाया, जिसने विवेक को देवत्व तक उठाया, जिसने निष्कलुषता को अज्ञान से बदल दिया, जानबूझकर ज्ञान का जेलखाना खड़ा किया और परम संपर्क की कालातीत शक्ति को नष्ट कर दिया।

4

चित्र की अपरिवर्तनीयता तथा परिवर्तनशीलता पर आगे और विचार किया जाए। एक तरफ तो चित्र का गाढ़ा संघटन ऐसा होता है कि इस संघटन के जरिए ही अंतर्निहित परिवर्तन दिखता तथा महसूस किया जाता है। वह मानो एक ताकतवर घोड़े की तरह होता है जो दौड़ने ही वाला है किंतु कसी हुई लगाम के जरिए उसे रोक रखा गया है। घोड़ा स्थिर है किंतु हरकत बिल्कुल स्पष्ट है। या पश्चिमी आकाश का पीलापन, सूरज के क्षितिज के नीचे चले जाने के एक क्षण पहले—आप जानते हैं कि आकाश अभी लपटों से लाल हो उठेगा। ध्रुवीय वैपरीत्य ऐसे जोखिम-भरे संतुलन पर ले जाए जाते हैं जो हालांकि स्थिर रहता है किंतु रचना को देखता हुआ दिमाग हर क्षण हो पड़ने वाले परिवर्तन की तरह धकिआया जाता है। इस तरह कोई रचना इसलिए जीवित नहीं रहती कि वह गाढ़ी है और निर्धारित हैं, बल्कि इसलिए कि यह गाढ़ापन और यह निर्धारण केवल एक परिभाषा ही नहीं है, बल्कि संकेत भी है। दूसरी तरफ उस रचना की परिवर्तनशीलता बाहरी उपादानों से नियमित है जैसे दिन के प्रकाश का बदलना और सरकना। और सबसे ऊपर देखने वाले की आत्मपरकता जो उस रचना पर प्रक्षिप्त होती है, तब वह रचना देखने वाले की कल्पना को जीवित करने वाला प्रेरक बन जाती है। इस अर्थ में वह दर्शक होता है जो कलाकृति को उसकी अमरता प्रदान करता है।

किंतु इसे दूसरे कोण से देखा जाए : पहले हम मान लें कि जिन वस्तुओं को चित्रित किया जाता है वे विचार को प्रकट करने के लिए महज सहारा हैं। वस्तुओं की प्रासंगिकता सिर्फ उनके माध्यम होने में है। अपने-आप में नहीं है फिर भी जिस सीमा तक विचार केवल वस्तुओं के माध्यम से ही प्रकट होता है, वहां वस्तुएं न तो सिर्फ सहारा हैं और न वे स्वयं, किंतु अपने से कुछ अधिक हैं। वस्तु के माध्यम से मस्तिष्क विचार की ओर जाता है और विचार के जरिए वस्तु की ओर, इस तरह कलाकृति एक ही समय में ठोस तथा अमूर्त दोनों बनती हैं।

अब यदि विचार को ब्रह्म की तरह लिया जाए तो वस्तुएं (और मैं लकीर से लगाकर जो आकर वह जगह घेरकर बनाती है उस हद तक सबको वस्तुएं मानता हूं), विश्लेषण की दृष्टि से, ब्रह्म की अमूर्त अवधारणा की ओर ले जाने वाले सहारों की तरह प्रारंभ करती हैं फिर भी जहां तक ब्रह्म एक अमूर्तन नहीं है, हम फिर सहारों की ओर ले जाए जाते हैं जो अपने-आप में सहारों से कुछ अधिक तथा वस्तुओं से कुछ अधिक बन चुके हैं। यहां इसलिए संदर्भ सर्वाधिक महत्वपूर्ण हो जाता है, वह संदर्भ है अबोधगम्यता का संदर्भ। ज्ञेय-वस्तुओं के माध्यम से उद्घाटित यह शब्द वस्तुओं तक लौट जाता है और बदले में उन्हें अबोध बना देता है। अब हमारा सामना कुछ ऐसी वस्तु से होता है जो हम सोचते थे कि हम जानते हैं लेकिन अंत में हम उसकी अज्ञेयता के ज्ञान को प्राप्त होते हैं।

इस तरह कलाकृति मस्तिष्क को विवेक के क्रूर पंजों से छुड़ाती है और 'स्व' को समूचे सत्य के सौहार्द स्थापित करने में समर्थ बनाती है। एक तरह से यह आदिमानव के जादुई सादृश्य तथा धार्मिक संप्रदायों के प्रतीकपरक सादृश्य के परे जाती है। वह किसी मिथकीय भावना को ठोस नहीं बनाती और न किसी व्यक्तिगत ईश्वर को आदिम की आकृति के प्रतिबिंबित करती है। वह किसी मिथक-विशेष या धारणा-विशेष के ढांचे में प्रतीकायित अथवा अभिव्यंजित नहीं करती, वह प्रत्येक वस्तु को प्रतीकात्मक गुणवत्ता प्रदान करती है और स्वयं प्रतीकों के आकार में ही अपने संदेश को आकार देती है। तो यहां है वर्णमाला के बिना वाचन। संप्रेषण समाप्त हो जाता है तथा अनुबंधित विचार भाषा के कबाड़ में भटकने लगता है। प्रत्यक्ष ज्ञान की, आत्म-ज्ञान की, प्रमुखता महत्तर संपर्क के माध्यम से स्थापित होती है।

(अंग्रेजी से हिंदी अनुवाद : विष्णु खरे)

प्रोग्रेसिव ग्रुप की यादें

फ्रांसिस न्यूटन सूजा

1854 में एक लाख रुपए का दान देकर दिवंगत सर जमशेत जी जीजीभाय ने जिस पुराने विक्तोरियाई शैक्षणिक संस्थान (मौजूदा जे.जे. स्कूल ऑफ आर्ट) की स्थापना की, उसके किन्हीं दो प्रखरतम छात्रों को लेकर गौरवांवित होने की बात अगर उनके मन में आए तो वे दो छात्र होंगे—एस.सी. पल्सीकर और खुद मैं।

1940 में, जब मैं 16 साल का था, मुझे स्कूल में दाखिला मिला। लेकिन पांच साल के अंदर (1945) और डिप्लोमा हासिल करने के दो साल पूर्व, 'भारत छोड़ो' आंदोलन के दौरन स्कूल से निकाले गए कई छात्रों में से एक मैं भी था, क्योंकि हम स्कूल के अयोग्य और तामझामी अंग्रेज निदेशक, श्री चार्ल्स जेरार्ड को निकाल बाहर करना चाहते थे।

राष्ट्रीय प्रदर्शनों के उस दौर में एक बार जेरार्ड ने 'यूनियन जैक' फहराकर आंदोलनकारी छात्रों को थोड़ा भड़का दिया। हम लोगों के झंडा नीचे कर देने पर उन्होंने पुलिस बुला ली, जो पहले से ही स्कूल के अहाते में गश्त लगा रही थी। डंडा-प्रहार हुआ, गिरफ्तारियां हुईं। जेरार्ड रायल एकेडेमी के सहयोगी सदस्य हैं, इस बात को लेकर लोगों के मन में शंका थी। हम लोगों ने कभी उनका काम नहीं देखा था, बाद में इंग्लैंड के कला-क्षेत्रों में भी मैंने कहीं उनका नाम नहीं सुना। उनकी भारी-भरकम, कद्दावर बीवी, डोरिस, ऊंची दांतों वाली एक निहायत घटिया मूर्तिशिल्पी थी। स्कूली सामानों को लेकर वह एपस्टीन-रोदैं शैली में विशाल नग्न पुरुष बनाया करती थी और उन्हें अपने पति के दफ्तर के साथ वाले कमरे में प्रदर्शित करती थी। ऐसी अफवाह थी कि वह अपने माली के साथ सोती थी क्योंकि जेरार्ड थोड़ा लंगड़े थे। अपनी निदेशकीय अवधि में अपने पद को प्राचार्य से निदेशक बना लेने के सिवा जेरार्ड और कुछ भी हासिल नहीं कर सके, वह भी उनके जाते-जाते 'डीन' में तब्दील कर दिया गया। उनके पूववर्ती कैप्टेन डब्ल्यू ई. ग्लैंडस्टोन सोलोमन ने तो, जो स्कूल के प्राचार्य थे, कम-से-कम एक पुस्तक भी लिखी थी। 'भारतीय कला का बंबई पुनरुत्थान'। यह पुस्तक असल में स्कूल संबंधी संदर्भ-पुस्तिका थी जिसमें स्कूल की चहारदीवारी के भीतर उपलब्ध स्थापत्य, कला एवं हस्तशिल्पों की विधिवत तालिका थी और स्कूल के अंतर्गत भारतीय कला पर एक विवरणात्मक टिप्पणी भी। मैं जिन दिनों स्कूल का विद्यार्थी था, वह भारतीय कक्ष भी लापता हो चुका था। जेरार्ड साहब ने इस कक्ष के उम्दा संग्रहों को अपनी जेब में डालकर बाकी चीजों को इधर-उधर बिखेर दिया था।

एक खामख्याली जो अब तक बनी हुई है, और जिसकी चर्चा कृष्ण खन्ना ने अपने लेख 'आधुनिक भारतीय कला' (1966) में की है, वह यह है कि अपने नाटकीय स्वभाव के मुताबिक सूजा ने एक अध्यापक को चपत जड़कर अपने को स्कूल से निष्कासित करवा लिया; सचाई यह कि दाल-भात वाली नौकरी की फिकर में मशगूल स्टाफ के लोगों और खासकर व्यावसायिक कला विभाग के एक निस्संकोची अध्यापक अदारकर ने, जिसकी महत्वाकांक्षा निदेशक बनने की थी, मुझे विशेष रूप से छांट रखा था। किसी कला विद्यालय में चित्रों की फ्रेमनत्थी स्वाभाविक बात है लेकिन इस विद्यालय की खासियत थी कि यहां के लड़कों की भी 'नत्थी' की जाती थी। यहां के अध्यापकों का यह एक शौकिया पेशा था। मेरी पीढ़ी के बहुत से लोगों को वह घटना याद होगी, जब 1945 के एक बारिश भरे दिन हमने जे.जे. स्कूल ऑफ आर्ट में विशाल हड़ताल का आयोजन किया था। मुंबई के सारे स्कूलों और कॉलेजों

ने हड़ताल में शामिल होकर उसे एक अभूतपूर्ण प्रदर्शन का रूप दे दिया था।

कृष्ण खन्ना मंजे हुए चित्रकार हैं, प्रगतिशील कलाकार ग्रुप की दूसरी पीढ़ी के वे सदस्य भी बने। हम लोगों के बाद उन्होंने काम जारी रखा, एक-दूसरे के कामों पर बहस चलाते रहने के लिए अपने घर ग्रुप की बैठकें भी बुलाते रहे। ऊपर जिस लेख की चर्चा की गई है उसमें उन्होंने ही पहली बार संकेत दिया कि आधुनिक भारतीय कला की शुरुआत दो कलाकारों से मानी जा सकती है। दो काफी भिन्न कलाकारों, सूजा और पल्सीकर ने, जिन दिशाओं की ओर संकेत किया उसके परिणामस्वरूप नए दृष्टिकोणों का निर्माण हुआ, और आज भी उनकी उपस्थिति देखी जा सकती हैं; इन दृष्टिकोणों के परवर्ती विकास से यह और स्पष्ट हो गया कि पल्सीकर का सौंदर्य-बोध कई शाखाओं में बंटकर लुप्त हो गया, जबकि सौंदर्य-बोध की मेरी शाखा अब भी बरकरार है। भारतीय कलाकारों के सौंदर्य-बोध की मौजूदा प्रवृत्तियों से भी यही बात प्रमाणित होती है।

शरीर-रचना पर पेराई के अलावा दुवाल, आर्थर थामसन, ब्रिजमैन और दर्जनों अन्य लेखकों की पुस्तकें मैंने पढ़ी थीं। इसके साथ विशेष रूप से चिकित्सकों के लिए कनिंधम की लिखी पाठ्यपुस्तक भी। मैंने लाश की ऊपरी मांसपेशियों पर कुछ चीड़-फाड़ भी की थी। पल्सीकर पुरावस्तुओं के रेखाचित्र में सिद्धहस्त थे। पेरिस में बनी ग्रीक वास्तुशिल्प की भौंड़ी धूलभरी अनुकृतियों की कार्डबोर्ड पर काले क्रेयन रंग में वह नकल उतारा करते थे। (आर. एच. विलेंस्की ने एक जगह कहा है कि ग्रीक वास्तुशिल्प की एक भी संपूर्ण मूर्ति उपलब्ध नहीं हो सकी है।) इसलिए हम तथाकथित मौलिक कृतियों की प्लास्टर नकल का रेखांकन मात्र कर रहे थे। पल्सीकर पोर्ट्रेट बनाने में भी ठीक-ठाक थे या कम-से-कम ऐसी ख्याति उन्हें मिल गई थी। लेकिन मैं समझता हूं वह अपने कैनवास पर थोड़ा ज्यादा ही हाथ-पैर मारते थे।

पोर्ट्रेट चित्र और पुरावस्तुओं के रेखाचित्र जैसे विषय रायल एकेडेमी के पाठ्यक्रम के ढर्रे पर बनाए गए थे। सिर्फ डिप्लोमा वर्ष में ही निर्वसन आकृतियों की चित्रकारी करने की छूट थी। लेकिन कई अध्यापक चूंकि मुझे अपने वर्ग के अव्वल लड़कों में शुमार करते थे, इसलिए मेरे साथ गपशप करने के अलावा वे मुझे अपने मॉडलों को झांक-वांक लेने की इजाजत भी दे देते थे। नग्नता, खासकर स्त्रियों की नग्नता को लेकर अपराध भावना और विक्टोरियाई कुंठाओं का बोलबाला था। नग्न पुरुष तो खैर सिरफिरा माना जाता था, लेकिन अर्धनग्न स्त्री अनैतिक और छिनाल से ज्यादा कुछ भी नहीं मानी जाती थी। 'दिगंबर' के पीछे शैव जैनियों की उस बौद्धिक परिकल्पना को हम भूल गए थे जिसमें नग्न होने पर भी स्पेस (दिक्) वस्त्र के रूप में स्वीकार किया गया था।

पी.टी. रेड्डी और हेब्बार उन दिनों स्कूल के फेलो थे। आगे चलकर हेब्बार से उनके चित्रों की एक पुस्तिका की अदला-बदली मैंने अपने एक जलरंग चित्र से की। उन्होंने मुझसे कहा कि अदला-बदली की जगह मैं चाहूं तो अपने चित्र के पैसे भी ले सकता था। हेब्बार की विनम्रता का अंदाजा इसी से लगाया जा सकता है। 1963 में पी.टी. रेड्डी ने मेरा एक बड़ा-सा एक्रिलिक चित्र खरीदा। वह बाद में टाइम्स ऑफ इंडिया (26 मार्च, 1963) के मुख पृष्ठ पर छापा गया जिसका शीर्षक था : भारतीय कला के नए अध्याय की शुरुआत, सूजा का चित्र, एक मौलिक प्रतिभा की कृति।

निजी तौर पर मैं कभी-कभी पैसे देकर मॉडल ले आया करता था। वे इतनी दुबली-पतली हुआ करती थीं कि उन्हें देखकर किसी तरह की मांसलता का अंदाज लगा पाना कठिन था। आते ही वे सबसे पहले इस बात का ऐलान करतीं कि वे रजस्वला हैं। उन दिनों हमारी नैष्ठिक औरतों को शायद इस बात का पता नहीं था कि मासिक धर्म के समय संभोग न केवल संभव और दोषमुक्त होता है, बल्कि कभी-कभी अधिक आनंददायक होने के साथ संतान निरोध की गारंटी लिए हुए भी होता है। जाहिर था कि ये मॉडल छेड़खानी करने वाले कला छात्रों और कला अध्यापकों से अपनी हिफाजत करने के लिए ही मासिक धर्म का इस्तेमाल प्रचलित ग्रंथि के तौर पर करती थीं। विक्टोरियाई हिंदुस्तान में, जहां हर कोई यौन-वर्जनाओं को लेकर 'परेशान' रहता था, इन मॉडलों पर ही सारा दोष थोपना अनुचित होगा। मेरे लिए ये रुग्णकाय औरतें यौनेतर वस्तु थीं, जिनका इस्तेमाल सिर्फ अध्ययन-निरीक्षण के लिए किया जा सकता था। अपनी यौन तृप्ति के लिए मैं नाच में चला जाता था, गोवा की छबीली नौकरानियों के

साथ सो लेता था, या फिर मुंबई के रंडीपाड़े में चला जाता था जहां की भरी-पूरी गद्द लड़कियों को वेश्यावृत्ति तो आकर्षित करती थी पर कला नहीं। उन दिनों हिंदुस्तानी फिल्मों में वही कोठेवाली लड़कियां सिने-तारिकाएं हुआ करती थीं जिन्हें अपने अंग-अंग पर गहनों की तमन्ना होती थी। लेकिन मामूली भाड़े वाली मॉडलिंग में विपन्न स्त्रियां ही आती थीं और उनकी सारी कोशिश सिर्फ अपनी ठठरी बचाए रखने की होती थी। यौन-कुंठाओं में घिरे समाज की यह एक विचित्र बात होती है कि पिछड़े वर्गों में शादी के अलावा भी यौन खुलेआम संभव होता है, लेकिन ऊपरी वर्गों में नहीं। यह विक्टोरियाई काल का चलन था और हिंदुस्तान के जातिवादी समाज में आज भी मौजूद है।

एक समय पहले स्कूल में सौंदर्यशास्त्र की दो शाखाएं कर दी गई थीं, जिसके परिणामस्वरूप भारतीय शैली की चित्रकारी के नाम से एक नया विषय शुरू हुआ था। एक तरह से यह पश्चिमी शैली के मुकाबले खड़ी की गई नई शैली थी, जिसकी पढ़ाई का जिम्मा अहिवासी नाम के एक सज्जन को सौंपा गया था। पश्चिमी शैली के अंतर्गत शरीर रचना, फलक, पुरावस्तु रेखाचित्र, शबीह और तैलरंग में अचल जीवन की चित्रकारी सिखाई जाती थी। 'पश्चिमी शैली' के अध्यापक शायद खुद को भी शिक्षा और दृष्टिकोण में पश्चिमी मानने लगे थे।

कला में इस 'भारतीय' और 'पश्चिमी' वर्गीकरण से मैं उन दिनों भी सहमत नहीं था। मेरे लिए ज्ञान सार्वभौमिक और सौंदर्य-बोध सर्वग्राही था।

अहिवासी के शिष्य फर्श पर बैठकर धुंधले या पारदर्शी जलरंगों में भारतीय शैली की चित्रकारी करते थे। आमतौर पर चित्रों के विषय होते थे, माथे पर वृहदाकार घड़ा संभाले, चोली और घाघरा पहने, दूध बेचने वाली औरतें, या लड़ते हुए सांड। कमल-सी आंखों और हरिण की भंगिमाओं वाली दूध बेचने वालियां बनाने के पीछे इन शिष्यों की मंशा कुछ रिझाने वाली मुखाकृतियों के रेखांकन की ही होती थी। पर उनकी रेखाएं सपाट और बेजान हुआ करती थीं। लेकिन एक बात मार्के की थी। भावुक और कुंठाग्रस्त भारतीय शैली का यह हस्तलेखन इंग्लैंड में बनी तूलिकाओं से 'विंसर' और 'न्यूटन' रंगों में किया जाता था। कुसुम रंग का यथेष्ट प्रयोग किया जाता था, लेकिन यह कुसुम भी विदेश में बना एक कृत्रिम रंग ही होता था। मैंने संकेत किया कि पुरातन काल में गायों को पहले आम खिलाया जाता था, फिर उसके मूत्र को सुखाने के बाद जो रवे मिलते थे, और फिर उनको पीसने पर जो रंग बनता था वही कुसुम कहलाता था। इसलिए सच्ची 'भारतीय शैली' हासिल करना तब तक मुश्किल है जब तक उस तरह की गाय और आम का इंतजार न हो जाए; 'शिल्पशास्त्र' नाम से मिनियेचर चित्रकला पर लिखी गई तकनीकी प्रमाण पुस्तक का नाम अहिवासी की 'भारतीय शैली' कक्षा में कभी सुना तक नहीं गया था

अहिवासी इस आंडबरपूर्ण शैली के तो खेर एक अध्यापक मात्र थे, कनु देसाई और चुगताई जैसे कुछ ऐसे भी सज्जन थे जिनकी ख्याति ईसा बाद पांचवीं शताब्दी में बने अजंता के बौद्ध गुहाचित्रों की शैली से सीधी उद्भूत देसी कला के विकास को लेकर फैली हुई थी। मुझे संदेह है इनमें से किसी देसी कलाकार ने अजंता के भित्ति चित्रों को कभी देखा भी या नहीं (यूनेस्को की अनुकृतियां बाद में आईं), क्योंकि जब मैं पांचवे दशक में उन्हें देखने गया तो गुफाओं में पूर्ण अंधकार के अलावा ये चित्र पुरी तरह उपेक्षित और ढहते-गिरते दिखाई पड़े। इन्हीं दिनों निकोलस बेंटले की पुस्तक 'भारत पर फैसला' प्रकाशित हुई, जिसने कुछ हठवादी राष्ट्र-भक्तों का भंडाफोड़ कर दिया। बेंटले ने कई सुसंस्कृत भारतीयों से जानना चाहा कि वे अपना महानतम जीवित चित्रकार किसे मानते थे : सबों का जवाब था, चुगताई।

बेंटले ने हिंदुस्तान के सारे संग्रहालयों में जाकर चुगताई की कृतियों को ढूंढ़ना शुरू किया, पर कहीं कुछ नजर नहीं आया। अंत में 'प्रिंस ऑफ वेल्स' संग्रहालय के अधीक्षक ने उन्हें बताया कि चुगताई का एक संग्रह वहां है तो जरूर, पर वह प्रदर्शित नहीं है: बेंटले ने जब उसे दिखलाने का आग्रह किया तो अधीक्षक महोदय उन्हें पेशाबखाने में ले गए, जहां वह दबा पड़ा था।

तालठोंकू भारतीयों पर इस बात की अजीब प्रतिक्रिया हुई। 'इंग्लैंड पर फैसला', 'बेंटले का फैसला' जैसी ढेरों पुस्तकें धड़ाधड़ बाजार में आने लगीं। चीजों को सही-सही समझने के लिए पेशाबखानों और महान चित्रकारों में किसे प्राथमिकता दी जाए, इसकी कोई कोशिश नहीं हुई। अगर हम मलमूत्र से रंग बनाना भूल भी गए हों

तो भी पेशाबखाना अपने में उपयोगी हैं, महान कलाकार भी उपयोगी हैं, लेकिन दोनों का तालमेल कुछ ठीक नहीं लगता है। आमतौर पर पेशाबखाने की दीवारों पर दिखने वाले रेखांकन भी मैंने कभी नहीं किए, क्योंकि मुझे पता था कि संग्रहकर्त्ता मेरे कामोत्तेजक चित्रों की भी मांग आने वाले दिनों में करेंगे, शांता सर्वजीत सिंह की तरह, लोगों ने आज कहना शुरू भी कर दिया है : 'बिना किसी शंका के, सूजा जीवित भारतीय चित्रकारों में महानतम माने जा सकते हैं।' (इकानॉमिक टाइम्स, 10 दिसंबर, 1972) जहां तक मुझे पता है, 'प्रिंस ऑफ वेल्स' संग्रहालय में मेरा कोई चित्र नहीं, और मुझे इस बात की खुशी ही है। बेंटले ने जिस घटना की चर्चा की उससे यह बात साबित होती थी कि हिंदुस्तान में संग्रहालय अधीक्षक की ऊंची कुर्सियों पर बैठे लोग न कुछ जानते हैं और न कुछ करते-धरते हैं। भारत के संग्रहालय बंदूकों और तलवारों की तरह अंग्रेजी राज की स्मारक वस्तुओं के गोदाम हुआ करते थे—बल्कि अभी भी होते हैं—जिनका काम सरकारी नौकरों को याद दिलाते रहना है कि उनकी सही जगह कहां है। ग्रामीण दर्शकों में मनोरंजन के लिए यहां भूसा भरी खालों की पांत भी प्रदर्शित रहती हैं। संग्रहालय के हॉल में इधर-उधर बिखरे मुगल मिनियेचरों और दक्षिण भारतीय कांस्य-मूर्तियों की उपस्थिति सांकेतिक ज्यादा होती हैं। इनमें से सर्वोत्तम संग्रह यूरोप और अमेरिका के विभिन्न संग्रहालयों की भारतीय शाखाओं में चोरी या खरीद से पहले ही पहुंच गए होते हैं। 'प्रिंस ऑफ वेल्स' संग्रहालय के रतन टाटा कक्ष में ठूंसे 'रायल एकेडेमिक' चित्र लंदन की पोर्तोबेला सड़क के कबाड़ी बाजार के लिए भी शर्मनाक माने जाएंगे।

मैंने कुदरतन महसूस कर लिया था कि जे.जे. स्कूल ऑफ आर्ट में 'भारतीय शैली' नाम से अहिवासी जो कक्षा चला रहे थे वह आडंबर और मिथ्याचारिता से ज्यादा कुछ भी नहीं था। लेकिन पल्सीकर अहिवासी की कक्षा में बराबर जाया करते थे। विचित्र बात तो यह है कि आत्मतृप्त अज्ञानता में डूबे यूरोप के समीक्षकों को—मैरियो बुसाग्ली की पुस्तक 'भारतीय मिनियेचर' एक उदाहरण है—भारतीय चित्रकला पूर्णतः यूरोप के प्रभाव की देन लगती है। ऐसी हालत में अहिवासी की 'भारतीय शैली' कक्षा का क्या अर्थ रह जाता था।

जो भी हो, पल्सीकर ने 'भारतीय शैली' में कुछ बेहतरीन काम जरूर किए। एक कृति जो मुझे याद है, 'अवतार घोषणा' नाम से थी और वह 1947 में मुंबई कला परिषद की वार्षिक प्रदर्शनी में दिखाई भी गई थी। लेकिन परंपरा निर्वाह के नाम पर चित्रकला की जिस शैली को स्थापित करने की बात चल रही थी उसके पीछे यह भ्रम काम कर रहा था कि अजंता के बौद्ध गुहाचित्र ही भारतीय परंपरा के द्योतक हैं। अन्य भारतीय शैलियों—अजंता से अधिक जीवंत, अधिक शक्तिशाली—से अनभिज्ञता ही इस भ्रम का कारण रहा होगा। दरअसल, अजंता के मौजूदा भित्तिचित्र अधिक बारीक और अधिक ऊर्जस्वित संरचनाओं के ऊपर से चित्रित कर दिए गए हैं। हमें आज वहां जो देखने को मिल रहे हैं, वे वस्तुतः गुप्त साम्राज्य के अवसान काल ईसा बाद पांचवीं शताब्दी में बनाए गए कमनीय चित्र हैं। इन चित्रों के बनाने के पीछे गौरवशाली मौर्यवंश (ईसा पूर्व तीसरी शताब्दी) की नकल की असफल चेष्ट थी, और वही चेष्टा विक्तोरियाई भारत में फिर से अनजाने ही शुरू हुई थी। अजंता बौद्ध कला है, लेकिन गुप्तवंश के राजा खुद वैष्णव मत के पोषक थे।

अनेक सिर और अनेक अंगों वाली मूर्तिकारी सिर्फ भारत में ईसा के बाद छठी शताब्दी के आगे देखने को मिलती है। अपनी विक्तोरियाई संवेदनाओं के चलते अहिवासी के शिष्यों ने इस महत्वपूर्ण तथ्य की पूर्ण उपेक्षा कर दी। अजंता के प्रति रुझान का कारण भी यही था कि उसमें बहुविध तोड़-मरोड़ नहीं थी। गहरे सोच-विचार से उपजी मूर्तियों की यह परिकल्पना कला विधाओं में सर्वाधिक मौलिक और विश्वकला के इतिहास में अभूतपूर्व मानी जा सकती है। आधुनिक कलाकारों की कृतियों के विरूपण और मस्तिष्क विकसित करने वाली औषधों तथा दर्शनों के अनुयायियों से मिलाकर देखने पर अब जाकर इन मूर्तियों के महत्व की थोड़ी-बहुत पहचान दिखाई पड़ रही है। लेकिन किसी कला समीक्षक ने हिंदू धर्मशास्त्रों और चित्रकला के इस बहुअंग बहुभुज पक्ष की सही छानबीन नहीं की है। आनंद कुमारस्वामी ने भी नहीं। अपनी 'शिव नृत्य' पुस्तक में कुमारस्वामी विंसेंट स्मिथ की टिप्पणियों को लेकर अनावश्यक आरोप-प्रत्यारोप में उलझते दिखाई देते हैं। अनेक सिर वाला बिम्ब विंसेंट स्मिथ को भयावह लगता था, और अपनी पुस्तक 'भारतीय कला का इतिहास' में उन्होंने इसकी चर्चा भी की है। वैटिकन के मूर्तिशिल्प पर

'उपेक्षा' की जगह कुमारस्वामी तथ्यों की ओर निर्देश करते तो ज्यादा अच्छा था कि इस मूर्तिकला को विकसित होने में कई शताब्दियां लगीं, कि इसकी मौलिक प्रेरणा हिंदू धर्मशास्त्रों में खोजी जा सकती है (विंसेंट स्मिथ और कुमारस्वामी में से किसी ने उन्हें नहीं पढ़ा था), ठीक उसी तरह जिस तरह सिस्टीन चेपैल बाइबिल के नए और पुराने आख्यानों पर आधारित है। इस विषय पर मैंने स्टेला क्रैमरिश्च से पत्र-व्यवहार किया है और वे भी मेरे निष्कर्ष से सहमत हैं कि आज तक एक भी कला समीक्षक ने भारतीय चित्रकला के बहुअंगी बिम्बों की प्रथा के स्रोत रूप में हिंदू धर्मशास्त्रों की ओर संकेत नहीं किया है। मैंने एक बार अहिवासी महोदय से पूछा कि हिंदू देवों के इतने सिर और अंग क्यों होते हैं? उनका वही घिसा-पिटा जवाब था : इससे देवता की सर्वप्रभुता जाहिर होती है। दूसरे धर्मों ने भी सर्वप्रभुता का बखान किया है, लेकिन भारतवर्ष की तरह अनेक सिर, हाथ और पैर की विराटता और ऊर्जस्विता में कहीं नहीं। मैकाले जैसे विक्टोरियाई दिमाग के लोगों को भारत का झूठा इतिहास, झूठा खगोलशास्त्र, झूठा तत्वज्ञान, झूठे धर्म के अंग के रूप में कला की यह कल्पनाशीलता भी 'झूठी' लगती थी। और हम भारतीयों ने भी अपनी परंपरा को झुठलाकर हामी भर दी।

भारतीय खगोलशास्त्र और धर्म को लेकर मैकाले के मन में जरूर गलतफहमी रही होगी, क्योंकि कापरनिकस (1473-1543) के पहले तक यूरोप में टालमी का झूठा ब्रह्मांड सिद्धांत प्रचलित रहा, जबकि पांचवीं शताब्दी में ही नालंदा विश्वविद्यालय के खगोलशास्त्रियों को पता था कि पृथ्वी गोल है और अपनी धुरी पर नाचती है। हिंदू शास्त्रों में देश, काल और तत्वों को लेकर कई ऐसे प्रत्यक्ष सिद्धांत हैं जिन्हें अब कहीं समझा भी जाने लगा है। प्रोफेसर एलान सैंन्डेज जैसे कई भौतिकशात्रियों ने ब्रह्मांड का प्रारूप और दोलन सिद्धांत पुरातन भारतीय खगोलशास्त्र के आधार पर तैयार किया है। हिंदू धर्म भी अपनी त्रिमुंडता और अवतारवाद के चलते 'अक्षय' साबित हो रहा है, दूसरे धर्मों ने इन चीजों की नकल भी की है। अवतार पद्धति के अलावा हिंदुओं ने अर्चावतार की भी कल्पना की थी जिसके अनुसार ईश्वर स्वयं अपनी ही छवि की अनुकृतियों में अपने को ढालता है। और उसी के परिणाम अनेक सिर, अनेक अंगोवाला बिम्ब अपनी अभूतपूर्व विधा में मुखर हो उठता है। अगर मुस्लिम और पुर्तगाली विध्वंसकारियों ने अर्चावतार के महत्व को समझा होता तो हिंदुस्तान के वास्तुशिल्पों और चित्रकलाओं के ध्वंस में उन्हें थोड़ी हिचक जरूर होती।

अनेक सिर और अनेक अंगों वाली मूर्तिकला के सिद्धांत का रहस्य ऋग्वेद (अध्याय-10, 90) की पुरुष सूक्त ऋचा, श्वेताश्वर अवतार उपनिषद् (तीसरा अध्याय 3) और भागवत गीता के प्रसिद्ध ग्यारहवें अध्याय में खोजा जा सकता है। गीता के उसी अध्याय (श्लोक 46) में विष्णु के चतुर्भुज रूप का भी वर्णन है। शास्त्रीय स्तर पर हिंदू मूर्तिकला को विकसित होने में कई शताब्दी लगी, ठीक उसी तरह जैसे स्तरीय ईसाई मूर्तिकला को स्थापित होने में हजार सालों से ज्यादा लगे।

एक दूसरी कला-विधा जिसकी विश्व में कोई पूर्ववर्ती धारा नहीं मिलती है, वह है तांत्रिक कला। तीक्ष्णधार, यौनाचारी कला, समतल चित्रकारी, आप कुछ भी खोजें, तांत्रिक कला में उसकी मिसाल मिलेगी। स्टूडियो इंटरनेशनल (दिसंबर, 1960) में छपा तांत्रिक कला पर मेरा लेख संभवतः अपने ढंग का पहला विवरण है जिसमें तांत्रिक कला और समसामयिक पश्चिमी कला के अंतर्सूत्रों पर प्रकाश डाला गया है। जे.जे. स्कूल ऑफ आर्ट में हमें यंत्रों और ज्यामितिक संरचनाओं की नकल करने को कहा जाता था, लेकिन किसी अध्यापक को न तो पता था और न हमसे बताया गया कि इन यंत्रों के पीछे वस्तुतः धारणा, ध्यान के लिए लघु मंदिरों की अवधारणा है। श्रीयंत्र में चार दरवाजे हैं, कुछ सीढ़ियां हैं और अंत में वह सिद्धस्थल है जहां अभीष्ट देवता निवास करते हैं। त्रिभुजों की बनावट में पुरुष और स्त्री जननेंद्रियों की सांकेतिकता होती है। भला इस तरह की सूचनाओं की अपेक्षा विक्टोरियाई संस्कारों में पढ़े अध्यापकों से की जा सकती थी! भारतीय ज्ञानों के महान पंडित, एम. एलियाड ने कहा : "भारतवर्ष ने दिखाया है कि कृच्छ या, विपरीत ध्रुव पर स्थित, यौनाचार साधना से मनुष्य अपनी मरणशील परिस्थितियों पर समान सफलता से विजय प्राप्त कर सकता है।" दिवंगत लुई रेनाऊ का कहना था, "दुनिया में कोई भी पद्धति तंत्रवाद से अधिक क्रांतिकारी या अनबूझ नहीं है।" जाहिर है, इन तंत्र-साधकों को सुरुचिपूर्ण स्त्रियां सहज उपलब्ध होंगी।

क्योंकि बिना उनकी सहमति और सहयोग के अव्वल तो तंत्र में इस यौनाचार साधना का प्रवेश नहीं होता, और अगर होता भी तो साधना असफल हो जाने की पूरी आशंका थी क्योंकि ये स्त्रियां भी जे.जे. स्कूल ऑफ आर्ट की मरियल मॉडलों की तरह हर बार मासिक धर्म का बहाना बनाकर अपने को बचाती रहतीं।

मैं इस बात पर जोर देना चाहता हूं कि जहां मैंने कुदरतन अजंता शैली का बहिष्कार किया, पल्सीकर ने उसका आलिंगन किया। समसामयिक भारतीय कला की बाद की घटनाओं ने साबित किया कि उनके सौंदर्य-बोध की धारा अंततः खो गई, जबकि मेरी अब भी जीवित है। भारतीय स्वतंत्रता की रजत जयंती (1973) पर आयोजित समसामयिक भारतीय कला की प्रदर्शनी से भी यह बात सामने आई कि 1947 में प्रगतिशील कलाकार ग्रुप द्वारा निर्धारित और पोषित सौंदर्य-बोध अब तक मौजूद है। प्रदर्शनी ने साबित किया कि हुसेन, रजा और मेरे जैसे सिद्ध हस्त कलाकार अब भी नवीनता के अग्रदूत हैं।

जब मैं रेखांकन और चित्रकला के स्नातकोत्तर वर्ष (1941) में पहुंचा तो एक खूबसूरत लड़की, मैगी फर्नांडीज, प्राथमिक कक्षा में आई। मैं उस पर थोड़ा मचल गया, उम्र के लिहाज से यह एक तरह का बोट्रसी-दांते अनुराग जैसा था। वह मुझसे दो साल बड़ी थी—मैंने स्कूल के दफ्तर में जाकर उसके आवेदन पत्र में उनकी जन्म-तिथी देखी थी। इर इतवार प्रार्थना के लिए वह वोड हाउस चर्च जाया करती थी। वैसे उन दिनों मैं था तो नास्तिक, लेकिन उसके बालों की खुशबू लेने मैं भी बगल में घुटने टेककर प्रार्थना कर लिया करता था। उसके पिता बी.बी. सी.आई. रेल में संभवतः कोई अधिकारी थे, क्योंकि चर्च गेट रेलवे कालोनी के एक मकान की ऊपरी छत पर वह रहती थी। द्वितीय विश्व युद्ध के दौरान कालोनी के सारे मकान फौजी उपयोग के लिए हथिया लिए गए थे, लेकिन फर्नांडीज परिवार फिर भी वहीं रह रहा था। मैं छत पर जाकर थोड़ी ताक-झांक कर लेता था और वहीं से मैगी को आते-जाते, गुसलखाने में घुसते और पोशाक उतारते देखा करता था। मैं आत्मविभोर प्रेमी बन गया था। एक रात जब वह बत्ती गुल करके बिस्तर में धंस चुकी थी, मैं उसके मकान से बाहर निकला। एक सुरक्षा सिपाही ने मटरगश्ती करने के आरोप में मुझे गिरफ्तार कर लिया और सारी रात मैं हिरासत में पड़ा रहा। मैगी के पिता के सबूत पर कि मैं उनकी लड़की से मिलने आया था, मैं किसी तरह रसातल जाने से बचा। मैं मजाक नहीं कर रहा हूं, भारत के जेल अलेग्जेंडर डूमा के उपन्यास 'काउंट ऑफ मांटे क्रिस्टो' में वर्णित जेल में कतई बेहतर नहीं होते हैं। लेकिन गिरफ्तारी और जेल का डर मुझे अपनी मजेदार मचान से डिगा नहीं सका। उस वक्त मैं 17 साल का था और आज की अपेक्षा काफी दुस्साहसी भी। और फिर अब तक अपनी खिड़की के आगे छत पर मेरी छिपी निगाहों का पता मैगी को भी चल गया था, और वह भी लैला की भूमिका में खुलकर आने लगी थी। मेरी तरह वह भी शायद मिथुन राशि की थी, क्योंकि मनोवैज्ञानिकों का कहना है कि आत्मलीनता और प्रदर्शन एक ही सिक्के दो पहलू हैं। कोई मजा भी नहीं है यदि आत्मलीन होने में कोई आत्म-प्रदर्शक सामने न हो। यकीन मानिए, कुमारी मैगी फर्नांडीज अपने गुसलखाने के चोर-स्थल में एक खेलक्कड़, दिखावटी लड़की से ज्यादा और कुछ नहीं होती थी। यह उत्तेजक ताक-झांक उसकी शादी के बाद खत्म हो गई। कई सालों के यूरोप प्रवास और ख्याति-अर्जन के बाद जब 1963 में मैं भारत लौटा तो हम दोनों का एक आपसी दोस्त मुझे मैगी से मिलाने ले गया। लेकिन पता चला कि वह अपने पति के साथ फारस की खाड़ी में कहीं रह रही थी। '41 वर्षीय मैगी अब कई बच्चों की मां और पक्की गृहस्थिन बन गई थी।' उसकी मां ने मुझे उसका पुराना चित्र दिखाया, और एक क्षण के लिए मेरे दिमाग में जे.जे. स्कूल ऑफ आर्ट के वे दिन लौट आए।

सन् 1945 के उस दिन जे.जे. स्कूल ऑफ आर्ट से अपने निष्कासन के बाद खीज में भरा मैं घर लौटा, चकित मां के आगे अपनी आपबीती का बखान किया—उन दिनों में 21 साल का था, एरोल फ्लिन की तर्ज पर मूंछे रखता था और राबर्ट डोनेट की तरह मुठिए में ठूंसकर सिगरेट पीता था—और मां के काम में सिलाई-कढ़ाई के लिए मेज पर तख्ती के रूप में व्यवहार आने वाली प्लाईवुड के एक बड़े-से टुकड़े पर रंगदानी की छुरी से ही बेतहाशा चित्र बनाने लगा। सैरे और अचल जीवन के पार्श्व में मैंने एक आसमानी निर्वसना बनाई। घंटे-दो घंटे की बेहद तमतमाहट में मैंने चित्र पूरा कर लिया और उसका नाम रखा 'नीली औरत'। निष्कासन के छः महीने के भीतर बनाई गई करीब

दो सौ कृतियों में से पचास चित्रों और और रेखांकनों को चुनकर मैंने दिसंबर, 1945 में अपनी पहली एकल प्रदर्शनी की, 'नीली औरत' भी उसमें शामिल था। मैंने अपना पहला चित्र मार्गाओ (गोवा) की एक पुर्तगाली लड़की, मारिया फिगरेडो के हाथ बेचा और साल-भर के अंदर-अंदर उससे शादी कर ली। डॉ. हर्मन गोएत्ज ने वड़ोदरा संग्रहालय के लिए 'नीली औरत' खरीद ली। उनका कहना था कि वैसे चित्र के कुछ अंश संतोषप्रद तो नहीं लगते थे, पर कुल मिलाकर चित्र ने उन्हें मुग्ध कर लिया था। वे वड़ोदरा संग्रहालय और चित्रदीर्घा के निदेशक थे। उन्होंने वड़ोदरा संग्रहालय बुलेटिन (साल 4, भाग 1-2) में एक लंबा, विद्वतापूर्ण लेख लिखा जिसका शीर्षक था : विद्रोही कलाकार फ्रांसिस न्यूटन। बाद में मुल्कराज आनंद ने मार्ग (साल 3 अंक 3) में उस लेख को पुनः प्रकाशित किया। संग्रहालय के लिए 'नीली औरत' की खरीद के बाद गोएत्ज ने मुझे एक खत लिखा : ''तुम्हारी विद्रोही प्रतिभा तुम्हें कांटों की राह ले जाएगी, लेकिन लड़ते रहो। भविष्य हर वक्त उनका होता है जो आत्माभिव्यक्ति और आदर्शों के लिए संघर्ष करते हैं।''

मेरी कृतियों की उत्कृष्ट समीक्षाएं हुईं, खासकार 'संडे स्टैंडर्ड' में ट्रेवर ड्रिबर्ग की एक समीक्षा ने तो मुंबई के अंग्रेजीदां लोगों के बीच मेरा नाम घर-घर फैला दिया। 'टाइम्स ऑफ इंडिया' के तत्कालीन समीक्षक रूडी लीडन ने मेरी प्रदर्शनी का उद्‍घाटन किया था जिसमें मुंबई के महापौर डॉ. अल्बान डीसूजा भी उपस्थित थे। पचास में से आधे चित्रों की बिक्री हो गई, मुझे एक बीवी मिल गई, एक संग्रहालय में मेरा चित्र लग गया और मुंबई के कला जगत् में मैं प्रसिद्ध हो गया था : एक नए लंगोट को पहली बाजी में और क्या चाहिए।

प्रगतिशील कलाकार ग्रुप की प्रदर्शनी (1949) के पहले तक मैं फ्रांसिस न्यूटन के नाम से जाना जाता था। चित्र तालिका में एक टिप्पणी देते हुए मैंने कहा कि मेरे पिता ने गलती से जिस खानदानी उपाधि का त्याग कर दिया था, मैं उसे वापस लौटा रहा हूं। मैंने ऐसा इसलिए लिखा कि पिता की मृत्यु के बाद मां को परेशानी में नहीं डालना चाहता था। पिता की मृत्यु के बाद मां ने जीविकोपार्जन के लिए सिलाई-कढ़ाई का काम शुरू कर दिया था। उन दिनों अंग्रेजियत के दबदबे को ध्यान में रखकर उसने सोचा कि मुंबई में अंग्रेजी नाम से दर्जीगिरी ज्यादा चलेगी। न्यूटन चूंकि मेरे पिता का बीच का नाम था, इसलिए वह अपने को श्रीमती न्यूटन कहना ज्यादा पसंद करती थीं और मेरे नाम से भी उसे जोड़ दिया गया था। ग्रुप की चित्र-तालिका में नाम को लेकर मैंने मजाक किया है कि मैं नहीं चाहता कि आने वाली पीढ़ी एक ही नाम के चित्रकार और गणितज्ञ को लेकर भ्रम में पड़े। जेरार्ड का ठिकाना लग चुकने के बाद मुंबई के राज्यपाल ने निष्कासन आदेश को रद्द कर दिया था, लेकिन मैं नहीं समझता हूं निष्कासित लड़कों में से किसी ने स्कूल में फिर दाखिला लिया, मैंने तो खैर नहीं ही लिया। विद्रोही बने रहने में मुझे ज्यादा ही मजा मिल रहा था।

उन्हीं दिनों, बल्कि स्कूली दिनों में ही मैंने मार्क्सवादी और समाजवादी साहित्य का अध्ययन शुरू कर दिया था, क्योंकि हिंदुस्तान की जनता की दहला देने वाली गरीबी और परोपजीवी स्थिति से मैं बेहद विचलित रहता था। निष्कासन के तुरंत बाद मैं भारत की साम्यवादी पार्टी का सदस्य भी बन गया। पार्टी के मुखपत्र 'पीपुल्स-एज' ने मेरे चित्रों की एक प्रदर्शनी पर अपनी पिटी-पिटाई लीक से हटकर एक टिप्पणी छापी जो ललित कला पर अपने ढंग की पहली समीक्षा थी, पर पीपुल्स-एज के सर्वहारा पाठकों की शायद ही मनपसंद पठनीय सामग्री रही होगी। समीक्षक रोमेश चंद्र ने मेरे चित्रों के बारे में कहा :

''इनके रंग घने और ध्यानाकर्षक हैं। इनकी शैली में एक ऐसे कलाकार की बांधने वाली ताकत है जो आने वाले दिनों में महानता की चोटी छूती नजर आएगी। न्यूटन के सभी चित्रों के पीछे आत्मसम्मान से लैस एक ऐसे युवा चित्रकार का हृदय झांकता है जिसे अपनी जमीन और अपने लोगों से गहरा लगाव है, और जो उन्हें और उनकी यशगाथा को बाहरी दुनिया के समक्ष ला खड़ा करना चाहता है।'' (पीपुल्स-एज, जुलाई 1946)

हममें से जो कला विद्यालय के ललित कला विभाग में थे वे न केवल व्यावसायिक कला विभाग को, बल्कि उसी अहाते में स्थित स्थापत्य विद्यालय को भी छुटभैये के रूप में देखा करते थे। 'कारखाना' नाम से जाना जाने वाला स्कूल का एक और विभाग था जिसमें कला के 'कुवर्ण' और 'अछूत' दरी-बुनाई और धातु ढलाई जैसे काम सीखते थे। लगता है हम लोगों की यह धौंस अकारण नहीं थी : रुडयर्ड किपलिंग (1865-1936) का जन्म जे.जे.

स्कूल ऑफ आर्ट के आसपास के इलाके में ही हुआ था। इन सारी बातों के बावजूद, भारत की समस्याओं का समाधान मार्क्स और एंगेल्स के लेखन में खोजने के लिए जो बातें धकेल रही थीं, वे थीं भारत की भयावह गरीबी और बीमारी, जाति भेद और अशिक्षा।

मेरे शुरू के चित्रों में प्रत्यक्ष सामाजिक चेतना होती थी : खेतों में काम करते सर्वहारा, सड़क खुदाई और कारखानों में जुटे मजदूरों, भिखारियों, दुकानदारों और वेश्याओं के चित्र मैं बनाया करता था। 1946 में केकू गांधी ने प्रिंसेस स्ट्रीट पर चित्रों की एक दुकान खोली। वे अभी इंग्लैंड से लौटे ही थे और अपने पिता की ढलाई चित्रों की दुकान लेकर बेल्जियम की एक कंपनी की साझेदारी में उसका नाम 'सेपुलचर ब्रदर्स' कर दिया था। चित्रों का व्यावसायिक नाम 'कैमोल्ड' हुआ करता था और उसी के आधार पर प्रिंसेस स्ट्रीट की दुकान का नाम भी 'कैमोल्ड' ही रखा गया था। अब तो मुंबई, दिल्ली और कोलकाता में 'कैमोल्ड' नाम से सर्वोत्तम कला दीर्घाओं की एक कड़ी ही स्थापित हो गई है, जिसका संचालन केकू गांधी और उनकी आकर्षक पत्नी खुर्शीद कर रहे हैं।

केकू ने गोवा के मजदूरों के मेरे कुछ चित्रों (उनके शीर्षक हाथ से रंगे कार्डों पर लिखे गए थे) को भड़कीले फ्रेमों में मढ़कर अपनी दुकान की प्रदर्शन खिड़कियों में लगा रखा था। धोबी तालाब, सोनापुर और दापुल के नजदीक जिस इलाके में उनकी दुकान थी वह मुख्य रूप से मुंबई के गोवानी ईसाइयों का झुग्गी इलाका था। उन्हें अर्द्धशिक्षित लोगों के कुछ खत मिले जिनमें धमकी दी गई थी कि गोवा के किसानों पर 'लांछन' लगाने वाले उन चित्रों को यदि फौरन हटाया नहीं गया तो प्रदर्शन खिड़कियों के शीशे चकनाचूर कर दिए जाएंगे और दुकान खाक कर दी जाएगी। विरोध जतलाते हुए एक दूसरे पत्र में लिखा गया कि "गोवा के लोग फ्रांसिस न्यूटन के उन भयावह चित्रों की तरह कतई नहीं होते हैं।" सौभाग्यवश, प्रिंसेस स्ट्रेट की दुकान में मेरी कृतियों का कैमोल्ड प्रदर्शन अस्थायी था, क्योंकि केकू ने सिल्वर फिश क्लब, न्यू बुक कम्पनी की एकल प्रदर्शनी के लिए उन चित्रों के फ्रेम मढ़वाए थे।

अपनी एकल प्रदर्शनी के दौरान मुझे भी कई अनाम खत मिले। मुझ पर अश्लीलता का आरोप कुछ ऐसे चुनिंदा शब्दों में लगा था, जिन्हें सुनकर रंडीपाड़े के लोग ईर्ष्या से जुल-भुन जाते।

लेकिन साम्यवादी पार्टी (सी.पी.आई.) मुंबई के मेहनतकश इलाकों में मेरे चित्रों की प्रदर्शनी उत्साहपूर्वक आयोजित करती रही। उन्हें देखने लंबी-चौड़ी भीड़ इकट्ठ हो जाती थी। लेकिन लोग मेरी कला की किस बात से प्रभावित होते थे यह कहना मुश्किल है। मेरे चित्र न तो पुराण कथाओं पर बनाए गए रवि वर्मा के तैल चित्रों से होते थे और न वे अजंता या पारसी शैली के बनाए कानू देसाई और चुगताई के पारिवारिक दृश्यों की तरह ही थे।

लेकिन साम्यवादी आंदोलन को अधिनायक के एकाधिकार में रखने की स्तालिन नीति और अमेरिका से आर्थिक सहायता तथा सैनिक सामान स्वीकार करने के परिणामस्वरूप यूगोस्लाविया के मार्शल टीटो और सोवियत रूस के बीच उभरने वाली दरार के साथ ही मैंने भी साम्यवादी पार्टी छोड़ दी। मैं महसूस करने लगा था कि मानव-जुगुप्सा अतिरिक्त मूल्य के उचित 'बंटवारे' को कभी सही ढंग से लागू नहीं होने देगी और 'राज्य के क्रमिक विलोप' के लिए सर्वहारा का स्वतः-स्फूर्त विद्रोह असंभव परिकल्पना है, क्योंकि लोहे की दीवार पिछलग्गू साम्यवादी देशों को भी धीरे-धीरे अपनी चपेट में लेकर ही रहेगी। जब मैं सी.पी.आई. में था तो 'फ्रेंड्स ऑफ सोवियत यूनियन' संस्था ने सोवियत संघ को जोसेफ स्टालिन के जन्मदिन पर मेरे चित्रों का उपहार भेजा था। भेजे जाने वाले चित्रों का नाम थे : कबाड़िये 1945, फलमंडी 1945, मछुआरे 1945 और गिरिजाघर एवं सूली 1945। लेकिन स्तालिन की आज्ञा पर नरसंहारों और शुद्धिकरण के उन कभी न खत्म होने वाले दौरों के बीच मेरे चित्रों पर क्या बीती, इसे बता सकना कठिन है।

जुमलों और फिकरों को पचाने में मैं माहिर हूं। चक्कर में चक्कर डालकर घनचक्कर तैयार करने वाले साम्यवादी शब्दकोश के बाहर-भीतर झांककर मैंने चीजों को समझने की जी-तोड़ कोशिश की। लेकिन आधुनिक कला पर अपने एक बहु प्रचारित लेख में एक रूसी कला समीक्षक ब्लादीमिर केमेनोव ने जब बेहूदगियों को बौद्धिक चकमेबाजी में लपेटना शुरू किया, तो मैंने कहा : भाड़ में जाओ तुम और तुम्हारा कचरा, और मैंने अलग हो जाने का निश्चय कर लिया। उसने आधुनिक कला को, 'सर्वहारा के बीच विक्षोभ पैदा करने वाला पूंजीवादी सौंदर्य-बोध' कहकर भर्त्सना की थी। पिकासो के बारे में केमेनोव ने लिखा, "उनके शरीर-शास्त्र ने घिनौनी आकृतियों को जन्म

दिया है।'' इस बददिमाग रूसी आलोचक ने आधुनिक कला पर अपने हमले का अंत मास्को में 'तास' भवन की खिड़कियों पर चिपके प्रदर्शन बिल्लों और पोस्टरों की तुलना से किया। उसका दावा था कि सर्वहारा आंदोलन के हित में ये प्रदर्शन चित्र आधुनिक कला की समूची उपलब्धि से कहीं ज्यादा प्रासंगिक थे। केमेनोव के लेख के साथ प्रसिद्ध आधुनिक कलाकारों की कई कृतियां भी छापी गई थीं, लेकिन 'तास' की खिड़कियों पर चिपके जिन प्रदर्शन चित्रों का वह गुणगान कर रहा था उसकी एक भी झलक पाठकों को दिखाई नहीं गई थी।

भारतीय केमेनोवों के हाथ मेरी भी कम धुनाई नहीं हुई है। क्रेमलिन के पदचिह्नों पर चलते हुए खुशवंत सिंह ने मेरे चित्रों पर भी कुछ वैसी ही प्रतिक्रिया की : ''आधुनिक कला की भर्त्सना में मैं पूर्णरूपेण ख्रुश्चेव के साथ हूं। मैं चाहूंगा कि सूजा और उनके साथी हिंदुस्तान से कहीं बाहर जाकर अपनी गंदी चादर फैलाएं।'' (इलस्ट्रेटेड वीकली ऑफ इंडिया, सितंबर 22, 1963।)

विचित्र बात तो यह थी कि 'रायल एकेडेमी' या 'इकोल द' बो आर्त्स' से प्रोत्साहन पाने वाली शास्त्रीय कला मार्क्सवादियों को भी मंजूर थी। असल में, जैसा कि रूस की सरकारी कला और उससे भी ज्यादा चीन की आधुनिक कला से स्पष्ट है, कलाकारों से वे अपेक्षा ही यह करते थे कि 19वीं सदी के ढर्रे पर ही उनकी कूची चले। यह बात कि शास्त्रीय यथार्थवाद भी बुर्जुआ संस्कृति की ही उपज है, मार्क्सवादी समीक्षकों को उसे अपनाने से नहीं रोकती थी। इससे जो निष्कर्ष निकलता है उसे समझना आसान है। मार्क्सवादियों की रुची सस्ती है या कला इतिहास का उनका ज्ञान काफी सीमित है। फिर भी, आधुनिक कला के क्रमिक विकास के साथ अर्न्स्ट फिशर, जान बर्जर, हर्बर्ट मारकुस और कुछ अन्य आलोचकों ने उसे मार्क्सवादी ढांचे में ढालने की कोशिश की। लेकिन परिणाम काफी गढ़ा-गढ़ाया ही लगता है।

जिसे शीशमहल की कला कहा जाता है, पूर्ण रूप से उसी अनुशीलन के लिए मैंने 1948 में मार्क्सवाद को तिलांजलि दे दी। 1949 में भारतीय उपमहाद्वीप का भी त्याग करते हुए मैंने अपना मुंह यूरोप की ओर कर लिया जहां जिंदगी के कठिन यथार्थों से छुटकारा संभव था। चूंकि मेरी पैदाइश गोवा में हुई थी, इसलिए पुर्तगाली पासपोर्ट पर मैं विदेश रवाना हुआ।

द्वितीय विश्व युद्ध के दौरान और उसके बाद मैंने दो बैंडो, कैबरे और गायकों को लेकर मुंबई में कुछ नृत्य आयोजित किए थे। मुंबई सेंट्रल टेनिस कोर्ट और 'सी.जे. हॉल' में वे नृत्य मेरी मां की 'सिलाई विद्या और गृह विज्ञान-संस्थान' के योगदान में आयोजित किए गए थे। उन दिनों मुंबई अनियमित अंग्रेज सिपाहियों और फौजी वर्दीधारियों से पट गया था। दस या बीस रुपए की दर पर एक पेग ह्विस्की की गिरहकटी कर और बाइकुला तथा कोलाबा की रंग चुपड़ी होंठो और पाउडर घिसी यूरेशियाई लड़कियों को उन सिपाहियों तक पहुंचाकर संस्थान के नाम के पीछे मेरी मां ने अच्छी-खासी दुकानदारी कर ली थी। उस बटुए से थोड़ा मारकर और उसमें अपने चित्रों की बिक्री के कुछ पैसे मिलाकर मैंने यूरोप का टिकट कटा लिया। मार्क्सवादी भाषा में मैं भगोड़ा था। लेकिन कलात्मक शब्दावली में मैं सिर्फ एक पलायनवादी कलाकार था जो गोगां के रास्ते पर था, पर जरा उल्टी दिशा में, पर हौदिनी की तरह कतई नहीं था। अमेरिका, जहां मैं 1957 से रह रहा हूं, अपनी आश्चर्यजनक रूप से विकसित तकनीक को लेकर भौतिक सुविधाओं के मामले में तो और भी अच्छा है। निर्वाण की तरह बराबर नवीनतम।

ऐसा नहीं कि बाहरी दुनिया से मैं बिल्कुल कट गया हूं—मेरा संकेत अपने शीशमहल की आरामतलबी की ओर है। समय-समय पर गली-नुक्कड़ के लोगों के मुआयने पर मैं नीचे उतरता हूं। अखबार और दूरदर्शन जैसी संचार-व्यवस्था आज के बंद संन्यस्त लोगों को भी बाहरी दुनिया से संपर्क कायम रखने के लिए, सर्द छपाई और रक्त रंग में यथेष्ट सामग्री मुहैया करती रहती है, इतनी कि उससे शल्य-चिकित्सा की बेहोशी और संवेदनशून्यता भी हासिल की जा सके।

1946 में आरा की एक बेहद प्रभावकारी प्रदर्शनी मैंने देखी थी। रैम्पार्ट रो में 'प्रिंस ऑफ वेल्स' संग्रहालय के उल्टे बाजू पर एक रेस्तरां 'चेतना' में वह आयोजित की गई थी। आरा की कृतियां अत्यंत उत्तेजक थीं—मैंने महसूस किया कि वह धुनी और स्वजातीय संवेदना का कलाकार है। हम लोगों की ओर खिंचने वाला एक और चित्रकार था, रजा। इस तरह हम लोगों की 'त्रिमूर्ति' बनी।

रजा काफी सफल चित्रकार था। सराबोर मुंबई की शहरी झांकियां अधिकतर जलरंग में बनाया करते थे। धुंधली आकृतियां पनीले दृश्यों के लिए सटीक बैठती थीं।

'टाइम्स ऑफ इंडिया' के संपादकीय विभाग के प्रभुतासंपन्न सदस्य विएना के एक व्यावसायिक कलाकार प्रोफेसर लाउमन के रूप में रजा को एक अच्छा मंत्रक मिल गया था। रजा की सफलता से ईर्ष्या करने वाले कलाकारों से मैं अक्सर सुना करता था कि वह लाउमन का नकलची है। रजा अच्छी बिक्री कर लेता था (और विभिन्न कला प्रदर्शनियों में उसने कई पुरस्कार जीते थे) अमेरिका में रजा और लाउमन के आपसी संबंधों को लेकर आसानी से एक गोरी मोदियाइन और देसी कलमुंहा के बीच की बेहूदी अटकलें शुरू हो जातीं, लेकिन उन दिनों मुंबई में न्यूयॉर्क की तरह खुलेआम समलैंगिकता अनुसनी बात थी। जो भी हो, मैंने एकबारगी देख लिया कि रजा का स्पर्श—मेरा मतलब कूची के स्पर्श से है—सीधा और संवेदनपूर्ण था, जिसे उसका सलाहकार लाउमन कभी हासिल नहीं कर सका।

मैं देख रहा था कि जे.जे. स्कूल ऑफ आर्ट साल-दर-साल घटिया कलाकारों की जमात उगलने में लगा था। अपनी वार्षिक प्रदर्शनियों में मुंबई कला परिषद् भी ब्रितानी साम्राज्यवाद के नीचे पली-पुसी हिंदुस्तानी मेमसाहिबों की अधकचरी कोशिशों से अपना कबाड़ा ही प्रदर्शित करती थी। शैली और विधा को नजरंदाज करके देखने पर भी, कला स्कूल के विद्यार्थियों की कृतियों और उन मेमसाहिबों के छैल-छबीले चित्रों में दिशा, लक्ष्य, प्रेरणा और शक्ति सिर से गायब रहते थे।

यही वह बात थी जिससे मुझे लगा कि अपने लोगों के बीच एक प्रेरणा-स्रोत कायम करने के लिए एक ग्रुप की नींव डाली जानी चाहिए। सामूहिक अहमन्यता के अतंर्गत जुटना एक अकेले जुटने से ज्यादा हिंस्र होता है। अभियुक्त करार कर किसी का सफाया कर देना एक भीड़ के लिए ज्यादा आसान है। जहां तक हम लोगों का सवाल था, हम जे.जे. स्कूल ऑफ आर्ट में सिखाई जाने वाली और मुंबई कला परिषद् में दिखाई जाने वाली कला की छुट्टी करना चाहते थे। यह 1947 की बात है। मैंने आरा और रजा से ग्रुप चलाने की बात की और वे मेरी योजना से सहमत हो गए। नाम तय हुआ : प्रगतिशील कलाकार ग्रुप। प्रगति शब्द में आगे जाने का मंतव्य छिपा हुआ है और वहीं हम जाना भी चाहते थे—आगे।

श्रीमती न्यूटन, श्रीमती ब्लुडेल और लेडी टेंपल जैसी मेमसाहिबें चाय की प्यालियों और चपरासियों के साथ खिलवाड़ करने के बीच के समय का इस्तेमाल सुई चलाने की बजाय कूची चलाने में करती थीं, और मुंबई कला परिषद् अपने वार्षिक उत्सवों में इन्हीं चित्रों की प्रदर्शनी करती थी। ये प्रदर्शनी असल में औरतों की मजलिसें हुआ करती थीं, जिससे अवकाश प्राप्त अंग्रेज सैनिक अफसरों और एंग्लो इंडियन नौसैनिक कप्तानों को गुंटरगूं करने का अच्छा अवसर मिलता था : 'छोकरियों ने उम्दा काम किया है, क्यों?' जाहिर है, परिषद् की इन सभी प्रदर्शनियों का उत्साहपूर्वक उद्घाटन मुंबई के तत्कालीन राज्यापालों के हाथ ही होता था। कहना न होगा कि ये सभी राज्यपाल उन दिनों अंग्रेज ही हुआ करते थे।

गौर करने की एक और बात थी। मुंबई कला परिषद् जे.जे. स्कूल ऑफ आर्ट के द्वारा चलाए गए 'भारतीय' और 'पश्चिमी' शैली के वर्गीकरण को आगे बढ़ा रही थी, जो कहना चाहिए कि कला में एक तरह की रंगभेद नीति थी। लेकिन शैली जो भी हो, दोनों ही खेमों की कला बेहूदी ठूंस-ठांस के सिवा और कुछ भी नहीं होती थी। शुक्र है, रसातल में भी आज उन्हें ढूंढ़ने से ही खोजा जा सकता है।

मैंने पाया कि कला में इस कीचड़ का कारण स्पष्ट था। अंग्रेज मेमसाहिबों की तफरीही कला पैंतरेबाजियों को दरकिनार करके भी यदि हम देखें तो पाएंगे कि देसी कलाकारों के संपूर्ण कला-कर्मों में भी प्रेरणा और दिशा का सर्वथा अभाव था।

ऐसी परिस्थिति में हम लोगों के बीच प्रतिभा और शक्ति के लिहाज से जिनके पास कुछ था वे एक साथ जुटें, यही एक रास्ता नजर आ रहा था। प्रगतिशील कलाकार ग्रुप की स्थापना और भारत की स्वतंत्रता करीब-करीब एक ही समय हुई, यह बात सांकेतिक तो जरूर थी, परंतु बिल्कुल अनायास थी।

हम लोगों ने कई बैठकें कीं जिनमें से कुछ, असंगत ही कहा जाएगा इसे, गिरगांव स्थित 'फ्रैंड्स ऑफ सोवियत यूनियन' के अहाते में हुई थीं। आरा एक अपनी ही तरह का व्यक्ति था—दिमाग का मजबूत, नेताओं और पार्टियों

से अलग-थलग, कलाकार के रूप में वह अनोखा था, आत्म प्रशिक्षित होने की वजह से उसे दुनिया के हर कोने के सांस्कृतिक क्षेत्र में घट रही बातों की सही पकड़ होती थी। सिर्फ काम की मात्रा ही ली जाए तो आरा भूत की तरह काम करने वाला कलाकार था। उद्दीप्त रंगों और सधी कूची, सशक्त आघातों में रचे गए 'मराठा युद्ध', 'फोर्रास सड़क की वेश्याएं', सैरे, गुलदस्ते, निर्वसना, पोर्ट्रेट—एक पर एक चित्र दिखा वह हम लोगों को विस्मित करता रहा। और आश्चर्य तो यह है कि इतनी सारी कृतियों को वह 'सीतल बाग' के उस छोटे से कमरे में अंटाता जा रहा था। नहाना, खाना, सोना और चित्र रचना—सारा कुछ वह एक ही कमरे में करता था। हर बार मुझे उसका कमरा थोड़ा और छोटा दीखता था और अंत में, मैं कसम खाकर कह सकता हूं, वह 3 फीट से ज्यादा चौड़ा नहीं रह गया था।

जहां तक अपनी बात है, मैं साम्यवादी पार्टी से आदर्शगत ढंग से जुड़ा जरूर था, पर धीरे-धीरे संबंध तोड़ता जा रहा था। पार्टी भी मेरे साथ कुछ वैसा ही कर रही थी। मंत्री सहित पार्टी के कुछ उच्च सदस्य एक बार मेरी एक एकल प्रदर्शनी में आ धमके और लगे हाथ मेरी भर्त्सना की। उनका आरोप था कि मेरे चित्र बुर्जआ सौंदर्य-बोध की उपज हैं और सर्वहारा के अहित में हैं। फिर भी, प्रगतिशील कलाकार ग्रुप साम्यवादी पार्टी के अहाते में ही अपनी प्रारंभिक बैठकें बुलता रहा।

रजा प्रोफेसर लाउमन के साथ गुरु-शिष्य जैसे सूत्र में जुड़ा था। मैंने कहा कि उसे यह संबंध तोड़ना पड़ेगा। उसने कहा कि सोचने के लिए उसे थोड़ा वक्त चाहिए। दूसरी बार जब हम मिले तो लाउमन से टूटने का उसने अपना निर्णय सुनाया, इसके बाद की उसकी एक चित्र-शृंखला में क्रांतिकारी मोड़ प्रत्यक्ष था। अतीत के भारतीय मिनियेचरों से मिलते-जुलते रजा के ये चित्र समतल, धुंधले जलरंगों में दमकते, कौड़ियों से मांजे गए, तीक्ष्ण धार, ज्यामितिक आकारों में बनाए गए थे और आधुनिक भारतीय कला यात्रा के सबसे खूबसूरत चित्रों में थे। प्रगतिशील कलाकार ग्रुप की पहली प्रदर्शनी (1949) में रजा के उन चित्रों को प्रदर्शित किया। फ्रांसीसी सरकार से एक पुरस्कार मिलने पर 1950 में वह फ्रांस रवाना हो गया, पेरिस में भी उसने अपनी शैली—कौड़ियों से मांजने से लेकर बाकी सभी बातें—नहीं छोड़ीं। और उसके हाल के चित्र पहली प्रदर्शनी के चित्रों के ही उत्स रूप हैं जिससे साबित होता है कि औरतों के मामलों में बाजी मारने और भौतिक सुविधाओं को हासिल करने के सिवा, यूरोप और अमेरिका प्रवास ने हम लोगों की कला के विकास को किसी तरह से प्रभावित नहीं किया है या इन सालों के दरम्यान हमारी कला अपनी मर्जी से, हम लोगों की अपनी कूची और दिमाग से ही विकसित हुई है। अगर ऐसा न होता तो हम लोगों ने भी पश्चिम की कला दुनिया में छूटने वाले नित नए शगूफों—एक्शन और फील्ड पेंटिंग, पॉप और आप्टिकल, काइनेटिक और मिनिमल कला—की नकल उतारी होती। पर हम लोगों में से किसी ने वैसा नहीं किया। रूडी लीडेन ने एक बार लिखा था कि पेरिस आकर रजा 'पहली बार एक ऐसी दुनिया के संपर्क में आए जहां कलापूर्ण गंभीरता आसपास की दुनिया के अभिन्न रूप में ली जाती है।' पेरिस के बारे में उनके इस कथन को अगर तत्कालीन सचाई के रूप में मान भी लिया जाए, तो भी लीडेन शायद इसे नजरंदाज कर गए कि रजा की कला पर उस दुनिया का कोई प्रभाव नहीं पड़ा था। फ्रांस प्रवास में भी रजा उस शैली में चित्र बनाते रहे जिसकी शुरुआत उसने भारत में की थी, और जिन्हें प्रगतिशील कलाकार ग्रुप की प्रदर्शनी में दिखाया था, बल्कि, मुड़कर देखने पर लगता है कि पदमसी के साथ मिलकर रजा और मैंने 1952 और 1953 में जिन दो प्रदर्शनियों का आयोजन किया था वे मुंबई के प्रगतिशील कलाकार ग्रुप में घोषित सौंदर्यबोध और संवेदना की ही अगली कड़ी थीं।

प्रगतिशील कलाकार ग्रुप में 6 कलाकार थे। आरा (ज. 1914), रजा (ज. 1922), खुद मैं (ज. 1924) और हममें से प्रत्येक के लाए तीन और कलाकार : आरा, रजा और मैं क्रमशः बाकरे (ज. 1920) : गाडे (ज. 1917) और हुसेन (ज. 1916) को ग्रुप में शामिल किया। बाद में जीवन-वृत्तांतों में मैंने हुसेन का जन्म-वर्ष 1915 देखा है, लेकिन ग्रुप तालिका में 1916 था।

शुरू में हमने कई और कलाकारों को शरीक करने की सोची थी, लेकिन शैली की भिन्नताओं पर सोचकर हमने इस विचार का त्याग कर दिया और ग्रुप की सदस्यता 6 ही रही। गाडे कोषाध्यक्ष और सचिव बना मैं। जनसंपर्क का काम आरा को सौंपा गया : पत्रकारों और समीक्षकों से मिलकर उसने नवगठित ग्रुप पर लेख छपवाए। हम लोगों ने शहर मुंबई को न केवल लाल, बल्कि इंद्रधनुषी रंगों में चित्रित करने की ठानी थी। बोमान बेहरम,

फ्रांसीसी साहित्य संस्थान के चार्ल्स पेत्रास और डॉ. स्किंजल जैसे संग्राहकों को रजा ग्रुप के संपर्क में लाया। इनके अलावा हार्टवेल, श्लेसिंगर, रूडी लीडेन और हरमन गोएत्स को भी जो हमारी कृतियों को नियमित रूप से खरीदकर हमें आर्थिक सहायता पहुंचाते रहे। ग्रुप की खबर दूर तक पहुंचाने विषयक अधिकतर लेखन मैं करता था। घोषणापत्र मैंने ही तैयार किया था : ''कलाकार समुदाय के विभिन्न वर्गों और लोगों के बीच संपर्क और आत्मीय संबंध स्थापित करने के लिए...'' वगैरह, मैंने सभी 6 कलाकारों पर संक्षिप्त टिप्पणियां और प्रगतिशील कलाकार ग्रुप की उद्घाटन प्रदर्शनी की भूमिका भी लिखी जिसे मुंबई के कई अखबारों ने शुरू से आखिर तक पुनः प्रकाशित किया।

कला पर हमारे विचार बिल्कुल साफ थे, कला क्या है और उसे क्या होना चाहिए। हम लोगों की राय में अमृता शेरगिल वर्णसंकर थी, पैदाइश और संवेदना दोनों ही दृष्टियों से। जार्ज कीट भी वर्णसंकर थे—उनकी कला पिकासो से उधार ली गई थी, जैसे अमृता शेरगिल की कला गोगां से।

हुसेन सिनेमा के पोस्टर बना रहे थे, जब मैं उनसे पहली बार मिला। उन दिनों भारतीय सिनेमा उद्योग में कैनवास और तेल की खपत मुंबई के पेशेवर कलाकारों के हाथों इन चीजों की सम्मिलित खपत से कहीं ज्यादा थी, क्योंकि तैलरंगों में बने पोस्टर बड़े पैमाने पर छपे लिथोग्राफों से—जैसा कि हॉलीवुड सिनेमा उद्योग में प्रचलित था—सस्ते बैठते थे। उन दिनों हिंदुस्तान में छपाई उद्योग विकसित भी नहीं था।

एक हाथ में रंगदानी, दूसरे हाथ में बड़ी-सी कूची, मुंह में थामे कुछ और कूचियां और पैर से लटकती रंग की एक बाल्टी समेत हुसेन एक मचान पर खड़े थे। सोहराब मोदी की फिल्म 'सिंकदर' या शांताराम की 'आदमी' का पोस्ट वे बना रहे थे—टार्जन की तरह झूमते हुए। शायद दोनों पोस्टर एक साथ बनाए जा रहे थे। बढ़ी हुई दाढ़ी, सिर पर बोरे की टोपी, बेल बॉटम पाजामे पर कमीज और कमर के ऊपर कोट—कमोबेश यही हुलिया था मियां का : मुंबई जैसे शहर के लिए भी ऐसा बाना किसी मौलवी टार्जन का ही हो सकता था।

बरसों बाद न्यूयॉर्क के 'एशिया भवन' में उनके सम्मान में आयोजित एक सभा में मैंने उस भेंट की चंद बातें सुनाईं। हुसेन ने भी चुप रहकर मेरे संस्मरणों से सहमति जाहिर की...मैं समझता हूं उस भेंट से पहले उन्होंने भी स्थानीय अखबारों में मेरे चित्र देखे थे। शायद इसी वजह से जब मैंने इश्तहार-पटों के इस फन्नेखां रंगरेज की ओर देखा तो हमारी आंखे टकराईं, स्फरित कार्टून चित्रों की तरह मचलीं, और फिर तो—पहली नजर में ही प्यार, बगल से गुजरते एक आदमी पर उन्होंने रंग भरी बाल्टी पलटी, एक और आदमी पर कूचियां और रंगदानी फेंकी और खुद भी मचान से लगभग लुढ़क गए।

अपने बारे में उन्होंने बताया कि बचे-खुचे समय में चित्र बनाते हैं। यह भी बताया कि उन्होंने मेरे चित्र देखे और पसंद किए हैं। मैं उनके घर 'बदर बाग' गया, जहां वह अपनी पत्नी और तीन बच्चों के साथ रह रहे थे। बच्चे पेंसिल से दीवारों पर खरोंचे मार रहे थे, अपने भित्ति रेखांकन का शीर्षक उन्होंने दे रखा था : दढ़ियल पापा। इसके पहले कि मैं उनके दढ़ियाल बाप के कुछ चित्र देखता, वे अपने चित्रों को दिखा लेने की जिद पर अड़ गए। हुसेन के चित्रों से मैं अत्यधिक प्रभावित हुआ। उन चित्रों को दिखाने मैं एक दिन स्किंजेल को ले गया, जिन्होंने एक साथ कई चित्र खरीद लिए। उसी वक्त हुसेन ने मेरा एक व्यक्ति चित्र भी बनाया और उसे भी स्किंजेल ने तुरंत खरीद लिया।

कलाकार ग्रुप की बैठकों के बीच से ही उठकर हुसेन नमाज के लिए अचानक गुम हो जाया करते थे। नमाज के मामले में वह बड़े निष्ठावान थे, कुरान के मुताबिक दिन में ठीक पांच बार। एक बार हम साथ दिल्ली गए थे; भारतीय रेल के हड़कंप डब्बे में बैठे-बैठे मक्का की ओर मुंह कर 'किब्लाह' पता नहीं उन्होंने उस बार कैसे किया होगा। इस्लाम में बुतपरस्ती की मनाही के सवाल पर वह ज्यादा माथापच्ची नहीं करते थे, यद्यपि वह जानते थे कि मिराजनामा की फारसी हस्तलिपियों और बुराक पर सवार पैगंबर की जन्नत सैर (निजामी का खाम्सा) से साफ था कि मुसलमान चित्रकारों ने समय-समय पर पैगंबर मुहम्मद के चित्र भी बनाए हैं। इबलिस (शैतान) को लेकर भी मैंने हुसेन को कभी परेशान नहीं देखा। उनका चेहरा हर वक्त संयत रहा है, सिर्फ एक बार को छोड़कर, जब वह अहमदाबाद मुझे अपने पिता की कब्र दिखाने ले गए और रो पड़े। मेरी समझ से इस्लाम के पांच खंभों में से वह नमाजी खंभे का पालन करते थे। पिछले दिनों उन्होंने मुझे बताया कि पत्नी के साथ वह तीर्थ खंभा (हज) भी कर

आए हैं। इसका मतलब हुआ कि कायदे से 'हाजी' का खिताब अपने नाम के साथ लगाने के वह हकदार हैं। पर मुझे शंका है कि अपने लिए वे 'हाजी हुसेन' नाम का इस्तेमाल कभी करेंगे।

प्रगतिशील कलाकार ग्रुप की प्रदर्शनी पुस्तिका में हम लोगों ने गलती से उनका नाम हुस्सैन छाप दिया। उनकी कृतियों की बाद की कई समीक्षाओं में भी मैं आज तक इसका चलन देखता हूं। मुल्कराज आनंद ने हमारी पहली प्रदर्शनी 7 जुलाई, 1949 को उद्घाटित की थी।

हमारी दिल्ली यात्रा से राजधानी के साथ प्रगतिशील कलाकार ग्रुप के संबंध सूत्र का निर्माण हुआ। बाद में कोलकाता के कई कलाकार—रतिन मोइत्रा, परितोष सेन एवं दास गुप्ता—हमसे मिलने मुंबई आए।

हम लोगों के ही प्रभाव से सर कौआसजी जहांगीर ने एक कलादीर्घा की स्थापना के लिए 6 लाख रुपए का अनुदान दिया—वही आज जहांगीर कलादीर्घा है। उस समय के स्थानीय अखबारों से इस बात की पुष्टि की जा सकती है।

नई प्रतिभाओं को छानकर सामने लाने के प्रयास में हमने पिटी-पिटाई लीक से हटकर उनकी प्रदर्शनियां आयोजित कीं। मैंने 'टाइम्स ऑफ इंडिया' अखबार में 'कला छात्रों' और 'कला शिक्षण' पर कई चिट्ठियां लिखीं और वे छपीं भी। संक्षेप में हम लोगों ने 'धमाका' किया। साल भर में एक बार मुंबई कला परिषद् की वार्षिक प्रदर्शनी में शामिल होने की बजाय कलाकार पूरे आवेग, पूरे जोर-शोर से सामने आए, हमने इस बात की खासी सिफारिश की। हम लोगों ने जिन कला छात्रों को प्रोत्साहित किया उनमें एक तैयब मेहता भी थे, आज जाने-माने कलाकारों में जिनकी गिनती है।

साम्यवादी पार्टी ने मुंबई की दादर और किंग्स सरकल जैसी मजदूर बस्तियों में मेरे चित्रों की प्रदर्शनी लगवाई। आरा ग्रुप प्रदर्शनी लेकर सूरत और रांडीर जैसे उन हलकों में गए जहां, एक समीक्षक के अनुसार सिर्फ रवि वर्मा के कैलेंडर चित्र अब तक लटकते रहे थे। डॉव हर्मन गोएत्स ने हमारी मंडली को वड़ोदरा बुलाया, जहां संग्रहालय के एक बड़े कमरे को हमारी प्रदर्शनी के लिए खाली करवा कर रखा गया था। वड़ोदरा के महाराज मार्का लोगों के एक भड़कीले मजमे में मैंने ग्रुप की गतिविधियों की चर्चा की। मैंने कहा, 'हमारी कृतियां मुगल मिनियेचरों और दक्षिण भारतीय कांस्य-मूर्तियों जैसी संग्रहालय की अन्य कृतियों से अभिन्न रूप से जुड़ी हुई हैं। इतना ही नहीं, हमारी कृतियां विश्व की सभी महान कृतियों—प्राचीन अथवा आधुनिक—से जुड़ी हुई हैं।' संग्रहालय के एक खंड में डॉव गोएत्स ने आधुनिक कलादीर्घा कहकर एक कक्ष तैयार कर रखा था, जिसके लिए उन्होंने हम सबों के और भी कई चित्र खरीदे। मेरी कृति 'नीली औरत' उस कक्ष में पहले से ही पूरे रौबरुआब से प्रदर्शित थी। संग्रहालय से अवकाश प्राप्त कर चुकने के बाद डॉ. गोएत्स हाइडेलबर्ग में रहने लगे। मैं 63 में गुलाम शेख, ज्योति भट्ट और वड़ोदरा के अन्य कलाकारों के साथ संग्रहालय देखने गया। लेकिन मैंने वहां आधुनिक कलादीर्घा का कहीं नामोनिशान नहीं देखा और न प्रगतिशील कलाकार ग्रुप की कृतियां ही कहीं दिखीं। मेरी 'नीली औरत' भी लापता हो चुकी थी। हम लोगों ने शौचालय में उन्हें ढूंढ़ने की कोशिश नहीं की। मेरा संकेत उस विचित्र सलूक से है जो भारतीय संग्रहालयों के अधीक्षक आधुनिक कलाकृतियों से करते हैं और जिसकी चर्चा अंग्रेज समीक्षक निकोलस बेंटले ने अपनी पुस्तक 'भारत पर फैसला' में की थी।

वड़ोदरा के बाद हमने प्रगतिशील कलाकार ग्रुप की प्रदर्शनी अहमदाबाद में आयोजित की, जिसका जिम्मा भारत कला-मंडल ने ले रखा था। लेकिन, जैसा कि एक समीक्षक ने लिखा, ''अहमदाबाद में दौलत और दौलतमंद लोगों की भरमार के बावजूद एक भी चित्र नहीं बिका।'' समीक्षक थे जगमोहन। वह पहले पत्रकार थे, जिन्होंने 10, जुलाई 1949 के संडे स्टेंडर्ड में प्रगतिशील कलाकार ग्रुप की गतिविधियों पर एक सदंर्भयुक्त लेख लिखा था।

मुंबई कला परिषद पर हमारे आक्रमणों का एक विचित्र नतीजा सामने आया। उसके सचिव वी.बी. ओक हमारे चित्रों की मांग करने लगे। हमने परिषद् पर जिस तरह से चोट की थी उसका ब्यौरा 'ब्लिट्ज' के 20 दिसंबर, 1949 अंक में खोजा जा सकता है।

जरूरतमंद कलाकारों की आर्थिक सहायता के लिए ग्रुप ने पैसे जुटाने वाली कुछ नुमाइशें कीं। एक ऐसी ही नुमाइश लेडी रामा राव ने 25 सितंबर, 1949 को उद्घाटित की थी। लेकिन उसके चंद रोज पहले—22 जुलाई, 1949

को—मैं एस.एस. कैंटन जहाज से यूरोप के लिए रवाना हो चुका था। मुंबई की कला-मंडलियों और कला-प्रेमियों की पूरी फौज जहाज की सीढ़ियों तक मुझे छोड़ने आई—सब की आंखें आंसू से तर थीं।

मेरे बाद रजा भी यूरोप चले आए। उनकी रवानगी के बाद कृष्ण खन्ना 'ग्रुप' में शामिल हुए। 'ग्रुप' की दूसरी पीढ़ी के अन्य कलाकारों में गायतोंडे और सामंत भी थे। खन्ना ने प्रगतिशील कलाकार ग्रुप की दूसरी प्रदर्शनी की चित्र-तालिका मुझे भेजी। उस तालिका में खन्ना की लिखी एक भूमिका थी और निर्देशक बाल छाबड़ा की फिल्म 'दोराहा' का एक विज्ञापन भी था। प्रगतिशील कलाकार ग्रुप से बाल कुछ ऐसे मुग्ध हुए थे कि उन्होंने अपनी फिल्म कंपनी का नाम भी 'प्रगतिशील पिक्चर' रख रखा था। अलबत्ता 'दोराहा' पिट गई, जिसका प्रधान कारण यह था कि टिकट खिड़की पर भीड़ जुटाने के लिए 80,000 रुपए लगाकर बाल ने जो कामोत्तेजक नाच नचवाया था सेंसर ने उसे ही उड़ा दिया। कैंची की एक मार से सारा कुछ मटियामेट! वह सब छोड़कर सुना है बाल चित्रकारी करने लगे हैं, जिसमें वह फिल्म निर्माण से अधिक सफल रहे हैं।

1954 में श्यावल चावड़ा लंदन आए और मुझसे भी मिले। वह साथ में एक थैली भी लाए थे। उन्होंने बताया कि प्रगतिशील कलाकार ग्रुप की बची-खुची राशि में वह थैली मेरे हिस्से पड़ी है। 'ग्रुप' का पूरा रोकड़ भी उनके साथ था जिसे ग्रुप की समाप्ति के पहले तक गाडे ने पाई-पाई के हिसाब से साफ रखा था।

भारतीय कला के इतिहास में प्रगतिशील ग्रुप का एक विशिष्ट स्थान है और उसका प्रभाव अब तक अक्षुण्ण है।

(अनुवाद : रत्नधर झा)

आरा की कलाकृति

विरोध और समर्थन

हुसेन

आधुनिक भारतीय कला का आत्मसंघर्ष स्वतंत्रता आंदोलन के समांतर ही चला। राजनैतिक स्वतंत्रता की आकांक्षा की तरह ही कलाकारों के एक वर्ग में गहरी छटपटाहट इस बात को लेकर थी कि कला जगत पर थोप दी गई अवास्तविकताओं से मुक्ति पाई जाए। एक अरसे से ब्रितानी शैली की कला शिक्षा के बोझ के तले रचनात्मकता अवरुद्ध हो रही थी। केवल कला शिक्षा ही नहीं, कला जगत की संस्थाओं में भी ब्रितानी प्रभाव की व्याप्ति थी। मुंबई में 'आर्ट सोसाइटी' और जे.जे. स्कूल ऑफ आर्ट में या तो तथाकथित बंगाल स्कूल शैली का काम पसंद और प्रोत्साहित किया जाता था या फिर ब्रितानी शैली का अत्यंत बेजान स्कूली काम। ऐसे कलाकार, जो कुछ नया करना चाह रहे थे, एक साथ इकट्ठे हुए और उन्होंने प्रोग्रेसिव आर्टिस्ट ग्रुप की स्थापना की। ये कलाकार थे—आरा, रजा, सूजा, हुसेन, बाकरे, गाडे। 49 में कलाकारों की एक संयुक्त प्रदर्शनी आयोजित हुई। एक प्रदर्शनी उन कृतियों की हुई जो कि 'मुंबई आर्ट सोसाइटी' में अस्वीकृत कर दी थीं। अस्वीकृत चित्रों की प्रदर्शनी संबंधी पोस्टर स्वयं बनाकर मैंने, सूजा ने रात बारह बजे के बाद शहर की दीवारों पर लगाए। शुरू में हम लोगों के चित्र बिकते नहीं थे। कई बार चाय पीने के भी पैसे नहीं होते थे। लेकिन काम करने का उत्साह अदम्य था।

एक दूसरे के काम में दिलचस्पी भी बहुत अधिक थी। यह दिलचस्पी ही हमारी कला की, उन दिनों की एक खूराक थी। हम लोगों का काम प्रदर्शित और कुछ चर्चित होने के साथ ही स्थापित कला संस्थाओं के विरोध का शिकार भी बना। जे.जे. स्कूल ऑफ आर्ट के छात्रों से कहा जाता था कि वे हमारे काम के प्रति आकृष्ट न हों : वह अत्यंत विश्रृंखलित काम है और वे भरसक हमारी छाया से दूर रहें। लेकिन विरोध के साथ ही समर्थन भी हमें मिला, होमी भाभा और मुंबई में जर्मनी के एक प्रवासी श्री श्लेसिंगर ने हमारे काम में न केवल दिलचस्पी ली, बल्कि चित्र भी खरीदे। पत्र-पत्रिकाओं का भी सहयोग हम लोगों को मिला और कला की दुनिया में भी नई तरह के विचार आने शुरू हुए। ब्रितानी स्कूली शैली की जगह फ्रांसीसी शैली का काम आकर्षण का केंद्र बना जो कि अपनी प्रकृति में ब्रितानी स्कूली शेली के विरुद्ध था। यह दरअसल भारतीय कला के व्यक्तित्व की खोज का दौर था। यह भी कि ये कुछ कलाकार अपने को केवल भारतीय संदर्भ में न देखकर समूची दुनिया के कला-जगत के संदर्भ में देखना चाहते थे। जिसे बंगाल स्कूल शैली कहा गया उसका जीवन से कोई सरोकार नहीं था। उसके पीछे भारतीय कला के पुनरुत्थान की इच्छा निहित थी लेकिन यह इच्छा अपने आप में अपर्याप्त थी। इस तरह की किताबी और 'साहित्यिक' कला के कारण अभिव्यक्ति निरंतर सिमटते जाने का खतरा था। हमारा विद्रोह इसी अभिव्यक्ति-संकोच के खिलाफ था।

मैं एक परंपरागत ढांचे में पला-पुसा। बाहर भी मैं तब गया जबकि काफी काम कर चुका था और अपनी एक शैली विकसित कर चुका था। एक समय तक तो जो प्रभाव था वह किताबों के माध्यम से ही हमारे समकालीन कलाकारों तक पहुंचा था। फिर उनमें से कइयों का विदेश जाना शुरू हुआ। बाहर का प्रभाव पड़ना एक हद तक इसलिए भी लाजिमी था कि कला पर जितना भी साहित्य उपलब्ध था वह सब विदेशी था। हमारी कला-परंपरा और

अपनी कला जरूरतों के लिए न तब कोई साहित्य था और न आज है। यह बात कचोटती है। भारतीय भाषाओं में कला पर साहित्य उपलब्ध होने से एक गुणात्मक अंतर पड़ सकता है और कला की दुनिया को ऐसी खूराक मिलती रह सकती है जो बहुत जरूरी है। कला के स्वाभाविक और सहज विकास के लिए यह जरूरी है कि अन्य विधाओं का सहयोग उसे मिले। तथाकथित बंगाल स्कूल की एक समय में सामाजिक व्याप्ति के पीछे एक बड़ा कारण यह भी था कि साहित्य, पत्रकारिता और चिंतन के क्षेत्रों में उसे लगातार समर्थन मिलता रहता था। विदेशों में भारतीय कला को जिस तरह ग्रहण किया जाता है, और उसे पश्चिम से प्रभावित, कमजोर आदि-आदि बताया जाता है, उसके कारण राजनीतिक भी लगते हैं। आधुनिक कला का शहरों में केंद्रीकरण होता जा रहा है। कला केवल शहर वालों के लिए क्यों, गांव वालों के लिए क्यों नहीं? गांव वालों की बौद्धिक जिज्ञासा किसी कदर कम नहीं है, न ही उसकी समझ।

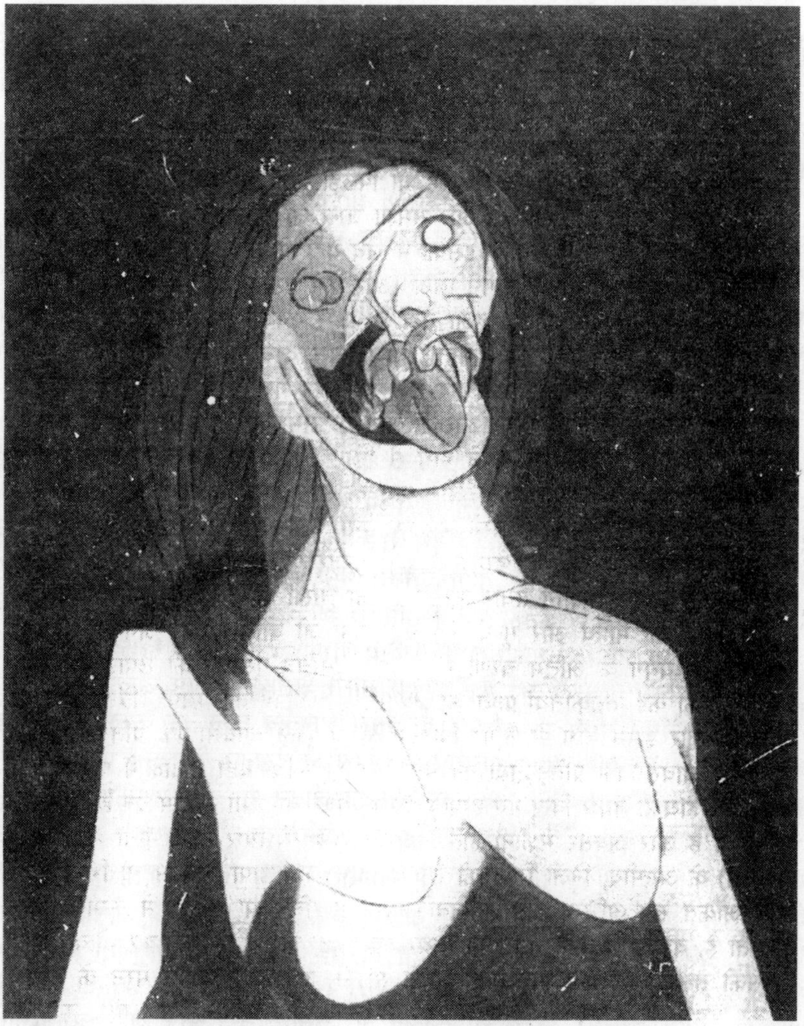

तैयब मेहता की कलाकृति

ग्राफिक कला का विकास

गुलाम मोहम्मद शेख

विज्ञान या उद्योग के इतिहास में प्रत्येक विकास एक नया कदम माना जाता है—उसे एक ऐसी वृद्धि समझा जाता है जो कि पिछले उत्पादन या 'विचार' को झुठला देती है या पिछड़ा हुआ साबित कर देती है। कला में, विकास काल से परिपक्व काल तक हुए 'विकास' को अलगाया और समझा जरूर जा सकता है, लेकिन वास्तविक अर्थों में ऐसे किसी विकास को 'प्रगति' नहीं कहा जा सकता। क्योंकि इसका मतलब यही होगा कि हम आकार ग्रहण करने के लिए संघर्षरत 'विकास काल' के महत्व को, परिपक्वता के सामने छोटा (और कम महत्व) का साबत कर रहे होंगे। कला में, आदिम और प्रारंभिक दौर का काम अनिवार्यतः पिछड़ा हुआ नहीं है। और उनकी उपलब्धियां बाद के विकास क्रम में धूमिल नहीं हो जातीं। बहरहाल, कला समीक्षा में जब 'प्रगति' (या विकास) शब्द का इस्तेमाल किया जाता है तो यही बताने के लिए कि शिल्प कुशलता और 'परिष्कार' किस हद तक आगे बढ़ गए हैं! और ये चूंकि भद्र तथा पढ़े-लिखे समाज का 'विशेषाधिकार' माने जाते हैं, आदिम कला और संस्कृति के समर्थकों द्वारा इन्हें भी चुनौती दी जा सकती है।

जब प्रस्तरयुगीन मानव ने गुफाओं में अपने हाथ से 'छापे' (प्रिंट) अंकित किए थे तब से 'छापों' के इतिहास में आज तक काफी विकास हो चुका है। लकड़ी और धातु के सांचे हम बना चुके हैं, पत्थरों के छापे 'मुद्रित' करने की पद्धति तैयार कर चुके हैं और अंगूरों को पेरने के लिए बनी 'वाइनप्रेस' से सीख लेकर हम हैंडप्रेस (हाथ से दबने वाली 'छपाई' की मशीन) तैयार कर चुके हैं। इस सब से पुराप्रस्तर युगीन आदमी के 'अंकित हो गए हाथों' का महत्व कम नहीं हुआ। हमने ऐसी कारगर मशीनें तैयार कर ली हैं जो लाखों की संख्या में प्रतिकृतियां तैयार कर सकती हैं। इससे फिर उन प्रतिकृतियों का महत्व और मूल्य कम नहीं हुआ जो बोझिल और अनपढ़ 'हैंडप्रेस' से तैयार हुई है। जाहिरा तौर पर हैंडप्रेस, मध्ययुग के अंतिम चरणों में यूरोप में, सचित्र पुस्तकों की छपाई के लिए आविष्कृत हुई थी, जिससे कि एक ही चित्र की कई प्रतिकृतियां प्राप्त की जा सकें। इस काम को 'छापे' (प्रिंट) आज भी करते हैं—हालांकि बहुत सीमित मात्रा में—और इससे हाथ से तैयार किए गए छापे और व्यावसायिक प्रतिकृतियों को लेकर खासा भ्रम फैल गया है। जहां यह व्यावसायिक प्रतिकृतियों का मुख्य काम है—एक बड़ी तादाद में पुस्तकों आदि के लिए उनका तैयार किया जाना—वहीं, हाथ से तैयार किए गए छापे यह काम भी कभी-कभी अंजाम देते हैं। एक व्यावसायिक प्रतिकृति जहां 'चुस्तदुरुस्त' होती है और अक्सर मशीनी होती हैं, वहीं हाथ से तैयार किया गया छापा अपने माध्यम के साथ एक व्यक्ति (कलाकार) के आत्मीय, निजी रिश्ते को उजागर करता है। छापा चित्र से भी भिन्न होता है। चित्र में, चित्र चौखटा और उसमें अंकित रूप अभिन्न होते हैं, जबकि छापे में 'चित्ररूप' 'प्लेट' से कागज पर रूपांतरित होता है। जिसे प्लेट कहा जाता है, वह प्रायः काठ, धातु या पत्थर को काट, ताराश या उकेरकर अत्यंत सावधानी से तैयार की जाती है। और उसकी तुलना उन कुछ प्राकृतिक जंतुओं से की जा सकती है जो मरने के साथ ही अपनी तरह के जीवों में बढ़ोतरी का 'प्रबंध' कर जाते हैं। प्रसंगवश छापे के लिए स्याही 'जीवन' या 'आंख' का काम करती है, जिसके बिना छापा 'अंधा' ही रह जाएगा।

एक धरातल से दूसरे धरातल में छापे का रूपांतरण अपने आप में कई 'जादुई' क्षमताओं से युक्त है। उस प्रागैतिहासिक मनुष्य की तरह जो अपनी पहेलियों को दीवार पर छापकर मानो अपने सार-तत्व को वहां रूपांतरित कर देता था, आज भी ग्राफिक चित्रकार उस समय एक अद्‌भुत स्फुरण और 'चमत्कार' का अनुभव करता है जब कागज पर चित्ररूप अंकित होता है। चित्ररूप के इसी जादुई रूपांतरण की वजह से बच्चे और नए छात्र छापे की कला के प्रति सहज भाव से आकर्षित और चमत्कृत होते हैं।

हम ऐसे समय में रह रहे हैं जबकि छापे के अंकन-मुद्रण की आदिम तकनीकों से लेकर अत्यंत परिष्कृत तकनीकें धड़ल्ले से इस्तेमाल की जा रही हैं—अलग से भी और 'मिश्रित' ढंग से भी। जहां मुनाकाता काठ के एक ठप्पे को बच्चों के औजारों से काटना और बौद्ध विषयों को चित्रित करना पसंद करते हैं, जिन्हें कि वह काले-सफेद में, हाथ से किए गए छिड़काव से उभारते हैं वहीं माइकेल पोंस डि लिओं कागज पर की गई कई इंचों की गहराई से तैयार सांचे द्वारा 'एक्वाटिंट' और 28 रंगों के सहयोग से 'रिलीफ कोलाज' तैयार करते हैं। पेरिस में 'हेटर्स अतेलिए' में ग्राफिक कलाकार प्लेट की कई तहों को उत्कीर्ण करते, तराशते और अम्लांकित करते हैं और कई तरह के लसलसे तैल रंगों का इस्तेमाल करते हुए एक बार में दर्जनों रंग उभार लेते हैं। इस तरह एक ही समय में आदिम, मध्ययुगीन तथा आधुनिक तरीकों से छापे तैयार किए जा रहे है—कई तरह की पद्धतियों का इस्तेमाल करते हुए, हाथ और मशीनों से।

पाषाण युग के मनुष्य और चित्ररूप के बीच कोई 'प्लेट' नहीं थी—त्वचा स्वयं चित्ररूप के 'रूपांतरण' को अपने धरातल पर अंकित कर लेती थी—इसीलिए चित्ररूप मनुष्य के स्व का ही एक विस्तार था। इसी प्रकार पशु के शरीर पर 'छापा' अपने स्वामी/अभिभावक की गैरहाजिनी में मानो उसकी उपस्थिति का 'बखान' करता था।

मध्ययुगीन उत्कीर्णक (एनग्रेवर) तब पांडुलिपियों में उपलब्ध रेखांकनों के आधार पर काठ-ठप्पे तैयार किया करते थे जिससे कि पुस्तकों को 'सचित्र' बनाया जा सके। रेनेसां काल में उत्कीर्णन में दिलचस्पी बढ़ते के साथ ही उसमें कई तरह की तकनीकी प्रगति हुई। ड्यूरर ने छापे को रेखांकन का ही दर्जा दे दिया—इस पद्धति को रेनेसां काल के उस्तादों ने अपने लिए बहुमूल्य माना। लेकिन यह रेम्ब्रां के प्रादुर्भाव से ही संभव हुआ कि छापे को चित्र-रचना का-सा दरजा मिला। रेम्ब्रां के अम्लांकन (एचिंग) एक व्यक्तिगत डायरी सरीखे हैं, जिसमें द्वंद्व और दिशा भ्रम—सब पारदर्शी हैं और बहुत अच्छी तरह व्यक्त हुए हैं—और उसमें एक ऐसे व्यक्ति और कला-उस्ताद का व्यक्तित्व प्रतिबिंबित है जो अपने समय की समस्याओं से भी कहीं आगे की समस्याओं के 'हल' ढूंढ रहा था।

अठारहवीं सदी में गोइया ने अपने अम्लांकनों में 'एक्वाटिंट' (जो तब हाल में ही खोजी गई थी) का इस्तेमाल कर युद्ध की विभीषिकाओं, मानवीय विकृतियों और सांड-युद्ध आदि का चित्रण किया। यह माध्यम उन्हें अपने समय की सचाइयों के 'रूपक' से कम नहीं लगा—उस समय के स्पेन में व्याप्त 'पाखंड' और 'आतंक' के विषयों के लिए इस माध्यम के ही पैने सफेद-काले की 'मुठभेड़' से उन्होंने जैसे चित्रों में व्यंग्य और भयावह तथा कटु आदि के चित्रण में मदद ली। जापान की 'उकीयोए' पद्धति से समकालीन छापे 'भंगुर संसार' की तस्वीरें एक बिल्कुल ही नई झलक पेश करते हैं। जापान और चीन में ग्राफिक चित्रों का इतिहास पश्चिम की बनिस्बत कहीं अधिक पुराना है क्योंकि वहां कागज का इस्तेमाल बहुत पहले से होता था। चीन में हान-काल (200 ई. पू. से 400 ई.) से ही ऐसे छापों के नमूने मिलते हैं जो बुने हुए कपड़ों पर पत्थर उकेरनों को रगड़कर तैयार किए गए थे। जापान के काठ ठप्पों की 'छपाई' हाथ और ब्रश से किए गए रेखांकनों से 'मिलान' के सिद्धांत पर की जाती है। प्रायः उस्ताद रेखांकन कर देता है जो कि ठप्पे (ब्लाक) पर चिपका दिया जाता है जिसे 'काटता' कोई और है।

लेकिन जैसाकि जाहिर है कि दो अलग-अलग व्यक्तियों (दो अलग माध्यमों की बात न करें तो भी) के सहयोग से तैयार होने के कारण थोड़ा बहुत 'बदलाव' (मूल कृति से) इसमें आ जाता है। हां, अगर उस्ताद ने ही रेखांकन और छापे दोनों तैयार किए हों तो रेखालिपियों और तूलिकाघातों की स्वतः-स्फूर्तता साफ-साफ पढ़ी जा सकती है—गौर करने पर, लेकिन अगर रेखांकन और छापे अलग-अलग व्यक्तियों के तैयार किए हुए हों तो भी (दोनों में) इन चित्रों में वर्णित चीजें सुरक्षित रहती हैं—बांस, तितलियों की लुका-छिपी, आवर्तित फूल, आकृति-रूप आदि।

अंग्रेज चित्रकार होगार्थ और ब्लेक की 'चिंताएं' कुछ और ही हैं। होगार्थ अठारहवीं सदी के प्रारंभ के अंग्रेज जीवन और नैतिकता पर अर्द्ध-गंभीर और अर्द्ध-विनोदात्मक टिप्पणियां करते हैं—बहुत ही चतुराई से। वह इनकी आलोचना भी करते हैं और इनका मजा लेते हुए भी लगते हैं। दूसरी ओर ब्लेक अपने 'तात्विक चिंतन' से ही अभिभूत लगते हैं। कहते हैं ब्लेक ने अपने बहुत से अम्लांकनों को रिलीफ-पद्धति से तैयार किया था—यानी अपनी प्लेटों को उन्होंने 'काठ ठप्पों' की तरह तैयार किया था और इससे उनके छापों में कोई फर्क नहीं पड़ा था।

शुरू के आधुनिकतावादियों में से, प्रभाववादियों के बाद के कलाकारों और अभिव्यंजनावादियों ने छापों को अपनी प्रतिभा और अभिव्यक्ति के अनुकूल पाया, और उसके बाद से ही यह धारणा पुष्ट हुई है कि संवेगों की अभिव्यक्ति और प्रत्यक्ष नाटकीय विषयों के लिए इस माध्यम में अपार संभावनाएं छिपी हुई हैं। हालांकि इस धारणा में सच्चाई है, जिसे कि कई अभिव्यंजनावादियों का समर्थन प्राप्त है, लेकिन इसे पूरी तरह प्रासंगिक नहीं कहा जा सकता क्योंकि इससे हम उसकी दूसरी क्षमताओं को नजरंदाज करेंगे। जहां लात्रे ने लिथोग्राफी का बड़ा सहज इस्तेमाल किया वहीं गोगां ने ताहीती जीवन और सैरों के अंकन के लिए काठ ठप्पों से गहरा लगाव अनुभव किया। इनमें उसने सफेद लाइनों को उकेरने का काम किया जिससे कि माध्यम की अधिकतम संभावनाओं की प्राप्ति हुई। काले-सफेद की 'मुठभेड़' को और आगे बढ़ते हुए नोल्डे, राओल्ट, मुंच, बेकमन्न, कैथे कॉलविज जैसे अभिव्यंजनावादियों और मेक्सिकी भित्ति-चित्रकारों ने युद्ध के दौरान और युद्ध के बाद की आशंका, भय, पीड़ा, त्रास आदि का शक्तिशाली अंकन किया है—व्यक्तिगत और सामूहिक (जातिगत) दोनों ही संदर्भों में।

बीसवीं सदी में जहां बाउहाउस ने ग्राफिक कला में रुचि जगाने का उल्लेखनीय काम किया वहीं यह स्वीकार करना पड़ेगा कि तीसरे और चौथे दशक में ही ग्राफिक कला जोर पकड़ सकी जबकि छापा बनाने की 'कार्यशालाएं' (वर्कशाप) स्थापित हुईं। इसके बाद से ही कई प्रयोग और कई खोजें इस माध्यम में हुई हैं, जिनमें अधुनातन और लोकप्रिय है सिल्कस्क्रीन। पिछले कुछ दशकों में एक के बाद दूसरे कला आंदोलनों ने एक पीड़ाजनक स्थिति ही तैयार की है। (कलाकृति को मात्र 'सूझ' और 'अमूर्तन' में अवमूल्यित करके), छापे तैयार करने की कला अपने मानवीय और लोकतांत्रिक कार्यात्मक रूप से एक बार फिर मानव हाथ और बुद्धि के प्रति (कला में) एक नई दिलचस्पी पैदा करने का कारण बन सकती है। आज हिंदुस्तान में छापों को लेकर पहले से कहीं अधिक दिलचस्पी है और अपने वाजिब मूल्य और अपेक्षाकृत 'सुलभ' होने के कारण 'छापा' कला के प्रति दिलचस्पी पैदा करने में एक निर्णायक भूमिका अदा कर सकता है।

भारतीय छापा कला

उमेश वर्मा

चित्र या शिल्प या कोलाज का अभिजात्य दर्जा एक लंबे समय से कायम है। सदियों से इन माध्यमों की कला-वस्तुएं आदर से देखी जाती रही हैं लेकिन हर काल में कलाकारों ने अपने जमाने की छापा तकनीकों को अपनाकर इकलौती अभिव्यक्ति की मौलिकता को मौलिक सीमित संस्करणों में भी तब्दील किया है। कारण आर्थिक रहे हों या तकनीकी, नई शैलियों का आविर्भाव छापा-चित्रों (ग्राफिक्स) में चित्र, शिल्प या कोलाज के बाद में ही होता आया है। छापे, चित्रों या शिल्पों से सस्ते होते हैं क्योंकि अभिव्यक्ति सीमित संख्या के संस्करण में उपलब्ध होती है। पश्चिम में और सुदूर पूर्व में छापों का लंबा इतिहास है।

भारतीय संदर्भ में छापा कला की शुरुआत ब्रितानी राज्य के साथ जुड़ी है। हमारे यहां साहसी कला व्यापारियों का संरक्षण इसे शुरू से अब तक नहीं मिल पाया। बोलार्द या कान्हवीलर जैसे प्रकाशकों ने यूरोप में इस माध्यम को आगे बढ़ाने में जिस दृष्टि और साहस का प्रदर्शन किया था, वह हमारे यहां कहीं नजर नहीं आता।

1855 के आसपास से भारत के कला विद्यालयों में उकेरन (एनग्रेविंग), अम्लांकन (एचिंग) और शिलालेखन (लिथोग्राफ्स) पढ़ाए जाते रहे हैं। इन तकनीकों के द्वारा लिखित छवि के छापों का इस्तेमाल अधिकतर किताबों या दास्तानों में जन-जीवन के 'डाकुमेंटेशन' के लिए किया जाता रहा है। उन्नीसवीं सदी के उत्तरार्द्ध में छपी अनेक किताबों में छाया-प्रकाश पर आधारित दृश्य-यथार्थ के अनेक उदाहरण मिलते हैं।

हमारे यहां कलाकारों के लिए विशेष रूप से चालू व्यावसायिक ग्राफिक स्टूडियो और छापाखाने न तब थे और न अब हैं। छापा संस्करण बनाने के इच्छुक कलाकारों के सामने अनेक कठिनाइयां (मूल रूप से आर्थिक और तकनीकी) आज भी बरकरार हैं। कुछ व्यवसायी लीथो छापाखानों ने अपने पुराने तरीकों से राजा रवि वर्मा के तैल चित्रों पर आधारित सरस्वती, लक्ष्मी आदि देवी-देवताओं के शिलालेखी रंगीन छापे जरूर प्रकाशित किए थे। उस जमाने में कैमरा नहीं था और इन छापों की सीधी चित्रात्मकता और 'अनगढ़ता' जानदार थी। आज ये दुर्लभ बन चुके हैं। अगर इन छापाखानों का तकनीकी सहयोग उस समय के कलाकारों को स्वतंत्रता से मिला होता तो एक नई परंपरा का विकास होता।

छापा तकनीकों के पहले सफल उपयोग गगनेंद्रनाथ ठाकुर के शिलालेखी कार्टूनों को कलात्मक दृष्टि से महत्वपूर्ण नहीं माना जाता। फिर भी इनमें मौलिकता है और ये तात्कालिक नकल और डाकुमेंटेशन की लीक से अलग हटकर अपना अस्तित्व स्थापित करते हैं। शायद गगनेंद्रनाथ पहले कलाकार हैं जिन्होंने छापा तकनीक को मौलिकता के लिए स्वतंत्रत किया। शांतिनिकेतन के कलाकार छपाई का माध्यम कभी-कभी इस्तेमाल करते रहते थे। प्रसिद्ध छापाकार आंद्रे कापील के आने से शांतिनिकेतन स्कूल को बहुत लाभ हुआ। नंदलाल बोस के सुपुत्र विश्वरूप बोस काठ-उकेरन की रंगीन छापा तकनीक का अध्ययन करने के लिए जापान गए। बाद में विश्वरूप कला भवन में काठ उकेरन की छापा तकनीक पढ़ाते भी रहे। विश्व भारती त्रैमासिकी, विश्व भारती पत्रिका और अन्य शांतिनिकेतन के प्रकाशनों में तत्कालीन युवा पीढ़ी के छापे देखे जा सकते हैं।

नंदलाल बोस ने सन् 29 में रवींद्रनाथ ठाकुर की बच्चों के लिए लिखी 'सहज पथ' को छापों से चित्रित किया

था। उन्होंने गांधी जी और खान अब्दुल गफ्फार खां की शैलीबद्ध शबीहें भी की थीं लेकिन अम्लांकन की ओर उनका रुझान 1935 के बाद हुआ। अम्लांकन (एचिंग) में उन्होंने प्रकृति के स्केच छापे।

शायद छापा तकनीक का सफलतम उपयोग विनोद बिहारी मुखर्जी ने किया। उन्होंने अम्लांकन और काठ-उकेरन में काम किया और अपने सशक्त संयोजनों में नवीनता दी। कार्यरत लड़की का लयात्मक काठ-उकेरन आज भी प्रभावित करता है। इनके काम में रूप को श्रद्धा से उभारा गया है, अमूर्त गुणों को शिद्दत से महसूस किया गया है। यहां एक अनगढ़ शक्ति है। सन् 36 से 45 के बीच विनोद बिहारी मुखर्जी ने अनेक सैरे लिनोलियम और काठ में उकेरे। माध्यम का सुनियोजित टेक्सचर, सशक्त गति और तनाव इन छापों में जानदार बात पैदा कर देते हैं। बाद के दिनों में उन्होंने शिलालेखन के छापे भी बनाए। इनमें लेखी सुचित्रात्मकता है।

कोलकाता में उन दिनों मुकुल दे, रमेंद्रनाथ चक्रवर्ती और मधुभूषण गुप्त काम कर रहे थे। मुकुल दे पर बंगाल स्कूल का प्रभाव नहीं पड़ा था। उनकी शिक्षा लंदन में हुई थी। उनकी शबीहों में अंकन और चरित्र ही महत्ता स्पष्ट थी। अम्लांकन में उन्होंने अनेक व्यक्तियों का चरित्र बांधा। ऐसा लगता है कि सामने बैठे व्यक्ति की शक्ल ही सब कुछ है और बस उसी को यथातथ्य अंकित करना ही अंतिम उद्देश्य है। इसी विधा में उन्होंने कुछ सैरे भी किए थे।

रमेंद्रनाथ चक्रवर्ती की शिक्षा-दीक्षा शांतिनिकेतन में हुई थी। अम्लांकन में उन्हें विशेष मजा आने लगा था। अपने परिवेश का बारीकी से अंकन करने में उन्हें खासी महारत हासिल थी। इसी दिशा में बाद में हरेन दास ने भी अपने माहौल को बारीकी से प्रस्तुत किया। दूसरी ओर छापा तकनीकों से कुछ लोग अधिक तादाद में अपने काम के प्रस्तुतीकरण में लगे हुए थे। ऐसे छापों में स्याही से किए अंकन मात्र का आभास मिलता है। रूप कृष्ण के छापे वाश शैली का प्रस्तारण लगते हैं और समरेंद्रनाथ गुप्त के छापे रेखाचित्र। चगुताई ने भी अपने जमाने की रूमानी छवि को अम्लांकित किया। मुंबई में उन दिनों य.क. शुक्ल भी अपनी रूमानी शैली में व्यस्त थे। विभिन्न प्रदेशों में अनेक कलाकार यदाकदा छापे भी बनाते रहते थे। लखनऊ में ललित मोहन सेन का उल्लेख भी यहां जरूरी होगा।

बाजार-शैली में काठ-उकेरन के छापों में काली माता की छवि कोलकाता में अक्सर मिलती रही है। रोजमर्रा के इस्तेमाल में काठ-उकेरन की तकनीक चद्दरों और अन्य कपड़ों में अरसे से इस्तेमाल होती रही है लेकिन इन लोक कलाकारों ने इसे कला का दरजा देने का प्रयास नहीं किया। यदि ये लोग अपने लंबे अनुभव को इस दिशा में भी इस्तेमाल करने लगें तो गुणात्मक रूप से भिन्न छापा चित्र सामने आएंगे।

इस तमाम दौर की परिणति हमारी आजादी की लड़ाई में हुई। सामाजिक उथल-पुथल के दिनों में छापा तकनीक का अधिक विकास संभव नहीं था। छापों की कोई खास मांग भी नहीं थी और न ऐसे कलाकार ही थे जो अपना अधिकांश समय अम्लांकन, काठ-उकेरन या शिलालेखन को देते थे। आजादी के बाद सामाजिक पुनर्गठन का दौर चलता रहा। हरेन दास और चित्त प्रसाद ने छापा तकनीक में काफी काम किया और इस विधा में उन्हें विशिष्ट माना जा सकता है। हरेन दास सैरों का बारीक उकेरन करने में और चित्त प्रसाद ग्राम्य-जीवन, लोक-नर्तकों और लोक-छवियों की विषय वस्तु पर काठ-उकेरन के छापे बनाने में व्यस्त थे। इन दोनों कलाकारों ने वैयक्तिक शैली विकसित कर ली थी।

आजादी के बाद भारतीय कला में बहुत कुछ नया उभरा। छापा तकनीक भी आगे बढ़ी हालांकि उसका दर्जा अभी भी गौण था। यों कहें तो शायद ज्यादा ठीक होगा कि आगे आने वाले समय की भूमिका बड़े जोर-शोर से तैयार हो रही थी। कलाकार मानो महसूस करने लगे थे कि छापा तकनीक से मात्र चित्रों की अनुकृतियां बनाना ठीक दृष्टिकोण नहीं है और यह कि इस विधा के समुचित उपयोग से जो कुछ कहा जा सकता है उसे चित्र या शिल्प या कोलाज के माध्यम से नहीं कहा जा सकता। यह एहसास आगे चलकर बहुत महत्वपूर्ण साबित हुआ। धातु-उत्कीर्णन, अम्लांकन, शिलालेखन आदि के पारस्परिक उपयोग से हटकर कलाकार रंगों और छवि के नए उपयुक्त तनकीकी विस्तार खोजने में लगे थे ताकि छापों द्वारा कथ्य सामने रखा जा सके। छापों में लोगों का रुझान भी होने लगा था।

प्रयोगात्मक तरीकों को अपनाने में आकस्मिक घटनाओं का होना अवश्यंभावी है और इन्हें कंवल कृष्ण ने पहचाना। घटनाएं क्यों होती हैं और उनको किस तरह अपनी कार्य-विधि में आगे शामिल किया जा सकता है? शायद कंवल कृष्ण पहले कलाकार थे जिन्होंने इस सवाल को परखा और छापों को नया आयाम दिया। उन्होंने सबसे पहले कोलाज-प्लेट बनाई और उसे 'इंटेग्लियो' पद्धति से अम्लांकित प्लेट की तरह छापा।

इस दौर में लोग नई तकनीकों को टटोल रहे थे और सिल्कस्क्रीन, रंगीन शिलालेखन, मिश्रमाध्यम आदि में व्यस्त थे। सातवें दशक की शुरुआत तक कला विद्यालयों में ग्राफिक विभागों को महत्वपूर्ण स्थान मिलने लगा था। छापों के माध्यम से कलात्मक अभिव्यक्ति की विलक्षणता को मान्यता मिलने लगी थी। लेकिन एक कठिनाई सभी के सामने थी। छापाखाने भारत में नहीं बनते थे। विभिन्न कला विद्यालयों के पास आयात की हुई मशीने थीं जो ब्रितानी काल में आई थीं। इस समस्या का हल ढूंढ़ने की दिशा में दिल्ली और वड़ोदरा में कई लोग काम कर रहे थे।

वड़ोदरा की ग्राफिक कार्यशाला का गठन जोगलेकर के तकनीकी निर्देशन में हुआ था। छापे बनाने के लिए मूल प्लेट बनाने और फिर उसे छापने की मशीनों का होना बेहद जरूरी है। वड़ोदरा में इस कार्यशाला से वहां के प्राध्यापकों और विद्यार्थियों दोनों को लाभ हुआ। छठे दशक के मध्य में शांति दवे ने गीत गोविंद पर लिनोलियम उकेरन के छापों की एक सीरीज बनाई।

मुंबई में 1955 के आसपास हुसेन, रामकुमार और उनके साथियों ने शिलालेख कार्यशाला शुरू की। इस कार्यशाला का उद्देश्य कलाकारों को उनकी बनाई प्लेटों के छापे और संस्करण छापने की सुविधाएं प्रदान करना था। प्रयास सही दिशा में था लेकिन अधिक दिन नहीं चला। हुसेन, रामकुमार, तैयब मेहता आदि ने शिलालेख के छापे बनाए।

सोमनाथ होर इंडियन कॉलेज ऑफ आर्ट्स ऐंड ड्राफ्टमैनशिप, कोलकाता में पढ़ाते थे। 1958 में होर दिल्ली पॉलीटेकनिक के स्कूल ऑफ आर्ट में ग्राफिक प्राध्यापक बनकर आए। स्कूल ऑफ आर्ट में एक लीथो मशीन और एक पुरानी एचिंग प्रेस आई। मैंने अभी वहां दाखिला लिया था। 61 से लेकर 63 तक मैं उनसे ग्राफिक सीखता रहा। मुझे उनकी कार्य-पद्धति ने मोह लिया। सोमनाथ होर यदाकदा कृष्ण रेड्डी के अम्लांकनों के 'विस्कासिटी' छापों की संक्षिप्त बात किया करते थे। कैथे कॉलविज का आदमी से लगाव एकधिक बार रूप और छवि के सिलसिले में उनकी बातों में उभरा। मुझे उनके 'एक सफेद गुलाब का जन्म' और 'नाइंथ सिंफनी' के अम्लांकनों का विकास देखने का अवसर मिला। कार्यशाला के सीमित साधनों का सफलतम उपयोग इन कामों में सामने आया। सन् 63 से लखनऊ के जयकृष्ण प्रयोगात्मक कोलाज प्लेटों से छापे बनाने में व्यस्त थे और सोमनाथ होर के निर्देशन में काम कर रहे थे। दिल्ली के बहुत से छापाकार श्री होर से पढ़े और लाभांवित हुए। इनमें से प्रमुख हैं : पुष्पा राव, लक्ष्मी दत्त, सतीश शर्मा, रामेश्वर बरूटा, शोभा, अनुपम सूद आदि।

नई दिशा में भारतीय छापा कला का विकास सही मानों में पिछले दस-बारह सालों में हुआ जब इस विधा के लिए जरूरी अनेक मशीनी उपकरणों का अपने ही देश में बनना शुरू हुआ। ज्योति भट्ट ने वड़ोदरा में और जगमोहन चोपड़ा ने दिल्ली में एचिंग प्रेस बनाए। सतीश गुप्ता और जरीना ने भी प्रेस बनाए। अकबर पदमसी ने मुंबई के लिए एक कार्यशाला बनाई। नरेंद्र दीक्षित ने भी एक कार्यशाला बनाई जो किन्हीं कारणों से चल नहीं पाई। विवान सुंदरम ने बाद में वड़ोदरा की 'ग्राफिक वर्कशाप' संस्था से कई कैंप आयोजित किए। स्मिथसोनियन इंस्टीट्यूशन, वाशिंगटन से पॉल लिंग्रेन की 'इंटेग्लियो कार्यशाला' का आयोजन भारत के कई प्रमुख शहरों में हुआ। मद्रास के चोल मंडल और हैदराबाद में ग्राफिक कार्यशालाएं बनीं। 75 में ललित कला अकादेमी की गढ़ी कार्यशाला दिल्ली में बनी, जहां अब तक कई कैंप हो चुके हैं। ग्रुप 8 की शुरुआत जगमोहन चोपड़ा ने लगभग दो दशक पहले दिल्ली में की थी। इस ग्रुप ने अनेक वार्षिक प्रदर्शन और अखिल भारतीय ग्राफिक प्रदर्शन आयोजित किए हैं।

इस तरह कला विद्यालयों के बाहर अनेक ग्राफिक कार्यशालाएं आयोजित हुईं और छापा बनाने के इच्छुक कलाकारों के लिए तकनीकी बाधाएं किसी हद तक कम हुईं। इस संदर्भ में कोलकाता की सोसाइटी ऑफ कंटेम्परेरी आर्टिस्ट्स और त्रिवेणी कला संगम की कार्यशालाओं का उल्लेख भी वांछनीय है।

कृष्ण रेड्डी मुद्दत हुए अपने माध्यम की सुविधाएं तलाशते हुए पेरिस के ख्यातिनाम एस.डब्ल्यू हेटर के 'एतेलिए-17' में चले गए थे और अब अमरीका में हैं। आज तकनीकी और मशीनी व्यवधान हमारे छापाकार के सामने अपेक्षाकृत कम हैं। 'एतेलिए-17' में कंवल कृष्ण से लेकर आज तक बहुत से लोग अध्ययन कर चुके हैं जिनमें प्रमुख हैं जरीना, अरुण बोस, हिम्मत शाह, दीपक बनर्जी, नरेंद्र दीक्षित, बिमल बनर्जी, रिनी आदि। जरीना और रिनी ने नए आयाम खोजे हैं।

अनेक भारतीय छापाकार अमरीका, ब्रिटेन, जर्मनी आदि में छापा तकनीकों का अध्ययन करने गए। इनमें वड़ोदरा के ज्योति भट्ट और हैदराबाद के मोहम्मद यासीन प्राट इंस्टीट्यूट अमरीका गए थे। ज्योति भट्ट ने तकनीकी चातुर्य से मानव की लोक छवि के सशक्त रेखांकन प्रस्तुत किए हैं। टेक्सचर और रंगों का इस्तेमाल इनके छापों में पूर्ण नियोजन से किया गया है। हिम्मत शाह के ताम्र-उत्कीर्णन और अम्लांकनों में माध्यम का विशेष मजा है।

छापा कला में जिन कलाकारों ने काम किया उनकी फेहरिस्त काफी लंबी है। देवयानी कृष्ण के कोलोग्राफ (कोलाज प्लेटों के छापे), जगमोहन चोपड़ा, अनुपम सूद, ब्रह्म, सनतकर, सुहास राय, र. वरदराजन, बद्रीनारायण, मनहर मकवाना, सारंगन, गुनेन गांगुली, जीवन अदल्जा, पनीर सेलवाम, जयंत पारीख, भूपेंद्र कारिया, विनोद राय पटेल, नैना दलाल, गगन परमार, किशोर वाला, रजनीकांत पंचाल, लक्ष्मण पै, अमिताभ सेनगुप्त, श्यामल दत्त, शैलेन मित्र, भास्करन, लक्ष्मा गौड़, देवराज, महिरवान ममतानी, रिनी धूमल, मनजीत बावा, शेख, नसरीन आदि अनेकानेक नाम गिनाए जा सकते हैं।

दिल्ली में गढ़ी की कार्यशाला में सेरीग्राफी (सिल्कस्क्रीन) की सुविधा अब उपलब्ध है। देवराज अम्लांकन और शिलालेखन के विशेषज्ञ हैं और मनजीत बावा सेरीग्राफी के। इधर कई ग्राफिक कलाकारों और चित्रकारों ने सेरीग्राफी का माध्यम भी अपनाया है। इनमें प्रमुख हैं : स्वामीनाथन, संतोष, भवेश सान्याल, अमिताभ दास, नरीन नाथ और तपन भौमिक।

सिरेमिक कला

रंजना थपलियाल

हम में से जो लोग आज मिट्टी के माध्यम में काम कर रहे हैं वे अत्यंत प्राचीन परंपरा के अंग हैं फिर भी उससे अलग हैं। अलग इसलिए कि हमने अपने लिए कुछ नई मान्यताएं स्थापित कर ली हैं। पारंपरिक प्रजातियों की तरह हम समाज की प्रत्यक्ष मांगों को पूरा करने के लिए सामान नहीं बनाते, हम विभिन्न वस्तुएं बनाकर समाज की जांच के लिए प्रस्तुत करते हैं। समाज को इसका पूर्वानुमान नहीं होता कि हम क्या बना कर देंगे। कहा जा सकता है कि हम ऐसे दस्तकार हैं जिन्होंने वह अधिकार हस्तगत कर लिया है जो कभी ललित कलाकर्मियों के लिए सुरक्षित समझा जाता था।

'दस्तकारी' और 'कला' के बीच जो कृत्रिम सीमा रेखा थी, वह अब मिटने लगी है। पिछले बीस-पचीस सालों में बुनाई, भांड-कर्म आदि के क्षेत्र में एक नया अन्वेषक दृष्टिकोण आया है। किसी आधुनिक कपड़ा प्रदर्शनी में चले जाइए तो आपको बिना आधार खड़ी रस्सी से बनी दस फुट ऊंची मूर्ति देखने को मिल जाएगी। उसी तरह किसी सिरेमिक प्रदर्शनी में मिट्टी की गोलियों का ढेर सिर्फ इसलिए प्रदर्शनी में शामिल देखा जा सकता है कि विभिन्न मिट्टियों के स्वाभाविक रंगों और बनावट की विविधता एवं अनोखापन महसूस किया जा सके।

1. मृत्तिकाशिल्प : एक पुराना विवाद

सिरेमिक को ललित कला के क्षेत्र में प्रवेश मिलने से कलाकारों में गहरे मतभेद उत्पन्न हो गए हैं। जो अपने आप को समर्पित 'स्टूडियो पॉटर' मानते हैं, वे समकालीन सिरेमिक कलाकारों के काम को अजीब संशय और विस्मय की नजर से देखते हैं। उधर मिट्टी के माध्यम से काम करने वाले मूर्तिशिल्पी इस संकीर्ण मनोवृत्ति को हिकारत की नजर से देखते हैं, जो सिरेमिक को चाक पर बनाई हुई इस्तेमाली चीजों के बनाने तक सीमित रखना चाहती है।

कलाकार और शिल्पी में भेद करने की यह प्रवृत्ति एकदम निरर्थक है; किसी भी देश का कला इतिहास इस बात की पुष्टि कर देगा। यूरोप के गिरजाघर, इस्लामी मस्जिदें व मजार, प्राचीन भारत के मंदिर, चैत्य व स्तूप कलाकारों की कृतियां हैं अथवा कारीगरों की? वास्तुकारों, पत्थर के कारीगरों, काष्ठकारों, खिड़कियां बनाने वाले विशेषज्ञों और अन्य शिल्पियों के समर्पित कार्य और सहयोग से ही इन विलक्षण कृतियों का निर्माण संभव हुआ है। क्या यह कहना हास्यास्पद नहीं होगा कि बनाने वाले तो केवल दस्तकार थे परंतु बन गई एक महान कलाकृति?

मिकेलांजेलो द्वारा चित्रित सिस्टीन चैपल की छत को देखकर हम उसकी कला की सराहना करते हैं परंतु उसके पीछे उसका रंग बनाने और मिश्रण करने का कष्टसाध्य शिल्प नहीं देखते। उधर भांडकार को विभिन्न वस्तुओं को कूट-पीसकर ग्लेज बनाते देखकर हम उसे दस्तकार की संज्ञा दे देते हैं। यह नहीं सोचते कि यह तो उसकी कला का आवश्यक उपकरण है। दस्तकार को 'उच्चवर्गीय कला-जगत' से बाहर रखने की प्रवृत्ति शायद उस धारणा से

संबंधित है जो कुलीन वर्ग के लिए हाथ से काम करने को अपमानजनक समझती है।

एक धारणा यह भी है कि कलाकार तो हर मौलिक और अप्रत्याशित वस्तु बनाता है, जबकि दस्तकार परंपरागत आकारों और तकनीकों को दुहराता भर है। पर यह एक भ्रामक अर्धसत्य है। सच्चाई यह है कि अंतर की प्रेरणा से काम करने वाला शिल्पी पारंपरिक बंधनों और विशेषताओं को स्वीकारते हुए ऐसी वस्तु का निर्माण करता है जिसमें उसकी कल्पना को पूरा अवसर मिलता है और जिसमें एक ऐसी अस्मिता की छाप होती है जिसे नाम की अथवा निजी शैली की दरकार नहीं रहती। मूर्तिकार, चाहे कितनी ही निजी शैली क्यों न आपनाए, निष्प्राण और थोथी चीजें देगा। उनमें उसके अहंकार का प्रदर्शन-मात्र होगा और दर्शक के मर्म को छूने की क्षमता नहीं होगी।

भारतीय परिस्थिति में यह विवाद और भी हास्यास्पद है क्योंकि यह उन प्रजातियों का देश है जो हजारों साल पुरानी परंपरा के अंश हैं और जिनका काम कभी किसी दीर्घा अथवा नुमाइश में नहीं गया। उन्हें ये सुनकर आश्चर्य होता है कि जन्म भर वे जो कुछ करते रहे, उसका नाम सिरेमिक्स अथवा मृत्तिकाशिल्प है। इन लोगों में अनेक ऐसे ऊंचे दर्जे के कलाकार मिलते हैं जिनके कौशल के सामने आधुनिक सिरेमिक कलाकारों को नतमस्तक होना पड़ता है।

यह भी उल्लेखनीय है कि हमारे यहां चौसठ कलाएं मानी गई हैं। इनमें ललित कलाओं के साथ भांडकर्म ही नहीं वरन् कढ़ाई, बुनाई, घोड़ों का प्रशिक्षण, नट विद्या और गायों का लक्षण-ज्ञान तक गिनाए गए हैं।

'स्टूडियो पॉटर' या 'आर्ट पॉटर' उन्नीसवीं सदी के उत्तरार्द्ध की संकल्पना है और यह शब्द सबसे पहले यूरोप में चलन में आया। आजकल 'स्टूडियो पॉटर' उस कलाकार को कहा जाता है जिसने कला की उच्च औपचारिक शिक्षा प्राप्त करने के बाद मिट्टी को अपनी कला का माध्यम चुना हो। अपने प्रारंभिक अर्थ में इस शब्द को उन भांडकारों के लिए प्रयुक्त किया जाता था जिन्होंने बाजारों में फैक्टरी निर्मित मिट्टी के बर्तनों की भरमार के खतरे को समझा और भांडकर्म को दस्तकारी के रूप में जीवित रखने का प्रयत्न किया। उन्नीसवीं सदी के यूरोप की 'स्टूडियो पॉटरी' अक्सर दस्तकारों द्वारा बनाई जाती थी और उस पर सजावट पेशेवर चित्रकार या डिजाइनर करते थे। इस बात पर जोर दिया जाता था कि उत्पादन छोटे पैमाने पर हो और प्रत्येक कृति की अपनी विशेषता बनी रहे। बीसवीं सदी में स्टूडियो पॉटर उन भांडकारों को कहा जाने लगा जो मिट्टी तैयार करने और बर्तनों को आकार देने से लेकर आग में पकाने तक की सभी प्रक्रियाओं का स्वयं नियंत्रण करते थे और जिनके काम में अपनी विशिष्ट व्यक्तिगत छाप बरकरार रहती है।

यूरोप में परंपरिक शिल्पों पर औद्योगिक क्रांति का अत्यंत विनाशकारी प्रभाव पड़ा। एक ही सदी में वहां की कृषि-प्रधान व दस्तकारी पर आधारित सामाजिक व्यवस्था का मशीनीकरण हो गया। लघु उद्योगों का स्थान फैक्टरियों ने लिया और हाथ से बनी वस्तुओं की जगह सस्ते मशीनी माल की भरमार हो गई। अनेक शिल्प लुप्त हो गए। इसकी प्रतिक्रिया-स्वरूप अंग्रेज कवि तथा कलाकार विलियम मॉरिस ने 'आर्ट्स व क्राफ्ट्स आंदोलन' चलाया जिसका ध्येय था जनता में कलात्मक भावना व सुरुचि को प्रोत्साहित करना, हाथ की बनी वस्तुओं के प्रति आदर का भाव जगाना और दस्तकारी को लुप्त होने से बचाना।

भारत में औद्योगीकरण पारंपरिक शिल्पों और जीवन-पद्धतियों को नष्ट नहीं कर पाया है और शायद कर भी न पाए। इसमें संदेह नहीं कि शहरों में आज प्रजापति के माल की मांग बहुत घट गई है परंतु देहातों में अभी वह जीवन पद्धति का अवश्यक अंग है। यह भारतीय मृत्तिकाशिल्पियों का सौभाग्य है कि उनकी कला की प्रेरक एक प्राचीन परंपरा आज भी जीवित है।

परंतु सच्चाई यह है कि भारतीय स्टूडियो पॉटरों और प्रजापतियों के बीच बहुत चौड़ी खाई है। आधुनिक भांडकार न तो प्रजातियों की परंपरा से जुड़ना चाहते है, न कुम्हार-कर्म को लुप्त होने से बचाने के लिए अपनी जिम्मेदारी महसूस करते हैं।

उनका ध्यान मोटे तौर पर शिल्प की तकनीकी विशेषताओं पर केंद्रित रहता है और व्यक्तिगत रूप से कला जगत में स्थान बनाने की होड़ लगी रहती है। नतीजा यह होता है कि ज्यादातर ऐसा काम देखन में आता है जो

न तो परंपरा से जुड़ा होता है, न उससे व्यक्तिगत विश्वास अथवा मौलिकता की झलक होती है। अक्सर आकार, संयोजन आदि भी उन्हीं संस्कृतियों से उद्धृत कर लिए जाते हैं जिनसे हमने आधुनिक मृत्तिकाशिल्प का तकनीकी ज्ञान लिया है। एकदम खुली नकल भी देखने को मिलती है। इस अनुकरण प्रवृत्ति के लक्षण अक्सर भारतीय कैसेरोल, पंच बोल व प्याले व ग्रीक फूलदान ही नहीं हैं, बल्कि वे कमजोर और तकनीकी दृष्टि से दोषमुक्त टेराकोटा व स्टोनवेअर की मूर्तियां भी हैं जो हमारी दीर्घाओं में अक्सर दिखाई देती हैं।

प्रजापतियों का काम इन प्रयासों से कहीं अधिक सशक्त होता है। उनकी बनाई हुई वस्तुओं में पूर्णत्व का आभास होता है। इसका कारण यह है कि अपने माध्यम अर्थात् मिट्टी से उनका अटूट संबंध और पारंपरिक आकारों, नमूनों और सजावटी काम पर उनका पूर्ण अधिकार होता है।

आज का मृत्तिकाशिल्पी न केवल परंपरा के धनी प्रजापतियों से बहुत कुछ सीख सकता है, बल्कि उसकी बहुत बड़ी मदद भी कर सकता है। आज की परिस्थिति में प्रजापति को ऐसा मार्गदर्शन चाहिए जिससे वह उन तकनीकी मुश्किलों को हल कर सके जिनके कारण उसका 'माल' आज के बाजारों में बिकने वाली वस्तुओं का मुकाबला नहीं कर पाता। बर्तन पकाने के नए तरीके, कम ईंधन वाली भट्टियों का इस्तेमाल, बर्तनों को ग्लेज (कंचाई) करने के व्यावहारिक तरीके, कम मेहनत से मिट्टी तैयार करने की विधियां—इतनी ही बातें सीखकर भी प्रजापति शहरी बाजारों में अपने माल की खपत बढ़ा सकता है। प्रजापतियों और आधुनिक मृत्तिकाशिल्पियों के बीच इस प्रकार के आदान-प्रदान से दोनों की कृतियों पर क्या असर पड़ेगा, यह बड़ी दिलचस्पी का विषय है।

पारंपरिक शिल्पकारों को नई तकनीकों और संभावनाओं के प्रति जागरूक करने में एक खतरा जरूर है कि नए के जोश और आकर्षण में वे परंपरा का सर्वदा त्याग न कर दें और सस्ती फैक्टरी-उत्पादित वस्तुओं अथवा स्टूडियो पॉटरों की निष्प्राण कृतियों की नकल न करने लगें। परंतु यह ऐसा जोखिम है जो उठाना ही पड़ेगा क्योंकि जो हो रहा है, वह कम भयंकर नहीं है। प्रजापति तो शहरों से निष्कासित हो रहा है और उसका स्थान लेते जा रहे हैं तथाकथित स्टूडियो पॉटर जिन्हें दीर्घाओं के लिए माल बनाना है और जिन्होंने हॉबी कक्षाओं में जाकर, किताबें पढ़कर या आर्ट कॉलेजों में जाकर मृत्तिकाशिल्प सीखा है। यदि इन स्टूडियो पॉटर में बहुत से मेधावी कलाकार निकल भी आएं तो क्या प्रजापति की पारंपरिक कला के लोप से होने वाली क्षति की पूर्ति हो सकती है?

इस संदर्भ में ब्रिटिश कलाकार बर्नर्ड लीच के विचार तथा कार्य बहुत महत्वपूर्ण हैं। लीच का जन्म चीन में हुआ था परंतु वे बाल्यावस्था ही में इंग्लैंड वापस आ गए। लगता है उनकी बाल-स्मृतियां उनके मन पर अमिट छाप छोड़ गईं और पौर्वात्य के प्रति आदर और उत्सुकता का भाव उनमें हमेशा बना रहा। सन् 1910 में जब वे इक्कीस साल के थे, वे जापान के लिए रवाना हुए। ध्येय था पर्यटन और साथ ही कला की शिक्षा देना। परंतु उन्हें शीघ्र ही मालूम हो गया कि उन्हें जापानियों को सिखाना कम है, उनसे सीखना बहुत कुछ है। पढ़ाने का काम करीब-करीब बंद करके वे जापान के दर्शन व कला के अध्ययन में लग गए।

जापानी कला जगत के लिए भी लीच का आना एक महत्वपूर्ण घटना थी। पौर्वात्य मूल्यों व मान्यताओं को आत्मसात् करने की उनकी लगन और पाश्चात्य कला संबंधी उनके ज्ञान के प्रभाव से विचारों का एक ऐसा आदान-प्रदान प्रारंभ हुआ जिसने अनेक कलाकारों की कल्पना को जागृत किया। खासतौर पर उनके एचिंग के प्रदर्शन और पाश्चात्य कलाओं की व्याख्या का स्थाई प्रभाव पड़ा। लीच के आने से कुछ ही समय पहले जापान में रोदें, वॉन गॉग व सेजां की कृतियों का सर्वप्रथम प्रदर्शन हुआ था। जापान के युवा कलाकार एक ऐसे सांस्कृतिक पुनरुत्थान की तलाश में थे जिसमें पाश्चात्य कला दृष्टि का समावेश हो सके और इसी समय उनके बीच एक गुणी पाश्चात्य कलाकार और विचारक पहुंच गया, जो हजारों मील दूर से उनकी कला परंपरा से कुछ सीखने के लिए आया था।

प्रसिद्ध जापानी कला समीक्षक सोयुत्सु यानागी ने कहा है कि लीच ने "आधुनिक जापान के मर्म को साधारण जापानियों के मुकाबले अधिक गहराई से समझा।"[1] इसी सूक्ष्म दृष्टि और जापानी व कोरियाई कलात्मक आदर्शों का पश्चिम के प्रतिपादन करने के लिए आज लीच को याद किया जाता है।

जापानी कला विधाओं में मृत्तिकाशिल्प को बहुत सम्मानित स्थान प्राप्त है। मिट्टी का काम करते हुए ही लीच

को पौर्वात्य दृष्टिकोण को समझने का अवसर मिला। जापानी व कोरियाई कुम्हारों के बनाए हुए बर्तनों में झलकने वाली सादगी, अनगढ़पन और साथ ही गाम्भीर्य को देखकर उनके मन में भांडकर्म के विनम्र शिल्प को सीखकर अपने आपको व अपने पर्यावरण को समझने की इच्छा हुई। उन्होंने एक प्रसिद्ध जापानी भांडकार परंपरा के गुरु केंजान से भांडकर्म सीखकर 'प्रवीणता का प्रमाण पत्र' प्राप्त किया। केंजान उस परंपरा के छठे गुरु थे और चूंकि वह अपना कोई उत्तराधिकारी नामजद नहीं कर गए, समीक्षक यानागी की राय है कि लीच और उनके सहपाठी तोमीमोतो को सप्तम केंजान की उपाधि दी जानी चाहिए।[2]

भांडकर्म लीच के व्यक्तित्व का ऐसा अभिन्न अंग बन गया कि उन्होंने एचिंग छोड़ दी और मृत्युपर्यंत भांडकार रहे। वे सन् 1950 में वापस इंग्लैंड आए और सेंट आइब्ज में उन्होंने अपनी भांडशाला स्थापित की। उनके सौंदर्यशास्त्री विचारों और भांडकर्म के प्रति उनके दृष्टिकोण का इंग्लैंड में व्यापक प्रभाव पड़ा। स्टूडियो पॉटरी आंदोलन को भी उनके विचारों से बहुत बल मिला।

लीच ने एक ऐसे भांडकार-शिल्पी का बिम्ब कला जगत के सामने रखा जो अपने काम में निपुण, व्यवहार में विनम्र, काम के लिए काम करता हुआ ऐसी वस्तुओं का निर्माण करता है जो इस्तेमाल भी की जा सकें और अपनी कलात्मकता से प्रभावित भी करें। लीच का कहना था कि यूरोपीय दस्तकार को 'परंपरा का आधार व आहार' सुलभ नहीं है, अतः उसे अपने लिए नई मान्यताएं निर्धारित करके उन पर कायम रहना चाहिए।[3] उन्होंने पाश्चात्य मनोवृत्ति के व्यक्तिवाद के अतिशय महत्व पर असंतोष प्रकट किया। उन्होंने कहा कि कला और शिल्प में सर्वोच्च उपलब्धियां तब होंगी, जब कृतिकार सचाई के साथ आत्ममंथन करेगा, अपना मूल्यांकन स्वयं करेगा और इस बात को आत्मसात् करने की कोशिश करेगा कि समाज में उसका स्थान क्या था और क्या है।

पाश्चात्य कला जगत में आजकल मृत्तिकाशिल्प पर लीच के प्रभाव का पुनर्मूल्यांकन हो रहा है। उनके योगदान का जो महत्व है वह तो है ही, परंतु अपने को उसका अनुयायी मानने वाले कुछ भांडकारों के काम के गिरते हुए स्तर को देखकर यह प्रश्न भी पूछा जा रहा है कि क्या आज के संदर्भ में लीच के आदर्शों का कोई प्रयोजन है? अंग्रेज समीक्षक फिलिप रॉसन का आरोप है कि लीच के प्रभाव से भांडकार इस गलतफहमी के शिकार हो गए हैं कि "जेन को आत्मसात् करके प्रेरणा प्राप्त करना हर किसी के लिए आसान बात है।"[4]

संभव है लीच ने पौर्वात्य शिल्पकार का अतिरंजित चित्र प्रस्तुत किया हो और निश्चय ही उसके कुछ तथाकथित अनुयायियों ने स्वयं को और जनता को भी धोखे में रखा हो। लीच को इस बात का पूर्वाभास हो जाना चाहिए था कि उनके सौंदर्य और शिल्प सिद्धांतों को समझने के लिए उन्हीं का-सा धैर्य, विनय और साधकभाव चाहिए। आश्चर्य नहीं कि उनके कुछ सतही अनुकरण करने वालों ने अर्थ का अनर्थ किया और आत्मप्रवंचना के सुनहरे पिंजरे में पहुंच गए। इस कथन के बावजूद लीच का महत्व आज के संदर्भ में कम नहीं हो जाता। सीखने के लिए सुनने की क्षमता चाहिए। आज भी यदि हम लीच के शब्दों को ध्यान से सुनें, उनके लिखित विचारों पर मनन करें तो इस बात में जरा भी संदेह नहीं रह जाता कि वे उस श्रेणी के शिल्पी व विचारक थे जो देश-काल की परिधि के परे हैं। उनका मार्ग रचना प्रक्रिया को किसी परिभाषा में बांधने का प्रयत्न नहीं है। वे हमें उस उच्च धरातल पर लाकर खड़ा करते हैं जहां से मुक्त कल्पना की उड़ान प्रारंभ होती है।

"मैं हमेशा से कहता आया हूं कि अपनी मनपसंद आकृति के एक ही तरह के अनेक पात्र हाथ से गढ़ने में (शिल्पी का) उथला अहमूभाव दबकर सच्ची आंतरिक अनुभूति ही व्यक्त होती है। मानव व्यक्तित्व के दो पहलू होते हैं : एक तो वह सतही मनुष्य जिसे समाज में दिखावा, पद आदि की फिक्र रहती है, जो उसी तरह सोचता है जिस तरह सोचना उसे सिखाया गया है, और दूसरा वह वास्तविक मनुष्य जो प्रकृति में तादात्म्य देखता है और अपने काम में जीवन ढूंढ़ता है।

"युवा पीढ़ी के भांडकार एक ही और अपने ढंग की अनूठी कृतियों के निर्माण के लिए इतने उत्सुक और कलाकार बनने के लिए इतने व्यग्र रहते हैं कि काम को जीवन के लिए स्वीकार करने की बात एकदम भुला दी गई है। (पौर्वात्य संस्कृतियों में) कला और विनम्रता का अटूट संबंध माना गया है।

"...मिट्टी के बर्तनों में मैं सबसे पहले कोरियाई कृतियों को रखूंगा। इन भांडकारों के मन में यह प्रश्न कभी उठा ही नहीं कि वे कलाकार हैं अथवा दस्तकार। वे तो, जैसा उन्हें काम आता था, वैसा करते गए और काम करने से जो तृप्ति मिलती है, उन्हें मिलती रही। यह बात उनके बनाए हुए बर्तनों में झलकती है। इनमें निश्छलता, एक प्रकार की विनोदपूर्ण लापरवाही और प्रकृति से घनिष्ठता दिखाई देती है लेकिन इनमें उसे बनाने वाला व्यक्ति नजर नहीं आता।"[5]

इस बात को बर्नर्ड लीच ने अपनी एक दूसरी पुस्तक में इस तरह से कहा है : "मोटे तौर पर कहा जा सकता है कि पुराने और नए भांडकारों में अंतर चेतना का है : एक ओर है एक ही सांस्कृतिक परंपरा में सहज रूप से काम करते हुए शिल्पियों की प्रच्छन्न चेतना और दूसरी ओर समस्त संस्कृतियों से अभिज्ञ आधुनिक शिल्पी की व्यक्तिगत चेतना। उससे आगे यह कहा जा सकता है कि जब तक मानवता जीवन-संश्लेषण की स्थिति में नहीं पहुंच पाती, आज का भांडकार यही कर सकता है कि इस लक्ष्य की पूर्ति के लिए और उसका पूर्वाभास करते हुए अपनी चेतना को अधिक गहरा और व्यापक बनाए।"[6]

2. मृत्तिकाशिल्प की कुछ मूल प्रणालियां

परंपरा से अपना संबंध अटूट बनाए रखने के अलावा मृत्तिकाशिल्प के विकास के लिए एक और कदम उठाना आवश्यक है। वह है इस विधा के प्रति जनमानस को जागृत करना। बहुत कम लोग इस बात को समझते हैं कि मृत्तिकाशिल्पी द्वारा प्रदर्शित एक वस्तु के निर्माण में कितनी प्रक्रियाएं निहित हैं और कितने मानसिक और शारीरिक श्रम का वह फल है। उसके लिए रासायनिक ज्ञान और कलात्मक दृष्टि तो आवश्यक है ही, पर सहज बुद्धि भी चाहिए जो प्रकृतिप्रदत्त होती है। इन बातों की जानकारी बढ़ने पर ऐसे दर्शक तैयार होंगे जिनके विवेचन और विचार-विनियम से मृत्तिकाशिल्पियों का मार्गदर्शन होगा।

मृत्तिकाशिल्प की विभिन्न तकनीकों के संक्षिप्त विवरण से भी इस प्राचीन शिल्प की विविध व पेचीदा प्रकृति का आभास हो जाता है। जब चित्रकार अपनी कृति के लिए रंगों का चयन करता है तो उसे मालूम रहता है कि कोई रंग या रंगों का सम्मिश्रण चित्र में वैसा ही दिखाई देगा, जैसा कि उसके रंग की ट्यूब में है। परंतु मृत्तिकाशिल्प को रंग का प्रयोग करने की यह सुविधा प्राप्त नहीं है। उसे सबसे पहले सही अनुपात में धात्विक ऑक्साइड, 'ग्लासमेकर' व 'फलक्स' को मिलाकर 'ग्लेज' (कांचिका) बनानी होती है। फिर 'ग्लेज' को पकाने और मिट्टी को सख्त बनाने के लिए लकड़ी की आग या बिजली के ताप पर निर्भर रहना पड़ता है। जो वस्तु भट्टी से तैयार होकर निकलती है, वह रंग और बनावट में भट्टी में डाली गई मिट्टी और ग्लेज से एकदम ही भिन्न होती है।

मिश्रित की गई वस्तुओं में, उनके अनुपात में, अथवा ताप-प्रक्रिया में थोड़ा भी फर्क पड़ने पर भट्टी में पकती वस्तु कुछ की कुछ बन जाएगी। इसलिए मिश्रित तत्वों की छांट में बड़ी सतर्कता बरतनी होती है। हरेक ग्लेज हर किस्म की मिट्टी पर नहीं चढ़ता। अनुपयुक्त वस्तुओं के मिश्रण से ग्लेज पपड़ी बनकर उखड़ने लगता है या पकती हुई वस्तु भड़क या तड़क जाती है। यदि गीली मिट्टी को आकार देने से पहले उसके अंदर के हवा के बबूले हटा न दिए गए तो भट्टी में तपकर कलाकृति अपना आकार खो सकती है या विस्फोट द्वारा नष्ट हो सकती है। ताप-प्रक्रिया के दौरान कदम-कदम पर तापमान देखना पड़ता है और थोड़ी-सी असावधानी या गलत अनुमान के कारण भट्टी में भरी हुई सारी कलाकृतियां बिगड़ सकती हैं।

पृथ्वी में तीन प्रकार की मिट्टियां मृत्तिकाशिल्प के लिए उपयुक्त पाई गई हैं। शिल्पी को सबसे पहले इनको पहचानना और इनके गुणों को जानना होता है। इनके नाम हैं : केओलिन, बॉल क्ले और रेड क्ले अथवा लाल मिट्टी। केओलिन मिट्टी का विशुद्ध रूप है जो फेल्सपार नामक खनिज के स्वाभाविक अपक्षय से बनती है। वह एक ही स्थान पर जमा रहती है और किसी प्रकार के धात्विक तत्व उसमें नहीं मिले होते। इसलिए उसे विशुद्ध कहा गया है। अग्नि में पककर उसका रंग चिट्टा सफेद निकलता है और पतली परत के रूप में इस्तेमाल किए जाने पर

वह पारभासी होता है। पोर्सेलिन में केओलिन काफी बड़ी मात्रा में मिलाई जाती है। सबसे पहले चीनियों ने ही पोर्सेलिन का पता लगाया और प्रयोग किया। इसीलिए इसे 'चाइना क्ले' भी कहा जाता है, यद्यपि यह सही नहीं है। चीन में पाई जाने वाली केओलिन ही सच्चे अर्थों में चाइना-क्ले है। चीन के सुंग (सन् 960-1279 ई.) तथा मिंग (सन् 1368-1644 ई.) कालों के अत्यंत सुंदर पोर्सेलिन के बने बर्तन संसार की उत्कृष्ट कलाकृतियों में गिने जाते हैं। पोर्सेलिन को बहुत ऊंचे तापमान पर यानी 1300^0 से. तक पकाया जाता है। देखने में इसका सामान नाजुक लगता है यद्यपि यह सब मिट्टियों से मजबूत होती है।

भारत में केओलिन के बहुत से निक्षेप हैं। प्राचीन भारत में केओलिन के प्रयोग के सबसे महत्वपूर्ण उदाहरण सातवाहन कला (लगभग 230 ई. पू. से 230 ई. तक) की मूर्तियों में पाए जाते हैं। सातवाहन साम्राज्य का केंद्र दक्कन का पठार था, जहां लाल मिट्टी नहीं पाई जाती। परंतु जगह-जगह केओलिन के निक्षेप हैं। उस काल के कलाकारों ने जन-जीवन का सजीव चित्रण किया है। कुछ स्त्री मूर्तियां भी, जिन्हें लोक-माता की संज्ञा दी गई है, इन विशेष कृतियों में हैं। इन मूर्तियों में स्त्री शरीर के ऊपर सिर के स्थान पर कमल का फूल अथवा फूलदान का आकार बनाया गया है। संभवतः ये किसी उर्वरता अनुष्ठान से संबंधित हैं। कुछ विद्वान इसे लक्ष्मी का प्राचीन प्रतीक मानते हैं।[7]

बाल-क्ले स्टोनवेअर मिट्टी बनाने के काम आती है। स्टोनवेअर संसार भर के भांडकारों के पसंद की मिट्टी है। इसके दो कारण हैं। एक तो उसकी मजबूती और दूसरे उसे पकाने के लिए केवल 1200^0 से. और 1280^0 से. के बीच का तापमान पर्याप्त होता है। परिपक्व होने पर स्टोनवेयर मिट्टी का रंग हल्के बादामी से लेकर स्लेटी अथवा भूरा तक होता है। कहीं स्टोनवेअर प्राकृतिक रूप में पाई जाती है परंतु अक्सर बॉल-क्ले में अन्य मिट्टियों को मिलाकर स्टोनवेअर तैयार की जाती है। भारतवर्ष में अनेक स्टूडियो पॉटर स्टोनवेअर का प्रयोग करते हैं यद्यपि पिछली सदियों में इसके प्रयोग का उल्लेख नहीं है। इसे ज्यादातर बीकानेर या अहमदाबाद की बॉल-क्ले के साथ स्थानीय लाल मिट्टी तथा बिल्लौर व फेल्सपार के चूर्ण को मिलाकर तैयार किया जाता है।

लाल मिट्टी पृथ्वी के हर भाग में बहुतायत से पाई जाती है। भारत में भी यह प्रचुर मात्रा में सुलभ है और हमारी मृत्तिकाशिल्प की परंपरा इसी के विभिन्न प्रयोगों पर आधारित है। सिंधु सभ्यता से संबंधित खिलौने और लघुमूर्तियां लाल मिट्टी की बनी हुई हैं। बीरभूम के मंदिरों की चित्र-वल्लरियों में और मुगल कालीन सजावटी टाइलों में इसी का प्रयोग है। जो बर्तन हमारे कुम्हार सदियों से बनाते आ रहे है, उनका आधार भी यही लाल मिट्टी है।

लाल मिट्टी, जिसके कई प्रकार हैं, ज्यादातर नदी की घाटियों, झीलों के तलों अथवा मैदानों में पाई जाती है। अपने उद्गम के स्थान से इसे हवा, पानी आदि दूर-दूर ले जाते हैं। इस यात्रा के दौरान उसमें भूमि के अनेक दूसरे तत्व मिल जाते हैं। इस मिट्टी में लाल आइरन ऑक्साइड बहुत बड़ी मात्रा में होता है। इसलिए पकने पर इसका रंग बादामी या गहरा गेहूंआ निकलता है। आइरन ऑक्साइड फ्लक्स का काम भी करता है जिससे इसके परिपक्व होने के लिए 900^0 से. से 1160^0 से. तक तापमान पर्याप्त होता है। इस तापमान पर मिट्टी सरंध्र रहती है। इसीलिए लाल मिट्टी के बर्तनों को पानी ठंडा करने और अनाज जमा करने के लिए प्रयोग किया जाता है।

आग में पकने के बाद मिट्टी किसी हद तक सरंध्र रहती है। ग्लेज करके या कांच का लेप लगाकर ही मिट्टी से निर्मित वस्तु को जलसह बनाया जा सकता है। ग्लेज को बनाना और लगाना एक वैज्ञानिक एवं कलात्मक प्रक्रिया है। सिलिका व फ्लक्स के मिश्रण के साथ जब धात्विक ऑक्साइड का मेल होता है तो अग्नि के प्रभाव से अद्‌भुत रंगों और बनावट के नमूनों की सृष्टि होती है। कुछ अपवादों को छोड़कर ग्लेज बर्तनों पर तब तक नहीं चढ़ाया जाता, जब तक कि निम्न तापमान अर्थात् 900^0 से. पर पका न दिए जाएं। इस प्रक्रिया को बिस्क फायरिंग कहा जाता है। ग्लेज लगाकर बिस्क की हुई वस्तुएं दुबारा भट्टी में डाली जाती हैं और पूर्ण परिपक्व होने तक पकाई जाती हैं।

पकाने के लिए प्रयुक्त होने वाली भट्टियों में या तो लकड़ी या कोयला जैसे प्राकृतिक ईंधन जलाए जाते हैं या तेल, गैस अथवा बिजली। बिजली की भट्टी में तापमान नियंत्रण की सुविधा के बावजूद एक बड़ी कमी होती

है। उसमें 'रिडक्शन' प्रणाली का प्रयोग नहीं हो पाता। मृत्तिकाशिल्प में रिडक्शन का अर्थ है भट्टी के अंदर विद्यमान ऑक्सीजन को समय-समय पर घटना-बढ़ाना। ऐसा करने से कई रासायनिक परिवर्तन किए जा सकते हैं और नए रंगों की सृष्टि हो सकती है। उदाहरण के लिए कॉपर ऑक्साइड आमतौर पर हरा रंग देता है परंतु रिडक्शन करके गहरा लाल रंग देता है। चीन के प्रसिद्ध सेलेडन व जापान के तेमोकु ग्लेज, रिडक्शन की ही देन हैं। बिना ग्लेज के प्रयोग के भी रिडक्शन किया जा सकता है। इसका एक अच्छा उदाहरण आंध्र प्रदेश के श्यामवर्ण मिट्टी के बर्तन हैं।

3. मिट्टी के आकार बनाने की कुछ विधियां

1. चांपना : गीली मिट्टी का गोला एक हाथ की हथेली पर रखा जाता है और दूसरे हाथ से उसे बीचोंबीच चांपकर गहरा किया जाता है। यह पात्र का तला बन जाता है। ज्यों-ज्यों गहराई बढ़ती जाती है, मिट्टी चारों ओर उठती जाती है और उसे चांपते-चांपते पात्र का आकार दे दिया जाता है। अनुमान है कि सबसे पहले इसी विधि से मिट्टी के बर्तन बने होंगे। मिट्टी से मॉडल बनाने की शुरुआत भी इसी प्रक्रिया से हुई होगी। पुरातत्व अन्वेषकों को अफ्रीका व पश्चिम एशिया में जानवरों व मनुष्यों की बिना पकी लघु मूर्तियां मिली हैं, जिनका समय आज से एक लाख बीस हजार वर्ष पूर्व आंका गया है।[8] भारतीय उपमहाद्वीप में चांपकर या चुटकी से दबाकर बनाई हुई वस्तुओं के सबसे प्राचीन उदाहरण बलूचिस्तान के इलाके में पाई गई वृषभ व मातृदेवी की लघु मूर्तियां है। वे हड़प्पा संस्कृति से पूर्ववर्ती चौथी सदी ई.पू. की कुल्ली तथा जोब संस्कृतियों से संबंधित हैं।

2. कुंडली बनाना : पहले गीली मिट्टी की लम्बी-लम्बी बेलें बना ली जाती हैं। फिर उन्हें कुंडलाकर मोड़ते हुए एक के ऊपर दूसरी चढ़ाते जाते हैं और बाहर से सपाट करते जाते हैं। इस प्रकार बेलनाकार बर्तन का स्वरूप बनने लगता है। इस खोखले बेलन के अंदर हाथ डालकर बाहर की ओर दबाने से बर्तन को मनचाही शक्ल दे दी जाती है। कभी-कभी कुंडलियों को बाहर से सपाट न करके अपने मूल रूप में छोड़ दिया जाता है। बर्तनों का तला या तो चपटा रहता है या उसे किसी तुंबाकार वस्तु की मदद से गोलाई दे दी जाती है।

नाइजीरिया तथा अन्य अफ्रीकी देशों से कुंडली प्रक्रिया के कुछ बहुत सुंदर नमूने प्राप्त हुए हैं। वहां की स्त्रियां इस प्रक्रिया से अनेक नमूनों के बड़े-बड़े मिट्टी के बर्तन बनाती हैं। यह परंपरा सदियों पुरानी है। भारत में इस शैली का बहुत सुंदर प्रयोग मणिपुर के बने बर्तनों और लघुमूर्तियों में देखने में आता है।

3. सांचे : कद्दू या तुंबी-नुमा वस्तुओं की मदद से मिट्टी को गोलाकार शक्ल देना सांचे के काम का पहला उदाहरण है। गीली मिट्टी को तुंबी, टोकरी अथवा चमड़े की थैली के अंदर डालकर इन्हीं वस्तुओं का आकार दे दिया जाता था।

भारत में सांचे के काम सबसे प्राचीन उदाहरण हड़प्पा में पाई गई मनुष्य व पशुमूर्तियां हैं। हो सकता है हड़प्पा के उन प्राचीन निवासियों ने स्वयं ही सांचे की ईजाद की हो अथवा उन्होंने यह शैली पश्चिम एशिया से ली हो जहां यह और भी पहले से प्रचलित थी। परंतु सांचे के काम का सबसे अधिक प्रयोग दक्कन के सातवाहन शिल्पियों ने किया। उनकी बनाई हुई कई मूर्तियों में दो सांचों का प्रयोग है : एक अग्रभाग के लिए और एक पृष्ठभाग के लिए। इसीलिए ये मूर्तियां बिना आधार खड़ी रहती हैं। आजकल मशीन से बने मिट्टी के बर्तनों के लिए सांचे का प्रयोग सभी देशों में होता है।

4. कुम्हार का चाक : चाक के ईजाद का श्रेय प्राचीन मिस्रवासियों को दिया जाता है। ईसा से 4000 वर्ष पूर्व वे चाक पर बर्तन बनाने लगे थे। पत्थर का बना, धातु की चूल पर केंद्रित और जमीन पर बैठकर डंडे से घुमाया जाने वाला चाक आज भी भारत, जापान, पश्चिम एशिया व संसार के कुछ अन्य देशों में देखा जा सकता है। इसके मूल डिजाइन में बहुत कम परिवर्तन हुआ है। केवल यूरोप में किक व्हील या पैर से चलाए जाने वाले चाक का चलन हो गया है। इसमें चाक को घुमाने का काम ऊंचाई पर बैठकर पैर से किया जाता है और दोनों हाथ मिट्टी को आकार देने के लिए स्वतंत्र रहते हैं। इसका आविष्कार 2000 ई. पू. प्राचीन ग्रीस में हुआ माना जाता है।

भारत में सिंधु घाटी सभ्यता के कुम्हार का चाक प्रचलित था।

आजकल बिजली से चलने वाले चाक भी उपलब्ध हैं परंतु अधिकतर स्टूडियो पॉटर पैर से चलाए जाने वाले चाक का इस्तेमाल करते हैं। चाक के सिरे पर बर्तन का आकार बनाकर उसे हटा दिया जाता है और सूखने दिया जाता है। जब वह सूखकर चमड़े-सा सख्त हो जाता है, उसे उल्टा कर फिर से चाक पर रखा जाता है ओर गढ़ने के औजारों से उसके आधार को तराशा जाता है। आधार पर एक छल्ला भी जोड़ दिया जाता है जिससे बर्तन आसानी से खड़ा रह सके। इसी समय टोंटी, हत्थे व सजावटी अंग अलग से बनाकर बर्तन के मुख्य भाग से जोड़ दिए जाते हैं। जोड़ने का काम स्लिप या मिट्टी के घोल से लिया जाता है, जो गोंद का काम करता है।

अक्सर बर्तन को चाक से हटाकर उसकी शक्ल में कुछ बदलाव कर दिया जाता है। यह काम पारंपरिक एवं आधुनिक दोनों प्रकार से शिल्पी करते हैं। बर्तनों को इस प्रकार दबाया, तराशा या नक्श किया जाता है कि उनकी मूल बेलननुमा या गोलाकार आकृति नया रूप ले लेती है। चीन के पहलदार बर्तन इस काम के अच्छे नमूने हैं। इनमें चाक पर बने गोलाकार बर्तनों को तराशकर ज्यामितीय नमूनों का आभास दिया जाता था। दूसरी मिसाल पोर्सेलिन के कमलाकार चीनी बर्तनों की है। इन्हें एकदम गीली अवस्था में मिट्टी को मुलायम हाथ से दबाकर कमल के फूल का कोमल और सजीव लगने वाला आकार दे दिया जाता है। चाक पर बने आकारों को दूसरा रूप देने की तकनीक आल्टरिंग आधुनिक भांडकारों में बहुत लोकप्रिय है।

5. मिट्टी की पट्टियां : बहुत से आधुनिक मृत्तिकाशिल्पी मिट्टी की पट्टियों को जोड़कर अपनी कृतियां बनाते हैं। गीली मिट्टी की सपाट पट्टियां बनाई जाती हैं और तब तक सूखने के लिए छोड़ दी जाती हैं, जब तक उनमें चमड़े की-सी सख्ती नहीं आ जाती। तब उनसे आवश्यकतानुसार विभिन्न आकार काट लिए जाते हैं और स्लिप की मदद से जोड़ दिए जाते हैं। इस विधि से अनंत आकारों व बनावटों की रचना हो सकती है। चौकोर बोतलें और उथले ढक्कनदार डिब्बे बनाने के लिए चीनी शिल्पी इसी तकनीक का उपयोग करते थे।

6. मिश्रित पद्धतियां : प्राचीन तथा आधुनिक भांडकारों के काम में ऊपर दी हुई तथा अन्य विधियों का मिला-जुला प्रयोग भी देखा जा सकता है। विधि का चयन निर्माणाधीन वस्तु के स्वरूप के अनुसार अथवा किसी तकनीकी कठिनाई को हल करने के लिए होता है। सीरिया व फिलस्तीन में तीसरी सदी ई.पू. के बने मर्तबान, बोतलें व केतलियां मिली हैं जिमनें कुंडली व चाक विधियों का मिला-जुला प्रयोग है। बर्तन का मुख्यांश, शायद आकार में विविधता लाने के लिए, कुंडली-विधि से बनाया गया है और उसकी गर्दन व मुंह का भाग चाक पर। आज के मृत्तिकाशिल्पी भी एक ही वस्तु के निर्माण में अनेक विधियों का प्रयोग करते हैं।

4. कुछ भारतीय सिरेमिक कलाकार

मृत्तिकाशिल्प में अन्वेषण, शोधकार्य और क्रियात्मक प्रयोगों के लिए अनंत संभावनाएं हैं और अनेक कलाकार-विचारकों का ध्यान इस ओर गया है। आधुनिक भारत में सबसे पहले मिट्टी को कला का माध्यम बनाने वालों में स्वर्गीय विनोद बिहारी मुखर्जी प्रमुख हैं। यद्यपि वे मूलतः चित्रकार और साहित्यकार थे पर उनके शांति निकेतन में बनाए हुए टेराकोटा भित्तिचित्र भारतीय मृत्तिकाशिल्प के इतिहास में विशिष्ट स्थान रखते हैं।

कुछ साल बाद उनके काम को आगे बढ़ाते हुए शांति निकेतन ही के स्नातक के.जी. सुब्रमण्यन् ने बिना ग्लेज के टेराकोटा भित्तिचित्र बनाए, जिमनें मिट्टी की विशेषताओं को बखूबी उभारा गया है। उन्होंने मिट्टी में सहज ही पड़ जाने वाली सिलवटों, टूटों और अपने आप बन जाने वाले नमूनों को विचारपूर्वक बनाए बिम्बों की सन्निधी में बहुत सुंदर प्रयोग किया। सुनियोजित आकारों के साथ आकस्मिक बिम्बों के मेल के अत्यंत आकर्षक उदाहरण उनकी 1971 की बांगलादेश-संकट संबंधी भित्तिकृतियों में मिलते हैं। मिट्टी में बने साधारण निशानों के माध्यम से तानाशाही जुल्म और मनुष्य के दुःख की गाथा प्रतीक रूप में कहने में उन्हें बड़ी सफलता मिली है।

के.जी. सुब्रमण्यन् वड़ोदरा विश्वविद्यालय के कला संकाय में वरिष्ठ पद पर रह चुके हैं और शायद उन्हीं की

प्रेरणा से वड़ोदरा में टेकाकोटा-मूर्तिकला का चलन हो गया है। बिना ग्लेज की हुई मिट्टी की ये कृतियां आलंकारिक और वर्णनात्मक होती हैं और इनके गठन में मिट्टी की कुंडलियों, पट्टियों और सांचे में बने आकारों का समावेश होता है। अशोकन पोडुवाल तथा एन. पुष्पमाला की रचनाएं इस कला के उदाहरण हैं। मिट्टी की प्रकृति को समझकर उसका प्रयोग पात्रों की विशिष्टता दिखाने में पुष्पमाला को बहुत सफलता मिली है। विषय चाहे छोटे बच्चे हों या सोते हुए सूअर, पुष्पमाला ने अपने माध्यम का कल्पनाशीलता से उपयोग करके कोमलता, स्नेह और हास्य आदि गुणों को सहज रूप से उभारा है।

रजत कुमार घोष ने भी कुंडली विधि का सफल प्रयोग किया है। आभूषणों से सजी शिरोवस्त्रमंडित उनकी जनजातीय स्त्री-पुरुषों की कुंडली-कृत मूर्तियां एकदम ध्यान आकर्षित करती हैं, विशेष तौर से जहां वे सामूहिक रूप से दर्शायी गई हैं। चूंकि रजत घोष की मूर्तियां दीर्घाओं में आकर्षण का केंद्र रहती हैं और कई लोगों ने उनके काम को 'जनजातीय' कहकर एक विशेष श्रेणी में रख दिया है, उनकी कला के कथ्य की जांच करना आवश्यक है। इस ओर ध्यान जाते ही पहली बात यह लगती है कि जिन लोगों का चित्रण वे कर रहे हैं, उनके साथ उनका किसी प्रकार का अपनत्व का संबंध या भावात्मक एकरूपता नहीं है। उनके लिए ये लोग केवल कुछ अजीबोगरीब किस्म के प्राणी हैं। नारीवाद अथवा मानववादी दृष्टिकोण से देखने वालों को दीवार पर लटकाने के लिए बनाई गई उनकी स्त्री आकृतियां सुरुचिहीन और आपत्तिजनक लगेंगी। इनमें वह संवेदनशील नहीं है जो उन्हें 'शृगारिक' की श्रेणी में रख सके। ये केवल स्त्री शरीर की वीभत्स विकृतियां हैं। पर इस सबके बावजूद रजत घोष निस्संदेह एक प्रतिभावान मूर्तिकार हैं और आशा करनी चाहिए कि समय के साथ उनकी वे गुत्थियां सुलझ जाएंगी, जो उनकी कल्पना और कला को अवरुद्ध किए हुए हैं।

मूर्तिकार हिम्मत शाह का काम भी बहुत मौलिक और आकर्षक है। उनकी टेराकोटा व स्टोनवेअर की सशक्त शिराकृतियां मृत्तिकाशिल्प व मूर्तिकला दोनों दृष्टियों से महत्वपूर्ण हैं। रिडक्शन प्रक्रिया का प्रयोग करके उन्होंने अपनी कृतियों को धुएं से धूसर और काले रंग दिए हैं, जो इन सशक्त शिराकृतियों के लिए बहुत उपयुक्त हैं।

मनुष्य के सिर का आकार, मृत्तिकाशिल्पी सुधा की कृतियों में भी बार-बार और कई रूपों में आता है। इन शिराकृतियों के माध्यम से सुधा मानव प्रकृति के हृदयहीन और कुरूप पहलू पर ध्यान केंद्रित करती हैं। इन विकृत, कठोर, व्यंग्य-सा करते हुए चेहरों के लिए सुधा ने मिट्टी की कुंडलियों का बहुत सफल प्रयोग किया है। दूसरी कृतियों में इन्हीं कुंडलियों को बारीक बेल से बनाकर उन्होंने ऐसे लयात्मक नमूनों की सृष्टि की है जो उनके पिछले निवास क्षेत्र हिमाचल प्रदेश की नीची पहाड़ियों के मंद उतार-चढ़ाव की याद दिलाते हैं।

प्रकृति के आकारों से प्रेरणा लेने वाली एक अन्य कलाकार गौरी खोसला हैं। चाक से बनी गोलाकार आकृतियों को हाथ से गढ़कर और नक्काशी करके वे ऐसा रूप देती हैं जो काई लगे पत्थरों अथवा फफूंद की बनावट का आभास देते हैं। गौरी खोसला को ग्लेज करने और पकाने की विभिन्न विधियों के बारे में पूरा ज्ञान है परंतु उन्होंने अपने हाल के काम को बिना ग्लेज की गई और बिना रिडक्शन वाली विधियों तक सीमित रखा है।

भारतीय स्टूडियो पॉटरों में दो नाम प्रमुख हैं—सरदार गुरचरन सिंह और निर्मला पटवर्धन। गुरचरन सिंह ने भांडकर्म की शिक्षा सबसे पहले अब्दुला नामक एक शिल्पी से ली जो प्राचीन पठान भांडकारों का वंशज था। उसके बाद वे जापान गए, जहां उन्होंने उच्च तापमान पर ग्लेज करने की और आग में बर्तन पकाने की विभिन्न विधियां सीखीं। भारत में स्टूडियो पॉटरी प्रारंभ करने का श्रेय गुरचरन सिंह को दिया जाता है। अपने लंबे कार्यकाल में, जो 1918 में शुरु हुआ, उन्होंने अनेक कलाकारों और जनसाधारण को भांडकर्म के क्षेत्र में काम करने की प्रेरणा दी।

निर्मला पटवर्धन को ग्लेज प्रक्रियाओं तथा मृत्तिकाशिल्प के सिद्धांत पक्ष का अथाह ज्ञान है। उनकी अत्यंत सुदंरता से गढ़ी और तकनीकी दृष्टि से अनिंद्य कृतियां उन्हें संसार के नामी शिल्पियों के समकक्ष रखती हैं। वे मृत्तिकाशिल्प के समादृत शिक्षकों में से एक हैं और इस बात पर जोर देती हैं कि सबसे पहले विद्यार्थी को अपनी सामग्री को समझना चाहिए। उनकी हाल में ही में छपी पुस्तक 'पॉटर्स हैंडबुक' भारतीय कला-जगत के लिए एक अनमोल देन है। उनमें गंगा की गाद और यमुना की रेत जैसे भारत में सुलभ पदार्थों पर आधारित अनेक ग्लेज,

रंगीन स्लिप (रंगीन मिट्टी का घोल) व मिट्टियों के मिश्रण के बहुत से विवरण दिए गए हैं। इस पुस्तक का भारतीय मृत्तिकाशिल्प पर स्थाई प्रभाव पड़ेगा, इसमें कोई संदेह नहीं।

अमरीका से आए हुए दो भांडकर्मी, रे और डेबोरा कई सालों से पांडिचेरी में रहकर काम कर रहे हैं। ये अच्छे स्तर के स्टोनवेअर के बने बर्तन बाजार के लिए बनाते हैं और कुछ निजी कृतियां दिल्ली आदि स्थानों में प्रदर्शित करते हैं। इनसे कई भांडकार प्रशिक्षण भी लेते हैं। इनके एक शिष्य अंगद, जो अब स्वतंत्र रूप से काम करते हैं, नमक द्वारा ग्लेज किए बर्तनों को बनाने में प्रसिद्धि प्राप्त कर रहे हैं। इस साल्ट ग्लेज विधि का आविष्कार पंद्रहवीं ईस्वी में जर्मनी में हुआ माना जाता है।

बनारस हिंदू विश्वविद्यालय में मृत्तिकाशिल्प विभाग से पहले सालों में कई अच्छे शिल्पी निकले हैं जिनमें सतीश चंद्र अधिक जाने जाते हैं। अपने गुरु जेना की देख-रेख में इस विभाग के विद्यार्थियों ने कुम्हार के चाक पर बर्तन बनाना और उन्हें निम्न तापमान पर ग्लेज करना और पकाना सीखा है। महीन नक्काशीदार दुरंगे स्लिप की सजावट वाले काम में जेना को खूब महारत हासिल है। वे उसी तकनीक का प्रयोग करते हैं जो चीनी सुंग काल के 'जो चू' बर्तनों में देखी जाती है।

आज के अन्य नामी भारतीय मृत्तिकाशिल्पियों में पी.आर. दरोज, इरा चौधरी, लिडिया स्पर्लिक मेहता और डी. दलीप के नाम आते हैं। इस क्षेत्र में नए आए कलाकारों में क्रिस्तीन माइकल व रीता दुग्गल ने काफी दिलचस्प काम किया है।

बहुत साल देश के बाहर गुजारने के बाद भारतीय भांडकार देवीप्रसाद का स्वदेश प्रत्यागमन मृत्तिकाशिल्प के क्षेत्र में नया रंग लाएगा, ऐसा बहुत लोगों का ख्याल है। देवीप्रसाद गांधीवादी विचारों के हैं, स्वतंत्रता आंदोलन में भाग ले चुके हैं और शांति निकेतन में पढ़े हैं। उन्होंने कई साल इंग्लैंड में गुजारे, जहां वे बराबर अणु-हथियार-विरोधी आंदोलन में सक्रिय रहे। उनके बनाए हुए बर्तनों की एक प्रदर्शनी हाल ही में दिल्ली में हो चुकी है। लगता है कि वे भारतीय स्टूडियो पॉटरों के लिए नए मानक स्थापित करेंगे। अपने ग्राम विकास कार्य में वे नए ढंग के आवासों और चूल्हों के लिए लाल मिट्टी का प्रयोग कर रहे हैं। उनके इस आंदोलन में मृत्तिकाशिल्पियों के लिए काम करने की अनंत संभावनाएं हैं। आधुनिक मृत्तिकाशिल्पियों और उनके पारंपरिक सहधर्मियों को भी यह आंदोलन पास लाएगा और उन्हें एक-दूसरे की कला को पुष्ट करने का अवसर देगा

समकालीन भारतीय कलाकारों का एक वर्ग ऐसा भी है जिसने मृत्तिकाशिल्प में कुछ काम किया है यद्यपि यह उनका प्रमुख माध्यम नहीं है। काफी साल पहले गोगी सरोजपाल ने पोर्सेलिन में बहुत संवेदनशील नारी चेहरे बनाए थे। प्रदर्शनी में ये चेहरे मखमली तथा कुशनुमा स्टैंडो पर रखे गए थे और गोगी की पेंटिंग की स्मृति में बार-बार घुमड़ने वाले बिम्बों का ही विस्तार लगते थे। मूर्तिशिल्पी वाल्सन कोलेरी ने चेन्नई में आयोजित अपनी कला प्रदर्शनी में अमूर्त सिरेमिक रूपाकारों को भी शामिल किया था, जो ज्यामिति से प्रेरित लगते थे किंतु उनमें मिट्टी की लचीली तथा जैविक प्रकृति बरकरार रही थी। ये मृत्तिकाशिल्प अपनी उपस्थिति का बहुत चुपके से एहसास करवा देते थे। मृत्तिकाशिल्प में हाल ही में ए. रामचंद्रन, जोजो गौतम तथा जय झटोरिया ने भी महत्वपूर्ण काम किया है।

इसमें कोई संदेह नहीं कि मृत्तिकाशिल्प अन्य देशों की तरह भारत में भी कला माध्यम के रूप में स्वीकृत हो चुका है। मिट्टी, जो व्यंजना का सबसे प्राचीन व असाधारण माध्यम है, नए-नए कलाकारों को आकर्षित करती जा रही है। अक्सर प्रश्न उठता है कि क्या आज के मृत्तिकाशिल्पियों और अन्य कलाकारों का काम समय की कसौटी पर खरा उतरेगा और कला के क्षेत्र में स्थाई योगदान कर पाएगा? कला पारखियों के लिए यह प्रश्न महत्व का हो सकता है परंतु कलाकारों का इससे कोई प्रयोजन नहीं है। उन्हें तो अपने माध्यम को चुनकर, उसकी प्रकृति को समझकर, अपने हस्तलाघव द्वारा उसे अपनी अनुभूति को प्रकट करने का साधन बनाना है। काल का निर्णय क्या होगा उनके हाथ में नहीं है। इस संदर्भ में अवनींद्रनाथ ठाकुर के विचारोत्तेजक उद्गार बहुत सार्थक हैं : "काल के सूत्र पर आज का प्रभात कल के प्रभात के साथ, आज का समाज कल के समाज के साथ गुंथा हुआ है। उसी सूत्र पर हमारी प्राचीन संस्कृति एक अनमोल मणि की भांति साहित्य, संगीत, विज्ञान व दर्शन का वैभव लिए गुंथी हुई

है। आज के समाज का सबसे बड़ा दायित्व यह है कि उसमें ऐसा कुछ जोड़ सके जो सत्य ज्ञान अथवा बुद्धि के आधार पर विगत की तुलना में ठहर सके। परंतु हमारा योगदान चाहे कितना ही तुच्छ और नगण्य हो, एक कांच के टुकड़े, मिट्टी के डले अथवा चंद्रमा के चेहरे पर दाग की तरह हो, उस क्रम में उसे जुड़ना ही है—अमिट रूप में। हो सकता है आने वाली पीढ़ियों में कोई इस पर प्रशंसात्मक निबंध लिखे अथवा विश्वविद्यालय के व्याख्यान में इसका विवेचन करके इसमें दार्शनिक अर्थ ढूंढ़कर इसे महान बतलाए, हो सकता है अन्य कोई व्यक्ति आज की जीवन-पद्धति और संस्कृति के साथ-साथ इसकी कड़ी भर्त्सना करे और इसे एकदम फालतू और भद्दा ठहराए।"

संदर्भ

1. ए पॉटर्स बुक, बर्नर्ड लीच, फेबर ऐंड फेबर, 1977, पृ. 14
2. वहीं, पृ. 15
3. वही, पृ. 16
4. सिरेमिक्स मंथली, सितंबर, 86, 'एम्पटी बेसेल्स' फिलिप रॉसन, पृ. 55
5. पॉटर्स चैलेंज, बर्नर्ड लीच, 1940
6. ए पॉटर्स बुक, पृ. 20
7. टेराकोटा, क्राफ्ट काउंसिल ऑफ इंडिया ऐंड आल इंडिया हैंडीक्राफ्ट्स बोर्ड, 'इंडियन टेराकोटाज', शिवराममूर्ति, पृ. 18-22
8. एंशेंट पॉटरी रिव्का गोनिन, कैसल ऐंड कंपनी लि. लंदन, 1973 पृ. 9

अतिरिक्त पठनीय सामग्री

—क्ले ऐंड ग्लैजेज फार पॉटर, रोड्स डेनिएल, पिटमेन पब्लिशिंग कंपनी, लंदन, 1973

—वर्ल्ड सिरेमिक्स, राबर्ट चार्ल्सटन (संपादक), हेमलिन पब्लिशिंग कंपनी, लंदन, 1968

—मास्टरपीसिस ऑफ इंडियान टेराकोटा, एम.के. धवलीकर, तारापोरवाला, मुंबई, 1977

ठाकुर शैली

स्वनामधन्य स्व. हैवेल (उस समय गवर्नमेंट आर्ट स्कूल, कोलकाता के अध्यक्ष) की उद्‌भावना से आचार्य अवनींद्रनाथ ठाकुर के हाथों एक नवीन शैली–ठाकुर-शैली–का निर्माण हुआ (लगभग 1903 ई.)

वस्तुतः यह प्राचीन चित्रकला का पुनरुत्थान है, किंतु इसके महान जन्मदाता अवनींद्र बाबू में, संसार भर की किसी भी चित्रकला की विशेषता को अपनाकर पूर्णतः भारतीय बना लेने की अप्रतिम क्षमता है। फलतः ठाकुर-शैली की पद्धति और अभिव्यक्ति में अजंता की अनुयायिता होते हुए भी भारत की मुगल पहाड़ी आदि शैलियों की तथा चीनी, जापानी और पश्चिमी चित्रकला तक की कितनी ही खूबियां इस प्रकार आत्मसात कर ली गई हैं कि इसका स्वभाव पूर्णतः भारतीय बना है। विस्मृत अतीत से संबंध जोड़ने की जो कामना तीन-चार सौ बरस से हमारे हृदय में लहरा रही थी वह अब आकर पूरी हुई, क्योंकि अब अपना विगत अंधकारमय नहीं रह गया है।

आरंभ में यह शैली मुख्यतः प्राचीन विषयों को लेकर चली, किंतु अब तो इसका क्षेत्र बहुत विस्तीर्ण हो गया है–अर्वाचीन सामाजिक जीवन तथा प्राकृतिक दृश्यों का भी इसमें सफल अंकन हो रहा है। स्वयं अवनींद्र बाबू के चित्रण का क्षेत्र प्रायः सारे संसार को घेरे हुए है।

— राय कृष्णदास

(भारत की चित्रकला, पृ. 80)

एक नया रास्ता

अवनींद्रनाथ कोरे प्रतिक्रियावादी नहीं थे। वस्तुतः उनकी सबसे बड़ी उपलब्धि थी भारतीय और पाश्चात्य कला का सुंदर सामंजस्य। उनके राधाकृष्ण के चित्रों से ये सहज ही ज्ञात हो जाता है कि उन्होंने पाश्चात्य छाया और प्रकाश के सिद्धांतों को किस सरलता से शुद्ध भारतीय सौंदर्य चेतना में घुला-मिला दिया। पाश्चात्य यथार्थवाद का उस समय समस्त एशिया में बोलबाला था। अवनींद्रनाथ के राधाकृष्ण के चित्र इस बात के उदाहरण हैं कि काल्पनिक प्रखरता में यथार्थवादिता का पुट सोने में सुहागे का कार्य कर सकता है। ओकाकुरा के संसर्ग में चीन और जापान की चित्रकला से भी अवनी बाबू का बड़ा निकट का परिचय हो गया था। ताइकन से उन्हें जापान की आधुनिक कला के आंदोलन की जानकारी मिली थी। जापानी और चीनी चित्रकला की तकनीकों को भी अवनींद्रनाथ ने बड़ी खूबी के साथ अपने चित्रों में अपनाया। प्रायः उनके चित्रों में जापानी और चीनी कला के प्रभाव का कला समीक्षक थोड़ा बढ़ा-चढ़ाकर बताते हैं, फिर भी उनके इन प्राच्य तकनीकों के सुखद प्रयोग से कोई भी इनकार नहीं कर सकता है। यदि अवनींद्र की रगों में भारतीय रक्त बहता था और प्राचीन भारतीय संस्कृति पर बड़ा अच्छा अधिकार था, तो इनका पाश्चात्य सांस्कृतिक उपलब्धियों से भी बहुत घनिष्ठ परिचय था। केवल स्वयं उन्होंने प्राच्य और पाश्यात्य दोनों भिन्न परपंराओं से प्रेरणा प्राप्त की वरन् कला पथ पर आने वाले पथिकों को भी उन्होंने इस नए मार्ग से अवगत कराया।

अवनींद्रनाथ के व्यक्तित्व का एक दूसरा भी बड़ा ही महत्वपूर्ण पक्ष था–शिक्षक का। अवनी बाबू स्वयं भी स्वतंत्रता प्रेमी थे और अपने छात्रों पर भी उन्होंने कभी कुछ लादने का प्रयत्न नहीं किया। परंतु छात्रों की स्वाभाविक प्रतिभा को उकसा देने में उनका जवाब नहीं था। सौभाग्य से उनको छात्र भी बड़े प्रतिभाशाली मिले। स्वयं अवनींद्रनाथ ने और उनके दिखाए पथ पर चलकर उनके छात्रों ने कला की एक राष्ट्रीय शैली के विकास में बड़ा सहयोग दिया। अवनींद्रनाथ के छात्रों ने देश के कोने-कोने में जाकर भारतीय कला के पुनर्जागरण के आंदोलन का नेतृत्व संभाला। असित कुमार हलदार लखनऊ कला विद्यालय के प्रधानाचार्य हो गए, समरेंद्र नाथ गुप्त लाहौर के, देवी प्रसाद राय चौधुरी चेन्नई के और शारदा उकील ने दिल्ली और वड़ोदरा में रहकर इस अभियान को चलाया। अवनींद्रनाथ के इन प्रथम छात्रों में से एक ने भी उनकी शैली की कोरी नकल नहीं की थी। वस्तुतः अवनींद्रनाथ ने गुरु के रूप में भी कभी नकल को प्रोत्साहित नहीं किया था। परंतु इन सभी कलाकारों की शैली के सिद्धांत बहुत कुछ एक ही हैं। इन सभी कलाकारों की शैली में अजंता और मुगल शैली के लघुचित्रों को आदर्श के रूप में अंगीकार किया गया है, सभी के चित्रों की रेखाएं कमनीय और काव्यात्मक होती हैं और सभी के पाश्चात्य यथार्थवादिता और भारतीय परिकल्पना के सुखद सम्मिश्रण की अवनींद्रनाथ की नीति का अनुकरण किया है।

— धीरेंद्र नाथ वर्मा

('कल्पना' जून, 1969 में प्रकाशित लेख 'भारतीय कला का पुनर्जागरण' से)

भारत में कला की प्रवृत्तियां

किसी भी देश की कला वहां के लोगों के मनोविज्ञान की प्रतिच्छाया होती है। उस कला की गुणवत्ता का स्तर उसकी राजनैतिक शक्ति की समृद्धि और दारिद्रय, दोनों का प्रतिबिम्ब होती है और उस कला के मूल्यांकन का स्तर उस देश के लोगों की बौद्धिकता और सौंदर्यबोध के विकास का एक संकेत होता है। अपने देश में कला का स्तर, खासतौर से यहां के लोगों का सांस्कृतिक पुनरुत्थान को आगे बढ़ाए जाने के प्रति दृष्टिकोण बहुत ही निराशाजनक है। इस बात की कोशिश की जानी चाहिए कि रुचि का परिष्कार हो और कला की सही रचना को बल मिले। जब तक कलाकारों का एक बहुत बड़ा हिस्सा अपनी जीविका के लिए अपनी जनता के निम्न स्तर का ध्यान रखकर चित्र बनाता रहेगा तब तक कला के स्तर में कोई खास सुधार हो सकने की उम्मीद नहीं की जा सकती। किसी कलाकार के मॉडल की सुंदरता की तुलना में किसी तस्वीर या मूर्ति के चित्रात्मक सौंदर्य के सहारे सौंदर्यानंद ढूंढ़ना बेहतर होता है, लेकिन यह सिर्फ कला का व्यवहार होता है और कुछ नहीं। स्वाभाविक है कि प्रशंसात्मक मूल्यांकन को ऊंचे स्तर पर लिया जाना जरा मुश्किल काम है, लेकिन निश्चय ही यह एक मूल्यवान उपलब्धि की तरफ बढ़ने का एक प्रयास माना जा सकता है।

भारत में कला की समीक्षा के विरोध में मेरा इसीलिए यह कहना है कि हमारी परंपराएं जो किसी वक्त बहुत महत्वपूर्ण और आश्चर्यजनक थीं, अब वे सिर्फ एक खाली फार्मूला रह गई हैं। पर परंपराओं से चिपके रहना मुनासिब नहीं है—कुछ कलाकारों को छोड़कर, जिनके व्यक्तित्व में यह क्षमता है कि वे पुराने पारंपरिक रूपों से भी कुछ नया पैदा कर सकते हैं। असल में इस तरह परंपरा से चिपके रहना 1200 साल पुराने भारत की पुनर्रचना के उद्देश्य की ओर बढ़ना है (जो कि निश्चय ही अपने आपको धोखा देना ही है)। और ऐसा दूसरे, तीसरे, चौथे नहीं, बल्कि पांचवें दर्जे की पश्चिमी कला की अनुकृति के विरोध में किया जा रहा है। (क्योंकि हम में से अधिकांश दुर्भाग्यवश यह भी दृष्टि नहीं रखते कि जो सचमुच अच्छा है, उसमें और जो नितांत बेहूदा है, उन दोनों के बीच फर्क कर सकें)। पर, भारत की कला को इन दोनों ही दृष्टियों से मैं अलग हटकर स्थापित देखना चाहती हूं और चाहती हूं कि वह कला ऐसी हो जो सचमुच अपनी जमीन से जुड़ी हुई और जीवंत हो, फिर भी पूरी तरह भारतीय हो। व्यक्तिगत रूप से मैं अपनी रेखाओं, रंगों और डिजाइन के माध्यम से यह कोशिश कर रही हूं कि मैं यहां के लोगों की जिंदगी को व्यक्त कर सकूं, खासतौर से उन लोगों की जिंदगी जो दुखी और गरीब हैं। लेकिन मैं इस समस्या पर शुद्ध चित्रात्मक स्तर पर अमूर्त ढंग से सोचती हूं, इसलिए नहीं कि बुनियादी तौर पर एक चित्रकार हूं, बल्कि इसलिए कि मुझे सस्ती भावुकता के लेपन से नफरत है। और इसलिए मैं कहानी कहने वाली तस्वीरों की ढिंढोरची नहीं हूं। हिंदुस्तान में ऐसी आश्चर्यजनक और शानदार चीजें हैं जिनकी चित्रात्मक संभावनाओं को अभी टटोला तक नहीं गया है। लेकिन कितने दुःख की बात है कि हम में से बहुत ही कम लोगों ने उन्हें देखने की कोशिश की है, उनकी अभिव्यक्ति तो बहुत ही कम हो पाई है। असल में आंखें हैं, मगर हम देख नहीं रहे; कान हैं, मगर हम सुन नहीं रहे।

—अमृता शेरगिल

('अमृता शेरगिल' (1987) : कन्हैयालाल नंदन, पृ. 129-130)

अभिव्यंजनावाद और आधुनिक भारतीय कला

सैयद हैदर रजा कहते हैं, ''मुझे अच्छी तरह याद है कि बचपन में भारतीय जंगल मुझे बहुत डराते भी थे और लुभाते भी थे। मध्यप्रदेश के सबसे घने जंगलों के मध्य में नर्मदा नदी के स्रोत के नजदीक हमारा घर था। जंगल की रातें बहुत मायावी होती हैं। गोंड आदिवासियों के नाचने की आवाजों से ही लगता था कि हम आदमियों की दुनिया में है। सुबह होने पर सुरक्षा का भाव हममें वापस लौटता था। जिस दिन हाट लगती, उस दिन गांव रंगों का एक परी लोक-सा दिखाई देता था। और तब फिर रात आती। आज भी मैं देखता हूं कि मेरे जीवन पर इन दो पक्षों का बहुत गहरा प्रभाव है और ये मेरे चित्रों के अभिन्न अंग हैं। इनके स्वरूप में कई बदलाव आए पर इन बदलावों का बिंदु अनुभूत संवेदना में से निकला, चाहे वास्तविक समस्याएं कितनी ही ठोस प्रकार की क्यों न रही हों।''

(गैलरी कैमोल्ड, मुंबई द्वारा प्रायोजित प्रदर्शनी के कैटलॉग में रजा)

रवींद्रनाथ ठाकुर कहते हैं, ''अपनी सभी अभिव्यक्तियों में वास्तविकता स्वयं को हमारे मस्तिष्क की भावनात्मक तथा कल्पनाशील पृष्ठभूमि में ही प्रकट करती है। हम किसी चीज को इसलिए नहीं जानते कि हम उनके बारे में सोचते हैं, बल्कि इसलिए जानते हैं कि हम उसे सीधे-सीधे अनुभव करते हैं। इसीलिए वास्तविकता को चाहे हम अपनी तार्किक बुद्धि से नकार भी दें, वह हमारी चेतना से लुप्त नहीं होती।''

(रवींद्रनाथ ठाकुर की पुस्तक 'द आर्टिस्ट' 1930 से, पृ. 73 कला तथा सौंदर्यशास्त्र पर रवींद्रनाथ ठाकुर, लौंगमैन-1961)

इसलिए अभिव्यंजनावाद का संबंध अनुभूति के उपजाने से है यानी अभिव्यंजनावाद अनुभूति को इसका अपरिहार्य तथा संपूर्ण रूपाकार देता है। अभिव्यंजनावाद में अंतर्वस्तु तथा रूपाकार को एक-दूसरे से अलग नहीं किया जा सकता क्योंकि विषय और वस्तु तो एक ही हैं। प्राचीन भारतीय दर्शन तथा सौंदर्यशास्त्र पर बोलते हुए नीहार रंजन कहते हैः

''फार्म (रूप या मूर्ति) पदार्थ को अपनी संभावना या सामर्थ्य के रूप में प्राप्त करता है। दूसरे शब्दों में कह सकते हैं कि पदार्थ में एक प्रकार से रूप का आरोपण किया जाता है और इस प्रकार अरूप से रूप की ओर, निम्न रूप से उच्च रूप की ओर रचनात्मकता का संचार होता है। बोध तथा रचना के मामले में विषय तथा वस्तु एक ही है, इन दोनों के बीच किसी भी प्रकार का द्वैत नहीं रहता। दूसरे शब्दों में कहा जा सकता है कि यदि वस्तु को विषय से बाध्य मानकर चला जाए तो तात्विक बोध तथा ज्ञान असंभव हो जाएंगे।''

(नीहार रंजन राय : 'एन एप्रोच टु इंडियन आर्ट' (पंजाब विश्वविद्यालय, 1973, पृ. 67)

इस सामान्यीकरणों के बाद मैं कुछ बातें कहना चाहूंगा। भारतीय कला में जीवत्व है। वह गतिमय है (यानि अभिव्यंजक है)। यह गतिमयता इसकी प्रवाही तथा सजीव रेखाओं के माध्यम से प्रकट होती है जिससे गुजरते हुए आंख उसमें गति का अनुभव कर सकती है। जो कुछ भी आंखों से देखा जा सकता है–आकृति, वृक्ष, भू-दृश्य, पहाड़, बादलों के आकार आदि, जिस चीज का भी नाम लें–यह रेखा उसे रूप प्रदान कर सकती है। और साथ-ही-साथ रंगों के भावात्मक प्रयोग के द्वारा भारतीय कला प्रकृति की लय-ताल का प्रतीक बन जाती है। किसी रहस्यवादी की तरह रंग दर्शक को अपने क्षेत्र, अपने आयतन में प्रवेश के लिए आमंत्रित करते हैं। मूर्तिशिल्प में रंगों के आवेग का स्थान उस मूर्तिशिल्प के विभिन्न हिस्सों के आयतन (मात्रा नहीं) का आवेग ले लेता है, उसका भौतिक अस्तित्व

उसकी आत्मा तथा संवेदन दोनों को अपने में समेट लेता है। उस मूर्तिशिल्प के दैहिक सौंदर्य या उसकी मुद्रा में गति का आभास नहीं होता, बल्कि लगता है कि वह मूर्ति ही हाड़मांस की है और गति में है। यहां कलाकार का ध्यान किन्हीं महान व्यक्तियों या घटनाओं की नाटकीयता पैदा करने में नहीं रहता, बल्कि जीवन के सिद्धांतों (महाबलीपुरम, एलोरा, अजंता) अथवा जीने के सिद्धांतों (खजुराहों के शिल्प, मुगल तथा कांगड़ा लघुचित्र) में जो कुछ भी सक्रिय और गतिशील है, उसे रेखांकित करने की ओर ही उसका ध्यान रहता है।

रामकुमार, कृष्ण खन्ना, रामचंद्रन तथा तैयब मेहता की कलाकृतियां एक सामान्य श्रेणी में आती हैं। ये सारे कलाकार आमतौर से अभिव्यंजनावादी हैं। इनके चित्रों में रंग तथा रेखाओं का संतुलन है। हालांकि सभी अपनी-अपनी तरह से मूड पैदा करते हैं फिर भी इनके चित्रों में जो मूड बनता है वह इसी संतुलन का परिणाम होता है। इस संतुलन के लिए ये प्रयास नहीं करते, बल्कि यह आ जाता है। यही बात प्रभावित करती है। रामकुमार के भू-दृश्यों तथा अंतर्दृश्यों में एक गतिमयता मिलती है। कृष्ण खन्ना के चित्रों में भी गतिमयता है। तैयब मेहता के तिर्यक शृंखला के चित्रों में अंगों का स्थानांतरण तथा उससे उत्पन्न जैविक एकता में उलट-फेर के संकेतों को देखा जा सकता है।

बीरेन दे और गुलाम रसूल संतोष की कृतियों में रंग एक सक्रिय सहभागी है और अक्सर या तो प्रतीक के रूप में काम करता है या प्रतीक में से प्रकट होता है। बीरेन रंगों की ऊर्जा, उसके विकिरण, अपने आप में एक वस्तु होने की इसकी योग्यता की तलाश करते हैं। संतोष प्रतीक की मांसलता तथा उसकी ऐंद्रिकता के आधार की ओर सायास ढंग से आकर्षित करते हैं। सही संदर्भ या संस्थिति में जो वास्तव में इंद्रियगत होते हुए भी नग्न न हो, बल्कि गोपनीय हो, मांसल न होकर स्वीकृत सीमाओं के भीतर हो, यानी मांसलता रूपांतरित होकर पराभौतिक बिम्ब बन जाती है। कल्पनाशीलता के रूप में हम बीरेन की कृतियों में ज्यामितीय या पुरुष आकृतियां देख सकते हैं। संतोष के चित्रों में शक्ति का उदात्तीकृत बिम्ब या प्रतिभा देख सकते हैं। संतोष के चित्रों में जोड़ने वाली रेखा बहुत स्पष्ट और मजबूत है जबकि बीरेन के चित्रों में पिघले हुए रंग एक निरंतर प्रवाह के रूप में आते हैं। संतोष के रंगों में दीप्ति है जबकि बीरेन के रंग विकिरणशील हैं।

जेराम पटेल ऊर्जा क्षेत्रों में काम करते हैं। वे लकड़ी की तंतु रचना के रेशे और परिपथ में गहराई तक जाते हैं। उनके चित्रांकनों में भौतिक जीवन है, अंग–प्रत्यंगों का उत्परिवर्तन है और एक अलौकिक जीवन का संपूर्ण अवयव संघटन है। वे अपनी ही एक दुनिया का निर्माण करते हैं। उनके चित्रांकन एक स्वप्न तथा दिवास्वप्न की अनुभूति पैदा करते हैं, पर साथ ही आकृतियों का संयोजन अद्वितीय है। रूपाकार को विषय के साथ जोड़ता है और इन दोनों के बीच एक अविच्छिन्नता स्थापित करता है।

कृष्ण रेड्डी, कंवल कृष्ण, देवयानी कृष्ण और जगमोहन चोपड़ा के चित्रों में छापा कला की जैवीय प्रकृति की पूरी तरह से छानबीन की गई है। हालांकि छापा कला एक स्तर पर यांत्रिक या भौतिक-विधि है पर यदि सही हाथ इस काम में लगें तो यही कला उपयुक्त सामग्री की संभावना को ही प्रकट नहीं करती, बल्कि नितांत विशिष्ट बिम्बों का निर्माण भी कर सकती है। रेखा तथा लय का और रंगों की प्रवणता का उपयोग रेड्डी, कृष्ण या चोपड़ा की कृतियों में अलग से पहचाना जा सकता है।

अपने विषयों में क्षेत्र में वी.एस. गायतोंडे का स्थान रामकुमार तथा कृष्ण रेड्डी के बीच में है। उनके चित्रों में न तो राम की तरह विहंगम दृश्य है न रेड्डी की तरह लगभग सूक्ष्मदर्शीय या दूरदर्शी दृश्य, गायतोंडे की कृतियों में जो दृश्य अंकित हैं वे पर्दे के भी हैं और पर्दे के पीछे के भी। गायतोंडे माध्यम की संभावनाओं की ओर सूक्ष्म संकेत करतेहैं।

मनु पारेख, जतिन दास तथा जे. स्वामीनाथन की कृतियों में अभिव्यंजनावाद के सिद्धांतों पर विशेष ध्यान केंद्रित है। प्रकृति की लय के सापेक्ष व्यक्तिगत लय को चित्रित करने के लिए रेखा तथा रंग का कौन-सा संयोजन श्रेष्ठ होगा, इसे लेकर ये लोग बहुत अधिक सचेत रहते हैं।

–रिचर्ड बोर्थोलोम्यू

(लेख के अंश)

लोकसुलभ कला

शांति निकेतन से कला की शिक्षा प्राप्त कर दिल्ली को अपना कार्य-केंद्र चुनने वाले कलाकार सोमनाथ होर दिल्ली आर्ट कॉलेज में अध्यापक हैं। सोमनाथ होर के अंकनों की प्रदर्शनी (धूमीमल आर्ट गैलरी) और प्रदर्शनियों से कुछ अलग है। एक तो इसलिए कि यह दिल्ली की पहली प्रदर्शनी है जिसमें किसी भी कलाकृति का दाम दो सौ रुपए से अधिक नहीं; बल्कि अधिकतर अंकनों का मूल्य इतना कम है कि साधारण हैसियत के लोग भी उन्हें खरीद सकते हैं—और हुआ भी यही। यह केवल अपनी कला को नहीं, बल्कि स्वयं कला को 'लोकसुलभ' करने का सफल प्रयत्न है। दूसरे इसलिए कि सोमनाथ होर के अंकन फैशन के प्रवाह से अलग, बिल्कुल निजी हैं। उनमें न 'पूर्व' का आग्रह है न 'पश्चिम' का। न 'आंचलिकता' का आग्रह है न 'अंतर्राष्ट्रीयता' का। दरअसल उनमें कोई आग्रह है ही नहीं। आप उन्हें नंगी आंखों से देख सकते हैं। और प्रदर्शनी में प्रवेश करते ही नंगी औरत ('लेटी हुई निर्वसना') के दर्शन होते भी हैं। मगर यह एक और तरह की निर्वसना है जो उत्तेजित नहीं करती, बल्कि चुपचाप गुजर जाने का इशारा करती है। सोमनाथ होर के अंकनों के सामने से गुजरते हुए ताजगी का अनुभव होता है। ताजे रंगों और अछूते प्रतीकों का प्रयोग इन लघुकाय अंकनों की विशेषता है। सोमनाथ होर के अंकनों की बनावट में कहीं भी शैथिल्य या ढीलापन नहीं। उनमें एक ऐसा कलात्मक अनुशासन है जो आलोचक को निरुत्तर करता है। होर के अधिकतर चित्र आकृतिमूलक हैं और ऐसी कलाकृतियों के साथ सबसे बड़ी आशंका यह होती है कि कहीं वे अलंकारिक न हो जाएं। भारतीय कलाकारों के साथ यह खतरा और भी होता है क्योंकि भारतीय चित्रकला अब भी अलंकारिकता से पूरी तरह छुटकारा नहीं पा सकी है। मगर होर के चित्रों के साथ ऐसा नहीं हुआ है। आकृतिमूलक होने के बावजूद होर के चित्र आत्मपरक हैं और वे केवल चित्रण नहीं करते, बल्कि अर्थ की खोज करते हैं।

होर की प्रदर्शनी में 20 अंकन हैं और बीसों की मुद्राएं अलग हैं। इस कारण इन चित्रों में एकरसता नहीं है। अपने अंकनों को एकरसता और पुनरावृत्ति से बचाने के लिए होर ने नाटकीयता का उपयोग किया है। किसी तरह का दावा या आकांक्षा न होने के कारण उनमें सादगी और निर्दोषता है। एक कवि के पास जो संगीत-विकलता होती है वही एक चित्रकार के पास भी होनी चाहिए। होर के चित्र इस शर्त को पूरा करते हैं। बल्कि यह कहना ज्यादा सही होगा कि सोमनाथ होर की, जिनके चित्रों की प्रदर्शनियां केवल भारत के कुछेक नगरों में हुई हैं, रचनाएं, चित्रकला की सभी शर्तों को पूरा करती हैं।

(दिनमान, 19 नवंबर, 1965)

हुसेन का खुला हुआ पन्ना

उनका व्यक्तित्व एक साफ-सुथरा खुला हुआ पन्ना है, जिसकी लिखावट को सब पढ़ सकते हैं, समझ सकते हैं। कहीं कोई बनावट, छिपाव नहीं। गहराई की पर्तें उनके भीतर हैं, जिनके भीतर झांकना बहुत आसान है। अपनी कमजोरियों और सीमाओं को भी छिपाने की वे कभी कोशिश नहीं करते। वे 'इंटेलेक्चुअल' से बहुत घबराते हैं, कला संबंधित बहसों और झगड़ों में भी वे कभी भाग नहीं लेते। युवा कलाकारों को सदा उनसे प्रोत्साहन मिला है, उनके नए प्रयोगों में वे दिलचस्पी लेते हैं, यद्यपि उनकी कला का मार्ग बिल्कुल दूसरा है जिस पर बाहरी प्रभावों की छाप उन्होंने कभी नहीं आने दी।

अपने सृजन-कार्य में भी उनकी बहुत कम आवश्यकताएं हैं। अपने बैठने के लिए और कैनवास को खड़ा करने के लिए जितनी जगह चाहिए वह उनके लिए काफी है, फिर चाहे कमरे के दूसरे हिस्से में कितना सामाना पड़ा है, बच्चों का शोरगुल है, लोग बातें कर रहे हैं, इसकी फिक्र नहीं करनी पड़ती। काम करते वक्त उनका सारा ध्यान कैनवास पर केंद्रित हो जाता है।

शायद शुरू से ही ऐसी स्थितियों से गुजरना पड़ा कि अब बड़े-से-बड़ा खतरा देखकर भी उनका साहस डग. मगाता नहीं, या उसके बिना उन्हें प्रसन्नता नहीं होती। वे कार बहुत तेजी से चलाते हैं। एक बार चलती बस से कूद पड़े जिससे काफी चोटें आईं। लगभग सौ फीट ऊंची दीवार पर म्यूरल बनाते वक्त उसके सामने बांसों के वने कच्चे ढांचों पर वे रंग और ब्रश लेकर इतनी फुर्ती से ऊपर-नीचे कूदते थे कि हम सब लोग दंग रह गए। हम में से कोई भी एक ही स्थान पर चंद मिनट तक खड़ा नहीं रह सका, म्यूरल बनाने और ऊपर-नीचे बांसों पर उतरने की तो बात ही अलग थी।

–रामकुमार

(धर्मयुग, 17 सितंबर, 1965)

मकबूल फिदा हुसेन

नई दिल्ली की एक खूबसूरत इमारत के लंबे हॉल की दीवारों पर रंग-बिरंगे छोटे और बड़े कई चित्र लगे हुए थे जिन पर रोशनियां फेंकी जा रही थीं, आकर्षक और सजी-संवरी युवतियों को संकेत दिए जा रहे थे, उन्हीं संकेतों के अनुसार हॉल में वे चलती-फिरती, तस्वीरों के सामने रुक-रुककर, उन पर गौर कर रही थीं और सजग भी थीं कि इन तस्वीरों पर तस्वरी बनाने वाला कैमरा उनकी भी तस्वीर बना रहा है। 'कला चित्र' बनाने के आकांक्षी 'मूवी कैमरे' के लिए सबसे ख्याति प्राप्त भारतीय चित्रकार मकबूल फिदा हुसेन के लुभावने चित्रों से अच्छा विषय और क्या हो सकता था? नई दिल्ली की श्रीधराणी गैलरी में प्रदर्शित हुसेन के 23 चित्रों की फिल्म एक विदेशी फिल्म कंपनी बना रही थी। लेकिन यह पहला मौका नहीं है जब हुसेन के चित्रों ने किसी फिल्म निर्माता को अपनी ओ खींचा था।

1957 में मशहूर इतावली सिने-निर्देशक रोबेर्तो रोसेलीनी भारत पर फिल्में बनाने हिंदुस्तान आए थे। हुसेन के चित्रों पर जब उनकी निगाह पड़ी तो उन्हें जैसे हिंदुस्तान मिल गया और उन्होंने इन चित्रों पर एक फिल्म बनानी शुरू कर दी। उनका विश्वास था कि हिंदुस्तान की सही तस्वीर यही होगी। रोसलीनी अपनी यह फिल्म कई कारणों से पूरी नहीं कर सके और उसे अधूरी छोड़ वापस चले गए। लेकिन हुसेन के इन चित्रों ने उन्हें हिंदुस्तान की असली जमीन से पूरी तरह वाकिफ करा दिया—और 'जमीन' ही हुसेन के उस चित्र का नाम है जिसने 1955 में उन्हें भारत के प्रतिनिधि चित्रकार के रूप में प्रतिष्ठित कर दिया था।

लंबे, छरहरे शरीर वाले इस चित्रकार मकबूल फिदा हुसेन का चेहरा भी हिंदुस्तान की जमीन जैसा ही सादा लेकिन उर्वर है और उसकी उर्वरता को उनकी वह लंबी दाढ़ी भी नहीं छिपा पाती जो उनकी पहचान बन गई है। कॉफी हाउस में बैठे हुए या कनाट प्लेस में लंबे-लंबे डर भरते हुए हुसेन उसी तरह दूर से पहचाने जा सकते हैं, जैसे उनके चित्र।

सिनेमा के परदे रंगते हुए कला की साधना शुरू करने वाले चित्रकार मकबूल फिदा हुसेन पिछले बीस वर्षों से अपने चित्रों के जरिए भारतीय चित्रकला की संभावनाएं ढूंढ रहे हैं और पिछले बीस साल में उन्होंने दो हजार से अधिक चित्र और असंख्य रेखांकन बनाए हैं जो दुनिया की मशहूर कला गैलरियों और कला प्रेमियों के निजी संग्रहालयों में सुरक्षित हैं। लेकिन हर प्रकार के संग्रह को, चाहे वह धन का संग्रह हो या चित्रों का, नापसंद करने वाले चित्रकार हुसेन के चित्रों के दो संग्रह दो अलग कारणों से महत्वपूर्ण हैं। उनके चित्रों का सबसे बड़ा संग्रह हैदराबाद के कला और साहित्य-रसज्ञ बदरीविशाल पित्ती के पास है, जो हुसेन के लिए केवल रसज्ञ ही नहीं, बल्कि बहुत बड़े दोस्त भी हैं और जिन्होंने उन दिनों हुसेन के चित्रों को बड़ी संख्या में खरीदा जिन दिनों कला प्रेमियों की निगाहें उनसे उदासीन थीं। और दूसरा बड़ा संग्रह प्राग की एक नवयुवती के पास है जिसने अपने 'त्रियाहठ' से प्राग में हुसेन के चित्रो की प्रदर्शनी विफल करा दी। देश-देश की सैर करते और चित्र बनाते हुए हुसेन जब अपने चित्रों की प्रदर्शनी के लिए प्राग पहुंचे तो उस अपरिचित चेक नवयुवती ने इन चित्रों के कलाकार से कहा कि, "ये चित्र बिकने के बाद किसी और के पास चले जाए, मुझसे देखा नहीं जाएगा। लेकिन मेरे पास पैसा भी नहीं है!" और धन को पानी की तरह बहाने तथा खूबसूरती के कदमों पर सारा ताजो तख्त रख देने का दिल रखने वाले कलाकार मकबूल फिदा हुसेन ने अपने सारे चित्र उस अपरिचित नवयुवती को दे दिए, हालांकि उस समय जरूरत उन्हें खूबसूरती की नहीं, धन की थी।

मगर खूबसूरती ही, खासतौर पर स्त्री की, हुसेन के चित्रों का विषय है। अपने विषय का हल्ला मचाने वाले एक भारतीय चित्रकार ने कुछ वर्ष पहले घोषणा की थी : ''मेरा विषय आदमी है।'' विषय की चर्चाओं से दूर रहने वाले चित्रकार हुसेन से जब पूछा गया कि आपका विषय क्या है तब उन्होंने कहा, ''मेरा विषय औरत है।'' जब उसी विदेशी कला-प्रेमी ने उनसे इसका कारण पूछा तब उन्होंने कहा : ''क्योंकि मैं विकृत नहीं हूं।''

और यही हुसेन की चित्रकला की सबसे बड़ी विशेषता भी है कि वह मनुष्य को, यथार्थ को, विकृत कर नहीं देखती। जैसा कि हुसेन स्वयं भी मानते हैं, उनके चित्र परंपरा की ही फिर से खोज हैं। दर्शक को अपने सम्मोहन में बांध लेने वाली हुसेन की आकृतियां—हाथी, घोड़े बंदर—मध्ययुगीन मूर्तिकला की पुनर्व्याख्याएं हैं। ''मैंने इन जंगली जानवरों को जंगल में नहीं देखा है। मैंने इन्हें खजुराहो, कोर्णाक, महाबलिपुरम्—हिंदुस्तान के मध्ययुगीन मंदिरों की दीवारों पर पत्थरों में कैद देखा है और मेरी तमाम आकृतियां, चाहे वे स्त्रियों की हों या वन्य पशुओं की, इन्हीं पत्थरों की प्रेरणाएं हैं। मैंने इन्हें खुद इनके आकारों से मुक्त किया है। मेरा विश्वास है कि कोई भी 'कला रूप' (आर्ट फॉर्म) अपने से पहले के किसी कला रूप से ही पैदा होता है। पिछली चित्रकला से नई चित्रकला पैदा न हो, लेकिन पिछली मूर्तिकला से नई चित्रकला, पिछले संगीत से नई कविता और पिछले काव्य से नए चित्र, या ठीक इसके विपरीत, पैदा होते हैं—मध्ययुग की चित्रकला इसका प्रमाण है जो भक्ति काव्य से पैदा हुई थी।''

परंपरा और आंचलिकता में विश्वास रखने वाले चित्रकार हुसेन की धारणाएं नवयुवक चित्रकारों की धारणाओं के प्रतिकूल हैं जिनका झुकाव पश्चिम की ओर है। हुसेन पश्चिम के विरुद्ध नहीं हैं। लेकिन अपने अनुभवों को ही प्रमाण मानते हुए वह अपनी इस बात पर जोर देते हैं कि केवल अपनी ही परंपरा की खोज की जा सकती है, दूसरों की नहीं। अमूर्त चित्रकला के भी वह विरुद्ध हैं। 'क्यों?' बड़ी-बड़ी बातें न कर छोटी मगर सच्ची बात करने वाले चित्रकार हुसेन के पास इसका भी दिलचस्प लेकिन अर्थपूर्ण जवाब हैं : ''क्योंकि मैं चालीस करोड़ इंसानों के बीच घूमता-फिरता हूं। अमूर्त चित्रकला कहीं नहीं ले जाती, क्योंकि वह कहीं से शुरू नहीं होती। उन्हें रोकना फिजूल है क्योंकि किसी को रोका नहीं जा सकता। वह अपनी कला से खुद ही सबक लेंगे, जैसे मैंने या किसी और ने लिया है।''

चित्रकला की नई हलचल हुसेन के चित्रों से एक प्रकार से बगावत करती है। लेकिन हुसेन ने अपनी मान्यताएं नहीं छोड़ी हैं और उनका हर चित्र उनकी मान्यता का समर्थन करता है। हुसेन और हुसेन के बाद की पीढ़ी के चित्रकारों के चित्र एक-दूसरे विरुद्ध खड़े हैं और दोनों में मौन संघर्ष चल रहा है—यह संघर्ष आकृतिमूलकता और अमूर्तता का तो है ही, आंचलिक और सार्वभौमिकता का भी है। और यह मानना कठिन है कि हुसेन और उनकी मान्यताएं और उनसे भी बढ़कर उनके चित्र इस संघर्ष में पराजित हो चुके हैं—इसलिए नहीं कि हुसेन के चित्रों के शौकीन आधिक हैं या उनकी लोकप्रियता अधिक है, बल्कि इसलिए कि उनके चित्रों में आज भी सजीवता है।

सिर पर झूलता हुआ लालटेन, जंघा पर बैठा हुआ बाज, झूलती हुई मकड़ी, काला चांद, अपनी छाया फेंकता हुआ वेगवान अश्व, चेहरे के सामने बनी हुई हथेली, हवा में उड़ता हुआ सांप—हुसेन के प्रतीक बदलते जाते हैं और प्रतीकों के साथ ही चित्रित सतह की रंग योजनाएं भी बदलती जाती हैं। हुसेन के चित्र अपनी संगीतमय रेखाओं और आकर्षक रंगों से दर्शक को लुभाते हैं। मितभाषी और सूक्ष्मदर्शी हुसेन के पात्र बिल्कुल भारतीय होते हैं और उनकी निवर्सनाएं भी सेक्स की अपील नहीं, बल्कि आंखों में छपकर पड़ने वाला सुखद प्रभाव उतन्न करती है। भारतीय चित्रकारों में सबसे कुशल रेखाकार हुसेन की रेखाओं में जितना काव्य होता है, उतनी ही शक्ति होती है, उनमें जितनी महत्वाकांक्षा होती है, उतना ही समर्पण होता है।

हुसेन के पात्र अकेलेपन से मुक्त हैं। चाहे वे अकेली आकृतियां हो या समूह में बैठी हुई स्त्रियां, अकेलेपन से वे दूर हैं—वे एक संगठित और संग्रंथित सभ्यता का अंग प्रतीत होती हैं। उनके चित्रों में चित्रित होने वाली स्त्री और पुरुष आधुनिक जीवन के खंडहर नहीं जान पड़ते, बल्कि वे मध्ययुग के गौरव से खंडित दिखाई पड़ते हैं और इसका मुख्य कारण यह है कि ये तमाम आकृतियां हिंदुस्तानी ग्रामीणों, किसानों और कुल वधुओं की ही छायाएं हैं जिनकी पहचान हुसेन से अधिक अन्य किसी कलाकार को नहीं है।

आधुनिक भारतीय चित्रकला के प्रति प्रसन्नता और दुःख दोनों ही व्यक्त करते हुए मेक्सिको के चित्रकार

रूफीनों त्यायो ने कहा था : ''किसी भी अच्छी कलाकृति को देखकर बतलाया जा सकता है कि वह किस देश के कलाकार का हस्ताक्षर है।'' अमूर्त चित्रकला को देखकर उसके कलाकार की राष्ट्रीयता का अंदाज हो सकता है या नहीं यह कह सकता कठिन है, लेकिन हुसेन के चित्रों पर यह बात अधिक अच्छी तरह लागू होती है। और शायद इसी तथ्य को ध्यान में रखकर इस्पहानी कवि और भारत में मेक्सिको के राजदूत आक्टेवियो पाज ने हुसेन के चित्रों की सबसे बड़ी विशेषता उसका स्पष्ट व्यक्तित्व माना है जो दूसरे शब्दों में उनकी राष्ट्रीयता का ही परिचायक है। और ब्रिटिश कला समीक्षक डब्ल्यू.जी. आर्चर की नजर में भी हुसेन एक ऐसे कलाकार हैं जिनकी न तो प्रामाणिकता पर संदेह किया जा सकता है, न भारतीयता पर, लेकिन क्या भारतीयता और प्रामाणिकता दोनों एक-दूसरे के पर्याय हैं—इस प्रश्न पर पूरी तरह विचार होना अभी बाकी है, खासतौर पर हुसेन के बाद की पीढ़ी के चित्रों के संदर्भ में।

धर्मपरायण, उदार, शालीन और रसिक हुसेन, संगीत, कविता, नाटक और फिल्मकला के हर क्षेत्र में समान रूप से दिलचस्पी लेते हैं। चित्रकार हुसेन स्वयं भी कवि हैं। कविताएं वह अंग्रेजी में लिखते हैं लेकिन पढ़ते कम-से-कम तीन जुबानों में हैं। और कविता की उनकी पसंद भी बिल्कुल अपनी पसंद है, मसलन उर्दू की आज की कविता उन्हें बिल्कुल नापसंद है। हिंदी की नई कविता में उन्हें रस है और मुक्तिबोध उनके प्रिय कवि हैं जिन्हें वह बॉदलेयर और रिंबो जैसे कवियों की कोटि में रखते हैं। मुक्तिबोध की वे पंक्तियां उन्हें जबानी याद हैं जिन्हें दुरूह मानकर हिंदी के 'रसान्वेषी' कवियों और आलोचकों ने रौद दिया था। पश्चिमी कविता में उन्हें फ्रेंच प्रतीकवादी कविता में विशेष रस है, खासतौर पर मलार्मे की। लेकिन कविता से अधिक लगाव उन्हें फिल्म से है—सत्यजित राय और इंगमार बर्गमान की फिल्मों से। लेकिन, उनकी राय में सबसे महान फिल्म निर्देशक इटली के अंतोनियोनी हैं।

रोम और पेरिस ही नहीं, बल्कि आधी दुनिया की सैर करने के बाद भी हुसेन की यात्राएं अधूरी यात्राएं हैं, क्योंकि हर बार वह लंबे अर्से के लिए विदेश जाने का इरादा रखते हैं और हर बार ऊबकर थोड़े दिनों में लौट आते हैं। उनकी सबसे दिलचस्प यात्रा भी इटली की है जहां उन्होंने सुप्रसिद्ध सिने अभिनेत्री अन्ना मगनानी का चित्र बनाया। और अन्ना मगनानी ने, जिनके ड्राइंगरूम की दीवार पर दुनिया के अनेक मशहूर चित्रकारों द्वारा बनाए हुए डेढ़ सौ चित्र लगे थे, इस चित्र की कीमत इतावली नहीं भारतीय शालीनता के साथ, इन शब्दों में चुकाई : ''क्या मैं आपका चुंबन ले सकती हूं?'' और हुसेन ने नहीं, बल्कि उनके चित्रों के प्रशंसक रोसेलीनी ने जवाब दिया : ''जरूर।''

हुसेन ने साधारण लोगों के असाधारण चित्र ही नहीं बनाए हैं, बल्कि असाधारण लोगों के साधारण चित्र भी बनाए हैं—जैसे कि जवाहरलाल नेहरू के या राम मनोहर लोहिया के। और नेहरू और लोहिया के बाद अब भारतीय राजनीतिज्ञों में तीसरा चित्र उन्होंने प्रधानमंत्री लालबहादुर शास्त्री का बनाया है जिसे बनाते हुए उन्हें कठिनता का अनुभव हुआ क्योंकि नेहरू के अभिजात व्यक्तित्व को अभिजात रंगों में उतारना आसान था लेकिन शास्त्री की मुखाकृति उन्हें रचना की दृष्टि से अधिक जटिल प्रतीत हुई।

कई हजार चित्रों के रचयिता हुसेन के चित्र अगर एक ओर पश्चिम जर्मनी के धन-सम्राट क्रप्स को पसंद हैं और दूसरी ओर अमेरिका की लेडी गैल्ब्रेथ को तो तीसरी ओर एक साधारण हिंदुस्तानी को जो उन्हें उतनी बड़ी कीमत पर नहीं खरीद सकता जितनी बड़ी कीमत पर क्रप्स ने खरीदे हैं। गरीब घराने में पैदा होकर और गरीबों के बीच बैठकर अपना कला जीवन शुरू करने वाले चित्रकार मकबूल फिदा हुसेन अब भी गरीबों को नहीं भूले हैं। चित्र उन्हें अमीरों को दिखाने पड़ते हैं लेकिन चाय वह हलवाई की दुकान पर ही बैठकर पीना पसंद करते हैं और कबाव जामा मस्जिद के पीछे के एक ढाबे में बैठकर खाते हैं। इसी इलाके में उन्होंने कई माह बिताए हैं और करोड़पतियों को विवश किया है कि वे पुराने होटल में उनके कमरे में आकर उनके चित्रों की मूर्खतापूर्ण तरीफ करें। हर कलाकार की तरह हुसेन भी अपने प्रशंसकों से परेशान हैं। और उनके चित्रों की प्रदर्शनी में डोलने वाली महिलाओं के बारे में उनका कहना है : ''कभी वे मेरे चित्रों को देखती हैं कभी मैं उन्हें देखता हूं। खुदा की कुदरत है!''

('दिनमान' के 11 अप्रैल, 65 के अंक में हुसेन पर यह ऐतिहासिक महत्व की आवरणकथा श्रीकांत वर्मा ने लिखी थी जो लेखक के नाम से नहीं छपी थी।)

ग्रुप 1890

इस शताब्दी का सातवां दशक भारतीय कला के लिए बहुत नाजुक समय था। यह पता चल गया था कि छठे दशक के सुरक्षित लगने वाले लैंडस्केप और सांस्कृतिक मूल्यों का सुनिर्धारित वरीयता क्रम उपनिवेशवादी मन का सिर्फ एक प्रत्यालेख है। यह बात मंजूर कर ली गई थी कि छठे दशक के नायक वास्तव में क्षेत्रीयतावादी ही थे। मुंबई के क्षेत्रीयतावादी वातावरण से बचने के लिए सूजा, पदमसी और रजा जैसे कलाकार स्थाई रूप से बसने के लिए पेरिस चले गए। प्रवासी के रूप में वे तत्काल सफल हुए। वे उस भारतीय कला संदर्भ में उल्लेखनीय चित्रकार बन गए, जिसने आधुनिक बने रहने के लिए हमेशा विदेशी सहारे का आसरा लिया था। इससे छठे दशक की प्रचलित फैशनेबुल कला श्रेणियों के तहत उन्हें अग्रगामी रूप में पहचाना गया। यह एक बड़ी स्वाभाविक बात है कि स्थानीय कलाकारों ने अपनी दृष्टि को इन प्रवासी लोगों की विकसित कला की प्रभावशालीनता के अनुरूप बनाने की कोशिश की। प्रवासी कलाकारों की कृतियां इस बात का सबूत मालूम होती थीं कि वे लंदन, पेरिस, न्यूयॉर्क के आर्ट मार्केट में स्वीकार की जाने योग्य कृतियां हैं। आखिर इन कलाकारों ने महानगरों में बनते हुए नए कला केंद्रों में जोरदार प्रदर्शन किया था।

प्रवासी कलाकारों की इस स्वयंसिद्ध श्रेष्ठता के विरुद्ध विद्रोह की शुरुआत ज. स्वामीनाथन ने की। स्वामीनाथन ग्रुप 1890 के संस्थापकों में से एक हैं और इस ग्रुप ने अपनी पहली प्रदर्शनी 1963 में की थी, जिसका उद्घाटन जवाहरलाल नेहरू ने किया था। यह विद्रोह वास्तव में मशीनी दिमागी पश्चिमी कला के ऐतिहासिक मूल्यों के विरुद्ध था। यह उन मेकेनो कलाकारों के विरुद्ध उतना नहीं था जो पश्चिमी इंजिन आयात करने के बाद उसे मशीनी ज्ञान के प्ररिष्कृत तरीके से निर्मित करते थे। वे इस इंजिन को चला सकते थे और प्रवासी भारतीय कलाकारों की मदद से उस इंजिन का काम नियंत्रित भी कर सकते थे। जब यह इंजिन भरभरा कर बैठ गया और पश्चिम के महानगरीय कला केंद्रों में कार्यरत टेकनालॉजिस्टों ने इसे सुधार से बाहर करार कर दिया तब हमारे क्षेत्रीयतावादियों ने इंजिन की सड़न के तथ्य को मंजूर नहीं किया। इसके बदले वे उसे सुधारने के काम में जुट गए। इसका नतीजा निकला अमूर्त अभिव्यक्तिवादी पद्धतियों की मृत्युसरीखी पुनरावृत्तियां। नए इंजिन की रचना करने के बदले अलग-अलग हुए टुकड़ों को अपने से इस प्रकार चिपकाए रहे मानो वह पश्चिम में विकसित कला के रूपों में स्वीकृत कृति के तेजस्वी दृष्टिमय निजी संस्करण हों।

छठे दशक के मेकेनो चित्रकारों द्वारा विशाल मनोरंजन उद्योग के विरुद्ध जब ग्रुप 1890 ने विद्रोह किया तब ग्रुप की अपनी कोई विचारधारा नहीं थी। ग्रुप के कुछ कलाकार अपनी कलाकृतियों को 'संपूर्ण' व्यक्ति के उत्पाद के रूप में प्रदर्शित करते थे। उनके साहसी प्रयत्नों का वह प्रभाव नहीं पड़ा, जिसकी कि उन्होंने कल्पना की थी और उसका कारण बहुत सरल-सा है कि वे खुद ऐसी प्रणाली के भीतर काम करते रहे थे जो 'विकसित', 'नई' और 'उल्लेखनीय' जैसी कला की नकली श्रेणियां निश्चित करती है। उनकी कला रचना के शास्त्र में उल्लेखनीय बात उनका यह विश्वास था कि उनकी स्थानीयता पर जोर देकर लिखा नया क्षेत्रीय कला इतिहास एक उतना ही महत्वपूर्ण ऐतिहासिक घटक है जितना कि एक पूरी तरह देसी 'इंजिन' निर्माण करना।

उनके पास जानकारी और अनुभव था और वे एक ऐसी सचाई गढ़ने में सफल हुए जो प्रवासियों की कृतियों की सचाई की तरह विश्वसनीय थी। स्थानीय कला संसार की चौहद्दी में उन्होंने अपने लिए एक जगह बना ली थी, जिसने उन्हें सातवें दशक में कला की उभरती हुई शक्ति-संरचना के भीतर पांव जमाने के लिए जगह दी। संक्षेप में कहें तो उन्हें अल्पसंख्यक समूह के रूप में मान्यता मिली थी। नतीजन विश्वकला के महानगरीय केंद्रों में रची जाने वाली कला शैलियों के प्रति बढ़े-चढ़े आदर के संबंध में सवाल करने की प्रवृत्ति बढ़ी और वह देसीपन का रीतिशास्त्र विकसित करने का एक स्वस्थ तरीका था।

–के.सी. गोयल

(अनुवाद : सुशील त्रिवेदी)

('पूर्वग्रह' के स्वामीनाथन विशेषांक से)

गुलाम मोहम्मद शेख का रेखांकन

ग्रुप 1890 की भावना

प्रोग्रेसिव आर्टिस्ट ग्रुप के जमाने में यह चेतना जरूर पैदा हुई थी कि अपनी बात अपनी तरह से करने की जरूरत है। वहां से अपनी ही एक शुरुआत होती है। पश्चिम के बारे में, अपनी परंपरा के बारे में कई तरह के सवाल शुरू होते हैं। उस समय की बेचैनी से कई उत्तरित और अनुत्तरित सवालों से निश्चय ही एक नई उथल-पुथल शुरू हुई जो परवर्तियों तक भी पहुंची।

मैं ग्रुप 1890 की मूल भावना को ही याद करता हूं। वे दिन भी याद आते हैं जब अंबादास, हिम्मत शाह, गुलाम शेख आदि—हम सब पहली बार भावनगर में इकट्ठा हुए थे—उस ग्रुप की शुरुआत के लिए। मूल भावना अपनी बात पाने की थी। उन दिनों की बहसों की सार्थकता मैं आज भी देखता हूं। तब हम दो किस्म का भार महसूस करते थे—परंपरा का और आधुनिक कला आंदोलनों का। दोनों ही प्रिय नहीं लगते थे। एक धरातल बनाने की चेष्टा थी। उसकी कोशिश कुछ कलाकारों में अभी भी जारी है। एक छटपटाहट थी कि जैसे उस सब भार को परे धकेलकर रचना में सीधे पैठा जाए। हम सब शैली और रूप के हिसाब से एक-दूसरे से बिल्कुल भिन्न काम करने वाले थे लेकिन उस छटपटाहट में साझीदार थे। वह तो आज भी सार्थक है।

—ज. स्वामीनाथन

('पूर्वग्रह' में प्रयाग शुक्ल से बातचीत का एक अंश)

कला की नई पीढ़ी

भारतीय कला जगत से परिचित कोई भी पहली नजर में समझ जाएगा कि यह एक बड़ी प्रदर्शनी है। ग्रुप 1890 की प्रदर्शनी (सितबंर 1963) के ठीक एक दशक बाद यह हो रही है जिसमें उस समय के युवतर और कम प्रतिष्ठित कलाकारों की लगभग सभी रोचक कृतियां सामने आई थीं। इस ग्रुप के कलाकारों ने 1973 के आसपास गंभीरता से कलाकर्म शुरू किया था। गुलाम मोहम्मद शेख को छोड़, जो कि ग्रुप 1890 की कड़ी हैं—ये सभी उनकी अगली पीढ़ी के हैं, इस अर्थ में कि कला की पीढ़ियां कला से जानी जाती हैं, न कि जन्मतिथियों से।

ग्रुप 1890 प्रदर्शनी का उद्‌घाटन जवाहरलाल नेहरू ने किया था। मुझे शक है कि ये कलाकार इंदिरा गांधी या किसी भी सत्ताधीश को बुलाना चाहेंगे, गोकि इस ग्रुप के हर कलाकार का कोई निश्चित राजनैतिक दावा नहीं है और उनका काम शुद्ध कल्पना-विलास से लेकर सुनिश्चित सैद्धांतिक दृष्टि तक फैला हुआ है। यों मुझे लगता है पिछले दस साल में शासक वर्ग अधिक संस्कृति-सजग हुआ है और शायद यह अधिक निश्चित कर सका है भारतीय जनता की संस्कृति नौकरशाही, साहित्य, रंगमंच और फिल्म समेत सभी कलाओं को अधिक देशी और सामाजिक रूप से प्रासंगिक देखना चाहेगी।

देशीपन का अर्थ अब लोक और जनजातीय छवि और मंत्र-तंत्र विद्या की छवि हो चला है—परंपरा का एक आधुनिक संस्करण। जनता के तईं प्रासंगिक होने के लिए कला से अपेक्षा की जाती है कि वह यथार्थवादी हो, पुनः जिसका अर्थ सामाजिक परिवर्तन का चित्रण हो चला है। उदाहरण के लिए फिल्म वित्त निगम की मौजूदा नीति यही प्रतीत होती है जो अपनी विचारधारा इसलिए मनवा सकती है कि वह उस कला माध्यम-सिनेमा को वित्तदान करती है जो धन के बिना हो नहीं सकता। बेशक एक पेंच भी इसमें है। परंपरा और क्रांति दोनों को मौजूदा सरकार के भ्रष्ट और सुरक्षित क्रांतिवाद के अनुरूप व्याख्यायित करना होता है। दूसरे शब्दों में, हमारा शासक वर्ग चाहता है कि कला देशी, प्रासंगिक और निरापद हो।

उदार पूंजीवादी वर्ग की सरकार बेशक अपनी विचारधारा नहीं थोपती, न विरोध कुचलती है। कम-से-कम संस्कृति के मामलों में नहीं, लेकिन जब तक वह पूंजीवाद आधार पर चलती है, बाजार यह जिम्मेदारी लिए रहता है। जब कला लालच और बिक्री की वस्तु बन जाती है तो उससे कोई खतरा नहीं रह जाता; वह आसानी से अपने उद्देश्य और रुझानों से विलग हो जाती है। इसलिए किसी चित्र या मूर्ति—जो कि सभी कलारूपों में सर्वाधिक संग्रहणीय हैं—के बारे में यह दावा कि वह किसी मूल्य व्यवस्था की विध्वसंक है या कि उसके विरुद्ध जाती है, कुछ दूर की कौड़ी मालूम होती है। पर शायद एक अन्य अधिक सार्थक विभेद किया जा सकता है।

यह कहा जा सकता है कि अपने अभीष्ट, अपनी प्रकृति और अभिव्यक्ति-रूप के कारण कुछ कृतियां निरापद होती हैं जबकि कुछ दूसरी नहीं। एक कलाकार जो स्वयं को जीवन के अजीब पक्षों से अलग कर देता है, अपने कृतित्व को कथ्य से वंचित कर देता है और अर्थपूर्णता की जिम्मेदारी छोड़ देता है; यानी तब जब वह कला में केवल अपने सिद्धहस्त रूप पर ही ध्यान देता है, लेकिन जिससे उसका निरापद रहना अनिवार्य है। रूपवादी दृष्टिकोण ऊंचे-से-ऊंचे सौंदर्यशास्त्रीय गुणों के नाम पर अपनाए जाने पर भी सबसे निरापद रहता है। क्लाइव बेल की प्रतिज्ञा

यह है : 'कला में प्रतिनिधित्वमूलक तत्व हानिकारक हो या न हो, पर वह अप्रासंगिक होता है...' मेरा खयाल है कि प्रस्तुत कलाकारों के बारे में कम-से-कम यह दावा किया जा सकता है कि वे इस संकीर्ण और दकियानूसी हद तक भद्र आदर्श के अनुयायी नहीं हैं जो कलाकारों और कला प्रेमियों के बीच आश्चर्यजनक रूप के लोकप्रिय हैं। मैं समझती हूं कि ये कलाकार, जो एक-दूसरे से बहुत भिन्न हैं, इस एक मुद्दे पर पूरी तरह सहमत होंगे : कला में प्रतिनिधित्वमूलक तत्व हानिकर हो या न हो, लेकिन वह बेहद प्रासंगिक है और हमेशा होता है।

गीता कपूर

(1974 में समूह प्रदर्शनी के कैटलॉग से)

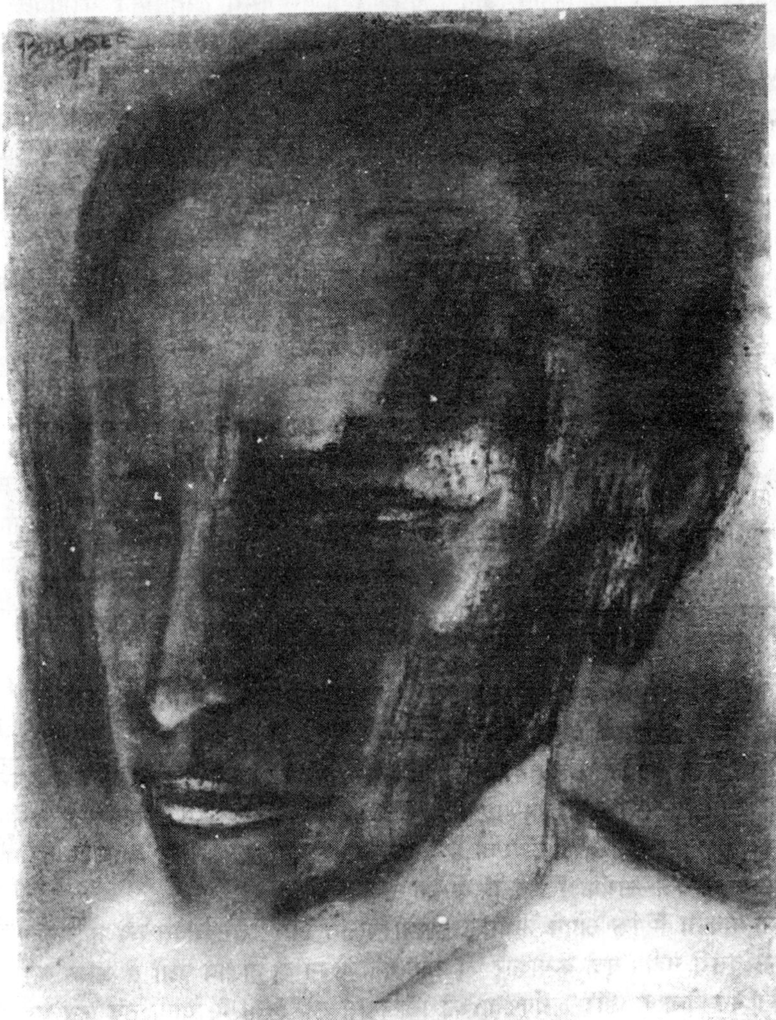

अकबर पदमसी की कलाकृति

हुस्न और हुसेन

आंग्ल कवि टी.एस. एलियट की कविता में जो नवधनाढ्य नारियां आती-जाती मिकेलांजेलो के गुण गाती हैं, वे भारतीय परिवेश में चित्रकार मकबूल फिदा हुसेन की प्रशस्ति करती देखी जाती हैं। हुसेन की कला का हुस्न से नजदीकी नाता रहा है, इसलिए आश्चर्य नहीं कि हसीनाएं इस कला से नजदीकी नाता जोड़ने को आतुर रहती हैं। हुसेन की यह लोकप्रियता नई पीढ़ी के कलाकारों के लिए परोक्ष ईर्ष्या और प्रत्यक्ष भर्त्सना का विषय बनी है।

नई दिल्ली के कुणिका केमोल्ड कला केंद्र में पत्रिका 'अल अरब' ने हुसेन के रेखांकन के माध्यम से 'अरब बिम्ब' प्रस्तुत किए तो इस लोकप्रियता और इससे उपजी भर्त्सना, दोनों का परिचय मिला। नई पीढ़ी के समीक्षकों और साधकों की यह शिकायत बनी रही कि "आखिर इन रेखांकनों में ऐसा क्या है जिसके लिए अफगानिस्तान और इराक की यात्रा की जहमत उठानी पड़ी।

इनमें अरब दृश्यों का चित्रण अवश्य है लेकिन अरब जगत् की आत्मा या व्याख्या का इनमें नितांत अभाव है। ऐसी सजावटी कृतियां तो घर बैठे बनाई जा सकती थीं।" हुसेन के आलोचक शायद यह भूल गए कि कोई कलाकार किसी भी परिवेश में अंततः अपना ही अंकन करता है। हुसेन का यह 'अपना व्यक्तित्व' देहाती कला, प्राचीन मिस्री, मुगलिया मीनाकशी, चीनी सुलिपी, शरीर-रचना शास्त्र और भारतीय समीक्षकों के आधुनिकता-आग्रह, इन सबके सम्मिश्रण से बना है।

हुसेन का बड़प्पन कि उन्होंने इन विभिन्न प्रभावों को एक विनम्र और संयत शैली में पिरो लिया है और अपनी कला में वह वीभत्स विलक्षणता नहीं आने दी है जो कई समसामयिक भारतीय कलाकारों द्वारा विशिष्टता समझी जाती रही है। हुसेन का अंतर-बिम्ब इन अरब बिम्बों में पूरी तरह प्रतिबिम्बित हुआ है। लगाम लगे घोड़े जैसी स्थिर किंतु गतिवान रेखाएं चीनी और फारसी सुलिपि की और देहाती औरतों द्वारा दीवारों पर अंकित किए जाने वाले चित्रों की याद दिलाती हैं।

यह स्वाभाविक ही था क्योंकि अरब परिवेश में सुलिपि वाला आग्रह कुछ ज्यादा ही होता है। यहां कई रेखांकनों में रेखा अरबी लिपि में घुमावों में खो गई है। 'लिपिबद्ध मस्जिद' इस वर्ग की श्रेष्ठ कृति थी। सजावटी हुसेन के दर्शन 'कूफा के मनुष्य' और 'हबानिया गांव' जैसे रेखांकनों में हुए। लेकिन यह सजावट 'पॉप' या 'ऑप' कला वाली अथवा 'भारतीय' कैलेंडर-कलाकारों वाली नहीं है।

चेहरों के सपाट अंकन पर मिस्री कला का प्रभाव है तो प्रष्ठभूमि के अंकन पर सेजां जैसे उत्तर-प्रभाववादी फ्रांसीसी कलाकारों का प्रभाव है जो स्वयं पूर्वी कला से प्रेरित थे। कम-से-कम रेखाओं से ज्यादा-से-ज्यादा बात कह सकने और चीज के ढांचे तक पहुंचने का आग्रह 'जमीन से निकाला गया आदमी' जैसे रेखांकनों में उजागर होता है। इस रेखांकन में हुसेन ने आदमी के ढांचे का भी ढांचा भर ही प्रस्तुत किया है। प्रदर्शनी के सबसे कमजोर रेखांकन वे थे जिन पर 'आधुनिकता' का आग्रह सवार था।

हुसेन 'बौद्धिक' कलाकार नहीं हैं; जहां भी वह आधुनिकता के प्रेमियों के लिए कुछ नई-सी चीज पेश करना चाहते हैं वहां उनका संतुलन बिगड़ जाता है। 'इतिहास का एक पृष्ठ' ऐसी ही एक असफल रचना थी जिसमें कुछ न

कहकर बहुत कुछ कहने वाले हुसेन, बहुत कुछ कहने की कोशिश में कुछ भी नहीं कह पाए। प्रदर्शनी के सफलतम रेखांकन वे थे जिनमें हुसेन का मौन मुखर हुआ है और जो अपने सजावटी होने की सचाई को छिपाने की कोई कोशिश नहीं करते थे। 'मीनार और मनुष्य', 'बगदाद में वसंत', 'दुखियारी' इसी कोटि की सफल कृतियां थीं।

(दिनमान, 1965)

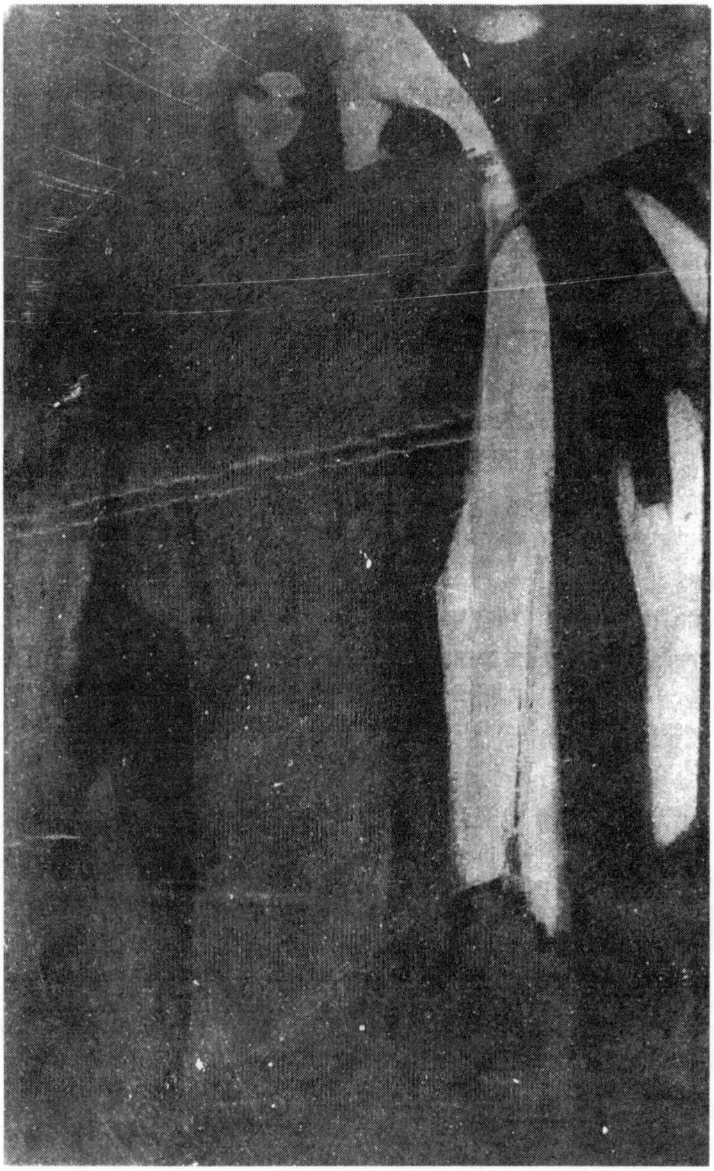

बेंद्रे की कलाकृति

भीतर का स्पेस

आकृति को मैं बहुत महत्व देता हूं—इनके बिम्ब मेरे मन में निरंतर बने रहते हैं और मैं अब भी चाहता हूं कि इनका प्रयोग करूं। 1959-60 मैं मैंने आकृतियों की एक शृंखला चित्रित की थी। पिछले साल (1978) में भी मैंने मस्तिकों की एक शृंखला चित्रित की। मैं अक्सर पिछले विषयों को दोहराता रहता हूं पर मैं अब आकृतियां इसलिए नहीं चित्रित करना चाहता कि वह मेरे लिए जरूरी हैं। मेरे दिमाग में जो शंकाएं हैं, यदि किसी अन्य माध्यम से इनके जवाब मिल सकें तो भी ठीक हैं। दरअसल जब मैं धूसर रंगों की शृंखला कर रहा था तब एक पूर्वग्रह मेरे मन में था कि तूलिका के एक ही आघात को बिना किसी बाधा के कैनवास के एक दूसरे सिरे तक ले जाऊं। यह इसलिए संभव था कि मैं धूसर रंग का प्रयोग कर रहा था और तूलिका को बीच में रोकने की आवश्यकता नहीं होती थी। आकृति और पृष्ठभूमि में कोई अंतर नहीं था, सिवाय इसके कि एक स्थान पर यह आकृति उभर आती है। उन दिनों धूसर रंग के रंग मान मुझे आकर्षित करते थे। इन सवालों के जवाब मिलने के बाद दूसरी समस्याएं आ खड़ी हुईं। इनके लिए मुझे दूसरी तरह के चित्र बनाने पड़े। अगर मुझे लगेगा कि आकृतियां इन समस्याओं के सुलझाने में सहायक हो रही हैं तो मैं निश्चित रूप से उनका प्रयोग करूंगा।

कलाकार के रूप में मैं अपनी कोई बड़ी भूमिका नहीं मनता क्योंकि ऐसा मानने का अर्थ होगा कि जैसे मैंने कोई उत्तरदायित्व हाथ में ले लिया है। मैं तो वही कर रहा हूं जो स्वतः मुझसे हो रहा है।

कला कोई ऐसा काम भी नहीं है जैसे किसी दफ्तर में कोई नौकरी कर ली और वहां बताया गया कि आपकी जिम्मेदारियां अमुक-अमुक हैं। मैं चित्र अपने लिए बनाता हूं या दूसरों के लिए इस सवाल ने मुझे कभी परेशान नहीं किया। ऐसी किसी समस्या से मेरा वास्ता नहीं पड़ा। यह सवाल तो तब पैदा होता यदि मैं अपने बाहर के माहौल से लगाव अनुभव करता। मैं तो अपने भीतर से अपने को जुड़ा हुआ पाता हूं और उसी संदर्भ में अपनी कोई भी भूमिका या दायित्व मानता हूं। इस पक्ष को या तो हम महत्व नहीं देते या इस ओर हमारा ध्यान ही नहीं जाता। हमारे समाज की अर्थव्यवस्था इस प्रकार है कि अपना अधिकतर समय तो हम धन कमाने जैसे अनावश्यक काम पर खर्च कर डालते हैं पर जो आवश्यक है, वह तो हमारे भीतर है ठीक वैसे ही जैसे फल के भीतर बीज होता है। जैसे फल के गूदे के भीतर बीज अपना निश्चय स्थान बनाए होता है वैसे ही यह भी हमारे भीतर होता है जिसका अपना एक स्पेस होता है। कलाकार अपने भीतर के इस स्पेस के साथ संवाद बनाए रखता है। उसका यह स्पेस एक कारखाने की तरह, एक स्टूडियो की तरह होता है जहां चीजों का निर्माण होता है। यह पलायन नहीं है, बल्कि किसी कलाकार का काम करने का स्थान है।

—अकबर पदमसी

(टाइम्स ऑफ इंडिया में यशोधरा डालमिया से साक्षात्कार का अंश)

पैसा खोटा हो गया

रजा 1959 में एक बार भारत आया। मुंबई में जमात जुड़ी। बाल छाबड़ा का एक जोरदार विचार था कि एक गैलरी खोले और जिसकी उद्घाटन प्रदर्शनी उनकी हो जिन्हें वह अपने 'फ्रेंड्स' कहता था। रजा कुछ 'वाटर कलर्स' तथा एक दो छोटे 'आयल्स' लेकर आया। और मुझे याद है वह आतंक जो कीमतों से पैदा हुआ। वहां काफी बहस हुई, कला पर, कम कीमतों पर, जैसा मुझे याद आ रहा है, उस दिन हमारी तमाम कीमतें दुगनी हो गईं। उद्घाटन के बाद, जिसमें लगभग सब कुछ बिक चुका था, होने वाले समारोह में जबरदस्त उल्लास और वाक्चातुर्य बिखरा हुआ था।

रजा ने कहा : आज ये क्या हो गया।

हुसेन ने छूटते ही जवाब दिया : पैसा खोटा हो गया।

बाल चीखा : लोटा उलटा हो गया। अरे, आज ये क्या हो गया।

और ऐसे ही चलता रहा। परंतु इससे भी अधिक महत्व की बात थी, एक नौजवान चित्रकार से उसकी मुठभेड़ जो उससे सलाह लेने आया था। रजा ने उसके काम को देखा और कहा किसी दिन उसे पेरिस आना चाहिए। इस नौजवान ने यह सलाह काफी गम्भीरता से ली। जो कुछ हो सकता था उसने बटोरा और पेरिस जा पहुंचा, रजा का दरवाजा खटखटाया, कहा, "देखो मैं आ गया।" रजा और उसकी पत्नी आश्चर्यचकित अवश्य हुए होंगे परंतु उन्होंने हर तरह से उनकी देखभाल की, फ्रेंच सीखने के लिए उसकी फीस—उसके रहने, खाने, उसकी कला के साज-सामान—हर चीज—इससे ज्यादा वे कर भी नहीं सकते थे। लेकिन रजा ने उसे यह स्पष्ट कर दिया कि यद्यपि वह उसकी मदद करेगा पर यह हमेशा के लिए नहीं होगी और खुद शुरुआत करने के बारे में उसे सोचना चाहिए। कुछ महीनों के बाद उसने कला की ठंडी वास्तविकताओं का सामना करने उसे लंदन भेज दिया। उसका क्या हुआ यह वास्तव में एक दूसरी गाथा है।

—कृष्ण खन्ना

(पूर्वग्रह' का रजा विशेषांक, नवंबर, 1979-फरवरी 1980)

कलाकार का व्यक्तित्व

कलाकार की कला में उसका व्यक्तित्व झलकना चाहिए, अन्यथा कला निर्मूल रहेगी।

मेरी दृष्टि में नई पीढ़ी के कलाकार पूर्ववर्ती कलाकारों से इस दृष्टि से भिन्न हैं कि उनकी कला में उनका व्यक्तित्व नहीं निखरता। उसकी कला आज की किसी विशेष शैली अथवा प्रवृत्ति का प्रतिनिधित्व करती है जो समयानुसार परिवर्तित हो जाती है।

ऐसा कोई कारण समझ में नहीं आता कि आज के कलाकारों के व्यक्तित्व की छाप उनकी कला पर न पड़े।

विश्व में वैचारिक आदान-प्रदान की सहजता और संग्रहालयों तथा कलागृहों की प्रशिक्षणिक उपादेयता को देखते हुए कलाकार का व्यक्तित्व और अधिक प्रौढ़ हो सकता है, और वह अपनी व्यक्तिगत प्रतिभा की सीमाओं के अंदर प्रगति करता हुआ ख्याति प्राप्त कर सकता है।

जितनी स्वतंत्रता आज के कलाकारों को मिली है, उसे देखते हुए उनके व्यक्तित्व की अभिव्यक्त अच्छी तरह हो सकती है, ऐसा न होने का करण आधुनिक कला की कमी नहीं वरन् कलाकार की प्रगल्भ एवं प्रतियोगिता की दौड़ में उलझी कला है।

स्वदेशी कला अनिवार्यः सीमित होती है। इसका परिसीमन ऐतिहासिक, जातीय, धार्मिक और दार्शनिक प्रवृत्तियों के कारण होता है। अंतर्राष्ट्रीय कला सार्वजनिक होती है और स्वदेशी कला को इस कारण झांप लेखी है।

अंतर्राष्ट्रीय कला की अभिव्यक्ति समय, शक्ति और उन्नत बौद्धिक एवं कलात्मक मेधा से पुष्ट होती है। अंतर्राष्ट्रीय कला यह बताती है कि अंतर्राष्ट्रीय अर्थों में विश्व कलात्मक रूप से क्या सोच रहा है और किन प्रभावों में से छनकर विभिन्न पाश्चात्य देशों में होते हुए एशिया तक यह कला पहुंची और विगत पचीस वर्षों में अपनी जड़ जमाने में सफल हुई। यह हमें विश्व के विशाल बौद्धिक आंदोलन से अपनी अलग स्थिति का भान कराती है। मेरे विचार से भारत की स्वदेशी कला पतनोन्मुख है। मेरा विचार है कि केवल मेक्सिको ही यूरोप की शैली अपनाते हुए अपनी विशेष स्वदेशी शैली का निर्माण कर सका है जिसे सारे विश्व में मेक्सिकन स्कूल के नाम से जाना जाता है। ऐसा कोई कारण नहीं दिखता कि उचित समय में अगले कुछ वर्षों में भारत अपनी एक भारतीय शैली का निर्माण न कर ले जो स्वदेशी होने के साथ-साथ समसामयिक भी हो।

–जहांगीर सबावाला

('आधार' में प्रकाशित वक्तव्य)

रंगों का इस्तेमाल

मैं रंग को एक शक्ति—ऊर्जा के रूप में देखता हूं। और शक्ति अपनी प्रकृति से संवेगात्मक होती है। जब मैं रंग को एक शक्ति के रूप में देखता हूं तो यह मानकर चलता हूं कि रंग कुछ भी हो जा सकते हैं—उनसे कैसा भी काम लिया जा सकता है। लेकिन मैं स्वयं रंगों का इस्तेमाल स्वच्छंद ढंग से नहीं करता। न ही मैं उनका इस्तेमाल किसी प्रकार का सुमेल (हारमनी) उत्पन्न करने के लिए करता हूं। इसीलिए मैं पूरक का इस्तेमल भी अक्सर नहीं करता। मैं प्रायः एक-दूसरे के विरोधी रंगों को अपने चित्रों में रखता हूं—वे अपनी शक्ति से एक-दूसरे को खारिज करने के लिए बढ़ते हैं, फलतः फलक पर तनाव भी बढ़ता है। जैसे पीला रंग अपने स्वभाव में ही फैलाव या अतिव्याप्ति ढूंढ़ने वाला रंग है और नीला संक्रेंद्रित होने वाला। इन दोनों को एक साथ रखने पर पीला जैसे संकट में पड़ जाता है—विपत्ति और दुविधा में। जब मैंने रंगों द्वारा एक-दूसरे को खारिज किए जाने की बात की तो यह भी स्वीकार करता हूं कि अंततः रंगों की प्रकृति अमूर्तन की होती है। और वे इस प्रक्रिया में हमें किसी विषय के केंद्र में न ले जाकर, सबसे परे जाने का यत्न भी कर डालते हैं, लेकिन जैसा मैंने पहले कहा, मैं उन्हें अपनी ओर से एक हद तक विषय केंद्रित करना चाहता हूं—या अपने रचे चित्र-ढांचे में उन्हें खास तरह से संचालित करना चाहता हूं। मैंने अपने चित्रों में अक्सर सफेद विकर्ण (डॉयगनल) का इस्तेमाल किया है, ऐसा न करने पर मेरे रंग विस्फोटक रूप पैदा कर देंगे और चित्र-रूप वह जरूरी स्थिरता प्राप्त नहीं कर सकेंगे जिसके बीच चीजों को देखा-पहचाना जा सके। यानी हम रंगों का इस्तेमाल कई बार शुद्ध तकनीकी दृष्टि से भी करते हैं।

मैं इसे स्वीकार करता हूं कि चित्र रंग सब हमारे व्यक्तित्व की तरह बाहरी स्थितियों से भी प्रभावित होते हैं। मेरा 1974 में होना एक ऐसी स्थिति है, जिसे मैं नकार नहीं सकता। स्थितियों के संदर्भ में एक चित्रकार के नाते मैं, कुछ रूपक या मूर्तरूप भी गढ़ता हूं। मैंने काले-लाल रंग के बीच एक मृत सांड को चित्रित किया और अपने यहां की मानवीय स्थिति की विडंबना को व्यक्त करना चाहा। किसी निश्चित अर्थ के भीतर नहीं तो कम-से-कम एक मनःस्थिति के केंद्र में। यह अलग बात है कि चित्र रचना में अपनी विचार-प्रक्रिया को मैं किस हद तक उतार पाता हूं। लेकिन वैचारिक धरातल को मैं अपने लिए अनिवार्य मानता हूं और उससे भी अधिक अनिवार्य मानता हूं विचारों के तीव्रीकरण और उद्देश्य को—क्योंकि एक चित्रकार के नाते कहीं से भी विरासत में मिली कोई विचार-प्रक्रिया मेरे हिस्से नहीं आई—वह अपने लिए मुझे ही खोजनी है।

—तैयब मेहता

(दिनमान, 1974)

रंग अलग नहीं हैं

मैंने अपने चित्रों को कभी कथात्मक रूप देने की कोशिश नहीं की, न ही चित्रकला में अपने को कभी जान-बूझकर बदलने की। मैंने अपनी रंग-सामग्री भी नहीं बदली। पिछले तीस वर्षों से मैं तैल का ही इस्तेमाल कर रहा हूं। शुरू में मैंने आकृतिमूलक काम किया जरूर, लेकिन उसे भी मैंने अचानक नहीं छोड़ दिया। क्रमशः मेरे भीतर कुछ घटित होता रहा जो इस परिवर्तन का कारण बना। मैं अपने चित्रों में रंगों का इस्तेमाल भी कुछ व्यक्त करने के लिए नहीं करता, कुछ दर्ज करने के लिए ही करता हूं। रंग, स्थान और काल विशेष से नियंत्रित होते ही हों, ऐसा मुझे नहीं लगता। मैं धूसर या सलेटी रंगों का भी इस्तेमाल करता हूं—जबकि हमारे यहां तो खुले आकाश में सब रंग भरपूर ढंग से उजागर होते हैं और ये रंग हमारे यहां के लिए शायद प्रसंगानुकूल नहीं माने जाते। इसी तरह मैं नहीं समझता कि रंगों के शहरी और ग्रामीण रूप अलग होते हैं। स्वामीनाथन के चित्रों में रंगों की प्रकृति (या उनका रूप) कुछ वैसा ही है जैसा मधुबनी चित्रों के रंगों का। दरअसल रंग तो सब जगह वही हैं, किसी चित्रकार द्वारा उनका निजी इस्तेमाल उन्हें एक भिन्नता प्रदान कर देता है। जिस रंग ट्यूब का इस्तेमाल मैं कर रहा हूं, ठीक उसी रंग सामग्री का इस्तेमाल अन्य चित्रकार भी लगभग उसी अवधि के बीच करता है—हो सकता है ठीक उसी समय कर रहा हो जबकि मैं कर रहा हूं—लेकिन एक ही रंग दोनों में कितना भिन्न हो जाता है। इधर मेरी दिलचस्पी एक फलक पर किसी एक ही रंग पर उसकी भिन्न रंगतों को 'विकसित' करने में है। लेकिन इसके लिए मैंने कोई 'कोशिश' नहीं की। ऐसा क्यों इसकी कोई व्याख्या मैं नहीं कर सकूंगा। मेरी किसी प्रदर्शनी को देखकर अब कोई कह सकता है, जैसे कि मैं कहता हूं कि ये सब एक चित्र हैं—अलग-अलग रंगों में बनाए गए। ऐसी स्थिति में रंग अधिक से अधिक, एक फलक का तापक्रम भर बताते हैं—'अर्थ' फिर भी नहीं। मेरा आग्रह किसी तरह के 'अर्थ' को रेखांकित करने का है भी नहीं। चित्र को, चित्र की तरह देखा जाना चाहिए। रंगों को समग्र चित्र से अलग कोई भी, कैसा भी अर्थ दिए जाने का आग्रह मेरा नहीं है। रंग मेरे लिए आवाज की परिभाषा में चित्र हैं।

—गायतोंडे

(दिनमान, 1974)

चित्रों की कविता

विदेशों में बसे और प्रतिष्ठा या प्रसिद्धि पाए कलाकारों को हम संदेह की नजर से देखते हैं। अक्सर ऐसा हुआ है कि आधुनिकता की नित-नई फैशनें खोजने-फैलाने की होड़ में अपने लिए जगह बनाने के लिए ऐसे लोग भारतीयता के किन्हीं रहस्यमय तत्वों का शोषण करते हैं। उनकी यह अतिरिक्त या विशेष रूप से प्रगट भारतीयता विलायत में भले कुछ आतंक जमा पाती है, उसका बुनियादी छल हमसे नहीं छुप पाता। या कम-से-कम हमें ऐसे छल होने का ईमानदार संदेह बना रहता है, तब भी जब ऐसे किसी कलाकार की सफलता से थोड़ी ईर्ष्या ही हो रही हो। रजा की सृजनात्मकता ऐसे किसी संदेह का अंततः अतिक्रमण कर पाती है यह एक अनोखी बात है। उन्हें भारत छोड़े और पेरिस में रचे-बसे पचीस से अधिक बरस हो चुके–वे बीच-बीच में कुछ अरसे के लिए स्वदेश आते रहते हैं। अपनी जड़ों से उनका संबंध जीवनग्राही और सहज रहा है, इसलिए वह उनकी कला की रंग परतों के नीचे अंतःसलिल है। उनके बारे में यह विख्यात रहा है कि वे मुख्यतः रंगों के कलाकार हैं। कवि के शब्द उधार लें कि उनके यहां फूल नहीं, रंग बोलते हैं। रंगों के लगभग अतिरेक और क्षुब्ध घमासान से रजा के इधर के चित्र एक तरह का अपसरण हैं। वे रंगों और उनसे गुंथे आकारों की एक पारदर्शी ऋजुता और सरलता की ओर जा रहे हैं–ऐंद्रिक उपस्थिति जैसे आत्मा के आलोक में पिघलकर तदाकार और विरल-सी हो गई है। उसमें प्रश्नाकुलता का तीखापन नहीं, बल्कि संत की बानी जैसा उदास पर आश्वस्त स्वीकार है। इन चित्रों में हमसे कुछ कहा नहीं जा रहा है : हम जैसे आत्मा के झरोखे से अस्तित्व पर झांक रहे हैं।

पिकासो ने कहा था, ''आजकल के बहुत सारे चित्रकार अपने चित्रों की कविता को भूल चुके हैं–और वह सबसे महत्वपूर्ण चीज है : कविता।'' रजा के बारे में यह कहा जा सकता है कि उनके यहां चित्रों की कविता बची हुई है। शुरू से ही उनके यहां अपने उद्दाम आवेगों को रंगाकारों में बेहिचक और बिना किसी संकोच के रूपायित करने की कोशिश साफ झलकती है। हमेशा ही उनकी कृतियां लयात्मक हैं–एक तरह की विकलछंदिकता में रची-बसी। पर इसका अर्थ यह नहीं है कि वे कुछ कहना चाहते हैं या कि उनकी कल्पना शब्द-केंद्रित है। रजा कोई साहित्यिक वक्तव्य अपने चित्रों में नहीं देते। वे हमेशा ही कुछ दिखाना चाहते हैं। उनका माध्यम तो चाक्षुष है ही, उनका कथ्य भी वैसा ही है।

रजा में जिंदादिली है, दूसरों के अच्छे काम से उत्तेजित और खुश होना वे जानते हैं। लेकिन उनमें कठोर संयम भी है। वे कला के मामले में अनावश्यक सहानुभूति से काम लेना पसंद नहीं करते। भोपाल में उन्होंने कहा : कलाकारों को प्रोत्साहित दिया जाना चाहिए लेकिन सृजनात्मक मूल्यों के बारे में सख्ती के साथ, वहां कोई भी रियायत गलत होगी और आखिर में घातक भी।

–अशोक वाजपेयी

(पूर्वग्रह, नवंबर, 1979–फरवरी, 1980 से)

अपने से बातचीत

''मेरी दिलचस्पी कुछ कहने में है, कुछ बताने में या किसी चीज का बयान करने में, जैसा कि हर चित्रकार या लेखक या किसी के भी साथ होता। मैं वही कहना चाहता हूं जो मैं कर सकता हूं—कोई ऐसी चीज जो मेरे लिए उस अस्तित्व का एक अंग है, जिससे मैं सोच रहा हूं या खेल रहा हूं या बातचीत कर रहा हूं। मैं इस समूची क्रिया को एक नाम भी दे सकता हूं : चित्र। मान लीजिए कि मैं कोई तस्वीर बना रहा हूं—बनाते हुए मैं उसे बोलता हूं, मैं उसे खेलता हूं, या जो मेरे जी में आता है करता हूं।

''यह हुआ मेरे चित्रों के बारे में। मैं आपके चित्रों के बारे में नहीं जानता, न मुझे दूसरों के चित्रों की परवाह है। मुझे अपने में, अपने काम करने के तरीके में, अपने विश्वासों में दिलचस्पी है। जब तक मुझे दो जून खाना मिलता है, मुझे और किसी चीज की चिंता नहीं। एक तरह से यह स्वार्थांधता भी है। लेकिन मुझे यह स्वीकार करने में भी कोई संकोच नहीं कि मैं नेक आदमी नहीं हूं।

''कला में मैं कला के किसी खास पहलू पर जोर देते हुए नहीं सोचता। मेरे लिए वह मेरा चिंतन है, मेरी दृष्टि है, मेरा काम है—जो कभी अधूरा भी है—और मेरी तस्वीरें इन तमाम चीजों को संगठित कर पेश करने का एक तरीका हैं।

''मैं देखता हूं, मैं कभी-कभी काम भी करता हूं और फिर मैं उसे भूल जाता हूं। दिमाग—मेरा भी और दूसरे का भी—किस तरह काम करता है, भीतर क्या प्रक्रियाएं चलती हैं, मुझे नहीं मालूम। मैं अपने तरीके से समझता हूं। और मैं बहुत सीधे-सीधे तरीकों में—चाहे जबान चल रही हो या तूलिका—विश्वास करता हूं। उदाहरण के लिए अगर मैं काठ को जलाकर उसकी जली हुई सतह पर काम करता हूं (शायद आपने किसी गैलरी में मेरा काम देखा हो। लेकिन अगर न देखा हो तो कोई फर्क नहीं पड़ता। अगर आपको मौका मिले तो आप देखें—न देखें तब भी ठीक है) तब काठ को जलाते वक्त मुझे केवल यही अनुभव होता है कि मैं काठ को जला रहा हूं। बात यह है कि मैं जलाकर ही कुछ कहना चाहता हूं। कभी-कभी मैं कुछ फालतू चीजें भी रख देता हूं—नाखून या टिन, जो भी आसपास हो। हालांकि मैं जान-बूझकर यह सब नहीं करता। ये चीजें काम करते हुए अपने-आप होती जाती हैं। मैं अपने आसपास बहुत-सी चीजें देखता हूं और काठ को जलाते हुए मानो 'हमला' करता हूं। कुछ चीजों से मेरा संपर्क होता है और एक चीज से जुड़कर मैं किसी और चीज से अलग होता हूं। न तो मुझे यह मालूम है और न आपको कि इस आक्रमण में मैं किस चीज को भूलता हूं। महत्व की बात यह है कि मैं इस प्रत्याक्रमण—मैं प्रत्याक्रमण शब्द का उपयोग उस स्थिति को स्पष्ट करने के लिए कर रहा हूं—मैं हमेशा किसी चीज को भूलता हूं; तस्वीर बनाते हुए हमेशा आक्रमण ही करता हूं।

''दूसरी बात यह है कि मैं रचना नहीं करना चाहता। कभी-कभी मैं चित्र भी नहीं बनाना चाहता। मैं यह नहीं कह रहा कि मैं किसी चीज की सृष्टि कर रहा हूं। अगर मैं यह कहूं कि मैं सृजन कर रहा हूं तो यह बकवास है। कोई सृष्टि नहीं कर रहा। आदमी केवल नष्ट ही कर सकता है। नष्ट करते हुए, किसी चीज का संहार करते हुए, मैं किसी चीज को—भूलना चाहता हूं।

''मान लीजिए कि मैं लाल रंग का उपयोग करता हूं—इसका अर्थ हुआ एक विशेष क्षेत्र में विशेष प्रयोजन से, एक विशिष्ट रंग का हमला। यह अपने-आप होता है। कोई काम शुरू करने के पहले मैं सोचता नहीं हूं। यह

स्वतः स्पष्ट होने लगता है कि कौन-सी जगह लाल की है, कौन-सी पीले की और कौन-सी काले की। यानी जो मैं चाहता हूं वह है रंगों का एक नाटक। लाल या काला या बादामी, मैं जिस भी रंग का इस्तेमाल करूं, एक खास रंग से, एक खास तर्ज पर—हर रंग नाटक के पात्रों की तरह अपनी अदा से अपना रोल निभाए।

''कोई यह भी कह सकता है कि इस तरह की चीज तो कोई भी कर सकता है! मैं इससे सहमत हूं। बच्चे भी यही करते हैं। वे कुछ रंग लेते हैं, कागज लेते हैं और फिर बिना कुछ सोचे-समझे कागज पर रंग बिखेरने लगते हैं। और ऐसा ही कुछ करते हुए मैं न तो इस आपत्ति पर गौर करता हूं और न ही उनके बारे में सोचता हूं। क्योंकि मैं पहले ही उस क्रिया में, उस हमले में हिस्सा ले चुका हूं।

''तस्वीर बना चुकने के बाद जरूर मैं तस्वीर को देखता हूं। लेकिन मैं उसे एक सहज वस्तु के रूप में देखता हूं। जैसे कि कोई दृश्य या पेड़ या पत्थर। किसी भी कलाकृति को, चाहे वह मेरी ही क्यों न हो, मैं बिना किसी पूर्वग्रह के देखता हूं। अगर मैंने कुछ कहा है, अगर मैंने उस चित्र में हिस्सा बंटाया है या अगर उसमें मुझे कोई चीज मिली है, तब मैं उसे रख लेता हूं।''

—जेराम पटेल

(दिनमान, 1965)

शेष माध्यम

सतीश गुजराल ने अपना माध्यम बदल दिया है, यह बात एक बड़ी खबर मानी जा रही है। इससे एक सवाल पैदा हो रहा है कि कला जगत में खबर क्या होती है? एक प्रसिद्ध कलाकार की सार्वजनिक पहचान का बदल जाना? या उसकी किसी एक या कुछ एक कृतियों का अद्वितीय होना। इधर अकेले माध्यम के नाम से पहचाने जाने में अद्वितीयता नहीं है—बल्कि वैसा पुनरावृत्ति से ही संभव है—उधर अद्वितीय कृति के लिए माध्यम का हवाला अप्रासंगिक है : तो क्या यह चमत्कार कि माध्यम बदल गया है, अकेले किसी अद्वितीय कृति की अद्वितीयता सिद्ध कर देता है?

इस सवाल पर एक संक्षिप्त बातचीत में सतीश गुजराल में रचना-प्रक्रिया की अपनी खोज की बेचैनी दिखाई दी। उन्होंने माध्यम को अंतिम और प्रामाणिक कसौटी माना था; वह एक प्रकार से उत्तेजित थे कि वह धातु के माध्यम से अब जो शिल्प कर रहे हैं वह उनकी सामयिक यथार्थ की नई समझ को ठीक-ठीक प्रकट कर रहा है और उनकी कलायात्रा का एक विशेष चरण है। ''मैंने सामाजिक यथार्थ की पिछली पहचान बदल दी है।'' उन्होंने कहा। उन्होंने कभी विभाजन के अत्याचार को सपाट सतह पर मानव आकृतियों का रूप देने में सूफियाना तैलरंगों का और चौड़ेपन का इस्तेमाल किया था और इस शैली को बाद में शबीह के काम में लगाया था। दोनों में वह बहुत सफल रहे थे और अपने समय में ही नहीं थे, अब भी अद्वितीय हैं। पर अब वह मानते हैं कि तैलरंग भारत के लिए अपने नहीं हैं—''वे यहां सिर्फ सौ साल पुराने हैं।'' धातु शिल्प में उन्होंने क्रोमियम, अल्यूमिनियम जैसी औद्योगिक धातुओं को एक 'भारतीय' रूप देने का प्रयत्न धातुओं के समज्जन से करना चाहा है, जिस प्रक्रिया की सूझ, वह कहते हैं कि उन्हें महाराष्ट्र में एक बैल के गले में बंधी घंटी की धातु से मिली। उन्होंने दावा किया कि यही एक बात उनकी नई कृतियों में नई नहीं है कि उन्होंने खुद जो धातु बनाई है वह मनुष्य निर्मित है और औद्योगिक धातुओं के बर्ताव को संतुलित करती है—नया और भी है जिसका प्रामण यही है कि 'मुझे अमेरिका के वेसलेयान सेंटर ऑफ आर्ट' में पांच सप्ताह के लिए अपनी 14 कृतियां प्रदर्शित करने का निमंत्रण मिला है।

बातचीत में भाषा और दूसरे माध्यमों की तुलना का सवाल भी उठा था। वह यह था कि जब 'कलाकार', जैसा उन्होंने माना, सामाजिक यथार्थ के सौंदर्य तत्व को पकड़ पाता है तो यथार्थ के विकास पर वह लेखक की अपेक्षा अधिक मौलिक अर्थ में असर डाल सकता है। ''परन्तु लेखक पर'', जैसा उन्होंने एक प्रश्न के उत्तर में कहा, ''यह बात लागू नहीं होती। भाषा के इतर माध्यम बरतने वाले कलाकार के लिए माध्यम ही अभिप्रेत हो सकता है परन्तु भाषा जिसका माध्यम है उसे नहीं हो सकता। वह अमूर्त की रचना नहीं कर सकता।'' यह बहस यों ही खत्म होने वाली नहीं है और हुई भी नहीं—और फिर सतीश गुजराल इसे अमेरिका से लौट आने पर लेखकों के साथ जारी रखने का वायदा भी कर गए हैं।

—रघुवीर सहाय

(दिनमान : 10 नवंबर, 1974)

मुगल चित्रकला की चुनौती

अकबर के शासनकाल की मुगल चित्रकला के माध्यम से ज्ञात होगा कि हमजानामा, अकबरनामा आदि के चित्रकारों का जिस चुनौती से मुकाबला था वह आज के कलाकार के सामने की चुनौती से ज्यादा अलग नहीं था। मुगल कलाकारों को तीन भिन्न-भिन्न चाक्षुष विचारधाराओं के बीच एक मिलन बिंदु खोजना था—फारसी, भारतीय तथा यूरोपीय। उन्होंने न केवल ऐसे शैलीगत मिलन पर पहुंचने के प्रयत्न किए, बल्कि अपने कृतित्व में असुरक्षा, राजनीतिक उथल-पुथल तथा सांस्कृतिक परिवर्तन के दबाव में फंसी जनता की मार्मिक तथा गहरी समझ को उद्घाटित किया और अद्‌भुत शक्ति से भरे हुए चित्र बनाए। हमजानामा में, जो अकबर के शासनकाल के प्रारंभिक युद्ध वर्णों में चित्रित किया गया था, हिंसा के अभूतपूर्व दृश्यों को फारसी कला के नक्काशीदार निर्माण आधारों की पार्श्व-भूमि में अंकित किया गया है जिससे हत्याएं और भी बर्बरतापूर्ण तथा विचित्र लगती हैं और जनता की उस मानसिक स्थिति का उद्घाटन करती हैं जिसने खून से सने इस नाटक को भी देखा और एक अत्यधिक प्रबुद्ध तथा सुसंस्कृत सम्राट को भी। और तो और, हजरत मुहम्मद के चाचा हमजान की कहानी भारतीय रंगों में रंग दी गई। भारतीय व्यक्ति अक्सर इन चित्रों में अफगान तथा तुर्की व्यक्तियों के बीच देखे जा सकते हैं और भारतीय वातावरण, आदतें इत्यादि छत या मेहराबों के पास खड़े व्यक्तियों के माध्यम से अंकित की गई हैं। यह तथ्य कि समसामयिक भारतीय कलाकार ने, जिसने स्वातंत्र्य संग्राम देखा है, भारत के विभाजन के दर्द तथा विभीषिका को देखा और स्वतंत्रता के बाद एक पूरे समाज को उदासीनता तथा आंदोलन के बीच स्पंदित होते हुए देखा है, बहुत कम उनका अंकन किया है, किया भी है तो प्रभावहीन ढंग से इसका प्रमाण है कि उसने जिस इतिहास में वह जी रहा है, उसका हिस्सा बनना जरूरी नहीं समझा, या वह मुहावरा ढूंढ़ना आवश्यक नहीं समझा जो उसकी कला को उसके इतिहास से जोड़ दे। बल्कि उसने ईर्ष्यापूर्वक अपनी कला को ऐसे 'बाहरी' प्रभाव से अछूता रखने की कोशिश की है। जहांगीर के युग में जब कला दरबार और महल में बंद हो गई तो मुगल कला ने अपना दृष्टि विस्तार खो दिया जो वह फिर कभी प्राप्त न कर सकी। किंतु यह आश्चर्यजनक है कि वह फालतू चीजों या सतही चित्रांकन का शिकार नहीं हुई। मंसूर के समान कलाकार ने अपने विषयों के स्वभाव में गहरी अंतर्दृष्टि के बल पर प्राप्त गहरी निगाह से फूहड़ जहांगीरी चित्रकला से स्वयं को ऊपर उठाया और भले ही वह अकबरकालीन चित्रकला के ओज को प्राप्त न कर सका हो, उसकी उपलब्धि महान है। दुःख की बात यह है कि समसामयिक कला में दृष्टि की ऐसी गहराई भी अप्राप्य है।

—गुलाम मोहम्मद शेख

(प्रतिपक्ष, 27 जनवरी, 1974 में प्रकाशित लेख के अंश)

गुलाम मोहम्मद शेख और के.जी. सुब्रमण्यन् की एक बातचीत का अंश

❑ समकालीन मुहावरे में विश्वास रखने वाले चित्रकारों का मानना है कि आज चित्रकला खास लोगों के लिए ही है। अपने चित्रों को अपने आसपास के माहौल से जुड़ा देखने के बजाय उन्हें ज्यादा खुशी इस बात में महसूस होती है कि उनके चित्रों की शैली दूसरे देशों के चित्रकारों की शैली के निकट है। इसके अलावा समकालीन कला की तुलना में पारंपरिक कला की अनदेखी करने या उसे अवमूल्यित करने की प्रवृत्ति भी बढ़ती जा रही है। बहुत कम चित्रकार ऐसे हैं जो इस देश की पारंपरिक कला में वास्तव में दिलचस्पी लेते हों या उसे आंकने का गंभीर प्रयास करते हों। एक महत्वपूर्ण कलाकार को मैंने यह कहते सुना है कि तुम्हारे राजपूत या मुगल शैली के चित्रों से मुझे कोई लेना-देना नहीं है, मैं अपने आपको उनके नजदीक नहीं पाता। मैं तो पिकासो या दुनिया के उन दूसरे जीवित चित्रकारों को अपने निकट पाता हूं जो मेरे समकालीन हैं...

जब लोग राजपूती शैली के चित्रों या पिकासो की बात करते हैं तब वे वास्तव में उन शैलियों की परिपक्वता से निकले चित्रों तक ही सीमित रह जाते हैं। वे इस गहराई में नहीं जाते कि यह परिपक्वता उन्हें किस प्रक्रिया में से गुजरने के बाद मिली। पिकासो निश्चित रूप से अपने परिवेश से जुड़ा हुआ था। इससे कोई इनकार नहीं कर सकता। इसी तरह राजपूत शैली के चित्रकार भी परिवेश से कटे हुए नहीं थे। अपने चित्रों के विषय तथा विशेषताएं भी उन्हें किसी सीमा तक अपने परिवेश में से ही मिलीं। मैं नहीं समझता कि कोई भी सार्थक चित्रकार अपने परिवेश से अलग होकर काम कर सकता है।

❑ पिछले कुछ दशकों के चित्रों में अपने परिवेश के प्रति यह उपेक्षा काफी दिखाई देती है। हमारा संपर्क केवल आज के चित्रों से ही रहा है—एक तरह से यह कला में से उपजी कला मात्र रह गई है। इसी कारण आज के कला जगत में सब जगह आडंबर और अप्रमाणिकता ही दिखाई देती है। मैं अक्सर देखता हूं कि कला का क्षेत्र ही सीमित हो गया है। इसमें वही घिसीपिटी चीजें दोहराई जा रही हैं। आध्यात्म का झूठा दिखावा किया जा रहा है। (छद्म रहस्यवादी तंत्रवाद का फैशन इसका एक उदाहरण है।) यह सब देखकर लगता है कि कहीं हमने कला की स्वतंत्रता का कोई गलत अर्थ तो नहीं निकाल लिया है। कला एक स्वतंत्र गतिविधि है पर स्वतंत्र का अर्थ अपनी जड़ों को ही छोड़ देना तो नहीं है। दूसरी ओर हमारे समाज का एक बहुत बड़ा तबका इनकी रचनात्मकता से या तो पूरी तरह से अपरिचित है या अगर उससे परिचित भी है तो उसकी ओर उदासीन है। यहां पर मेरा संकेत उस समकालीन नागर कला की ओर है जिसे हम गिनी-चुनी कलादीर्घाओं में प्रदर्शित कर रहे हैं और दर्जन भर कला विद्यालयों में पढ़ा रहे हैं।

कोई भी समाज जो अपने आपको सुसंस्कृत समाज कहने का दम भरता है, उसमें कला के लिए एक सुनिश्चत स्थान होना अनिवार्य है। किसी अर्जित विलासिता की तरह इसका स्थान परिधि पर नहीं है कि इसे संग्रहालयों में सुरक्षित रखा जाए और सप्ताहांतों में इसका अध्ययन किया जाए। बल्कि कला का स्थान तो समाज के केंद्र में होता है ताकि वह समाज को ऊर्जस्वित कर सके, इसके जीवन की गति को बढ़ा सके। दूसरी तरफ से देखा जाए तो समाज के साथ संपर्क होने से कलाकार को काम करने के लिए विस्तृत आयाम मिलते हैं। यदि कलाकार अपने को सुनहरे पिंजड़े में बंद करके समाज से काट लेता है तो वह इससे वंचित रह जाता है। इस संपर्क को निर्भरता या

पराधीनता मान लेना अनुचित है। कोई भी समाज जब अपने में कलाकार की भूमिका को स्वीकार कर लेता है और इसके बदले में कलाकार समाज में अपनी जड़ें तलाश कर लेता है तभी कला तथा संस्कृति का विकास होता है।

कला को कांचघरों की तरह उगाने और महंगे शराबघरों में सजावटी गुलदानों में सजाने से तो कला का भविष्य अंधकारमय ही होगा। यह सच है कि हमारा देश एकांतवासियों का देश है। इसलिए यह माना जा सकता है कि हमारे कलाकार भी एकांतप्रिय ही होंगे। वे दुनिया के झमेले से ऊपर आध्यात्मिक एकांत में विचरण करते होंगे। लेकिन इस तरह से कितने लोग हैं जो ऐसे एकांतप्रिय हैं कि स्वयं को जीवन के फल का आस्वाद लेने से रोक सकते हैं? मैं तो सोचता हूं कि इस देश में किसी जन्मजात संन्यासी के लिए भी ऐसे एकांतवास में रहना कठिन होगा। ये तो भौतिक और मानवीय परिस्थितियां ही हैं जो आदमी को दमनात्मक और अपरिहार्य बनाती हैं। कोई भी कलाकार अपने को इनसे बचा नहीं सकता, बशर्ते वह अपनी आंखें बंद कर ले। अपनी भावनाओं को खत्म कर ले। पर ऐसा करने से उनके पास अपना बचा ही क्या रह जाएगा?

(टाइम्स ऑफ इंडिया में प्रकाशित)

कलाकार को म्यूरल का काम क्यों करना चाहिए?

कुछ ही साल पहले ईजल चित्रकार या मूर्तिकार म्यूरल को एक ऐसा काम मानते थे, जो क्राफ्ट्समेन के लिए ही बेहतर था। म्यूरल अनगिनत तकनीकी जरूरतों का दबाव कलाकार पर डालता था। यह उसकी विजनगत समग्रता के बोध को कहीं खंडित भी करता था।

ईजल कला एक तरीके से एक अधिक विकसित मिनियेचर ही है। अपने कथ्य में यह वैयक्तिक और एकात्मक है और अपने इर्द-गिर्द असंपृक्त हिस्सों की मांग करती है। इसे इसकी संपूर्णता और निजता में ही देखा जाना चाहिए, मापदंड जो भी हों।

यदि किसी आधुनिक गैलरी में ऐसे चित्र दूसरे चित्र की बगल में रख दिए जाएं या उनकी भीड़ इकट्ठी कर दी जाए, तो ऐसी आकस्मिकता को छूट कतई नहीं दी जा सकती। यह इसलिए दुर्भाग्यपूर्ण है कि यहां एक चित्र, दूसरे चित्र को रौंदता हुआ खड़ा रहता है और उसका जो वैयक्तिक स्वर है, वह एक सामूहिक कोलाहल में डूब जाता है।

इसलिए यह स्वाभाविक ही है कि कलाकार उन्हें किसी गैलरी में एकल प्रदर्शनी के माध्यम से खुद ही प्रदर्शित करना चाहता है, और तभी वे निजी स्तर पर दर्शकों का सामना करने की बात सोच सकते हैं। वे अपनी कला को कहीं भी रखने के लिए मुक्त हो सकते हैं—दाएं या बाएं, ऊपर या नीचे—सेना की ऐसी टुकड़ी की तरह जो घात लगाए बैठी हो। कोई सिर्फ यही देख सकता है कि जो प्रदर्शक (गैलरीमैन) है, उसने किस रणनीति की पूर्व योजना के तहत प्रदर्शनी लगाई है। आजकल प्रत्येक प्रदर्शनी अत्यंत सुनियोजित तरीके से दर्शक को एकात्म वातावरण में घेरने का प्रयत्न करती है। लगता है यह तरीका ऐसा है जैसे किसी अकेले आदमी को कला के जरिए घेरकर उसे निहत्था कर दिया जाए। अगर आज कलाकार इससे भी एक कदम आगे बढ़कर वैयक्तिक परिवेश और मंचीय घटनाओं को सुनियोजित कर रहे हैं तो यह स्वाभाविक ही है। ठीक है कि ये अब भी व्यक्तिगत और विशिष्ट और ताक-झांक वाली प्रदर्शनियों की तरह हैं, लेकिन वे अभी भी ईजल कला से काफी पीछे हैं।

अतः ऐसे में स्वाभाविक ही यह उम्मीद बांधी जा सकती है कि अब कलाकार म्यूरल जैसी पर्यावरणीय कला को सहानुभूति के साथ देखेंगे। अपनी वास्तविकता में दरअसल म्यूरल दीवार पर लटका हुआ न तो कोई चित्र है और न मूर्तिशिल्प ही। म्यूरल ऐसी कला है जो दीवार के भीतर से ही उभरी जान पड़ती है और परिवेश में प्रतिकृत होते हुए एक प्रस्तुतिमूलक परिवर्तन पैदा करती है।

ऐसी इसकी परिकल्पना और अवधारणा दोनों से प्रमाणित होना चाहिए। इसकी रचना में कलाकार और वास्तुशिल्पी दोनों के परस्पर सहकार को देखा जाना चाहिए। इसका यह भी आशय है कि कलाकार और वास्तुशिल्पी दोनों का परिवेश के साथ भी सहकार होना चाहिए।

ऐसा लगता है कि आंशिक तौर पर आधुनिक वास्तुशिल्प में कलाकार क्राफ्ट्समेन की अतिरिक्त उपस्थिति इसका कारण है। वह एक स्थापत्य के रूप में किसी इमारत की परिकल्पना करता है लेकिन साथ ही वह उसकी बाह्य बनावट या जरूरतों के प्रति भी एकाग्र होता है।

और आंशिक तौर पर इसलिए भी कि आधुनिक कलाकार अपनी व्यक्तिगत छवि से इतना संपृक्त रहता है कि वह परिवेशगत समरूपता या उसके विस्तार तक की बात नहीं सोचता। वह अधर में फूटे किसी पटाखे की तरह होना चाहता है।

यही वजह है कि आज म्यूरल, पेंटिंग या मूर्तिशिल्प (सामान्य म्यूरल सतह) के जो सर्वोत्तम उदाहरण हमारे पास हैं, वे वे हैं जहां वास्तुशिल्पी और कलाकार ने या तो मिलकर काम किया है या एक ही व्यक्ति में दोनों अंतर्निहित थे। शताब्दियों पहले यही होता था या अभी आदिवासी परिवेश में ऐसा होता है।

आज का वास्तुशिल्पी चित्रकार को कुछ शक के साथ, बल्कि कभी-कभी दया के साथ देखता है। वह अगर किसी म्यूरल कलाकार को खुश भी करना चाहता है तो अपने इस विद्वेष को छुपाकर। वह चाहेगा कि भले ही दीवार पर बेल चढ़ जाए, लेकिन कला नहीं। बिजली, नलके-नालियां, प्लास्टरिंग, रास्ते और फूलदान वगैरह भले ही उसकी योजना में शामिल हों, लेकिन कला वहां एक घुसपैठिए का ही दर्जा पाएगी।

कहने का मतलब यह नहीं कि कहीं ऐसे संवेदनशील वास्तुशिल्पी हैं ही नहीं कि जिनके साथ काम करने में मजा ही न आए, लेकिन वे थोड़े और इक्के-दुक्के ही हैं।

कुछ साल पहले जब मैंने एक सिरेमिक्स म्यूरल तैयार किया तो उसे वास्तुशिल्पी एक बहुत बड़े सांचे में फंसाकर रखना चाहता था। मैं दूसरे तरीके में सोचता था और इस बात ने उसे दुःखी किया। इसलिए उसने मेरे द्वारा प्रस्तावित हर बात के विरुद्ध आपत्तियां उठानी शुरू कीं। मैंने प्रस्तावित किया कि मैं एक चिकने टेराकोटा पर एक रिलीफ मोजेक बनाना चाहता हूं (इमारत ईंटों की थी) तो उसने आपत्ति उठाई कि क्या टेराकोटा इतना स्थाई होगा? मुझे कहना पड़ा—किसी पुरातत्ववेत्ता से पूछो। जब मैंने कहा कि मैं इस रिलीफ का विषय टैगोर के नाटक किंग ऑफ द डार्क चेंबर पर आधारित करना चाहूंगा जिससे यह इमारत किसी प्रेक्षागृह का आभास दे, तो वह घबरा गया—क्या? क्या सिर्फ साजिंदे और नर्तकों की आकृतियां ही प्रेक्षागृह का प्रभाव नहीं पैदा कर सकतीं? मुझे फिर कहना पड़ा कि टैगोर का यह नाटक बड़े टेढ़े तरीके से जीवंत प्रेक्षागृह की ओर संकेत करता है जिसे किसी बाजारू जगह में आप विश्वास के साथ अपने दिमाग के अंधेरे में चैंबर में देखते हुए खो देते हैं। मुझे अपना काम साधने के लिए हर प्रकार के वाक् छल का सहारा लेना पड़ा।

फिर भी यह जोड़ना जरूरी है कि वास्तुशिल्पी की तुलना में कमेटियों का व्यवहार अक्सर ज्यादा भड़काने वाला होता है। सबसे ज्यादा निराश करने वाला तो वह तंत्र है जो सरकारी भवनों के कार्य को नियंत्रित करता है। कोई ताज्जुब कर सकता है कि फिर ऐसी स्थिति में किसी कलाकार को म्यूरल का काम करना ही क्यों चाहिए? मैं इसके लिए अपने कारणों की तलाश की कोशिश में हूं...मैं सोचता हूं कि कला को वातावरण में पहुंचाना अत्यंत महत्वपूर्ण है।

—के.जी. सुब्रमण्यन्

मनजीत का संसार

मनजीत बावा के चित्रों में वस्तुगत के रूपगत आकारों का एक पीड़ादायक विरूपण होता है। ऊपरी तौर पर दर्शक या समीक्षक इसे उनकी एक निजी शैली भी समझ सकते हैं या वस्तु आकृतियों के इस विरूपण की जड़े वे भारतीय मिथकलोक में भी खोजने का प्रयत्न कर सकते हैं। बल्कि ऐसा प्रयत्न अक्सर हुआ भी है। लेकिन मनजीत के इस विरूपण के निमित्त या कारक इतने ऊपरी और सरल नहीं हैं। यह एक प्रक्रियागत विरूपण है, जिसमें कलाकार का जीवन, संवेदन, मनोलोक, कला अनुभव और उसकी निजी यंत्रणाएं भी सम्मिलित हैं। 'बांसुरी वादक' जैसे चित्रों में, जहां कृष्ण का शरीर जैसे किसी मिथकीय तथा अति यथार्थवादी प्रभाव में शैवाल जैसा लचीला और अरूप हो गया है, अगर एक स्तर पर वह आकार के निराकार को व्यक्त करता है तो दूसरे स्तर पर वह उस शरीर में अंतर्भूत हो गई एक असह्य वेदना, बेचैनी और यातना की परिणतियों को भी भौतिक रूप से मूर्त करने का प्रयत्न करता है। एक अधिक गहरे और अधिक व्यापक अर्थ में वह कृष्ण का चित्र है भी नहीं। वह असल में हर कलाकार की भौतिक-आध्यात्मिक देह का चित्र है। वह हमारी अपनी ही देह है। ऐसे विरूपित आकारों का सामना करते हुए किसी भी संवेदनशील दर्शक को शांति और चाक्षुष संतोष नहीं मिलता, बल्कि वह अचानक कुछ पलों के लिए स्वयं अपने ही 'डिस्टर्बेंसेज' और अपनी ही यंत्रणाओं के सामने पड़ जाता है, निहत्था, इसीलिए मनजीत के चित्रों का संसार एक ऐसे विरूपण का संसार है जो हमें एक 'वि-रागात्मक' 'डिस हार्मोनियस' और यंत्रणाबिद्ध अनुभव जगत की ओर ले जाता है, उनके चित्रों में प्राणी देहों का विरूपण एक क्षण को हमें उस सघन और परिव्याप्त पीड़ा से परिचित कराता है, जो पीड़ा यीशु की देह में 'क्रूसिफिक्शन' के समय रही होगी।

–उदय प्रकाश

नागजी पटेल से मदनलाल की बातचीत

संगमरमर के साथ काम करने के कुछ अद्भुत अनुभव के बारे में बताएं। बीज, कीड़ा, चिड़िया, जानवर इत्यादि के साथ के अपने आंतरिक संबंधों को भी स्पष्ट करें जो देखने वालों को अत्यधिक मुलायमियत का आभास देते हैं और दर्शक संवेदनशील हो जाते हैं।

तुम जो जीव-जंतु की बात कर रहे हो उसके प्रति मैं संवेदनशील हूं, लेकिन मैं संगमरमर में काम करते समय अपनी सामग्री के साथ भी उतना ही संवेदनशील हो जाता हूं। पत्थर में कठोर और कोमल की जो भावना है उसे पूरी गहराई के साथ मन में महसूस करता हूं। शुरुआत में जो मैंने संगमरमर को तराशा है उसमें फार्मल वैल्यूज को लेकर काफी ध्यान देता था। पहले तो मुझे मालूम भी नहीं था, संवेदनशीलता क्या है? मुलायमियत क्या है? बाद में जब धीरे-धीरे माध्यम मेरी समझ में आया तो विषय एवं वस्तु के संबंधों को समझा। 1965 के बाद के समय से जब मैंने टेक्सचर एवं पालिश करना शुरू किया तो कठोरता एवं कोमलता की समझ के साथ मैंने मूर्तियों पर काम किया है। अर्ध-अमूर्त काम किया। 65 से 73 तक मैंने ज्यादातर ऐसे ही काम किए हैं, आर्गेनिक फॉर्म को लेकर। इनका शीर्षक मैंने मुख्यतः देवमूर्तियां दिया है। वे बहुत ही सौंदर्यशास्त्रीय रूपाकार हैं। उनमें ध्यान केंद्रित करने की जरूरत है। उस समय के शिल्प में मैं बराबर ध्यान देता था कि कैसे स्पर्श-संवेदन उभरे। गतिशीलता एवं ऐंद्रिकता आ सके उसके लिए मैंने शिल्प-कृतियों के कुछ हिस्सों को पालिश किया, कुछ हिस्सों को टेक्सचर दिया। बाद में इससे क्रमशः ध्यान हटते-हटते संगमरमर की कोमलता एवं मुलायमपन पर अपने आप एकाग्र होता गया। मेरी जीव-आकृतियों में भी विकास की अनुभूति रहती थी। मुझमें जीव-शावकों की कोमलता का गहरा एहसास था जिसे मैंने काले तथा गुलाबी संगमरमर में तराशा भी है।

जी, उनके बारे में एक तरह से कह सकते हैं कि जैसे अभी-अभी किसी जीव ने जन्म लिया हो?

हां, बिल्कुल वही भावना मुझे बराबर उत्प्रेरित करती है। प्रयास है संगमरमर के साथ जीने का, उसे महसूस करने का। पत्थर और जीव, और पत्थर की पूरी एकात्मकता का...

इन शिल्पों में मेरा मानना रहा है कि अंतर्मुखी निरीक्षण का प्रभाव है, पर शायद शुरू-शुरू में आप किसी और के काम से प्रभावित रहे हों।

वास्तव में अभी के काम से पहले के जो शिल्प मैंने गढ़े उनमें एक तरह का इरॉटिसिज्म का प्रभाव था।

उसमें जो अभिव्यक्ति की मूल भावना थी, वह यह कि संवेदनशीलता कैसे उभरे? जब मैं कॉलेज से निकला तो मैंने कभी यह ध्यान ही नहीं दिया कि मैं कहां से प्रभावित हूं, कहां से नहीं। मेरा बराबर ध्यान यही था कि कैसे स्पर्श-संवेदना के साथ स्वयं को उतार दूं। पॉलिश टेक्सचर के बारे में मैंने प्रयास किया है कि जो 'हूबहू' जीवन है वह पत्थर में जन्म ले ले।

कई चीजों के साथ इस तरह का मानवीय संबंध जो कभी तो बचकाना लग सकता है लेकिन कभी प्रौढ़ भी होता है। एक बात और भी है, जब हम काम करते हैं, बहुत सारे लोग काम करते हैं। मेरा प्रश्न यह कि शिल्प की रचना प्रक्रिया में हमारा आंतरिक जुड़ाव कितना होता है। यदि गहरे प्रेम से काम किया जाए तो सौंदर्य उसमें

जरूर ही आएगा। पत्थर काटने में जो मजा आता है, उतना ही सोचने में भी आता है। एक तरह की कांटीन्यूटी भी बनती है। तभी पूर्णरूपेण सफल आकार बनता है, और एक लंबे समय तक आनंदित भी करता है।

आपके शिल्प में संगीत और कविता का बोध होता है। गुनगुनाने का आनंद भी आता है।

अन्य कलाएं भी मेरे जीवन का अभिन्न अंग हैं। वे कहीं-न-कहीं हमारी शिल्पकृतियों को जरूर छूती हैं। मैं शास्त्रीय संगीत बहुत पसंद करता हूं। मेरा अनुभव है कि संगीत मेरी शिल्प-रचना का एक अंग है। ऐसा भी नहीं है कि बस पत्थर काटते ही चला जा रहा हूं। बल्कि पूरी लय के साथ काटता हूं—वहीं तो गुनगुनाता हूं—इसीलिए काम में अधिक समय भी लेता हूं। एक लंबे समय तक आकार को लेकर सोचता रहता हूं, मैं पूरी तरह से डूब जाता हूं, धीरे-धीरे काम की एकरूपता और समानता आती है। एकात्म होता हूं।

आप ड्राइंग तो बहुत ही करते हैं?

ड्राइंग तो अक्सर ड्राइंग करने के लिए कर लेता हूं, कभी थोड़ा-सा मोम या गीली मिट्टी लेकर कुछ-न-कुछ करता रहता हूं—समग्रता की अनुभूति के लिए। उसे मैं सूक्ष्म रूप में महसूस करता हूं। इसलिए ज्यादातर मेरे काम छोटे आकारों में होते हैं। समय भी अधिक लगता है। मेरा काम खुले हुए वातावरण में बनता है। खुले में रखता हूं, आलवेज ओपेन। तभी हम पूरी तरह आकार को देख सकते हैं, महसूस करते हैं।

लगभग 20 वर्षों से आप मुख्य रूप से संगमरमर का काम कर रहे हैं, आपको कभी ऐसा नहीं लगा कि दूसरे माध्यम से भी कभी रचना करें?

सोचता हूं। इधर कुछ प्रयास भी कर रहा हूं। फिर भी मेरे काम की जो विशिष्टता है वह किसी भी माध्यम में तो आएगी ही। धातु में काम करने की इच्छा होती है। पर संगमरमर में अभी बहुत संभावनाएं है। ऐसा लगता है कि अभी मैं बहुत कुछ कर नहीं पाया हूं।

पत्थर में काम कर रहे समकालीन मूर्तिशिल्पियों की रचना-शैली को लेकर बराबर मैं सोचता रहता हूं। आपके काम में जो तेज है, वह अन्य में नहीं के बराबर है। मुझे लगता है कि पत्थर में लोग बकवास कर रहे हैं।

सही तो क्या कह पाऊंगा? पर मुझे भी काफी लोगों के काम में कुछ नजर ही नहीं आता है कि सचमुच वे क्या कर रहे हैं? वे बस कुछ फार्म बना देते हैं, ऐसे रिजल्ट लाकर रख देना चाहते हैं जिनका आकारों के साथ कोई तालमेल ही नहीं बैठता। देखते भी नहीं कि हमारी अपनी भारतीय परंपरा में पत्थर के मूर्तिशिल्प कितने महत्वपूर्ण हैं। जरूरत है जब हम काम करने बैठें तो अपनी परपंरा की समृद्धि को जानें। उसके प्रभाव को महसूस करें। मैं तो अपनी परंपरा के गुणों और तत्वों से बहुत प्रभावित हूं। मेरा अपनी भारतीय भावना के साथ गहरा संबंध है। मैं इस बात की कभी चिंता ही नहीं करता हूं कि मेरा शिल्प किसके पास रहेगा? कौन खरीदेगा? लोगों को कैसा लगेगा? मेरे शिल्प जमीन पर ही रहेंगे, वही उनकी जगह है। वह मेरा आनंद भी है। मन में आता है कि स्थापत्य के साथ शिल्प को कैसे डिस्प्ले करूं? स्थापत्य के साथ कुछ बड़े-बड़े शिल्प बनाने की इच्छा होती है। वातावरण मूर्तिशिल्प भी बनाना चाहता हूं।

सोचते तो आप बहुत ही हैं?

हां, लेकिन विदिन द फार्म ही ज्यादा सोचता हूं। उसका पूरा संबंध यहां अपनी भारतीय परंपरा से जोड़ लेता हूं। हमारा भारतीय मूर्तिशिल्प तो सभी खुले वातावरण में स्थापत्य के साथ ही है। मैं जब किसी का काम देखता हूं तो पहला रियेक्शन यही होता है कि उसकी अपनी जड़ें कहां तक हैं? वह जमीन जब तक हम नहीं समझेंगे तब तक शिल्प में रची-बसी आत्मा को नहीं पहचान पाएंगे। कुछ बनाया, कुछ चला गया—काफी लोग सचमुच ऐसे

ही पत्थर काट रहे हैं। लेकिन लोग महसूस करते ही नहीं, सतही चीजों में पड़ जाते हैं। वे काम के लिए अंदर से लगाव महसूस करें—इसकी चिंता छोड़ें कि मेरे काम का क्या होगा? यह कहीं प्रदर्शित होगा कि नहीं, यह बिकेगा कि नहीं? तब वे अपने काम की वास्तविकता जान सकते हैं। तभी व्यक्तिगत विशिष्टता भी बनती है।

मैं आपके समकालीन कुछ प्रख्यात मूर्तिशिल्पियों के काम को प्रसंद करता हूं जैसे कनेरिया साहेब, हिम्मत भाई, सर्बरी दा इत्यादि। आप अपने समकालीनों में किसके काम को अधिक पसंद करते हैं?

काफी लोगों का क्या है कि गुम हो जाते हैं। कुछ पता नहीं चलता है कि वे काम कर रहे हैं कि नहीं। हिम्मत शाह को मैं सबसे अधिक पसंद करता हूं। वेरी स्ट्रांग पर्सनेलिटी। वह लगातार एक लंबे समय से रचना कर रहे हैं। उनके काम में उनके करेक्टर की विशिष्टता बराबर देखी जा सकती है, चाहे वह ड्राइंग हो, चाहे वह चित्र हो या शिल्प। उनका काम अलग-अलग समय का रिप्रेजेंटेशन है। उनके किसी भी काम को देखो पूरा हिम्मत का व्यक्तित्व झलकता है। उन्हें देखो कितने समय से पूरी तरह स्वतंत्र रहकर साधना कर रहे हैं।

उनके अंदर ऋषि सरीखे गुणों को भी देखा जा सकता है। वही एक ऐसा कलाकार है जो जीवन पूरी तरह अपनी शर्तों पर जीता है। कितनी बड़ी आर्थिक प्रॉब्लम है फिर भी हिम्मत से लड़ता है। कनेरिया साहेब ने भी काफी काम किया है। उनके काम के कई चरण भी आए हैं पर बीच में काफी गैप रहा। उनका काम पहले मैं काफी पसंद करता था।

युवा मूर्तिशिल्पियों से आप क्या उम्मीद करते हैं?

मैं समझता हूं कि युवा मूर्तिशिल्पियों में काफी लोग बहुत ही संभल कर सोच रहे हैं। वे काम सही दिशा की तरफ ध्यान देकर कर रहे हैं क्योंकि हमारे समय में क्या था कि बहुत ही लिमिटेड इमेजेज थीं। इधर-उधर काट-पीटकर एक आकार तैयार कर देते थे जबकि नए लोग नए-नए माध्यमों में बहुत कुछ सोचकर ही काम कर रहे हैं। बहुत सारी संभावनाओं को भी ढूंढ रहे हैं। जैसे हमारे समय में फाइबर ग्लास में किसी ने काम नहीं किया पर अब कई लोगों ने इसमें काफी काम किया है।

तैयब मेहता

श्रीकांत वर्मा

साठ के दशक में तैयब मेहता लंदन चले गए थे। लंदन में रहते हुए इस बात की पूरी संभावना थी कि वह लंदन के हो जाएं मगर लंदन में रहकर भी वह लंदन के नहीं हुए। पैसे की तंगी के बावजूद चित्रकला की शर्तों को बदलने वाले दलालों के साथ उन्होंने यह सौदा नहीं किया। दिल्ली की कुमार गैलरी में प्रदर्शित उनके तेरह चित्रों को देखकर इसका रहस्य समझ में आ जाता है। तैयब मेहता के मन में कुछ इतने परिचित चेहरों और आकृतियों की छाप है जो खुद उनके लिए अजनबी हो गए हैं। सबसे परिचित लोग सबसे अधिक अजनबी होते हैं और तैयब मेहता के चित्रों के अजनबी उनके सबसे अधिक परिचित लोग हैं, जिन्हें भूलते रहने की कोशिश में चेहरे टूट गए हैं। ये चेहरे मार खाए हुए आईने में पड़ने वाले अक्स की तरह टूटे हुए, कटे-छंटे और धुंधले भी हैं मगर वे अपने में समूचे हैं ओर उनकी उपस्थिति में अजीब किस्म की मांसलता है।

बैठी हुई या लेटी हुई आकृतियां इतनी ठोस और ठस हैं कि उनसे मुलाकात जिंदा आदमी से मुलाकात का असर पैदा करती हैं। तैयब मेहता के चित्रों के लोग इसी दुनिया के लोग हैं जो इतने अजनबी हैं कि किसी और दुनिया के लोग नजर आते हैं। उनकी सांगोपांग उपस्थिति, उनकी भावपूर्ण मुद्राएं और उनका इस तरह बैठना या आसन ग्रहण करना जैसे वे यौगिक क्रियाएं कर रहे हों—तैयब मेहता के चित्र संसार के प्रति कौतूहल पैदा करते हैं। कोई कलाकार अपने चित्रों के प्रति अपने दर्शकों में कौतूहल पैदा कर सके यह स्वयं एक कामयाबी है लेकिन तैयब मेहता केवल इतनी सफलता से संतुष्ट नहीं। वह जानना चाहते हैं कि कुछ खास स्त्री-पुरुष अकेले में या एक-दूसरे के सामने किस तरह का व्यवहार करते हैं। उनके चित्रों में नाटकीय मुद्राएं हैं और अकेलेपन की गहरी छायाएं हैं।

तैयब मेहता अंग-संगठन के सौंदर्य की खोज की भी कोशिश कर रहे हैं। उनकी शरीर रचना स्तूपाकार है और अधिकतर स्त्री-पुरुषों को वह स्तूप के रूप में देखते हैं। इसके पीछे कौन-सा मनोविज्ञान है इसकी खोज जरूरी नहीं है लेकिन स्तूप में जो मौन और एकांत होता है वह तैयब मेहता की स्तूपाकार आकृतियों में भी है। तैयब मेहता की आकृतियां रंगों में घुलने लगती हैं और रंग, स्तूप का आकार ग्रहण करने लगते हैं। यह और भी अजीब बात है कि जो आकृतियां जितनी ही अस्पष्ट हैं वे उतनी ही परिचित हैं और जिनकी उपस्थिति जितनी ही ठोस है वे उतनी ही अनजबी हैं। भारी-भरकम शरीर वाली स्त्रियां अजनबी जान पड़ती हैं और पानी पर हिलती हुई परछाईं जैसी आकृतियां अपने परिचित होने का नाटक खड़ा करती हैं।

तैयब मेहता उन कलाकारों में नहीं जो पश्चिम से आतंकित हैं। वह भारतीय चित्रकला के मूल्यों को दुबारा खोज करने की इच्छा रखते हैं। उनका कहना है कि हिंदुस्तान की मध्ययुगीन और प्राचीन कला को केवल संग्रहालयों के लिए छोड़ दिया गया हालांकि उनमें से बहुत-सी अब तब जीवंत हैं और यह जानना अपने आप में दिलचस्प होगा कि अजंता का और आज की कला का क्या संबंध है। दरअसल कोई संबंध है भी या नहीं और अगर है तो तो किस स्तर पर? उनकी राय है कि कला को नए संदर्भ में नहीं देखा गया है इसलिए पुरानी कला की प्रतिष्ठा खो गई है। चूंकि पुरानी कला की प्रतिष्ठा नहीं रही इसलिए नई कला भी अपनी प्रतिष्ठा के लिए पश्चिम की कृपा

पर निर्भर हो गई। अगर भारत की मध्ययुगीन कला और आज की कला के रिश्ते को ढूंढ़ लिया गया तो विशिष्ट भारतीय कला जैसी चीज हो जाएगी और इससे खुद आज की चित्रकला को उसका वह ऐतिहासिक संदर्भ मिल जाएगा जिसके न होने से वह अपने आप में कैद एक टुकड़ा जान पड़ती है।

भारत में पिछले वर्षों में गैलरियों ने जो तरक्की की है उसे आश्चर्यजनक मानने के बावजूद तैयब मेहता इस स्थिति से संतुष्ट नहीं हैं क्योंकि उनका कहना है कि खरीदार थोड़े हैं लेकिन चित्रकला के दर्शक उनसे भी थोड़े हैं। दर्शकों की संख्या में खास वृद्धि नहीं हुई है इसलिए चित्रकला के छोटे या बड़े नमूने उन लोगों तक नहीं पहुंच पा रहे हैं जिन तक उन्हें पहुंचना चाहिए। कला अब भी लोगों की जिंदगी का हिस्सा नहीं हो पाई है। तस्वीरें खरीदने वाले लोगों में भी अब तक ज्यादातर विदेशी रहे हैं हालांकि पिछले दिनों में इस खरीदार वर्ग की संख्या में भी गिरावट आई है। विदेशी लोग भारतीय चित्रकारों की तस्वीरें केवल भारतीयता के प्रति कौतूहल के कारण खरीदते हैं। जरूरी यह है कि इन तस्वीरों का भारतीय खरीददार वर्ग पैदा हो। यह काम कैसे और किस तरह हो इसका सही जवाब केवल गैलरियां दे सकती हैं। लेकिन यह कलाकारों के लिए भी चिंता का विषय है कि भारतीय चित्रकारों का भारतीय खरीदार और दर्शक क्यों नही है। अगर खरीदार न हो तब भी उतनी चिंता की बात नहीं है जितनी चिंता की बात यह है कि दर्शक नहीं हैं—खासतौर पर दिल्ली जैसे शहर के लिए यह और भी चिंता की बात है जो राजनीति के साथ-ही-साथ संस्कृति की राजधानी होने का दावा करती है। तैयब मेहता इस मामले में मुंबई को एक बेहतर शहर ठहराते हैं जिनकी प्रदर्शनियों में केवल 'पक्के' दर्शक ही नहीं 'कच्चे' दर्शक भी आते हैं। नए-से-नए चित्रकार की प्रदर्शनी में कॉलेजों के सैकड़ों छात्र जिज्ञासाएं लेकर आते हैं। कोलकाता की स्थिति दिल्ली से भी गिरी हुई है और अन्य शहरों में तो अभी आधुनिक कला की जगह किसी और कला का युग चल रहा है।

तैयब मेहता का यह भी सुझाव है कि इसके लिए अच्छी-अच्छी कला पत्रिकाएं प्रकाशित की जाएं जो देशभर के बुद्धिजीवियों, लेखकों और पढ़ने-लिखने वालों को मुफ्त भेजी जाएं, साथ-ही-साथ उनसे अनुरोध किया जाए कि वे इन पत्रिकाओं को और भी लोगों को पढ़ने के लिए दें। इससे समाज की कला शिक्षा होगी। कला के बारे में, उसके सवालों के बारे में अधिक-से-अधिक लोग जानेंगे और जिज्ञासु होंगे। उनका जिज्ञासु होना ही कला के लिए सच्चा दर्शक वर्ग पैदा करना है।

तैयब मेहता इस बात से भी चिंतित हैं कि अनेक भारतीय भाषाओं में आधुनिक कला की समीक्षा नहीं है। आगे चलकर अंग्रेजी हटने वाली है और ये भारतीय भाषाएं ही उनका स्थान लेंगी। खासतौर पर हिंदी को इस मामले में और भी बड़ा रोल अदा करना है। लेकिन कुल मिलाकर हिंदी में भी कला समीक्षा के प्रति उदासीनता है और यह अपने आप में बहुत सराहनीय बात नहीं मानी जा सकती। उनका कहना है कि हिंदी की पत्र-पत्रिकाएं कला-प्रदर्शनियों और कला की समस्याओं के बारे में अधिक-से-अधिक लिखकर अधिक-से-अधिक लोगों की कला शिक्षा कर सकती हैं। लेकिन हिन्दी में दो-एक ही पत्रिकाएं यह जिम्मेदारी पूरी कर रही हैं।

तैयब मेहता के दिमाग में भारतीय चित्रकला को लेकर कई सवाल हैं। उनमें एक सवाल यह भी है कि इस बात का तुलनात्मक अध्ययन किया जाए कि क्यों एक खास समय से भारतीय समाज में लोकप्रिय कला पर विशेष आग्रह रहा है और क्या कारण है कि आज अमेरिका में पॉप (चालू) कला का आग्रह है। क्या इस तरह की कला का संबंध सामाजिक समृद्धि से है और क्या सामाजिक समृद्धि कला में ह्रास के कारण पैदा करती है? तैयब मेहता का यह सवाल खतरे से खाली नहीं है कि सामाजिक समृद्धि ने उत्कृष्ट कला को भी जन्म दिया है। कम-से-कम स्थापत्य और मूर्तिकला के संदर्भ में इसे स्पष्ट रूप से देखा जा सकता है। खजुराहो और कोणार्क के मंदिर समृद्ध समाज की ही रचना थे। यह अलग बात है कि उन पर तांत्रिक प्रभाव हैं। लेकिन मूल रूप से वे महान् कलाकृतियां हैं और अगर उस वक्त का समाज समृद्ध नहीं होता तो शायद उनकी रचना भी नहीं होती। लेकिन तैयब मेहता ने कला के संदर्भ में जो सवाल उठाए हैं वे बेलाग भारतीय सवाल हैं और इन सवालों पर विचार करना भारतीय कलाकार के लिए शायद अधिक उपयोगी होगा।

सुब्रमण्यन्

गुलाम मोहम्मद शेख
नीलिमा शेख

कला आज इतिहास की एक अत्यंत नाजुक संधि पर हैं। वेंगार्दिज्म की रेलगाड़ी अपने ही द्वारा रची गई एक अंधी गली में पहुंच गई है। अब जबकि आगे बढ़ने की गुंजाइश लगातार कम और धुंधली होती जा रही है, ऐसी हालत में किसी भी तरह की अबोधता की स्थिति की ओर वापसी एक प्रहसन जैसा होगा। यथार्थवाद पर किए जा रहे हाल के कुछ प्रयास उस मानव बिम्ब को पुनरुज्जीवित करने जैसा है जिसे वेंगार्दिस्ट्स ने पहले खत्म कर डाला था। लगता है, सब कुछ आजमाया जा चुका है : अमूर्तन से सतही चित्रांकन, दम्भी सौंदर्यवाद से लेकर स्थूल निरर्थकता और मानवीय तिलिस्म से लेकर कंप्यूटराइज्ड टेक्नालॉजी तक ने अगली यात्रा के लिए बहुत कम जगह बाकी रखी है। गैलरियों और अंतर्राष्ट्रीय तमाशाबाजी ने न सिर्फ अपनी पहले की चमक-दमक खो दी है, बल्कि अब उनका मनोबल टूट चुका है और कई तो अब अपना असबाब समेट रहे हैं। (आश्चर्य है कि तीसरी दुनिया में वे फल-फूल रहे हैं) कला के प्रगति नामधारी यंत्र की सफलता ने एक व्यापक मोहभंग और आधुनिकतावाद के पुनरवलोकन की जरूरत को जन्म दिया है। तीसरी दुनिया के प्रवासी चित्रकारों ने, जिन्होंने कभी फटी-फटी आंखों से पश्चिम कला की आवारगी को देखा था अब वे अपनी पिछड़ी हुई देसी जमीन के गांव-खेतों के प्रति नास्टेल्जिक हो उठे हैं, और वहां गहरे दबी जातीय स्मृतियों और मिथकों को खोद निकालने के प्रति काफी आशा से भर गए हैं।

के.जी. सुब्रमण्यन् जैसे कलाकार (या मिनी जैसा कि वे जाने जाते हैं) के लिए मोहभंग या नॉस्टेल्जिया के कारण कम ही हैं। क्योंकि न तो उन्होंने वेंगार्स्टिस्ट्स कवायद में शामिल होने की हड़बड़ी की और न ही अपनी जातीय जमीन में उन्होंने अपने ठांव को खो दिया। चुपचाप अपना काम करते हुए, अपनी आस्थाओं को परखते हुए वे तथाकथित मुख्यधारा के बाहर ही बने रहे। कला परिदृश्य में तेजी से बदलते रिवाजों में उन्हें अपनी जगह से उसी तरह विचलित नहीं किया जैसे वर्षों तक उनके कार्य के उपेक्षित रह जाने की स्थिति ने भी उन्हें परेशान नहीं किया। यह आश्चर्य की बात नहीं होनी चाहिए कि उनकी कला से स्वीकृति का जो नया स्फुरण अभी देश-विदेश में पैदा हुआ है वह उन लोगों के लिए आश्चर्य की ही बात है, जो मुख्यधारा के बाहर देख ही नहीं सकते। दरअसल इस घटना ने केवल उनकी कला के ही बारे में नहीं, बल्कि सामान्यतः कला में मूल्यों के स्तर पर भी कुछ गंभीर प्रश्न उठाए हैं। वे, जिन्होंने सुब्रमण्यन् को अभी-अभी खोजा है, वे अपनी इस आकस्मिक अनुशंसा को संगत सिद्ध करने के लिए सुब्रमण्यन् की रचनात्मकता में अभी हाल ही में ही नवोन्मेष की बात कर रहे हैं और इस तरह उनके पहले के काम—टेराकोटा और ग्लास पेंटिंग को उनके सृजन से अलगा रहे हैं। आशा की जा सकती है कि कालिदास सम्मान के अवसर पर आयोजित उनकी समग्र प्रदर्शनी इस भ्रामक धारणा को तोड़ेगी और यह प्रमाणित करेगी कि उनका आज का काम, उनकी आजीवन तलाश की एक तार्किक परिणति है जिसमें एक निर्बाध निरंतरता और उनके व्यक्तित्व की अमिट छाप मौजूद है।

अपनी प्रवृत्तियों और धारणाओं के कारण सुब्रमण्यन् अपने समकालीनों से अलग जा पड़ते हैं। दरअसल यह उन मूल्यों का सवाल है, जिन्हें वे अपनाते हैं, उनके सदंर्भ में शैली का प्रश्न महत्वपूर्ण नहीं रह जाता। वे भारत के

पारंपरिक कलाकारों, शिल्पी कलाकारों के साथ अपने कार्य को जोड़कर ही प्रसन्न हो सकते हैं, जिनकी कार्यशैली विशुद्ध रूप से व्यावहारिक उद्देश्यों का कार्य करती है। इसीलिए आधुनिक या पारंपरिक वाला दृष्टिकोण नहीं है, जो उनकी अभिव्यक्ति को नियंत्रित करता है, एक दूसरा या दोनों ही उनके उद्देश्यों के उपयोग में आ सकते हैं, जो उनकी थीम को दूसरे सर्वाधिक संप्रेषणीय प्रतिफल में मदद दे सके। उनके ग्लास पेंटिंग्स में मातीस, कालीघाट पट और पिनअप प्रिंट्स एक साथ देखे जा सकते हैं। अपनी शुरू की कृतियों में वे घनवादी किरचों के रूपों की संरचना का उपयोग करते थे और कैनवास की सतह को बालू से निर्मित करते थे। बाद में उन्होंने कंटीली रैखिकता (तामोया का स्मरण) का प्रयोग खरबूजा गाड़ी और सड़क के इर्द-गिर्द भटकने वाले पशुओं के चित्रण के लिए किया, या और भी बाद की अवस्था में वे दृश्य को चित्रित आयतों के युग्मों में विभाजित कर देते थे (एक ही समय कामिक स्ट्रिप्स और मिनियेचर का आभास देते हुए), और जगमग प्रिज्मों से झांकते स्टिल लाइफ में दरअसल संदर्भों की एक पूरी कतार ही खोजी जा सकती है जो समानता का संकेत करती है। लेकिन इस बात को याद रखना महत्वपूर्ण है कि इस वक्तव्य का पूरा जोर, प्रयोग किए गए विविध साधनों पर आधारित नहीं है, बल्कि इसका सबसे गंभीर तत्त्व बिम्बों की जीवंतता है, क्योंकि इसके बिना उपकरणों की धार कुंद हो सकती है, बिम्ब और उसकी जीवतंता खो सकती है, जिसे स्थाई विशिष्टता के रूप में उनकी कृतियों की समग्रता में कोई देख सकता है। यह विशिष्टता ऊर्जा की एक अनवरत ऊष्मा है जो सतह को भेदती हुई अपना रास्ता खुद बनाती है, और एक चिरंतन खेल में रूपाकारों के संसार को जीवन से भर देती है। सुदूर-पूर्व के संस्कारों का प्रतिरोध बहुत मुश्किल है। इस अर्थ में चित्रकला का कर्म स्पेस के लिपि संचारतंत्र द्वारा व्यक्त गतियों की आत्मा का अक्षर बन जाता है। अपने शिकार को पकड़ लेने के लिए जबड़ा खोले मेंढ़क की आतुर भंगिमा और एक प्रत्यासन्न छलांग के लिए तने हुए पैरों पर सन्नद्ध बंदर को ऐन उन्हीं क्षणों में पकड़ने और चीनी मिट्टी के बर्तन और किसी मेज पर एक-दूसरे के साथ आवारगी के खेल में डूबे इनके पैटर्न को व्यक्त रहने की प्रक्रिया में तूलिका कभी खुलती है, कभी सिकुड़ती है, कभी आघात करती है या पशुओं और वस्तुओं की दैहिक लय की सहानुभूति में कलाइयों या कुहनियों के साथ सर्पिल गति से खेलने लगती है। चित्रात्मक और दैहिक लयों का संयोजन अक्सर अगोचर और कभी एक-दूसरे को अतिक्रमित करता हुआ निरंतर रूपाकारों के अर्थ बदलता चलता है।

इतनी सहजता और सुविधा के साथ रचे गए ऐसे रूपांतरण एक शिल्पी कलाकार के हाथों के विलक्षण कौशल को दुबारा प्रत्याह्वान करते हैं। गांव का कारीगर अपनी सामग्री से अपने बिम्बों या वस्तुओं के आकार गढ़ लेता है, या उल्टे शब्दों में कहें तो यह कि वह माध्यमों की प्रकृति के अनुरूप ढाल लेता है, इस तरह इस प्रक्रिया में वह दोनों ही छोरों पर काम निकाल लेने का कौशल अर्जित करता है। इस तरह का सामर्थ्य कलाकर्म को एक स्वतःस्फूर्त अनुकरण की क्रीड़ा प्रदान करता है। जैसे-जैसे यह लय तेज और गहरी होती जाती है, कलाकार का अलग पहचान का अहं कलाकर्म के प्रति तादात्म्य में घुलता जाता है। सुब्रमण्यन् का काम दिखाता है कि बिम्ब को भाषा से एकीकृत करने की प्रक्रिया की तुलना में किस तरह अपनी अलग पहचान (या शैली) की स्वीकृति की कोशिश दूसरे दर्जे की हो जाती है। इस संदर्भ में यह उल्लेख करना महत्वपूर्ण है कि हमारी परिचित पेशेवर मुख्यधारा के पूरे तंत्र में शैली कैसे कला से सारतत्व को अक्सर पीछे छोड़ देती है। एक कलाकार से यह अपेक्षा की जाती है कि वह एक उत्कृष्ट जादुई कलाकृति को मौखिक शैलीगत संकेतों से अभिमंत्रित करे। बर्नार्ड बुफे एक ऐसा भी उदाहरण है, जो रातों-रात एक जीनियस बन गया। समग्र कला जीवन के समूचे प्रदेय के महत्व को अलग छांटकर देखना एक ऐसी आदत है जो कलाकृतियों को एक-दूसरे से विभिन्न टुकड़ों में देखती है। समकालीन कला की कुछ दुस्साहसिक चेतना साफ तौर पर अनुकरण या कुछ शैलीगत पद्धतियों को सुरक्षित बना लेने में ही निमग्न है। कोई भी विस्मय कर सकता है, अगर इस असुरक्षा की परिस्थिति में जिसमें एक पेशेवर भारतीय कलाकार रहता है, यह अपनी अलग पहचान स्थापित करने की जरूरत अपनी मान्यता प्राप्त करने की आकांक्षा में तब्दील नहीं होती।

सुब्रमण्यन् की कलाकृति और अधिक महत्वपूर्ण तब हो जाती है जब इसे कला की उद्देश्यपरक संप्रेषणीयता के संदर्भ में देखा जाए। अपने सामाजिक संदर्भों से कटी हुई शहरी कला के इस अलगाव के प्रति गहराई के साथ

जागरूक सुब्रमण्यन् ने हमेशा अपने आसपास के वातावरण और लोगों से संपर्क बनाने का हरसंभव प्रयास किया है। खिलौने बनाने की इच्छा, बच्चों की किताबों की डिजाइनिंग, मंच की सज्जा, वस्त्रों की बुनावट या उन पर रंगकारी, अपने लेखन में कला पर टिप्पणी और इन सबके ऊपर सार्वजनिक इमारतों के लिए विशाल म्यूरल कार्य को स्वीकारने की इच्छा दरअसल एक वृहत्तर समुदाय को संबोधित करने की आकांक्षा से ही निर्देशित हुई है। कला की एक उपयोगी या व्यावहारिक भूमिका की उनकी अलग तलाश के अलावा अलग-अलग घोड़ों पर सवारी गांठते रहने से बिल्कुल हटकर यह एक जीवन भर का अनुसंधान है जो कला को दूसरे आइवरी टावर से मुक्त कर इसे बिल्कुल खुले में, इसके दर्शकों के बिल्कुल रू-ब-रू ले आना चाहता है। परोक्ष रूप से वे रवींद्रनाथ के आदर्शों, नंदलाल के प्रारंभिक दृष्टिकोणों और अपने सलाहकार विनोद बिहारी मुखर्जी का ही अनुसरण करते हैं। आत्मपराभव से ग्रस्त वेंगार्दिज्म के, जिसका हमने शुरू से ही संकेत किया है, एक समर्थ विकल्प के रूप में सुब्रमण्यन् का कलाकर्म इसी व्यवहार के कारण आशा और सकारात्मक भविष्य से भरी हुई कला बन जाता है। कई अलग-अलग तरह की जरूरतों में विभिन्न माध्यमों का व्यवहार भाषा की अभिव्यक्ति के कई सवालों को पैदा करता है। कागज से मिट्टी और मिट्टी से धागों के बदलते हुए बिम्ब के रूपांतरण ने सुब्रमण्यन् को विविध चुनौतियों का प्रत्युत्तर देने के लिए विवश किया है। उन्होंने संरचना के एक अत्यंत निर्दोष-बोध और विस्मयकारी सृजनात्मक दक्षता के साथ उन सभी चुनौतियों को साधा है। मातीस से लेकर भित्ति-सज्जा तक की भाषिक परंपराओं के विराट् कबाड़खाने को सुब्रमण्यन् ने छान डाला है और उसे अनुभूति और संवेदना के धरातल पर परखा है। जिस विशिष्ट तरीके से कला-सामग्रियां एक-दूसरे पर क्रिया और प्रतिक्रिया करती हैं इन्हीं अन्वेषणों के दौरान खोजों से उनकी बहुमुखी मुहावरेदार धारा-प्रवाहिता और तकनीकी निपुणता पैदा हुई है। किसी को भी चित्रकला की उस पारंपरिक पद्धति की याद आ सकती है जहां किसी भाषिक परंपरा के खजाने से कला की थीम का उच्चारण किया जाता है, ऐसा खजाना जिसमें संदर्भों का थोक भंडार होता है और आखिर में थीम के बारे में वह उतना ही कुछ कह पाता है कि जिसे कोई भी चित्र कह सकता है। सामग्री के साथ अपने संपर्क के माध्यम से ऐसे साधनों की खोज में सुब्रमण्यन् खुद को भी संबद्ध रखते हैं जिससे वे अपने युद्ध के, मांस और बारूद के किस्से को उसी ढंग से बयान कर सकें जैसा सिर्फ एक अग्नि मिट्टी ही बयान कर सकती है। इस तरह सुब्रमण्यन् के कलाकर्म में भाषा व्यवहार के साथ एकात्म होती है। बहुत से समकालीन चित्रकारों की तरह अंतर्वस्तु और रूप की दुविधा वहां नहीं है। इस संदर्भ में इन्हें अविभाज्य इकाई मानते हुए वे ऐसा उपादान खोज लेते हैं जो इन्हें (अंतर्वस्तु और रूप को) ध्रुवत्व के रूप में देखता है।

एक ऐसे वक्त में जब कलाकारों ने अपनी कला को (कभी-कभी एक असरकारी छुटकारे के बतौर) अपनी मूल वासना को खोलने के लिए या अपनी भावनात्मक मंशाओं की सीधे-सीधे, दो और दो चार जैसी सपाटबयानी के लिए इस्तेमाल किया है, इस स्थिति में सुब्रमण्यन् की कला बहुत चुप और खामोश लगती है। वे ऐसी चीजों के बारे में भी कोई सुविचारित वक्तव्य देने को अनिच्छुक लगते हैं जो चीजे उसे बहुत गहराई से उद्वेलित कर जाती हैं। इस तरह वे बंगाल में दीक्षा प्राप्त कलाकारों के प्रचलित मिथ को तोड़ते हैं। वे अपने विषय के साथ बहुत सहज ढंग से, विदग्धता, हास्य और अनिवार्यता के बोध के साथ व्यवहार करते हैं। फिर भी इसे एक टेम्परामेंटल विशिष्टता के रूप में देखना एक प्रकार का सरलीकरण होगा। यह भाषा के प्रति एक ऐसा लगाव है जो उनके भावावेग को नियमित और संयमित करता है। सुब्रमण्यन् के कलाकर्म को तीन मुख्य वर्गों में बांटा जा सकता है—उनके विशाल रिलीफ म्यूरल और टेरोकटा, उनके चित्र और उनके रेखांकनों और प्रिंट्स का विराट् सृजन। आख्यानात्मक विषयों के रिलीफ म्यूरल और टेरोकोटा उनके सबसे अधिक साहसी और महत्वाकांक्षी कार्य हैं। उनका महत्व तब और भी अधिक बढ़ जाता है जब हम आधुनिक भारतीय कला में रिलीफ मूर्तिशिल्प की लगभग अनुपस्थिति को महसूस करते हैं, जो हजारों वर्षों तक पारंपरिक कला में अभिव्यक्ति का एक प्रमुख रूप रहा है। सनातन भारतीय गांव के शाश्वत माध्यम, टेराकोटा को भी सुब्रमयण्न् ने अपनाया है।

लखनऊ, नई दिल्ली और वड़ोदरा के तमाम स्थापत्य समूहों (भवनों) के एक हिस्से के रूप में रिलीफ म्यूरल

को डिजाइन किया गया है। आलीशान होटलों के सजावटी अलंकरणों से काफी हटकर ये संरचनाएं पर्यावरणीय अभिव्यक्ति के रूप में अभिकल्पित की गई हैं। हर संरचना इमारत या भवन-समूह की विशिष्ट जरूरतों की आपूर्ति करती हुई पूर्वनिर्मित इकाइयों (सांचों) के नापे-जोखे आकारों को दीवाल में फिट करने के विशिष्ट संयोजनों की पद्धति को उन्होंने खोज निकाला है जो स्थानीय स्थितियों की जरूरत के अनुकूल बैठती है। इस पद्धति की तुलना मंदिर-निर्माण के पारंपरिक रूप के साथ की जा सकती है जहां प्रत्येक इकाई तराशी व एकत्रित (संयोजित) की जाती थी। लखनऊ में 1963 में निर्मित रवींद्रालय थियेटर का म्यूरल रवींद्रनाथ के 'किंग ऑफ द डार्क चेंबर' की थीम को इक्यासी फीट के आकार के चिकने टेराकोटा में उकेरता है।

रवींद्रनाथ के इस नाटक की अर्ध-प्रतीकवादी धारा की शैलीबद्ध भंगिमाओं और नपे-तुले अभिप्रेतों के माध्यम से विवरणात्मक शृखलाएं उद्घाटित होती हैं। नई दिल्ली और दिल्ली में मेरे सपनों का भारत भवन समूह की तिहरी सरंचनाएं एक महत्वपूर्ण हिस्सा बनती हैं। रेत निर्मित आकारों के भीतर ये संरचनाएं एक्रिलिक में संपीड़ित धागों और पोर्सिलिन से मिलकर बनी हैं। विभिन्न अभिलेखों के उद्धरण और महात्मा गांधी का अपना लेखन और तमाम विश्वासों के प्रतीक चिह्न, देहाती कारीगरी के ढंग की बुनावट वाली सतह को जीवंत बनाते हैं। स्थानिक सामूहिकता के भीतर सतह और संरचना का यह अनुशासित रिश्ता एक छोर पर पवित्र कामधेनु तक और दूसरी तरफ धूप में अंकुरित होते बीज तक विकसित होता है। कामधेनु की अभिकल्पना पारंपरिक रूप में या गुजराती पतारा के रूपाकार में की गई है, जिसका हास्य से भरा हुआ एक रूपक संदर्भ है। सफेद सीमेंट में बने हुए वड़ोदरा म्यूरल में एक विशाल बीज आकार है, जो वैज्ञानिक अनुसंधानों की धारणा के अनुरूप किसी प्राचीन अलंकरण की तरह चमक रहा है।

1971 से लेकर 1978 तक और बाद के टेराकोटा दो अवस्थाओं को प्रस्तुत करते हैं। पहली अवस्था में बंगला देश के युद्ध की पृष्ठाभूमि में टेराकोटा का निर्माण हुआ है, जहां पर मानवीय बिम्बात्मकता शेष सब कुछ को पीछे छोड़ देती है, इसके साथ-साथ उनके विस्मय का एक उत्तेजित आश्चर्य में इंद्रियगोचर रूपांतरण भी वहां है। ''एंद्रिकता और त्रासद के बीच की टकराहट भी वहां मनुष्य की मनुष्यता के प्रति क्रूरता से रू-ब-रू है''—यह वक्तव्य चाहे कितना ही आवेगपूर्ण और हृदयस्पर्शी हो, फिर भी यह मेलोड्रामा नहीं है। लगभग एक फुट के चौकोर आयतों में एक-दूसरे से जुड़ी हुई आदिम युद्ध क्रिया के विवरण जुड़े हुए हैं। मिट्टी की पट्टियों और टुकड़ों को एकत्र कर या दबाकर ऐसे अलंकृत सेना नायकों की, जो पदकों से विभूषित और दांत किट-किटाते बनैले पशुओं की तरह हैं, आकृतियां उभारी गई हैं। एक टेराकोटा में वेदिका पर बनी हुई एक उन्मत्त लिंग की आकृति के शीर्ष पर फौजी वर्दी को लटका दिया गया है। युद्धाहत क्षत-विक्षत शरीर युद्ध के जहरीले अस्त्रों के ऊपर तूस या चमड़े के चीथड़ों की तरह बिखरे हैं। कोई भी यह देख सकता है कि किस तरह मिट्टी का यह माध्यम कुछ दरारों और सिलवटों के जरिए ताजा खुले जख्मों और मांस के चीथड़ों की समरूपता का आभास पैदा कर देता है। कड़ी होती हुई मिट्टी जहां पथराए जख्मों के समरूप हो जाती है, वहीं दूसरी स्वाभाविक कोमलता मांस की जीवंत ताजगी को बचाए रखती है।

अपने परवर्ती टेराकोटा में सुब्रमण्यन् ने असली और दिखावटी व्यक्तित्व के बीच के मनुष्य में एक दूसरा रूपक खोजा है। वार्डरोब ड्रामा उनके अंतरंग चित्रों की याद दिलाता है। लेकिन यहां लगता है कि कलाकार और उसकी छवि के बीच की दूरी इस कदर कमतर हो गई है कि सचमुच ही मिट्टी के रूपाकार पहली बार इतनी सघन ऐंद्रिकता के साथ सांस लेने लगते हैं। बच्चों के सिर को देखते हुए विस्मय का बोध विशुद्ध भौतिक स्तर पर छुआ जा सकने लायक बन जाता है। उदाहरण के बतौर एक टेराकोटा में एक बच्चा अपने सिर को अपने हाथों में इस तरह थामे हुए है जैसे वह सिर नहीं खेल-कूद के लिए पहनी गई कोई और चीज है। इससे भी अधिक उनके टेराकोटा में कोई खुद अपनी आंखों के कोटर को महसूस कर सकता है। और कहीं एक नन्हीं-सी सुंदर लड़की अपने मुंह में उंगली डाले हमारी तरफ कुतूहल से देख रही है। लगता है मोटे गाल वाले बूढ़े पात्र बाहर धकिया दिए गए हैं या उन्हें इस तरह से दबा दिया गया है उनका मुंह एक चीख और हकलाहट की स्थिति के बीच जड़ हो गया है। किसी रूदन में डूबे चेहरे पर बहते आंसुओं में पीड़ा का एक अत्यन्त क्षणिक पल जुगनुओं की तरह

दमकता है। कुछ दूसरी जगहों में हाथों की क्रीड़ा है, वे गतिमय हो उठते हैं और पीछे छिपे हुए कलाकार के अपने हाथों के इशारे पर आकस्मिक मुद्राओं को अभिव्यंजित करने में सफल हो जाते हैं।

'विस्मय बोध' सुब्रमण्यन् की चित्रकला का प्रमुख स्थाई विषय है। वे इर्द-गिर्द बिखरी हुई उपयोगी वस्तुओं, पालतू पशुओं, लोगों के साथ घरेलू अंतरंगता के रूपाकारों से अपने बिम्ब प्राप्त करते हैं। इस रोजमर्रा के नाटक में लगता है जैसे नाटकीय व्यक्तित्व लुका-छुपी के खेल का अभिनय करते हैं। ऐसे खेलों को अभिनीत करने के लिए सुब्रमण्यन् रंग और प्रकाश की चाक्षुष बाजीगरी का सहारा लेते हैं और इस तरह सटीक सधी हुई निपुणता के साथ बिम्बों के समूचे विन्यास को गतिशील कर देते हैं। इस तरह के कौशल की ऐंद्रिक गतिमयता अक्सर गोचर यथार्थ के साथ पहला रिश्ता बना लेने की अपार खुशी के साथ चक्कर मारने लगती है। गोल-गोल कुशन और कुछ आकारों की आहट से सिहरती नींद में डुबी लड़की, टाइल्स और पोशाकों में चहकते-किलकते लगने लगते हैं, गुड़िया-सी नींद या कोई एडवर्ड का शाही वंशधर किसी बालकनी के साथ टिका हुआ दिखता है या कहीं-कहीं असंख्य सिरों की कतारें स्त्री मुखौटों की नकल उतारती दिखाई देती हैं। जिस फौरी वैदिग्ध्य और गुनगुने आत्मीय ताप के साथ ये चित्र बनाए गए हैं वे किसी भी दर्शक को उसके घर-संसार की स्मृति में डूबा सकते हैं।

सुब्रमण्यन् की इधर (1980-82) के शीशे और एक्रिलिक पर चित्रकारी में एक उत्साहपूर्ण प्रवाह, उत्सवधर्मिता का बोध और व्यंग्य है। मुख्य रूपाकारों को छोटे-छोटे हिस्सों से बदलने की परंपरागत पद्धति को अपनाते हुए। फिर पृष्ठभूमि को रंगीन तैलों से भरकर और कांच के पीछे सुनहरा कागज मढ़कर वे एक दिलचस्प झिलमिलवर्णी प्रभाव अर्जित करते हैं। यह सुनहरा कागज जैसे-जैसे हम चलते-फिरते हैं वह मुख्य आकारों और पृष्ठभूमि के साथ इसके संबंधों को बदल देता है। ग्लास पेंटिंग का एक पूरा सेट एक तरह की सुंदरियों के रूप में परिकल्पित किया गया है और इनमें अपनी समझ से सजी-संवरी ड्रेसिंग टेबिल सुंदरियों की विविधता है जो कहीं आईनों, फैंसी उपकरणों और पालतू जंतुओं के साथ है और कहीं इनके बिना हैं। खुद को देखे जाने की आकांक्षा से भरी स्त्रियों की सम्मोहक खीझ और उदास फीके चेहरे और उनकी कांतिमयी लज्जा के बीच ये सुनहरे रूपाकार, अलंकृत वस्त्र और जगमगाते रंग दमकते रहते हैं। दरअसल इन सभी स्थितियों में पीछे से झांकता हुआ एक पुरुष चेहरा हर कहीं दिखाई देता है या फिर कहीं यह उसके बाहर खड़े होने का इशारा तो नहीं क्योंकि यह कांच की चित्रकला आईना भी बन जाती हैं?

एक्रिलिक शीट पर निर्मित उनके नए चित्रों में उनके बिम्ब बहुगुणित हो गए हैं और यह सारा नाटक ड्रेसिंग टेबिल या सोफा के दायरे से निकलकर समूचे भीतर और बाहर तक फैल गया है। बिना किसी अतिरंजना के यह बात कही जा सकती है कि इन चित्रों की जीवंतता कालीघाट पट या मातीस के सर्वोत्तम के अत्यंत निकट और समानांतर है।

प्रत्येक कला प्रेमी यह अच्छी तरह से जानता है कि कलाकार की संवेदनशीलता की वास्तविक प्रकृति उसकी परिष्कृत कृतियों में नहीं, बल्कि उसके काम के रेखांकनों में होती है। क्योंकि सुब्रमण्यन् यहीं पर पूरी निर्वैयक्तिक जागरूकता के साथ एक दर्शक या आलोचक की घूरती आंखों के बिना भी सांस लेते हैं। इन्हीं निहत्थे क्षणों में अक्सर वे अपने सबसे गहरे आत्मीय वक्तव्य देते हैं। सुब्रमण्यन् के यहां रेखांकन सिर्फ चित्रकारी का केंद्र बिंदु भर नहीं हैं, बल्कि वह कहीं अधिक गंभीर अभ्यास है। बातचीत की तरह एक बिल्कुल प्राकृतिक अभ्यास, अपने दोस्तों और साथियों को भेजे गए सालाना ग्रीटिंग काड्र्स समेत उनके इधर के असंख्य रेखांकनों में भी विस्मयकारी महत्व और आत्मीय वैदिग्ध्य है। हमेशा जटिल और संरचित होने के बावजूद उनमें से अनेक रेखांकनों में वही भ्रूण-निर्माण के खेल की विशिष्टता मौजूद है।

वे हृदय की सजग धड़कनों की तरह हैं, चाक्षुष के तात्कालिक अंकनों की तरह हैं या महज लिपियों की सर्पिल रेखाएं हैं। उनकी रोमांचकारी सहजता और विन्यास का कोई मुकाबला नहीं।

सुब्रमण्यन् का उदाहरण हमें मनुष्य को एक कलाकार के समग्र अस्तित्व के रूप में देख पाने के अवसर देता है। एक-चौथाई शताब्दी से अध्यापक के रूप में उन्होंने सैकड़ों शिष्यों को प्रशिक्षित किया है। और उनको प्रदान किया जा रहा सम्मान उस आदर्श को स्वीकारने जैसा है जो उनकी कला में अन्तर्निहित है।

स्वामीनाथन

गीता कपूर

स्वामीनाथन के चित्र विभिन्न चरणों में इतिहास को प्रतिवर्तित करने, उसे नकारने, उससे उबरने का प्रयास कर रहे हैं। मोटे तौर पर कह सकते हैं कि वे इतिहास को बिलाने, उसके खंडहर से निकलकर आत्मा की दुनिया में, जो निष्कंप और कालातीत है, प्रविष्ट होने की कोशिश रहे हैं। उनके चित्र, बिम्बरूप को उसकी पदार्थता से मुक्त करने और इसके परिणामस्वरूप चेतना को उसके पदार्थगत स्वभाव से मुक्त करने का प्रयास रहे हैं। तर्क की दृष्टि से देखें तो यह विरोधाभासी और असंभव लगता है। कला, जो मनुष्य की चेतना का अद्भुत फूल है, अपने पदार्थ रूप में ही प्रकट है, मगर अनुभवातीत हो जाने की लालसा मनुष्य का अत्यंत मूलभूत आवेग और कलात्मक प्रयत्न है। इसीलिए मनुष्य और यथार्थ की तय की गई परिभाषाओं से तत्ववादी और रहस्यवादी संतुष्ट नहीं होते। अतः जो संभव है, हमें उसकी बात न करके, जो इच्छित है, उसकी बात करनी चाहिए, क्योंकि यह इच्छा ही कला रचना के मूल में होती है।

हम स्वामीनाथन के चित्रों को मुख्यतः चार चरणों में विभाजित कर सकते हैं। उन्होंने पहले संक्षिप्त चरण में 1959 के आसपास, प्रागैतिहासिक काल तथा आदिम टोटेमिक संकेत भाषा से मेल खाते बिम्ब रूप रचे हैं। इस चरण में स्वामीनाथन बहुत करके अपनी इस रुचि का संकेत देते हैं कि वह कला में तर्कणावादी आवेग की अपेक्षा जादुई आवेग के अधिक निकट हैं।

दूसरे चरण में वे भारतीय लोक जनजातीय संस्कृति की ओर उन्मुख होते हैं। विशेषतः वे ऐसे बिम्बों-संकेतों की अवतारणा करते हैं जिनका प्रभाव जादुई है। लोक-अभिप्रायों (मोटिफ) की प्रतिकृतियां तैयार कर वह अपने को इतिहास के निकट लाते हैं क्योंकि लोक व जनजातीय कलाएं ईजल पेंटिंग के साथ-साथ व्यवहत हो रही थीं, सातवें दशक से उन्होंने ॐ, स्वास्तिक-चिह्न, कमल, लिंगम्, सर्प व हथेली के छापे जैसे भारतीय पुरा प्रतीकों का बार-बार उपयोग किया है।

हमारे समाज की मुख्य धारा से कटे हुए हिस्सों में इन प्रतीकों का जीवन उतना ही तेजोमय है जितना प्राचीन समय में था। वे समाज, जिन पर किसी प्रपंची संस्कृति, विशेषकर नगरीय संस्कृति का हमला हुआ है, ठेठ प्रतीकों के रूप में परिचालित होते रहे हैं—वास्तव में कहें तो आलंकारिक अभिप्राय के रूप में। स्वामीनाथन इस बात से अनभिज्ञ नहीं रहे होंगे कि वह जिन प्रतीक-रूपों का प्रयोग कर रहे हैं वे बहुत हद तक अपना अर्थ खो चुके हैं। उन्हें यह भी ज्ञात रहा होगा कि वह अपने उद्देश्यों के लिए प्रयोग करके उनको और भी अर्थहीन बना रहे हैं क्योंकि उनका उद्देश्य वह नहीं है जिनके लिए उनकी रचना हुई थी। किसी प्रतीक रूप से उसका प्रभामंडल छीनना और उसे कोरे कैनवास पर दर्ज करना संभवतः गलत काम न हो, मगर यह बड़ी सीमा तक व्यर्थ है। पीपल के वृक्ष के नीचे सर्पाकृति युक्त पत्थर को रखने या मंदिर के गर्भगृह में विशालाकार लिंग को रखने के पीछे एक विशेष उद्देश्य और मान्यता का हाथ है। वे उर्वरकता के प्रतीक हैं। इन जगहों पर वे पूजनीय हैं। हर प्रतिमा में बसने वाले देवता की अपनी विशिष्ट जगह होती है और अपने आपको प्रकट करने का परिवेश होता है। हम रूप को उधार ले सकते हैं

मगर उनकी अंतर्भूत आत्मा को नहीं जो अपने अपेक्षित आवास में मंडराती है और जिसका चुनाव विश्वासी व्यक्ति एक सहज अंतर्ज्ञान से करता है। और यह चुनाव बहुत करके एक गहरी आस्था का प्रतिफलन होता है।

तब स्वामीनाथन अपने प्रतीकात्मक चित्रों के माध्यम से क्या हासिल करना चाहते हैं? इसका सबसे स्पष्ट उत्तर तो यह है कि उनके चित्रकार जीवन के आरंभ के पारंपरिक प्रतीक-रूपों ने उन्हें तैयारशुदा चित्रात्मक भाषा प्रदान की। इस संदर्भ में वे यामिनी राय या हुसेन या बहुत हद तक साठोत्तरी सीढ़ी के उन अनेक कलाकारों से भिन्न नहीं हैं जिन्होंने परंपरा का उपयोग संभावित बिम्ब रूपों के क्षेत्र में अपने पैर जमाने के लिए किया था। स्वामीनाथन इन हाल ही के देशज रूपों का वरण करने वाले चित्रकारों से सिर्फ इस मामले में भिन्न है कि उन्होंने देशज बिम्ब भाषा का सरलीकरण या उसका रूढ़ अंकन नहीं किया। यह महत्वपूर्ण है। जैसे कि किसी प्रतीक का अर्थ उसके वातावरण, उसकी तत्काल प्रभाविता, उसकी सार्थकता, उसके प्रयोग के ढंग पर निर्भर करता है और अगर उन्होंने पहली शर्त को अस्वीकार किया है तो जाहिर है इसलिए कि वह न तो लोक कलाकार हैं, न हो सकते हैं। उन्होंने दूसरी शर्त को ही स्वीकार किया।

बहुत हद तक लोक व जनजातीय प्रतीक रूपों का उपयोग अनौपचारिक रीति से होता रहा है। इन्हें हम केवल मंदिरों या सर्पाकृति युक्त पत्थरों पर ही नहीं, घर की दीवारों, मिट्टी के बर्तनों और कपड़ों पर भी अलंकृत पाते हैं। इस उदार उपयोग के कारण यह 'ग्राफिति' की तरह आकस्मिक एवं भाषा की तरह जीवंत लगते हैं। एक कलाकार के रूप में स्वामीनाथन ने इसकी हस्तलिपि के साथ ही एक तादात्म्य स्थापित किया। दस्तकार, जो सैकड़ों की संख्या में प्रतीक अभिप्रायों (मोटिफ) की सृष्टि करते हैं, अपनी शैली को कुछ इस प्रकार का रूप देते हैं जिससे कि हाथ तेजी से, कुशलतापूर्वक चलते रहें और खेतिहर स्त्रियां, जो अपने ढंग से स्वच्छंद कलाकार होती हैं, घर दीवारों पर सगुन चिह्न बनाने के लिए न्यूनतम सामग्री व उपकरणों का प्रयोग करती हैं। अपनी रुचि व योग्यता के अनुसार छवियों की रचना करती हैं। किसी छवि की सुंदरता इस बात पर निर्भर करती है कि उसे किस प्रकार की सतह पर किन रंगों और उपकरणों से रचा गया है।

स्वामीनाथन चित्र रचना के लिए कैनवास तथा तैलरंगों का (कभी-कभी जल रंगों का भी) प्रयोग करते रहे हैं। वह रंग-पट्टिका (प्लेट) में अपने हाथ डुबोकर और कैनवास पर हाथ का छापा लगाकर, फिर छवि में उभार लाने के लिए हाथ से तेजी से जैसे कुछ 'लिखकर' अनौपचारिक ढंग से रंगे गए धरातल पर बिंदुओं और चुने हुए रंगों को फैलने का मौका देकर अधिक-से-अधिक हमें यह एहसास देते हैं, जैसा कि उन्होंने मंदिर-दो (1965) कृति में किया है—कि वह लोक व जनजातीय प्रतीक रूपों की रचना-प्रक्रिया के निकट हैं। उदाहरण के लिए सर्पाकृति को रंग की घनी-मोटी सतह पर उकेरते हैं। परिणामस्वरूप हम उनके पारंपरिक प्रतीक रूपों में कुछ जीवंतता और शक्ति पाते हैं।

समसामयिक संदर्भ में प्राचीन प्रतीक रूपों का उपयोग करके वे परंपरा तथा आधुनिकता के बीच एक विभाजन-रेखा खींचते हैं और ऐतिहासिक वर्ग विभाजन को रचना के त्वरित तथा दृढ़ कर्म द्वारा ढहा देते हैं या शायद वे अधिक महत्वाकांक्षी हैं। वे चाहते है कि परंपरा से प्राप्त प्रतीक रूपों को एक पर एक तहा कर वह परिवर्तन की अंधी प्रक्रिया के विरुद्ध मोर्चाबंदी करें जो कि आधुनिकीकरण के नाम पर विगत के हर अवशेष को मिटा देने पर तुली है। जो हो, वे सांस्कृतिक नैरंतर्य की चेतना को बनाए रखने की चेष्टा करते हैं—अकेली चेष्टा।

उनके प्रारंभिक चित्रों की तुलना हम किसी गुफा या मंदिर के गर्भगृह के चित्रों की रचना से कर सकते हैं जो ग्रामीण घरों की बाहरी दीवारों से मेल खाते हैं। चित्र रचना के अगले चरण में वे न तो भीतरी भाग को और न बाहरी भाग को चित्रित करते हैं वरन् कल्पना के पारभासी पद पर हल्के अवचेतन ढंग से ज्यामितीय रूपाकार चित्रित करते हैं। वह इन चित्रों को 'स्पेस की रंग ज्यामिति' कहते हैं।

वह प्रदर्शनी के कैटलॉग में कहते हैं : "रंग के रूप में त्रिभुज और आयत और वृत्त अव्यक्त की खिड़कियां हैं।"[1] यहां ज्यामितीय अमूर्तन को तात्विक उद्देश्य से प्रयुक्त करने का प्रयास है और यह बात उन्हें रूसी पराकाष्ठावादियों के निकट ले आती है। मालेविच जैसे चित्रकार को भी, जिसके उद्देश्य प्रकटतः तत्ववादी थे, हम अमूर्तनवादी ही कहना पसंद करेंगे। हालांकि वह असाधारण रूप से खरा है। कला के तत्ववादी दृष्टिकोण अपनाना संभवतः असंभव

है क्योंकि इसके लिए कलाकार को शुद्धतः रूपवादी आग्रहों से ग्रस्त होना पड़ता है। या कलाकार को अपने ही तर्कों में फंसकर बिम्ब रूपों को छोड़ने को विवश होना होता है।

इसी बीच स्वामीनाथन ने आरेखी रूप में आकारों का विन्यास, उसका रंग और निरूपण ऐसा किया था कि तांत्रिक यंत्रों का स्पष्ट प्रभाव उन पर परिलक्षित होता था। चित्राधार औपचारिक होने के कारण आकर्षक था लेकिन किसी अर्थपूर्ण चित्रात्मक ब्रह्मांडिकी का दावा अधिक समय तक टिक नहीं सकता था। उनका अमूर्तन का यह दौर अधिकतर इसलिए उल्लेखनीय है क्योंकि इस दौरान उन्होंने चित्र बनाने की जो तकनीकें अपनाई थीं उनका बाद में उपयोग हुआ। उनकी रंग-पट्टिका में गुलाबी, बैंगनी, हल्का हरा तथा हल्का पीला रंग ही रह गए तथा उन्होंने पूरी तरह रंगों के संदर्भ में ही चित्रों की परिकल्पना की। चित्रों में न तो एक-दूसरे से घटी-बढ़ी रंगतों के रूप थे, न ही घनत्व या गहराई थी, बल्कि चित्र-धरातल पर ज्यामितिक आकारों को सरल रूप में संयोजित किया गया था—एक खास तरह की सरलता के साथ।

इस आकारिक प्रयत्न के कारण कुछ ऐसे बिम्ब रूप उन्होंने निर्मित किए जो बाद में अधिक विशिष्ट ढंग से सामने आए। साधारण ज्यामितिक आकारों ने, जो पहले लगभग अग्राह्य थे, पहचान आने योग्य बिम्बों का रूप ग्रहण किया। उदाहरण के लिए मंदिर को ले सकते हैं : स्वामीनाथन इससे एक चतुर्भुज के ऊपर एक त्रिभुज रखते हैं, नीचे आधार स्वरूप कुछ सीढ़ियां और ऊपर एक फहराती पताका, जो त्रिभुजकार शिखर बना देती है। अब यह एक मंदिर है।

1968 में स्वामीनाथन चौथे चरण में प्रवेश करते हैं। इन चित्रों में, जिनका दृश्य जगत आज तक वही है, वह प्रकृति से बिम्ब चुनते हैं, मगर रूपक के रूप में प्रयुक्त करके उन्हें अपदार्थ बना देते हैं। वह अनाविष्कृत दुनिया के बारे में अपने आध्यात्मिक अनुभव प्रकट करते हैं मगर प्रकृति के आईने को मध्यस्थ बना देते हैं।

एक अर्थ में ये सैरे चित्र हैं। ये टेढ़े-मेढ़े पवर्त हैं जो कोमल, पारदर्शी और उत्तुंग हैं और आरोह तथा शाश्वतता के प्रतीक हैं। उनके चित्रों में पर्वत-खंड हैं, मुक्ताकाश में उड़ती चट्टानें हैं जो पृथ्वी के गुरुत्वाकर्षण को चुनौती देती हुई संतुलन बनाए हुए हैं। कभी-कभी चट्टानें पक्षियों का घोंसला या उसका उड़ता वाहन बन गई हैं। हमेशा उनके यहां एक अतिसंवेदनशील पक्षी या उनका जोड़ा या झुंड होता है। यह पक्षी अबाबील, पपीहा, तोता, कोयल अथवा मोर कोई भी हो सकता है। सामान्यतः उनके चित्रों में पहाड़ की तलहटी या पहाड़ी की गोद में एक पेड़ या पुष्पित झाड़ी होती है। वसंत के आगमन पर जन्म लेता पौधा, नाजुक तुलसी, चेरी ब्लाजम या गुलमोर की झाड़ी होती है। हम एक हवा में झूमता पेड़ पाते हैं जो अपनी समस्त रंगत और खुशबू के साथ है। उसकी जड़ें मुश्किल से पृथ्वी के भीतर फैली हैं और शाखाएं आकाश में विस्तार पा रही हैं।

उनके यहां चित्र का स्पेस (आकाश) प्रकाश बिखेरता है। कभी-कभी यह प्रकाश मंद सूरज में केंद्रित होता है अन्यथा पर्वतों के चेहरों को काटती अर्द्ध-चंद्राकार रंग आभाएं हैं, किसी दिए हुए सूर्य चंद्र की आलोकित छायाएं, जैसे कि अर्द्धचंद्र (1973) में, यद्यपि चित्रों की परिकल्पना प्रकाशित स्पेस के संदर्भ में की गई है, लेकिन यह प्रकाश वास्तव में सूर्य या चंद्र का नहीं है। यह मात्र दीप्ति है जो रंगारंग शून्य की रचना करती है।

बीच-बीच में वे रूपक के पंखों पर चढ़कर ईथरीय वातावरण में उड़ने लगते हैं। इन चित्रों में निश्चित रूप से अनुभवातीतता है। उक्त वातावरण में उड़ते पक्षी की क्रियाएं भी आभासी प्रतीत होती हैं। वह पक्षी जेनो के तीर की तरह उड़कर भी स्थिर है। अगर हम इन चित्रों के चित्रात्मक उद्‌देश्य को ही महत्वपूर्ण मानें तो पाएंगे कि उनके पीछे पूर्ण तथा पारभासी प्रशांति की स्थिति को प्रकट करने का उद्देश्य निहित है।

मेरी दृष्टि में स्वामीनाथन का काम उपनिषदों की अनुभवातीतता के सिद्धांत पर आधारित है। इन चित्रों को भारतीय सौंदर्यशास्त्र के रस-सिद्धांत के आधार पर समझा जा सकता है। उपनिषदों में अनुभवातीतता के सिद्धांत की सौंदर्यपरक व्याख्या उपलब्ध नहीं है।

यद्यपि उपनिषद काल में सौंदर्यशास्त्रीय सिद्धांतों के उपलब्ध होने का प्रमाण नहीं मिलता, फिर भी कहा जा सकता है कि रस तथा ध्वनि सिद्धांत जिस रूप में नवीं, दसवीं तथा ग्यारहवीं शताब्दी में विकतिस हुए, वे पूर्णतः वेदांतिक परंपरा के अनुकल हैं।

भारतीय सौंदर्यशास्त्र में रसिक या श्रोता से यह अपेक्षा की गई है कि वह कविता की शब्दहीन सूक्ष्म आत्मा तक पहुंचे और इस चरम स्थिति में आत्मानंद की प्राप्ति करे। हमारे यहां लोकोत्तर आनंद की प्राप्ति का माध्यम ज्ञान अथवा निरपेक्षता को नहीं, वरन् आत्मन् को माना गया है।

वेदांतिक चिंतन परंपरा में यह माना गया है कि कलाकर्म तथा सौंदर्य-रचना मनुष्य में दैनंदिन दुनिया से आवश्यक दूरी व अनासक्ति उत्पन्न करती है और सौंदर्यपरक कर्म से प्राप्त शुद्ध, अदूषित आनंद को जोकि अतुलनीय रूप से सुंदर है, अंतिम सत्य का पूर्वदर्शी बताया गया है। सौंदर्यशास्त्रियों द्वारा प्रयुक्त शब्दावली स्पष्ट रूप से कला की शक्ति को इंगित करती है। अभिनवगुप्त कला को अलौकिक कहते हैं, उसे चेतना का चमत्कार बताते हैं।

भारतीय परंपरा में इस विचार को एक बड़ी सीमा तक स्वीकृती मिली है कि "कला, जीवन के अंतिम ध्येय को प्राप्त करने का प्राथमिक सोपान है। हो सकता है हम उस अवस्था तक न पहुंच पाए, जहां यह सतही सिद्ध हो जाती है।"[2] रसास्वाद तथा ब्रह्मस्वाद सदृश्य अनुभव हैं।

इस अवस्था में कला प्रतीयमान दुनिया का रहस्योद्घाटन तथा आत्मविलोपन करने लगती है। अगर प्रकृति आत्मन् तथा ब्रह्मन् के बीच अंतरापृष्ठ है तो कला उस अंतरापृष्ट की विस्तृत खोज है, उस दीप्त मुखौटे की रेखाएं हैं जिनमें यह विशिष्टता है कि वे मन की आंखों के सम्मुख भी पारदर्शी रहती हैं। अगर प्रतीयमान दुनिया को माया के रूप में स्वीकार किया जाए, एक ऐसी वास्तविकता के रूप में माना जाए जो आत्मा की वास्तविकता पर अवलंबित है और जैसे ही आत्मा अनुभव से परे हो जाती है वैसे ही वह वास्तविकता भी अदृश्य हो जाती है, तब कला उस रंगदीप्ति बिंदु पर पहुंच जाती है जिसे हम विस्मय कहते हैं—आत्मा के विश्रांति और विस्मृति के गर्भ में जाने से पूर्व का स्तुति क्षण। यह कम आश्चर्य की बात नहीं कि रस-सिद्धांत शांत रस को सर्वोच्च मानता है। शांत रस को, जो विश्वात्मा से पूर्ण एकात्म और सामंजस्य के अनुभव की कल्पनापूर्ण प्रस्तुति करता है। इस प्रकार न केवल कलानुभव का उद्देश्य परमानंद की प्राप्ति है वरन् अनुभव की अनेक विशिष्ट कोटियों में तथा अन्य रसों की तुलना में सबसे अद्भुत रस, शांत को ही माना गया है। उपरोक्त सौंदर्यशास्त्रीय वर्गीकरण के संदर्भ में हम स्तुति के माध्यम से अद्भुत तथा शांत रस में निकटता की आशा कर सकते हैं।

मुझे लगता है कि स्वामीनाथन की कला का प्रकट उद्देश्य स्तुति करना है। और स्वयं अपने द्वारा चुने हुए तत्ववाद में, माया को समाधिस्थ अवलोकन द्वारा स्व को संपूर्ण में रचना है। परिणामस्वरूप उनके चित्रों में यह विशिष्टता पाई जाती है। दीप्त रिक्तता में प्रक्षिप्त बिम्ब रूप एक संकेत की तरह दीखता है, जैसे इस क्षेत्र में पहुंचने का प्रलोभन दे रहा हो।

अपने इस अनुभव को मूर्तरूप प्रदान करने के लिए वे स्पेस-विस्तार की तकनीक अपनाते हैं : चित्र-सतह पर बिम्ब के ऊपर बिम्ब रचते हैं। बिम्ब-प्रति-बिम्ब का यह सिद्धांत उसी प्रकार काम करता है जैसे ध्वनि का, जैसे प्रतिध्वनि एक दूरस्थ बिंदु को स्पर्श कर आप तक वापस लौटती है, जैसे छाया बढ़ती-फैलती है मगर शरीर को नहीं छोड़ती और उसमें भूत की तरह लौट आती है। ध्वनि की तरह, छाया भी स्पेस के नैकट्य तथा दूरी के गुण एक साथ उत्पन्न करती है। यह एक ऐसा गुण है जिसके कारण आप ब्रह्मांड की उज्ज्वल गहराई में डूबकर भी अपने स्व में उसे मिला लेते हैं। इस प्रकार हम स्वामीनाथन के चित्रों में पक्षी, वृक्ष, पर्वत के ऐसे बिम्ब रूप देखते हैं जो स्पेस में स्थिर हैं, उस स्पेस में जो विशुद्ध रंग से निर्मित है (रंग जो विशुद्ध स्पेस है), जो थिर है फिर भी लुप्त है, उस भूत की तरह जो जरा-सा मानवीय स्पर्श पाकर लोप हो जाता है और चमकीले शून्य में हल्की-सी छाया छोड़ जाता है।

एक ऐसे कलाकार के लिए, जो बारम्बार उपनिषदों की ओर लौटता है, चित्रात्मकता व वैचारिक दृष्टि से स्पेस का तत्व बुनियादी है क्योंकि स्पेस ही ब्रह्मांडीय अभिव्यक्ति का अवसर देता है। यह आकस्मिक नहीं है कि स्वामीनाथन ने आवर्तक अभिप्राय को व्यक्त करने के लिए पक्षी को माध्यम के रूप में चुना। पक्षी का संबंध स्पेस के तत्व से है। वह पंखयुक्त रूपक है जो स्पेस की अनंतता को अभिव्यक्त करता है। दिक्-नृत्य (1974) जैसे चित्र इस बात के उदाहरण हैं। एक मंत्रमुग्ध मोर आकाश में उड़ान भरता है और दर्शक की आंखों के सम्मुख सम्मोहित करने वाला सैरा प्रस्तुत हो जाता है। इस रूप में यह चित्र ईश्वरीय लीला का एक उदाहरण प्रस्तुत करता है क्योंकि

आकाश में औंधे लटके हुए इस पक्षी की बुदबुदाहट यह दर्शाती है कि यह सैरा सिर्फ समाप्त हो जाने के लिए बना है, जो अनंत में पूर्ण आनंद की एक रेखा छोड़ जाएगा।

यद्यपि स्वामीनाथन का काम अनुभवातीत के सिद्धांत पर आधारित है मगर वह हिंदु चिंतन के रहस्यवादी तनावों से अपने को एकाकार पाते हैं। अगर हम अद्वैत वेदांत की संकुचित व्याख्या के अंतर्गत इस तनाव को न भी पाएं तो यह उपनिषदों में तो ज्ञेय है ही। वास्तव में एक कलाकार, कलाकार के रूप में अद्वैतवाद का सिद्ध ांतकार नहीं हो सकता। वह पाएगा कि अद्वैतवादी होते हुए भी वह मायारूपिणी दुनिया के प्रति प्रेम में पगा हुआ है, वह पाएगा कि वह इस प्रत्यक्ष दुनिया के माध्यम से, प्रकृति के माध्यम से, जिससे उसे अपने कला-बिम्ब प्राप्त होते हैं, उसे चाहता है। वह इस नामरूप दुनिया से अपने को जुड़ा हुआ पाता है और जब तक वह कलाकार है तब तक इससे भाग नहीं पाता। इस अर्थ में वह उस रहस्यवादी के निकट अपने को पाता है जो इस दुनिया से भाग सकता है, भागता भी है—मगर रहता इसी में है, आनंदविभोर होकर रहता है। इस धरती के फूलों और वृक्षों और असंख्य जीवों से प्रेम में स्वतंत्रता की पूर्वावस्था को प्राप्त करता है।

तब स्वामीनाथन का सौंदर्यबोध 'प्राकृतिक रहस्यवाद' के निकट आता प्रतीत होता है। स्व के प्रकृति से संपूर्ण एकाकार होने की अवस्था। इसीलिए वे अपने सूचीपत्र (कैटलॉग) से सिरे पर ईशोपनिषद् को उद्धृत करते हैं। "...वह प्राणी जो अपने को सभी प्राणियों में देखता है और अपने में सभी प्राणियों में देखता है, कभी दुःख को प्राप्त नहीं होता।"[3] और इस भावना से प्रेरित होकर वे पृथ्वी के निर्बल-से-निर्बल प्राणी को इस अबोध विश्वास के साथ चित्रित करते हैं कि यह दुनिया उसी की है।

स्वामीनाथन का सौंदर्य बोध सर्वेश्वरवादियों के निकट भी पड़ता है जो वैसे तो भिन्न हैं मगर प्राकृतिक रहस्यवादियों के निकट अपने को पाते हैं। इसे भी कलाकार के नैसर्गिक स्वभाव का अंग समझना चाहिए। आज भी विश्व के रहस्यपूर्ण क्षणों को पकड़ते समय कलाकार की कल्पना शक्ति आदिम मनुष्य की कल्पना शक्ति से भिन्न रूप में काम नहीं करती, जो अंतर्निहित शक्ति-पुंजों की उपस्थितियों को प्रकृति में प्रतिष्ठित करता है, और जिन्हें देवता कहकर पुकारा जाता है। कला, चाहे जिस तत्ववादी ढांचे से जुड़ी हो, वह पौराणिक चेतना के गर्भ से उत्पन्न होती है और यह आश्चर्य की बात नहीं कि कलाकार को ईश्वरीय भावना को सुरक्षित रखना चाहिए (अगर वह सुरक्षित हो तो) जिसकी आशंका सभी आदिम मिथकशास्त्रों का आधार बनी है।

यह ईश्वरीयता विस्मय तथा स्तुति (अगर हम इसमें प्रकृति द्वारा उत्पन्न संभ्रम अचरज और यहां तक कि आतंक को भी शामिल करते हैं) का भाव पैदा करती है और यह आश्चर्य की बात नहीं कि स्वामीनाथन अनुभवातीतता व सर्वव्यापिता के बीच के दार्शनिक विभेद को नकारते हुए, वेदांत के अनुभवातीतता के सिद्धांत को उचित ठहराते हैं। यद्यपि वही स्वामीनाथन पारंपरिक कला में ईश्वर की अवधारणा की खोज करते हैं। संभवतः उन्हें एक ऐसे बिम्ब रूप की रचना का प्रयास करना होगा जो ईश्वर से मेल भी खाता हो और लोकोत्तर के लिए उपमा भी बनता हो।

हमें थोड़े विस्तार से उस चाक्षुष भाषा की प्रकृति के बारे में विचार करना है जो उपर्युक्त विचारों से उत्पन्न होती है। इस संबंध में सर्वाधिक महत्वपूर्ण बात यह है कि स्तुति के बिम्ब रूप को प्रतीकात्मक बिम्ब रूप होना पड़ेगा जिसमें संकेत बन सकने की शक्ति और विस्तारित अर्थ का वातावरण बनाने की सामर्थ्य हो। जैसा कि 'कलाकार का संकट' नामक लेख में फिलिप रासन कहते हैं : यह (आशंसा) अंत में विशिष्ट गहराइयों और प्रतीक सादृश्यों और रूपकों की ओर ले जाने की प्रेरक शक्ति बनती है और उन चीजों में प्रभामयता की रचना करती है जिनकी कि कलाकार आशंसा करता है और यह रूपों (आकारों) में अपनी व्याप्ति ढूंढ़ लेती है—यानी आशंसा की भाषा में?"[4]

रासन के चे विचार (जो तांत्रिक कला वाले लेख में संकलित हैं) रचनात्मक क्षणों की संपूर्ण स्थिति को स्पष्ट करते हैं।। आश्चर्य भाव, स्तुति भाव, प्रतीक का जन्म, रूपाकृति और यह बात स्वामीनाथन की चित्रात्मक संरचना को लगभग पूरी तरह प्रकट करती है।

प्रत्येक चित्रात्मक संरचना की जड़े इतिहास में पाई जा सकती हैं चाहे कलाकार इस बात से अनभिज्ञ ही हो। 20वीं शताब्दी का इतिहास हम पर इस प्रकार हावी है कि कलाकार को अपनी जड़ों के प्रति सचेत होना ही होता

है और चेतन होने पर कलाकार इतिहास को उस समय भी अपने पक्ष में उद्धृत करता है जब वह अपने विचारों को परिभाषित व विस्तारित करने का प्रयास कर रहा होता है। हम स्वामीनाथन के प्रति पूरा आदर रखते हुए पहले ही यह बता चुके हैं कि आदिम कला के प्रति उनका अनुराग रहा है। वे भारत की लोककला तथा तांत्रिक कला से प्रभावित रहे हैं। 1968 से उनकी कला दो एकदम भिन्न स्रोतों से जुड़ी रही है : एक तो उत्तर के पर्वतीय क्षेत्र की भारतीय लघुचित्र कला से तथा दूसरे यूरोप के आधुनिक महान कलाकार पाउल क्ले से। अब हम इस बारे में विस्तार से चर्चा करेंगे।

स्वामीनाथन विस्मय तथा प्रशस्ति और प्रकृति के साथ घनिष्ठता का चित्रभाषा में रूपकीय रूपांतरण करना चाहते रहे हैं जिसका राजपूत शैली के लघुचित्र सर्वश्रेष्ठ उदाहरण प्रस्तुत करते हैं।

इन लघुचित्रों के माध्यम से जिस कविता को चित्रित किया जाता था, उसका विषय मूल रूप से धार्मिक होता था। भक्तिकाल के महान कवियों की कविताओं को इन लघुचित्रों के माध्यम से चित्रात्मक अभिव्यक्ति मिली थी। इन कविताओं में रहस्यात्मक तनाव स्पष्ट रूप से उभकर आए थे। बाद की मध्यकालीन कविता धर्मनिरपेक्ष थी, मगर उसकी विषय-वस्तु विषय-वासना थी। दोनों ही प्रकार की कविताओं में मृदुता और आह्लादकता का तत्व बार-बार उभरकर आता है। हम इस कविता को, जो उत्कट, तात्कालिक और निजी है, सामान्यतः गीतात्मक कह सकते हैं।

इससे जो बात उभरकर आती है, वह यह है कि चित्रकार, जो मात्र चित्रण नहीं किया करता, कैसे गीतात्मक कविता में वर्णित प्राकृतिक परिवेश, वातावरण एवं पर्यावरण को चित्रित करके उसे अद्भुत दिशा दे देता है। पहाड़ी चित्रों में गीतात्मक सार को एक खास प्रकृतिवाद की सीमा में आबद्ध कर दिया गया है। यहां प्रकृतिवाद शब्द का उपयोग पश्चिमी संदर्भ में नहीं, बल्कि भारतीय संदर्भ में किया जा रहा है। भारतीय प्रकृतिवादी कलाकार प्रकृति की अनुकृति तैयार नहीं करता, वरन् वह प्रकृति को देखकर, उसका मनन कर, प्रकृति के रस और लय को व्यंजित करता है। यह प्रकृतिवाद सच्ची रूपाकात्मक कला को विकसित होने का अवसर देता है। रूपक, गीतात्मक कविता की बुनियादी आवश्यकता है और रूपकात्मक कल्पना प्रकृति में हिस्सेदारी से सर्वाधिक प्रखर होती है। जब हम कांगड़ा शैली के गीत गोविंद के चित्र देखते हैं तो पूरी प्रकृति को एक संपूर्ण प्रतीक के रूप में पाते हैं। गीतात्मकता का तत्व सैरे के सभी पक्षों में व्याप्त हो जाता है; तरंगित पहाड़ियों पर, मूर्छा पर, फूलों से लदे वृक्षों पर, नदी की वक्रता पर, अर्द्धचंद्र पर, फाख्ता, तोता और मोर पर, उपवन में विचरते हिरण पर, मछली पर, तालाब में खिलते गुलाबी पंखुड़ियों वाले कमल पर। हर चीज दैवी शक्ति और सांसारिक प्रेमियों की इच्छा पर डोलने लगती है।

स्वामीनाथन कांगड़ा घाटी के चित्रों को काव्यात्मकता से परिपूर्ण मानते हैं। यह बात महत्वपूर्ण है कि उनकी समझ का विकास भी इसी क्षेत्र में हुआ है। उन्होंने अपना बचपन और किशोरावस्था शिमला हिल्स में बिताई है। (हम कहेंगे कि अपने छोटे-से रंग के डिब्बे को लेकर पहाड़ियों पर पड़ते प्रकाश को कागज पर उतारने की कोशिश की)। यही वजह है कि वे अपने काम में अनुभूति की तात्कालिकता के साथ, इन लघुचित्रों को प्रतिकृत करते हैं। वह इतने परिपक्व हैं कि लघुचित्रों की विषयवस्तु को उधार लेने की गलती नहीं करते, जैसी कि बंगाली कलाकारों ने इस शताब्दी के आरंभ में की थी। हालांकि हम अवनींद्रनाथ ठाकुर तथा स्वामीनाथन के बीच यकाकदा अनुभव की एकरूपता जरूर पाएंगे। मगर स्वामीनाथन इन लघु चित्रों से कुछ अमूल्य बातें सीखते हुए, इनकी संवेदना को भावुक बनाने से भरसक बचते हैं। उनके चित्रों का विरलित वातावरण, इंद्रधनुषी रंग, फूलों से लदी झाड़ियां तथा चमकदार पक्षी, सभी पहाड़ी चित्रों से मेल खाते हैं। उन्होंने लघु-चित्रकारों से यह सीखा है कि प्रकृति में उपलब्ध वस्तु का प्रतीक रूप में उपयोग तभी संभव है जब उसके पास कविता के सुंदर लच्छों से बुना हुआ रूप हो। और इतना सघन हो कि उसके अलग-अलग हिस्से न किए जा सकें। इसके अतिरिक्त रूपाकात्मक बिम्ब में कुछ ऐश्वर्य भी होना चाहिए ताकि चित्रीकृत अलंकरण का उद्देश्य पूरा हो सके।

प्रकृति के प्रति नैसर्गिक लगाव तथा रहस्यमय अभिलाषाओं का सुखद संयोग उन्हें पहाड़ी चित्रों में मिलता है। परिणामस्वरूप उनकी अभिव्यक्ति गीतात्मक है। वे प्रकृति के ऊपरी सौंदर्य की भी उतनी ही अभ्यर्थना करते हैं जितनी उसके माध्यम से अदृश्य दैवीय शक्ति तथा अनुभवातीत ईश्वर की।

पाउल क्ले का संदर्भ अधिक समस्यामूलक है। स्वामीनाथन के चित्रों की तुलना क्ले के अतिरिक्त आधुनिक

काल के किसी अन्य कलाकार के चित्रों से नहीं की जा सकती। वह स्वयं क्ले को ऐसा कलाकार मानते हैं जिनके पास 'दृष्टि' है, जो आधुनिक चेतना की भ्रष्टता से मुक्त है। यहां यह जानना बाकी रह जाता है कि क्या स्वामीनाथन वास्तव में अपनी कला को अधिक संपन्न बनाने के लिए इस दृष्टि को स्वीकार करते हैं।

क्ले का मुख्य योगदान रूपकात्मक कल्पना का नवीनीकरण करना था, कलाकार को इस बात के लिए प्रेरित करना था कि वह दी गई दुनिया को, अनेकार्थों का मिथकीय निर्माण समझे। स्वयं क्ले को एक बड़े संदर्भ में देखने की जरूरत है। उस युग में जहां आदमी के मस्तिष्क की रहस्यात्मक गतिविधियां तथा व्यवहार की वैज्ञानिक रीति से जांच जारी हो, वहां मनुष्य की चेतना की रूपांतरकारी क्षमताएं, उसका रूपकात्मक चिंतन तथा प्रतीकात्मक संरचना करने की क्षमता दिलचस्पी का विषय बन जाती है। मनुष्य के अवचेतन तथा उस अवचेतन के 'तर्क' की खोज एक प्रकार के चरम बुद्धिवाद को जन्म देती है। इससे आदिम युगीन मानव की चिंतन-पद्धति को केंद्रीकृत करके देखना संभव होता है। यह चरम बुद्धिवाद मूलतः सादृश्यमूलक है। यह मनुष्य को जटिलता के विभिन्न स्तरों—मूर्त और अमूर्त, ज्ञात व अज्ञात से जोड़ता है।

इस प्रकार प्रतीक और रूपक, कल्पना की दुनिया से निकल आए हैं और यथार्थ के बीच स्थापित हो गए हैं। संकीर्ण बुद्धिवाद के चलते इन्हें कल्पना लोक में ढकेल दिया गया था। वास्तव में इसे यथार्थ के विपर्यय तथा रूपक को समझने का प्रयत्न कहना चाहिए। इसके उदाहरण हैं रोमनवाद, प्रतीकवाद तथा अभिव्यंजनावाद जैसे साहित्यिक व कला आंदोलन। प्रतीक पुनः झिलमिल क्षेत्र में एक कौंध की तरह दीप्त हो रहा है। वह दीप्ति चाहे कितनी अनियमित हो, अस्थाई अर्थों के मार्ग को जगमगा जाती है। क्ले कहते हैं : 'कला गोचर का प्रेषण है, अतिआयामी से प्रक्षेपण है। उत्पत्ति, शकुन, विचार रहस्य के लिए रूपक है...''[5]

विश्व के महान पुराख्यानों तथा मनुष्य की अतिउर्वर कल्पना के दो मुख्य स्रोत माने जा सकते है : विस्मय की दशा से उत्पन्न पुराशास्त्र (इसमें प्रकृति को देखकर उत्पन्न सम्भ्रम तथा रहस्यपूर्ण अचरज की सर्वाधिक उन्नत दशा भी सम्मिलित है) तथा चमत्कार रहित दुनिया की मुक्ति की आवश्यकता से उत्पन्न पुराशास्त्र। क्ले उन कलाकारों में से हैं जो बंधुत्व की जादुई शक्ति को कला के माध्यम से प्राप्त करना चाहते थे। इस प्रकार वे विस्मय को बनाए रखना तथा मुक्ति की चिंता को समाप्त करना चाहते थे। स्वामीनाथन जो भारतीयता की चेतना से परिपूर्ण हैं, इस दिशा में क्ले का स्वाभाविक रूप से अनुकरण करते हैं।

यह क्ले की दार्शनिक खूबी नहीं वरन् एक कलाकार की सर्वतोन्मुखी प्रतिभा का प्रमाण है कि उनका अनुकरण असंभव है। वह रूप-विधान के स्तर पर ब्रह्मांड को नियमों को समझने का प्रयास करते हुए, व्यवस्था के द्वंद्वात्मक विचार तथा आदिम अव्यवस्था को सामने लाते हैं। इसे वे चित्र सतह पर चित्रात्मक एकता के रूप में प्रस्तुत करते हैं, जिससे स्थैतिक व गतिशील तत्वों का जटिल सामंजस्य उत्पन्न होता है। ब्रह्मांड को अपना विषय बनाते हुए वे जैविक पदार्थ के विकास की सूक्ष्म प्रक्रिया को खोज निकालते हैं कि किस प्रकार प्रकृति में वस्तुओं का जन्म, विकास तथा फलन होता है। वह कहते हैं : ''विकास, पदार्थ की विकासशील गतिविधि है, जो केंद्रक (न्यूक्लिअस) के आसपास वृद्धित होती है।''[6] क्ले के आरेख टेढ़े-मेढ़े अक्षर तथा रेखांकन उस सीमा को प्रदर्शित करते हैं जिस तक प्राकृतिक विज्ञान की शोधों के पहुंचने की रचनात्मक दृष्टि से कल्पना की जा सकती है। क्ले के काम में पदार्थ का जननिक जीवन एक अद्भुत चित्रात्मक रूप पा लेता है।

क्ले विश्व को इस जटिल व अतीन्द्रिय ढंग से व्याख्यायित करते हुए अपने देवदूतों तथा विदूषकों की मदद से ईश्वर से संपर्क रखता है और इस नानाविध दुनिया को तीव्र उत्साह से संचालित करता है। क्ले की दुनिया रहस्यात्मक सर्वव्यापिता की है। मगर यह दुनिया विद्रूपताओं से भरी है। क्ले बराबर अपनी प्रत्युत्पन्नमति से अवचेतन की गहराइयों में ले जाता है जिससे दैनंदिन दुनिया के मशीनी पुर्जे ढीले पड़ जाते हैं। हमें लग सकता है कि वह ऊटपटांग रूपकों की फसल बो रहे हैं मगर इनके माध्यम से वह तर्कों से दुर्बोध बनती जाती दुनिया में जुगनू जितने प्रकाश और सूक्ष्म संदेशों को अवतरित करते हैं।

क्ले के काम से प्रभावित अधिकतर कलाकार उसकी दार्शनिकता से अधिक उसके काम की अधिक बारीक तकनीकी बारीकियों को पकड़ने का प्रयास करते हैं। उसकी सनक भरी लिपिमूलक रेखाएं, पारदर्शी रंग, आकाश या

गुप्त बगीचे का टुकड़ा, पक्षी और पौधे कलाकारों को आकर्षित करते हैं। इस प्रक्रिया में क्ले की प्रतिभा के लिए कोई चुनौती नहीं बन पाता। वह अपनी एक लघु कविता में कहता भी है कि मुझे अभी खोजा जाना है :

"कुछ भव्यता
कुछ आत्मप्रदर्शन
कुछ अनोखापन
कुछ अध्यात्म
सब ताले में बंद है।"[7]

कहा जा सकता है कि ताले की कुंजी, सिवाय क्ले के, कोई नहीं पा सका।

स्वामीनाथन की चित्रात्मक प्रस्तुति पर प्रकाश डालने के लिए हमने दो परिष्कृत उदाहरण प्रस्तुत किए : एक तो पहाड़ी लघु चित्रकला का और दूसरा क्ले का। इन दोनों से उनके जो सही लगाव हैं, उन पर हम विचार कर चुके हैं। अब हम सीमाओं का उल्लेख करेंगे ताकि उनके काम का संपूर्ण मूल्यांकन संभव हो सके।

स्वामीनाथन के काम की व्याख्या के लिए हमने एक सीमा तक विश्लेषण का सुविधाजनक क्रमिक रास्ता अपनाया है, हमने कलाकार के बुनियादी लगावों पर ध्यान दिया है। बाद में इन्हें उनकी विषय-वस्तु तथा रूप से जोड़कर देखा है। उनके काम के सही मूल्यांकन के लिए रूपाकार को उसकी सीमाओं और संभावनाओं के साथ देखना होगा। तभी हम क्रमबद्ध रास्ते से अलग हट सकेंगे। वास्तविक रचना-प्रक्रिया के दौरान रूपाकार न केवल इस बात को सीमित कर देता है कि उसके जरिए कलाकार क्या व्यक्त कर सकता था वरन् कलाकार जो अभिव्यक्त करना चाहता था, वह भी सीमित हो जाता है।

इस किस्म के मूल्यांकन के लिए पहले हमें स्वामीनाथन की चित्र भाषा को जनना होगा। 1968 के आसपास वे अपनी विशिष्ट चित्र भाषा व तकनीक को विकसित करने लगते हैं। रंग सामग्री को पदार्थता से मुक्त करने के लिए वह रंगद्रव्य को, जल रंगों को हद तक पारदर्शी हो जाने के लिए पतला कर देते हैं। उनके रंग निथरे हैं, वे ब्रुश की सहायता से बुनियादी रंग क्षेत्र बनाते हैं। चित्र के रंग में चीथड़ा डुबोकर उसे कैनवास की सतह पर रगड़कर उठा लिए जाने से बनता है। कपड़ा कैनवास की सतह पर अपनी छाप छोड़ जाता है। कई चित्र प्रभाव कुछ भाग टेक्सचर के संक्रमण से पैदा किए गए हैं। उदाहरण के लिए आकाश तथा पर्वतों के बीच अगर कोई अंतर मालूम पड़ता है तो वह यही कि कुछ क्षेत्रों में स्पेस पर्दे की तरह कोमल ढंग से तहाया है। यह तहाई हुई जगह पर्वत को दर्शाती है। यह पर्वत आकाश को अपनी समस्त आभा के साथ चमकने देता है।

स्वामीनाथन ने एक बार लिखा : "(नई कला की) सबसे बड़ी जरूरत यह है कि कलाकार, कैनवास के सम्मुख उस तरह खड़ा हो, जैसे कि आर्य लोग प्रातःकालीन सूर्य के सामने खड़े होते थे..."[8] हम पहले ही स्वामीनाथन के चित्रों में प्रकाश की गुणवत्ता के बारे में कह चुके हैं और यहां हम स्मरण कर लें कि प्रकाश को रहस्यात्मक अभिलाषाओं को व्यक्त करने का माध्यम माना गया है। माना जाता है कि रहस्यात्मक अनुभव अधिकतर प्रकाश वर्षण के रूप में सामने आते हैं।

एक कलाकार प्रकाश की गुणवत्ता को रंगद्रव्य के माध्यम से समझता है और लगभग हर रंग को प्रदीप्त किया जा सकता है। संक्षेम में कहें कि स्वामीनाथन एक चित्रात्मक तत्व में विशिष्ट हैं और वह है रंग। निस्संदेह उन्होंने अपनी रंग-संवेदना भारतीय परंपरा के आधार पर विकसित की है जो कला रूपों में अतिसूक्ष्म तथा बेहद चटकीले रंग करती है। इन कला रूपों में हम भित्तिचित्र तथा लघु चित्र, लोक व जनजातीय कला, शिल्प व वस्त्रों की छपाई को शामिल कर सकते हैं।

चित्रकला के वर्तमान रूप तथा अभी तक प्रचलित पुराने रूपों के जो प्रमाण मिलते हैं उनसे यह सिद्ध होता है कि भारतीय कलाकार रंगों के प्रयोग में जो उदारता बरतता है, वह मात्र उसकी नैसर्गिक प्रवृत्ति नहीं है। इसके पीछे कलाकार की परिष्कृत स्तर पर रूपाकार तथा प्रतीकात्मक संबंधी समझ काम कर रही है। रंग को रूपाकार का सत्व माना गया है। भारतीय सौंदयशास्त्र में रूप शब्द का उपयोग ही रंग को दर्शाने के लिए हुआ है। निहाररंजन राय कहते हैं कि भारतीय कलाकार आकाश को भी एक तत्व मानता है जो अपने आपको रंग के रूप में दृश्य

बनाता है। "इस प्रकार स्पेस (आकाश) या शून्य को ठोस व सघन तत्व 'अनुभव' किया गया है।"[9] यह कहीं और इतना स्पष्ट नहीं है जितना कि राजपूत शैली के लघुचित्रों में और इससे स्वामीनाथन ने जो समझ विकसित की है उसे उसी प्रकार प्रस्तुत किया जा सकता है।

यह बात दिलचस्प लग सकती है कि स्वामीनाथन जिस ढंग से रंग-आकाश को संचालित करते हैं उससे अमेरिका के कुछ अवागार्द रंगशील (कलरिस्ट) चित्रकारों की याद आती है : जैसे मारिस लुई की जो तरल रंगों की विस्तृत चादर फैलाते हैं, या जूले ओलिव्स्की के प्रदीप्त रंग क्षेत्र चित्रों की या फ्रैंक स्टेला जैसे चित्रकार की जो एक खास दौर में स्पष्ट, चमकीले प्रदीप्त रंगों से वृत्त के चाप तथा फांकों को चित्रित करते रहे हैं। ये सभी चित्रकार पूर्ववर्ती अमूर्त अभिव्यंजनावादी चित्रकारों का विरोध करते हैं।

यह कह सकना कठिन है कि स्वामीनाथन ने अपने रंगों का चयन पहाड़ी लघुचित्रों से प्रभावित होकर किया है या आधुनिक रंग चेतस अमेरिकी कलाकारों से प्रभावित होकर। मगर यह उनकी अपनी विशिष्टता है कि अपने काम में वे एकदम पूर्ण दिखाई पड़ते हैं। कम-से-कम एक स्तर पर उनके चित्र रंग-क्षेत्रीय दिखाई पड़ते हैं। (फील्ड) चित्रकारों की तरह निभड़क चित्रात्मक अमूर्तन हो जाते हैं।

इसके साथ कुछ महत्वपूर्ण प्रश्न भी उठते हैं। हमने जिन अमूर्तनवादियों का ऊपर उल्लेख किया, उनका आध्यात्मिक पक्ष जो भी हो, वे चित्रकार के रूप में अत्यंत निपुण हैं। संभव है कि उनके चित्रों में चित्र तत्व कम हों, लेकिन जितने हैं वे त्रुटिहीन ढंग से नियोजित हैं। उन्होंने चित्र के एक-एक इंच को अपनी पूरी योग्यता व सुघड़ता के साथ चित्रित किया है। स्वामीनाथन के साथ यह ज्ञात नहीं है। क्या हम इसे उनकी असफलता मानें?

एक समय था जब स्वामीनाथन की चित्र भाषा को तकनीकी तुलनात्मकता के संदर्भों में आलोचित करना निरर्थक होता। उस समय भी उन्हें 'अनपेंटरली' कहकर आलोचित किया जाता था। मगर उस समय आलोचक इस तथ्य को नजरअंदाज कर गए कि चित्र-निर्मिति में उनकी लड़खड़ाहट, चित्र को उनकी टटोलती दृष्टि के और करीब ही ले गई।

आज जो परिणाम सामने हैं उन्हें दृष्टिगत रखते हुए यह मानना उचित लगता है कि उसके पास दृष्टि है, बल्कि इतना ही नहीं, उसकी स्पष्टता को देखते हुए मोटे तौर पर कहा जा सकता है कि वे दृष्टि को सुनहरे चौखटे में मढ़ते हैं। यह कहना गलत होगा कि 1968 में उन्होंने जो प्रयोगात्मक प्रयत्न किए, वे अधिक सही थे या उनकी 'परिपूर्ण दृष्टि' के परिणाम स्वरूप जो चित्र सामने आए हैं, वे बेहद अनमोल हैं। मगर यह कहना उचित होगा कि इतनी आदिम दृष्टि को रूपाकार देने का प्रयत्न पूरी लगन और विस्तार से किया जाना चाहिए। हम यह नहीं कह रहे कि परिसज्जा अतिअलंकृत हो या सीधे-सीधे उधार ली हुई होनी चाहिए। इसके विपरीत इतनी परिष्कृत संवेदनशीलता वाला यह कलाकार संक्षेप में और विनम्रता बरतते हुए वही कहता है जो कहना चाहता है। हम यहां विनम्रता शब्द का प्रयोग इसलिए कर रहे हैं कि एक सच्ची, परिपूर्ण दृष्टि वाला कलाकार झूठा आत्मप्रदर्शन नहीं करता और न अपनी बात कहने में झिझकता है।

स्वामीनाथन के कई चित्रों में रंग सतह की थिगलियां दिख पड़ती हैं। खासकर वहां, जहां रंगों की समस्वरता पूर्णता से कोसों दूर है (विशेषकर तब, जब वे लाल रंग का प्रयोग करते हैं।) या जहां रेखांकन कमजोर और गलत हुआ है, उनके कुछ अन्य चित्रों में उनकी शैली की गरिमा अचानक भावुक मोड़ ले लेती है। कुछ अन्य चित्रों में उनके रूपाकार संबंधी प्रयोग, विशेषकर आकाशीय विभाजन इतने हैं कि दर्शक को दृश्य के निकट नहीं जाने देते। हमेशा एक अच्छे व चतुर चित्र में अंतर होता है। यह दुर्भाग्यपूर्ण बात है कि कभी-कभी स्वामीनाथन के चित्रों में चतुराई भर होती है और कभी-कभी तो वह भी नजर नहीं आती क्योंकि वे रूपाकारों के जाल में फंस जाते हैं।

उनके कई चित्रों में बिम्ब रूप या बिम्ब रूप के कुछ ऐसे अंश हैं जिनकी आवश्यकता नहीं थी। जैसे एक टहनी या एक पेड़, कभी-कभी एक अतिरिक्त पक्षी, पर्वत-शृंखलाएं, कृत्रिम सूर्य, बनावटी प्रकाश की छाया या मनमाने रंगों की थिगलियां। किसी एक विशेष दौर में बनाए गए चित्रों में से करीब आधे चित्रों को इसलिए रद्द किया जा सकता है कि उनमें दोहराव है, अपने ही काम की नकल है।

इसके अतिरिक्त उन्होंने किसी-किसी दौर में सारा ऐसा काम किया है जिसे असफल कहा जा सके। जैसे

1971 से 1973 के बीच उन्होंने अपने सैरों में पक्षियों की संख्या बढ़ाना शुरू कर दी। इन पक्षियों को उन्होंने चट्टानों, बादलों, पर्वत शिखरों पर बिठाना शुरू किया। पक्षी अपना एकाकी वैभव खोने लगे। और बिम्ब विविधता तथा प्रभाव उत्पन्न करने के लिए चित्र-सतह पर सजाये गए अभिप्राय लगने लगे। आकाश ने अपना वह मौन विस्तार खो दिया, जिसमें पक्षी की आवाज पूरी ताकत से गूंजती थी। इसी प्रकार पर्वत, जो उनके प्रत्येक चित्र की बुनियादी संरचनात्मक इकाई है, कलाबाजी दिखाने लगे। लेकिन यही सब कुछ नहीं है। उन्होंने पक्षियों और कीड़ों की एक दुनिया उपस्थित की। जैसे उन्होंने अगर टिड्डे को चुना तो उसे बड़ी सावधानी और सूक्ष्मता से बनाए गए पर्वत के अग्रभाग पर कहीं स्थापित किया। हो सकता है कि यह इरादा अपने आप में प्रशंसनीय हो मगर ये चित्र कोरी भावुकता भरे हैं।

इससे शायद यह आभास होता है कि उनके सादे चित्र सबसे संतोषजनक हैं। वह अल्प साधनों से काम करते हैं। वह 'कम ही अधिक है' के सिद्धांत पर चलते हैं। जब चित्र प्रकट रूप से जटिल जान पड़ता है, अधिक खोजी होता है, जब संरचना में विषमता आ जाती है, और स्पेस नए आकारों और अभिप्रायों से भर जाता है, तब लगता है कि किसी फार्मूले के तहत यह सब किया गया है।

जहां तक रूपाकार में कुशलता दिखाने का प्रश्न है स्वामीनाथन का काम बहुत उल्लेखनीय नहीं है। अगर हम इस तथ्य को पाउल क्ले के संदर्भ में देखें या लोक कलाकारों से तुलना करें तो बिम्ब निर्माण में एक खास तरह की सजीवता लाते हैं या लघु चित्रकारों से तुलना करें जो हल्के स्तर (जैसा कि बसोहली के चित्रों में है) पर भी रंग-स्पेस को आशातीत सफलता से संयोजित करते हैं, तो हम पाएंगे कि स्वामीनाथन ने चित्रात्मक परंपरा से भली-भांति सीखा-पढ़ा है। मगर अपने ढंग से उसका इस्तेमाल करके अर्थ को सीमित कर दिया है।

भारतीय तथा पश्चिमी उदाहरणों से जो बात स्पष्ट होती है वह स्वामीनाथन की सीमा को सिर्फ रूपाकार के स्तर पर नहीं, वरन् कल्पना के स्तर पर भी बताती है। क्ले अपनी चित्रात्मक कल्पना की सीमा में वैज्ञानिक तथा धार्मिक, अनोखापन तथा आलौकिकता, हास्य तथा चमत्कार को एक कर देते हैं। भारतीय कल्पना में भी काफी जटिलता है। इस बात को शताब्दियों पुरानी बहुरूपक कला तथा भारतीय सौंदर्यशास्त्र की सैद्धांतिक व्याख्याएं सिद्ध करेंगी।

मेरे विचार में स्वामीनाथन अपनी परंपरा से भली प्रकार एकाकार होने के बावजूद उसे अपनी रुचियों और क्षमताओं के अनुरूप बेहद बदल देते हैं और इस प्रक्रिया में खुद अपने को सीमित कर लेते हैं। विशेषकर वे भारतीय कला के अनुभवातीतता के सिद्धांत और सौंदर्यशास्त्र की व्याख्या गीतात्मक मृदुता के साथ करते हैं। वह चीजों को युक्तिसंगत बताकर अपनी अद्वितीय संवेदनशीलता को संकुचित करते हैं।

दशरूप को उद्धृत करते हुए कुमार स्वामी कहते हैं कि "प्रमुदित करने वाला हो या खिन्न करने वाला, उन्नत करने वाला हो या अवनत करने वाला, क्रूरता उत्पन्न करने वाला हो या दया उपजाने वाला, परिष्कृत हो या अस्पष्ट, वास्तविक हो या काल्पनिक, ऐसा कोई विषय नहीं है जो मनुष्य में रस की उत्पत्ति न करे।"[10] भारतीय सौंदर्यशास्त्र के अनुसार कलाकार को किसी भी प्रकार के अनुभव को चित्रित करने में झिझकना नहीं चाहिए, उसे अपने अनुभव के किसी भी आवेग को दबाना नहीं चाहिए। कला का विषय दैनंदिन जीवन के सिवाय कुछ नहीं है मगर जीवन को आंदोलित करती भावनाओं को वस्तुनिष्ठ रूप देकर कला अपने अनुभव में दरार डालती है और मौका देती है कि व्यक्ति दुनिया से अपने संबंधों के बारे में चिंतन-मनन करे और इस प्रकार चेतना के पूर्ण क्षणों में वह इस दुनिया से परे हो जाए।

शिशर कुमार घोष ने अपने लेख 'शांत रस : प्रशांति का सौंदर्यशास्त्र' में हिंदू चिंतन के द्वैतवाद की इस सौंदर्य शास्त्रीय प्रस्थापना को उद्धृत किया है : "दुनिया के कोलाहल को निर्वाण की शांति से जोड़ो।"[11] और स्वयं अभिनवगुप्त ने अपने विरोधाभासी वक्तव्य में इस बात को कहा है : "शांति रस एक ऐसा काम करता है; जो दूसरे रस नहीं कर सकते और वह यह है कि वह व्याकुल कर देता है।"[12] आखिरकार उत्पातों भरे महाकाव्य महाभारत को शांत रस का सही अर्थ समझने के लिए उद्धृत किया ही जाता है।

स्वामीनाथन के चित्रों में न केवल मानवाकृतियां नहीं दिखाई पड़तीं, वरन उसकी भावनाएं भी विलुप्त हैं

और हम उनमें निश्चल बिम्ब रूपों को पाते हैं। सभी अनुभवों को एक ही छननी से छाना गया है। दुनिया के सभी उपादानों को 'सौंदर्य' के अचूक फार्मूले के अंतर्गत परिशुद्ध कर दिया गया है। इस अर्थ में वे रस सिद्धांत में वर्णित विश्राम प्रशांति संलयन या परमानंद के सौंदर्यपरक अनुभवों को अपने काम में जान-बूझकर लाते हैं। इसे एक पारंपरिक कलाकार विविध और यहां तक कि विरोधाभासी साधनों से प्राप्त करता है। इसीलिए भारतीय कला के अंतर्गत सौंदर्यपरक अनुभवातीतता के अंतर्गत काली की विकराल मूर्ति, बुद्ध की अत्यंत सदय प्रतिमा या कृष्ण का भावपूर्ण मोहक रूप, सभी आते हैं।

इस बात को बलपूर्वक कहा जा सकता है कि ये मुख्यतः सूक्ष्म, यहां तक कि कांगड़ा शैली के मध्ययुगीन चित्र भी, जिनका हम ऊपर उल्लेख कर चुके हैं, स्वामीनाथन के अनुभूत अभिप्रायों से कहीं अधिक आगे हैं। इन लघुचित्रों के चरित्रों व स्थितियों की आश्चर्यजनक बहुलता है। इनमें पूरी पौराणिक दुनिया ही प्रकट नहीं हो गई है वरन् आम, रोजमर्रा की दुनिया भी इनमें चित्रित है। इन चित्रकारों ने, जो साधारण परिवारों से आए थे, यथार्थ को बहुत आत्मीय स्तर पर प्रस्तुत किया है। इसलिए इन चित्रों में उदात्तीकरण बुनियादी स्तर पर हुआ है न कि ईश्वरीय स्तर पर जो कि समय आने पर फिजूल नहीं तो कमजोर जरूर साबित हो सकता है।

स्वामीनाथन दुनिया और उसके कारोबार से एक तेज लंबी उड़ान में परे हो जाना चाहते हैं, वे उत्तुंग शिखर पर चढ़ जाने के लिए कल्पना की असंख्य पर्तों को लांघ जाना चाहते हैं। सवाल यह है कि क्या वे यह खतरा नहीं उठा रहे हैं कि वे निजी और बहुमूल्य सौंदर्यशास्त्रीय जाल में फंस जाएं?

यह प्रश्न तब तक बेमानी है जब तक स्वामीनाथन की सफलताएं उनकी असफलताओं को पीछे छोड़ जाती हैं। जब तक स्वामीनाथन के थोड़े से भव्य चित्र भी हमारे सामने हैं उनकी संदिग्ध स्थिति संभवतः अधिक प्रतिष्ठित लगती है और वास्तव में इस बात की संभावना हमेशा है कि वे रंगों के माध्यम से कोई चमत्कार दिखा दें। लंबी पूंछ वाले एक मोर को आप विस्मयकारी भव्यता के साथ पहाड़ी के ऊपर उड़ता पाते हैं, ग्रीष्म के आरंभ के प्रकाश में आप बेहद ऊंचाई से देखते हैं कि छोटे-छोटे दिखते वृक्ष फल-फूल रहे हैं, ईथरीय प्रवाह के आकाश में एक छोटे नीले पक्षी को औंधा होता देखते हैं, जो अपनी स्वतंत्रता का उत्सव मना रहा है। वहां विलक्षण चमत्कार और आनंद है।

स्वामीनाथन में यह सिद्ध करने की अद्भुत क्षमता है कि ज्ञानातीत स्वयं अपने ही विलक्षण और विदग्ध कर देने वाले चमत्कार घटित करता है और संवेदनशील मन, बराबर, सभी जगह इनसे संवेदित और झंकृत होते हैं।

संदर्भ–

1. कुणिका-केमोल्ड कला केंद्र, नई दिल्ली, मार्च 1966 के सूचीपत्र से
2. एम. हिरयण्णा, आर्ट एक्सपीरियंस, काव्यालय पब्लिकेशंस, मैसूर, 1954 पृ. 46
3. कुणिका-केमोल्ड कला केंद्र, नई दिल्ली, 1969 के सूचीपत्र में उद्धृत
4. ललित कला कंटेम्परेरी-16 ललित कला अकादेमी, पृ. 15
5. पाउल क्ले द थिंकिंग आई (जर्ग स्पाइलर द्वारा संपारित पाउल क्ले की नोटबुक) लुड हम्फ्रीज, विटेनबोर्न, लंदन-न्यूयॉर्क, 1961, पृ. 59
6. वही, पृ. 94
7. द पेंटर पोयट्स : आर्प/शिवल्जर्स/क्ले, पेंगुइन बुक्स, हार्मोन्डसवर्थ, 1974, पृ. 33
8. 'द क्यूब ऐंड दी रेक्टेंगल', लिंक, 15 अगस्त, 1969
9. एन एप्रोच टू इंडियन आर्ट, प्रकाशन विभाग, पंजाब विश्वविद्यालय चंडीगढ़, 1974, पृ. 180
10. द डांस ऑफ शिवा, नूनडे प्रेस, न्यूयॉर्क, 1957, पृ. 37
11. श्रीनवन्तु, अप्रैल, 1975, पृ. 80
12. वही।

आरा

सौमित्र मोहन

कृष्णाजी हावलाजी आरा भारत के अग्रणी चित्रकारों में से एक थे। हम उनके काम को आधुनिक भारतीय कला की एक महत्वपूर्ण कड़ी के रूप में देख सकते हैं। दृश्य कलाओं के बदलते हुए तेवर के अनुसार उन्होंने अपने को फिर-फिर संवारा और आजीवन अपने को सार्थक कलाकार बनाए रहे। 30 जून, 1985 को ऐसे कलाकार की मुंबई में हृदय गति रुक जाने से हुई मृत्यु ने सभी को स्तब्ध कर दिया था।

आरा का जन्म 16 अप्रैल, 1914 को सिकंदराबाद (आंध्र प्रदेश) के निकट बोलारम में हुआ था। उनके पिता मोटर ड्राईवर थे। परिवार की तंगहाली के कारण वह सात साल की उम्र में ही मुंबई आ गए और घरेलू नौकर के रूप में काम करने लगे। जब वह दस वर्ष के थे तो पिता का देहांत हो गया। फिर गरीबी का और भी उबाऊ तथा थका देने वाला दौर शुरू हुआ। लेकिन उनकी जिजीविषा में कोई कमी नहीं आई और छोटे-मोटे काम करके वह जीवन के पथ पर आगे बढ़ते गए। उन्होंने नमक सत्याग्रह में भी हिस्सा लिया था और उन्हें पांच महीने जेल में रखा गया था। वह आजीवन अविवाहित रहे।

सन् 1930 के आसपास खाली वक्त में आरा ने चित्रांकन शुरू किया। उनके आरंभिक चित्रों के विषय पौराणिक थे। तब वह तीन महत्वपूर्ण व्यक्तियों के संपर्क में आए—टाइम्स ऑफ इंडिया के कला समीक्षक रूडी वान लीदडन, टाइम्स ऑफ इंडिया के ही प्रकाशनों के निदेशक प्रो. डब्ल्यू लैंगमेर और जे.जे. स्कूल ऑफ आर्ट के प्रिंसिपल चार्ल्स गैर्राड। प्रो. लैंगमेर से उन्होंने करीब साल-डेढ़ साल की शिक्षा भी ली। इनके संपर्क में आने के बाद उनके कला जीवन में पूरी तरह से परिवर्तन आ गया। वह अपने परिवेश के प्रति सजग हो गए और उनकी कला की विषयवस्तु भी बदल गई। 1940 के आसपास उन्होंने अपनी कलाकृतियों को बड़ी प्रदर्शनियों में भेजना शुरू कर दिया। मुंबई में ही 1942 में उन्होंने अपनी पहली एकल प्रदर्शनी की। 1944 में उन्हें गवर्नर के पुरस्कार से सम्मानित किया गया।

आरा प्रोग्रेसिव आर्टिस्ट ग्रुप के संस्थापक सदस्यों में से एक थे। 1942 में स्थापित इस ग्रुप ने भारतीय कला को एक नई दिशा दी थी। उन दिनों एक तरफ बंगाल की पुनरुत्थानवादी कला शैली का जोर था तो दूसरी तरफ यूरोपीय अकादेमिक कला का। इस ग्रुप के कलाकारों ने कला को एक अंतर्राष्ट्रीय चित्र भाषा दी थी।

आरा अपने स्थिर चित्रों, निर्वसनाओं तथा सैरों के लिए शीघ्र पहचान में आ जाने वाले चित्रकारों में से हैं। उनके स्थिर चित्रों में विविधता भी बहुत अधिक है। इन स्थिर चित्रों में फूलदान, फूल तथा अन्य जड़ पदार्थों को दर्शाया गया है और ये पदार्थ कभी मेज, कभी खिड़की या कभी किसी सैरे की पृष्ठभूमि में चित्रित किए गए हैं।

आरा की रंगवर्णिका में रंगों की संख्या सीमित तो नहीं है फिर भी उन्होंने हल्के गुलाबी, नीले, काले और पीले रंगों का प्रयोग अधिक किया है। कागज या कैनवास के स्वाभाविक सफेद रंग को भी अपनी विशिष्ट शैली से उन्होंने तैलरंगों की-सी द्युति दे दी है।

समय बीतने के साथ आरा के काम को न केवल महत्वपूर्ण करार दिया गया, उन्हें कई पुरस्कारों से भी सम्मानित किया गया। मुंबई, पुणे, कोलकाता, नैरोबी में आयोजित कई प्रदर्शनियों में पुरस्कार प्राप्त करने के अलावा

ललित कला अकादेमी ने उन्हें 1983 में अकादेमी का 'फैलो' (रत्न सदस्य) निर्वाचित कर सम्मानित किया था।

आरा ने अपने काम के बारे में एक बार कहा था—''कलाकार को अपनी मानवता अथवा सामाजिक सद्भाव कभी नहीं त्यागना चाहिए। मैं स्वयं को कलाकार के बजाय एक सामान्य मनुष्य ही मानता हूं और मुझे यह भी लगता है कि मेरे चित्र सहृदयता तथा खुशी के प्रतीक हैं।''

आरा अपने लक्ष्य से कभी डिगे नहीं और सामाजिक उत्थान के कई कार्यों में वह बराबर हिस्सा लेते रहे। आरा का काम देश तथा विदेश की अनेक महत्वपूर्ण प्रदर्शनियों में दिखाया जाता रहा है तथा देश के महत्वपूर्ण संग्रहालयों में भी शामिल हैं।

मीरा मुखर्जी का मूर्तिशिल्प

नंदलाल बोस

श्रीपत राय

नंदलाल का जन्म ईस्वी सन् 1883, 3 दिसंबर को, खड़कपुर जिला मुंगेर (बिहार) में हुआ था। उनमें कला-पिपासा, स्वाभाविक है कि बाल्यकाल से ही थी। और वे उसकी साधना आमरण करते रहे। मुझे उनके दर्शनों का सौभाग्य तीन-चार बार हुआ था। उनका व्यक्तित्व शक्तिशाली पर सौम्य था। वे श्यामवर्ण, संवेदनशील, धीर-गंभीर एवं मृदुभाषी थे। यह आवश्यक नहीं होता कि कलाकार का जीवन एवं उसकी कला एकात्म हों। पर मैंने यह देखा है कि जितना ही बड़ा कलाकार होगा, उतना ही महान मानव भी होगा। प्रकृति का यह नियम ही माना जाएगा कि काया एवं आत्मा का अविच्छेद संबंध होता है। नंदलाल की कला के मूल स्रोत का अध्ययन करने के लिए यह अपरिहार्य है कि हम भारतीय कला-परंपरा का विशद् अनुभव प्राप्त करें क्योंकि उनकी कला की सारी प्रेरणा भारतीय संवेदना का प्रतीक है। उनकी कला वह मुकुर है जिसमें भारतीय आत्मा की पूर्ण छवि निरखी जा सकती है। भारतीय कला न तो पुरातत्व है, न इतिहास। वह भारतीय संस्कृति के चरम-उत्कर्ष का रूपायन है। भारतीय चित्रकला के रूपात्मक गुणों के विश्लेषण और रूप व कल्पना की अंतर्निर्भरता मानवीय कला-इतिहास में अद्वितीय है। यह अंतर्निर्भता इतनी प्रत्यक्ष और आंतरिक है जैसे कि वाक् और अर्थ, पार्वती और शिव। कला न तत्वज्ञान है, न ही धर्म। वह अपनी ऐंद्रिय लय और रूपाकारों द्वारा इनको जीवंत बनाती है। वह इनके सत्य और मूल्यों को मानव की कल्पना और चेतना का अविकल अंश बनाती है। वह संवेदनशील और अतिसंवेदनशील के बीच ऐसा एकात्म स्थापित करती है जो दर्शन एवं सिद्धांत की पहुंच से बाहर है। इसीलिए भारतीय मनीषा में कला-साधना भगवत आराधना के समकक्ष मानी गई है। हमारी कला हमारी आराधना का ही दूसरा नाम है। नंदलाल बोस के कला-स्रोतों को समझने के लिए इस पृष्ठभूमि का उल्लेख आवश्यक है।

भारतीय कला का उद्देश्य ऐंद्रिय सुख नहीं है—शताब्दियों से भारतीय कला संपूर्ण यथार्थ का उदात्त प्रस्तुतीकरण रही है। बिना रूपगत सौंदर्यशास्त्रीय प्रभाव और तत्वज्ञान-संबंधी प्रयोजन के परस्पर सूक्ष्म मिश्रण सहित किसी भी मानव या देवता की मूर्ति उस व्यापक विध्वंस और विकृतीकरण से बची नहीं रह पाती, जिसमें कि भारतीय कला एक के बाद एक ऐसे आक्रमणों में पड़ी, जैसी कि संसार में कोई भी कला नहीं पड़ी। भारतीय कला परंपरा की स्वयं निरंतरता और प्राणवंतता बहुत अंश में पूर्ण यथार्थ की खोज पर निर्भर है। साधारणतः भारतीय सभ्यता धर्म-शास्त्रीय और धार्मिक न होकर तत्वज्ञानी और काव्यात्मक कही जा सकती है। किंतु भारतीय कला का पौराणिक और रहस्यात्मक जगत कलावस्तु से वियोज्य नहीं है। नंदलाल ने इन सभी पौराणिक मिथकों पर आधारित चित्र बनाए हैं जो उनकी कला का मुख्य दृष्टिकोण है।

नंदलाल की कला यात्रा में नीले, लाल, सफेद और हरे द्वारा उपशमित भूरे रंगों की सुसंतुलित रूपाकृतियों में वृक्ष, पुष्प, पशु, मनुष्य और आत्माएं असंख्य परतों वाले रंगीन वस्त्र के सदृश चमत्कारिक और जटिल रूप से अंतर्ग्रंथित हैं। इस दृष्टि से नंदलाल के जाने-माने चित्र 'मध्याह्न स्वप्न' या फिर 'तूफान' सदृश चित्र दर्शनीय हैं। इनकी रंग-संयोजना अनूठी और इनकी छटा मोहक है। इनकी स्मृति वर्षों तक अविनश्वर बनी रहती है।

नंदलाल का रेखांकन उत्कृष्ट कोटि का है। उनकी रेखाओं में बड़ी शक्ति है। वे लचीली हैं, रूढ़ कहीं भी नहीं।

उनके रेखांकनों में नंदलाल की निजी संवेदना के अपूर्व नमूने मिलते हैं। बहुत बड़ी प्रतिभा को भारी मूल्य चुकाना पड़ता है और नंदलाल इसके अपवाद नहीं हैं। अपने कलाकार के उत्तरदायित्व का निर्वाह नंदलाल ने आमरण किया। उन्होंने आत्म-बलिदान, लगन और घोरतम श्रम करके अपनी कला को वह रूप प्रदान किया जो उनको आज तक जन-मानस में जीवित रखे हुए है। उनकी कला-पिपासा ने उन्हें एक क्षण के लिए भी चैन से बैठने नहीं दिया और वे सारा जीवन कला-देवी की साधना-आराधना में रत रहे। उन्हें कहीं त्राण नहीं था। उनके सभी छात्र उनके चरम भक्त थे। आज ऐसा शिक्षक अथवा साधक ढूंढ़ने से भी नहीं मिलेगा।

नंदलाल ने चित्रों में अंकित कोमल, भव्य और मायावी मानव आकृतियों में एक अपूर्व रैखिकीय विशिष्टता प्रत्यक्ष है जैसी कि अजंता के भित्तिचित्रों में देखी जा सकती है। रंगों के पुट के निपुण वर्गीकरण, अवकाश के सुचिंत्य विभाजन और यथार्थ और काल्पनिक असंख्य रूपों की प्रवहमान संरचना के कारण समस्त प्रकृति उस जीवन से गूंजने लगती है, जो जीवन में अंतर्निहित है और उसकी लय है।

आत्मा के आवेग और देश के काव्य को संवेदनात्मक रूप में चित्र में उतारा जाए यह चिंता नंदलाल को अपने कला जीवन के प्रारंभ से ही आक्रांत करती रही। इस एक तथ्य की तलाश में उन्होंने संपूर्ण जीवन लगा दिया। उनकी उपलब्धि सच्चे अर्थों में भारतीय कला की आभ्यंतरिक निष्ठा का प्रमाण है। वसंत में गाना, नाच और उल्लास, जिनमें होली के त्योहार में केसरिया रंग के जल से खेलना सम्मिलित है, इन चित्रों में प्रेम की परिणति के प्रतीक हैं। वह वृंदावन, जहां मानव स्पृहा आध्यात्मिक उत्कर्ष अथवा भक्ति का एक अन्य पक्ष है, जहां सब मनुष्य कृष्ण के समान उत्कट प्रेमी हैं और सब स्त्रियां कृष्ण-वधुएं हैं, इसके अनुपम चित्र प्रकारांतर से नंदलाल में मिलते हैं।

नंदलाल का सौंदर्य-बोध पूर्णरूपेण भारतीय लाक्षणिक सौंदर्य-बोध का ही पर्याय है। इस दृष्टि से उसमें जो आधारभूत अभिव्यंजना है उसमें नवीनता का अभाव खटक सकता है। पर यह सारा चित्रांकन परंपरा का बोध मात्र है, उसकी अनुकृति नहीं। इसको भली-भांति समझ लेना चाहिए। किस प्रकार से आत्मा के आवेग को चित्र में उतारा जाए, इसकी सुस्पष्ट परिकल्पना नंदलाल के मन में शुरू से ही थी। कालांतर में उन्होंने इसी का परिमार्जन अपनी कला में किया।

नंदलाल उत्कट घुमक्कड़ थे। यात्रोन्माद उनका स्वभाव था। भारत के विभिन्न भागों में भ्रमण करते हुए उन्होंने अजंता, बाघ और कन्हेरी की चित्रात्मक कला को आत्मसात किया। उन्होंने स्त्री के सुकुमार शरीर की सुंदरता और मृदुलता और उसकी पारदर्शी पर लज्जालु चेष्टाएं और गतियां प्रवहमान लयात्मक रेखाओं, मधुर वक्रों तथा कोमल झलक में गुंफित की हैं। उनके चित्र प्रेम और सुंदरता का वह संसार उत्पन्न कर देते हैं, जो उतना ही शाश्वत है, जितना कि वह प्रेम जिसमें कि उस नारी ने अपना हृदय उंडेल दिया है। यह लिखते समय मेरे मानस-पटल पर नंदलाल की अपूर्व कृति 'संथाल कन्या' अथवा 'स्वर्ण कुंभ' अंकित है। ऐसा अनिर्वचनीय सौंदर्य भुलाए नहीं भूलता।

गहरी जड़ें पकड़े उत्कट और व्यापक भक्ति आंदोलन, जो बंगाल और महाराष्ट्र से आरंभ हुआ, उसका आस्वाद नंदलाल अपने चित्रों में न ला पाते यह संभव ही नहीं था। एक बार फिर देश की लोक परंपराओं ने राजनैतिक अधीनता और अवमानना की निराशापूर्ण अवस्थाओं में भी मन की सृजनात्मक साहसिकता को उत्प्रेरित किया और इस उत्प्रेरण में नंदलाल बोस का योगदान ऐतिहासिक था और है। उनकी यह राष्ट्रीय दृष्टि उनको महात्मा गांधी के बहुत निकट लाई और वे गांधी जी के कलात्मक अग्रदूत बने। यह सब आज भुलाया जा चुका है, जो मेरी दृष्टि में अक्षम्य अपराध है। नंदलाल जितने बड़े कलाकार एवं महामानव थे, उतने ही बड़े राष्ट्रनायक भी थे।

नंदलाल की कला के अध्ययन से यह तो निर्विवाद है कि उन्हें लोक-जीवन, साहित्य, संगीत और शृंगारशास्त्र से प्रेरणा प्राप्त होती है। शिल्पविधि और शैली की दृष्टि से रेखांकन की निश्चितता और कोमल रंग समावेश उनकी विशिष्टता है। उनके चित्र मोहक हैं और अपने सम्मोहन जाल में दीक्षित तथा अदीक्षित कलाप्रेमी को समान रूप से बांधते हैं। मैं मानता हूं कि किसी भी जीवंत एवं उत्कृष्ट कला की यही एकमात्र कसौटी है। नंदलाल की कला से मैं उस समय अत्यंत प्रभावित हुआ जब कला की मेरी कोई समझ नहीं थी। मैं आज मानता हूं कि कला का सीधा नाता समझ से है भी नहीं। कला का प्रभाव रागात्मक एवं आवेगात्मक ही हो सकता है। यह बात आज

भी कलाप्रेमी स्वीकार करते हैं। समस्त महान कला की छलना मानवी अर्थ के साथ ऐंद्रिय और सज्जात्मक गुणों के ऐसे सूक्ष्म संयोजन की उपलब्धि में है, जो मनुष्य को बिना यह जानने में समर्थ हुए कि ऐसा क्यों है, एक विशेष योजना में अभिव्यक्तिपूर्ण रहे।

नंदलाल की कला शैली प्रकृति और आंगिक रूपों के बीच विपरीत प्रकार की संवदेनशीलता में स्थापित है। यह इस संसार में विद्यमान वास्तविकता से उच्चतर यथार्थ के बोध से उत्पन्न है। नंदलाल की कला की यह विशेषता ही उन्हें वह लोकप्रियता प्रदान करती है जो उनका प्राप्य अधिकार है। यह उनकी कला की विजय है।

नंदलाल बोस की कलाकृति

बेंद्रे

प्रयाग शुक्ल

नारायण श्रीधर बेंद्रे भारतीय समकालीन चित्रकला के अग्रज चित्रकारों में हैं। वड़ोदरा के पचास और साठ के दशकों में अपने अध्यापन काल के कारण भी वह जाने जाते हैं। उनके छात्रों में से कई आज स्वयं सुप्रसिद्ध चित्रकार हैं। वड़ोदरा विश्वविद्यालय के ललित कला संकाय से कई बरस पहले अवकाश ग्रहण करने के बाद वह मुंबई में रहते और चित्र-रचना करते हैं। उत्सव 80 के दौरान म.प्र. कला परिषद् ने उनके 16 चित्रों की एकल प्रदर्शनी भोपाल में आयोजित की। (प्रसंगवश यह भोपाल में ही नहीं, मध्यप्रदेश में उनके चित्रों की पहली एकल प्रदर्शनी थी।) इस अवसर पर बेंद्रे भी भोपाल आए थे। उनके इतने चित्रों को इकट्ठा देखना और उनसे बातचीत करना एक अच्छा अनुभव था। यह बातचीत एक बैठक में पहले कोई दो घंटे तक हुई। फिर उनके साथ बिताए गए बाकी समय में भी अनौपचारिक रूप से जारी रही। मसलन, उनके साथ उदयगिरि (विदिशा) की गुफाएं देखने जाते (आते) वक्त भी। बेंद्रे शुरू में अभेद्य से दिखते हैं, लेकिन हैं नहीं। भारी-भरकम व्यक्तित्व और भारी-सी आवाज के पीछे (और साथ) बराबर ही एक आत्मीय मन मिलता है। सहज लेकिन सतर्क दृष्टि से अपने आसपास हो रही हर छोटी-बड़ी चीज को वह देखते हैं और अपने आसपास से एक संवाद बनाए रखते हैं। विदिशा के रास्ते में अमरूद बेचती स्त्री से बातचीत, और उदयगिरि की गुफाओं के पास खड़ी एक बैलगाड़ी की सूती टाट की बुनावट सराहते बेंद्रे की छवि इस सिलसिले में याद आती है। अपनी बात को वह बराबर एक सहज विश्वास और स्पष्टता से रखते हैं, कभी उसे बहुत खींचते नहीं।

अपने अध्यापन काल के वर्षों को आज किस रूप में देखते हैं? वड़ोदरा में जिस अध्यापन शैली की शुरुआत आपने की थी उसे आधुनिकतावादी माना गया था। इस विशेषण से सहमत हैं?

नहीं, कहां मानते थे तब भी 'आधुनिक' लोग हमें आधुनिक। मेरा स्वयं कोई ऐसा दावा नहीं था कि मैं किसी आधुनिकतावादी चीज की शुरुआत कर रहा हूं। मुझे यह जरूर लगा था कि हमें अपनी दृष्टि खुली रखनी चाहिए। 50 तक मैं दो बार विदेश हो आया था। बहुत-सी कला देखी। मुझे लगा कि यूरोपीय, चीनी, मध्यपूर्व के देशों की कला की जानकारी हमारे छात्रों को होनी चाहिए। वे देखें और चुनें, किसी चीज के गुलाम बनें ऐसा मैंने कभी नहीं चाहा। शांतिनिकेतन में लगभग साल भर रहकर यह पाया था कि वहां की कला शिक्षा चौतरफा देखने से रोकती है—गुरु से स्वातंत्र्य की गुंजाइश कम है। यह स्वातंत्र्य भी मैंने छात्रों को देना चाहा था। इसे आधुनिकतावादी या एक भिन्न दृष्टिकोण कुछ भी कह लें, अध्यापन काल में वर्षों को आज मैं इसी तरह देखता हूं कि मैंने अपना कर्त्तव्य भरसक पूरा किया। मैं कला शिक्षा को अपने कर्त्तव्य की तरह ही रखता था, परोपकारी भाव से नहीं।

अपने पुराने छात्रों का काम आज देखते हैं?

जरूर। मैंने भरसक उनके काम को देखा है। देखता रहता हूं, जब भी जहां देखने को मिलता है। जब भी

उसे पसंद करता हूं मुझे बहुत खुंशी होती है।

आपके चित्रों की आकृतियां शैलीबद्ध हैं–लंबोतरी, छरहरी, कमनीय, कभी अलंकृत भी। इस शैलीबद्धता की प्रक्रिया क्या रही है?

मैं जीवन के सुखकर पक्ष के ही पक्ष में हूं। संघर्ष है लेकिन उसी से उपजता सौंदर्य है, आनंद है। मुझे अपना देश, अपने लोग प्रिय हैं। ग्रामीण स्त्रियों की सुंदरता चित्रित की है। अतिरंजित या आरोपित रूप से नहीं, कला-दृष्टि से जो प्रभावी मालूम दें, उसी दृष्टि से।

आपके नए चित्रों में बिंदुओं का प्रयोग बढ़ गया है। ये चाक्षुष रूप से एक अपनी ही छाप लिए हैं। प्रभाववादी पश्चिम कला में बिंदुओं के प्रयोग से आप इसे किस तरह अलगाना चाहेंगे। वहां पाइंटिलिस्ट (बिंदुवादी) विशेषण का इस्तेमाल ही एक समय हुआ।

यह सही है कि बिंदु रंगों से रचना प्रभाववादियों ने भी की थी, खासतौर पर सेयोरा जैसे कलाकारों ने, लेकिन मेरे प्रयोग का धरातल ही कुछ और है। और यह धरातल हमारी परंपरा से भी जुड़ा हुआ है। हाथी दांत पर मुगल मिनियेचर चित्रों को मैं इस सिलसिले से गिना सकता हूं। या अन्य मिनियेचर चित्रों को भी जिनमें बिंदु बिंदु रंग रखने का भी विधान रहा है। हां, बिंदु इतने 'बारीक' होते थे कि तत्काल दिखाई नहीं पड़ते, यह धरातल रंग सघनता का है।

आपके प्रिय रंग कौन-से हैं?

मुझे सभी रंग प्यारे हैं। रंगों से खेलना मुझे अच्छा लगता है। एक समय तो मुझे रंगवादी (कलरिस्ट) कहा ही जाता था। हां, मेरे चित्रों में अक्सर आप दो प्रमुख रंग पाएंगे। उन्हीं की अन्य रंगतें या कुछ अन्य वर्णों की रंगतें इन दो प्रमुख रंगों के बीच रहती हैं।

रंग चयन की प्रक्रिया क्या रहती है?

मैंने अपने चित्रों में बराबर स्थानीय रंग (लोकल कलर) बरतने की कोशिश की है। वातावरणीय रंगों (एटमास्फे. रिक कलर) की बनिस्वत स्थानीय रंग बराबर अधिक आत्मीय 'टिकाऊ' और प्रभावी होंगे। स्थानीय रंग से मतलब यह कि हम आकाश को नीला करके जानते हैं–पेड़ को हरा, अब अगर मैं इन्हीं रंगों का इस्तेमाल अन्य रूपाकारों में करता हूं तो उनका रंग प्रभाव आत्मीय होगा। वातावरण में तो प्रकाश व अन्य चीजों के मेल से तरह-तरह के रंग दिखते हैं वे परिवर्तित भी होते रहते हैं। उन्हें लेकर काम करना मानो सतह पर देखना भर है। जैसे 'यलो ऑकर' को भी हम एक स्थानीय रंग मानते हैं। ग्रामीण आकृति के हाथ में मिट्टी तेल की बोतल मैंने एक चित्र में इसी रंग में चित्रित की। तो जो रंग अपने हैं बुनियादी तौर पर अपने यहां के हैं, उन्हें लेकर मैं काम करता हूं।

कला के अंतर्राष्ट्रीय मुहावरों के बारे में आप क्या सोचते हैं?

कलाकृति सबके लिए होती है सही है, लेकिन अंतर्राष्ट्रीय मुहावरे को 'आदर्श' नहीं मान सकते। हर समाज और भूमि के लोगों के बैठने, सोने, खड़े होने आदि का अपना ही एक ढंग होता है। उसे कलाकार कैसे अनदेखा कर सकता है। जीवन के मर्म तक पहुंचने का माध्यम तो ऐसी भी कई चीजें होती हैं। जरूरत है जीवन को देखने की। मैं अपने छात्रों के साथ मौके पर जाकर इसीलिए स्केच करता कराता था। मुझे कई बार यह लगता है जैसे आज हमारे यहां की बहुतेरी कला जीवन से नहीं होती, मन से नहीं होती, किताब से होती है। बहरहाल, मैं तो अब 71 वर्ष की आयु में वही करता हूं जिससे मुझे संतोष मिले। और किसी तरह के कोई मोह का आग्रह नहीं रखना चाहता। सबसे बड़ी बात तो यह है कि बाहर का सब देखें-सीखें लेकिन अपने यहां जो है उसको क्यों छोड़ें?

बेंद्रे के चित्र

वास्तुशिल्पीय रूप, प्रकृति सैरे और लोक-जीवन की आकृतियां—बेंद्रे के चित्रों के केंद्र में यही हैं या कहें ये उनके चित्रों के मुख्य घटक हैं। ये तीनों घटक 'बूंदी का एक रास्ता' चित्र में एक जगह मिल गए हैं। अन्य चित्रों में ये अलग-अलग और कभी दोनों साथ प्रकट हुए हैं। उनके चित्रों के रंग अत्यंत मोहक और जैसे एक मद्धिम प्रकाश आंच में तपते हुए से हैं। भील दंपत्ति, लकड़हारे, दरिया किनारे के गांव में आदि चित्र लोक-जीवन से उनकी गहरी संपृक्ति जाहिर करते हैं। बेंद्रे इनमें जैसे यथार्थ रूपों को उनके सौंदर्य के निकट ले जाते हैं और जैसा कि उन्होंने बातचीत में कहा, उन्हें स्थानीय रंगों में बनुते हुए वे इन्हें एक खास तरह की आत्मीयता देते हैं (यहां उल्लेख कर सकते हैं कि एक अच्छी संख्या में प्रदर्शनी देखने आने वाले स्त्री-पुरुष, युवक-युवतियां बेंद्रे को निजी तौर पर आकर बताते थे कि उनकी प्रदर्शनी से उन्हें कितना सुख मिला है)।

प्रदर्शनी का सर्वाधिक प्रभावशाली चित्र था चैत्र चैतन्य। पेड़ों के समूह के बीच बकरियां और भूमि के उतार-चढ़ाव इसमें चित्रित हैं। रंगों का प्रयोग बिंदु के रूप में हुआ है। कहीं मिनियेचर चित्रों की याद दिलाता हुआ यह चित्र, हमारे यहां के खुले आकाश के प्रकाश-मर्म को बहुत अच्छी तरह रखता है। इस प्रकाश में प्रकृति के दृश्यजगत की भूमि अपना भार खोती हुई-सी मालूम पड़ती है। पेड़ स्वयं भूमि पर न खड़े होकर मानो, भूमि और प्रकाश दोनों में ही धंसे हुए लगते हैं—उस प्रकाश में जिसने देर तक चीजों को तपाकर उन्हें एक और ही तरह से जगा दिया है।

हालांकि यह चित्र बंगलूर की स्मृतियों पर भी आधारित है, लेकिन बेंद्रे के अन्य कई चित्रों की तरह उसमें मालवा की भूमि (और रंग-रूपों की भी) एक स्वाभाविक छाप है। बेंद्रे के चित्र किन्ही गुह्य या अवधारणात्मक रूपों के न होकर, सहज ही हमारे मर्म को छूना चाहते हैं। वे देर तक हमसे कोई संवाद भले न चलाएं, लेकिन हम मानो उनके सहज रंगरूपों के लिए ही एकाधिक बार उनकी ओर लौटना चाहते हैं।

हेब्बार

हरिप्रकाश त्यागी

कृष्ण हेब्बार का जन्म 1912 में एक गरीब भारतीय परिवार में हुआ था।

1912 में भारत भयानक सामाजिक, राजनीतिक उथल-पुथल से गुजर रहा था और इससे जीवन में चौतरफा बदलाव उपस्थित हो गया था। भारतीय बाजार पश्चिम की जिन चमकीली, दिखावटी वस्तुओं से भरने लगे थे उनमें ब्रितानी तथा यूरोपीय कलाकारों की सामान्य किस्म की पच्चीकारी की तस्वीरें, ओलियो-प्रिंट तथा लियो-प्रिंट भी थे। ये औसत दर्जे की कलाकारों की साधारण कलाकृतियां थीं। शासकों, व्यापारियों और धर्म-गुरुओं के साथ-साथ कुछ अल्प बुद्धि और अल्पज्ञानी ब्रितानी और यूरोपीय कलाकार भी यहां आए।

भारतीय साहित्य और दर्शन में रुचि रखने वाला पहला यूरोपीय था—वारेन हेस्टिंग्ज। उसी की प्रेरणा से विलियम जोंस ने शाकुंतलम का अनुवाद किया पर चाक्षुष और रूपंकर कलाओं की भारतीय परंपरा ने उसकी रुचि और कौतूहल को बिल्कुल आकर्षित नहीं किया। जॉन एस्किन ने भी भारतीय कला में देखे सिर्फ विकृत आकार, रेखाओं का बेकार बहाव और रंगों के निरर्थक धब्बे। कई-कई मुख और ढेरों हाथ पैरों वाले देवी-देवताओं को कच्चे-पक्के रूपों में प्रस्तुत करने वाली भारतीय कला कुरूप और बेढंगी मानी गई। बुद्ध की इंडो-जुआनीज प्रस्तर-प्रतिमा को जॉन वर्डवुड ने उबली हुई चर्बी वाली पुडिंग जैसा पाया और बिसेंट स्मिथ ने इस शताब्दी के आरंभिक दशकों में महसूस किया कि ग्रीको-रोमन प्रभाव से अन्वित भारतीय कला-धाराओं को छोड़कर शेष कला मानवीय आवेशों और भावनाओं को अभिव्यक्त करने में असमर्थ हैं। रोजर फ्राई, क्लाइव बैल का सौंदर्यबोध भी भारतीय कला के प्रति ऐसी असहिष्णुता का नमूना है।

इसके कारण थे। एक ओर राजा रवि वर्मा थे जिन्होंने पौराणिक कथाओं और महाकाव्यों से अपने चित्रों की विषय-वस्तु ली, परंतु भारतीय आत्मा उनके चित्रों में कहीं नहीं थी। वे चौथे दर्जे के ब्रितानी कलाकारों की अपने तैलरंगों में नकल कर रहे थे। दूसरी ओर थे भारतीय तथा जापानी जलरंगीय तकनीकों को मिला-जुलाकर काम करने वाले भारतीय कलाकार जिनकी अगुआई अवनींद्रनाथ ठाकुर कर रहे थे। इनके चित्रों के विषय और शीर्षक भी पौराणिक कथाओं और भारतीय सांस्कृतिक पृष्ठभूमि से संबंधित थे। इनके द्वारा वे अपनी सांस्कृतिक विरासत में राष्ट्रीय भावना की तलाश कर रहे थे। 1910 में पहली बार बाघ की गुफाओं पर एक लेख प्रकाशित हुआ। इसकी प्रेरणा से 1912 तक अवनींद्र नाथ ठाकुर के शिष्यों ने बाघ गुफाओं की यात्राएं कीं। 1908 में ए.के. कुमार स्वामी भारत आए और भारतीय कलाओं पर उन्होंने व्याखान दिए। 1912 में उनकी पुस्तक 'कला और स्वदेशी' का प्रकाशन हुआ। यह पुस्तक भारतीय राष्ट्रीय कला आंदोलन का घोषण-पत्र बनी। 1911-12 में ही जापानी कलाविद् ओकाकुश का भारत आगमन हुआ और भारतीय कला तथा संस्कृति पर अनेक बैठकों व सम्मेलनों का आयोजन हुआ।

आगे चलकर राजा रवि वर्मा और उनके शिष्यों की परंपरा व्यावसायिकता में खो गई और किसी भी उल्लेखनीय उपलब्धि प्राप्त करने में असमर्थ रही। अवनींद्र ठाकुर के बंगाल स्कूल में भी विषयों की पुनरावृत्ति, दुरूह विषयों का सपाट चित्रण और जलरंगों की लंबी रचना-प्रक्रिया के दोष दिखाई देने लगे थे, जिनकी वजह से कलाप्रेमी विमुख हो

गए। इस शोचनीय स्थिति का विश्लेषण करते हुए आनंद कुमार स्वामी ने बताया कि इसका संबंध यूरोप से पूर्व की अभिरुचि और विचारों में आई हुई व्यापक विकृति है। कोलकाता स्कूल के अधिकतर चित्र आकर्षक तो हैं, लेकिन भावुकतापूर्ण संकल्पना, कमजोर शिल्प और तामसिक रंग-विधान के खेदजनक उदाहरण भी हैं। श्री ठाकुर के बाद के चित्रकारों में जापानी शैली से प्रभावित चित्रों का स्तर बहुत नीचा है। आनंद कुमार स्वामी के अनुसार अंग्रेजों के प्रभाव से ग्रस्त भारत कोई भी सुंदर और रागात्मक कला समृद्धि को नष्ट करने की ओर ही अग्रसर हुआ है। उनकी मान्यता थी कि भारत के कला विद्यालयों और संस्थानों का काम यूरोपीय आदर्शों और शैलियों का प्रचार करना नहीं है। उन्हें तो अपनी परंपरा के टूटे हुए सूत्रों को फिर से बटोरना, राष्ट्रीय संस्कृति के अभिन्न अंग के रूप में उनको मूर्त करना और अपने आज के जीवन और चिंतन के अनुरूप ढालना है।

इस पतन के विरुद्ध आनंद कुमार स्वामी के पक्ष में खड़े होते हैं यामिनी राय। यामिनी राय ने रूप और रंग की सुनम्रनीयता की समस्याओं का अन्वेषण किया। भारतीय लोककला में अभिव्यक्ति के नए प्रभावशाली माध्यमों की तलाश की। रंग और रेखा की तीव्रता और गतिशीलता तथा रूप की सुघड़ता उनकी अभिव्यक्ति क्षमता के गुण थे। अपनी प्रतिभा और शक्ति से प्रेरित यह कला युग और देश की सीमाओं का अतिक्रमण करके संसार भर के आलोचकों और कलाकारों के बीच आदर और सम्मान का केंद्र बनी।

के.के. हेब्बार लोकचिंतन और लोकधारा के इसी विचार के पक्षधर हैं। उन्होंने भारतीय कला-फलक पर अपनी निजी शैली और चरित्र की अमिट छाप छोड़ी, उनके काम में ग्रामीण सोच और नागर अनुशासन का उन्मुक्त सामंजस्य दिखाई देता है। एक छोटे से गांव में पले और बढ़े हेब्बार ने बचपन से ही अपनी जिंदगी के अभिन्न अंग के रूप में पाया था नाच-गाने, तीज-त्यौहार, मेला, हाट-बाजार का रंग-बिरंगा जीवंत परिवेश। जे.जे. स्कूल ऑफ आर्ट्स, मुंबई में कला की शिक्षा पाई। 1930 में पश्चिम पद्धति के कठोर शास्त्रीय प्रशिक्षण से गुजरकर भी वे अपने मन में रची-बसी लोकधारा को भूल नहीं सके और अंततः अपने देश की अद्‌भुत कला परंपरा की आत्मा से अपने व्यक्तित्व को एकाकार करने में जुट गए। एक ओर पश्चिम की प्रभाववादी शैली के आडंबर से तो दूसरी ओर राजपूत शैली और मुगल शैली के स्थानीय प्रभावों से मुक्त होने के प्रयास में वे जूझ रहे थे। 1942 में अंकित 'मवेशी बाजार' उनकी इस छटपटाहट का एहसास दिलाने वाली कृति है और 'दक्षिण दोपहर' में अमृता शेरगिल की तरह के उत्तर-प्रभाववादी शैली के लक्षण हैं।

उन दिनों अमृता शेरगिल वाली उत्तर प्रभाववादी शैली की चकाचौंध छाई हुई थी। कुछ समय हेब्बार भी उससे जुड़े; खोजपूर्ण, चौकस स्वभाव के बावजूद नई शैली की खोज की, उतावली के कारण उनके उस समय के काम में परस्पर विरोधी तैलरंगों के थक्कों की घटाटोप है। सुघड़ संवेदनशील, गतिमय रेखाएं आयतन के साथ जूझती हैं और हेब्बार विजयी रेखाओं के सहारे बचपन की स्मृतियों और ग्रामीण सोच में लौटते हैं। मानवीय आवेगों वाले ग्रामीण और नाटकीय पात्र उनके चित्रों के विषय हैं। अपने देश के सबसे बड़े शहर मुंबई में रहते हुए भी हेब्बार की सोच और तकनीक में शामिल यह एहसास तब से लेकर अब तक कभी भी अनुपस्थित नहीं रहा। आज भी उनके चित्रों में हमारी जीवंत मुलाकात होती है, तरकारी और फल बेचते हुए, घर बनाते हुए जिंदा लोगों से, किसानों, मछुआरों से हेब्बार की जीवंत और प्रभावशाली रेखाएं बिना किसी सजावटी, बनावटी आडंबर के द्रुत गति के लयबद्ध होकर शक्तिशाली रूपाकारों को अभिव्यक्ति और अन्विति देती हैं।

इस विकास काल के दौरान यूरोप-प्रवास में हेब्बार ने कुछ समय के लिए पेरिस की जूलियां अकादेमी में अध्ययन किया और रूपाकारों की एक नई विस्तृत दुनिया उनके सामने खुल पड़ी। इस समय उन्होंने ठेठ भारतीय रूपाकारों को पश्चिम पद्धति से अभिव्यक्त करने का प्रयास किया। उन्होंने अमृता शेरगिल की तरह पश्चिमी पद्ध ति को भारतीय आकृतियों पर थोपा नहीं, बल्कि वे निजी आकृतियों को लयबद्ध, शक्तिशाली रेखाओं द्वारा पश्चिमी पद्धति तक ले गए। उनकी रेखा की शक्ति की तुलना पिकासो की रेखा से की जा सकती है।

यूरोप में आधुनिक कला-दिग्गज मातीस और पिकासो के सहयोगी घनवादी कलाकार ब्राक का काम देखकर उन्होंने यह समझा कि सपाट धरातल पर भारतीय रूपाकारों को भी अनायास ही उजागर किया जा सकता है। फिर

तो उनकी कला सभी शास्त्रीय सिद्धांतों से मुक्त हो गई। अब उनके संयोजन रंगों की गुणात्मक परतों से भर गए। यहीं हेब्बार की अपनी शैली बनी और आज भी उनके चित्र इसी शैली में रचे जाते हैं। डिजाइन का गुणात्मक मौलिक उपयोग उनके चित्रों का बुनियादी गुण है जो पश्चिम के प्रभाव से विकसित हुआ और उनके बहुत से संयोजनों में दिखाई देता है। उनके लयबद्ध, सांगीतिक रेखांकन चित्रात्मक सोच से गुजरते हैं तो 'स्पेस' में रंगों, रूपों और डिजाइनों का एक बहुआयामी, प्रभावशाली पैटर्न प्रस्तुत करते हैं। 'मुर्गा-युद्ध', 'दुःख', 'अन्न कूटते हुए', 'सुनहरे गुलाब' और 'बाढ़' शीर्षक संयोजन इसके प्रमाण हैं।

हेब्बार दिखावटी परंपरा के बंधनों से मुक्त हैं। अयथार्थवादी आकृतियों के प्रशंसक हैं लेकिन अमूर्तवादी बिल्कुल नहीं हैं। स्पेस में रूपाकारों की बुनावट के बावजूद वे घनवादी नहीं माने जा सकते। वस्तुतः उन्हें किसी वाद-विशेष से जोड़ सकना संभव नहीं है। उनके आरंभिक लेख, 'कलात्मक-स्पेस' भारतीय कलारूपों और संयोजनों पर नई समझ उजागर करते हैं जो 'स्पेस-परिप्रेक्ष्य' के सिद्धांत से एकदम भिन्न हैं। कुछ मिलाकर उनका रचना-संसार समकालीन मुहावरे में आधुनिक भारतीय कलात्मक 'स्पेस' की पुनर्व्याख्या है।

चरन शर्मा की कलाकृति

पेंटर यार

मकबूल फिदा हुसेन

तैयब मेहता

जे.जे. स्कूल ऑफ आर्ट के काबिल प्रोफेसर एस. पलसीकर की तारीखी पेंटिंग 'सिनर्स डिवाइन' की सतह से उठा, लंदन पहुंचा, वहां के फ्रांसिस बेकन के 'डिपटिच' और 'ट्रिपटिच' कैनवास पर तन्हा, शून्य में जकड़े लोगों से मिला। फिर उसी शहर के अस्पताल के 'मोर्ग' (शवगृह) में इंसानी जिस्मों के ढेर को जमाया।

रंग उड़ा हुआ, हाल परेशान, हिंदुस्तान वापस लौटा। दिल्ली की तंग गली के किनारे जो निजामुद्दीन बस्ती से गुजरती है, अपने इने-गिने कैनवास को खींच तान खड़ा किया, उस पर आन गिरे 'फालिंग फीगर्स'। कुछ अर्से बाद एक खामोश धमाके से तैयब की 'पेंटेड बॉडीज' के बीच एक दरार दिखाई दी और कैनवास फट पड़ा। 'डाएगनल' की तेज धार से चीख पैदा हुई, कोलकाता की काली का बदन नीला पड़ गया।

हर शहर में एक खाली मकान, न कोई दरवाजा, न खिड़की, अंदर कोई जा नहीं सकता, अगर कोई अंदर है तो उसकी आवाज बैठ चुकी है। निजामुद्दीन बस्ती की खुली नालियों को शिकायत है कि कागज की नाव इसी तंग गली के मोड़ पर क्यों उलटकर रह गई, जहां तैयब रहा करता था।

आजकल तैयब मुंबई जूहू बीच पर ठहरा हुआ है। मौजों के थपेड़े, मछलीमारों की रेत में धंसी किश्तियां, तीसरी मंजिल पर कमरा, अंदर तीन-चार कैनवास और कुछ रंगों के टुकड़े।

रामकुमार

दिल्ली युनिवर्सिटी से इकानॉमिक्स करने के बाद पेरिस चले गए। जाहिर है पहले पहल उनके कैनवास पर नौकरी तलाश करते नौजवान, ग्रेजुएट और काफ्का के मासूम चेहरे नजर आए। दूर तक नाउम्मीद खिड़कियां, दरवाजे, बेरंग आसमानी चादर ओढ़े थकी जमीन, शहर का सन्नाटा।

1960 के शुरू में राम कुमार बनारस पहुंचे, अकेले नहीं, हुसेन साथ हैं। दो पेंटर, दो ब्रश। एक ब्रश बेचैन, गंगा की मौजों से खेलता, दूसरे में ठहराव, बनारस घाट की सदियों पुरानी समाधि।

गुदौलिया पर प्रेमचंद की पुरानी हवेली की खिड़की से राम और हुसेन लौटती गायों के झुंड को देखा करते, उनका पीछा करती मलमल की तरह हवा में उड़ती धूल की चादर। गायों के गले में बंधी छोटी-बड़ी घंटियों की आवाज जैसे संध्या का पूजा पाठ। रात गए कमरे की सफेद चूने से लिपी-पुती दीवारों पर प्रेमचंद की कहानियां जाग उठतीं। राम उसे पढ़-पढ़कर हुसेन को सुनाता रहता और हुसेन सारी रात उन कहानियों के किरदारों (चरित्रों) को शक्ल देता रहता।

हुसेन तो बनारस पंद्रह दिन से ज्यादा ठहर नहीं सके, राम बरसों अपने बनारस से बातचीत करते रहे। उस

शहर में कई और शहर बसाए और कई रास्तों को ले गए दूर, कोसों दूर, जहां एक ठहरा मुकाम है, कोई साइनबोर्ड नहीं कि पहचान सको, कोई मील का पत्थर नहीं कि फासला नाम सको। धूप नहीं कि रंग भड़क उठें, बस सुबह बनारस की कोमल रोशनी में दबी जलन, उजियाली शाम के एकांत में जमीन और आसमान का मिलन। अमन और चैन के दो या तीन रंग। यह है संपूर्ण रामकुमार, किफायत शेआर।

गायतोंडे

मुंबई की एक चाल में बैठा छोटे-छोटे वाटर कलर एक्सरसाइज बुक में बनाए जा रहा है। न किसी को दिखाने का शौक, न वन मैन शो। यह भी तैयब मेहता की तरह बहुत जल्द, पलसीकर की 'सिनर डिवाइन' से बाहर निकला। फिगरेटिव पेंटिंग को त्याग देता है। कृष्णामूर्ति की आवाज कुछ मुद्दत तक उसके कानों में गूंजती रही। सारी बंदिशें तोड़ दीं, आर्ट पर न कभी बहस, न इजहारे खयाल। खयाल और अमल में कोई जोड़ नहीं चाहा। खयाल अपनी जगह, अमल और हरकत अपनी जगह। जां पॉल सार्त्र का अस्तित्ववाद कुछ देर गायतोंडे के घर मेहमान रहा लेकिन खुद सार्त्र ने ही अपनी जिन्दगी में अपने ही फलसफे से इनकार कर दिया। शायद उसने दूसरों से सवालात नहीं किए और कोई खुद से क्या पूछे।

उन दिनों मकबूल और गायतोंडे अक्सर कॉफी शॉप में घंटों खामोश बैठे रहते। न गाय को सवाल करने की आदत, न मकबूल के पास कोई जवाब। यह भी नहीं मालूम कि दोनों मराठी फिल्म साथ देखने क्यों जाया करते। एक दिन अल्काजी के थिएटर ग्रुप का एक ग्रीक नाटक 'एंटीगनी' साथ देखने चले गए, उसके बाद उस कॉफी टेबल पर 'एंटीगनी' की नायिका भी साथ है। दो-चार लफ्जों में दो और बढ़े लेकिन जुमला हमेशा अधूरा रहा। गाय के अलफाज कम हुए और धीरे-धीरे पेंटिंग से पहचानी शक्ल भी जाती रही। यह कहा जाए कि गायतोंडे अब अपने अंदर के कमरे में बैठा है। कला कैनवास पर नहीं, कलाकार के अंदर जा बसी है।

('एम.एफ. हुसेन की कहानी अपनी जुबानी' से)

बाख और बंगाल रेनेसां

सैयद हैदर रजा

प्रोग्रेसिव आर्टिस्ट ग्रुप में हम सभी सक्रिय सदस्य थे। सुविज्ञ, कुशाग्रबुद्धि, आत्मविश्वास के धनी फ्रांसिस न्यूटन सूजा उसके सचिव थे। हम सभी (हुसेन, आरा सूजा, बाकरे, गाडे और मैं) संस्थापक सदस्य। मैं जरा गंभीर था। सूजा महत्वपूर्ण पुस्तकों से उद्धरण देते; वे सभी आधुनिक कलाकारों के संघर्ष की बात कहते। उनका झुकाव साम्यवाद की ओर था, बाद में उन्होंने साम्यवाद छोड़ दिया। मैं वह दिन कभी नहीं भूल पाऊंगा जब सूजा ने कहा, 'सुनो, आज शाम कामा हॉल के पास रैम्पार्ट रो में एक चर्च में संगीत का बहुत सुंदर आयोजन है। चर्च भी बहुत सुंदर है, तुम आओ तो तुम्हें बहुत आनंद आएगा।' मैं उनके साथ चला गया। जीवन में पहली बार मैंने जां सेबास्तियन बाख की कृतियां सुनीं। मैं अभिभूत हो उठा। बाद में इतना ही अभिभूत भीमसेन जोशी या डागर बंधुओं का गायन सुनकर भी हुआ, लेकिन यह सब तो धीरे-धीरे आया। मैं कृतज्ञ हूं कि सूजा ने उस शुरू के दौर में मेरे लिए बाख को अनुभव करना संभव बनाया। कृतियां सुनने के अवसर आते ही रहे लेकिन मैं अपनी पहली प्रतिक्रिया पर अड़ा हूं और मेरे लिए बाख आज भी एक महान संगीतकार हैं।

सूजा की रुचि बंगाल रेनेसां या नंदलाल बोस जैसे चित्रकारों में नहीं थी। उनक विचार था कि हमारे जीवनों की ओजस्विता भिन्न है। हमारी अभिव्यक्ति भिन्न होनी चाहिए। हमें एक नई दिशा प्रदान करनी चाहिए। मैं एक सीमा तक इससे सहमत था लेकिन बंगाल रेनेसां के महत्व को पूरी तरह स्वीकार करते हुए ही। उस समय भी मैं जानता था कि बीसवीं सदी के पूर्वार्द्ध के तीन सबसे महत्वपूर्ण चित्रकार रवींद्रनाथ ठाकुर, यामिनी राय और अमृता शेरगिल हैं।

('आत्मा का ताप' से)

शिल्प जिज्ञासा

विनोद बिहारी मुखर्जी

शिल्प की भाषा मूल रूप से भाव प्रधान होती है। हर भाषा की कुछ निजी विशेषताएं होती हैं और दूसरी ओर निहित रहती हैं उसमें कुछ संभावनाएं। अनुसंधान करने से यह लक्ष्य किया जा सकता है कि शिल्प की भाषा और उसके उपादान किसी शब्द को व्यक्त नहीं करते हैं।

शब्दाश्रित वाक्यों की सहायता से तथ्यों का प्रकाशन अथवा प्रयोजनीय विषय को व्यक्त करना जितना सहज है, उतना सहज शिल्प की भाषा में नहीं है। शिल्प की भाषा व्यक्त होती है आकार और भंगिमा के सहारे। किसी भी देश की किसी भी कला का अगर विश्लेषण किया जाए तो अंत में मौलिक उपादान के रूप में आकार और भंगिमा ही उपलब्ध होंगे।

आलोकोज्जवल, वर्णमय जगत के बीच आकार और भंगिमाएं ही वैचित्र्यमय होकर हमारे मन में जिन विशेष संवेदनाओं की सृष्टि करती हैं, उन्हीं संवेदनाओं के माध्यम से शिल्प कला की सृष्टि होती है।

उद्दीपन से भाव और भाव से रस-सौंदर्य प्रकाशित होता है। शिल्पी की सृष्टि में अर्थात् शिल्पी की वास्तविक अभिज्ञता और मानसिक प्रवणता इन दो तत्वों के समन्वय के बिना भाषा की पूर्णांग परिणति कभी घटित नहीं होती है।

अब यहां इन दो भिन्न उपादानों को स्वतंत्र रूप से विवेचन कर इनके उपादानगत वैशिष्ट्य को स्पष्ट कर लेने की जरूरत है।

प्रकृति-जात वस्तु को वैज्ञानिक दृष्टि से सीमित किया जा सकता है। क्षिति, अप्, तेज, मरुत् और व्योम इन कुछ उपादानों के माध्यम से जगत की सृष्टि हुई है। इस विशुद्ध ज्ञान के पथ से शिल्प-सृष्टि संभव नहीं है। शिल्प-सृष्टि के लिए जरूरत होती है आवेग और उद्दीपन की। आवेग और उद्दीपना के युगपत् मिश्रण से सीमित वास्तविकता वैचित्र्यमय हो उठती है।

आदिम चित्रों में गति और भंगिमा ही सर्वप्रधान होती है। और भी अनेक दृष्टियों से अगर संधान किया जाए तो लगता है कि गतिभंगिमा के प्रभाव से ही मनुष्य ने आकार को प्रत्यक्ष किया है, और जिन लोगों की उद्दीपना जितनी अधिक शक्तिशाली होती है, वे लोग उतनी ही शक्ति से शिल्प रूपों के निर्माण में प्रवृत्त होते हैं।

जीवन जगत के आकार-प्रकार बहुत विचित्र प्रकार के होने पर भी इस क्षेत्र में आकार और भंगिमा की क्रिया ही वैचित्र्य के द्वार खोल देती है। जीव-जगत पर जो बात लागू होती है, वही बात प्रकृति-जात सभी वस्तुओं पर प्रयोग की जा सकती है।

मनुष्य का आकार-प्रकार तो एक ही किस्म का होता है। अस्थि, मेद-मज्जा के द्वारा निर्मित मनुष्य का आकार जब नृत्य की भाषा में अपने को व्यक्त करता है तब उसके आवेग और उद्दीपना में रूपांतरण घटित हो जाता है। वटवृक्ष के छोटे-से पौधे और विशालकाय वट-वृक्ष दोनों में जो पार्थक्य है, वह मुख्य रूप से भंगिमा का भी पार्थक्य है। निश्चल अवस्था में खड़े हिरण व द्रुत गति से धावमान हिरण में आकारगत समानता होने पर भी गति की भिन्नता दोनों में आवेग और उद्दीपना की भिन्नता है।

भाव, भंगिमा और आकार इनके संबंध में जनसामान्य में एक निश्चित धारणा बनी हुई है। फिर भी, इन

उपादानों का विशेष संयोग घटित होता है, जब उस संयुक्त आकार के वैशिष्ट्य को वह सहजता से नहीं समझ पाता है, तब आश्यकता होती है नए दृष्टिकोण की।

दृश्य और स्पर्श इन दो संवेदनाओं का समन्वय चित्र और मूर्तिकला में घटित होता है। इसलिए इन दोनों उपादानों को पूर्ण रूप से अलग नहीं किया जा सकता है। चित्रकला में मूर्तिकला के उपादान और मूर्तिकला के चित्रकला के उपादान परस्पर घुले-मिले रहते हैं (चित्रकला आलोक प्रधान होती है)।

उपर्युक्त विवेचन से यह निष्कर्ष निकाला जा सकता है कि आकार और भंगिमा वास्तव-जगत और शिल्प-जगत में अंगांगिभाव से जुड़े हुए हैं। आकार तो हो, पर भंगिमा न हो अथवा भंगिमा हो पर आकार न हो, ऐसा कभी घटित नहीं होता है। अब यहां थोड़ी व्याख्या की जरूरत है।

आकार और भंगिमा, इन दो शब्दों की सहायता से प्रकृति को नहीं पहचाना जा सकता है। प्रकृति को हम पहचानते हैं नाम के द्वारा, इसीलिए लोकोक्ति में इसे 'नामरूप का जगत' कहा जाता है। इस नाम-रूपमय जगत के अंतराल में विद्यमान हैं आकार और भंगिमाएं अर्थात् सारा जगत नाम-रूप के आवरण से ढका हुआ है। उत्पत्ति, विकास और लय प्रकृति के इस नियम से किसी की भी निष्कृति नहीं है। ऐंद्रिय जगत में जो इतनी विचित्रता है, उसके मूल में है यही दुर्लभ नियम।

शिल्पी जब इस निरवच्छिन्न गति को उपलब्ध कर लेता है, तब उसके शिल्प में दृष्टिगत होने लगता है रस-सौंदर्य। शिल्प-सृष्टि के क्षेत्र में इस गति को ही कहा जाता है छन्द अथवा 'टेंशन'। चीन के कलाशास्त्र में जो 'ची' है, वह भारत के अलंकारशास्त्र में रस और ध्वनि है, ग्रीक कला शास्त्र में उसी को सौंदर्य (ब्यूटी) कहा जाता है। ये सभी तत्व जीवन-प्रवाह को ही प्रकाशित करना चाहते हैं। (अंश)

बंगला से अनुवाद : रामशंकर द्विवेदी

गुलाम रसूल संतोष की कलाकृति

मूर्तिशिल्पी ध्रुव मिस्त्री से बातचीत

लगभग दो दशक के बाद भारत में फिर से काम करना कैसा लग रहा है?

सन् 1976 में जब मैंने मूर्तिशिल्प में काम करने का फैसला किया, तब अनेक चित्रकार दोस्तों ने इसके अपेक्षित 'जगह' तथा आर्थिक कठिनाइयों की तरफ ध्यान दिलाकर मुझे सावधान किया था। पर मैंने तो दुनिया के बने-बनाए नियमों के विरुद्ध जाने की ठानी हुई थी। अपनी अंतरात्मा के अनुकूल मैंने जो फैसला किया था, उसका चंद गैलरियों के लिए और इस विषय में विद्यमान क्षीण रुचि के संदर्भ में बड़ा महत्व था। 1979-1981 के दौरान स्नातकोत्तर शिक्षा के वर्षों में मैंने जो काम किया था, उससे थोड़ी हलचल तो हुई थी। अपनी जिज्ञासा, अभिलाषा और ब्रिटिश काउंसिल स्कॉलरशिप की वजह से 1981 में मैं लंदन पहुंच गया। मैं अपनी प्रतिबद्धता को लेकर सजग था लेकिन मैं वहां सिर्फ एक साल के अध्ययन के लिए ही गया था। एक साधारण तथा गैर-अंग्रेजी पढ़े-लिखे परिवार से आने के कारण विदेशी संस्कृति का यह अनुभव मेरे लिए बड़ा महत्वपूर्ण था। मैंने न तो कभी विदेश जाने का और न ही ऐसे किसी अवसर के बारे में सोचा था। अपनी दुनिया से दूर मैं अब खुद को समझना चाहता था। 1983 में रायल कॉलज ऑफ आर्ट में जब मेरी अध्ययन-अवधि समाप्त हुई तब संयोग से लोगों ने मेरे काम में बहुत दिलचस्पी दिखाई। वही वह घड़ी थी जब मुझे कलाकार के बारे में बनाई अपनी राय को साकार करना था। 1997 तक मैंने वहां फ्री-लांसर की तरह काम किया और उसके बाद वड़ोदरा आ गया।

वड़ोदरा के कला संकाय के अनेक प्रसिद्ध डीन, प्रोफेसर और कला अध्यापक कुछ सालों से मुझ पर जोर डाल रहे थे कि मैं भी संकाय में आ जाऊं। मई 1999 में एम.एम. यूनिवर्सिटी ऑफ वड़ोदरा में मेरी प्रोफेसर ऑफ स्कल्पचर के पद पर विभागाध्यक्ष के रूप में नियुक्ति हो गई और शीघ्र ही मैं डीन ऑफ फैकल्टी भी बना दिया गया। तीन साल के बाद मुझे एहसास हुआ कि संकाय के पुराने गठन में बहुत कम संभावनाएं हैं। वहां के अधिकारी भी कला के इस व्यावसायिक पाठ्यक्रम के भविष्य के प्रति अथवा उच्च शिक्षा के न्यूनतम स्तर को बनाए रखने के प्रति गंभीर नहीं थे। अध्ययन के प्रति अपने आवेगपूर्ण रवैये को मैं 'टाइम-पास' की तरह नष्ट होते नहीं देख सकता था। और इसके कुछ ही महीनों के बाद मैंने यह नौकरी छोड़ दी।

तेजी से बढ़ती देशभक्ति और राष्ट्रीय महत्वाकांक्षाओं के इस युग में सर्वत्र अव्यवस्था की चिंता व्याप्त है। विचारधारा का संकट तर्क को उलट-पुलट देता है और लोगों का सांस्कृति की चिर-युवा चेतना के विरुद्ध एक तरह का ध्रुवीकरण हो गया है। सहस्राब्दि के अंत में सार्वजनिक संस्थानों तक में कला के मूल्यांकन को लेकर उदासीनता फैली दीखती है। यह कैसा विरोधाभास है कि आयात और अनुकरण में सभी आयु-वर्गों को संभावनाएं छिपी दिखती हैं। ऐसा लगता है कि अंदर-ही-अंदर खौलती सभ्यता, गौरव, पूर्वग्रह, विविधता और संश्लेषण अपने भीतर हर चीज को समो लेना चाहता है। कुछ लोग आज भी विस्मृत अवांगार्द के दीवाने हैं और खुद को इसके 'नवागत क्षण' में प्रस्तुत करने का श्रम करते दिखाई देते हैं। कुछ लोग नव-निर्मित कला बाजार और कला की मांग के माहौल का आनंद उठा रहे हैं, जबकि कुछ लोग नकली (फेक) कला को लेकर चिंतित हैं। दो दशक के खालीपन के बाद अब मैं आश्वस्त हूं, चैन से रह रहा हूं और बड़े नगरों के प्रलोभनों से दूर मैं अपनी कला में दिन भर जुटा रहता हूं।

आपका काम कई माध्यमों में फैला हुआ है, जैसे ड्राइंग, पेंटिंग, छापाचित्रण, फोटोग्राफी और डिजीटल इमेजिंग। आपका काम माध्यमों, सामग्री और अभिव्यक्ति के निजी मुहावरों को लांघता हुआ बड़ी-बड़ी सार्वजनिक परियोजना तक कैसे पहुंच पाता है?

सृजनात्मक गतिविधि के रूप में कला यथार्थ का भ्रम पैदा कर देती है और उससे हमें आनंद प्राप्त होता है। ड्राइंग, अभिव्यक्ति का एक आद्य साधन है और इसमें मैं अपनी अन्वेषी प्रवृत्ति के आइसबर्ग की थाह लेता हूं। निरीक्षण की शक्ति का, रंग की अपेक्षा कहीं अधिक महत्व होता है। मैं अंकन संबंधी अपने विचारों और दिक् में रूपाकार खोजने पर ज्यादा बल देता हूं। अपनी सृजन-चेतना की आवाज को सुनकर ही मैं इस दुनिया के साथ अपने संबंधों को बेहतर तथा गहरा बना पाता हूं। रूपाकार के लिए मेरी प्रतिबद्धता वस्तुओं के चाक्षुष तथा लाक्षणिक स्वरूप को खोजने में निहित है। मैं जानता हूं कि 'विषयवस्तु' का विचार चाक्षुष पदार्थ की भौतिक सीमाओं के विरुद्ध जा सकता है और किसी अति महत्वपूर्ण चरण में मेरी चाक्षुष अपेक्षाओं को गड़बड़ा भी सकता है। एक कलाकार के नाते मैं अपनी कल्पना की तह तक पहुंचने की कोशिश करता रहता हूं ताकि लंबे समय से संजोए तथाकथित सच को मैं बेनकाब कर सकूं। लोकप्रिय संस्कृतियां अनगिनत कथाओं को निरंतर जन्म देती रहती हैं। पर मैं तो आम आदमी और जनसंचार पर गंभीरता से विचार करता हूं ताकि लोगों की अ-कृत्रिमता की उपेक्षा न हो जाए। दीवार पर लगाई जानेवाली द्विमितीय कलाकृति की अपेक्षा मूर्तिशिल्प वास्तविक 'स्पेस' में फैला हुआ होता है और अपनी उपस्थिति दिक्-विषयक और स्पर्शग्राह संदर्भों से उजागर करता है। यहां दर्शक तथा मूर्तिशिल्प एक ही धरातल पर होते हैं। रूपाकार का स्पष्ट रूपांतरण समय और स्थान का एक ऐसा भ्रम पैदा करता है—जैसे कि स्पर्शनीय भागीदारी की जा सके। एक रूपक के रूप में कहें तो मूर्तिशिल्प आंतरिक प्रकाश से सज्जित रूपाकारों का पुनर्जीवन है और बाहरी छायाओं को अपने भीतर समोए रहता है। यह वैयक्तिता का बिम्ब तथा संतुलन दोनों है, ताकि रसास्वादन में वृद्धि हो सके। किसी सार्वजनिक स्थान पर स्थापित कृति की सफलता इस बात पर निर्भर करती है कि मूर्तिशिल्प के रूपाकार की उदात्तता किस हद तक अनुभूत की जा सकी है और 'समय' के सामने यह किस तरह टिक पाती है। वैसे आदेशित कला-कर्म में संवेदना को 'असरदार' ढंग से प्रस्तुत करना होता है और जन-भावनाओं पर अधिकार करने की अपेक्षा 'दर्शक' को प्रभावित करने पर अधिक बल रहता है।

आप अपने रूपाकारों के विशिष्ट परिवर्तन की व्याख्या किस तरह करेंगे?

मैं अपने बचपन से ही गोलाकार (राउंड) के प्रति आकर्षित रहा हूं। इसका तात्विक अर्थ यह हुआ कि गोलाकार दिक् में रूपाकार बनाना। 1979 से ही मैंने इस तरह की सामग्री में काम करना शुरू कर दिया था ताकि मैं एक ऐसे मनुष्य की छवि बना सकूं जो चुप्पी में बोलता हो। (अंश)

हिन्दी अनुवाद : सौमित्र मोहन

अनुपम सूद से जगतार जीत सिंह की बातचीत

'प्रिंट मेकिंग' के तकनीकी पक्ष की दर्शक को कितनी जानकारी होनी चाहिए कि वह उसे अच्छी तरह समझ सके?

किसी भी कृति की दो स्तरों पर प्रशंसा की जा सकती है। एक उसकी ओर से जो सीख रहा है और दूसरा वह जो विषय का ज्ञाता है। विद्या को जानने वाले की ओर से हुई तारीफ सौंदर्यपरक और तकनीकी पक्षों से हो सकती है। ज्ञाता विषय की सीमा और संभावना को अच्छी तरह से समझता है।

'प्रिंट मेकिंग' में तकनीक का काफी दखल है। जिन्हें इसकी सही जानकारी नहीं है वे इसे अनुचित ढंग से पेंटिंग के साथ जोड़ देते हैं जबकि दोनों के अपने-अपने गुण-लक्षण हैं। दोनों के सौंदर्यबोध का दायरा भिन्न है। मूर्तिशिल्प तीन आयामी होता है जबकि चित्र रचना में इसका भ्रम पैदा किया गया होता है।

पेंटिंग के रूप को सीधा बनते देखा जा सकता है जबकि प्रिंट में ऐसा नहीं होता है। वहां वह शीशे में से दिखाई देते अक्स की तरह कार्य करता है। शीशे में उल्टी वस्तु सीधी और सीधी वस्तु उल्टी दिखाई देती है। प्रिंट में पेपर पर एक रेखा की छाप लेने के लिए उसे तीन अवस्थाओं से गुजरना पड़ता है। सर्वप्रथम प्लेट पर रेखा को उकेरा जाएगा, फिर उसमें रंग भरा जाएगा। उसकी छाप लेने के लिए प्लेट को कागज पर उल्टा लिटाकर, कागज और प्लेट दोनों को मशीन में से निकाला जाता है। लकीर लगाने से लेकर उसकी छाप लेने तक कलाकार की मनोवस्था कार्यशील रहती है। फलस्वरूप उसका दखल लगातार बना रहता है।

इस तरह सोच, प्रक्रिया और विश्लेषण भी तीन स्तरों पर काम करता है। प्रिंट मेकर वास्तव में तीन कदम आगे सोचकर कार्य करता है। जिस तरह कैनवास पर तूलिका की एक छुअन तेजी से लगा दी जाती है वैसी छुअन प्लेट पर संभव नहीं। वैसा प्रभाव प्राप्त करने के लिए पूरी प्रक्रिया से गुजरना पड़ेगा।

पेंटिंग में किसी स्थान या आकार को सहज ही दबाया जा सकता है पर प्रिंट में सारी प्रक्रिया शुरू से करनी पड़ेगी। इसमें संयोग का दखल तो है पर वही सभी कुछ नहीं है। जिस विचार को दृश्य रूप में रूपांतरित किया जा रहा है उसको सही ढंग से समझना-देखना तो होता ही है?

पिछले कुछ समय से आप पेंटिंग भी कर रही हैं। पेंटिंग में कलाकार और कैनवास का संबंध प्रत्यक्ष होता है जब कि प्रिंट तैयार करते समय परोक्ष होता है...

प्रिंट मेकिंग माध्यम की अपनी मौज है। शुरू-शुरू में यह महसूस होता है कि यह परोक्ष विधि है, प्रत्यक्ष नहीं। बाद में प्लेट बनाते समय सारा ध्यान प्राप्त होने वाले अंतिम अक्स पर टिका रहता है जो पेपर पर उतरना है। वास्तव में प्लेट पर नेगेटिव बनाते समय मन पॉजीटिव पर ही एकाग्र रहता है। सिर्फ प्लेट तैयार कर लेने से कार्य समाप्त नहीं हो जाता। इसके बाद और पक्ष भी सामने आते हैं, जैसे स्याही को किस मात्रा में और कैसे लगाना है, ताकि निश्चित मात्रा के ग्रेंज पेपर पर उभर आएं। यह कलाकार ही जानत है कि वह क्या चाहता है। अगर प्लेट बनाकर किसी दूसरे को प्रिंट लेने के लिए सौंप दी जाए तो सारा खेल बिगड़ भी सकता है।

आपका पेंटिंग की ओर मुड़ना घर वापसी जैसा लगता है क्योंकि आपकी शिक्षा पेंटिंग की ही रही थी।

मुझे लगता है पेंटिंग भी अभियक्ति का एक माध्यम है जो मुझे आरामदेह लगता है। प्रिंट तैयार करने की

जो सुविधा कॉलेज में मुझे मिली हुई थी वह मुझसे छीन ली गई थी। मजबूरन काम बंद करना पड़ा। इस हालात में पेंटिंग की ओर लौटने को अगर घर वापसी कहना चाहते हैं तो यह घर वापसी है।

एक बात और है। प्रिंट बनाते समय अधिक मेहनत करनी पड़ती है जिसके लिए शरीर अब तैयार नहीं है। इसके बजाय पेंटिंग करना मेरी पहुंच के अन्दर है और इससे थकान भी कम होती है। समस्या ने मुझे समाधान भी दिया। वैसे जब आदमी को बाहर धक्के खाने पड़ते हैं वह घूम-फिर कर घर की ओर ही मुख करता है।

आप कहती हैं कि अब भी लोग पेंटिंग के बजाय आपके प्रिंट को ही खरीदना चाहते हैं। एक ही कलाकार द्वारा तैयार भिन्न मा यमों की कृतियों के प्रति यह भेदभाव क्यों?

इसमें थोड़ा-बहुत पैसे का मामला भी है। जिस कार्य को एक बार स्वीकार कर लिया गया, खरीदार-दर्शक उसी को पसंद करते हैं। वे पेंटिंग को प्रिंट जैसा ही देखना चाहते हैं। मैं प्रिंट का पेंटिंग में अनुवाद नहीं कर रही। उन्होंने मुझे एक भूमिका में देख लिया है और उससे भिन्न में वे मुझे नहीं देखना चाहते। यह तो वैसी धारणा है कि जो हीरो है वह हीरो ही रहेगा और जो खलनायक वह खलनायक। यह एक तरह से भेड़चाल भी है। गैलरी वाले मेरी पेंटिंग के शो करने में झिझक दिखाते हैं। एक शक रहता है, शायद न बिके।

अगर हम थोड़ा इतिहास में झांके तो हमारा एक और तरह की सच्चाई से सामना होता है। अगर पेंटर प्रिंट बनाता है तो वह प्रशंसनीय कार्य है और महत्वपूर्ण भी। पर अगर प्रिंट मेकर पेंटिंग करे तो वह ठीक नहीं। मुझे तो लगता है सृजनात्मक माध्यमों को जैसे राजा और प्रजा में बंट दिया गया है।

दूसरे चाहे कुछ भी कहें, मुझे तो पेंटिंग करने में मजा आ रहा है। यह कार्य अच्छा है या नहीं, मुझे पता नहीं। इतना जरूर कह सकती हूं कि यह बुरा नहीं है।

प्रिंट के पेपर के आकार और कैनवास के आकार में भिन्नता स्पष्ट है। यह आपकी विषयवस्तु को कहां तक प्रभावित करता है?

प्रिंट का आकार तो मशीन निर्धारित करती है। कॉलेज में बड़ी मशीन थी। उस समय बड़ा काम भी किया। कैनवास के लिए ऐसी कोई सीमा नहीं होती।

आपके तैलचित्रों की रंग योजना में विभिन्नता है। कहीं-कहीं पर रंग तेज भी हैं पर उन्हें एक खास रंग की हल्की परत ढंके रखती है जिससे सारा वातावरण रहस्यमय-सा लगता है।

मुझे ऐसा नहीं लगता। कई लोग तो कहते हैं कि मैं चटकीले रंग इस्तेमाल करती हूं। वर्षों तक स्याह-सफेद में काम करते रहने से तेज रंगों का प्रयोग कर लेने के बाद उन्हें दबाने का प्रयत्न करती रहती थी। अब इस स्थिति से मुक्त हूं और अधिक सहज भी। (अंश)

अंबादास से मनीष पुष्कले की बातचीत

पिछले दिनों जब अंबादास भारत आए, उस दौरान उनसे मेरी काफी बातचीत हो सकी। अंबादास से उनके चित्रों को लेकर बातचीत करना, किसी सत्संग में भागीदारी से कम नहीं है। अंबादास का चिंतन युवा चित्रकारों के लिए कई प्रश्न खड़े करता है। मुझ जैसे चित्रकार के लिए इन प्रश्नों से बड़ा कोई पुरस्कार नहीं हो सकता। युवा चित्रकारों के प्रश्नों की पुष्टि नहीं होने के कारण, उनके चित्रों में कोई पीड़ा भी नहीं है।

अंबादास का व्यक्तित्व एकाकी, पीड़ा, संकोच, क्षमा, संशय एवं प्रश्नों का व्यक्तित्व है। अंबादास जिस पृथ्वी पर खड़े हैं, उस पृथ्वी पर पड़ रहे अपने भार के लिए भी क्षमायाचना करते हैं, जिस पेड़ की छांव में दो पल चैन की सांस लेते हैं, उस छांव को भी नमस्कार करते हैं। कुल मिलाकर अंबादास संवेदना का नाम है।

अंबादास से बातचीत प्रश्नों से शुरू हुई लेकिन बातचीत के दौरान उत्तर भी प्रश्नों के रूप में थे। अतः इस बात चीत में मैंने अपने प्रश्नों को कोई जगह नहीं दी है। अंबादास की बातचीत किसी प्रश्न के एवज में कतई नहीं खड़ी है। प्रश्नों के एवज में चिंता होती है, चिंतन नहीं।

मैंने कई बार कोशिश की है कि मैं अपने चित्रों के बारे में बात कर सकूं। लेकिन जिस तरह से बातचीत किसी-न-किसी निष्कर्ष पर आकर ठहर जाती है, वैसा मेरे चित्रों के साथ नहीं होता। इतना भी कहना मुश्किल है कि चित्र पूरा है या अधूरा। यह तय करना मुश्किल भी है और ठीक भी नहीं।

मैं सोचकर चित्र नहीं बनाता, चित्र बनाने के बाद जरूर सोचता हूं। मैं ऐसे चित्र बनाना चाहता हूं जो सोच-समझ से मुक्त हों। जैसे कि कोई बच्चा या आदिवासी कलाकार चित्र बनाया करता है। इनके पास जो सहजता है वह मिल जाए तो समझो कि वरदान मिल गया।

मेरे चित्र देखने में अमूर्त हैं लेकिन मैं वही पेंट करता हूं जो मुझे दिखता है। पेड़, आकाश, लोग, अगर सभी मुझे ऐसे ही दिखते हैं तो मैं क्या कर सकता हूं। कोई कहे कि लैंडस्केप, पोर्ट्रेट करता हूं तो भी कोई दिक्कत नहीं है। लेकिन ऐसा कोई भी नहीं कहता, सभी कहते हैं कि मैं अमूर्त करता हूं।

मैं अक्सर सोचता हूं कि मेरे साथी कलाकार, जो अमूर्त चित्र बनाते हैं, क्या उन्हें भी वैसा ही दिखाई देता होगा? मुझे दुःख होता है कि मेरे साथी जितना सुंदर देखते हैं वैसा मैं नहीं देख पाता। कैसे देखना है, और क्या देखना है, यह अभी सीखना है।

मुझे कई बार वे परमाणु दिखते हैं जिनसे यह पेड़ बना है। कई बार वे विचार भी दिखते हैं, जिन्हें मैं सोचता हूं।

मैं कह सकता हूं कि मेरे मन में पहले विचार नहीं, बल्कि पहले आकार आता है। हमारे अवचेतन में जो विचार चलते हैं, वो मुझे आकार के रूप में दिखते हैं। या मुझ में आकार से ही विचार बनते हैं, विचार के आकार नहीं पनपता।

हमारे ग्रुप में स्वामीनाथन भर ऐसा आदमी था जो चित्र बनाने से पहले वैचारिक तैयारी करता था। उसमें चित्र बनाने के पहले चिंतक, चित्रकार, मूर्तिकार, पुरात्ववेता, सभी की शक्ति जमा हो जाती थी। फिर चित्र बनता था।

जब मैं चित्र बनाता हूं तो विचार आता ही नहीं। वह न्यूनतम ऊर्जा, जो किसी चित्र को बनाने के काम आती है, मुझ से छिन जाती है, तभी मेरे चित्र बनते हैं।

मेरे चित्रों का ऊर्जा एवं विचारों से कोई सरोकार नहीं। मेरे चित्रों का अंततः किससे संबंध है, मैं अभी तक यह समझ नहीं सका।

मेरे चित्रों में पर्फेक्शन न होने का कारण यह भी है। इसलिए मैंने कभी प्रिंट नहीं निकाले। कभी-कभी मेरा मन होता है कि मैं लिथोग्राफी भी करूं। लेकिन अभी तक नहीं कर सका।

तकनीक से किसी-न-किसी आकार तक पहुंच सकते हैं। लेकिन मैं आकार को नहीं पाना चाहता क्योंकि मैं तो शुरुआत ही आकार से करता हूं, जो कि कहीं भी निश्चित नहीं है।

मैं आखिर पाना क्या चाहता हूं, यह आज तक नहीं समझ सका। पहले मैं सोचता था कि चित्र से कोई खोज होती है। अब ऐसा नहीं लगता। चित्र की किस्मत सिर्फ उसके बनने तक होती है। उसके बाद का पता नहीं।

हमारे देश में समीक्षक नहीं हैं। रिचर्ड बोर्थोल्म्यू थोड़ा नजदीक पहुंच सका। लेकिन विदेशी आलोचकों की अपनी समस्या होती है। खासकर हमारे देश के संदर्भ में, जब तक की इसकी संस्कृति, सभ्यता, इतिहास को न समझ सकें, कोई बात नहीं हो सकती।

विदेशी आलोचक इस संस्कृति, इतिहास को उन किताबों से नहीं समझ सकते जिन्हें उन्होंने ही लिखा है। हमारे देश में संस्कृति संस्कारों से जुड़ी है। ये आलोचक इस बात को नहीं समझ सके।

हमारे देश की संस्कृति में जो लोच है, उस लोच को आलोचक नहीं समझ सके। कई चित्रकार भी लोच को नहीं समझ सके। मैं यह नहीं कहता कि मैं सब कुछ जानता हूं, लेकिन इतना तो जानता हूं कि इसमें कोई रूखापन नहीं है। इसलिए इसमें शेड्स दिखते हैं। क्रिटिक्स लिखकर इन शेड्स को कैसे दिखाएंगे? चित्र बिना शेड्स नहीं बन सकता। सबसे बड़ा फर्क तो यही है।

आजकल चित्रों के अलावा इंस्टालेशन भी काफी हो रहे हैं। मगर यह सब मुझे आकर्षित नहीं करते। मैं यह नहीं कहता कि यह सब बेकार है लेकिन इनमें एक किस्म का खोखलापन है। क्या आज चित्रों में संभावना खत्म हो चुकी है? मैंने पहले ही कहा था कि मैं चित्रों में क्या करना चाहता हूं पता नहीं। लेकिन इसका मतलब यह भी नहीं कि इसको छोड़कर कुछ भी करने लगूं।

शायद सभी का अपना-अपना तरीका होता है। कई लोग काफी आगे निकल गए हैं। संभावना तो हर जगह छिपी होती है लेकिन इस प्रगतिशील विचार से कला को कहां पहुंचाया जा सकता है? मेरे खयाल में कला तालाब का पानी नहीं जो एक जगह ठहरने से मैला हो जाए।

कला की कोई प्रगति नहीं होती, कोई दुर्गति नहीं होती।

हर चित्रकार के लिए यह जरूरी है वह अपनी चित्र परंपरा को जाने-समझे। लेकिन जब तक हम यह नहीं देखते कि आखिर क्या-क्या हो चुका है, तब तक हम एक प्रकार के अंधेपन का जीवन बिताते हैं। एक चित्रकार को दोनों को देखते चलना होता है। क्या-क्या किया जा चुका है एवं क्या करने की संभावना बाकी है। कभी भी, किसी भी काल में कुछ भी पूरा नहीं हुआ। हर काल अपने साथ कुछ अधूरापन छोड़ जाता है। समय की सबसे बड़ी यही महानता है कि वह इस अधूरेपन से ही पूरा हो सकता है। एक चित्रकार को समय के इस अधूरेपन को समझना होगा अन्यथा वह स्वयं भी अधूरा ही होगा। मैं लगातार इस अधूरेपन को समझने की कोशिश कर रहा हूं लेकिन अभी तक इसे समझ नहीं पाया हूं।

मुझे लगता है कि मेरे चित्र न तो पूरे हैं, और न ही अधूरे। स्वयं पूर्णता चित्र की पूर्णता में छिपी है एवं चित्र की पूर्णता काल के अधूरेपन में। मैं गलत भी हो सकता हूं। लेकिन फिर भी यह लोच हमारी संस्कृति, चिंतन में ही हो सकती है, जहां पूर्णता एवं अधूरापन दोनों एक साथ विद्यमान हैं।

मुझे अर्द्धनारीश्वर एक रूपक के तौर पर बहुत भाता है लेकिन रूप के सदर्भ में नहीं। मुझे अर्द्धनारीश्वर इस तरह नहीं दिखता, जिस तरह उसकी प्रचलित छवि है। मुझे उसमें उसका अधूरापन दिखता है। ऐसा अधूरापन जो खलता नहीं। रूपक अपने आप में ही पूर्णता का प्रतीक है। लेकिन फिर से यह हमारे चिंतन में ही संभव हो सका जब एक अधूरेपन को भी प्रतीक के रूप में गढ़ा गया। मेरे खयाल से हर महान कलाकृति अपने भीतर इन दोनों

प्रतीकों को समेटे हुए होती है।

कभी-कभी मैं सोचता हूं कि मैं जो कुछ भी कर रहा हूं क्या वह ठीक है? अभी तक मेरे पास ऐसा कोई ठोस प्रमाण नहीं कि मैं सिद्ध कर सकूं कि ठीक हूं। इसलिए मेरी किसी भी बात को गंभीरता से मत लेना। अभी तो मुझे पता ही नहीं कि क्या ठीक है और क्या गलत। हमारी संस्कृति, चिंतन को ठीक से समझना बाकी है।

हर अच्छा चित्रकार बुरे चित्र भी बनाता है और बुरा चित्रकार एक भी अच्छा चित्र न बनाए, ऐसा नहीं हो सकता। मैं इस अच्छे-बुरे की धारणा को नहीं मानता, लेकिन अक्सर इस अच्छे-बुरे की बातचीत तो होती ही रहती है।

आजकल के युवा चित्रकारों को देखने के लिए गैलरी है, म्यूजियम हैं। लेकिन उनको तय करना होगा कि क्या-क्या देखना है, और क्या नहीं। सभी कुछ देखना भी ठीक नहीं। और सभी को अनदेखा करना भी गलत है। दोनों में सामंजस्य बैठाना होगा। इस तालमेल से ही बाहर एवं भीतर का एकाकार हो सकेगा। यह एक किस्म का शक्तिघात है जिसमें आप दुर्बल नहीं होते, लेकिन ऊर्जा क्षीण हो जाती है। फिर न्यूनतम ऊर्जा से चित्र बनता है।

कभी-कभी चित्र बनाते समय मैं स्वयं चित्र हो जाता हूं। ऐसी स्थिति में समझ का बोध नहीं होता लेकिन अक्सर, जिसे चित्रित करना है, उसे जानने का प्रयास करता हूं। और जैसे ही वह क्षण आता है, फिर स्वयं की सुध नहीं रहती। शरीर अपने मायने खो बैठता है। कैनवास को जो हमसे चाहिए हमसे ले लेता है, जो आत्मा को चाहिए, आत्मा को दे देता है।

मैं जीवनभर से एक ही चित्र बना रहा हूं। मुझे विश्वास हो गया है कि जीवन खत्म हो जाएगा पर चित्र नहीं। अलग-अलग कैनवास पर अलग-अलग समझ में एक ही चित्र बनाया है। जिस तरह से राम-नाम जप के समय के साथ मायने बदलते हैं, उसी तरह चित्र-जप में भी इतने सालों में उसके मायने बदले हैं। यह मैं जानता हूं कि मायने बदले हैं, रूप नहीं।

मेरा चित्र रूप का नहीं, मेरा चित्र रूपक का भी नहीं।

मुझे भूरा रंग पसंद है। लाल रंग भी अच्छा लगता है। नीला नापसंद है ऐसा नहीं है। शुरू में काफी समय तक नीला रंग नहीं लगाया। पता नहीं क्यूं, पसंद होते हुए भी नीले रंग का ठीक से उपयोग नहीं कर सका। लेकिन अभी कुछ सालों से भूरे के साथ नीले को लगाया है। कभी-कभी नीला रंग मुझे विचलित कर देता है। मेरा नीले के साथ रहस्यमयी संबंध है। मैं जितना इसको लगाता जाता हूं, यह अपने रहस्य खोलकर और रहस्यमयी बनता जाता है। या फिर नीले का रहस्य मुझमें शिफ्ट हो गया है, इसलिए मुझे यह रहस्यमयी लगता है। कभी-कभी रंग किसी के नहीं होते, कभी-कभी ये रंग सभी के होते हैं।

मुझ में बोलकर अभिव्यक्त करने की क्षमता नहीं है। लेकिन जब बातचीत होती है तो शब्द अपने आप याद आने लगते हैं और मेरे विचारों को अपने साथ बाहर खींच लाते हैं। मेरा ज्यादातर समय शब्दों के बिना ही निकलता है। मैं उनको पाने का प्रयास नहीं करता। मेरा ज्यादातर समय आकार के साथ निकलता है। मैं उसे भी पाने का प्रयास नहीं करता।

मैं कोशिश करता हूं कि चित्र बनाने के पहले मेरा संवाद उस स्पेस से हो सके, जहां चित्र बनना है। मेरी कोशिश होती है कि स्पेस स्वयं मुझे बताए कि उसने अपने गर्भ में क्या छिपा रखा है।

दरअसल चित्र बनता नहीं, वह तो पहले ही उस स्पेस में विद्यमान होता है। चित्रकार सिर्फ उसे रूप देता है। और शायद स्पेस को रूप की सहायता से चित्र से जुदा कर देता है।

चित्र स्पेस से रूप के विरह का नाम है।

मैं अपना कैनवास खुद तैयार करता हूं कि स्पेस के स्पेसिफिक मैटीरियलिस्टक कॉनफिगरेशन को समझ सकूं। अगर स्पेस से आपका कोई संबंध नहीं है, तो फिर वह चित्रित करना नहीं, पोतना होगा। मैं पोतने का काम नहीं करता।

कैनवास के एक-एक कण से चित्रकार का संबंध होना जरूरी है। स्पेस का हर कण आपसे मांग करता है। चित्रकार को स्पेस की इस मांग को समझने के लिए संवाद करना चाहिए। यह संवाद निश्चित ही दुनियावी संवाद नहीं होता। यह तो वह संवाद है जो भाषा के बिना घटना है। यह संवाद मौन में नहीं घटता। लेकिन इस संवाद में भाषा अपने अस्तित्व से घट जाती है।

जिस प्रकार शास्त्रीय संगीत में भी गायक का राग के साथ हर क्षण संबंध बदलता है, और संबंध की इसी विविधता में राग में रंग आ जाता है, वैसे ही चित्रकार का स्पेस से संबंध बदलता नहीं है। यह संबंध स्थिरता पर टिका होता है। संगीत में निरंतरता है, चित्र में स्थिरता। मैं कई सालों से अपने चित्र के एक ही राग को समझने में लगा हूं। पता नहीं इस जीवन में इसे समझ सकूंगा कि नहीं।

(2003)

गायतोंडे का रेखांकन

गायतोंडे से प्रमोद गणपत्ये की बातचीत

ऐसा नहीं है कि बहुत कम बोलने वाले व खुद में सिमटे रहनेवाले श्री गायतोंडे बात नहीं करते। संगीत से उन्हें गहरा लगाव है। दर्शन की पुस्तकें वह पढ़ते हैं और कविता में उनकी गहरी दिलचस्पी है। अपने मौन में शांत रहने वाले इस कलाकार से उन्हीं की बरसाती में बातचीत हुई। बरसाती में किताबें, कार्ड, रंगों के बॉक्स, टेपरिकॉर्डर, छोटा टी.वी., एक पलंग, पीछे मोटी चटाई और ईजल पर बड़ा कोरा कैनवास लगा था। एक छोटे से मोढ़े को खिसकाकर गायतोंडे ने एक बेंत की कुर्सी खींची व बैठने का इशारा किया। वे स्वयं एक कुर्सी पर दरवाजे से सटकर दोनों पांव दीवार पर टिकाकर, दोनों हाथ मोड़कर अपनी जानी-पहचानी मुद्रा में बैठ गए। उन्हें सांस लेने में तकलीफ होती है, इसलिए अक्सर बातचीत में लंबी खामोशी भी रही। मूलतः यह बातचीत उनकी मातृभाषा मराठी में हुई।

आपको दिल्ली में कितने साल हो गए?

1979 में दिल्ली आया था। तब इतनी भीड़ नहीं थी। फिर यहीं पर रह गया।

आपके घर में कोई चित्र बनाता था?

नहीं।

चित्र बनाना कैसे शुरू किया?

पता नहीं...(कुछ देर मौन के बाद) हमारे गांव में एक आदमी दीवारों पर चित्र बनाता था...शायद उसी का प्रभाव हो।

क्या आपकी पेंटर बनने की इच्छा थी?

नहीं, चित्र बनाता था, फिर मुंबई चला गया।

उस जमाने में चित्रकार स्टिल लाइफ, लैंडस्केप, पोर्ट्रेट आदि बनाते थे, तब आप कैसा काम करते थे?

वैसा ही...वैसा ही...वैसा ही करता था।

आप पहले आकृतियां बनाते थे, फिर अमूर्त की तरफ बढ़े, इन दोनों के बीच का फासला कैसे गुजरा?

(थोड़ी देर शांत रहने के बाद) एक्सपोज हुआ, एक्सपोजर मिला। लोगों को देखा काम करते, उस समय खूब काम हुआ।

क्या सोचकर आपने अलग दिशा में काम किया?

सोचकर काम नहीं होता है। करते चले गए, होता चला गया। अब आप कहीं भी जोड़ लें।

आपको किन चित्रकारों ने प्रभावित किया?

किसी ने नहीं...वे अपने जैसा काम करते थे, मैं अपने जैसा...दरअसल मैं अपने प्रभाव से ही मुक्त नहीं हो पाया।

क्या आप लोगों से मिलना-जुलना पसंद करते हैं?

पहले भी कम बोलता था, मेरा स्वभाव है। मुंबई में था तो मिलता था।

मुंबई में आप कहां थे?

भूलाभाई इंस्टीट्यूट में। तब भी बहस-वहस नहीं करता था। (लंबी खामोशी के बाद) धीरे-धीरे मैं अपने 'मैं' की तरफ बढ़ा। भीड़ से हटा। यूं कहिए कि भीड़ मुझ से हटी, चेहरे हटते गए, परिधि छूटी और जब अपने 'मैं' के निकट गया तो शब्द भी छूटे। अब मैं 'मैं' हूं। शायद...शायद इसीलिए बाहर की दुनिया मेरे अंदर तक नहीं आ पाती...(फिर कुछ देर की खामोशी के बाद) देखो, अंधेरा है तो तलाश रहेगी, पर एक तीली जलाएंगे तो अंधेरा दूर होगा। फिर तलाश नहीं होगी। तब दृष्टि होगी, तब 'विजन' होगा और चीजें साफ दिखेंगी। वह वहीं होती हैं पर बीच में अंधेरा होने से दिखाई नहीं देतीं।

पेंटिंग करने से पहले क्या आप कुछ रूपरेखा बनाते हैं?

मैं रंग छोड़ता हूं। सिर्फ रंग।

दिन में कितना काम कर लेते हैं?

मैं काम नहीं करता, आराम करता हूं। इंतजार करता हूं और फिर कुछ रंग छोड़ता हूं। जबरदस्ती काम करना एस्केप है। पलायन है।

पलायन?

हूं...तुम पढ़ते हो, पलायन करते हो, पेंटिंग करते हो, पलायन करते हो, खुद के केंद्र पर आओगे तो कुछ घटेगा, कुछ होगा, फिर वह करना नहीं है, होना है।

आप चित्र बनाने के लिए सबसे जरूरी किसे मानते हैं?

इंतजार...इंजतार..इंतजार जरूरी है, एक पेंटिंग से दूसरी पेंटिंग के बीच आराम जरूरी है।

आपकी और क्या रुचि हैं?

कुछ नहीं, आराम करना, इंतजार करना। कभी संगीत सुनता हूं। कभी पुस्तकें पढ़ता हूं...

आपके मित्र कभी यहां आते हैं?

रामकुमार आते हैं। कभी-कभी आते हैं। हम घूमने जाते हैं। बातचीत करते हैं।

बातचीत किन विषयों पर होती है?

साधारण...मुझे ज्यादा बातचीत सहज नहीं लगती। ज्यादा बोलने वाले, ज्यादा सवाल पूछने वाले, कला-वला पर बोलने वालों से मैं बात नहीं कर सकता...मेरे पास बोलने के लिए कुछ नहीं। कुछ पूछेंगे तो जवाब दूंगा। शांत, चुप कम बोलने वालों के साथ कम्फर्टेबल लगता है।

साल में कितनी पेंटिंग बना लेते हैं?

पांच-छह।

क्या एक साथ दो-तीन पेंटिंग पर भी काम करते हैं?

नहीं, ऐसा नहीं होता, एक ही पेंटिंग पर हफ्तों काम करता हूं।

पेंटिंग पूरी करने के बाद भी कभी लगा है कि यह अधूरी है?

पूरी होती नहीं, ऊब गए तो छोड़ देता हूं...पर वह पूरी होती नहीं है।

आपने शादी की?

हुई नहीं।

रोमांस?

खूब किया।

अब

अब भी चल रहा है।

आपके कुछ अनुभव, घटनाएं, स्मृतियां, कुछ कहेंगे?

वह शेष नहीं बचीं, कुछ याद नहीं। दरअसल कभी महत्वाकांक्षा रही नहीं। जीते चले गए, होता चला गया।

आप अपने जीवन में किस चीज को उपलब्धि मानते हैं?

...मैं 'मैं' हूं। मैंने यही हासिल किया है।

आपने कभी सेल्फ पोर्ट्रेट बनाए?

चित्रकार जो कुछ करता है, वह सेल्फ पोर्ट्रेट ही है...

गरमी में बरसाती काफी तप जाती होगी, काम कैसे करते हैं?

कपड़े उतारकर काम करता हूं।

आप भविष्य के बारे में क्या सोचते हैं?

कुछ नहीं, जो है, है। दिन है तो दिन है। रात है तो रात।

कालिदास सम्मान मिला तो कैसे पता चला?

तार आया, फिर पत्र आया।

आपको कैसा लगा?

ठीक है...ठीक है...

(1990)

नसरीन

पिछली 14 मई को मुंबई में प्रख्यात कलाकार नसरीन मोहम्मदी का लंबी असाध्य बीमारी के बाद देहांत हो गया। वह उन कलाकारों में से थीं जिनके जाने से कला की दुनिया का एक कैनवास हमेशा के लिए खाली छूट जाता है।

ज्यामितीय आकारों वाले उनके चित्र भारतीय कला का एक महत्वपूर्ण आयाम बने। दिखने में एकदम सादी, जीवन-शैली में लगभग एक बौद्ध भिक्षुणी जैसी नसरीन मोहम्मदी का जीवन और कला एक-दूसरे के पर्याय बन गए थे। जब वह चित्र नहीं बनाती थीं, तब कैमरे से चित्र खींचती थीं। और उन चित्रों में अक्सर वह किसी रेगिस्तान, किसी वीरान गली, किसी खाली जगह को कुछ इस तरह से पकड़ लेती थीं जैसे उनकी चिरनिद्रा को छू रही हो। नसरीन मोहम्मदी के जाने से कागज की सफेदी पर कुछ निरीह-सी काली-सलेटी रेखाएं कभी उस आकुलता से नहीं उभरेंगी जिस तरह वे उनके हाथों में उभरती थीं। उनके असमय निधन पर कुछ प्रमुख भारतीय कलाकरों से हुई बातचीत—

शिल्पकार मृणालिनी मुखर्जी बताती हैं कि नसरीन ने 'वूमेन आर्टिस्ट' जैसी किसी प्रदर्शनी में हिस्सा नहीं लिया। यह सही अर्थों में पहली भारतीय महिला चित्रकार हैं जिसने अंत तक कला को जिया। नसरीन महिला और पुरुष कलाकारों के भेद नहीं मानती थी। वह कहती थीं कि कलाकार कलाकार होता है, महिला या पुरुष नहीं।" मृणालिनी शून्य में स्थिर होते हुए कहती है, "रेगिस्तान से उसका गहरा संबंध था—शायद इसलिए कि वह बहरीन की थीं। उसने बहरीन की गलियों की कुछ यादगार तस्वीरें भी खींची थीं। हुसेन साहब के साथ उनकी बहुचर्चित फिल्म 'थ्रू द आई ऑफ ए पेंटर' की शूटिंग के समय नसरीन उनके साथ रेगिस्तान गई थीं। नसरीन ने वहां भी कुछ अच्छे फोटोग्राफ लिए थे। रेगिस्तान की रेतीली हवा, सपाट रेतीले टीलों पर हवा की लहरियां, छोटे-छोटे कीड़ों का रेतीले टीलों पर रेंगना आदि बाद में उनके चित्रों में भी उभरा।"

कभी उनकी छात्रा रहीं कलाकार प्रतिभा डाकोजी बताती हैं कि "नसरीन विद्यार्थियों को किताबों और क्लास के बाहर, प्रकृति को सीधे देखने को प्रेरित करती थीं। वह 'नॉलेज' के बजाय 'ग्रोथ' पर ज्यादा ध्यान देती थीं, उनका घर जापान के जेन संन्यासियों जैसा था। सफेद खाली दीवारें, कमरे में टर्की से बना छोटा-सा गलीचा, छोटी टेबल, उस पर स्याही की दवात, पेंसिल, लकड़ी के छोटे प्याले और आर्किटेक्ट के उपयोग में आनेवाला यंत्र। बस इतनी-सी चीजें। भीमसेन जोशी का राग मल्हार उन्हें बहुत पंसद था। उन्होंने मुझे जो खत लिखे, उसमें एक बात वह जरूर पूछती थीं, मैं काम कर रहीं हूं तुम्हारा काम कैसे चल रहा है।"

अग्रणी चित्रकार व हिंदी कथाकार रामकुमार नसरीन के काम को बहुत अहमियत से देखते हैं। नसरीन के साथ उनके कुछ लम्हें बीते हैं। वे कहते हैं कि "नसरीन का नाम पहली बार ब्रिटिश चित्रकार जान नेपर से सुना था। उनसे पहली मुलाकात मुंबई में भूलाभाई इंस्टीट्यूट में हुई। मुझे याद है कि अक्सर नसरीन और गायतोंडे क्लास खत्म होने के बाद मुंडेर पर घंटों बैठे समुद्र को देखा करते थे। दोनों में कई साम्य थे, काम में और जीवन में भी। दोनों ही मुंबई जैसे भीड़भाड़ वाले शहर में अकेले थे। यह बात शायद 58 की है।"

वे बताते हैं, "सन् 1964 में नसरीन लंदन जा रही थीं एक पाकिस्तानी लड़के से शादी के लिए। उस वक्त मैंने उसे अल्बेर काम्यू के नाटकों का संग्रह खरीदकर दिया था। वहां हुसेन भी थे। हुसेन ने नसरीन से चुटकी लेते हुए कहा कि तुम लंदन में पाकिस्तानी से शादी करोगी, हिंदुस्तान में तुम्हें लड़के नहीं मिले? फिर काफी सालों बाद

वह यहां मिली तो बताया वह लड़का ठीक नहीं था, शादी नहीं की, और अंत तक उनकी शादी नहीं हुई।'' वे आगे कहते हैं ''नसरीन की खूबी उनकी संवेदनशीलता थी। कुछ दिनों पहले इसी बीमारी में उसने तीन ड्राइंग बनाए थे जो एक टेबल पर रखे थे। वहां एक गिलास पानी से भरा रखा था। अचानक बिजली चली गई और गिलास हाथ के धक्के से लुढ़क पड़ा और तीनों ड्राइंग खराब हो गए। इस घटना से वह काफी दिनों तक परेशान रही थीं।''

हाल ही में कालिदास पुरस्कार से सम्मानित व नसरीन मोहम्मदी के पुराने सहयोगी कलाकार गायतोंडे नसरीन के बारे में कुछ नहीं कह पाए। वे संभवतः अभी तक नसरीन की मृत्यु को स्वीकार नहीं कर सके। बहुत कहने पर नसरीन को याद करते हुए वह इतना ही कहते हैं कि ''एक बार नसरीन मेरे पास आईं और कहने लगीं कि मैं पेंट नहीं कर सकती...वह उस दिन बहुत बेचैन और दुःखी थीं। काफी दिनों के अंतराल के बाद फिर एक दिन मिलीं–कहने लगी, ''अब मैं यह नहीं कह सकती कि मैं पेंट नहीं कर सकती।'' एक लंबी चुप्पी के बाद गायतोंडे कहते हैं, ''मेरे पास कहने के लिए कुछ नहीं है...सिर्फ खामोशी...पता नहीं पुनर्जन्म होता है या नहीं।''

चित्रकार कृष्ण खन्ना कहते हैं, ''नसरीन बहुत नफीस, संकल्पशील और अनोखी महिला थीं। पहले उनके चित्रों में रंग थे, बाद में लाइनें रह गईं।''

नसरीन मोहम्मदी कराची में सन् 1937 में जन्मी थीं। उन्होंने लंदन में सेंट मार्टिन स्कूल ऑफ आर्ट में पढ़ाई की। उन्हें 1961 में फ्रांस में ग्राफिक के अध्ययन का अवसर मिला और अंत में वे वड़ोदरा कला संकाय से संबंधित रहीं।

नसरीन के आरंभिक दौर के चित्र भूरे रंग में होते थे। सूखे घास के तिनके, गहरा समुद्र, चिड़ियों वगैरह को वे चौकोर कैनवास पर बनाती थीं। बाद में वह रेखाओं, ज्यामीतिक आकारों को कागज पर पेंसिल से बनाने लगीं। नसरीन मोहम्मदी के न रहने पर शायद कागज की सफेदी पर प्रकाश की एक अकेली-सी रेखा, वीरान गली का कोई कोना, किसी कमरे की एक दीवार कभी उतनी विचलित कर देने वाली आकुलता से नहीं उभरेंगे, जिस तरह वे उनके हाथ की बनाई रेखाओं में उभरते थे। उनके असमय चले जाने से भारतीय कला का एक कैनवास हमेशा के लिए खाली छूट गया है।

'जेन इन द आर्ट ऑफ आर्चरी' पुस्तक नसरीन मोहम्मदी की प्रिय पुस्तकों में से थी। इस पुस्तक का एक उद्धरण है, ''कलाकार की अंदरूनी तैयारी अपने को 'उस' में ढालने की होती है, जो वह है, जो वह समझता है कि वह है, जिसे वह हर बार पाता है कि अनन्त समय से वह यही है, अपने 'होने' का कच्चा माल जिसे वह अपनी साधना से एक ठोस सत्ता में गढ़ता है। उसके बाद कलाकार कला को खोजता नहीं, उसे पा लेता है।

बतौर एक कलाकार वह एक प्राचीन लिपि लिखने वाला व्यक्ति है, बतौर एक व्यक्ति वह वह कलाकार है जिसके कर्म और अ-कर्म में, जिसके साधना करने और प्रतीक्षा करने में, जिसके होने और न होने में महात्मा बुद्ध झांकते दिखाई पड़ते हैं, तब व्यक्ति, कला, कार्य–सब एक हो जाते हैं। तब यह अंदरूनी साधना कलाकार को कभी अकेला छोड़कर नहीं जाती। तब वह कुछ 'करता' नहीं, वह सिर्फ 'हो' जाता है, और यह 'होना' सिर्फ कहीं भीतर गहरे से फूटकर आता है।''

(प्रस्तुति : प्रमोद गणपत्ये 1990)

अर्पिता सिंह से मंगलेश डबराल की बातचीत

अर्पिता जी, इतनी लंबी यात्रा के बाद मुझे लगता है कि आपकी कला में एक तरह की सामाजिक टिप्पणी, एक सामाजिक बोध का प्रवेश हुआ है। हमारे आसपास के जीवन का असर आपके कैनवास पर है और आपने अपने पुराने मुहावरे को विस्तार देते हुए एक ज्यादा बड़ी दुनिया उसमें समेटी है। इस बदलाव के बारे में कुछ बताएंगी?

बदलाव क्या है, इसका तो मुझे ठीक-ठीक पता नहीं है। मैं बस काम करती आ रही हूं। उसमें अपने आप ही कुछ फर्क आ जाता है जैसा कि जीवन बीतने के साथ-साथ मनुष्य में भी आता है। बाकी जो सोशल कमेंट की बात है तो ऐसा नहीं है कि मैं कोई सोशल कमेंट देने के लिए पेंट कर रही हूं। लेकिन क्योंकि मैं एक सामाजिक प्राणी हूं, एक खास संरचना में, एक खास समय में रह रही हूं, इसलिए इसका असर मेरे काम पर होगा ही। मेरे जीवन या मेरे आसपास के जीवन को लेकर मेरे काम में कोई टिप्पणी अपने आप आ जाती होगी।

अपने आप आना भी शायद कला की प्रक्रिया है। पिकासो की एक बात यहां याद आती है। एक जगह उन्होंने कहा है कि कला में हम कुछ खोजते नहीं, बल्कि पाते हैं। सो इस खोजने और पाने के बीच जो संबंध है, क्या उसके बारे में कुछ बताएंगी क्योंकि मुझे लगता है कि आपकी प्रक्रिया में खोजने से ज्यादा महत्वपूर्ण पाने का तत्व है?

मेरा खयाल है, कोई भी लेखक या कलाकार एक 'ड्राइव' लेकर पैदा होता है। वही शक्ति उसे आगे बढ़ाती है और क्योंकि आंखों को खुला रखना होता है, इसलिए चलते-चलते और भी बहुत-सी चीजें मिलती जाती हैं। अब यह आपके ऊपर है कि आप उसमें से कौन-कौन-सी चीजें चुनते हैं। एक चीज चुनने के बाद हमें एक लालच हो जाता है कि थोड़ा आगे जाने पर हमें कुछ और भी मिलेगा। इस तरह चीजें मिलती जाती हैं और यह मैं कहूंगी कि बहुत बड़ा वरदान है, इस तरह चीजों का मिलना।

आपको क्या लगता है कि आपके भीतर ऐसी कोई खोज बढ़ती जा रही है या कि वह पूर्ण हो गई है? ऐसा कोई सेंस ऑफ अराइवल?

नहीं, मुझे ऐसा लगता है कि यह तो बढ़ती ही जा रही है। सेंस ऑफ अराइवल तो बिल्कुल नहीं है।

आपको और परमजीत सिंह को कला जगत की एक महत्वपूर्ण जोड़ी माना जाता है–कलाकार के रूप में भी और दंपत्ति के रूप में भी। क्या कला में आप दोनों ने एक-दूसरे को किसी तरह प्रभावित किया है? खासकर यह देखते हुए कि आपका काम पूरी तरह आकृतिमूलक रहा है और परमजीत के काम में आकृतियां प्रायः नहीं रही हैं। वह प्रकृतिमूलक है। आप दोनों के दृश्यों की दुनिया अलग-अलग है या उनमें कोई समानता है?

दरअसल पेंटिंग तो एक संबंध को स्थापित करती है–रंग, संरचनाओं और रूपों के बीच। उस लिहाज से हम तकरीबन एक ही जैसा काम करते हैं। हम दोनों ही गाढ़े रंग और टेक्सचर अप्लाई करना पसंद करते हैं। यह जरूर है कि परमजीत का काम लैंडस्केप पर आधारित है और मेरे काम में मानवाकृतियां हैं। असल में तो वह एक ही फार्म है। उनके लिए पेड़-पौधे हैं और मेरे लिए मनुष्य। लेकिन डील तो हम फॉर्म्स को ही करते हैं। मानवाकृतियां

होने से मेरे यहां एक निश्चित टिप्पणी आ जाती है। बस यही एक फर्क है। बाकी सब तो लगभग वही है। तो हमने एक-दूसरे को प्रभावित किया भी है और नहीं भी। वैसे हम अलग-अलग जगह पेंट करते हैं और हमारे स्टूडियो अलग-अलग हैं। दरअसल जो फर्क दो इंसानों के बीच होता है वही हम दोनों में, हम दोनों के काम में भी है।

आपका काम शुरू से ही काव्यात्मक रहा है। पहले की आपकी पेंटिंग्स में भी स्त्रियां बहुत आई हैं और वे आम तौर पर अकेली हैं और उनके आसपास के वातावरण में फूल हैं, चिड़ियां हैं, वनस्पति है, आसमान है। बाद में कुछ खिलौने, गाड़ियां, हवाई जहाज वगैरह उसमें आए। इन सभी प्रतीकों, बिम्बों के बीच स्त्री अकेली है। इस तरह चिड़िया से लेकर हवाई जहाज के आने तक आपकी दुनिया का विस्तार भी हुआ है। लेकिन यह जो पूरा मेटाफर, पूरा रूपक है, इसका अभिप्राय क्या है?

यह मेटाफर क्या है, अगर यही पता मुझे लग जाए तो आगे काम करना बंद कर दूं। अगर मेरी कोई खोज है तो यही कि ये सब चीजें क्या हैं या कि कौन-सी स्मृतियां ऐसी पड़ी हुई हैं जो इन चीजों के जरिए उभरकर आ रही हैं। यह तो मुझे मालूम नहीं है, किसी को भी मालूम नहीं हो सकता। मैं इस तरह पेंट क्यों करती हूं, यह औरत अकेली है या नहीं है, यह मुझे नहीं मालूम। लेकिन मैं यह करती हूं और जब करती हूं तो मुझे लगता है कि यही मैं करना चाहती थी और यही मुझे करना भी चाहिए था। उसके चारों तरफ खुशनुमा परिवेश है, यह आपको इसलिए लगता होगा कि उसके आसपास जो रंग इस्तेमाल किए गए हैं, वे बहुत चटख हैं। इसकी वजह यह है कि मैं वही रंग इस्तेमाल करती हूं, जो इस देश में, इस देश की रोशनी में मुझे मिले हैं। अगर मैं कहीं और की होती तो हो सकता है बिल्कुल अलग रंग लगाती। लेकिन मैं यह नहीं बता सकती कि जो मैं पेंट करती हूं वह क्यों करती हूं। बता भी दूं तो वह सही नहीं होगा। मैं बनाकर ही आपको बता सकती हूं क्योंकि जो स्मृति आ रही है, वह ऐसी नहीं है कि मेरे जन्म की या मेरे बचपन की ही हो, बहुत सारी स्मृतियां हमें विरासत में मिलती हैं। एक स्ट्रोक में कोई एक स्मृति चली आती है—कुछ पता नहीं चलता कि यह कहां से शुरू हुई और कहां जाने वाली है।

स्मृति और कल्पना में आप क्या रिश्ता मानती हैं?

कल्पना स्मृति से ही पैदा होती है। हालांकि यह मैं नहीं बता सकूंगी कि मुझे यह याद आ रहा था तो यह बना लेकिन क्योंकि मेरी एक खास किस्म की मानसिक स्थिति है, उसमें से ही एक खास किस्म की कल्पना निकलकर आती है। समझ लीजिए कि कल्पना मेरी उसी मानसिक स्थिति का एक विस्तार है। साथ ही मैं यह भी सोचती हूं कि कल्पना भी एक तरह की वास्तविकता है। वह झूठ नहीं है। लेकिन हम तर्क के हिसाब से उसकी व्याख्या नहीं कर सकते। उसे ब्लैक ऐंड व्हाइट में परिभाषित नहीं कर सकते। हां, कल्पना का भी अपना तर्क होता है। जैसे मैं बताऊं कि एक दिन मुझे अचानक लगा कि एस.पी. (स्वर्गीय पत्रकार सुरेंद्र प्रताप सिंह जो एस.पी. के आत्मीय संबोधन से अधिक जाने जाते थे) बैठे हुए हैं। हालांकि मुझे मालूम था कि ऐसा नहीं है, लेकिन साथ ही मुझे यह लगा कि यह झूठ नहीं है। यह कहीं से बिल्कुल सच भी है क्योंकि ऐसा मैंने सोचा था।

एक मनुष्य की स्मृति तो उसका अतीत नहीं है। हमारी जो उम्र बीत गई है, वह हमारा अतीत नहीं है क्योंकि वह उम्र तो हमारे भीतर है। लेकिन इसी के साथ आपके चित्रों में जो अक्सर दिखाई देता है वह यथार्थ और अतियथार्थ का द्वंद्व है। वह चाहे फूल और खिलौनों के बिम्ब हों या चिड़िया और हवाई जहाज के—ऐसा लगता रहता है कि जो वास्तविकता है, वह कभी भी उस दूसरी वास्तविकता में जा सकती है और दूसरी वास्तविकता पहली वास्तविकता में आ सकती है। उनमें इस तरह की एक आवाजाही है।

वह तो हमेशा, हम सभी के साथ होता है, जैसे अगर हम जागे हुए हैं तो हम कुछ और हैं और जब सो जाते हैं तो कहीं और चले जाते हैं। लेकिन ये दोनों स्थितियां हैं तो हमारे ही वजूद का हिस्सा। ये दोनों दुनियाएं होती तो हमारी ही हैं।

यानी यह कहा जा सकता है कि आपकी कला स्वतःस्फूर्त है, आप पहले से कुछ सोचकर नहीं चलतीं। कंपोजीशन करते-करते ही आपकी कला में कोई वक्तव्य भी बनता चलता है।

सोचकर चल ही नहीं सकती। मैं एक कदम लेने से पहले तक का तो सोच सकती हूं, लेकिन जब एक कदम ले लिया, उसके बाद तो कुछ और सोचना ही पड़ेगा। उस पहली सोच से तो चलेगा नहीं। इसे इस तरह समझ लीजिए कि कोई कविता लिख रहा है तो यह जरूरी नहीं कि जो उसकी थीम है, जो कथ्य है वही स्टेटमेंट हो, वक्तव्य भी हो। वह जिस तरह, जिस ढंग से, जिस भाषा में लिख रहा है, वह भी एक कमेंट हो सकता है। मुझे लगता है कि मेरा काम भी इसी तरह का है। यह नहीं कि मैं कोई वक्तव्य कंपोज कर रही हूं। मैं बिल्कुल एक छोटी-सी चीज से शुरू करती हूं जो मुझे अपने किसी पहले के काम से मिली होती है। फिर चीजें अपने आप अपनी शक्ल पा लेती हैं। लेकिन यह मेरे बस की बात नहीं है कि मैं उसमें से किसी चीज को इधर या उधर करूं।

क्या आपको कभी लगता है कि जो आप चाहती थीं, वह वक्तव्य पूरा नहीं हो सका?

दरअसल, मैं इस तरह की कोई खास चीज कहना ही नहीं चाहती इसलिए इस तरह का कोई एहसास भी मुझे नहीं होता। मेरा काम दरअसल सिर्फ कहना या न कहना ही नहीं है, उस व्यवस्था तक पहुंचना है जो प्राकृतिक या कहिए ब्रह्मांड में जो एक स्थिति है, जिसकी वजह से हम हैं, जिसकी वजह से विकास हो रहा है, जो एक गति है और साथ में एक व्यवस्था भी है। जब हम वहां पहुंच जाते हैं तो समझ लीजिए कि काम पूरा हो गया। नहीं, तो नहीं। तो एक वक्त आता है जब मुझे लगता है कि मैं वहां पहुंच गई और यह काम पूरा हो गया। उसी से यह भी तय होता है कि अगला काम कहां से शुरू करना है।

क्या कलाकार एक समांतर सृष्टि की रचना करता है?

समांतर सृष्टि कहिए या यह कहिए कि जो सृष्टि है, उसी का विस्तार करता है। यह तो मैं नहीं कहूंगी कि वह एक समांतर सृष्टि की रचना करता है। इतनी शक्ति तो हमारी नहीं है लेकिन जो सृष्टि है, उसी को समझने के लिए सारी चीजें हैं। विज्ञान, कला, कविता, साहित्य—सब उसी को समझने के लिए हैं। जैसे-जैसे हमारी समझ का एक चरण पूरा होता है, तो समझ लीजिए कि एक रचना, एक पेंटिंग पूरी हो गई।

कुछ साल पहले 'देश' पत्रिका के शारदीय अंक के लिए आपने मुखपृष्ठ बनाया था जिसमें दुर्गा हाथ में पिस्तौल लिए हुए थी। उस पर कुछ विवाद भी हुआ था। उसके बाद आपने कई चित्रों में हिंसा और ताकत के उपकरण बनाए हैं। इसका क्या कारण है?

मेरे खयाल से पिस्तौल का इस्तेमाल मैंने इराक-कुवैत की लड़ाई के बाद किया था। अवीक सरकार ने जब मुझे दुर्गा की पेंटिंग देने के लिए कहा तो मैंने कहा कि मैं पारंपरिक दुर्गा तो नहीं बना सकती। हां, जिस तरह का काम मैं करती हूं, अगर वह चल जाए तो देख लीजिए। लेकिन उस काम में और मेरे उस समय के दूसरे काम में कोई फर्क नहीं है। तब वह दुर्गा थी, दुर्गा न होती तो कोई और औरत होती। बाद में मैंने पिस्तौल का इस्तेलाल अपनी 'मदर ऐंड डॉटर' वाली सीरीज में भी किया। इसमें पुत्री को एक छोटी महिला के रूप में लिया गया है। दोनों ही औरतें हैं लेकिन एक बड़ी है, एक छोटी। दूसरी जो है वह उसी का विस्तार है। लेकिन मां जो है वह हाथ में पिस्तौल लेकर रक्षा कर रही है। मुझे लगता है जीवन 'मां से बेटी से बेटी...' इस तरह बह रहा है। इसलिए मुझे लगता है कि यह बहुत महत्वपूर्ण है कि उसकी रक्षा की जाए।

इस पिस्तौल का इस्तेमाल आपके बाद के काम में भी हुआ। क्या इस रूपक के अर्थ बदलते रहे हैं?

अर्थ तो दरअसल जब चीज बन जाती है, तब पैदा होता है। वह पहले से नहीं होता। पहले तो यों होता है कि एक हाथ है तो उसमें कुछ होना चाहिए...तो चलो पिस्तौल, नहीं तो कोई फल, कोई गिलास, कुछ भी हो सकता

है। उस हाथ में आप जो भी देते हैं, उससे उसका अर्थ बदल जाता है। लेकिन यह पहले से तय नहीं होता कि हाथ में क्या देना है।

'मदर' और 'डॉटर' की जो अवधारणा आपने बताई, उसमें क्या आपने पहले से यह नहीं सोचा था कि मां उस बेटी की रक्षा करती हुई दिखाई पड़े?

ऐसा कुछ नहीं था। जिस पेंटिंग के बारे में मैं बता रही हूं उसमें एक औरत बैठी हुई है और उसके शरीर में एक दूसरी, छोटे आकार की औरत है। बैठी हुई औरत के हाथ में पिस्तौल पकड़ा दी और उसका अर्थ एकदम बदल गया। अब वह एक-दूसरे जीवन की रक्षा करने लगी, वही जीवन, जो बाद के जीवन को आगे बढ़ाएगा।

अर्पिता जी, रूस की एक गुड़िया है, मत्र्योश्का। उस पर मेरी एक कविता भी है। मेरे खयाल से मत्र्योश्का एक बहुत बड़ा रूपक है। हमारे यहां भी ऐसे खिलौने बनते हैं, जिनमें खिलौने के भीतर खिलौना होता है...। इसी तरह मत्र्योश्का भी है। वह जीवन के भीतर जीवन, जीवन के भीतर जीवन का रूपक है। इस तरह एक जीवन अपने भीतर एक और जीवन को सुरक्षित किए हुए चलता है। आपकी कला के पैटर्न में भी बाहर तो फूल कढ़े हुए होते हैं और भीतर जीवन को बहुत ताकत के साथ सुरक्षित किया गया है।

दरअसल बॉर्डर सिर्फ अलंकरण के लिए सजाने के लिए ही नहीं होता। एक बॉर्डर तो प्रकृति में हो सकता है और दूसरी तरह से कई बार जैसे कोई जगह है, उसके बाहर बाग है, उस बाग को बताने के लिए बॉर्डर बना दिया जाता है। मैं पहले हैंडलूम बोर्ड में काम करती थी। उस जमाने में बहुत सारे डिजाइनरों के साथ मेरा संबंध था। उससे मुझे पता चला कि किस तरह किसी खास जगह का मोटिफ वहां की जीवन शैली के साथ जुड़ा होता है, जैसे अलग-अलग अंचलों की लोक कलाएं हैं। फिर बाद में मुझे लगा कि पूरे बाग की जगह उसका कुछ हिस्सा, कुछ फूल-पत्तियां ही उसे दिखाने के लिए बना दी जाएं।

कला के लोक अभिप्रायों के अलावा और किन चीजों से आपने सीखा?

एक तो मेरे अध्यापक रहे हैं शैलोज मुखर्जी। उनका जो रंग लगाने का तरीका था, उसका मुझ पर बहुत असर रहा है। अमृता शेरगिल की पेंटिंग से हमने पेंटिंग को समझना सीखा। हम नेशनल गैलरी में जाकर उनका काम देखते थे। इनके अलावा कुछ बाहर के चित्रकार हैं—जैसे पाउल क्ले या मातीस या शागाल। इनका भी, खासकर शागाल का मुझ पर बहुत असर रहा। वह इसलिए कि उनका काम लोक संगीत और लोककथाओं को लेकर रहा और मुझे भी यह चीजें बहुत आकर्षक लगती हैं। इसके साथ औरतों के जो व्रत वगैरह हैं, वे भी मुझे बहुत दिलचस्प लगते हैं। उनमें एक कहानी चलती है और उनका एक खास तरीका भी होता है जिससे औरतों की प्रवृत्तियों का, दिलचस्पियों का पता चलता है।

एक पुरुष कलाकार जब रंग का प्रयोग करता है और एक स्त्री जब करती है, तो आपको क्या उन दोनों की तकनीक में कोई खास फर्क दिखाई पड़ता है?

इस बारे में मैं सिर्फ इतना कहूंगी कि पहले तो प्रकृति ने ही स्त्री और पुरुष को अलग-अलग बनाया है। फिर अपने-अपने समाज के हिसाब से वे अलग-अलग ढंग से विकसित होते हैं। इससे भी उनकी मानसिक संरचना बदल जाती है। लेकिन मैं यह नहीं कह सकूंगी कि उनमें टेकनीक के स्तर पर कोई फर्क होता है कि नहीं। मैं जो रंग लगाती हूं, निश्चित तौर पर एक औरत के रूप में लगाती हूं। पुरुषों के रूप में वे किस तरह लगाते हैं, यह मैं कैसे कह सकती हूं? देखने में तो दोनों का काम एक जैसा ही होगा, लेकिन रंगों का चुनाव, उन्हें लगाने का तरीका, कितना दबाव रखना है, कब ब्रश लगवाना है, ये सब चीजें पुरुष कैसे करता है—मैं स्त्री होने के कारण नहीं बता सकती।

क्या ऐसा नहीं है कि महिलाएं आमतौर पर छोटे कैनवास करती हैं और पुरुष बड़े-बड़े कैनवासों से उलझे रहते हैं...पुरुषों को एक ज्यादा बड़ा स्पेस पहले से ही मिला हुआ है। एक सामाजिक स्पेस, वह चाहे कला हो, संगीत हो, कविता हो। स्त्रियों के लिए जो जगह है वह बस आंगन-भर है–मधुबनी तो आंगन की ही कला कही जाती है–वह भी इसके बावजूद कि आज बहुत सारी महिला कलाकार बाकायदा सक्रिय हैं।

आजकल महिलाएं भी बड़े-बड़े कैनवासों पर काम कर रही हैं। यह दरअसल इस पर निर्भर करता है कि किसको कितनी सुविधा मिली है। अब सिर्फ वह आंगन नहीं रहा। अब कई महिला कलाकार मेन रोड पर आकर काम कर रही हैं और बहुत अच्छा काम कर रही हैं जो बिल्कुल घरेलू नहीं है। घरेलू, मतलब अब उनका काम टाइम पास करने के लिए नहीं है। और मुझे लगता है कि नई पीढ़ी के कलाकार, खासकर लड़कियों ने बहुत अच्छा काम किया है। मैं यह नहीं कहूंगी कि वे पुरुषों के मुकाबले काम कर रही हैं, पर कई काम तो उन्होंने पुरुष कलाकारों से भी बहुत अच्छे किए हैं। उनमें जो एक खास बात है, वह यह कि वे घर की अपनी बहुत अंतरंग चीजों को, जैसे रसोई की चीजों को लेकर आई हैं। सत्तर के आखिरी वर्षों में नलिनी मलानी, नीलिमा शेख और मैं, हम तीनों ने अलग-अलग जगहों पर वाटर कलर में काम शुरू किया और बिल्कुल अपनी घरेलू चीजों और परिवेश को लेकर शुरू किया। मुझे लगता है कि महिला कलाकारों के लिए यह चीज, इस तरह की शुरुआत बहुत अहम है। एक और चीज जो उन्होंने दी, वह यह कि स्त्री देह को देखने का एक अलग तरीका विकसित किया। यह तरीका पुरुष-दृष्टि से बिल्कुल अलग था। उसमें एक तो सुंदर देह के लिए बिल्कुल आकर्षण नहीं है। एक फंक्शनिंग बॉडी उनके यहां है जो हर चीज को चिह्नित करती है। जिससे जीवन आगे बढ़ता है।

ये चीजें क्या आपको महिलाओं के उस 'एसर्शन' से जुड़ी हुई लगती हैं जो इधर भारतीय समाज में एक बड़ी घटना, एक विस्फोट की तरह सामने आया है?

देखिए, समाज जो है, वह हर समय आगे बढ़ना चाहता है क्योंकि उसे जीना है, क्योंकि उसे रहना है। इसके लिए वह अवसर पैदा करता है। यह आपके ऊपर है कि आप इस अवसर को किस तरह लेते हैं और समाज को कहां ले जाते हैं। इससे पहले औरतों ने घर के अलावा और किसी चीज के बारे में सोचा ही नहीं था, जैसा कि व्रत वगैरह से पता चलता है। उन्होंने सोचा होगा कि परिवार को संभालने से ही समाज का विकास हो सकता है। पर बाद में जब उनकी शिक्षा बढ़ी, उन्हें कुछ पेशों की वजह से बाहर जाना पड़ा तब उन्हें कुछ और किस्म के अनुभव हुए, कुछ और किस्म की अभिव्यक्तियों की जरूरत महसूस हुई। यह तो हो सकता है कि इसी के चलते कुछ लड़कियों ने पेंटिंग को प्रोफेशन के रूप में अपनाया हो। पहले तो ऐसा था कि फर्स्ट ईयर में बहुत सारी लड़कियां होती थीं, जो बाद में शादी कराकर चली जाती थीं। आर्ट उनके लिए बस शादी के लिए एक अतिरिक्त योग्यता ही होता था।

अच्छा, अर्पिता जी, क्योंकि समाज में अनुभव और अभिव्यक्ति का रूप बदल रहा है, पिछले दस साल में भूमंडलीकरण नाम की एक बड़ी घटना हुई है। इसके चलते मीडिया में औरत की छवि भी बदली है। क्या इससे आपके कैनवास पर भी स्त्रियों में भी कोई परिवर्तन आया है?

मेरे कैनवास में परिवर्तन बिल्कुल मेरी निजी जरूरत के चलते आया है। पहले मैं अपने पड़ोस की एक मुस्लिम लड़की आयशा किदवई को लेकर पेंट करती थी। प्रकृति में जो दुहराव है उसमें मेरी बहुत दिलचस्पी रही है, जैसे एक बूंद है जो बार-बार गिरती है–और इस तरह वह बारिश का रूप धारण करती है, इसी तरह इतिहास में भी घटनाएं बार-बार अपने को दुहराती हैं। उस मुस्लिम परिवार में भी इंटरकास्ट मैरिज होने के कारण कुछ नाक-नक्श बार-बार रिपीट होते जाते थे। इसलिए मुझे उस परिवार में बहुत दिलचस्पी थी। उस परिवार की वह लड़की आयशा, जो मेरी बेटी की उम्र के बराबर थी, हमारे यहां बहुत आती-जाती थी। उसको लेकर मैंने कई साल लगातार पेंट किया। ऐसा लगता था कि उसके चेहरे का मैं जो करना चाहती थी, वह हो गया। मुझे लगता था कि उसके फीचर्स

मुझमें जज्ब हो गए हैं। फिर वह बड़ी हो गई, उसकी शादी हुई और वह चली गई। तब मुझे लगा कि मेरे काम में एक खालीपन पैदा हो गया है। मुझे कल्पना में चेहरों की तलाश करनी पड़ी। मेरे भीतर क्योंकि आत्मविश्वास बहुत कम है, इसलिए पहले मैंने छोटी-छोटी चीजें बनाईं, करते-करते एक चेहरा मुझे मिला जो मुझे लगता है कि जो चीज मैं बनाना चाहती हूं उसके लिए पूरी तरह उपयुक्त है और वह ऐसा नहीं कि बहुत सुंदर चेहरा हो। मेरी टेकनीक ही ऐसी नहीं थी। लेकिन उससे मुझे बहुत सहारा मिला। तो यह भी एक परिवर्तन ही हुआ।

पिछले दिनों आपने कुछ न्यूड्स भी बनाए हैं। यह शायद आपकी कला में एक नई बात है और एक बड़ी सामाजिक टिप्पणी भी इससे बनी है। पहले आप खूब कपड़ों में लिपटी महिलाएं बनाती थीं। न्यूड्स की जरूरत आपको क्यों पड़ी? और जो बाकी लोगों के न्यूड्स हैं, मसलन सूजा के, जिनमें बेहद मांसलता है, आपके न्यूड्स उनसे किस तरह अलग हैं?

जरूरत ऐसे हुई कि अगर कपड़े बनाओ तो उसके लिए एक रंग सोचना पड़ता है जो एक ब्रेक पैदा करता है। मैं एक ब्रेक नहीं चाहती थी। मैं चाहती थी कि मैं उस शरीर को पूरा बना सकूं। इसलिए मुझे कोई जरूरत नहीं थी कि मैं एक और रंग से उसे ढांप दूं। दूसरे, सूजा के न्यूड्स मुझे बहुत अच्छे लगते हैं। उनमें एक अजीब-सी ऊर्जा है, एक शक्ति—जिससे वे आपको एक दूसरे ही स्तर पर ले जाते हैं। मेरे न्यूड्स वैसे नहीं हैं। सूजा के न्यूड्स इरोटिक हैं पर बहुत ऊर्जावान भी हैं, बहुत विगरस। वे आपको कभी अश्लील नहीं होने देते। वे आपको एक और ही दुनिया में ले जाते हैं जहां आप प्यूरीफाइड हो जाते हैं। उनके फॉर्म को लेकर आप में कामुकता का भाव नहीं जागता। दरअसल जो जितना अच्छा चित्र होता है, वह उतना ही अच्छा शीशा भी होता है जिसमें आप अपने आपको देख पाते हैं।

कुछ महिलाएं जो पुरुष न्यूड्स को लेकर काम करती हैं, उन्हें आज भी सामाजिक स्वीकृति उस तरह नहीं मिलती जैसी महिला न्यूड्स पर काम करने वालों की है। क्या आपको लगता है कि महिला चित्रकार ऐसा काम करके आज भी जोखिम उठाती हैं?

कोई भी काम करेंगे, उसमें आपको जोखिम तो लेना ही होगा। दरअसल समाज में स्त्री न्यूड्स स्वीकार्य हैं। उसे चाहे आदमी करे या औरत करे, वह अब उतना वर्जित नहीं है। नलिनी मलानी ने इधर बहुत अच्छे पुरुष न्यूड्स किए हैं और उसका अपने परिवार के साथ बहुत अच्छा संबंध है। यह दरअसल इस पर निर्भर करता है कि आप किस पृष्ठभूमि से आए हैं। लेकिन यह भी है कि न्यूड्स को अभी तक किसी समाज में पूरी मान्यता नहीं मिली है। थोड़े से लोग हैं जो उसको स्वीकार करते हैं। यूरोप में यही स्थिति है। इसका कारण शायद यह है कि वह चीज आमतौर पर देखने में नहीं आती, उसके हम आदी नहीं होते।

मुझे याद है कि जब हम न्यूड स्टडी करते थे तो कुछ लड़कियां घबरा जाती थीं, क्योंकि वे आदी नहीं थीं वह सब देखने की। मेल न्यूड की क्लास में वे नहीं आती थीं। एक पाकिस्तानी लड़की आई थी यहां। उसे आर्ट कॉलेज में ले जाया गया और उसके क्लास अटेंड करने का प्रबंध कर दिया गया। लेकिन जब जाकर पूछा कि कैसा काम कर रही है तो पता चला कि वह मेल मॉडल के सामने आने पर उसकी तरफ पीठ कर लेती है। दरअसल हर कला के लिए हमें एक अलग ढंग से साहस की जरूरत पड़ती है।

तो महिला चित्रकारों की कला का मूल्यांकन पुरुष चित्रकारों से कुछ अलग तरह से होगा?

पेंटिंग के पूरा होने के बाद उसके देखने के अनुभव को आप दूसरे से अलग नहीं कर सकते। तब वे सारी कलाकृतियां, चाहे महिलाओं ने बनाई हों या पुरुषों ने, उन्हें हम एक ही श्रेणी में रखेंगे। उनके अपने अस्तित्व के मूल्यांकन होते हैं। यह नहीं होता कि किसी पुरुष की पेंटिंग के लिए हमारा सौंदर्यबोध अलग हो जाएगा।

किसी पुरुष चित्रकार और किसी महिला चित्रकार की कृति को एक ही कसौटी पर देखा जाना क्या गलत नहीं लगता? साहित्य में स्त्री रचनाकारों की बराबर यह मांग है कि उनके लिए एक अलग आलोचना दृष्टि विकसित की जानी चाहिए।

नहीं, मेरा कहना है कि जब वे रचना करते हैं, तब हो सकता है कि अलग तरीके से करते हों क्योंकि देखने का तरीका दोनों का अलग-अलग है। वैसे भी हम में से हरेक का देखने का ढंग अलग-अलग होता है। लेकिन जब रचना पूरी हो जाती है तो उसे जज करने का तरीका एक होना चाहिए। (अंश)

(2001)

चमेली रामचंद्रन की कलाकृति

जगन्नाथ पंडा

वेदप्रकाश भारद्वाज

समकालीन भारतीय कला को सामाजिक संदर्भ देने वाले युवा कलाकारों में जगन्नाथ पंडा ने अपनी अलग पहचान बनायी है। रेखांकन, कोलाज से शिल्प और वीडियो आर्ट तक की यात्रा में पंडा ने अनेक प्रयोग कर अभिव्यक्ति के नये रास्ते बनाये हैं। उनके यहां सामाजिक सरोकार किसी फैशन की तरह नहीं आते। जीवन से कला के जुड़ाव को एक जरूरी चीज मानने वाले पंडा के अनुसार कला कलाकार के अंदर से निकलती है। उनकी कला एक तरह से ज्ञान और विश्वास का द्वंद्व है, जो कुछ सामने है और जो होना चाहिए का द्वंद्व। अपने आसपास के महानगरीय जीवन, निर्माण, राजनीति और सांस्कृतिक तनावों को वे अपनी कला में लाते हैं। उनके काम में जीवन की अवधारणाओं की तलाश निरन्तर जारी रहती है। अवधारणात्मक कला भारत के लिए नयी नहीं है परंतु जगन्नाथ पंडा जैसे कलाकारों ने उसे जो नये आयाम दिये हैं वे उल्लेखनीय हैं। उन्होंने कला को केवल सौंदर्यमयी अभिव्यक्ति की जगह एक विचारवान सुंदर अभिव्यक्ति बनाया है। कृति की सतह और सतह से परे, विचारों की एक सरल सलिला उनके यहां मौजूद रहती है।

जगन्नाथ पंडा का जन्म 1970 में भुवनेश्वर, ओडिशा में हुआ। परिवार में कला की पृष्ठभूमि न होने के बावजूद उन्हें अपने परिवार, विशेष रूप से पिता का पूरा सहयोग मिला। मई 2005 में सैफ्रन आर्ट की ऑन लाइन नीलामी में उनकी पेंटिंग करीब बारह लाख रुपये में और दिसंबर में सैफ्रन की नीलामी में बाईस लाख रुपये में बिकी और वे देश के महंगे युवा कलाकारों में शामिल हो गये। इसके बावजूद उनके काम में सामाजिक सरोकार कम नहीं हुए हैं।

वड़ोदरा, जापान और उसके बाद इंग्लैंड में विभिन्न कला माध्यमों की शिक्षा ग्रहण करने के दौरान उन्होंने भारतीय और पश्चिमी कला के बारे में जो सीखा उसका नतीजा है रेखांकन और कोलाज के बाद शिल्प और पेंटिंग में व्यक्त हुए सामाजिक संदर्भ। वे कहते हैं, ''कला पूरी तरह समाज से कटी कभी नहीं होती। जीवन में जो कुछ घटित होता है उसका प्रभाव मनुष्य के काम पर पड़ता ही है। एक कलाकार के काम पर उसके निकट की घटनाओं का ज्यादा असर होता है। जैसे, मेरे सामने एक दुर्घटना हो और दूसरी तरफ इराक में युद्ध तो मुझ पर मेरे सामने हुई दुर्घटना का अधिक प्रभाव होगा, उसके दर्द को में अधिक गहराई से अनुभव कर सकूंगा। कला में जो सामाजिक संदर्भ आते हैं वह नैसर्गिक रूप में आते हैं। आप चाह कर युद्ध या अन्य सामाजिक समस्याओं पर पेंटिंग बना नहीं सकते, जब तक कि वे आपसे सीधी न जुड़ी हों। यदि आप किन्हीं दूरस्थ की घटनाओं पर या आपके प्रत्यक्ष ज्ञान में आयी स्थितियों पर पेंटिंग करेंगे तो वह बहुत प्रभावी नहीं हो पाएंगी। पेंटिंग तभी प्रभावशाली बनती है जब वह कलाकार के अंदर से निकलती है। अपने काम में हम छोटे-छोटे मसलों पर भी बात कर सकते हैं जो हमसे सीधे जुड़े हुए हैं। आज युवा कलाकारों के बीच संवाद बढ़ा है और वे कुछ अलग तरह का काम करना चाहते हैं परंतु ऐसा कुछ नहीं बनाते जो अस्तित्व में नहीं है। एक बात यह भी है कि सामाजिक संदर्भों को लेकर किया जा रहा सारा काम महत्वपूर्ण नहीं है।''

जगन्नाथ पंडा जापान में छह माह रहे। उस समय उन्होंने स्थानीय चीजों की वैश्विक अभिव्यक्ति की तकनीक सीखी। इस अनुभव को उन्होंने जिन कामों में व्यक्त किया उनमें टीवी में टेलीफोन पर बात करते गांधी और जूते में नक्शा जैसे प्रयोग शामिल हैं। इंग्लैंड में दो वर्ष के प्रवास के दौरान जगन्नाथ पंडा के काम में तकनीक के स्तर पर

काफी विकास हुआ। वहीं उन्होंने विशालकाय शिल्प, विभिन्न माध्यमों की एक कृति में उपस्थिति और वीडियो आर्ट को आत्मसात किया। इंग्लैंड में उन्होंने डिक्शनरी टेक्स्ट को लेकर शिल्प बनाये। इसमें उन्होंने गुब्बारे पर समाचार पत्र और डिक्शनरी के पन्नों को लेकर एक विशाल गोला बनाया जिसकी पृष्ठभूमि में दीवार पर एक बड़ा सा फोटोग्राफ लगाया। उस फोटोग्राफ में सुअरों का झुंड आता दिखाया गया है। बड़े से गोले को अधिक सेक्यूलर मानने वाले पंडा जैसे इस काम के जरिये लोकतंत्र के भीड़तंत्र में बदलने को अभिव्यक्त करते हैं।

इस शिल्प के बारे में वे बताते हैं, ''मैंने टेक्स्ट और पेपरमेशी में काफी काम किया। जो बड़ा-सा गोला मैंने बनाया वह पेपरमेशी और टेक्स्ट का ही बनाया था। एक विशालकाय गोला मुझे हमेशा अधिक सेक्यूलर लगता रहा है। इसमें मैंने कोलाज और रेखांकन भी किये। पहले मैं डिक्शनरी के टेक्स्ट को केवल रेखांकन में प्रयोग करता था, बाद में मैंने उसे शिल्प में भी प्रयोग करना शुरू किया। मैंने उसे शिल्प की चमड़ी के रूप में प्रयोग किया। जब मैं इंग्लैंड गया तो वहां मेरे साथ अंग्रेजी भाषा की समस्या थी इसलिए मुझे रोज डिक्शनरी से शब्द और उनके अर्थ तलाशने पड़ते थे। एक शब्द बहुत छोटा होता है परंतु उसका अर्थ बहुत बड़ा होता है। इसी तरह के छोटे-छोटे विचारों को लेकर मैंने एक विशाल शिल्प बनाया जिसमें एक निरंतर गति का अहसास पैदा किया। इसका विचार मुझे इंग्लैंड में एक इंटर कालेज प्रतियोगिता से आया जिसमें एक विषय था 'आउट ऑफ माइंड'। वहां से मैंने यह विषय चुना।''

जगन्नाथ पंडा के काम में दार्शनिकता भी है। विशेषरूप से उनके शिल्पों और वीडियो आर्ट में। उनका एक वीडियो है, करीब दस-पंद्रह मिनट का। इसमें लिफ्ट का दरवाजा खुलने-बंद होने के साथ उसमें सवार होते और बाहर निकलते लोगों के सिर्फ पैर दिखाए गये हैं। रोशनी और अंधेरे के साथ कदमों की छवियां, जीवन में गति की निरंतर उपस्थिति को प्रकट करती है। यह वीडियो अपने आप में मुकम्मल है, हालांकि पंडा ने इसे एक बड़े इंस्टालेशन में प्रयोग करने की इच्छा से बनाया है। इधर पिछले कुछ समय में उन्होंने जो पेंटिंग बनायी हैं उनमें सामाजिक संदर्भ अधिक मुखर होकर सामने आये हैं। इसी वर्ष सैफ्रन आर्ट की ऑन लाइन नीलामी में बिकी उनकी दो पेंटिंग 'सिटी ब्रीडस्' और 'डॉग/शू' भिन्न सामाजिक संदर्भों को सामने लाती हैं। दिल्ली, जापान और इंग्लैंड जैसे महानगरीय संस्कारों ने उन्हें ज्ञान और आस्था के द्वंद्व के बीच मनुष्य की अनुपस्थित उपस्थिति को व्यक्त करने की समझ दी है। 'सिटी ब्रीडस्' पेंटिंग जैसे यह बताती है कि आधुनिक मनुष्य नगरों को बसा नहीं रहा, सिर्फ उनका निर्माण कर रहा है। महानगरीय सभ्यता की अवधारणा की ऐसी पड़ताल के साथ बसाने और निर्माण करने के द्वंद्व को बहुत कम कला. कारों ने अपना विषय बनाया होगा। इसी तरह अपने एक अन्य चित्र 'बेचलर ऑन द टेरेस' में छत पर मोर और उसके सामने फैली लाल मिर्चों के माध्यम से वे एक स्तर पर प्रेम और सौंदर्य की अवधारणा में हो रहे परिवर्तनों को रेखांकित करते हैं तो दूसरे स्तर पर जीवन में प्रेम के लिए कम होते अवसरों को भी व्यक्त करते हैं।

उनके नये काम में जहां बकरे के शिल्प और ड्राइंग उल्लेखनीय हैं वहीं अपनी पेंटिंग में उन्होंने अपने आसपास के परिवेश और समस्याओं को चित्रित किया है। कौवों को लेकर उन्होंने काफी काम किया है। पशु-पक्षियों के माध्यम से वे सामाजिक यथार्थ को भिन्न दृष्टि देते हैं। उनके नये काम में आधुनिक महानगरीय संरचना और लोकरूप मिलकर समकालीन जीवन के विरोधाभासों को सामने लाते हैं। गगनचुंबी इमारत के सामने रावण को गिरने की मुद्रा में चित्रित कर वे जैसे यह प्रकट करते हैं कि शक्ति, चाहे वह सत्ता की हो या महानगरीय भव्यता की, उसका पतन अनिवार्य नियति है। इसी तरह महानगरीय संरचना के बीच पानी के संकट के साथ-साथ गंदगी का फैलता साम्राज्य, सभास्थल के तंबुओं के पीछे फैली गंदगी समकालीन सामाजिक-राजनीतिक स्थितियों पर एक आलोचनात्मक टिप्पणी की तरह है। इधर जब भारतीय कला में सामाजिक सरोकार कम होते नजर आते हैं, जगन्नाथ पंडा और कुछ अन्य युवा कलाकारों में सामाजिक चेतना इस बात के लिए आश्वस्त करती है कि कला सिर्फ बाजार की चीज या सजावटी वस्तु भर नहीं रह गयी है।

करीब आठ-दस वर्ष के छोटे-रचनात्मक जीवन में, उनके काम में तीन बड़े परिवर्तन लक्षित किये जा सकते हैं। शुरू में उन्होंने रेखांकन और कोलाज को माध्यम बनाया, उसके बाद शिल्प को और आजकल वे पेंटिंग कर रहे हैं। इस बीच उन्होंने वीडियो आर्ट भी किया। ऐसा लगता है कि जैसे खुद को पाने-पहचानने की छटपटाहट लगातार उन्हें बेचैन किये रहती है। यह बेचैनी उन्हें किसी एक माध्यम और शैली में बंधने से रोकती है, और आगे बढ़ने की शक्ति भी देती है।

वॉन गॉग : पेरे तांगुए का पोर्ट्रेट (1887), तैलरंग

2

पिकासो : डोरा मार का पोर्ट्रेट (1937), कैनवास पर तैलरंग व पैस्टल

साल्वादोर डाली : लैंडस्केप में दिव्य दर्शन (1981), कैनवास पर तैलरंग

राजा रवि वर्मा : हंस और दमयंती, तैलरंग

अवनींद्रनाथ ठाकुर : यात्रा का अंत (1913), टैंपरा और वाश

यामिनी राय की कलाकृति

अमृता शेरगिल : ब्राइड्ल : ब्राइड्स टॉयलेट (1937), तैलरंग

विनोद बिहारी मुखर्जी : डोली (1948) कागज पर टैंपरा

राम किंकर बैज : मिल पहुंचने की पुकार (1959) कैनवास पर तैलरंग

रवींद्रनाथ ठाकुर की कलाकृति, कागज पर स्याही

नंदलाल बोस : कान साफ करने वाला, हरिपुरा पैनल (1937), कागज पर टैंपरा

सतीश गुजराल : रेजिंग ऑफ लजारस (1994), मिक्स्ड मीडिया

आरा : सांवली नग्न स्त्री (1965), कागज पर गुआश

12

सैयद हैदर रजा :बिंदु (1981), कैनवास पर एक्रिलिक

जगदीश स्वामीनाथन : इमेज-2 (1980), कैनवास पर तैलरंग

14

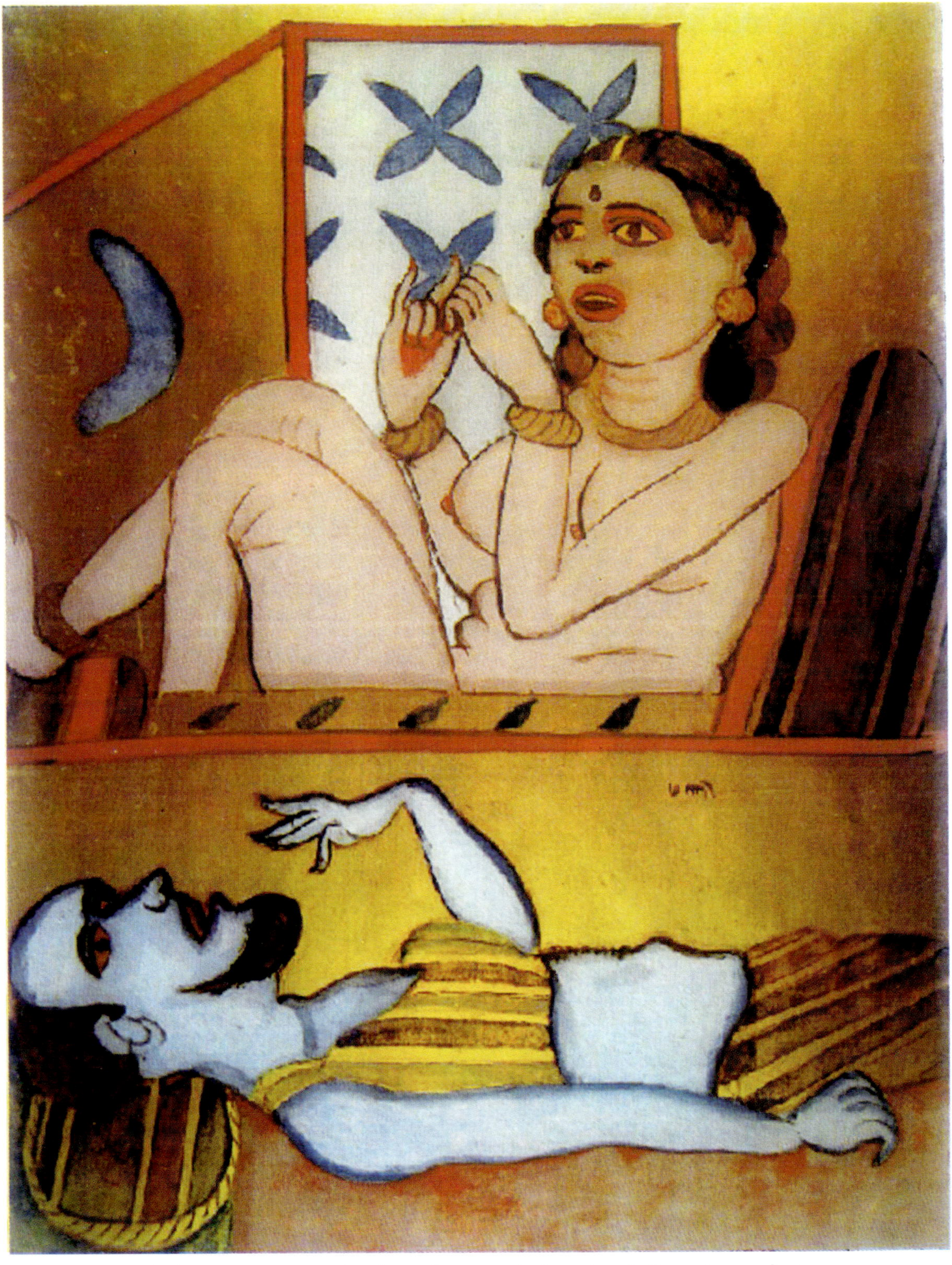

के.जी. सुब्रमण्यन : गुलाबी औरत, नीला आदमी (1980), एक्रिलिक शीट पर तैलरंग

सोमनाथ होर : भय (1989), कांस्य

तैयब मेहता : रिक्शेवाला (2002), कैनवास पर एक्रिलिक

रामेश्वर बरूटा : नाइदर ग्रीफ :, नॉर रेज, नॉर डिस्गस्ट (2001)

गायतोंडे : तैलचित्र (1969)

रामकुमार : शीर्षकहीन (1988), तैलरंग

ए.रामचंद्रन : ययाति (संध्या), डिटेल (1986), कैनवास पर तैलरंग

हिम्मत शाह : चेहरा (1995), टेराकोटा

फ्रांसिस न्यूटन सूजा : थैनाटॉस का मारता ईरॉस (1984), कैनवास पर तैलरंग

फ्रांसिस न्यूटन सूजा : लास्ट सपर (1989), कैनवास पर तैलरंग

अर्पिता सिंह : शीर्षकहीन (1993), कागज पर पेन और स्याही से रेखांकन

जोगेन चौधरी : उसका सोने का हार (1994), कैनवास पर तैलरंग

टी. वैगुंठम की कलाकृति (2004)

गुलाम मोहम्मद शेख : मेघदूत (1988), कैनवास पर तैलरंग

अर्पणा कौर : ट्री ऑफ सफरिंग, ट्री ऑफ लाइफ, ट्री ऑफ एन्लाइटेनमेंट (1998), तैलरंग

विकास भट्टाचार्य : गुड़िया श्रृंखला (1972), कैनवास पर तैलरंग

लक्ष्मा गौड़ : शीर्षकहीन (1984), ड्राईप्वांइट

विवान सुंदरम : मिसेज जी (1975), कैनवास पर तैलरंग

भूपेन खक्खर : क्रिकेटर (1970), कैनवास पर तैलरंग

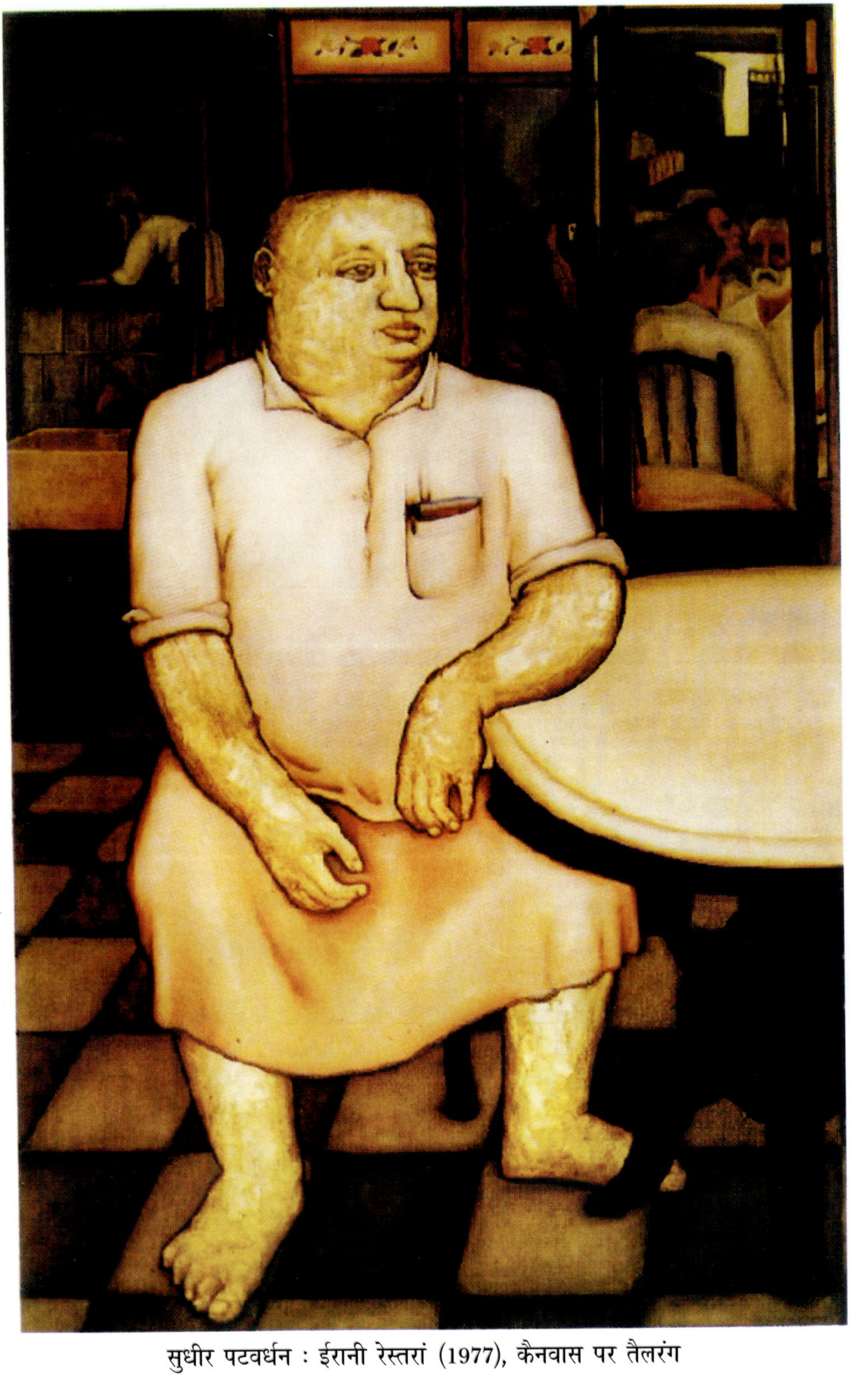

सुधीर पटवर्धन : ईरानी रेस्तरां (1977), कैनवास पर तैलरंग

गणेश पाइन : प्राचीन काल का सेल्समैन (1993), कैनवास पर टैंपरा

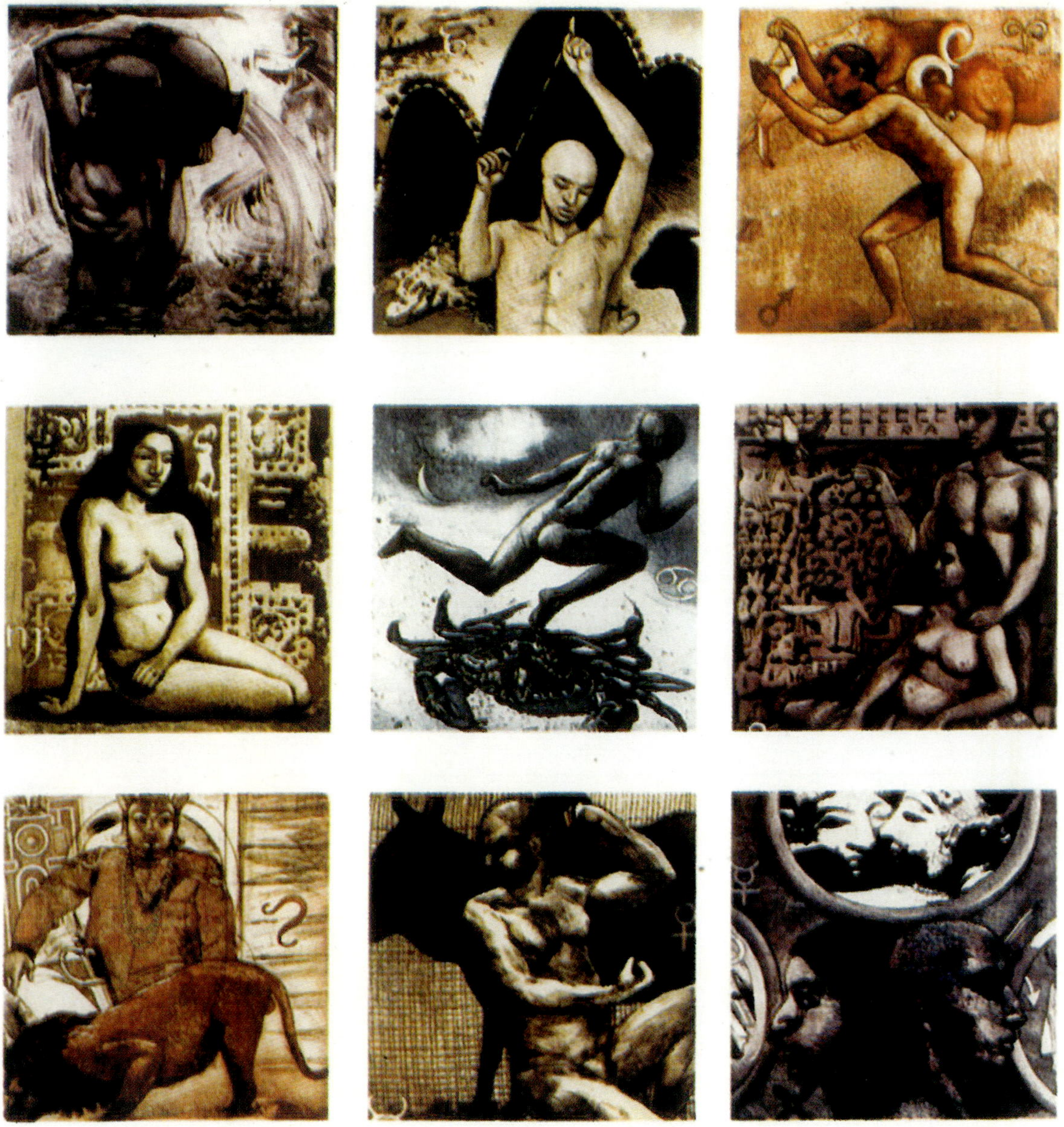

अनुपम सूद : द जोडियाक साइज (डिटेल, 1993), प्रिंट

मनजीत बाबा की कलाकृति (2004), कैनवास पर तैलरंग

अमिताभ दास : धूसर सुबह (2003-04), तैलरंग

जय झरोटिया : शी (2003) , तैलरंग

शिबू नटेसन की कलाकृति (2004), तैलचित्र

प्रभाकर बर्वे : मैसेंजर (1987),

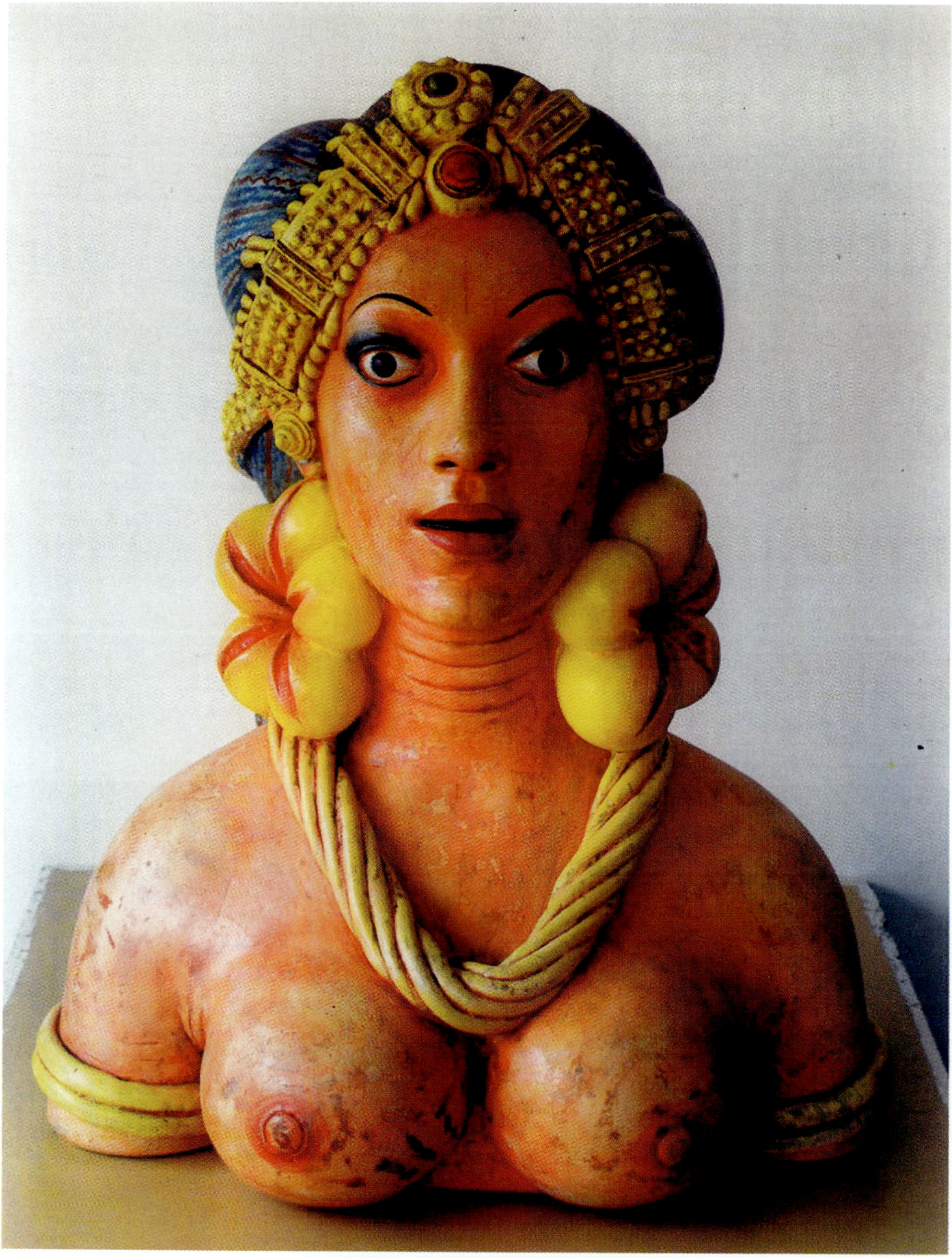

ध्रुव मिस्त्री : बस्ट (1981), पेंटेड प्लास्टर

रेखा रौडवित्य : शेयरिंग सीक्रेट्स (1996), एक्रिलिक व तैलरंग)

संजय भट्टाचार्य : शहर में लड़का (1999), जलरंग

नीरज गोस्वामी : नृत्य (2002), कैनवास पर तैलरंग

अतुल डोडिया : हीरोइक फिडलिंग (1996), कैनवास पर तैल व एक्रिलिक रंग

नरेंद्रपाल सिंह की कलाकृति : कागज पर एक्रिलिक (2004)

तपन दाश : मुखौटा (2004), कैनवास पर तैलरंग

बैजू पार्थन : लास्ट सपर कुआ स्टिल लाइफ–72

जी. आर. इरन्ना : शीर्षकहीन (2005), कैनवास पर एक्रिलिक

सुरेंद्र पाल जोशी : टाइम टेक्सचर शृंखला (2003-04), मिश्रित माध्यम

प्रतुल दाश : शीर्षकहीन (2003), कैनवास पर एक्रिलिक

चिंतन उपाध्याय की कलाकृति (2004)

जगन्नाथ पंडा : सिटी ब्रीड्स (2004), कैनवास पर एक्रिलिक

सुबोध गुप्ता : शीर्षकहीन (2005), कैनवास पर तैलरंग